에듀윌과 함께 시작하면, 당신도 합격할 수 있습니다!

학교 졸업 후 취업을 위해 바쁜 시간을 쪼개가며
국제무역사 1급을 준비하는 취준생

군생활을 하면서 일과 시간을 쪼개
국제무역사 1급에 도전하는 군인

직장생활과 병행하며 꾸준히 공부해
국제무역사 1급에 도전하는 주경야독 직장인

누구나 합격할 수 있습니다.
시작하겠다는 '다짐' 하나면 충분합니다.

마지막 페이지를 덮으면,

**에듀윌과 함께
국제무역사 1급 합격이 시작됩니다.**

국제무역사/무역영어 1위

국제무역사/무역영어
리얼 합격 스토리

국제무역사 1급, 무역영어 1급 합격생 이○희

국제무역사 1급+무역영어 1급 동시 합격!

에듀윌은 자격증 관련해서 가장 공신력 있는 인강 사이트이기도 하고, 두 개의 강좌가 하나로 합쳐진 상품이 가장 합리적인 것 같아서 에듀윌을 선택했습니다. 김기만 교수님의 강의는 차분하면서도 체계적으로 진행되는 것 같아서 좋았고 소소한 암기 팁들을 알려주셔서 큰 도움이 되었습니다. 1:1 질문 게시판에 글을 작성해서 올리면 하루 안에 친절하게 답변해 주시는 점이 좋았습니다.

무역영어 1급 합격생 이○나

무역업 취업 성공! 자격증 따고 취뽀!

김기만 교수님께서는 실제로 관세사라서 수출입 업무에 대한 경험이 있는 분이라 이론적으로 이해하기 어려운 부분도 사례를 통해서 이해가 잘 되게끔 설명을 해 주십니다. 개념의 폭도 넓고 이해하기 어려운 무역영어 1급을 준비하시는 분들이라면 실전 경험도 풍부하고 강의력도 탄탄한 김기만 교수님의 강의를 정말 추천드립니다. 짧고 굵게 공부하시고 다들 합격하셨으면 좋겠습니다.

무역영어 1급 합격생 김○혁

비전공자 단기 합격! 상위 랭킹 0.2% 달성! 19일 만에 합격!

무역영어를 공부한다고 하니 주변에서 에듀윌을 가장 많이 추천했고, 높은 지명도와 탄탄한 커리큘럼 그리고 강사진분들이 있다라는 이야기를 듣고 에듀윌을 선택했습니다. 에듀윌은 교재 이외에도 영어 무역 사전같은 다양한 PDF 제공을 하고 있기 때문에 그런 자료를 오며 가며 학습할 수 있었던 것도 큰 장점이라고 생각합니다.

다음 합격의 주인공은 당신입니다!

더 많은 합격스토리

* 2023 대한민국 브랜드만족도 국제무역사/무역영어 교육 1위(한경비즈니스)

2026

© eduwill · edugong

에듀윌 국제무역사 1급
한달끝장
이론&문제 + 모의고사 + 무료특강

All 전 범위 핵심특강
무료특강 강의자료

에듀윌 국제무역사 1급

한달끝장

All
전 범위 핵심특강

무료특강 강의자료

PART 01 무역규범

무료특강 바로가기

CHAPTER 01 | 대외무역법

001 교재 p.012
대외무역법

목적	① 대외무역 진흥 ② 공정한 거래 질서 확립 ③ 국제 수지의 균형 달성 ④ 통상의 확대 도모 ⑤ 국민 경제 발전에 이바지
무역	물품, 용역, 전자적 형태의 무체물의 수출입
물품	외국환거래법에서 정하는 지급 수단, 증권, 채권을 화체(化體)한 서류를 제외한 동산(動産)
정부 간 수출 계약	외국 정부의 요청이 있을 경우, 전담기관[대한무역투자진흥공사(KOTRA)]이 대통령령으로 정하는 절차에 따라 국내 기업을 대신하여 또는 국내 기업과 함께 계약당사자가 되어 외국 정부에 물품 등(방산물자 등은 제외)을 유상으로 수출하기 위하여 외국 정부와 체결하는 수출계약
용역	물질적 재화의 생산 이외의 생산이나 소비에 필요한 노무 예 경영상담업, 법무 관련 서비스업, 회계 및 세무 서비스업, 엔지니어링 서비스업, 디자인, 컴퓨터 시스템 설계 및 자문업, 문화산업, 관광산업, 금융 및 보험법, 특허권, 저작권 등

002 교재 p.013
무역거래자
① 수출 또는 수입을 하는 자
② 외국의 수입자 또는 수출자에게서 위임을 받은 자 및 수출과 수입을 위임하는 자 등 물품 등의 수출 행위와 수입 행위의 전부 또는 일부를 위임하거나 행하는 자

무역업자	영리 목적으로 수출과 수입 행위를 하며 자기 명의로 수출입 업무를 영위하는 자
무역대리업자	수출상 또는 수입상의 위임을 받아 수수료를 받고 수출입을 알선·중개하며 이 과정에서 계약대리권을 행사하는 자(수출입 본 거래에 대한 책임이 없음)
무역대행업자	대행 계약에 따라 수수료를 받고 자기 명의로 위탁받은 무역 행위를 수행하는 자(자기 명의로 수출입 거래를 진행한다는 점에서 무역대리업자와 구별됨)

003 교재 p.013
전자적 형태의 무체물
① 소프트웨어산업 진흥법에 따른 소프트웨어
② 부호·문자·음성·음향·이미지·영상 등을 디지털 방식으로 제작하거나 처리한 자료 또는 정보 등으로서 산업통상자원부장관이 정하여 고시하는 것
  예 영상물(영화, 게임, 애니메이션, 만화, 캐릭터 포함), 음향·음성물, 전자서적, 데이터베이스
③ 상기 ①, ②의 집합체와 그 밖에 이와 유사한 형태로서 산업통상자원부장관이 정하여 고시하는 것

004 교재 p.014
수출

의미	물품 등이 국내에서 외국으로 이동하거나 용역을 제공하는 행위
범위	① 매매, 교환, 임대차, 사용대차, 증여 등을 원인으로 국내에서 외국으로 물품이 이동하는 것 ② 관세법에 따른 보세판매장에서 외국인에게 국내에서 생산(제조·가공·조립·수리·재생 또는 개조)된 물품을 매도하는 것 ③ 유상으로 외국에서 외국으로 물품을 인도하는 것으로서 산업통상자원부장관이 고시하는 기준에 해당하는 것(중계무역, 외국인도수출) ④ 거주자가 비거주자에게 산업통상자원부장관이 정하여 고시하는 방법으로 용역을 제공하는 것 ⑤ 거주자가 비거주자에게 정보통신망을 통한 전송과 그 밖에 산업통상자원부장관이 정하여 고시하는 방법(컴퓨터 등 정보처리능력을 가진 장치에 저장한 상태로 반출·반입한 후 인도)으로 전자적 형태의 무체물을 인도하는 것

005 교재 p.014
수입

의미	물품 등이 외국에서 국내로 이동하거나 용역을 제공받는 행위
범위	① 매매, 교환, 임대차, 사용대차, 증여 등을 원인으로 외국에서 국내로 물품이 이동하는 것 ② 유상으로 외국에서 외국으로 물품을 인수하는 것으로서 산업통상자원부장관이 정하여 고시하는 기준에 해당하는 것 ③ 비거주자가 거주자에게 산업통상자원부장관이 정하여 고시하는 방법으로 용역을 제공하는 것

④ 비거주자가 거주자에게 정보통신망을 통한 전송과 그 밖에 산업통상자원부장관이 정하여 고시하는 방법(컴퓨터 등 정보처리능력을 가진 장치에 저장한 상태로 반출·반입한 후 인도)으로 전자적 형태의 무체물을 인도하는 것

006 교재 p.015
수출입의 제한

의미	산업통상자원부장관이 지정·고시하는 물품 등의 수출입을 제한하거나 금지하는 것
사유	① 헌법에 따라 체결·공포된 조약과 일반적으로 승인된 국제법규에 따른 의무의 이행 ② 생물 자원의 보호 ③ 교역상대국과의 경제 협력 증진 ④ 국방상 원활한 물자 수급 ⑤ 과학 기술의 발전 ⑥ 항공 관련 품목의 안전 관리에 관한 사항
승인	수출입 제한 물품을 수출·수입하고자 하는 경우 산업통상자원부장관의 승인 필요
유효 기간	① 원칙: 1년 ② 예외: 1년 미만 또는 최장 2년 이내
유효 기간 예외 사유	① 국내의 물가 안정이나 수급 조정을 위하여 수출 또는 수입 승인의 유효 기간을 1년보다 단축할 필요가 있는 경우 ② 수출입계약 체결 후 물품 등의 제조·가공 기간이 1년을 초과하는 경우 ③ 수출입계약 체결 후 물품 등이 1년 이내에 선적되거나 도착하기 어려운 경우 ④ ①~③ 규정 외에 수출입 물품 등의 인도 조건 및 거래의 특성을 고려하여 수출 또는 수입승인의 유효 기간을 1년보다 단축하거나 늘릴 필요가 있다고 인정되는 경우

007 교재 p.016
수출입 승인의 면제 물품

① 외교관이나 그 밖에 산업통상자원부장관이 정하는 자가 출국하거나 입국하는 경우에 휴대하거나 세관에 신고하고 송부하는 물품 등
② 다음 중 산업통상자원부장관이 관계 행정기관의 장과 협의를 거쳐 고시하는 물품 등
  ㉠ 긴급히 처리해야 하는 물품 등으로서 정상적인 수출입 절차를 밟아 수출·수입하기에 적합하지 않은 물품 등
  ㉡ 무역거래를 원활하게 하기 위해 주된 수출입에 부수된 거래로서 수출·수입하는 물품 등
  ㉢ 주된 사업 목적을 달성하기 위하여 부수적으로 수출·수입하는 물품 등
  ㉣ 무상으로 수출·수입하여 무상으로 수입·수출하거나, 무상으로 수입·수출할 목적으로 수출·수입하는 것으로서 사업 목적을 달성하기 위하여 부득이하다고 인정되는 물품 등
  ㉤ 산업통상자원부장관이 정하여 고시하는 지역에 수출하거나 해당 지역으로부터 수입하는 물품
  ㉥ 공공성을 가지는 물품 등이거나 이에 준하는 용도로 사용하기 위한 물품 등으로서 따로 수출입을 관리할 필요가 없는 물품 등
  ㉦ 그 밖에 상행위 이외의 목적으로 수출입하는 물품 등
③ 외국환거래 없이 수입하는 물품 등으로서 산업통상자원부장관이 정하여 고시하는 기준에 해당하는 물품 등
  → 반입 목적, 사유 등에 의하여 세관장이 타당하다고 인정하는 것은 수출입 승인을 면제할 수 있으나 이 경우 세관장은 과세 가격 500만 원을 초과하는 수입에 대하여 수입승인서의 제출 요구 가능
④ 해외이주법에 따른 해외이주자가 해외이주를 위하여 반출하는 원자재, 시설기재 및 장비로서 외교부장관이나 외교부장관이 지정하는 기관의 장이 인정하는 물품 등

008 교재 p.017
특정 거래 형태로 규정한 수출입 거래

① 수출 또는 수입의 제한을 회피할 우려가 있는 거래
② 산업 보호에 지장을 줄 우려가 있는 거래
③ 외국에서 외국으로 물품 등의 이동이 있고, 그 대금의 지급이나 영수가 국내에서 이루어지는 거래로서 대금 결제 상황의 확인이 곤란하다고 인정되는 거래
④ 대금 결제 없이 물품 등의 이동만 이루어지는 거래

009 교재 p.017
특정 거래 형태의 수출입 종류

위탁판매수출	물품 등을 무환(무상)으로 수출하여 해당 물품이 판매된 범위 안에서 대금을 결제하는 계약에 의한 수출
수탁판매수입	물품 등을 무환(무상)으로 수입하여 해당 물품이 판매된 범위 안에서 대금을 결제하는 계약에 의한 수입
위탁가공무역	가공임 지급 조건으로 외국에서 가공(제조·조립·재생·개조 포함)할 원료의 전부 또는 일부를 거래 상대방에게 수출하거나 외국에서 조달하여 이를 가공한 후 가공 물품 등을 수입하거나 외국으로 인도하는 수출입
수탁가공무역	가득액 영수 목적으로 원자재의 전부 또는 일부를 거래 상대방의 위탁에 의하여 수입하여 이를 가공한 후 위탁자 또는 그가 지정하는 자에게 가공 물품 등을 수출하는 수출입
임대수출	임대(사용대차 포함)계약에 의하여 물품 등을 수출하여 일정 기간 후 다시 수입하거나 그 기간의 만료 전 또는 만료 후 해당 물품 등의 소유권을 이전하는 수출
임차수입	임차(사용대차 포함)계약에 의하여 물품 등을 수입하여 일정 기간 후 다시 수출하거나 그 기간의 만료 전 또는 만료 후 해당 물품 등의 소유권을 이전받는 수입

연계무역	수출과 수입이 연계되어 이루어지는 수출입 ※ 연계무역의 종류는 **010** 참고
중계무역	수출할 것을 목적으로 물품 등을 수입하여, 관세법에 따른 보세구역 및 보세구역 외 장치의 허가를 받은 장소 또는 자유무역지역의 지정 등에 관한 법률에 따른 자유무역지역 이외의 국내에 반입하지 않고 수출하는 수출입
외국인수수입	① 수입 대금: 국내에서 지급 ② 수입 물품: 외국에서 인수하거나 제공받는 수입
외국인도수출	① 수출 대금: 국내에서 영수 ② 수출 물품: 국내에서 통관되지 않은 수출 물품 등을 외국으로 인도하거나 제공하는 수출
무환수출입	외국환거래가 수반되지 않는 물품 등의 수출입

참고하기 | 중계무역

수출입 알선 수수료의 취득을 목적으로 하는 무역

010 교재 p.018
연계무역의 종류

물물교환 (Barter Trade)	환 거래 ×, 상품과 상품을 교환하는 방식
구상무역 (Compensation Trade)	① 수출입 거래 분리 ×, 하나의 계약서로 약정 ② 수출상은 계약에 명시된 바에 의해 수입상으로부터 일정 기간 이내에 일정 비율(통상 수출대금의 20~100%)에 해당하는 대응 수입 의무를 이행하는 형태의 거래 방식
대응구매 (Counter Purchase)	① 구상무역과 유사하나 별도의 계약 체결 ② 수출액의 일정 비율에 상응한 물품을 대응 수입
제품환매 (Buy Back)	플랜트, 산업 설비, 기술 등을 수출하고 그 대가로 해당 플랜트나 산업 설비, 기술로 생산된 제품을 일정 비율 이상 구매 또는 수입하는 형태의 거래 방식

011 교재 p.018
수출입 공고 · 통합 공고 · 전략물자 수출입 고시

수출입 공고	수출입 물품에 대한 직접적인 관리를 위하여 제한 품목 여부 및 수출입 요령을 알려 주는 기본 공고 ① 네거티브 리스트 제도(Negative List System) ② 수출입 승인 유효 기간: 1년
통합 공고	① 대외무역법 이외의 법령에서 정하는 수출입 요건 및 절차 규정을 통합 규정하기 위해 산업통상자원부장관이 발표하는 공고 ② 품질 검사, 안전 검사 등 절차상 요건 확인을 통한 규제와 공중도덕 보호 등 경제 외적인 목적에 해당하는 규제
전략물자 수출입 고시	① 자가판정: 교육 이수 후 무역거래자가 자체적으로 판단 ② 전문판정: 판정기관이 판정(유효 기간 2년) ③ 기술에 대한 판정: 전문판정만 유효 ④ 수입목적확인서: 유효 기간 1년

012 교재 p.020
외화획득용 원료

의미	외화획득에 제공되는 물품과 용역, 전자적 형태의 무체물을 생산하는 데 필요한 원자재 · 부자재 · 부품 및 구성품
대상	① 수출실적으로 인정되는 수출 물품 등을 생산하는 데 소요되는 원료(포장재, 1회용 팔레트 포함) ② 외화획득률이 30% 이상인 군납용 물품 등을 생산하는 데 소요되는 원료 ③ 해외에서의 건설 및 용역사업용 원료 ④ 외화획득용 물품 등을 생산하는 데 소요되는 원료 ⑤ ①~④ 규정에 따른 원료로 생산되어 외화획득이 완료된 물품 등의 하자 및 유지 · 보수용 원료
사후관리 면제	① 품목별 외화획득 이행 의무의 미이행률이 10% 이하인 경우 ② 외화획득 이행 의무자의 분기별 미이행률이 10% 이하이고, 그 미이행 금액이 미화 2만 달러에 상당하는 금액 이하인 경우 ③ 외화획득 이행 의무자의 책임이 없는 사유로 외화획득의 이행을 하지 못한 경우로서 산업통상자원부장관이 인정하는 경우 ④ 해당 품목이 수입승인 대상에서 제외됨으로써 그 수입에 대응하는 외화획득의 이행을 할 필요가 없는 경우 등 산업통상자원부장관이 사후관리할 필요성이 없어진 것으로 인정하는 경우

013 교재 p.021
외화획득용 제품

의미	수입 또는 국내에서 구매한 후 생산 과정을 거치지 않은 상태로 외화획득에 제공되는 물품 등
대상	① ㈜한국관광용품센터가 수입하는 식자재 및 부대용품 ② 항만운송사업법에 따라 수입 물품 공급업 등록을 하고 세관장에 등록한 자(수입 물품 공급업자)가 수입하는 선박용품 ③ 군납업자가 수입하는 군납용 물품

014 교재 p.022
외화획득의 범위

① 수출
② 주한 국제연합군이나 그 밖의 외국군 기관에 대한 물품 등의 매도
③ 관광
④ 용역 및 건설의 해외 진출
⑤ 국내에서 물품 등을 매도하는 것으로서 산업통상자원부장관이 정하여 고시하는 기준에 해당하는 것
　㉠ 외국인으로부터 외화를 받고 국내의 보세지역에 물품 등을 공급하는 경우
　㉡ 외국인으로부터 외화를 받고 공장 건설에 필요한 물품 등을 국내에서 공급하는 경우
　㉢ 외국인으로부터 외화를 받고 외화획득용 시설·기재를 외국인과 임대차계약을 맺은 국내 업체에 인도하는 경우
　㉣ 정부·지방자치단체·정부투자기관이 외국으로부터 받은 차관자금에 의한 국제경쟁입찰에 의하여 국내에서 유상으로 물품 등을 공급하는 경우(대금 결제 통화의 종류 불문)
　㉤ 외화를 받고 외항선박(항공기)에 선박(항공기)용품을 공급·급유하는 경우
　㉥ 절충교역 거래(Off-set Trade)의 보완 거래로서 외국으로부터 외화를 받고 국내에서 제조된 물품 등을 국가기관에 공급하는 경우
⑥ 무역거래자가 외국의 수입업자로부터 수수료를 받고 행한 수출 알선(외화획득 행위에 준하는 행위로 간주)

015 교재 p.022
외화획득의 이행 기간

① 수입상이 직접 이행: 수입통관일 또는 공급일부터 2년
② 원료·기재 및 원료·기재로 제조된 물품의 양수자: 양수일부터 1년
③ 생산·비축 기간 2년 이상: 생산·비축에 걸리는 기간
④ 선적기일 2년 이상: 그 기일까지
⑤ 수출 완료 기계류의 하자 보수용 원료·기재: 하자 및 유지 보수 완료일부터 2년(단, HS 84류~90류는 10년)
⑥ 1년 범위 내에서 기간 연장 가능한 경우
　㉠ 생산에 장기간이 소요되는 경우
　㉡ 위탁한 제품의 생산이 공장의 도산 등으로 인해 지연되는 경우
　㉢ 외화획득 이행 의무자의 책임 있는 사유가 없음에도 신용장 또는 수출계약이 취소된 경우
　㉣ 외화획득이 완료된 물품의 하자보수용 원료 등으로서 장기간 보관이 불가피한 경우
　㉤ 그 밖에 부득이한 사유로 외화획득 이행 기간 내에 외화획득 이행이 불가능하다고 인정되는 경우

016 교재 p.024
자율관리기업

의미	수입승인을 받아 수입한 외화획득용 원료·기재에 대하여 사후관리 규정에도 불구하고 자율관리 규정에 따라 자율적으로 사후관리를 할 수 있는 기업(국가기술표준원장이 수시로 선정)
선정 요건	① 전년도 수출실적이 미화 50만 달러 상당액 이상인 업체 ② 수출 유공으로 포상(훈·포장 및 대통령 표창)을 받은 업체(1984년 이후 포상받은 업체만 해당) 또는 중견 수출기업 ③ 과거 2년간 미화 5천 달러 상당액 이상 외화획득 미이행으로 보고된 사실이 없는 업체

017 교재 p.024
수출실적 인정 범위

① 유상거래 수출(대북한 유상 반출 실적 포함)의 경우

구분	인정 금액	인정 시점	실적 확인 및 증명 발급기관
일반적인 유상수출	수출통관액 (FOB 가격 기준)	수출신고 수리일	한국무역협회장, 산업통상자원부장관이 지정하는 기관의 장
중계무역	수출 금액(FOB 가격) − 수입 금액(CIF 가격)	입금일	외국환은행의 장
외국인도수출	외국환은행의 입금액	입금일	외국환은행의 장
위탁가공무역 (수출)	판매액 − 원자재 수출 금액 − 가공임	입금일	외국환은행의 장
원양어로에 의한 수출 중 현지 경비 사용분	외국환은행이 확인한 금액	−	외국환은행의 장
용역 수출	수출실적 확인 및 증정 발급기관의 장이 외국환은행을 통해 입금 확인한 금액	입금일	한국무역협회장, 한국해운협회장, 한국관광협회중앙회장, 업종별 관광협회장
전자적 형태의 무체물 수출	한국무역협회장 또는 한국소프트웨어산업협회장이 외국환은행을 통해 입금 확인한 금액	입금일	한국무역협회장, 한국소프트웨어산업협회장
외화를 받고 외항선박에 선박용품 등 관리에 관한 고시에 따른 내국선박용품을 공급하는 경우	적재허가서에 기재된 금액	적재허가서에 기재된 허가일자	한국무역협회장

② 수출 승인 면제 대상인 물품이 무상으로 거래되는 수출의 경우

구분	인정 금액	인정 시점	실적 확인 및 증명 발급기관
외국 박람회 등에 출품하기 위해 무상으로 반출한 물품으로 현지에서 매각된 물품	외국환은행의 입금액	입금일	외국환은행의 장
해외 투자 등 이에 준하는 사업에 종사하는 우리나라 업자에게 무상 반출하는 물품 중 해외 건설공사에 직접 제공되는 원료·기재, 공사용 장비 또는 기계류의 수출 (수출신고필증에 재반입하지 않는다는 조건이 명시된 분만 해당)	수출통관액 (FOB 가격 기준)	수출신고 수리일	한국무역협회장, 산업통상자원부장관이 지정하는 기관의 장

③ 외화획득용 원료·물품의 국내 공급

구분	인정 금액	인정 시기	실적 확인 및 증명 발급기관
내국 신용장에 의한 공급	외국환은행 결제액 또는 확인액	① 외국환은행을 통하여 대금을 결제한 경우: 결제일	외국환은행의 장, 전자무역기반사업자
구매확인서에 의한 공급		② 외국환은행을 통하여 대금을 결제하지 않은 경우: 당사자 간의 대금 결제일	
수출 물품 포장용 골판지 상자의 공급			외국환은행의 장

④ 외국인으로부터 대금을 영수하고 그 외국인과 외화획득용 시설·기재의 임대차계약을 맺은 업체에 또는 그가 지정한 자에게 인도하는 경우

구분	인정 금액	인정 시기	실적 확인 및 증명 발급기관
임대차계약을 맺은 국내 업체 인도	외국환은행의 입금액	입금일	외국환은행의 장
자유무역지역으로 반입신고한 물품 등을 공급			
외국인으로부터 대금을 영수하고 그가 지정하는 자가 국내에 있어 물품 등을 외국으로 수출할 수 없는 경우에 보세구역으로 물품을 공급			한국무역협회장

018
수입실적 인정 범위

구분	인정 금액	인정 시기	실적 확인 및 증명 발급기관
일반적인 유상수입	수입통관액 (CIF 가격 기준)	수입신고 수리일	한국무역협회장, 산업통상자원부장관이 지정하는 기관의 장
외국인수수입	외국환은행의 지급액	지급일	외국환은행
용역 수입, 전자적 형태의 무체물 수입			019 참고

019
용역 또는 전자적 형태의 무체물의 수입 확인 및 실적 증명서의 발급

구분	수입 확인 및 실적증명서 발급기관장
용역수입	① 한국무역협회장 ② 한국해운협회장 ③ 한국관광협회중앙회장 및 문화체육관광부장관이 지정하는 업종별 관광협회장(관광사업만 해당)
전자적 형태의 무체물 수입	① 한국무역협회장 ② 한국소프트웨어산업협회장

020
내국 신용장(Local L/C)

의미	수출 물품 관련 원재료, 수출용 완제품 조달을 위한 신용장
특징	① 국내 거래에서만 사용 가능 ② 은행의 지급 보증 ③ 수평적·수직적으로 내국 신용장 개설 가능 ④ 판매대금추심(매입)의뢰서 발행 ⑤ 소급발행 금지 ⑥ 물품수령증명서: 세금계산서(T/I)상 공급일부터 10일 이내 발급된 것이어야 함(단, 중소기업이 대기업으로부터 구매하는 경우는 예외) ⑦ 인터넷으로만 발급(창구 발급 ×)
조건	① 양도 불가능한 취소불능 신용장이어야 함 ② 원화·외화·원화(외화 금액 부기) 발행 가능 ③ 유효기일: 인도기일+최장 10일 이내 ④ 서류 제시 기간: 물품수령증명서 발급일+5은행영업일 이내 ⑤ 일람출급식 판매대금추심의뢰서(지급인: 개설의뢰인)

021
내국 신용장과 구매확인서 비교

구분	내국 신용장	구매확인서
지급 보증	개설은행이 지급 보증함	은행이 지급 보증하지 않음
발급 차수	제한 없이 발급 가능	각 단계별로 순차적으로 제한 없이 발급 가능
사후 발급	사후 발급 불가능	사후 발급 가능

022
전략물자

물품	물품, 소프트웨어, 전자적 형태의 무체물, 기술 등을 의미
주요 내용	① 수입목적확인서: 유효 기간 1년 ② 전문판정: 유효 기간 2년 ③ 사용자 포괄, 품목 포괄 수출허가: 3년 ④ 개별 수출허가: 유효 기간 1년(기술-계약서상 계약 기간) ⑤ 서류 보관 의무: 5년간 보관 ⑥ 상황허가: 전략물자 등으로 용도 전용 가능성이 높은 물품 ⑦ 중개허가: 위반 시 7년 이하 징역, 중개 물품 가격 5배 금액 이하의 벌금

023
플랜트수출

의미	기계와 장치를 기술적으로 복합화하여 원료, 중간재 또는 최종 제품을 제조할 수 있는 생산설비(하드웨어+소프트웨어)
범위	① 산업통상자원부장관이 정하는 FOB 가격으로 미화 50만 달러 상당액 이상의 산업설비(해외 건설공사와 함께 일괄 수주 방식에 의하여 수출하는 설비는 제외) ② 산업설비·기술용역 및 시공을 포괄적으로 수행하는 수출(일괄수주 방식에 의한 수출)
주요 내용	① 플랜트수출: 산업통상자원부장관의 승인 대상 ② 일괄수주 방식: 국토교통부장관의 동의 필요 ③ 플랜트수출 촉진기관: 한국기계산업진흥회, 한국플랜트산업협회

024
전문무역상사제도

목적	신시장 개척, 신제품 발굴 및 중소기업 및 중견기업의 수출 확대
지정 기준	① 다음 요건을 모두 갖춘 무역거래자 　㉠ 전년도 수출실적 또는 직전 3개 연도의 연평균 수출실적이 미화 100만 달러 이상인 자 　㉡ 전체 수출실적 대비 타 중소·중견기업 생산 제품의 전년도 수출 비중 또는 최근 3년간 평균 수출 비중이 100분의 20 이상인 자 ② 신시장 개척, 신제품 발굴 및 중소기업 또는 중견기업에 대한 효과적인 수출 지원 등을 위하여 산업통상자원부장관이 농업·어업·수산업 등 업종별 특성과 조합 등 법인의 조직·형태별 수출 특성을 고려하여 고시하는 기준을 갖춘 무역거래자

025
무역업고유번호제도

의미	국가의 수출입 통계 관리와 수출입 실적 파악, 업체별 통계 관리 및 서비스 제공 등을 위해 무역업을 영위하는 자에게 부여하는 번호
주요 내용	① 한국무역협회장에게 신청(우편, FAX, E-mail, EDI 등) → 즉시 발급 ② 변동사항 수정: 변동 사항(상호, 대표자, 주소, 전화번호 등)이 발생한 날부터 20일 이내에 무역업 데이터베이스에 수정 입력 ③ 합병, 상속, 영업의 양·수도로 인한 무역업고유번호 승계 가능

026
무역보험제도

의미	① 신용위험, 비상위험 대비 ② 수출상, 생산자, 금융기관의 불의의 손실을 보상하는 비영리 정책보험
담보위험	① 신용위험　② 비상위험 ③ 기업위험　④ 금리위험 ⑤ 환율위험
수출보험 (단기성 종목)	① 단기 수출보험(선적 후) ② 단기 수출보험(포페이팅) ③ 단기 수출보험(농수산물 패키지) ④ 단기 수출보험(중소중견Plus+) ⑤ 단체보험 ⑥ 수출안전망 보험
수출보험 (중장기성 종목)	① 중장기 수출보험(선적 전) ② 중장기 수출보험(공급자신용) ③ 중장기 수출보험(구매자신용) ④ 중장기 수출보험(구매자신용·채권) ⑤ 해외공사보험 ⑥ 서비스종합보험(기성고·연불 방식)
신용보증 (단기성 종목)	① 수출신용보증(선적 전) ② 수출신용보증(선적 후) ③ 수출신용보증(매입) ④ 수출신용보증(포괄매입)

수입보험	① 수입상용 ② 금융기관용 ③ 글로벌공급망
환변동 보험	① 일반형 ② 범위선물환형 ③ 범위제한 선물환형 ④ 부분보장 옵션형 ⑤ 완전보장 옵션형

027 교재 p.039

무역진흥 조치

① 지원 대상
  ㉠ 무역진흥을 위한 자문, 지도, 대외 홍보, 전시, 연수, 상담 알선 등을 업으로 하는 자
  ㉡ 무역전시장이나 무역연수원 등 무역 관련 시설을 설치·운영하는 자
  ㉢ 과학적인 무역 업무 처리기반을 구축·운영하는 자
② 무역 관련 시설 지정

무역 전시장	실내 전시 연면적이 2천 제곱미터 이상인 무역견본품을 전시할 수 있는 시설과 50명 이상을 수용할 수 있는 회의실을 갖출 것
무역 연수원	무역 전문 인력을 양성할 수 있는 시설로서 연면적이 2천 제곱미터 이상이고 최대 수용 인원이 500명 이상일 것
컨벤션센터	회의용 시설로서 연면적이 4천 제곱미터 이상이고 최대 수용 인원이 2천 명 이상일 것

028 교재 p.041

수입수량 제한조치

목적	특정 물품 수입 증가 → 국내 산업 피해 구제 목적
주요 내용	① 무역위원회의 건의, 해당 국내 산업 보호의 필요성, 국제통상 관계, 수입수량 제한조치의 시행에 따른 보상수준 및 국민경제에 미치는 영향 등을 검토하여 수입수량 제한조치의 시행 여부와 내용을 결정 ② 정부: 당사국과 무역보상에 관하여 협의 가능 ③ 조치 시행일 이후 수입되는 물품에만 적용 ④ 적용 기간은 4년을 넘을 수 없음 ⑤ 산업통상자원부장관: 대상 물품, 수량, 적용 기간 등을 공고 ⑥ 수입수량 제한조치의 적용 기간, 긴급관세의 부과 기간 또는 잠정 긴급관세의 부과 기간이 끝난 날부터 그 적용 기간 또는 부과 기간에 해당하는 기간(적용 기간 또는 부과 기간이 2년 미만인 경우에는 2년)이 지나기 전까지는 다시 수입수량 제한조치 시행 × ⑦ 제한수량은 최근의 대표적인 3년간의 수입량을 연평균 수입량으로 환산한 수량(기준 수량) 이상 ⑧ 수입수량 제한조치의 적용 기간과 긴급관세 또는 잠정 긴급관세의 부과 기간 및 그 연장 기간을 전부 합산한 기간이 8년을 넘을 수 없음

029 교재 p.044

원산지판정의 요청

신청	산업통상자원부장관에게 신청
결과 통보	① 산업통상자원부장관: 판정 요청을 받은 경우 60일 이내 결과 통보 ② 신청인: 통보받은 날로부터 30일 이내에 이의 제기 가능 ③ 산업통상자원부장관: 이의 제기를 받은 날로부터 150일 내에 결정 안내 ④ 원산지판정, 표시 세부사항, 표시방법: 관세청장에게 위탁

참고하기 | 원산지표시 방법 확인방법

① 물품의 적절한 원산지표시 방법에 대한 확인을 받고자 하는 경우 산업통상자원부장관에 요청 가능
② 관세청장은 신청을 접수한 날로부터 14일 이내에 해당 물품의 적절한 표시 방법 확인
③ 이의제기: 결과 통보를 받은 날부터 30일 이내 서면으로 제기
④ 이의제기를 접수한 관세청장: 접수한 날부터 30일 이내 결정

030 교재 p.045

수입 물품에 대한 원산지판정 기준

완전생산 기준	수입 물품의 전부가 채취되거나 생산된 물품의 국가
실질적 변형 기준	수입 물품의 생산·제조·가공 과정에 둘 이상의 국가가 관련된 경우 최종적으로 실질적 변형을 가하여 그 물품에 본질적 특성을 부여하는 활동을 한 국가
세번 변경 기준	해당국에서 제조·가공 과정을 통하여 원재료의 세번과 상이한 세번(HS 6단위 기준)의 제품을 생산한 국가를 원산지로 인정하는 기준
부가가치 기준	① 의미: 사용된 원료 및 부품의 부가가치가 완제품 부가가치의 특정 비율 이상 또는 초과하는 경우에 해당되는 국가를 원산지로 인정하는 기준 ② 부가가치 비율: 해당 물품의 수입 가격(FOB 가격 기준) 중 제조·생산에 사용된 원료 및 구성품의 원산지별 가격누계가 차지하는 비율
주요 부품 기준	① 해당 주요 부품의 원료 및 구성품의 부가가치 생산에 최대로 기여한 국가가 해당 완제품의 부가가치 비율 기준 상위 2개국 중 어느 하나에 해당하는 경우는 해당 국가 ② 해당 주요 부품의 원료 및 구성품의 부가가치 생산에 최대로 기여한 국가가 해당 완제품의 부가가치 비율 기준 상위 2개국 중 어느 하나에 해당하지 않는 경우는 해당 완제품을 최종적으로 제조한 국가
주요 공정 기준	제품의 제조공정 중 가장 중요하다고 인정되거나 해당 제품의 중요한 특성을 발생시키는 기술적 제조·가공 작업을 열거하고 해당 공정이 수행된 국가를 원산지로 인정하는 기준

031

수입원료를 사용한 국내 생산 물품 등의 원산지판정 기준

적용 대상	국내 수입 후 단순 가공한 물품과 1류~24류(농수산물·식품), 30류(의료용품), 33류(향료·화장품), 48류(종이와 판지), 49류(서적·신문·인쇄물), 50류~58류(섬유), 70류(유리), 72류(철강), 87류(8701~8708의 일반 차량), 89류(선박)에 해당되지 않는 물품
한국산으로 간주하는 경우	① 우리나라에서 제조·가공 과정을 통해 수입원료의 세번과 상이한 세번(HS 6단위 기준)의 물품(세번 HS 4단위에 해당하는 물품의 세번이 HS 6단위에서 전혀 분류되지 않은 물품 포함)을 생산하고, 해당 물품의 총제조원가 중 수입원료의 수입 가격(CIF 가격 기준)을 공제한 금액이 총제조원가의 51% 이상인 경우 ② 우리나라에서 단순한 가공활동이 아닌 제조·가공 과정을 통해 제1호의 세번 변경이 안 된 물품을 최종적으로 생산하고, 해당 물품의 총제조원가 중 수입원료의 수입 가격(CIF 가격 기준)을 공제한 금액이 총제조원가의 85% 이상인 경우 ③ 천일염: 외국산 원재료 사용되지 않고 제조된 경우

032

원산지표시

적용대상	대외무역법에 의해 원산지표시 대상으로 지정된 수입 물품
일반원칙	① 한글, 한자 또는 영문으로 표시 예 "원산지: 국명", "Made in 국명" 또는 "Product of 국명", "Made by 물품 제조자의 회사명, 주소, 국명" ② 최종 구매자가 원산지를 용이하게 판독할 수 있는 크기의 활자체로 표시 ③ 최종 구매자가 원산지를 쉽게 발견할 수 있는 곳에 표시 ④ 쉽게 지워지거나 떨어지지 않도록 표시 ⑤ 제조 단계에서 인쇄(printing), 등사(stenciling), 낙인(branding), 주조(molding), 식각(etching), 박음질(stitching) 또는 유사한 방식(예외: 물품 특성상 부적합한 경우 날인, 라벨, 스티커, 꼬리표 사용 가능) ⑥ 다른 법령에서 원산지표시 방법 등을 정하고 있는 경우에는 이를 적용하여 원산지표시 가능

033

원산지를 물품의 최소 포장·용기 등에 표시하는 경우 (원산지표시의 예외 규정)

① 해당 물품에 원산지를 표시하는 것이 불가능한 경우
② 원산지표시로 물품이 크게 훼손되는 경우 예 당구공, 콘택트렌즈, 포장하지 않은 집적회로 등
③ 원산지표시로 인해 해당 물품의 가치가 실질적으로 저하되는 경우
④ 원산지표시 비용이 해당 물품의 수입을 막을 정도로 과도한 경우
⑤ 상거래 관행상 최종 구매자에게 포장, 용기에 봉인되어 판매되는 물품 또는 봉인되지는 않았으나 포장, 용기를 뜯지 않고 판매되는 물품 예 비누, 칫솔, 비디오테이프 등
⑥ 실질적 변형을 일으키는 제조공정에 투입되는 부품 및 원재료를 수입한 후 실수요자에게 직접 공급하는 경우
⑦ 물품 외관상 원산지 오인 가능성이 적은 경우 예 두리안, 오렌지, 바나나와 같은 과일·채소 등
⑧ 수입 세트 물품의 경우
  ㉠ 개별 물품 원산지가 동일한 경우: 포장·용기에 원산지표기
  ㉡ 원산지 2개국 이상인 경우: 개별 물품에 원산지표기, 포장에 개별 물품의 원산지 모두 나열

034

원산지표시의 면제 대상

① 외화획득용 원료 및 시설기재로 수입되는 물품
② 개인에게 무상 송부된 탁송품, 별송품 또는 여행자 휴대품
③ 수입 후 실질적 변형을 일으키는 제조공정에 투입되는 부품 및 원재료로서 실수요자가 직접 수입하는 경우(실수요자를 위하여 수입을 대행하는 경우 포함)
④ 판매 또는 임대목적에 제공되지 않는 물품으로서 실수요자가 직접 수입하는 경우[단, 제조용 시설 및 기자재(부분품 및 예비용 부품 포함)는 수입을 대행하는 경우 인정할 수 있음]
⑤ 실수요자가 수입하는 연구개발용품(실수요자를 위하여 수입을 대행하는 경우 포함)
⑥ 견본품(진열·판매용이 아닌 것에 한함) 및 수입된 물품의 하자보수용 물품
⑦ 보세운송, 환적 등에 의하여 우리나라를 단순히 경유하는 통과 화물
⑧ 재수출조건부 면세 대상 물품 등 일시 수입 물품
⑨ 우리나라에서 수출된 후 재수입되는 물품
⑩ 외교관 면세 대상 물품
⑪ 개인의 자가소비용 물품

035

원산지증명서(C/O: Certificate of Origin)

의미	물품의 국적을 나타내는 증명서
제출 대상	① 통합 공고에 의하여 특정 지역으로부터 수입이 제한되는 물품 ② 원산지 허위표시, 오인·혼동표시 등을 확인하기 위하여 세관장이 원산지증명서 제출이 필요하다고 인정하는 물품 ③ 그 밖에 법령에 따라 원산지 확인이 필요한 물품

제출 면제 물품	① 과세 가격이 15만 원 이하인 물품 ② 우편물(수입신고를 해야 하는 것은 제외) ③ 개인에게 무상 송부된 탁송품, 별송품 또는 여행자 휴대품 ④ 재수출조건부 면세 대상 물품 등 일시 수입 물품 ⑤ 보세운송, 환적 등에 의하여 우리나라를 단순히 경유하는 통과 화물 ⑥ 물품의 종류, 성질, 형상 또는 그 상표, 생산국명, 제조자 등에 의하여 원산지가 인정되는 물품 ⑦ 그 밖에 관세청장이 산업통상자원부장관과 협의하여 타당하다고 인정하는 물품

CHAPTER 02 | 관세법

001 교재 p.054
관세

의미	관세선을 통과하는 상품에 대하여 국가에서 부과하는 세금
주요 내용	① 간접소비세, 국세 ② 수입 물품에 관세 부과(수출, 환적 물품 과세 ×) ③ 종가세, 종량세(대부분 종가세)
관세징수 우선	관세를 납부해야 하는 물품은 다른 조세나 그 밖의 공과금 및 채권보다 우선하여 그 관세를 징수
관세법 목적	관세의 부과, 징수 및 수출입 물품의 통관을 적정하게 하고 관세 수입을 확보함으로써 국민경제 발전 이바지 함

002 교재 p.055
용어의 정의

수입	외국 물품을 우리나라에 반입하거나 우리나라에서 소비 또는 사용하는 것
수출	내국 물품을 외국으로 반출하는 것
반송	국내에 도착한 외국 물품이 수입통관 절차를 거치지 않고 다시 외국으로 반출되는 것
통관	관세법에 따른 절차를 이행하여 물품을 수출·수입 또는 반송하는 것

003 교재 p.055
외국 물품과 내국 물품

외국 물품	① 외국에서 우리나라로 도착한 물품으로 수입신고가 수리되기 전의 것 ② 외국의 선박 등이 공해에서 채집하거나 포획한 수산물 등 수입신고가 수리되기 전의 것 ③ 수출신고가 수리된 물품 ④ 보수작업 결과 외국 물품에 부가된 내국 물품 ⑤ 보세공장에서 외국 물품과 내국 물품을 원자재로 혼용하여 제조한 물품 ⑥ 관세환급특례법상 관세 환급을 목적으로 일정한 보세구역 또는 자유무역지역에 반입한 물품
내국 물품	① 우리나라에 있는 물품으로서 외국 물품이 아닌 것 ② 우리나라의 선박 등이 공해에서 채집하거나 포획한 수산물 등 ③ 입항 전 수입신고가 수리된 물품 ④ 수입신고 수리 전 반출승인을 받아 반출된 물품 ⑤ 수입신고 전 즉시반출신고를 하고 반출된 물품

004 교재 p.057
관세의 납부기한

납세신고를 한 경우	납세신고 수리일부터 15일 이내에 납부
납부고지를 한 경우	납부고지를 받은 날부터 15일 이내에 납부
수입신고 전 즉시반출 신고를 한 경우	수입신고일부터 15일 이내에 납부
월별납부	① 납부기한이 동일한 달에 속하는 세액(관세 및 내국세)에 대하여는 그 기한이 속하는 달의 말일까지 한꺼번에 납부 ② 세관장은 납부할 세액에 상당하는 담보를 제공하게 할 수 있음
천재지변 등으로 기한 연장의 경우	① 세관장은 천재지변, 전쟁·화재 등 재해나 도난으로 인하여 재산에 심한 손실을 입은 경우나 사업에 현저한 손실을 입은 경우, 사업이 중대한 위기에 처한 경우에는 1년을 초과하지 않는 기간을 정하여 납부기한 연장 가능 ② 세관장은 납부할 세액에 상당하는 담보를 제공하게 할 수 있음

005

관세의 과세요건

① 과세 물건

의미	수입 물품(수출·환적 물품: 과세 물건 ×)
범위	① 수입 물품 중 가치가 있는 유체물 ② 권리사용료가 있는 무체물 등(특허권, 상표권, 의장권, 기타 이와 유사한 권리)
확정 시기	① 일반 수입 물품: 수입신고하는 시점 ② 원료 과세 물건: 보세공장 제조물품 수입 시 사용신고 전 원료 과세를 신청하는 경우 사용신고하는 시점
예외적 시기 (괄호 안: 특별 납세의무자)	① 선박(항공기)용품을 허가대로 적재하지 않아 관세를 징수하는 물품: 하역허가를 받은 때(자) ② 보세구역 밖에서의 보수 작업 물품: 보수 작업을 승인받은 때(자) ③ 보세구역 장치 물품이 멸실 또는 폐기되어 관세를 징수하는 물품: 멸실되거나 폐기된 때(운영인 또는 보관인) ④ 보세공장(보세건설장) 외 또는 종합보세구역 외 작업 시 작업 허가 기간의 경과로 인하여 관세를 징수하는 물품: 보세공장 외 작업, 보세건설장 외 작업 또는 종합보세구역 외 작업을 허가받거나 신고한 때(자) ⑤ 보세운송 기간이 경과하여 관세를 징수하는 물품: 신고·승인받은 때(자) ⑥ 수입신고가 수리되기 전에 소비하거나 사용하는 물품: 해당 물품을 소비하거나 사용한 때(자) ⑦ 수입신고 전 즉시반출신고를 하고 반출한 물품: 즉시반출신고 한 때(자) ⑧ 우편으로 수입되는 물품: 통관우체국에 도착한 때(수취인) ⑨ 도난 물품 또는 분실 물품: 해당 물품이 도난되거나 분실된 때(운영인·화물관리인, 보세운송신고인·승인받은 자, 보관인·취급인) ⑩ 관세법에 의해 매각되는 물품: 해당 물품이 매각된 때(납세 의무자 ×) ⑪ 수입신고를 하지 않고 수입된 물품: 수입된 때(소유자, 점유자)

② 납세 의무자

의미	관세의 세액을 납부할 법률상 의무를 부담하는 자
원칙적 납세 의무자	물품을 수입신고하는 때의 화주
화주가 불분명한 경우의 납세 의무자	① 수입을 위탁받아 수입업체가 대행수입한 물품인 경우: 위탁자 ② 수입을 위탁받아 수입업체가 대행수입한 물품이 아닌 경우: 상업서류(송품장, 선하증권 또는 항공화물운송장)에 적힌 물품수신인 ③ 수입 물품을 수입신고 전에 양도한 경우: 양수인 ④ 조달 물품인 경우: 실수요 부처의 장 또는 실수요자 ⑤ 송품장상 물품수신인의 부도 등으로 직접 통관하기 곤란한 경우: 적법한 절차를 거쳐 수입의 양수인이 된 은행 ⑥ 법원의 임의 경매 절차에 의해 경락받은 물품의 경우: 물품의 경락자
연대 납세 의무자	① 수입신고가 수리된 물품 또는 수입신고 수리 전 반출승인을 받아 반출된 물품에 대하여 납부하였거나 납부해야 할 관세액이 부족한 경우 해당 물품을 수입신고하는 때의 화주의 주소 및 거소가 분명하지 않거나 수입신고인이 화주를 명백히 하지 못하는 경우: 신고인이 해당 물품을 수입신고하는 때의 화주와 연대하여 해당 관세를 납부해야 함 ② 구매대행업자가 다음의 모두에 해당하는 경우 구매대행업자와 수입신고하는 때의 화주가 연대하여 관세를 납부해야 함 ㉠ 화주로부터 해당 물품에 대하여 납부할 관세 등에 상당하는 금액을 수령하였을 것 ㉡ 수입신고인 등에게 과세 가격 등의 정보를 거짓으로 제공하였을 것
납세보증자	관세 납부를 보증한 자가 납부
2차 납세 의무자	주된 납세자의 재산에 대해 강제징수를 집행하여도 관세 등을 충당하기에 부족한 경우 주된 납세 의무자와 일정한 관계에 있는 자(법인, 청산법인, 출자자, 사업양수인)

③ 과세표준: 과세 물건의 수량 또는 가격

참고하기 | 원칙적 납세 의무자와 특별 납세 의무자가 경합 시

특별 납세 의무자에게 납세 의무가 있음

006

관세평가

외국에서 수입되는 물품의 과세 가격을 결정하는 절차와 방법

007 교재 p.061

과세 가격 결정 제1방법(과세 가격 결정의 원칙)

① 의미: 우리나라에 수출하기 위하여 판매되는 물품에 대하여 구매자가 실제로 지급하였거나 지급해야 할 가격에 법정 가산요소를 가산하고 조정하여 과세 가격을 결정하는 방법

② 거래 가격 성립요건

요건	① 우리나라에 수출, 판매되는 것이어야 함 ② 해당 물품의 처분 또는 사용에 제한이 없어야 함 ③ 해당 물품에 대한 거래의 성립 또는 가격의 결정이 금액으로 계산할 수 없는 조건 또는 사정에 영향을 받지 않아야 함 ④ 해당 물품을 수입한 후에 전매·처분 또는 사용하여 생긴 수익의 일부가 판매자에게 직접 또는 간접적으로 귀속되지 않아야 함. 다만, 귀속 금액을 객관적이고 수량화할 수 있는 자료가 있어서 적절히 조정할 수 있는 경우에는 그렇지 않음 ⑤ 구매자와 판매자 사이의 특수 관계가 해당 물품의 가격에 영향을 미치지 않아야 함
요건을 미충족할 경우	① 우리나라에 수출하기 위해 판매되는 물품이 아닌 경우(거래가격 성립요건 중 ① 불충족): 제1방법으로 과세 가격 결정 불가능 ㉠ 무상으로 국내에 도착하는 물품 ㉡ 국내 도착 후 경매 등을 통해 판매가격이 결정되는 위탁판매물품 ㉢ 수출자의 책임으로 국내에서 판매하기 위해 국내에 도착하는 물품 ㉣ 별개의 독립된 법적 사업체가 아닌 지점 등과의 거래에 따라 국내 도착하는 물품 ㉤ 임대차계약에 따라 국내에 도착하는 물품 ㉥ 무상으로 임차하여 국내에 도착하는 물품 ㉦ 산업쓰레기 등 수출자의 부담으로 국내에서 폐기하기 위해 국내에 도착하는 물품 ② 수입 물품의 처분 또는 사용에 제한이 있는 경우(거래가격 성립요건 중 ② 불충족): 제1방법으로 과세 가격 결정 불가능 ㉠ 전시용·자선용·교육용 등 당해 물품을 특정 용도로 사용하도록 하는 제한 ㉡ 당해 물품을 특정인에게만 판매 또는 임대하도록 하는 제한 ㉢ 기타 당해 물품의 가격에 실질적으로 영향을 미치는 제한 ③ 제1방법으로 과세가격을 결정할 수 있는 경우(거래가격 성립요건 중 ② 충족일 경우) ㉠ 우리나라의 법령이나 법령에 의한 처분에 의하여 부과되거나 요구되는 제한 ㉡ 수입 물품이 판매될 수 있는 지역의 제한 ㉢ 그 밖에 수입가격에 실질적으로 영향을 미치지 않는다고 세관장이 인정하는 제한 ④ 금액으로 계산할 수 없는 조건 또는 사정이 거래의 성립이나 가격 결정에 영향을 주는 경우(거래가격 성립요건 중 ③ 불충족): 제1방법으로 과세 가격 결정 불가능 ㉠ 구매자가 판매자로부터 특정 수량의 다른 물품을 구매하는 조건으로 해당 물품의 가격이 결정되는 경우 ㉡ 구매자가 판매자에게 판매하는 다른 물품의 가격에 따라 해당 물품의 가격이 결정되는 경우 ㉢ 판매자가 반제품을 구매자에게 공급하는 대가로 완제품의 일정 수량을 받는 조건으로 해당 물품의 가격이 결정되는 경우

③ 실제 지급 금액(구매자가 실제로 지급하였거나 지급해야 할 총금액)

총금액	(직접 지급액 + 간접 지급액) – 공제금액
직접 지급액	송금·신용장 등에 의해 결제되는 금액
간접 지급액	① 구매자가 해당 수입 물품의 대가와 판매자의 채무를 상계하는 금액 ② 구매자가 판매자의 채무를 변제하는 금액 ③ 그 밖의 간접적인 지급액 ㉠ 판매자의 요청으로 수입 물품의 대가 중 전부 또는 일부를 제3자에게 지급하는 경우 그 금액 ㉡ 수입 물품의 거래 조건으로 판매자 또는 제3자가 수행해야 하는 하자보증을 구매자가 대신하고 그 해당 금액을 할인받았거나 하자보증비 중 전부 또는 일부를 별도로 지급하는 경우 그 금액 ㉢ 수입 물품의 거래 조건으로 구매자가 지급하는 외국훈련비, 외국교육비 또는 연구개발비 ㉣ 그 밖에 일반적으로 판매자가 부담하는 금융 비용 등을 구매자가 지급하는 경우 그 금액

④ 공제 요소

공제 요건	구매자가 실제로 지급하였거나 지급하여야 할 총금액에서 공제요소의 공제금액이 명백히 구분할 수 있는 경우 공제함
공제 요소	① 수입 후에 수행하는 해당 수입 물품의 건설, 설치, 조립, 정비, 유지 또는 해당 수입 물품에 관한 기술지원에 필요한 비용 ② 수입항에 도착한 후 해당 수입 물품을 운송하는 데 필요한 운임·보험료와 그 밖에 운송과 관련된 비용 ③ 우리나라에서 해당 수입 물품에 부과된 관세 등의 세금과 그 밖의 공과금 ④ 연불조건의 수입인 경우에는 다음 요건을 모두 갖춘 연불이자 ㉠ 연불이자가 수입 물품의 대가로 실제로 지급하였거나 지급하여야 할 금액과 구분될 것 ㉡ 금융계약이 서면으로 체결되었을 것 ㉢ 해당 물품이 수입신고된 가격으로 판매되고, 그 이자율은 금융이 제공된 국가에서 당시 금융거래에 통용되는 수준의 이자율을 초과하지 않을 것

⑤ 법정 가산요소(거래가격의 조정)

가산 요건	객관적이고 수량화할 수 있는 자료에 근거하여야 함

가산 요소	① 구매자가 부담하는 수수료와 중개료(구매 수수료는 제외)
	② 해당 수입 물품과 동일체로 취급되는 용기의 비용과 해당 수입 물품의 포장에 소요되는 노무비와 자재비로서 구매자가 부담하는 비용
	③ 구매자가 해당 수입 물품의 생산 및 수출 거래를 위하여 다음의 물품 및 용역을 무료 또는 인하된 가격으로 직접 또는 간접적으로 공급한 경우에는 그 물품 및 용역의 가격 또는 인하차액을 해당 수입 물품의 총생산량 등 대통령령으로 정하는 요소를 고려하여 적절히 배분한 금액(생산지원 비용)
	  ㉠ 수입 물품에 결합되는 재료·구성요소·부분품 및 그 밖에 이와 비슷한 물품
	  ㉡ 수입 물품의 생산에 사용되는 공구·금형·다이스 및 그 밖에 이와 비슷한 물품으로서 기획재정부령으로 정하는 것
	  ㉢ 수입 물품의 생산 과정에 소비되는 물품
	  ㉣ 수입 물품의 생산에 필요한 기술·설계·고안·공예 및 디자인(우리나라에서 개발된 것은 제외)
	④ 특허권, 실용신안권, 디자인권, 상표권 및 이와 유사한 권리를 사용한 금액(권리사용료)
	⑤ 해당 수입 물품을 수입한 후 전매·처분 또는 사용하여 발생한 수익 금액 중 판매자에게 직접 또는 간접으로 귀속되는 금액(사후귀속이익)
	⑥ 수입항까지의 운임·보험료와 그 밖에 운송과 관련되는 비용(BAF, CAF)

008 교재 p.063

제2방법~제6방법

제2방법	동종·동질 물품의 거래 가격을 기초로 한 과세 가격의 결정
제3방법	유사 물품의 거래 가격을 기초로 한 과세 가격의 결정
제4방법	국내 판매 가격을 기초로 한 과세 가격의 결정
제5방법	산정 가격을 기초로 한 과세 가격의 결정
제6방법	합리적 기준에 따른 과세 가격의 결정

009 교재 p.066

과세환율

의미	외화표시 수입 물품 거래 가격을 원화로 환산하기 위한 환율
결정	적용법령에 따른 날이 속하는 주의 전주의 기준환율 또는 재정환율을 평균하여 관세청장이 결정

010 교재 p.066

가격신고

의미	납세 의무자가 수입신고 시 해당 물품의 가격을 신고하는 것
대상 물품	① 수입하고자 하는 물품 ② 신고납부 대상 ③ 부과고지 대상 물품
생략 가능 물품	① 정부 또는 지방자치단체가 수입하는 물품 ② 정부 조달 물품 ③ 공공기관이 수입하는 물품 ④ 관세 및 내국세 등이 부과되지 않는 물품 ⑤ 방위산업용 기계와 그 부분품 및 원재료로 수입하는 물품 ⑥ 수출용 원재료 ⑦ 특정연구기관 육성법의 규정에 의한 특정 연구기관이 수입하는 물품 ⑧ 과세 가격이 미화 1만 달러 이하인 물품 ⑨ 종량세 적용 물품 ⑩ 과세 가격 결정 방법의 사전 심사 결과가 통보된 물품 (잠정 가격신고 대상 물품은 제외)
생략 불가 물품	① 과세 가격을 결정할 때 제1방법의 거래 가격에 조정요소(법정 가산요소) 금액을 가산해야 하는 물품 ② 제1방법에 따른 구매자가 실제로 지급하였거나 지급하여야 할 가격에 구매자가 해당 수입 물품의 대가와 판매자의 채무를 상계하는 금액, 구매자가 판매자의 채무를 변제하는 금액, 그 밖의 간접적인 지급액이 포함되어 있는 경우에 해당하는 물품 ③ 제2방법~제6방법에 따라 결정되는 경우에 해당하는 물품 ④ 부과고지 대상 물품으로 세관장이 관세를 부과·징수하는 물품 ⑤ 잠정 가격신고 대상 물품 ⑥ 관세를 체납하고 있는 자가 신고하는 물품(체납액이 10만 원 미만이거나 체납 기간이 7일 이내에 수입신고하는 경우는 제외) ⑦ 납세자의 성실성 등을 참작하여 관세청장이 정하는 기준에 해당하는 불성실 신고인이 신고하는 물품 ⑧ 물품의 가격 변동이 큰 물품, 기타 수입신고 수리 후에 세액을 심사하는 것이 적합하지 않다고 인정하여 관세청장이 정하는 물품

011 교재 p.067
잠정 가격신고제도

의미	수입신고 당시에 거래 가격이 확정되지 않고 일정 기간이 지난 후에 확정되는 물품은 잠정 가격으로 신고하고 해당 물품의 가격이 확정되었을 때 확정 가격신고를 하여 잠정 가격신고로 납부한 세액의 차액을 징수하거나 환급하는 제도
대상	① 거래관행상 거래 성립 후 일정 기간이 지난 후에 가격이 정하여지는 물품(원유·곡물·광석 그 밖의 이와 비슷한 1차 산품)으로서 수입신고일 현재 가격이 정해지지 않은 경우 ② 과세 가격 결정 방법 제1방법에 의해 조정해야 할 금액이 수입신고일부터 일정 기간이 지난 후에 정해질 수 있음이 서류 등으로 확인되는 경우 ③ 과세 가격 결정 방법의 사전 심사를 신청한 경우 ④ 특수 관계가 있는 구매자와 판매자 사이의 거래 중 제1방법에 따른 수입 물품의 거래 가격이 수입신고 수리 이후에 국제조세조정에 관한 법률 제8조에 따른 정상 가격으로 조정될 것으로 예상되는 거래로서 기획재정부령으로 정하는 요건을 갖춘 경우 ⑤ 계약의 내용이나 거래의 특성상 잠정 가격으로 가격신고를 하는 것이 불가피하다고 기획재정부령으로 정하는 경우
확정 가격 신고 기한	① 2년 범위 안에서 확정가격 신고 ② 거래계약 내용 변경 등 불가피한 사유 인정 시 연장 가능: 신고 기간 만료일부터 2년 초과 ×
사후 정산	세관장은 신고납부한 세액과 확정 가격신고에 의한 세액과의 차액을 징수하거나 환급해야 함

012 교재 p.069
덤핑방지관세

의미	수출국(외국)의 생산자가 부당하게 정상 가격보다 낮은 가격으로 수출(덤핑)하고 우리나라가 그 물건을 수입함으로써 국내 산업에 피해를 야기한 경우 그 덤핑 행위를 시정하고 국내 산업 피해를 구제하기 위하여 정상 가격과 덤핑 가격 간의 차액을 부과하는 관세
부과요건	① 국내 산업이 실질적인 피해를 받거나 받을 우려가 있는 경우 ② 국내 산업의 발전이 실질적으로 지연된 경우
부과 시기	조치일 이후 수입되는 물품(잠정조치 포함)
세율 적용	실행관세율+덤핑방지관세율

013 교재 p.069
상계관세

의미	외국에서 생산, 제조 또는 수출에 관하여 보조금, 장려금(이하 보조금)을 지급받은 물품이 수입되어 국내 산업을 저해하는 경우에 기본세율 이외에 해당 보조금 등의 금액 이하 추가 부과하는 관세
부과요건	① 국내 산업이 실질적인 피해를 받거나 받을 우려가 있는 경우 ② 국내 산업의 발전이 실질적으로 지연된 경우
부과 시기	조치일 이후 수입되는 물품
적용 세율	실행관세율+상계관세율

014 교재 p.070
긴급관세

의미	특정 물품의 수입 증가로 인하여 동종 물품 또는 직접적인 경쟁 관계에 있는 물품에 대하여 국내 산업이 입을 수 있는 심각한 피해 등을 방지하거나 치유하고 조정을 촉진하기 위하여 필요한 범위에서 추가하여 부과하는 관세
부과요건	① 국내 산업이 심각한 피해를 받거나 받을 우려가 있는 경우 ② 국내 산업을 보호할 필요가 있다고 인정되는 경우
부과 기간	① 긴급관세: 4년 초과 × ② 잠정긴급관세: 200일 초과 × ③ 부과 기간을 연장하는 경우: 잠정긴급관세의 부과 기간, 긴급관세의 부과 기간, 대외무역법의 수입수량 제한 등의 적용 기간 및 그 연장 기간을 포함한 총적용 기간은 8년을 초과할 수 없음

015 교재 p.072
세율 적용의 우선순위

순위	관세의 종류	세율의 우선순위
1	덤핑방지관세, 상계관세, 긴급관세, 보복관세, 특정국 물품 긴급관세, 농림축산물에 대한 특별긴급관세, 조정관세(공중도덕, 환경보전 등 필요한 경우만 적용)	가장 우선 적용
2	FTA 협정관세	3~7보다 낮은 경우 우선 적용
3	편익관세, WTO 일반양허관세, WTO 개발도상국 간 양허관세, 유엔무역개발회의 개발도상국 간 양허관세, 특정 국가와의 관세협상에 따른 국제협력관세	4~7보다 낮은 경우 우선 적용

4	조정관세, 계절관세	5~7보다 우선 적용
	할당관세	5보다 낮은 경우 우선 적용 6, 7보다 우선 적용
5	일반특혜관세	6, 7보다 우선 적용
6	잠정관세	7보다 우선 적용
7	기본관세	1~6이 적용되지 않는 경우 적용

016 교재 p.072
간이세율

목적	여행자 휴대품, 우편물 등 소액 다품종물품에 단일세율을 적용 → 과세 간소화
적용 물품	다음 중 대통령령으로 정하는 물품 ① 여행자, 승무원이 휴대하여 수입하는 물품 ② 우편물(수입신고해야 하는 것은 제외) ③ 탁송품 또는 별송품
적용 제외 물품	① 관세율이 무세인 물품과 관세가 감면되는 물품 ② 수출용 원재료 ③ 관세법 범칙 행위에 관련된 물품 ④ 종량세가 적용되는 물품 ⑤ 상업용으로 인정되는 수량의 물품 ⑥ 고가품 ⑦ 해당 물품의 수입이 국내 산업을 저해할 우려가 있는 물품 ⑧ 단일 간이세율의 적용이 과세 형평을 현저히 저해할 우려가 있는 물품 ⑨ 화주가 수입신고할 때에 과세 대상 물품의 전부에 대하여 간이세율의 적용을 받지 아니할 것을 요청한 경우의 해당 물품

017 교재 p.073
합의세율과 용도세율

① 합의세율

의미	물품별 세율이 다른 물품에 대하여 신고인의 신청에 따라 그 세율 중 가장 높은 세율을 적용
적용물품	① 일괄하여 수입신고된 경우 ② 품목별로 세율이 상이한 경우 ③ 가장 높은 세율을 적용할 것을 화주가 신청한 경우
행정쟁송	화주에 신청에 의하여 사전에 세관과 화주가 합의한 것이므로 이의 신청, 심사 청구 및 심판 청구와 같은 행정상 쟁송을 할 수 없음

② 용도세율
  ㉠ 특정 용도에 사용하기 위하여 특정 물품을 수입하는 경우에 관세의 납세 의무를 면제하거나 감세하여 세 부담을 줄여 주는 관세감면제도와 동일한 취지의 세율
  ㉡ 수입신고 수리일부터 3년의 범위 내에서 해당 용도 외에 사용하거나 용도 외에 사용할 자에게 양도할 수 없음

018 교재 p.074
품목분류

의미	나라마다 다른 관세 행정을 통일시키기 위해 관세 품목을 원료나 제조 과정, 용도 등으로 세분화하는 것
HS 품목 분류표	① HS 협약을 채택한 모든 국가는 6단위까지 공통 사용 ② 관세·통계통합 품목분류표(HSK) 10단위 사용(우리나라)
사전 심사	수출입자, 제조자, 관세사 등은 수출입신고 전에 관세청장에게 품목분류 사전 심사 신청 가능

019 교재 p.075
신고납부 방식

의미	납세 의무자가 자신이 납부해야 할 세액을 스스로 계산하여 납세 의무의 구체적인 내용을 확인한 후 세관장에게 신고함으로써 관세 채권 확정
납세신고	수입신고 시 세관장에게 관세 납부에 관하여 신고하는 것
신고 대상	① 품목분류·세율 및 납부해야 할 세액 및 합계액 ② 관세 감면액과 법적 근거 ③ 특수 관계 해당 여부와 그 내용 ④ 기타 과세 가격 결정에 참고가 되는 사항
세액심사	① 사후 세액심사(원칙) ② 사전 세액심사: 관세 채권 확보 곤란, 신고 수리 후 심사 부적정 물품 ③ 자율 심사: 자율 심사 기업은 결과를 세관장에게 제출하여야 함

020 교재 p.076
세액의 정정

세액정정 (납부 전 정정)	① 납세신고한 세액을 납부하기 전 과부족한 것을 알게 되었을 때 신고한 세액을 정정하는 것 ② 납부기한: 당초 납부기한
보정신청 (납부 후 정정)	① 신고한 세액을 납부한 후에 세액이 부족하다는 것을 알게 되거나 세액산출의 기초가 되는 과세 가격 또는 품목 분류 등에 오류가 있는 것을 알게 되었을 때 신고납부한 날부터 6개월 이내에 세관장에게 세액을 보정해 줄 것을 신청하는 것 ② 납부기한: 보정신청한 날의 다음 날 ③ 보정이자: 부족세액×납부기한의 다음 날부터 보정신청을 한 날까지의 기간×이자율(관세환급가산금 이자율과 동일, 해마다 변동)
수정 신고	① 신고납부한 세액이 부족한 경우 보정 기간이 경과한 후 정정하는 것 ② 납부기한: 수정신고한 날의 다음 날 ③ 가산세 ㉠ 부족세액의 10%(무신고: 20%, 부정신고: 40%)+납부지연 이자

	ⓒ 납부지연 이자: 부족세액×납부기한의 다음 날(무신고의 경우 수입된 날)부터 수정신고일 또는 납부고지일까지의 기간×이자율(10만분의 22)
경정 청구	① 신고납부한 세액이 과다한 것을 알게 되었을 때 납세신고를 한 날부터 5년 이내 세액의 경정을 세관장에게 청구하는 것 ② 세관장: 청구 받은 날부터 2개월 이내에 세액 경정
경정	① 세관장은 납세 의무자가 신고납부한 세액, 납세신고한 세액 또는 경정청구한 세액을 심사한 결과 과부족하다는 것을 알게 되었을 때 대통령령으로 정하는 바에 따라 그 세액을 경정해야 함 ② 가산세: 수정신고 가산세와 동일

021 부과고지 방식

의미	세관장이 납부해야 하는 세액을 산출·확정하여 납기 내에 납부하도록 하는 방식
납부기한	납부고지를 받은 날부터 15일 이내에 납부
대상 물품	① 과세 물건의 확정 시기가 예외적인 경우에 해당되는 물품 ② 보세건설장에서 건설된 시설 중 수입신고가 수리되기 전에 가동된 시설 ③ 보세구역에 반입된 물품 중 수입신고가 수리되기 전에 반출된 물품 ④ 납세 의무자가 관세청장이 정하는 사유로 과세 가격이나 관세율 등을 결정하기 곤란하여 부과고지를 요청한 물품 ⑤ 즉시 반출한 물품 중 수입신고 기간 내에 수입신고를 하지 않은 물품 ⑥ 그 밖에 신고납부 방식에 따른 납세신고가 부적당한 것으로서 기획재정부령으로 정해진 물품 ㉠ 여행자 또는 승무원의 휴대품 및 별송품 ㉡ 우편물(수입신고 대상 물품 제외) ㉢ 법령의 규정에 의하여 세관장이 관세를 부과·징수하는 물품 ㉣ ㉠~㉢외에 납세신고가 부적당하다고 인정하여 관세청장이 지정하는 물품
징수 금액의 최저한	세관장은 납부세액이 1만 원 미만인 경우에는 징수하지 않음

022 가산세

신고불성실 가산세	① 가산세: 부족세액의 10%(무신고일 경우 20%, 부정신고일 경우 40%)+납부지연 이자 ② 납부지연 이자: 미납부세액(또는 부족세액)×납부기한의 다음 날(무신고의 경우 수입된 날)부터 수정신고일 또는 납부고지일까지의 기간×이자율(10만분의 22)
과세 대상 여행자 휴대품 등 미신고 가산세	① 여행자 또는 승무원의 휴대품을 신고하지 않은 경우: 납부할 세액(관세 및 내국세를 포함)의 40%(반복적으로 자진신고하지 않은 경우 60%) ② 이사 물품을 신고하지 않은 경우: 납부할 세액(관세 및 내국세 포함)의 20%
재수출 불이행 가산세	재수출 면세를 받은 물품을 재수출 기간 내에 재수출하지 않은 경우 관세의 20%를 부과(단, 500만 원을 넘지 않는 범위에서 부과)
즉시반출 물품 수입신고 불이행 가산세	즉시반출신고일부터 10일 이내에 수입신고 불이행 → 관세의 20% 부과
신고지연 가산세	수입하거나 반송하려는 물품을 지정장치장 또는 보세창고에 반입하거나 보세구역이 아닌 장소에 장치한 자가 그 반입일 또는 장치일부터 30일 이내 신고하지 않은 경우 부과 ① 신고기한이 경과한 날부터 20일 내에 신고한 경우: 과세 가격의 0.5% ② 신고기한이 경과한 날부터 50일 내에 신고한 경우: 과세 가격의 1% ③ 신고기한이 경과한 날부터 80일 내에 신고한 경우: 과세 가격의 1.5% ④ 그 밖의 경우: 과세 가격의 2%
납부지연 가산세	① 미납부세액(또는 부족세액) × 법정납부기한의 다음 날부터 납부일까지의 기간(납부고지일부터 납부고지서에 따른 납부기한까지의 기간은 제외) × 이자율 ② 납부고지서에 따른 납부기한까지 납부하지 않은 세액 × 3%

023 과세 전 적부심사제도

의미	세관장이 납부세액이나 납부하여야 하는 세액에 미치지 못한 금액을 징수하려는 경우 미리 납세 의무자에게 그 내용을 서면으로 통지하는데, 이때 통지받은 납세 의무자가 통지 내용이 적법한지에 대한 심사를 청구할 수 있도록 한 제도
청구 시기	부족세액 징수의 통지를 받은 날로부터 30일 이내에 세관장에게 통지 내용이 적법한지에 대한 심사 청구

관세청장에게 심사청구하는 경우	① 관세청장의 훈령·예규·고시 등과 관련하여 새로운 해석이 필요한 경우 ② 관세청장의 업무감사 결과 또는 업무 지시에 따라 세액을 경정하거나 부족한 세액을 징수하는 경우 ③ 관세평가분류원장의 품목분류 및 유권해석에 따라 수출입 물품에 적용할 세율이나 물품분류의 관세율표 번호가 변경되어 세액을 경정하거나 부족한 세액을 징수하는 경우 ④ 동일 납세 의무자가 동일한 사안에 대하여 둘 이상의 세관장에게 과세 전 적부심사를 청구하여야 하는 경우 ⑤ ①~④ 규정에 해당하지 않는 경우로서 과세 전 적부심사 청구금액이 5억 원 이상인 것
세관장이 과세 전 통지를 생략할 수 있는 경우	① 통지하려는 날부터 3개월 이내에 관세 부과의 제척 기간이 만료되는 경우 ② 잠정 가격신고 물품에 대하여 납세 의무자가 확정 가격을 신고한 경우 ③ 수입신고 수리 전에 세액을 심사하는 경우로서 그 결과에 따라 부족세액을 징수하는 경우 ④ 감면된 관세를 징수하는 경우 ⑤ 관세포탈죄로 고발되어 포탈세액을 징수하는 경우 ⑥ 관세의 징수가 곤란하게 되는 등 사전 통지가 적당하지 않은 경우
결정 및 통지	세관장이나 관세청장: 청구를 받은 날부터 30일 이내에 관세심사위원회의 심사를 거쳐 결정을 하고 그 결과를 청구인에게 통지

024 교재 p.081
불복 절차

이의 신청	① 세관장의 위법·부당한 과세 처분에 대하여 그 세관장에게 이를 취소하거나 변경하도록 요구하는 것 ② 이의 신청 없이 심사 청구 또는 심판 청구 가능 ③ 고지서를 받은 날 또는 처분을 인지한 날로부터 90일 이내 이의 신청 ④ 세관장: 접수한 날부터 30일 이내 결정 ⑤ 세관장이 30일 이내에 결정하지 않거나 결정에 불복 시 심사 청구 또는 심판 청구 가능
심사 청구	① 관세청장 또는 감사원장에게 과세 처분의 취소 또는 변경을 요구하는 것 ② 처분을 한 것을 알게 된 날(통지를 받을 경우 통지를 받은 날)로부터 90일 이내에 제기 ③ 관세심사위원회의 심의 후 90일 이내 결정 → 불복 시 행정소송 제기 가능 ④ 행정소송: 결정 통지를 받은 날로부터 90일 이내
심판 청구	① 조세심판원에 잘못된 세금을 바로잡을 수 있도록 청구하는 제도 ② 처분이 있음을 알게 된 날(통지를 받을 경우 통지를 받은 날)로부터 90일 이내에 제기 ③ 심의 후 90일 이내 결정 → 불복시 행정소송 ④ 행정소송: 결정 통지를 받은 날로부터 90일 이내

025 교재 p.084
관세 부과권의 제척 기간

제척 기간	① 제척 기간: 관세를 부과할 수 있는 날부터 5년 ② 수입신고를 하지 아니하고 수입한 경우: 7년이 지나면 부과× ③ 부정한 방법으로 관세를 포탈하였거나 환급 또는 감면을 받은 경우: 관세를 부과할 수 있는 날부터 10년이 지나면 부과×
제척 기간 기산일	① 관세를 부과할 수 있는 경우: 수입신고한 날의 다음 날 ② 과세 물건 확정 시기가 예외적인 경우: 그 사실이 발생한 날의 다음 날 ③ 의무 불이행 등의 사유로 감면된 관세를 징수하는 경우: 그 사유가 발생한 날의 다음 날 ④ 보세건설장에 반입된 외국 물품의 경우: 건설공사 완료 보고를 한 날 또는 특허 기간이 만료되는 날 중 먼저 도래한 날의 다음 날 ⑤ 과다환급 또는 부정환급 등의 사유로 관세를 징수하는 경우: 환급한 날의 다음 날 ⑥ 잠정 가격을 신고한 후 확정된 가격을 신고한 경우: 확정된 가격을 신고한 날의 다음 날

026 교재 p.084
관세징수권의 시효

시효 만료	① 5억 원 이상의 관세: 10년 ② 그 외(5억 미만): 5년 동안 행사하지 않으면 소멸시효가 완성
소멸시효 기산일	① 신고납부를 한 경우: 수입신고가 수리된 날부터 15일이 경과한 날의 다음 날 ② 월별납부를 한 경우: 그 납부기한이 경과한 날의 다음 날 ③ 보정신청을 한 경우: 보정신청일의 다음다음 날 ④ 수정신고를 한 경우: 수정신고일의 다음다음 날 ⑤ 부과고지를 한 경우: 납부고지를 받은 날부터 15일이 경과한 날의 다음 날 ⑥ 수입신고 전 물품 반출의 경우: 수입신고한 날부터 15일이 경과한 날의 다음 날 ⑦ 기타 법령에 의하여 납부고지하여 부과하는 관세에 있어서 납부기한을 정한 경우: 그 납부기한이 만료된 날의 다음 날
시효 중단 사유	납부고지, 경정처분, 납세독촉, 통고처분, 고발, 공소 제기, 교부청구, 압류 → 중단 사유 종료 후 다시 시효 시작
정지	일시정지 → 경과한 시효 기간의 효력 유지

027 재수입 면세

의미	우리나라 물품이 수출 후 일정 기간 내에 재수입되는 경우 관세 면제
대상	① 우리나라에서 수출(보세가공수출 포함)된 물품으로서 해외에서 제조·가공·수리 또는 사용(장기간에 걸쳐 사용할 수 있는 물품으로 임대차계약 또는 도급계약 등에 따라 해외에서 일시적으로 사용하기 위하여 수출된 물품이나 박람회, 전시회, 품평회, 국제경기대회, 그 밖에 이에 준하는 행사에 출품 또는 사용된 물품 등 기획재정부령으로 정하는 물품의 경우는 제외)되지 않고 수출신고 수리일부터 2년 내에 재수입되는 물품 ② 수출 물품의 용기로서 다시 수입하는 물품 ③ 해외시험 및 연구를 목적으로 수출된 후 재수입되는 물품
면제 제외 대상	① 해당 물품 또는 원자재에 대하여 관세를 감면받는 경우 ② 수출용 원재료에 대한 관세 등 환급에 관한 특례법에 따른 환급을 받은 경우 ③ 수출용 원재료에 대한 관세 등 환급에 관한 특례법에 따른 환급을 받을 수 있는 자 외의 자가 해당 물품을 재수입하는 경우 ④ 보세가공 또는 장치 기간 경과 물품을 재수출 조건으로 매각함에 따라 관세가 부과되지 않은 경우

028 해외 임가공 물품 등의 감면

의미	해외 임가공을 목적으로 수출된 원재료 또는 부분품을 사용하여 제조, 조립, 가공한 후 수입한 때 그 원재료 또는 부분품의 수출신고 가격에 해당 수입 물품에 적용되는 관세율을 곱한 금액을 경감
대상	① 원재료 또는 부분품을 수출하여 제85류(전기기기) 및 제90류 중 제9006호(사진기)에 해당하는 물품으로 제조·가공한 물품 ※ 경감액: 수입 물품의 제조·가공에 사용된 원재료 또는 부분품의 수출신고 가격×해당 수입 물품에 적용되는 관세율 ② 가공 또는 수리하기 위하여 수출된 물품과 가공 또는 수리 후 수입된 물품의 품목분류표상 10단위의 품목번호가 일치하는 물품 ※ 경감액: 가공·수리 물품의 수출신고 가격×해당 수입 물품에 적용되는 관세율

029 재수출 면세

의미	일반 무역의 편의 증진, 가공무역의 진흥, 관광사업 진흥, 학술 연구 등의 목적으로 재수출 면세 기간 내에 다시 수출하는 물품에 대해 관세 면제
대상	① 수출입 물품의 포장용품, 우리나라에 일시 입국하는 자가 본인이 사용하고 재수출할 목적으로 직접 착용·휴대하여 반입하거나 별도로 반입하는 물품, 수리를 위한 물품 등 ② 수입신고 수리일부터 1년의 범위 내에서 세관장이 정한 기간 내에 재수출하는 물품

030 재수출 감면

의미	장기간에 걸쳐 사용할 수 있는 물품으로서 그 수입이 임대차계약 또는 도급계약의 이행과 관련하여 국내에서 일시적으로 사용하기 위해 수입한 물품을 수입신고 수리일부터 2년 이내에 재수출하는 경우 관세 경감
대상	① 국내 제작이 곤란한 물품으로서 법인세법 시행규칙 규정에 의한 내용연수가 5년(금형의 경우는 2년) 이상인 물품 ② 국내 제작이 곤란한 물품으로서 개당 또는 세트당 관세액이 500만 원 이상인 물품

031 분할납부제도

의미	천재지변(1년 이내), 중소제조업체의 지원, 정부 또는 지방자치단체의 사업 등에 쓰이는 특정 물품(5년 이내)의 수입 시 관세를 분할하여 납부할 수 있도록 승인하는 제도
주요 대상	5년 이내 분할납부 대상 ① 시설기계류, 기초설비품, 건설용 재료 및 그 구조물과 공사용 장비로서 기획재정부장관이 고시하는 물품 　㉠ 관세율표에서 부분품으로 분류되지 아니할 것 　㉡ 관세법 기타 관세에 관한 법률 또는 조약에 의하여 관세를 감면받지 아니할 것 　㉢ 해당 관세액이 500만 원 이상일 것(중소기업의 경우 100만 원 이상일 것) 　㉣ 탄력관세(덤핑, 상계, 보복, 긴급, 특별긴급, 조정, 할당, 계절)의 적용을 받는 물품이 아닐 것 ② 중소제조업체가 직접 사용하려고 수입하는 물품으로서 관세율표 제84류, 제85류 및 제90류에 해당하는 다음의 물품 　㉠ 관세법 기타 관세에 관한 법률 또는 조약에 의하여 관세의 감면을 받지 아니할 것 　㉡ 해당 관세액이 100만 원 이상일 것 　㉢ 탄력관세의 적용받는 물품이 아닐 것 　㉣ 국내에서 제작이 곤란한 물품으로서 해당 물품의 생산에 관한 사무를 관장하는 주무부처의 장 또는 그 위임을 받은 기관의 장이 확인한 것일 것

032 관세 환급제도

즉시 징수	세관장은 15일 이내의 납부기한을 정하여 납부고지해야 함
	① 관세의 분할납부를 승인받은 물품을 분할납부 기간 내에 해당 용도 외의 다른 용도로 사용하거나 해당 용도 외의 다른 용도로 사용하려는 자에게 양도한 경우 ② 관세를 지정된 기한까지 납부하지 않은 경우 ③ 파산선고를 받은 경우 ④ 법인이 해산한 경우

의미	세관에 이미 납부한 관세, 가산세 및 강제징수비를 일정한 사유로 인하여 납세 의무자에게 되돌려주는 것
과오납 환급	① 과오납금 발생 시 30일 이내에 환급 ② 환급금: 관세, 기타 세금, 가산세, 강제징수비로 충당 가능 ③ 환급금 양도 가능 ④ 환급가산금: 환급금×기산일부터 환급결정 또는 충당결정을 하는 날까지의 기간×이자(연 1.2%)
위약 환급	수입신고가 수리된 물품이 계약 내용과 다르고 수입신고 당시의 성질이나 형태가 변경되지 않은 경우 다음에 해당 시 수출 후 환급 가능 ① 수입신고 수리일부터 1년 이내에 외국에서 수입된 물품을 보세구역에 반입하였다가 다시 수출한 경우 ② 보세공장에서 생산된 물품을 수입신고 수리일부터 1년 이내에 보세공장으로 다시 반입한 경우 ③ 수입신고 수리일부터 1년 내에 보세구역에 반입하여 미리 세관장의 승인을 받아 폐기한 경우

자가사용 물품 환급	① 해외직접구매하여 주문한 제품과 실제 수령한 제품이 다를 경우: 반품할 때 수입 시 납부한 관세 환급
	② 수입신고가 수리된 개인의 자가사용 물품이 수입한 상태 그대로 수출되는 경우
	   ㉠ 수입신고 수리일부터 6개월 이내에 보세구역에 반입하였다가 다시 수출하는 경우
	   ㉡ 수입신고 수리일부터 6개월 이내에 관세청장이 정하는 바에 따라 세관장의 확인을 받고 다시 수출하는 경우

여행자 휴대품	국제무역선 또는 국제무역기 및 보세판매장에서 구입한 물품이 환불된 경우에는 자진신고할 때 납부한 관세 환급

지정보세 구역 멸실	① 수입신고 수리 물품이 재해로 멸실, 변질, 손상되는 경우 환급
	② 멸실: 납부한 관세의 전액 환급
	③ 변질·손상된 물품(다음 중 많은 금액)
	   ㉠ 수입 물품의 변질·손상 또는 사용으로 인한 가치의 감소에 따르는 가격의 저하분에 상응하는 관세액
	   ㉡ 수입 물품의 관세액에서 그 변질·손상 또는 사용으로 인한 가치가 감소한 후의 성질 및 수량에 의하여 산출한 관세액을 공제한 차액

033 관세환급특례법상 환급

의미	원재료를 수입할 때에 납부하였거나 납부할 관세 등을 관세법 규정에도 불구하고 수출상 또는 수출 물품의 생산자에게 되돌려주는 것

환급 대상 원재료	① 수출 물품 생산에 사용되는 원재료(소요량을 객관적으로 계산할 수 있어야 함)
	   ㉠ 해당 수출 물품에 물리적 또는 화학적으로 결합되는 물품
	   ㉡ 해당 수출 물품을 생산하는 공정에 투입되어 소모되는 물품(수출 물품 생산용 기계·기구 등의 작동 및 유지를 위한 물품 등 수출 물품의 생산에 간접적으로 투입되어 소모되는 물품은 제외)
	   ㉢ 해당 수출 물품의 포장용품
	② 수입한 상태 그대로 수출한 경우: 해당 수출 물품
	③ 국산원재료와 상호 대체 가능한 경우, 구분 없이 사용 시 수출용 원재료 사용으로 간주

환급 대상 수출	① 수출신고가 수리된 수출(유상수출)
	② 무상수출(예외)
	   ㉠ 외국 개최 박람회 등 출품 물품(무상반출 후 현지 판매)
	   ㉡ 해외 투자·건설·용역·산업설비 수출 등 종사하는 우리나라 국민에게 무상송부하는 기계·시설자재 및 근로자용 생활필수품 등의 수출
	   ㉢ 대체품 수출, 무상 송부 견본, 위탁가공품물품 수출, 위탁판매물품(판매된 분에 한함)
	   ㉣ 수탁가공물품의 수출, 해당 원재료의 잔여분 반환 수출
	③ 우리나라 안에서 외화를 획득하는 판매 또는 공사
	④ 보세구역 또는 자유무역지역의 입주 기업체에 대한 공급
	⑤ 그 외: 선박용품, 항공기용품 공급, 원양어선 무상 송부 물품

수출 이행 기간	① 수출신고가 수리된 수출: 수출신고를 수리한 날이 속하는 달의 말일부터 소급하여 2년 이내에 수입된 물품의 수출용 원재료에 대한 관세 등을 환급 ② 판매·공사 등에 제공된 경우: 수출·판매·공사 또는 공급을 완료한 날이 속하는 달의 말일부터 소급하여 2년 이내 수입된 물품의 수출용 원재료에 대해 환급 ③ 제조·가공 후 국내 거래 시: 내국 신용장 등에 의한 거래가 있는 날부터 1년 이내에 이루어진 경우 수출용 원재료가 수입된 날부터 내국 신용장에 의한 최후의 거래가 있는 날까지의 기간은 수출 이행 기간에 산입하지 않음 ④ 국내에서 원상태로 거래 시: 수출용 원재료가 수입된 상태 그대로 거래된 경우에는 국내 거래 기간을 수출이행 기간에 산입하여 계산

034 간이 정액환급

의미	환급 절차를 간소화하고 개별환급을 받을 능력이 없는 중소기업의 수출을 지원하기 위하여 도입된 제도
대상	① 환급신청일이 속하는 연도의 직전 2년간 매년도의 총 환급 실적이 8억 원 이하인 중소기업 ② 환급신청일이 속하는 연도의 1월 1일부터 환급신청일까지의 환급실적(해당 환급신청일에 기초원재료납세증명서의 발급을 신청한 금액과 환급을 신청한 금액을 포함)이 8억 원 이하인 중소기업
비적용	간이정액환급 비적용 시 개별환급 적용 가능(2년간 변경 불가)
환급액	(FOB 원화 가격 × 간이 정액환급률표 해당 금액) ÷ 10,000원

035 개별환급

의미	수출 물품에 대한 원재료의 소요량을 계산한 서류를 작성하고 그 소요량 계산서에 따라 환급금을 산출
확인 사항	① 환급 대상 수출 확인: 수출신고필증 등의 서류상의 품명, 규격, 수량 확인 ② 소요된 수출용 원재료의 확인: 소요량 계산서로 확인 ③ 확인된 수출용 원재료의 납부세액 확인: 수입신고필증, 기초원재료 납세증명서, 평균세액증명서, 분할증명서 등으로 소요 원재료의 세액을 확인

036 관세환급특례법상 환급 신청

환급 신청	수출 등에 제공된 날로부터 5년 이내에 신청
환급 신청인	① 외국 수출: 수출신고필증에 환급 신청인으로 기재된 자 ② 외화판매 등: 수출·판매·공사 또는 공급 등을 한 자
환급 심사	환급 신청일부터 5년 이내에 완료

037 기초원재료 납세증명서(기납증)

의미	관세를 납부하고 수입한 원재료를 제조·가공한 후 생산된 물품을 다음 단계의 중간원재료 또는 수출물품 제조업자에게 공급할 때 기초원재료의 관세 등의 납부세액과 공급 사실을 증명하는 서류
발급 요건	① 수출용 원재료로 공급 ② 거래된 물품 생산에 사용된 원재료는 관세를 납부한 수입 원재료 ③ 공급업자가 공급한 물품은 국내에서 원재료가 수입된 날 또는 내국 신용장 등에 의해 물품을 공급받은 날부터 1년 이내에 제조된 물품
수출 이행	① 관세환급 신청 시 납부세액 증명서류로 사용하는 경우: 양도 일자(국내 거래일)로부터 2년 이내에 환급 대상 수출에 사용 ② 기초원재료 납세증명서의 납부세액 확인서류로 사용하는 경우: 양도 일자(국내 거래일)로부터 1년 이내에 양도

038 수입세액 분할증명서(분증)

의미	외국에서 수입하거나 국내에서 매입한 원재료를 제조·가공하지 않고 수입한 상태 그대로 수출용 원재료로 국내 공급하는 경우 공급자의 신청에 의해 양도세액을 증명하는 서류
양도세액 산출	① 수입세액 분할증명서에 의하여 확인되는 양도세액: 수입신고필증상의 단위당 납부세액(납부세액/수입수량) × 공급량 ② 간이 정액환급률표에 의한 정액환급 적용 × ③ 개별환급에 따른 소요량 계산 불필요
발급 유형	① 수입신고필증 분할증명서 ② 기초원재료 납세증명서에 의한 분할증명서 ③ 분할증명서 ④ 평균세액증명 분할증명서

039 보세구역제도

목적	통관 물품을 집중 반입하도록 감시와 관리의 효율성을 도모하여 관세의 확보, 반입 목적에 맞는 합당한 관리, 신속한 통관 지원을 위한 제도
지정장치장	① 통관하려는 물품을 일시 장치하기 위한 장소(세관장 지정) ② 장치 기간: 6개월(3개월 범위 내에서 연장 가능)
세관검사장	① 통관 물품을 검사하기 위한 장소(세관장 지정) ② 세관장은 검사받을 물품의 전부 또는 일부를 세관 검사장에 반입하여 검사 가능 ③ 검사비용: 화주 부담(컨테이너 화물의 경우 중소기업, 중견기업에 대해 검사비 지원)

040
특허보세구역

의미	① 사인(私人)의 신청으로 사인의 토지, 시설 등에 대하여 세관장이 보세구역으로 특허한 장소 ② 특허 기간: 10년 이내(보세전시장, 보세건설장 및 보세판매장 제외)
보세 공장	① 외국 물품 또는 외국 물품과 내국 물품을 원료로 하거나 재료로 하여 제조·가공 기타 이와 유사한 작업을 하기 위한 보세구역 ② 세관장 허가 없이 내국 물품만을 원료로 하여 제조·가공 × ③ 운영인: 반입 물품 사용 전 세관장에게 사용신고 ④ 수입통관 후 사용 물품: 보세공장 반입 후 30일 이내 신고 가능 ⑤ 수출용 보세공장 또는 내수용 보세공장 운영 ⑥ 보세공장 제조·가공 후 수입하는 물품 과세 방법: 제품과세 또는 원료과세
보세 창고	① 외국 물품이나 통관하려는 물품을 장치하는 곳 ② 물품 장치 기간: 1년
보세 건설장	① 산업시설의 건설에 사용되는 외국 물품인 기계류 설비품이나 공사용 장비를 장치·사용하여 해당 건설공사를 하는 곳 ② 외국 물품 반입 → 사용 전 수입신고 → 세관공무원의 검사 → 건설공사 완료 보고 → 수입신고 수리 → 가동 ③ 특허 기간: 해당 건설공사의 기간을 고려하여 세관장이 정한 기간
보세 판매장	① 외국으로 반출하거나 관세를 면제받을 수 있는 자(외교관 등)가 사용하는 것을 조건으로 외국 물품을 판매하는 곳 (입국장면세점 포함) ② 국내 입국자 판매한도: 미화 8백 달러 ③ 특허 기간: 5년 이내
보세 전시장	① 박람회, 전람회, 견본품 전시회 등의 운영을 위해 외국 물품을 장치·전시하거나 사용하는 곳 ② 수입신고 수리 전 사용 및 인도 금지 ③ 특허 기간: 해당 박람회 기간을 고려하여 세관장이 정하는 기간

041
보세화물의 장치 및 폐기

물품의 장치	① 대상: 외국 물품과 내국운송의 신고를 하려는 내국 물품 ② 보세구역 외 장치 가능 물품 　㉠ 수출신고가 수리된 물품 　㉡ 크기 또는 무게가 과다하거나 그 밖의 사유로 보세구역에 장치하기 곤란하거나 부적당한 물품 　㉢ 재해나 그 밖의 부득이한 사유로 임시 장치한 물품 　㉣ 압수 물품, 우편 물품, 검역 물품 등
장치 물품 폐기	① 부패·손상 및 기타 사유로 물품을 폐기 시 세관장 승인 필요 ② 보세구역 장치 중 멸실·폐기 시 운영인, 보관인이 관세 납부 ③ 폐기 후 성질과 수량에 따라 관세 부과

042
보세 물품의 반출

수입신고가 수리된 물품 → 수입신고 수리일부터 15일 이내에 보세구역으로부터 반출

043
보세 화물의 보수 작업

의미	보세구역에 장치된 물품의 현상을 유지하기 위해 보수를 하거나 그 성질을 변하지 않게 하는 범위 내에서 구분·분할·합병을 하거나 포장을 바꾸는 등 그 밖의 비슷한 작업을 하는 것
원칙	① 보수 작업: 세관장의 승인 필요 ② 보수 작업으로 외국 물품에 부가된 내국 물품: 외국 물품 간주 ③ 외국 물품: 수입될 물품의 보수 작업의 재료로 사용 ×
보수 작업 사유	① 파손, 변질된 물품의 보수 ② 통관을 위한 개장, 분할 구분, 합병, 원산지표시 등 ③ 중계수출을 위한 제품 검사, 선별, 기능 보완
보수 작업 범위	① 부패, 손상 등을 방지하기 위한 보존 작업 등 ② 물품의 상품성 향상을 위한 개수 작업(포장 개선, 라벨 표시, 단순 절단 등) ③ 선적을 위한 준비 작업(선별, 분류, 용기 변경 등) ④ 단순한 조립 작업(간단한 세팅, 완제품의 특성을 가진 구성요소의 조립 등) ⑤ ①~④와 유사한 작업

044
보세구역 장치 기간 경과 물품의 매각

의미	체화 방지 목적으로 통관되지 않은 물품을 매각하여 관세채권 확보
주요내용	① 화주 등에게 통고일부터 1개월 이내에 수출, 수입, 반송할 것 통고 ② 1개월 이내 반출 × → 국고 귀속 가능
매각 대상 물품	① 장치 기간이 경과한 물품은 공고 후 매각 ② 장치 기간이 지나기 전 공고 후 매각 가능 물품 　㉠ 살아 있는 동식물 　㉡ 부패하거나 부패할 우려가 있는 것 　㉢ 창고나 다른 외국 물품에 해를 끼칠 우려가 있는 것

	ⓔ 기간이 지나면 사용할 수 없거나 상품 가치가 현저히 떨어질 우려가 있는 것 ⓜ 관세청장이 정하는 물품 중 화주가 요청하는 것
매각 방법	① 일반 경쟁입찰·지명 경쟁입찰 ② 수의계약 ③ 경매 및 위탁판매
매각대금	① 매각 비용, 관세, 각종 세금의 순으로 충당 ② 잔금이 있는 경우 → 화주에게 교부

045 교재 p.106
보세구역 반입명령

의미	관세법에 따른 의무사항을 위반하거나 국민 보건 등을 해칠 우려가 있는 물품을 보세구역으로 반입할 것을 명령하는 것
대상	① 수출신고가 수리되어 외국으로 반출되기 전에 있는 물품 ② 수입신고가 수리되어 반출된 물품
비용	반입 의무자 부담
처리	① 반송·폐기 ② 위반사항 보완 후 국내반입

046 교재 p.107
보세운송제도

의미	수입 물품을 관세가 유보된 상태에서 타 보세지역으로 운송하는 것
신고인	화주(또는 화물의 권리를 가진 자), 보세운송업자, 관세사 등
보세 운송 기간	① 해상화물: 신고 수리(승인)일부터 10일 이내에 목적지 도착 ② 항공화물: 5일 이내에 목적지에 도착
관세 징수	기간 내 목적지에 도착하지 않을 경우 신고인 또는 승인받은 자로부터 관세 징수
기타	수출신고 수리 물품은 보세운송 절차 생략

047 교재 p.109
수출입의 의제

통관	관세법의 절차를 이행하여 물품을 수출·수입·반송하는 것
수출입의 의제	수출입 물품의 관세 징수의 확보 및 물품의 특수성 등 관세법의 목적을 수행하는 데 지장이 없는 경우 통관 절차를 거치지 않은 때에도 적법한 절차에 의해 수출입신고 수리를 받은 것으로 간주
수입의제	① 체신관서가 수취인에게 내준 우편물 ② 관세법에 따라 매각된 물품 ③ 관세법에 따라 몰수된 물품 ④ 관세법에 의해 통고처분으로 납부된 물품
	⑤ 법령에 따라 국고에 귀속된 물품 ⑥ 몰수에 갈음하여 추징된 물품
수출의제	체신관서가 외국으로 발송한 우편물(수출, 반송된 것으로 간주)

048 교재 p.110
지식재산권 보호

의미	① 지적 활동으로 생성되는 결과에 대한 재산권 ② 지식재산권을 침해하는 물품은 수출하거나 수입 ×
관세법상 보호 대상	상표권, 저작권과 저작인접권, 품종보호권, 지리적표시권 또는 지리적표시, 특허권, 디자인권
통보	세관장: 어느 물품이 신고된 지식재산권을 침해하였다고 인정될 경우 지식재산권을 신고한 자에게 지식재산권 물품의 수출입, 환적, 복합 환적, 보세구역 반입, 보세운송 사실을 통보
통관 보류	① 지식재산권 신고자: 담보 제공 후 통관 보류 또는 유치 요청 ※ 담보: 과세 가격의 120/100(중소기업 40/100) 금전담보 ② 통관 보류 물품 통관 요청 시: 상표권 등 침해 ×, 소명자료 제출 ※ 담보: 과세가격의 120/100(중소기업 40/100) 금전담보 제공 ③ 적용 배제: 상업적 목적이 아닌 개인용도로 사용하기 위한 여행자 휴대품

049 교재 p.111
수출통관

의미	물품을 외국으로 반출하기 위해서는 관세법에서 정한 품명·규격·수량 및 가격 등을 세관장에게 신고해야 함
수출신고	물품이 장치된 물품 소재지를 관할하는 세관장에게 수출신고해야 함
신고인	화주(제조자 명의 가능), 관세사 등
수출신고 단위	선박, 항공기 적재단위별
신고 효력 발생 시점	전송된 신고 자료가 통관 시스템에 접수된 시점
심사 및 수리	① 자동 수리 대상은 통관 시스템에서 자동으로 신고 수리 ② 서류를 제출하여 심사하는 대상은 심사 후 수리 ③ 검사 대상은 검사 후 수리
수출검사	① 원칙적으로 생략, 물품 확인이 필요한 경우 검사 가능 ② 검사 시 적재지 검사(예외적으로 신고지 검사)

| 적재 | 수출신고 수리일부터 30일 이내에 적재(최대 1년 연장 가능) |

050 교재 p.113
반송통관

의미	외국 물품(수출신고 수리 물품 제외)을 외국으로 반출하는 것
특징	① 보세구역을 경유하여 반출 ② 수입신고를 하지 않고, 외국 물품 반출 시 반송신고 필요 ③ 관세 부과 ×

051 교재 p.113
수입통관

의미	수입하고자 하는 자가 외국 물품을 세관장에게 수입신고를 하고 세관장은 수입신고가 적법하게 이루어진 경우에 수입신고를 수리하여 물품이 반출될 수 있도록 하는 일련의 과정
수입신고 시기	① 입항 전 신고 ② 보세구역 도착 전 신고(FCL) ③ 보세구역 장치 후 신고(FCL) ④ 보세구역 도착 전 신고(LCL) ⑤ 보세구역 장치 후 신고(LCL) ⑥ 출항 전 신고
신고인	화주, 관세사 등
수입신고 단위	B/L 1건당 수입신고 1건(분할신고 가능)
신고 기간	① 반입일 또는 장치일부터 30일 이내 수입신고 ② 미신고 시 신고지연 가산세: 과세가격의 2/100
심사 및 수리	① 전산 심사(P/L, Paperless) ② 서류 심사(종이 서류 제출 또는 전자 제출) ③ 검사 후 심사(C/S: Cargo Selectivity) ④ 전자통관심사
수리	① 관세 납부 또는 물품에 대한 담보 제공 시 수입신고 수리 ② 수입신고가 수리되어야 외국 물품이 내국 물품화되어 보세구역에서 반출 가능
관세 납부	① 사전 납부: 수입신고 수리 전 관세 납부 ② 사후 납부: 수입신고 수리 후 납부기한 내에 납부
신고 취하	① 세관장 승인 하에 수입신고 취하 가능 ② 보세구역으로부터 반출한 후 취하 불가능

052 교재 p.115
수입신고 수리 전 반출(수입통관 절차의 특례)

의미	신고가 수리되기 전에 화주의 신청에 의하여 신고 수리 전에 물품을 보세구역에서 반출할 수 있도록 하는 제도
대상	① 완성품의 세번으로 수입신고 수리받고자 하는 물품이 미조립 상태로 분할선적 수입된 경우 ② 비축물자로 신고된 물품으로서 실수요자가 결정되지 않은 경우 ③ 사전세액심사 대상 물품(부과고지 물품 포함)으로서 세액 결정에 오랜 시간이 걸리는 경우 ④ 품목분류나 세율 결정에 오랜 시간이 걸리는 경우 ⑤ 수입신고 시 법·조약·협정 등에 의하여 다른 국가의 생산(가공 포함) 물품에 적용되는 세율보다 낮은 세율을 적용받고자 하는 경우로서 원산지증명서를 세관장에게 제출하지 못한 경우
담보 제공	납부해야 할 관세 등에 상당하는 담보 제공
특징	① 수입신고 수리 전 반출승인을 얻어 반출된 물품: 내국 물품 간주 ② 승인일: 수입신고 수리일

053 교재 p.115
수입신고 전의 물품 반출(수입통관 절차의 특례)

의미	반복 수입되는 원재료 등 기업의 생산활동이 원활하게 이루어지기 위해 지원할 필요가 있는 경우 수입신고 전 반출신고만으로 물품을 반출하여 사용하고 나중에 수입신고를 할 수 있도록 한 제도
대상	① 관세 등의 체납이 없고 최근 3년 동안 수출입 실적이 있는 제조업자 또는 외국인 투자자가 수입하는 시설재 또는 원부자재 ② 기타 관세 등의 체납 우려가 없는 경우로서 관세청장이 정하는 물품
담보 제공	납부해야 할 관세 등에 상당하는 담보 제공
수입신고	① 즉시반출신고를 한 날부터 10일 내 수입신고 ② 미신고 시 관세의 20/100 가산세 부과 ③ 수입신고일부터 15일 이내 관세 납부

054 관세형법

밀수출입죄	① 수출입금지 물품 수출입 → 7년 이하 징역 또는 7천만 원 이하의 벌금 및 해당 물품 몰수 　㉠ 헌법질서를 문란하게 하거나 공공의 안녕질서 또는 풍속을 해치는 서적·간행물·도화, 영화·음반·비디오물·조각물 또는 그 밖에 이에 준하는 물품 　㉡ 정부의 기밀을 누설하거나 첩보활동에 사용되는 물품 　㉢ 화폐·채권이나 그 밖의 유가증권의 위조품·변조품 또는 모조품 ② 5년 이하의 징역 또는 관세액의 10배와 물품원가 중 높은 금액 이하에 상당하는 벌금 　㉠ 수출입·반송 신고를 하고자 하는 물품 또는 입항 전 신고 대상 물품 등을 신고하지 않고 물품을 수입한 자 　㉡ 수출입·반송 신고를 하고자 하는 물품 또는 입항 전 신고 대상 물품 등을 신고를 하였으나 해당 수입 물품과 다른 물품으로 신고하여 수입한 자 ③ 3년 이하의 징역 또는 물품원가 이하에 상당하는 벌금 　㉠ 수출입·반송 신고를 하지 않고 물품을 수출하거나 반송한 자 　㉡ 수출입·반송 신고를 하였으나 해당 수출 물품 또는 반송 물품과 다른 물품으로 신고하여 수출하거나 반송한 자
관세포탈죄	① 수입신고를 한 자(구매대행업자 포함) 중 다음에 해당하는 자 → 3년 이하의 징역 또는 포탈한 관세액의 5배와 물품원가 중 높은 금액 이하에 상당하는 벌금 　㉠ 세액 결정에 영향을 미치기 위하여 과세 가격 또는 관세율 등을 거짓으로 신고하거나 신고하지 않고 수입한 자(구매대행업자 포함) 　㉡ 세액 결정에 영향을 미치기 위하여 거짓으로 서류를 갖추어 품목분류 사전 심사·재심사를 신청한 자 　㉢ 법령에 따라 수입이 제한된 사항을 회피할 목적으로 부분품으로 수입하거나 주요 특성을 갖춘 미완성·불완전한 물품이나 완제품을 부분품으로 분할하여 수입한 자 ② 수입신고를 한 자 중 법령에 따라 수입에 필요한 허가·승인·추천·증명 또는 그 밖의 조건을 갖추지 않거나 부정한 방법으로 갖추어 수입한 자 → 3년 이하의 징역 또는 3천만 원 이하의 벌금 ③ 수출신고를 한 자 중 법령에 따라 수출에 필요한 허가·승인·추천·증명 또는 그 밖의 조건을 갖추지 않거나 부정한 방법으로 갖추어 수출한 자 → 1년 이하의 징역 또는 2천만 원 이하의 벌금 ④ 부정한 방법으로 관세를 감면받거나 관세를 감면받은 물품에 대한 관세의 징수를 면탈한 자 → 3년 이하의 징역 또는 감면받거나 면탈한 관세액의 5배 이하에 상당하는 벌금 ⑤ 부정한 방법으로 관세를 환급받은 자 → 3년 이하의 징역 또는 환급 받은 세액의 5배 이하에 상당하는 벌금. 이때 세관장은 부정한 방법으로 환급받은 세액을 즉시 징수
가격조작죄	보정신청, 수정신고, 수출입신고, 반송신고, 입항 전 수입신고 등을 할 때 부당하게 재물이나 재산상 이득을 취득하거나 제3자로 하여금 이를 취득하게 할 목적으로 물품의 가격을 조작하여 신청 또는 신고한 자 → 2년 이하의 징역 또는 물품원가와 5천만 원 중 높은 금액 이하의 벌금
밀수품의 취득죄	다음에 해당되는 물품을 취득·양도·운반·보관 또는 알선하거나 감정한 자 → 3년 이하의 징역 또는 물품원가 이하에 상당하는 벌금 ① 밀수출입죄에 해당되는 물품 ② 법령에 따라 수입이 제한된 사항을 회피할 목적으로 부분품으로 수입하거나 주요 특성을 갖춘 미완성·불완전한 물품이나 완제품을 부분품으로 분할하여 수입한 물품 ③ 수입신고(수출신고 포함)한 물품 중 법령에 따라 수입(수출 포함)에 필요한 허가·승인·추천·증명 또는 그 밖의 조건을 갖추지 않거나 부정한 방법으로 갖춘 물품
허위신고죄	신고사항이나 심사 결과 등을 거짓으로 신고하는 자 → 물품원가 또는 2천만 원 중 높은 금액 이하의 벌금

055 FTA

의미	협정을 체결한 2개국 이상의 복수 국가 간 또는 지역 간 상품 및 서비스 교역과 투자 자유화 등을 위해 관세 및 무역장벽을 철폐함으로써 배타적인 무역특혜를 서로 부여하는 협정
기본원칙	① 직접운송 원칙: 원산지결정 기준을 충족한 물품이 수출국을 출발하여 중간에 제3국을 거치지 않고 수입당사국으로 직접 운송되어야 함 ② 역내가공 원칙: 물품의 생산 공정이 역내에서 중단 없이 수행되어야 함 ③ 충분가공 원칙: 역내에서 수출용 완제품으로 실질적 변형이 일어날 정도로 충분한 가공을 거쳐야 함
FTA 관세법과 타 법률과의 관계	① 자유무역협정(FTA) 관세법은 관세법에 우선하여 적용 ② 자유무역협정(FTA) 관세법에서 정하지 않은 사항은 관세법을 따름 ③ 자유무역협정(FTA) 관세법 또는 관세법이 FTA 협정과 상충되는 경우에는 FTA 협정을 우선하여 적용

056

자유무역협정(FTA) 관세법상 원산지결정 기준

① 완전생산 기준: 해당 물품의 전부를 생산·가공 또는 제조한 국가
② 실질적 변형 기준: 해당 물품이 둘 이상의 국가에 걸쳐 생산·가공 또는 제조된 경우에는 다음의 어느 하나에 해당하는 국가

세번변경 기준	해당 물품이 2개국 이상에 걸쳐 생산된 경우 해당 물품의 통합품목분류표상의 품목번호와 해당 물품의 생산에 사용된 비 원산지재료의 품목번호가 일정 단위 이상이 다른 경우 해당 물품을 최종적으로 생산한 국가를 원산지로 인정하는 기준
부가가치 기준	해당 물품이 2개국 이상에 걸쳐 생산된 경우 해당 물품에 대하여 일정 수준 이상의 부가가치를 창출한 국가를 원산지로 인정하는 기준
가공공정 기준	해당 물품의 생산·가공 또는 제조의 주요 공정을 수행한 국가를 원산지로 인정하는 기준

057

원산지증명서의 발행

의미	물품의 국적을 나타내는 서류
기관발급	① 원산지 국가의 관세 당국이나 기타 발급 권한이 있는 기관이 해당 물품에 대하여 원산지를 확인하여 발급하는 것 ② 적용국가: 싱가포르, 아세안, 인도, 중국, 베트남, 캄보디아, 이스라엘, 인도네시아 ③ 발행기관 　㉠ 한국: 세관, 상공회의소 　㉡ 타 국가: 상무부, 외교통상부, 세관 등
자율발급	① 수출자, 생산자 또는 수입상이 해당 물품에 대한 원산지를 확인하여 작성한 후 서명하여 사용하는 것 ② 적용국가: 호주, EFTA, EU, 터키, 칠레, 페루, 콜롬비아, 캐나다, 뉴질랜드, 중미[코스타리카·엘살바도르·온두라스·니카라과·파나마], 미국, 영국, 캄보디아, 이스라엘, 인도네시아, RCEP ③ 한-EU FTA, 한-영국 FTA: 건당 수출금액이 6천 유로 초과 시 원산지인증 수출상만 자율발급 가능

058

협정관세의 적용

① 수입신고 수리 전까지 원산지증명서를 갖추어 세관장에게 신청
② 수입신고 수리일부터 1년 이내에 원산지증명서를 구비하여 경정청구를 통해 관세 환급 가능(사후 적용)

PART 02 무역계약

CHAPTER 01 | 무역계약

001 교재 p.155
무역계약의 법률적 성격

낙성계약 (Consensual Contract)	① 당사자 간의 의사가 합치되면 성립되는 계약(↔ 요물계약) ② 매도인의 청약(offer)에 대해 매수인이 승낙(acceptance)함으로써 성립
쌍무계약 (Bilateral Contract)	① 당사자 쌍방이 계약상 의무를 부담해야 하는 계약(↔ 편무계약) ② 매도인: 합의된 계약 물품 인도 의무 ③ 매수인: 계약 물품 인수, 물품 대금 지급 의무
불요식계약 (Informal Contract)	구두 형식이든 또는 문서 형식이든 상관없이 의사를 전달하거나 표시함으로써 성립되는 계약(↔ 요식계약)
유상계약 (Remunerative Contract)	당사자 쌍방이 상호 대가적 관계에서 급부가 있는 계약(↔ 무상계약)

002 교재 p.157
무역계약의 종류

개별계약 (Case by Case Contract)	처음 거래하는 경우 중장기 연불 방식에 의한 수출입 등 거래 내용이 복잡하거나 1회 거래로 종결되는 경우에 주로 사용하는 방식의 계약
포괄계약 (Master Contract)	동일한 상대방과 동일한 품목을 지속적으로 거래하는 경우, 일반거래조건에 관한 협정을 체결하여 향후 거래 시 적용될 수 있는 기본원칙을 규정하는 방식의 계약
독점계약 (Exclusive Contract)	특정 물품의 수출상은 수입국의 지정 수입상 외에는 계약 물품을 공급하지 않으며, 수입상 역시 수출국의 다른 수출상의 물품을 취급하지 않는다는 조건의 계약

참고하기 | 일반거래조건
특정 종류의 거래에 적용하기 위하여 미리 작성된 정형화된 계약 조건(통상 계약서상 표제로 "General terms & Conditions" 라고 사용)

003 교재 p.161
포괄계약서 주요 조항

Force Majeure Clause (불가항력조항)	매매당사자의 귀책사유가 아닌 당사자의 통제 범위를 벗어난 불가항력적인 사유(천재지변, 전쟁 등)로부터 당사자의 책임을 면제하고자 할 때 사용하는 조항
Delayed Performance Clause (지연이행조항)	불가항력에 의해 계약이 이행되지 못하는 경우 이행 기간의 연장에 관한 것과 연장된 기간 내에도 지속된 불가항력으로 계약 이행이 불가능하여 다시 기간을 연장할 것을 수용할 것인지 여부를 약정하는 조항
Hardship Clause (사정변경조항, 이행가혹조항)	매매계약이 체결된 후 당사자가 통제 불능인 정치, 경제 사정의 본질적인 변화로 계약 이행이 곤란해진 경우 당사자가 계약이 소멸되지 않고 이행되기를 원하여 계약 이행을 약정하는 조항
Escalation Clause (신축조항)	플랜트나 선박, 대형 기계류와 같이 작업 공정이 장기간 소요되는 물품의 경우, 계약 기간 중 물가 상승으로 인해 당해 재화 및 용역 가액이 일정률 이상 증가하면 물가 상승에 대응할 수 있도록 가격 조정을 허용하는 조항
Entire(Complete, Entirety, Merger, Final) Agreement Clause (완전합의조항)	계약 체결과 관련하여 이루어졌던 문서나 구두상 의견 교환, 합의, 약속, 정의 등은 정식으로 체결된 계약의 내용에 완전히 흡수·통합되어 소멸하고, 정식으로 체결된 계약서 내용만 유효하다는 조항
Severability Clause (분리가능조항, 가분성조항)	계약 내용의 일부가 어떠한 사유로 인해 실효 또는 무효화되더라도 그것을 이유로 계약 전체가 실효 또는 무효화되는 것은 아니라는 조항
Infringement Clause (권리침해조항)	매수인이 제공한 규격으로 매도인이 물품을 생산, 제조하여 매수인에게 제공하였는데 그 생산으로 인하여 제3자의 산업재산권 또는 지식재산권을 침해하게 된 경우 매수인이 책임을 부담하며 매도인은 면책된다는 조항
Product Liability Clause (제조물배상책임조항)	제조되어 판매된 물품이 소비자나 제3자의 신체 또는 재산에 손상 또는 손해를 입힌 경우 그 책임을 매도인과 매수인 중 누가 부담할 것인가를 약정하는 조항
Non-disclosure (Secrecy, Confidentiality) Clause (비밀유지조항)	무역계약의 당사자는 계약 내용의 이행 과정에서 알게 된 비밀정보를 철저히 보호해야 하며 상대방의 비밀정보를 누설하거나 도용해서는 안 된다는 조항

Non-waiver Clause (비포기조항)	계약당사자의 어느 일방이 일시적으로 계약상 어떤 조항에 대한 이행 청구를 하지 않았다 하더라도 이를 이유로 그 후의 동일 조항에 대해 이행청구권을 포기한 것으로 간주하거나 박탈할 수 없다는 조항
Liquidated Damages Clause (손해배상액예정조항)	상대방이 계약을 불이행하는 경우에 청구하는 손해배상액에 관한 사항을 사전에 계약서에 약정하는 조항
Arbitration Clause (중재조항)	계약당사자 간에 분쟁이 발생한 경우 법원 소송 절차에 의하지 않고 제3자인 중재인을 선임하여 그에게 분쟁을 맡기고 중재인의 판단에 양 당사자가 절대 복종함으로써 최종적으로 분쟁을 해결하겠다는 조항
Jurisdiction Clause (재판관할조항)	어느 국가의 법원을 분쟁 사건의 재판관할 법원으로 할 것인가를 정하는 조항
Governing Law, Proper Law, Applicable Law (준거법)	무역계약의 성립과 이행 및 해석에 관하여 어느 국가의 법률을 적용할 것인가를 약정하는 조항
Limit of Liability Clause (책임제한조항)	계약 위반의 상대방은 계약 위반으로 인해 직접 입은 손해에 대해서만 배상을 청구할 수 있고, 회사의 이미지 훼손이나 영업이익의 상실 등의 간접 손해를 주장하면서 배상을 요구할 수 없다는 조항
Product Release Clause (전매조항)	매수인이 계약을 취소하거나 인수를 거절하는 경우 매도인이 상표권 등 산업재산권과 관계없이 현지에서 물품을 제3자에게 재판매 또는 처분할 수 있는 조항

004 교재 p.164

무역계약의 성립 과정

참고하기 | 신용조회 시 조사항목

① 3C's: Character(성실성, 평판, 영업 태도), Capacity(연간 매출액, 영업 능력), Capital(재무 상태, 지급 능력과 직결되는 내용)
② 5C's: 상기 3C's와 Conditions(거래 조건), Collateral(담보 능력), Currency(거래 통화), Country(소속 국가) 중 2가지를 합친 것

005 교재 p.166

청약

의미	상대방의 무조건적, 절대적 승낙이 있으면 즉시 일정 내용의 계약을 성립시키는 것을 목적으로 하는 확정적 의사 표시
비엔나협약 (CISG) 제14조	① 계약을 체결하려는 제안일 것 ② 한 사람 또는 다수의 특정인에게 보낸 제안일 것 ③ 승낙이 있으면 그것에 구속된다는 의사를 표시할 것 ④ 충분히 확정적일 것[청약서에 물품이 표시되어 있을 것, 수량과 가격이 명시적 또는 암묵적(묵시적)으로 결정되어 있거나 결정을 위한 조항이 있을 것]

006 교재 p.166

청약의 유형(주체 기준)

① 매도청약(Selling Offer): 매도인이 발행한 청약
② 매수청약(Buying Offer): 매수인이 발행한 청약

007 교재 p.166

청약의 유형(효력 기준)

① 확정청약(Firm Offer): 청약자가 청약 내용에 대하여 승낙 회답의 유효 기간(Validity of Offer)을 지정하거나 명시적으로 확정적(Firm), 취소불능(Irrevocable)이라는 표시를 한 청약
② 불확정청약(Free Offer): 유효 기간이나 확정적(Firm)이라는 표시를 하지 않는 청약으로 피청약자의 승낙에 대하여 청약자의 최종 확인이 있어야 비로소 계약이 성립된다는 점에 있어서 확정청약과 구분됨
③ 반대청약(Counter Offer): 원청약에 대한 거절로, 청약에 대하여 피청약자가 수량, 가격, 선적, 결제 등 청약 내용을 변경, 추가하는 등 새로운 조건을 제의하는 수정청약
④ 조건부청약(Conditional Offer)

매도인 최종 확인 조건부청약 (Offer Subject to Our Final Confirmation /Sub-con Offer)	① 청약자인 매도인의 최종적인 확인이 필요한 조건부청약 ② 청약자인 매도인이 계약 체결권을 가짐 ③ 청약의 유인에 불과하여 피청약자인 매수인의 승낙만으로는 계약 성립이 안 됨
선착순매매 조건부청약, 재고잔류 조건부청약 (Offer Subject to Prior Sale, Offer Subject to being Unsold)	① 피청약자의 승낙에 대하여 선착순으로 계약이 성립하는 조건부청약 ② 승낙의 의사 표시가 청약자에게 도달했을 때 미판매 재고가 남아 있는 경우에 한하여 판매가 유효함 ③ 다수의 거래자에게 청약할 경우에 사용

시장변동 조건부청약 (Offer Subject to Market Fluctuations) 무확약청약 (Offer Without Engagement)	① 시황 변동에 따라 사전 통보 없이 제시 가격이 변동될 수 있음을 조건으로 한 청약 ② 가격 변동이 심한 물품에 사용 ③ 불확정청약의 성질을 가지나 본질적으로 확정청약에 속하는 조건부청약		청약의 거절 (Rejection)	피청약자의 명시적인 거절의 의사 표시로 청약의 효력 소멸
			반대청약 (Counter Offer)	피청약자가 청약 내용에 조건을 붙여 그 일부만 승낙 = 원청약에 대한 거절 = 원청약의 효력 상실
			청약의 실효 (Passing of Time)	청약의 유효 기간 내에 승낙 통지가 청약자에게 도달하지 않는 경우 청약의 효력 상실
점검 후 매매 조건부청약 (Offer on Approval)	청약과 함께 견본을 송부하여 피청약자인 매수인이 물품을 점검한 후 구매 의사가 있으면 송금하고 그렇지 않은 경우 물품을 반환할 수 있음을 조건으로 하는 청약		당사자의 사망	① 영미법계: 청약 효력 소멸 인정 ② 대륙법계: 청약의 효력에 영향이 없는 것으로 간주
반품허용 조건부청약 (Offer on Sale or Return)	판매되지 않은 분에 대해 반품을 허용하는 청약으로 위탁판매 방식에서 사용			

008 교재 p.167
청약의 방법과 대상

방법	구두, 서면, 행위, 우편, 전보, 텔렉스, 팩스 등
대상	① 1인 또는 그 이상의 특정인에 대한 계약 체결의 제안은 충분히 확정적이고, 승낙 시 그에 구속된다는 청약자의 의사 표시가 있는 경우에 청약이 성립 ② 불특정 다수인에 대한 제안은 제안자가 반대 의사를 명확히 표시하지 않는 한, 단지 청약의 유인으로 간주

009 교재 p.167
청약의 효력

효력 발생	도달주의: 피청약자에게 도달한 때(영미법, 비엔나협약, 한국 민법)
유효 기간	① 유효 기간 명시 ○: 명시한 기간 동안 유효 ② 유효 기간 명시 ×: 합리적인 기간 또는 상당한 기간 내

010 교재 p.168
청약의 효력 소멸

청약의 철회 (Withdrawal)	청약의 효력이 발생하기 이전의 상태에서 청약자가 임의로 청약의 효력을 소멸시키려는 의사 표시 (도달주의 관점)
청약의 취소 (Revocation)	① 승낙 기간이 정해져 있거나 그 외 방법으로 청약을 취소할 수 없다고 표시된 경우 청약의 취소 불가능 ② 승낙 기간이 설정되어 있지 않거나 취소불능임이 표시되지 않은 경우에는 상대방이 승낙의 의사를 발송하기 전에 청약자의 청약취소의 의사가 먼저 상대방에 도달할 때 한하여 취소 가능

011 교재 p.169
승낙(Acceptance)

의의	피청약자가 청약에 응하여 계약을 성립시킬 의도로 청약자에게 행하는 의사 표시
요건	① 승낙 내용은 청약 내용과 완전히 일치해야 함(경상의 원칙, Mirror Image Rule), 무수정, 절대적, 최종적, 무조건적이어야 함 ② 청약의 상대방인 피청약자가 해야 함 ③ 청약의 유효 기간 내에 해야 함 ④ 승낙의 의사 표시는 형식에 구애받지 않으며 서면, 구두 또는 행위로도 가능
방법	① 청약 시 승낙 방법이 지정된 경우: 지정된 방법에 따름 ② 승낙 방법이 지정되지 않은 경우: 합리적인 방법과 수단 이용 ③ 구두 청약: 별도의 사정이 없는 한 즉시 승낙 ④ 행위에 의한 승낙인 경우: 그 행위가 이행된 때에 효력 발생
효력 발생	① 대화자 간 　㉠ 일반적인 경우: 도달주의 　㉡ 미국법의 경우: 대면을 제외한 전화, 텔렉스의 경우 발신주의 ② 격지자 간 　㉠ 한국·일본·영국·미국법의 경우: 발신주의 　㉡ 독일법, 비엔나협약(CISG)의 경우: 도달주의

012 교재 p.170
유효하지 않은 승낙

변경승낙 (Offer-modified Acceptance)	청약의 내용을 변경해서 승낙하면 승낙이 아닌 반대청약(Counter Offer)이 됨
부가조건부승낙 (Additional Acceptance)	청약자의 청약에 피청약자가 조건을 추가하거나 변경하여 승낙하는 것으로서 원청약에 대한 거절(계약 성립 ×)

승낙 통지의 지연 (Late Acceptance)	① 유효 기간을 넘긴 지연된 승낙은 그 자체로 효력이 상실됨 ② 지연된 승낙이라도 승낙으로서 효력을 가진다는 취지를 청약자가 구두로 통보하거나 그러한 취지의 통지를 발송한 경우에는 승낙으로서 효력 인정
침묵 (Silence)	침묵 또는 부작위는 그 자체만으로는 승낙이 될 수 없음
모호한 승낙 (Equivocal Acceptance)	승낙은 무조건적, 확정적이어야 하므로 중요 조건에 합의하지 않는 모호한 승낙인 경우에는 계약 성립 ×

013 교재 p.171
승낙의 철회
① 승낙의 효력이 발생하기 전 또는 그와 동시에 철회 의사가 청약자에게 도달하는 경우에는 철회 가능
② 승낙의 의사 표시가 청약자에게 도달하여 승낙의 효력이 생긴 이후에는 이를 소멸시킬 수 없음
③ 승낙의 효력이 생긴 이후에 그 효력을 소멸시키는 것은 계약 자체를 취소 또는 해제하는 것이며 철회로 보지 않음

014 교재 p.172
품질결정 방법
① 견본에 의한 매매(Sales by Sample)
  ㉠ 매매당사자가 제시한 견본과 동일한 품질의 물품을 인도하는 방법
  ㉡ 'Quality to be considered as being about equal to sample', 'Quality to be similar to samples', 'Quality about equal to sample' 사용 권고(마켓 클레임 예방 가능)
② 상표에 의한 매매(Sales by Trade Mark or Brand)
③ 규격에 의한 매매(Sales by Grade or Type)
④ 명세서에 의한 매매(Sales by Specification)
⑤ 표준품에 의한 매매(Sales by Standard)
  ㉠ 의미: 농수산물과 같이 수확 예정 물품, 어획 예정 물품 등 매매계약 시 현품이 없고 견본 제공이 곤란한 경우 표준품의 품질을 기준으로 하여 약정 물품의 품질을 결정하는 방법
  ㉡ 표준품질 표시 방법

평균중등품질 (FAQ: Fair Average Quality)	① 주로 과일, 곡물류에서 사용 ② 선적 시 선적 장소에서 해당 계절 출하품의 평균중등품을 기준으로 품질 결정(선적품질 조건) ③ 선물 거래: 전년도 수확 물품의 평균중등품질을 택하기도 함
판매적격품질 (GMQ: Good Merchantable Quality)	① 목재, 냉동어류 등에 사용 ② 양륙 시 판매 물품이 그 시장에서 판매 적격해야 함(양륙품질 조건) ③ 수입지에서 상품으로 사용하지 못하는 부분이 생기면 변상을 요구할 수 있음
보통표준품질 (USQ: Usual Standard Quality)	① 주로 원사(原絲), 인삼 거래에 사용 ② 공인검사 기관, 공인표준 기준에 의하여 보통품질을 표준품으로 결정

015 교재 p.173
곡물의 품질 결정 시기에 따른 조건

Tale Quale (TQ)	① 매도인이 선적할 때의 품질은 보장하나 양륙할 때의 품질 상태에 대해서는 책임지지 않는 조건 ② 'Such as it is(있는 그대로)'의 의미의 선적품질 조건에 해당
Rye Terms (RT)	① 물품이 도착 시에 손상되어 있는 경우 매도인이 그 손해를 배상하는 관례에서 생긴 조건 ② 양륙품질 조건에 해당
Sea Damage (SD)	① 원칙적으로는 선적품질 조건에 해당 ② 해상운송 중 발생한 해수(Sea Water) 또는 응고(Condensation)에 의한 손해를 입은 경우 매도인이 책임지는 조건 ③ 선적품질 조건과 양륙품질 조건이 절충된 조건

016 교재 p.173
수량 조건(Quantity Terms)
① 국가별 Ton 표기법

구분	ton	pound(lb)	kg
영국식	Long ton = Gross ton	2,240 lbs	1,016 kg
미국식	Short ton = Net ton	2,000 lbs	907.2 kg
한국, 프랑스, 독일식	Metric ton = Kilo ton	2,204 lbs	1,000 kg

② 개수 단위
  ㉠ 1 dozen = 12 pcs
  ㉡ 1 gross = 12 dozen = 144 pcs (12×12)
  ㉢ 1 small gross = 10 dozen = 120 pcs (10×12)
  ㉣ 1 great gross = 12 gross = 144 dozen (12×12)
          = 1,728 pcs (144×12)
③ 과부족 용인 조건(More or Less Clause)
  ㉠ 살물(Bulk cargo)인 경우 운송 도중 감량이 발생할 우려가 있으므로 매매계약서상 과부족 한도를 부여하여 그 범위 내에서 물품 인도가 이루어지면 수량 부족이 발생하지 않은 것으로 보고 클레임을 제기하지 않기로 약정하는 조건
  ㉡ 청구 금액의 총액이 신용장의 금액을 초과하지 않아야 함
  ㉢ 물품의 수량에서 ±5%의 범위 내의 과부족은 허용

④ 개산수량 조건(Approximate Quantity Terms)
  ㉠ 'about', 'approximately'와 같은 표현을 사용
  ㉡ 신용장의 금액, 수량, 단가를 표현하는 경우
  ㉢ ±10%를 초과하지 않는 범위 내에서 과부족 허용

017 교재 p.175
포장 조건(Packing Terms)
① 포장과 화인

포장	물품을 운송, 보관, 하역, 판매 등을 하는 데 있어 물품의 내용 및 외형을 보호하고 상품 가치를 유지하기 위하여 적절한 재료나 용기로 둘러싸는 작업 및 상태
화인	화물의 포장 외부 면에 특정 기호, 포장번호, 목적항 등을 표시하여 포장 상호 간 식별할 수 있도록 하는 것

② 화인의 기재사항

필수 기재사항	① 주화인(Main Mark) ② 목적항 표시(Port Mark) ③ 화물번호(Case Number)
임의 기재사항	① 부화인(Counter Mark) ② 중량 표시(Weight & Measurement Mark) ③ 주의 표시(Care Mark)

018 교재 p.176
선적 조건(Shipping Terms)
① 선적의 의미: 본선적재(Loading on Board), 우편의 발송(Dispatch), 운송을 위한 인수(Acceptance for Carriage), 특송물품의 집배(Date of Pick-up) 및 복합운송을 이용하는 경우 수탁(Taking in Charge)의 의미를 나타냄
② 선적 시기에 따른 조건

단월 선적 조건	특정 월을 선적 시기로 정하는 방법 예 Shipment shall be made during June 2023.
연월 선적 조건	연속된 두 달을 선적 시기로 지정하는 방법 예 Shipment shall be made during Jan. and Feb. 2023.
특정일 이전 또는 이후 선적 조건	일정 시점 이후를 기준으로 기간을 정하는 방법 예 Shipment shall be made till Jan 15, 2023. 예 within 90 days after receipt of L/C
즉시 선적 조건	은행은 'immediately', 'as soon as possible'과 같은 용어 무시 가능

019 교재 p.177
선적 기간 관련 용어

to, until, till, from, between	(선적 일자를 결정하는 경우) 해당 일자 포함
before, after	(선적 일자를 결정하는 경우) 해당 일자 제외
on or about	지정 일자 기준으로 전후 5일까지 (총 11일)
not later than 2 days after	이후 늦어도 2일 이내
at least 2 days before	적어도 이틀 전
기간을 산정할 때 within	해당 일자를 제외한 이전 ~일부터 이후 ~일까지의 기간
일자/사건과 함께 사용될 때 within	해당일 또는 사건일 포함한 ~일 내에

020 교재 p.177
선적 일자의 해석

항공화물운송장(AWB)	발행일 또는 실제 선적일에 대한 부기가 있는 경우 부기에 기재된 일자
철도, 도로, 내수로운송서류	발행일 또는 선적일, 물품이 선적, 발송, 운송을 위하여 수령된 일자
특송 배달영수증	집배 또는 수령 일자
우편영수증, 우편증명서	선적지 또는 발송지에서 스탬프되거나 서명되는 일자

021 교재 p.178
분할선적(Partial Shipment)

의미	매매 목적물을 전량 선적하지 않고 여러 회에 나누어 선적하는 것
분할선적 ×	두 세트 이상의 운송서류가 제시될 때 같은 운송수단(예 선박명이 같은 한 선박), 같은 운송 구간, 같은 목적지가 표기되면 분할선적으로 인정 ×, 늦은 일자를 선적일로 간주
분할선적 ○	같은 운송 방법 내에서 둘 이상의 운송수단(예 선박명이 다른 두 선박)에 선적을 증명하는 운송서류는 같은 날짜에 같은 목적지로 향하더라도 분할선적으로 간주

022 교재 p.178

할부선적(Installment Shipment)

의미	특정 기간 동안 일정량의 화물을 여러 차례에 걸쳐 선적하는 방법
원칙	① 신용장상의 'Installment schedule(할부 스케줄)'에 따라 반드시 지정된 기간 내에 지정된 물량만을 선적 ② 선적스케줄 위반 시 해당 할부분과 향후 할부분에 대해 신용장을 사용할 수 없음

023 교재 p.179

환적(Transhipment)

의미	선적항에서 하역항까지 운송 도중에 하나의 운송수단에서 양하(Unloading)되어 다른 운송수단으로 재적재(Reloading)되는 것
서류 해석 원칙	① 전 운송이 하나의 동일한 선하증권에 의하여 포괄된다면 '물품이 환적될 것(Goods will be transhipped)', '물품이 환적될 수 있다는 것(Goods may be transhipped)'을 표시하면 가능 ② 선하증권은 물품이 컨테이너, 트레일러, 래시 바지에 선적되었다는 것이 선하증권에 의하여 증명되는 경우에는 비록 신용장이 환적을 금지하더라도 수리될 수 있음 ③ '환적은 금지되어 있고 UCP 600 제20조 (c)항을 제외한다.'라고 규정되어 있는 경우에는 어떠한 경우에도 환적 금지 ④ "Clauses in a bill of lading stating that the carrier reserves the right to tranship will be disregarded. (운송인에게 환적할 권리가 있다고 기재한 선하증권의 조항은 무시된다.)"라는 의미는 운송인이 환적할 권리를 가지고 있을 뿐 반드시 환적을 하겠다는 의미는 아니므로 은행은 수리 가능 ⑤ 복합운송은 환적을 전제로 함

024 교재 p.181

Incoterms 2020

적용 범위	① 유체동산의 인도와 관련한 당사자들의 권리와 의무 규정 ② 매도인과 매수인 중 누가 운송이나 보험계약을 체결하여야 하는지 또는 수출입허가를 취득하여야 하는지, 언제, 어디에서 운송서류가 인도되어야 하는지 등을 규정 ③ 위험이 매도인으로부터 매수인에게 이전되는 물품의 인도 시점 규정 ④ 운송 비용, 포장 비용, 적재 및 양하 비용, 통관 관련 비용 등 매도인과 매수인 중 누가 비용을 부담하는지 규정

취급 ×	① 매매계약의 존재 여부 ② 매매 물품의 성질과 형태 ③ 대금 지급의 시기, 장소, 방법 또는 통화 종류 ④ 매매계약 위반에 대하여 사용할 수 있는 구제수단 ⑤ 계약상 의무 이행의 지체 및 그 밖의 위반 효과 ⑥ 제재의 효력 ⑦ 관세 부과 및 수출입의 금지 ⑧ 불가항력(Force majeure) 또는 이행가혹(Hardship) ⑨ 지식재산권 ⑩ 의무 위반 시 분쟁해결 방법, 장소 또는 준거법 ⑪ 매매 물품의 소유권 또는 물권의 이전

025 교재 p.183

Incoterms 2020 조항의 순서

매도인의 의무(A)	매수인의 의무(B)
A1 일반 의무(물품 제공)	B1 일반 의무(대금 지급 의무)
A2 인도*	B2 인도의 수령
A3 위험 이전*	B3 위험 이전
A4 운송	B4 운송
A5 보험	B5 보험
A6 인도/운송서류	B6 인도/운송서류
A7 수출통관	B7 수입통관
A8 점검/포장/화인 표시	B8 점검/포장/화인 표시
A9 비용 부담	B9 비용 부담
A10 통지	B10 통지

* 인도와 위험을 A2/B2, A3/B3로 이동시켜 인도의 시기와 장소, 위험의 이전에 대한 각 조건의 차이점을 쉽게 파악할 수 있도록 의도함

026 교재 p.183

Incoterms 2020의 변경 내용

① 비용 부담 규정의 명확화
② FCA 조건: 본선적재 선하증권의 제공
③ CIF와 CIP 조건의 부보 수준 차별화

구분	Incoterms 2010	Incoterms 2020
부보 범위	CIF, CIP 모두 최소 담보 조건(협회적하약관 C)	① CIF 최소 담보 조건(협회적하약관 C) ② CIP 최대 담보 조건(협회적하약관 A)

④ FCA, DAP, DPU, DDP 조건: 매도인 또는 매수인 운송수단에 의한 운송 허용

⑤ DAT 삭제 및 DPU 신설

구분	Incoterms 2010	Incoterms 2020
규칙	DAT(Delivered at Terminal)	DPU(Delivered at Place Unloaded)
인도 지점	지정 목적항이나 지정 목적지의 지정 터미널에서 양하 후 인도	지정 목적지 또는 지정 목적지 내에 합의된 지점에서 양하 후 인도

027 교재 p.185
EXW(EX Works: 공장인도)

의미	매도인이 물품을 공장이나 창고 같은 지정된 장소(매도인의 영업구 내일 수도 있고 아닐 수도 있음)에서 매수인의 처분 하에 두는 때 위험이 이전되는 거래 조건
특징	① 매도인: 물품을 인도할 때까지 물품에 관한 모든 비용을 부담, 운송·보험계약 체결 의무 ×, 수출통관 절차 수행 의무 × ② 매수인: 지정 인도 장소의 합의된 지점에서 물품이 인도된 때부터 물품에 관한 모든 비용을 부담. 수출국, 통과국, 수입국에서 모든 수출, 통과, 수입통관 절차 수행 ③ 복합운송을 포함한 모든 운송 방식에서 사용 가능 ④ 'EXW+적출지의 지정 장소'로 표기 ⑤ 매도인의 위험과 비용 부담이 가장 적은 조건

028 교재 p.187
FCA(Free Carrier: 운송인인도)

의미	매도인이 물품의 수출통관 절차를 마친 후 적출지의 지정된 장소에서 매수인이 지정한 운송인에게 물품을 인도함으로써 위험이 이전되는 거래 조건
특징	① 위험과 비용 부담의 분기점 　㉠ 매도인 창고, 공장: 매도인이 매수인의 운송수단에 적재하였을 때 　㉡ 적출지의 지정된 장소, 매도인 공장, 창고 외의 장소: 물품이 운송수단에 실린 채 양하 준비된 상태로 매수인이 지정한 운송인이나 제3자의 처분하에 놓인 때 ② 매도인: 운송·보험계약 체결 의무 ×, 수출통관 절차 수행 ③ 매수인: 수입통관 절차 수행 ④ 복합운송을 포함한 모든 운송 방식에서 사용 가능 ⑤ 'FCA+적출지의 지정 장소'로 표기 ⑥ 조달(Procure)의 확대 적용 ⑦ 선적 선하증권(Shipped B/L) 발행 가능

029 교재 p.190
FAS(Free Alongside Ship: 선측인도)

의미	매도인이 물품의 수출통관을 마친 후 지정된 선적항에서 매수인이 지명한 선박의 선측[부두 또는 바지(barge)]에 물품을 인도함으로써 위험이 이전되는 거래 조건
특징	① 위험과 비용 부담의 분기점: 물품이 선측에 놓인 때 ② 매도인: 운송·보험계약 체결 의무 ×, 수출통관 절차 수행 ③ 매수인: 수입통관 절차 수행 ④ 해상·내수로운송 방식에서만 사용 가능 ⑤ 'FAS+지정 선적항'으로 표기 ⑥ 조달(Procure)의 확대 적용

030 교재 p.191
FOB(Free On Board: 본선인도)

의미	매도인이 물품의 수출통관 절차를 마친 후 지정된 선적항에서 매수인이 지명한 선박의 본선상에(on board the vessel) 물품을 인도함으로써 위험이 매수인에게 이전되는 거래 조건
특징	① 위험과 비용 부담의 분기점: 물품이 본선에 적재된 때 ② 매도인: 운송·보험계약 체결 의무 ×, 수출통관 절차 수행 ③ 매수인: 수입통관 절차 수행 ④ 해상·내수로운송 방식에서만 사용 가능 ⑤ 'FOB+지정 선적항'으로 표기 ⑥ 조달(Procure)의 확대 적용

031 교재 p.193
CPT(Carriage Paid To: 운송비지급인도)

의미	매도인이 자신의 비용으로 지정 목적지까지 운송계약을 체결하고 수출국에서 운송인에게 수출통관이 완료된 물품을 인도할 때 위험이 매수인에게 이전되는 거래 조건
특징	① 위험의 분기점: 물품이 운송인에게 인도된 때 ② 비용의 분기점: 지정 목적지에 도착한 때(보험료 제외) ③ 매도인: 보험계약 체결 의무 ×, 수출통관 절차 수행 ④ 매수인: 수입통관 절차 수행 ⑤ 복합운송을 포함한 모든 운송 방식에서 사용 가능 ⑥ 'CPT+지정 목적지'로 표기 ⑦ 조달(Procure)의 확대 적용

032 교재 p.195
CIP(Carriage and Insurance Paid To: 운송비·보험료지급인도)

의미	물품이 적출지의 지정된 장소에서 지정된 운송인에게 인도되는 시점부터 물품에 대한 모든 위험과 추가적인 비용 부담이 매수인에게 이전되는 거래 조건
특징	① 위험의 분기점: 수출국에서 매도인과 운송계약을 체결한 운송인에게 물품을 인도하는 시점에 매수인에게 이전 ② 비용의 분기점: 매수인의 지정 목적지까지 매도인이 부담 ③ 매도인은 협회적하약관(ICC) A 약관이나 이와 유사한 약관에 따른 광범위한 담보 조건으로 부보하여야 하며 당사자들의 합의에 의해 낮은 수준(B, C, WA, FPA 약관)으로 부보 가능 ④ 복합운송을 포함한 모든 운송 방식에서 사용 가능 ⑤ 'CIP+지정 목적지'로 표기 ⑥ 매도인: 수출통관 절차 수행 ⑦ 매수인: 수입통관 절차 수행 ⑧ 조달(Procure)의 확대 적용

033 교재 p.196
CFR(Cost and Freight: 운임포함인도)

의미	매도인이 운송계약을 체결하고 지정된 목적항까지 물품을 운반하는 데 필요한 운임을 부담하되, 물품이 선적항에서 본선 상에 적재되는 시점부터 물품에 대한 멸실 또는 훼손 위험이 매수인에게 이전되는 조건
특징	① 위험의 분기점: 물품이 본선에 적재된 때 ② 비용의 분기점: 합의된 목적지에 도착한 때 ③ 매도인: 보험계약 체결 의무 ×, 수출통관 절차 수행 ④ 매수인: 수입통관 절차 수행 ⑤ 해상·내수로운송 방식에서만 사용 가능 ⑥ 'CFR+지정 목적항'으로 표기 ⑦ 조달(Procure)의 확대 적용

034 교재 p.198
CIF(Cost, Insurance and Freight: 운임·보험료포함인도)

의미	지정된 목적항까지 물품을 운반하는 데 필요한 해상운송비와 보험료는 매도인이 부담하고, 물품이 선적항에서 본선에 적재되는 시점부터 물품에 대한 모든 위험과 추가적인 비용 부담은 매수인에게 이전되는 거래 조건
특징	① 위험의 분기점: 물품이 본선에 적재된 때 ② 비용의 분기점: 지정 목적항에 도착한 때 ③ 매도인: 보험계약 체결 의무가 있으며 ICC(C) 약관이나 이와 유사한 약관에 따른 담보 조건으로 부보 가능, 당사자 간 합의에 의해 더 높은 수준으로 부보 가능, 수출통관 절차 수행 ④ 매수인: 수입통관 절차 수행 ⑤ 해상·내수로운송 방식에서만 사용 가능 ⑥ 'CIF+지정 목적항'으로 표기 ⑦ 조달(Procure)의 확대 적용

035 교재 p.200
DAP(Delivered At Place: 도착장소인도)

의미	매도인이 본인의 책임하에 목적지까지 물품을 운반하여, 수입통관하지 않은 상태로 지정된 목적지에서 운송수단으로부터 양하 준비된 상태로 매수인의 처분하에 둠으로써 위험이 이전하는 거래 조건
특징	① 위험과 비용 부담의 분기점: 지정 목적지에서 물품을 운송수단에서 양하하지 않은 상태로 매수인의 처분 상태에 둔 때 ② 매도인: 보험계약 체결 의무 ×, 수출통관 절차 수행 ③ 매수인: 수입통관 절차 수행 ④ 복합운송을 포함한 모든 운송 방식에서 사용 가능 ⑤ 'DAP+지정 목적지'로 표기 ⑥ 조달(Procure)의 확대 적용

036 교재 p.202
DPU(Delivered at Place Unloaded: 도착지양하인도)

의미	매도인이 물품을 지정 목적지 또는 지정 목적지 내의 합의된 지점에서 도착운송수단으로부터 양하하여 매수인의 처분하에 둠으로써 위험이 이전되는 거래 조건으로서 Incoterms 2020에서 신설됨
특징	① 위험과 비용 부담의 분기점: 지정 목적지에서 물품을 운송수단에서 양하한 상태로 매수인의 처분하에 둔 때 ② 매도인: 보험계약 체결 의무 ×, 수출통관 절차 수행 ③ 매수인: 수입통관 절차 수행 ④ 복합운송을 포함한 모든 운송 방식에서 사용 가능 ⑤ 'DPU+지정 목적지'로 표기 ⑥ 조달(Procure)의 확대 적용 ⑦ 매도인이 도착운송수단에서 물품을 양하(Unloading)할 의무가 있는 유일한 인코텀즈 조건

037 교재 p.203
DDP(Delivered Duty Paid: 관세지급인도)

의미	매도인이 본인의 책임하에 목적지까지 물품을 운반하여, 수입통관 절차를 거친 후 지정된 목적지에서 운송수단으로부터 양하 준비된 상태(ready for unloading)로 매수인의 처분하에 둠으로써 위험이 이전되는 거래 조건
특징	① 위험과 비용 부담의 분기점: 지정 목적지 또는 지정 목적지 내의 합의된 지점까지 가져가는 데 수반되는 모든 비용과 위험을 부담(인도 = 목적지의 도착)

② 매도인: 보험계약 체결 의무 ×, 수출·수입통관 절차 수행
③ 복합운송을 포함한 모든 운송 방식에서 사용 가능
④ 'DDP+지정 목적지'로 표기
⑤ 조달(Procure)의 확대 적용
⑥ 매도인의 위험과 비용 부담이 가장 큰 조건

038 교재 p.206
Incoterms 2020의 분류

운송 방식별 분류	① 운송 방식에 관계없이 사용할 수 있는 조건: EXW, FCA, CPT, CIP, DAP, DPU, DDP ② 해상 및 내수로운송 방식에만 사용되는 조건: FAS, FOB, CFR, CIF
운송비·운임 부담자별 분류	① 매도인(수출상)이 운송비·운임을 부담하는 조건: CPT, CIP, CFR, CIF, DAP, DPU, DDP ② 매수인(수입상)이 운송비·운임을 부담하는 조건: EXW, FCA, FAS, FOB
보험 가입자별 분류	① 매도인(수출상)이 부보해야 하는 조건: CIP, CIF(가입 필수, 피보험자 매수인), DAP, DPU, DDP(가입 선택, 피보험자 매도인) ② 매수인(수입상)이 부보해야 하는 조건: EXW, FCA, FAS, FOB, CPT, CFR(가입 선택, 피보험자 매수인)
위험 이전의 분기점별 분류	① 매도인(수출상)의 위험부담이 적출지(수출지)에서 종료되는 조건: EXW, FCA, FAS, FOB, CPT, CIP, CFR, CIF ② 매도인(수출상)의 위험부담이 도착지(수입지)에서 종료되는 조건: DAP, DPU, DDP

039 교재 p.206
국제물품매매계약에 관한 UN협약(비엔나협약)

특징	① 포괄적 법체계 ② 국제매매에 적용 ③ 당사자 자치원칙(사적자치원칙의 존중) ④ 당사자 불문 ⑤ 소유권 이전 규정 부재 ⑥ 소유권과 위험 부담 분리 ⑦ 계약유지원칙 ⑧ 고의·과실 여부 무관
적용 요건	① 계약당사자가 상이한 국가에 영업소 보유 ② 영업소를 가지고 있지 않는 경우 당사자의 상거소 보유 ③ 당사자가 서로 다른 국가에 영업소가 있다는 사실이 계약 당시 거래 내용에 나타날 것
직접 적용	① 계약당사자들의 영업소가 있는 두 국가가 체약국 ② 당사자 간 협약 배제가 없는 경우
간접 적용	① 당사자가 상이한 국가에 영업소를 보유하고, 그 당해 국가 중 하나 이상이 비체약국인 경우 준거법이 체약국인 상대방 국가의 법률을 적용하도록 규정 ② 당사자 간 협약의 배제가 없는 경우
성격	당사자의 국적, 당사자, 계약의 성격이 민사적인지 상사적인지 여부는 비엔나협약 적용 여부를 결정하는 데 고려 ×
적용 제외	① 일반적 적용 배제 ㉠ 개인용, 가족용 또는 가정용으로 구입된 물품의 매매 ㉡ 경매에 의한 매매 ㉢ 강제집행 또는 그 밖의 법령에 의한 매매 ㉣ 주식, 지분, 투자증권, 유통증권 또는 통화의 매매 ㉤ 선박, 소선, 부선, 또는 항공기의 매매 ㉥ 전기의 매매 ② 서비스(용역)가 주된 부분을 구성하는 경우 ③ 계약의 효력 및 소유권 이전 ④ 제조물 책임 ⑤ 계약에 의한 적용 배제
매도인 의무	① 물품 인도 의무 ② 서류 인도 의무 ③ 계약적합 의무 ④ 권리적합 의무
매수인 의무	① 대금 지급 의무 ② 대금의 결정 ③ 물품 인도 수령 의무 ④ 물품 검사 및 통지 의무

040 교재 p.212
계약의 위반(Breach of Contract)

의미	무역계약의 성립으로 일정한 채무를 부담한 자가 채무 내용에 적합하게 이행하지 않는 것
이행 지체 (Delay in Performance)	① 채무가 이행기에 있고 이행이 가능함에도 이행하지 않는 것 예 선적 불이행, 지연 선적, 대금 지급 지연 등 ② 성립요건 ㉠ 채무의 이행 시기가 도래할 것 ㉡ 이행이 가능할 것 ㉢ 채무자의 귀책사유일 것 ③ 채권자 구제 방법 ㉠ 강제이행 청구 ㉡ 손해배상 청구 ㉢ 계약 해제
이행 거절 (Renunciation, Repudiation)	① 계약당사자가 자신의 의무를 이행하지 않겠다는 명시적 또는 묵시적인 의사 표시로, 이행기 전후를 불문하고 이행 거절하는 것 ② 성립요건 ㉠ 이행기 도래 전후의 이행 거절일 것 ㉡ 이행 거절의 의사를 명료하게 표시할 것

	③ 효과(결과) 　㉠ 상대방의 이행 거절이 있으나 소멸처리되지 않고 이행 시까지 이행 요구 가능 　㉡ 이행기 도래 전에 계약을 해제하고 손해배상 청구 가능	
이행 불능 (Impossibility of Performance)	① 의미: 채무자의 행위 또는 불가항력으로 인해 계약의 이행을 불가능하게 되는 것 ② 원시적 불능: 계약 체결 시 이미 계약의 목적 달성이 불가능하거나 계약목적물이 소멸한 경우로 계약 자체가 성립되지 않는 것 ③ 후발적 불능 　㉠ 계약은 체결 당시 적법하게 이루어졌으나 추후 예기치 못한 사정이 발생하여 계약 이행이 불가능해진 경우 　㉡ 당사자의 행위에 의해 이행이 불가능한 경우에는 계약 위반에 해당하는 이행 불능이 되며 이때 채권자는 손해배상 청구 또는 계약 해제 가능 ④ 계약의 좌절(Frustration) 　㉠ 계약 성립 당시부터 원시적 불능도 아니고 계약 성립 후 당사자의 귀책사유도 아닌 이유로 계약을 법적으로 이행하지 못하게 되거나, 상황이 계약 체결 시에 예상한 것보다 많이 달라져서 이행할 가치가 없게 된 경우 계약이 자동 소멸되는 것 　㉡ 해당 사건의 발생 시점부터 계약이 자동으로 대비 소멸 → 불가항력조항 또는 하드십 조항 삽입	
불완전 이행 (Incomplete Performance)	① 계약상의 채무의 이행이 일단 이루어졌지만 그 이행 정도가 불완전한 경우(대륙법상 계약 위반으로 규정) ② 성립요건 　㉠ 하자 있는 물품을 인도한 경우 　㉡ 채무의 이행 방법이 불완전한 경우 　㉢ 급부하기 전에 필요한 주의를 게을리한 경우 ③ 효과: 채권자는 손해배상 청구를 할 수 있으며, 계약의 본질적인 침해에 해당하는 경우 계약 해제권 발생	

041 교재 p.213

무역계약에 대한 구제

의미	일정한 권리가 침해되는 경우 그러한 침해를 방지하거나 보상하게 하는 것
특징	① 대륙법계: 현실적 이행을 강제하는 방법으로 발달 ② 영미법계: 손해를 배상하게 하는 방법으로 발달

042 교재 p.213

매도인 계약 위반에 따른 매수인의 구제

특정이행 청구권	매수인은 계약을 해지하지 않고 매도인에게 권리 침해에 대해 적극적으로 이행할 것을 청구할 수 있는 권리
대체품인도 청구권	① 매수인이 계약을 해제할 정도의 본질적인 위반에 대해 대체품을 청구할 수 있는 권리 ② 목적물의 하자 통지와 동시에 하거나 하자 통지 시점부터 합리적인 기간 내에 대체품의 인도를 청구해야 함
하자보완 청구권	① 물품이 계약과 일치하지 않은 경우(본질적 위반이 아닌 경우) 매수인이 매도인에게 합리적인 수리로 하자 부분을 보완할 것을 청구할 수 있는 권리 ② 하자의 보완 청구는 청구의 내용이 주위의 모든 사정으로 보아 불합리하지 않고 합리적인 기간 내에 이루어져야 함
추가기간 지정권	① 매수인은 매도인의 의무 이행을 위하여 합리적인 추가 기간을 부여할 수 있는 권리(확정적·최종적인 인도 일자 특정) ② 매도인으로부터 추가 기간 내에 이행할 의사가 없다는 통지를 받는 경우를 제외하고는 타 구제수단 사용 불가능
계약해제권	① 일방적인 의사 표시로 계약 관계를 해소하기 위한 권리를 행사하는 것 ② 계약 해제 사유 　㉠ 매도인의 계약 위반이 본질적인 위반을 구성하는 경우 　㉡ 매수인이 정한 추가 기간 내에 매도인이 목적물을 인도하지 않는 경우 　㉢ 매수인이 정한 추가 기간 내에 매도인이 그 의무를 이행하지 않을 것을 밝힌 경우
대금감액권	① 매도인으로부터 수령한 물품이 계약에 부적합한 경우 대금이 이미 지급되었다 하더라도 매수인이 실제 인도된 물품의 가액에 부적합 비율과 동일한 비율로 대금 감액을 청구할 수 있는 권리 ② 매도인이 의무 불이행을 보완하려는 경우나 매수인이 이를 수락하지 않는 경우에는 대금의 감액 청구 불가능
손해배상 청구권	손해배상청구권은 대체품 인도 청구권, 계약 해제, 이행 청구, 대금 감액과 선택적 또는 중복적으로 청구 가능

043 교재 p.216

매수인의 계약 위반에 따른 매도인의 구제

특정이행 청구권	① 매수인의 특정이행청구권에 상응하는 개념 ② 매도인은 매수인에게 대금의 지급, 인도의 수령 또는 기타 매수인의 의무를 이행하도록 청구 가능

추가기간 지정권	매수인의 의무 이행을 위해 합리적인 추가 기간을 정할 수 있는 권리
계약해제권	① 매수인의 계약 위반이 본질적인 위반을 구성하는 경우 ② 매도인이 정한 추가 기간 내에 매수인이 대금 지급 의무 또는 물품 수령 의무를 이행하지 않은 경우 ③ 매도인이 정한 추가 기간 내에 매수인이 그 의무를 이행하지 않을 것을 밝힌 경우
손해배상 청구권	계약 해제, 특정이행 청구 등과 선택적 또는 중복적으로 청구 가능
물품명세 확정권	① 매수인이 명세를 지정하기로 된 경우 매수인이 물품명세를 지정하지 않으면 매도인이 자신의 물품명세를 작성 가능 ② 매도인이 세부사항을 매수인에게 통지하였음에도 매수인이 물품명세를 작성하지 않으면 매도인이 작성한 물품명세가 구속력을 가짐

044 교재 p.218
매수인과 매도인의 구제권리 비교

구분	매수인	매도인
특정이행청구권	○	○
대체품인도청구권	○	×
하자보완청구권	○	×
추가기간지정권	○	○
하자보완권	○	×
계약해제권	○	○
대금감액권	○	×
손해배상청구권	○	○
일부 이행, 조기 이행, 초과 이행에 대한 구제	○	×
물품명세확정권	×	○

045 교재 p.218
계약의 해제

의미	① 계약의 효력을 계약의 성립 시로 소급하여 소멸시키는 것 ② 처음부터 계약이 없었던 것과 같은 효력이 발생하는 의사 표시
이행기일 경과 후 계약 해제	① 매수인의 계약해제권 ㉠ 매도인의 의무 불이행이 본질적 계약 위반인 경우 ㉡ 인도 불이행의 경우, 매수인이 정한 추가 기간 내에 매도인이 물품을 인도하지 않거나 그 기간 내에 인도하지 않겠다고 선언한 경우
	② 매도인의 계약해제권 ㉠ 매수인의 의무 불이행이 본질적 계약 위반인 경우 ㉡ 매도인이 정한 추가 기간 내에 매수인이 대금 지급 또는 물품 수령 의무를 이행하지 않거나 그 기간 내에 그러한 의무를 이행하지 않겠다고 선언한 경우
이행기일 전의 계약 해제	당사자 일방이 본질적 계약 위반을 할 것이 명백한 경우 상대방은 계약 해제 가능
계약 해제 효력	① 손해배상 의무를 제외하고 당사자 쌍방을 계약상의 의무에서 면제 ② 원상회복 의무: 계약의 전부 또는 일부를 이행한 당사자는 상대방에게 자신이 계약상 공급 또는 지급한 것에 대해 반환 청구 가능 ③ 부당이득반환청구권: 당사자 쌍방이 반환해야 하는 경우에는 동시에 반환해야 함 ④ 매도인은 대금을 반환해야 하는 경우, 대금이 지급된 날부터 그에 대한 이자도 지급해야 함 ⑤ 매수인은 다음의 경우 물품의 전부 또는 일부에서 발생한 모든 이익을 매도인에게 지급해야 함 ㉠ 매수인이 물품의 전부 또는 일부를 반환해야 하는 경우 ㉡ 물품의 전부 또는 일부를 반환할 수 없거나 물품을 수령한 상태와 실질적으로 동일한 상태로 전부 또는 일부를 반환할 수 없음에도 불구하고, 매수인이 계약을 해제하거나 매도인에게 대체물의 인도를 청구한 경우
계약해제권 상실	매수인이 물품을 수령한 상태와 실질적으로 동일한 상태로 그 물품을 반환할 수 없는 경우 계약을 해제하거나 매도인에게 대체품을 청구할 권리를 상실함
계약해제권 상실 예외사유	① 물품을 반환하거나 물품의 수령 상태와 실질적으로 동일한 상태로 반환할 수 없는 사유가 매수인의 작위 또는 부작위에 기인하지 않은 경우 ② 물품의 전부 또는 일부가 검사의 결과로 멸실 또는 훼손된 경우 ③ 매수인이 부적합을 발견하였거나 발견해야 했던 시점 전에 물품의 전부 또는 일부가 정상적인 거래 과정에서 매각되거나 통상의 용법에 따라 소비 또는 변형된 경우

046 교재 p.221
무역계약의 종료 사유

이행에 의한 소멸	① 쌍무계약의 성격에 의해 매매계약 당사자 쌍방이 계약상 의무를 완전하게 이행하여 계약이 소멸하는 것 ② 계약당사자 중 일방만이 완전하게 계약상의 채무를 이행하는 경우에는 무역계약이 소멸하지 않음

당사자의 합의에 의한 소멸	매매계약의 당사자가 상호 합의에 따라 계약을 소멸시키는 것
기간 만료에 의한 소멸	무역계약에서 계약이 유효하게 존속하는 기간을 정해 두는 경우 그 기간이 만료하면 계약 관계 종료
계약 위반에 의한 소멸	매매당사자가 본인의 귀책사유로 계약 내용에 합치되는 이행을 하지 않는 것
이행 불능에 의한 소멸	원시적 이행 불능, 후발적 이행 불능, 계약의 좌절(Frustration) 등에 의한 소멸

047 무역클레임 해결 방법

① 당사자 간 해결

청구권의 포기	상대방이 다른 조건으로 만족시킨 경우, 클레임 제기 금액이 너무 작아 클레임의 가치가 없는 경우, 분쟁 해결 절차가 복잡한 경우 등에 해당하는 경우, 클레임을 포기하고 단순 경고로써 주의를 촉구하는 방법
화해	제3자의 판단에 의하지 않고 당사자 간 교섭에 의해 해결되는 것

② 제3자 개입에 의한 해결

알선	① 공정한 제3자가 당사자의 일방 또는 쌍방의 요청으로 사건에 개입하여 원만하게 해결될 수 있도록 조언하는 것 ② 강제력 ×
조정	① 양 당사자가 공정한 제3자를 조정인으로 선임하고 조정인이 제시하는 해결안에 합의하여 분쟁을 해결하는 방법 ② 양 당사자는 조정안 수락 의무 ×
중재	① 제3자인 중재인(예 대한상사중재원)을 선임하여 그 분쟁을 중재인의 판단에 맡겨 양 당사자가 절대 복종하여 분쟁을 합의하는 방법 ② 법원의 확정 판결과 동일 효과, 외국 집행 보장
소송	법원의 판결에 의해 분쟁을 강제적으로 해결하는 방법

048 중재제도의 장단점

① 장점

분쟁의 신속 해결	① 단심제 ② 국내 중재: 심리종결일부터 30일 내 판정 ③ 국제 중재: 심리종결일부터 45일 내 판정
비용의 절감	단심제에 의한 비용 절감
전문가의 판단	상거래와 관습에 정통한 중재인이 판정하므로 법원 판결보다 현실적이고 타당할 수 있음
절차의 비공개	회사 기밀 또는 명성 유지 가능
판정의 국제 효력 발생	뉴욕협약에 의해 외국에서의 중재 판정 집행 보장
자주적 분쟁해결	중재계약부터 중재 판정에 이르는 모든 절차를 당사자의 자유의사에 의한 중재 합의에 따라 해결함으로써 자주적인 분쟁해결 가능

② 단점

법률 문제	중재인은 사실 문제에 대해 신속하고 합리적 판단이 가능하나 법률 문제 개재 시 판단 능력 미흡함
절차상의 문제	당사자가 불출석하더라도 심리 진행
단심제	결과에 불복이 있어도 재심 요청 ×
예측 가능성의 감소	중재 판정이 법률 또는 판례 등에 의하지 않고 중재인의 합리적 판단에 의존 → 객관성 결여 및 예측 가능성 감소
중재인의 대리인 의식	선임받은 중재인은 선임자의 이익 대변 가능성 높음

049 중재계약(합의)

의미	분쟁을 중재에 의해 해결하도록 하는 합의
종류	① 사전 중재 합의 ② 사후 중재부탁 합의
내용	중재가 행해지는 장소, 이용할 중재기관, 적용할 중재 규칙 또는 준거법 명시(중재의 3요소)
방법	① 매매계약서상 중재조항을 삽입하지 않고 독립계약 또는 중재부탁 합의서 작성 ② 매매계약서상에 분쟁이 발생하였을 경우 중재로 해결한다는 내용 삽입
효력	직소금지의 원칙 적용

050 중재 판정

의미	중재계약의 당사자가 부탁한 분쟁의 해결을 위하여 중재인이 내리는 최종적 결정
국내 효력	① 법원의 확정 판결과 동일한 효력 발생(기판력) ② 법원의 집행 판결을 받은 경우 집행력 발생
국제 효력	뉴욕협약 가입국의 경우 중재 판정은 외국에서도 동일 효력 발생

051 교재 p.228
중재 판정의 취소

방법	법원에 중재 판정 취소의 소 제기
사유	① 중재 합의의 당사자가 해당 준거법에 따라 중재 합의 당시 무능력자였던 사실 또는 중재 합의가 당사자들이 지정한 법에 따른 무효인 경우 ② 당사자가 중재인의 선정 또는 중재 절차에 관하여 적절한 통지를 받지 못하였거나 본안에 관한 변론을 할 수 없었던 사실 ③ 중재 판정이 중재 합의의 대상이 아닌 분쟁을 다룬 사실 또는 중재 판정이 중재 합의의 범위를 벗어난 사항을 다룬 사실 ④ 중재판정부의 구성이나 중재 절차가 당사자 간의 합의에 따르지 않았을 경우
법원 직권으로 중재 판정을 취소할 수 있는 경우	① 중재 판정의 대상이 된 분쟁에 중재 판정국의 법에 따라 중재로 해결될 수 없는 경우 ② 중재 판정의 승인 또는 집행이 대한민국의 선량한 풍속이나 그 밖의 사회질서에 위배되는 경우

052 교재 p.229
중재와 소송의 비교

구분	중재	소송
요건	① 당사자 간 중재에 관한 서면 합의 필요 ② 사후중재 합의도 유효	① 상대방 합의 없이 일방적 제소 가능 ② 민·형사, 행정 등 모든 분쟁 대상
효력	① 대법원의 판결과 동일 효력 ② 단심제(항소 불가능), 직소 금지	① 구속력, 확정력, 집행력, 형성력 ② 2심·3심에 항소·상고 가능
분쟁해결	중재인에 의한 사적 분쟁해결	공권력에 의한 해결
경제성	신속, 경제적 분쟁해결 가능	분쟁해결에 많은 비용과 시간 소요
공개성	비공개 원칙(비밀 유지 가능)	공개 원칙(비밀 유지 불가능)

CHAPTER 02 | 국제운송

001 교재 p.232
화물의 운송 형태

해상운송	① 선박을 이용하여 사람과 화물을 운송하는 방식 ② 정기선(Liner): 주로 컨테이너 운송 ③ 부정기선(Tramper): 주로 살물(Bulk cargo) 운송
복합운송	특정 화물을 육상, 해상, 항공, 철도 등의 방법 중 최소 2가지 이상 다른 종류의 운송수단을 통하여 운송하는 방식
항공운송	① 항공기의 항복(Plane's Space)을 이용하여 화물을 운송하는 방식 ② 고가품, 긴급 물품, 신선 유지 물품 운송에 이용

002 교재 p.233
정기선과 부정기선의 비교

구분	정기선	부정기선
항로 및 시기	반복적인 운항 일정, 고정된 항로	반복적이지 않은 운항 일정, 고정되지 않은 항로
운송 성격	공적 일반운송	사적 계약운송
운송 계약	불요식계약 (선하증권 약관에 의한 부합계약 방식)	요식계약 (용선계약을 체결, 계약 조건은 선박마다 다르며 시황과 선주 및 화주의 교섭력에 좌우됨)
화물 가치	고가(일반 화물)	저가(대량 화물)
선박	고가, 복잡한 구조	저가, 단순한 구조

003 교재 p.234
해상운송계약: 개품운송계약

의미	① 해상운송인이 다수의 화주와 개별적으로 화물운송계약을 맺는 것 ② 이때 운송인은 물품 운송 약정, 송하인은 운임 지급 약정을 함
특징	① 해상운송인이 불특정 다수의 화주로부터 화물운송을 위탁받아 화물을 혼적하므로 정기선운송에서 많이 이용 ② 선하증권 약관에 의한 부합계약 방식으로 체결 ③ 화주가 선복요청서(S/R) 제출 → 선사가 인수확약서(B/N) 발행 → 운송계약 체결로 간주 ④ 본선적재 후 선사는 선적 선하증권(Shipped B/L) 발급, 선적 선하증권은 운송계약의 증거, 물품 인도의 증거 및 권리증권의 기능 수행

004 교재 p.234

해상운송계약: 용선운송계약

의의	해상운송인이 선박의 전부 또는 선복의 일부를 제공하여 적재된 물품을 운송하기로 약정하고, 용선자는 이에 대한 반대급부로 운임(용선료)을 지급하기로 약정하는 운송계약
특징	① 일반적으로 살물(Bulk cargo)을 대상으로 하며 부정기선 이용 ② 표준화된 용선계약서(C/P: Charter Party)를 작성함
항해 용선 계약	① 항구에서 항구까지의 화물운송 계약 ② 운임: 톤당 금액 ③ 선주: 직접 선비, 간접 선비, 운항비 부담 ④ 용선자: 용선료 부담 ⑤ 선장 임명: 선주가 선장 임명·지휘·감독
기간 용선 계약	① 용선 기간: 연·월·일수, 특정 항로 항해 기간 등으로 표시 ② 선주: 직접 선비, 간접 선비 부담 ③ 용선자: 용선료, 운항비 부담 ④ 선장 임명: 선주가 선장 임명·지휘·감독
나용선 계약	① 용선 기간: 특정 기간 ② 선주: 상각비 부담 ③ 용선자: 상각비 이외의 모든 비용 부담 ④ 선장 임명: 용선자가 선장 임명·지휘·감독

005 교재 p.235

하역 비용 부담 조건

구분	하역비 부담 내용
선주부담 조건 [Berth(Liner) Terms]	선적 및 양하 비용 선주 부담(용선자에게 가장 유리)
F.I (Free In)	선적 비용 용선자 부담, 하역 비용 선주 부담
F.O (Free Out)	선적 비용 선주 부담, 하역 비용 용선자 부담
F.I.O (Free In & Out)	선적 및 양하 비용 용선자 부담
F.I.O.S.T (Free In & Out, Stowed and Trimmed)	선적 및 양하 비용, 본선 적부비 및 화물정리비 용선자 부담(용선자에게 가장 불리)

006 교재 p.236

정박 기간(Laydays, Laytime)

① 의미: 화주가 계약 화물의 전량을 적재 또는 양하하는 데 필요한 일수(선주가 화주에게 부여한 기간)
② 정박 기간 계산 조건
　㉠ C.Q.D(Customary Quick Delivery, 관습적 조속하역)
　　• 관습적인 하역능력에 따라 가능한 한 빨리 적재하고 양하하는 조건
　　• 불가항력으로 인한 하역 불능은 정박 기간에서 공제
　　• 일요일과 공휴일은 관습에 따름
　㉡ 연속 정박 기간(Running Laydays)
　　• 하역 개시일부터 종료일까지 경과 일수를 계산하는 방법
　　• 총소요시간을 24시간으로 계산하여 정박 기간 계산
　　• 일요일, 공휴일은 물론 하역 불능 사태가 발생해도 모두 정박 기간에 포함
　㉢ 작업일(Working Days): 각 항구의 관습에 따라 그 항구에서 평상시 하역이 행해지는 날

WWD (Weather Working Day)	기상 조건이 좋아 하역 작업이 가능한 날만 산입하는 방식
SHEX (Sunday and Holidays Excepted)	일요일 및 공휴일은 산정하지 않는 방식
SHEXUU (Sunday and Holidays Excepted Unless Used)	일요일과 공휴일에 작업을 하는 경우에만 산입하는 방식
SHEXEIU (Sunday and Holidays Excepted Even If Used)	일요일과 공휴일에 작업을 하더라도 정박 기간에 산정하지 않는 방식

③ 체선료·조출료·지체료

체선료 (Demurrage)	① 부정기선 운송: 규정된 정박 기간 이내에 선적이나 양륙이 이루어지지 않으면 초과 일수 사용에 대하여 선주가 용선자에게 부과하는 비용 ② 정기선 운송: CY에 반입된 컨테이너를 화주가 무료 장치 기간 내에 반출하지 않을 시 선사가 화주에게 부과
조출료 (Dispatch Money)	규정된 정박 기간 이전에 하역 작업이 완료되면 선주가 용선자에게 지급하는 비용
지체료 (Detention Charge)	정기선 운송의 경우 CY에 반입된 컨테이너를 화주가 반출해 가면 빈 컨테이너를 무료 장치 기간 내에 반납해야 하는데, 이 기간을 경과하여 반납할 경우 선사가 화주에게 부과하는 비용

007 교재 p.237

정기선 할증료의 종류

중량할증운임 (Heavy Lift Surcharge)	화물의 1단위가 일정 중량을 초과하는 경우 부과
용적 및 장척할증운임 (Bulky/Lengthy Surcharge)	화물의 부피가 크거나 길이가 길 때 부과
양륙항선택료 (Optional Charge)	선적 시 목적항을 2개로 했다가 본선 출항 후 그중 1개항을 선택할 때 부과

통화할증료 (CAF: Currency Adjustment Factor)	운임 표시 통화의 가치 하락에 따른 손실 보전 목적으로 운임에 부과
유류할증료 (BAF: Bunker Adjustment Factor)	유류 가격 인상으로 생기는 손실 보전 목적으로 운임에 부과
체선(혼잡)할증료 (Congestion Surcharge)	양륙항에서 선박이 많아 선사에 비용 손실이 발생하는 경우 화주에게 그 부담을 전가
운하할증료 (Canal Surcharge)	운하를 이용하는 경우 운하 사용료를 화주에게 전가
저유황할증료 (LSS/LSF: Low Sulphur Surcharge)	선박운항에 필요한 연료유를 저유황유로 변경하여 사용함에 따라 추가적으로 발생하는 비용을 화주에게 전가

008 교재 p.237
부정기선 운임

비례운임 (Pro-rata Freight)	① 수송거리 운임 ② 운송 도중 불가항력 또는 기타 원인에 의해 운송할 수 없게 되어 중도에 화물을 인도하는 경우 운송 이행 비율에 따라 산정되는 운임
선복운임 (Lumpsum Freight)	부정기선 운임의 종류로서 항해 또는 선복을 단위로 계산하는 운임
부적운임 (Dead Freight)	① 공적운임 ② 선적하기로 계약했던 화물량보다 실제 선적량이 적은 경우 용선자가 그 부족분까지 지불하는 운임

009 교재 p.237
운송시기 및 기간에 따른 분류

① SPOT 운임: 단기간 내에 선적되는 현물시장운임으로서 자유경쟁을 통해 형성되는 운임
② 선물운임: 상당기간(보통 몇개월)을 두고서 미리 약정되는 운임
③ 연속항해운임: 특정항로에서 수차례 연속된 항해를 통해 운송되는 화물에 대하여 일률적으로 부과되는 약정운임
④ 장기계약운임: 보통 수년간에 걸쳐 일정하게 적용되는 운임

010 교재 p.237
해상운임의 기타 부대 비용

부두사용료 (Wharfage)	항만 당국이 부두 사용에 대해 부과하는 비용
터미널화물처리비 (THC: Terminal Handling Charge)	화물이 CY에 입고된 순간부터 본선이 선측까지, 반대로 본선의 선측에서 CY 게이트를 통과하기까지 화물의 이동에 따르는 비용
컨테이너화물 적입비 (CFS Charge)	LCL(소량 화물)을 운송하는 경우 선적지 또는 도착지의 보세창고(CFS)에서 화물의 혼재 작업 시 발생하는 비용
서류발급비 (Document fee)	선사가 선하증권과 화물인도지시서(D/O) 발급 시 소요되는 비용을 보전하기 위해 부과하는 비용

011 교재 p.238
해운동맹

① 의미
  ㉠ 특정 항로에 취항하고 있는 둘 이상의 정기선 운송업자 상호 간의 독립성을 유지하면서 경쟁을 최소화하여 상호이익을 증진하기 위해 운임, 항로, 배선 등에 대해 협정을 체결하는 일종의 국제 카르텔
  ㉡ 운임동맹(Freight Conference) 또는 항로동맹이라고도 함

② 대내적 운영 방식

운임협정 (Rate Agreement)	선박회사 간 과다 경쟁으로 인한 운임 하락을 막기 위해 운임을 협정
배선협정 (Sailing Agreement)	선박회사 간 선복량 조절을 위해 기항지, 항해 수, 적취 톤수, 운항 스케줄 등을 규제하는 협정
공동계산협정 (Pooling Agreement)	가맹선사들이 일정 항로에서 일정 기간 동안 획득한 운임수입의 전부 또는 일부를 기금으로 두고 동맹선사들의 경력, 실적 등을 고려하여 일정한 비율로 배분하는 협정
집단사무소	동맹선사 간의 운영 및 연락을 위해 설치하는 사무소

③ 대외적 운영 방식

대항선 (Fighting Ship)	① 동맹선사 항로에 투입된 비가맹선을 퇴출시키기 위해 투입되는 선박 ② 대폭 인하된 운임을 무기로 배선함으로써 비가맹선의 집화를 방해하는 방법
계약운임제 (Contract Rate)	① 계약 화주: 저율의 운임 적용 ② 비계약 화주: 고율의 운임 적용
성실환급제 (Fidelity Rebate System)	일정 기간(통상 6개월) 동안 동맹선을 이용한 화주에게 지급한 운임의 일부를 환불하는 제도
운임연환급제 (Deferred Rebate System)	성실환급제 + 유보 기간 설정 → 화주를 구속하는 가장 강력한 수단

012 교재 p.239
컨테이너의 종류

① 규격에 따른 분류

TEU (Twenty-foot Equivalent Unit)	① 20ft 컨테이너 규격 ② 물동량의 산출이나 컨테이너 선박에 대한 적재 능력의 표시 기준 ③ Size: 20ft(길이)×8ft(폭)×8ft 6inch(높이)
FEU (Forty-foot Equivalent Unit)	① 40ft 컨테이너 규격 ② Size: 40ft(길이)×8ft(폭)×8ft 6inch(높이)
40ft High Cubic Container	40ft보다 높이가 1ft 높은 컨테이너

② 용도에 따른 분류
- ㉠ 건화물 컨테이너(Dry Container)
- ㉡ 냉동 컨테이너(Reefer Container)
- ㉢ 펜 컨테이너(Pen Container)
- ㉣ 천장개방형 컨테이너(Open top Container)
- ㉤ 플랫랙 컨테이너(Flat Rack Container)
- ㉥ 탱크 컨테이너(Tank Container)
- ㉦ 행거 컨테이너(Hanger Container)

013 교재 p.241
컨테이너 화물의 운송 형태

CFS/CFS 운송 (Pier to Pier 방식)	다수의 송하인과 다수의 수하인 관계에서 사용하는 방식
CFS/CY 운송 (Pier to Door 방식)	다수의 송하인과 한 명의 수하인 관계에서 사용하는 방식
CY/CFS 운송 (Door to Pier 방식)	한 명의 송하인과 다수의 수하인 관계에서 사용하는 방식
CY/CY 운송 (Door to Door 방식)	한 명의 송하인과 한 명의 수하인 관계에서 사용하는 방식

014 교재 p.243
선하증권(B/L: Bill of Lading)

① 의미: 해상운송계약 및 운송인에 의한 물품의 수령 또는 선적을 증명하는 증권
② 기능

권리증권 (Document of Title)	① 증권상에 기재된 화물에 대한 권리를 나타내는 증권 ② 선하증권의 인도는 물건 자체의 인도와 같은 효과(인도증권성) ③ 선하증권은 배서를 통해 그 권리(물품의 인도청구권, 물품의 소유권, 물품의 담보권 등)가 이전됨
운송계약의 증거 (Evidence of Contract)	B/L의 전면과 이면에는 상법에 따라 화물운송에 관해 송하인과 선박회사가 체결한 운송계약의 내용이 기재됨
화물수령증 (Receipt for Goods)	선하증권에 기재된 화물의 명세·수량·중량 및 상태와 동일한 물품을 인수·수령했음을 나타내는 화물영수증의 역할

015 교재 p.244
선하증권의 기재사항

① 법정 기재사항(필수 기재사항)

구분	필수 기재사항
계약당사자	송하인, 수하인의 성명이나 상호
화물 관련 사항	물품명세, 포장개수, 중량, 용적, 화인
선적 관련 사항	선적항, 양륙항, 선박명칭 및 국적, 톤수, 운임
선하증권 발행 관련 사항	발행부수, 발행지, 발행연월일, 발행자 날인

② 임의 기재사항: 통지처, 선장의 성명, 운임의 지불지, 일반약관 또는 면책약관, 선하증권번호

016 교재 p.244
선하증권의 수하인 표시 방법

기명식	① 선하증권의 수하인(Consignee)란에 수입상의 상호 및 주소가 기재되는 방식 ② 유통성 ×, 담보권 유보 × → 주로 T/T 방식에서 사용
지시식	선하증권의 수하인란에 "To Order", "To Order of Shipper", "To Order of Bank"와 같이 지시인(Orderer)만 기재하여 유통을 목적으로 발행하는 방식
소지인식	수하인란에 "Bearer", "×××or Bearer"로 표시

017 교재 p.245
선하증권 종류

선적 여부	선적 선하증권(Shipped B/L), 본선적재 선하증권(On Board B/L), 수취 선하증권(Received B/L)
화물 상태	무사고 선하증권(Clean B/L), 사고 선하증권(Dirty B/L, Foul B/L)
수하인 지명	지시식 선하증권(Order B/L), 기명식 선하증권(Straight B/L)
이면 약관	정식 선하증권(Long Form B/L), 약식 선하증권(Short Form B/L)
발행 주체	집단 선하증권(Groupage B/L, Master B/L), 혼재 선하증권(House B/L)

원본 기능	원본 선하증권(Original B/L), 서렌더 선하증권(Surrendered B/L)
용선계약	용선계약 선하증권(Charter Party B/L)
중계무역	스위치 선하증권(Switch B/L)

018 교재 p.246
신용장상 요구 서류를 해석하는 법

Full set of clean on board ocean bills of lading made out to the
① ② ③ ④ ⑤
order of Eduwill Bank marked "Freight Prepaid(or Collect)" and
⑥
notify accountee.
⑦

① 선하증권이 복수로 발행된 경우 발행된 원본의 전부를 제시해야 함(보통 한 set에 원본 3통 발행)
② 포장의 훼손, 수량의 부족 등과 같은 결함(dirty or foul)의 문언이 기재되지 않아야 함
③ 선적 선하증권 또는 본선적재 선하증권일 것
④ 해상운송과 관련된 선하증권일 것
⑤ 은행 지시식으로 발행될 것(보통 개설은행)
⑥ FAS, FOB 조건의 경우 Freight Collect(운임 후지급), CIF, CFR 조건의 경우 Freight Prepaid(운임 선지급)로 표시
⑦ 착화통지처에 개설의뢰인(수입상)이 기재되어야 함

019 교재 p.248
선하증권과 해상화물운송장의 비교

구분	선하증권(B/L)	해상화물운송장(SWB)
화물수령 증거 기능	○	○
운송계약 증거 기능	○	○
담보 기능	매입은행 결제 시 담보 가능	담보 불가능(은행은 무담보 어음을 매입함)
유가증권성	○	×
서류의 성격	권리증권	단순한 화물 수령 및 운송계약 체결의 증거

020 교재 p.248
헤이그 규칙(Hague Rules, 1924)

의미	① 선하증권에 관한 규정을 통일하기 위한 국제협약 ② 체약국에서 작성한 선하증권에 한하여 적용 ③ 운송인의 책임과 운송인의 면책사유에 관한 사항 규정
운송인의 책임	① 내항성 담보 등에 관한 주의 의무 ② 상업과실에 대한 책임(책임 한도 1 package, unit당 £100로 규정)
면책	① 항해 과실 ② 운송인의 사실상 과실 또는 고의에 의한 경우를 제외한 화재로 인한 손실 ③ 해상 또는 기타의 가항수로에서의 재해, 위험 또는 사고로 인한 손실(해상 고유의 위험) ④ 천재지변, 전쟁 행위, 공적 행위에 의한 손실 ⑤ 군주, 통치자 또는 인민에 의한 억류 또는 재판상의 차압에 의한 손실 ⑥ 검역상의 제한에 의한 손실 ⑦ 화물의 송화인, 소유권자 또는 이들의 대리인이나 지정인의 태만 행위에 의한 손실 ⑧ 동맹파업, 직장폐쇄, 노동의 정지 또는 방해에 의한 손실 ⑨ 폭동 및 내란에 의한 손실 ⑩ 해상에서의 인명 및 재산의 구조에 의한 손실 ⑪ 화물 고유의 하자 및 화물의 품질 또는 결함으로 인하여 발생하는 용적 또는 중량의 감손이나 기타 일체의 멸실 또는 손상
책임 기간	물건을 선박에 적재한 시점부터 선박에서 양하한 시점(Tackle to Tackle 원칙)

021 교재 p.249
헤이그-비스비 규칙(The Hague-Visby Rules, 1968)

적용 범위	① 선하증권이 체약국에서 발행된 경우 ② 운송이 체약국의 항구에서 개시된 경우 ③ 선하증권에 이 조약의 규정 또는 이 조약을 국내 법화한 나라의 법률이 계약에 적용되는 경우
책임 기간	물건을 선박에 적재한 시점부터 선박에서 양하한 시점(Tackle to Tackle 원칙)
과실 책임	① 운송인은 내항성 담보 등에 관한 주의 의무, 상업과실에 대한 책임부담 ② IMF의 SDR(Special Drawing Right) 채용 1 package, 1 unit당 667 SDR 또는 1 kg당 2 SDR 중 높은 금액을 채택 ③ 컨테이너 약관 신설
면책 카탈로그 (운송인의 면책)	① 해상 고유의 위험 ② 불가항력 ③ 전쟁위험, 공적위험

④ 검역상의 제한
⑤ 송하인의 과실
⑥ 노사분쟁, 폭동, 내란
⑦ 해상 구조
⑧ 화물 고유의 하자
⑨ 포장, 화인의 불충분
⑩ 잠재하자, 운송인 측의 무과실
⑪ 행정권에 의한 압류(제한, 재판상의 압류)

022

함부르크 규칙(The Hamburg Rules, 1978)

① 인도 지연: 운송인이 운임의 2.5배 이내에서 책임
② 선적 단위당 835 SDR, 1kg당 2.5 SDR 중 높은 금액
③ 운송인의 항해과실면책, 선박화재면책, 면책 카탈로그 등 폐지

023

로테르담 규칙(Rotterdam Rules, 2009)

의미	① 전부 혹은 일부 국제해상물품운송계약에 관한 UN협약 ② 헤이그, 헤이그-비스비, 함부르크 규칙을 대체할 목적으로 제정 ③ 해상운송이 포함된 복합운송으로 적용 범위 확대 ④ 전자 선하증권의 효력 = 일반 선하증권
책임 기간	Door to Door
과실책임	① 화물 인도 의무를 명시, 화물에 대한 주의 의무, 감항능력의 주의 의무에 관한 입증 책임을 명확화 ② 1 package, 1 unit당 875 SDR, 1kg당 3 SDR 중 높은 금액
면책관련	① 항해 과실에 대한 면책 불가원칙을 정립, 선사의 과실로 화재가 발생한 경우 선사가 책임 ② 화물의 인도 지연에 의한 경제적 손상 발생 시 운송인의 책임 명문화

024

국제복합운송

의미	복합운송인에 의해 화물이 한 국가 내 특정 장소에서 다른 국가 내에 위치한 장소까지 적어도 두 개의 다른 운송 방식(도로, 항공, 해상, 철도 등)으로 운송되는 것
특징	① 이종 운송수단(선박, 항공기, 기차, 트럭 등)의 결합 ② 모든 책임이 복합운송인에게 집중되는 단일책임의 단일운송계약(Single Contract)으로 전 구간의 운송(Through Carriage) 인수 ③ 화물 1단위당, 중량 또는 용적당 일정한 운임을 책정하는 단일운임(Through Rate)의 청구권을 가짐 ④ 전 운송구간에 대해 한 장의 운송서류인 복합운송증권(Multimodal Transport Document) 발행

025

복합운송인(MTO: Multimodal Transport Operator)

의미	스스로 또는 대리인을 통하여 복합운송계약을 체결하고, 대리인 또는 송하인이나 복합운송 작업에 참여하는 운송인을 위해서가 아니라 운송의 주체로서 행위하고 계약 이행에 대한 책임을 지는 자
유형	① 실제운송인(Actual Carrier)형 복합운송인: 일부 구간의 운송수단을 보유하면서 복합운송인의 역할을 수행하는 자 (예 항공사, 선박회사) ② 계약운송인(Contractual Carrier)형 복합운송인: 운송수단을 직접 보유하지 않지만 실제 운송인처럼 운송 주체자의 기능과 책임을 다하는 자 ㉠ 화주-운송인, 운송인-화주의 역할 수행 ㉡ 운송주선인(포워더)이나 무선박운송인(NVOCC: Non Vessel Operation Common Carrier)이 해당

026

복합운송인의 책임체계

① 이종 책임체계(Network Liability System)

의미	복합운송 중 물품의 멸실이나 손상 등 손해 구간이 판명된 경우에는 기존의 구간별 책임체계를 따르고 그렇지 않은 경우에는 별도의 책임 원칙을 따르는 방법
구간별 적용원칙	① 해상운송 구간: 헤이그 규칙, 헤이그-비스비 규칙 ② 항공운송 구간: 바르샤바 조약 ③ 도로운송 구간: 도로화물운송조약 ④ 철도운송 구간: 철도운송조약 ⑤ 손해 발생 구간이 확인되지 않는 경우: 헤이그 규칙, 헤이그-비스비 규칙 또는 별도로 정한 기본 책임(Basic Liability) 적용
장점	기존 운송법상의 책임제도 및 책임 한도와 조화를 이루므로 실제로 적용하는 데 무리가 없고 복합운송 이용도 원활
단점	실제 적용 구간의 입증 문제가 발생하여 분쟁이 발생할 가능성이 있음

② 단일 책임체계(Uniform Liability System)

의미	물품의 멸실이나 손상 등 손해가 발생한 구간이나 운송 방식과 상관없이 동일한 책임체계에 따라 복합운송인의 책임이 정해지는 방식
장점	이론상 합리적이고 일관성이 있으며 간단한 제도
단점	복합운송인은 실제 운송인에게 구상권을 청구해야 하는 문제 발생 → 절차 복잡, 비용의 증가, 각 운송 방식별로 확립된 책임 수준의 균형을 해침

③ 절충식 책임체계(Modified Uniform Liability System)
㉠ 이종 책임체계와 단일 책임체계를 절충
㉡ 복합운송인의 책임 원칙은 일률적인 책임 원칙을 따르고 책임의 정도와 한계는 손해가 발생한 구간의 규칙을 따르는 것

027
복합운송증권(MTD: Multimodal Transport Document)

의미	선박, 항공기, 철도, 도로에 의한 운송 방식 중 적어도 두 가지 이상의 다른 운송 방식으로 이루어지는 국제운송 과정에서 복합운송인이 복합운송계약을 증명하기 위해 발행하는 증권
특징	① 전 운송 구간 단일 책임 ② 증권 발행 제한 부재(운송인, 운송주선인 발행 가능)

발행 형태	① 책임 형태에 따른 구분: 이종 책임체계형, 단일 책임체계형
	② 증권의 유통성 및 작성 방법에 따른 구분: 유통 가능(Negotiable), 유통 불능(Non-Negotiable)
	③ 선하증권 형식에 따른 구분
	   ⊙ 선하증권의 명칭에 복합운송을 의미하는 단어가 첨부된 경우 예 Combined Transport B/L, Multi-modal Transport B/L
	   ⓒ CTD(Combined Transport Document), MTD(Multimodal Transport Document)라고 표기된 경우
	④ FIATA 복합운송증권(FBL): 화물운송 주선업자가 발행

기능	① 운송계약 증거서류의 기능 ② 화물수취증의 기능 ③ 권리증권의 기능 ④ 유가증권적 기능 ⑤ 유통증권적 기능

028
국제복합운송의 주요 경로

시베리아 랜드브리지 (SLB: Siberian Land Bridge)	동아시아에서 유럽과 서아시아행의 화물을 러시아의 극동 항구인 보스토치니항으로 해상운송한 후 시베리아 횡단철도(TSR: Trans Siberian Railway)를 이용하여 유럽과 서아시아 또는 그 반대로 운송하는 경로
아메리카 랜드브리지 (ALB: American Land Bridge)	동아시아에서 미국 태평양 연안까지 해상운송하고 북미지역 횡단철도를 통하여 북미지역의 동부해안까지 운송한 뒤, 다시 해상을 통해 유럽지역의 항구로 운송하는 경로
캐나다 랜드브리지 (CLB: Canadian Land Bridge)	아메리카 랜드브리지와 유사하며 밴쿠버 또는 시애틀까지 해상운송한 후 캐나다의 철도를 이용하여 동부해안의 몬트리올에 이른 다음 다시 대서양 해상운송으로 유럽 항구로 운송하는 경로
미니 랜드브리지 (MLB: Mini Land Bridge)	동아시아에서 미국 태평양 연안까지 해상운송한 후 미국의 동부해안 또는 멕시코만 항구까지 내륙운송하는 경로
마이크로 랜드브리지 (MCB: Micro Land Bridge, IPI: Interior Point Intermodal)	로키산맥 동부의 내륙 지점까지 운송하는 것으로 동아시아에서 미국 태평양 연안까지는 해상운송하고 시카고 또는 주요 거점까지 철도운송을 한 뒤 도로를 이용하여 내륙운송을 하는 복합운송경로
중국횡단철도 (TCR: Trans China Railway)	중국의 연운항에서 시작하여 카자흐스탄과 접경 지역인 아라산쿠를 잇는 철도로 TSR과 연결되어 러시아를 통과하여 로테르담까지 운송하는 경로
리버스 마이크로 랜드브리지 (RIPI: Reversed Interior Point Intermodal)	마이크로 랜드브리지에 대응하여 만들어진 서비스로 미국의 동해안 및 걸프 지역까지 해상운송되어 양륙된 화물을 철도 또는 트럭에 의해 내륙운송하고 최종 목적지의 철도터미널 또는 트럭터미널에서 수하인에게 인도하는 경로

029
항공운송

① 의미: 항공기의 항복(Plane's Space)에 화물이나 여객을 탑재하고 공로를 통해 운송하는 것
② 항공운송의 장단점

장점	① 해상운송에 비해 운송시간이 짧고 안전도가 높음 ② 수요 변화에 빠르게 대응할 수 있음 ③ 농수산물 등의 신선도를 유지할 수 있음 ④ 화물의 손상, 분실 또는 조난 사고가 적어 보험료와 포장비를 절감할 수 있음
단점	① 위험물에 대한 제한이 많음 ② 해상운송에 비해 운임이 높음 ③ 고중량 물품의 운송이 어려움 ④ 공항을 갖춰야 하므로 운송 지역이 제한적임 ⑤ 항복의 한계로 대량 물품 수송이 어려움

030
항공화물의 운임

① 의미
  ⊙ 국제항공운송협회(IATA)가 제정한 운임요율표를 국제적으로 사용
  ⓒ 요율(Rate): 항공운송기업이 화물운송의 대가로 징수하는 운임, 중량 또는 용기 단위당 금액으로 표시
  ⓒ 부대요금(Charge): 운송에 관련된 부수적인 업무 및 설비 사용에 대한 대가로 취급 수수료(Handling Charge), AWB Fee, 위험품 취급 수수료 등이 있음

② 일반 화물요율(GCR: General Cargo Rate)

의미	특정 품목 할인요율(SCR) 또는 품목 분류요율(CCR)이 적용되지 않는 모든 화물의 운송에 적용되는 요율
최저운임 (M: Minimum Charges)	① 화물운송에 적용할 수 있는 가장 적은 운임 ② 화물의 중량운임이나 부피운임이 최저운임보다 낮을 경우 적용
기본요율 (N: Normal Rate)	① 45kg(100 lbs) 미만의 화물에 적용되는 요율 ② 모든 일반 화물요율의 기본
정량요율 (Q: Quantity Rate)	① 45kg(100 lbs) 이상의 화물에 적용되는 요율 ② 중량이 증가함에 따라 kg당 요율은 낮게 설정 = 중량단계별 할인요율
운임산출중량 (Chargeable Weight)	① 실제 중량과 용적 중량 중 큰 값을 기준으로 함 ② 용적 중량 환산 방법: 가로×세로×높이 / 6,000cm³

③ 특정 품목 할인요율(SCR: Specific Commodity Rate)

의미	특정 구간에서 특정 품목에 적용되는 요율로 일반 품목보다 낮게 적용
특징	① 동일 물품이 반복적으로 운송되는 경우 일반 품목보다 요율을 낮게 하여 항공운송의 촉진을 도모 ② SCR을 GCR, CCR보다 우선 적용하되 GCR이나 CCR을 적용하였을 때 더 낮은 요율이 산출되면 그 요율 적용

④ 품목 분류요율(CCR: Commodity Classification Rate)

의미	① 화물의 특성, 가격 등을 고려하여 몇 가지 특정 품목, 특정 지역 간에만 적용되는 요율 ② GCR의 백분율에 의한 할인이나 할증으로 표시
할인 요금	항공이용 촉진을 위한 저가 품목 예 신문, 잡지, 카탈로그, 정기간행물, 개인용품
할증 요금	특별한 주의를 요하거나 위험 부담이 큰 품목 예 산 동물, 금괴, 화폐, 시체

⑤ 종가운임(VC: Valuation Charge): 화물에 대한 항공사의 책임 한도액을 확대하기 위해 항공화물운송장상의 신고 가격(Declared Value)이 화물 1kg당 20달러를 초과하면 가격에 비례하여 추가로 할증료를 지불하는 운임
⑥ 단위탑재(적재)용기요금(BUC: Bulk Unitization Charge)
  ㉠ 팔레트 또는 컨테이너에 적입된 상태로 송하인이 항공사에 반입하여 그대로 수하인에게 인도되는 화물에 적용하는 운임
  ㉡ IATA에서 규정한 단위탑재용기 별로 상이하게 운임 적용

031
항공화물운송장(AWB: Air Waybill)

의미	① 항공회사가 화물을 항공으로 운송하는 경우에 발행하는 운송계약 체결의 증거서류 ② 항공운송계약 체결 입증, 화물수령증 역할
AWB 수리 기준	① 운송인의 명칭을 표시해야 하고 운송인 또는 기명대리인의 서명이 있어야 함 ② 물품이 운송을 위하여 인수되었음을 표시해야 함 ③ 발행일을 표시해야 함 ④ 신용장에 기재된 출발 공항과 도착 공항을 표시해야 함 ⑤ 신용장이 원본 전통을 요구하더라도 송하인 또는 선적인용 원본 1부만 제시하면 됨 ⑥ 항공운송서류는 전 운송이 하나의 동일한 항공운송서류에 의하여 포괄된다면 물품이 환적될 것이라거나 환적될 수 있다는 것을 표시할 수 있음 ⑦ 환적될 것이라거나 환적될 수 있다고 표시하는 항공운송서류는 비록 신용장이 환적을 금지하더라도 수리될 수 있음

032
선하증권과 항공화물운송장의 비교

구분	선하증권(B/L)	항공화물운송장(AWB)
유가증권성	○	×
권리증권성	정당한 배서에 의해 양도 가능	기명식 발행. 운송장에 기재된 수하인이 아니면 화물 인수 불가능
유통성	○(일부 제외)	×
발행 방식	기명식, 지시식	기명식
발행 시기	선적 후 발행	물품 수령 및 수량 검수 후 발행
발행인	선박회사에서 작성 및 발행	송하인(실무에서는 운송사가 대리 작성)

CHAPTER 03 | 해상보험

001 교재 p.260
해상보험의 종류

① 피보험이익에 의한 분류

선박 보험 (Insurance on Ship)	선박의 소유자가 보험목적물인 선박에 대해 피보험이익을 부보하는 보험 (= Hull Insurance)
적하보험 (Insurance on Goods)	화물의 소유자가 보험목적물인 화물에 대해 피보험이익을 부보하는 보험 (= Cargo Insurance)

② 보험 기간을 기준으로 한 분류

항해보험 (Voyage Insurance)	항해 단위를 기준으로 보험자의 책임이 정해지는 보험(주로 적하보험에서 많이 사용)
기간보험 (Time Insurance)	일정한 기간을 기준으로 보험자의 책임이 정해지는 보험
혼합보험 (Mixed Insurance)	항해보험과 기간보험을 기준으로 하여 보험자의 책임이 정해지는 보험

002 교재 p.260
피보험이익(Insurable Interest)

의미	① 보험목적물(Subject Matter Insured)에 대하여 특정인이 갖는 이해관계 ② 보험계약에 의해 보험상의 보호를 받을 수 있는 대상(화물, 선박)이 있을 때 그 대상이 가지고 있는 경제적 이익
요건	① 적법성: 합법적인 것이어야 함 ② 경제성: 경제적 이익이 있어야 함 ③ 확정성: 보험사고가 발생할 때까지 금전적으로 확정되고 귀속이 결정될 수 있어야 함

003 교재 p.261
피보험이익의 종류

선박 또는 적하의 소유이익	보험목적물의 소유자가 이에 대해 사용, 수익, 처분의 권리를 행사할 수 있는 경우의 피보험이익
선박 또는 적하에 대한 담보이익	채권자가 채권 변제를 위해 보험목적물에 대해 질권·저당권·유치권 등의 담보권을 가질 때 보험목적물에 대한 피보험이익
선박 또는 적하에 대한 수익이익	보험목적물에서 기대할 수 있는 이익에 대하여 존재하는 피보험이익 예 선박 소유자가 받는 운임, 용선자에게 용선 후 받게 될 용선료, 화물을 인도하고 받게 될 희망이익 등
선비의 대상 이익	선주가 선비를 부담하였으나 해상위험이 발생하여 희망이익을 얻을 수 없는 경우 낭비된 비용(예 선박 운항에 필요한 연료, 선원들의 식료품, 급여 등에 대한 피보험이익)

004 교재 p.261
보험가액(Insurable Value)

의미	① 피보험이익을 경제적으로 평가한 금액 ② 보험사고 발생 시 피보험자가 입는 손해액의 최고 한도액 ③ 보험사고가 발생하지 않을 경우에는 피보험자가 가졌을 경제적 이익에 대한 평가액
법정 보험가액 (미평가보험)	① 보험가액을 손해가 발생한 때와 장소에 따라 산정한 것 ② 일반원칙: 보험자가 보상책임을 져야 하는 손해액은 손해 발생 시의 가액을 기준으로 결정(상법) ③ 특례: 평가가 용이한 시점의 보험가액을 표준으로 하여 이를 전 보험 기간의 보험가액으로 인정(보험가액 불변경주의)
협정 보험가액 (기평가보험)	① 보험계약 체결 시 당사자가 서로 협정하여 일정액을 보험가액으로 정하는 것 ② 협정 보험가액: CIF 가격의 110%

005 교재 p.262
보험금액(Insured Amount)

의미	① 보험자가 부담하는 보상책임의 최고 한도액 ② 보험금액: 보험가액 초과 ×, 보험자는 보험금액 한도 내에서 책임 부담 ③ 보험자가 지급하는 보험금의 최고액: 실손해액과 보험가액 및 보험금액 중 가장 적은 금액 지급
전부보험 (Full Insurance)	① 보험금액 = 보험가액 ② 보험가액 전액을 보험에 부보한 경우로 보험자는 소손해 면책(일정률 이하의 손해는 책임지지 않는 것) 등의 약정이 없는 한 피보험자에게 손해액 전액을 보상
일부보험 (Under Insurance)	① 보험금액 < 보험가액 ② 보험가액에 미달되는 금액을 보험에 부보한 경우로 비례보상 방식으로 보상 ③ 보상액 = 손해액×보험금액 / 보험가액
초과보험 (Over Insurance)	① 보험금액 > 보험가액 ② 보험금액이 보험가액을 초과하는 보험
중복보험 (Double Insurance)	동일한 피보험이익 및 위험에 관하여 복수의 보험계약이 존재하고 그 보험금액의 합계액이 보험가액을 초과하는 경우의 보험

공동보험 (Co-Insurance)	중복보험과 같이 동일한 피보험이익 및 위험에 관하여 복수의 보험계약이 체결되었지만 보험금액의 합계액이 보험가액의 범위 내인 경우로 복수의 보험자가 각각 위험의 일부를 인수하는 보험(위험의 수평적 분산) 예) 보험가액 $10,000의 화물을 A 보험사에서 $3,000, B 보험사에서 $4,000, C 보험사에서 $3,000의 보험금액으로 보험계약을 체결한 경우

참고하기 | 중복보험의 예시

보험가액 $10,000의 화물을 A 보험회사에서 $6,000, B 보험회사에서 $6,000의 보험금액으로 중복보험을 체결한 경우
① 사기에 의해 보험계약이 성립한 경우: 모든 보험계약은 무효
② 선의로 중복보험이 성립한 경우: 각 보험계약의 효력은 인정되지만 실제 손해액을 한도로 보상 → 초과되는 부분의 보험계약은 무효가 됨

006 교재 p.262
보험료(Premium)
① 보험자의 위험부담에 대한 대가
② 피보험자 또는 보험계약자가 보험자에게 지급하는 금액
③ 보험금액에 보험료율을 곱하여 산출

007 교재 p.262
담보(Warranty)
① 의미
  ㉠ 특정 조건의 준수를 보증하는 보험계약자의 약속
  ㉡ 명시담보(Express Warranty): 보험증권에 기재
  ㉢ 묵시담보(Implied Warranty): 보험증권에 기재되지 않은 상식적 담보
  ㉣ 명시담보, 묵시담보 모두 충족해야 함
② 명시담보의 종류

안전담보 (Warranty of Goods Safety)	보험증권상에 보험목적물이 특정일 또는 특정한 기간 동안 언제라도 안전해야 한다는 명시조항이 삽입된 경우의 담보
중립담보 (Warranty of Neutrality)	보험증권상에 보험목적물이 중립적이어야 한다고 명시조항이 삽입된 경우의 담보
선비담보 (Disbursement Warranty)	선박보험에 추가하여 선비를 부보하는 경우 선비의 보험금액을 선박 보험금액의 일정 비율(25%) 이상을 넘지 못하도록 정한 담보

③ 묵시담보의 종류

감항성담보 (Warranty of Seaworthiness)	선박이 항해를 개시할 때 해당 항해를 완수할 수 있도록 내항성이 있어야 함을 정한 담보
적법성담보 (Warranty of Legality)	피보험자가 지배할 수 없는 경우를 제외하고 모든 해상운송은 그 내용이 합법적이어야 함을 정한 담보

④ 담보의 위반

피보험자 담보위반 시	위반 시점부터 보험자는 면책
담보 위반 전 발생한 손해	보험자의 보상책임 ○
MIA(영국해상보험법) 담보위반 허용 사유	① 사정의 변경으로 담보가 적합하지 않을 경우나 담보를 충족하는 것이 그 후의 법률에 위반하는 경우 ② 담보 위반이 보험자에 의하여 묵인될 경우

008 교재 p.264
해상보험계약의 특징

손해배상 목적	보험금으로 이득을 취해서는 안 됨
피보험이익의 존재	피보험자가 보험의 목적인 선박 또는 적하에 대해 해상위험에 의해 손해를 입은 사실이 있어야 손해보상 가능
직접손해 책임 보상의 원칙	① 원칙: 직접손해에 한정 ② 예외: 면책비율에 의해 면책, 손해방지 비용, 공동해손 비용, 구조료, 배상책임 비용 등과 같은 간접손해에 대한 보상
최대선의의 원칙	보험계약자는 보험계약 체결 당시 보험목적물의 위험, 성질에 영향을 주는 중요 사실에 대해 보험자에게 고지해야 하는 의무 부담(정보의 비대칭성)
근인주의	보험증권상 담보된 위험이거나 그 위험에 근인하여 발생한 손해만을 보상

009 교재 p.265
해상보험계약의 법적 성격
① 낙성계약(Consensual Contract)
② 쌍무계약(Bilateral Contract)
③ 유상계약(Remunerative Contract)
④ 불요식계약(Informal Contract): 계약 후 보험증권 발급
⑤ 부합계약성(Contract of Adhesion): 보험약관 승인으로 계약 체결
⑥ 사행계약성(Aleatory Contract)
⑦ 독립계약성
⑧ 계속계약성
⑨ 선의계약성
⑩ 유한책임계약

010 교재 p.265
해상보험계약의 당사자

보험자 (Insurer)	① 보험사고 발생 시 피보험자에게 보험금을 지급할 의무가 있는 자 ② 보험계약을 인수하는 주체
보험계약자 (Policy Holder)	① 보험료를 납입하는 자 ② 보험자에게 고지 의무, 위험의 변경 및 증가 통지 의무 부담
피보험자 (Assured)	① 피보험이익(Insurable Interest)을 갖는 자 ② 보험자에게 보험금 청구 가능
보험대리점 (Insurance Agent)	특정한 보험자를 위하여 지속적으로 보험계약 체결을 대리·관리하는 것을 업으로 하는 독립된 상인
보험중개인 (Insurance Broker)	불특정 보험자를 위해 보험자와 보험계약자의 보험계약 체결을 중개하는 것을 업으로 하는 독립된 상인

011 교재 p.266
해상보험계약의 의무

① 보험자 의무

손해보상 약정 의무	피보험이익의 손해에 대해 보상
보험증권 교부 의무	보험계약자가 보험료의 전부 또는 최초의 보험료 지급 시 발생
보험료 반환 의무	보험계약 무효 처리, 보험사고 발생 전 보험계약 해지 시 → 보험료의 전부 또는 일부 반환
보험금 지급 의무	보험 기간 내에 보험사고가 발생한 경우 약정된 보험금 지급

② 보험계약자 및 피보험자의 의무

보험료 납부 의무	① 보험자의 위험 부담에 대한 대가 납부 ② 보험료 미납 시 → 보험자 책임 개시 ×
고지 의무 (Duty of Disclosure, Duty of Representation)	① 보험계약 시 보험의 인수 여부 및 계약 내용의 결정에 영향을 줄 수 있는 모든 중요 사실을 고지해야 함 ② 계약 체결 전(MIA) 또는 계약 체결 시(상법)까지 고지 ③ 위반 시 계약해제권 또는 해지권 행사 가능
통지 의무 (Duty of Notice)	보험계약 체결 후 위험이 현저하게 증가하거나 변경되는 경우 또는 보험사고가 발생한 경우 보험자에게 통지해야 함
손해방지·경감 의무 (Duty of Avert or Minimize the Loss)	피보험자는 피보험이익의 보호에 상당한 주의를 기울여야 하며 신의성실의 원칙에 입각하여 손해를 방지하거나 경감하기 위한 적절하고 합리적인 조치를 강구해야 함

012 교재 p.268
보험증권

① 의미: 보험계약의 성립과 그 내용을 증명하기 위하여 보험자가 작성하고 기명날인 또는 서명하여 보험계약자에게 교부하는 증권
② 보험증권 해석 원칙

수기문언 우선의 원칙	동일 증권에 대하여 각 약관 내용이 서로 다른 경우 수기문언을 가장 우선적으로 적용
계약당사자의 의사존중과 판례의 적용	계약당사자의 의사를 발견하고 존중하는 것이 기본원칙
P.O.P 원칙	보험증권의 각 조항은 평이하고(Plain), 통상적이며(Ordinary), 대중적인(Popular) 의미로 해석되어야 함
문서 작성자 불이익의 원칙	보험약관의 내용이 애매하여 불분명한 경우 보험자에게 불리하게, 보험계약자에게 유리하게 풀이해야 함
동종 제한의 원칙	유사 단어는 동일한 종류로 해석

013 교재 p.270
계약 방식에 따른 해상보험증권의 종류

확정보험증권 (Definite Policy)	보험요건(보험목적물, 보험금액, 적재선박, 부보구간 등)이 모두 확정된 상태에서 발행된 증권
포괄예정보험증권 (Open Policy)	보험계약의 구체적인 요건이 아직 확정되지 않은 상태에서 장래 일정 기간(통상 1년) 동안의 부보 예정 화물 전체에 대해 미리 포괄적으로 보험계약을 체결 후 사후에 개별 위험에 대한 보험요건이 확정될 때마다 그 사실을 보험회사에 통지함으로써 당해 계약 범위 내의 모든 개별 위험을 자동적으로 책임지도록 하는 방식의 보험계약하에서 발행되는 보험증권

014 교재 p.271
해상위험

① 의미
  ㉠ 항해에 기인하고, 항해에 부수하여 발생하는 위험
  ㉡ 항해를 계기로 생기는 위험으로서 항해의 위험뿐만 아니라 항해에 부수하는 위험도 포함
② 범위
  ㉠ 항해에 기인하는 위험: 항해로부터 생기는 사고로서 해상 고유의 위험 예 폭풍우 등에 의한 선박의 침몰, 좌초, 난파, 화물의 유실 등
  ㉡ 항해에 부수하는 위험: 항해를 원인으로 하지 않는 항해에 부수하는 위험 예 화재, 약탈, 억류 등

③ 분류

담보위험	보험자가 해상위험에 의해 발생한 손해를 보상하기로 약속한 위험
면책위험	① 특정 위험에 의하여 발생한 손해에 대하여 보험자가 보상책임을 면할 것을 정한 위험 ② 담보위험과 면책위험이 상충하는 경우 면책위험 우선
비담보위험	담보위험 및 면책위험 이외의 모든 위험

④ 담보 방식

포괄책임주의	① 보험자가 법정 면책위험 또는 약정 면책위험 이외에 일체의 해상위험 사고를 담보하는 방식 ② ICC(A/R), ICC(A) ③ 보험자는 면책사유와 손해의 인과관계를 입증하면 면책됨
열거책임주의	① 해상보험계약에서 보험자가 책임지는 위험을 구체적으로 열거하고 열거되지 않은 위험은 부담하지 않는 방식 ② ICC(W/A), ICC(FPA), ICC(B), ICC(C) ③ 피보험자는 담보위험에 의해 손해가 발생하였다는 인과관계를 증명하면 보험자에게 보상을 받을 수 있음 ④ 보험자는 손해가 면책위험에 의해 생겼다는 사실을 입증해야 책임 면제

015 교재 p.272

해상손해(Marine Loss)

① 의미: 해상위험으로 인하여 항해사업(Marine Adventure)에 관련된 적하, 선박, 기타의 보험목적물이 갖고 있는 피보험이익의 전부 또는 일부가 멸실 또는 손상되어 피보험자가 입는 재산상의 불이익이나 경제상의 부담

② 분류

물적손해 (Physical Loss)	전손 (Total Loss)	현실전손(Actual Total Loss)
		추정전손(Constructive Total Loss)
	분손 (Partial Loss)	단독해손(Particular Average)
		공동해손(General Average)
비용손해 (Expenses)		구조 비용(Salvage Charges)
		손해방지 비용 (Sue & Labour Charges)
		특별 비용(Particular Charges)
배상책임손해 (Liability Loss)		선박충돌 손해배상책임 (Collision Liability)

016 교재 p.272

전손(Total Loss)

현실전손 (Actual Total Loss)	① 보험사고로 인해 피보험이익이 전부 상실되는 것 ② 실질적인 멸실(Physical Destruction) ③ 보험목적물의 본래 성질 상실(Alteration of Species) ④ 회복 가망이 없는 박탈(Irretrievable Deprivation) ⑤ 선박의 행방불명(Missing Ship)
추정전손 (Constructive Total Loss)	① 보험증권에 명시 규정이 있는 경우를 제외하고, 보험목적물의 현실전손이 불가피한 것으로 생각되는 경우, 수리비가 보험목적물의 가액보다 더 들어 보험목적물이 합리적으로 포기된 경우 ② 피보험자가 피보험위험으로 인하여 자기의 선박 또는 화물의 점유를 박탈당한 경우 ③ 피보험자가 선박 및 화물을 회복할 가능성이 극히 낮거나 선박 또는 화물의 회복 비용이 가액을 초과하는 경우 ④ 선박의 수리비가 선박 가액을 초과할 것으로 예상되는 경우 ⑤ 화물의 수리 비용 및 운송 비용이 도착 시 화물의 가액을 초과할 경우 ⑥ 추정전손이 있을 경우 위부를 통해 현실전손에 준하여 처리 가능

017 교재 p.273

분손(Partial Loss)

① 의미: 보험목적물, 피보험이익의 일부가 멸실되거나 손상된 것으로서 전손이 아닌 경우
② 단독해손(Particular Average)

의미	피보험위험으로 인하여 발생한 보험목적물의 분손이며 공동해손 손해가 아닌 것
종류	적하의 단독해손, 선박의 단독해손, 운임의 단독해손

③ 공동해손(General Average)

의미	선박 및 적하 등의 사고로 인하여 공동의 위험에 처했을 경우 이를 면하기 위해 선장이 고의로 선박이나 적하품의 일부를 희생시킨 손해
성립요건	① 위험요건: 공동위험이 존재하며 그 위험은 현실적이고 중대한 것이어야 함 ② 처분요건: 고의적이고 합리적이며 이례적인 처분이 있어야 함

	③ 손해와 비용요건: 처분의 직접적인 결과인 손해 및 비용에 한하여 공동해손으로 인정 ④ 잔존요건: 공동해손이 성립하기 위해서는 공동해손 행위의 결과로 선박 또는 화물의 쌍방 또는 어느 일방이 남아 있어야 함
손해의 구분	① 공동해손 희생: 공동해손 행위에 의해 발생하는 최초의 물적손해 ② 공동해손 비용: 공동해손 행위에 의하여 공동이익 단체를 구성하는 이익의 귀속자가 지출하는 비용
공동해손 분담금	공동해손 행위 때문에 발생한 손해로 인한 위험을 면하도록 이해관계자가 그 손해액을 공평하게 분담하는 금액

018 교재 p.274
비용손해(Expenses)

의미	물체의 멸실이나 파손과 관계가 없고 보험사고의 발생으로 손해 경감이나 방지를 위해 지출된 비용
구조 비용 (Salvage Charges)	피보험위험으로부터 보험목적물인 선박을 구조한 계약상 의무가 없는 임의 구조자에게 지급하는 보수
손해방지 비용 (Sue & Labour Charges)	① 보험사고 발생 시 피보험자 또는 대리인이 손해를 방지, 경감하려는 목적으로 지출하는 비용 ② 선박과 화물의 공동이익을 위해 지출되는 공동해손 비용과 구조 비용 제외 ③ 손해방지 의무에 의해 지출된 비용이므로 특약 없이도 보험자는 이를 부담하며, 물적손해보상액과 합하여 보험금액을 초과하여도 보상 ④ 보험자의 부수적 보상 의무 대상으로 보험금액의 제한이 없고 소손해 면책비율이 적용되지 않음
특별 비용 (Particular Charges)	① 보험목적물의 안전이나 보존을 위하여 피보험자에 의하여 또는 피보험자를 위하여 지출된 비용 ② 공동해손 비용 및 구조료 이외의 비용 ③ 특별 비용은 단독해손에 포함되지 않음 ④ 긴급사태의 결과로 피난항에서 지출하게 된 양륙비, 창고보관료, 재포장 비용, 재선적 비용, 재운송비 등

019 교재 p.275
위부(Abandonment)

의미	추정전손의 경우 보험자가 보험목적물에 대한 손해를 현실전손으로 취급하도록 피보험자가 보험목적물에 대한 소유권과 제3자에 대한 구상권을 보험자에게 양도하는 것

요건	① 추정전손의 성립요건을 만족해야 함
	   ㉠ 선박 및 적하의 점유 상실
	   ㉡ 선박의 수리비가 선박 가액을 초과
	   ㉢ 적하의 수선비 및 운송 비용이 적하 가액을 초과
	② 무조건으로 보험자에게 이전(조건부, 기한부 ×)
	③ 보험목적물의 전부에 대해 불가분적으로 이루어져야 함

위부 통지 (Notice of Abandonment)	① 피보험자: 위부 사실을 보험자에게 통지(위부 통지를 하지 않으면 분손 처리) ② 서면, 구두로도 가능 ③ 위부 승낙은 보험자의 행위에 의하며 명시적 또는 묵시적으로 가능
효과	① 보험자: 피보험자의 이익 일체+보험목적물의 소유권에 속하는 권리 일체를 양도받을 수 있는 권리 ② 추정전손의 형식적 요건을 충족 → 보험금액 전액 청구 가능

020 교재 p.276
대위(Subrogation)

의미	보험자는 보험목적물 전부에 대한 전손금을 지불하였거나 분할된 전손금을 지불한 경우 전손금이 지불된 보험목적물에 잔존할 수 있는 피보험자의 이익(잔존물, 제3자에 대한 청구권)을 승계할 권리를 이전하는 것
보험목적물에 대한 대위	① 전손금을 지급한 후 잔존물에 대한 권리를 이전 ② 보험자는 보험목적물을 취득함에 따라 부수하는 의무를 부담해야 하는 경우가 있는데 잔존이익보다 부담이 더 큰 경우 잔존이익의 취득 포기 가능
제3자에 대한 보험자 대위	① 보험사고가 제3자의 행위로 인해 발생한 경우 보험금을 지급한 보험자는 그 지급 금액의 한도에서 제3자에 대한 보험계약자 또는 피보험자의 권리를 취득 ② 피보험자가 제3자의 행위로 인한 보험금청구권과 손해배상청구권을 동시에 행사함으로써 얻는 이중 이득을 방지하기 위함

021 구협회적하약관

① 손해담보 범위

- A/R
  - W/A
    - FPA
      - ① 전손(Total Loss)
        - ㉠ 현실전손
        - ㉡ 추정전손
      - ② 공동해손 또는 분손(Partial Loss)
        - ㉠ 단독해손(Particular Average): 선박 또는 부선의 침몰(Sinking), 좌초(Stranding), 화재(Burning)로 발생된 손해
        - ㉡ 공동해손(General Average): 공동해손 희생 손해, 공동해손 분담액
      - ③ 확장담보(Extention Cover)
        - ㉠ 선적, 환적 혹은 하역 작업 중의 포장 당 전손
        - ㉡ 화재, 폭발, 충돌, 운송 용구와의 접촉, 피난항에서의 화물의 양하
        - ㉢ 손해방지 비용, 구조 비용, 기항항이나 피난항에서의 특별 비용 및 부대비용(해수손 및 불가항력에 기인하여 발생한 분손은 보험자가 담보 ×)
    - ④ 악천후 위험에 의한 해수손
      - ㉠ WA 3%: 손해액이 전체의 3% 초과 시에만 손해액 전부 보상
      - ㉡ WAIOP: 면책비율에 관계없이 전액 보상
  - ⑤ 모든 외부적·우발적 원인에 의한 손해

② 보상되지 않는 손해
  - ㉠ 피보험자의 고의적인 불법 행위로 인한 일체의 손해
  - ㉡ 화물 고유의 하자 또는 성질에 의한 손해
  - ㉢ 자연 감량, 통상의 손실 등 위험요건을 구비하지 않은 사유에 의한 손해
  - ㉣ 항해의 지연으로 인한 손해
  - ㉤ 화물의 포장 불량으로 인한 손해

③ 면책위험
  - ㉠ 포획 및 나포 부담보약관(FC&S Clause: Free of Capture and Seizure Clause)
  - ㉡ 동맹파업·폭동 및 소요 부담보약관(FSR&CC Clause: Free from Strikes Riot and Civil Commotion Clause)

022 신협회적하약관

① 담보위험 조항

약관조항	담보위험	A	B	C
위험조항 (상당인과 관계의 손해)	① 화재, 폭발	○	○	○
	② 본선, 부선의 좌초·교사·침몰·전복	○	○	○
	③ 육상운송 용구의 전복·탈선	○	○	○
	④ 본선·부선·운송 용구의 타물과의 충돌·접촉	○	○	○
	⑤ 피난항에서 화물의 하역	○	○	○
	⑥ 지진·화산의 분화·낙뢰	○	○	×
위험조항 (근인으로 발생된 손해)	⑦ 공동해손 희생	○	○	○
	⑧ 투하(Jettison)	○	○	○
	⑨ 갑판상 유실(Washing Overboard)	○	○	×
	⑩ 본선·부선·선창·운송 용구·컨테이너·지게차(Liftivan) 또는 보관 장소에 해수·호수·강물의 유입	○	○	×
	⑪ 본선·부선에 선적 또는 양륙 작업 중 바다에 빠지거나 갑판에 추락하여 발생한 포장 단위당의 전손	○	○	×
	⑫ 약관상 면책사항 이외의 외래적, 우연적 사고에 의한 손해	○	×	×
공동해손	⑬ 공동해손·구조비	○	○	○
쌍방과실 충돌조항	⑭ 쌍방과실 충돌조항에 따라 피보험자가 분담하는 가액 중 보험증권으로 보상받는 손해	○	○	○

(○: 보험자가 담보 / ×: 보험자가 부담보)

② 면책위험 조항

약관조항	면책위험	A	B	C
제4조 일반면책	① 피보험자의 고의적인 불법 행위	×	×	×
	② 통상의 누손·중량 또는 용적의 통상 감소, 자연 소모	×	×	×
	③ 포장 또는 포장 준비의 불완전·부적합	×	×	×
	④ 물품 고유의 하자·성질	×	×	×
	⑤ 지연	×	×	×
	⑥ 선박 소유자·관리자·용선자 또는 운항자의 지급 불능 또는 채무 불이행	×	×	×
	⑦ 제3자의 불법 행위에 의한 의도적인 손상 또는 파괴	○	×	×
	⑧ 원자핵무기에 의한 손해	×	×	×

제5조 불감항과 부적합 면책약관	⑨ 피보험자 또는 그 사용인이 인지하는 선박의 내항성 결여, 부적합	×	×	×
제6조 전쟁위험 면책약관	⑩ 전쟁위험	×	×	×
제7조 동맹파업 위험면책약관	⑪ 동맹파업위험	×	×	×

(○: 보험자가 담보 / ×: 보험자가 부담보)

023 교재 p.279
부가위험약관

의미	특약에 의해 추가 보험료(Additional Premium)를 지급하고 특별히 담보되는 부가위험
종류	① 도난, 발하(좀도둑질), 불착(TPND: Theft, Pilferage and Non-Delivery) ② 갑판상 유실(WOB: Washing Overboard) ③ 빗물 및 담수에 의한 손해(RFWD: Rain and / or Fresh Water Damage) ④ 유류 및 타물과의 접촉(COOC: Container with Oil or Other Cargo) ⑤ 파손 담보특약(Breakage) ⑥ 내륙장치 기간연장담보 조건(ISE: Inland Storage Extension) ⑦ 특별수송약관(Special Transit Clause) ⑧ 상표약관(Label Clause) ⑨ 갑판적약관(On-deck Clause) ⑩ 기계류수선 특별약관(Special Replacement Clause)

024 교재 p.280
ICC상 보험 기간

시작 시점	① 보험증권: 보험증권에 기재된 출발항에서 본선에 화물이 적재되었을 때 ② ICC: 운송개시를 위하여 운송 차량 또는 기타 운송 용구에 보험목적물을 곧바로 적재할 목적으로 보험계약에 명시된 장소의 창고 또는 보관 장소에서 보험목적물이 최초로 움직인 때
종료 시점	① 보험증권: 목적항에 도착하여 안전하게 하역되었을 때 ② ICC: 다음 중 어느 것이든 먼저 발생한 때 　㉠ 보험계약에 기재된 목적지의 최종 창고 또는 보관 장소에서, 운송 차량 또는 기타 운송 용구로부터 양륙이 완료된 때 　㉡ 보험계약에 기재된 목적지로 가는 도중이든 목적지든 불문하고, 피보험자 또는 그 사용인이 통상의 운송 과정상의 보관 이외의 보관을 위해 혹은 할당 또는 분배를 위하여 선택한 기타의 창고 또는 보관 장소에서 운송 차량 또는 기타 운송 용구로부터 양륙이 완료된 때 　㉢ 피보험자 또는 그 사용인이 통상의 운송 과정이 아닌 보관을 목적으로, 운송 차량 또는 기타 운송 용구 또는 컨테이너를 사용하고자 선택한 때 　㉣ 최종 양륙항에서 외항선으로부터 보험목적물의 양륙을 완료한 후 60일이 경과한 때

025 교재 p.281
손해율과 보험금

① 양적손해의 손해율

의미	화물의 전부 또는 일부가 도난, 파손 등의 사유로 인해 계약 내용대로 피보험자에게 인도되지 않았거나 인도되었다 하더라도 본래 용도로 사용할 수 없어 폐기하는 경우
손해율	양적손해의 손해율 = 멸실 수량 / 전체 수량

② 질적손해의 손해율

의미	화물의 전부 또는 일부가 파손, 손상되어 목적지에 도착한 경우 그 손상으로 인한 가치의 감소
손해율	질적손해의 손해율 = (정상 가격 − 손상 가격) / 정상 가격

③ 구조물차감 방식(Salvage Loss Settlement)

의미	질적손해가 발생한 물품이 중간항에서 매각되어 정상 가격이나 손상 가격을 산정하기 어려운 경우 보험금액에서 구조물 순매각금을 차감하여 보험금을 산정
보험금	구조물차감 방식의 보험금 = 보험금액 − 구조물 순매각금

PART 03 무역결제

무료특강 바로가기

CHAPTER 01 | 무신용장 및 금융기법

001 교재 p.310
대금 결제 방식

신용장 방식	지급 신용장, 연지급 신용장, 인수 신용장, 매입 신용장, 일람불 신용장, 기한부 신용장을 사용하여 결제
무신용장 방식	송금 방식, 추심 방식
선지급 방식 (Payment in Advance)	① 수출상(매도인)이 물품을 인도하기 전에 수입상(매수인)이 대금을 지급하는 방식 ② 수출상에게 유리, 수입상은 물품 인도에 대한 위험을 부담하므로 불리할 수 있음 ③ 견본, 소액 물품 등의 거래에 사용. 송금수표나 전신환 등으로 지급 ④ 주문 시 지급 방식(CWO: Cash With Order), 선송금 방식(T/T in Advance) 등이 있음
후지급 방식 (Deferred Payment)	① 매도인이 매수인에게 물품 또는 서류를 먼저 인도하고 일정 기간 이후에 매수인이 매도인에게 대금을 지급하는 방식 ② 수입상: 물품을 먼저 확보하므로 유리함 ③ 수출상: 사후 대금 결제에 대한 위험을 부담하기 때문에 불리할 수도 있음 ③ 기한부 신용장(Usance L/C), 인수인도조건(D/A: Document against Acceptance) 방식 등이 있음

002 교재 p.311
송금 방식에 따른 분류

전신환 송금 방식 (T/T: Telegraphic Transfer)	수입상의 요청에 따라 수입국의 송금은행이 수출국의 지급은행에 일정 금액에 대한 지급지시서를 전신으로 송부하여 지급은행이 수취인(수출상)에게 신속하게 대금을 지급하도록 하는 방식
수표 송금 방식 (D/D: Demand Draft)	수입상이 물품 대금을 은행에 입금하고 은행에서 요구불 송금수표(D/D)를 발급받아 이를 직접 수출상에게 우편 송부하는 방식
우편환 송금 방식 (M/T: Mail Transfer)	수입상의 요청에 따라 수입지의 송금은행이 수출지의 지급은행에 대하여 일정 금액을 지급할 것을 위탁하는 우편환(M/T)을 발행하여 이를 송금은행이 직접 지급은행에 우편 송부하는 방식

003 교재 p.311
송금 시기에 따른 분류

사전 송금 방식 (Advanced Remittance Before Shipment)	① 계약 물품의 선적 전에 수입상이 수출상에게 무역 대금 전액을 미리 송금하고 수출상은 계약서상 약정된 기일 내에 상품을 선적하는 방식 ② T/T in advance, T/T remittance in advance on 날짜
사후 송금 방식 (Later Remittance After Shipment)	① 수출상이 대금을 받기 전에 계약 물품을 수입상에게 발송하고, 수입상은 상품을 수령한 후 계약 내용에 따라 약정된 기일 내에 대금을 지급하는 방식 ② T/T within ××days after the date of B/L

004 교재 p.312
O/A(Open Account)

의미	수출상과 수입상이 일정 기간의 수출입 거래와 관련하여 기본 매매계약(O/A Master Contract)을 체결하고 구매주문서(P/O: Purchase Order) 등에 의해 개별로 주문이 도달하면, 수출상은 이를 선적하고 서류를 수입상에게 전달하며 수입상은 기본 매매계약에 따라 선적일을 기준으로 일정 기간 경과 후 수출상의 계좌로 대금을 송금하는 결제 방식
특징	① 물품을 선적한 후 수입상에게 선적 사실을 통지함과 동시에 수출 채권 확정 ② 선적을 완료한 후 해당 외화 채권에 대해 거래은행에 매입(NEGO)을 의뢰함으로써 대금 회수 가능 ③ 신용장에 비해 대금 회수의 불확실성이 높음 ④ 신용도가 좋은 수입상과의 거래에 유리하며 신용장에 비해 거래 형태 및 서류 작성과 심사 면에서 간편 ⑤ 환어음을 발행하지 않으며 선적서류를 수입상에게 직접 송부 ⑥ 상호계산 계정에 기장하고 회계 기간의 범위 내에서 결산 주기를 정하여 결산하는 방식으로 차액 결제 가능

005 동시결제 방식

의미	단순 송금 방식과 달리 물품 또는 서류가 인도될 때 또는 인도된 후에 수입상이 대금을 지급하는 방식

현물상환 방식 (COD: Cash On Delivery)	① 수출상이 계약 물품을 선적한 후 선적서류를 수입국에 소재한 자신(수출상)의 지사나 대리인 또는 수입국의 은행에 송부하고 상품이 목적지에 도착하면 수입상이 계약 물품을 검사한 후 상품을 인도받으면서 대금을 결제하는 방식
	② 수입상
	  ⊙ 대금 지급 전 물품 검사를 통해 물품이 계약 내용과 일치하는지 확인 가능
	  ⓒ 대금 결제 전에 계약 물품의 인수 여부를 결정할 수 있음
	③ 수출상
	  ⊙ 매수인 물품 인수 거부 시 물품 대금의 회수 불능으로 인한 손해를 입을 수 있음
	  ⓒ 수입국에서 수입상이 물품을 검사한 후 수출상의 대리인이나 지사가 대금을 수령하여 다시 수출상에게 송금하므로 대금 회수에 오랜 시간이 걸림

서류상환 방식 (CAD: Cash Against Document)	① 수출상이 약정 물품을 선적한 후 선적서류를 수출국 내에 소재하는 수입상의 지사나 대리인 또는 수입상의 거래은행 또는 수입상에게 직접 제시하여 선적서류와 상환으로 대금을 결제하는 방식 ② 서류를 통해 물품을 판단할 수 있는 거래에 사용 ③ 선적 전 검사(PSI) 진행

006 추심 방식

추심	① 은행이 접수된 지시에 따라 인수 또는 지급을 받기 위하여 또는 인수 또는 지급과 상환으로 서류를 인도하기 위하여 또는 기타 조건으로 서류를 인도하기 위하여 서류를 취급하는 것 ② 추심통일규칙(URC 522) 적용
추심 종류	① 화환추심(Documentary Collection) ② 무화환추심(Clean Collection)
추심의뢰인 (Principal)	거래은행에 추심을 의뢰하고 추심서류를 제공하는 자(수출상)
추심의뢰은행 (Remitting Bank)	추심의뢰인으로부터 추심 업무를 의뢰받은 은행 (수출상의 거래은행)
추심은행 (Collecting Bank)	추심 과정에 참여하는 추심의뢰은행 이외의 일체 은행(보통 수입국 은행)
제시은행 (Presenting Bank)	지급인에게 제시를 행하는 추심은행(보통 수입상의 거래은행)
지급인 (Drawee)	추심지시서의 내용에 따라 추심서류를 제시 받아야 하는 자(수입상)

007 추심결제 방식

① D/P(Document against Payment, 지급인도조건)

의미	수출상이 계약에 따라 물품을 선적하고 구비한 서류와 함께 수입상을 지급인(Drawee)으로 하는 일람출급 환어음을 발행하여 자신이 거래하는 외국환은행(추심의뢰은행)에 추심을 의뢰하면, 추심의뢰은행이 수입국의 추심은행을 통해 수입상에게 환어음 및 선적서류를 송부하고 수입상은 일람출급 환어음을 결제한 뒤 선적서류를 입수하는 결제 방식
특징	① 수출상: 추심을 통해 대금을 회수하므로 수입상이 대금을 결제할 때까지 모든 위험을 부담 ② 수입상: 서류가 도착할 때까지 대금 결제 유예 가능 ③ 추심에 참여하는 모든 은행은 단지 수출상의 추심대리인으로서 환어음이나 선적서류를 심사할 의무가 없음 ④ 추심과 관련된 은행의 수수료와 모든 비용은 추심의뢰인인 수출상이 부담 ⑤ 추심의뢰인이 추심은행을 지정하지 않은 경우 추심의뢰은행은 자신이 임의로 선정한 제시은행을 이용 가능

② D/A(Document against Acceptance, 인수인도조건)

의미	대금의 추심 과정은 D/P 방식과 동일하나 추심은행이 환어음과 서류의 도착 즉시 환어음의 인수와 동시에 서류를 수입상에게 인도하고 대금은 어음 만기일에 지급받는 방식
특징	① 수출상이 기한부 환어음을 발행함으로써 수입상에게 환어음의 지급 만기일만큼 신용을 공여함 ② 추심의뢰서(Collecting Order)에 D/A나 D/P 등의 명시적인 언급이 없거나 불명확한 경우에는 추심통일규칙(URC 522)에 의해 D/P로 간주

008 포페이팅(Forfaiting)

의미	① 현금을 대가로 채권을 포기 또는 양도하는 것 ② 환어음이나 약속어음을 상환청구권 없이(without recourse) 고정 금리로 할인매입 ③ Usance L/C, D/A 거래에서 사용되며 주로 어음 금액이 크거나 수출 대금 회수 기간이 장기인 경우에 사용 ④ 포페이팅통일규칙(URF 800: Uniform Rules for Forfaiting)
특징	① 포페이터(Forfaiter): 상환청구권 없는 조건으로 채권을 매입 ② 수출상: 수입상이 만기에 대금을 결제하지 않는 경우에도 대금 반환 책임 × ③ 은행의 지급보증서나 환어음에 추가하는 어음보증(Aval)을 담보로 활용 ④ 환어음, 약속어음만을 대상으로 함

009 교재 p.317

국제팩토링(International Factoring)

의미	전 세계 팩터(팩토링 회사)의 회원망을 통하여 수입상의 신용을 바탕으로 이루어지는 무신용장 방식(주로 D/A 또는 O/A 거래)의 무역거래 방법
수출상의 이점	① 수출팩터와 수입팩터가 수출 대금의 회수를 보증하여 신용 거래에 따른 수출 대금 회수 불능의 위험 × ② 서류 작성 및 담보 제공 부담 × → 수수료는 수출상 부담 ③ 선적 후 선적서류를 수출팩터에게 양도하고 전도금융 수령 가능 ④ 대금 회수 및 수출 채권 관리 등의 업무를 수출팩터가 대행
수입상의 이점	① 수입팩터가 지급 보증함으로써 신용구매(외상 거래) 가능 ② 신용장 개설 수수료 부담 ×, 비용 절감 가능 ③ 수입 결제자금이 부족한 경우 수입팩터로부터 금융을 제공받을 수 있음 ④ 수입팩터의 신용 승인으로 지속적인 외상 수입 거래 가능 ⑤ 수입팩터로부터 회계관리 서비스를 제공받을 수 있음 ⑥ 계약 위반 또는 상품의 하자 등을 이유로 클레임을 제기하여 대금 지급 거절 가능

CHAPTER 02 | 신용장

001 교재 p.321

UCP 600상 신용장의 정의

명칭이나 표기에 관계없이 취소불능이며, 일치하는 제시에 대하여 결제(honour)하기 위한 개설은행의 명백한 확약을 구성하는 모든 약정

002 교재 p.322

화환 신용장의 효용

수출상의 이점	① 대금 회수 보장: 개설은행의 신용으로 대금 지급을 확약 ② 대금의 조기 회수: 물품을 선적한 후 신용장 조건에 일치하는 서류 또는 환어음에 대하여 거래은행에 매입을 의뢰 ③ 수입상의 계약 이행 보장: 취소불능 신용장의 개설로 계약 이행 보장 ④ 무역금융 수혜 및 내국 신용장 활용 가능
수입상의 이점	① 인도 시기 예상 및 계약과 일치하는 물품 수령 가능 ② 대금의 선지급 불필요 ③ 유리한 계약 체결 가능: 본인의 신용을 은행의 신용으로 대체 ④ 자금 절약 가능
개설은행의 이점	① 신용장 개설(발행) 시 수입상에게 담보를 받음으로써 수입상에게 위험 전가 가능 ② 신용장 개설에 따른 수수료 취득 가능 ③ B/L의 수하인을 은행 지시식으로 발행하여 이를 담보로 취득 가능 ④ 신용장 개설 시 개설은행의 지사를 매입은행으로 지정하여 이중으로 수수료 취득 가능
매입은행의 이점	① 신용장 조건과 일치하는 서류를 매입은행에 제시하면 개설은행으로부터 대금 지급 확약을 받을 수 있음 ② 매입(NEGO)을 통한 수수료 수익 창출 ③ 개설은행으로부터 지급 거절된 경우 해당 B/L로 담보권 행사가 가능하며 수익자에게 상환청구권 행사 가능

003 교재 p.323

화환 신용장 특성

독립성 (Independence)	① 신용장 개설은 당사자 간의 근거계약, 기타 거래와는 별개의 독립된 거래로 간주됨 ② 매매계약과의 독립성: 은행은 매도인과 매수인 사이에 체결된 매매계약과 전혀 무관하며 이에 구속되지 않음 ③ 신용장 개설 약정과의 독립성: 개설의뢰인과 은행 간의 신용장 개설 약정도 독립된 별개의 거래가 됨 ④ 신용장은 독자적인 법률성을 가짐
추상성 (Abstraction)	은행은 물품이 아닌 신용장에서 요구하는 서류만으로 대금 지급 여부 판단
엄밀일치의 원칙 (경상의 원칙)	서류를 심사하는 은행은 신용장의 제조건과 제시된 서류의 문면이 엄밀하게 일치하는 서류만을 수리하여 대금을 지급한다는 원칙
상당일치의 원칙	① 서류를 심사하는 개설은행은 신용장의 제조건과 제시된 서류의 문면이 엄밀히 일치하지 않더라도 실질적인 일치성이 있으면 서류를 수리하여 대금을 지급한다는 원칙 ② 엄밀일치의 원칙을 완화하여 서류상 오자, 탈자 등 계약에 큰 영향을 주지 않는 사소한 불일치는 용인함

004 교재 p.325

사기 거래 배제 원칙(Fraud Rule)

의미	① 독립·추상성 원칙의 예외로서 제시된 서류가 신용장의 제조건에 일치하더라도 그 서류가 위조 또는 사기로 작성되었음이 명백하게 밝혀지는 경우 은행은 서류의 수리 거절할 수 있다는 원칙 ② 영미법에서는 판례를 중심으로 형성
적용 요건	① 사기 행위의 명확성: 사기 행위가 명백한 경우에만 사기 거래 배제 원칙을 적용 ② 증거의 명확성: 사기 행위가 명백한 증거로 입증되어야 하고, 서류상의 사기는 개설은행이 서류를 거절하기 이전이나 법원이 지급정지명령(Injunction)을 내리기 이전에 발생되어야 함
사기 거래 발견 시 조치	신용장 대금 지급 거절 가능

005 교재 p.326

화환 신용장 거래의 기본당사자

개설은행 (Issuing Bank)	① 개설의뢰인의 신청에 의해 또는 그 자신을 위해 신용장을 개설한 은행 ② 일치하는 제시에 대해 결제(honour) 의무 부담 ③ 신용장 조건에 따라 지급·인수·매입을 이행한 지정된 은행에 대해 상환 의무를 부담
수익자 (Beneficiary)	① 신용장 개설을 통해 이익을 얻는 당사자로서 일반적으로 수출상을 의미 ② 계약과 일치하는 물품을 제공하고, 운송서류 및 신용장 조건과 일치하는 기타 서류와 환어음을 제시할 의무를 부담
확인은행 (Confirming Bank)	① 개설은행의 수권 또는 요청에 의하여 신용장의 확인을 행한 은행 ② 신용장에 확인을 추가하는 시점부터 취소 불가능한 결제(honour) 또는 상환청구권 없는 매입 의무 부담 ③ 지정은행에 대한 상환 의무 부담 ④ 확인 추가 여부에 대한 선택권 보유

006 교재 p.327

화환 신용장 거래의 기타당사자

개설의뢰인 (Applicant)	신용장 개설을 신청한 당사자로서 일반적으로 수입상을 의미
통지은행 (Advising Bank)	① 개설은행의 요청에 따라 신용장을 통지하는 은행 ② 단순히 신용장 개설 및 이에 대한 조건 변경을 통지함 ③ 결제, 매입 의무 ×
지정은행 (Nominated Bank)	① 신용장에서 권한을 받은 특정한 은행(모든 은행에 대한 수권이 있는 신용장의 경우에는 모든 은행이 지정은행이 될 수 있음) ② 종류: 매입은행(Negotiating Bank), 지급은행(Paying Bank), 인수은행(Accepting Bank)
상환은행 (Reimbursing Bank)	① 개설은행을 대신하여 지급·인수 또는 매입을 행한 은행에게 상환 청구를 받아 대금을 상환하는 은행 ② 상환은행의 수수료는 개설은행이 부담
양도은행 (Transferring Bank)	수익자(제1수익자)의 요청으로 양도 가능 신용장에 대한 권리의 전부 또는 일부를 다른 자(제2수익자)에게 양도하는 절차를 취급하는 지정은행

007 교재 p.330

신용장의 종류

① 서류 첨부 여부에 따른 구분: 화환 신용장, 무화환 신용장
② 확인 유무에 따른 구분: 확인 신용장, 무확인 신용장
③ 양도 가능 여부에 따른 구분: 양도 가능 신용장, 양도 불능 신용장
④ 대금 지급 방식에 따른 구분
  ㉠ 지급 신용장: 일람지급 신용장, 연지급 신용장
  ㉡ 인수 신용장
  ㉢ 매입 신용장: 자유매입 신용장, 매입제한 신용장
⑤ 대금 지급기일에 따른 구분
  ㉠ 일람출급 신용장
  ㉡ 기한부 신용장: Shipper's Usance Credit, Banker's Usance Credit
⑥ 기타
  ㉠ 회전 신용장: 신용장을 1회 개설하고 이를 사용한 후에도 신용장의 효력이 다시 발생하는 조건으로 개설된 신용장
  ㉡ 전대/선대 신용장: 매입은행으로 하여금 수출상에게 선적 전에 일정한 조건으로 수출 대금을 지급할 수 있도록 허용한 신용장
  ㉢ 동시개설 신용장: 수입상이 수입 신용장을 개설할 경우 수출국에서도 같은 금액의 신용장을 개설하는 경우에만 유효하다는 조건이 붙은 조건부 신용장
  ㉣ 보증 신용장

의미	① 금융 조달이나 보증을 위해 발행되는 무화환 신용장(Clean L/C)의 일종 ② 발행의뢰인이 의무를 이행하지 않은 경우 개설은행이 지급을 이행하겠다는 약속증서와 같은 채무보증용 신용장
특징	① 상거래에 따른 대금 결제의 목적보다 주로 금융이나 보증의 목적으로 사용됨 ② 적용 가능한 범위 내에서 UCP 600 규정 준용, 그 외의 사항은 ISP 98 적용
종류	① 입찰보증 신용장(Bid Standby L/C) ② 계약이행보증 신용장(Performance Standby L/C) ③ 선수금환급보증 신용장(Advance Payment Standby L/C)

④ 유보금환급보증 신용장(Retention Money Standby L/C)
⑤ 하자보수유지보증 신용장(Maintenance Standby L/C, Warranty Standby L/C)
⑥ 상업보증 신용장(Commercial Standby L/C)
⑦ 금융보증 신용장(Financial Standby L/C)

008 교재 p.332
지급 · 인수 · 매입 신용장의 특징

신용장 종류	수출지 은행	환어음 발행 요구 여부	어음 종류	취급 은행	배서 여부	상환 청구권 행사 여부
일람지급 신용장	예치 환거래 은행	미요구 (요구 가능)	일람 출급	지정 은행	미요구	소구 불능
연지급 신용장	예치 환거래 은행	미요구	발행 ×	지정 은행	미요구	소구 불능
인수 신용장	예치 환거래 은행	발행 요구	기한부	지정 은행	미요구	소구 불능
매입 신용장	예치 또는 무예치 환거래 은행	발행 요구 (미요구 가능)	일람 출급 또는 기한부	일반적으로 모든 은행	요구	소구 가능

009 교재 p.338
신용장 발행

의미	수입상이 외국환거래은행과의 약정에 따라 수입대금 결제를 위한 신용장 개설을 개설은행에 의뢰하고 개설은행은 신용장을 개설하는 것
방법	① 우편에 의한 발행 ② 전신에 의한 발행: CABLE, TELEX, SWIFT 방식 등 인증된 전송 방법을 이용하는 것
개설은행 의무	① 개설은행은 정해진 기간 내에 신용장을 발행할 의무 존재 ② 개설의뢰인의 지시 내용을 준수해야 하며 신용장의 내용을 지나치게 상세히 기재해서는 안 됨 ③ 개설은행은 신용장 발행과 동시에 수익자에게 이를 통지해야 함 ④ 개설은행은 신용장 개설 시점부터 취소가 불가능한 결제(honour)의 의무를 부담 ⑤ 개설은행은 일치하는 제시에 대하여 결제(honour) 또는 매입을 하고, 그 서류를 개설은행에 송부한 지정은행에 대하여 신용장 대금을 상환할 의무를 부담

010 교재 p.338
신용장 통지

의미	수익자인 수출상에게 신용장 개설 사실을 통보하는 것
방법	우편 통지, 전신 통지, SWIFT에 의한 통지
통지은행 의무	① 통지은행이 확인은행이 아닌 경우 결제(honour)나 매입에 대한 어떤 의무의 부담 없이 신용장 및 이에 대한 조건 변경을 통지 ② 통지은행은 신용장 또는 그 조건 변경을 통지함으로써 신용장 또는 그 조건 변경에 대한 외견상 진정성이 충족된다는 점과 그 통지가 송부받은 신용장 또는 그 조건 변경의 내용을 정확하게 반영한다는 점을 표명 ③ 통지은행은 수익자에게 신용장 및 그 조건 변경을 통지하기 위해 다른 은행 이용 가능 ④ 은행이 신용장 또는 그 조건 변경을 통지하도록 요청받았지만 신용장이나 신용장의 조건 변경 또는 통지의 외견상 진정성에 대한 요건을 충족하지 못한다고 판단한 경우, 바로 그 지시를 송부한 은행에 그 사실을 통지해야 함

011 교재 p.343
신용장 확인

의미	개설은행 이외에 제3의 은행이 개설은행과는 독립적으로 어음의 지급 · 인수 · 매입을 확약하는 것
확인이 필요한 경우	① 조건부 지급확약을 하고 있는 개설은행의 자본력이나 신용이 약한 경우 ② 개설은행 소재국에 정치, 경제적 위험이 있어 지급에 대해 수익자가 신뢰할 수 없는 경우
확인은행 의무	① 확인은행은 신용장에 확인을 추가하는 시점부터 취소가 불가능한 결제(honour) 또는 매입(상환청구권 없는)의 의무를 부담 ② 확인은행은 지정은행에게 받은 일치하는 제시에 대하여 결제(honour) 또는 매입(상환청구권 없는)을 하고 지정은행에게 신용장 대금을 상환할 의무를 부담 ③ 어떤 은행이 개설은행으로부터 신용장에 대한 확인의 권한이나 요청을 받았음에도 불구하고 준비가 되지 않았다면 지체 없이 개설은행에 그 사실을 알려주어야 하며 이 경우 신용장에 대한 확인 없이 통지만 할 수 있음 ④ 확인은행은 제시가 일치한다고 판단한 경우 결제(honour) 또는 매입(상환청구권 없는) 후 그 서류들을 개설은행에 송부해야 함

012 교재 p.345
신용장 조건 변경

의미	수익자가 수령한 신용장 전체의 효력은 유지하되 그 내용의 일부를 수정하거나 변경하는 것
요건	① 취소불능 신용장: 기본당사자 전원의 동의 필요 ② 신용장의 유효기일 내에 이루어져야 하며 조건 변경 횟수에 제한 ×
내용	① 금액, 단가, 인도 조건, 어음 만기일의 변경 ② 선적기일 또는 유효기일의 연장 ③ 품목 또는 상품 명세의 변경 ④ 선적항 또는 도착항의 변경 ⑤ 환적 및 분할선적 여부 변경
통지	① 신용장 조건 변경: 통지은행을 통하여 수익자에게 통지 ② 통지은행: 지급 또는 매입을 위한 어떠한 확약 없이 신용장 일체의 조건 변경을 통지 ③ 통지은행이 조건 변경을 통지한 경우: 신용장 또는 조건 변경 그 자체의 외관상 진정성이 충족된다는 점과 그 통지가 송부받은 신용장이나 변경된 조건들을 정확하게 반영한다는 점을 표명해야 함 ④ 제2의 통지은행 이용 가능

특징	① 개설은행: 신용장 조건 변경 시점부터 변경 내용에 대해 취소 불가능
	② 확인은행: 조건 변경을 통지한 시점부터 취소 불가능
	③ 수익자
	   ㉠ 수락 또는 거절 의사 표시를 해야 함
	   ㉡ 수락 또는 거절 의사 표시를 하지 않을 경우 조건 변경 내용에 부합하는 제시가 있으면 수익자가 조건 변경 내용을 수락한다는 뜻으로 간주
	④ 조건 변경 일부 수락 허용 × → 조건 변경 내용에 대한 거절의 의사 표시로 간주
	⑤ 수익자가 일정 시간 내에 조건 변경을 거절하지 않을 시 조건 변경이 효력을 얻는다는 규정이 있다면 이는 무시됨

013 교재 p.347
신용장 양도

의미	최초 수익자의 요청에 따라 양도 가능 신용장(Transferable L/C)상의 권리 전부 또는 일부를 지정된 양도은행을 통해 제2수익자에게 양도하여 제2수익자가 이용할 수 있도록 하는 이전 행위
유형	① 최초의 수익자가 수출대행계약을 체결하여 제2수익자 앞으로 신용장을 양도하고자 하는 경우 ② 제조설비를 갖추지 못한 제1수익자가 제2수익자에게 양도하여 수수료, 수출 이윤을 목적으로 하는 경우
양도인 권리	① 양도요청권 ② 송장대체권 ③ 양도지 매입요구권
양도인 의무	제1수익자: 양도은행에 대한 양도수수료 부담 의무, 송장대체권의 행사 의무
양도은행 권리	① 제1수익자가 양도수수료 등을 지급할 때까지 양도를 유보할 권리 ② 송장 및 어음을 대체하지 않는 경우 제2수익자 서류로 처리할 수 있는 권리

요건	① 양도 가능 신용장: 지급·연지급·인수 또는 매입을 수권 받은 지정은행만 취급 가능. 자유매입 신용장의 경우에는 개설은행에 의하여 양도은행이 별도로 지정
	② 신용장상에 'Transferable(양도 가능)'이라고 표시된 신용장만 양도 가능('Fractionable', 'Assignable', 'Transmissible', 'Divisible'이라고 표시된 문언은 무시)
	③ 신용장 양도는 1회에 한정(제2수익자 → 제3수익자 양도 불가능)
	④ 분할선적이 금지되지 않은 경우 다수의 제2수익자에게 분할양도 가능(단, 분할선적이 금지된 경우에는 전부양도만 가능)
	⑤ 신용장 양도는 원신용장의 조건과 동일한 조건이어야 하나 다음의 경우 단축 및 축소 양도 가능
	   ㉠ 신용장 금액, 단가 → 감액 가능
	   ㉡ 신용장의 유효기일, 제시 기간, 최종 선적일, 선적 기간 → 단축 가능
	※ 부보비율은 유일하게 증가 가능

양도 후의 조건 변경	① 전부 양도된 경우: 조건 변경 및 취소는 개설은행 원수익자 및 제2수익자 전원의 합의가 있어야 가능 ② 분할 양도된 경우: 다수의 제2수익자가 있는 경우 조건 변경을 수락한 당사자에 한하여 조건이 변경되고 수락하지 않은 당사자에 대해서는 원신용장의 조건 유지

014 교재 p.350
화환 신용장 관련 수수료

개설 수수료	① 신용장의 개설로 인하여 발생하는 개설은행의 신용위험 부담을 커버하기 위해 개설은행이 개설의뢰인으로부터 징수하는 수수료 ② '연 요율'로 계산하여 '일 단위'로 징수 ③ 징수 기간(원칙): 개설일부터 수입 환어음의 결제일(또는 인수일) 전일까지
통지 수수료 (Advising Commission)	신용장 통지 시 징수하는 취급 수수료(수익자 부담)
매입 수수료 (Negotiation Commission)	매입 신용장하에서 매입을 수권 받은 은행이 수출환어음을 매입하는 경우 징수하는 취급 수수료(수익자 부담)

상환 수수료 (Reimbursement Commission)	상환 업무 취급 시 징수하는 취급 수수료로서 보통 신용장에서 지시하는 당사자가 어음 건별로 일정액 부담
A/D Charge	① Banker's Usance 신용장하에서 개설은행의 요청에 따라 해외의 신용공여은행이 매입은행 등에게 일람출급(at sight basis) 방식으로 대금을 지급하기 위해 수익자가 발행한 기한부 환어음을 인수하고 할인하는 때에 발생하는 금융 비용 ② 해외의 신용공여은행이 개설은행으로 청구하여 최종적으로 개설의뢰인(수입상)이 부담
인수 수수료	기한부 신용장의 환어음 인수 시 개설은행이 부담하여야 하는 비용 및 리스크를 커버할 목적으로 개설의뢰인(수입상)에게 징수하는 보증료성 수수료
확인 수수료 (Confirming Charge)	신용장 확인 시 확인은행이 징수하는 수수료로, 신용장에서 지시하는 당사자(수출상 또는 수입상)가 부담
L/G 발급 수수료	수입화물 선취보증서의 발급에 따른 은행의 취급 수수료
L/G 보증료 (수입화물 선취보증료)	수입화물 선취보증서 발급에 따라 은행이 추가적으로 부담하는 신용위험 부담을 커버할 목적으로 징수하는 보증료
하자 수수료 (Discrepancy Fee)	① 도착한 선적서류가 신용장 조건과 일치하지 않음에도 불구하고 환어음을 결제하는 경우 징수하는 수수료 ② 수출상이 부담(신용장에서 미리 정한 수수료를 결제 금액에서 차감한 후 지급)
환가료 (Exchange Commission)	매입은행이 수출상이 제시한 서류를 매입할 때 수출상에게 선지급한 날과 개설은행이나 확인은행 또는 상환은행으로부터 대금을 지급받는 날 사이에 대한 이자 개념의 수수료

015 교재 p.352

선하증권(B/L: Bill of Lading)

의미	화주와 선박회사 간의 해상운송계약에 의해 선박회사가 발급하는 유가증권
수리 조건	① 운송인의 명칭을 표시하고 운송인, 선장 또는 그들의 대리인에 의해 서명되어야 함 ② 물품이 신용장에 명시된 선적항에서 기명된 선박에 본선적재되었음을 미리 인쇄된 문구 또는 물품이 본선적재된 일자를 표시하는 본선적재표기에 의해 표시되어야 함 ③ 선하증권이 선적 일자를 표시하는 본선적재표기를 포함하지 않는 경우에는 선하증권 발행일을 선적일로 간주 → 선하증권에 본선적재표기가 된 경우에는 본선적재표기에 기재된 일자를 선적일로 간주

④ 신용장에 기재된 선적항에서 하역항까지 선적을 표시해야 함
⑤ 선하증권 원본 전통(full set, 보통 3통)이 제시되어야 함
⑥ 환적: 신용장에 기재된 선적항에서 하역항까지 운송 도중에 한 선박에서 양하되어 다른 선박으로 재적재되는 것
⑦ 선하증권은 전 운송이 동일한 선하증권으로 포괄된다면 물품이 환적될 것이라거나 환적될 수 있다고 표시할 수 있음
⑧ 물품이 컨테이너, 트레일러, 래시 바지에 선적되었음이 선하증권으로 증명되는 경우, 환적될 것이라거나 환적될 수 있다고 표시하는 선하증권은 신용장이 환적을 금지하더라도 수리될 수 있음
⑨ 운송인에게 환적할 권리가 있다고 기재한 선하증권의 조항은 무시됨

016 교재 p.358

용선계약부 선하증권(Charter Party B/L)

의미	화주가 선주로부터 선박이나 선복을 빌려 화물을 운송하는 경우 용선운송계약을 체결하고 용선계약에 따라 화물을 인도한 후 발급받는 선하증권
수리요건	① 선장, 선주, 용선자 또는 그들의 대리인에 의해 서명되어야 함 ② 신용장에 기재된 선적항에서 하역까지 선적을 표시해야 함(하역항은 신용장에 기재된 바에 따라 일정 범위의 항구들 또는 지리적 지역으로 표시 가능) ③ 신용장의 조건이 용선계약의 제시를 요구하더라도 은행은 용선계약을 심사하지 않음

017 교재 p.359

복합운송증권(Multimodal Transport Document)

의미	복합운송인에 의해 해상선박, 항공기, 철도, 자동차 등의 운송수단 중 2가지 이상의 다른 운송 방식이 결합하여 운송되는 내용의 복합운송계약에 따라 발행한 서류
수리요건	① 물품이 신용장에 명시된 장소에서 발송, 수탁 또는 본선적재되었음을 표시하기 위해서는 미리 인쇄된 문구와 물품이 발송, 수탁 또는 본선적재된 일자를 표시하는 스탬프 또는 부기가 있어야 함 ② 유일한 운송서류 원본이거나 또는 원본이 한 통을 초과하여 발행되는 경우에는 운송서류에 표시된 전통(Full set)이 제시되어야 함 ③ 용선계약에 따른다는 어떤 표시도 포함하지 않아야 함 ④ 운송서류는 전 운송이 하나의 동일한 운송서류에 의하여 포괄된다면 물품이 환적될 것이라거나 환적될 수 있다는 것을 표시할 수 있음 ⑤ 환적이 될 것이거나 환적될 수 있다고 표시하는 운송서류는 신용장이 환적을 금지하더라도 수리될 수 있음

018 교재 p.360

항공운송서류(Air Transport Document)

의미	항공회사가 작성하여 송하인에게 교부하는 서류로 해상운송의 선하증권에 해당하는 항공운송의 기본 서류
수리요건	① 운송인의 명칭을 표시하고 운송인 또는 그를 대리하는 기명대리인에 의한 서명이 있어야 함 ② 물품이 운송을 위하여 인수되었음을 표시해야 함 ③ 발행일을 표시해야 함(발행일 = 선적일) → 실제 선적일에 대한 특정한 부기를 포함하는 경우 부기에 기재된 일자가 선적일이 됨 ④ 운항 번호 및 일자와 관련하여 항공운송서류에 나타나는 그 밖의 모든 정보는 선적일 결정 시 고려되지 않음 ⑤ 신용장에 기재된 출발공항과 도착공항을 표시해야 함 ⑥ 신용장이 원본 전통(full set)을 규정하더라도 송하인 또는 선적인용 원본만 제시 ⑦ 신용장이 환적을 금지하더라도 환적 표시 항공운송서류 수리 가능

019 교재 p.364

상업송장(Commercial Invoice)

의미	① 매매계약의 이행을 입증하는 물품명세서 ② 대금 청구서 및 명세서 역할
종류	① 선적송장(Shipping Invoice) ② 견품송장(Sample Invoice) ③ 견적송장(Proforma Invoice) ④ 위탁판매송장(Consignment Invoice) ⑤ 세관송장(Customs Invoice) ⑥ 영사송장(Consular Invoice)
수리요건	① 수익자(수출상)가 개설의뢰인(수입상) 앞으로 발행하여야 함 ② 서명될 필요 × ③ 지정은행, 확인은행(있는 경우), 개설은행은 신용장에서 허용된 금액을 초과하여 발행된 상업송장을 수리할 수 있고, 그 결정은 은행이 신용장에서 허용된 금액을 초과한 금액을 결제(honour) 또는 매입하지 않았던 경우에 한하여 모든 당사자를 구속함 ④ 상업송장의 물품, 서비스 또는 의무 이행의 명세는 신용장상의 명세와 일치해야 함

020 교재 p.368

보험서류(Insurance Document)

의미	무역 물품의 운송 도중 해난이나 기타의 위험으로 발생하게 될 손해에 대비하여 보험을 부보하고 보험자로부터 발급받는 증거서류
종류	① 보험증권(Insurance Policy) ② 보험증명서(Insurance Certificate) ③ 보험확인서(Insurance Declaration) ④ 보험승낙서, 보험인수증(Cover Note)
수리요건	① 보험증권, 보험증서 또는 포괄보험에서의 확정통지서와 같은 보험서류는 보험회사, 보험인수인 또는 그들의 대리인 또는 수탁인(Proxies)에 의하여 발행되고 서명된 것으로 보아야 함 ② 보험서류가 한 통을 초과한 원본으로 발행되었다고 표시된 경우 모든 원본 서류(Full set) 제시 ③ 잠정적 보험승낙서, 보험인수증(Cover Notes)은 수리되지 않음 ④ 보험증권: 보험증명서나 포괄보험의 확정통지서(Declaration)를 대신하여 수리 가능 ⑤ 보험서류의 일자는 선적일보다 늦어서는 안 됨 ⑥ 신용장과 동일한 통화로 표시되어야 함 ⑦ 부보 금액은 최소한 물품의 CIF 또는 CIP 가격의 110% ⑧ 신용장이 '통상의 위험' 또는 '관습적인 위험'과 같이 부정확한 용어를 사용하는 경우 보험서류는 특정 위험을 부보하지 않는지 여부와 관계없이 수리 가능 ⑨ 소손해 면책약관(Franchise), 초과 공제 면책약관(Excess Deductible) 표시 가능

021 교재 p.373

원산지증명서(C/O: Certificate of Origin)

의미	거래되는 물품의 국적에 대한 증명서로 상공회의소 또는 각 국가의 기관에서 발행하며 물품이 수출국에서 생산, 제조 또는 가공되었다는 사실을 증명하는 서류
수리요건	① 원산지증명서는 서명되어야 함 ② 송장에 기재된 물품과 관련된 품목이 표시되어야 함 ③ 원산지가 증명되어야 함 ④ 신용장에 명시된 자에 의해 발행되어야 함

022 교재 p.375

수입화물 선취보증서(L/G: Letter of Guarantee)

의미	수입 물품은 이미 도착하였으나 선적서류가 도착하지 않아 화물 인수가 불가능한 경우 개설은행의 연대보증을 받아 선사로 제출하는 보증서
주요 내용	① B/L이 도착하면 원본을 선사에 제출하겠다는 약속문언이 포함됨 ② 화물 인도로 인하여 발생하는 모든 책임은 은행이 지겠다는 약속문언이 포함됨 ③ 화물 인도에 따른 모든 비용을 화물 인도 시 지급하겠다는 문언이 포함됨

파급효과	① 도착하는 선적서류에 하자가 발견되더라도 개설은행은 대금 지급을 거절할 수 없음 ② 운송인(선사)은 선하증권 원본을 제시한 자에게만 화물을 인도할 의무가 있기 때문에 추후에 정당한 권리자가 선하증권을 제시하고 화물 인도를 요구하는 경우 그에 따른 손해배상 책임을 부담해야 함

023 교재 p.378
수입화물대도(T/R: Trust Receipt)

의미	① 개설은행이 수입 화물에 대한 소유권을 유지하면서, 개설의뢰인이 수입 대금을 결제하기 전에 미리 화물을 처분할 수 있도록 허용하는 제도 ② 수입화물대도는 개설은행과 개설의뢰인 간의 계약이므로 개설의뢰인이 대금을 결제하지 않는 경우 화물을 매입한 제3자에게 화물의 소유권을 주장할 수 없음
필요성	① 자금이 부족한 수입상이 일람출급으로 발행된 어음을 결제하지 않으면 선적서류를 인도받지 못하므로 이에 따른 화물의 처분 문제 등이 발생 ② 은행이 선적서류를 보유하고 있는 경우 화물의 관리 비용 및 위험을 부담해야 하므로 수입상에게 수입 화물의 점유권을 이전하여 이를 처분한 뒤 신용장 대금을 결제하도록 함

024 교재 p.379
환어음(Bill of Exchange)

① 의미: 채권자인 발행인이 채무자인 지급인에게 일정한 금액을 증권에 기재된 수취인 또는 그 지시인 또는 소지인에게 지급일에 일정 장소에서 무조건 지급할 것을 위탁하는 요식유가증권
② 필요성
  ㉠ 매입 경로의 확인: 이중 매입 방지
  ㉡ 상환 청구: 상환은행에 대금 청구하기 위한 목적
  ㉢ 신용장의 어음 발행 요구
  ㉣ 인수 신용장상의 금융 제공
  ㉤ 담보권 확보의 수단
③ 환어음의 당사자

발행인 (Drawer)	환어음을 발행하고 서명하는 자(보통 수출상)
지급인 (Drawee)	① 환어음상에 금액을 지급하도록 지정된 자 ② 신용장 거래 시: 개설은행, 상환은행, 개설은행으로부터 지급·연지급·인수를 수권받은 은행 ③ 추심(D/P, D/A) 거래 시: 수입상
수취인	① 환어음 금액을 지급받는 자 ② 매입 신용장, 추심 거래에서 매입이 된 경우: 매입은행 ③ 추심의 경우: 수출상, 추심 전 매입이 된 경우에는 매입은행

④ 유의사항
  ㉠ 발행일과 발행지를 표시해야 함
  ㉡ 발행인의 기명날인이 있어야 함
  ㉢ 문자와 숫자로 어음 금액 표시(상충 시 문자금액으로 심사)
⑤ 배서·인수·지급

배서	① 의미: 권리자가 서명하여 상대방에게 교부하는 행위 ② 종류: 기명식 배서, 백지식 배서
인수	지급인으로서 지급채무를 부담하겠다는 의사 표시 → 인수를 통해 확정채무로 변경

지급	① 의미: 환어음의 만기일에 어음 소지인에게 어음 대금을 지급하는 행위
	② 만기일 표시
	  ㉠ at sight(일람 출급, 일람 지급)
	  ㉡ at ××days after sight(일람 후 정기출급)
	  ㉢ at ××days after B/L date(일부(일자) 후 정기출급)
	  ㉣ on a fixed date(확정일 출급)

⑥ 환어음의 기재사항

```
                    ① BILL OF EXCHANGE
ⓐ NO. 123456              ② MAY 10, 2023 SEOUL, KOREA
FOR US $53,200.
③ AT SIGHT OF THIS ORIGINAL BILL OF EXCHANGE
(SECOND OF THE SAME TENOR AND DATE BEING UNPAID)
④ PAY TO ⑤ EDUWILL BANK OR ORDER THE SUM OF
SAY US DOLLARS FIFTY THREE THOUSAND TWO HUNDERED
ONLY;

VALUE RECEIVED AND CHARGE THE SAME TO ACCOUNT OF
ⓑ TOKYO SUPPLY LTD.

ⓒ DRAWN UNDER THE MIISUI BANK, HEAD OFFICE TOKYO, JAPAN
ⓓ L/C NO. M0123456789 DATED APRIL 17, 2023
⑥ TO THE MIISUI BANK
⑦ HEAD OFFICE, TOKYO.
                              ⑧ KOREA TRADING CO., LTD.
```

필수 기재사항	① 환어음의 표시: BILL OF EXCHANGE ② 발행일과 발행지의 표시: MAY 10, 2023 SEOUL, KOREA ③ 지급 만기 표시: AT SIGHT ④ 무조건 지급 위탁 문언과 어음 금액: PAY TO EDUWILL BANK OR ORDER THE SUM OF(어음 금액, 영문표기), For 숫자 금액 ⑤ 수취인 또는 수취인을 지시할 자의 명칭: EDUWILL BANK ⑥ 지급인의 명칭: TO THE MIISUI BANK ⑦ 지급지: HEAD OFFICE, TOKYO ⑧ 발행인의 기명날인 또는 서명: KOREA TRADING CO., LTD.

임의 기재사항	ⓐ 환어음 번호: 123456 ⓑ 신용장 개설의뢰인: TOKYO SUPPLY LTD. ⓒ 신용장 개설은행명: THE MIISUI BANK ⓓ 신용장 번호 및 발행일: L/C NO. M0123456789 DATED APRIL 17, 2023

025 교재 p.383
서류의 심사

심사은행	개설은행, 지정은행, 확인은행
심사 대상	① 신용장에 명시된 모든 서류 ② 신용장에서 요구하지 않는 서류: 무시, 제시자에게 반환 가능

서류 심사 기준	① 서류가 문면상 일치하는 제시에 해당하는지 여부를 결정하기 위해 서류만을 기본으로 제시를 심사
	② 일치하는 제시
	  ㉠ 신용장의 제조건
	  ㉡ 적용 가능한 범위 내에서의 신용장통일규칙의 규정
	  ㉢ 국제표준은행관행에 따른 제시(ISBP745 외의 관행도 포함)

심사 기간	제시일 다음 날부터 기산하여 최대 5은행영업일
서류 제시 기간	① 신용장에 명시된 기간 ② 명시 ×: 제19조~제25조(운송서류)에 따른 제시는 선적일 후 21일 이내 ③ 어떠한 경우라도 신용장의 유효기일을 넘겨서는 안 됨
서류발행일	신용장 개설일 이전에 작성 가능(다만, 제시일보다 늦은 일자는 안 됨)
원본 서류와 사본	① 신용장에 명시된 서류는 적어도 한 통은 원본이 제시되어야 함 ② 신용장: 서류의 사본 제시 요구 시 원본 또는 사본 제시 가능 ③ "in duplicate", "in two folds" 또는 "in two copies"와 같은 표현은 적어도 한 통 이상의 원본을 포함하여 제시해야 함을 의미

026 교재 p.387
서류의 수리 거절

의미	서류를 심사하는 지정은행(지급, 연지급, 인수, 매입은행), 확인은행(있는 경우) 및 개설은행이 제시가 일치하지 않는 경우 결제(honour) 또는 매입을 거절하는 것
거절 통지 기간	제시일의 다음 날부터 5은행영업일의 마감시간 이전
포기교섭권	개설은행은 제시가 일치하지 않는다고 판단하는 경우 독자적인 판단으로 하자에 대한 권리 포기(Waiver)를 위하여 개설의뢰인과 교섭 가능
거절 통지 횟수	지정은행, 확인은행(있는 경우) 또는 개설은행이 결제(honour) 또는 매입을 거절하기로 결정하는 때에는 제시자에게 그러한 취지로 한 번에 통지해야 함

거절 통지 내용	① 은행이 결제 또는 매입을 거절한다는 사실
	② 결제 또는 매입을 거절하는 각각의 하자
	③ 서류의 행방 고지
	  ㉠ 제시자의 추가 지시가 있을 때까지 은행이 서류를 보관한다는 사실
	  ㉡ 개설의뢰인으로부터 권리 포기를 받고 이를 받아들이기로 동의하거나, 또는 권리 포기를 받아들이기로 동의하기 전 제시자에게 추가지시를 받을 때까지 개설은행이 서류를 보관한다는 사실
	  ㉢ 은행이 서류를 반환한다는 사실
	  ㉣ 은행이 사전에 제시자에게 받은 지시에 따라 행동한다는 사실

027 교재 p.389
서류의 매입(Negotiation)

① 의미: 대금을 지급하여야 하는 당사자(환어음의 지급인) 이외의 은행이 만기일 또는 그 이전에 대금을 지급하거나 대금을 지급하기로 동의함으로써 환어음 또는 서류를 매수하는 것
② 하자 있는 서류의 매입 방법

조건 변경 후 매입 (Amend Negotiation)	하자 사항과 관련된 신용장의 제조건을 변경한 후에 매입하는 방법
보증부 매입 (L/G Negotiation)	신용장 조건과 불일치하는 내용을 수익자와 매입은행이 서로 확인한 후, 그로 인해 신용장 대금의 결제가 거절되면 외국환거래약정서에서 정하는 바에 따라 즉시 매입 대금을 상환하겠다는 확인서(Letter of Guarantee)를 징구하고 매입하는 방법
유보부 매입 (Negotiation under Reserve)	하자 사항에 대한 개설은행의 승낙(Waiver)을 전제 조건으로 하여 하자가 있는 서류를 매입하고 그 대금을 지급하는 방법으로, 개설은행의 결제 거절 시 채권 확보를 용이하게 하기 위하여 개설은행의 승낙 시까지 매입 대금의 지급을 유보하는 방법
추심 후 매입전환 (Post Negotiation)	하자 등으로 인해 추심으로 처리한 기한부 신용장에 대하여 개설은행의 인수 또는 연지급 확약 통보 접수 후에 매입으로 전환하는 방법
전신 조회 후 매입 (Cable Negotiation)	개설은행에 미리 전신으로 서류의 미비점 또는 신용장 조건과의 불일치 사항을 알려 주고, 매입 가능 여부를 조회하여 승인을 받은 후에 매입하는 방법

CHAPTER 03 | 외환실무

001 교재 p.394
외환 시장

의미	외환이 매매되는 시장(추상적 개념)
투웨이 시장 (Two-way Market)	환율을 고시할 때 매입률(Bid Rate)과 매도율(Offer Rate)을 동시에 제시하는 시장
장내 또는 장외 시장 (Over-the-counter Market)	실물을 거래하는 거래소 시장이 아닌 통신 수단을 통해 시간에 구애받지 않고 거래가 가능한 시장
범세계적 시장 (One Global Market)	물리적 국경의 영향을 받지 않고 24시간 동안 운영되어 시간의 제약을 받지 않는 시장
제로섬 시장 (Zero Sum Market)	한쪽이 이익을 보면 반대쪽은 손해를 보는 구조로 외환 시장 참가자들의 거래 손익을 합하면 0이 되는 시장
통신 시장 (Communication Market)	전화, 텔렉스, 딜링 기기(Reuter Dealing Machine) 등으로 의해 거래하는 시장

002 교재 p.394
은행 간 시장

의미	각 은행의 외환 거래를 금융결제원 내의 자금 중개실에서 중개하거나 직접 거래하는 시장
거래 통화	① 미 달러화(USD) 대 원화(KRW) 거래 ② 원화 대 위안화(CNY) 거래
시장 참가자	국내 은행과 국내에 지점을 둔 외국 은행 종합금융회사
특징	① 은행 간 환율은 수요와 공급에 따라 시시각각 변함 ② 거래 단위는 통상적으로 한 거래당 100만 달러(위안화의 경우 100만 위안)를 기준으로 함 ③ 일일 환율 변동폭의 제한 없음 ④ 평일 오전 9시부터 다음날 새벽 2시까지 개장 (주말과 공휴일에는 열리지 않음) ⑤ 환차익을 노리는 투기 거래의 비중이 실수요 거래보다 큰 편

003 교재 p.396
환율(Exchange Rate)

의미	① 두 나라 화폐 간의 교환비율 ② 자국통화와 타국통화 간의 상대적 교환비율
표시 방법	① 직접 표시법(Direct Quotation): 외국통화가 상품통화가 되고 자국통화가 가격표시통화가 되는 방법 예) USD 1 = KRW 1,100, JPY 100 = KRW 1,100 　　상품통화　　　가격표시통화 ② 간접 표시법(Indirect Quotation): 자국통화가 상품통화가 되고 외국통화가 가격표시통화가 되는 방법 예) 1 KRW = 0.000825 USD 　　상품통화　　　　가격표시통화 ③ 유럽식 표시법(European Term): USD가 상품통화가 되고 외국통화가 가격표시통화가 되는 방법 예) USD / HKD = 7.78 ④ 미국식 표시법(American Term) 　㉠ 외국통화가 상품통화가 되고 USD가 가격표시통화가 되는 방법 　㉡ 뉴질랜드 달러(NZD), 호주 달러(AUD), 영국 파운드(GBP), 유로화(EUR)의 표시 방법 　예) EUR 1 = USD 1.2

004 교재 p.397
환율의 변동

환율 상승의 의미	자국화폐로 표시한 외국화폐의 가격 상승 예) USD/KRW가 1,000원에서 1,100원으로 상승
환율 상승의 원인	① 외국의 금리 인상에 따른 국내 투자자금의 유출 ② 무역수지 적자 ③ 유럽의 재정위기 등 → 안전자산인 달러화에 대한 수요 증가 → 외환수요 > 공급 시 환율 상승
환율 하락의 의미	자국화폐로 표시한 외국화폐의 가격 하락 예) USD/KRW가 1,000원에서 900원으로 하락
환율 하락의 원인	① 미국 시장의 경기둔화에 따른 투자자금의 국내 유입 ② 국내 이자율 상승 ③ 무역수지 흑자 등 → 달러화에 대한 수요 하락 → 외환의 공급 > 수요 → 자국화폐 가치 상승

005 교재 p.398
매입률과 매도율

매입률 (Bid Rate)	① 외환 시장에서 외화를 사고자 하는 환율(은행 기준) ② 매입률은 매도율보다 항상 낮아야 함
매도율 (Offer Rate)	외환 시장에서 외화를 팔고자 하는 환율(은행 기준)

006 교재 p.398

스프레드

의미	① 매입률과 매도율의 차이 ② 은행의 위험 프리미엄(가격 제시자가 부담하는 위험의 대가) → 은행의 수익
상대성	① 거래가 많은 통화는 스프레드가 적으며 거래가 적은 통화는 스프레드가 큼 ② 외환시세가 안정적이면 스프레드가 적으며 외환시세가 불안정적이면 스프레드가 큼 ③ 선물환율의 스프레드가 현물환율의 스프레드보다 큼 → 현물환율의 불확실성보다 선물환율의 불확실성이 더 크기 때문

007 교재 p.398

현물환율과 선물환율

현물환율 (Spot Exchange Rate)	① 외국환 매매계약 체결 후 2영업일 이내에 대금 결제가 이루어지는 거래에서 사용되는 환율 ② Value Today: 외환매매계약 후 당일 결제되는 거래 ③ Value Tomorrow: 외환매매계약 후 익일 결제되는 거래 ④ Value Spot: 외환매매계약 후 2영업일에 결제되는 거래
선물환율 (Forward Exchange Rate)	외국환 매매계약일부터 2영업일이 경과한 장래의 특정 일자 또는 특정 기간 내에 대금 결제가 이루어지는 거래에서 사용되는 환율

008 교재 p.399

선물환 거래(Forward Exchange Transaction)

의미	외국환 매매계약일부터 2영업일이 경과한 장래의 특정 일자 또는 특정 기간 내에 일정 금액의 외국환을 당사자 간에 미리 정해놓은 환율로 매매할 것을 약정한 환 거래
목적	① 헤징(Hedging): 환리스크 회피 ② 차익 거래(Arbitrage, 재정 거래) ③ 환투기(Speculation)

009 교재 p.399

스왑레이트(스왑률, Swap Rate)

의미	현물환율(Spot Rate)과 선물환율(Forward Rate)의 차이
계산식	① 스왑레이트의 매입률이 매도율보다 낮은 경우에는 현물환율에서 더하고 반대인 경우에는 현물환율에서 차감 ② 선물환율은 현물환율에서 프리미엄(Premium) 또는 디스카운트[Discount(Swap Rate)]를 가감하여 산출 ③ 매입률(Bid Rate)은 매도율(Offer Rate)보다 항상 낮아야 함 ④ 선물환율 스프레드는 현물환율 스프레드보다 항상 커야 함 ⑤ 선물환율 스프레드 = 현물환율 스프레드+스왑레이트 스프레드 ⑥ 외환 시장에서 스왑레이트 　㉠ pip(point in percentage) 단위로 고시됨 　㉡ pip은 환율을 표시하는 소수점 아래 숫자를 의미 　㉢ 고시되는 통화의 자릿수에 따라 계산

참고하기 | EUR/USD 현물환율 1.2947/1.2967, 1개월 스왑레이트 27/25일 경우

① 스왑레이트의 매입률이 매도율보다 높으므로 현물환율에서 차감
② EUR/USD 현물환율 1.2947/1.2967은 각각 27, 25씩 차감하면 EUR/USD 선물환율 1.2920/1.2942가 됨
이런 경우 EUR은 USD에 대하여 선물할인 또는 선물 디스카운트(Forward Discount)되었다고 하고, USD는 EUR에 대하여 선물할증 또는 선물 프리미엄(Forward Premium)되었다고 함

010 교재 p.400

선물환율 결정이론

금리평가 이론 (Theory of Interest Rate Parity)	현물환율과 통화 간 금리 차이에 의해 선물환율이 결정된다는 것을 설명한 이론
산출공식	선물환율 = 현물환율 + [현물환율 × (피고시통화의 금리 − 기준통화의 금리) × 개월 수/12]

참고하기 | 원화의 연금리 6%, USD 연금리 3%, 현물환율 USD/KRW 1,100일 경우 3개월 만기 선물환율

※ F: 선물환율, S: 현물환율, i: 피고시통화의 금리, i*: 기준통화의 금리, n: 개월 수
① $F = S + [S \times (i - i^*) \times n/12]$
② $i - i^*$
　i = 원화의 3개월 금리: 6%
　i* = USD의 3개월 금리: 3%
　∴ $i - i^* = 3\% = 0.03$
③ $F = 1,100 + (1,100 \times 0.03 \times 3/12) = 1,108.25$

011 교재 p.400

선물환 거래와 통화선물 거래의 비교

구분	선물환 거래	통화선물 거래
거래 상대방	당사자 간 1대 1 거래	불특정 다수 간 거래
거래 장소	일정한 장소 없이 참여자 간 전화, 텔렉스 등을 통해 직접적으로 거래가 이루어짐 (장외 거래, Over-the-Counter 거래	한국거래소에서 공개 거래
손익 정산	계약 종료일에 정산	정산소를 통해 매일 이루어짐(일일정산)
거래 조건	매매당사자 간의 합의에 따르므로 계약 단위, 만기일의 제한이 없음	대상 상품 내역, 만기, 1계약의 크기 등 표준화 ① 계약 단위: 달러선물 1계약 1만 달러, 엔화선물 1계약 1백만 엔, 유로선물 1계약 1만 유로 ② 만기: 매월 세 번째 월요일
중도 청산	반대 거래를 통한 청산이 제한적임. 상대방과 합의 전까지는 만기에 인도 결제함	반대 거래로 항상 청산 가능. 대부분 만기일 이전에 반대매매에 의한 차액정산 방식으로 계약 종료
증거금	신용도에 따라 계약 이행보증금 차등 적용	신용을 불문하고 개시증거금, 유지증거금, 추가증거금 등 모든 거래에 대해 위탁증거금을 적립하여야 함
중개인	외국환은행	선물회사
신용 위험	계약 이행의 신용도는 전적으로 거래 상대방에게 의존하므로 신용상 위험이 존재함	청산소가 계약 이행을 보증하므로 신용위험이 없음

012 교재 p.401

역외선물환(NDF: Non-Deliverable Forwards)

의미	① 만기에 계약원금을 상호 교환하지 않고, 계약한 선물환율과 지정환율의 차이만을 기준통화(일반적으로 미 달러화)로 결제하는 파생금융상품(= 차액결제선물환) ② 투기적 성격이 강하며, 환위험 헤지 목적으로 이용하기도 함
역외선물환 시장	① 본국 거래 시 발생할 수 있는 각종 세제나 운용상의 제반 규제를 회피하고 조세, 금융 등의 혜택을 누리기 위해 타국에 형성된 시장 ② USD/KRW의 역외선물환 시장은 원화와 달러를 교환하기 위해 홍콩, 싱가포르, 뉴욕 등에 형성된 시장 ③ 뉴욕 역외선물환시장의 마감가는 다음 날 아침 우리나라 외환시장의 환율에 큰 영향을 미침

013 교재 p.402

환리스크(환위험, Exchage Risk)

의미	각국 통화 간의 교환비율인 환율의 예상치 못한 변동으로 인하여 외화표시 거래의 가치나 외화표시 재무제표항목의 가치가 변화하여 발생하는 위험
종류	① 거래 환리스크(Transaction Exchange Risk) ② 환산 환리스크(Translation Exchange Risk) ③ 영업 환리스크(Business Exchange Risk)
대내적 관리기법	① 매칭(Matching) ② 리딩(Leading)과 래깅(Lagging) ③ 상계(Netting) ④ 가격정책(Price Variation Policy) ⑤ 자산부채 종합관리(Asset Liability Management) ⑥ 포트폴리오 전략(Portfolio)
대외적 관리기법	① 헤징(Hedging) ② 통화스왑(Currency Swap) 거래 ③ 통화선물(Currency Futures) 거래 ④ 통화옵션(Currency Option)

014 교재 p.404

통화옵션(Currency Option)

의미	어떤 통화를 특정 환율로 매입하거나 매도할 수 있는 권리가 부여된 선택권
콜옵션 (Call Option)	① 의미: 옵션을 매입한 사람이 옵션 만기일 이전에 미리 정한 행사 가격으로 일정 자산을 살 수 있는 권리 ② 콜옵션 매수자: 콜옵션 매도자에게 옵션 프리미엄을 지급하고 옵션을 매입. 만기일 또는 만기일 전에 시장 가격이 행사 가격보다 높으면 권리 행사, 낮으면 권리 포기 가능 ③ 권리 포기 시: 옵션 프리미엄만큼 손해 발생 ④ 권리 행사 시: 시장 가격과 행사 가격 차이만큼 이익
풋옵션 (Put Option)	① 옵션을 매입한 사람이 옵션 만기일 이전에 미리 정한 행사 가격으로 일정 자산을 팔 수 있는 권리 ② 풋옵션 매수자: 옵션 매도자에게 옵션 프리미엄을 지급하고 옵션을 매입. 만기일 또는 만기일 전에 행사 가격이 시장 가격보다 높으면 권리 행사, 낮으면 권리를 포기 가능 ③ 권리 포기 시: 옵션 프리미엄만큼 손해 발생 ④ 권리 행사 시: 시장 가격과 행사 가격 차이만큼 이익

015 교재 p.405

옵션의 가치 형태

구분	콜옵션	풋옵션
시장 가격>행사 가격	내가격 (ITM: In The Money)	외가격 (OTM: Out Of The Money)
시장 가격=행사 가격	등가격 (ATM: At The Money)	등가격 (ATM: At The Money)
시장 가격<행사 가격	외가격 (OTM: Out Of The Money)	내가격 (ITM: In The Money)

016 교재 p.406

환포지션

의미	외국환 매입액과 매도액의 차액 또는 외화 채권과 외화 채무와의 차액
스퀘어 포지션	외국환의 매입액과 매도액이 동일하거나 외화 채권과 외화 채무가 동일하여 받을 외화 금액과 지급할 외화 금액이 같은 경우의 환포지션
매입초과 포지션	① 외국환의 매입액이 매도액을 초과하거나 외화 채권이 외화 채무보다 많은 상태의 환포지션 　(외화 표시 자산 〉 외화 표시 부채) ② 환율 상승 시: 환차익 발생 ③ 환율 하락 시: 환차손 발생
매도초과 포지션	① 외화 채권이 외화 채무보다 적은 경우 환포지션 　(외화 표시 자산 〈 외화 표시 부채) ② 환율 상승 시: 환차손 발생 ③ 환율 하락 시: 환차익 발생
오픈 포지션	① 외환 매입초과 포지션과 외환 매도초과 포지션을 포함한 개념 ② 외환 위험에 노출되어 있으므로 환율 변동에 따라 환차손익 발생

PART 04 무역영어

01 비엔나협약 주요 조항

Article 1
적용의 기본원칙

1. This Convention applies to contracts of sale of goods between parties whose places of business are in different States:
   이 협약은 다음의 경우 영업소가 서로 다른 국가에 있는 당사자 간의 물품매매계약에 적용된다.
   a. when the States are Contracting States; or
      해당 국가가 모두 체약국인 경우, 또는
   b. when the rules of private international law lead to the application of the law of a Contracting State.
      국제사법 규칙에 의하여 체약국법이 적용되는 경우

2. The fact that the parties have their places of business in different States is to be disregarded whenever this fact does not appear either from the contract or from any dealings between, or from information disclosed by, the parties at any time before or at the conclusion of the contract.
   당사자가 서로 다른 국가에 영업소를 두고 있다는 사실은, 계약이나 계약 체결 전 또는 계약 체결 시 당사자 간의 거래나 당사자가 밝힌 정보에서 드러나지 않은 경우에는 고려되지 않는다.

3. Neither the nationality of the parties nor the civil or commercial character of the parties or of the contract is to be taken into consideration in determining the application of this Convention.
   당사자의 국적 또는 당사자나 계약의 민사적·상사적 성격은 이 협약의 적용 여부를 결정하는 데 고려되지 않는다.

Article 2
협약의 적용 제외

This Convention does not apply to sales:
이 협약은 다음의 매매에는 적용되지 않는다.

a. of goods bought for personal, family or household use, unless the seller, at any time before or at the conclusion of the contract, neither knew nor ought to have known that the goods were bought for any such use;
   개인용·가족용 또는 가정용으로 구입된 물품의 매매. 다만, 매도인이 계약 체결 전이나 체결 당시에 물품이 그와 같은 용도로 구입된 사실을 알지 못하였고, 알아야 했던 것도 아닌 경우에는 제외한다.

b. by auction;
   경매에 의한 매매
c. on execution or otherwise by authority of law;
   강제집행 또는 그 밖의 법령에 의한 매매
d. of stocks, shares, investment securities, negotiable instruments or money;
   주식, 지분, 투자증권, 유통증권 또는 통화의 매매
e. of ships, vessels, hovercraft or aircraft;
   선박, 소선(小船), 부선(浮船), 또는 항공기의 매매
f. of electricity.
   전기의 매매

Article 3
서비스 계약 등의 제외

1. Contracts for the supply of goods to be manufactured or produced are to be considered sales unless the party who orders the goods undertakes to supply a substantial part of the materials necessary for such manufacture or production.
   물품을 제조 또는 생산하여 공급하는 계약은 이를 매매로 본다. 다만, 물품을 주문한 당사자가 그 제조 또는 생산에 필요한 재료의 중요한 부분을 공급하는 경우는 제외된다.

2. This Convention does not apply to contracts in which the preponderant part of the obligations of the party who furnishes the goods consists in the supply of labour or other services.
   이 협약은 물품을 공급하는 당사자의 의무 중 주된 부분이 노무 또는 그 외 서비스의 공급으로 구성된 계약에는 적용되지 않는다.

Article 4
적용 대상과 대상 외의 문제

This Convention governs only the formation of the contract of sale and the rights and obligations of the seller and the buyer arising from such a contract. In particular, except as otherwise expressly provided in this Convention, it is not concerned with:
이 협약은 매매계약의 성립 및 그 계약에서 발생하는 매도인과 매수인의 권리와 의무만을 규율한다. 이 협약에 별도의 명시규정이 있는 경우를 제외하고, 이 협약은 특히 다음과 관련이 없다.

a. the validity of the contract or of any of its provisions or of any usage;
   계약이나 그 조항 또는 관행의 유효성

b. the effect which the contract may have on the property in the goods sold.
매매된 물품의 소유권에 관하여 계약이 미치는 효력

Article 11
계약의 형식

A contract of sale need not be concluded in or evidenced by writing and is not subject to any other requirement as to form. It may be proved by any means, including witnesses.
매매계약은 서면으로 체결되거나 입증될 필요가 없으며 방식에 관하여 어떠한 다른 요건도 따르지 않는다. 매매계약은 증인을 포함하여 어떠한 방법으로도 입증될 수 있다.

Article 14
청약의 기준

1. A proposal for concluding a contract addressed to one or more specific persons constitutes an offer if it is sufficiently definite and indicates the intention of the offeror to be bound in case of acceptance. A proposal is sufficiently definite if it indicates the goods and expressly or implicitly fixes or makes provision for determining the quantity and the price.
1인 이상의 특정인에 대한 계약 체결의 제안은 충분히 확정적이고 승낙 시 구속된다는 청약자의 의사가 표시되어 있는 경우에 청약이 된다. 제안이 물품을 표시하고 명시적 또는 묵시적으로 수량과 대금을 지정하거나 그 결정을 위한 조항을 두고 있는 경우에 그 제안은 충분히 확정적인 것으로 한다.
2. A proposal other than one addressed to one or more specific persons is to be considered merely as an invitation to make offers, unless the contrary is clearly indicated by the person making the proposal.
불특정 다수인에 대한 제안은 제안자가 반대 의사를 명확히 표시하지 않는 경우 외에는 단지 청약의 유인으로 간주한다.

Article 15
청약의 효력 발생

1. An offer becomes effective when it reaches the offeree.
청약은 상대방에게 도달한 때 효력이 발생한다(도달주의).
2. An offer, even if it is irrevocable, may be withdrawn if the withdrawal reaches the offeree before or at the same time as the offer.
청약은 취소될 수 없는 것이더라도, 철회의 의사 표시가 청약의 도달 전 또는 그와 동시에 상대방에게 도달하는 경우에는 회수될 수 있다.

Article 16
청약의 취소

1. Until a contract is concluded an offer may be revoked if the revocation reaches the offeree before he has dispatched an acceptance.
청약은 계약이 체결되기까지는 취소될 수 있으나 상대방이 승낙 통지를 발송하기 전에 취소의 의사 표시가 상대방에게 도달해야 한다.
2. However, an offer cannot be revoked:
그러나 다음의 경우 청약이 취소될 수 없다.
    a. if it indicates, whether by stating a fixed time for acceptance or otherwise, that it is irrevocable; or
    승낙 기간은 지정하거나 그 외 방법으로 청약을 취소할 수 없다고 청약에 표시되어 있는 경우, 또는
    b. if it was reasonable for the offeree to rely on the offer as being irrevocable and the offeree has acted in reliance on the offer.
    상대방이 청약을 취소할 수 없다고 신뢰하는 것이 합리적이고, 상대방이 그 청약을 신뢰하여 행동한 경우

Article 17
청약의 거절

An offer, even if it is irrevocable, is terminated when a rejection reaches the offeror.
청약은 취소될 수 없는 것이더라도, 거절의 의사 표시가 청약자에게 도달한 때에는 효력을 상실한다.

Article 18
승낙의 시기 및 방법

1. A statement made by or other conduct of the offeree indicating assent to an offer is an acceptance. Silence or inactivity does not in itself amount to acceptance.
청약에 대한 동의를 표시하는 상대방의 진술 또는 그 밖의 행위는 승낙이 된다. 침묵 또는 부작위는 그 자체만으로 승낙이 되지 않는다.
2. An acceptance of an offer becomes effective at the moment the indication of assent reaches the offeror.
청약에 대한 승낙은 동의의 의사 표시가 청약자에게 도달하는 시점에 효력이 발생한다(도달주의).
An oral offer must be accepted immediately unless the circumstances indicate otherwise.
구두 청약은 특별한 사정이 없는 한 즉시 승낙되어야 한다.
3. However, if, by virtue of the offer or as a result of practices which the parties have established between themselves or of usage, the offeree may indicate assent by performing an act,

such as one relating to the dispatch of the goods or payment of the price, without notice to the offeror, the acceptance is effective at the moment the act is performed, provided that the act is performed within the period of time laid down in the preceding paragraph.
청약에 의하여 또는 당사자 간에 확립된 관례나 관행의 결과로 상대방이 청약자에 대한 통지 없이 물품의 발송이나 대금 지급과 같은 행위를 함으로써 동의를 표시할 수 있는 경우는, 승낙은 그 행위가 이루어진 시점에 효력이 발생한다. 다만, 그 행위는 제2항에서 정한 기간 내에 이루어져야 한다. → 행위에 의한 승낙 인정

Article 19
변경된 승낙의 효력

1. A reply to an offer which purports to be an acceptance but contains additions, limitations or other modifications is a rejection of the offer and constitutes a counteroffer.
승낙을 의도하고 있으나, 부가, 제한 그 밖의 변경을 포함하는 청약에 대한 응답은 청약에 대한 거절이면서 동시에 새로운 청약이 된다.

3. Additional or different terms relating, among other things, to the price, payment, quality and quantity of the goods, place and time of delivery, extent of one party's liability to the other or the settlement of disputes are considered to alter the terms of the offer materially.
특히 대금, 대금 지급, 물품의 품질과 수량, 인도 장소와 시기, 당사자 일방의 상대방에 대한 책임 범위 또는 분쟁 해결에 관한 부가적 또는 상이한 조건은 청약 조건을 실질적으로 변경하는 것으로 간주한다.

Article 21
지연된 승낙

1. A late acceptance is nevertheless effective as an acceptance if without delay the offeror orally so informs the offeree or dispatches a notice to that effect.
지연된 승낙은 청약자가 지체 없이 상대방에게 승낙의 효력을 가진다는 취지를 구두로 통고하거나 그러한 취지의 통지를 발송하는 경우에는 승낙으로서 효력이 있다.

2. If a letter or other writing containing a late acceptance shows that it has been sent in such circumstances that if its transmission had been normal it would have reached the offeror in due time, the late acceptance is effective as an acceptance unless, without delay, the offeror orally informs the offeree that he considers his offer as having lapsed or dispatches a notice to that effect.
지연된 승낙이 포함된 서신 또는 그 밖의 서면에 의하여, 전달이 정상적이었다면 기간 내에 청약자에게 도달되었을 상황에서 승낙이 발송되었다고 인정되는 경우에는, 그 연착된 승낙은 승낙으로서 효력이 있다. 다만, 청약자가 상대방에게 지체 없이 청약이 실효되었다는 취지를 구두로 통고하거나 그러한 취지의 통지를 발송하는 경우는 제외된다.

Article 22
승낙의 철회

An acceptance may be withdrawn if the withdrawal reaches the offeror before or at the same time as the acceptance would have become effective.
승낙은 그 효력이 발생하기 전 또는 그와 동시에 철회의 의사 표시가 청약자에게 도달하는 경우에는 철회될 수 있다.

Article 23
계약의 성립시기

A contract is concluded at the moment when an acceptance of an offer becomes effective in accordance with the provisions of this Convention.
계약은 청약에 대한 승낙이 이 협약에 따라 효력을 발생하는 시점에 성립된다.

Article 25
본질적 위반의 정의

A breach of contract committed by one of the parties is fundamental if it results in such detriment to the other party as substantially to deprive him of what he is entitled to expect under the contract, unless the party in breach did not foresee and a reasonable person of the same kind in the same circumstances would not have foreseen such a result.
한 쪽 당사자가 범한 계약 위반이 상대방에게 그 계약에서 기대할 수 있는 바를 실질적으로 박탈할 정도의 손실을 주는 경우에 본질적인 위반으로 간주한다. 다만, 위반 당사자가 그러한 결과를 예견하지 못하였고 동일한 부류의 합리적인 사람도 동일한 상황에서 그러한 결과를 예견하지 못하였을 경우는 제외된다.

Article 26
계약 해제의 통지

A declaration of avoidance of the contract is effective only if made by notice to the other party.
계약 해제의 의사 표시는 상대방에 대한 통지로 행한 경우에만 효력이 있다.

Article 29
계약 변경과 합의 종료

A contract may be modified or terminated by the mere agreement of the parties.
계약은 당사자의 합의만으로 변경 또는 종료될 수 있다.

Article 30
매도인의 의무

The seller must deliver the goods, hand over any documents relating to them and transfer the property in the goods, as required by the contract and this Convention.
매도인은 계약과 이 협약에 따라 물품을 인도하고, 관련 서류를 교부하며 물품의 소유권을 이전해야 한다.

Article 53
매수인의 의무

The buyer must pay the price for the goods and take delivery of them as required by the contract and this Convention.
매수인은 계약과 이 협약에 따라 물품 대금을 지급하고 물품의 인도를 수령해야 한다.

Article 56
순중량에 의한 결정

If the price is fixed according to the weight of the goods, in case of doubt it is to be determined by the net weight.
대금이 물품의 중량에 따라 정하여지는 경우, 의심이 있을 시 순중량으로 대금을 결정하기로 한다.

Article 58
대금 지급의 시기

1. If the buyer is not bound to pay the price at any other specific time he must pay it when the seller places either the goods or documents controlling their disposition at the buyer's disposal in accordance with the contract and this Convention. The seller may make such payment a condition for handing over the goods or documents.
매수인이 다른 특정한 시기에 대금을 지급할 의무가 없는 경우, 매수인은 매도인이 계약과 이 협약에 따라 물품 또는 그 처분을 지배하는 서류를 매수인의 처분하에 두는 때에 대금을 지급해야 한다. 매도인은 그 지급을 물품 또는 서류의 교부를 위한 조건으로 정할 수 있다.

Article 72
이행기일 전의 계약 해제

1. If prior to the date for performance of the contract it is clear that one of the parties will commit a fundamental breach of contract, the other party may declare the contract avoided.
계약의 이행기일 전에 당사자 일방이 본질적 계약 위반을 할 것이 명백한 경우 상대방은 계약을 해제할 수 있다.

Article 74
손해배상액 산정의 원칙

Damages for breach of contract by one party consist of a sum equal to the loss, including loss of profit, suffered by the other party as a consequence of the breach.
당사자 일방의 계약 위반에 대한 손해배상액은 이익의 손실을 포함하여 그 위반의 결과 상대방이 입은 손실과 동등한 금액으로 한다.

Article 82
물품 반환이 불가능한 경우

1. The buyer loses the right to declare the contract avoided or to require the seller to deliver substitute goods if it is impossible for him to make restitution of the goods substantially in the condition in which he received them.
매수인이 물품을 수령한 상태와 실질적으로 동일한 상태로 그 물품을 반환할 수 없는 경우 매수인은 계약을 해제하거나 매도인에게 대체물을 청구할 권리를 상실한다.

02 | UCP 600 주요 조항

Article 1
신용장통일규칙의 적용

The Uniform Customs and Practice for Documentary Credits, 2007 Revision, ICC Publication no. 600 ("UCP") are rules that apply to any documentary credit ("credit") (including, to the extent to which they may be applicable, any standby letter of credit) when the text of the credit expressly indicates that it is subject to these rules. They are binding on all parties thereto unless expressly modified or excluded by the credit.
제6차 개정 신용장통일규칙(2007년 개정, 국제상업회의소 간행물 제600호, "신용장통일규칙")은 신용장의 문면에 위 규칙이 적용된다는 것을 명시적으로 표시한 경우 모든 화환 신용장[위 규칙이 적용 가능한 범위 내에서는 보증 신용장(standby letter of credit)을 포함한다. 이하 "신용장"이라 한다.]에 적용된다. 이 규칙은 신용장에서 명시적으로 수정되거나 그 적용이 배제되지 않는 한 모든 당사자를 구속한다.

Article 2
정의

Applicant means the party on whose request the credit is issued.
개설의뢰인(Applicant)은 신용장 개설을 신청한 당사자를 의미한다.
Beneficiary means the party in whose favour a credit is issued.
수익자(Beneficiary)는 신용장 개설을 통하여 이익을 얻는 당사자를 의미한다.
Complying presentation means a presentation that is in accordance with the terms and conditions of the credit, the applicable provisions of these rules and international standard banking practice.
일치하는 제시(Complying presentation)는 신용장 조건, 적용 가능한 범위 내에서의 이 규칙의 규정, 그리고 국제표준은행관행(ISBP)에 따른 제시를 의미한다.
Confirmation means a definite undertaking of the confirming bank, in addition to that of the issuing bank, to honour or negotiate a complying presentation
확인(Confirmation)은 일치하는 제시에 대하여 결제(honour) 또는 매입하겠다는 개설은행의 확약에 추가하여 확인은행이 하는 확약을 의미한다.
Credit means any arrangement, however named or described, that is irrevocable and thereby constitutes a definite undertaking of the issuing bank to honour a complying presentation.
신용장(Credit)은 그 명칭이나 기술에 상관없이 개설은행이 일치하는 제시에 대하여 결제(honour)하겠다는 확약으로서 취소 불가능한 모든 약정을 의미한다.
Honour means
결제(honour)는 다음과 같은 내용을 의미한다.

a. to pay at sight if the credit is available by sight payment.
신용장이 일람지급으로 이용 가능한 경우 일람출급으로 지급하는 것
b. to incur a deferred payment undertaking and pay at maturity if the credit is available by deferred payment.
신용장이 연지급으로 이용 가능한 경우 연지급을 확약하고 만기에 지급하는 것
c. to accept a bill of exchange ("draft") drawn by the beneficiary and pay at maturity if the credit is available by acceptance.
신용장이 인수로 이용 가능한 경우 수익자가 발행한 환어음을 인수하고 만기에 지급하는 것

Nominated bank means the bank with which the credit is available or any bank in the case of a credit available with any bank.
지정은행(Nominated bank)은 신용장에서 권한을 받은 특정 은행 또는 모든 은행에 대한 수권이 있는 신용장의 경우에는 모든 은행을 의미한다.

Article 3
해석

A credit is irrevocable even if there is no indication to that effect.
신용장은 취소불능이라는 표시가 없더라도 취소가 불가능하다.
Branches of a bank in different countries are considered to be separate banks.
서로 다른 국가에 위치한 같은 은행의 지점들은 다른 은행으로 본다.
Terms such as "first class", "well known", "qualified", "independent", "official", competent or "local" used to describe the issuer of a document allow any issuer except the beneficiary to issue that document.
서류의 발행자를 표현하기 위하여 사용되는 "일류(first class)", "저명한(well known)", "자격 있는(qualified)", "독립적인(independent)", "공적인(official)", "능력 있는(competent)" 또는 "현지의(local)"와 같은 용어는 수익자를 제외하고, 해당 서류를 발행하는 모든 서류 발행자가 사용할 수 있다.
The expression "on or about" or similar will be interpreted as a stipulation that an event is to occur during a period of five calendar days before until five calendar days after the specified date, both start and end dates included.
"~경에(on or about)" 또는 이와 유사한 표현은 어떠한 일이 명시된 일자의 전후 5일 중에 발생해야 하는 규정으로서 첫날과 마지막 날을 포함하는 것으로 해석된다.
The words "to", "until", "till", "from" and "between" when used to determine a period of shipment include the date or dates mentioned, and the words "before" and "after" exclude the date mentioned.
선적 기간을 정하기 위하여 "까지(to)", "까지(until)", "까지(till)", "부터(from)", "사이(between)"라는 단어를 사용하는 경우 이는 (기간에) 명시된 일자를 포함하고, "이전(before)"와 "이후(after)"라는 단어는 명시된 일자를 제외한다.
The words "from" and "after" when used to determine a maturity date exclude the date mentioned.
만기(滿期)를 정하기 위하여 "부터(from)"와 "이후(after)"라는 단어를 사용하는 경우에는 명시된 일자를 제외한다.

Article 4
신용장과 원인계약

a. A credit by its nature is a separate transaction from the sale or other contract on which it may be based. Banks are in no way concerned with or bound by such contract, even if any reference whatsoever to it is included in the credit.
신용장은 그 본질상 그 기초가 되는 매매 또는 다른 계약과는 별개의 거래이다. 신용장에 그러한 계약에 대한 언급이 있더라도 은행은 해당 계약과 아무 관련이 없으며 계약 내용에 구속되지 않는다.(독립성)

Article 5
서류와 물품, 용역 또는 의무 이행

Banks deal with documents and not with goods, services or performance to which the documents may relate.
은행은 서류로 거래하며 해당 서류와 유관한 물품, 용역 또는 의무 이행으로 거래하지 않는다.(추상성)

Article 6
이용 가능성, 유효기일 그리고 제시장소

a. A credit must state the bank with which it is available or whether it is available with any bank. A credit available with a nominated bank is also available with the issuing bank.
   신용장에는 이를 사용할 수 있는 은행 또는 모든 은행에서 이용 가능한지 여부를 명시하여야 한다. 지정은행에서 이용 가능한 신용장은 또한 개설은행에서도 이용할 수 있다.

b. A credit must state whether it is available by sight payment, deferred payment, acceptance or negotiation.
   신용장에는 일람지급, 연지급, 인수 또는 매입으로 이용 가능한지 여부를 명시하여야 한다.

c. A credit must not be issued available by a draft drawn on the applicant.
   신용장은 개설의뢰인을 지급인으로 하는 환어음에 의하여 이용 가능하도록 개설되어서는 안 된다.
   | 해설 | 신용장은 개설은행이 수익자 앞으로 발행하는 조건부지급확약이므로 실제 결제는 개설의뢰인이 하더라도 환어음은 개설은행 앞으로 개설되어야 한다.

d.
   i) A credit must state an expiry date for presentation. An expiry date stated for honour or negotiation will be deemed to be an expiry date for presentation.
      신용장은 제시를 위한 유효기일을 명시하여야 한다. 신용장 대금의 결제(honour) 또는 매입을 위한 유효기일은 제시를 위한 유효기일로 본다.
      | 해설 | 신용장 대금의 결제 또는 매입을 위한 서류심사기일이 아니다.

Article 7
개설은행의 의무

a. Provided that the stipulated documents are presented to the nominated bank or to the issuing bank and that they constitute a complying presentation, the issuing bank must honour if the credit is available by:
   신용장에서 규정된 서류들이 지정은행 또는 개설은행에 제시되고, 그것이 신용장 조건에 일치하는 제시일 경우 개설은행은 다음과 같은 결제(honour)의 의무를 부담한다.

   i) sight payment, deferred payment or acceptance with the issuing bank;
      신용장이 개설은행에서 일람지급, 연지급 또는 인수의 방법으로 이용할 수 있는 경우
   ii) sight payment with a nominated bank and that nominated bank does not pay;
      신용장을 지정은행에서 일람지급의 방법으로 이용할 수 있는데, 지정은행이 대금을 지급하지 않는 경우
   iii) deferred payment with a nominated bank and that nominated bank does not incur its deferred payment undertaking or, having incurred its deferred payment undertaking, does not pay at maturity;
      신용장이 지정은행에서 연지급의 방법으로 이용할 수 있는데, 지정은행이 연지급 의무를 부담하지 않는 경우, 또는 그와 같은 연지급 의무를 부담하였으나 만기에 대금을 지급하지 않는 경우
   iv) acceptance with a nominated bank and that nominated bank does not accept a draft drawn on it or, having accepted a draft drawn on it, does not pay at maturity;
      신용장이 지정은행에서 인수의 방법으로 이용할 수 있는데, 지정은행이 지정은행을 지급인으로 한 환어음을 인수하지 않거나 그 환어음을 인수하였더라도 만기에 지급하지 않는 경우
   v) negotiation with a nominated bank and that nominated bank does not negotiate.
      신용장이 지정은행에서 매입의 방법으로 이용할 수 있는데, 지정은행이 매입하지 않는 경우
      | 해설 | 지정은행에서 매입을 하지 않는 경우 개설은행은 결제를 이행한다. 매입은 서류를 구매하는 행위이다. 매입은 환어음의 지급인 이외의 당사자가 하는 행위이므로 환어음의 지급인인 개설은행은 매입하는 것이 아닌 지급 의무를 부담한다.

b. An issuing bank is irrevocably bound to honour as of the time it issues the credit.
   개설은행은 신용장 개설 시점부터 취소가 불가능한 결제(honour)의 의무를 부담한다.

c. An issuing bank undertakes to reimburse a nominated bank that has honoured or negotiated a complying presentation and forwarded the documents to the issuing bank.
   개설은행은 일치하는 제시에 대하여 결제(honour) 또는 매입을 하고, 그 서류를 개설은행에 송부한 지정은행에 대하여 신용장 대금을 상환할 의무를 부담한다.

Article 14
서류심사의 기준

b. A nominated bank acting on its nomination, a confirming bank, if any, and the issuing bank shall each have a maximum of five banking days following the day of presentation to determine if a presentation is complying. This period is not curtailed or otherwise affected by the occurrence on or after the date of presentation of any expiry date or last day for presentation.
지정에 따라 행동하는 지정은행, 확인은행(있는 경우) 및 개설은행에는 제시가 일치하는지 여부를 결정하기 위하여 제시일의 다음 날부터 기산하여 최대 5은행영업일이 각자 주어진다. 이 기간은 유효기일 내의 제시일자나 최종 제시일 또는 그 이후에 발생하는 사건으로 단축되거나 달리 영향을 받지 않는다.
| 비교 | 상환은행은 신용장에서 달리 요구하지 않는 한 청구은행으로부터 자금청구를 접수한 후 최대 3은행영업일 이내에 자금을 상환해야 한다(URR 11조 A l항).

c. A presentation including one or more original transport documents subject to articles 19, 20, 21, 22, 23, 24 or 25 must be made by or on behalf of the beneficiary not later than 21 calendar days after the date of shipment as described in these rules, but in any event not later than the expiry date of the credit.
제19조, 제20조, 제21조, 제22조, 제23조, 제24조 또는 제25조에 따른 하나 이상의 운송서류 원본을 포함하는 제시는, 이 규칙에 기재된 선적일 이후 21일보다 늦지 않게 수익자 또는 그를 대신하여 이루어져야 하고, 어떠한 경우라도 신용장의 유효기일보다 늦게 이루어져서는 안 된다.

h. If a credit contains a condition without stipulating the document to indicate compliance with the condition, banks will deem such condition as not stated and will disregard it.
조건과 일치함을 나타낼 서류를 명시하지 않고 신용장에 어떠한 조건이 포함되어 있다면, 은행은 그러한 조건이 기재되지 않은 것으로 간주하고 무시할 것이다.

j. When the addresses of the beneficiary and the applicant appear in any stipulated document, they need not be the same as those stated in the credit or in any other stipulated document, but must be within the same country as the respective addresses mentioned in the credit.
수익자와 개설의뢰인의 주소가 어떤 요구 서류에 나타난 경우, 이는 신용장 또는 다른 요구 서류상에 기재된 것과 동일할 필요는 없으나 신용장에 기재된 각각의 주소와 동일한 국가 내에 있어야 한다.

k. The shipper or consignor of the goods indicated on any document need not be the beneficiary of the credit.
어떠한 서류상에 표시된 물품 선적인 또는 송하인은 신용장의 수익자일 필요가 없다.

Article 18
상업송장

a. A commercial invoice:
상업송장은,
 i) must appear to have been issued by the beneficiary (except as provided in article 38);
   (제38조가 적용되는 경우를 제외하고는) 수익자가 발행한 것으로 보여야 한다.
 ii) must be made out in the name of the applicant (except as provided in sub-article 38 (g));
   (제38조 (g)항이 적용되는 경우를 제외하고는) 개설의뢰인 앞으로 발행되어야 한다.
 iii) must be made out in the same currency as the credit; and
   신용장과 같은 통화로 발행되어야 한다. 그리고
 iv) need not be signed.
   서명될 필요는 없다.

Article 28
보험서류와 부보범위

b. When the insurance document indicates that it has been issued in more than one original, all originals must be presented.
보험서류가 두 통 이상의 원본으로 발행되었다고 표시하는 경우, 모든 원본 서류가 제시되어야 한다.

c. Cover notes will not be accepted.
부보각서(Cover notes)는 수리되지 않는다.

d. An insurance policy is acceptable in lieu of an insurance certificate or a declaration under an open cover.
보험증권은 보험증서나 포괄보험의 확인서를 대신하여 수리될 수 있다.
| 해설 | 보험증권은 보험증명서나 보험확인서를 대체할 수 있으나 반대로 보험증명서나 보험확인서는 보험증권을 대체할 수 없다.

e. The date of the insurance document must be no later than the date of shipment, unless it appears from the insurance document that the cover is effective from a date not later than the date of shipment.
보험서류 일자는 선적일보다 늦어서는 안 된다. 다만 보험서류에 부보가 최소한 선적 일자 이전에 효력이 발생함을 나타내고 있는 경우에는 그러하지 아니한다.

Article 29
유효기일 또는 최종 제시일의 연장

a. If the expiry date of a credit or the last day for presentation falls on a day when the bank to which presentation is to be made is closed for reasons other than those referred to in article 36, the expiry date or the last day for presentation, as the case may be, will be extended to the first following banking day.

  신용장의 유효기일 또는 최종 제시일이 제시가 되어야 하는 은행이 제36조에서 언급된 사유 외의 사유로 영업을 하지 않는 날인 경우, 유효기일 또는 경우에 따라 최종 제시일은 그다음 첫 은행영업일까지 연장된다.

c. The latest date for shipment will not be extended as a result of sub-article 29 (a).

  최종 선적일은 제29조 (a)항에 의하여 연장되지 않는다.

Article 30
신용장 금액, 수량 그리고 단가의 허용치

a. The words "about" or "approximately" used in connection with the amount of the credit or the quantity or the unit price stated in the credit are to be construed as allowing a tolerance not to exceed 10% more or 10% less than the amount, the quantity or the unit price to which they refer.

  신용장에 표시된 신용장 금액, 수량 또는 단가와 관련하여 사용된 "약(about)" 또는 "대략(approximately)"이라는 단어는, 그것이 언급하는 금액, 수량 또는 단가의 10%를 초과하지 않는 범위 내에서 많거나 적은 편차를 허용하는 것으로 해석된다.(개산수량 조건)

b. A tolerance not to exceed 5% more or 5% less than the quantity of the goods is allowed, provided the credit does not state the quantity in terms of a stipulated number of packing units or individual items and the total amount of the drawings does not exceed the amount of the credit.

  신용장이 수량을 포장단위 또는 개별단위의 특정 숫자로 기재하지 않고 청구 금액의 총액이 신용장의 금액을 초과하지 않는 경우에는, 물품의 수량에서 5%를 초과하지 않는 범위 내의 편차는 허용된다.(과부족 허용 조건)

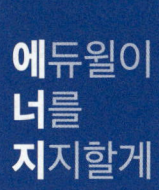
에듀윌이
너를
지지할게
ENERGY

내가 꿈을 이루면
나는 누군가의 꿈이 된다.

– 이도준

여러분의 작은 소리
에듀윌은 크게 듣겠습니다.

본 교재에 대한 여러분의 목소리를 들려주세요.
공부하시면서 어려웠던 점, 궁금한 점,
칭찬하고 싶은 점, 개선할 점, 어떤 것이라도 좋습니다.

에듀윌은 여러분께서 나누어 주신 의견을
통해 끊임없이 발전하고 있습니다.

에듀윌 도서몰 book.eduwill.net
- 부가학습자료 및 정오표: 에듀윌 도서몰 → 도서자료실
- 교재 문의: 에듀윌 도서몰 → 문의하기 → 교재(내용, 출간) / 주문 및 배송

고객의 꿈, 직원의 꿈, 지역사회의 꿈을 실현한다

펴낸곳 (주)에듀윌 **펴낸이** 양형남 **출판총괄** 김기철 **에듀윌 대표번호** 1600-6700
주소 서울시 구로구 디지털로 34길 55 코오롱싸이언스밸리 2차 3층
© 2025 eduwill. Created with AI assistance.
협의 없는 무단 복제는 법으로 금지되어 있습니다.

에듀윌 도서몰
book.eduwill.net
- 부가학습자료 및 정오표: 에듀윌 도서몰 > 도서자료실
- 교재 문의: 에듀윌 도서몰 > 문의하기 > 교재(내용, 출간) / 주문 및 배송

1위 에듀윌만의
체계적인 합격 커리큘럼

원하는 시간과 장소에서, 1:1 관리까지 한번에
온라인 강의

① 전 과목 최신 교재 제공
② 업계 최강 교수진의 전 강의 수강 가능
③ 맞춤형 학습플랜 및 커리큘럼으로 효율적인 학습

쉽고 빠른 합격의 첫걸음
**국제무역사 필수 요약 정리함
&국제무역사/무영영어 초보수험 가이드** 무료 신청

국제무역사
필수 요약 정리함
무료신청

국제무역사/무역영어
초보수험가이드
무료신청

친구 추천 이벤트

"친구 추천하고 한 달 만에
920만원 받았어요"

친구 1명 추천할 때마다 현금 10만원 제공
추천 참여 횟수 무제한 반복 가능

친구 추천 이벤트
바로가기

※ *a*o*h**** 회원의 2021년 2월 실제 리워드 금액 기준
※ 해당 이벤트는 예고 없이 변경되거나 종료될 수 있습니다.

* 2023 대한민국 브랜드만족도 국제무역사/무역영어 교육 1위(한경비즈니스)

PLANNER

따라만 하면 합격하는 한달플랜

무료 강의 & 자료

DAY	학습영역	무료 강의 & 자료
DAY 1	PART 01 – CH 01 – ①~⑦	▶ 전 범위 핵심특강 1강&강의자료
DAY 2	PART 01 – CH 01 – ⑧~Mini Test	▶ 전 범위 핵심특강 2강&강의자료
DAY 3	PART 01 – CH 02 – ①~④	▶ 전 범위 핵심특강 3강&강의자료
DAY 4	PART 01 – CH 02 – ⑤~⑫	▶ 전 범위 핵심특강 4강&강의자료
DAY 5	PART 01 – CH 02 – ⑬~⑱	▶ 전 범위 핵심특강 5강&강의자료
DAY 6	PART 01 – CH 02 – ⑲~Mini Test	▶ 전 범위 핵심특강 6강&강의자료
DAY 7	PART 01 기출 유사문제	
DAY 8	PART 02 – CH 01 – ①~③	▶ 전 범위 핵심특강 7강&강의자료
DAY 9	PART 02 – CH 01 – ④	▶ 전 범위 핵심특강 8강&강의자료
DAY 10	PART 02 – CH 01 – ⑤~⑥	▶ 전 범위 핵심특강 9강&강의자료
DAY 11	PART 02 – CH 01 – ⑦~Mini Test	▶ 전 범위 핵심특강 10강&강의자료
DAY 12	PART 02 – CH 02 – ①~① 10	▶ 전 범위 핵심특강 11강&강의자료
DAY 13	PART 02 – CH 02 – ① 11~Mini Test	▶ 전 범위 핵심특강 12강&강의자료
DAY 14	PART 02 – CH 03 – ①~③	▶ 전 범위 핵심특강 13강&강의자료
DAY 15	PART 02 – CH 03 – ④~Mini Test	▶ 전 범위 핵심특강 14강&강의자료
DAY 16	PART 02 기출 유사문제	
DAY 17	PART 03 – CH 01 – ①~Mini Test	▶ 전 범위 핵심특강 15강&강의자료
DAY 18	PART 03 – CH 02 – ①~④ 04	▶ 전 범위 핵심특강 16강&강의자료
DAY 19	PART 03 – CH 02 – ④ 05~⑥ 02	▶ 전 범위 핵심특강 17강&강의자료
DAY 20	PART 03 – CH 02 – ⑥ 03~Mini Test	▶ 전 범위 핵심특강 18강&강의자료
DAY 21	PART 03 – CH 03 – ①~Mini Test	▶ 전 범위 핵심특강 19강&강의자료
DAY 22	PART 03 기출 유사문제	
DAY 23	PART 04 무역영어 이론	▶ 전 범위 핵심특강 20강&강의자료
DAY 24	PART 04 기출 유사문제	
DAY 25	최신기출 문제풀이	📄 최신기출 문제지 & ▶ 해설특강
DAY 26	마무리 모의고사&오답체크	
DAY 27	예비기출 모의고사 1회&오답체크	📄 예비기출 모의고사 1회
DAY 28	예비기출 모의고사 2회&오답체크	📄 예비기출 모의고사 2회
DAY 29	예비기출 모의고사 3회&오답체크	📄 예비기출 모의고사 3회
DAY 30	총정리	📄 D-1 적중이론 & ▶ D-1 적중특강

※ 전 범위 핵심특강, 예비기출 모의고사 PDF, D-1 적중이론 PDF는 순차적으로 업로드될 예정입니다.
※ 전 범위 핵심특강 강의자료는 교재에 수록되어 있습니다.

시작하라. 그 자체가 천재성이고,
힘이며, 마력이다.

– 요한 볼프강 폰 괴테(Johann Wolfgang von Goethe)

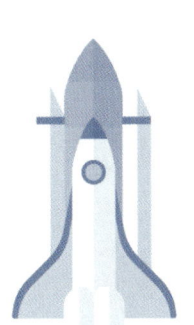
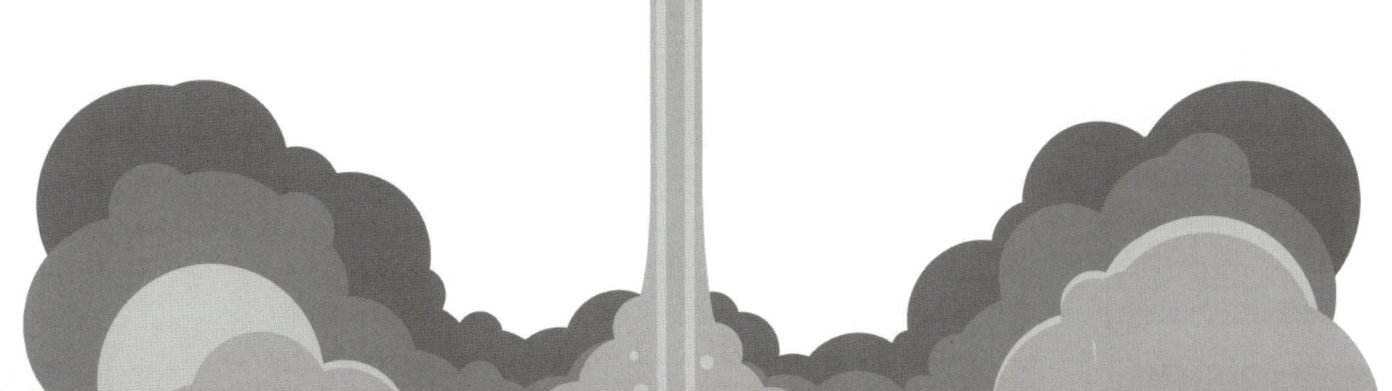

에듀윌 국제무역사 1급
한달끝장

ABOUT 국제무역사

국제무역사 1급 시험 안내

국제무역사란?

국내 무역 분야에서 가장 공신력 있는 종합무역 실무능력 인정시험으로 한국무역협회에서 시행합니다. 무역 인력의 업무능력 강화 및 정보 제공의 수단으로서 그 가치와 중요성이 확대되고 있으며 무역 전문 인력에게 요구되는 무역 심화 지식을 검증하는 자격시험입니다.

주요 검증 내용
- 대외무역법, 통상, 전자무역 등 무역규범에 대한 폭넓은 이해
- 통관/환급 및 FTA에 대한 폭넓은 이해를 바탕으로 한 효율적 활용
- 각 유형별 대금결제에 대한 폭넓은 이해
- 각 유형별 무역계약에 대한 폭넓은 이해
- 환리스크 관리의 측면에서 유용하게 활용될 수 있는 외환실무의 이해
- 무역 서식 작성, 해석 및 활용에 대한 폭넓은 이해
- 운송 및 보험에 대한 폭넓은 이해
- 무역 업무에 필요한 중·고급 영어 실력

취득 시 진출 분야

대기업 무역실무 관리, 관세사, 은행의 수출입부서, 무역회사 및 해운회사, 한국무역협회, 무역종합상사, 관세사무원, 해외영업, 방위사업청 등 공공기관

시험과목

시험과목	세부내용
무역규범	대외무역법, 통상, 통관, 환급, FTA
무역결제	대금결제, 외환실무
무역계약	무역계약, 운송보험
무역영어	무역영어, 무역관련 규칙, 무역서식

합격 TIP

변화된 국제무역사 시험 대비하기

PC에서 실제 시험처럼!

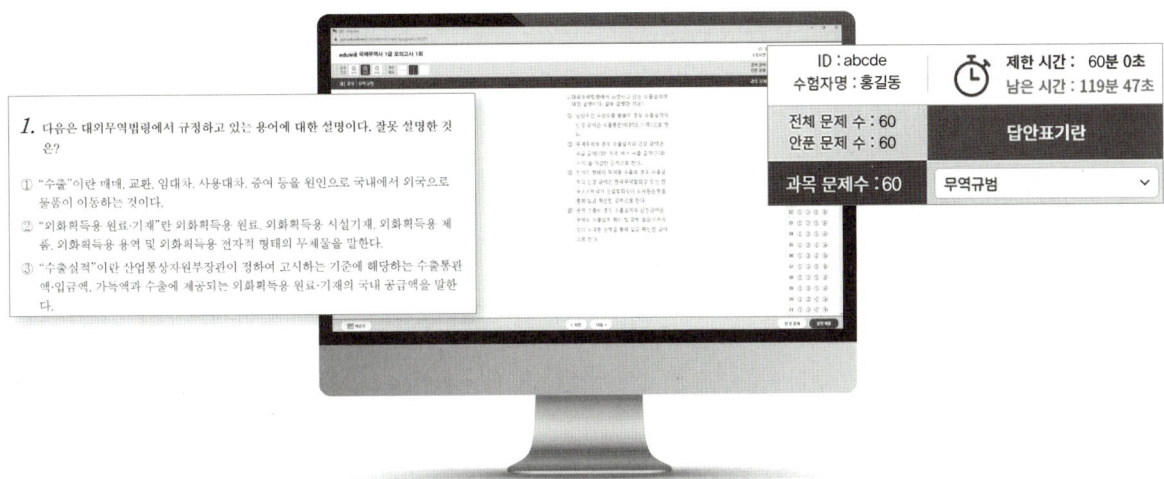

STEP 1 | 응시 코드 URL ▶ 회원가입 후 로그인
STEP 2 | '응시하기' 클릭 ▶ 문제풀이 시간까지 측정 가능
STEP 3 | '답안 제출' 클릭 ▶ 자동으로 채점 완료

모바일로 언제 어디서나!

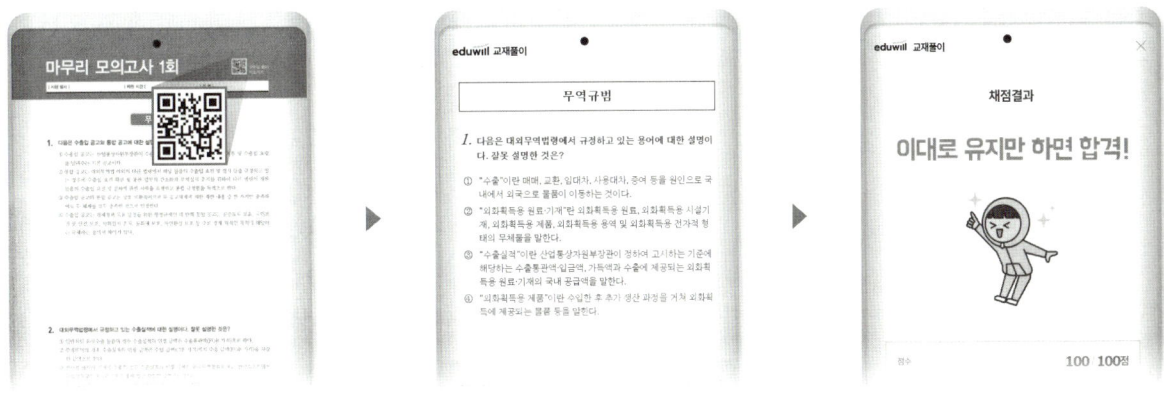

STEP 1 | QR 코드 스캔 ▶ 회원가입 후 로그인
STEP 2 | '응시하기' 클릭 ▶ 문제풀이 시간까지 측정 가능
STEP 3 | '답안 제출' 클릭 ▶ 자동으로 채점 완료

구 성 과 특 징

한달끝장을 위한 특별한 교재 구성

이론

전 범위 핵심특강

- 이론 학습 전 무료 핵심특강으로 학습 포인트를 파악할 수 있습니다.
- 본문 페이지를 표기하여 본문과 연계 학습할 수 있도록 했습니다.

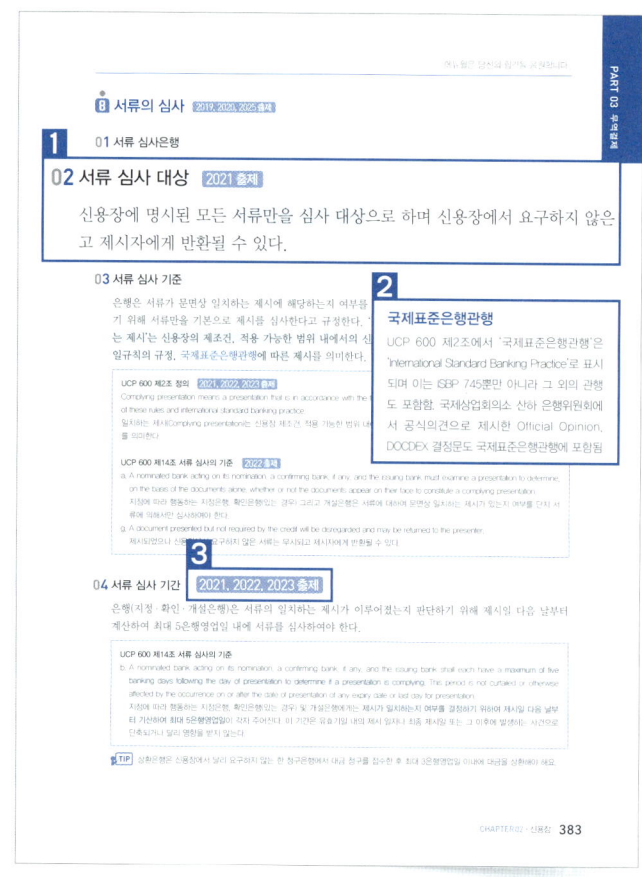

1 중요 내용 표시
시험에 자주 출제되는 부분은 강조 표시하였습니다.

2 용어 설명
생소한 용어를 이해하기 쉽게 풀어서 설명하였습니다.

3 출제 연도 표시
출제 연도를 표시하여 학습의 강약을 조절할 수 있도록 하였습니다.

Mini Test

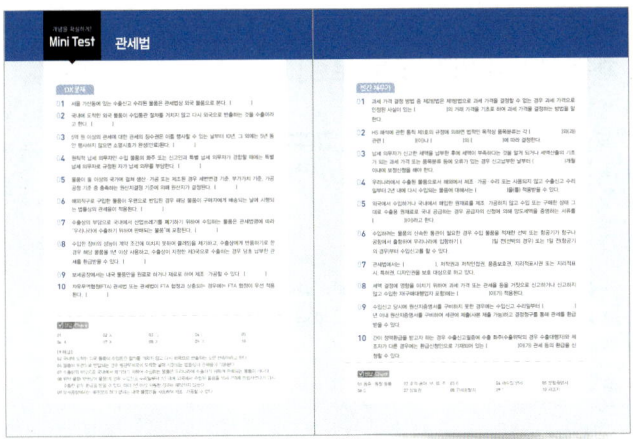

CHAPTER 학습 후, OX 문제와 빈칸 채우기 문제로 개념을 확실히 숙지할 수 있습니다.

기출 유사문제

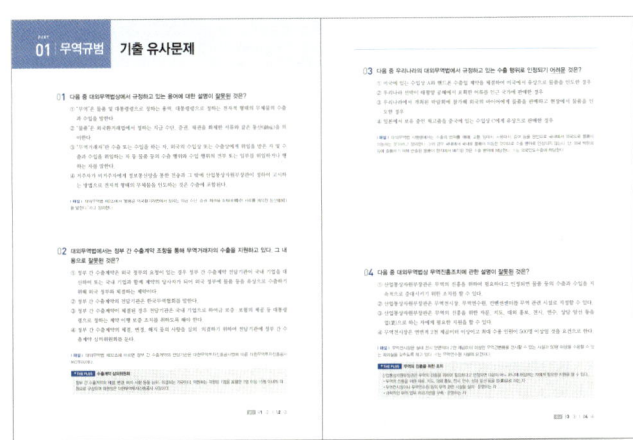

PART 학습 후, 기출 유사문제로 이론을 확실히 익히고 실전 감각을 키울 수 있습니다.

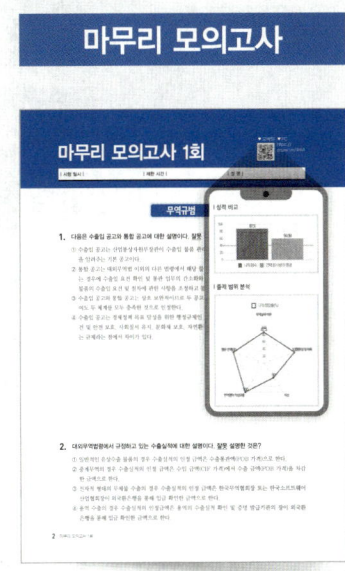

- 최종 점검을 위한 마무리 모의고사로 실전 감각을 익힐 수 있습니다.
- 모바일로 문제를 풀면 자동 채점 후 성적을 분석해 주는 서비스를 제공합니다.

BONUS

한달끝장을 위한 3 3 3 혜택

3.3.3. 혜택 바로가기

3단계 무료특강

이론 → 기출 → 마무리로 이어지는
체계적인 강의가 모두 무료!

① 전 범위 핵심특강(20강) … 강의자료 교재 내 수록
② 최신기출 해설특강(4강)
③ D-1 적중특강(4강)

※ 전 범위 핵심특강은 순차적으로 업로드될 예정입니다.
※ 상기 서비스는 예고 없이 변동되거나 종료될 수 있습니다.

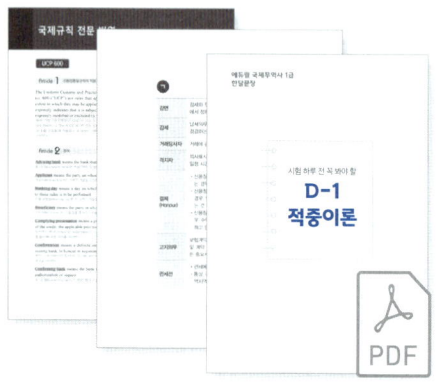

3가지 필수 학습자료

한달합격을 위한 특별 아이템으로
국제무역사 시험 완벽 대비!

① 국제 규칙 전문 번역
② 무역 용어 120선
③ D-1 적중이론

※ D-1 적중이론은 순차적으로 업로드될 예정입니다.

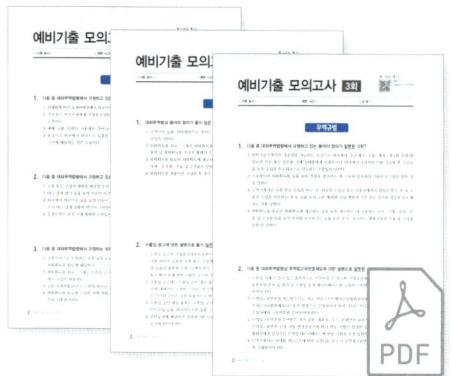

3회분 예비기출 모의고사

시험에 출제될 가능성이 높은
예비기출만 모아 놓은 모의고사

① 예비기출 모의고사 1회
② 예비기출 모의고사 2회
③ 예비기출 모의고사 3회

※ 3회분 예비기출 모의고사는 순차적으로 업로드될 예정입니다.

CONTENTS

차 례

PART 01 | 무역규범

CHAPTER 01	대외무역법	12
CHAPTER 02	관세법	54
기출 유사문제		129

PART 02 | 무역계약

CHAPTER 01	무역계약	154
CHAPTER 02	국제운송	232
CHAPTER 03	해상보험	260
기출 유사문제		285

PART 03 | 무역결제

CHAPTER 01	무신용장 및 금융기법	310
CHAPTER 02	신용장	321
CHAPTER 03	외환실무	394
기출 유사문제		409

PART 04 | 무역영어

CHAPTER 01	무역영어	430
CHAPTER 02	세 번 읽는 빈출표현	434
기출 유사문제		443

Final 마무리 모의고사

마무리 모의고사 1회	2
마무리 모의고사 2회	48
마무리 모의고사 3회	91

PART 01

무역규범

파트별 출제 비중으로 보는 합격 전략

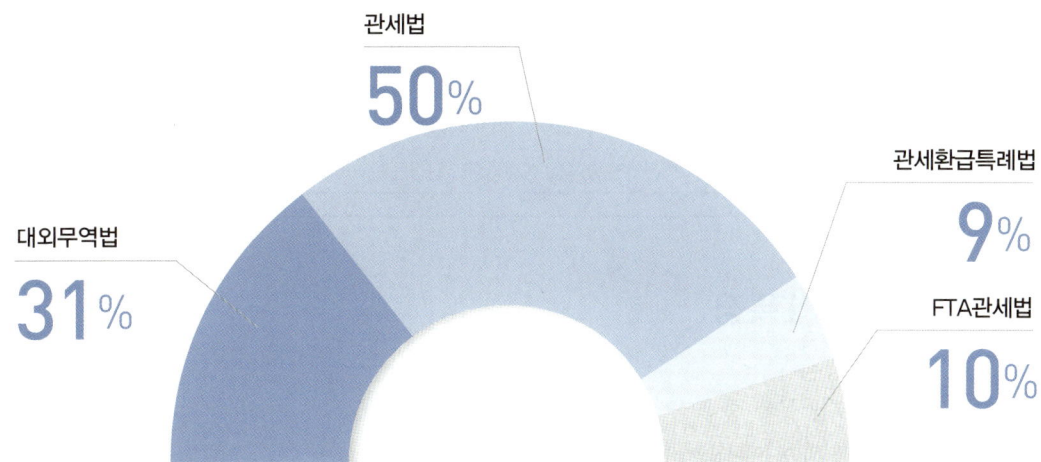

- 관세법 50%
- 관세환급특례법 9%
- FTA관세법 10%
- 대외무역법 31%

빈출 키워드

대외무역법	특정 거래 형태, 수출입 실적의 인정 범위, 외화 획득의 범위, 전략물자, 원산지표시
관세법	관세율, 품목분류체계, 관세의 부과, 관세의 감면과 환급, 보세구역제도, 통관
관세환급특례법	환급 대상 수출, 환급 대상 원재료, 환급 방법, 기초 원재료 납세증명서, 분할증명서
FTA관세법	FTA 관세양허, 원산지결정 기준 및 검증, 인증 수출자, 원산지증명서 발급, 원산지증빙서류 보관 기간

학습 전략

POINT 1 법률을 다루는 문제는 응용에 한계가 있기 때문에 법의 내용을 변형하기보다는 법 규정의 내용을 묻는 문제가 주로 출제됩니다. 따라서 관련 법의 규정을 숙지하여야 합니다.

POINT 2 기간, 금액 등을 묻는 문제가 꾸준히 출제되고 있으니 이 부분에 대한 암기가 필요합니다.

POINT 3 최근 출제범위가 법에서 시행령, 시행규칙까지 넓어지고 있으므로 이에 대한 숙지가 필요합니다.

01 | 대외무역법

*참고: ●은 목표 점수 60점 이상을 위한 필수 학습 내용입니다.

> **TIP** 들어가기 전에 무역의 기본 개념을 알고 가도록 해요!
> 1. 무역의 의미
>   국가 간 물품, 용역(Services), 전자적 형태의 무체물의 거래를 의미한다(대외무역법 제2조 제1항).
> 2. 무역의 3대 기본법
>
> | 대외무역법 | 무역 전반에 관한 기본법, 일반법, 진흥법 |
> |---|---|
> | 관세법 | 수출입통관 절차 및 관세 부과 등을 관리하는 법 |
> | 외국환거래법 | 대외거래의 원활화 및 통화가치의 안정을 도모하는 법 |

1 대외무역법의 특징

01 무역에 관한 기본법

수출입 관리를 위한 기본법이자 일반법의 성격을 띠며 타 법령에 대한 특별법적 지위를 가진다.

02 국제성 및 무역 규제 최소화

무역에 관한 조약과 일반적으로 승인된 국제 법규에서 정하는 바에 따라 자유롭고 공정한 무역을 조장함을 원칙으로 하며, 국제 법규에 무역을 제한하는 규정이 있는 경우에는 그 제한하는 목적을 달성하는 데 필요한 최소한의 범위에서 이를 운영한다.

03 포괄성 및 위임입법성

무역거래의 규제 대상은 유동적이고 다양하기 때문에 원칙적인 사항만 대외무역법에서 규정하고, 구체적이고 세부적인 사항은 유관 기관과 다른 행정 기관에 권한의 일부를 위임·위탁하여 운영하고 있다.

2 대외무역법의 목적 및 내용

01 대외무역법의 목적

대외무역법은 대외무역을 진흥하고 공정한 거래 질서를 확립하여 국제 수지의 균형과 통상의 확대를 도모함으로써 국민 경제를 발전시키는 데 이바지함을 목적으로 한다.

02 용어의 정의

(1) 무역 [2025 출제]

물품, 대통령령으로 정하는 용역, 대통령령으로 정하는 전자적 형태의 무체물(물품등)에 대한 수출입을 말한다.

(2) 물품 [2021 출제]

외국환거래법에서 정하는 지급 수단, 증권, 채권을 화체(化體)한 서류를 제외한 동산(動産)을 말한다.

화체한 서류
금액을 표시한 서류로 그 금액의 권리가 내재된 서류

(3) 무역거래자 [2020, 2021 출제]

수출 또는 수입을 하는 자, 외국의 수입자 또는 수출자에게서 위임을 받은 자 및 수출과 수입을 위임하는 자 등 물품 등의 수출 행위와 수입 행위의 전부 또는 일부를 위임하거나 행하는 자를 말한다.

무역업자	영리 목적으로 수출입 행위를 하며 자기 명의로 수출입 업무를 영위하는 자
무역대리업자	수출상 또는 수입상으로부터 위임을 받아 수수료를 받고 수출입을 알선·중개하며 이 과정에서 본인 명의를 사용하지 않고 계약대리권을 행사하는 자(수출입 본 거래에 대한 책임이 없음)
무역대행업자	대행 계약에 따라 일정 수수료를 받고 자기 명의로 위탁받은 무역 행위를 수행하는 자(자기 명의로 수출입 거래를 진행한다는 점에서 무역대리업자와 구별됨)

(4) 정부 간 수출계약 [2025 출제]

외국 정부의 요청이 있을 경우, 전담기관인 대한무역투자진흥공사(KOTRA)가 대통령령이 정하는 절차에 따라 국내 기업을 대신하여 또는 국내 기업과 함께 계약당사자가 되어 외국 정부에 물품 등(방위산업 물자 등은 제외)을 유상으로 수출하기 위하여 외국 정부와 체결하는 수출계약을 말한다.

방위산업 물자
방위사업법에 의해 지정된 방위산업물자. 군용으로 연구개발 중인 물자로서 연구개발 완료 후 무기 체계로 채택될 것이 예상되는 물자

TIP 정부 간 수출계약의 전담기관은 대한무역투자진흥공사(KOTRA)예요.

(5) 용역

일반적으로 물질적 재화의 생산 이외의 생산이나 소비에 필요한 노무를 말하지만 대외무역법에서는 아래에 해당하는 업종의 사업을 영위하는 자가 제공하는 용역을 의미한다.

① 경영 상담업, 법무 관련 서비스업, 회계 및 세무 관련 서비스업, 엔지니어링 서비스업, 디자인, 컴퓨터 시스템 설계 및 자문업, 운수업
② 문화산업진흥 기본법에 따른 문화산업 해당 업종 예 영화, 음악, 출판, 애니메이션, 디지털 문화콘텐츠, 문화재 관련 산업 등
③ 관광진흥법에 따른 관광사업 해당 업종 예 여행업, 관광숙박업 등
④ 지식기반 용역 등 수출 유망산업으로서 산업통상자원부장관이 정하여 고시하는 업종 예 전기통신업, 금융 및 보험업, 임대업, 광고업, 교육 서비스업, 보건업 등
⑤ 국내의 법령 또는 대한민국이 당사자인 조약에 따라 보호되는 특허권·실용신안권·디자인권·상표권·저작권·저작인접권·프로그램저작권·반도체집적회로의 배치설계권 양도, 전용실시권의 설정 또는 통상실시권의 허락

(6) 전자적 형태의 무체물 [2021, 2023 출제]

① 소프트웨어산업 진흥법에 따른 소프트웨어
② 부호·문자·음성·음향·이미지·영상 등을 디지털 방식으로 제작하거나 처리한 자료 또는 정보 등으로서 산업통상자원부장관이 정하여 고시하는 것
예 영상물(영화, 게임, 애니메이션, 만화, 캐릭터 포함), 음향·음성물, 전자서적, 데이터베이스
③ ①, ②의 집합체와 그 밖에 이와 유사한 전자적 형태의 무체물로서 산업통상자원부장관이 정하여 고시하는 것

3 수출입 거래

01 수출 2019, 2020, 2021, 2022, 2023 출제

수출이란 매매의 목적물인 물품 등이 국내에서 외국으로 이동하거나 용역 등을 제공하는 것으로서 다음의 어느 하나에 해당하는 것을 말한다.

(1) 매매, 교환, 임대차, 사용대차, 증여 등을 원인으로 국내에서 외국으로 물품이 이동하는 것

> TIP 우리나라 선박으로 외국에서 채취한 광물 또는 포획한 수산물을 외국에 매도하는 것도 수출에 포함돼요!

사용대차
당사자의 일방이 상대방에게 무상으로 사용·수익하게 하기 위해 목적물을 인도할 것을 약정하고 상대방은 이를 사용·수익한 후 그 물건을 반환할 것을 약정하는 계약

(2) 관세법에 따른 보세판매장에서 외국인에게 국내에서 생산(제조·가공·조립·수리·재생 또는 개조)된 물품을 매도하는 것
(3) 유상으로 외국에서 외국으로 물품을 인도하는 것으로서 산업통상자원부장관이 정하여 고시하는 기준에 해당하는 것(중계무역, 외국인도수출)
(4) 거주자가 비거주자에게 산업통상자원부장관이 정하여 고시하는 방법으로 용역을 제공하는 것
(5) 거주자가 비거주자에게 정보통신망을 통한 전송과 그 밖에 산업통상자원부장관이 정하여 고시하는 방법(컴퓨터 등 정보처리능력을 가진 장치에 저장한 상태로 반출·반입한 후 인도)으로 전자적 형태의 무체물을 인도하는 것

02 수입 2020, 2021 출제

수입이란 매매의 목적물인 물품 등이 외국에서 국내로 이동하거나 용역 등을 제공받는 것으로서 다음의 어느 하나에 해당하는 것을 말한다.

(1) 매매, 교환, 임대차, 사용대차, 증여 등을 원인으로 외국에서 국내로 물품이 이동하는 것
(2) 유상으로 외국에서 외국으로 물품을 인수하는 것으로서 산업통상자원부장관이 정하여 고시하는 기준에 해당하는 것(외국인수수입)
(3) 비거주자가 거주자에게 산업통상자원부장관이 정하여 고시하는 방법으로 용역을 제공하는 것
(4) 비거주자가 거주자에게 정보통신망을 통한 전송과 그 밖에 산업통상자원부장관이 정하여 고시하는 방법(컴퓨터 등 정보처리능력을 가진 장치에 저장한 상태로 반출·반입한 후 인수)으로 전자적 형태의 무체물을 인도하는 것

> TIP 우리나라와 북한 간의 물품, 용역 및 전자적 형태의 무체물을 반출·반입하는 것도 수출입 무역으로 보나요?
> 아닙니다. 남북 간 거래는 교역이라고 규정해요. 그러나 북한으로 유상수출한 경우 수출실적을 인정하며, 북한에서 반입한 것은 수입이 아니기 때문에 수입관세가 부과되지 않지만 수입실적으로는 인정돼요.

03 수출입의 원칙

(1) 물품 등의 수출입과 이에 따른 대금을 받거나 지급하는 것은 대외무역법 목적의 범위에서 자유롭게 이루어져야 한다.
(2) 무역거래자는 대외신용도 확보 등 자유무역 질서를 유지하기 위하여 자기 책임으로 그 거래를 성실히 이행해야 한다.

04 수출입의 제한 2019, 2021 출제

산업통상자원부장관은 다음 사항을 이행하기 위해 필요하다고 인정하여 지정·고시하는 물품 등의 수출입을 제한하거나 금지할 수 있다.

(1) 헌법에 따라 체결·공포된 조약과 일반적으로 승인된 국제 법규에 따른 의무의 이행
(2) 생물 자원의 보호
(3) 교역상대국과의 경제 협력 증진
(4) 국방상 원활한 물자 수급
(5) 과학 기술의 발전
(6) 항공 관련 품목의 안전 관리에 관한 사항

05 수출입의 승인 2021 출제

수출입이 제한되는 물품 등을 수출하거나 수입하려는 자는 산업통상자원부장관의 승인을 받아야 한다.

(1) 수출입 승인의 유효 기간
① 통상적인 유효 기간: 1년
② 예외: 1년 미만 또는 최장 2년 이내
  ⊙ 국내의 물가 안정이나 수급 조정을 위하여 수출 또는 수입승인의 유효 기간을 1년보다 단축할 필요가 있는 경우
  ⓒ 수출입계약 체결 후 물품 등의 제조·가공 기간이 1년을 초과하는 경우
  ⓒ 수출입계약 체결 후 물품 등이 1년 이내에 선적되거나 도착하기 어려운 경우
  ② ⊙~ⓒ의 규정 외에 수출입 물품 등의 인도 조건 및 거래의 특성을 고려하여 수출 또는 수입승인의 유효 기간을 1년보다 단축하거나 늘릴 필요가 있다고 인정되는 경우
③ 전략물자의 수출허가의 유효 기간이 2년을 초과하는 경우 그 기간까지 수출승인의 유효 기간을 정할 수 있다. 다음의 어느 하나에 해당하는 경우에는 1년 이내 또는 20년의 범위 내에서 유효 기간을 단축 또는 초과하여 설정할 수 있다.
  ⊙ 산업통상자원부장관이 물가 안정 또는 수급 조정을 위하여 1년 이내로 유효 기간의 단축이 필요하다고 인정하는 경우
  ⓒ 물품 등의 제조·가공 기간이 1년을 초과하는 경우 등 물품 등의 선적 또는 도착기일을 감안하여 1년 이내에 물품 등의 선적이나 도착이 어려울 것으로 수출입 승인기관의 장이 인정하는 경우
  ⓒ 수출·수입이 혼합된 거래로서 수출입 승인기관의 장이 부득이하다고 인정하는 경우

(2) 수출입 승인의 변경 신청 2025 출제
수출입 제한 또는 금지 물품에 대해 수출 또는 수입승인을 받은 자가 승인을 받은 사항 중 물품 등의 수량·가격, 수출 또는 수입의 당사자에 관한 사항을 변경하려면 산업통상자원부장관의 변경승인을 받아야 하고, 그 밖의 경미한 사항을 변경하려면 산업통상자원부장관에게 신고해야 한다.
① **변경승인대상**: 물품 등의 수량·가격, 수출 또는 수입의 당사자에 관한 사항
② **변경신고대상**: 원산지, 도착항(수출의 경우에만 해당), 규격, 수출입 물품등의 용도(수출입승인 용도가 지정된 경우에만 해당), 승인 조건

(3) 대상 등의 제한 2024 출제
산업통상자원부장관은 필요하다고 인정하면 승인대상 물품 등의 품목별 수량·금액·규격 및 수출 또는 수입지역 등을 한정할 수 있다.

(4) 수출입 승인의 면제 물품 2020, 2021, 2022 출제
① 산업통상자원부장관이 정하여 고시하는 물품 등으로서 외교관이나 그 밖에 산업통상자원부장관이 정하는 자가 출국하거나 입국하는 경우에 휴대하거나 세관에 신고하고 송부하는 물품 등
② 다음의 어느 하나에 해당하는 것 중 산업통상자원부장관이 관계 행정기관의 장과 협의를 거쳐 고시하는 물품 등
   ㉠ 긴급히 처리해야 하는 물품 등으로서 정상적인 수출입 절차를 밟아 수출·수입하기에 적합하지 않은 물품 등
   ㉡ 무역거래를 원활하게 하기 위해 주된 수출입에 부수된 거래로서 수출·수입하는 물품 등

수출승인의 면제	• 반출하는 상품의 견품 또는 광고용 물품으로서 세관장이 타당하다고 인정하는 물품. 다만, 유상으로 반출하는 경우 미화 5만 달러 상당액(신고 가격 기준) 이하의 물품 • 외국에서 개최되는 박람회, 전람회, 견본시, 영화제 등에 출품하기 위하여 무상으로 반출하는 물품 • 수출된 물품이나 수입된 물품이 계약 조건과 상이하거나, 하자보증 이행 또는 용도 변경 등의 부득이한 사유로 대체 또는 반송을 위하여 반출하는 물품 또는 수출된 물품의 누락이나 부족품에 대하여 보충을 위하여 반출하는 물품 • 수출 물품의 성능보장 기간 내에 해당 물품의 수리 또는 검사를 위하여 반출하는 물품 • 그 밖에 무역거래를 원활히 하기 위하여 무상으로 반출하는 물품으로서 산업통상자원부장관이 타당하다고 인정하는 물품
수입승인의 면제	• 반입하는 상품의 견품 또는 광고용 물품으로서 세관장이 타당하다고 인정하는 물품. 다만, 유상으로 반입하는 경우 미화 5만 달러 상당액(과세 가격 기준) 이하의 물품 • 상품의 견품 또는 광고용 물품 제조용 원료로서 세관장이 타당하다고 인정하는 물품 • 우리나라에서 수출된 물품으로서 수출할 때의 성질 및 형상을 변경하지 않고 다시 반입하는 물품 • 수입된 물품이나 수출된 물품이 계약 조건과 상이하거나, 하자보증 이행 또는 용도 변경 등의 부득이한 사유로 대체를 위하여 반입하는 물품 또는 수입된 물품의 누락이나 부족품에 대하여 보충을 위하여 반입하는 물품 • 수입 물품의 성능보장 기간 내에 해당 물품의 수리 또는 검사를 위하여 반출한 물품으로 다시 반입하는 물품 • 그 밖에 무역거래를 원활히 하기 위하여 무상으로 반입하는 물품으로서 산업통상자원부장관이 타당하다고 인정하는 물품

   ㉢ 주된 사업 목적을 달성하기 위하여 부수적으로 수출입하는 물품 등
   ㉣ 무상(無償)으로 수출·수입하여 무상으로 수입·수출하거나, 무상으로 수입·수출할 목적으로 수출·수입하는 것으로서 사업 목적을 달성하기 위하여 부득이하다고 인정되는 물품 등
   ㉤ 산업통상자원부장관이 정하여 고시하는 지역에 수출하거나 산업통상자원부장관이 정하여 고시하는 지역으로부터 수입하는 물품 등
   ㉥ 공공성을 가지는 물품 등이거나 이에 준하는 용도로 사용하기 위한 물품 등으로서 따로 수출입을 관리할 필요가 없는 물품 등
   ㉦ 그 밖에 상행위 이외의 목적으로 수출입하는 물품 등
③ 외국환거래 없이 수입하는 물품 등으로서 산업통상자원부장관이 정하여 고시하는 기준에 해당하는 물품 등(반입 목적, 사유 등에 의하여 세관장이 타당하다고 인정하는 것은 수출입 승인을 면제할 수 있으나 이 경우 세관장은 과세 가격이 500만 원을 초과하는 수입에 대하여 수입승인서 제출 요구 가능)

④ 해외이주법에 따른 해외이주자가 해외이주를 위하여 반출하는 원자재, 시설·기재 및 장비로서 외교부장관이나 외교부장관이 지정하는 기관의 장이 인정하는 물품 등

4 특정 거래 형태의 수출입

01 특정 거래 형태의 수출입 인정 기준 2019, 2021, 2025 출제

국내에서 외국으로 물품을 수출하고 그 대금을 외국에서 국내로 회수하거나, 외국에서 국내로 물품을 수입하고 그 대금을 국내에서 외국으로 지급하는 일반적 형태의 수출입이 아닌 다음의 어느 하나에 해당하는 수출입 거래는 특정 거래 형태로 규정하여 관리한다.
(1) 수출 또는 수입의 제한을 회피할 우려가 있는 거래
(2) 산업 보호에 지장을 초래할 우려가 있는 거래
(3) 외국에서 외국으로 물품 등의 이동이 있고, 그 대금의 지급이나 영수(領收)가 국내에서 이루어지는 거래로서 대금 결제 상황의 확인이 곤란하다고 인정되는 거래
(4) 대금 결제 없이 물품 등의 이동만 이루어지는 거래

02 특정 거래 형태의 수출입 종류 2020, 2021, 2022, 2023 출제

(1) 위탁판매수출
물품 등을 무환(무상)으로 수출하여 해당 물품이 판매된 범위 안에서 대금을 결제하는 계약에 의한 수출을 말한다.

(2) 수탁판매수입
물품 등을 무환(무상)으로 수입하여 해당 물품이 판매된 범위 안에서 대금을 결제하는 계약에 의한 수입을 말한다.

(3) 위탁가공무역
가공임을 지급하는 조건으로 외국에서 가공(제조·조립·재생·개조 포함)할 원료의 전부 또는 일부를 거래 상대방에게 수출하거나 외국에서 조달하여 이를 가공한 후 가공 물품 등을 수입하거나 외국으로 인도하는 수출입을 말한다.

(4) 수탁가공무역
가득액을 영수하기 위하여 원자재의 전부 또는 일부를 거래 상대방의 위탁에 의하여 수입하여 이를 가공한 후 위탁자 또는 그가 지정하는 자에게 가공 물품 등을 수출하는 수출입을 말한다. 다만, 위탁자가 지정하는 자가 국내에 있음으로써 보세공장 및 자유무역지역에서 가공한 물품 등을 외국으로 수출할 수 없는 경우, 관세법에 따른 수탁자의 수출·반출과 위탁자가 지정한 자의 수입·반입·사용은 이를 대외무역법에 따른 수출·수입으로 본다.

(5) 임대수출
임대(사용대차 포함)계약에 의하여 물품 등을 수출하여 일정 기간 후 다시 수입하거나 그 기간의 만료 전 또는 만료 후 해당 물품 등의 소유권을 이전하는 수출을 말한다.

(6) 임차수입
임차(사용대차 포함)계약에 의하여 물품 등을 수입하여 일정 기간 후 다시 수출하거나 그 기간의 만료 전 또는 만료 후 해당 물품 등의 소유권을 이전받는 수입을 말한다.

(7) 연계무역 [2021 출제]

수출·수입이 연계되어 이루어지는 수출입을 말한다.

물물교환 (Barter Trade)	환 거래 없이 상품과 상품을 맞교환하는 방식
구상무역 (Compensation Trade)	수출입 거래가 분리되지 않고 하나의 계약서로 약정되며, 수출상은 계약에 명시된 바에 따라 수입상으로부터 일정 기간 이내에 일정 비율(통상 수출 대금의 20~100%)에 해당하는 대응 수입 의무를 이행하는 형태의 거래 방식
대응구매 (Counter Purchase)	구상무역과 유사하나, 각각 별도의 계약에 의해 수출액의 일정 비율에 상응하는 물품을 대응 수입하는 형태의 거래 방식
제품환매 (Buy Back)	플랜트, 산업 설비, 기술 등을 수출하고 그 대가로 해당 플랜트나 산업 설비, 기술로 생산된 제품을 일정 비율 이상 구매 또는 수입하는 형태의 거래 방식

(8) 중계무역

수출할 것을 목적으로 물품 등을 수입하여 관세법에 따른 보세구역 및 보세구역 외 장치의 허가를 받은 장소 또는 자유무역지역의 지정 등에 관한 법률에 따른 자유무역지역 이외의 국내에 반입하지 않고 수출하는 수출입을 말한다.

> **TIP** 관세법에 따른 보세구역 및 보세구역 외 장치의 허가를 받은 장소는 물리적으로 한국 영토이지만 관세법상 외국으로 인정해 주는 장소예요!

> **TIP** 중개무역에 대해 알아보아요!
> 중개무역과 중계무역을 구별할 줄 알아야 해요. 중개무역은 수출입 양 당사자 간의 거래에 제3국의 중개업자가 개입하여 거래가 진행되는 경우 제3국 입장에서 본 무역 형태를 말해요. 중개업자는 수출입의 주체가 아니며 단순히 중개 수수료를 취득할 목적으로 개입하기 때문에 중개무역은 대외무역법에서 정하는 특정 거래 형태의 무역에 포함되지 않아요.

(9) 외국인수수입

수입 대금은 국내에서 지급되지만 수입 물품 등은 외국에서 인수하거나 제공받는 수입을 말한다.

(10) 외국인도수출 [2021 출제]

수출 대금은 국내에서 영수하지만 국내에서 통관되지 않은 수출 물품 등을 외국으로 인도하거나 제공하는 수출을 말한다.

(11) 무환수출입

외국환거래가 수반되지 않는 물품 등의 수출입을 말한다.

5 수출입 공고·통합 공고·전략물자 수출입 고시

01 수출입 공고 [2023 출제]

(1) 수출입 공고의 의미

대외무역법상 산업통상자원부장관이 수출입 물품에 대한 직접적인 관리를 위하여 제한 품목 여부 및 수출입 요령을 알려 주는 기본 공고를 의미한다. 수출입 물품의 제한·금지, 승인, 신고, 한정 및 그 절차에 관한 사항을 규정하고 있다.

(2) 수출입 공고의 특징

① 수출금지 품목, 수출제한 품목, 수입제한 품목을 공고하고, 공고된 물품만 제한하는 네거티브 리스트 제도(Negative List System)를 채택하고 있다.

> **네거티브 리스트 제도**
> 수출금지·제한, 수입제한 품목만 표시하고, 기재되지 않은 물품에 대해서는 자유롭게 수출입을 허용하는 제도

> **TIP** 수출입 공고 별표에 명시된 금지 및 제한 품목이에요.
> 1. **수출금지 품목**: 고래고기, 자연석, 개의 생모피, 개의 모피, 개의 모피 제품
> 2. **수출제한 품목**: 천연모래, 규사, 자갈·왕자갈·쇄석, 철이나 비합금강의 제품 등
>   (참) 해당 품목은 해당 협회(한국골재협회 또는 한국철강협회장)의 승인을 받아 수출할 수 있음
> 3. **수입제한 품목**
>   (1) 항공기용 타이어, 가황고무 제품, 강화·합판 안전유리, 항공기용 불꽃점화식 내연기관, 항공기용 터보제트 엔진, 항공기용 터보프로펠러 엔진 등
>   (2) 기타 항공기, 인공위성, 기타 우주선, 우주선 운반 로켓, 글라이더의 부분품, 기타 항공기의 부분품 등
>   (3) 군경용 모의 공중전 장치, 군경용 갑판 착륙 장치, 군경용 발진 장치 등
>   (참) 해당 품목은 한국항공우주산업진흥협회의 승인을 받아 수입할 수 있음

② 고시의 형태로 운영되고 있기 때문에 경제 상황이나 정책적 이유로 인하여 수출 또는 수입을 제한하고자 할 때 실시하며 기간 제한 없이 탄력적으로 그 내용을 수시로 반영할 수 있다.

③ 수출입 공고에 의한 수출입 승인의 유효 기간은 1년이며, 다음의 경우 수출입 승인 기간을 1년 미만 또는 최장 2년의 범위에서 정할 수 있다.
   ㉠ 국내의 물가 안정이나 수급 조정을 위하여 수출 또는 수입승인의 유효 기간을 1년보다 단축할 필요가 있는 경우
   ㉡ 수출입계약 체결 후 물품 등의 제조·가공 기간이 1년을 초과하는 경우
   ㉢ 수출입계약 체결 후 물품 등이 1년 이내에 선적되거나 도착하기 어려운 경우
   ㉣ ㉠~㉢의 규정 외에 수출입 물품 등의 인도 조건 및 거래의 특성을 고려하여 수출 또는 수입승인의 유효 기간을 1년보다 단축하거나 늘릴 필요가 있다고 인정되는 경우

④ 원료, 시설, 기재 등 외화획득을 위하여 사용되는 물품 등의 수입에 대하여는 수입제한 품목의 제한 규정을 적용하지 않을 수 있다. 다만, 국산 원료·기재의 사용을 촉진하기 위하여 필요한 경우에는 예외로 한다. 또한 해당 원료·기재를 수입한 자와 수입을 위탁한 자는 그 수입에 대응하는 외화획득을 하여야 한다. 다만, 산업통상자원부장관의 승인을 받은 경우에는 예외로 한다.

02 통합 공고 2023 출제

(1) 통합 공고의 의미
대외무역법 이외의 다른 법령(전기용품 및 생활용품 안전관리법, 전파법, 수입식품 안전관리 특별법, 어린이 제품 안전 특별법 등)에서 해당 물품의 수출입 요건 및 절차 등을 정하고 있는 경우 수출입 요건 확인 및 통관 업무의 간소화와 무역질서 유지를 위하여 다른 법령이 정한 물품의 수출입 요건 및 절차에 관한 사항을 조정하고 이를 통합 규정하고자 산업통상자원부장관이 일괄적으로 수출입 요령을 발표하는 공고이다.

(2) 통합 공고의 특징
수입금지나 제한보다는 품질 검사, 안전 검사, 형식 승인 등 절차상 요건 확인을 통한 규제와 공중도덕 보호, 국민 보건 및 안전 보호, 사회질서 유지, 문화재 보호, 자연환경 보호 등 경제 외적인 목적에 해당하는 규제를 주로 한다.

> **TIP** 수출입 공고에 따른 수출 또는 수입승인에도 불구하고 통합 공고에 해당 물품의 수출입 요령을 정한 것이 있는 경우에는 통합 공고의 요건을 충족하여야 해요. 즉, 수출입 공고와 통합 공고의 요건을 모두 충족해야 해요.

(3) 통합 공고 요건면제 사항
① 외화획득용 원료·기재의 수입물품
② 중계무역물품, 외국인수수입물품, 외국인도수출물품, 선박(항공기)용품
③ 수출입승인 면제사유에 해당하는 경우
④ 통합공고 적용법령에서 요건확인 면제 사유에 해당하는 경우

03 전략물자 수출입 고시

(1) 전략물자 수출입 고시의 의미
산업통상자원부장관이 관계 행정기관의 장과 협의하여 국제평화 및 안전유지와 국가안보를 위하여 필요하다고 인정하는 경우에는 대통령령으로 정하는 국제수출통제체제 또는 이에 준하는 다자간 수출통제 공조에 따라 수출허가 등 제한이 필요한 물품 등(대통령령으로 정하는 기술포함)을 지정·고시하여야 한다.

전략물자
핵무기, 생화학무기, 미사일, 재래식 무기 등 대량파괴 무기의 개발이나 제조에 사용 가능한 물품, 기술 또는 소프트웨어

(2) 전략물자 수출입 고시의 특징
① 전략물자 해당 여부에 대한 판정은 무역거래자가 자체적으로 판단하는 자가판정과 판정기관에 의한 전문판정으로 구분된다(전문판정 유효 기간은 2년). 단, 기술에 대한 판정은 전문판정만을 유효한 것으로 한다.
② 전략물자를 수입하고자 하는 자는 산업통상자원부장관이나 관계 행정기관의 장에게 수입목적확인서를 신청할 수 있으며 수입목적확인서를 발급받은 경우 유효 기간은 발급일부터 1년 이내로 한다.
③ 전략물자를 수출하고자 하는 자는 산업통상자원부장관이나 관계 행정기관의 장의 수출허가(개별수출허가, 포괄수출허가, 원자력플랜트기술 수출허가)를 받아야 한다.
④ 전략물자에는 해당되지 않으나 대량파괴 무기와 그 운반수단인 미사일의 제조·개발·사용 또는 보관 등의 용도로 전용될 가능성이 높은 물품 등을 수입상이나 최종 수하인 또는 최종 사용자가 대량파괴 무기 등의 제조·개발·사용 또는 보관 등의 용도로 전용할 의도가 있음을 알았거나 그러한 의도가 있다고 의심되는 경우에는 허가기관의 장에게 상황허가를 신청하여야 한다.

6 외화획득

01 외화획득용 원료 및 기재

(1) 외화획득용 원료·기재
외화획득용 원료, 외화획득용 시설기재, 외화획득용 제품, 외화획득용 용역 및 전자적 형태의 무체물을 말한다.

(2) 외화획득용 원료 `2020, 2021, 2025 출제`
외화획득에 제공되는 물품과 용역, 전자적 형태의 무체물을 생산하는 데 필요한 원자재·부자재·부품 및 구성품을 말한다.

① 수출실적으로 인정되는 수출 물품 등을 생산하는 데 소요되는 원료(포장재, 1회용 팔레트 포함)
② 외화획득률이 30% 이상인 군납용 물품 등을 생산하는 데 소요되는 원료
③ 해외에서의 건설 및 용역사업용 원료
④ 대외무역관리규정에 따른 외화획득용 물품 등을 생산하는 데 소요되는 원료
⑤ ①~④ 규정에 따른 원료로 생산되어 외화획득이 완료된 물품 등의 하자 및 유지·보수용 원료

외화획득률
외화획득액에서 외화획득용 원료의 수입 금액을 공제한 금액이 외화획득액에서 차지하는 비율

(3) 외화획득용 시설기재
외화획득에 제공되는 물품 등을 생산하는 데 사용되는 시설·기계·장치·부품 및 구성품(물품 등의 하자를 보수하거나 물품 등을 유지·보수하는 데 필요한 부품 및 구성품 포함)을 말한다.

(4) 외화획득용 제품 `2020, 2021 출제`
수입 또는 국내에서 구매한 후 생산 과정을 거치지 않은 상태로 외화획득에 제공되는 물품 등을 말한다.
① 주식회사 한국관광용품센터가 수입하는 식자재 및 부대용품
② 항만운송사업법에 따라 수입 물품 공급업 등록을 하고 세관장에 등록한 자(수입 물품 공급업자)가 수입하는 선박용품
③ 군납업자가 수입하는 군납용 물품

선박용품
우리나라와 외국 간 이동하는 선박을 운영할 때 필요한 물품(당해 선박에서만 사용)

(5) 외화획득용 용역 및 전자적 형태의 무체물
외화획득에 제공되는 물품 등을 생산하는데 필요한 용역(경영 상담업, 문화산업 해당 업, 여행업 등에서 제공되는 용역) 및 전자적 형태의 무체물(소프트웨어, 영상물 등)을 말한다.

(6) 외화획득용 원료·기재에 대한 특혜
① 수출입 공고상 수입제한 품목인 경우에도 제한요건을 충족하지 않은 상태로 수입 허용
② 외화획득용 원재료 수입 시 납부한 관세 환급
③ 원자재 수입 대금의 무역금융 융자 지원
④ 부가가치세 영세율 적용
⑤ 연지급 수입 대상 품목 및 연지급 기간의 차등 적용
⑥ 수입 시 원산지표시 면제

(7) 외화획득용 원료의 사후관리 면제 `2025 출제`
① 품목별 외화획득 이행 의무의 미이행률이 10% 이하인 경우
② 외화획득 이행 의무자의 분기별 미이행률이 10% 이하이고, 그 미이행 금액이 미화 2만 달러에 상당하는 금액 이하인 경우
③ 외화획득 이행 의무자의 책임이 없는 사유로 외화획득의 이행을 하지 못한 경우로서 산업통상자원부장관이 인정하는 경우
④ 해당 품목이 수입승인 대상에서 제외됨으로써 그 수입에 대응하는 외화획득의 이행을 할 필요가 없는 경우 등 산업통상자원부장관이 사후관리할 필요성이 없어진 것으로 인정하는 경우

> **TIP** 외화획득용 원료의 사후관리란 외화획득용 원료를 수입한 자 등이 원료를 제조·가공 후 일정 기간 내에 수출하고 있는지 여부를 관리하는 업무를 의미해요(분기마다 수입 및 국내 구매한 총량에 외화획득 이행신고서에 표시된 소요된 원료량을 차감하여 정리함).

02 외화획득의 범위 및 이행 기간

(1) 외화획득의 범위 2020, 2021, 2023 출제

① 수출
② 주한 국제연합군이나 그 밖의 외국군 기관에 대한 물품 등의 매도
③ 관광
④ 용역 및 건설의 해외 진출
⑤ 국내에서 물품 등을 매도하는 것으로서 산업통상자원부장관이 정하여 고시하는 다음의 기준에 해당하는 것
　㉠ 외국인으로부터 외화를 받고 국내의 보세지역에 물품 등을 공급하는 경우
　㉡ 외국인으로부터 외화를 받고 공장 건설에 필요한 물품 등을 국내에서 공급하는 경우
　㉢ 외국인으로부터 외화를 받고 외화획득용 시설·기재를 외국인과 임대차계약을 맺은 국내 업체에 인도하는 경우
　㉣ 정부·지방자치단체 또는 정부투자기관이 외국으로부터 받은 차관 자금에 의한 국제경쟁입찰로 국내에서 유상으로 물품 등을 공급하는 경우(대금 결제 통화의 종류 불문)
　㉤ 외화를 받고 외항선박(항공기)에 선박용품(항공기용품)을 공급하거나 급유하는 경우
　㉥ 절충교역 거래(Off-set Trade)의 보완 거래로서 외국으로부터 외화를 받고 국내에서 제조된 물품 등을 국가기관에 공급하는 경우
⑥ 무역거래자가 외국의 수입업자로부터 수수료를 받고 행한 수출 알선(외화획득 행위에 준하는 행위로 간주)

> **차관 자금**
> 정부가 외국의 정부나 법인과 체결한 공공차관 협약에 따라 도입하는 자금

> **절충교역 거래**
> 외국에서 고가의 군수품을 수입할 때 그 대가로 관련 기술을 이전하거나 국산 무기를 수출하는 거래

(2) 외화획득의 이행 기간 2019, 2020, 2025 출제

① 외화획득용 원료·기재를 수입한 자가 직접 외화획득의 이행을 하는 경우: 수입통관일 또는 공급일부터 2년으로 한다.
② 다른 사람으로부터 외화획득용 원료·기재 또는 그 원료·기재로 제조된 물품 등을 양수한 자가 외화획득의 이행을 하는 경우: 양수일부터 1년으로 한다.
　예 한국의 A기업이 외화획득용 원료를 수입하여 일부 가공한 후 한국의 B기업에 공급한 경우 B기업은 양수일로부터 1년 이내에 외화획득의 이행을 해야 한다.
③ 외화획득을 위한 물품 등을 생산하거나 비축하는 데 2년 이상 걸리는 경우: 생산하거나 비축하는 데 걸리는 기간에 상당하는 기간으로 한다.
④ 외화획득 물품의 선적기일이 2년 이상인 경우: 그 기일까지의 기간으로 한다.
⑤ 수출이 완료된 기계류의 하자 및 유지 보수를 위한 외화획득용 원료·기재인 경우: 하자 및 유지 보수 완료일부터 2년으로 한다. 다만, HS 84류부터 90류까지의 규정에 해당하는 품목의 하자 및 유지 보수용 원료 등으로 외화획득을 하는 경우에는 10년으로 한다.
⑥ 외화획득 이행 의무자가 이행 기간 내에 외화획득의 이행을 할 수 없다고 인정되는 경우: 산업통상자원부장관이 정하는 서류를 갖추어 산업통상자원부장관에게 그 기간 종료일 전에 연장을 신청하여야 한다. 신청이 타당한 경우 1년의 범위 내에서 외화획득 이행 기간을 연장할 수 있다.

㉠ 생산에 장기간이 소요되는 경우
㉡ 제품 생산을 위탁한 경우 그 공장의 도산 등으로 인하여 제품 생산이 지연되는 경우
㉢ 외화획득 이행 의무자의 책임 있는 사유가 없음에도 신용장 또는 수출계약이 취소된 경우
㉣ 외화획득이 완료된 물품의 하자보수용 원료 등으로서 장기간 보관이 불가피한 경우
㉤ 그 밖에 부득이한 사유로 외화획득 이행 기간 내에 외화획득 이행이 불가능하다고 인정되는 경우

> **TIP** 산업통상자원부장관은 외화획득 이행 기간의 결정 및 연장에 관한 권한을 중앙 행정기관의 장에게 위탁할 수 있어요. 외화획득의 이행 기간을 연장하려면 외화획득 이행 기간 연장신청서와 사실을 입증할 수 있는 서류를 구비해 관할 특별시장, 광역시장, 도지사 또는 특별자치도지사에게 신청하면 되어요.

(3) 외화획득용 원료·기재의 용도 외 사용 `2021 출제`

원료·기재를 수입한 자는 그 수입한 원료·기재 또는 그 원료·기재로 제조된 물품 등을 부득이한 사유로 인하여 당초의 목적 외의 용도로 사용하려면 대통령령으로 정하는 바에 따라 산업통상자원부장관의 승인을 받아야 한다. 부득이한 사유는 다음에 해당하는 경우를 말한다.

① 우리나라나 교역상대국의 전쟁·사변, 천재지변 또는 제도 변경으로 인하여 외화획득의 이행을 할 수 없게 된 경우
② 외화획득용 원료·기재로 생산된 물품 등으로서 그 물품 등을 생산하는 데 고도의 기술이 필요하여 외화획득의 이행에 앞서 시험제품을 생산할 필요가 있는 경우
③ 외화획득 이행의무자의 책임이 없는 사유로 외화획득의 이행을 할 수 없게 된 경우
④ 그 밖에 산업통상자원부장관이 불가항력으로 외화획득의 이행을 할 수 없다고 인정한 경우
　㉠ 화재나 천재지변으로 인하여 외화획득 이행이 불가능하게 된 경우
　㉡ 기술혁신이나 유행의 경과로 새로운 제품이 개발되어 수입된 원료 등으로는 외화획득 이행 물품 등의 생산에 사용할 수 없는 경우
　㉢ 수입된 원료가 형질이 변화되어 외화획득 이행 물품의 생산에 사용할 수 없게 된 경우
　㉣ 그 밖에 수입 또는 구매한 자에게 책임을 돌릴 사유가 없이 외화획득을 이행할 수 없는 경우로서 사용목적 변경승인기관의 장이 인정하는 경우

03 소요량 제도

(1) 소요량 제도의 의미

외화획득에 필요한 원료·기재의 양을 책정하고 이를 증명하여 적정한 수입이 이루어지도록 지원하는 제도를 의미한다. 외화획득용 원료, 시설, 기재의 경우 별도의 제한(품목별 수량, 금액, 규격 및 수출입지역)을 두지 않고 수입할 수 있으나, 산업통상자원부장관은 외화획득용 원료·기재의 적정한 수입을 위해 원료·기재의 범위, 품목 및 수량을 정하여 공고할 수 있다.

(2) 관련 용어

소요량	외화획득용 물품 등의 전량을 생산하는 데 소요된 원자재의 실량과 손실량을 합한 양
기준 소요량	외화획득용 물품 등의 1단위를 생산하는 데 소요되는 원자재의 양을 고시하기 위한 것으로서 단위실량과 평균 손실량을 합한 양
단위자율 소요량	기준 소요량이 고시되지 않은 품목에 대하여 외화획득용 물품 등 1단위를 생산하는 데 소요된 원자재의 양을 해당 기업이 자율적으로 산출한 것으로서 단위실량과 평균 손실량을 합한 양
단위실량	외화획득용 물품 등 1단위를 형성하고 있는 원자재의 양

평균 손실량	외화획득용 물품 등을 생산하는 과정에서 생기는 원자재의 손실량(불량품 생산에 소요된 원자재의 양을 포함)의 평균량
손실률	평균 손실량을 백분율로 표시한 값
자율소요량계산서	외화획득을 이행하는 데 소요된 원자재의 양을 해당 기업이 자체 계산한 서류

04 자율관리기업 `2025 출제`

(1) 자율관리기업의 의미

산업통상자원부장관이 정하여 고시한 요건을 갖춘 자가 수입승인을 받아 수입한 외화획득용 원료·기재에 대하여는 사후관리 규정에도 불구하고 자율관리 규정에 따라 자율적으로 사후관리를 할 수 있는 기업을 말한다. 자율관리기업은 국가기술표준원장이 수시로 선정한다.

(2) 자율관리기업의 선정 요건

① 전년도 수출실적이 미화 50만 달러 상당액 이상인 업체
② 수출 유공으로 포상(훈·포장 및 대통령 표창)을 받은 업체(1984년 이후 포상받은 업체만 해당) 또는 중견 수출기업
③ 과거 2년간 미화 5천 달러 상당액 이상 외화획득 미이행으로 보고된 사실이 없는 업체

7 수출입 실적

01 수출실적

(1) 수출실적의 의미 `2020, 2021 출제`

산업통상자원부장관이 정하여 고시하는 기준에 해당하는 수출통관액(FOB 가격 기준), 입금액, 가득액과 수출에 제공되는 외화획득용 원료·기재의 국내 공급액을 말한다. 국내에서 외국으로 유상으로 거래되는 수출뿐만 아니라 국내에서 내국 신용장이나 구매확인서에 의해 이루어지는 거래, 외국인으로부터 대금(외화)을 영수하고 국내 업체에 인도하는 거래, 대북한 유상 반출 등도 수출실적으로 인정하고 있다.

(2) 수출실적 인정 범위 `2019, 2020, 2021, 2022, 2023, 2025 출제`

① 유상거래 수출(대북한 유상 반출 실적 포함)의 경우

구분	인정 금액	인정 시점	실적 확인 및 증명 발급기관
일반적인 유상수출	수출통관액(FOB 가격 기준)	수출신고 수리일	한국무역협회장, 산업통상자원부장관이 지정하는 기관의 장
중계무역	수출 금액(FOB 가격) − 수입 금액(CIF 가격)	입금일	외국환은행의 장
외국인도수출	외국환은행의 입금액	입금일	외국환은행의 장
위탁가공무역(수출)	판매액 − 원자재 수출 금액 − 가공임	입금일	외국환은행의 장
원양어로에 의한 수출 중 현지 경비 사용분	외국환은행이 확인한 금액	−	외국환은행의 장

용역 수출	수출실적 확인 및 증명 발급기관의 장이 외국환은행을 통해 입금 확인한 금액	입금일	한국무역협회장, 한국해운협회장, 한국관광협회중앙회장 및 업종별 관광협회장 (관광사업만 해당)
전자적 형태의 무체물 수출	한국무역협회장 또는 한국소프트웨어산업협회장이 외국환은행을 통해 입금 확인한 금액	입금일	한국무역협회장, 한국소프트웨어산업협회장
외화를 받고 외항선박에 선박용품 등 관리에 관한 고시에 따른 내국선박용품을 공급하는 경우	적재허가서에 기재된 금액	적재허가서에 기재된 허가일자	한국무역협회장

② 수출승인 면제 대상인 물품이 무상으로 거래되는 수출의 경우

구분	인정 금액	인정 시점	실적 확인 및 증명 발급기관
외국 박람회 등에 출품하기 위해 무상으로 반출한 물품으로 현지에서 매각된 물품	외국환은행의 입금액	입금일	외국환은행의 장
해외 투자 등 이에 준하는 사업에 종사하는 우리나라 업자에게 무상 반출하는 물품 중 해외 건설공사에 직접 제공되는 원료·기재, 공사용 장비 또는 기계류의 수출 * 수출신고필증에 재반입하지 않는다는 조건이 명시된 분만 해당	수출통관액 (FOB 가격 기준)	수출신고 수리일	한국무역협회장, 산업통상자원부장관이 지정하는 기관의 장

③ 외화획득용 원료·물품의 국내 공급 2021 출제

구분	인정 금액	인정 시점	실적 확인 및 증명 발급기관
내국 신용장에 의한 공급	외국환은행의 결제액 또는 확인액	• 외국환은행을 통하여 대금을 결제한 경우: 결제일 • 외국환은행을 통하여 대금을 결제하지 않은 경우: 당사자 간의 대금 결제일	외국환은행의 장, 전자무역기반 사업자
구매확인서에 의한 공급			외국환은행의 장, 전자무역기반 사업자 (단, 당사자 간에 대금이 결제된 경우 구매확인서 발급기관이 이를 증빙하는 서류를 확인해야 함)
수출 물품 포장용 골판지 상자의 공급			외국환은행의 장

④ 외국인으로부터 대금을 영수하고 그 외국인과 외화획득용 시설·기재의 임대차계약을 맺은 업체에 또는 그가 지정한 자에게 인도하는 경우

구분	인정 금액	인정 시점	실적 확인 및 증명 발급기관
임대차계약을 맺은 국내 업체에 인도	외국환은행의 입금액	입금일	외국환은행의 장
자유무역지역으로 반입신고한 물품 등을 공급			한국무역협회장
외국인으로부터 대금을 영수하고 그가 지정하는 자가 국내에 있어 물품 등을 외국으로 수출할 수 없는 경우에 보세구역으로 물품 등을 공급			

정리하고 넘어가기 수출실적 인정 시점이 입금일이 아닌 경우

구분	인정 시점
• 일반적인 유상수출 • 해외에서 투자, 건설, 용역 등 이에 준하는 사업에 종사하는 우리나라 업자에게 무상 반출하는 물품 중 해외건설공사에 직접 제공되는 원료, 기재, 공사용 장비 또는 기계류의 수출	수출신고 수리일
• 내국 신용장, 구매확인서에 의한 공급 • 수출 물품 포장용 골판지 상자의 공급	결제일

02 수입실적

(1) 수입실적의 의미
산업통상자원부장관이 정하여 고시하는 기준에 해당하는 수입통관액(CIF 가격 기준) 및 지급액을 말한다. 수입 중 유상으로 거래되는 수입을 실적으로 인정한다.

(2) 수입실적 인정 범위 [2020, 2021, 2023 출제]

구분	인정 금액	인정 시점	실적 확인 및 증명 발급기관
일반적인 유상수입	수입통관액(CIF 가격 기준)	수입신고 수리일	한국무역협회장, 산업통상자원부장관이 지정하는 기관의 장
외국인수수입	외국환은행의 지급액	지급일	외국환은행의 장
용역 수입, 전자적 형태의 무체물 수입			(3)의 기관 참고

(3) 용역 또는 전자적 형태의 무체물의 수입 확인 및 실적증명서 발급

구분	수입 확인 및 실적증명서 발급기관장
용역 수입	• 한국무역협회장 • 한국해운협회장 • 한국관광협회중앙회장 및 문화체육관광부장관이 지정하는 업종별 관광협회장(관광사업만 해당)
전자적 형태의 무체물 수입	• 한국무역협회장 • 한국소프트웨어산업협회장

8 내국 신용장과 구매확인서

01 내국 신용장(Local L/C) 2020, 2021, 2023, 2025 출제

(1) 내국 신용장의 의미
외국으로부터 수출 신용장(Master L/C)을 받은 국내 수출상 등이 수출 물품을 제조·가공하는 데 필요한 원자재 또는 수출용 완제품을 국내에서 원활하게 조달하기 위해 원자재 또는 완제품의 공급자를 수익자로 하여 발행하는 신용장을 의미한다. 내국 신용장을 이용하기 위해서는 uTradeHub에 가입하여야 하며 거래은행과 EDI 약정을 체결하여야 한다.

uTradeHub
서류 없는 무역을 시행하고자 한국무역협회가 구현한 전자무역 시스템으로 무역, 통관, 마케팅 등 수출입의 전 과정에 접근할 수 있음

(2) 내국 신용장의 특징
① 국내에서 원자재 또는 완제품을 구매할 때 사용되는 신용장이므로 국제 거래에서는 사용할 수 없으며 국내 거래에서만 사용 가능하다.
② 은행의 지급 보증이 추가되므로 수출 물품을 생산하는 데 소요되는 원자재 또는 수출용 완제품의 공급자는 대금 회수의 확실성을 보장받는다.
③ 내국 신용장의 발행신청인은 원수출 신용장을 근거로 하여 수평적으로 내국 신용장을 개설할 수 있으며, 물품의 제조 공정에 따라 수직적으로 다수의 내국 신용장 개설이 가능하다.
④ 물품 대금 회수를 위해 판매대금추심(매입)의뢰서가 발행되어 매입 또는 추심의 방법으로 대금이 결제된다.
⑤ 내국 신용장 발행 전에 물품이 공급된 경우 해당 공급분에 대해서는 내국 신용장을 발행할 수 없다(소급발행 금지).
⑥ 물품수령증명서는 공급자가 발행한 세금계산서상의 공급일부터 10일 이내에 발급된 것이어야 한다(단, 중소기업이 대기업으로부터 구매하는 경우는 예외).
⑦ 내국 신용장 관련 업무가 전산화되어 인터넷으로만 발급 가능하다.

(3) 내국 신용장의 조건
① 양도가 불가능한 취소불능 신용장이어야 한다.
② 표시통화는 원화, 외화 또는 원화로 하되 개설일 현재 매매 기준율로 환산한 외화 금액을 부기하여 발행할 수 있다.
③ 내국 신용장의 금액은 물품 대금 전액으로 한다.
④ 내국 신용장의 유효기일은 물품의 인도기일에 최장 10일을 가산한 기일 이내이어야 한다. 다만, 원수출 신용장 등을 근거로 하여 개설된 내국 신용장의 유효기일은 원수출 신용장의 선적 또는 인도기일 이전이어야 한다.
⑤ 서류 제시 기간은 물품수령증명서 발급일로부터 최장 5은행영업일 범위 내에서 책정되어야 한다.
⑥ 판매대금추심의뢰서(내국 신용장 어음)는 개설의뢰인을 지급인으로 하고, 개설은행을 지급 장소로 하는 일람출급식이어야 한다(기한부 방식이 아님).

(4) 거래당사자

① 개설의뢰인(발행신청인): 내국 신용장 개설을 신청하는 자로서 수출 신용장을 보유한 국내 수출상이자 국내에서 수출 물품을 제조·가공하는 데 필요한 원자재 또는 수출용 완제품을 구매하고자 하는 당사자이다. 대금 지급 의무를 부담한다.

② 수익자(국내 공급자): 내국 신용장의 물품을 제조·생산하여 발행신청인에게 공급하는 업체이다. 내국 신용장을 근거로 하여, 공급 물품을 제조하기 위한 원재료를 구매하는 용도로 또 다른 내국 신용장을 발행할 수도 있다.

③ 개설은행: 개설의뢰인의 신청으로 내국 신용장을 개설하는 외국환은행으로서 수익자에게 대금 지급을 보증하며 발행신청인에 대한 무역금융 융자 취급은행이 된다.

④ 매입은행: 내국 신용장의 수익자가 물품 공급을 완료한 후 대금을 회수하기 위한 목적으로 발행한 판매대금추심의뢰서를 매입하거나 추심하는 은행을 의미한다.

(5) 내국 신용장의 거래 절차

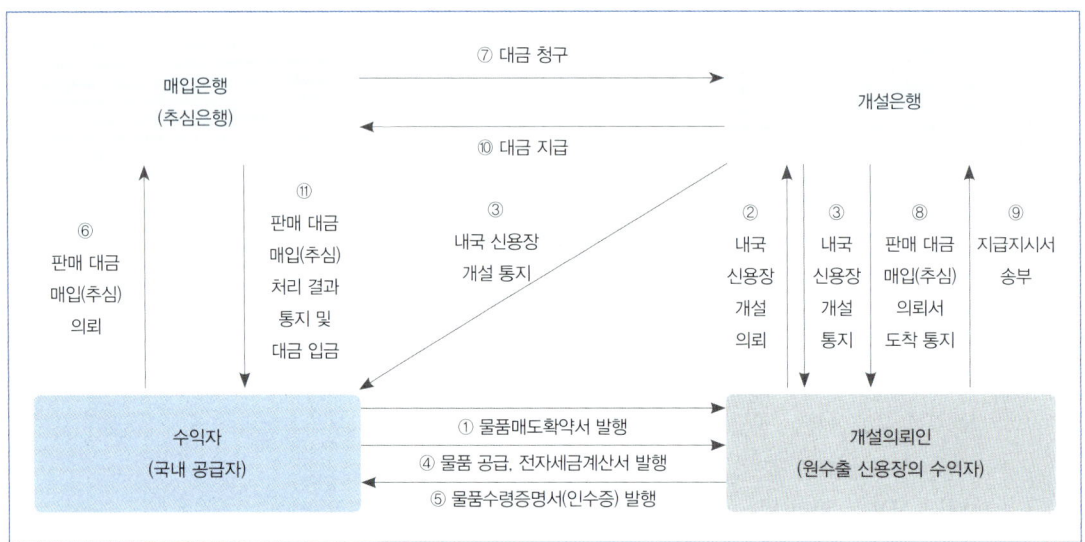

① 수익자(국내 공급자)는 개설의뢰인에게 물품매도확약서를 발행한다(매매계약 체결).
② 개설의뢰인(원수출 신용장의 수익자)은 개설은행에 내국 신용장의 개설을 의뢰한다.
③ 개설은행은 개설의뢰인 및 수익자에게 내국 신용장 개설을 통지한다.
④ 수익자는 개설의뢰인에게 물품을 공급하고 전자세금계산서를 발행한다.
⑤ 개설의뢰인은 수익자에게 물품수령증명서(인수증)를 발행한다.
⑥ 수익자는 매입(추심)은행에 판매 대금 매입(추심)을 의뢰한다.
⑦ 매입(추심)은행은 개설은행에 내국 신용장의 대금을 청구한다.
⑧ 개설은행은 개설의뢰인에게 판매 대금 매입(추심)의뢰서가 도착했음을 통지한다.
⑨ 개설의뢰인은 개설은행에 지급지시서를 송부한다.
⑩ 개설은행은 지급지시서에 따라 매입은행에 대금을 지급한다(지급 제시를 받은 날부터 3영업일 이내).
⑪ 매입은행은 수익자에게 판매 대금 매입(추심) 처리 결과를 통지하고 대금을 입금한다.

02 구매확인서 · 2019, 2020, 2021, 2022, 2023, 2025 출제

(1) 구매확인서의 의미
내국 신용장을 개설할 수 없는 상황에서 국내에서 외화획득용 원료 등의 구매를 원활하게 하고자 외화획득용 원료·기재를 구매하려는 경우 또는 구매한 경우 외국환은행의 장 또는 산업통상자원부장관이 지정한 전자무역기반 사업자가 내국 신용장에 준하여 발급하는 증서를 말한다.

(2) 구매확인서의 특징
① 내국 신용장과 마찬가지로 외국환은행 방문을 통한 창구 발급이 폐지되고 온라인으로만 발급 가능하다.
② 내국 신용장과 동일하게 수출실적으로 인정받는다.
③ 구매확인서 발급은행은 발급 근거(근거 서류)를 확인하지만 공급 물품의 대금 지급에 대해서는 책임을 지지 않는다(내국 신용장은 은행이 지급 보증함).

(3) 구매확인서의 발급
① 발급의 제한 여부
  ㉠ 외국환은행의 장 또는 전자무역기반 사업자는 이미 발급된 구매확인서에 의하여 2차 구매확인서를 발급할 수 있다.
  ㉡ 외화획득용 원료·기재의 제조·가공·유통(완제품 유통 포함) 과정이 여러 단계인 경우 각 단계별로 순차적으로 발급 가능하며 발급 차수에 제한이 없다.
  ㉢ 외국환은행의 장 또는 전자무역기반 사업자는 외화획득용 원료·기재 구매확인서를 전자무역문서로 발급하고 신청한 자에게 발급 사실을 알릴 때 승인번호, 개설 및 통지 일자, 발신기관 전자서명 등 최소한의 사항만 알릴 수 있다.
② 사후 발급 가능 여부: 기한에 상관없이 사후에 발급받을 수 있다.
③ 재발급 가능 여부: 구매확인서를 발급한 후 신청 첨부서류의 외화획득용 원료·기재의 내용 변경 등으로 이미 발급받은 구매확인서와 내용이 상이하여 재발급을 요청하는 경우에는 이전 발급된 구매확인서를 회수하여야 새로운 구매확인서를 발급할 수 있다.
④ 구매확인서 유효 기간
  ㉠ 구매확인서상 물품의 인도기일에 10일을 가산한 기간 이내
  ㉡ 원수출 신용장 등을 근거로 한 구매인 경우에는 대응되는 수출 신용장 등의 선적 또는 인도기일 이전
⑤ 구매확인서 금액 표시: 구매확인서의 금액은 원화로 표시하고 외화 금액은 부기한다.
  예 KRW 33,980.80(USD 25.00)

(4) 구매확인서 발급을 위한 근거 서류(외화획득용 원료·기재라는 사실을 증명하는 서류) · 2021, 2023 출제
① 수출 신용장
② 수출계약서(품목, 수량, 가격 등을 합의하여 서명한 수출계약 입증 서류)
③ 외화매입(예치)증명서(외화획득 이행 관련 대금임이 관계 서류에 의해 확인되는 경우만 해당)
④ 내국 신용장
⑤ 구매확인서
⑥ 수출신고필증(외화획득용 원료·기재를 구매한 자가 신청한 경우에만 해당)
⑦ 외화획득에 제공되는 물품 등을 생산하기 위한 경우임을 입증할 수 있는 서류

정리하고 넘어가기 내국 신용장과 구매확인서 비교 2022 출제

구분	내국 신용장	구매확인서
관련 법규	한국은행 무역금융 취급세칙 및 절차(무역금융관리규정)	대외무역법, 전자무역촉진에 관한 법률
발급기관	외국환은행	외국환은행, 전자무역기반 사업자
거래 대상	수출용 원자재 및 완제품	외화획득용 원료·기재
지급 보증	개설은행이 지급 보증함	은행이 지급 보증하지 않음
수출실적 인정	무역금융 및 대외무역 관리규정상의 수출실적으로 인정	
수출실적 인정 시점	결제일	• 외국환은행을 통한 대금 결제: 결제일 • 당사자 간 대금 결제: 세금계산서 발급일
발급 근거	신용장 기준	
	• 수출 신용장 • 수출계약서 • 내국 신용장 • 외화표시 물품 공급계약서 • 외화표시 건설용역 공급계약서	• 수출 신용장 • 수출계약서 • 외화매입(예치)증명서 • 내국 신용장 • 구매확인서 • 수출신고필증 • 외화획득에 제공되는 물품 등을 생산하기 위한 경우임을 입증할 수 있는 서류
	실적 기준	
	융자 대상 수출실적	없음
발급 차수	제한 없이 발급 가능	각 단계별로 순차적으로 제한 없이 발급 가능
사후 발급	사후 발급 불가능	사후 발급 가능
표시통화	순수 원화표시, 외화표시, 원화표시(외화부기)	
혜택	무역금융 융자 가능, 부가가치세 영세율 적용, 관세 환급	

9 전략물자와 플랜트수출

01 전략물자 2020, 2021 출제

(1) 전략물자의 의미
전략물자 수출입 고시 별표2(이중용도 품목), 별표3(군용물자 품목)에 해당하는 물품으로서, 핵무기, 생화학무기, 미사일, 재래식 무기 등 대량파괴 무기의 개발이나 제조에 사용되는 물품이나 기술, 대량파괴무기나 미사일의 제조 및 개발 등으로 용도가 변경될 수 있는 물자를 의미한다.

(2) 전략물자의 구분
① 1종 전략물자: 다자간 전략물자 수출통제 체제에서 수출통제 대상으로 지정된 물품 등을 말하며 반드시 수출허가를 받아야 한다. 핵무기, 생화학무기, 미사일, 재래식 무기 등이 이에 해당한다.
② 2종 전략물자: 대량파괴 및 그 운반수단인 미사일의 제조, 개발, 사용 및 보관 등의 용도로 사용될 가능성이 높은 물품 등을 말한다.

(3) 전략물자 관련 용어
① 물품 등: 물품(물질, 시설, 장비, 부품), 소프트웨어 등 전자적 형태의 무체물 및 기술을 말한다.

② **전략물자**: 바세나르체제(WA), 핵공급국그룹(NSG), 미사일기술통제체제(MTCR), 오스트레일리아그룹(AG), 화학무기의 개발·생산·비축·사용 금지 및 폐기에 관한 협약(CWC), 세균무기(생물무기) 및 독소무기의 개발·생산·비축 금지 및 폐기에 관한 협약(BWC)에서 지정한 해당 물품 및 군용물자 품목에 해당하는 물품 등으로 전략물자 수출입 고시를 통해 운영되고 있다.

③ **전략물자 수입목적확인서**: 수입상이 해당 전략물자를 수입하여 사용하고자 하는 목적과 그 전략물자를 제3국으로 전송, 환적 또는 수출하지 않을 것임을 서약한 사실을 정부가 확인해 주는 서류를 말한다. 유효 기간은 발급일부터 1년이다.

④ **전략물자 통관증명서**: 수출상이 수출한 전략물자가 당초 예정된 목적지로 도착했는지 여부에 대하여 관세청 또는 해당 물품 등의 수입국 정부로부터 확인받은 서류를 말한다.

⑤ **자율준수무역거래자**: 산업통상자원부장관은 기업 또는 대통령령으로 정하는 대학 및 연구기관의 자율적인 전략물자 관리 능력을 높이기 위하여 전략물자 해당 여부에 대한 판정능력, 수입상과 최종사용자 및 사용 용도에 대한 분석능력, 자율수출 관리기구의 구축 및 운용능력 등 대통령령으로 정하는 능력을 갖춘 무역거래자를 자율준수무역거래자로 지정할 수 있다.

산업통상자원부장관은 자율준수무역거래자를 지정하는 경우 대통령령으로 정하는 능력을 갖춘 정도에 따라 자율준수무역거래자의 등급을 달리 정할 수 있다. 2022, 2023 출제

자율준수무역거래자 지정취소 사유	• 자율준수무역거래자지정 능력을 유지하지 못하는 경우 • 고의 또는 중대한 과실로 수출허가를 받지 아니하고 전략물자를 수출한 경우 • 고의 또는 중대한 과실로 상황허가를 받지 아니하고 상황허가 대상인 물품 등을 수출한 경우 • 고의 또는 중대한 과실로 중개허가를 받지 아니하고 전략물자를 중개한 경우 • 고의 또는 중대한 과실로 서류보관의무를 이행하지 아니한 경우 • 전략물자의 수출실적 등을 산업통상자원부장관에게 보고해야 하는 보고의무를 정당한 사유 없이 이행하지 아니한 경우

(4) 전략물자의 판정 2024 출제

① **판정의 의미**: 대상 물품 등이 별표2(이중용도 품목), 별표2의2(상황허가 대상 품목) 및 별표3(군용물자 품목)에서 규정하는 물품 등에 해당되는지 여부를 판단하는 것을 말한다.

② **판정의 종류**

전문판정	• 산업통상자원부장관이나 판정기관의 장에게 판정을 요청하는 것 • 기술과 원자력 전용품목(핵물질, 설비 및 장비)에 대한 판정은 전문판정만을 유효한 것으로 함
자가판정	• 무역거래자가 전략물자 수출입 고시에 의한 교육을 이수한 경우 기술, 자가판정 대상이 아닌 것으로 고시하는 물품 등에 해당하지 않는 물품에 대해 전략물자, 상황허가 대상인 물품에 해당하는지에 대한 판정을 자체적으로 판단하는 것 • 무역거래자는 판정대상 물품의 성능과 용도 등 정보를 전략물자 수출입관리 정보시스템에 등록하여야 함

③ **전문판정신청서 제출**: 전략물자 또는 상황허가 대상인 물품 등에 대하여 판정을 받고자 하는 자는 판정신청서에 해당 물품의 용도, 성능, 기술적 특성, 기타 판정에 필요한 서류를 구비하여 판정기관의 장에게 제출해야 한다.

④ **전문판정의 결과**: 판정기관의 장은 판정신청서를 접수한 날부터 15일 이내에 신청한 물품 등이 전략물자 또는 상황허가 대상 물품인지 여부를 판정하여 그 결과를 신청인에게 통지하여야 한다. 전문판정 결과의 유효 기간은 판정일부터 2년으로 한다.

(5) 전략물자 수입목적확인서의 유효 기간　2021, 2023 출제

전략물자를 수입하려는 자가 수출국으로부터 해당 전략물자의 최종 사용 용도 등을 표시한 수입목적확인서의 제출을 요구받은 경우 수입목적확인서 발급기관의 장에게 수입목적확인서 발급 신청을 할 수 있다. 전략물자 수입목적확인서의 유효 기간은 발급일부터 1년 이내로 한다.

(6) 허가의 유형　2021, 2023, 2025 출제

① 수출허가
  ㉠ 원칙: 전략물자에 해당하는 물품을 수출하고자 하는 자는 산업통상자원부장관이나 관계 행정기관장의 수출허가를 받아야 한다. 단, 방위산업 발전 및 자원에 관한 법률에 의해 허가를 받은 방위산업물자 및 국방과학기술이 전략물자에 해당하는 경우에는 예외로 한다.
  ㉡ 종류: 개별 수출허가, 포괄 수출허가(사용자 포괄 수출허가, 품목 포괄 수출허가), 원자력플랜트 기술 수출허가
  ㉢ 사용자 포괄 수출허가, 품목 포괄 수출허가의 유효 기간: 3년 이내의 유효 기간
  ㉣ 개별 수출허가의 유효 기간: 1년(상황허가, 경유 또는 환적허가, 중개허가도 유효 기간이 같음. 다만, 서면계약에 따라 기술을 수출하는 경우 기술수출계약서상의 계약 기간)

② 상황허가: 전략물자에는 해당되지 않으나 대량파괴 무기와 그 운반수단인 미사일 및 재래식무기(대량파괴무기 등)의 제조·개발·사용 또는 보관 등의 용도로 이용 또는 전용될 가능성이 높은 물품 등을 수출하려는 자 또는 수출신고하려는 자는 수입자나 최종사용자 등이 이를 대량파괴무기 등의 제조·개발·사용 또는 보관 등의 용도로 이용 또는 전용할 의도가 있음을 알았거나 그러한 의도가 있다고 의심되면 대통령령으로 정하는 바에 따라 산업통상자원부장관이나 관계 행정기관의 장의 허가(상황허가)를 받아야 한다.

> **TIP** 전략물자에 해당하면 수출허가를 받아야 하고, 전략물자화될 가능성이 높은 물품에 해당하면 상황허가를 받아야 해요!

③ 중개허가
  ㉠ 원칙: 전략물자 등을 제3국에서 다른 제3국으로 이전하거나 매매를 위하여 중개하려는 자는 산업통상자원부장관이나 관계 행정기관의 장에게 (중개)허가를 받아야 한다.
  ㉡ 벌칙: 전략물자 등의 국제적 환산을 꾀할 목적으로 중개허가를 받지 않고 전략물자 등을 중개한 자는 7년 이하의 징역 또는 중개하는 물품 등의 가격의 5배 이하의 벌금에 처한다. 또한 미수범은 본죄에 준하여 처벌하며 양벌규정의 적용으로 행위자뿐만 아니라 그 법인 또는 개인까지 모두 본죄에 준하여 벌금형에 처한다.

양벌규정
위법 행위에 대하여 행위자를 처벌하는 동시에 업무의 주체인 법인 또는 개인도 함께 처벌하는 규정

④ 경유 또는 환적허가: 전략물자 또는 상황허가 대상인물품 등(전략물자 등)을 국내 항만이나 공항을 경유하거나 국내에서 환적하려는 자는 산업통상자원부장관이나 관계 행정기관의 장의 허가(경유 또는 환적허가)를 받아야 한다.

수출허가, 상황허가, 경유 또는 환적허가 및 중개허가의 기준　2025 출제
1. 해당 전략물자등이 평화적 목적에 사용될 것
2. 해당 전략물자등의 거래가 국제평화 및 안전유지와 국가안보에 영향을 미치지 아니할 것
3. 해당 전략물자등의 수입자나 최종사용자 등이 거래에 적합한 자격을 가지고 있고 그 사용용도를 신뢰할 수 있을 것
4. 그 밖에 국제수출통제체제등에 따라 관계 행정기관의 장과 협의하여 산업통상자원부장관이 정하여 고시하는 기준에 부합할 것

⑤ 전략물자 수출허가 또는 상황허가의 면제　2024 출제

다음의 어느 하나에 해당하는 경우에는 전략물자의 수출허가 또는 상황허가를 면제하되, 수출자는 수출 후 7일 이내에 산업통상자원부장관 또는 관계 행정기관의 장에게 수출 거래에 관한 보고서를 제출하여야 한다.

㉠ 재외공관, 해외에 파견된 우리나라 군대 또는 외교사절 등에 사용될 공용물품을 수출하는 경우
㉡ 선박 또는 항공기의 안전운항을 위하여 긴급 수리용으로 사용되는 기계, 기구 또는 부분품 등을 수출하는 경우
㉢ 그 밖에 수출허가 또는 상황허가의 면제가 필요하다고 인정하여 산업통상자원부장관이 관계 행정기관의 장과 협의하여 고시하는 경우

(7) 이동중지명령 등

① 산업통상자원부장관 또는 관계 행정기관의 장은 전략물자 등이 허가를 받지 아니하고 수출, 경유, 환적 되거나 거짓이나 그 밖의 부정한 방법으로 허가를 받아 수출, 경유, 환적 되는 것(무허가수출 등)을 막기 위하여 필요하면 적법한 수출, 경유, 환적이라는 사실이 확인될 때까지 이동중지명령을 할 수 있다.
② 산업통상자원부장관 또는 관계 행정기관의 장은 무허가수출 등을 막기 위하여 긴급하게 그 이동을 제한할 필요가 있으면 적법한 수출, 경유, 환적이라는 사실이 확인될 때까지 직접 이동중지조치를 할 수 있다.
③ 이동중지명령 이동중지조치의 기간과 방법은 국가 간 무허가수출 등을 막기 위하여 필요한 최소한도에 그쳐야 한다.

(8) 서류의 보관

무역거래자는 다음 서류를 5년간 보관하여야 하며 허가기관의 장이 요청하는 경우 이를 제출하여야 한다. 다만 전략물자 수출입관리 정보시스템을 통해 관련 자료를 제출한 경우에는 이를 적용하지 않는다.

판정 관련	자가판정서 및 전략물자 관리원 등에서 통보받은 전문판정서 등의 판정 자료
수출허가, 상황허가, 중개허가, 경유·환적허가	허가 신청 자료 및 통보 자료 또는 허가 신청 여부 검토 자료
수입 관련	수입목적확인서, 수입계약서 등 전략물자 수입에 관련된 서류

(9) 전략물자 등의 수출입 제한

산업통상자원부장관 또는 관계 행정기관의 장은 다음의 어느 하나에 해당하는 자에게 3년 이내의 범위에서 일정 기간 동안 전략물자 등의 전부 또는 일부의 수출, 수입, 경유, 환적 또는 중개를 제한할 수 있다.

① 수출허가를 받지 아니하고 전략물자를 수출하거나 수출신고한 자
② 상황허가를 받지 아니하고 상황허가 대상인 물품 등을 수출하거나 수출신고한 자
③ 경유 또는 환적허가를 받지 아니하고 전략물자 등을 경유 또는 환적한 자
④ 중개허가를 받지 아니하고 전략물자 등을 중개한 자
⑤ 거짓이나 그 밖의 부정한 방법으로 수출허가, 상황허가, 경유 또는 환적허가 및 중개허가를 받은 자
⑥ 수출허가, 상황허가, 경유 또는 환적허가 및 중개허가를 받았으나 제19조의6제1항에 따라 산업통상자원부장관이나 관계 행정기관의 장이 정한 조건을 이행하지 아니한 자
⑦ 이동중지명령을 위반하거나 이동중지조치를 방해한 자

(10) 수출허가 등의 제한이 필요한 기술 2025 출제

수출허가 등 제한이 필요한 기술은 국제수출통제체제에서 정하는 물품의 제조·개발 또는 사용 등에 관한 기술로서 산업통상자원부장관이 관계 행정기관의 장과 협의하여 고시하는 기술을 말한다. 다만, 다음의 어느 하나에 해당하는 기술은 제외한다.

① 일반에 공개된 기술
② 기초과학연구에 관한 기술
③ 특허 출원에 필요한 최소한의 기술
④ 수출허가를 받은 물품 등의 설치, 운용, 점검, 유지 및 보수에 필요한 최소한의 기술

(11) 기술이전

국제수출통제체제에서 정하는 물품의 제조, 개발 또는 사용 등에 관한 기술을 다음의 어느 하나에 해당하는 방법으로 이전하는 경우 수출허가대상에 해당한다.

① 전화, 팩스, 이메일 등 정보통신망을 통한 이전
② 지시, 교육, 훈련, 실연(實演) 등 구두나 행위를 통한 이전
③ 종이, 필름, 자기디스크, 광디스크, 반도체메모리 등 기록매체나 컴퓨터 등 정보처리장치를 통한 이전

02 플랜트수출 2020, 2021 출제

(1) 플랜트

① 의미: 기계와 장치를 기술적으로 복합화하여 생산자가 목적으로 하는 원료·중간재 또는 최종 제품을 제조할 수 있는 생산설비를 말한다.

② 범위
  ㉠ 산업통상자원부장관이 정하는 FOB 가격으로 미화 50만 달러 상당액 이상의 산업설비
    • 농업·임업·어업·광업·제조업, 전기·가스·수도사업, 운송·창고업 및 방송·통신업을 경영하기 위하여 설치하는 기재 또는 장치
    • 발전설비, 담수설비 및 용수처리설비, 해양설비 및 수상구조설비, 석유처리설비 및 석유화학설비, 정유설비 및 송유설비, 저장탱크 및 저장기지설비, 냉동 및 냉장설비, 제철·제강설비 및 철강재구조설비, 공해방지설비, 공기조화설비, 신에너지 및 재생에너지설비, 정치식(定置式) 운반하역설비 및 정치식 건설용 설비, 시험연구설비, 그 밖에 산업 활동을 위하여 필요한 설비(해외 건설공사와 함께 일괄수주 방식에 의하여 수출하는 설비는 제외)
  ㉡ 산업설비·기술용역 및 시공을 포괄적으로 수행하는 수출(일괄수주 방식에 의한 수출)

> **일괄수주 방식**
> 건설사가 설계에서 시운전까지 모든 서비스를 제공하여 발주자에게 인수하는 방식으로 플랜트나 해외 건설공사를 수주할 때 주로 사용. 키를 돌리면 모든 설비가 가동되는 상태로 인도한다는 의미에서 턴키(Turn Key) 방식이라고도 불림

(2) 플랜트수출의 승인 및 일괄수주 방식에 의한 수출승인 등

① 플랜트수출을 승인받으려는 자는 신청서에 산업통상자원부장관이 정하는 서류를 첨부하여 산업통상자원부장관에게 제출하여야 한다. 변경승인을 받으려는 경우에도 동일하다.
② 산업통상자원부장관이 일괄수주 방식에 의한 수출에 대하여 승인 또는 변경승인하려는 경우 미리 국토교통부장관의 동의를 받아야 한다.

(3) 플랜트수출 촉진기관
① 종류: 한국기계산업진흥회, 한국플랜트산업협회
② 목적: 플랜트수출을 촉진하기 위한 제도 개선, 시장조사, 정보교류, 수주 지원, 수주 질서 유지, 전문인력 양성, 금융 지원, 우수기업 육성 및 협동화 사업을 추진

10 관리 제도 및 조치

01 전문무역상사제도 2024, 2025 출제

(1) 전문무역상사제도의 의미
종합무역상사제도의 폐지에 따라 신시장 개척, 신제품 발굴 및 중소기업·중견기업의 수출 확대를 목적으로 중소수출기업과 전문무역상사, 수출지원기관을 연결하는 협업형 네트워크를 구축하기 위한 제도이다. 산업통상자원부와 한국무역협회(KITA), 중소기업청, 대한무역투자진흥공사(KOTRA), 한국무역보험공사(K-SURE)가 공동으로 운영하고 있다.

(2) 전문무역상사의 지정 기준 2020 출제
① 다음 요건을 모두 갖춘 무역거래자
  ㉠ 전년도 수출실적 또는 직전 3개 연도의 연평균 수출실적이 미화 100만 달러 이상인 자
  ㉡ 전체 수출실적 대비 타 중소·중견기업 생산 제품의 전년도 수출 비중 또는 최근 3년간 평균 수출 비중이 100분의 20 이상인 자
② 신시장 개척, 신제품 발굴 및 중소기업 또는 중견기업에 대한 효과적인 수출 지원 등을 위하여 산업통상자원부장관이 농업·어업·수산업 등 업종별 특성과 조합 등 법인의 조직·형태별 수출 특성을 고려하여 고시하는 기준을 갖춘 무역거래자

02 무역업고유번호제도 2019, 2020, 2021, 2022, 2023 출제

(1) 무역업고유번호의 의미
국가의 수출입 통계 관리와 수출입 실적 파악, 업체별 통계 관리 및 서비스 제공 등을 위해 무역업을 영위하는 자에게 부여하는 번호이다. 수출실적으로 인정받아 무역금융으로 수출 자금을 조달하려는 경우 무역업고유번호를 부여받아 수출입 실적을 관리하여 무역금융 혜택을 받을 수 있다. 수출(입) 신고 시 무역업고유번호를 수출(입)상 상호명과 함께 기재하면 된다.

(2) 무역업고유번호의 신청 및 수정 방법
① 신청 방법: 무역업고유번호를 부여받으려는 자는 우편, 팩시밀리, 전자우편(E-mail), 전자문서교환체제(EDI) 등의 방법으로 한국무역협회장에게 신청해야 하며, 한국무역협회장은 접수 즉시 신청자에게 고유번호를 부여해야 한다.
② 수정 방법
  ㉠ 상호, 대표자, 주소, 전화번호 등의 변동 사항이 발생한 경우: 무역업고유번호 신청 사항 변경통보서에 따라 변동 사항이 발생한 날부터 20일 이내에 한국무역협회장에게 알리거나 한국무역협회에서 운영하고 있는 무역업 데이터베이스에 변동 사항을 수정 입력하여야 한다.
  ㉡ 합병, 상속, 영업의 양·수도 등 지위의 변동이 발생하여 기존의 무역업고유번호를 유지 또는 수출입 실적 등의 승계를 받으려는 경우: 변동 사항에 대한 증빙 서류를 갖추어 무역업고유번호의 승계 등을 한국무역협회장에게 신청할 수 있다. 2021 출제

03 무역보험제도

(1) 무역보험제도의 의미
무역거래에서 발생하는 위험 중 해상보험으로 구제하기 어려운 신용위험이나 비상위험에 대해 수출상, 생산자 또는 수출 자금을 대출해 준 금융기관이 입는 불의의 손실을 보상함으로써 수출 진흥을 도모하기 위한 비영리 정책보험제도이다. 수출보험에서 수입보험으로 그 범위가 확장되고 있다.

(2) 무역보험의 특징
① **수출의 촉진과 진흥**: 수출기업의 대외 거래 활동 시 발생할 수 있는 신용위험과 비상위험을 제거함으로써 수출 거래 환경의 불확실성을 제거하여 안정적으로 수출을 촉진하고 진흥을 도모한다.
② **정부의 산업지원 정책 수단**: 비상위험 발생 시 일반 보험사업자가 부담할 수 없는 범위의 위험을 정부가 부담함으로써 산업지원 정책 수단으로 활용되고 있다. WTO 체제에서 용인되는 유일한 간접 수출지원 제도로서 한국무역보험공사(K-SURE)에서 취급한다.
③ **신시장 개척 및 시장 다변화**: 수출상은 수출 대금을 받지 못하여 발생한 손실을 보상받을 수 있으므로 위험성이 있는 외상 거래나 적극적인 신규 수입상 발굴을 통하여 신시장을 개척하거나 시장 다변화를 도모할 수 있다.
④ **비영리 정책보험**: 민간 보험회사가 수출보험을 운영하는 경우 채산성만을 고려하므로 수출 지원의 정책적 효과를 거두기 어려운 반면, 무역보험의 경우 정부가 수출보험 운영에 관여하므로 비영리 정책보험의 성격을 갖는다고 할 수 있다.
⑤ **동시다발적 위험에 대비**: 전쟁, 내란 등 비상위험으로 인한 보험사고는 위험을 예측하기 어렵고 다수의 수출 거래에 대해 동시다발적으로 발생하기 때문에 적정보험료율을 산정하기 어렵다. 또한 이러한 보험사고는 대규모의 보험금 지급이 불가피하므로 막대한 자금이 필요하다. 수출보험 가입을 통해 이러한 위험을 대비할 수 있다.

(3) 담보위험의 종류 `2019, 2022, 2025 출제`

구분	내용
신용위험 (Commercial Risk)	수입상에 관련된 위험으로 수입상 또는 L/C 개설은행의 파산, 지급 불능, 지급 거절, 지급 지체 등으로 인한 수출 대금 미회수 위험
비상위험 (Political Risk)	수입국에 관련된 위험으로 전쟁, 내란, 혁명, 환 거래 제한 또는 모라토리엄 선언 등으로 인한 수출 불능 또는 수출 대금 회수 불능 위험
기업위험 (Management Risk)	기업의 활동 과정에서 발생하는 위험으로 기업가의 판매 예측이 맞지 않거나 기업가의 경영 예측이 어긋남으로써 발생하는 위험
금리위험 (Interest Rate Risk)	이자수익이 발생하는 자산의 가치가 금리 변동으로 인해 하락하는 위험
환율위험 (Exchange Risk)	환율 변동으로 인한 환차손 등 무역 대금과 관련하여 발생하는 위험

(4) 수출보험의 종류 2019, 2022, 2023 출제

① 결제 기간 2년 이내 수출보험(단기성 종목)

단기 수출보험 (선적 후)	• 수출상이 수출 대금 결제 기간이 2년 이하인 수출계약(일반수출, 위탁가공무역, 중계무역, 재판매거래)을 체결하고 물품을 수출한 후, 수입상(L/C 거래의 경우 개설은행)으로부터 수출 대금을 받을 수 없게 된 경우에 입는 손실을 보상하는 제도 • 수출상이 수출 후 대금 미회수 위험(신용위험, 비상위험)을 담보하기 위해 가입
단기 수출보험 (포페이팅)	• 은행이 포페이팅 수출금융 취급 후 신용장 개설은행으로부터 만기에 수출 대금을 회수하지 못하여 입는 손실을 보상하는 제도 • 신용장에 의한 수출 채권을 비소구조건으로 매입한 은행의 미회수 위험을 담보
단기 수출보험 (농수산물 패키지)	• 한 개의 간편한 보험으로 농수산물 수출 시 발생하는 여러 가지 위험(대금 미회수 위험, 수입국 검역 위험, 클레임 비용 위험)을 한 번에 보장하는 농수산물 수출기업용 맞춤 상품 • 수출 품목: 농산물, 수산물, 축산물, 임산물 및 그 가공식품
단기 수출보험 (중소중견Plus+)	• 보험계약자인 수출기업은 연간 보상한도에 대한 보험료를 납부하며, 수입자 위험, 신용장 위험, 수입국 위험 등 보험계약자가 선택한 담보위험으로 손실이 발생할 경우 한국무역보험공사가 책임 금액 범위 내에서 손실을 보상하는 제도 • 현행 단기 수출보험이 개별 수출 거래 건별로 보험계약이 체결된 반면, 동 제도는 수출기업의 전체 수출 거래를 대상으로 위험별 책임 금액을 설정하여 운영
단체보험	• 단기 수출보험(중소중견Plus+)에 단체보험 개념을 도입 • 지원기관 또는 단체(협회 등)가 제반 보험계약 절차를 진행하여 일괄 보험계약을 체결하고, 중소·중견기업은 피보험자로서 수출 대금 미회수 시 보험금(연간 미화 5만 달러 이내)을 수령하는 제도 • 결제 기간이 중소기업은 1년 이내, 중견기업은 180일 이내여야 함
수출안전망 보험	• 단체보험 제도를 활용, 특정 단체가 보험계약자로서 수출초보 중소기업(연간 수출 미화 10만 달러 이하)에 대한 대금 미회수 위험을 보장하는 제도 • 지원기관 또는 단체(협회 등)가 제반 보험계약 절차를 진행하여 일괄 보험계약을 체결하고, 중소기업은 피보험자로서 수출 대금 미회수 시 보험금(연간 미화 2만 달러 이내)을 수령하는 제도로 지원기관 또는 단체(협회 등)가 보험료 지원

> **TIP** 한국무역보험공사가 보상하는 수출보험의 위험
> - 신용위험
>   - 수입자의 파산, 지급불능으로 인한 대금 회수 불능
>   - 일반적인 계약 파기 등으로 인한 수출 불능
>   - 수입자의 재정 상태 악화에 따른 지급 불능
>   - 고의적인 지급 지연, 지급거절
> - 비상위험
>   - 수입국의 수입금지, 수입제한 조치
>   - 수입국 또는 제3국에서의 전쟁, 내란, 혁명, 폭동, 파업 등 수출입계약 당사자에게 책임을 지울 수 없는 사유로 수출이 불가능하거나 수출대금 회수가 불가능해 지는 경우
>   - 해당국의 환거래 제한, 송금제한 조치 등으로 수출자 또는 금융기관이 손실을 입을 위험

② 결제 기간 2년 초과 수출보험(중장기성 종목)

중장기 수출보험 (선적 전)	• 수출상이 중장기 수출계약을 체결하고 계약의 효력이 발생한 후에 수출계약에 따라 물품을 수출할 수 없게 된 경우(수출 불능)에 입는 손실을 담보하는 제도 • 수출상이 수출 이행 후 결제 대금을 인출할 수 없게 된 경우(결제 자금 인출 불능)에 입는 손실을 담보함으로써 수출상의 적극적인 수출 추진을 지원하고자 마련된 제도
중장기 수출보험 (공급자신용)	• 수출 대금 결제 기간이 2년을 초과하는 중장기 수출계약을 체결하고 수출을 이행하였으나, 담보하는 위험의 발생으로 수입상이 수출 대금을 상환하지 않을 경우에 발생하는 손실을 담보하는 제도 • 산업설비, 선박, 플랜트 등 자본재 상품 수출의 경우 통상 계약 금액이 거액이고 대금 상환 기간이 장기이며, 수입국이 대부분 정치·경제적으로 불안정한 개발도상국이라는 점에서 수출 대금 미회수 위험이 항상 존재함 • 수출상이 결제 기간 2년을 초과하는 중장기 연불조건으로 자본재 상품 등을 수출하는 경우 수입국 비상위험 및 수입상 신용위험으로 인한 수출상의 대금 미회수 위험을 담보하는 제도
중장기 수출보험 (구매자신용)	• 수출 대금 결제 기간이 2년을 초과하는 중장기 수출 거래에서 금융기관의 대출원리금 회수 불능 위험을 담보하는 제도 • 자본재 상품 등 중장기 수출과 관련하여 국내외 금융기관이 수입상 또는 수입국 은행 앞 결제 기간 2년을 초과하는 연불금융을 제공하는 구매자 신용 방식에 대하여 대출원리금 회수 불능을 담보하는 제도
중장기 수출보험 (구매자신용·채권)	수출 대금 결제 기간이 2년을 초과하는 중장기 수출 거래에서 수입상이 자금 조달을 위해 발행하는 채권(Project Bond)에 대해 한국무역보험공사가 원리금 상환을 보장하는 제도
해외공사보험	해외공사계약 상대방의 신용위험 발생, 해외공사 발주국 또는 지급국에서의 비상위험 발생에 따라 손실을 입은 경우에 그 손실을 보상하는 제도
서비스종합보험 (기성고·연불 방식)	국내 수출업체가 시스템통합(SI), 기술서비스, 콘텐츠, 해외 엔지니어링 등의 서비스 거래를 수출하고 이에 따른 지출 비용 또는 확인 대가를 회수하지 못함으로써 입는 손실을 보상하는 제도

③ 신용보증(단기성 종목) 2020 출제

수출신용보증 (선적 전)	수출기업이 수출계약에 따라 수출 물품을 제조·가공하거나 조달할 수 있도록 외국환은행 또는 수출유관 기관들(이하 은행)이 수출신용보증서를 담보로 대출 또는 지급 보증을 실행함에 따라 기업이 은행에 대하여 부담하게 되는 상환 채무를 한국무역보험공사가 연대보증하는 제도
수출신용보증 (선적 후)	• 수출기업이 수출계약에 따라 물품을 선적한 후 금융기관이 환어음 등의 선적서류를 근거로 수출 채권을 매입(NEGO)하는 경우 한국무역보험공사가 연대보증하는 제도 • 수출상이 외상으로 수출한 후 환어음 등의 선적서류를 근거로 외국환은행으로부터 매입대전을 미리 지급받으면 수출과 동시에 수출 대금을 회수하는 효과를 누릴 수 있음 • 단기수출보험에 연계가입는 경우, 한국무역보험공사의 금융기관 앞 보증채무 이행 시 수출상의 귀책이 없는 경우 연계된 보험금만큼 한국무역보험공사에 대한 상환의무가 면제되므로 수출상을 보호하기 위해 단기수출보험 연계가입을 의무화함
수출신용보증 (매입)	• 중소·중견기업이 외상 수출 결제일 전에 수출 대금을 조기에 회수할 수 있도록 지원하는 제도 • 수출상의 수출 채권 매입 신청에 대해 대금을 지급한 금융기관의 대출금 미상환 위험, 비상위험 및 신용위험을 한국무역보험공사가 보증하는 제도
수출신용보증 (포괄매입)	• 중소·중견기업이 수출 이행 서류를 근거로 은행으로부터 매입외환 대출을 받은 후 대출 만기에 상환하지 못하는 경우 한국무역보험공사가 은행에 손실을 보상하는 제도 • 중소·중견기업은 발급받은 수출신용보증(포괄매입) 보증서 1개로 모든 수입상에 대해서 매입외환 대출을 받을 수 있음

(5) 수입보험 2022 출제

수입상용	원유, 가스 등 주요 전략물자를 장기간 안정적으로 확보하기 위해 국내 수입기업이 선급금 지급조건으로 거래 후 비상위험 또는 신용위험으로 선급금을 회수할 수 없게 된 경우에 발생하는 손실을 보상하는 제도
금융기관용	금융기관이 주요 자원 및 물품 등의 수입에 필요한 자금을 수입기업에 대출(지급 보증)한 후 대출금을 회수할 수 없게 된 경우에 발생하는 손실을 보상하는 제도
글로벌공급망	금융기관이 소재·부품·장비를 제조하는 중소·중견기업에게 수입에 필요한 자금을 대출(지급보증)한 후 대출금을 회수할 수 없게 된 경우에 발생하는 손실을 보상하는 제도(대출기간 1년 이내의 수입자금 대출거래)

(6) 환변동보험 2021, 2024 출제

① 의미: 수출입을 통해 외화를 획득 또는 지급하는 과정에서 발생할 수 있는 환차손익을 제거하여 사전에 외화 금액을 원화로 확정시킴으로써 환율 변동에 따른 위험을 헤지(Hedge)하는 상품이다.

헤지
환율 변동에 따른 위험을 없애기 위해 현재 수준의 환율로 수출이나 수입, 해외 투자에 따른 거래 금액을 고정시키는 것

② 특징
  ㉠ 청약시점부터 일반수출거래는 1년 6개월까지, 중장기 수출계약건은 3년 6개월까지 헤지 가능
  ㉡ 계약이행관련 증거금 또는 담보 제공 없이 저렴한 보험료만으로 이용가능
  ㉢ 수출입계약의 변경, 수출입대금 조기결제 등 외화자금 흐름과 환위험 관리를 일치시킬 수 있도록 만기일 이전 조기결제 가능
  ㉣ 실제 외화자금의 매매는 시중 금융기관과 이루어지며 K-SURE와는 보장환율과 결제환율 차이에 따라 발생하는 원화차액만 정산

③ 상품별 비교

일반형	수출상이 환율 하락 시 보험금을 통해 손실을 보상받고, 환율 상승 시 이익금을 K-SURE에 납부하는 방식
범위선물환형	수출상이 일정 환율 이하 하락 시 보험금을 통해 손실을 보상받고, 일정 환율 이상 상승 시 환수금을 K-SURE에 납부하는 방식
범위제한 선물환형	환율 하락 시 보험금과 환율 상승 시의 환수금을 일정 범위 이내로 제한하는 방식
부분보장 옵션형	수출상이 환율 상승 시 이익금 납부 의무를 면제받고, 환율 하락 시 하락분의 일정 수준까지 환차손을 보상받는 방식
완전보장 옵션형	수출상이 환율 상승 시 이익금 납부 의무를 면제받고, 환율 하락 시 하락분 전액을 보상받는 방식

04 무역진흥 조치

(1) 무역진흥 조치의 의미
산업통상자원부장관이 무역진흥을 위하여 필요하다고 인정하는 물품 등의 수출입을 지속적으로 증대하기 위해 실행하는 조치를 말한다.

(2) 무역진흥 지원 대상
① 무역진흥을 위한 자문, 지도, 대외 홍보, 전시, 연수, 상담 알선 등을 업으로 하는 자
② 무역전시장이나 무역연수원 등의 무역 관련 시설을 설치·운영하는 자
③ 과학적인 무역 업무 처리기반을 구축·운영하는 자

(3) 무역 관련 시설의 지정 2020 출제

무역진흥 지원 대상이 되는 무역 관련 시설은 다음의 구분에 따른 기능과 규모를 갖춘 시설로서 산업통상자원부장관이 지정하는 것으로 한다.

무역전시장	실내 전시 연면적이 2,000m² 이상인 무역견본품을 전시할 수 있는 시설과 50명 이상을 수용할 수 있는 회의실을 갖출 것
무역연수원	무역 전문 인력을 양성할 수 있는 시설로서 연면적이 2,000m² 이상이고 최대 수용 인원이 500명 이상일 것
컨벤션센터	회의용 시설로서 연면적이 4,000m² 이상이고 최대 수용 인원이 2,000명 이상일 것

05 통상의 진흥 2025 출제

(1) 통상진흥시책의 수립 및 협조

산업통상자원부장관은 무역과 통상을 진흥하기 위하여 매년 다음 연도의 통상진흥 시책을 세워야 한다.

(2) 통상진흥 시책의 내용

산업통상자원부장관의 통상진흥 시책에는 다음의 사항이 포함되어야 한다.
① 통상진흥 시책의 기본 방향
② 국제통상 여건의 분석과 전망
③ 무역·통상 협상 추진 방안과 기업의 해외 진출 지원 방안
④ 통상진흥을 위한 자문, 지도, 대외 홍보, 전시, 상담 알선, 전문인력 양성 등 해외시장 개척 지원 방안
⑤ 통상 관련 정보수집·분석 및 활용 방안
⑥ 원자재의 원활한 수급을 위한 국내외 협력 추진 방안
⑦ 그 밖에 대통령령으로 정하는 사항
 – 주요 지역별, 경제권별 또는 업종별 통상진흥 시책
 – 무역·통상의 진흥과 관련되는 기관 또는 단체의 통상활동 계획
 – 그 밖에 산업통상자원부장관이 무역·통상의 진흥과 관련하여 필요하다고 인정하는 통상진흥 시책

(3) 민간 협력 활동의 지원

산업통상자원부장관은 무역·통상 관련 기관 또는 단체가 교역상대국의 정부, 지방정부, 기관 또는 단체와 통상, 산업, 기술, 에너지 등에서 협력활동을 추진하는 경우 대통령령으로 정하는 바에 따라 필요한 지원을 할 수 있다.

(4) 기업의 해외진출 지원

산업통상자원부장관은 기업의 해외 진출을 지원하기 위하여 무역·통상 관련 기관 또는 단체로부터 정보를 체계적으로 수집하고 분석하여 지방자치단체와 기업에 필요한 정보를 제공할 수 있다.

(5) 해외진출지원센터

산업통상자원부장관은 기업의 해외 진출과 관련된 상담·안내·홍보·조사와 그 밖에 기업의 해외 진출에 대한 지원 업무를 종합적으로 수행하기 위하여 「대한무역투자진흥공사법」에 따른 대한무역투자진흥공사에 해외진출지원센터를 둔다.

06 무역에 관한 제한 등 특별조치 2021 출제

(1) 산업통상자원부장관은 다음의 어느 하나에 해당하는 경우에는 대통령령으로 정하는 바에 따라 물품 등의 수출과 수입을 제한하거나 금지할 수 있다.
   ① 우리나라 또는 우리나라의 무역 상대국(교역상대국)에 전쟁·사변 또는 천재지변이 있을 경우
   ② 교역상대국이 조약과 일반적으로 승인된 국제법규에서 정한 우리나라의 권익을 인정하지 아니할 경우
   ③ 교역상대국이 우리나라의 무역에 대하여 부당하거나 차별적인 부담 또는 제한을 가할 경우
   ④ 헌법에 따라 체결·공포된 무역에 관한 조약과 일반적으로 승인된 국제법규에서 정한 국제평화와 안전유지 등의 의무를 이행하기 위하여 필요할 경우
   ⑤ 국제평화와 안전유지를 위한 국제공조에 따른 교역여건의 급변으로 교역상대국과의 무역에 관한 중대한 차질이 생기거나 생길 우려가 있는 경우
   ⑥ 인간의 생명·건강 및 안전, 동물과 식물의 생명 및 건강, 환경보전 또는 국내 자원보호를 위하여 필요할 경우
(2) 산업통상자원부장관은 (1)의 ②, ③, ⑤, ⑥에 해당하는 사유로 교역상대국에 대하여 물품 등의 수출·수입의 제한 또는 금지에 관한 조치(특별조치)를 하려면 미리 그 사실에 관하여 조사를 하여야 한다.
(3) (2)에 해당하는 사실에 대하여 이해관계가 있는 자는 산업통상자원부장관에게 특별조치를 하여 줄 것을 신청할 수 있으며, 산업통상자원부장관은 신청이 있는 경우 신청일부터 30일 이내에 그 사실관계에 대한 조사 여부를 결정하고 그 내용을 신청인에게 알려주어야 한다.
(4) 산업통상자원부장관은 (1)에 따른 조사를 하는 경우 미리 해당 교역상대국과 협의를 하여야 하며, 조사를 시작하면 지체 없이 그 사실을 공고하고, 조사를 시작한 날부터 1년 이내에 끝내야 한다.
(5) 특별조치를 하려는 경우 미리 관계 중앙행정기관의장과 협의하여야 하며, 그 내용을 공고하여야 한다.

07 수입수량 제한조치

(1) 수입수량 제한조치의 의미
산업통상자원부장관은 특정 물품의 수입 증가로 인하여 같은 종류의 물품 또는 직접적인 경쟁 관계에 있는 물품을 생산하는 국내 산업이 심각한 피해를 입고 있거나 입을 우려가 있음이 무역위원회의 조사를 통하여 확인되고 심각한 피해 등을 구제하기 위한 조치가 건의된 경우, 그 국내 산업을 보호할 필요가 있다고 인정되면 그 물품의 국내 산업에 대한 심각한 피해 등을 방지하거나 치유하고 조정을 촉진하기 위하여 필요한 범위에서 물품의 수입수량을 제한하는 조치를 시행할 수 있다.

(2) 수입수량 제한조치의 주요 내용 2019, 2020, 2021, 2022, 2025 출제
① 산업통상자원부장관은 무역위원회의 건의, 해당 국내 산업 보호의 필요성, 국제통상 관계, 수입수량 제한조치의 시행에 따른 보상수준 및 국민경제에 미치는 영향 등을 검토하여 수입수량 제한조치의 시행 여부와 내용을 결정한다.
② 정부는 수입수량 제한조치를 시행하기 위해 이해 당사국과 수입수량 제한조치의 부정적 효과에 대한 적절한 무역보상에 관하여 협의할 수 있다.
③ 수입수량 제한조치는 조치 시행일 이후 수입되는 물품에만 적용한다.
④ 수입수량 제한조치의 적용 기간은 4년을 넘어서는 안 된다.
⑤ 산업통상자원부장관은 수입수량 제한조치의 대상 물품, 수량, 적용 기간 등을 공고하여야 한다.
⑥ 산업통상자원부장관은 수입수량 제한조치의 시행 여부를 결정하기 위하여 필요하다고 인정하면 관계 행정기관의 장 및 이해관계인 등에게 관련 자료의 제출 등 필요한 협조를 요청할 수 있다.

⑦ 산업통상자원부장관은 수입수량 제한조치의 대상이었거나 관세법에 따른 긴급관세 또는 잠정 긴급관세의 대상이었던 물품에 대하여는 그 수입수량 제한조치의 적용 기간, 긴급관세의 부과 기간 또는 잠정 긴급관세의 부과 기간이 끝난 날부터 그 적용 기간 또는 부과 기간에 해당하는 기간(적용 기간 또는 부과 기간이 2년 미만인 경우에는 2년)이 지나기 전까지는 다시 수입수량 제한조치를 시행할 수 없다. 단, 다음 요건을 모두 충족하는 경우에는 180일 이내의 수입수량 제한조치를 시행할 수 있다.
  ㉠ 해당 물품에 대한 수입수량 제한조치가 시행되거나 긴급관세 또는 잠정 긴급관세가 부과된 후 1년이 지날 것
  ㉡ 수입수량 제한조치를 다시 시행하는 날부터 소급하여 5년 안에 그 물품에 대한 수입수량 제한조치의 시행 또는 긴급관세의 부과가 2회 이내일 것
⑧ 수입수량을 제한하는 경우 그 제한수량은 최근의 대표적인 3년간의 수입량을 연평균 수입량으로 환산한 수량(기준 수량) 이상으로 하여야 한다. 이 경우 최근의 대표적인 연도를 정할 때에는 통상적인 수입량과 비교하여 수입량이 급증하거나 급감한 연도는 제외한다.

(3) 수입수량 제한조치에 대한 연장
① 산업통상자원부장관은 무역위원회의 건의가 있고 필요하다고 인정하면 수입수량 제한조치의 내용을 변경하거나 적용 기간을 연장할 수 있다. 이 경우 변경되는 조치 내용 및 연장되는 적용 기간 이내에 변경되는 조치 내용은 최초의 조치 내용보다 완화되어야 한다.
② 수입수량 제한조치의 적용 기간을 연장하는 경우 수입수량 제한조치의 적용 기간과 긴급관세 또는 잠정 긴급관세의 부과 기간 및 그 연장 기간을 전부 합산한 기간이 8년을 넘어서는 안 된다.
③ 산업통상자원부장관은 시행 중인 수입수량 제한조치에 대하여 무역위원회가 그 조치 내용의 변경이나 적용 기간의 연장을 건의하면 그 건의가 접수된 날부터 1개월 이내에 그 조치의 변경이나 조치 기간의 연장 여부를 결정하고 그 내용을 무역위원회에 통보하여야 한다.

08 수출입의 질서 유지 2020, 2021, 2025 출제

(1) 수출입 물품 등의 가격 조작 금지
무역거래자는 외화도피의 목적으로 물품 등의 수출 또는 수입 가격을 조작하여서는 안 된다.

(2) 무역거래자 간 무역분쟁의 신속한 해결
① 무역거래자는 그 상호 간이나 교역상대국의 무역거래자와 물품 등의 수출입과 관련하여 분쟁이 발생한 경우에는 정당한 사유 없이 그 분쟁의 해결을 지연시켜서는 안 된다.
② 산업통상자원부장관은 분쟁이 발생한 경우 무역거래자에게 분쟁해결에 관한 의견을 진술하게 하거나 그 분쟁과 관련되는 서류의 제출을 요구할 수 있다.
③ 산업통상자원부장관은 서류를 제출받거나 의견을 들은 후에 필요하다고 인정하면 그 분쟁에 관하여 사실 조사를 할 수 있다.
④ 산업통상자원부장관은 분쟁을 신속하고 공정하게 처리하는 것이 필요하다고 인정하거나 무역분쟁 당사자의 신청을 받으면 분쟁을 조정하거나 분쟁해결을 위한 중재계약의 체결을 권고할 수 있다.

(3) 선적 전 검사와 관련한 분쟁 조정 등

① 수입국 정부와의 계약 체결 또는 수입국 정부의 위임을 받아 기업이 수출하는 물품 등에 대하여 국내에서 선적 전에 검사를 실시하는 기관은 세계무역기구 선적 전 검사에 관한 협정을 지켜야 한다. 이 경우 선적 전 검사기관은 선적 전 검사가 기업의 수출에 대한 무역장벽으로 작용하도록 해서는 안 된다.

② 산업통상자원부장관은 선적 전 검사와 관련하여 수출상과 선적 전 검사기관 간에 분쟁이 발생하였을 경우에는 그 해결을 위하여 필요한 조정을 할 수 있다.

③ 분쟁에 관한 중재를 담당할 수 있도록 독립적인 중재기관(대한상사중재원)을 설치할 수 있다.

(4) 조정명령

산업통상자원부장관은 다음의 어느 하나에 해당하는 경우에는 무역거래자에게 수출하는 물품 등의 가격, 수량, 품질, 그 밖에 거래조건 또는 그 대상지역 등에 관하여 필요한 조정(調整)을 명할 수 있다.

① 헌법에 따라 체결·공포된 조약과 일반적으로 승인된 국제법규에 따른 의무 이행을 위하여 필요한 경우

② 우리나라 또는 교역상대국의 관련 법령에 위반되는 경우

③ 그 밖에 물품 등의 수출의 공정한 경쟁을 교란할 우려가 있거나 대외 신용을 손상하는 행위를 방지하기 위한 것으로서 다음의 어느 하나에 해당하는 경우

　㉠ 물품 등의 수출과 관련하여 부당하게 다른 무역거래자를 제외하는 경우

　㉡ 물품 등의 수출과 관련하여 부당하게 다른 무역거래자의 상대방에 대해 다른 무역거래자와 거래하지 아니하도록 유인하거나 강제하는 경우

　㉢ 물품 등의 수출과 관련하여 부당하게 다른 무역거래자의 해외에서의 사업활동을 방해하는 경우

(5) 분쟁 조정 신청 `2025 출제`

무역거래 또는 선적 전 검사와 관련한 분쟁이 발생한 경우 당사자의 일방 또는 쌍방은 산업통상자원부장관에게 분쟁의 조정을 신청할 수 있다.

① 조정을 신청하려는 자(신청인)는 조정비용의 예납과 함께 조정신청서 5부를 대한상사중재원장에게 제출하여야 한다.

② 산업통상자원부장관은 조정신청을 받은 때에는 30일 이내에 조정안(조정 사건의 표시, 조정의 일시 및 장소, 당사자의 성명 또는 명칭, 조정안의 주요 내용 포함)을 작성하여 당사자에게 제시하여야 한다.

③ 산업통상자원부장관은 조정안이 작성된 경우에는 당사자에게 알려야 한다. 조정안을 통지받은 분쟁 당사자는 7일 이내에 조정안에 대한 수락 여부를 서면으로 산업통상자원부장관에게 알려야 한다.

④ 조정의 종료

산업통상자원부장관은 어느 하나에 해당하는 경우에는 해당 조정 사건을 끝낼 수 있다.

- 당사자 간에 합의가 이루어지거나 조정안이 수락된 경우
- 조정신청인이나 당사자가 조정신청을 철회한 경우
- 당사자가 조정안을 거부한 경우
- 당사자 간에 합의가 성립될 가능성이 없다고 인정되는 경우나 그 밖에 조정할 필요가 없다고 판단되는 경우

11 원산지 규정(Rules of Origin)

01 원산지 규정의 3대 요소

원산지판정	물건의 원산지가 어디인지를 파악하는 것
원산지표시	수출품 또는 수입 물품에 대한 원산지를 적정한 방법으로 표시하는 것
원산지확인	통관단계에서 해당 물품에 표시된 원산지를 확인하는 것

02 원산지 규정의 의미

물품의 원산지를 결정하고 특혜 또는 비특혜 무역조치를 규정하는 각종 기준 및 절차를 말한다. 원산지판정 기준 등의 실체적 규정과 원산지 증명서류의 작성·제출 및 세관당국의 확인절차 등의 절차적 규정으로 구성된다.

03 원산지 규정의 구분

(1) 특혜 원산지 규정(Preferential Rules of Origin)
관세상 특혜를 부여하는 원산지 규정으로 원산지에 따라 적용하는 관세율이 달라진다. FTA 협정에 의한 원산지증명서, APTA(Asia Pacific Trade Agreement, 아시아태평양무역협정), GSP(Generalized System of Preferences, 일반특혜관세제도)와 같이 개발도상국에 특혜를 부여하는 경우에 적용되며 해당 원산지증명서를 구비한 경우 타국에서 수입되는 동일 물품보다 낮은 세율로 수입통관이 가능하다.

(2) 비특혜 원산지 규정(Non-preferential Rules of Origin)
특정 국가 물품의 수입제한, 반덤핑방지관세의 부과, 상계관세의 부과, 수출입 물품의 원산지확인 시 무역통계 작성 등과 같이 무역정책상 관세 혜택 이외의 목적을 달성하기 위해 물품의 원산지를 확인할 필요가 있을 때 적용되는 규정이다.

12 원산지판정 제도

01 수출입 물품의 원산지판정 제도

(1) 원산지판정의 요청
수출 또는 수입 물품의 원산지판정을 받으려는 자는 대상 물품의 관세·통계통합 품목분류표상의 품목번호·품목명(모델명 포함), 요청 사유, 요청자가 주장하는 원산지 등을 명시한 요청서에 견본 1개, 그 밖에 원산지판정에 필요한 자료를 첨부하여 산업통상자원부장관에게 제출해야 한다. 다만, 물품 성질상 견본 제출이 곤란하거나 견본 없이도 원산지판정에 지장이 없는 경우는 생략 가능하다.

(2) 원산지판정 결과 통보
산업통상자원부장관은 원산지판정 요청을 받은 경우 60일 이내에 원산지판정을 하여 그 결과를 요청한 사람에게 문서로 알려야 한다. 다만, 그 판정과 관련된 자료 수집 등을 위해 필요한 기간은 이에 산입하지 않는다.

(3) 원산지판정에 대한 이의 제기
① 통보를 받은 자가 원산지판정에 불복하는 경우에는 통보받은 날부터 30일 이내에 산업통상자원부장관에게 이의를 제기할 수 있다.
② 산업통상자원부장관은 이의를 제기받은 경우 이의 제기를 받은 날부터 150일 이내에 이의 제기에 대한 결정을 알려야 한다.

(4) 권한의 위탁
산업통상자원부장관은 원산지판정, 원산지표시 세부사항, 원산지표시 방법의 확인을 관세청장에게 위탁한다.

02 수입 물품에 대한 원산지판정 기준 2019, 2022, 2024, 2025 출제

(1) 완전생산 기준
① 의미: 수입 물품의 전부가 한 국가에서 채취되거나 생산된 물품(완전생산 물품)인 경우에 그 국가를 물품의 원산지로 결정하는 것을 말한다.
② 완전생산 물품의 종류
  ㉠ 해당국 영역에서 생산한 광산물, 농산물 및 식물성 생산물
  ㉡ 해당국 영역에서 번식, 사육한 산 동물과 이들로부터 채취한 물품
  ㉢ 해당국 영역에서 수렵, 어로로 채포(採捕)한 물품
  ㉣ 해당국 선박에 의해 해당국 이외 국가의 영해나 배타적 경제수역이 아닌 곳에서 채포한 어획물 또는 그 밖의 물품
  ㉤ 해당국에서 제조·가공공정 중에 발생한 잔여물
  ㉥ 해당국 또는 해당국의 선박에서 ㉠~㉤까지의 물품을 원재료로 하여 제조·가공한 물품

(2) 실질적 변형 기준
수입 물품의 생산·제조·가공 과정에 둘 이상의 국가가 관련된 경우에는 최종적으로 실질적 변형을 가하여 그 물품에 본질적 특성을 부여하는 활동을 한 국가를 그 물품의 원산지로 하는 기준이다.
① 세번 변경 기준: 해당국에서 제조·가공 과정을 통하여 원재료의 세번과 상이한 세번(HS 6단위 기준)의 제품을 생산하는 것을 말한다.
② 부가가치 기준
  ㉠ 의미: 사용된 원료 및 부품의 부가가치가 완제품 부가가치의 특정 비율 이상 또는 초과하는 경우에 해당되는 국가를 원산지로 인정하는 기준이다.
  ㉡ 부가가치의 비율: 해당 물품의 수입 가격(FOB 가격 기준) 중 제조·생산에 사용된 원료 및 구성품의 원산지별 가격누계가 차지하는 비율로 한다.
③ 주요 부품 기준
대외무역관리규정에서 별도로 정한 물품에 대하여는 주요 부품이 해당 물품의 원산지판정 기준이 된다. 주요 부품에 대하여는 다음의 국가를 원산지로 본다.
  ㉠ 해당 주요 부품의 원료 및 구성품의 부가가치 생산에 최대로 기여한 국가가 해당 완제품의 부가가치 비율 기준 상위 2개국 중 어느 하나에 해당하는 경우는 해당 국가
  ㉡ 해당 주요 부품의 원료 및 구성품의 부가가치 생산에 최대로 기여한 국가가 해당 완제품의 부가가치 비율 기준 상위 2개국 중 어느 하나에 해당하지 않는 경우는 해당 완제품을 최종적으로 제조한 국가

(3) 주요 공정 기준
제품의 제조공정 중 가장 중요하다고 인정되거나 해당 제품의 중요한 특성을 발생시키는 기술적 제조·가공 작업을 열거하고 해당 공정이 수행된 국가를 원산지로 인정하는 기준이다.

03 수입원료를 사용한 국내 생산 물품 등의 원산지판정 기준 2022, 2023 출제

(1) 적용 대상
원산지표시 대상 수입 물품 중 국내 수입 후 단순 가공한 물품과 1류~24류(농수산물·식품), 30류(의료용품), 33류(향료·화장품), 48류(종이와 판지), 49류(서적·신문·인쇄물), 50류~58류(섬유), 70류(유리), 72류(철강), 87류(8701~8708의 일반 차량), 89류(선박)에 해당되지 않는 물품

(2) 원산지를 우리나라로 간주하는 경우
① 우리나라에서 제조·가공 과정을 통해 수입원료의 세번과 상이한 세번(HS 6단위 기준)의 물품(세번 HS 4단위에 해당하는 물품의 세번이 HS 6단위에서 전혀 분류되지 않은 물품 포함)을 생산하고, 해당 물품의 총제조원가 중 수입원료의 수입 가격(CIF 가격 기준)을 공제한 금액이 총제조원가의 51% 이상인 경우
② 우리나라에서 단순한 가공활동이 아닌 제조·가공 과정을 통해 제1호의 세번변경이 안 된 물품을 최종적으로 생산하고, 해당 물품의 총제조원가 중 수입원료의 수입 가격(CIF 가격 기준)을 공제한 금액이 총제조원가의 85% 이상인 경우
③ 천일염은 외국산 원재료가 사용되지 않고 제조되어야 우리나라가 원산지로 인정됨

04 단순가공활동(최소가공수행) 2022 출제

(1) 단순가공활동의 의미
운송 또는 보관 목적으로 물품을 양호한 상태로 보존하기 위해 행하는 가공활동, 선적 또는 운송을 용이하게 하기 위한 가공활동, 판매 목적의 물품 포장 등과 관련된 활동을 말한다. 또한 제조·가공 결과 HS 6단위가 변경되더라도 다음의 가공과 이들이 결합되는 가공은 단순가공활동 범위에 포함된다.
① 통풍
② 건조, 단순 가열(볶거나 굽는 것을 포함)
③ 냉동, 냉장
④ 손상 부위의 제거, 이물질 제거, 세척
⑤ 기름칠, 녹방지 또는 보호를 위한 도색, 도장
⑥ 거르기 또는 선별(sifting or screening)
⑦ 정리(sorting), 분류 또는 등급 선정(classifying or grading)
⑧ 시험 또는 측정
⑨ 표시나 라벨의 수정 또는 선명화
⑩ 가수, 희석, 흡습, 가염, 가당, 전리(ionizing)
⑪ 각피(husking), 탈각(shelling or unshelling), 씨 제거, 신선·냉장육류의 냉동, 단순 절단 및 단순 혼합
⑫ 대외무역관리규정 별표9에서 정한 HS 01류의 가축을 수입해 도축하는 경우 정해진 사육 기간 미만의 기간 동안 수입국에서 사육한 가축의 도축(slaughtering)
⑬ 펴기(spreading out), 압착(crushing) 등

(2) 원산지판정에 미치는 영향
수입 물품의 생산·제조·가공 과정에 둘 이상의 국가가 관련된 경우 단순한 가공활동을 하는 국가는 원산지로 인정받지 못한다.

05 원산지판정 기준의 특례 2025 출제

(1) 부속품, 예비 부분품
기계·기구·장치 또는 차량에 사용되는 부속품·예비 부분품 및 공구로서 기계 등과 함께 수입되어 동시에 판매되고 그 종류 및 수량으로 보아 정상적인 부속품, 예비 부분품 및 공구라고 인정되는 물품의 원산지는 해당 기계·기구·장치 또는 차량의 원산지와 동일한 것으로 본다.

(2) 포장용품
포장용품의 원산지는 포장된 내용품의 원산지와 동일한 것으로 본다. 다만, 법령에 따라 포장용품과 내용품을 각각 별개로 구분하여 수입신고하도록 규정된 경우에는 포장용품의 원산지는 내용품의 원산지와 구분하여 결정한다.

(3) 촬영된 영화용 필름
촬영된 영화용 필름은 그 영화 제작자가 속하는 나라를 원산지로 인정한다.

(4) 전자적 형태의 무체물
전자적 형태의 무체물은 저작권자가 속하는 나라를 원산지로 한다.

13 원산지표시

01 원산지의 의미
물품이 성장, 생산, 제조 또는 가공된 지역 혹은 국가를 말하며 단순 조립국, 경유국, 자본 투자국, 브랜드 소유국과 구별된다. 홍콩 등과 같이 국가는 아니지만 독립관세 영역이거나 자치권을 보유한 지역도 원산지가 될 수 있다.

02 원산지표시 제도의 특징

소비자 보호	소비자에게 생산지에 대한 정확한 정보를 제공
국내 생산자 보호	특정 지역 생산품에 대한 평가와 신용을 차별화하여 국내 생산자를 보호
산업 및 무역정책	덤핑방지관세 부과, 긴급수입제한조치, 쿼터제도 등 무역제한 조치의 실효성 확보로 국내 기업을 보호
비관세 장벽 역할	원산지표시 제도, 원산지증명서 제도 등 원산지확인 제도를 통한 비관세 장벽 역할
보건위생 및 자연환경 보호	특정 지역, 특정 물품의 수입을 제한하여 환경을 보호

03 원산지표시 대상 물품
원산지표시 대상은 원산지표시 대상 물품으로 지정된 수입 물품이며 해당 물품에 원산지를 표시해야 한다.

04 원산지표시의 일반원칙 2020, 2021, 2023, 2025 출제

(1) 수입 물품의 원산지는 다음 중 어느 하나에 해당하는 방식으로 한글, 한자 또는 영문으로 표시할 수 있다.
  ① "원산지: 국명" 또는 "국명 산(産)" 예 원산지: 미국, 미국산
  ② "Made in 국명" 또는 "Product of 국명" 예 Made in Italy, Product of Italy
  ③ "Made by 물품 제조자의 회사명, 주소, 국명" 예 Made by Eduwill
  ④ "Country of Origin: 국명" 예 Country of Origin: China

(2) 최종 구매자가 해당 물품의 원산지를 용이하게 판독할 수 있는 크기의 활자체로 표시한다.

(3) 최종 구매자가 정상적인 물품 구매 과정에서 원산지를 쉽게 발견할 수 있는 곳에 표시한다.

(4) 표시된 원산지는 쉽게 지워지지 않으며 물품(또는 포장·용기)에서 쉽게 떨어지지 않아야 한다.

(5) 제조 단계에서 인쇄(printing), 등사(stenciling), 낙인(branding), 주조(molding), 식각(etching), 박음질(stitching) 또는 이와 유사한 방식으로 표시한다. 다만, 물품 특성상 위와 같은 방식으로 표시하는 것이 부적합 또는 곤란하거나 물품을 훼손할 우려가 있는 경우에는 날인(stamping), 라벨(label), 스티커(sticker), 꼬리표(tag)를 사용하여 표시할 수 있다.

(6) 최종 구매자가 수입 물품의 원산지를 오인할 우려가 없는 경우에는 통상적으로 널리 사용되고 있는 국가명이나 지역명 등을 사용하여 원산지표시를 할 수 있다.
  예 United States of America → USA, Switzerland → Swiss, Netherlands → Holland

(7) 전기용품 및 생활용품 안전관리법, 수입식품안전관리 특별법 등 다른 법령에서 물품에 대한 원산지표시 방식 등을 정하고 있는 경우에는 이를 적용하여 원산지를 표시할 수 있다.

05 원산지표시의 예외 규정

(1) 원산지를 물품의 최소 포장·용기 등에 표시하는 경우 2019 출제

① 해당 물품에 원산지를 표시하는 것이 불가능한 경우
② 원산지표시로 인해 해당 물품이 크게 훼손되는 경우 예 당구공, 콘택트렌즈, 포장하지 않은 집적회로 등
③ 원산지표시로 인해 해당 물품의 가치가 실질적으로 저하되는 경우
④ 원산지표시 비용이 해당 물품의 수입을 막을 정도로 과도한 경우 예 물품값보다 표시 비용이 더 많이 드는 경우 등
⑤ 상거래 관행상 최종 구매자에게 포장·용기에 봉인되어 판매되는 물품 또는 봉인되지는 않았으나 포장·용기를 뜯지 않고 판매되는 물품 예 비누, 칫솔, 비디오테이프 등
⑥ 실질적 변형을 일으키는 제조공정에 투입되는 부품 및 원재료를 수입한 후 실수요자에게 직접 공급하는 경우
⑦ 물품 외관상 원산지 오인 가능성이 적은 경우 예 두리안, 오렌지, 바나나와 같은 과일·채소 등
⑧ 수입 세트 물품의 경우
  ㉠ 세트 물품을 구성하는 개별 물품들의 원산지가 같고 최종 구매자에게 세트 물품으로 판매되는 경우에는 개별 물품에 원산지를 표시하지 않고 그 물품의 포장·용기에 원산지를 표시할 수 있다.
  ㉡ 수입 세트 물품을 구성하는 개별 물품들의 원산지가 2개국 이상인 경우에는 개별 물품에 각각의 원산지를 표시하고, 해당 세트 물품의 포장·용기에는 개별 물품들의 원산지를 모두 나열·표시해야 한다. 예 Made in China, Taiwan,…
  ㉢ 수입 세트 물품에 해당하는 원산지표시 대상은 관세청장이 정한다.

(2) 물품별 제조공정상의 다양한 특성을 반영하기 위한 경우
① 일반적인 원산지표시와 함께 "Designed in 국명", "Fashioned in 국명", "Moded in 국명", "Styled in 국명", "Licensed by 국명", "Finished in 국명" 등을 보조표시할 수 있다.
② 기타 관세청장이 타당하다고 인정한 보조표시 방식을 사용할 수 있다.

(3) 수입 물품의 크기가 작은 경우
원산지를 표시할 수 없을 정도로 물품의 크기가 작은 경우에는 국명만 표시할 수 있다.

(4) 원산지를 특정하기 어려운 경우 2022 출제
① 단순 조립 물품: "Organized in 국명(부분품별 원산지 나열)"
② 단순 혼합 물품: "Mixed in 국명(원재료별 원산지 나열)"
③ 중고 물품: "Imported from 국명"

06 수입용기의 원산지표시

(1) 관세율표에 따라 용기로 별도 분류되어 수입되는 물품의 경우에는 용기에 "(용기명)의 원산지: (국명)"에 상응하는 표시를 해야 한다. 예 "Bottle made in 국명"
(2) 1회 사용으로 폐기되는 용기의 경우에는 최소 판매단위의 포장에 용기의 원산지를 표시할 수 있으며, 실수요자가 이들 물품을 수입하는 경우에는 원산지를 표시하지 않아도 된다.

07 원산지표시의 면제 대상

(1) 외화획득용 원료 및 시설기재로 수입되는 물품
(2) 개인에게 무상 송부된 탁송품, 별송품 또는 여행자 휴대품
(3) 수입 후 실질적 변형을 일으키는 제조공정에 투입되는 부품 및 원재료로서 실수요자가 직접 수입하는 경우(실수요자를 위하여 수입을 대행하는 경우 포함)
(4) 판매 또는 임대목적에 제공되지 않는 물품으로서 실수요자가 직접 수입하는 경우. 다만, 해당 물품 중 제조용 시설 및 기자재(부분품 및 예비용 부품 포함)는 실수요자를 위하여 수입을 대행하는 경우까지도 인정
(5) 연구개발용품으로서 실수요자가 수입하는 경우(실수요자를 위하여 수입을 대행하는 경우 포함)
(6) 견본품(진열·판매용이 아닌 것에 한함) 및 수입된 물품의 하자보수용 물품(수입된 물품의 자체 결함에 따른 하자를 보수하기 위해 직접 수입하는 경우에 한함)
(7) 보세운송, 환적 등에 의하여 우리나라를 단순히 경유하는 통과 화물
(8) 재수출조건부 면세 대상 물품 등 일시 수입 물품
(9) 우리나라에서 수출된 후 재수입되는 물품
(10) 외교관 면세 대상 물품
(11) 개인이 자가소비용으로 수입하는 물품으로서 세관장이 타당하다고 인정하는 물품
(12) 그 밖에 관세청장이 산업통상자원부장관과 협의하여 타당하다고 인정하는 물품

> **TIP** 원산지표시제도 운영에 관한 고시
> - 판매목적이 아닌 자선목적의 기부물품
> - 우리나라로 수입되기 20년 이전에 생산된 물품
> - 보세구역에서 국내로 반입되지 않고 외국으로 반송(중계무역 및 환적 포함)되는 물품
> - 개인이 자가소비용으로 수입하는 물품으로서 세관장이 타당하다고 인정하는 물품
> - 수입자의 상호·상표 등이 인쇄되어 전시용으로만 사용하는 물품
> - 기계류 등의 본 제품과 같이 세트로 포장되어 수입되는 부분품·부속품 및 공구류

08 원산지 표시 위반물품에 대한 제재

(1) 시정조치 명령
산업통상자원부장관 또는 시·도지사는 원산지시 규정을 위반한 자에게 판매중지, 원상복구, 원산지 표시 등 대통령령으로 정하는 시정조치를 명할 수 있다.
① 원산지표시의 원상 복구, 정정, 말소 또는 원산지표시명령
② 위반물품의 거래 또는 판매 행위의 중지

(2) 벌칙
원산지 표시 위반물품에 대한 시정조치 명령을 위반한자는 5년 이하의 징역 또는 1억원 이하의 벌금에 처한다. 이 경우 징역과 벌금은 병과(倂科)할 수 있다.

(3) 과징금 부과 2025 출제
① 산업통상자원부장관 또는 시·도 지사는 원산지표시규정을 위반한 자에게 3억원 이하의 과징금을 부과할 수 있다.
② 통보를 받은 자는 납부 통지일부터 20일 이내에 과징금을 산업통상자원부장관 또는 시·도지사가 정하는 수납기관에 내야 한다.
③ 산업통상자원부장관 또는 시·도지사는 과징금을 부과받은 자가 내야 할 과징금의 금액이 1천만원 이상이거나 과징금을 부과받은 자가 중소기업인 경우에는 과징금의 납부기한을 연기하거나 분할 납부하게 할 수 있다. 납부기한의 연장은 그 납부기한의 다음 날부터 1년을 초과할 수 없다. 분할납부를 하게 하는 경우 각 분할된 납부기한 간의 간격은 4개월을 초과할 수 없으며, 분할 횟수는 3회를 초과할 수 없다.
④ 산업통상자원부장관 또는 시·도지사는 해당 무역거래자 등의 수출입 규모, 중소기업 여부, 위반 정도 및 위반 횟수 등을 고려하여 과징금 금액의 2분의 1의 범위에서 가중하거나 경감할 수 있다. 다만, 가중하는 경우에도 과징금의 총액은 3억원을 넘을 수 없다.

14 원산지확인

01 직접운송 원칙

(1) 직접운송 원칙 2024 출제
수입 물품의 원산지는 그 물품이 원산지 국가 이외의 국가(비원산국)를 경유하지 않고 원산지 국가로부터 직접 우리나라로 운송반입된 경우에만 원산국을 해당 물품의 원산지로 인정한다.

(2) 직접운송 원칙의 예외 2021 출제
다음의 어느 하나에 해당하는 경우, 해당 물품이 비원산국의 보세구역 등에서 세관 감시하에 환적 또는 일시장치 등이 이루어지고 이들 이외의 다른 행위가 없었음이 인정되는 경우에만 이를 우리나라로 직접운송된 물품으로 본다.
① 지리적 또는 운송상의 이유로 비원산국에서 환적 또는 일시장치가 이루어진 물품
② 박람회, 전시회, 그 밖에 이에 준하는 행사에 전시하기 위하여 비원산국으로 수출하였던 물품으로서 해당 물품의 전시 목적으로 사용 후 우리나라로 수출한 물품

02 원산지증명서(C/O: Certificate of Origin) 2022 출제

(1) 원산지증명서의 역할

산업통상자원부장관은 원산지를 확인하기 위하여 필요하다고 인정하면 물품 등을 수입하려는 자에게 그 물품 등의 원산지 국가 또는 물품 등을 선적한 국가의 정부 등이 발행하는 원산지증명서를 제출하도록 할 수 있다. 원산지를 확인해야 할 물품을 수입하는 자는 수입신고 전까지 원산지증명서 등 관계 자료를 세관장에게 제출하고 확인을 받아야 한다.

(2) 원산지증명서를 제출해야 하는 물품 2020, 2021, 2023 출제

① 통합 공고에 의하여 특정 지역으로부터 수입이 제한되는 물품
② 원산지 허위표시, 오인·혼동표시 등을 확인하기 위하여 세관장이 원산지증명서 제출이 필요하다고 인정하는 물품
③ 그 밖에 법령에 따라 원산지확인이 필요한 물품

(3) 원산지증명서 등의 제출이 면제되는 물품 2021, 2023 출제

① 과세 가격이 15만 원 이하인 물품
② 우편물(수입신고를 해야 하는 것은 제외)
③ 개인에게 무상 송부된 탁송품, 별송품 또는 여행자 휴대품
④ 재수출조건부 면세 대상 물품 등 일시 수입 물품
⑤ 보세운송, 환적 등에 의하여 우리나라를 단순히 경유하는 통과 화물
⑥ 물품의 종류, 성질, 형상 또는 그 상표, 생산국명, 제조자 등에 의하여 원산지가 인정되는 물품
⑦ 그 밖에 관세청장이 산업통상자원부장관과 협의하여 타당하다고 인정하는 물품

(4) 원산지증명서의 발급

헌법에 따라 체결·공포된 조약과 일반적으로 승인된 국제법규를 이행하기 위하여 또는 교역상대국 무역거래자의 요청으로 수출 물품의 원산지증명서를 발급받으려는 자는 산업통상자원부장관에게 원산지증명서의 발급을 신청하여야 한다. 이 경우 수수료를 내야 한다.

Mini Test — 대외무역법

OX문제

01 한국의 K기업이 독일 기업으로부터 발주받은 전산 프로그램을 개발하여 인터넷을 통해 전송하였고 대금을 외국환은행으로 지급받았다면 이는 대외무역법상 수출로 인정되지 않는다. (   )

02 수출입 공고에 의한 수출입 승인의 통상적인 유효 기간은 2년이다. (   )

03 전자적 형태의 무체물의 수출실적은 한국무역협회장 또는 전자무역기반 사업자가 외국환은행을 통해 입금 확인한 금액이다. (   )

04 소요량은 외화획득용 물품 등의 전량을 생산하는 데 소요된 원자재의 실량을 의미한다. (   )

05 수입 후 실질적 변형을 일으키는 제조 공정에 투입되는 부품 및 원재료로서 실수요자가 직접 수입하는 수입 물품에 대해서는 원산지표시가 면제된다. (   )

06 연계무역이란 물물교환, 구상무역, 대응구매, 제품환매 등의 형태에 의하여 수출·수입이 연계되어 이루어지는 수출입을 말한다. (   )

07 외국환은행의 장 또는 전자무역기반 사업자는 외화획득용 원료·기재의 제조, 가공, 유통 과정이 여러 단계인 경우 각 단계별로 구매확인서를 순차적으로 발급할 수 있다. (   )

08 플랜트수출과 관련하여 산업통상자원부장관이 일괄수주 방식에 의한 수출에 대하여 승인 또는 변경승인하려는 경우 미리 기획재정부장관의 동의를 받아야 한다. (   )

09 전략물자의 사용자 포괄 수출허가와 품목 포괄 수출허가의 경우 유효 기간은 기본 1년으로 한다. (   )

10 무역업고유번호를 부여받으려는 자는 우편, 팩시밀리, 전자우편, EDI 등의 방법으로 한국무역협회장에게 신청하여야 하며, 한국무역협회장은 접수 즉시 신청자에게 고유번호를 부여하여야 한다. (   )

✅ 정답 Check

| 01 X | 02 X | 03 X | 04 X | 05 ○ |
| 06 ○ | 07 ○ | 08 X | 09 X | 10 ○ |

[X 해설]
01 거주자가 비거주자에게 정보통신망을 통하여 전자적 형태의 무체물인 전산 프로그램을 인도하였으므로 수출로 인정된다.
02 수출입 공고에 의한 수출입 승인의 기본 유효 기간은 1년이며, 사안에 따라 1년 미만 또는 2년의 범위 내로 정할 수 있다.
03 전자적 형태의 무체물의 수출실적은 한국무역협회장 또는 한국소프트웨어산업협회장이 외국환은행을 통해 입금 확인한 금액이다. 전자무역기반 사업자는 내국 신용장, 구매확인서에 의한 공급의 수출실적을 확인하는 기관이다.
04 소요량은 외화획득용 물품 등의 전량을 생산하는 데 소요된 원자재의 실량과 손실량을 합한 양을 의미한다.
08 국토교통부장관의 동의를 받아야 한다.
09 사용자 포괄 수출허가와 품목 포괄 수출허가의 경우 유효 기간은 기본 3년 이내로 한다. 개별 수출허가의 유효 기간이 1년이다.

빈칸 채우기

01 외화획득용 원료·기재를 수입한 자가 직접 외화획득의 이행을 하는 경우 외화획득의 이행 기간은 수입통관일 또는 공급일부터 (   )(으)로 한다.

02 내국 신용장 이용 시 물품 대금 회수를 위해 (   )이(가) 발행되어 매입 또는 추심의 방법으로 대금이 결제된다.

03 전략물자는 무역거래자가 자체적으로 판단하는 자가판정과 판정기관에 의한 (   )(으)로 구분된다.

04 원산지표시 대상 물품의 원산지표시는 (   ), (   ) 또는 (   )(으)로 표시하여야 한다.

05 대외무역법상 수입수량 제한조치는 (   )년을 넘어서는 아니되며, 연장된 경우에도 연장 기간까지 전부 합산한 기간이 (   )년을 초과해서는 안 된다.

06 무역전시장은 실내 전시 연면적이 (   )천 제곱미터 이상인 무역견본품을 전시할 수 있는 시설과 (   )명 이상을 수용할 수 있는 회의실을 갖추어야 한다.

07 외국인도수출 및 위탁가공무역(수출)의 경우 수출실적의 인정 시점은 (   )이다.

08 전년도 수출실적 또는 최근 3년간 연평균 수출실적이 미화 (   )만 달러 이상인 자로서 무역거래를 주로 영위하는 자는 전문무역상사로 지정될 수 있다.

09 수출입을 통해 외화를 획득 또는 지급하는 과정에서 발생할 수 있는 환차손익을 제거하여 환율 변동에 따른 위험을 헤지하는 무역보험 상품을 (   )(이)라 한다.

10 외국환거래 없이 수입하는 물품 등으로서 그 반입 목적, 사유 등에 의하여 세관장이 타당하다고 인정하는 물품은 수출입 승인을 면제할 수 있다. 다만, 세관장은 과세 가격이 (   )만원을 초과하는 수입에 대하여는 수입승인서 제출을 요구할 수 있다.

정답 Check

01 2년　　02 판매대금추심(매입)의뢰서　03 전문판정　　04 한글, 한자, 영문　　05 4, 8
06 2, 50　　07 입금일　　08 100　　09 환변동보험　　10 500

CHAPTER 02 관세법

*참고: ●은 목표 점수 60점 이상을 위한 필수 학습 내용입니다.

1 관세(Customs Duties, Tariff)

01 관세의 의미

(1) 관세선을 통과하는 상품에 대하여 국가에서 부과하는 세금을 의미한다.

관세선
관세에 관한 법률 규제가 이루어지는 경계선으로 통상 국경선과 일치하나 보세구역, 자유무역지역 등으로 인해 항상 일치하지는 않음

(2) 소비세로 최종적으로 소비될 것을 대상으로 부과하는 조세이다 (국내에서 사용 또는 소비되지 않는 경우 원상태 수출, 계약상 이물품 수출 등으로 관세 환급 가능).

(3) 관세법 제14조에서는 "수입 물품에는 관세를 부과한다."라고 규정하여 수출 물품에는 관세를 부과하지 않는다.

02 관세의 특성

(1) 국세로서 부과 주체는 정부이며 지방자치단체는 관세를 부과하지 않는다.

(2) 간접소비세로서 납세 의무자와 담세자가 상이하며 최종 소비자에게 전가된다.

담세자
조세를 실질적으로 부담하는 자

(3) 원재료와 부분품에는 낮은 세율이 적용되며, 완제품에는 높은 세율이 책정된다.

03 과세 방법에 따른 분류

(1) 종가세(Ad Valorem Duties)
수입 물품의 가격을 과세표준으로 삼는 방법(관세액 = 수입 물품의 가격 × 관세율)

과세표준
관세액을 결정하는 기준으로서 수입 물품의 가격 또는 수량으로 함

(2) 종량세(Specific Duties)
물품의 수량, 중량, 길이 등을 과세표준으로 삼는 방법(관세액 = 수입 물품의 수량 등 × 단위 수량당 세액)

2 관세법

01 관세법의 목적

(1) 관세의 부과·징수 및 수출입 물품의 통관을 적정하게 하고 관세 수입을 확보함으로써 국민경제의 발전에 이바지함을 목적으로 한다.

(2) 수출입 물품의 통관 과정에서 관세 자체가 국내 산업 보호, 소비 억제, 국제 수지 개선의 역할을 하고 관세율과 과세제도를 통해 국내 물가 안정, 수출 지원을 도모하기 위함이다.

(3) 관세의 부과·징수를 통해 관세 수입을 확보하여 재정 수입을 조달하기 위함이다.

02 관세법의 성격

(1) 조세법적 성격
관세법은 세법으로서 관세의 부과, 징수, 감면 등에 대해 규정하고 있으며 관세 부과의 주체는 국가이다.

(2) 통관법적 성격
관세법은 수출입 물품의 통관을 적정하게 한다고 규정하며 수출입통관에 관한 규정을 두고 있다.

(3) 형사법적 성격
관세법은 벌칙, 조사와 처분에 관한 규정을 두고 있으며 이를 관세형법이라 한다. 관세형법은 관세 징수와 통관의 적정성을 확보하기 위해 관세범에 대한 처벌 법규를 별도로 관세법에서 규정하고 있다.

(4) 통칙법적 성격
관세에 관한 기본적인 사항 및 공통적인 사항을 규정하는 통칙법의 성격을 가진다.

(5) 국제법의 수용적 성격
관세행정에 관한 국제 조약으로 국제간의 통일 규정에 관한 국제 규정을 수용하고 있다.

03 용어의 정의 `2021, 2022, 2023, 2025 출제`

(1) 수입
외국 물품을 우리나라에 반입하거나 우리나라에서 소비 또는 사용하는 것을 말한다.

(2) 수출
내국 물품을 외국으로 반출하는 것을 말한다.

(3) 반송
국내에 도착한 외국 물품이 수입통관 절차를 거치지 않고 다시 외국으로 반출되는 것을 말한다.

(4) 외국 물품
① 외국에서 우리나라로 도착한 물품으로서 수입신고가 수리되기 전의 것
② 외국의 선박 등이 공해에서 채집하거나 포획한 수산물 등으로서 수입신고가 수리되기 전의 것
③ 수출신고가 수리된 물품
④ 보수 작업 결과 외국 물품에 부가된 내국 물품
⑤ 보세공장에서 외국 물품과 내국 물품을 원재료로 혼용하여 제조한 물품
⑥ 관세환급특례법상 관세 환급을 목적으로 일정한 보세구역 또는 자유무역지역에 반입한 물품

(5) 내국 물품
① 우리나라에 있는 물품으로서 외국 물품이 아닌 것
② 우리나라의 선박 등이 공해에서 채집하거나 포획한 수산물 등
③ 입항 전 수입신고가 수리된 물품
④ 수입신고 수리 전 반출승인을 받아 반출된 물품
⑤ 수입신고 전 즉시반출신고를 하고 반출된 물품

(6) 관세조사
관세의 과세표준과 세액을 결정 또는 경정하기 위하여 방문 또는 서면으로 납세자의 장부·서류 또는 그 밖의 물건을 조사(통합하여 조사하는 것을 포함)하는 것을 말한다.

(7) 통관
관세법에 따른 절차를 이행하여 물품을 수출·수입 또는 반송하는 것을 말한다.

(8) 환적(換積)
동일한 세관의 관할구역에서 입국 또는 입항하는 운송수단에서 출국 또는 출항하는 운송수단으로 물품을 옮겨 싣는 것을 말한다.

(9) 복합환적(複合換積)
입국 또는 입항하는 운송수단의 물품을 다른 세관의 관할구역으로 운송하여 출국 또는 출항하는 운송수단으로 옮겨 싣는 것을 말한다.

04 관세법 해석의 기준

과세형평의 원칙	과세자와 납세자 간의 조세 부과·징수는 공평하게 이루어져야 하며 서로 다른 납세자 간의 납세 부담은 공평하게 배분되어야 함
합목적성의 원칙	법의 해석과 적용 시 해당 조항이 내포하고 있는 기본원칙(합목적성)에 비추어 판단해야 함
소급 과세 금지의 원칙	새로운 해석이나 관행에 따라 소급하여 과세하지 않아야 함
신의성실의 원칙	납세자가 의무를 이행할 때와 세관공무원이 직무를 수행할 때는 신의에 따라 성실하게 해야 함

05 관세징수의 우선 [2020 출제]

관세를 납부해야 하는 물품은 다른 조세, 그 밖의 공과금 및 채권보다 우선하여 그 관세를 징수한다.

06 내국세 등의 부과·징수 [2021, 2022, 2023, 2025 출제]

(1) 관세법 우선 적용
관세와 함께 세관장이 부과·징수하는 내국세 등에는 부가가치세, 지방소비세, 담배소비세, 지방교육세, 개별소비세, 주세, 교육세, 교통·에너지·환경세 및 농어촌특별세 등이 있다. 이러한 내국세 등(내국세 등의 가산세 및 강제징수비 포함)의 부과·징수·환급 등에 관해 국세기본법, 국세징수법, 부가가치세법, 지방세법, 개별소비세법, 주세법, 교육세법, 교통·에너지·환경세법 및 농어촌특별세법의 규정과 관세법의 규정이 상충되는 경우에는 관세법 규정을 우선하여 적용한다.

(2) 체납된 내국세 등의 세무서장 징수 [2025 출제]
수입물품에 대하여 세관장이 부과·징수하는 내국세등의 체납이 발생하였을 때에는 징수의 효율성 등을 고려하여 필요하다고 인정되는 경우 납세의무자의 주소지(법인의 경우 그 법인의 등기부에 따른 본점이나 주사무소의 소재지)를 관할하는 세무서장이 체납된 부가가치세, 지방소비세, 개별소비세, 주세, 교육세, 교통·에너지·환경세 및 농어촌특별세(내국세등, 내국세등의 가산세 및 강제징수비를 포함)를 징수하기 위하여는 체납자가 다음의 모든 요건에 해당해야 한다. 다만, 법에 따른 이의신청·심사청구·심판청구 또는 행정소송이 계류 중인 경우, 회생계획인가 결정을 받은 경우 및 압류 등 강제징수가 진행 중이거나 압류 또는 매각을 유예받은 경우에는 세무서장이 징수하게 할 수 없다
① 체납자의 체납액 중 관세의 체납은 없고 내국세등만이 체납되었을 것
② 체납된 내국세등의 합계가 1천만원을 초과했을 것

07 관세의 납부기한 2020, 2022, 2023, 2025 출제

(1) 납세신고를 한 경우
납세신고 수리일부터 15일 이내에 납부해야 한다.

(2) 납부고지를 한 경우
납부고지를 받은 날부터 15일 이내에 납부해야 한다.

(3) 수입신고 전 즉시반출신고를 한 경우
수입신고일부터 15일 이내에 납부해야 한다.

> TIP (1)~(3)에도 불구하고 납세 의무자는 수입신고가 수리되기 전에 해당 세액을 납부할 수 있어요.

(4) 성실납세자가 월별납부를 신청하는 경우
관세청장이 정하는 요건을 갖춘 성실납세자가 대통령령으로 정하는 바에 따라 월별납부를 신청하는 경우 납부기한이 동일한 달에 속하는 세액에 대하여는 그 기한이 속하는 달의 말일까지 한꺼번에 납부하게 할 수 있다. 이 경우 세관장은 필요하다고 인정하는 경우에는 납부할 관세에 상당하는 담보를 제공하게 할 수 있다.

(5) 천재지변 등으로 인해 기한이 연장되는 경우
세관장은 천재지변, 전쟁·화재 등 재해나 도난으로 인하여 재산에 심한 손실을 입은 경우나 사업에 현저한 손실을 입은 경우, 사업이 중대한 위기에 처한 경우 중 관세법에 따른 신고, 신청, 청구 그 밖의 서류의 제출, 통지, 납부 또는 징수를 정해진 기한까지 할 수 없다고 인정되는 경우에는 1년을 초과하지 않는 기간을 정하여 납부기한을 연장할 수 있다. 이 경우 세관장은 필요하다고 인정하는 경우에는 납부할 관세에 상당하는 담보를 제공하게 할 수 있다.

3 관세의 과세요건

관세 채권·채무의 관계는 항상 국가가 채권자이며 납세 의무자는 채무자이다. 납세 의무는 관세법에 규정된 여러 조건을 충족한 경우에 성립된다. 관세를 부과하기 위해서는 과세 물건이 있어야 하고, 부가된 관세를 납입 할 납세 의무자가 있어야 하며 관세를 계산하기 위해 과세표준과 세율이 필요하다. 이렇게 과세 물건, 납세 의무자, 과세표준, 세율을 관세의 과세요건이라 한다.

01 과세 물건

(1) 과세 물건의 의미
과세 물건은 과세의 객체 또는 과세의 대상을 의미한다. 관세법에서는 수입 물품이 과세 대상임을 분명히 하고 있다. 수출 물품이나 환적 물품, 반송하고자 하는 물품 등 경유 물품은 수입 물품이 아니므로 과세 물건에 해당하지 않으며 관세도 부과되지 않는다.

(2) 과세 물건의 범위
① 관세의 과세 물건은 수입 물품이며, 그중에서 가치가 있는 유체물이 대상이다.
② 무체물인 권리사용료(특허권, 상표권, 의장권, 기타 이와 유사한 권리)가 유체물의 가격에 포함되어 있는 경우에는 그 유체물과 더불어 권리사용료 등도 과세 대상이 된다.

> TIP 대외무역법과 달리 관세법에서는 서비스의 수입이나 전자상거래에서 온라인으로 수입되는 디지털화 상품(예 게임을 다운로드하고 비용을 결제하는 경우)은 무체물이므로 과세 대상으로 간주하지 않아요.

(3) 과세 물건의 확정 시기 `2021, 2022, 2023, 2025 출제`

과세 대상인 수입 물품이 우리나라에 도착하여 수입신고를 하는 데까지는 많은 시간이 소요되므로 운송 과정 중 어느 시점의 물품의 수량과 성질에 따라 과세해야 할 것인가에 대한 문제가 발생할 수 있다. 정상적으로 일반 수입 물품을 통관할 경우 다음과 같이 과세를 부과한다.

① 일반 수입 물품: 수입신고(입항 전 수입신고 포함)하는 시점의 물품의 성질과 그 수량에 따라 관세를 부과한다.
② 원료 과세 물품: 보세공장에서 제조된 물품을 수입하는 경우 사용신고 전에 미리 세관장에게 해당 물품의 원료인 외국 물품에 대한 과세의 적용을 신청한 경우에는 사용신고하는 시점의 그 원료의 성질 및 수량에 따라 관세를 부과한다.

(4) 과세 물건 확정의 예외적 시기 `2021 출제`

① 외국 선박(항공기)용품과 국제무역선(기) 안에서 판매할 물품, 원양어선에 무상으로 송부하기 위해 반출하는 물품이 하역 또는 환적 허가의 내용대로 운송수단에 적재되지 않아 관세를 징수하는 물품: 하역 허가를 받은 때
② 보세구역 밖에서의 보수 작업 물품: 보세구역 밖에서 하는 보수 작업을 승인받은 때
③ 보세구역 장치 물품이 멸실 또는 폐기되어 관세를 징수하는 물품: 해당 물품이 멸실되거나 폐기된 때
④ 보세공장(보세건설장) 외 또는 종합보세구역 외 작업 시 작업 허가 기간의 경과로 인하여 관세를 징수하는 물품: 보세공장 외 작업, 보세건설장 외 작업 또는 종합보세구역 외 작업을 허가받거나 신고한 때
⑤ 보세운송 기간이 경과하여 관세를 징수하는 물품: 보세운송을 신고하거나 승인받은 때
⑥ 수입신고가 수리되기 전에 소비하거나 사용하는 물품: 해당 물품을 소비하거나 사용한 때
⑦ 수입신고 전 즉시반출신고를 하고 반출한 물품: 수입신고 전 즉시반출신고를 한 때
⑧ 우편으로 수입되는 물품: 통관우체국에 도착한 때
⑨ 도난 물품 또는 분실 물품: 해당 물품이 도난되거나 분실된 때
⑩ 관세법에 의해 매각되는 물품: 해당 물품이 매각된 때
⑪ 수입신고를 하지 않고 수입된 물품: 수입된 때

(5) 관세법령의 적용 시점 `2021, 2025 출제`

수입 물품이 외국에서 출발하여 국내에 도착한 후 수입통관을 거치는 동안 관세법 및 관세와 관계된 법령이 변경되면 관세율, 감면율, 수입요건 등이 변경될 수 있다. 관세법령의 적용 시점은 그 물품이 수입되는 방법에 따라 달라진다.

① 정상적인 수입통관을 거치는 경우
  ㉠ 일반적으로 수입된 외국 물품: 수입신고 당시의 법령에 따라 부과한다.
  ㉡ 보세건설장에 반입된 외국 물품: 사용 전 수입신고가 수리된 날에 시행되는 법령에 따라 부과한다.
② 정상적인 수입통관을 거치지 않는 경우: 과세 물건 확정의 예외적 시기에 해당하는 물품의 경우 과세 물건의 확정 시점인 그 사실이 발생한 날에 시행되는 법령에 의해 관세를 부과한다.

02 납세 의무자 [2023 출제]

(1) 납세 의무자의 의미
① 세법에 의해 조세를 납부할 의무가 있는 자
② 관세의 세액을 납부할 법률상의 의무를 부담하는 자
③ 수입신고의 당사자인 화주(관세의 간접세적 특징으로 인해 그 부담은 최종 소비자에게 전가됨)
④ 확장된 납세 의무자

물품수신인
화물을 인수받는 자

양수인
타인의 권리, 재산, 법률에서의 지위 등을 넘겨받은 자

(2) 납세 의무자의 종류 [2020, 2021, 2022, 2024, 2025 출제]
① 원칙적 납세 의무자(정상 수입신고되는 경우): 수입신고한 물품인 경우 그 물품을 수입신고하는 때의 화주
② 화주가 불분명한 경우의 납세 의무자
  ㉠ 수입을 위탁받아 수입업체가 대행수입한 물품인 경우: 그 물품의 수입을 위탁한 자
  ㉡ 수입을 위탁받아 수입업체가 대행수입한 물품이 아닌 경우: 상업서류(송품장, 선하증권 또는 항공화물운송장)에 적힌 물품수신인
  ㉢ 수입 물품을 수입신고 전에 양도한 경우: 양수인
  ㉣ 조달 물품인 경우: 실수요 부처의 장 또는 실수요자
  ㉤ 송품장상 물품수신인의 부도 등으로 직접 통관하기 곤란한 경우: 적법한 절차를 거쳐 수입 물품의 양수인이 된 은행
  ㉥ 법원의 임의 경매 절차에 의해 경락받은 물품의 경우: 해당 물품의 경락자

경락
경매로 동산이나 부동산을 취득하는 일

③ 특별 납세 의무자(정상 수입신고되지 않는 경우)
  ㉠ 선박용품(항공기용품)을 허가대로 적재하지 않아 관세를 징수하는 물품: 하역 허가를 받은 자
  ㉡ 보세구역 외 보수 작업 물품: 보세구역 밖에서 하는 보수 작업을 승인받은 자
  ㉢ 보세구역 장치 물품이 멸실·폐기되어 관세를 징수하는 물품: 운영인 또는 보관인
  ㉣ 보세공장(보세건설장) 외 또는 종합보세구역 외 작업 시 작업 허가 기간의 경과로 인하여 관세를 징수하는 물품: 보세공장 외 작업, 보세건설장 외 작업 또는 종합보세구역 외 작업을 허가받거나 신고한 자
  ㉤ 보세운송 기간이 경과하여 관세를 징수하는 물품: 보세운송을 신고하였거나 승인받은 자
  ㉥ 수입신고가 수리되기 전에 소비하거나 사용하는 물품: 해당 물품의 소비자 또는 사용자
  ㉦ 수입신고 전 즉시반출신고를 하고 반출한 물품: 해당 물품을 즉시 반출한 자
  ㉧ 우편으로 수입되는 물품: 수취인
  ㉨ 도난 물품 또는 분실 물품
    • 보세구역 장치 물품: 운영인 또는 화물관리인
    • 보세운송 물품: 보세운송을 신고하거나 승인을 받은 자
    • 그 밖의 물품: 보관인 또는 취급인
  ㉩ 수입신고를 하지 않은 경우: 소유자 및 점유자
  ㉪ 관세법 또는 다른 법률에 따라 따로 납세 의무자로 규정된 자

> **TIP** 원칙적 납세 의무자인 수입 물품의 화주 또는 신고인과 특별 납세 의무자가 경합할 경우에는 특별 납세 의무자가 납세 의무를 부담해요!

④ 확장된 납세 의무자
  ㉠ 연대 납세 의무자
    • 수입신고가 수리된 물품 또는 수입신고 수리 전 반출승인을 받아 반출된 물품에 대하여 납부하였거나 납부해야 할 관세액이 부족한 경우 해당 물품을 수입신고하는 때의 화주의 주소 및 거소가 분명하지 않거나 수입신고인이 화주를 명백히 하지 못하는 경우에는 그 신고인이 해당 물품을 수입신고하는 때의 화주와 연대하여 해당 관세를 납부해야 한다.
    • 자가사용 물품을 수입하려는 화주의 요청에 따라 사이버몰 등으로부터 해당 수입 물품의 구매를 대행하는 것을 업으로 하는 자(구매대행업자)가 다음의 모두에 해당하는 경우에는 구매대행업자와 수입신고하는 때의 화주가 연대하여 관세 등을 납부할 의무를 진다.
      − 화주로부터 해당 물품에 대하여 납부할 관세 등에 상당하는 금액을 수령하였을 것
      − 수입신고인 등에게 과세 가격 등의 정보를 거짓으로 제공하였을 것
  ㉡ 납세보증자: 관세법 또는 다른 법령, 조약, 협약 등에 따라 특정인이 납부해야 할 관세를 납부하지 않은 경우 관세 납부를 보증한 자가 납세 의무를 진다.
  ㉢ 2차 납세 의무자: 주된 납세자의 재산에 대해 강제징수를 하여도 관세 등을 충당하기에 부족한 경우 주된 납세 의무자와 일정한 관계에 있는 자(법인, 청산법인, 출자자, 사업양수인)가 그 부족액에 대하여 보충적으로 관세의 부담을 진다.

03 과세표준
세법에 의하여 세액계산의 기준이 되는 과세 물건의 수량 또는 가격을 말한다.

04 관세율
관세의 과세표준인 수입물품의 가격 또는 수량에 대한 관세액의 비율을 말한다.

4 과세 가격

01 관세평가

(1) 관세평가의 의미
  외국에서 수입되는 물품의 과세 가격을 결정하는 절차와 방법을 말한다.

(2) 관세평가의 목적
  ① **저가 신고 방지**: 수입 물품 가격의 저평가 행위를 방지하여 관세 수입을 확보한다.
  ② **고가 신고 방지**: 수입 물품 가격의 고평가 행위를 방지하여 해외로의 조세 회피 및 자본 도피를 방지하고 무역거래로 위장하는 불법 자금 세탁 행위를 방지한다.
  ③ **불공정 무역 방지**: 특정 물품의 수입 증가로 국내 산업이 피해를 받는 경우 관세율을 인상하여 수입을 억제한다. 적정한 과세 가격을 평가하면 관세율 정책의 실효성 확보가 가능하다.
  ④ **무역의 장애 요소 제거**: 관세평가제도를 각국에서 유리한 방법으로 운용하면 무역 확대의 장애 요인이 되므로 과세 가격 결정 방법을 국제적으로 통일하여 통상 마찰의 소지를 줄이고 자유무역의 진흥에 기여한다.

02 과세 가격 결정 방법 2019, 2021, 2023, 2025 출제

(1) 제1방법(과세 가격 결정의 원칙)

우리나라에 수출하기 위하여 판매되는 물품에 대하여 구매자가 실제로 지급하였거나 지급해야 할 가격에 법정 가산요소를 가산하고 조정하여 과세 가격을 결정하는 방법을 말한다.

① 거래 가격의 성립요건

  ㉠ 우리나라에 수출, 판매되는 것이어야 한다.
  ㉡ 해당 물품의 처분 또는 사용에 제한이 없어야 한다.
  ㉢ 해당 물품에 대한 거래의 성립 또는 가격의 결정이 금액으로 계산할 수 없는 조건 또는 사정에 영향을 받지 않아야 한다.
  ㉣ 해당 물품을 수입한 후에 전매·처분 또는 사용하여 생긴 수익의 일부가 판매자에게 직접 또는 간접적으로 귀속되지 않아야 한다. 다만, 귀속 금액을 객관적이고 수량화할 수 있는 자료가 있어서 적절히 조정할 수 있는 경우에는 그렇지 않다.
  ㉤ 구매자와 판매자 사이의 특수 관계가 해당 물품의 가격에 영향을 미치지 않아야 한다.

> **TIP** 구매자와 판매자 사이의 특수 관계는 다음과 같아요!
> 1. 구매자와 판매자가 상호 사업상의 임원 또는 관리자인 경우
> 2. 구매자와 판매자가 상호 법률상의 동업자인 경우
> 3. 구매자와 판매자가 고용 관계에 있는 경우
> 4. 특정인이 구매자 및 판매자의 의결권 있는 주식을 직접 또는 간접적으로 5% 이상 소유하거나 관리하는 경우
> 5. 구매자 및 판매자 중 일방이 상대방에 대하여 법적으로 또는 사실상으로 지시나 통제를 할 수 있는 위치에 있는 등 일방이 상대방을 직접 또는 간접적으로 지배하는 경우
> 6. 구매자 및 판매자가 동일한 제3자에 의하여 직접 또는 간접적으로 지배를 받는 경우
> 7. 구매자 및 판매자가 동일한 제3자를 직접 또는 간접적으로 공동 지배하는 경우
> 8. 구매자와 판매자가 친족 관계(6촌 이내의 혈족, 4촌 이내의 인척, 배우자 및 사실혼 관계, 친생자로서 다른 사람에게 친양자 입양된 자 및 그 배우자·직계비속)에 있는 경우

② 실제 지급 금액(구매자가 실제로 지급하였거나 지급해야 할 총금액)

  ㉠ **총금액**: 직접 지급액과 간접 지급액을 포함한 총금액에서 일정한 금액을 공제한 금액
  ㉡ **직접 지급액**: 송금이나 신용장 등에 의해 직접 결제되는 금액
  ㉢ **간접 지급액**
  - 구매자가 해당 수입 물품의 대가와 판매자의 채무를 상계하는 금액
  - 구매자가 판매자의 채무를 변제하는 금액
  - 그 밖의 간접적인 지급액
    - 판매자의 요청으로 수입 물품의 대가 중 전부 또는 일부를 제3자에게 지급하는 경우 그 금액
    - 수입 물품의 거래 조건으로 판매자 또는 제3자가 수행해야 하는 하자보증을 구매자가 대신하고 그 해당 금액을 할인받았거나 하자보증비 중 전부 또는 일부를 별도로 지급하는 경우 그 금액
    - 수입 물품의 거래 조건으로 구매자가 외국훈련비, 외국교육비 또는 연구개발비 등을 지급하는 경우 그 금액
    - 그 밖에 일반적으로 판매자가 부담하는 금융 비용 등을 구매자가 지급하는 경우 그 금액

③ 법정 가산요소(구매자가 별도로 부담하는 금액) `2020, 2021 출제`
  ㉠ 구매자가 부담하는 수수료와 중개료(구매 수수료는 제외)

  구매 수수료
  물품 구매에 있어 대리인이 해외에서 구매자를 대신하여 공급자 물색, 판매자에게 구매자의 요구사항 전달, 샘플 수집, 물품 검사, 보험·운송·보관·인도 대행 등을 행하는 대가로 구매자가 대리인에게 지급하는 비용

  ㉡ 해당 수입 물품과 동일체로 취급되는 용기의 비용과 해당 수입 물품의 포장에 드는 노무비와 자재비로서 구매자가 부담하는 비용
  ㉢ 구매자가 해당 수입 물품의 생산 및 수출 거래를 위하여 다음의 물품 및 용역을 무료 또는 인하된 가격으로 직접 또는 간접으로 공급한 경우에는 그 물품 및 용역의 가격 또는 인하차액을 해당 수입 물품의 총생산량 등 대통령령으로 정하는 요소를 고려하여 적절히 배분한 금액
    • 수입 물품에 결합되는 재료·구성요소·부분품 및 그 밖에 이와 비슷한 물품
    • 수입 물품의 생산에 사용되는 공구·금형·다이스 및 그 밖에 이와 비슷한 물품으로서 기획재정부령으로 정하는 것
    • 수입 물품의 생산 과정에 소비되는 물품
    • 수입 물품의 생산에 필요한 기술·설계·고안·공예 및 디자인(우리나라에서 개발된 것은 제외)

    > **TIP** 무료 또는 인하된 가격으로 공급하는 물품 및 용역의 금액(실제 거래 가격을 기준으로 산정한 금액을 말하며 국내에서 생산된 물품 및 용역을 공급하는 경우 부가가치세를 제외하고 산정)을 더하는 경우 다음 요소를 고려하여 배분해요!
    > 1. 해당 수입 물품의 총생산량 대비 실제 수입된 물품의 비율
    > 2. 공급하는 물품 및 용역이 해당 수입 물품 외의 물품 생산과 함께 관련되어 있는 경우 각 생산 물품별 거래 가격(해당 수입 물품 외의 물품이 국내에서 생산되는 경우에는 거래 가격에서 부가가치세를 제외) 합계액 대비 해당 수입 물품 거래 가격의 비율

  ㉣ 특허권, 실용신안권, 디자인권, 상표권 및 이와 유사한 권리를 사용한 대가로 지급하는 금액
  ㉤ 해당 수입 물품을 수입한 후 전매·처분 또는 사용하여 생긴 수익 금액 중 판매자에게 직접 또는 간접으로 귀속되는 금액
  ㉥ 수입항까지의 운임·보험료와 그 밖에 운송과 관련되는 비용

④ 공제요소(금액을 명백히 구분할 수 있을 때 실제 지급 금액에서 공제한 금액) `2021, 2022, 2023 출제`
  ㉠ 수입 후에 하는 해당 수입 물품의 건설, 설치, 조립, 정비, 유지 또는 해당 수입 물품에 관한 기술 지원에 필요한 비용
  ㉡ 수입항에 도착한 후 해당 수입 물품을 운송하는 데 필요한 운임·보험료와 그 밖에 운송과 관련된 비용

    > **TIP** 수입항까지의 운임·보험료는 가산되지만 수입항 도착 후의 운임·보험료는 공제되어요. 우리나라의 과세 가격 결정은 CIF 가격 기준이므로 입항 시점 이후 발생하는 금액에 대해서는 과세 가격 결정 시 공제해요.

  ㉢ 우리나라에서 해당 수입 물품에 부과된 관세 등의 세금과 그 밖의 공과금
  ㉣ 연불조건의 수입인 경우에는 다음 요건을 모두 갖춘 연불 이자

  연불조건
  대금 지불을 일정 기간 연기하는 조건

    • 연불이자가 수입 물품의 대가로 실제로 지급하였거나 지급하여야 할 금액과 구분될 것
    • 금융계약이 서면으로 체결되었을 것
    • 해당 물품이 수입신고된 가격으로 판매되고, 그 이자율은 금융이 제공된 국가에서 당시 금융 거래에 통용되는 수준의 이자율을 초과하지 않을 것

⑤ 제1방법으로 과세 가격 결정이 불가능한 경우
  ㉠ 우리나라에 수출하기 위해 판매되는 물품이 아닌 경우
    • 무상으로 국내에 도착하는 물품
    • 국내 도착 후 경매 등을 통해 판매가격이 결정되는 위탁판매물품
    • 수출자의 책임으로 국내에서 판매하기 위해 국내에 도착하는 물품
    • 별개의 독립된 법적 사업체가 아닌 지점 등과의 거래에 따라 국내 도착하는 물품
    • 임대차계약에 따라 국내에 도착하는 물품
    • 무상으로 임차하여 국내에 도착하는 물품
    • 산업쓰레기 등 수출자의 부담으로 국내에서 폐기하기 위해 국내에 도착하는 물품
  ㉡ 수입 물품의 처분 또는 사용에 대한 제한이 있는 경우
    • 전시용 · 자선용 · 교육용 등 당해 물품을 특정 용도로 사용하도록 하는 제한
    • 해당 물품을 특정인에게만 판매 또는 임대하도록 하는 제한
    • 기타 해당 물품의 가격에 실질적으로 영향을 미치는 제한

    > **TIP** 제1방법으로 과세 가격을 결정할 수 있는 처분 또는 사용에 대한 제한은 다음과 같아요.
    > 1. 우리나라의 법령이나 법령에 의한 처분에 의하여 부과되거나 요구되는 제한
    > 2. 수입 물품이 판매될 수 있는 지역의 제한
    > 3. 그 밖에 해당 수입 물품의 특성, 해당 산업부문의 관행 등을 고려하여 통상적으로 허용되는 제한으로서 수입 가격에 실질적으로 영향을 미치지 않는다고 세관장이 인정하는 제한

  ㉢ 금액으로 계산할 수 없는 조건 또는 사정이 거래의 성립이나 가격 결정에 영향을 주는 경우
    • 구매자가 판매자로부터 특정 수량의 다른 물품을 구매하는 조건으로 해당 물품의 가격이 결정되는 경우
    • 구매자가 판매자에게 판매하는 다른 물품의 가격에 따라 해당 물품의 가격이 결정되는 경우
    • 판매자가 반제품을 구매자에게 공급하고 그 대가로 완제품의 일정 수량을 받는 조건으로 해당 물품의 가격이 결정되는 경우

(2) 제2방법(동종 · 동질 물품의 거래 가격을 기초로 한 과세 가격의 결정)

제1방법으로 과세 가격을 결정할 수 없는 경우 과세 가격으로 인정된 사실이 있는 동종 · 동질 물품의 거래 가격을 기초로 하여 과세 가격을 결정하는 방법을 말한다.

동종 · 동질 물품
해당 수입 물품의 생산국에서 생산된 것으로서 물리적 특성, 품질 및 소비자 등의 평판을 포함한 모든 면에서 동일한 물품(외양에 경미한 차이가 있을 뿐 그 밖의 모든 면에서 동일한 물품을 포함)

① 동종 · 동질 물품의 요건
  ㉠ 해당 물품의 생산국에서 생산된 것으로서 해당 물품의 선적일에 선적되거나 해당 물품의 선적일을 전후하여 가격에 영향을 미치는 시장 조건이나 상관행에 변동이 없는 기간 중에 선적되어 우리나라에 수입된 것일 것

    > **TIP** 선적일은 수입 물품을 수출국에서 우리나라로 운송하기 위하여 선적하는 날로 하며, 선하증권, 송품장 등으로 확인할 수 있어요. 다만, 선적일의 확인이 곤란한 경우로서 해당 물품의 선적국 및 운송수단이 동종 · 동질 물품의 선적국 및 운송수단과 동일한 경우에는 "선적일"을 "입항일"로, "선적"을 "입항"으로 보아요.

    > **TIP** 해당 물품의 선적일을 전후하여 가격에 영향을 미치는 시장 조건이나 상관행에 변동이 없는 기간은 해당 물품의 선적일 전 60일과 선적일 후 60일을 합한 기간으로 해요. 다만, 농림축산물 등 계절에 따라 가격의 차이가 심한 물품의 경우에는 선적일 전 30일과 선적일 후 30일을 합한 기간으로 해요. (관세법 시행령 제25조 제3항)

ⓛ 거래 단계, 거래 수량, 운송 거리, 운송 형태 등이 해당 물품과 같아야 하며 두 물품 간에 차이가 있는 경우에는 그에 따른 가격 차이를 조정한 가격일 것

거래 단계가 서로 다른 경우	수출국에서 통상적으로 인정하는 각 단계별 가격 차이를 반영하여 조정
거래 수량이 서로 다른 경우	수량 할인 등의 근거자료를 고려하여 가격 차이를 조정
운송 거리가 서로 다른 경우	운송 거리에 비례하여 가격 차이를 조정
운송 형태가 서로 다른 경우	운송 형태별 통상적으로 적용되는 가격 차이를 반영하여 조정

② 거래 가격 결정 방법
ㄱ 거래 가격이 둘 이상 있는 경우: 생산자, 거래 시기, 거래 단계, 거래 수량과 같은 거래 내용 등이 해당 물품과 가장 유사한 물품을 가격의 기초로 함
ㄴ 거래 내용 등이 같은 물품이 둘 이상이 있고 그 가격도 둘 이상이 있는 경우: 가장 낮은 가격을 기초로 함

> **TIP** 거래 가격 결정 방법 적용 시 해당 물품의 생산자가 생산한 동종·동질 물품은 다른 생산자가 생산한 동종·동질 물품보다 우선하여 적용해요.

(3) 제3방법(유사 물품의 거래 가격을 기초로 한 과세 가격의 결정)

제1방법, 제2방법으로 과세 가격을 결정할 수 없는 경우 과세 가격으로 인정된 사실이 있는 유사 물품의 거래 가격을 기초로 과세 가격을 결정하는 방법을 말한다.

유사 물품
당해 수입 물품의 생산국에서 생산된 것으로서 모든 면에서 동일하지는 않지만 동일한 기능을 수행하고 대체 사용이 가능할 수 있을 만큼 비슷한 특성과 비슷한 구성요소를 가지고 있는 물품

(4) 제4방법(국내 판매 가격을 기초로 한 과세 가격의 결정)

제1방법에서 제3방법을 순차적으로 적용하여도 과세 가격을 결정할 수 없는 경우 수입통관 후 국내에서 판매하는 가격에서 일정한 비용 등을 공제한 가격을 과세 가격으로 결정하는 방법을 말한다(공제 가격, 역산 가격 방법으로 표현하기도 함).

① 국내 판매 가격: 해당 물품, 동종·동질 물품 또는 유사 물품이 수입된 것과 동일한 상태로 해당 물품의 수입신고일 또는 수입신고일과 거의 동시에 특수 관계가 없는 자에게 가장 많은 수량으로 국내에서 판매되는 단위 가격(수입 후 최초의 거래에서 판매되는 단위 가격)을 기초로 하여 산출한 금액을 말한다.

> **TIP** 해당 물품의 국내 판매 가격이 동종·동질 물품 또는 유사 물품의 국내 판매 가격보다 현저하게 낮은 경우 등의 상황 발생 시 국내 판매 가격을 적용하지 않을 수 있어요.

② 공제요소
ㄱ 국내 판매와 관련하여 통상적으로 지급하였거나 지급해야 할 것으로 합의된 수수료 또는 동종·동류의 수입 물품이 국내에서 판매되는 때 통상적으로 부가되는 이윤 및 일반 경비에 해당하는 금액
ㄴ 수입항에 도착한 후 국내에서 발생한 통상의 운임·보험료와 그 밖의 관련 비용

> **TIP** 제4방법에서 공제요소 중 '그 밖의 관련 비용'이란 해당 물품, 동종·동질 물품 또는 유사 물품의 하역, 검수, 검역, 검사, 통관 비용 등 수입과 관련하여 발생하는 비용을 말해요.

ㄷ 해당 물품의 수입 및 국내 판매와 관련하여 납부하였거나 납부해야 하는 조세와 그 밖의 공과금

③ 예외 적용: 해당 물품, 동종·동질 물품 또는 유사 물품이 수입된 것과 동일한 상태로 국내에서 판매되는 사례가 없는 경우 납세 의무자가 요청할 때에는 해당 물품이 국내에서 가공된 후 특수 관계가 없는 자에게 가장 많은 수량으로 판매되는 단위 가격을 기초로 하여 산출된 금액에서 다음의 금액을 뺀 가격을 과세 가격으로 한다.
  ㉠ 상기 ② 공제요소(㉠~㉢)
  ㉡ 국내 가공에 따른 부가가치

(5) 제5방법(산정 가격을 기초로 한 과세 가격의 결정)

제1방법에서 제4방법을 순차적으로 적용하여도 과세 가격을 결정할 수 없는 경우 다음의 금액을 합한 가격을 기초로 하여 과세 가격을 결정하는 방법을 말한다.
① 해당 물품의 생산에 사용된 원자재 비용 및 조립이나 그 밖의 가공에 드는 비용 또는 그 가격(생산관리 비용)
② 수출국 내에서 해당 물품과 동종·동류의 물품 생산자가 우리나라에 수출하기 위하여 판매할 때 통상적으로 반영하는 이윤 및 일반 경비에 해당하는 금액
③ 해당 물품의 수입항까지의 운임·보험료와 그 밖에 운송과 관련된 비용

(6) 제6방법(합리적 기준에 따른 과세 가격의 결정) `2025 출제`

제1방법부터 제5방법을 순차적으로 적용하여도 과세 가격을 결정할 수 없는 경우 제1방법부터 제5방법의 원칙과 부합되는 합리적 기준에 따라 과세 가격을 결정하는 방법을 말한다.
① 제2방법 또는 제3방법의 신축적 해석·적용
  ㉠ 해당 물품의 생산국에서 생산된 것이라는 장소적 요건을 다른 생산국에서 생산된 것으로 확대하여 해석·적용하는 방법
  ㉡ 해당 물품의 선적일 또는 선적일 전후라는 시간적 요건을 선적일 전후 90일로 확대하여 해석·적용하는 방법
② 제4방법의 신축적 해석·적용: 제4방법의 규정을 적용함에 있어서 수입된 것과 동일한 상태로 판매되어야 한다는 요건을 신축적으로 해석·적용하여 납세 의무자의 요청이 없는 경우에도 제4방법의 예외 적용 규정에 따라 과세 가격을 결정하는 방법
③ 제4방법 및 제5방법의 거래 가격의 신축적 해석·적용: 제4방법 또는 제5방법의 규정에 의하여 과세 가격으로 인정된 바 있는 동종·동질 물품 또는 유사 물품의 과세 가격을 기초로 과세 가격을 결정하는 방법
④ 제4방법의 단서규정을 적용하지 않는 방법
  수입신고일부터 180일까지 판매되는 가격을 적용하는 방법
⑤ 과세 가격 결정 시 기준으로 하면 안 되는 가격
  ㉠ 우리나라에서 생산된 물품의 국내 판매 가격
  ㉡ 선택 가능한 가격 중 반드시 높은 가격을 과세 가격으로 해야 한다는 기준에 따라 결정하는 가격
  ㉢ 수출국의 국내 판매 가격
  ㉣ 동종·동질 물품 또는 유사 물품에 대하여 산정 가격을 기초로 한 과세 가격의 결정 방법 외의 방법으로 생산 비용을 기초로 하여 결정된 가격
  ㉤ 우리나라 외의 국가에 수출하는 물품의 가격
  ㉥ 특정 수입 물품에 대하여 미리 설정하여 둔 최저 과세 기준 가격
  ㉦ 자의적 또는 가공적인 가격

03 과세환율

(1) 과세환율의 의미
수입 물품 거래 가격의 대부분은 미 달러화, 유로화 또는 엔화 등 외화로 표시되므로 원화로 환산한 금액에 세율을 곱하여 관세액을 산출하는 데 이때 사용되는 환율을 말한다.

(2) 과세환율의 결정 `2025 출제`
과세 가격을 결정하는 경우 외국통화로 표시된 가격을 내국통화로 환산할 때에는 제17조(적용법령)에 따른 날(보세건설장에 반입된 물품의 경우에는 수입신고를 한 날 관세청장은 과세환율의 세부 결정방법 등 필요한 사항을 따로 정할 수 있다)이 속하는 주의 전주(前週)의 기준환율 또는 재정환율을 평균하여 관세청장이 그 율을 정한다.

04 가격신고

(1) 가격신고의 의미
납세 의무자가 수입신고할 때 세관장에게 해당 물품의 가격을 신고하는 것을 말한다. 세관 당국은 수입상이 신고한 납세신고가 적정한지 여부를 심사할 때 이를 중요한 자료로 활용한다.

(2) 가격신고 대상 물품
① 수입하고자 하는 물품
② 신고납부 대상
③ 부과고지 대상 물품

(3) 가격신고 생략 가능 물품
① 정부 또는 지방자치단체가 수입하는 물품
② 정부 조달 물품
③ 공공기관이 수입하는 물품
④ 관세 및 내국세 등이 부과되지 않는 물품
⑤ 방위산업용 기계와 그 부분품 및 원재료로 수입하는 물품(해당 물품과 관련된 중앙행정기관의 장의 수입 확인 또는 수입 추천을 받은 물품에 한함)
⑥ 수출용 원재료
⑦ 특정연구기관 육성법의 규정에 의한 특정 연구기관이 수입하는 물품
⑧ 과세 가격이 미화 1만 달러 이하인 물품(개별소비세, 주세, 교통·에너지·환경세가 부과되는 물품과 분할하여 수입되는 물품은 제외)
⑨ 종량세 적용 물품(종량세와 종가세 중 높은 세액 또는 높은 세율을 선택하여 적용해야 하는 물품의 경우에는 제외)
⑩ 과세 가격 결정 방법의 사전 심사 결과가 통보된 물품(잠정 가격신고 대상 물품은 제외)

(4) 가격신고 생략 불가 물품
① 과세 가격을 결정할 때 제1방법의 거래 가격에 조정요소(법정 가산요소) 금액을 가산해야 하는 물품
② 제1방법에 따른 구매자가 실제로 지급하였거나 지급하여야 할 가격에 구매자가 해당 수입 물품의 대가와 판매자의 채무를 상계하는 금액, 구매자가 판매자의 채무를 변제하는 금액, 그 밖의 간접적인 지급액이 포함되어 있는 경우에 해당하는 물품
③ 제2방법~제6방법에 따라 결정되는 경우에 해당하는 물품
④ 부과고지 대상 물품으로 세관장이 관세를 부과·징수하는 물품
⑤ 잠정 가격신고 대상 물품
⑥ 관세를 체납하고 있는 자가 신고하는 물품(체납액이 10만 원 미만이거나 체납 기간이 7일 이내에 수입신고하는 경우는 제외)
⑦ 납세자의 성실성 등을 참작하여 관세청장이 정하는 기준에 해당하는 불성실 신고인이 신고하는 물품
⑧ 물품의 가격 변동이 큰 물품, 기타 수입신고 수리 후에 세액을 심사하는 것이 적합하지 않다고 인정하여 관세청장이 정하는 물품

05 잠정 가격신고제도 2021, 2023, 2024 출제

(1) 잠정 가격신고제도의 의미
수입신고 당시에 거래 가격이 확정되지 않고 일정 기간이 지난 후에 확정되는 물품은 잠정 가격으로 신고하고 해당 물품의 가격이 확정되었을 때 확정 가격신고를 하여 잠정 가격신고로 납부한 세액의 차액을 징수하거나 환급하는 제도를 말한다.

(2) 잠정 가격신고의 대상
① 거래관행상 거래가 성립된 때부터 일정 기간이 지난 후에 가격이 정하여지는 물품(원유·곡물·광석 그 밖의 이와 비슷한 1차 산품)으로서 수입신고일 현재 가격이 정해지지 않은 경우
② 과세 가격 결정 방법 제1방법에 의해 조정해야 할 금액이 수입신고일부터 일정 기간이 지난 후에 정해질 수 있음이 서류 등으로 확인되는 경우
③ 과세 가격 결정 방법의 사전 심사를 신청한 경우
④ 특수 관계가 있는 구매자와 판매자 사이의 거래 중 제1방법(과세 가격 결정의 원칙)에 따른 수입 물품의 거래 가격이 수입신고 수리 이후에 국제조세조정에 관한 법률 제8조에 따른 정상 가격으로 조정될 것으로 예상되는 거래로서 기획재정부령으로 정하는 요건을 갖춘 경우
⑤ 계약의 내용이나 거래의 특성상 잠정 가격으로 가격신고를 하는 것이 불가피하다고 기획재정부령으로 정하는 경우

(3) 확정 가격신고 기한
① 잠정 가격으로 가격신고를 한 자는 2년의 범위 안에서 구매자와 판매자 간의 거래계약 내용 등을 고려하여 세관장이 지정하는 기간 내에 확정 가격을 신고해야 한다. 이 경우 잠정 가격으로 가격신고를 한 자는 관세청장이 정하는 바에 따라 전단에 따른 신고 기간이 끝나기 30일 전까지 확정 가격의 계산을 위한 가산율을 산정해 줄 것을 요청할 수 있다.
② 세관장은 구매자와 판매자 간의 거래계약 내용이 변경되는 등 잠정 가격을 확정할 수 없는 불가피한 사유가 있다고 인정되는 경우로서 납세 의무자의 요청이 있는 경우에는 기획재정부령으로 정하는 바에 따라 신고 기간을 연장할 수 있다. 이 경우 연장하는 기간은 신고 기간 만료일부터 2년을 초과할 수 없다.

(4) 사후 정산

세관장은 확정 가격신고를 받거나 가격을 확정한 때에는 잠정 가격을 기초로 신고납부한 세액과 확정된 가격신고에 따른 세액의 차액을 징수하거나 환급해야 한다.

06 과세 가격 사전 심사(과세 가격 결정 방법의 사전 심사)

(1) 과세 가격 사전 심사제도

납세 의무자의 성실신고납부를 지원하기 위한 제도로서, 신고납부 방식에 따라 납세신고를 해야 하는 자는 과세 가격 결정과 관련하여 다음 사항에 대해 의문이 있는 경우 가격신고를 하기 전에 관세청장에게 미리 심사하여 줄 것을 신청할 수 있다.
① 제1방법의 법정 가산요소, 공제요소, 거래 가격 성립요건(ⓒ~ⓜ)에 관한 사항
② 제1방법으로 과세 가격을 결정할 수 없는 경우에 적용되는 과세 가격 결정 방법
③ 특수 관계가 있는 자들 간에 거래되는 물품의 과세 가격 결정 방법

(2) 심사서의 교부(통지)

① 관세청장은 상기 (1)의 ①, ②에 해당되는 경우 1개월 이내에 과세 가격의 결정 방법을 심사한 후 그 결과를 신청인에게 통보해야 한다.
② 관세청장은 상기 (1)의 ③에 해당하는 경우 1년 이내에 과세 가격의 결정 방법을 심사한 후 그 결과를 신청인에게 통보해야 한다.

(3) 사전 심사서의 적용

관세의 납세 의무자가 사전 심사에 따라 통보된 과세 가격의 결정 방법에 의해 납세신고를 한 경우 세관장은 다음 요건을 갖추었을 때에는 그 결정 방법에 따라 과세 가격을 결정해야 한다.
① 신청인과 납세 의무자가 동일할 것
② 제출된 내용에 거짓이 없고 그 내용이 가격신고된 내용과 같을 것
③ 사전 심사의 기초가 되는 법령이나 거래 관계 등이 달라지지 않았을 것
④ 심사 결과 통보일부터 3년(특수 관계에 있는 자가 결과의 통보일을 기준으로 2년 이후부터 3년이 도래하기 30일 전까지 신고 기간을 2년 연장하여 줄 것을 신청한 경우로서 관세청장이 이를 허용하는 경우에는 5년) 이내에 신고될 것

5 관세율(세율)

01 세율의 종류

기본세율	관세법 별표 관세율표상의 기본세율로 국회에서 제정되며 통상적으로 수입 물품에 적용되는 세율
잠정세율	관세법 별표 관세율표에 기본세율과 함께 표기되어 있는 것으로 일시적으로 기본세율을 적용할 수 없을 때 잠정적으로 적용하기 위한 세율
탄력관세율	법률이 정하는 범위 안에서 관세율의 변경권을 행정부에 위임하여, 급변하는 국내외 경제 및 무역 환경에 탄력적으로 대응할 수 있도록 하는 세율
협정세율	대외무역 증진을 위하여 필요하다고 인정되는 경우에 특정 국가 또는 국제기구와 조약 또는 행정협정 등으로 정한 세율

02 탄력관세의 종류 2020, 2024, 2025 출제

(1) 덤핑방지관세 2021 출제

① 의미: 수출국의 생산자가 부당하게 정상 가격보다 낮은 가격으로 수출하고 우리나라가 그 물건을 수입(덤핑)함으로써 국내 산업에 피해를 야기한 경우 그 덤핑 행위를 시정하고 국내 산업 피해를 구제하기 위하여 정상 가격과 덤핑 가격 간의 차액에 상당하는 금액 이하의 관세를 추가하여 부과하는 관세를 말하며, 실질적 피해 등을 구제하기 위해 필요한 범위내에서 부과한다.

② 부과요건
  ㉠ 국내 산업이 실질적인 피해를 받거나 받을 우려가 있는 경우
  ㉡ 국내 산업의 발전이 실질적으로 지연된 경우

③ 부과 시기: 덤핑방지관세의 부과와 잠정조치는 각각의 조치일 이후 수입되는 물품에 대해 적용

④ 세율 적용: 적용되는 세율 + 덤핑방지관세율 예 적용되는 세율이 8%이고 덤핑방지관세율이 10%일 경우 18%를 적용

⑤ 잠정조치: 조사 기간 중에 발생하는 피해를 방지하기 위하여 해당 조사가 종결되기 전이라도 그 물품과 공급자 또는 공급국 및 기간을 정하여 잠정적으로 추계된 덤핑 차액에 상당하는 금액 이하의 잠정덤핑방지관세를 추가하여 부과하도록 명하거나 담보를 제공하도록 명하는 조치를 할 수 있다.

⑥ 우회덤핑 물품에 대한 덤핑방지관세의 부과: 덤핑방지관세의 부과요청을 한 자가 조사를 신청한 경우 또는 대통령령으로 정하는 경우로서 덤핑방지관세가 부과되는 물품의 물리적 특성이나 형태 등에 있어 경미한 변경을 하는 등 대통령령으로 정하는 행위를 통해 해당 덤핑방지관세의 부과를 회피하고자 하였음(우회덤핑)이 조사를 통해 확인되는 경우, 해당 우회덤핑 물품에 대해서도 덤핑방지관세를 부과할 수 있다. 이 경우 덤핑방지관세가 부과되는 우회덤핑 물품은 기획재정부령으로 정한다.

(2) 상계관세 2021, 2022 출제

① 의미: 외국에서 제조·생산 또는 수출에 관하여 직접 또는 간접으로 보조금이나 장려금(이하 보조금 등)을 받은 물품이 수입되어 국내 산업을 저해하는 경우에 기본세율 이외에 해당 보조금 등의 금액 이하를 추가 부과하는 관세를 말한다.

② 부과요건
  ㉠ 국내 산업이 실질적인 피해를 받거나 받을 우려가 있는 경우
  ㉡ 국내 산업의 발전이 실질적으로 지연된 경우

③ 부과 시기: 상계관세의 부과와 잠정조치는 각각의 조치일 이후 수입되는 물품에 대해 적용

④ 잠정조치: 기획재정부장관은 국내 산업의 보호를 위하여 무역위원회의 조사가 종결되기 전이라도 그 물품의 수출상 또는 수출국 및 기간을 정하여 보조금 등의 추정액에 상당하는 금액 이하의 잠정상계관세를 부과하도록 명하거나 담보를 제공하도록 명하는 조치(잠정조치)를 할 수 있다.

(3) 보복관세

① 의미: 교역상대국이 우리나라의 수출 물품 등에 대하여 우리나라의 무역 이익이 침해되는 행위를 하는 경우 그 나라에서 수입되는 물품에 대하여 피해상당액의 범위 내에서 부과하는 관세를 말한다.

② 부과요건
  ㉠ 관세 또는 무역에 관한 국제 협정이나 양자 간의 협정 등에 규정된 우리나라의 권익을 부인하거나 제한하는 경우
  ㉡ 그 밖에 우리나라에 대하여 부당하거나 차별적인 조치를 하는 경우

(4) 긴급관세 `2020 출제`

① 의미: 특정 물품의 수입 증가로 인하여 동종 물품 또는 직접적인 경쟁 관계에 있는 물품을 생산하는 국내 산업이 입을 수 있는 심각한 피해 등을 방지하거나 치유하고 조정을 촉진하기 위하여 무역위원회의 조사에 의해 필요한 범위에서 관세를 추가하여 부과하는 것을 말한다. WTO 긴급수입제한조치 협약상의 긴급수입제한조치(Safe Guard; 세이프가드)에 근거를 두고 있다.

> **TIP** 기획재정부장관은 긴급관세를 부과하는 경우 이해 당사국과 긴급관세 부과의 부정적 효과에 대한 적절한 무역보상 방법에 관하여 협의할 수 있어요.

② 부과요건
  ㉠ 국내 산업이 심각한 피해를 받거나 받을 우려가 있는 경우
  ㉡ 국내 산업을 보호할 필요성이 인정되는 경우

③ 부과 기간
  ㉠ 긴급관세: 4년을 초과할 수 없음
  ㉡ 잠정긴급관세: 200일을 초과하여 부과할 수 없음
  ㉢ 재심사 결과 부과기간을 연장하는 경우: 잠정긴급관세의 부과 기간, 긴급관세의 부과 기간, 대외무역법에 따른 수입수량 제한 등의 적용 기간 및 그 연장 기간을 포함한 총적용 기간은 8년을 초과할 수 없음

(5) 농림축산물에 대한 특별긴급관세

국내외 가격차에 상당한 율로 양허한 농림축산물의 수입 물량이 급증하거나 수입 가격이 하락하는 경우 양허한 세율을 초과하여 부과하는 관세를 말한다.

(6) 편익관세

관세에 관한 조약에 따른 편익을 받지 않는 다음과 같은 국가에서 생산물을 수입할 때 이미 체결된 외국과의 조약에 따른 편익의 한도에서 편익을 부여하는 관세를 말한다.

① 아시아: 부탄
② 중동: 이란, 이라크, 레바논, 시리아
③ 대양주: 나우루
④ 아프리카: 코모로, 에티오피아, 소말리아
⑤ 유럽: 안도라, 모나코, 산마리노, 바티칸, 덴마크(그린란드 및 페로제도에 한정)

(7) 국제협력관세

우리나라의 대외무역 증진을 위하여 필요하다고 인정될 때 특정 국가 또는 국제기구와 관세에 관한 협상을 하여 양허하는 관세를 말한다. 특정 국가와 협상할 때에는 기본세율의 100분의 50의 범위를 초과하여 관세를 양허할 수 없다.

(8) 조정관세 `2021, 2022, 2024, 2025 출제`

① **의미**: 수입자유화 개방정책의 실시로 인해 수입 자동승인 품목으로 지정된 물품의 수입이 급격히 증가하거나 저가로 수입되어 국내 산업을 저해하거나 국민 소비생활을 어지럽힐 가능성이 높은 경우 이에 대처하기 위해 일시적으로 세율을 조정하여 부과하는 관세를 말한다.

② **부과요건**: 다음에 해당하는 경우는 100분의 100에서 해당 물품의 기본세율을 뺀 율을 기본세율에 더한 율의 범위에서 관세를 부과할 수 있다. 단, 농림축수산물 또는 이를 원재료로 하여 제조된 물품의 국내외 가격차가 해당 물품의 과세 가격을 초과하는 경우에는 국내외 가격차에 상당하는 율의 범위에서 관세를 부과할 수 있다.
   ㉠ 산업구조의 변동 등으로 물품 간의 세율 불균형이 심하여 이를 시정할 필요가 있는 경우
   ㉡ 공중도덕 보호, 인간·동물·식물의 생명 및 건강 보호, 환경보전, 한정된 천연자원 보존 및 국제 평화와 안전보장 등을 위하여 필요한 경우
   ㉢ 국내에서 개발된 물품을 일정 기간 보호할 필요가 있는 경우
   ㉣ 농림축수산물 등 국제 경쟁력이 취약한 물품의 수입 증가로 인하여 국내 시장이 교란되거나 산업 기반이 붕괴될 우려가 있어 이를 시정하거나 방지할 필요가 있는 경우

(9) 계절관세

계절에 따라 가격의 차이가 심한 물품으로서 동종 물품·유사 물품 또는 대체 물품의 수입으로 인하여 국내 시장이 교란되거나 생산 기반이 붕괴될 우려가 있을 때, 계절에 따라 해당 물품의 국내외 가격차에 상당하는 율의 범위에서 기본세율보다 높게 부과하거나 100분의 40 범위의 율을 기본세율에서 빼고 부과하는 관세를 말한다.

(10) 할당관세 `2021, 2022, 2023, 2024, 2025 출제`

① **의미**: 관세율의 조작에 의하여 수입수량을 규제할 목적으로 특정 물품의 수입에 대하여 일정 수량의 한도를 설정하고 그 수량 또는 금액만큼 수입되는 분에 대해서는 무세 내지 저세율을 적용하고, 한도 이상 수입되는 분에 대해서는 고세율을 적용하는 이중 관세를 말한다.

② **관세율의 인하**: 다음의 경우 100분의 40 범위의 율을 기본세율에서 빼고 관세를 부과할 수 있다.
   ㉠ 원활한 물자 수급 또는 산업 경쟁력 강화를 위하여 특정 물품의 수입을 촉진할 필요가 있는 경우
   ㉡ 수입 가격이 급등한 물품 또는 이를 원재료로 한 제품의 국내 가격을 안정시키기 위하여 필요한 경우
   ㉢ 유사 물품 간의 세율이 현저히 불균형하여 이를 시정할 필요가 있는 경우

③ **관세율의 인상**: 특정 물품의 수입을 억제할 필요가 있는 경우 일정한 수량을 초과하여 수입되는 분에 대하여 100분의 40 범위의 율을 기본세율에 더하여 관세를 부과할 수 있다.

(11) 일반특혜관세

① **의미**: 개발도상국가(특혜 대상국)를 원산지로 하는 물품 중 대통령령으로 정하는 물품(특혜 대상 물품)에 대해 기본세율보다 낮은 세율로 부과하는 관세를 말한다. 국제연합총회의 결의에 따른 최빈개발도상국 중 대통령령으로 정하는 국가를 원산지로 하는 물품에 대하여는 다른 특혜 대상국보다 우대하여 일반특혜관세를 부과할 수 있다.

② **일반특혜관세의 적용 정지**: 기획재정부장관은 특정한 특혜 대상 물품의 수입이 증가하여 이와 동종의 물품 또는 직접적인 경쟁 관계에 있는 물품을 생산하는 국내 산업에 중대한 피해를 주거나 줄 우려가 있는 등 일반특혜관세를 부과하는 것이 적당하지 않다고 판단될 때에는 대통령령으로 정하는 바에 따라 해당 물품과 그 물품의 원산지인 국가를 지정하여 일반특혜관세의 적용을 정지할 수 있다 (해당 물품을 수출하는 국가와 사전 협의할 필요는 없음).

03 세율 적용의 우선순위 2022, 2023, 2024 출제

한 물품에 대하여 둘 이상의 세율이 적용되는 경우가 발생할 수 있다. 관세법에서 정한 세율의 우선순위는 다음과 같다.

순위	관세의 종류	세율의 우선순위
1	덤핑방지관세(+), 상계관세(+), 긴급관세, 보복관세, 특정국 물품 긴급관세, 농림축산물에 대한 특별긴급관세, 조정관세*	가장 우선하여 적용('+' 표시 관세는 실행 관세에 해당 관세를 추가하여 부과) * 공중도덕 보호, 인간·동물·식물의 생명 및 건강 보호, 환경보전, 한정된 천연자원 보존 및 국제평화와 안전보장 등을 위하여 필요한 경우만 해당. 나머지는 그대로 4순위 적용
2	FTA 협정관세 TIP 협정관세란 외국과 교역량을 증진하기 위하여 기존 국정 관세율을 인하하거나 더 인상하지 않을 것을 양허하는 협정을 통해 국정 관세율보다 일반적으로 낮은 관세를 부과하는 것을 말해요. FTA 협정관세를 적용받기 위해서는 각 FTA 협정에서 정한 원산지증명서(또는 문구)를 구비하여 수입통관하고자 하는 세관장에게 신청하여야 해요.	3~7보다 낮은 경우 우선 적용
3	편익관세, WTO 일반양허관세, WTO 개발도상국 간 양허관세, 유엔무역개발회의 개발도상국 간 양허관세, 특정 국가와의 관세협상에 따른 국제협력관세	4~7보다 낮은 경우 우선 적용
4	조정관세, 계절관세	5~7보다 우선 적용
	할당관세	5보다 낮은 경우에만 우선 적용. 6, 7보다 우선 적용
5	일반특혜관세	6, 7보다 우선 적용
6	잠정관세	7보다 우선 적용
7	기본관세	1~6이 적용되지 않는 경우 적용

04 세율의 적용

(1) 간이세율의 적용

① 간이세율의 적용 취지: 여행자 휴대품이나 우편물 등과 같이 소액이지만 물품의 종류가 많은 경우 각 품목마다 정식으로 과세통관을 하는 것은 불편을 초래하므로 단일세율을 적용하여 과세를 간소화함으로써 국민 편의를 도모하기 위함이다.

② 간이세율 적용 물품(다음 물품 중 대통령령으로 정하는 물품) 2019, 2020 출제
  ㉠ 여행자 또는 외국을 오가는 운송수단의 승무원이 휴대하여 수입하는 물품
  ㉡ 우편물(수입신고해야 하는 것은 제외)
  ㉢ 탁송품 또는 별송품

③ 간이세율 적용 제외 물품
  ㉠ 관세율이 무세인 물품과 관세가 감면되는 물품
  ㉡ 수출용 원재료
  ㉢ 관세법 제11장(벌칙)의 범칙 행위에 관련된 물품
  ㉣ 종량세가 적용되는 물품
  ㉤ 상업용으로 인정되는 수량의 물품
  ㉥ 고가품

ⓐ 해당 물품의 수입이 국내 산업을 저해할 우려가 있는 물품
ⓑ 단일 간이세율의 적용이 과세 형평을 현저히 저해할 우려가 있는 물품
ⓒ 화주가 수입신고할 때에 과세 대상 물품의 전부에 대하여 간이세율의 적용을 받지 아니할 것을 요청한 경우의 해당 물품

④ 간이세율표

품명	세율(%)
1. 다음 각 목의 어느 하나에 해당하는 물품 중 개별소비세가 과세되는 물품	
가. 투전기, 오락용 사행기구 그 밖의 오락용품	55
나. 보석·진주·별갑·산호·호박 및 상아와 이를 사용한 제품, 귀금속 제품	92만 6천 원 + 463만 원을 초과하는 금액의 50
다. 고급 시계, 고급 가방	37만 4백 원 + 185만 2천 원을 초과하는 금액의 50
3. 다음 각 목의 어느 하나에 해당하는 물품 중 기본 관세율이 10% 이상인 것으로서 개별소비세가 과세되지 않는 물품	
가. 모피의류, 모피의류의 부속품 그 밖의 모피 제품	30
나. 가죽제 또는 콤포지션레더제의 의류와 그 부속품, 방직용 섬유와 방직용 섬유의 제품, 신발류	25
다. 녹용	32
4. 다음 각 목의 어느 하나에 해당하는 물품(단, 고급 모피와 그 제품, 고급 융단, 고급 가구, 승용자동차, 수렵용 총포류, 주류 및 담배는 제외)	
가. 제1호부터 제3호까지에 해당하지 않는 물품	20
나. 제1호 및 제3호에 불구하고 여행자가 휴대 수입하는 물품으로 1인당 과세 대상 물품 가격의 합산 총액이 미화 1천 달러 이하인 물품	

(2) 합의에 의한 세율의 적용 2020 출제

① 의의: 일괄하여 수입신고가 된 물품으로서 물품별 세율이 다른 물품에 대하여는 신고인의 신청에 따라 그 세율 중 가장 높은 세율을 적용할 수 있다.

② 적용요건
  ㉠ 일괄하여 수입신고되어야 한다.
  ㉡ 품목별로 세율이 달라야 한다.
  ㉢ 가장 높은 세율을 적용할 것을 화주가 신청하여야 한다.

③ 세액산출: 합의세액 = 전체 과세 가격 × 합의에 의한 최고 세율

④ 행정쟁송과의 관계: 합의세율의 적용은 화주에 신청에 의하여 사전에 세관과 화주가 합의한 것이므로 이의 신청, 심사 청구 및 심판 청구와 같은 행정상 쟁송을 할 수 없다.

(3) 용도세율의 적용 2022, 2025 출제

① 동일 물품이라도 용도에 따라 세율을 다르게 적용되는 경우가 있는데 용도에 따라 달리하는 세율 중 낮은 세율로서, 특정한 수입상이 특정 용도에 사용하기 위하여 특정 물품을 수입하는 경우에 관세의 납세 의무를 면제하거나 감세하여 세 부담을 줄여 주는 관세감면제도와 동일한 취지의 세율이다.

② 용도세율 적용 물품을 수입신고 수리일부터 3년의 범위에서 관세청장이 정하는 기간에는 해당 용도 외의 다른 용도에 사용하거나 양도할 수 없다. 다만, 미리 세관장의 승인을 받은 경우에는 다른 용도에 사용하거나 양도할 수 있다.

③ 수입신고의 수리일부터 3년의 기간에 해당 용도 외의 다른 용도에 사용하거나 그 용도 외의 다른 용도에 사용하려는 자에게 양도한 경우에는 해당 물품을 특정용도 외에 사용한 자 또는 그 양도인으로부터 해당 물품을 특정용도에 사용할 것을 요건으로 하지 아니하는 세율에 따라 계산한 관세액과 해당 용도세율에 따라 계산한 관세액의 차액에 상당하는 관세를 즉시 징수하며, 양도인으로부터 해당 관세를 징수할 수 없을 때에는 그 양수인으로부터 즉시 징수한다. 다만, 재해나 그 밖의 부득이한 사유로 멸실되었거나 미리 세관장의 승인을 받아 폐기한 경우에는 그러하지 아니하다.

6 품목분류 2022 출제

01 품목분류의 의미

나라마다 다른 관세 행정을 통일시키기 위해 관세 품목을 원료나 제조 과정, 용도 등으로 세분화하는 것을 말한다. 품목분류에 의해 세율, 원산지표시 여부, 관세의 감면, 관세의 환급, 용도세율의 적용, FTA 원산지결정 기준 등이 결정되므로 매우 중요한 사항이다.

02 HS 품목분류표

전 세계에서 유통되는 다량의 상품들을 분류하기 위해 HS 위원회에서 만든 국제통일상품 분류표로서 HS 협약을 채택한 모든 국가는 6단위까지 공통으로 사용한다. HS 협약국들은 HS 품목분류표의 6단위 분류체계를 수용하여 자국의 사정에 따라 품목을 세분류할 수 있는데, 우리나라의 경우 국내 관세 및 통계 등을 위해 10단위 분류체계인 관세·통계통합 품목분류표(HSK)를 제정하여 품목을 분류하고 있다. 일본은 9단위, 중국은 10단위 HS 코드를 사용한다.

03 품목분류 사전 심사 2023, 2025 출제

(1) 물품을 수출입하려는 자, 수출할 물품의 제조자 및 관세사·관세법인 또는 통관취급법인(이하 관세사 등)은 수출입신고를 하기 전에 관세청장에게 해당 물품에 적용될 별표 관세율표 또는 품목분류표상의 품목분류를 미리 심사하여 줄 것을 신청할 수 있다. 사전심사의 신청을 받은 관세청장은 해당 물품에 적용될 품목분류를 심사하여 사전심사의 신청을 받은 날부터 30일이내에 신청인에게 통지하여야 한다. 다만, 제출자료의 미비 등으로 품목분류를 심사하기 곤란한 경우에는 그 뜻을 통지하여야 한다.

(2) 세관장은 수출입신고가 된 물품이 사전 심사에 따라 통지한 물품과 같을 때에는 그 통지 내용에 따라 품목분류를 적용해야 한다.

(3) **품목분류 반려 사유** 2024 출제

관세청장은 사전심사 또는 재심사의 신청이 다음의 어느 하나에 해당하는 경우에는 해당 신청을 반려할 수 있다.
① 보정기간(20일 이내의 기간) 내에 보정하지 아니한 경우
② 신청인이 사전심사 또는 재심사를 신청한 물품과 동일한 물품을 이미 수출입신고한 경우
③ 신청인이 반려를 요청하는 경우
④ 이의신청 등 불복 또는 소송이 진행 중인 경우
⑤ 그 밖에 사전심사 또는 재심사가 곤란한 경우로서 기획재정부령으로 정하는 경우

> **TIP** 관세청장은 품목분류를 심사 또는 재심사하기 위하여 해당 물품에 대한 구성 재료의 물리적·화학적 분석이 필요한 경우에는 해당 품목분류를 심사 또는 재심사하여 줄 것을 신청한 자에게 신청 품목당 분석 수수료 3만 원을 납부하게 할 수 있어요. 품목분류 결과를 통지받은 날부터 30일 이내에 관세청장에게 재심사를 신청할 수 있어요.

04 품목분류체계 2020, 2021, 2023 출제

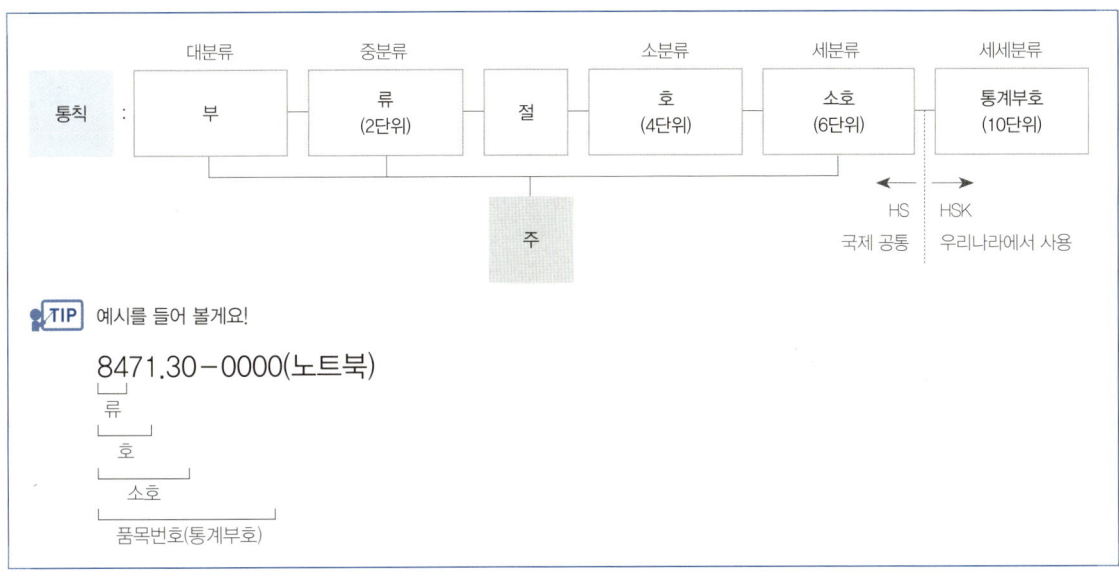

통칙(GRI)	상품분류 기본원칙을 6가지로 규정하며 법적 구속력이 있음
주(Note)	부, 류 및 소호에 설정되어 있으며 법적 구속력이 있음. 각 부, 류, 소호의 제외 범위, 용어의 정의, 분류의 범위 등에 대한 규정을 적용하여 통일성 있게 해석할 수 있도록 함
부(Section)	참조 편의상 산업별, 기술 제품으로 수평 배열한 것으로 법적 구속력이 없음 예 16부: 기계류·전기류
류(Chapter)	참조 편의상 상품의 군별로 구분한 것으로 법적 구속력이 없음 예 84류: 원자로·보일러·기계류와 이들의 부분품
절(Sub-chapter)	특정 류에서 이해의 편의상 설정한 것으로 법적 구속력이 없음 예 39류 제1절: 일차제품, 제2절 웨이스트, 페어링, 스크랩과 반제품·완제품
호(Heading)	류(2단위)를 종류별, 가공도별로 구분하여 4단위로 세분화한 것으로 법적 구속력이 있음 예 8471: 자동자료처리 기계와 그 단위기기, 자기식이나 광학식 판독기, 자료를 자료 매체에 부호 형태로 전사하는 기계와 이러한 자료의 처리기계(따로 분류되지 않은 것으로 한정)
소호(Sub-heading)	호를 기능별, 용도별로 구별하여 6단위로 세분화한 것으로, 법적 구속력이 있음
품목번호(통계부호)	소호를 통계, 관세 부과 목적상 필요에 의해 10단위로 세분화한 것으로, 법적 구속력이 있음 예 8471.30-0000: 휴대용 자동자료처리 기계(중량이 10kg 이하인 것으로서 중앙처리장치, 키보드, 디스플레이를 갖추고 있는 것으로 한정)

7 관세의 확정 방식

01 신고납부 방식

(1) 신고납부 방식의 의미

납세 의무자가 자신이 납부해야 할 세액을 스스로 계산하여 납세 의무의 구체적인 내용을 확인한 후 세관장에게 신고함으로써 관세 채권이 확정되는 방식으로서 납세 의무자는 관세 채무를 부담하게 된다. 우리나라는 부과고지 대상 물품을 제외한 모든 수입 물품에 대해 신고납부 방식을 채택하고 있다.

(2) 납세신고

① 의미: 물품을 수입하려는 자가 수입신고를 할 때에 세관장에게 관세 납부에 관하여 신고하는 것을 말한다.

② 신고 대상
  ㉠ 해당 물품의 관세율표상의 품목분류·세율과 품목분류에 따라 납부해야 할 세액 및 그 합계액
  ㉡ 기타 관세에 관한 법률 또는 조약에 의하여 관세의 감면을 받는 경우에는 그 감면액과 법적 근거
  ㉢ 특수 관계에 해당하는지 여부와 그 내용
  ㉣ 기타 과세 가격 결정에 참고가 되는 사항

(3) 세액의 심사
  ① 수입신고 수리 후 세액심사(사후 세액심사): 세관장은 납세신고를 받으면 수입신고서에 기재된 사항과 관세법에 따른 확인 사항 등을 심사하되, 신고한 세액 등 납세신고 내용에 대한 심사는 수입신고를 수리한 후에 한다.
  ② 수입신고 수리 전 세액심사(사전 세액심사): 신고한 세액에 대하여 관세 채권을 확보하기가 곤란하거나 수입신고를 수리한 후 세액심사를 하는 것이 적당하지 않은 물품의 경우에는 수입신고를 수리하기 전에 심사한다.
  ③ 자율 심사: 세관장은 납세실적과 수입 규모 등을 고려하여 관세청장이 정하는 요건을 갖춘 자가 신청할 때에는 납세신고한 세액을 자체적으로 심사(자율 심사)하게 할 수 있다. 이 경우 해당 납세 의무자는 자율 심사한 결과를 세관장에게 제출해야 한다.

(4) 세액의 정정 2021, 2024, 2025 출제
  ① 세액정정(납부 전 정정)
    ㉠ 의미: 납세 의무자가 납세신고한 세액을 납부하기 전에 그 세액이 과부족하다는 것을 알게 되어 기존에 납세신고한 세액을 정정하는 것을 말한다.
    ㉡ 납부기한: 당초의 납부기한으로 한다.
  ② 보정신청(납부 후 정정) 2020, 2022, 2023 출제
    ㉠ 의미: 납세 의무자가 신고납부한 세액이 부족하다는 것을 알게 되거나 세액산출의 기초가 되는 과세 가격 또는 품목분류 등에 오류가 있는 것을 알게 되었을 때 신고납부한 날부터 6개월 이내(이하 보정 기간)에 대통령령으로 정하는 바에 따라 해당 세액을 보정해 줄 것을 세관장에게 신청하는 것을 말한다.
    ㉡ 납부기한: 부족한 세액 또는 오류에 대한 보정을 신청한 경우에는 보정신청한 날의 다음 날까지 해당 관세를 납부해야 한다.
    ㉢ 보정이자: 부족세액 × 납부기한의 다음 날부터 보정신청을 한 날까지의 기간 × 이자율(관세환급 가산금 이자율과 동일, 해마다 변경)
  ③ 수정신고 2022, 2023 출제
    ㉠ 의미: 납세 의무자가 신고납부한 세액이 부족한 경우에 보정 기간이 경과한 후 정정(보정 기간이 지난 날부터 5년이 지나기 전까지)하는 것을 말한다.
    ㉡ 납부기한: 수정신고한 날의 다음 날까지 해당 관세를 납부해야 한다.
    ㉢ 가산세: 부족세액의 10%(무신고일 경우 20%, 부정신고일 경우 60%) + 납부지연 이자
    ㉣ 납부지연 이자: 부족세액 × 납부기한의 다음 날(무신고의 경우 수입된 날)부터 수정신고일 또는 납부고지일까지의 기간 × 이자율(10만분의 22)

ⓜ 감면(자진신고한 경우)
- 보정 기간이 지난 날부터 6개월 이내에 수정신고한 경우: 부족세액의 7%(30% 감면) + 이자
- 보정 기간이 지난 날부터 6개월 초과 1년 이내에 수정신고한 경우: 부족세액의 8%(20% 감면) + 이자
- 보정 기간이 지난 날부터 1년 초과 1년 6개월 이내에 수정신고한 경우: 부족세액의 9%(10% 감면) + 이자

④ 경정청구
㉠ 의미: 납세 의무자가 신고납부한 세액이 과다한 것을 알게 되었을 때 최초로 납세신고를 한 날부터 5년 이내에 대통령령으로 정하는 바에 따라 신고한 세액의 경정을 세관장에게 청구하는 것을 말한다.
㉡ 경정 기한: 세관장은 경정의 청구를 받은 날부터 2개월 이내에 세액을 경정하거나 경정해야 할 이유가 없다는 뜻을 청구한 자에게 통지해야 한다.

⑤ 경정: 정부가 과세표준과 과세액을 변경하는 일을 말한다. 세관장은 납세 의무자가 신고납부한 세액, 납세신고한 세액 또는 경정청구한 세액을 심사한 결과 과부족하다는 것을 알게 되었을 때 대통령령으로 정하는 바에 따라 그 세액을 경정해야 한다. 가산세는 수정신고의 가산세와 동일하다.

02 부과고지 방식

(1) 부과고지 방식의 의미
세관장의 행정처분에 의하여 납부해야 할 세액을 세관장이 산출하여 확정하며 납기 내에 납부하도록 하는 방식이다.

(2) 납부고지
세관장이 관세를 징수하려는 경우 납세 의무자에게 납부고지를 해야 한다.

(3) 납부기한
납부고지를 받은 자는 고지받은 날부터 15일 이내에 해당 세액을 세관장에게 납부해야 한다.

(4) 부과고지 대상 물품
① 과세 물건 확정의 시기가 예외적인 경우에 해당되는 물품(수입신고 전 즉시반출신고를 하고 반출한 물품은 제외)
② 보세건설장에서 건설된 시설 중 수입신고가 수리되기 전에 가동된 시설
③ 보세구역(보세구역 외 장치를 허가받은 장소 포함)에 반입된 물품 중 수입신고가 수리되기 전에 반출된 물품
④ 납세 의무자가 관세청장이 정하는 사유로 과세 가격이나 관세율 등을 결정하기 곤란하여 부과고지를 요청한 물품
⑤ 즉시 반출한 물품 중 수입신고 기간 내에 수입신고를 하지 않은 물품
⑥ 그 밖에 신고납부 방식에 따른 납세신고가 부적당한 것으로서 기획재정부령으로 정해진 물품
㉠ 여행자 또는 승무원의 휴대품 및 별송품
㉡ 우편물(수입신고 대상 물품은 제외)
㉢ 법령의 규정에 의하여 세관장이 관세를 부과·징수하는 물품
㉣ ㉠~㉢ 외에 납세신고가 부적당하다고 인정하여 관세청장이 지정하는 물품

(5) 관세의 추징 2019 출제
① 세관장은 과세표준, 세율, 관세의 감면 등에 관한 규정의 적용 착오 또는 그 밖의 사유로 이미 징수한 금액이 부족한 것을 알게 되었을 때에는 그 부족액을 징수한다.
② 관세를 징수하지 않게 된 경우에는 해당 물품의 수입신고 수리일을 그 납부일로 본다.

(6) 징수 금액의 최저한 2021, 2022 출제
세관장은 납세 의무자가 납부해야 하는 세액이 대통령령으로 정하는 금액(1만 원) 미만인 경우에는 이를 징수하지 않는다.

8 가산세 2023 출제

01 가산세의 의미
관세법에 규정된 의무를 성실히 이행하지 않은 자에게 징수하는 관세 채무이다. 행정벌의 하나인 과태료의 성격을 가지며 가산세도 관세의 세목이므로 가산세를 체납하는 경우 가산세에도 납부지연이자가 부과된다.

02 신고불성실 가산세

(1) 가산세
부족세액의 10%(무신고일 경우 20%, 부정신고일 경우 40%) + 납부지연 이자

(2) 납부지연 이자
미납부세액(또는 부족세액) × 납부기한의 다음 날(무신고의 경우 수입된 날)부터 수정신고일 또는 납부고지일까지의 기간 × 이자율(10만분의 22)

(3) 감면
① 보정 기간이 지난 날부터 6개월 이내에 수정신고한 경우: 부족세액의 7%(30% 감면) + 이자
② 보정 기간이 지난 날부터 6개월 초과 1년 이내에 수정신고한 경우: 부족세액의 8%(20% 감면) + 이자
③ 보정 기간이 지난 날부터 6개월 초과 1년 6개월 이내에 수정신고한 경우: 부족세액의 9%(10% 감면) + 이자

03 과세 대상 여행자 휴대품 등 미신고 가산세 2019 출제

(1) 여행자 또는 승무원의 휴대품을 신고하지 않은 경우
납부할 세액(관세 및 내국세 포함)의 40%(반복적으로 자진신고를 하지 않은 경우에는 60%)

(2) 이사 물품을 신고하지 않은 경우
납부할 세액(관세 및 내국세 포함)의 20%

04 재수출 불이행 가산세
재수출 면세를 받은 물품을 규정된 기간 내에 재수출하지 않은 경우에는 해당 물품에 부과될 관세의 20%를 부과한다(단, 500만 원을 넘지 않는 범위에서 부과).

05 즉시반출 물품 수입신고 불이행 가산세

수입신고 전 반출 물품은 즉시반출신고를 한 날부터 10일 이내에 수입신고를 해야 하는데, 이를 불이행하였을 경우에는 해당 물품에 대한 관세의 20%를 부과한다.

06 신고지연 가산세

수입하거나 반송하려는 물품을 지정장치장 또는 보세창고에 반입하거나 보세구역이 아닌 장소에 장치한 자는 그 반입일 또는 장치일부터 30일 이내에 신고해야 하는데 이를 지키지 않을 경우 해당 물품 과세 가격의 2%에 상당하는 금액의 범위에서 가산세를 부과한다. 단, 가산세액은 500만 원을 초과할 수 없다.
(1) 신고기한이 경과한 날부터 20일 내에 신고한 경우에는 과세 가격의 0.5%
(2) 신고기한이 경과한 날부터 50일 내에 신고한 경우에는 과세 가격의 1%
(3) 신고기한이 경과한 날부터 80일 내에 신고한 경우에는 과세 가격의 1.5%
(4) 그 밖의 경우에는 과세 가격의 2%

07 납부지연 가산세 [2022 출제]

관세를 납부고지서에 따른 납부기한까지 완납하지 않은 경우 다음 금액을 합한 금액을 가산세로 징수한다.
(1) 미납부세액(또는 부족세액) × 법정납부기한(관세법 제9조)의 다음 날부터 납부일까지의 기간(납부고지일부터 납부고지서에 따른 납부기한까지의 기간은 제외) × 이자율(1일에 10만분의 22)
(2) 납부고지서에 따른 납부기한까지 납부하지 않은 세액 × 3%

9 관세 채권의 확보

관세 미납 물품은 다른 조세, 그 밖의 공과금과 채권에 우선하여 그 관세를 징수한다. 국세 징수의 예에 따라 관세를 징수하는 경우, 강제징수의 대상이 해당 관세를 납부해야 하는 물품이 아닌 재산인 경우에는 관세의 우선순위는 국세기본법에 따른 국세와 동일하게 한다.

10 납세담보제도 [2021 출제]

01 납세담보제도의 의미

국가가 일정한 물품에 대한 담보권을 취득하고 납세 의무자가 관세를 납부하지 않을 경우 그 담보물에 의거하여 관세채무를 변제하는 공법상의 담보제도이다. 담보는 관세를 납부해야 할 물품 자체인 일반담보와 세관장의 요청에 의해 특별히 제공되는 담보인 특별담보로 구분된다.

02 담보물의 종류

(1) 금전
(2) 국채 또는 지방채
(3) 세관장이 인정하는 유가증권
(4) 납세보증보험증권
(5) 토지
(6) 보험에 가입된 등기 또는 등록된 건물·공장재단·광업재단·선박·항공기 또는 건설기계
(7) 세관장이 인정하는 보증인의 납세보증서

03 담보 제공 대상

다음에 해당하는 자를 제외하고 원칙적으로 담보 제공을 요구할 수 없다.
(1) 관세법 및 관세환급특례법을 위반하여 징역형의 실형을 선고받고 그 집행이 종료되거나 면제된 후 2년이 경과되지 아니한 자
(2) 관세법 및 관세환급특례법을 위반하여 징역형의 집행유예 선고를 받고 그 유예기간 중에 있는 자
(3) 최근 2년간 관세 등 조세를 체납한 사실이 있는 자
(4) 최근 2년간 수입실적이 없는 자
(5) 청산, 파산, 회생절차가 진행 중인 자 등

04 담보의 관세충당

(1) 세관장은 담보를 제공한 납세 의무자가 그 납부기한까지 해당 관세를 납부하지 아니하면 그 담보를 해당 관세에 충당할 수 있다.
(2) 담보로 제공된 금전을 해당 관세에 충당할 때에는 납부기한이 지난 후에 충당하더라도 가산금 규정을 적용하지 않는다.
(3) 세관장은 담보를 관세에 충당하고 남은 금액이 있을 때에는 담보를 제공한 자에게 이를 돌려주어야 하며, 돌려줄 수 없는 경우에는 이를 공탁할 수 있다.
(4) 세관장은 관세의 강제징수를 할 때에는 재산의 압류, 보관, 운반 및 공매에 드는 비용에 상당하는 강제징수비를 징수할 수 있다.

11 납세자의 권리보호

01 과세 전 적부심사제도 2022 출제

(1) 과세 전 적부심사제도
과세 전 적부심사제도란, 세관장이 납부세액이나 납부하여야 하는 세액에 미치지 못한 금액을 징수하려는 경우 미리 납세 의무자에게 그 내용을 서면으로 통지하는데, 이때 통지받은 납세 의무자가 세관장에게 통지 내용이 적법한지에 대한 심사를 청구할 수 있도록 한 제도를 의미한다. 이 제도는 과세 마찰을 예방하고 납세자의 권리를 보호하기 위해 제정되었다.

(2) 과세 전 적부심사의 청구
납세 의무자는 부족세액 징수의 통지를 받은 날부터 30일 이내에 세관장에게 통지 내용이 적법한지에 대한 심사를 청구할 수 있다. 다만, 아래와 같은 경우에는 관세청장에게 이를 청구할 수 있다.
① 관세청장의 훈령·예규·고시 등과 관련하여 새로운 해석이 필요한 경우
② 관세청장의 업무감사 결과 또는 업무 지시에 따라 세액을 경정하거나 부족한 세액을 징수하는 경우
③ 관세평가분류원장의 품목분류 및 유권해석에 따라 수출입 물품에 적용할 세율이나 물품분류의 관세율표 번호가 변경되어 세액을 경정하거나 부족한 세액을 징수하는 경우
④ 동일 납세 의무자가 동일한 사안에 대하여 둘 이상의 세관장에게 과세 전 적부심사를 청구하여야 하는 경우
⑤ ①~④ 규정에 해당하지 않는 경우로서 과세 전 적부심사 청구 금액이 5억 원 이상인 것

(3) 세관장이 과세 전 통지를 생략할 수 있는 경우 2019 출제
① 통지하려는 날부터 3개월 이내에 관세 부과의 제척 기간이 만료되는 경우
② 잠정 가격신고 물품에 대하여 납세 의무자가 확정 가격을 신고한 경우
③ 수입신고 수리 전에 세액을 심사하는 경우로서 그 결과에 따라 부족세액을 징수하는 경우
④ 면제 또는 감면된 관세를 징수하는 경우
⑤ 관세포탈죄로 고발되어 포탈세액을 징수하는 경우
⑥ 그 밖에 관세의 징수가 곤란하게 되는 등 사전 통지가 적당하지 않은 경우(납세 의무자의 부도, 휴업, 폐업 또는 파산 등)

(4) 결정 및 통지
과세 전 적부심사를 청구받은 세관장이나 관세청장은 청구를 받은 날부터 30일 이내에 관세심사위원회의 심사를 거쳐 결정을 하고 그 결과를 청구인에게 통지하여야 한다.

02 불복 절차 2020, 2021, 2022, 2023, 2024, 2025 출제

(1) 이의 신청
① 세관장의 위법·부당한 과세 처분에 대하여 그 세관장에게 이를 취소하거나 변경하도록 요구하는 것을 말한다. 이는 관세 관련 행정구제제도에 있어서 기본단계이나 반드시 거칠 필요는 없으며 관세청장에게 직접 심사 청구를 하거나 조세심판원장에게 심판 청구를 할 수 있다.
② 이의 신청을 하려면 납세 의무자가 고지서를 받은 날 또는 처분을 인지한 날부터 90일 이내에 이의 신청서를 세관장에게 제출하여야 한다. 세관장(관세심사위원회에서 심의)은 이의신청서를 접수한 날부터 30일 이내에 이의 신청에 대한 결정을 하며, 세관장이 30일 이내에 결정을 하지 않거나 세관장의 결정에 불복하는 경우에는 관세청장에게 심사 청구를 하거나 조세심판원장에게 심판 청구를 제기할 수 있다.

(2) 심사 청구
① 세관장의 위법, 부당한 과세 처분에 대하여 그 상급기관인 관세청장(또는 감사원장)에게 과세 처분의 취소 또는 변경을 요구하는 것을 의미한다.
② 심사 청구는 그 처분을 한 것을 알게 된 날(처분 통지를 받을 경우 통지받은 날)부터 90일 이내에 제기하여야 하며 관세청장은 이를 심사하고 관세심사위원회의 심의를 거쳐 90일 이내에 결정하여야 한다.
③ 심사 청구에 대한 결정에 불복할 경우에는 행정소송을 제기할 수 있으며, 이 경우 결정 통지를 받은 날부터 90일 이내에 제기하여야 한다. 또한 결정 기간 내에 결정 통지를 받지 못한 경우에는 결정 기간이 지난 날부터 행정소송을 제기할 수 있다.

(3) 심판 청구
① 조세심판원 심판 청구제도는 부당하거나 억울한 세금을 고지받은 경우 조세심판원에 심판 청구를 제기하여 잘못된 세금을 바로잡을 수 있도록 하는 제도이다.
② 세관장의 처분에 불복하는 경우 처분이 있음을 알게 된 날(통지를 받은 경우 통지받은 날)부터 90일 이내에 관세청에 심사 청구를 하거나 또는 조세심판원에 심판 청구를 제기할 수 있다.
③ 심판 청구에 대한 결정에 불복할 경우에는 행정소송을 제기할 수 있으며, 이 경우 결정 통지를 받은 날부터 90일 이내에 제기하여야 한다. 또한 결정 기간 내에 결정 통지를 받지 못한 경우에는 결정 기간이 지난 날부터 행정소송을 제기할 수 있다.

> **TIP** 이의 신청, 심사 청구, 심판 청구는 청구인에게 심사 청구를 한 처분보다 불리한 판결을 할 수 있다는 불고불리·불이익변경 금지의 원칙이 적용돼요!

03 관세청장의 납세자 권리보호 2021 출제

(1) 납세자권리헌장의 제정 및 교부

관세청장은 관세조사를 하는 경우 납세자권리헌장의 내용이 수록된 문서를 납세자에게 내주어야 하며, 조사사유, 조사기간, 납세자보호위원회에 대한 심의 요청사항·절차 및 권리구제 절차 등을 설명하여야 한다. 다만, 세관공무원은 납세자를 긴급히 체포·압수·수색하는 경우 또는 현행범인 납세자가 도주할 우려가 있는 등 조사목적을 달성할 수 없다고 인정되는 경우에는 납세자권리헌장을 내주지 아니할 수 있다.

(2) 관세조사권 남용금지

세관공무원은 적정하고 공평한 과세를 실현하고 통관의 적법성을 보장하기 위하여 필요한 최소한의 범위에서 관세조사를 하여야 하며 다른 목적 등을 위하여 조사권을 남용하여서는 아니 된다.

세관공무원이 이미 조사받은 자를 다시 조사할 수 있는 경우는 다음과 같다.

① 관세탈루 등의 혐의를 인정할 만한 명백한 자료가 있는 경우
② 이미 조사받은 자의 거래상대방을 조사할 필요가 있는 경우
③ 과세전적부심사 또는 심사청구에 따른 재조사 결정에 따라 재조사를 하는 경우(결정서 주문에 기재된 범위의 재조사에 한정)
④ 납세자가 세관공무원에게 직무와 관련하여 금품을 제공하거나 금품제공을 알선한 경우
⑤ 그 밖에 탈세혐의가 있는 자에 대한 일제조사 등 대통령령으로 정하는 경우

(3) 관세조사의 경우 조력을 받을 권리

납세자는 세관공무원에게 관세조사를 받는 경우에 변호사, 관세사로 하여금 조사에 참여하게 하거나 의견을 진술하게 할 수 있다.

(4) 관세조사의 사전통지

세관공무원은 범칙사건에 대하여 조사하는 경우와 사전에 통지하면 증거인멸 등으로 조사 목적을 달성할 수 없는 경우를 제외하고, 조사를 받게 될 납세자에게 조사 시작 15일 전에 조사 대상, 조사 사유, 조사 기간 등을 기재한 문서를 통지하여야 한다. 통지를 받은 납세자는 천재지변 등의 사유로 조사를 받기가 곤란한 경우에는 해당 세관장에게 조사를 연기하여 줄 것을 신청할 수 있다.

(5) 납세자의 성실성 추정

세관공무원은 납세자가 관세법에 따른 신고 등의 의무를 이행하지 아니한 경우 또는 납세자에게 구체적인 관세포탈 등의 혐의가 있는 경우 등 납세자의 성실성 추정 등의 배제사유에 해당되는 경우를 제외하고, 납세자가 성실하며 납세자가 제출한 신고서 등이 진실한 것으로 추정하여야 한다.

(6) 통합조사의 원칙

세관공무원은 특정한 분야만을 관세조사할 필요가 있는 등 대통령령으로 정하는 경우를 제외하고는 신고납부세액과 관세법 및 다른 법령에서 정하는 수출입 관련 의무 이행과 관련하여 그 권한에 속하는 사항을 통합하여 조사하는 것을 원칙으로 한다.

(7) 비밀유지

세관공무원은 납세자가 관세법에서 정한 납세의무를 이행하기 위하여 제출한 자료나 관세의 부과·징수 또는 통관을 목적으로 업무상 취득한 자료 등(과세정보)을 타인에게 제공하거나 누설하여서는 아니되며, 사용목적 외의 용도로 사용하여서도 아니 된다.

> **TIP** 납세자의 과세정보를 제공할 수 있는 경우도 있어요.
> 1. 국가기관이 관세에 관한 쟁송이나 관세범에 대한 소추(訴追)를 목적으로 과세정보를 요구하는 경우
> 2. 법원의 제출명령이나 법관이 발부한 영장에 따라 과세정보를 요구하는 경우
> 3. 세관공무원 상호간에 관세를 부과·징수, 통관 또는 질문·검사하는 데에 필요하여 과세정보를 요구하는 경우
> 4. 통계청장이 국가통계작성 목적으로 과세정보를 요구하는 경우
> 5. 국가행정기관, 지방자치단체, 공공기관, 은행 등의 자가 급부·지원 등의 대상자 선정 및 그 자격을 조사·심사하는데 필요한 과세정보를 당사자의 동의를 받아 요구하는 경우
> 6. 공공기관, 은행이 무역거래자의 거래, 지급, 수령 등을 확인하는데 필요한 과세정보를 당사자의 동의를 받아 요구하는 경우
> 7. 다른 법률에 따라 과세정보를 요구하는 경우

12 납부 의무의 소멸 2025 출제

01 관세 납부로 인한 소멸

확정된 관세액을 신고납부서 또는 납부고지서와 같이 납부기한 내에 수납기관에 납부하여 납세 의무가 소멸되는 것을 말한다.

02 관세 부과 취소로 인한 소멸

과세권자의 부과 처분에 의해 확정된 납세 의무가 취소 처분에 의해 소멸되는 것을 말한다.

03 충당으로 인한 소멸

(1) 충당의 의미

세관장이 납세 의무자에게 주어야 할 환급금이나 담보물 등이 있을 경우에 그 환급금이나 담보물 등과 납세 의무자가 세관에 납부해야 할 관세 등을 서로 상계하는 세관장의 행정처분을 말한다.

(2) 충당의 구분

① **담보물의 충당**: 관세 채권의 확보 등을 위해 세관장은 수입 물품의 관세에 상당하는 담보를 제공하게 하며 제공된 담보물을 관세에 충당할 수 있다.
② **관세 환급금의 충당**: 납세 의무자가 환급받을 관세 등으로 납부해야 할 세액을 충당할 수 있다.
③ **강제 징수비의 충당**: 납세 의무자가 납세 의무를 이행하지 않고 관세의 담보물이 없는 경우 일반 재산을 대상으로 국세징수법에 의한 강제징수 절차를 이행할 수 있으며 환가 처분된 대금을 관세에 배당하여 충당할 수 있다.
④ **매각 대금의 충당**: 보세구역에 장치된 물품의 관세 등을 납부해야 하는 경우 관세법상 매각 규정에 따라 물품을 매각하여 관세 등에 충당할 수 있다.

04 관세 부과권 제척 기간 만료로 인한 소멸

(1) 관세 부과권과 제척 기간의 의미 2020, 2022, 2023, 2025 출제
① 관세 부과권: 관세의 부과, 경정 등을 할 수 있는 세관장의 권리를 말한다.
② 제척 기간: 법률에서 미리 정해 놓은 존속 기간을 말한다. 관세는 해당 관세를 부과할 수 있는 날부터 5년이 지나면 부과할 수 없다. 다만, 다음 각 호 의 경우에는 관세를 부과할 수 있는 날부터 해당 호에서 정하는 기간이 지나면 부과할 수 없다.
  ㉠ 수입신고를 하지 아니하고 수입한 경우(제16조제1호부터 제10호까지에 따른 물품은 제외한다): 7년
  ㉡ 부정한 방법으로 관세를 포탈하였거나 환급 또는 감면받은 경우: 10년

> **TIP** 관세부과의 제척 기간과 별개로 해당 결정·판결·회신결과 또는 경정청구에 따라 경정이나 그 밖에 필요한 처분을 할 수 있어요.
> 1. 이의신청, 심사청구 또는 심판청구, 심사청구, 압수물품 반환결정이 있은 경우 결정, 판결이 확정된 날부터 1년
> 2. 양허세율의 적용 여부 및 세액 등을 확정하기 위하여 원산지증명서를 발급한 국가의 세관이나 그 밖에 발급권한이 있는 기관에 원산지증명서 및 원산지증명서 확인자료의 진위 여부, 정확성 등의 확인을 요청한 경우 회신을 받은 날, 조약 협정에서 정한 회신기간이 종료된 날 중 먼저 도래하는 날부터 1년
> 3. 경정청구 또는 조정신청에 대한 결정통지일부터 2개월

(2) 관세 부과 제척 기간의 기산일
① 관세를 부과할 수 있는 경우: 수입신고한 날의 다음 날
② 과세 물건 확정 시기가 예외적인 경우: 그 사실이 발생한 날의 다음 날
③ 의무 불이행 등의 사유로 감면된 관세를 징수하는 경우: 그 사유가 발생한 날의 다음 날
④ 보세건설장에 반입된 외국 물품의 경우: 건설공사 완료 보고를 한 날과 특허 기간이 만료되는 날 중 먼저 도래한 날의 다음 날
⑤ 과다환급 또는 부정환급 등의 사유로 관세를 징수하는 경우: 환급한 날의 다음 날
⑥ 잠정 가격을 신고한 후 확정된 가격을 신고한 경우: 확정된 가격을 신고한 날의 다음 날

05 관세징수권의 시효 만료로 인한 소멸

(1) 관세징수권의 의미
부과권의 행사에 의하여 구체적인 납세 의무의 내용이 확정된 경우에 그 이행을 청구하는 권리를 말한다. 관세징수권을 일정 기간 동안 행사하지 않은 경우에는 시효가 만료(완성)되어 납세 의무가 소멸한다.

(2) 관세징수권의 시효 만료 2020, 2023 출제
관세징수권은 이를 행사할 수 있는 날부터 5억 원 이상의 관세는 10년, 그 외에는 5년 동안 행사하지 않으면 소멸시효가 완성된다.

(3) 관세징수권 소멸시효의 기산일
① 신고납부를 한 경우: 수입신고가 수리된 날부터 15일이 경과한 날의 다음 날
② 월별납부를 한 경우: 그 납부기한이 경과한 날의 다음 날
③ 보정신청을 한 경우: 보정신청일의 다음다음 날
④ 수정신고를 한 경우: 수정신고일의 다음다음 날
⑤ 부과고지를 한 경우: 납부고지를 받은 날부터 15일이 경과한 날의 다음 날
⑥ 수입신고 전 물품 반출의 경우: 수입신고한 날부터 15일이 경과한 날의 다음 날
⑦ 기타 법령에 의하여 납부고지하여 부과하는 관세에 있어서 납부기한을 정한 경우: 그 납부기한이 만료된 날의 다음 날

(4) 관세징수권의 소멸시효 중단 및 정지 2023, 2024, 2025 출제

① **소멸시효의 중단**: 시효가 진행되다가 어떤 사유로 인해 진행을 중지하는 것을 의미한다. 시효가 중단되면 발생한 날까지의 시효는 효력이 소멸되고 중단 사유가 끝난 날부터 다시 진행되어 그 사유가 끝난 다음 날이 시효의 기산일이 된다.

② **소멸시효 중단 사유**: 납부고지, 경정처분, 납부독촉, 통고처분, 고발, 특정 범죄 가중처벌 등에 관한 법률에 따른 공소 제기, 교부청구, 압류

> **통고처분**
> 조세, 관세, 출입국 관리, 도로 교통 따위에 관한 범칙 사건에서 형사 소송에 대신하여 행정청이 벌금이나 과료(科料)에 상당한 금액의 납부를 명할 수 있는 행정처분

③ **소멸시효의 정지**: 징수권을 행사할 수 없는 사유로 인해 시효의 진행이 일시적으로 멈추는 것을 의미한다. 이미 경과한 시효 기간은 효력이 그대로 유지되며 정지 사유가 종료하는 때에 다시 시효 기간이 진행된다. 관세징수권의 소멸시효는 관세의 분할납부 기간, 징수유예 기간, 압류·매각의 유예기간 또는 사해행위 취소소송 기간 중에는 진행하지 않는다. 다만, 사해행위 취소소송으로 인한 시효정지의 효력은 소송이 각하, 기각 또는 취하된 경우에는 효력이 없다.

13 관세감면제도

01 관세감면제도

관세감면제도는 수입 물품이 일정한 요건을 갖춘 경우 관세 납부 의무의 일부 또는 전부를 면제하는 제도이다. 관세감면은 외교관례, 자원개발 촉진, 특정 산업 보호, 학술연구 촉진, 가공무역 증진, 교역 증대, 물가 안정 등 국가정책적 목적을 실현하기 위한 제도로서 반드시 법령에 근거하여야 하며 규정된 요건이 충족되어야 한다(조세법률주의).

02 감면의 종류 2021 출제

무조건부 감면(사후관리 없음)		조건부 감면(사후관리 대상)	
• 외교관용 물품 등의 면세	• 정부용품 등의 면세	• 세율불균형 물품의 면세	• 학술연구용품의 감면
• 소액 물품 등의 면세	• 재수입 면세	• 종교·자선·장애인용품 등의 면세	• 특정 물품의 면세
• 해외 임가공 물품 등의 감면	• 손상 물품에 대한 감면	• 환경오염방지 물품 등에 대한 감면	• 재수출 면세
• 여행자 휴대품 및 이사 물품 등의 감면		• 재수출 감면	

(1) 무조건부 감면

① **외교관용 물품 등의 면세**: 우리나라에 있는 외교기관 및 외교사절의 공용품과 자용품, 이들 가족의 자용품, 준외교관이 사용하는 물품을 수입할 때 관세를 면제한다. 이 중 자동차, 선박, 피아노, 전자오르간 및 파이프오르간, 엽총은 수입신고 수리일부터 3년의 범위에서 감면받은 용도 외의 다른 용도로 사용하기 위해 양수(임대 포함)할 수 없다.

② **정부용품 등의 면세**: 국가기관 또는 지방자치단체에 기증한 물품 등은 수입 목적 및 해당 물품의 특성, 국제적 관례 등을 감안하여 수입 시 관세를 무조건 면세한다.

③ **소액 물품 등의 면세**: 물품의 경제적 가치가 무시할 수 있을 정도로 작거나 이를 수입하는 자에게 경제적 이익을 크게 주는 것이 아닌 물품은 관세가 면제된다. 다음 중 어느 하나에 해당하는 물품이 수입될 때에는 그 관세를 면제할 수 있다. 2021, 2024 출제

㉠ 우리나라의 거주자에게 수여된 훈장·기장(紀章) 또는 이에 준하는 표창장 및 상패
㉡ 기록문서 또는 그 밖의 서류
㉢ 상업용견본품 또는 광고용품으로서 기획재정부령으로 정하는 물품
  • 물품이 천공 또는 절단되었거나 통상적인 조건으로 판매할 수 없는 상태로 처리되어 견본품으로 사용될 것으로 인정되는 물품
  • 판매 또는 임대를 위한 물품의 상품목록·가격표 및 교역 안내서 등
  • 과세 가격이 미화 250달러 이하인 물품으로서 견본품으로 사용될 것으로 인정되는 물품
  • 물품의 형상·성질 및 성능으로 보아 견본품으로 사용될 것으로 인정되는 물품
㉣ 우리나라 거주자가 받는 소액 물품으로서 기획재정부령으로 정하는 물품
  • 물품 가격이 미화 150달러 이하의 물품으로서 자가사용 물품으로 인정되는 것. 다만, 반복 또는 분할하여 수입되는 물품으로서 관세청장이 정하는 기준에 해당하는 것은 제외(미합중국으로부터 수입되는 특송물품으로서 그 가격이 미화 200달러 이하인 물품에 대해 원산지와 관계없이 관세를 면제함)
  • 박람회 기타 이에 준하는 행사에 참가하는 자가 행사장 안에서 관람자에게 무상으로 제공하기 위하여 수입하는 물품(전시할 기계의 성능을 보여 주기 위한 원료 포함)으로 관람자 1인당 제공량의 정상 도착 가격이 미화 5달러 상당액 이하의 것으로서 세관장이 타당하다고 인정하는 것에 한함

④ **재수입 면세** 2021, 2022, 2023 출제
㉠ **의미**: 내국 물품에 대해서는 관세를 부과하지 않는다는 원칙에 따라 우리나라 물품이 수출되었다가 일정 기간 내에 다시 수입되는 경우 관세가 면제된다.
㉡ **면제대상**
  • 우리나라에서 수출(보세가공수출을 포함)된 물품으로서 해외에서 제조·가공·수리 또는 사용되지 아니하고 수출신고 수리일부터 2년 내에 다시 수입되는 물품은 면제대상에 해당한다. 다만, 해외에서 제조·가공·수리 또는 사용된 경우라도 다음의 어느 하나에 해당하는 경우에는 관세를 면제할 수 있다.
    – 장기간에 걸쳐 사용할 수 있는 물품으로서 임대차계약 또는 도급계약 등에 따라 해외에서 일시적으로 사용하기 위하여 수출된 물품 중 법인세법시행규칙 제15조에 따른 내용연수가 3년 (금형의 경우에는 2년) 이상인 물품
    – 수출물품을 해외에서 설치, 조립 또는 하역하기 위해 사용하는 장비 및 용구
    – 수출물품을 운송하는 과정에서 해당 물품의 품질을 유지하거나 상태를 측정 및 기록하기 위해 해당 물품에 부착하는 기기
    – 결함이 발견된 수출물품
    – 수입물품을 적재하기 위하여 수출하는 용기로서 반복적으로 사용되는 물품
  • 수출 물품의 용기로서 다시 수입하는 물품
  • 해외시험 및 연구를 목적으로 수출된 후 재수입되는 물품

ⓒ 재수입 물품 중 면제 제외 대상
- 해당 물품 또는 원자재에 대하여 관세를 감면받는 경우
- 수출용 원재료에 대한 관세 등 환급에 관한 특례법에 따른 환급을 받은 경우
- 수출용 원재료에 대한 관세 등 환급에 관한 특례법에 따른 환급을 받을 수 있는 자 외의 자가 해당 물품을 재수입하는 경우(다만, 재수입하는 물품에 대하여 환급을 받을 수 있는 자가 환급받을 권리를 포기하였음을 증명하는 서류를 재수입하는 자가 세관장에게 제출하는 경우는 제외)
- 보세가공 또는 장치 기간 경과 물품을 재수출 조건으로 매각함에 따라 관세가 부과되지 않은 경우

⑤ 해외 임가공 물품 등의 감면
㉠ 의미: 해외 임가공을 목적으로 수출된 원재료 또는 부분품을 사용하여 제조·조립·가공한 후 수입할 때 그 원재료 또는 부분품의 수출신고 가격에 해당 수입 물품에 적용되는 관세율을 곱한 금액을 경감한다. `2022 출제`

㉡ 감면 대상 및 경감액
- 국내 원재료 또는 부분품을 수출하여 관세율표 제85류(전기기기) 및 제90류 중 제9006호(사진기)에 해당하는 물품으로 제조하거나 가공한 물품
    - **경감액**: 수입 물품의 제조·가공에 사용된 원재료 또는 부분품의 수출신고 가격에 해당 수입 물품에 적용되는 관세율을 곱한 금액 `2019 출제`
- 가공 또는 수리할 목적으로 수출한 물품으로서, 가공·수리하기 위하여 수출된 물품과 가공·수리 후 수입된 물품의 품목분류표상 10단위의 품목번호가 일치하는 물품(단, 수율·성능 등이 저하되어 폐기된 물품을 수출하여 용융 과정 등을 거쳐 재생한 후 다시 수입하는 경우와 제품의 제작 일련번호 또는 제품의 특성으로 보아 수입 물품이 우리나라에서 수출된 물품임을 세관장이 확인할 수 있는 물품인 경우에는 품목분류표상 10단위의 품목번호가 일치하지 않더라도 관세를 경감할 수 있음)
    - **경감액**: 가공·수리 물품의 수출신고 가격에 해당 수입 물품에 적용되는 관세율을 곱한 금액 [다만, 수입 물품이 매매계약상의 하자보수 보증 기간(수입신고 수리 후 1년으로 한정) 중에 하자가 발견되거나 고장이 발생하여 외국의 매도인 부담으로 가공 또는 수리를 위해 수출된 물품에 대하여는, 수출 물품의 수출신고 가격, 수출 물품의 양륙항까지의 운임·보험료, 가공 또는 수리 후 물품의 선적항에서 국내 수입항까지의 운임·보험료, 가공 또는 수리 비용에 상당하는 금액을 모두 합한 금액에 해당 수입 물품에 적용되는 관세율을 곱한 금액으로 함]

⑥ 손상 물품에 대한 감면
㉠ 의미: 수입신고한 물품이 수입신고가 수리되기 전에 변질되거나 손상되었을 경우 그 관세를 경감해 주는 것으로서 소비 목적으로 국내로 반입되기 전에 변질·손상된 부분에 대한 관세를 면제하는 관세의 소비세적 성격을 반영하였다.
㉡ 경감액: 경감하는 관세액은 다음의 관세액 중 많은 금액으로 한다.
- 수입 물품의 변질·손상 또는 사용으로 인한 가치의 감소에 따르는 가격의 저하분에 상응하는 관세액
- 수입 물품의 관세액에서 그 변질·손상 또는 사용으로 인한 가치의 감소 후의 성질 및 수량에 의하여 산출한 관세액을 공제한 차액

⑦ **여행자 휴대품 및 이사 물품 등의 감면**: 여행자의 휴대품·별송품·이사 물품 및 승무원의 휴대품에 대하여 관세를 면제할 수 있다. 그러나 이 중 자동차, 선박, 항공기 및 개당 과세 가격이 500만 원 이상인 보석·진주·별갑·산호·호박·상아와 이를 사용한 제품은 과세한다. 단, 여행자가 휴대품 또는 별송품을 기획재정부령으로 정하는 방법으로 자진신고하는 경우에는 20만 원을 넘지 않는 범위에서 해당 물품에 부과될 관세의 100분의 30에 상당하는 금액을 경감할 수 있다.

(2) 조건부 감면

① **세율불균형 물품의 면세**: 동일 산업 내에서 가공단계별로 관세율이 역진하는 현상을 보이는 세율불균형을 시정하기 위해 중소기업이 세관장이 지정하는 공장에서 항공기, 반도체 제조용 장비(부속기기 포함)를 제조·수리하기 위해 사용되는 부분품과 원재료에 대해 관세를 감면한다. `2020 출제`

② **학술연구용품의 감면**: 국가기관, 지방자치단체, 학교, 공공의료기관 등에서 학술과 교육의 진흥 및 연구개발의 촉진과 문화와 과학기술의 진흥을 위한 물품이 수입될 때 관세를 감면할 수 있다.

③ **종교·자선·장애인용품 등의 면세**: 종교활동의 지원, 사회 복지 정책의 실현을 위한 면세로서 종교용품, 자선용품, 장애인용품 등에 대해 관세를 면제한다.

④ **특정 물품의 면세**: 동식물의 번식·양식 및 종자 개량을 위한 물품, 우리나라를 방문하는 외국의 원수와 그 가족 및 수행원의 물품, 보석의 원석 및 나석 등 일반 분야의 정책 목적 실현과 수입 물품의 특수성에 의해 관세를 감면해야 할 특정 물품이 수입될 때에는 그 관세를 면제할 수 있다.

⑤ **환경오염방지 물품 등에 대한 감면**: 오염물질(소음 및 진동 포함)의 배출 방지·처리를 위해 사용하는 기계·기구·시설·장비, 폐기물 처리(재활용 포함)를 위한 기계·기구, 기계·전자기술 또는 정보 처리 기술을 응용한 공장 자동화 기계·기구·설비·핵심부분품 등 국내에서 제작하기 곤란한 환경오염방지 물품 등이 수입될 때 관세를 감면할 수 있다.

⑥ **재수출 면세** `2021, 2022, 2023 출제`

　㉠ **의미**: 일반 무역의 편의 증진, 가공무역의 진흥, 관광사업 진흥, 학술연구 등의 목적으로 재수출 면세 기간 내에 다시 수출하는 물품에 대해 그 관세를 면제할 수 있다.

　㉡ **대상**
- 수출입 물품의 포장용품, 우리나라에 일시 입국하는 자가 본인이 사용하고 재수출할 목적으로 몸에 직접 착용 또는 휴대하여 반입하거나 별도로 반입하는 물품, 수리를 위한 물품 등
- 수입신고 수리일부터 1년의 범위에서 세관장이 정한 기간 내에 재수출한 물품

> **TIP** 세관장이 필요하다고 인정하는 때에는 재수출 면세 규정에 의하여 면세를 받는 물품에 대하여 면세하는 관세액에 상당하는 담보를 제공하게 할 수 있어요. 면세받은 물품이 규정된 기간 내에 수출되지 않은 경우에는 500만 원을 넘지 않는 범위에서 해당 물품에 부과될 관세의 20%에 상당하는 금액을 가산세로 징수해요.

⑦ **재수출 감면** `2019 출제`

　㉠ **의미**: 장기간에 걸쳐 사용할 수 있는 물품으로서 그 수입이 임대차계약에 의하거나 도급계약의 이행과 관련하여 국내에서 일시적으로 사용하기 위해 수입한 물품을 수입신고 수리일부터 2년 이내에 재수출하는 경우 관세를 경감할 수 있다(재수출 감세율은 재수출 기간에 따라 관세액의 30~85% 적용).

　㉡ **대상**: 국내 제작이 곤란함을 당해 물품의 생산 업무를 관장하는 중앙행정기관의 장 또는 그 위임을 받은 자가 확인하고 추천하는 기관 또는 기업이 수입하는 물품에 한하며, 다음 요건을 갖추어야 한다.
- 법인세법 시행규칙 규정에 의한 내용연수가 5년(금형의 경우는 2년) 이상인 물품
- 개당 또는 세트당 관세액이 500만 원 이상인 물품

03 관세감면의 신청

(1) 관세감면의 신청 시기
① 원칙: 관세를 감면받고자 하는 자는 해당 물품의 수입신고 수리 전에 신청해야 한다. 일반적으로 수입신고와 동시에 감면을 신청한다.
② 예외
  ㉠ 세관장이 과세표준, 세율, 관세의 감면 등에 관한 규정의 적용 착오 또는 그 밖의 사유로 이미 징수한 금액이 부족한 것을 알게 되어 그 부족액을 징수하는 경우는 납부고지를 받은 날부터 5일 이내에 감면을 신청할 수 있다.
  ㉡ 수입신고 수리 전까지 감면신청서를 제출하지 못한 경우에는 수입신고 수리일부터 15일 이내(보세구역에서 반출되지 않은 경우로 한정)에 감면을 신청할 수 있다.

(2) 관세경감률 산정의 기준
① 세율불균형 물품의 면세, 학술연구용품의 감면, 환경오염방지 물품 등의 감면, 재수출 감면 규정에 의한 관세의 경감에 있어서 경감률의 산정은 실제로 적용되는 관세율을 기준으로 한다.
② 덤핑방지관세, 상계관세, 긴급관세, 특정국 물품 긴급관세, 농림축산물에 대한 특별긴급관세, 보복관세는 면제되는 관세의 범위에 포함되지 않는다.

14 분할납부제도 2020 출제

01 분할납부제도의 의미

수입통관 시 납부기한 내에 한 번에 관세를 전부 납부하는 것이 원칙이지만 천재지변(1년 이내), 중소제조업체의 지원, 정부 또는 지방자치단체의 사업 등에 쓰이는 특정 물품(5년 이내)의 수입 시 이에 대하여 관세를 분할하여 납부할 수 있도록 승인하는 제도를 말한다. 단, 수입신고 건당 관세액이 30만 원 미만인 물품은 분할납부 승인 대상에서 제외된다.

02 분할납부 대상 물품(1년의 범위 예외 대상 물품)

다음에 해당하는 물품이 수입될 때 세관장은 5년을 넘지 않는 기간을 정하여 관세의 분할납부를 승인할 수 있다.

(1) 시설기계류, 기초설비품, 건설용 재료 및 그 구조물과 공사용 장비로서 기획재정부장관이 고시하는 물품
  ① 관세율표에서 부분품으로 분류되지 아니할 것
  ② 관세법 기타 관세에 관한 법률 또는 조약에 의하여 관세를 감면받지 아니할 것
  ③ 해당 관세액이 500만 원 이상일 것(중소기업이 수입하는 경우 100만 원 이상일 것)
  ④ 덤핑·상계·보복·긴급·특별긴급·조정·할당·계절 관세의 적용을 받는 물품이 아닐 것
(2) 정부나 지방자치단체가 수입하는 물품으로서 기획재정부령으로 정하는 물품
(3) 학교나 직업훈련원에서 수입하는 물품과 비영리법인이 공익사업을 위하여 수입하는 물품으로서 기획재정부령으로 정하는 물품
(4) 의료기관 등 기획재정부령으로 정하는 사회복지기관 및 사회복지시설에서 수입하는 물품으로서 기획재정부장관이 고시하는 물품

(5) 기획재정부령으로 정하는 기업부설 연구소, 산업기술연구조합 및 비영리법인인 연구기관, 그 밖에 이와 유사한 연구기관에서 수입하는 기술개발 연구용품 및 실험실습용품으로서 기획재정부장관이 고시하는 물품
(6) 기획재정부령으로 정하는 중소제조업체가 직접 사용하려고 수입하는 물품으로서, 기획재정부령으로 정하는 아래의 기준에 적합한 물품(관세율표 제84류, 85류, 90류 해당 물품)으로 다음 요건을 갖춘 물품
  ① 관세법 기타 관세에 관한 법률 또는 조약에 의하여 관세의 감면을 받지 아니할 것
  ② 해당 관세액이 100만 원 이상일 것
  ③ 덤핑·상계·보복·긴급·특별긴급·조정·할당·계절 관세의 적용받는 물품이 아닐 것
  ④ 국내에서 제작이 곤란한 물품으로서 해당 물품의 생산에 관한 사무를 관장하는 주무부처의 장 또는 그 위임을 받은 기관의 장이 확인한 것일 것
(7) 기획재정부령으로 정하는 기업부설 직업훈련원에서 직업훈련에 직접 사용하려고 수입하는 교육용품 및 실험실습용품 중 국내에서 제작하기가 곤란한 물품으로서 기획재정부장관이 고시하는 물품

03 분할납부의 적용

(1) 세관장은 천재지변이나 그 밖에 대통령령으로 정하는 사유로 관세법에 따른 신고, 신청, 청구, 그 밖의 서류 제출, 통지, 납부 또는 징수를 정해진 기한까지 할 수 없다고 인정하는 경우 1년을 넘지 않는 기간을 정하여 대통령령으로 정하는 바에 따라 관세를 분할하여 납부하게 할 수 있다.
(2) 관세의 분할납부를 승인받은 자가 해당 물품의 용도를 변경하거나 그 물품을 양도하려는 경우에는 미리 세관장의 승인을 받아야 한다.
(3) 관세의 분할납부를 승인받은 물품을 동일한 용도로 사용하려는 자에게 양도한 경우에는 그 양수인이 관세를 납부해야 하며, 해당 용도 외의 다른 용도로 사용하려는 자에게 양도한 경우에는 그 양도인이 관세를 납부해야 한다. 이 경우 양도인으로부터 해당 관세를 징수할 수 없을 때에는 그 양수인으로부터 징수한다.
(4) 관세의 분할납부를 승인받은 법인이 합병·분할 또는 분할합병된 경우에는 합병·분할 또는 분할합병 후에 존속하거나 합병·분할 또는 분할합병으로 설립된 법인이 연대하여 관세를 납부해야 한다.
(5) 관세의 분할납부를 승인받은 자가 파산선고를 받은 경우 그 파산관재인이 관세를 납부해야 한다.
(6) 관세의 분할납부를 승인받은 법인이 해산한 경우에는 그 청산인이 관세를 납부해야 한다.
(7) 세관장은 관세를 즉시 징수하는 때에는 15일 이내의 납부기한을 정하여 납부고지해야 한다. 즉시 징수하는 경우는 다음과 같다.
  ① 관세의 분할납부를 승인받은 물품을 분할납부 기간 내에 해당 용도 외의 다른 용도로 사용하거나 해당 용도 외의 다른 용도로 사용하려는 자에게 양도한 경우
  ② 관세를 지정된 기한까지 납부하지 않은 경우(단, 관세청장이 부득이한 사유가 있다고 인정하는 경우는 제외)
  ③ 파산선고를 받은 경우
  ④ 법인이 해산한 경우

15 관세의 환급

01 관세 환급제도

(1) 관세 환급제도의 의미
관세 환급은 세관에 이미 납부한 관세, 가산세 및 강제징수비를 일정한 사유로 인하여 납세 의무자에게 되돌려 주는 것을 말한다. 관세의 환급은 관세법상 환급과 관세환급특례법상 환급으로 구분하여 운영하고 있다.

(2) 환급의 목적
① 관세법상 환급: 민법의 부당이득 법이론이 적용되어 납세의 형평과 징수행정의 공정한 집행을 위해 과다하게 납부한 관세를 되돌려 주기 위함이다.
② 관세환급특례법상 환급: 수출을 지원하기 위해 관세를 되돌려 주기 위함이다.

02 관세법상 환급

(1) 과오납 환급 2020, 2021, 2023 출제
① 세관장은 납세 의무자가 관세·가산세 또는 강제징수비로 납부한 금액 중 잘못 납부하거나 초과하여 납부한 금액은 관세법에 따라 환급해야 할 환급세액의 환급을 청구할 때에는 지체 없이 이를 관세 환급금으로 결정하고 30일 이내에 환급해야 하며, 세관장이 확인한 관세 환급금은 납세 의무자가 환급을 청구하지 않더라도 환급해야 한다.
② 관세 환급금을 환급받을 자가 세관에 납부해야 하는 관세와 그 밖의 세금, 가산세 또는 강제징수비가 있을 경우 세관장은 환급해야 하는 금액에서 이를 충당할 수 있다.
③ 납세 의무자의 관세 환급금에 관한 권리는 제3자에게 양도할 수 있다.
④ 관세 환급금을 환급하거나 충당할 때에는 관세 환급가산금 기산일부터 환급결정 또는 충당결정을 하는 날까지의 기간과 기획재정부령으로 정하는 이율(2021년 3월 16일부터의 기간: 연 1.2%)에 따라 계산한 금액을 관세 환급금에 더해야 한다.

(2) 계약 내용과 다른 물품 등에 대한 관세 환급(위약 환급) 2020, 2021, 2024, 2025 출제
① 계약 내용과 다른 물품의 의미: 무역계약에서 약정한 물품과 실제 수입된 물품이 상이하여 수입상이 클레임을 제기하고 해당 물품을 다시 외국으로 반출하거나 폐기하기로 한 물품을 말한다.
② 수입신고가 수리된 물품이 계약 내용과 다르고 수입신고 당시의 성질이나 형태가 변경되지 않은 경우 해당 물품이 수입신고 수리일부터 1년 이내에 다음의 어느 하나에 해당하면 관세를 환급한다.
  ㉠ 수입신고 수리일부터 1년 이내에 외국에서 수입된 물품을 보세구역에 반입하였다가 다시 수출한 경우(이 경우 수출은 수입신고 수리일부터 1년이 지난 후에도 할 수 있음)
  ㉡ 보세공장에서 생산된 물품을 수입신고 수리일부터 1년 이내에 보세공장으로 다시 반입한 경우
  ㉢ 수입 물품의 수출을 대신해 이를 폐기하는 것이 부득이하다고 인정되어 그 물품을 수입신고 수리일부터 1년 내에 보세구역에 반입하여 미리 세관장의 승인을 받아 폐기한 경우

(3) 수입한 상태 그대로 수출되는 자가사용 물품 등에 대한 관세 환급 `2023, 2024, 2025 출제`

① 해외직접구매가 늘어나면서 개인이 온라인으로 주문한 제품과 실제 수령한 제품이 다를 경우 이를 반품할 때 수입 시 납부한 관세를 환급한다.

② 수입신고가 수리된 개인의 자가사용 물품이 수입한 상태 그대로 수출되는 경우로서 다음의 어느 하나에 해당하는 경우에는 수입할 때 납부한 관세를 환급한다.

> **자가사용 물품**
> 수입신고 당시의 성질 또는 형태가 변경되지 않은 상태로 수출될 물품으로, 국내에서 사용된 사실이 없음을 세관장이 인정한 물품

  ㉠ 수입신고 수리일부터 6개월 이내에 보세구역에 반입하였다가 다시 수출하는 경우
  ㉡ 수입신고 수리일부터 6개월 이내에 관세청장이 정하는 바에 따라 세관장의 확인을 받고 다시 수출하는 경우
  ㉢ 수출신고가 생략되는 탁송품 또는 우편물로서 수출신고가격이 200만 원 이하인 물품을 수입신고 수리일로부터 6개월 이내에 수출한 후 세관장의 확인을 받은 경우

③ 여행자가 국제무역선 또는 국제무역기 및 보세판매장에서 구입한 물품이 환불된 경우에는 자진신고할 때 납부한 관세를 환급한다.

(4) 지정보세구역 장치 물품의 멸실 등으로 인한 관세 환급

① 수입신고가 수리된 물품이 수입신고 수리 후에도 지정보세구역에 계속 장치(보관)되어 있는 중 재해로 멸실되거나 변질 또는 손상되어 그 가치가 떨어졌을 때에는 대통령령으로 정하는 바에 따라 그 관세의 전부 또는 일부를 환급할 수 있다.

② 관세 환급액의 구분
  ㉠ **멸실된 물품**: 이미 납부한 관세의 전액을 환급
  ㉡ **변질·손상된 물품**(다음 중 많은 금액)
    • 수입 물품의 변질·손상 또는 사용으로 인한 가치의 감소에 따르는 가격의 저하분에 상응하는 관세액
    • 수입 물품의 관세액에서 그 변질·손상 또는 사용으로 인한 가치가 감소한 후의 성질 및 수량에 의하여 산출한 관세액을 공제한 차액

③ **입항 전 수입신고된 물품의 환급 적용**: 입항 전 수입신고가 수리되고 보세구역 등에서 반출되지 않은 물품에 대해 해당 물품이 지정보세구역에 장치되었는지 여부와 관계없이 대통령령으로 정하는 바에 따라 관세의 일부 또는 전부를 환급할 수 있다.

(5) 종합보세구역의 판매 물품에 대한 관세 환급

① 외국인 관광객 등이 종합보세구역에서 구입한 물품을 국외로 반출하는 경우에는 해당 물품을 구입할 때 납부한 관세 및 내국세 등을 환급받을 수 있다. 단, 법인, 국내 주재 외교관(이에 준하는 외국 공관원 포함), 국내 주재 국제연합군과 미국군의 장병 및 군무원이 구입한 물품은 제외한다.

② 종합보세구역에서 외국인 관광객 등에게 물품을 판매하는 자(판매인)는 관세청장이 정하는 바에 따라 판매 물품에 대한 수입신고 및 신고납부를 해야 한다.

③ 판매인은 종합보세구역에서 관세 및 내국세 등(관세 등)이 포함된 가격으로 물품을 판매한 후 다음에 해당하는 경우에는 관세 등을 환급받을 수 있다.
  ㉠ 외국인 관광객 등이 구매한 날부터 3개월 이내에 물품을 국외로 반출한 사실이 확인되는 경우
  ㉡ 판매인이 환급 창구 운영사업자를 통하여 당해 관세 등을 환급 또는 송금하거나 외국인 관광객 등에게 송금한 것이 확인되는 경우

(6) 관세 환급청구권의 소멸시효와 중단 2021 출제

납세자가 납부한 금액 중 잘못 납부하거나 초과하여 납부한 금액 또는 그 밖의 관세의 환급청구권은 그 권리를 행사할 수 있는 날부터 5년간 행사하지 아니하면 소멸시효가 완성된다. 단, 5억 원 이상의 관세(내국세 포함)의 소멸시효는 10년이다.

03 관세환급특례법상 환급

(1) 관세환급특례법상 환급의 의미

수출용 원재료에 대한 관세 등 환급에 관한 특례법(관세환급특례법)에 의한 관세환급은 원재료를 수입할 때에 납부하였거나 납부할 관세 등을 관세법 규정에도 불구하고 수출상 또는 수출 물품의 생산자에게 되돌려 주는 것을 의미한다.

(2) 관세환급특례법에 의한 관세 환급의 실시 목적

① **수출 지원**: 수출 물품을 제조·가공하기 위해 수입되는 물품에 부과·징수한 관세 등을 환급함으로써 조세 부과로 인한 수출 가격의 인상을 배제하여 수출을 지원한다(가격경쟁력 강화).
② **국산 원재료 사용 촉진**: 간이 정액환급의 적용에 있어 국산 원재료와 수입 원재료의 구분을 두지 않고 관세를 환급함으로써 국산 원재료의 사용을 촉진한다.
③ **간접소비세의 부담 제거**: 관세는 국내에서 사용 또는 소비될 것을 전제로 하여 과세되는 간접소비세이다. 과세통관된 수출용 원재료는 해당 물품을 제조·가공하여 수출하므로 국내에서 소비가 발생하지 않는다. 이 경우 간접세를 제거하지 않으면 국내와 수입국(소비지국)의 외국 소비자에게 이중 과세를 하게 되므로 이를 방지하기 위해 수출국에서는 간접세의 부담을 제거할 필요가 있다.

(3) 관세환급특례법상 주요 용어 2023, 2024 출제

① **관세 등**: 관세, 임시수입부가세, 개별소비세, 주세, 교통·에너지·환경세, 농어촌특별세 및 교육세
② **수출 물품**: 수출 등의 용도에 제공되는 물품
③ **소요량**: 수출 물품을 생산(수출 물품을 가공·조립·수리·재생 또는 개조하는 것을 포함)하는 데 드는 원재료의 양으로서 생산 과정에서 정상적으로 발생되는 손실량 포함
④ **단위실량**: 수출물품 1단위를 형성하고 있는 원재료의 종류별 양
⑤ **손모량**: 수출물품을 정상적으로 생산하는 과정에서 발생하는 원재료의 손실량(불량품에 소요된 원재료 중 재활용이 가능한 양은 제외한다)
⑥ **손모율**: 일정기간동안 발생한 손모량을 동 기간 중에 생산된 해당 수출물품을 원재료로 환산한 양으로 나누어 백분율로 표시 한 값
⑦ **단위소요량**: 수출물품 1단위를 생산하는데 소요된 원재료별 양으로 단위실량과 손모량을 합한 양
⑧ **제조사양서**: B.O.M(Bill of Material), 설계도면, 원재료 배합비율(수출물품 1단위 제조에 드는 원재료별 배합량), 제조표준서, 시방서, 그 밖에 수출물품 1단위를 생산하는데 기준이 되는 자료
⑨ **원재료별 환산량**: 수출물품을 구성하고 있는 원재료의 종류별 총실량
⑩ **부산물**: 수출물품 생산공정 중에 수출물품 외에 발생하는 경제적인 가치를 가진 물품으로서 판매되거나 자가사용되는 물품

⑪ **연산품**: 「수출용 원재료에 대한 관세 등 환급에 관한 특례법」(이하 "법"이라 한다) 제13조제1항 및 「수출용 원재료에 대한 관세 등 환급에 관한 특례법 시행령」(이하 "영"이라 한다) 제15조에 따른 특수공정물품 중에서 원재료를 같은 생산공정으로 가공했을 때 주종(主從)의 관계를 구별할 수 없는 종류가 다른 두 가지 이상의 개별적인 기능과 경제적인 가치를 가진 제품들이 생산되는 경우에 이 제품들의 총칭

  예) 원유(원재료)를 상압(常壓: 특별히 압력을 줄이거나 높이지 않을 때의 압력)에서 증류하여 생산(같은 생산공정으로 가공)한 나프타, 등유, 경유, 중유, 아스팔트, 윤활유, LPG 등(주종 관계를 구별할 수 없는 제품)을 연산품이라고 함

⑫ **자율소요량**: 소요량계산서 작성업체에서 산정한 소요량을 말한다.

⑬ **표준소요량**: 관세청장이 수출물품별 평균소요량 등을 기준으로 정하여 고시한 소요량을 말한다.

(4) 자율소요량 산정 및 관리 2024 출제

① 단위실량 산정방법

단위실량은 다음에 따라 산정한다. 다만, 원재료가 화학적으로 통합되어 단위실량과 손모량을 구분할 수 없는 경우에는 단위실량 산정방법을 적용할 수 없다.

㉠ 수출물품 1단위를 분해하여 실측한 원재료의 종류별 양
㉡ 수출물품 1단위를 생산하는데 사용되는 설계도면상의 원재료의 면적이나 양
㉢ 수출물품 1단위를 구성하고 있는 원재료의 부품명세서 등과 같은 자료상의 원재료의 양

② 단위설계소요량 산정방법

단위설계소요량은 제조사양서 상 원재료 중 환급을 받으려는 원재료의 종류별 양으로 산정

③ 수출건별등총소요량 산정방법

수출건별등총소요량은 수출신고필증, 기초원재료납세증명서 또는 수출계약서상의 수출물품을 생산하는 과정에서 사용한 원재료의 종류별 총량으로 산정

④ 일정기간별단위소요량 산정방법

㉠ 제품생산과정에서 원재료가 물리적으로 결합되는 경우 일정기간별단위소요량은 6개월 이내 범위에서 산정기간 첫 달의 첫날부터 산정기간 마지막 달의 말일까지의 일정기간 동안 제품 생산에 사용된 원재료 종류별 총량을 일정기간 동안에 생산된 제품의 원재료별 환산량으로 나눈 값에 단위실량을 곱한 양으로 산정

> 일정기간별단위소요량 = (일정기간동안 사용된 원재료별 총량 / 일정기간동안 생산된 제품의 원재료별 총량) × 단위실량

㉡ 제품생산과정에서 원재료가 화학적으로 통합되는 경우 일정기간별단위소요량은 일정기간 동안 제품생산에 사용된 원재료 종류별 총량을 일정기간동안 생산된 제품의 총량으로 나눈 양

> 일정기간별단위소요량 = 일정기간동안 사용된 원재료별 총량 / 일정기간동안 생산된 제품의 총량

⑤ 1회계연도단위소요량 산정방법

㉠ 제품생산과정에서 원재료가 물리적으로 결합되는 경우 1회계연도단위소요량은 1회계연도 동안 제품생산에 사용된 원재료 종류별 총량을 1회계연도 동안 생산된 제품의 원재료별 환산량으로 나눈 값에 단위실량을 곱한 양으로 산정

> 1회계연도단위소요량 = (1회계연도 동안 사용된 원재료별 총량 / 1회계연도 동안 생산된 제품의 원재료별 총량) × 단위실량

ⓒ 제품생산과정에서 원재료가 화학적으로 통합되는 경우 1회계연도단위소요량은 1회계연도 동안 제품 생산에 사용된 원재료 종류별 총량을 1회계연도 동안에 생산된 제품의 총량으로 나눈 양으로 산정한다.

> 1회계연도단위소요량 = 1회계연도 동안 사용된 원재료별 총량 / 1회계연도 동안 생산된 제품의 총량

⑥ 위탁건별총소요량 산정방법

위탁건별총소요량은 위탁가공계약서 등에 따라 수출물품을 위탁생산하는 경우 수출물품의 생산을 위탁한 업체에서 수출물품의 생산을 수탁한 업체에 공급한 원재료 중 수탁업체가 해당 위탁생산물품을 생산하는 과정에서 사용한 원재료의 종류별 총량으로 산정

⑦ 소요량 산정방법의 선택제한

소요량계산서작성업체는 동종의 수출물품별로 소요량 산정방법 중 한가지 방법을 임의로 선택하여 소요량을 산정하여야 한다. 다만, 다음 각 경우에는 그러하지 아니하다.

㉠ 소요원재료의 등급이 다른 이유 등으로 소요량이 불안정한 농·수·축·임산물을 원재료로 생산되는 수출물품은 수출건별 등 총 소요량 산정방법 또는 제8조에 따른 위탁건별총소요량 산정방법으로 소요량을 산정하여야 한다.

㉡ 시제품 생산단계로 손모율이 불안정한 수출물품은 제6조에 따른 일정기간별단위소요량 산정방법 또는 1회계연도단위소요량 산정방법으로 소요량을 산정할 수 없다.

㉢ 연산품은 일정기간별단위소요량 산정방법 또는 1회계연도단위소요량 산정방법으로 소요량을 산정하여야 한다.

㉣ 1회계연도단위소요량 산정방법은 매월 1회 이상 또는 연간 6개월 이상 생산활동을 하는 업체에 한정하여 적용한다. 다만, 천재지변, 노사분규, 설비의 수리 등 불가항력적 사유로 생산활동을 할 수 없는 경우에는 예외로 한다.

(5) 관세환급의 요건

① 환급 대상 원재료: 환급 대상 원재료는 외국에서 수입하는 때에 관세 등을 납부한 물품으로 수출 물품의 제조·가공에 사용된 원재료 또는 수출 물품의 제조·가공에 사용될 원재료 중 관세환급특례법에서 규정한 수출용 원재료의 범위에 해당하는 것이어야 한다. `2019, 2020, 2021, 2023, 2025 출제`

㉠ 수출 물품 생산에 사용되는 원재료(소요량을 객관적으로 계산할 수 있어야 함)
- 해당 수출 물품에 물리적 또는 화학적으로 결합되는 물품
- 해당 수출 물품을 생산하는 공정에 투입되어 소모되는 물품(수출 물품 생산용 기계·기구 등의 작동 및 유지를 위한 물품 등 수출 물품의 생산에 간접적으로 투입되어 소모되는 물품은 제외)
- 해당 수출 물품의 포장용품

㉡ 수입한 상태 그대로 수출한 경우: 해당 수출 물품

㉢ 국내에서 생산된 원재료와 수입된 원재료가 동일한 질과 특성을 갖고 있어 상호 대체 사용이 가능하여 수출 물품의 생산 과정에서 이를 구분하지 않고 사용하는 경우에는 수출용 원재료가 사용된 것으로 본다(대체환급제도).

② 환급 대상 수출 2019, 2020, 2021, 2022, 2023 출제
　㉠ 수출신고가 수리된 수출(유상수출)
　㉡ 무상수출(예외)
　　• 외국에서 개최되는 박람회·전시회·견본시장·영화제 등에 출품하기 위하여 무상으로 반출하는 물품의 수출(단, 외국에서 외화를 받고 판매된 경우에 한함)
　　• 해외에서 투자·건설·용역·산업설비 수출 기타 이에 준하는 사업에 종사하고 있는 우리나라의 국민(법인 포함)에게 무상으로 송부하기 위하여 반출하는 기계·시설자재 및 근로자용 생활필수품 기타 그 사업과 관련하여 사용하는 물품으로서 주무부장관이 지정한 기관의 장이 확인한 물품의 수출
　　• 수출된 물품이 계약 조건과 서로 달라서 반품된 물품에 대체하기 위한 물품의 수출
　　• 해외 구매자와의 수출계약을 위하여 무상으로 송부하는 견본용 물품의 수출
　　• 외국에서 가공임 또는 수리비를 받고 국내에서 가공 또는 수리할 목적으로 수입된 원재료로 가공하거나 수리한 물품의 수출 또는 해당 원재료 중 가공하거나 수리하는 데 사용되지 않은 물품의 반환을 위한 수출
　　• 외국에서 위탁가공할 목적으로 반출하는 물품의 수출
　　• 위탁판매를 위하여 무상으로 반출하는 물품의 수출(외국에서 외화를 받고 판매된 경우에 한함)
　㉢ 우리나라 안에서 외화를 획득하는 판매 또는 공사
　　• 주한미군에 대한 물품의 판매, 주한미군 또는 국내 주재 대사관 등이 시행하는 공사
　　• 수입하는 승용자동차의 관세 등을 면제받을 수 있는 자(외교관, 주한미군)에 대한 국산 승용자동차의 판매(단, 주무부장관의 면세추천서를 제출하는 경우에 한함)
　　• 외국인 투자 또는 출자의 신고를 한 자에 대한 자본재(우리나라에서 생산된 것에 한함)의 판매(단, 해당 자본재가 수입되는 경우 조세특례 제한법의 규정에 의해 관세가 면제되는 경우에 한함)
　　• 국제금융기구로부터 제공되는 차관 자금에 의한 국제경쟁입찰에서 낙찰(낙찰받은 자로부터 도급받는 경우 포함)된 물품(우리나라에서 생산된 것에 한함)의 판매(단, 해당 물품이 수입되는 경우 관세법에 의해 관세가 감면되는 경우에 한함)
　㉣ 보세구역 또는 자유무역지역의 입주 기업체에 대한 공급
　　• 보세창고에 공급(수출한 물품에 대한 수리·보수 또는 해외조립생산을 위하여 부품 등을 반입하는 경우에 한함)
　　• 보세공장에 공급(수출용 원재료로 사용될 목적으로 공급되는 경우에 한함)
　　• 보세판매장에 공급
　　• 종합보세구역에 공급(수출용 원재료로 공급하거나 수출 물품에 대한 수리·보수 또는 해외조립생산을 위하여 부품 등을 반입하는 경우 또는 보세구역에서 판매하기 위하여 반입하는 경우에 한함)
　㉤ 그 밖에 수출로 인정되어 기획재정부령으로 정하는 것
　　• 우리나라와 외국을 왕래하는 선박 또는 항공기에 선박용품 또는 항공기용품으로 사용되는 물품의 공급
　　• 해양수산부장관의 허가·승인 또는 지정을 받은 자가 원양어선에 무상으로 송부하기 위하여 반출하는 물품으로서 해양수산부장관 또는 해양수산부장관이 지정한 기관의 장이 확인한 물품의 수출

③ 수출 이행 기간 2021 출제
  ㉠ **수출신고가 수리된 수출**: 수출신고를 수리한 날이 속하는 달의 말일부터 소급하여 2년 이내에 수입된 물품의 수출용 원재료에 대한 관세 등을 환급한다. 다만, 수출 등에 제공되는 데 장기간이 소요되는 물품(플랜트수출에 제공되는 물품)은 무역상대국의 전쟁·사변, 천재지변 또는 중대한 정치적·경제적 위기로 인하여 불가피하게 수출 등이 지연되었다고 관세청장이 인정하는 경우에는 소급하여 3년 이내에 수입된 해당 물품의 수출용 원재료에 대한 관세 등을 환급한다.
  ㉡ **판매·공사 등에 제공된 경우**: 수출·판매·공사 또는 공급을 완료한 날이 속하는 달의 말일부터 소급하여 2년 이내에 수입된 물품의 수출용 원재료에 대해 환급한다.
  ㉢ **국내 거래를 거치는 경우**
    • 제조·가공 후 국내 거래되는 경우: 수출용 원재료가 내국 신용장 등에 의하여 거래되고, 그 거래가 직전의 내국 신용장 등에 의한 거래가 있는 날부터 1년 이내에 이루어진 경우에는 해당 수출용 원재료가 수입된 날부터 내국 신용장 등에 의한 최후의 거래가 있은 날까지의 기간은 수출 이행 기간에 산입하지 않는다.
    • 국내에서 원상태로 거래되는 경우: 수출용 원재료가 수입된 상태 그대로 거래된 경우에는 국내 거래 기간을 수출 이행 기간에 산입하여 계산한다.

(6) 관세환급특례법상 환급 종류
① **정액환급**: 국가가 수출 물품별로 전년도 평균 환급액 또는 원재료의 평균 납부세액을 기초로 환급액을 책정하고 기업은 국가가 책정한 금액을 수출 물품의 제조·가공에 소요된 원재료의 납부세액으로 간주하여 환급받는 방법이다.
② **간이 정액환급** 2020, 2022, 2023, 2025 출제
  ㉠ 개별환급을 받을 능력이 없는 중소기업의 수출을 지원하고 환급 절차를 간소화하기 위하여 도입된 제도로서 환급신청일이 속하는 연도의 직년 2년간 매년도 환급실적(기초원재료 납세증명서 발급실적 포함)이 8억 원 이하이고, 환급신청일이 속하는 연도의 1월 1일부터 환급신청일까지의 환급실적(해당 환급신청일에 기초원재료납세증명서의 발급을 신청한 금액과 환급을 신청한 금액을 포함)이 8억 원 이하인 중소기업에서 제조한 수출 물품에 대한 환급액 산출 시, 간이 정액환급률표상의 금액을 수출 물품 제조에 소요된 원재료의 수입 시 납부세액으로 보고 환급액 등을 산출토록 한 방법이다.
  ㉡ 정액환급률표의 적용을 받는 수출업체가 신청하면 정액환급률표를 적용하지 않고 개별환급을 적용할 수 있으며 간이 정액비적용 승인일부터 2년 이내에는 다시 정액환급률표 적용 신청을 할 수 없다.
  ㉢ 자가 생산하는 수출 물품(수출신고필증 제조자란에 제조업체명이 기재되어야 함)에 적용되며 수출상과 수출 물품의 생산자가 다른 경우에는 수출 물품의 생산자가 직접 관세 등의 환급을 신청할 수 있다.
  ㉣ 환급액은 간이 정액환급률표에 따른 세번별 각 물품의 FOB 가격(수출 금액) 1만 원당 환급액으로 한다.

> 환급액 = (FOB 원화 가격 × 간이 정액환급률표의 해당 금액) ÷ 10,000원

> **TIP** 간이 정액환급률표가 아래와 같을 때 망간건전지를 수출한 금액이 100만 원이라고 가정해 보아요.

세번	품명	수출금액(FOB) 1만 원당 환급액
7318.15-2000	볼트	10원
8471.70-2032	DVD 드라이브	30원
8506.10-1000	망간건전지	70원

이 경우 망간건전지의 수출 환급액은 (1,000,000원×70원)÷10,000원 = 7,000원이 되어요.

③ **개별환급** 2021, 2023, 2024 출제
　㉠ 의미: 관세 등의 환급금을 계산할 때 수출 물품의 제조·가공에 소요된 각각의 원재료에 대하여 품명, 규격, 수량 및 납부세액 등을 개별적으로 산출하여 납부한 세액을 정확히 환급하는 방법이다.
　㉡ 산출: 환급 신청자는 수출 물품에 대한 원재료 소요량을 계산한 서류를 작성하고 그 소요량 계산서에 따라 환급금을 산출한다.
　㉢ 개별환급 적용을 위한 확인 사항
　　• 환급 대상 수출 확인: 수출신고필증 등의 서류상의 품명, 규격, 수량을 확인
　　• 소요된 수출용 원재료의 확인: 소요량 계산서로 확인
　　• 확인된 수출용 원재료의 납부세액 확인: 수입신고필증, 기초원재료 납세증명서, 평균세액증명서, 분할증명서 등으로 소요 원재료의 세액을 확인
　㉣ 환급금의 지급제한에 해당하는 수출용 원재료: 덤핑방지관세, 상계관세, 보복관세를 적용한 물품

04 관세환급 절차

(1) 환급의 신청 2021, 2022, 2023 출제
① 관세 등을 환급받으려는 자는 물품이 수출 등에 제공된 날부터 5년 이내에 관세청장이 지정한 세관에 환급 신청을 해야 한다.
② 보정, 수정 또는 경정, 환급 금액이나 과다 환급 금액의 징수 또는 자진신고·납부의 사유가 있는 경우에는 그 사유가 있은 날부터 5년 이내에 환급 신청을 할 수 있다.
③ 관세 등의 환급 신청은 수출 물품의 생산에 소요된 원재료에 대하여 일괄 신청해야 한다. 다만, 일괄 신청하는 것이 불합리하다고 인정되는 경우에는 추가 환급을 신청할 수 있다.

(2) 추가 환급 대상
① 일괄하여 환급 신청하였으나 세관장의 착오로 일부 환급금이 부족하게 지급된 경우
② 원재료를 수입할 때 세율 적용 착오 등(관세율이 무세인 경우로서 환급 신청하지 않은 원재료와 과세 가격 변경으로 인한 관세 등의 세액이 경정된 경우를 포함)의 사유로 추징된 관세 등이 환급 신청 시에 누락되었거나 환급이 결정된 후에 추징된 경우
③ 환급 신청 또는 수출신고를 할 때 착오로 수출 가격을 과소하게 기재 또는 신고하거나 품목번호를 잘못 신고하여 간이 정액환급을 과소하게 받은 경우
④ 환급 신청인의 착오로 소요 원재료와 규격이 상이한 원재료로 환급받는 등의 사유로 해당 원재료에 대한 관세 등이 추징되고 정당한 원재료로 추가 환급을 신청하는 경우
⑤ 관세 등의 환급을 받은 물품에 대한 기납증 및 분증의 세액이 정정된 경우 또는 기납증과 분증이 취하 후 새로 발급된 경우
⑥ 환급 신청한 소요 원재료의 소요량 산정 시 단위실량을 과소 산정하거나 소요 원재료의 수량 단위를 착오로 기재하여 과소 환급된 경우

⑦ 품목분류나 세율 결정에 오랜 시간이 걸려 신고 수리 전 반출 승인을 받은 경우로서 환급이 결정된 후에 품목분류나 세율 결정이 된 경우
⑧ 그 밖에 일괄 환급 신청의 의사 표시가 확인되었고(예 환급신청서에 누락된 원재료의 수입신고필증이 첨부되어 있거나 제출된 소요량 계산서류, 조견표, 자재 명세서(BOM) 등에 누락된 원재료가 표시되어 있는 경우 등) 환급 신청인의 착오 또는 부득이한 사유로 인해 과소 환급된 경우로서, 세관장이 추가 환급하는 것이 타당하다고 인정하는 경우

(3) 환급 신청인
① 외국 수출의 경우 수출상(수출위탁의 경우 수출위탁자) 또는 생산자 중 수출신고필증에 환급 신청인으로 기재된 자
② 외화판매·외화공사·보세구역 및 자유무역지역 입주업체의 물품 공급 등의 경우 수출·판매·공사 또는 공급 등을 한 자
③ ①, ②에 해당하는 법인이 합병한 경우 합병 후 존속하는 법인 또는 합병으로 설립된 법인
④ ① 또는 ②에 해당하는 자로부터 상속을 받은 경우 그 상속인 또는 상속재산 관리인

(4) 소요량 사전심사의 신청 [2025 출제]
① 관세등을 환급받으려는 자는 환급신청을 하기 전에 산정한 소요량 및 소요량 계산방법의 적정 여부를 세관장에게 미리 심사(소요량 사전심사)하여 줄 것을 신청할 수 있다.
② 소요량 사전심사의 신청을 받은 세관장은 신청을 받은 날부터 30일(현지 확인을 실시하는 경우에는 50일) 이내에 산정한 소요량 및 소요량 계산방법의 적정 여부를 심사한 후 그 결과를 신청인에게 통지하여야 한다. 다만, 제출 자료의 미비 등으로 심사가 곤란한 경우에는 그 사실을 통지하고 소요량 사전심사를 거절하거나 제출 자료를 보정하게 할 수 있다.

(5) 환급의 심사(사후 심사)
① 세관장은 환급금의 정확 여부를 심사할 필요가 있는 경우 환급 신청서 및 그 첨부서류 또는 제출받은 서류나 실지 조사에 의하여 정확 여부를 심사한다.
② 심사는 환급 신청일부터 5년 이내에 완료해야 한다.

16 수출용 원재료의 국내 거래 [2020, 2021, 2023, 2024, 2025 출제]

수출용 원재료를 수입한 자가 직접 수출 물품을 제조하여 수출하는 경우를 제외하고 수출용 원재료의 수입상과 해당 원재료로 제조된 물품의 수출상이 다르다. 이 경우 수입업체와 수출업체는 원재료 상태 그대로 또는 이를 제조·가공하여 양도·양수했다고 볼 수 있다.
수출용 원재료의 양도인은 원재료 수입 시 납부한 관세를 양수인에게 전가하는데 이때 관세 납부실적을 확인할 수 있는 서류로서 기초원재료 납세증명서(기납증) 또는 분할증명서(분증)를 발행하며 두 서류에 의해 확인되는 세액을 양도세액이라 한다.

01 기초원재료 납세증명서(기납증)

(1) 기납증의 의미
관세를 납부하고 수입한 원재료를 제조·가공한 후 생산된 물품을 다음 단계의 중간원재료 또는 수출물품 제조업자에게 공급할 때 기초원재료의 관세 등의 납부세액과 공급 사실을 증명하는 서류이다.

(2) 기납증의 발급 대상
① 수입원재료를 사용하여 생산한 물품을 해당 수입원재료의 수입신고 수리일부터 1년 이내에 수출 물품을 생산하는 자에게 양도하거나 수출 물품의 중간원재료를 생산하는 자에게 양도하는 경우
② 수입원재료와 중간원재료를 사용하여 생산한 물품을 수입신고 수리일(중간원재료의 경우에는 구매일)부터 1년 이내에 수출 물품을 생산하는 자에게 양도하거나 수출 물품의 중간원재료를 생산하는 자에게 양도하는 경우
③ 수출 물품의 중간원재료를 사용하여 생산한 물품을 그 중간원재료의 구매일부터 1년 이내에 수출물품을 생산하는 자에게 양도하거나 수출 물품의 중간원재료를 생산하는 자에게 양도하는 경우
④ 수입원재료 또는 중간원재료(수입원재료와 중간원재료 포함)를 사용하여 생산한 물품을 수입신고 수리일(중간원재료의 경우 구매일)로부터 1년 이내에 수출하는 자에게 양도하는 것으로서 수출상이 환급받고자 하는 경우

(3) 기납증의 발급요건
① 수출용 원재료로 공급해야 한다.
② 거래된 물품 생산에 사용된 원재료는 관세를 납부한 수입원재료이어야 한다.
③ 공급업자가 공급한 물품은 국내에서 원재료가 수입된 날 또는 내국 신용장 등에 의해 물품을 공급받은 날부터 1년 이내에 제조된 물품이어야 한다.

(4) 기납증과 수출 이행의 관계
① 관세환급 신청 시 납부세액 증명서류로 사용하는 경우: 양도 일자(국내 거래일)부터 2년 이내에 환급 대상 수출에 사용되어야 한다.
② 기초원재료 납세증명서의 납부세액 확인서류로 사용하는 경우: 양도 일자(국내 거래일)부터 1년 이내에 양도되어야 한다.

(5) 간이 기초원재료 납세증명서
간이 정액환급 대상 업체는 제조·공급하는 물품에 대하여 간이 정액환급률표에 의한 관세환급액을 적용하여 기초원재료 납세증명서를 발급받을 수 있다.

02 수입세액 분할증명서(분증) 2022 출제

(1) 분증의 의미
외국에서 수입하거나 국내에서 매입한 원재료를 제조·가공하지 않고 수입 또는 구매한 상태 그대로 수출용 원재료로 국내 공급하는 경우 공급자의 신청에 의해 양도세액을 증명하는 서류이다. 수입세액 분할증명서는 국내에서 제조·가공을 거치지 않고 원상태로 거래되기 때문에 수출 물품의 외화수취율을 높이는 데 도움이 되지 않으므로 수출 이행 기간의 연장 등 환급특례법상 지원이 적용되지 않는다.

(2) 분증의 발급 대상
① 수입분증 또는 수입분증의 분증은 해당 수입(매입)원재료의 수입신고 수리일부터 2년 이내에 수입(매입)한 상태 그대로 수출상 및 수출 물품의 생산자 또는 수출 물품 생산에 사용될 중간원재료의 생산자에게 양도한 경우
② 수입원재료만으로 평균세액증명서(평세증)가 발급된 경우 수입한 날이 속하는 달의 초일부터 2년 이내에 거래된 경우(제조·가공하지 않고 양도한 경우)

③ 국내 생산 원재료 또는 수입원재료와 국내 생산 원재료를 일괄하여 평세증이 발급된 경우에는 매입(수입)한 날이 속하는 달의 초일부터 1년 이내에 거래된 경우(제조·가공하지 않고 양도한 경우)
④ 기납분증 또는 기납분증의 분증은 국내 생산 원재료를 매입한 날부터 1년 이내에 매입한 상태 그대로 양도한 경우

(3) 양도세액의 산출
수입세액 분할증명서에 의하여 확인되는 양도세액은 수입신고필증상의 단위당 납부세액(납부세액/수입수량)에 공급량을 곱하여 산출한다. 간이 정액환급률표에 의한 정액환급이 적용되지 않으며 개별환급에 따른 소요량은 계산할 필요가 없다.

(4) 발급 유형
① 수입신고필증 분할증명서(수입신고필증을 근거 서류로 하여 발급된 분할증명서)
② 기초원재료 납세증명서 물품을 추가 제조·가공 없이 그대로 양도한 경우, 기초원재료 납세증명서 분할증명서(기초원재료 납세증명서를 근거 서류로 하여 발급된 분할증명서)
③ 분할증명서 물품을 추가 제조·가공 없이 그대로 양도한 경우 분할증명서(분할증명서를 근거 서류로 하여 발급된 분할증명서)
④ 평균세액증명 분할증명서(평균세액 분할증명서를 근거 서류로 하여 발급된 분할증명서)

17 보세제도

01 보세제도 의미
보세제도란 일정한 지역을 제한하여 외국 물품의 관세 부과를 일시적으로 보류하는 제도를 말한다.

보세
외국 물품의 수입신고 수리 전의 상태

02 보세제도의 기능

(1) 관세 채권의 확보
보세구역에 장치 중인 화물은 관세의 납부나 담보 제공 없이는 반출할 수 없도록 하므로 관세 채권을 확보할 수 있다.

보세구역
외국 물품을 수입신고 수리 전 상태에서 장치, 검사, 전시, 판매하거나 이를 사용하여 물품을 제조, 가공하거나 산업시설을 건설할 수 있는 장소

(2) 통관 업무의 효율화
세관의 감시 및 단속이 용이한 장소만을 지정하고 특허하여 수입통관 물품을 집중 반입시킴으로써 세관장이 통관 절차를 효율적으로 관리할 수 있다.

(3) 수출 및 산업 지원
보세공장제도를 두어 외국 물품을 보세 상태로 반입함으로써 관세 납부, 수입신고 수리 등을 받지 않고도 보세구역에서 제조·가공할 수 있도록 하였고, 보세건설장제도를 두어 외국 물품을 그대로 사용함으로써 산업시설을 신속히 건설할 수 있도록 하였다.

(4) 통관질서의 확립
무신고 수출입을 방지하고 관련 법령의 규제 사항에 대한 이행 여부를 확인할 수 있다.

18 보세구역제도

01 보세구역제도의 목적

통관 물품을 집중 반입하도록 감시와 관리의 효율성을 도모하여 관세의 확보, 반입 목적에 맞는 합당한 관리, 신속한 통관을 지원하기 위함이다.

02 보세구역의 구분 2021, 2022, 2024, 2025 출제

(1) 지정보세구역

통관하고자 하는 물품을 일시적으로 장치하거나 검사를 하기 위한 보세구역을 말한다. 세관장은 국가, 지방자치단체, 공항 또는 항만시설을 관리하는 법인이 소유하거나 관리하는 토지·건물 또는 그 밖의 시설을 지정할 수 있다. 지정보세구역은 다음과 같이 구분할 수 있다.

① **지정장치장**: 통관하려는 물품을 일시 장치하기 위한 장소로서 세관장이 지정하는 구역
  ㉠ 지정장치장에 물품을 장치하는 기간은 6개월의 범위에서 관세청장이 정한다.
  ㉡ 다만, 관세청장이 정하는 기준에 따라 세관장은 3개월의 범위에서 그 기간을 연장할 수 있다.

② **세관검사장**: 통관하려는 물품을 검사하기 위한 장소로서 세관장이 지정하는 지역
  ㉠ 세관장은 관세청장이 정하는 바에 따라 검사받을 물품의 전부 또는 일부를 세관검사장에 반입하여 검사할 수 있다.
  ㉡ 세관검사장에 반입되는 물품의 채취·운반 등에 필요한 검사비용은 화주가 부담한다. 다만, 국가는 중소기업 또는 중견기업의 컨테이너 화물로서 해당 화물에 대한 검사 결과 또는 물품의 수출입과 관련된 법령을 위반하지 않는 경우의 물품 등에 대해서는 예산의 범위 내에서 관세청장이 정하는 바에 따라 해당 검사 비용을 지원할 수 있다.

(2) 특허보세구역 2019, 2020, 2021, 2023 출제

사인(私人)의 신청으로 사인의 토지, 시설 등에 대하여 세관장이 보세구역으로 특허한 장소를 말한다. 특허보세구역의 특허 기간은 10년 이내(보세전시장, 보세건설장 및 보세판매장 제외)로 하며, 특허보세구역은 다음과 같이 구분된다.

① **보세공장**: 가공무역의 진흥을 위하여 관세법상 설정된 보세구역으로 외국 물품 또는 외국 물품과 내국 물품을 원료 또는 재료로 하여 제조·가공하거나 그 밖에 이와 유사한 작업을 하기 위한 보세구역을 말한다. 세관장의 허가를 받지 않고는 내국 물품만을 원료·재료로 하여 제조·가공하거나 그 밖에 이와 비슷한 작업을 할 수 없다.
  ㉠ 세관장은 수입통관 후 보세공장에서 사용할 물품을 보세공장에 직접 반입하여 수입신고를 하게 할 수 있으며, 해당 물품은 그 반입일 또는 장치일부터 30일 이내에 수입신고를 해야 한다.
  ㉡ 운영인은 보세공장에 반입된 물품을 사용하기 전에 세관장에게 사용신고를 해야 하며, 이 경우 세관공무원은 물품을 검사할 수 있다. 보세공장은 다음과 같이 구분한다.
    • **수출용 보세공장**: 외국 물품과 내국 물품을 원재료로 하여 수출하는 물품을 제조·가공하거나 수리 또는 기타 이와 유사한 작업을 하는 보세공장(국내 산업 발전 및 수출 물품의 국제경쟁력 강화 목적)
    • **내수용 보세공장**: 수입할 물품을 제조·가공 후 이를 수입통관하여 국내에서 사용하는 것을 목적으로 하는 보세공장(역관세율 제거 목적, 내수용 보세공장이 제한되는 물품 있음)

ⓒ **제품과세**: 외국 물품이나 외국 물품과 내국 물품을 원료로 하거나 재료로 하여 작업을 하는 경우 그로써 생긴 물품은 외국으로부터 우리나라에 도착한 물품으로 보아 해당 물품 전체에 대해 관세를 부과할 수 있다. 다만, 대통령령으로 정하는 바에 따라 세관장의 승인을 받고 외국 물품과 내국 물품을 혼용하는 경우에는 그로써 생긴 제품 중 해당 외국 물품의 수량 또는 가격에 상응하는 것은 외국으로부터 우리나라에 도착한 물품으로 본다.

ⓔ **원료과세**: 보세공장에서 제조된 물품을 수입하는 경우 사용신고 전에 미리 세관장에게 해당 물품의 원료인 외국 물품에 대한 과세의 적용을 신청한 경우에는 사용신고를 할 때의 그 원료의 성질 및 수량에 따라 관세를 부과한다.

② **보세창고**: 외국 물품이나 통관을 하려는 물품을 장치하는 곳을 말한다.
  ㉠ 운영인은 미리 세관장에게 신고를 하고, 외국 물품이나 통관하려는 물품의 장치에 방해되지 아니하는 범위에서 보세창고에 내국 물품을 장치할 수 있다. 이 경우 보세창고에 반입된 물품의 장치 기간은 1년이다.
  ㉡ 다만 동일한 보세창고에 장치되어 있는 동안 수입신고가 수리된 물품은 신고 없이 계속 장치할 수 있다. 이 경우 보세창고에 반입된 물품의 장치 기간은 6개월이다.
  ㉢ 내국 물품으로서 장치 기간이 지난 물품은 그 기간이 지난 후 10일 내에 그 운영인의 책임으로 반출해야 한다.

③ **보세건설장**: 산업시설의 건설에 사용되는 외국 물품인 기계류 설비품이나 공사용 장비를 장치·사용하여 해당 건설공사를 하는 곳을 말한다.
  ㉠ **사용 전 수입신고**: 운영인은 보세건설장에 외국 물품을 반입한 경우 사용 전에 해당 물품에 대하여 수입신고를 하고 세관공무원의 검사를 받아야 한다.
  ㉡ **건설공사 완료 보고**: 건설보세건설장의 운영인은 수입신고를 한 물품을 사용한 건설공사가 완료된 때에는 지체 없이 이를 세관장에게 보고해야 한다.
  ㉢ **보세건설 물품의 가동 제한**: 운영인은 보세건설장에서 건설된 시설을 수입신고가 수리되기 전에 가동하여서는 안 된다.
  ㉣ **특허 기간**: 해당 건설공사의 기간을 고려하여 세관장이 정하는 기간

④ **보세판매장**: 외국으로 반출하거나 관세를 면제받을 수 있는 자(외교관 등)가 사용하는 것을 조건으로 외국 물품을 판매하는 곳을 말한다. 단, 외국으로 반출하지 않더라도 외국에서 국내로 입국하는 자에게 물품을 인도하는 경우에는 물품을 판매할 수 있다.
  ㉠ 보세판매장의 운영인이 외국에서 국내로 입국하는 사람에게 물품(술·담배·향수는 제외)을 판매하는 때에는 미화 8백 달러의 한도에서 판매해야 하며, 술·담배·향수는 별도 면세 범위에서 판매할 수 있다.
  ㉡ **특허기간**: 5년 이내

⑤ **보세전시장**: 박람회, 전람회, 견본품 전시회 등의 운영을 위해 외국 물품을 장치·전시하거나 사용하는 곳을 말한다.
  ㉠ 보세전시장에 장치된 판매용 외국 물품은 수입신고가 수리되기 전에는 사용하지 못한다.
  ㉡ 보세전시장에 장치된 전시용 외국 물품을 현장에서 직매하는 경우 수입신고가 수리되기 전에는 이를 인도해서는 안 된다.
  ㉢ **특허 기간**: 해당 박람회 등의 기간을 고려하여 세관장이 정하는 기간

(3) 종합보세구역

관세청장이 무역진흥에 대한 기여 정도 또는 외국 물품의 반입·반출 물량 등을 고려하여 특허보세구역의 기능을 복합적으로 수행할 수 있도록 지정한 구역으로서 보세창고·보세공장·보세전시장·보세건설장 또는 보세판매장의 기능 중 둘 이상의 기능(종합 보세기능)을 수행할 수 있는 곳을 말한다.

① 종합보세구역의 지정
  ㉠ 외국인투자 촉진법에 의한 외국인투자지역
  ㉡ 산업입지 및 개발에 관한 법률에 의한 산업단지
  ㉢ 유통산업 발전법에 의한 공동 집배송 센터
  ㉣ 물류시설의 개발 및 운영에 관한 법률에 따른 물류단지
  ㉤ 기타 종합보세구역으로 지정됨으로써 외국인투자 촉진·수출 증대 또는 물류 촉진 등의 효과가 있을 것으로 예상되는 지역

② 특징: 종합보세구역에 반입한 물품의 장치 기간은 제한하지 않는다.

03 보세구역에서의 업무 `2021, 2024, 2025 출제`

(1) 보세화물의 장치 및 폐기 `2020, 2021, 2022 출제`

① **물품의 장치**: 외국 물품과 내국운송의 신고를 하려는 내국 물품은 보세구역에 장치해야 한다.

> **TIP** 보세구역 외에 장치할 수 있는 물품은 다음과 같아요! `2023 출제`
> 1. 수출신고가 수리된 물품
> 2. 크기 또는 무게가 과다하거나 그 밖의 사유로 보세구역에 장치하기 곤란하거나 부적당한 물품
> 3. 재해나 그 밖의 부득이한 사유로 임시 장치한 물품
> 4. 검역 물품, 압수 물품, 우편 물품

② **장치 물품의 폐기**: 부패·손상되거나 그 밖의 사유로 보세구역에 장치된 물품을 폐기하려는 자는 세관장의 승인을 받아야 한다. 보세구역에 장치된 외국 물품이 멸실되거나 폐기되었을 때에는 그 운영인이나 보관인으로부터 즉시 그 관세를 징수한다. 다만, 재해나 그 밖의 부득이한 사유로 멸실된 때와 미리 세관장의 승인을 받아 폐기한 때에는 예외로 한다. 외국 물품 중 폐기 후에 남아 있는 부분에 대하여는 폐기 후의 성질과 수량에 따라 관세를 부과한다.

③ **명령·통고 후 폐기**: 보세구역에 장치된 물품 중 다음의 어느 하나에 해당하는 것은 화주, 반입자, 화주 또는 반입자의 위임을 받은 자나 제2차 납세 의무자(이하 화주 등)에게 이를 반송 또는 폐기할 것을 명하거나 화주 등에게 통고한 후 폐기할 수 있다. 다만, 급박하여 통고할 여유가 없는 경우에는 폐기한 후 즉시 통고해야 한다.
  ㉠ 사람의 생명이나 재산에 해를 끼칠 우려가 있는 물품
  ㉡ 부패하거나 변질된 물품
  ㉢ 유효 기간이 지난 물품
  ㉣ 상품 가치가 없어진 물품

(2) 수입신고 수리 물품의 반출

① **보세 물품의 반출**: 관세청장이 정하는 보세구역에 반입되어 수입신고가 수리된 물품의 경우 화주 또는 반입자는 그 수입신고 수리일부터 15일 이내에 보세구역에서 해당 물품을 반출해야 한다.

② **반출 기간 만료 시의 과태료**
  ㉠ 만료일부터 10일 내 반출: 1차 위반 시 10만 원, 2차 위반 시 30만 원, 3차 위반 시 50만 원
  ㉡ 만료일부터 10일 초과 반출: 1차 위반 시 25만 원, 2차 위반 시 50만 원, 3차 위반 시 100만 원

(3) 보세 화물의 보수 작업 2020, 2021, 2022 출제

① 보수 작업의 의미

보세구역에 장치된 물품의 현상을 유지하기 위해 보수를 하거나 그 성질이 변하지 않는 범위에서 구분·분할·합병을 하거나 포장을 바꾸는 등 그 밖의 비슷한 작업을 하는 것을 의미한다.

> **TIP** 관세율표(HSK 10단위)의 변화를 가져오는 것은 가공으로 보기 때문에 보수 작업으로 인정하지 않아요.

② 보수 작업의 원칙

  ㉠ 보수 작업을 하려는 자는 세관장의 승인을 받아야 한다.
  ㉡ 보수 작업으로 외국 물품에 부가된 내국 물품은 외국 물품으로 본다.
  ㉢ 외국 물품은 수입될 물품의 보수 작업 재료로 사용될 수 없다.

③ 보수 작업이 이루어지는 경우

  ㉠ 보세구역에 장치된 물품이 운송 도중에 파손되거나 변질되어 시급히 보수할 필요가 있는 경우
  ㉡ 보세구역에 장치된 물품의 통관을 위하여 개장, 분할 구분, 합병, 원산지표시 등 그 밖에 이와 유사한 작업을 하려는 경우
  ㉢ 중계무역 물품으로서 수출하거나 보세판매장에서 판매할 물품을 공급하기 위하여 제품 검사, 선별, 기능 보완 등 이와 유사한 작업이 필요한 경우

④ 보수 작업 가능 범위

  ㉠ 물품의 보존을 위해 필요한 작업

    ㉮ 부패, 손상 등을 방지하기 위한 보존 작업 등

  ㉡ 물품의 상품성 향상을 위한 개수 작업

    ㉮ 포장 개선, 라벨 표시, 단순 절단 등

  ㉢ 선적을 위한 준비 작업

    ㉮ 선별, 분류, 용기 변경 등

  ㉣ 단순한 조립 작업

    ㉮ 간단한 세팅, 완제품의 특성을 가진 구성요소의 조립 등

  ㉤ ㉠~㉣과 유사한 작업

(4) 보세구역 장치 기간 경과 물품의 매각 2019 출제

① 보세 물품의 매각

  ㉠ 외국 물품이 장기간 보세구역에 체화되어 있으면 보세구역을 효율적으로 활용하지 못하고 관세를 적기에 징수하지 못한다. 이를 방지하기 위하여 외국 물품을 매각하여 그 대금으로 관세를 충당한다. 장치 기간 경과 물품을 매각하려면 그 화주 등에게 통고한 날부터 1개월 내에 해당 물품을 수출·수입 또는 반송할 것임을 통고하여야 한다.
  ㉡ 세관장은 매각되지 않은 물품에 대해서는 그 물품의 화주 등에게 장치 장소에서 지체 없이 반출할 것을 통고해야 하며 통고일부터 1개월 이내에 반출되지 않는 경우에는 소유권을 포기한 것으로 간주하고 해당 물품을 국고에 귀속시킬 수 있다.

② 매각 대상 물품

  ㉠ 장치 기간이 경과한 물품은 그 사실을 공고한 후 매각할 수 있다.
  ㉡ 다음 대상은 장치 기간이 경과하기 전이라도 공고 후 매각할 수 있다.
    • 살아 있는 동식물
    • 부패하거나 부패할 우려가 있는 것

- 창고나 다른 외국 물품에 해를 끼칠 우려가 있는 것
- 기간이 지나면 사용할 수 없거나 상품 가치가 현저히 떨어질 우려가 있는 것
- 관세청장이 정하는 물품 중 화주가 요청하는 것

③ 매각 방법
㉠ 일반 경쟁입찰·지명 경쟁입찰·수의계약·경매 및 위탁판매의 방법으로 해야 한다.
㉡ 세관장은 매각 물건, 매각 수량, 매각 예정 가격 등을 매각 시작 10일 전에 공고해야 한다.

④ 매각 대금의 처리
㉠ 세관장은 매각 대금을 매각 비용, 관세, 각종 세금의 순으로 충당하고 잔금이 있는 경우 이를 화주에게 교부한다.
㉡ 매각하는 물품의 질권자나 유치권자는 해당 물품을 매각한 날부터 1개월 이내에 그 권리를 증명하는 서류를 세관장에게 제출해야 한다.
㉢ 매각된 물품의 질권자나 유치권자가 있는 경우 세관장은 그 잔금을 화주에게 교부하기 전에 그 질권이나 유치권에 의하여 담보된 채권의 금액을 질권자나 유치권자에게 교부한다.

(5) 견본품 반출 `2021 출제`

① 보세구역에 장치된 외국 물품의 전부 또는 일부를 견본품으로 반출하려는 자는 세관장의 허가를 받아야 하며, 국제무역선에서 물품을 하역하기 전 외국물품의 일부를 견본품으로 반출하려는 경우에도 또한 같다.
② 세관공무원은 보세구역에 반입된 물품 또는 국제무역선에 적재되어 있는 물품에 대하여 검사 상 필요하면 그 물품의 일부를 견본품으로 채취할 수 있다.
③ 채취된 물품이 사용·소비된 경우에는 수입신고를 하여 관세를 납부하고 수리된 것으로 본다.

(6) 보세구역 반입명령 `2020, 2021 출제`

① 관세청장 또는 세관장은 다음의 어느 하나에 해당하는 물품으로서 관세법에 따른 의무사항을 위반하거나 국민 보건 등을 해칠 우려가 있는 물품을 화주(화주의 위임을 받은 자 포함) 또는 수출입 신고인에게 보세구역으로 반입할 것을 명할 수 있다.
㉠ 수출신고가 수리되어 외국으로 반출되기 전에 있는 물품
㉡ 수입신고가 수리되어 반출된 물품
② 반입명령을 받은 자(반입 의무자)는 해당 물품을 지정받은 보세구역으로 반입하여야 한다.
③ 관세청장이나 세관장은 반입 의무자에게 반입된 물품을 국외로 반출 또는 폐기할 것을 명하거나 반입 의무자가 위반사항 등을 보완 또는 정정한 이후 국내로 반입하게 할 수 있다. 이 경우 반출 또는 폐기에 드는 비용은 반입 의무자가 부담한다.
④ 반입된 물품이 국외로 반출 또는 폐기되었을 때에는 당초의 수출입신고 수리는 취소된 것으로 본다. 이 경우 해당 물품을 수입할 때 납부한 관세는 관세법 제46조 및 제48조에 따라 환급한다.
⑤ 관세청장이나 세관장은 법 위반사항이 경미하거나 감시·단속에 지장이 없다고 인정되는 경우에는 반입 의무자에게 해당 물품을 보세구역으로 반입하지 않고 필요한 조치를 하도록 명할 수 있다.

19 보세운송제도 2022 출제

01 보세운송제도의 의미 2020 출제

외국에서 수입하는 화물(관세가 유보된 상태)을 입항지에서 통관하지 않고 세관장에게 신고하거나 승인을 얻어 외국 물품 상태 그대로 다른 보세지역(국제항, 보세구역, 보세구역 외 장치장, 세관관서, 통관역, 통관장, 통관우체국)으로 운송하는 것을 말한다.

국제항
대한민국 국적의 선박(또는 항공기)뿐만 아니라 외국의 선박(또는 항공기)도 상시 출입할 수 있는 항구나 공항

02 보세운송의 신고인

화주(또는 화물의 권리를 가진 자), 보세운송업자, 관세사, 관세법인 또는 통관취급법인(관세사 등)이 보세운송의 신고 또는 승인신청을 할 수 있다.

03 보세운송의 기간

보세운송 물품은 해상화물일 경우 신고 수리(승인)일부터 10일, 항공화물일 경우 5일 이내에 목적지에 도착하여야 한다. 다만, 세관장은 선박 또는 항공기 입항 전에 보세운송신고를 하는 때에는 입항예정일 및 하선(기) 장소 반입 기간을 고려하여 5일 이내의 기간을 추가할 수 있다.

04 보세운송의 원칙

(1) 보세운송 기간 경과 시의 징수

신고를 하거나 승인을 받아 보세운송하는 외국 물품이 지정된 기간 내에 목적지에 도착하지 않을 경우 즉시 그 관세를 징수한다. 단, 해당 물품이 재해나 그 밖의 부득이한 사유로 망실되었거나 미리 세관장의 승인을 받아 그 물품을 폐기하였을 때에는 그러하지 아니하다.

(2) 보세운송 절차 생략

관세청장이 따로 정하는 것을 제외하고, 수출신고가 수리된 물품은 보세운송 절차를 생략한다.

(3) 보세운송 통로

① 세관장은 보세운송물품의 감시·단속을 위하여 필요하다고 인정될 때에는 관세청장이 정하는 바에 따라 운송통로를 제한할 수 있다.
② 보세운송은 관세청장이 정하는 기간 내에 끝내야 한다. 다만, 세관장은 재해나 그 밖의 부득이한 사유로 필요하다고 인정될 때에는 그 기간을 연장할 수 있다.
③ 보세운송을 하려는 자가 운송수단을 정하여 보세운송신고를 하거나 승인을 받은 경우에는 그 운송수단을 이용하여 운송을 마쳐야 한다.

05 보세운송 승인을 받아야 하는 경우

(1) 보세운송된 물품 중 다른 보세구역 등으로 재보세운송하고자 하는 물품
(2) 검역법·식물방역법·가축전염병예방법 등에 따라 검역을 요하는 물품
(3) 위험물안전관리법에 따른 위험물 및 화학물질관리법에 따른 유해화학물질
(4) 비금속설
(5) 화물이 국내에 도착된 후 최초로 보세구역에 반입된 날부터 30일이 경과한 물품
(6) 통관이 보류되거나 수입신고수리가 불가능한 물품
(7) 보세구역 외 장치허가를 받은 장소로 운송하는 물품

(8) 귀석·반귀석·귀금속·한약재·의약품·향료 등과 같이 부피가 작고 고가인 물품
(9) 화주 또는 화물에 대한 권리를 가진 자가 직접 보세운송하는 물품
(10) 통관지가 제한되는 물품
(11) 적재화물목록상 동일한 화주의 선하증권 단위의 물품을 분할하여 보세운송하는 경우 그 물품
(12) 불법 수출입의 방지 등을 위하여 세관장이 지정한 물품
(13) 세관장의 명령을 위반하여 관세법으로 조사를 받고 있거나 기소되어 확정판결을 기다리고 있는 보세운송업자등이 운송하는 물품

20 통관

01 통관의 의미

통관은 관세법에 따른 절차를 이행하여 물품을 수출·수입·반송하는 것을 말한다. 물품을 수출 또는 수입하고자 하는 경우에는 통관 절차를 거쳐야 하며 해당 물품의 품명·규격·수량 및 가격과 포장의 종류·번호, 목적지·원산지 등을 세관장에게 신고해야 한다.

02 통관의 목적 및 기능

(1) 수출입 관리의 실효성 확보
관세법 또는 기타 다른 법에서 정하고 있는 사항에 입각하여 통관 과정의 적법 여부를 확인하고 수출입 여부를 결정함으로써 수출입 관리의 실효성을 확보한다.

(2) 재정수입의 확보
관세, 내국세 등 제세를 징수함으로써 국가의 재정 수입을 확보한다.

03 수출입의 개념

(1) 수입의 의미
① 외국 물품을 우리나라에 반입(보세구역을 경유하는 것은 보세구역으로부터 반입)하는 것
② 외국 물품을 우리나라에서 소비 또는 사용하는 것(우리나라의 운송수단 안에서의 소비 또는 사용을 포함)

(2) 수입으로 보지 않는 소비 또는 사용
① 선박용품·항공기용품 또는 차량용품을 운송수단 안에서 그 용도에 따라 소비하거나 사용하는 경우
② 선박용품·항공기용품 또는 차량용품을 세관장이 정하는 지정보세구역에서 출국심사를 마치거나 우리나라에 입국하지 않고 우리나라를 경유하여 제3국으로 출발하려는 자에게 제공하여 그 용도에 따라 소비하거나 사용하는 경우
③ 여행자가 휴대품을 운송수단 또는 관세통로에서 소비하거나 사용하는 경우
④ 관세법에서 인정하는 바에 따라 소비하거나 사용하는 경우

(3) 반송의 의미
국내에 도착한 외국 물품이 수입통관 절차를 거치지 않고 다시 외국으로 반출되는 것을 말한다.

(4) 수출의 의미
내국 물품을 외국으로 반출하는 것을 말한다.

(5) 수출입의 의제 2020, 2024 출제
① 수출입 물품의 관세 징수 확보 및 물품의 특수성 등 관세법의 목적을 수행하는 데 지장이 없는 경우 통관 절차를 거치지 않은 때에도 적법한 절차에 의해 수출입신고 수리를 받은 것으로 간주한다.

② 수입의제: 다음 중 어느 하나에 해당하는 외국 물품은 관세법에 따라 적법하게 수입된 것으로 보고 관세 등을 따로 징수하지 않는다. 2021 출제
  ㉠ 체신관서가 수취인에게 내준 우편물
  ㉡ 관세법에 따라 매각된 물품
  ㉢ 관세법에 따라 몰수된 물품
  ㉣ 관세법에 의해 통고처분으로 납부된 물품
  ㉤ 법령에 따라 국고에 귀속된 물품
  ㉥ 몰수에 갈음하여 추징된 물품

> **의제**
> 본질은 같지 않지만 법률에서 다룰 때는 동일한 것으로 처리하여 동일한 효과를 주는 것
> ㉮ 민법에서 실종 선고를 받은 사람을 사망한 것으로 간주하는 것

③ 수출 및 반송 의제: 체신관서가 외국으로 발송한 우편물은 관세법에 따라 적법하게 수출되거나 반송된 것으로 본다.

우편물통관 관련 관세법상 주요 규정 2025 출제

1. 통관우체국
   수출·수입 또는 반송하려는 우편물(서신은 제외한다. 이하 같다)은 통관우체국을 경유하여야 한다.
2. 우편물통관에 대한 결정
   ① 통관우체국의 장은 세관장이 우편물에 대하여 수출·수입 또는 반송을 할 수 없다고 결정하였을 때에는 그 우편물을 발송하거나 수취인에게 내줄 수 없다.
   ② 우편물이 「대외무역법」 제11조에 따른 수출입의 승인을 받은 것이거나 그 밖에 대통령령으로 정하는 기준에 해당하는 것일 때에는 해당 우편물의 수취인이나 발송인은 제241조 제1항에 따른 신고(수출, 수입 또는 반송신고)를 하여야 한다.
3. 세관장의 통지
   세관장은 우편물통관에 대한 결정을 한 경우에는 그 결정사항을, 관세를 징수하려는 경우에는 그 세액을 통관우체국의 장에게 통지하여야 한다. 통지를 받은 통관우체국의 장은 우편물의 수취인이나 발송인에게 그 결정사항을 통지하여야 한다.
4. 우편물의 납세절차
   통지를 받은 자는 대통령령으로 정하는 바에 따라 해당 관세를 수입인지 또는 금전으로 납부하여야 한다. 체신관서는 관세를 징수하여야 하는 우편물은 관세를 징수하기 전에 수취인에게 내줄 수 없다.
5. 우편물의 반송
   우편물에 대한 관세의 납세의무는 해당 우편물이 반송되면 소멸한다.

(6) 수출·수입 또는 반송의 신고

① 물품을 수출·수입 또는 반송하려면 해당 물품의 품명·규격·수량 및 가격과 그 밖에 대통령령으로 정하는 사항을 세관장에게 신고하여야 한다.

② 다음의 물품은 신고를 생략하게 할 수 있다.
  ㉠ 규정에 따라 면제되는 여행자 휴대품 및 승무원 휴대품
  ㉡ 우편물(수입신고대상 우편물 제외)
  ㉢ 국제운송을 위한 컨테이너(법 별표 관세율표 중 기본세율이 무세인 것에 한함)
  ㉣ 기타 서류·소액면세물품 등 신속한 통관을 위하여 필요하다고 인정하여 관세청장이 정하는 탁송품 또는 별송품

04 통관의 제한

(1) 수출입의 금지

다음의 어느 하나에 해당하는 물품은 수출하거나 수입할 수 없다.

① 헌법질서를 문란하게 하거나 공공의 안녕질서 또는 풍속을 해치는 서적·간행물·도화, 영화·음반·비디오물·조각물 또는 그 밖에 이에 준하는 물품
② 정부의 기밀을 누설하거나 첩보활동에 사용되는 물품
③ 화폐·채권이나 그 밖의 유가증권의 위조품·변조품 또는 모조품

(2) 지식재산권 보호 `2020, 2021, 2024 출제`

① **지식재산권의 의미**: 지적 활동으로 생성되는 결과에 대한 재산권을 말한다. 지식재산권을 침해하는 물품은 수출하거나 수입할 수 없다.

② **지식재산권의 구분**
  ㉠ 산업 발전 목적: 특허권, 실용신안권, 의장권, 상표권, 상호권 등
  ㉡ 문화 창달 목적: 공업소유권과 저작자 인접법, 저작자 재산권(복제권, 출판권, 방송권 등) 등

③ **관세법상 보호 대상**: 관세법에서는 상표권, 저작권과 저작인접권, 품종보호권, 지리적표시권 또는 지리적표시, 특허권, 디자인권을 보호 대상으로 하고 있다. `2022 출제`

④ **지식재산권 침해 시 통보**: 세관장은 어느 물품이 신고된 지식재산권을 침해하였다고 인정될 경우 그 지식재산권을 신고한 자에게 해당 물품의 수출입, 환적, 복합 환적, 보세구역 반입, 보세운송 또는 일시 양륙의 신고 사실을 통보해야 한다.

⑤ **지식재산권 침해 물품에 대한 통관 보류 또는 유치**: 지식재산권을 보호받으려는 자는 세관장에게 담보를 제공하고 해당 물품의 통관 보류나 유치를 요청할 수 있다.
  ㉠ 요청을 받은 세관장은 특별한 사유가 없으면 해당 물품의 통관을 보류하거나 유치해야 한다.
  ㉡ 통관 보류나 유치를 요청하려는 자와 통관 또는 유치 해제를 요청하려는 자는 세관장에게 해당 물품에 대하여 과세 가격의 100분의 120(중소기업은 100분의 40)에 상당하는 금액의 담보를 금전 등으로 제공해야 한다.
  ㉢ 세관장은 통관 보류 등을 요청한 자가 해당 물품에 대한 통관 보류 등의 사실을 통보받은 후 10일(휴일 및 공휴일 제외) 이내에 법원에의 제소 사실 또는 무역위원회에의 조사 신청 사실을 입증하였을 때에는 해당 통관 보류 등을 계속할 수 있다. 이 경우 통관 보류 등을 요청한 자가 부득이한 사유로 인하여 10일 이내에 법원에 제소하지 못하거나 무역위원회에 조사 신청을 하지 못하는 때에는 상기 입증 기간이 10일간 연장될 수 있다.

⑥ 통관허용 요청: 통관이 보류된 물품의 통관을 요청하는 경우 해당 물품이 상표권을 침해하지 않았음을 소명하는 자료를 제출해야 하며 과세 가격의 100분의 120에 상당하는 금액을 담보로 제공해야 한다.
⑦ 적용 배제: 상업적 목적이 아닌 개인용도로 사용하기 위한 여행자 휴대품으로서 소량으로 수출입되는 물품은 적용하지 않는다.

(3) 일반적 통관 보류 `2020, 2021 출제`

세관장은 다음에 해당하는 경우에는 해당 물품의 통관을 보류할 수 있다.
① 수출·수입 또는 반송에 관한 신고서의 기재 사항에 보완이 필요한 경우
② 수출·수입 또는 반송에 따른 제출 서류 등이 갖추어지지 않아 보완이 필요한 경우
③ 관세법에 따른 의무사항(대한민국이 체결한 조약 및 일반적으로 승인된 국제법규에 따른 의무 포함)을 위반하거나 국민 보건 등을 해칠 우려가 있는 경우
④ 세관장 확인 대상 수출입 물품 등에 대한 안전성 검사가 필요한 경우(안전성 검사 결과 불법·불량·유해·물품으로 확인된 경우 포함)
⑤ 세관장에게 강제징수 또는 체납처분이 위탁된 해당 체납자가 수입하는 경우
⑥ 그 밖에 관세법에 따라 필요한 사항을 확인할 필요가 있다고 인정하여 대통령령으로 정하는 경우(관세 관계 법령을 위반한 혐의로 고발되거나 조사를 받는 경우)

05 수출통관

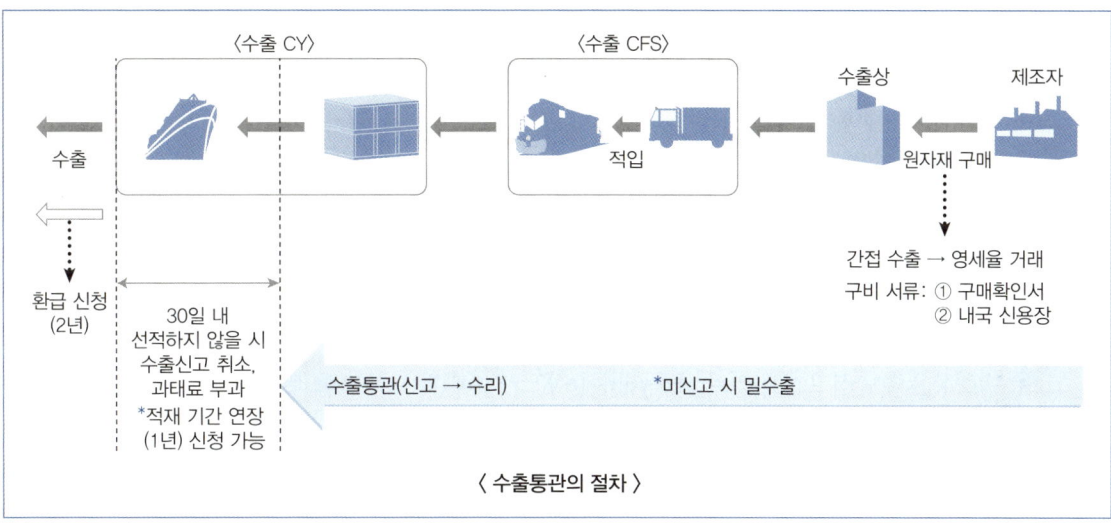

〈 수출통관의 절차 〉

(1) 수출통관의 개요

물품을 외국으로 반출하기 위해서는 관세법에서 정한 품명·규격·수량 및 가격 등을 세관장에게 신고해야 한다. 신고를 받은 세관장은 신고가 관세법의 규정에 따라 적법하고 정당하게 이루어졌다고 인정하면 이를 바로 수리하고 신고인에게 수출신고필증을 교부해야 한다.

(2) 수출신고의 시기 `2020 출제`

수출하려는 자는 해당 물품이 장치된 물품 소재지를 관할하는 세관장에게 수출신고를 해야 한다.

> **TIP** 수리 후 재수출 물품, 계약상이 물품 수출 등의 경우를 제외하고는 반드시 보세구역에 물품을 장치하고 수출신고를 해야 하는 것은 아니에요. 수출의 경우 보세구역이 아니어도 신고할 수 있어요. 하지만 수입은 반드시 보세구역에 물건이 있어야 신고할 수 있다는 점을 기억하세요!

(3) 수출신고인 2021, 2022 출제

수출신고는 관세사, 관세법인, 통관취급법인 또는 수출 화주의 명의로 해야 하며 화주에게 해당 수출물품을 제조하여 공급한 자의 명의로 할 수 있다.

(4) 수출신고의 기준

수출신고는 해당 물품을 외국으로 반출하려는 선박 또는 항공기의 적재단위별로 해야 한다(선적의뢰서 또는 선적지시서, 선하증권 또는 항공화물운송장).

(5) 수출신고의 효력발생 시점

수출신고의 효력발생 시점은 전송된 신고 자료가 통관 시스템에 접수된 시점으로 한다.

(6) 수출신고 심사 및 수리

① 세관장은 전송받은 신고 자료가 수출신고서 작성요령에 따라 정확히 작성되었는지, 수출 요건이 구비되었는지, 원산지표시 및 지식재산권이 침해되지 않았는지 등을 고려하여 심사한 후 수리한다.
② 수출신고의 수리는 다음 구분에 의한 처리 방법을 따른다.
　㉠ 자동 수리 대상은 통관 시스템에서 자동으로 신고 수리
　㉡ 서류를 제출하여 심사하는 대상은 심사 후 수리
　㉢ 검사 대상은 검사 후 수리(다만, 적재지 검사 대상은 수출 물품을 적재하기 전에 검사를 받는 조건으로 신고를 수리할 수 있음)

(7) 수출 물품의 검사 원칙

① 수출신고 물품 중 검사 대상은 수출통관 시스템에 제출된 수출신고 자료에 의해 선별하거나 신고서 처리 방법 결정 시 수출 업무 담당과장이 선별한다.
② 수출신고 물품에 대한 검사는 원칙적으로 생략한다. 다만, 물품을 확인할 필요가 있는 경우에는 물품 검사를 할 수 있다.
③ 수출 물품의 검사는 신고 수리 후 적재지에서 검사하는 것을 원칙으로 한다. 다만, 적재지 검사가 부적절하다고 판단되는 물품이나 반송 물품, 계약상이 물품, 수입상태 그대로 수출되는 자가사용 물품, 재수출 물품 및 원상태수출 물품, 국제우편 운송 수출 물품 등은 신고지 세관에서 물품검사를 실시할 수 있다.

(8) 수출 물품의 적재 2019, 2021, 2022, 2023 출제

① 수출상은 수출신고가 수리된 물품을 수출신고가 수리된 날부터 30일 이내에 우리나라와 외국을 왕래하는 운송수단에 적재해야 한다. 30일 이내에 적재하지 않은 경우에는 과태료가 부과된다.
② 출항 또는 적재 일정 변경 등 부득이한 사유로 인해 적재 기간을 연장하려는 자는 변경 전 적재 기간 내에 통관지 세관장에게 적재 기간 연장승인(신청)서를 제출해야 한다.
③ 세관장은 적재 기간 연장승인(신청)서를 접수받으면 연장승인 신청사유 등을 심사하여 타당하다고 인정하는 경우 수출신고 수리일부터 1년의 범위 내에서 적재 기간 연장을 승인할 수 있다.
④ 세관장은 적재기간 내에 적재되지 아니한 물품에 대하여는 수출신고의 수리를 취소할 수 있다.

06 반송통관

(1) 반송통관의 의미 2021 출제

반송은 국내에 도착한 외국 물품(수출신고 수리 물품 제외)이 수입통관 절차를 거치지 않고 다시 외국으로 반출되는 것을 의미한다. 반송통관 시 반드시 물품이 원 수출국으로 되돌아가야 하는 것은 아니다. 중계무역도 반송통관에 해당한다. 예 중국에서 수입된 물품을 부산항에서 수입통관하지 않고 캐나다로 보내는 경우

(2) 반송통관의 특징

① 반송통관을 하려는 물품은 보세구역을 경유하여야 한다.
② 외국 물품을 보세구역에 반입하였다가 수입신고를 하지 않고 외국으로 반출하려는 경우에는 반송신고를 하여야 한다.
③ 수입 물품이 아니므로 반송통관 시 관세가 부과되지 않는다.

07 수입통관

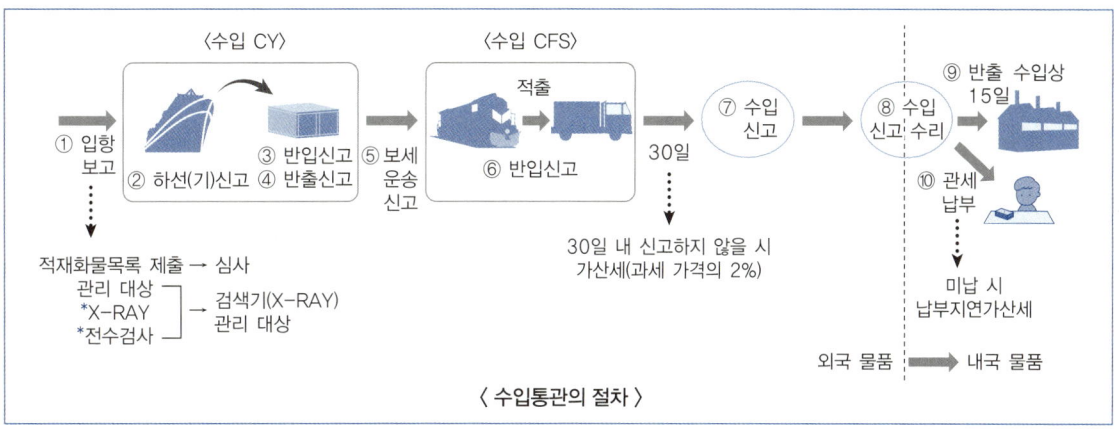

〈 수입통관의 절차 〉

(1) 수입통관의 개요

수입통관은 수입하려는 자가 해당 물품을 선적한 선박(비행기)이 출항 전, 입항 전, 보세구역에 도착하기 전 또는 반입장치 후 관세법의 규정에 따라 세관장에게 수입신고를 하고 세관장은 수입신고가 적법하게 이루어진 경우에 수입신고를 수리하여 물품이 반출될 수 있도록 하는 일련의 과정을 말한다.

(2) 수입신고 시기 2020, 2021, 2023 출제

입항 전 신고	수입 물품을 선적 또는 기적한 선박 또는 비행기 등이 물품을 적재한 항구나 공항에서 출항한 후 입항하기 전(입항보고를 한 후 항공 화물은 하기신고 시점, 해상 화물은 하선신고 시점 기준)에 수입신고하는 것으로서 선박의 경우 우리나라에 입항하기 5일 전(항공기의 경우 1일 전)부터 신고 가능
보세구역 도착 전 신고(FCL)	입항 예정 CY에 반입되기 전 ②와 ③ 사이 구간에서 수입신고를 할 수 있음. 단, CY 반입이 되어야 수리 가능
보세구역 장치 후 신고(FCL)	FCL 화물의 경우 ③ CY에 장치 반입 후 수입신고하는 것이 원칙임
보세구역 도착 전 신고(LCL)	⑤단계 이후로 ⑥단계 전 LCL 물품의 경우에는 수입신고가 가능하며 ⑥ CFS에 반입되어야 수리 가능
보세구역 장치 후 신고(LCL)	LCL 물품의 경우 ⑥ 보세창고에 반입된 후 신고하는 것이 원칙임
출항 전 신고	항공기로 수입되는 물품이나 일본, 중국, 대만, 홍콩에서 선박으로 수입되는 물품을 선(기)적한 선박과 항공기가 해당 물품을 적재한 항구나 공항에서 출항하기 전에 수입신고하는 것

(3) 수입신고인 2021 출제

수입신고는 화주 또는 관세사의 명의로 해야 한다.

(4) 수입신고의 단위 및 분할신고 및 수리

수입신고는 선하증권(B/L: Bill of Lading) 1건당 수입신고서 1건으로 한다. 단, 다음의 경우에는 B/L 분할신고 및 수리가 가능하다. 보세창고에 입고된 물품으로서 세관장이 보세화물관리에 지장이 없다고 인정하는 경우에는 여러 건의 B/L에 관련되는 물품을 1건으로 수입신고할 수 있다.

① B/L을 분할하여도 물품 검사와 과세 가격 산출에 어려움이 없는 경우
② 신고 물품 중 일부만 통관이 허용되고 일부는 통관이 보류되는 경우
③ 검사·검역 결과 일부는 합격되고 일부는 불합격된 경우 또는 일부만 검사·검역 신청하여 통관하려는 경우
④ 일괄사후납부 적용·비적용 물품을 구분하여 신고하려는 경우

(5) 수입신고의 기간 `2019, 2020, 2022 출제`

① 수입신고 기간: 수입하거나 반송하는 물품을 지정장치장 또는 보세창고에 반입하거나 보세구역이 아닌 장소에 장치한 자는 그 반입일 또는 장치일부터 30일 이내에 수입신고를 해야 한다.
② 기간 내에 수입 또는 반송 신고를 하지 않은 경우: 해당 물품 과세 가격의 100분의 2에 상당하는 금액의 범위에서 대통령령으로 정하는 금액을 가산세로 징수한다.
③ 예외: 전기·유류 등 그 물품의 특성으로 인하여 전선이나 배관 등 일정 시설 또는 장치 등을 이용하여 수출·수입 또는 반송하는 자는 1개월을 단위로 하여 해당 물품에 대한 신고를 다음 달 10일까지 하여야 한다.

(6) 수입신고의 처리

① 전산 심사(P/L: Paperless): 관세청 전산을 통해 전자서류로 제출하여 세관 담당자가 신고내용을 심사하는 방법이다.
② 서류 심사: 신고서 및 상업송장, 선하증권, 포장명세서, 운임내역, 원산지증명서 등을 세관에 제출하고 세관 담당자가 해당 신고내용을 확인하는 방법으로서, 종이 서류 제출 방법과 관세청 전자통관시스템에 서류를 업로드하는 전자 제출 방법을 이용할 수 있다.
③ 검사 후 심사(C/S: Cargo Selectivity): 세관 담당자가 신고내용과 현품을 검사하여 이상이 없는 경우 심사를 진행하는 방법이다.
④ 전자통관심사: 신고지 세관 수입과 담당자를 배정하지 않고 관세청 전산에서 신고내용을 자동으로 심사하는 방법으로서, 수입신고 수리 후 관세청 통관 프로그램에 통관 서류의 사후 제출을 요구하기도 한다.

(7) 수입신고의 수리

수입신고가 관세법에 따라 적합하게 이루어지고 관세를 납부하거나 납부해야 하는 물품에 대한 담보를 제공한 경우 세관장은 수입신고를 수리한다. 수입신고가 수리되어야 외국 물품이 내국 물품화되어 보세구역에서 반출할 수 있다.

(8) 관세의 납부

① 사전 납부: 수입신고가 수리되기 전에 관세 등을 납부하는 것
② 사후 납부: 수입신고가 수리된 날부터 납부기한 내에 해당 세액을 세관장에게 납부하는 것

(9) 신고의 취하 `2021, 2025 출제`

정당한 이유가 있는 경우 세관장의 승인을 받아 수입신고를 취하할 수 있다. 다만, 수입 및 반송신고는 운송수단, 관세통로, 하역통로 또는 관세법에 규정된 장치 장소에서 물품을 반출한 후에는 취하할 수 없다. 수입신고를 수리한 후 신고 취하가 승인된 때에는 그 신고 수리의 효력이 상실된다.

(10) 신고의 각하

세관장은 수입신고와 입항 전 수입신고가 요건을 갖추지 못하였거나 부정한 방법으로 신고된 경우에는 해당 수입신고를 각하할 수 있다.

(11) 수입신고 수리 전 반출(수입통관 절차의 특례) 2025 출제

① **의미**: 일정한 사유가 있는 경우 수입 물품에 대하여 신고가 수리되기 전에 화주의 신청으로 신고 수리 전에 물품을 보세구역에서 반출할 수 있도록 하는 제도이다.

② **수입신고 수리 전 반출이 가능한 경우**: 수입통관에 곤란한 사유가 없는 물품으로서 다음에 해당하는 경우 세관장은 수입신고 수리 전 물품 반출을 승인할 수 있다.
  ㉠ 완성품의 세번으로 수입신고 수리를 받고자 하는 물품이 미조립 상태로 분할선적 수입된 경우
  ㉡ 비축물자로 신고된 물품으로서 실수요자가 결정되지 않은 경우
  ㉢ 사전세액심사 대상 물품(부과고지 물품 포함)으로서 세액 결정에 오랜 시간이 걸리는 경우
  ㉣ 품목분류나 세율 결정에 오랜 시간이 걸리는 경우
  ㉤ 수입신고 시 법·조약·협정 등에 의하여 다른 국가의 생산(가공 포함) 물품에 적용되는 세율보다 낮은 세율을 적용받고자 하는 자로서 관세청장이 원산지확인이 필요하다고 정하는 자에 해당하나 원산지증명서를 세관장에게 제출하지 못한 경우

③ **담보 제공**: 신고 수리 전 물품을 반출하려는 자는 납부해야 할 관세에 상당하는 담보를 제공해야 한다. 다만, 정부 또는 지방자치단체가 수입하거나 담보를 제공하지 않아도 관세의 납부에 지장이 없다고 인정하여 대통령령으로 정하는 물품에 대하여는 담보의 제공을 생략할 수 있다.

④ 수입신고 수리 전 반출승인을 얻어 반출된 물품은 내국 물품으로 보며, 그 승인일을 수입신고 수리일로 본다.

(12) 수입신고 전의 물품 반출(수입통관 절차의 특례) 2020 출제

① **의미**: 반복 수입되는 원재료 등 기업의 생산활동이 원활하게 이루어지기 위해 지원할 필요가 있는 경우 수입신고 전 반출신고만으로 물품을 반출하여 사용하고 나중에 수입신고를 할 수 있도록 한 제도이다.

② **수입신고 전의 물품 반출 대상**
  ㉠ 관세 등의 체납이 없고 최근 3년 동안 수출입 실적이 있는 제조업자 또는 외국인 투자자가 수입하는 시설재 또는 원부자재
  ㉡ 기타 관세 등의 체납 우려가 없는 경우로서 관세청장이 정하는 물품

③ **담보 제공**: 즉시반출신고를 하고자 하는 경우 담보를 제공해야 한다.

④ **수입신고**: 즉시반출신고를 한 날부터 10일 내에 수입신고를 해야 하며 수입신고를 하지 않는 경우에는 해당 물품에 대한 관세의 100분의 20에 상당하는 금액을 가산세로 징수한다.

⑤ **수입신고 전 즉시반출신고를 한 경우**: 수입신고일부터 15일 이내에 관세를 납부하여야 한다.

21 물품에 대한 안전성 검사 2021 출제

01 의미

관세청장은 중앙행정기관의 장의 요청을 받아 세관장으로 하여금 세관장의 확인이 필요한 수출입 물품 등 다른 법령에서 정한 물품의 성분·품질 등에 대한 안전성 검사를 하게 할 수 있다. 다만, 관세청장은 세관장의 확인이 필요한 수출입 물품에 대하여는 필요한 경우 해당 중앙행정기관의 장에게 세관장과 공동으로 안전성 검사를 할 것을 요청할 수 있다.

02 주요 내용

(1) 중앙행정기관의 장은 관세청장이 안전성 검사를 요청하는 경우 관세청장에게 해당 물품에 대한 안전성 검사 방법 등 관련 정보를 제공하여야 하고 필요한 인력을 제공할 수 있다.
(2) 관세청장은 중앙행정기관의 장의 안전성 검사 요청을 받거나 중앙행정기관의 장에게 안전성 검사를 요청한 경우 해당 안전성 검사를 위하여 필요한 인력 및 설비 등을 고려하여 안전성 검사 대상 물품을 지정하여야 하고, 그 결과를 해당 중앙행정기관의 장에게 통보하여야 한다.
(3) 관세청장은 안전성 검사를 위하여 협업검사센터를 주요 공항·항만에 설치할 수 있고, 세관장에게 지정된 안전성 검사 대상 물품의 안전성 검사에 필요한 자체 검사 설비를 지원하는 등 원활한 안전성 검사를 위한 조치를 취하여야 한다.
(4) 세관장은 안전성 검사 대상 물품으로 지정된 물품에 대하여 중앙행정기관의 장과 협력하여 안전성 검사를 실시하여야 한다.
(5) 관세청장은 안전성 검사 결과 불법·불량·유해 물품으로 확인된 물품의 정보를 관세청 인터넷 홈페이지를 통하여 공개할 수 있다.

22 유통이력 관리제도

01 유통이력 관리제도의 의미 2021 출제

유통이력 관리제도란 특정 수입 물품의 통관, 유통내역 및 경로를 추적하고 관리하는 것을 말한다. 외국 물품을 수입하는 자와 수입 물품을 국내에서 거래하는 자(소비자 대상 판매를 주된 영업으로 하는 사업자는 제외)는 사회 안전 또는 국민 보건을 해칠 우려가 현저한 물품 등 관세청장이 지정하는 물품(유통이력 신고 물품)에 대한 유통단계별 거래명세(유통이력)를 관세청장에게 신고하여야 한다.

02 유통이력 관리제도의 목적

(1) 수입 후 원산지 둔갑 판매 행위로 인해 상거래 질서를 문란하게 하고 선량한 생산자와 소비자에게 피해가 확산되는 것을 방지한다.
(2) 시중 유통단계에서 비식용 물품이 식용으로 둔갑하거나 불량수입 먹거리가 확산되는 것을 방지하여 국민 식생활 안전을 확보한다.

03 유통이력 신고 대상 물품 지정 기준

(1) 관계 전문기관 등에 의해 위해성이 입증된 물품
(2) 외국에서 위해성이 입증되어 수입 후 국내에서 문제가 발생할 우려가 있는 물품
(3) 비식용 등 일정한 용도에 사용하기 위하여 수입한 후 식용 등의 다른 용도로 사용 또는 판매하여 국민 건강을 해칠 우려가 있는 물품
(4) 수입 후 허위로 원산지를 국산으로 표시하는 방법 등으로 소비자 및 생산자의 권익을 침해하는 등 시장 질서·사회 안전을 해칠 우려가 있는 물품
(5) 그 밖에 사회 안전·국민 보건 등을 해칠 우려가 있어 시급하게 지정할 필요성이 있다고 판단하여 관계 행정기관 등의 요청이 있는 물품

04 유통이력 신고

유통이력 신고 의무자[수입상, 유통업자(소매업자 제외)]는 유통이력 신고 물품을 양도하는 경우 양도일부터 5일 이내에 유통이력 관리시스템(unipass.customs.go.kr)에 접속하여 신고해야 한다.

유통이력 관리시스템
유통이력 대상 물품의 유통 과정을 수입통관에서 소매단계까지 추적·관리하는 시스템

05 유통이력 신고 등 관리

(1) 유통이력 신고 의무자에 대한 관리는 유통이력 신고업체의 주된 사무소 소재 관할 세관장이 담당한다.
(2) 관세청장은 세관공무원으로 하여금 유통이력 신고 의무자 사업장에 출입하여 영업관계 장부나 서류를 열람하게 하는 등의 방법으로 유통이력 신고누락, 허위신고, 원산지 허위표시 등에 관한 여부를 조사할 수 있다.

06 의무 위반 시 조치

(1) 반입명령

세관장은 다음을 적발한 경우에는 보세구역으로 반입할 것을 명령할 수 있다. 다만, 해당 물품이 수입신고 수리 후 3개월이 경과하였거나 관계 행정기관의 장의 시정조치가 있는 경우에는 보세구역으로 반입하지 않는다.
① 의무 이행 요구에 따른 의무를 이행하지 않거나 비식용 물품을 수입 후 식용으로 용도를 변경한 경우
② 원산지표시가 적법하게 표시되지 않았거나 변경한 경우

(2) 과태료 부과

세관장은 다음의 경우 500만 원 이하의 과태료를 부과할 수 있다.
① 유통이력을 신고하지 않거나 거짓으로 신고한 경우
② 장부를 기록하지 않거나 자료를 보관하지 않은 경우

23 벌칙

01 관세형법 [2019, 2020, 2021, 2025 출제]

관세법은 벌칙과 조사와 처분 규정을 두고 있으며 이를 관세형법이라 한다. 관세형법은 밀수출입죄, 관세포탈죄 등에 대해 처벌 규정을 두고 있으며, 밀수출입죄에 해당하는 물품과 밀수품의 경우 범인이 소유하거나 점유하는 물품에 대해서는 몰수 규정도 두고 있다.

02 관련 죄

(1) 밀수출입죄

① **7년 이하의 징역 또는 7천만 원 이하의 벌금**: 다음 수출입금지 물품을 수출하거나 수입한 자는 7년 이하의 징역 또는 7천만 원 이하의 벌금에 처하며 해당 물품은 몰수한다.
  ㉠ 헌법질서를 문란하게 하거나 공공의 안녕질서 또는 풍속을 해치는 서적·간행물·도화, 영화·음반·비디오물·조각물 또는 그 밖에 이에 준하는 물품
  ㉡ 정부의 기밀을 누설하거나 첩보활동에 사용되는 물품
  ㉢ 화폐·채권이나 그 밖의 유가증권의 위조품·변조품 또는 모조품

② 5년 이하의 징역 또는 관세액의 10배와 물품원가 중 높은 금액 이하에 상당하는 벌금
　㉠ 수출입·반송 신고를 하고자 하는 물품 또는 입항 전 신고 대상 물품 등을 신고하지 않고 물품을 수입한 자
　㉡ 수출입·반송 신고를 하고자 하는 물품 또는 입항 전 신고 대상 물품 등을 신고하였으나 해당 수입 물품과 다른 물품으로 신고하여 수입한 자
③ 3년 이하의 징역 또는 물품원가 이하에 상당하는 벌금
　㉠ 수출입·반송 신고를 하지 않고 물품을 수출하거나 반송한 자
　㉡ 수출입·반송 신고를 하였으나 해당 수출 물품 또는 반송 물품과 다른 물품으로 신고하여 수출하거나 반송한 자

(2) 관세포탈죄

① 3년 이하의 징역 또는 포탈한 관세액의 5배와 물품원가 중 높은 금액 이하에 상당하는 벌금: 수입신고를 한 자(구매대행업자 포함) 중 다음 어느 하나에 해당하는 자

> **구매대행업자**
> 자가사용 물품을 수입하려는 화주의 요청에 따라 사이버몰 등에서 해당 수입 물품의 구매를 대행하는 것을 업으로 하는 자

　㉠ 세액 결정에 영향을 미치기 위하여 과세 가격 또는 관세율 등을 거짓으로 신고하거나 신고하지 않고 수입한 자(구매대행업자 포함)
　㉡ 세액 결정에 영향을 미치기 위하여 거짓으로 서류를 갖추어 품목분류의 사전 심사·재심사를 신청한 자
　㉢ 법령에 따라 수입이 제한된 사항을 회피할 목적으로 부분품으로 수입하거나 주요 특성을 갖춘 미완성·불완전한 물품이나 완제품을 부분품으로 분할하여 수입한 자
② 3년 이하의 징역 또는 3천만 원 이하의 벌금: 수입신고를 한 자 중 법령에 따라 수입에 필요한 허가·승인·추천·증명 또는 그 밖의 조건을 갖추지 않거나 부정한 방법으로 갖추어 수입한 자
③ 1년 이하의 징역 또는 2천만 원 이하의 벌금: 수출신고를 한 자 중 법령에 따라 수출에 필요한 허가·승인·추천·증명 또는 그 밖의 조건을 갖추지 않거나 부정한 방법으로 갖추어 수출한 자
④ 3년 이하의 징역 또는 감면받거나 면탈한 관세액의 5배 이하에 상당하는 벌금: 부정한 방법으로 관세를 감면받거나 관세를 감면받은 물품에 대한 관세의 징수를 면탈한 자
⑤ 3년 이하의 징역 또는 환급받은 세액의 5배 이하에 상당하는 벌금: 부정한 방법으로 관세를 환급받은 자. 이 경우 세관장은 부정한 방법으로 환급받은 세액을 즉시 징수한다.

(3) 가격조작죄

보정신청, 수정신고, 수출입신고, 반송신고, 입항 전 수입신고 등을 할 때 부당하게 재물이나 재산상 이득을 취득하거나 제3자로 하여금 이를 취득하게 할 목적으로 물품의 가격을 조작하여 신청 또는 신고한 자는 2년 이하의 징역 또는 물품원가와 5천만 원 중 높은 금액 이하의 벌금에 처한다.

(4) 밀수품의 취득죄

다음에 해당되는 물품을 취득·양도·운반·보관 또는 알선하거나 감정한 자는 3년 이하의 징역 또는 물품원가 이하에 상당하는 벌금에 처한다.
① 밀수출입죄에 해당되는 물품
② 법령에 따라 수입이 제한된 사항을 회피할 목적으로 부분품으로 수입하거나 주요 특성을 갖춘 미완성·불완전한 물품이나 완제품을 부분품으로 분할하여 수입한 물품
③ 수입신고(수출신고 포함)한 물품 중 법령에 따라 수입(수출 포함)에 필요한 허가·승인·추천·증명 또는 그 밖의 조건을 갖추지 않거나 부정한 방법으로 갖춘 물품

(5) 허위신고죄

신고사항이나 심사 결과 등을 거짓으로 신고하는 자는 물품원가 또는 2천만 원 중 높은 금액 이하의 벌금에 처한다.

(6) 전자문서 위조 및 변조죄 등

① 국가관세종합정보시스템의 구축 및 운영 규정을 위반하여 국가관세종합정보시스템이나 전자문서중계사업자의 전산처리설비에 기록된 전자문서 등 관련 정보를 위조 또는 변조하거나 위조 또는 변조된 정보를 행사한 자는 1년 이상 10년 이하의 징역 또는 1억원 이하의 벌금에 처한다.

② 다음의 어느 하나에 해당하는 자는 5년 이하의 징역 또는 5천만원 이하의 벌금에 처한다.
  ㉠ 관세청장의 지정을 받지 아니하고 전자문서중계업무를 행한 자
  ㉡ 국가관세종합정보시스템 또는 전자문서중계사업자의 전산처리설비에 기록된 전자문서 등 관련 정보를 훼손하거나 그 비밀을 침해한 자
  ㉢ 업무상 알게 된 전자문서 등 관련 정보에 관한 비밀을 누설하거나 도용한 한국관세정보원 또는 전자문서중계사업자의 임직원 또는 임직원이었던 사람

24 FTA

01 FTA의 의미

FTA(Free Trade Agreement, 자유무역협정)는 협정을 체결한 2개국 이상의 복수 국가 간 또는 지역 간 상품 및 서비스 교역과 투자 자유화 등을 위해 관세 및 무역장벽을 철폐함으로써 배타적인 무역특혜를 서로 부여하는 협정이다. FTA는 대표적인 지역무역협정(RTA: Regional Trade Agreement)으로 가장 느슨한 형태의 경제통합단계로 분류된다.

02 경제통합단계

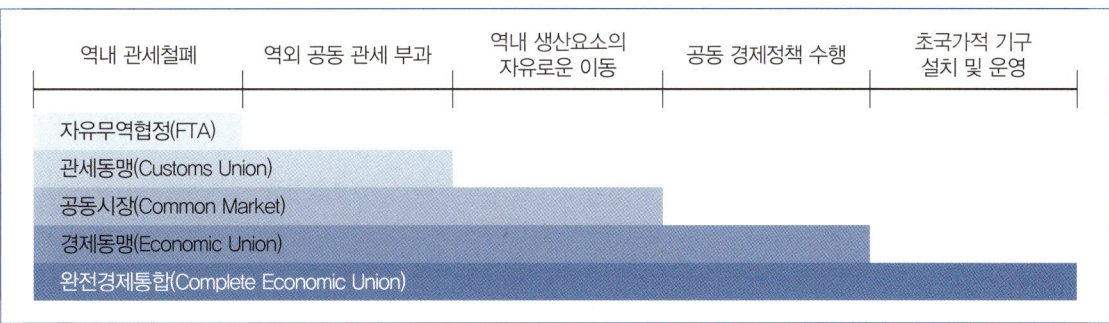

03 FTA 확산 배경

WTO 다자협정의 경우 장시간이 소요되고 회원국 수의 급증으로 만장일치 합의 도출이 어렵다는 것에 대한 반작용이 있었다. 또한 무역 및 외국인 직접투자의 유입이 경제성장의 원동력이라는 인식이 높아지면서 FTA가 확산되었다.

04 FTA의 목적

(1) 개방을 통한 경쟁의 심화로 자국 생산성 향상에 기여
(2) 외국인 직접 투자의 유입을 통한 자국 산업의 발전과 고용 창출 달성
(3) 지역주의 확산에 따라 역외 국가로서 받는 반사적 피해에 대한 대응 방안 마련

05 FTA 기본원칙

(1) 직접운송 원칙
운송 과정에서 비체약국산 물품이 체약국 원산지 물품으로 변경되는 행위를 방지하기 위해 원산지결정 기준을 충족한 물품은 수출국을 출발하여 중간에 제3국을 거치지 않고 수입당사국으로 직접 운송되어야 한다.

(2) 역내가공 원칙
원산지 물품으로 인정받기 위해서는 물품의 생산 공정이 역내에서 중단 없이 수행되어야 하고 일부라도 역외에서 이루어지면 원산지 물품으로 인정하지 않는다.

(3) 충분가공 원칙
역외산 재료가 사용되는 경우 역내에서 수출용 완제품으로 실질적 변형이 일어날 정도로 충분한 가공을 거쳐야 한다.

06 자유무역협정(FTA) 관세법과 타 법률과의 관계 2020, 2021, 2022, 2023, 2025 출제

(1) 자유무역협정(FTA) 관세법은 관세법에 우선하여 적용하며, 자유무역협정(FTA) 관세법에서 정하지 않은 사항은 관세법을 따른다.
(2) 자유무역협정(FTA) 관세법 또는 관세법이 FTA 협정과 상충되는 경우에는 FTA 협정을 우선하여 적용한다.

07 자유무역협정(FTA) 관세법령상 주요 용어

(1) 자유무역협정
우리나라가 체약상대국과 관세의 철폐, 세율의 연차적인 인하 등 무역의 자유화를 내용으로 하여 체결한 「1994년도 관세 및 무역에 관한 일반협정」 제24조에 따른 국제협정과 이에 준하는 관세의 철폐 또는 인하에 관한 조약·협정

(2) 체약상대국
우리나라와 자유무역협정을 체결한 국가(국가연합·경제공동체 또는 독립된 관세영역을 포함)

(3) 체약상대국의 관세당국
체약상대국의 관세 관련 법령이나 협정(관세분야만 해당)의 이행을 관장하는 당국

(4) 원산지
관세의 부과·징수 및 감면, 수출입물품의 통관 등을 할 때 협정에서 정하는 기준에 따라 물품의 생산·가공·제조 등이 이루어진 것으로 보는 국가

(5) 원산지증빙서류
우리나라와 체약상대국 간의 수출입물품의 원산지를 증명하는 서류(이하 "원산지증명서")와 그 밖에 원산지 확인을 위하여 필요한 서류·정보

(6) 협정관세
협정에 따라 체약상대국을 원산지로 하는 수입물품에 대하여 관세를 철폐하거나 세율을 연차적으로 인하하여 부과하여야 할 관세

(7) 생산
재배·채굴·수확·어로·번식·사육·수렵·제조·가공·조립 또는 분해 등의 과정을 거쳐 물품을 획득하는 행위

(8) 원산지물품 또는 원산지재료
자유무역협정과 이 규칙에 따라 해당 물품 또는 재료의 원산지가 대한민국 또는 체약상대국으로 인정되는 물품 또는 재료

(9) 비원산지물품 또는 비원산지재료
협정과 이 규칙에 따라 해당 물품 또는 재료의 원산지가 대한민국 또는 체약상대국으로 인정되지 아니하는 물품 또는 재료

(10) 원산지포괄증명
장기간에 걸쳐 반복적으로 선적되거나 수입신고 되는 동종동질의 물품에 대하여 각 협정에서 정하는 기간 동안 최초의 원산지증명서를 반복하여 사용하는 것

08 자유무역협정(FTA) 관세법상 원산지결정 기준 2020, 2021, 2022, 2023, 2025 출제

협정 및 자유무역협정(FTA) 관세법에 따른 협정관세의 적용, 수출입 물품의 통관 등을 위하여 물품의 원산지를 결정할 때에는 협정에서 정하는 바에 따라 다음의 어느 하나에 해당하는 국가를 원산지로 한다.

(1) 완전생산 기준
해당 물품의 전부를 생산한 국가를 원산지로 인정하는 기준을 말한다.

(2) 실질적 변형 기준
해당 물품이 둘 이상의 국가에 걸쳐 생산·가공 또는 제조된 경우에는 다음의 어느 하나에 해당하는 국가
① 세번변경 기준: 해당 물품이 2개국 이상에 걸쳐 생산된 경우 해당 물품의 통합품목분류표상의 품목번호와 해당 물품의 생산에 사용된 비 원산지재료의 품목번호가 일정 단위 이상 다른 경우 해당 물품을 최종적으로 생산한 국가를 원산지로 인정하는 기준
② 부가가치 기준: 해당 물품이 2개국 이상에 걸쳐 생산된 경우 해당 물품에 대하여 일정 수준 이상의 부가가치를 창출한 국가를 원산지로 인정하는 기준
③ 가공공정 기준: 수행한 국가를 원산지로 인정하는 기준

(3) 그 밖에 해당 물품이 협정에서 정한 원산지 인정 요건을 충족시킨 국가

(4) 직접운송의 원칙
상기 (1)~(3)의 내용에 따라 원산지로 결정된 경우에도 해당 물품이 생산·가공 또는 제조된 이후에 원산지가 아닌 국가를 경유하여 운송되거나 원산지가 아닌 국가에서 선적된 경우에는 그 물품의 원산지로 인정하지 않는다. 다만, 해당 물품이 원산지가 아닌 국가의 보세구역에서 운송 목적으로 환적되었거나 일시적으로 보관되었다고 인정되는 경우에는 그렇지 않다.

(5) 원산지가 아닌 국가를 경유한 물품의 원산지결정
관세청장 또는 세관장은 어느 하나에 해당하는 경우 최초 원산지국가를 원산지로 인정하지 않는다.
① 원산지가 아닌 국가에서 생산과정 또는 작업과정이 추가된 경우. 다만, 수입항까지 국제운송에 필요한 하역·선적·포장에 필요한 작업이나 물품을 양호한 상태로 보존하는 데 필요한 작업과정이 추가된 경우 제외
② 해당 물품이 원산지가 아닌 국가의 관세당국의 통제 또는 감독 하에 있지 아니하였던 경우

09 원산지증명서의 발행 〔2019, 2025 출제〕

(1) 원산지증명서
원산지증명서는 물품의 국적을 나타내는 서류이다. 수출상은 FTA 혜택을 받기 위해 해당 물품에 대한 원산지증명서를 발행 또는 발행 신청하여 이를 수입상에게 제공해야 한다.

(2) 발행 방법
① 기관발급
　㉠ 의미: 협정에서 정하는 방법과 절차에 따라 원산지 국가의 관세 당국이나 기타 발급 권한이 있는 기관이 해당 물품에 대하여 원산지를 확인하여 발급하는 방법이다.
　㉡ 적용국가: 싱가포르, 아세안(ASEAN), 인도, 중국, 베트남, 캄보디아, 이스라엘, 인도네시아, RCEP
　㉢ 발행기관
　　• 한국: 세관이나 상공회의소(한-싱가포르 FTA에 따라 자유무역지역에 입주한 기업체가 신청하는 경우 자유무역지역관리원)
　　• 타 국가: 상무부, 외교통상부, 세관 등
② 자율발급
　㉠ 의미: 협정이 정하는 방법과 절차에 따라 수출상, 생산자 또는 수입상이 해당 물품에 대한 원산지를 확인하여 작성한 후 서명하여 사용하는 방법이다.
　㉡ 적용국가: 호주, EFTA(스위스, 노르웨이, 아이슬란드, 리히테슈타인), EU, 터키, 칠레, 페루, 콜롬비아, 캐나다, 뉴질랜드, 중미[코스타리카·엘살바도르·온두라스·니카라과·파나마], 미국, 영국, 캄보디아, 이스라엘, 인도네시아, RCEP
　㉢ 특이사항
　　• 한-EU FTA, 한-영국 FTA: 원산지증명서는 원산지인증 수출상 및 총가격이 6천 유로를 초과하지 않는 물품의 수출상이 자율적으로 작성·서명하여 발행한다. 건당 수출금액이 6천 유로 초과 시에는 원산지인증 수출상만 자율발급이 가능하다.
　　• 한-페루 FTA: 협정문의 원산지증명서 양식으로 수출자가 자율발급
　　• 한-중미 FTA: 수입 물품의 과세 가격이 미화 1천 달러 이하의 소액 물품에 대해서는 원산지증명서 제출 면제가 가능하다.

10 FTA 체약국별 원산지증명서 발급 방식 비교 2021, 2022, 2023 출제

FTA 체약국	발급	발급 주체	서식	유효 기간
싱가포르	기관	• 싱가포르: 세관 • 한국: 세관, 상공회의소, 자유무역관리원	별도서식	1년
아세안	기관	• 아세안: 정부기관 • 한국: 세관, 상공회의소	통일서식 (AK FORM)	1년
베트남	기관	• 베트남: 산업무역부 • 한국: 세관, 상공회의소	통일서식	1년
인도	기관	• 인도: 수출검사위원회 • 한국: 세관, 상공회의소	통일서식	1년
중국	기관	• 중국: 해관총서, 중국 국제무역촉진위원회 • 한국: 세관, 상공회의소	통일서식	1년
호주	기관	호주: 상공회의소, 산업협회	자율(권고서식)	2년
호주	자율	수출자, 생산자		
EFTA	자율 (스위스산 치즈는 기관발급)	수출자, 생산자	송품장	1년
EU, 영국	자율	수출자, 6천 유로 이상 인증 수출자	송품장	1년
터키	자율	수출자	송품장	1년
칠레	자율	수출자	통일서식	2년
페루	자율	수출자, 생산자	통일서식	1년
콜롬비아	자율	수출자, 생산자	통일서식	1년
캐나다	자율	수출자, 생산자	통일서식	2년
뉴질랜드	자율	수출자, 생산자	송품장, 권고서식	2년
중미 (코스타리카, 엘살바도르, 온두라스, 니카라과, 파나마)	자율	수출자, 생산자	통일서식	1년
미국	자율	수출자, 수입자, 생산자	자율(권고서식)	4년
이스라엘	기관	• 한국: 세관, 상공회의소 • 이스라엘: 재무부 이스라엘조세당국 관세국	통일서식, 송품장	12개월
이스라엘	자율	인증 수출자		
캄보디아	기관	• 한국: 세관, 상공회의소 • 캄보디아: 상무부	기관 통일서식 자율 권고서식	1년
캄보디아	자율	인증 수출자		
인도네시아	기관	• 한국: 세관, 상공회의소 • 인도네시아: 통상부	통일서식, 전자원산지증명서	1년
인도네시아	자율	단계별 적용 예정		
RCEP	기관	• 한국: 세관, 상공회의소 • 중국, 호주, 일본 등: 상공회의소, 세관, 정부기관 등	통일서식	1년
RCEP	자율	• 원산지 인증 수출자(협정 발효 후 10년 이내 시행 예정) • 캄보디아, 라오스, 미얀마: 20년 이내 시행 예정	권고서식	

11 협정관세의 적용(수입) 2020, 2021, 2022, 2023, 2025 출제

(1) FTA 원산지증명서를 수령한 수입상이 FTA 협정관세를 적용받으려면 수입신고 수리 전까지 세관장에게 신청해야 한다.

협정관세
협정에 따라 체약상대국을 원산지로 하는 수입물품에 대하여 관세를 철폐하거나 세율을 연차적으로 인하하여 부과하여야 하는 관세

(2) 세관장은 협정관세의 적용신청을 받은 경우에는 수입신고를 수리한 후에 심사한다. 다만, 관세채권을 확보하기가 곤란하거나 수입신고를 수리한 후 원산지 및 협정관세 적용의 적정 여부를 심사하는 것이 부적당하다고 인정하여 기획재정부령으로 정하는 물품은 수입신고를 수리하기 전에 심사한다.

(3) 수입신고 당시에 원산지증명서를 구비하지 못한 경우에는 수입신고 수리일부터 1년 이내 원산지증명서를 구비하여 세관에 제출(사본 제출 가능)하고 경정청구를 통해 해당 관세를 환급받을 수 있다.

(4) **협정관세 적용요건** 2025 출제

협정관세는 다음의 요건을 모두 충족하는 수입물품에 대하여 적용한다.
① 해당 수입물품이 협정에 따른 협정관세의 적용대상일 것
② 해당 수입물품의 원산지가 해당 체약상대국일 것
③ 해당 수입물품에 대하여 협정관세의 적용을 신청할 것

12 원산지증명서의 발급(수출) 및 보관

(1) **원산지증명서의 발급 순서**

대상국 파악 → 품목분류 유무 파악 → 원산지결정 기준 파악 → 필요 서류 확인 → 발급 신청 → 서류 작성

(2) **원산지증명서 발급신청 시 필요 서류** 2021 출제

수출신고필증(증명서 발급기관이 수출 사실을 전산으로 확인 가능한 경우 생략 가능), 송품장 또는 거래계약서, 원산지확인서, 원산지소명서, 소명서의 내용을 입증할 수 있는 서류 정보 및 국내 제조 확인서

(3) **원산지증명서 서류의 보관** 2021, 2022 출제

수입상·수출상 및 생산자는 원산지의 확인, 협정관세의 적용 등에 필요한 것으로서 원산지 증빙 서류 등 대통령령으로 정하는 서류를 5년의 범위에서 대통령령으로 정하는 기간(협정에서 정한 기간이 5년을 초과하는 경우에는 그 기간) 동안 보관하여야 한다.

(4) **수입자가 보관하여야 하는 서류**

① 원산지증명서(전자문서 포함) 사본. 다만, 협정에 따라 수입자의 증명 또는 인지에 기초하여 협정관세 적용신청을 하는 경우로서 수출상 또는 생산자로부터 원산지증명서를 발급받지 않은 경우에는 그 수입 물품이 협정관세의 적용 대상임을 증명하는 서류를 말한다.
② 수입 신고필증
③ 수입 거래 관련 계약서
④ 지식재산권 거래 관련 계약서
⑤ 수입 물품의 과세 가격 결정에 관한 자료
⑥ 수입 물품의 국제운송 관련 서류
⑦ 사전 심사서 사본 및 사전 심사에 필요한 증빙서류(사전 심사서를 받은 경우에만 해당)

13 원산지인증 수출자(제도) 2022, 2023, 2025 출제

(1) 원산지인증 수출자(제도)의 의미
관세당국이 원산지증명 능력이 있다고 인증한 수출자에게 원산지증명서 발급 절차 또는 첨부서류 제출 간소화 혜택을 부여하는 제도로, 원산지증명서 발급 시 시간과 비용을 절감할 수 있도록 지원한다. 업체별 원산지인증 수출자, 품목별 원산지인증 수출자로 구분하여 운영된다.

(2) 특이사항
① 한-EU FTA 및 한-영국 FTA: 6천 유로를 초과하는 물품을 수출할 경우 인증 수출자에 한하여 원산지증명서 발급이 가능하다.
② 한-EFTA: 자율발급 원산지증명서로(통상 Invoice 신고 시) 수출자의 서명을 생략한다.
③ 한-아세안, 싱가포르, 인도, 중국, 베트남: 원산지증명서 발급신청 시 첨부서류의 제출 생략과 현지확인 생략이 가능하다.
④ RCEP, 한-캄보디아: 원산지 증명서 자율발급 권한부여 및 원산지증명서 기관발급 시 첨부서류 제출 생략이 가능하다.
⑤ 한-이스라엘: 미화 1천 달러 초과물품을 수출할 경우 인증수출자에 한하여 자율증명 방식 활용이 가능하며, 원산지 증명서 기관발급 시 첨부서류 제출 생략이 가능하다.

(3) 원산지인증 수출자 인증요건
① **업체별 원산지인증 수출자**: 다음의 요건을 모두 갖춘 수출자 또는 생산자
  ㉠ 수출실적이 있는 물품 또는 새롭게 수출하려는 물품이 원산지결정 기준을 충족하는 물품(품목번호 6단위 기준)임을 증명할 수 있는 전산처리시스템을 보유하고 있거나 그 밖의 방법으로 증명할 능력이 있을 것
  ㉡ 원산지인증 수출자 인증 신청일 이전 최근 2년간 서면조사 또는 현지조사를 거부한 사실이 없을 것
  ㉢ 원산지증명서 작성대장을 비치·관리하고 원산지관리 전담자를 지정·운영할 것
  ㉣ 원산지인증 수출자 인증 신청일 이전 최근 2년간 서류의 보관 의무를 위반한 사실이 없을 것
  ㉤ 원산지인증 수출자 인증 신청일 이전 최근 2년간 속임수 또는 부정한 방법으로 원산지증명서를 발급 신청하거나 작성·발급한 사실이 없을 것
② **품목별 원산지인증 수출자**: 업체별 원산지인증 수출자에 해당하지 않는 자로서 다음의 요건을 모두 갖춘 수출자 또는 생산자
  ㉠ 수출실적이 있는 물품 또는 새롭게 수출하려는 물품이 원산지결정 기준을 충족하는 물품(품목번호 6단위 기준)일 것
  ㉡ 원산지증명서 작성대장을 비치·관리하고 원산지관리전담자를 지정·운영할 것

(4) 인증유효기간
업체별, 품목별 원산지인증 수출자의 인증유효기간은 인증을 받은 날부터 5년으로 한다.

(5) 인증 취소

관세청장 또는 세관장은 원산지인증 수출자가 다음의 어느 하나에 해당하는 경우에는 업체별 원산지인증 수출자의 인증을 취소하고 지체 없이 관세청장은 업체별 원산지인증 수출자 및 증명서발급기관에, 세관장은 관세청장, 업체별 원산지인증 수출자 및 증명서발급기관에 각각 통보해야 한다. 다만, 원산지인증 수출자의 인증을 취소하려는 때에는 청문을 실시하여야 한다.

① 거짓이나 그 밖의 부정한 방법으로 인증을 받은 경우
② 서면조사 또는 현지조사를 거부한 경우
③ 서류의 보관의무를 위반한 경우
④ 그 밖의 부정한 방법으로 원산지증명서의 발급을 신청하거나 원산지증명서를 작성·발급한 경우

14 원산지 조사 2025 출제

(1) 서면조사 또는 현지조사

관세청장 또는 세관장은 수출입물품의 원산지 또는 협정관세 적용의 적정 여부 등에 대한 확인이 필요하다고 인정하는 경우에는 협정에서 정하는 범위에서 대통령령으로 정하는 바에 따라 다음의 어느 하나에 해당하는 자를 대상으로 필요한 서면조사 또는 현지조사를 할 수 있다.

① 수입자
② 수출자 또는 생산자(체약상대국에 거주하는 수출자 및 생산자를 포함한다)
③ 원산지증빙서류 발급기관
④ 그 밖에 원산지 또는 협정관세 적용의 적정 여부 등을 확인하기 위하여 필요한 자

(2) 현지조사방법

관세청장 또는 세관장은 현지조사를 하려면 조사를 시작하기 30일 전까지 조사대상자에게 조사대상자, 조사대상 수출입물품, 조사예정기간 및 조사방법, 조사이유, 조사할 내용, 조사의 법적 근거 등의 사항을 통지하여야 한다. 다만, 국내에 거주하는 수입자, 수출자 또는 생산자 등에 대해서는 조사를 시작하기 15일 전까지 현지조사의 통지를 할 수 있다.

(3) 조사결과의 통지

관세청장 또는 세관장은 서면조사 또는 현지조사를 마치면 조사 결과와 그에 따른 결정 내용을 협정에서 달리 정하지 않았으면 서면조사 또는 현지조사를 완료한 날부터 30일내에 조사대상자(체약상대국의 조사대상자가 생산 또는 수출한 물품을 수입한 자를 포함한다) 및 체약상대국의 관세당국에 서면으로 통지하여야 한다. 이 경우 체약상대국의 관세당국에 대한 통지는 협정에서 정하는 경우에만 한다.

(4) 체약상대국에 대한 원산지 확인 요청

① 관세청장 또는 세관장은 체약상대국에서 수입된 물품과 관련하여 협정에서 정하는 범위에서 원산지 또는 협정관세 적용의 적정 여부 등에 대한 확인에 필요하다고 인정하는 경우에는 원산지증빙서류의 진위 여부와 그 정확성 등에 관한 확인을 체약상대국의 관세당국에 요청할 수 있다.
② 관세청장 또는 세관장은 법 제19조제2항에 따라 체약상대국의 관세당국으로부터 확인 결과를 통보받은 때에는 통보받은 날부터 30일 이내에 그 회신 내용을 수입자에게 알려야 한다.

Mini Test — 관세법

OX 문제

01 서울 가산동에 있는 수출신고 수리된 물품은 관세법상 외국 물품으로 본다. (   )

02 국내에 도착한 외국 물품이 수입통관 절차를 거치지 않고 다시 외국으로 반출하는 것을 수출이라고 한다. (   )

03 5억 원 이상의 관세에 대한 관세의 징수권은 이를 행사할 수 있는 날부터 10년, 그 외에는 5년 동안 행사하지 않으면 소멸시효가 완성(만료)된다. (   )

04 원칙적 납세 의무자인 수입 물품의 화주 또는 신고인과 특별 납세 의무자가 경합할 때에는 특별 납세 의무자로 규정된 자가 납세 의무를 부담한다. (   )

05 물품이 둘 이상의 국가에 걸쳐 생산·가공 또는 제조된 경우 세번변경 기준, 부가가치 기준, 가공공정 기준 중 충족하는 원산지결정 기준에 의해 원산지가 결정된다. (   )

06 해외직구로 구입한 물품이 우편으로 반입된 경우 해당 물품이 구매자에게 배송되는 날에 시행되는 법률상의 관세율이 적용된다. (   )

07 수출상의 부담으로 국내에서 산업쓰레기를 폐기하기 위하여 수입하는 물품은 관세법령에 따라 "우리나라에 수출하기 위하여 판매되는 물품"에 포함된다. (   )

08 수입한 장비의 성능이 계약 조건에 미치지 못하여 클레임을 제기하고, 수출상에게 반품하기로 한 경우 해당 물품을 1년 이상 사용하고, 수출상이 지정한 제3국으로 수출하는 경우 당초 납부한 관세를 환급받을 수 있다. (   )

09 보세공장에서는 내국 물품만을 원료로 하거나 재료로 하여 제조·가공할 수 있다. (   )

10 자유무역협정(FTA) 관세법 또는 관세법이 FTA 협정과 상충되는 경우에는 FTA 협정이 우선 적용된다. (   )

✓ 정답 Check

01 ○   02 X   03 ○   04 ○   05 ○
06 X   07 X   08 X   09 X   10 ○

[X 해설]
02 국내에 도착한 외국 물품이 수입통관 절차를 거치지 않고 다시 외국으로 반출하는 것은 반송이라고 한다.
06 물품이 우편으로 반입되는 경우 통관우체국에 도착한 날에 시행되는 법률상의 관세율이 적용된다.
07 수출상의 부담으로 국내에서 폐기하기 위하여 수입하는 물품은 우리나라에 수출하기 위하여 판매되는 물품이 아니다.
08 위약 물품(계약상이 물품)의 경우 수입신고 수리일부터 1년 내에 외국에서 수입된 물품을 보세구역에 반입하였다가 다시 수출한 경우 환급을 받을 수 있다. 이미 1년 이상 사용한 경우는 해당하지 않는다.
09 보세공장에서는 세관장의 허가 없이는 내국 물품만을 사용하여 제조·가공할 수 없다.

빈칸 채우기

01 과세 가격 결정 방법 중 제2방법은 제1방법으로 과세 가격을 결정할 수 없는 경우 과세 가격으로 인정된 사실이 있는 (　　　　)의 거래 가격을 기초로 하여 과세 가격을 결정하는 방법을 말한다.

02 HS 해석에 관한 통칙 제1호의 규정에 의하면 법적인 목적상 품목분류는 각 (　　　　)와(과) 관련 (　　　　)(이)나 (　　　　)의 (　　　　)에 따라 결정한다.

03 납세 의무자가 신고한 세액을 납부한 후에 세액이 부족하다는 것을 알게 되거나 세액산출의 기초가 되는 과세 가격 또는 품목분류 등에 오류가 있는 경우 신고납부한 날부터 (　　　　)개월 이내에 보정신청을 해야 한다.

04 우리나라에서 수출된 물품으로서 해외에서 제조·가공·수리 또는 사용되지 않고 수출신고 수리일부터 2년 내에 다시 수입되는 물품에 대해서는 (　　　　)을(를) 적용받을 수 있다.

05 외국에서 수입하거나 국내에서 매입한 원재료를 제조·가공하지 않고 수입 또는 구매한 상태 그대로 수출용 원재료로 국내 공급하는 경우 공급자의 신청에 의해 양도세액을 증명하는 서류를 (　　　　)(이)라고 한다.

06 수입하려는 물품의 신속한 통관이 필요한 경우 수입 물품을 적재한 선박 또는 항공기가 항구나 공항에서 출항하여 우리나라에 입항하기 (　　　　)일 전(선박의 경우) 또는 1일 전(항공기의 경우)부터 수입신고를 할 수 있다.

07 관세법에서는 (　　　　), 저작권과 저작인접권, 품종보호권, 지리적표시권 또는 지리적표시, 특허권, 디자인권을 보호 대상으로 하고 있다.

08 세액 결정에 영향을 미치기 위하여 과세 가격 또는 관세율 등을 거짓으로 신고하거나 신고하지 않고 수입한 자(구매대행업자 포함)에는 (　　　　)이(가) 적용된다.

09 수입신고 당시에 원산지증명서를 구비하지 못한 경우에는 수입신고 수리일부터 (　　　　)년 이내 원산지증명서를 구비하여 세관에 제출(사본 제출 가능)하고 경정청구를 통해 관세를 환급받을 수 있다.

10 간이 정액환급을 받고자 하는 경우 수출신고필증에 수출 화주(수출위탁의 경우 수출대행자)와 제조자가 다른 경우에는 환급신청인으로 기재되어 있는 (　　　　)이(가) 관세 등의 환급을 신청할 수 있다.

✓ 정답 Check

01 동종·동질 물품　02 호의 용어, 부, 류, 주　03 6　04 재수입 면세　05 분할증명서
06 5　07 상표권　08 관세포탈죄　09 1　10 제조자

PART 01 무역규범 기출 유사문제

01 다음 중 대외무역법상에서 규정하고 있는 용어에 대한 설명이 **잘못된** 것은?

① "무역"은 물품 및 대통령령으로 정하는 용역, 대통령령으로 정하는 전자적 형태의 무체물의 수출과 수입을 말한다.
② "물품"은 외국환거래법에서 정하는 지급 수단, 증권, 채권을 화체한 서류와 같은 동산(動産)을 의미한다.
③ "무역거래자"란 수출 또는 수입을 하는 자, 외국의 수입상 또는 수출상에게 위임을 받은 자 및 수출과 수입을 위임하는 자 등 물품 등의 수출 행위와 수입 행위의 전부 또는 일부를 위임하거나 행하는 자를 말한다.
④ 거주자가 비거주자에게 정보통신망을 통한 전송과 그 밖에 산업통상자원부장관이 정하여 고시하는 방법으로 전자적 형태의 무체물을 인도하는 것은 수출에 포함된다.

| 해설 | 대외무역법 제2조에서 "물품은 외국환거래법에서 정하는 지급 수단, 증권, 채권을 화체(化體)한 서류를 제외한 동산(動産)을 말한다."라고 정의한다.

02 대외무역법에서는 정부 간 수출계약 조항을 통해 무역거래자의 수출을 지원하고 있다. 그 내용으로 **잘못된** 것은?

① 정부 간 수출계약은 외국 정부의 요청이 있는 경우 정부 간 수출계약 전담기관이 국내 기업을 대신하여 또는 국내 기업과 함께 계약의 당사자가 되어 외국 정부에 물품 등을 유상으로 수출하기 위해 외국 정부와 체결하는 계약이다.
② 정부 간 수출계약의 전담기관은 한국무역협회를 말한다.
③ 정부 간 수출계약이 체결된 경우 전담기관은 국내 기업으로 하여금 보증·보험의 제공 등 대통령령으로 정하는 계약 이행 보증 조치를 취하도록 해야 한다.
④ 정부 간 수출계약의 체결, 변경, 해지 등의 사항을 심의·의결하기 위하여 전담기관에 정부 간 수출계약 심의위원회를 둔다.

| 해설 | 대외무역법 제32조에 따르면 정부 간 수출계약의 전담기관은 대한무역투자진흥공사법에 따른 대한무역투자진흥공사(KOTRA)이다.

+ THE PLUS 수출계약 심의위원회
정부 간 수출계약의 체결, 변경, 해지 사항 등을 심의·의결하는 기구이다. 위원회는 위원장 1명을 포함한 7명 이상 15명 이내의 위원으로 구성되며 위원장은 대한무역투자진흥공사 사장이다.

정답 01 ② | 02 ②

03 다음 중 우리나라의 대외무역법에서 규정하고 있는 수출 행위로 인정되기 어려운 것은?

① 미국에 있는 수입상 A와 핸드폰 수출입 계약을 체결하여 미국에서 유상으로 물품을 인도한 경우
② 우리나라 선박이 태평양 공해에서 포획한 어류를 인근 국가에 판매한 경우
③ 우리나라에서 개최된 박람회에 참가해 외국의 바이어에게 물품을 판매하고 현장에서 물품을 인도한 경우
④ 일본에서 보유 중인 재고품을 중국에 있는 수입상 C에게 유상으로 판매한 경우

| 해설 | 대외무역법 시행령에서는 수출의 범위를 '매매, 교환, 임대차, 사용대차, 증여 등을 원인으로 국내에서 외국으로 물품이 이동하는 것'이라고 정의한다. ③의 경우 국내에서 국내로 물품이 이동한 것이므로 수출 행위로 인정되지 않는다. 단, 외국 박람회 등에 출품하기 위해 반출된 물품이 현지에서 매각된 것은 수출 행위에 해당한다. ④는 외국인도수출에 해당한다.

04 다음 중 대외무역법상 무역진흥조치에 관한 설명이 잘못된 것은?

① 산업통상자원부장관은 무역의 진흥을 위하여 필요하다고 인정되면 물품 등의 수출과 수입을 지속적으로 증대시키기 위한 조치를 할 수 있다.
② 산업통상자원부장관은 무역전시장, 무역연수원, 컨벤션센터를 무역 관련 시설로 지정할 수 있다.
③ 산업통상자원부장관은 무역의 진흥을 위한 자문, 지도, 대외 홍보, 전시, 연수, 상담 알선 등을 업(業)으로 하는 자에게 필요한 지원을 할 수 있다.
④ 무역전시장은 연면적 2천 제곱미터 이상이고 최대 수용 인원이 500명 이상일 것을 요건으로 한다.

| 해설 | 무역전시장은 실내 전시 연면적이 2천 제곱미터 이상인 무역견본품을 전시할 수 있는 시설과 50명 이상을 수용할 수 있는 회의실을 갖추도록 하고 있다. ④는 무역연수원 시설의 요건이다.

+ THE PLUS 무역의 진흥을 위한 조치

산업통상자원부장관은 무역의 진흥을 위하여 필요하다고 인정되면 다음의 어느 하나에 해당하는 자에게 필요한 지원을 할 수 있다.
- 무역의 진흥을 위한 자문, 지도, 대외 홍보, 전시, 연수, 상담 알선 등을 업(業)으로 하는 자
- 무역전시장이나 무역연수원 등의 무역 관련 시설을 설치·운영하는 자
- 과학적인 무역 업무 처리기반을 구축·운영하는 자

정답 03 ③ | 04 ④

05 다음 중 외화획득용 원료·기재에 관한 설명으로 올바른 것을 모두 고른 것은?

> ⓐ 외화획득용 원료란 외화획득에 제공되는 물품과 용역, 전자적 형태의 무체물을 생산(제조·가공·조립·수리·재생 또는 개조)하는 데 필요한 원자재·부자재·부품 및 구성품을 말한다.
> ⓑ 외화획득용 원료의 범위에는 수출실적으로 인정되는 수출 물품 등을 생산하는 데 소요되는 원료도 포함되며 포장재, 1회용 팔레트는 제외된다.
> ⓒ 외화획득용 원료·기재를 수입한 자가 직접 외화획득의 이행을 하는 경우 외화획득 이행 기간은 1년이다.
> ⓓ 품목별 외화획득 이행 의무의 미이행률이 10% 이하인 경우 외화획득용 원료의 사후관리가 면제된다.

① ⓐ, ⓒ   ② ⓐ, ⓓ
③ ⓑ, ⓒ   ④ ⓑ, ⓓ

| 해설 | ⓑ 외화획득용 원료의 범위에는 포장재, 1회용 팔레트도 포함된다.
ⓒ 외화획득용 원료·기재를 수입한 자가 직접 외화획득의 이행을 하는 경우 외화획득 이행 기간은 수입통관일 또는 공급일부터 2년이다.

06 다음 중 전략물자에 관한 설명이 잘못된 것은?

① 국제수출통제체제의 원칙에 의해 국제평화, 안전유지와 국가안보를 위하여 필요하다고 인정하는 때 산업통상자원부장관은 해당 물품을 전략물자로 지정하여 고시한다.
② 1종 전략물자는 다자간 전략물자 수출통제 체제에서 수출통제 대상으로 지정한 물품 등을 말하며 핵무기, 생화학무기, 미사일, 재래식 무기 등이 해당 대상이고 반드시 수출허가를 받아야 한다.
③ 전략물자의 판정을 신청할 때에는 판정신청서에 해당 물품의 용도, 성능, 기술적 특성, 기타 판정에 필요한 서류를 구비하여 산업통상자원부장관이나 관계 판정기관의 장에게 제출해야 한다.
④ 전략물자와 관련된 용어 중 '물품 등'이라 함은 물품(물질, 시설, 장비, 부품) 등 유형재를 의미하며 무체물 및 기술은 제외한다.

| 해설 | 전략물자 수출입 고시에서는 '물품 등'을 '물품(물질, 시설, 장비, 부품), 소프트웨어 등 전자적 형태의 무체물 및 기술'이라고 정의한다.

정답 05 ② | 06 ④

07 다음 중 대외무역법에서 설명하고 있는 대외무역법상 수출입 질서 유지에 대한 설명으로 옳지 않은 것은?

① 무역거래자는 외화도피의 목적으로 물품 등의 수출 또는 수입 가격을 조작하여서는 안 된다.
② 선적 전 검사기관은 WTO 선적 전 검사에 관한 협정을 지켜야 한다.
③ 산업통상자원부장관은 분쟁이 발생한 경우 무역거래자에게 분쟁의 해결에 관한 의견을 진술하게 하거나 그 분쟁과 관련되는 서류의 제출을 요구할 수 있다.
④ 선적 전 검사와 관련해 분쟁이 발생한 경우 중재를 담당할 수 있도록 독립적인 중재기관인 무역위원회를 설치할 수 있다.

| 해설 | 대외무역법에서는 선적 전 검사와 관련한 독립적인 중재기관으로 대한상사중재원을 지정하고 있다. 무역위원회는 외국 물품의 수입 및 불공정 무역으로부터 국내 산업의 피해를 구제하기 위해 설립된 기관이다.

08 수출입 물품의 원산지표시 방법과 위반 물품의 시정조치에 관한 내용으로 옳지 않은 것은?

① 전기용품 및 생활용품 안전관리법 및 수입식품안전관리 특별법 등 다른 법령에서 원산지표시 방법 등을 정하고 있는 경우에는 라벨, 스티커 등에 원산지표시를 같이 할 수 있다.
② 수출입 물품의 원산지표시 방법에 따라 원산지를 표시하여야 하는 자가 해당 물품이 수입되기 전에 문서로 그 물품의 적절한 원산지표시 방법에 관한 확인을 받고자 하는 경우 산업통상자원부장관에게 요청할 수 있다.
③ 원산지표시 방법에 관한 확인을 요청받은 경우 세관장은 신청이 접수된 날부터 30일 이내에 해당 물품의 적정한 표시 방법을 확인해 요청인에게 알려 주어야 한다.
④ 산업통상자원부장관 또는 시·도지사는 원산지표시를 위반한 자에게 3억 원 이하의 과징금을 부과할 수 있다.

| 해설 | 원산지표시 방법에 관한 확인을 요청받은 경우 관세청장은 신청이 접수된 날부터 14일 이내에 해당 물품의 적정한 표시 방법을 확인하여 요청인에게 알려야 한다.

09 다음 중 우리나라 수출지원제도의 하나인 무역보험제도에 대한 설명으로 옳지 않은 것은?

① 수출보험은 결제 기간 1년 이내의 단기성 종목이 있는데 단기 수출보험, 중소중견 Plus+ 보험, 단체보험, 수출안전망 보험 등이 있다.
② 환변동보험은 환차손익을 제거, 사전에 외화금액을 원화로 확정함으로써 환율 변동에 따른 위험을 헤지(Hedge)하는 상품이다.
③ 무역보험에서 담보하는 신용위험은 수입상 또는 L/C 개설은행의 파산, 지급 불능, 지급 거절, 지급 지체 등으로 인한 수출 대금 미회수 위험을 의미한다.
④ 수입보험은 국내 기업이 철, 동, 원유 등 국민경제에 중요한 원자재나 물품을 수입하는 경우 비상위험 등으로 인해 발생하는 선급금 미회수 위험을 담보한다.

| 해설 | 단기성 수출보험은 결제 기간이 2년 이내이다. 단기 수출보험의 종류에는 선적 후, 포페이팅, 농수산물 패키지, 중소중견 Plus+, 단체보험, 수출안정망 보험 등이 있다.

10 다음 중 무역업고유번호와 수출입 실적에 대한 설명이 잘못된 것은?

① 무역업고유번호를 부여받으려는 자는 우편, 팩시밀리, 전자우편(E-mail), 전자문서교환체제(EDI) 등의 방법으로 한국무역협회장에게 신청해야 하며, 한국무역협회장은 접수 즉시 신청자에게 고유번호를 부여해야 한다.
② 중계무역의 수출실적 인정 금액은 판매액에서 원자재 수출 금액 및 가공임을 공제한 금액으로 한다.
③ 무역업고유번호를 부여받은 자가 상호, 대표자, 주소, 전화번호 등의 변동 사항이 발생한 경우에는 무역업고유번호 신청 사항 변경통보서에 따라 변동 사항이 발생한 날부터 20일 이내에 한국무역협회장에게 알리거나 한국무역협회에서 운영하고 있는 무역업 데이터베이스에 변동 사항을 수정 입력해야 한다.
④ 용역의 수입실적 인정 금액은 외국환은행의 지급액으로 한다.

| 해설 | 중계무역의 수출실적 인정 금액은 수출 금액(FOB 가격) − 수입 금액(CIF 가격)인 가득액이다. 위탁가공무역(수출)은 판매액에서 원자재 수출 금액 및 가공임을 공제한 금액을 수출실적 인정 금액으로 한다.

정답 09 ① | 10 ②

11 다음 중 대외무역법령에서 규정하는 수출실적과 관련된 내용이 잘못된 것은?

	수출실적	인정 금액	확인기관
①	원양어로에 의한 수출 중 현지 경비 사용분	외국환은행이 확인한 금액	외국환은행의 장
②	중계무역	수출 금액(FOB 가격) − 수입 금액(CIF 가격)	외국환은행의 장
③	전자적 형태의 무체물의 수출	한국무역협회장 또는 한국소프트웨어 산업협회장이 외국환은행을 통해 입금 확인한 금액	외국환은행의 장
④	위탁가공무역(수출)	판매액 − 원자재 수출 금액(원자재 인도 금액) − 가공임	외국환은행의 장

| 해설 | 전자적 형태의 무체물의 수출실적 확인기관은 한국무역협회장 또는 한국소프트웨어산업협회장이다.

12 대외무역법상 특정 거래 형태에 대한 설명으로 옳지 않은 것은?

① 특정 거래 형태란 일반적 형태의 수출입이 아닌 수출 또는 수입의 제한을 회피할 우려가 있는 거래를 의미한다.
② 대금 결제 없이 물품 등의 이동만 이루어지는 거래도 특정 거래 형태로 관리한다.
③ 특정 거래 형태의 인정 절차, 인정의 유효 기간, 그 밖에 필요한 사항은 산업통상자원부장관이 정하여 고시한다.
④ 외국에서 외국으로 물품 등의 이동이 있고, 그 대금의 지급이나 영수(領收)가 외국에서 이루어지는 거래로서 대금 결제 상황의 확인이 곤란하다고 인정되는 거래도 특정 거래 형태로 인정된다.

| 해설 | 외국에서 외국으로 물품 등의 이동이 있고, 그 대금의 지급이나 영수가 국내에서 이루어지는 거래로서 대금 결제 상황의 확인이 곤란하다고 인정되는 거래를 특정 거래 형태로 관리한다.

+ THE PLUS 특정 거래 형태
- 수출 또는 수입의 제한을 회피할 우려가 있는 거래
- 산업 보호에 지장을 초래할 우려가 있는 거래
- 외국에서 외국으로 물품 등의 이동이 있고, 그 대금의 지급이나 영수가 국내에서 이루어지는 거래로서 대금 결제 상황의 확인이 곤란하다고 인정되는 거래
- 대금 결제 없이 물품 등의 이동만 이루어지는 거래

정답 11 ③ | 12 ④

13 다음은 외화획득용 원료 또는 완제품 등의 국내 구매를 활성화하기 위해 사용되는 내국 신용장과 구매확인서에 대한 설명이다. 옳지 않은 것은?

① 내국 신용장의 수출실적 인정 시점은 결제일이며 구매확인서의 경우 외국환은행을 통해 대금이 결제될 때를 결제일로 본다.
② 내국 신용장과 구매확인서는 외국환은행이 지급 보증하므로 대금 회수에 대한 위험이 은행을 통해 회피된다.
③ 구매확인서는 물품 공급 후에도 사후 발급이 가능하나, 내국 신용장은 사전에 개설하지 않으면 안 된다.
④ 내국 신용장은 수출용 원자재 및 완제품 구매 시 사용 가능하며 구매확인서는 외화획득용 원료나 기재의 구매 시 사용 가능하다.

| 해설 | 내국 신용장은 수입 신용장과 마찬가지로 은행이 개설의뢰인의 신용을 대신하므로 외국환은행이 지급 보증하나, 구매확인서는 은행이 지급 보증을 하지 않으므로 대금 회수에 대한 위험이 존재한다.

+ THE PLUS 내국 신용장

외국으로부터 수출 신용장(Master L/C)을 받은 국내 수출상 등이 수출 물품을 제조·가공하는 데 필요한 원자재 또는 수출용 완제품의 조달을 국내에서 원활히 하기 위해 원자재 또는 완제품의 공급자를 수익자로 하여 발행하는 신용장

14 다음 중 외화획득의 범위에 대한 내용으로 옳은 것을 모두 고른 것은?

A. 주한 국제연합군이나 그 밖의 외국군 기관에 대한 물품 매도
B. 용역 및 건설의 해외 진출
C. 외국인으로부터 원화를 받고 국내에 물품 등을 공급하는 경우
D. 무역거래자가 외국의 수입상에게 무상으로 수출을 알선하는 경우
E. 대외무역법상 수출

① A, B, C ② A, B, E
③ B, C, D ④ C, D, E

| 해설 | C. 외국인으로부터 외화를 받고 국내의 보세지역에 물품 등을 공급하는 것이 외화획득에 해당한다.
D. 무역거래자가 외국의 수입상으로부터 수수료(유상)를 받고 행한 수출 알선은 외화획득 행위에 준하는 행위로 본다.

정답 13 ② | 14 ②

15 다음 중 대외무역법령의 수출입 물품 원산지판정 기준에 대한 설명으로 옳지 <u>않은</u> 것은?

① 수입 물품의 생산·제조·가공 과정에 둘 이상의 국가가 관련된 경우에 최종적으로 실질적 변형을 가하여 그 물품에 본질적 특성을 부여한 활동을 한 국가를 그 물품의 원산지로 결정한다.
② 천일염의 경우 외국산 원재료의 함유량이 10% 이하이어야 한다.
③ 수입 물품의 생산·제조·가공 과정에 둘 이상의 국가가 관련된 경우 건조, 냉장, 냉동 등의 가공 활동을 하는 국가는 원산지로 인정하지 않는다.
④ 수입원료를 사용한 국내 생산 물품의 경우 우리나라에서 제조·가공 과정을 통해 수입원료의 세번과 상이한 세번(HS 6단위 기준)의 물품을 생산하고, 해당 물품의 총 제조원가 중 수입원료의 수입가격(CIF가격 기준)을 공제한 금액이 총 제조원가의 51% 이상인 경우 우리나라를 원산지 국가로 본다.

| 해설 | 천일염의 경우 외국산 원재료가 사용되지 않고 제조되어야 우리나라를 원산지로 인정받을 수 있다.

16 다음 중 대외무역법상 수출입 승인에 관한 내용이 <u>잘못된</u> 것은?

① 수출입 승인의 유효 기간은 1년으로 하며 사안에 따라 1년 미만 또는 2년의 범위에서 정할 수 있다.
② 하나의 수출 또는 수입에 대해 둘 이상의 승인을 받아야 하는 경우 하나의 승인으로 전체 승인이 인정된다.
③ 외국환거래 없이 수입하는 물품의 경우 수출입 승인이 면제되나 세관장이 반입의 목적과 사유가 타당하다고 인정하는 물품에 한해 적용된다.
④ 대외무역관리규정 별표4에 의하면 유상으로 반입하는 상품의 견본품 또는 광고용 물품으로 세관장이 인정하는 물품에 대해서는 미화 5만 달러 상당액(과세 가격 기준) 이하인 경우에만 수입승인의 면제 대상이 된다.

| 해설 | 하나의 수출 또는 수입에 대하여 둘 이상의 승인을 받아야 하는 경우 각각의 승인은 상호 독립적으로 받아야 한다.

정답 15 ② | 16 ②

17 다음 중 관세법상 외국 물품이 <u>아닌</u> 것은?

① 수출신고가 수리된 물품
② 입항 전 수입신고가 수리된 물품
③ 보세공장에서 외국 물품과 내국 물품을 원자재로 혼용하여 제조한 물품
④ 보수 작업 결과 외국 물품에 부가된 내국 물품

| 해설 | 외국 물품이 도착하기 전에 수입신고가 수리된 경우 외국 물품에서 내국 물품으로 그 성격이 바뀐다. 따라서 입항 전 수입신고가 수리된 물품은 내국 물품으로 간주된다.

+ THE PLUS 관세법상 외국 물품
- 외국에서 우리나라로 도착한 물품으로서 수입신고가 수리되기 전의 것
- 외국의 선박 등이 공해에서 채집하거나 포획한 수산물 등으로서 수입신고가 수리되기 전의 것
- 수출신고가 수리된 물품
- 보수 작업 결과 외국 물품에 부가된 내국 물품
- 보세공장에서 외국 물품과 내국 물품을 원자재로 혼용하여 제조한 물품
- 관세환급특례법상 관세 환급을 목적으로 일정한 보세구역 또는 자유무역지역에 반입한 물품

18 다음 중 관세의 납부기한에 대한 설명으로 올바른 것은?

① 납세신고를 한 경우 납세신고 수리일의 다음 날부터 15일 이내
② 납부고지를 한 경우 납부고지를 받은 날의 다음 날부터 15일 이내
③ 수입신고 전 즉시반출신고를 한 경우 수입신고일의 다음 날부터 15일 이내
④ 월별납부의 경우에는 납부기한이 동일한 달에 속하는 세액에 대해 그 기한이 속하는 달의 말일

| 해설 | ① 납세신고를 한 경우: 납세신고 수리일부터 15일 이내에 납부
② 납부고지를 한 경우: 납부고지를 받은 날부터 15일 이내에 납부
③ 수입신고 전 즉시반출신고를 한 경우: 수입신고일부터 15일 이내에 납부

정답 17 ② | 18 ④

19 다음 중 과세 가격 결정 기준에 대한 설명으로 옳은 것은?

① 수입항 도착 후 물품 운송에 필요한 운임·보험료와 그 밖에 운송 관련 비용은 거래 가격에 가산한다.
② 수입 물품과 동일체로 취급되는 용기의 비용과 해당 수입 물품의 포장에 드는 노무비와 자재비로서 구매자가 부담하는 비용은 실제 지급하는 총금액에 포함되어 있지 않은 경우 이를 가산한다.
③ 수입 물품이 판매될 수 있는 지역의 제한은 거래 가격에 영향을 미치는 제한이다.
④ 수입 후 경매를 통해 판매 가격이 결정되는 위탁판매 수입 물품은 우리나라에 수출되기 위해 판매되는 물품으로 인정한다.

| 해설 | ① 수입항 도착 후 발생하는 운임·보험료·그 밖에 운송에 관련된 비용은 거래 가격에서 공제한다.
③ 수입 물품이 판매될 수 있는 지역의 제한이 있더라도 과세 가격 결정을 할 수 있다.
④ 수입 후 경매 등을 통해 판매 가격이 결정되는 위탁판매 수입 물품은 우리나라에 수출되기 위해 판매되는 물품이 아닌 경우로 과세 가격 결정이 불가능한 경우이다.

20 다음 사항을 참고했을 때 관세 부과를 위한 과세 가격은?

> 미국의 A사와 CFR 조건으로 USD 30,000의 수입계약을 체결하였다. 계약금으로 USD 5,000를 선지급하였고 COMMERCIAL INVOICE에 표시된 청구 금액은 USD 25,000이다. 매도인은 선적항에서 부산항까지 운송계약을 체결하고 해상운임 USD 1,000를 지불하였다. 한국의 매수인 K는 적하보험에 가입하여 USD 300를 보험회사에 지급하였다. 선박회사는 유류할증료 USD 100를 매수인에게 청구하였고 매수인을 대신하여 THC USD 20를 부산항 CY에 지급하였다.

① USD 26,300   ② USD 30,400
③ USD 31,300   ④ USD 31,420

| 해설 | 운임을 포함한 실제 계약된 거래 금액은 USD 30,000이다. 이에 매수인이 부담하는 적하보험료 USD 300를 가산하면 CIF 가격이 된다. 선사가 부과하는 유류할증료는 관세 가격 산정 시 법정 가산요소에 해당하므로 과세 가격에 가산하지만 THC는 수입항 도착 후 CY에서 발생하는 비용이므로 가산하지 않는다. 따라서 과세 가격은 USD 30,000(거래 금액) + USD 300(적하보험료) + USD 100(유류할증료) = USD 30,400이다.

정답 19 ② | 20 ②

21 다음 상황에서 관세 부과를 위한 과세 물건의 확정 시기는 언제인가?

> K사는 냉장식품 1,000상자를 미국의 A사로부터 냉동 컨테이너를 통해 수입하기로 하였고, LA항을 출발하여 부산항에 도착 후 보세운송을 하여 인천에 있는 냉장창고에 반입하였다. K사는 식약처에 수입식품신고를 하였고 1주일 후 합격 통보를 받아 수입신고를 진행하였다.

① 해당 물품이 LA항에서 출발하여 선하증권이 발행된 때
② 해당 물품이 부산항에 도착한 때
③ 식약처 수입식품신고 합격 통보를 받은 때
④ K사가 수입신고를 하는 때

| 해설 | 일반 수입 물품은 수입신고하는 때의 물품의 성질과 그 수량에 따라 관세를 부과한다.

22 다음 중 잠정 가격신고에 대한 설명으로 **잘못된** 것은?

① 잠정 가격신고는 수입신고 당시에 거래 가격이 결정되지 않고 일정 기간 후에 거래 가격이 확정되는 경우 확정 예상 가격으로 신고 후 가격이 확정되었을 때 확정 가격신고를 하는 것을 말한다.
② 잠정 가격으로 가격신고를 한 자는 1년의 범위 안에서 확정 가격을 신고해야 한다.
③ 우리나라에 수출·판매되는 물품에 대하여 구매자가 실제로 지급하였거나 지급해야 할 가격에 가산 조정해야 할 금액이 수입신고일부터 일정 기간이 지난 후에 정해질 수 있음이 잠정 가격신고 서류 등으로 확인되는 경우 잠정 가격신고를 할 수 있다.
④ 세관장은 확정 가격신고를 받거나 가격을 확정한 때에는 잠정 가격을 기초로 하여 신고납부한 세액과 확정 가격신고에 의한 세액과의 차액을 징수하거나 환급해야 한다.

| 해설 | 잠정 가격신고를 한 자는 2년의 범위 안에서 구매자와 판매자 간의 거래계약 내용 등을 고려하여 세관장이 지정하는 기간 내에 확정 가격을 신고해야 한다.

정답 21 ④ | 22 ②

23 다음 중 과세 가격 사전 심사에 관한 설명으로 올바르지 <u>않은</u> 것은?

① 신고납부 방식에 의해 납세신고를 해야 하는 자는 가격신고를 하기 전에 세관장에게 과세 가격 결정과 관련된 사항에 대해 미리 심사해 줄 것을 신청할 수 있다.
② 납세신고를 하고자 하는 자는 특수 관계가 있는 자들 간에 거래되는 물품의 과세 가격 결정 방법에 대해 의문이 있는 경우 사전 심사를 신청할 수 있다.
③ 제1방법으로 과세 가격을 결정할 수 없는 경우에 적용되는 과세 가격 결정 방법에 대해 심사를 한 경우 이를 1개월 이내에 신청인에게 통보해야 한다.
④ 신청인이 통보받은 심사서에 따라 신고한 경우 세관장은 신청인과 납세 의무자가 동일하면 결과에 따라 과세 가격을 결정한다.

| 해설 | 과세 가격 사전 심사는 관세청장에게 신청해야 한다.

24 K사는 중국으로부터 보조배터리를 수입하고자 한다. HS코드를 확인해 보니 8507.60-2000(전기차용 리튬이온축전지)일 가능성이 높다. 다음 중 옳지 <u>않은</u> 것은?

① 관세·통계통합 품목분류표(HSK)는 HS 품목분류표의 10단위 분류체계를 수용하여 산업통상자원부장관이 고시한다.
② 85는 '류'라고 하며 참조 편의상 상품의 군별로 구분한 것으로 법적 구속력이 없다.
③ 8507은 '호'라고 하며 호의 용어는 법적 구속력을 갖는다.
④ 물품을 수출입하려는 자, 수출할 물품의 제조자 및 관세사·관세법인 또는 통관취급법인(관세사 등)은 수출입신고를 하기 전에 관세청장에게 해당 물품에 적용될 별표 관세율표상의 품목분류를 미리 심사하여 줄 것을 신청할 수 있다.

| 해설 | 관세·통계통합 품목분류표(HSK)는 HS 품목분류표의 6단위 분류체계를 수용하여 국내 현실에 맞게 품목을 세분류할 수 있는데 우리나라는 10단위로 세분화하여 기획재정부장관이 고시한 것이다.
제시된 HS코드의 경우 85는 '류', 8507은 '호', 8507.60은 '소호', 8507.60-2000은 '통계부호'라고 한다.

25 다음 중 세액의 정정에 대한 내용이 잘못된 것은?

① 납세 의무자는 납세신고한 세액을 납부하기 전에 그 세액이 과부족다는 것을 알게 되었을 때에는 납세신고한 세액을 정정할 수 있다. 이 경우 납부기한은 당초의 납부기한으로 한다.
② 부족한 세액에 대한 세액의 보정을 신청한 경우에는 보정신청을 한 날까지 해당 관세를 납부해야 한다.
③ 납세 의무자는 보정 기간을 경과하여 신고납부한 세액이 부족한 경우에는 수정신고를 할 수 있다.
④ 납세 의무자가 신고납부한 세액이 과다한 것을 알게 되었을 때에는 최초로 납세신고를 한 날부터 5년 이내에 신고한 세액의 경정을 세관장에게 청구할 수 있다.

| 해설 | 보정신청, 수정신고를 한 경우 보정신청 또는 수정신고한 날의 다음 날까지 부족세액을 납부해야 한다.

26 부과고지 방식은 세관장이 납부해야 할 세액을 산출하여 납기 내에 납부하도록 하는 방식이다. 그 대상 물품이 아닌 것은?

① 보세건설장에서 건설된 시설 중 수입신고가 수리되기 전에 가동된 시설
② 즉시 반출한 물품 중 수입신고 기간 내에 수입신고를 하지 않은 물품
③ 납세신고가 부적당한 여행자 또는 승무원의 휴대품 및 별송품
④ 입항 전 신고를 한 물품으로서 수리되기 전 상태의 물품

| 해설 | 입항 전 신고는 선박이 입항하기 전 신속한 통관을 위해 수입신고를 하는 것으로 부과고지 대상이 아니다.

27 다음은 관세법상 가산세에 대한 규정이다. 다음 중 옳은 것은?

① 재수출 면세를 받은 물품을 규정된 기간 내에 재수출하지 아니한 경우에는 해당 물품에 납부할 세액의 20%를 부과한다.
② 수입하거나 반송하려는 물품을 지정장치장 또는 보세창고에 반입하거나 보세구역이 아닌 장소에 장치한 자는 그 반입일 또는 장치일부터 30일에 이내 신고해야 하며 그렇지 않은 경우 관세의 2% 범위 내에서 가산세를 부과한다.
③ 이사자가 이사 물품을 신고하지 않은 경우에는 납부할 세액의 40%에 해당하는 금액을 미신고 가산세로 부과한다.
④ 수입신고 전 반출 물품을 즉시반출신고를 한 날부터 10일 이내에 수입신고를 하지 않는 경우 해당 물품에 대한 관세의 20%를 가산세로 부과한다.

| 해설 | ① 재수출 불이행 가산세는 관세의 20%를 부과한다(단, 500만 원을 넘지 않는 범위에서 부과).
② 수입 또는 반송신고지연 가산세는 과세 가격의 2% 범위 내에서 부과한다.
③ 이사 물품 미신고 가산세는 납부할 세액의 20%를 부과한다.

정답 25 ② | 26 ④ | 27 ④

28 다음 중 덤핑방지관세율에 대한 설명으로 옳은 것은?

① 덤핑방지관세율이란 수출국에서 제조, 생산 또는 수출에 관하여 보조금, 장려금 등을 지급받은 물품이 수입되어 국내 산업을 저해하는 경우에 기본세율 이외에 해당 보조금 등의 금액 이하의 관세를 추가하는 관세율이다.
② 적용되는 세율이 8%, 덤핑방지관세율이 10%라면 실제 적용되는 세율은 10%이다.
③ 덤핑방지세율이 적용되는 물품에 FTA 협정관세율의 적용이 가능하다면 추가로 협정관세율도 적용 가능하다.
④ 해당 산업의 경쟁력을 향상시키기 위해 이중 관세율제도를 적용하고 있다.

| 해설 | 덤핑방지세율이 적용되는 물품에 FTA 협정관세율이 적용되는 경우 기본세율에 FTA 협정관세율이 추가 적용된다. 예를 들어 협정관세율이 0%이고 덤핑방지세율이 10%인 경우 0%+10%의 관세로 10%의 관세가 부과된다.
① 상계관세에 관한 설명이다.
② 덤핑방지관세율은 적용되는 세율에 덤핑방지관세율이 추가하여 부과되므로 8%+10%로 18%의 관세가 부과된다.
④ 할당관세에 관한 설명이다.

29 다음 〈보기〉와 같은 경우 수입한 물품에 부과될 관세액은 얼마인가?(단, FTA 원산지증명서를 보유한 경우라 가정한다.)

┤보기├
- 관세의 과세 가격: $1,000
- FTA 협정관세율: 2%
- 기본세율: 8%
- 과세환율: USD 1 = KRW 1,000
- 덤핑방지관세율: 10%

① 80,000원 ② 100,000원
③ 120,000원 ④ 200,000원

| 해설 | 과세 가격 $1,000 × 1,000(환율) × (덤핑방지관세율 10% + FTA 협정관세율 2%) = 1,000,000 × 0.12 = 120,000원
덤핑방지관세율은 실행 관세율에 추가하여 부과되는 관세이다. 따라서 〈보기〉에서 2순위인 FTA 협정관세율과 덤핑방지관세율을 합한 12%의 관세가 부과된다. 기본세율은 1~6순위의 세율이 적용되지 않을 경우 적용되는 세율로, 1순위에 해당하는 덤핑방지관세율과 2순위인 FTA 협정관세율이 적용되었으므로 부과되지 않는다.

정답 28 ③ | 29 ③

30 다음 중 FTA 협정에 따른 관세 적용과 관련된 설명으로 옳지 <u>않은</u> 것은?

① FTA 협정관세를 적용받기 위해서는 해당 물품이 FTA 협정에서 양허된 물품이어야 한다.
② FTA 협정에서 정하고 있는 원산지증명서류 또는 원산지증명 문구를 구비하여야 한다.
③ 수입신고 수리 전까지 FTA 원산지증명서를 구비하지 못한 경우에는 수입신고 수리일부터 1년 이내에 원산지증명서를 구비하여 FTA 협정관세의 적용을 신청할 수 있다.
④ 덤핑방지관세와 FTA 협정관세가 동시에 적용되는 물품에 대해서는 FTA 협정관세가 우선 적용된다.

| 해설 | 덤핑방지관세(1순위)와 FTA 협정관세(2순위)가 동시에 적용되는 물품의 경우에는 덤핑방지관세를 우선 적용한다.

31 최초 수입상 A는 수입 물품이 우리나라에 도착하는 시점에 해당 물품을 B에게 양도하였다. 그리고 수입통관 후 이 물품을 C에게 양도하였다. 이 경우 납세 의무자는 누구인가?

① A
② B
③ C
④ B, C

| 해설 | 수입 물품을 수입신고 전에 양도한 경우 그 양수인이 납세 의무자가 되므로 이 경우 납세 의무자는 양수인 B이다. 수입통관을 마친 물품(내국 물품)을 양도받은 것은 내국 거래에 해당하므로 C는 납세 의무를 지지 않는다.

32 다음 중 관세법상 납세 의무의 소멸에 대한 내용이 <u>잘못된</u> 것은?

① 세관장은 납세 의무자가 환급받을 관세 등으로 납부해야 할 세액을 충당할 수 있다.
② 관세는 해당 관세를 부과할 수 있는 날부터 5년이 지나면 부과할 수 없다.
③ 관세징수권은 이를 행사할 수 있는 날부터 5억 원 이상의 관세는 10년, 그 외에는 5년 동안 행사하지 아니하면 소멸시효가 완성된다.
④ 납부고지를 하는 경우 관세징수권의 소멸시효는 정지된다.

| 해설 | 납부고지는 관세징수권 소멸시효 중단 사유에 해당하고, 소멸시효가 중단되면 발생한 날까지의 시효는 효력이 소멸한다. 반면에 소멸시효의 정지는 시효의 진행이 일시적으로 멈추는 것으로 이미 경과한 시효 기간은 그대로 효력이 유지된다.

정답 30 ④ | 31 ② | 32 ④

33 다음 중 관세법상 감면규정에 대한 설명이 잘못된 것은?

① 관세를 감면받고자 하는 자는 해당 물품의 수입신고 수리 전에 신청해야 한다.
② 수입신고 수리 전까지 감면신청서를 제출하지 못하는 경우에는 보세구역 반출 여부를 불문하고 수입신고 수리일부터 15일 이내에 감면을 신청할 수 있다.
③ 중소기업이 항공기, 반도체 제조용 장비를 제조·수리하기 위해 사용되는 부분품과 원재료에 대해서는 세율불균형 물품 감면이 적용된다.
④ 물품 가격이 미화 150달러 이하의 물품으로서 자가사용 물품으로 인정되는 물품은 소액 물품 등 면세를 적용받을 수 있다.

| 해설 | 수입신고 수리 전까지 감면신청서를 제출하지 못한 경우에는 수입신고 수리일부터 15일 이내에 신청할 수 있으며 이 경우 보세구역에서 반출되지 않는 경우로 한정된다.

+THE PLUS 세율불균형 물품 면세

동일 산업 내에서 가공단계별로 관세율이 역진하는 현상을 보이는 세율불균형을 시정하기 위해 중소기업이 세관장이 지정하는 공장에서 항공기, 반도체 제조용 장비를 제조·수리하기 위해 사용되는 부분품과 원재료에 대해 관세를 감면함

34 다음 중 재수출 면세와 재수출 감면에 대한 설명이 잘못된 것은?

① 재수출 면세와 재수출 감면을 적용받기 위해서는 수입신고 수리일로부터 2년의 범위 내에서 세관장이 정한 기간 내에 재수출해야 한다.
② 재수출 면세는 일반 무역의 편의 증진, 가공무역의 진흥, 관광사업 진흥, 학술연구 등의 목적으로 재수출 기간 내에 다시 수출하는 물품에 대하여 그 관세를 면제하는 제도이다.
③ 법인세법 시행규칙 규정에 의한 내용연수가 5년(금형의 경우에는 2년) 이상인 물품, 개당 또는 세트당 관세액이 500만 원 이상인 물품은 재수출 감면의 대상이 된다.
④ 재수출 면세 적용 시 세관장은 필요하다고 인정하는 때에는 면세를 받는 물품의 면세하는 관세액에 상당하는 담보를 제공하게 할 수 있다.

| 해설 | 재수출 면세는 수입신고 수리일부터 1년의 범위 내에서 세관장이 정하는 기간 내에 재수출해야 하며, 재수출 감면은 수입신고 수리일부터 2년 이내에 재수출해야 한다.

정답 33 ② | 34 ①

35 다음 중 관세법상 위약 환급에 관한 설명이 잘못된 것은?

① 위약 물품은 무역계약에서 약정한 물품과 실제 수입된 물품이 상이하여 수입상이 클레임을 제기하고 해당 물품을 다시 외국으로 반출하거나 폐기하기로 한 물품을 말한다.
② 위약 물품 환급을 받기 위해서는 수입신고 당시와 성질 또는 형태가 변경되지 않은 상태에서 수출해야 한다.
③ 위약 물품 환급으로 인정받기 위해서는 수입신고 수리일부터 2년 이내에 수출해야 한다.
④ 수출신고 수리된 후에는 과오납 환급 규정을 준용하여 환급받는다.

| 해설 | 위약 물품 환급을 적용받기 위해서는 해당 물품이 수입신고 수리일부터 1년 이내에 보세구역에 반입하였다가 다시 수출하거나, 보세공장에서 생산된 경우 보세공장에 다시 반입해야 한다. 위약 수출신고 수리가 되면 과오납 환급 규정을 준용하여 수입통관 당시 납부하였던 관세 등을 환급받을 수 있다.

36 수출용 원재료에 대한 관세 등 환급에 관한 특례법(관세환급특례법)과 관련된 설명 중 옳지 않은 것은?

① 관세환급특례법에 의한 관세 환급은 원재료를 수입할 때 납부하였거나 납부할 관세 등을 관세법의 규정에 불구하고 수출상 또는 수출 물품의 생산자에게 되돌려 주는 것을 의미한다.
② 해당 수출 물품에 물리적 또는 화학적으로 결합되는 물품으로 수출 물품을 생산한 경우 환급 대상 원재료로 인정된다.
③ 수입한 상태 그대로 수출한 경우에는 해당 수출 물품의 관세 환급이 가능하다.
④ 국내에서 생산된 원재료와 수입된 원재료가 동일한 질과 특성을 갖고 있어 상호 대체가 가능해 수출 물품의 생산 과정에서 사용되는 경우에는 수입된 원재료를 구분하여 수입된 원재료에 대해 환급 신청해야 한다.

| 해설 | 국내에서 생산된 원재료와 수입된 원재료가 동일한 질과 특성을 갖고 있어 상호 대체 사용이 가능해 수출 물품의 생산 과정에서 이를 구분하지 않고 사용되는 경우에는 수출용 원재료가 사용된 것으로 본다(대체환급제도).

정답 35 ③ | 36 ④

37 다음 중 관세환급특례법상 관세의 환급 절차에 대한 내용으로 옳지 <u>않은</u> 것은?

① 관세 등을 환급받으려는 자는 물품이 수출 등에 제공된 날부터 5년 이내에 관세청장이 지정한 세관에 환급 신청을 해야 한다.
② 외국 수출의 경우 수출상과 수출 물품의 원재료를 공급한 자가 환급 신청을 할 수 있다.
③ 관세 등의 환급 신청은 수출 물품의 생산에 소요된 원재료에 대하여 일괄 신청해야 한다.
④ 관세 환급을 신청할 때 환급되는 관세 등에는 부가가치세는 포함되지 아니한다.

| 해설 | 수출 물품의 원재료 공급자가 아니라, 수출 물품의 수출상 또는 생산자 중 수출신고필증에 환급 신청인으로 기재된 자가 환급 신청을 할 수 있다.

38 다음은 수출용 원재료의 국내 거래 시 이를 확인하는 서류인 분할증명서와 기초원재료 납세증명서에 관한 설명이다. 옳지 <u>않은</u> 것은?

① 분할증명서를 발급받은 자는 이를 근거로 하여 기초원재료 납세증명서를 발행할 수 있다.
② 기초원재료 납세증명서를 발급받은 자는 분할증명서를 발급할 수 있다.
③ 간이 정액환급을 받는 업체는 기초원재료 납세증명서를 발급할 수 없다.
④ 수입세액 분할증명서는 국내에서 제조·가공을 거치지 않고 원상태로 거래되기 때문에 수출 물품의 외화수취율 제고에 도움되지 않으므로 수출이행 기간의 연장 등 환급특례법상 지원조치를 하지 않는다.

| 해설 | 간이 정액환급을 받는 업체도 간이 기초원재료 납세증명서를 발급할 수 있으며 이때 공급하는 금액에 대하여 간이 정액 환급률표에 나와 있는 환급액을 적용하여 계산한다. 계산식은 (공급하는 금액 × 환급액) ÷ 10,000원이다.

39 다음은 보세공장에 대한 설명이다. <u>잘못된</u> 것은?

① 수출용 보세공장에서는 외국 물품만을 원재료로 하여 수출하는 물품을 제조·가공해야 한다.
② 보세공장에서는 세관장의 허가를 받지 않고는 내국 물품만을 원료로 하거나 재료로 하여 제조·가공하거나 그 밖에 이와 비슷한 작업을 할 수 없다.
③ 내수용 보세공장은 수입할 물품을 제조·가공하는 것을 목적으로 하는 보세공장을 말한다.
④ 세관장은 수입통관 후 보세공장에서 사용하게 될 물품을 보세공장에 직접 반입하여 수입신고를 하게 할 수 있다.

| 해설 | 보세공장은 수출용 보세공장과 내수용 보세공장으로 구분된다. 수출용 보세공장에서는 외국 물품 또는 내국 물품을 원재료로 하여 수출하는 물품을 제조·가공하거나 수리 기타 이와 유사한 작업을 할 수 있다.

정답 37 ② | 38 ③ | 39 ①

40 다음은 관세법상 보세구역에서 이행할 수 있는 보수 작업에 관한 설명이다. 잘못된 것은?

① 수입신고 후 검사 대상으로 선정되어 세관에서 검사를 실시한 결과 원산지표시가 되어 있지 않은 경우 세관장은 시정명령을 내려 원산지보수 작업을 실시하도록 할 수 있다.
② 수입신고 전 물품을 검사한 결과 원산지표시가 되어 있지 않은 경우 화주는 보세사의 승인하에 보수 작업을 할 수 있다.
③ 보수 작업으로 외국 물품에 부가된 내국 물품은 외국 물품으로 본다.
④ 세번부호의 변화를 가져오는 것은 보수 작업으로 인정하지 아니한다.

| 해설 | 수입신고 전 원산지표시가 되어 있지 않은 경우 화주는 세관장의 승인하에 보수 작업을 실시할 수 있다. 보수 작업이 완료되면 보세구역의 보세사가 확인한 후 세관장에게 보수 작업 완료를 보고해야 한다.

41 다음은 수입통관 절차의 특례와 관련된 내용이다. 잘못된 것은?

① 수입신고 수리 전 반출을 하고자 하는 경우 세관장의 승인을 받아야 한다.
② 수입신고 전 물품을 반출하고자 하는 자는 즉시반출신고를 한 날부터 15일 이내에 수입신고를 하여야 한다.
③ 수입신고 수리 전 반출을 하려는 자는 반드시 관세 등에 상당하는 담보를 제공해야 하는 것은 아니다.
④ 수입신고 전 물품을 반출한 자가 수입신고를 하지 않는 경우 관세의 100분의 20에 상당한 금액을 가산세로 징수한다.

| 해설 | 수입신고 전 물품을 반출(즉시반출)하고자 하는 자는 즉시반출신고를 한 날부터 10일 이내에 수입신고를 해야 하며 수입신고 수리일부터 15일 이내에 관세를 납부해야 한다.

+ THE PLUS 수입통관 절차의 특례
- 수입신고 수리 전 반출: 일정한 사유가 있는 경우 수입 물품에 대하여 신고가 수리되기 전에 화주의 신청으로 신고 수리 전에 물품을 보세구역에서 반출할 수 있도록 하는 제도
- 수입신고 전 물품의 반출: 반복 수입되는 원재료 등 기업의 생산활동이 원활하게 이루어지기 위해 지원할 필요가 있는 경우 수입신고 전 반출신고만으로 물품을 반출하여 사용하고 나중에 수입신고를 할 수 있도록 한 제도

42 다음은 수출통관에 관한 내용이다. 잘못된 것은?

① 수출하려는 자는 해당 물품이 장치된 물품 소재지를 관할하는 세관장에게 수출신고를 해야 한다.
② 수출신고는 관세사, 관세법인, 통관취급법인 또는 수출 화주의 명의로 해야 한다.
③ 수출 물품의 검사는 신고 수리 후 적재지에서 검사하는 것을 원칙으로 한다.
④ 수출상은 수출신고가 수리된 물품을 기한의 제한 없이 선적할 수 있다.

| 해설 | 수출상은 수출신고가 수리된 물품을 수출신고가 수리된 날부터 30일 이내에 우리나라와 외국을 왕래하는 운송수단에 적재해야 한다. 기간 내 선적하지 못하는 경우에는 미선적 과태료가 부과되며 선적기일은 최대 1년까지 연장할 수 있다.

43 다음은 관세법에서 규정하는 지식재산권 보호에 관한 내용이다. 잘못된 것은?

① 관세법에서는 상표권, 저작권과 저작인접권, 품종보호권, 지리적표시권 또는 지리적표시, 특허권, 디자인권을 보호 대상으로 하고 있다.
② 통관 보류나 유치를 요청하려는 자와 통관 또는 유치 해제를 요청하려는 자는 세관장에게 해당 물품의 과세 가격의 100분의 120에 상당하는 금액의 담보를 금전 등으로 제공해야 한다.
③ 통관 보류나 유치를 요청하려는 자가 중소기업인 경우에는 해당 물품의 과세 가격의 100분의 80에 상당하는 금액을 담보로 제공해야 한다.
④ 통관이 보류된 물품의 통관을 요청하는 경우 해당 물품이 상표권을 침해하지 않았음을 소명하는 자료를 제출해야 하며 과세 가격의 100분의 120에 상당하는 금액을 담보로 제공해야 한다.

| 해설 | 통관 보류나 유치를 요청하려는 자가 중소기업인 경우에는 해당 물품에 대하여 과세 가격의 100분의 40에 상당하는 금액을 담보로 제공해야 한다.

정답 42 ④ | 43 ③

44. 다음은 한국이 체결하고 있는 FTA에 관련된 내용이다. 괄호에 들어갈 용어를 순서대로 기재한 것은?

> - 한-미 FTA의 원산지증명서 발급 방식은 ( ) 발급 방식이며, 유효 기간은 4년이다.
> - 한-EU FTA의 원산지증명서 발급 방식은 자율 발급 방식으로 ( )유로를 초과하여 수출하는 경우 인증 수출상 부호가 인보이스상 원산지 문구에 기재되어야 한다.
> - 한-중 FTA의 원산지증명 발급 방식은 ( ) 발급 방식이며, 유효 기간은 ( )이다.

① 자율 - 2,000 - 자율 - 1년
② 기관 - 2,000 - 기관 - 2년
③ 기관 - 6,000 - 기관 - 1년
④ 자율 - 6,000 - 기관 - 1년

| 해설 | 한-EU FTA에서는 6,000유로를 초과하여 수출하고자 하는 경우 원산지인증 수출상의 부호가 원산지증명 문구에 기재되어야 한다. 참고로 한-페루 FTA의 경우 원산지인증 수출상 및 미화 2천 달러 이하 수출상에 대해서는 자율발급 방식을 취한다. 한-싱가포르, 아세안(ASEAN), 베트남, 인도, 중국 FTA는 기관발급 방식을 취한다.

정답 44 ④

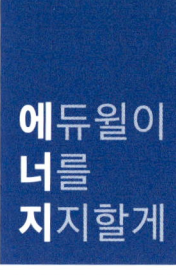

어떠한 일도 갑자기 이루어지지 않는다.
한 알의 과일, 한 송이의 꽃도 그렇게 되지 않는다.

나무의 열매조차 금방 맺히지 않는데,
하물며 인생의 열매를 노력도 하지 않고
조급하게 기다리는 것은 잘못이다.

– 에픽테토스(Epictetus)

PART 02

무역계약

3개년 출제 비중으로 보는 합격 전략

무역계약 **67%**
국제운송 **18%**
해상보험 **15%**

빈출 키워드

무역계약 | Incoterms 2020, 비엔나협약(CISG), 무역계약서 조항, 일반거래조건협정서 조항, 중재와 소송
국제운송 | 컨테이너 종류, 수출입 물류 요금, B/L의 종류, AWB의 특징, 항공운송, 복합운송, SWB
해상보험 | 보험계약자의 의무, 특별약관, 해상손해의 종류, 보험클레임, 보험금 계산, 협회적하약관

학습 전략

POINT 1 무역계약 영역에서는 비엔나협약과 Incoterms의 출제비중이 높습니다. 이 둘은 무역영어에서도 빈출되므로 원문도 꼼꼼히 살펴보아야 합니다.

POINT 2 국제운송 영역은 해상운송을 중심으로 항공운송, 복합운송을 학습하시기 바랍니다.

POINT 3 해상보험 영역에서 협회적하약관의 담보손해 및 위험, 면책손해 및 위험의 내용은 필수로 암기해야 하며 보험금을 계산하는 문제도 출제되니 기출문제를 통한 연습이 필요합니다.

01 | 무역계약

*참고: ●은 목표 점수 60점 이상을 위한 필수 학습 내용입니다.

1 무역계약의 개요

01 무역계약의 특징 2025 출제

(1) 거래 교섭의 복잡성과 위험성
상이한 언어, 법률, 상관습 등을 가진 당사자 간의 거래는 계약 체결 과정이 복잡하므로 운송위험(운송 시 물품 손상 위험), 신용위험(수출상이 대금을 회수하지 못하는 위험), 상업위험(수입상이 물품을 확보하지 못하는 위험), 환위험(환율 변동에 따른 위험), 비상위험(국가 부도, 전쟁 등의 위험) 등 여러 변수가 발생할 가능성이 있다.

(2) 해상운송과 항공운송
본래 국제물품매매는 물품을 대량운송하므로 해상운송에 대한 의존도가 높았으나 최근 항공운송의 발달로 인해 운송시간이 단축되어 항공운송의 비중이 증가하고 있다.

(3) 상징적 인도
무역거래는 서류에 의한 상징적 인도(Symbolic Delivery)가 대부분이며, 서류가 물품을 대신하므로 서류의 중요성이 크다.

(4) 불특정물, 선물 거래
무역계약의 대상은 특정물과 불특정물, 선물과 현물이 가능하다. 일반적으로 계약에서는 특정되지 않은 불특정물과 아직 생산되지 않은 미래의 물품인 선물 거래가 주종을 이룬다.

(5) 종속계약의 수반
① 계약 물품을 인도하려면 국제운송이 수반되어야 하므로 무역계약 이후 항공·해상운송계약이 반드시 뒤따른다.
② 운송 과정에서 발생할 수 있는 위험을 회피하기 위하여 필요에 따라 보험계약을 체결한다.
③ 대금 결제를 위해 신용장 방식을 사용하는 경우 신용장계약을 체결해야 한다.

02 무역계약의 본질

(1) 무역계약의 의미
① **계약의 법률적 의미**: 일정한 채권·채무 관계의 발생을 목적으로 복수의 당사자 간의 서로 다른 의사표시를 합치시킴으로써 성립하는 법률 행위를 말한다.
② **무역계약(Trade Contract, Sales Contract)**: 수출상과 수입상 사이에 체결되는 매매계약으로 수출국의 매도인(Seller)은 수입국의 매수인(Buyer)에게 약정품을 인도하여 소유권(Property in Goods)을 이전할 것을 약정하고, 매수인은 인도된 물품을 수령하고 그 대금을 지급할 것을 약정하는 국제적인 물품매매계약을 의미한다.

(2) 무역계약의 법률적 성격 2020, 2021, 2023 출제

① **낙성계약(Consensual Contract)**: 당사자 간 의사가 합치되어 계약이 성립하는 것을 의미한다. 매도인의 청약(Offer)에 대해 매수인이 승낙(Acceptance)함으로써 매매계약이 성립한다. 요물계약에 상대되는 개념이다.

요물계약
당사자 간 합의 이외에도 물건의 인도, 소유권의 이전과 같은 법률적 사실이 있어야만 성립되는 계약(소비대차, 사용대차, 임차 등)

② **쌍무계약(Bilateral Contract)**: 당사자 쌍방이 계약상 의무를 부담해야 하는 계약이다. 계약 성립과 함께 매도인은 합의된 계약 물품을 인도할 의무가 발생하며 매수인은 계약 물품을 인수하고 그 대가로 물품 대금을 지급할 의무가 발생한다. 편무계약에 상대되는 개념이다.

편무계약
일방 당사자만 계약상 의무를 부담하는 계약

③ **불요식계약(Informal Contract)**: 구두 형식이든 문서 형식이든 상관없이 의사를 전달하거나 표시함으로써 계약이 성립하는 것을 의미한다. 국제매매계약은 계약 형식상의 자유, 계약 내용이나 계약 상대방 선택의 자유가 있으나 후일의 분쟁을 대비하여 계약서를 작성하는 경우가 많다. 요식계약에 상대되는 개념이다.

요식계약
계약 체결에 일정한 형식을 필요로 하는 계약

> **비엔나협약(CISG) 제11조 계약의 형식**
> A contract of sale need not be concluded in or evidenced by writing and is not subject to any other requirement as to form. It may be proved by any means, including witnesses.
> 매매계약은 서면으로 체결되거나 입증될 필요가 없으며 그 방식에 관하여 어떠한 다른 요건도 따르지 않는다. 매매계약은 증인을 포함하여 어떠한 방법으로도 입증될 수 있다.

④ **유상계약(Remunerative Contract)**: 당사자 쌍방이 상호 대가적 관계에서 급부가 있는 계약을 의미한다. 매도인이 계약 물품을 인도하면 매수인은 대금을 지급하는 반대급부가 이루어지면서 서로의 계약 의무가 이행된다. 무상계약과 반대되는 개념이다.

무상계약
계약 당사자가 쌍방이더라도 상호 대가가 없는 계약

03 무역계약의 법원 2025 출제

국제매매법의 존재형식 즉 무역계약에 적용될 수 있는 법규적 성질을 지닌 것이 무엇인가를 정하는 경우에 그 근거로서 채택할 수 있는 것을 무역계약의 법원(source of law)라 한다.

(1) 당사자의 약정

무역거래 즉 국제매매는 사법(private law)의 분야에서 이루어지게 되므로 당사자자치(사법자치)의 원칙에 입각한 계약자유의 원칙이 기본적으로 적용된다. 따라서 당사자의 약정은 무역계약의 법원 가운데 가장 으뜸이 되어 실정법(국제무역계약법)보다 우선적으로 적용된다.

(2) 국제무역계약법

무역계약에 관련된 국제법은 UN국제무역법위원회(UNCITRAL)나 국제상업회의소(ICC) 또는 사법통일국제협회(UNIDROIT)등의 국제기구가 제정한 것으로 CISG(1980) 나 New York Convention (1958)등과 같은 조약의 성격을 지니는 것과 Incoterms(2020) 와 UNITROIT Principal(1994)등과 같이 국제적으로 통용되는 상관습법의 성격을 지는 것으로 구분될 수 있다.

UNIDROIT 국제상사계약원칙 주요 내용

UNIDROIT 원칙은 1994년에 UNIDROIT(국제사법통일협회)가 제정한 국제상사계약을 위한 원칙이다. UNIDROIT 원칙은 각국의 학자들이 만든 원칙으로 지금까지 여러 번 개정되는 유연성을 보였다. UNIDROIT 원칙은 물품 및 서비스의 거래를 포함한 대부분 국제상사계약에 사용될 수 있다.

1. 목적(전문)
   본 원칙은 국제상사계약에 적용될 일반적 규칙을 규정한다.
   본 원칙은 당사자가 계약에 본 원칙이 적용된다고 합의한 경우에 적용된다.
   본 원칙은 당사자가 계약에 "법의 일반원칙"이나 "상인법" 등이 적용된다고 합의한 경우에 적용될 수 있다.
   본 원칙은 당사자가 계약을 규율할 법을 선택하지 않은 경우에 적용될 수 있다.
   본 원칙은 국제적 통일법을 해석하거나 보충하는 데 사용될 수 있다.
   본 원칙은 국내법을 해석하거나 보충하는 데 사용될 수 있다.
   본 원칙은 국내의 입법자나 국제적 입법자에게 하나의 입법모델이 될 수 있다.

2. 계약의 자유
   당사자는 자유로이 계약을 체결하고 그 내용을 정할 수 있다.

3. 방식의 자유
   본 원칙의 어떠한 규정도 계약이나 진술 그 밖의 어떠한 행위가 특정한 방식으로 행하여지거나 증명될 것을 요구하지 않는다. 이는 증인을 포함하여 어떠한 방법에 의하여도 증명될 수 있다.

4. 관행과 관례
   (1) 당사자는 자신이 동의한 관행과 당사자간에 확립된 관례에 구속된다.
   (2) 당사자는 국제거래에서 당해 거래를 하는 사람에게 널리 알려져 있고 통상적으로 준수되고 있는 관행에 구속된다. 다만 그러한 관행을 적용하는 것이 불합리한 때에는 그러하지 아니하다.

5. 계약의 성립
   (1) 청약
   계약체결의 제안은 충분히 확정적이고, 승낙시 그에 구속된다는 청약자의 의사가 표시되어 있는 경우에 청약이 된다.
   (2) 승낙
   ① 청약에 대한 동의를 표시하는 피청약자의 진술 그 밖의 행위는 승낙이 된다. 침묵 또는 부작위는 그 자체만으로는 승낙이 되지 아니한다.
   ② 청약에 대한 승낙은 동의의 의사표시가 청약자에게 도달하는 시점에 효력이 발생한다.
   ③ 그러나 청약에 의하여 또는 당사자간에 확립된 관례나 관행의 결과로 피청약자가 청약자에 대한 통지 없이, 어떤 행위를 함으로써 동의를 표시할 수 있는 경우에는, 승낙은 그 행위가 이루어진 시점에 효력이 발생한다.

(3) 당사국의 국내매매법

무역계약의 당사자 사이의 약정에 따라 당사자의 소속국가의 국내법도 무역계약 내지 무역거래의 준거법으로 될 수 있으므로 무역계약의 법원이 될 수 있다. 즉, 국제법인 CISG(1980)의 적용을 배제하고 계약지법이나 이행지법 또는 법정지법 가운데 어느 하나를 무역계약의 준거법으로 할 수 있다. 이러한 국내매매법은 민법과 상법으로 영미법계의 경우 영국의 SGA와 미국의 UCC 및 Revised American Foreign Trade Definitions(1990)이 있다.

(4) 기타의 법원

국제매매에 통용되는 상관행(Commercial Usage)을 포함한 상관습과 성문화 되지는 않았지만 상관습이 오랫동안 성행되어 형성되는 상관습법 및 조리(logic)도 보충적인 법원이 된다.

(5) 무역계약의 법원의 적용 순위

국제무역계약법의 규정 가운데 강행규정 – 당사자의 합의 내용 – 국제무역계약법의 규정 중 임의 규정 – 국제상관습법과 상관습 – 조리의 순서로 적용된다.

국내법의 규정은 국내법이 당사자의 합의에 의하여 준거법으로 채택된 경우에 한하여 국제무역계약법의 규정과 같은 우선순위를 취하게 된다.

04 무역계약의 종류 2021, 2024 출제

(1) 개별계약(Case by Case Contract)

① 의미: 매 거래 시 매도인과 매수인 간의 거래 조건이 합치하면 계약이 성립되고 그 계약에 대한 거래가 종결되면 계약이 종료되는 계약을 말한다. 처음 거래하는 경우, 중장기 연불 방식에 의한 수출입 등 거래 내용이 복잡한 경우 또는 1회 거래로 종결되는 경우에 주로 사용하는 방법이다.

② 기재사항
  ㉠ 표면: 거래 대상 물품의 품질·수량·포장·가격·결제 방법·보험조건, 선적 일자 등의 개별 거래 조항이 있다.
  ㉡ 이면: 일반거래조건(General Terms and Conditions)으로 본인 대 본인 간의 계약임을 전제로 품질·수량·가격·선적 조건 등을 정하는 기준 등 개별 약정사항을 해석하는 기준과 클레임조항, 중재조항, 준거법조항 등 거래 시 일반적으로 사용되는 국제매매계약의 일반조항이 있다.

> **TIP** 일반거래조건이 주로 계약서 이면에 미리 인쇄되어 있는데 원칙적으로는 이면의 거래 조건이 표면 기재사항과 상치되는 경우에는 표면 기재사항을 우선 적용해야 해요.

(2) 포괄계약(Master Contract)

① 의미: 동일한 상대방과 동일한 품목을 지속적으로 거래하는 경우 매번 거래 조건에 대해 합의하고 문서화하는 것을 회피하고자 일정 기간 동안 이루어질 여러 건의 계약을 한꺼번에 포괄적으로 체결하는 계약을 말한다.

② 포괄계약서 기재사항: 계약 품목에 대하여 일반거래조건을 협의한 후 그 내용을 문서화한 일반거래조건협정서(Agreement on General Terms and Conditions of Business)를 기재한다.

③ 일반거래조건협정서: 국가 간 저마다 다른 관행으로 인해 일어나는 분쟁을 예방하기 위하여 양자 간 무역거래의 일반적 기준들을 협의한 뒤 이를 명시한 서류를 말한다.

④ 일반거래조건협정서 예시 2020, 2021 출제

Agreement on General Terms and Conditions of Business
일반거래조건협정서

This agreement entered into between the AMERICAN STYLE CO., INC., L.A., U.S.A.(hereinafter called the buyer), and the KOREA TRADING CO., LTD., Seoul, Korea(hereinafter called to as the seller) witness as follows;

본 협정서는 미국 L.A. 소재의 AMERICAN STYLE 상사(이하 매수인)와 한국 서울 소재의 ㈜한국무역(이하 매도인) 사이에 체결된 것으로서 다음과 같이 협정한다.

1. BUSINESS: Both seller and buyer act as principals and not as agents.

   거래 형태: 매도인과 매수인은 모두 대리인으로서가 아닌 본인 대 본인으로 거래를 행한다.

2. SAMPLES: In case shipment samples be required, the seller shall forward them to the buyer prior to shipment. The seller is to supply the buyer with the sample free of charge.

   견본: 선적품의 견본이 필요할 경우, 매도인은 그 견본을 선적 전에 매수인에게 송부하도록 한다. 매도인은 매수인에게 무료로 견본을 제공한다.

3. QUALITY: The quality of the goods to be shipped should be about equal to the sample on which an order is given.

   품질: 선적 상품의 품질은 주문된 견본과 대체로 일치해야 한다.

4. QUANTITY: Weight and quantity determined by the seller, as set forth in shipping documents, shall be final.

   수량: 운송서류에 기재된 것과 같이 매도인이 정한 중량 및 수량을 최종으로 한다.

5. PRICES: Unless otherwise specified, prices are to be quoted in U.S. Dollars on CIF L.A., U.S.A. basis.

   가격: 별도로 정하지 않는 한, 가격은 CIF L.A. 미국 조건을 기준으로 하여 미국 달러로 견적이 이루어져야 한다.

6. FIRM OFFERS: All firm offers are to remain effective for three days including the day cabled. Sundays and national holidays shall not be counted as days.

   확정청약: 모든 확정청약은 전신을 보낸 날을 포함하여 3일간 유효한 것으로 한다. 다만 일요일과 국경일은 제외된다.

7. ORDERS: Except in cases where firm offers are accepted all orders are to be subject to the seller's final confirmation.

   주문: 확정청약을 승낙한 경우를 제외한 모든 주문은 매도인의 최종 확인을 필요로 한다.

8. PACKING: Wooden case packing for export is to be carried out, each case bearing the mark A/S with port mark, running case numbers, and the country of origin.

   포장: 수출용 목재상자로 포장되어야 하며 각 상자에는 목적항 표시와 함께 A/S 마크, 상자 일련번호 및 원산지를 기입해야 한다.

9. **PAYMENT**: Draft is to be drawn at 30 d/s for the full invoice amount under Irrevocable Letter of Credit which should be opened in favor of seller immediately documents attached, namely, Bill of Lading, Insurance Policy, Commercial Invoice and other documents which each contract requires. The others shall be governed and interpreted under the UCP 600.

   결제: 환어음은 매도인을 수익자로 하여 개설되는 취소불능 신용장에 의거하여 송장 금액 전액에 대해 일람 후 30일 출급으로 발행된다. 또한 운송서류 일체, 즉 선하증권(B/L), 보험증권, 상업송장 및 각 매매계약에서 요구하는 기타 서류를 즉시 첨부한다. 기타 사항은 UCP 600의 적용을 받고 해석되어야 한다.

10. **SHIPMENT**: Shipment is to be made within the time stipulated in each offer. The date of Bill of Lading shall be taken as conclusive proof of the day of shipment. Unless expressly agreed upon, the port of shipment shall be at the seller's option.

    선적: 선적은 각 청약에서 정해진 기일 이내에 이루어져야 한다. 선하증권의 발행일을 선적일의 확정적인 증거로 간주한다. 별도 합의가 없는 한, 선적항은 매도인이 선택한다.

11. **MARINE INSURANCE**: All shipments shall be covered on All Risks including War Risks and S.R.C.C. for the invoice amount plus 10(ten) percent. All policies shall be made out in U.S. Dollar and claims payable in L.A.

    해상보험: 모든 선적품은 송장 금액에 10%를 추가한 금액에 대해 전쟁위험과 파업위험을 특약한 전위험 담보 조건으로 부보한다. 모든 보험증권에 금액 표시는 미국 달러로 하고 보험금은 L.A.에서 지급될 수 있도록 작성되어야 한다.

12. **SHIPPING NOTICE**: Shipment effected against the contract of sale shall be immediately noticed by E-mail.

    선적 통지: 매매계약에 의해 이행된 선적은 이메일로 즉시 통보되어야 한다.

13. **MARKING**: All Shipments shall be marked as arranged otherwise.

    화인: 모든 선적품에는 약정한 대로 화인을 표시해야 한다.

14. **FORCE MAJEURE**: The seller shall not be responsible for the delay in shipment due to force majeure, including mobilization, war, strikes, riots, civil commotion, hostilities, blockade, requisition of vessels, prohibition of export, fires, floods, earthquakes, tempest and any other contingencies, which prevent shipment within the stipulated period. In the event of any of the aforesaid causes arising, documents proving its occurrence or existence shall be sent by the seller to the buyer without delay.

    불가항력: 매도인은 불가항력으로 인한 선적 지연에 대하여 책임을 지지 않는다. 불가항력에는 동원, 전쟁, 파업, 폭동, 소요, 적대 행위, 봉쇄, 선박의 징발, 수출 금지, 화재, 홍수, 지진, 폭풍우 및 그 밖에 지정기일까지 선적을 불가능하게 하는 우발적인 사고를 포함한다. 상기 사유 중 어느 하나라도 발생한 경우 매도인은 그것의 발생 또는 존재를 증명하는 서류를 즉시 매수인에게 송부해야 한다.

15. DELAYED SHIPMENT: In all cases of force majeure provided in the Article No.14 the period of shipment stipulated shall be extended for a period of twenty one(21) days. In case shipment within the extended period should still be prevented by a continuance of the causes mentioned in the Article No.14 or the consequences of any of them, it shall be at the Buyer's option either to allow the shipment of late goods or to cancel the order by giving the Seller the notice of cancellation by mail.

    선적 지연: 제14조에 열거한 불가항력에 해당하는 모든 경우에는 약정된 선적기일이 21일간 연장된다. 연장된 선적기일까지도 제14조의 사유가 계속되거나 그 결과로서 선적이 불가능할 경우 매수인은 물품 선적 지연을 허락하거나 우편으로 매도인에게 취소 통지를 함으로써 주문을 취소할 수 있다.

16. CLAIMS: Claims, if any, shall be submitted by mail within fourteen(14) days after arrival of goods at destination. Certificates by recognized surveyors shall be sent by mail without delay.

    클레임: 클레임이 발생한 있는 경우 상품이 목적지에 도착한 후 14일 이내에 우편으로 통지해야 한다. 검증된 감정인이 발행한 증명서를 지체 없이 우편으로 발송해야 한다.

17. ARBITRATION: All claims which cannot be amicably settled between sellers and buyers shall be finally settled by arbitration in Seoul, Korea in accordance with the Commercial Arbitration Rules of the Korean Commercial Arbitration Board and under the Laws of Korea.

    중재: 매도인과 매수인 간에 원만한 해결이 불가능한 모든 클레임은 대한민국 서울특별시에서 대한상사중재원의 상사중재 규칙 및 대한민국 법에 따른 중재에 의해 최종적으로 해결하기로 한다.

18. JURISDICTION: The award rendered by the arbitrator shall be final and binding upon both parties concerned.

    재판관할: 중재인의 판정은 최종적인 것으로 당사자 쌍방에게 구속력을 가진다.

19. TRADE TERMS: Unless specially stated, the interpretation of trade terms under this contract shall be governed and interpreted by the Incoterms 2020.

    거래 조건: 별도로 정한 경우를 제외하고 이 계약의 거래 조건 해석은 Incoterms 2020에 준거한다.

20. GOVERNING LAWS: This agreement shall be governed as to all matters including validity, construction, and performance under and by United Nations Convention on Contracts for the International Sale of Goods(1980).

    준거법: 본 계약의 유효성, 성립 및 이행을 포함하는 모든 사항은 UN국제물품매매협약(CISG, 1980)에 준거한다.

This agreement shall be valid on and after Feb. 1, 2023.

본 협정서는 2023년 2월 1일부터 유효하다.

(Buyer) AMERICAN STYLE CO., INC. (Seller) KOREAN TRADING CO., LTD.
(매수인) AMERICAN STYLE 상사   (매도인) ㈜한국무역

(signed)   (signed)
(서명) _____   (서명) _____

⑤ 계약서에 기재되는 조항의 설명 `2019, 2020, 2021, 2024, 2025 출제`

㉠ **Force Majeure Clause(불가항력조항)**: 매매당사자의 귀책사유가 아닌 당사자의 통제 범위를 벗어난 불가항력적인 사유로부터 당사자의 책임을 면제하고자 할 때 사용하는 조항이다. 불가항력의 정의 및 면책받기 위하여 당사자가 해야 하는 조치 등을 기재한다.

> 예) The seller shall not be responsible for the delay in shipment due to force majeure, including mobilization, war, strikes, riots, civil commotion, hostilities, blockade, requisition of vessels, prohibition of export, fires, floods, earthquakes, tempest and any other contingencies, which prevent shipment within the stipulated period. In the event of any of the aforesaid causes arising, documents proving its occurrence or existence shall be sent by the seller to the buyer without delay.

㉡ **Delayed Performance Clause(지연이행조항)**: 불가항력에 의해 계약이 이행되지 못하는 경우 이행 기간의 연장에 관한 것과 연장된 기간 내에도 지속된 불가항력으로 계약 이행이 불가능하여 다시 기간을 연장할 것을 수용할 것인지 여부를 약정하는 조항이다.

> 예) In all cases of force majeure the period of shipment stipulated shall be extended for a period of twenty one(21) days. In case shipment within the extended period should still be prevented by a continuance of the causes of force majeure or the consequences of any of them, it shall be at the buyer's option either to allow the shipment of late goods or to cancel the order by giving the seller the notice of cancellation by mail.

㉢ **Hardship Clause(사정변경조항, 이행가혹조항)**: 매매계약이 체결된 후 당사자가 통제 불능인 정치, 경제 사정의 본질적인 변화로 계약 이행이 곤란해진 경우, 당사자가 계약이 소멸되지 않고 이행되기를 원하여 계약 이행을 약정하는 조항이다. 당사자는 계약의 본질적인 변경이 불가피한 경우 계약 내용의 변경을 요구할 수 있으며 상대방은 반드시 이에 응하여야 한다. `2021, 2023 출제`

㉣ **Escalation Clause(신축조항)**: 플랜트나 선박, 대형 기계류와 같이 작업 공정이 장기간 소요되는 물품의 경우, 계약 기간 중 물가 상승으로 인해 당해 재화 및 용역가액이 일정률 이상 증가하면 물가 상승에 대응할 수 있도록 가격 조정을 허용하는 조항이다. `2021, 2023 출제`

> 예) Provision in a contract for increasing or decreasing the contracted price for labor, material, etc., in step with the market prices or an agreed upon benchmark such as consumer price index.

㉤ **Entire(Complete, Entirety, Merger, Final) Agreement Clause(완전합의조항)**: 계약 체결과 관련하여 이루어졌던 문서나 구두상 의견 교환, 합의, 약속, 정의 등은 정식으로 체결된 계약 내용에 완전히 흡수·통합되어 소멸되고 정식으로 체결된 계약서 내용만 유효하다는 조항이다. `2021, 2023 출제`

> 예) This Agreement including Annex A, B and C the Documents and instruments referred to herein supersedes all prior representations, arrangements, understandings and agreements between the Parties, (whether written or oral) relating to the subject matter hereof and sets forth the entire complete and exclusive agreement and understanding between the Parties hereto relating to the subject matter hereof.
> This Contract supersedes all previous agreements and understandings between the Parties with respect to the sale and purchase of product, and may not be modified except by a written document which expressly states the intention of the Parties to modify this Contract, and signed by the duly authorized representatives of the Parties.

㉥ **Severability Clause(분리가능조항, 가분성조항)**: 계약 내용의 일부가 어떠한 사유로 인해 실효 또는 무효화되더라도 그것을 이유로 계약 전체가 실효 또는 무효화되는 것은 아니라는 조항이다. 이는 계약의 일부 조항이 중재 또는 법원판결 등 강행 규정에 의해 실효 또는 무효화되는 경우를 대비하는 조항으로 나머지 조항은 유효하게 존속되도록 하기 위해 설정하는 조항이다. `2023 출제`

> 예) If any one or more of the provisions in this Contract shall be declared invalid, illegal or unenforceable in any respect under any governing law, by any arbitration or by court of competent jurisdiction, the validity, legality and enforceability of the remaining provisions contained herein shall not in any way be affected or impaired.

㉦ **Infringement Clause(권리침해조항)**: 매수인이 제공한 규격으로 매도인이 물품을 생산, 제조하여 매수인에게 제공하였는데 그 생산으로 인하여 제3자의 산업재산권 또는 지식재산권이 침해된 경우 매수인이 책임을 부담하며 매도인은 면책된다는 조항이다. `2021, 2023 출제`

㉠ The seller shall not be responsible for any infringement with regard to patent right, utility model right, trademarks, commercial designs or copyrights of a third party in case they are originated or chosen by the buyer. Upon request by the seller, the buyer shall take necessary step on his own account and responsibility to hold the seller harmless from and against suits and claims brought by the third parties due to such infringement.

반대로 매도인이 제3자의 산업재산권 또는 지식재산권을 침해한 경우 매도인이 책임을 지고 매수인에게 아무런 피해를 주지 않도록 해야 한다는 내용의 조항이 삽입되기도 한다.

㉠ The seller shall hold harmless the buyer from and against all losses and demages incurred and suits and claims brought by the third party due to any infringement of trademark, patent, copyright or other proprietary rights in connection with the seller's manufacture and sale of the goods under this contract.

◎ **Product Liability Clause(제조물배상책임조항)**: 제조되어 판매된 물품이 소비자나 제3자의 신체 또는 재산에 손상 또는 손해를 입힌 경우 그 책임을 매도인과 매수인 중 누가 부담할 것인가를 약정하는 조항이다. 2019, 2023 출제

㉠ The buyer shall defend, indemnify and hold the seller harmless from and against any or all loss, damage, liability or expense, including but not limited to the attorney's fees, arising out of or in relation to the product liability brought by the third parties for death or injury to person(s) or damage to or destruction of property caused or resulting from the sale, resale, use, consumption or other disposal of the products after the delivery by the seller thereof.

㉱ **Non-disclosure(Secrecy, Confidentiality) Clause(비밀유지조항)**: 무역계약의 당사자는 계약 내용의 이행 과정에서 알게 된 비밀정보를 철저히 보호해야 하며 상대방의 비밀정보를 누설하거나 도용해서는 안 된다는 조항이다. 비밀조항에는 노하우, 기술적 지식, 영업비밀, 제조 공정, 디자인 등이 포함된다. 2019, 2021 출제

㉠ The buyer acknowledges that the confidential information shall be the valuable asset of the seller and agrees to hold it in strict confidence for the exclusive use and benefit of the seller and not to use or disclose the same to any third party at any time hereafter regardless of the life of this Agreement.
This obligation shall not apply to knowledge or information which the buyer possessed prior to the disclosure by seller to the buyer or which is now or hereafter becomes generally known to the public through no default of the buyer.

㉱ **Non-waiver Clause(비포기조항)**: 계약당사자의 어느 일방이 일시적으로 계약상 어떤 조항에 의한 이행 청구를 하지 않았다 하더라도 이를 이유로 그 후의 동일 조항에 대해 이행청구권을 포기한 것으로 간주하거나 박탈할 수 없다는 조항이다. 다시 말해 과거에 행사하지 않은 이행청구권이 있다면 차후에 행사할 수 있다는 내용이다. 2021, 2023 출제

㉠ The failure or delay of either party to require performance by the other party of any provision of this Agreement shall not constitute a waiver of, or shall not affect, its right to require subsequent performance of such provision.

㉮ **Liquidated Damages Clause(손해배상액예정조항)**: 상대방이 계약을 불이행하는 경우에 청구할 수 있는 손해배상액에 관한 사항을 사전에 계약서에 약정하는 조항이다. 2021, 2023 출제

㉠ If opening the letter of credit should be delayed due to the causes for which the buyer is liable, the buyer shall pay the seller an amount equivalent to five tenths of one percent(0.5%) of the amount of relevant letter of credit per each full week as liquidated damages.

㉲ **Assignment(양도제한규정)**: 제3자에게 계약을 양도하는 것을 금지하는 조항이다. 당초 정해진 계약당사자가 아닌 제3자가 계약 내용을 이행하는 것을 금지한다. 2021 출제

㉠ Neither party may assign or transfer any of its rights or obligations under this Contract or any part thereof without the prior written consent of the other party.

㉳ **Whereas(Recitals) Clause(설명조항)**: 당사자가 계약 체결에 이른 경위나 계약상 주요 내용의 개요를 기재하는 조항이다.

㉠ WHEREAS, Buyer requires supplies of Industrial Machinery in attached Schedule Ⅰ;
WHEREAS, the Seller is desirous of selling such Machinery to the buyer;

ⓗ **Consideration Clause(약인조항)**: 약인은 약속자가 받는 권리, 이익, 편의 또는 수약자(약속을 받는 자)가 부담하는 부작위, 불이익, 손실, 의무와 같은 대가성 있는 교환을 의미한다. 다시말해 약속에 대한 상대방의 반대급부를 말한다. 약인조항은 계약에 강제 집행력을 부여하기 위해 명시하는 조항이다.

> 예) Now, THEREFORE, in consideration of the foregoing and the obligations hereunder, the parties hereto agree as follows:

ⓐ **Indemnification Clause(배상조항 또는 면책조항)**: 계약 위반 또는 계약 불이행에 따른 면책조항을 다루는 조항으로 주로 계약에서 일정한 손해에 대해 책임을 지고 있는 당사자가 그 손해를 다른 당사자에게 이전할 수 있는 권리를 나타내는 조항이다. `2023 출제`

> 예) The company shall hold harmless the Agent against any expense, liability, loss, claim or proceedings whatsoever arising under any statute or at common law in respect of any loss, damage whatsoever to any property or personal injury to or the death of any person arising out of or in the course of or caused by carrying out of the Agreement, unless due to any intentional act or gross negligence of the Agent or of any employee of the Agent.

ⓑ **Conflict Clause(특정언어우선조항)**: 계약서가 복수의 언어로 작성된 경우 번역상 오류 등으로 인해 계약 내용의 해석이 상이할 것을 대비하여 특정 언어로 된 계약서를 우선 적용한다는 조항이다.

> 예) This Agreement may be executed in English and in other language(including Korean). In the event of any difference of inconsistency among different versions of this Agreement, the English version shall prevail over in all respects.

ⓒ **Privity Clause(계약당사자관계조항)**: 계약당사자의 관계를 기재하는 조항으로 본사(본인) 대 본사(본인)(principal to principal) 거래인지 또는 본사(본인) 대 대리인(principal to agent) 거래인지 등을 기재하는 조항이다.

> 예) Both seller and buyer act shall as Principals and not as Agents.

ⓓ **Arbitration Clause(중재조항)**: 계약당사자 간에 분쟁이 발생한 경우 법원 소송 절차에 의하지 않고 제3자인 중재인을 선임하여 그에게 분쟁을 맡기고, 중재인의 판단에 양 당사자가 절대 복종함으로써 최종적으로 분쟁을 해결하겠다는 조항이다. `2021, 2023 출제`

> 예) All disputes, controversies, or differences which may arise between the parties, out of or in relation to or connection with this Contract, or for the breach thereof, shall be finally settled by arbitration in Seoul, Korea in accordance with the Commercial Arbitration Rules of the Korean Commercial Arbitration Board and under the Laws of Korea. The award rendered by the arbitrator(s) shall be final and binding upon both parties concerned.

ⓔ **Jurisdiction Clause(재판관할조항)**: 무역당사자 간 분쟁해결을 중재에 의할 것을 합의하지 못한 경우 분쟁을 소송으로 해결해야 하는데, 이때 어느 국가의 법원을 분쟁 사건의 재판관할 법원으로 할 것인가를 정하는 조항이다. `2019, 2021 출제`

> 예) Each party hereby submits to the exclusive jurisdiction of, and waives any venue of other objection against, any federal court sitting in the state of California, U.S.A., or any California state court in any legal proceeding arising out of or relating to this Agreement.

ⓕ **Governing Law / Proper Law / Applicable Law(준거법)**: 무역계약의 성립과 이행 및 해석에 관하여 어느 국가의 법률을 적용할 것인가에 대한 합의이다. `2021 출제`

> 예) This Agreement shall be governed as to all matters including validity, construction, and performance under and by United Nations Convention on Contracts for the International Sale of Goods(1980).

ⓖ **Claim Clause(클레임조항)**: 클레임의 제기 절차와 방법을 정하는 조항이다. `2021, 2023 출제`

> 예) Claims, if any, shall be submitted by mail within fourteen(14) days after arrival of goods at destination. Certificates by recognized surveyors shall be sent by mail without delay.

ⓗ **Warranty Clause(보증조항)**: 계약과 일치하는 물품을 인도해야 한다는 의무와 하자 있는 물품을 인도할 경우 취할 수 있는 조치에 대한 조항이다. `2021 출제`

ⓘ Limit of Liability Clause(책임제한조항): 계약 위반의 상대방은 계약 위반으로 인해 직접 입은 손해에 대해서만 배상을 청구할 수 있고, 회사의 이미지 훼손이나 영업이익의 상실 등 간접 손해를 주장하면서 배상을 요구할 수 없다는 조항이다. 2019, 2023 출제

예) In no event shall either party be liable for any incidental or consequential damages.

ⓙ Concurrent Condition(동시이행조건): 계약당사자 간 물품 인도와 대금 지급은 동시에 이행되어야 한다는 조항이다.

ⓚ Product Release Clause(전매조항): 매수인이 계약을 취소하거나 인수를 거절하는 경우 매도인이 상표권 등 산업재산권과 관계없이 현지에서 물품을 제3자에게 재판매 또는 처분할 수 있는 조항이다.

(3) 독점계약(Exclusive Contract) 2021 출제

① 의미: 특정 물품의 수출상은 수입국의 지정 수입상 외에는 계약 물품을 공급하지 않으며, 수입상 역시 수출국의 다른 수출상의 물품을 취급하지 않는다는 조건으로 체결하는 계약을 말한다.

② 독점계약서 기재사항: 거래의 모든 조건, 계약의 유효 기간 및 연장 조건 등을 기재한다. 독점계약서를 작성하여 교환한다.

2 무역계약의 성립 과정

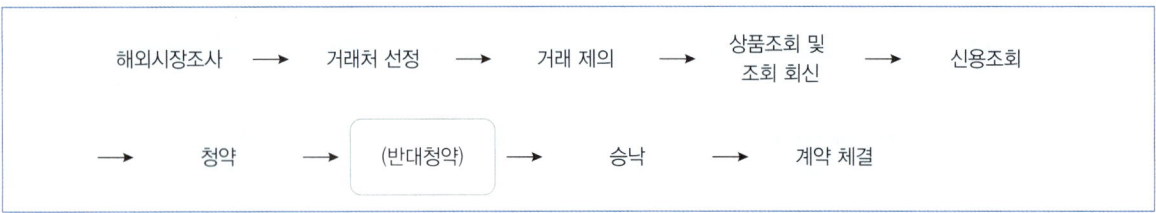

01 해외시장조사(Overseas Market Research)

(1) 해외시장조사의 의미

수출입 거래의 최초 단계로서 수출상은 해외시장의 환경 및 동향을 조사하고 고객이 원하는 바를 파악하여 판매 가능성을 측정하고, 수입상은 구매 가능성을 측정하고 매매에 필요한 정보를 수집하는 단계이다.

(2) 해외시장조사 방법

대한무역투자진흥공사(KOTRA), 한국무역협회(KITA) 또는 국내 주재 외국공관의 상무관을 통해 알아볼 수 있고 직접 출장을 통해 조사할 수도 있다.

02 거래처 선정(Selecting Prospective Buyer)

(1) 거래처 선정의 의미

해외시장조사를 통해 자사 상품이 시장성 있다고 판단되는 시장을 선정하고 그 시장에서 잠재고객이나 유능한 거래선을 선정하는 과정을 의미한다.

(2) 거래처 선정 방법

상공인명부, 해외 홍보용 카탈로그, 상공회의소 등 공공기관을 이용하거나 박람회와 전시회에 참가하는 방법이 있다.

03 거래 제의(Business Proposal)

(1) 거래 제의의 의미
주로 수출상이 해외 거래처를 선정한 후 거래 관계를 맺고 싶다는 취지의 제의나 권유를 하는 것을 말한다.

(2) 거래 제의 방법
거래권유장(Circular Letter)에 자사 소개, 거래 제의, 거래 상품, 거래 조건, 자사의 신용조회처 등을 기재한다.

04 상품조회 및 조회 회신(Trade Inquiry & Reply to the Inquiry)

(1) 상품조회 및 조회 회신의 의미
상품조회는 거래 권유를 받은 당사자가 그 상품에 관심이 있거나 구매 의사가 있는 경우 상품 매매와 관련된 제반 사항을 문의하는 것이며 이에 대한 답신을 보내는 것이 조회 회신이다.

(2) 상품 조회 회신 방법
상품조회에 대한 회신을 받은 자는 거래 상품의 가격 및 수량 조건, 포장 방법, 선적 시기, 대금 결제 방법, 보험 조건 등이 포함된 보다 구체적인 내용의 답신을 보낸다.

05 신용조회(Credit Inquiry)

(1) 신용조회의 의미
거래 제의에 동의하는 업체와 거래 관계가 성립되기 전에 거래 대상 업체의 신용 상태를 확인하는 것을 말한다. 국제 거래에서 거래 상대 업체의 신용 상태를 확인하는 것은 향후 거래 가능성을 진단하고 각종 무역 위험을 사전에 방지할 수 있는 방법이므로 매우 중요하다.

(2) 신용조회 시 조사항목
① 3C's: Character(성실성, 평판, 영업 태도), Capacity(연간 매출액, 영업 능력), Capital(재무 상태, 지급 능력과 직결되는 내용)
② 5C's: 상기 3C's와 Conditions(거래 조건), Collateral(담보 능력), Currency(거래 통화), Country(소속 국가) 중 2가지를 합친 것

(3) 신용조회 방법
상업흥신소(Commercial or Mercantile Agency, Credit Information Agency), 외국환은행(Exchange Bank), 동업자 조회(Trade Reference), 현지 조회(Direct Field Inquiry)를 통해 조회한다.

06 청약 및 승낙(Offer & Acceptance)

청약은 청약자가 피청약자에게 계약을 체결하고자 하는 의사 표시이다. 승낙은 피청약자가 청약에 응하여 계약을 성립시킬 의사를 가지고 청약자에게 행하는 확정적 의사 표시이다. 청약에 승낙하면 계약이 성립된다.

07 계약 체결

청약에 대한 승낙으로도 매매계약은 성립되나, 계약 이후 발생할 수 있는 분쟁이나 클레임을 대비하기 위해서는 계약서를 작성하는 것이 바람직하다.

3 무역계약의 성립

01 청약(Offer)

(1) 청약의 의미 2021, 2023, 2024, 2025 출제
청약자가 피청약자에게 계약을 체결하고자 하는 의사 표시를 말한다. 청약은 상대방의 무조건적, 절대적 승낙이 있으면 즉시 일정 내용의 계약이 성립하는 것을 목적으로 하는 확정적 의사 표시이다. 비엔나협약(CISG) 제14조에서는 청약을 다음과 같이 규정하고 있다.
① 계약을 체결하려는 제안일 것
② 한 사람 또는 다수의 특정인에게 보낸 제안일 것
③ 승낙이 있으면 그것에 구속된다는 의사를 표시할 것
④ 충분히 확정적일 것[청약서에 물품이 표시되어 있을 것, 수량과 가격이 명시적 또는 암묵적(묵시적)으로 결정되어 있거나 결정을 위한 조항이 있을 것]

> **비엔나협약(CISG) 제14조 청약의 기준** 2021 출제
> A proposal for concluding a contract addressed to one or more specific persons constitutes an offer if it is sufficiently definite and indicates the intention of the offeror to be bound in case of acceptance. A proposal is sufficiently definite if it indicates the goods and expressly or implicitly fixes or makes provision for determining the quantity and the price.
> 1인 이상의 특정인에게 발송된 계약 체결을 위한 제안은 충분히 확정적이고 승낙 시 구속된다는 청약자의 충분한 의사 표시가 있다면 청약이 성립된다. 제안이 물품을 표시하고 명시적 또는 묵시적으로 수량과 대금을 지정하거나 그 결정을 위한 조항을 두고 있는 경우에 그 제안은 충분히 확정적인 것으로 본다.

(2) 청약의 유형(주체 기준)
① 매도청약(Selling Offer): 매도인이 발행한 청약
② 매수청약(Buying Offer): 매수인이 발행한 청약

(3) 청약의 유형(효력 기준) 2020, 2023 출제
① 확정청약(Firm Offer): 확정력을 가지는 청약이다. 2021 출제
  ㉠ 청약자가 청약 내용에 대하여 승낙 회답의 유효 기간(Validity of Offer)을 지정하거나 명시적으로 확정적(Firm), 취소불능(Irrevocable)이라는 표시를 통해 표현한다.
  ㉡ 청약자의 판매 또는 구매의 확정적 의사이므로 피청약자가 이를 승낙하면 그것만으로 무역계약이 성립된다.
② 불확정청약(Free Offer): 유효 기간이나 확정적(Firm)이라는 표시를 하지 않은 청약으로 피청약자의 승낙에 대하여 청약자의 최종 확인이 있어야 비로소 계약이 성립된다는 점에 있어서 확정청약과 구분된다.
③ 반대청약(Counter Offer): 청약자의 청약에 대하여 피청약자가 수량, 가격, 선적, 결제 등 청약 내용을 변경, 추가하는 등 새로운 조건을 제의하는 청약이다. 원청약(Original Offer)에 대한 거절이자 새로운 청약으로 볼 수 있다.
④ 조건부청약(Conditional Offer): 청약에 일정한 조건이 부가된 것을 의미한다. 조건부청약은 부가된 조건의 성격에 따라 확정청약, 불확정청약 또는 청약의 유인이 되기도 한다. 2021 출제

매도인 최종 확인 조건부청약 (Offer Subject to Our Final Confirmation/Sub-con Offer)	• 청약자인 매도인의 최종 확인이 필요한 조건부청약 • 청약자인 매도인이 계약 체결권을 가짐 • 청약의 유인에 불과하여 피청약자인 매수인의 승낙만으로는 계약 성립이 안 됨
선착순매매(재고잔류) 조건부청약 (Offer Subject to Prior Sale, Offer Subject to being Unsold)	• 피청약자인 매수인의 승낙에 대하여 선착순으로 계약이 성립하는 조건부청약 • 승낙의 의사 표시가 청약자인 매도인에게 도달했을 때 미판매 재고가 남아 있는 경우에 한하여 판매가 유효함 • 다수의 거래자에게 청약할 경우에 사용
시장변동 조건부청약 (Offer Subject to Market Fluctuations) 무확약청약 (Offer Without Engagement)	• 시황 변동에 따라 사전 통보 없이 제시 가격이 변동될 수 있음을 조건으로 한 청약 • 불확정청약의 성질을 가지나 본질적으로 확정청약에 속하는 조건부청약 • 가격 변동이 심한 물품에 사용
점검 후 매매 조건부청약 (Offer on Approval)	청약과 함께 견본을 송부하여 피청약자인 매수인이 물품을 점검한 후 구매 의사가 있으면 송금하고 그렇지 않은 경우 물품을 반환할 수 있음을 조건으로 하는 청약
반품허용 조건부청약 (Offer on Sale or Return)	판매되지 않은 재고분에 대해 반품을 허용하는 청약으로 위탁판매 방식에서 사용

(4) 청약의 유인(Invitation to Treat) 2021 출제

① 의미: 예비적 교섭(Preliminary Negotiation)이라고도 하며 타인을 권유하여 자기에게 청약하도록 하는 행위로 판매 또는 구매 의사를 밝히는 청약과는 구별된다.

② 유인 방법: 견적서(Quotation), 광고, 카탈로그, 거래권유장(Circular Letter), 의사확인장(Letter of Intent)이 청약의 유인에 해당한다.

(5) 청약의 방법과 대상

① 청약의 방법: 청약의 내용이 유효한 효력을 발휘하기 위해서는 청약 사실이 피청약자에게 통지되어야 한다. 통지 방법은 형식에 구애받지 않으며 구두, 서면, 행위, 우편, 전보, 텔렉스, 팩스로도 가능하다.

② 청약의 대상 2019 출제

㉠ 1인 또는 그 이상의 특정인에게 발송하는 계약 체결을 위한 제안이 충분히 확정적이고 이를 승낙 시 그에 구속된다는 청약자의 의사가 표시되어 있는 경우에는 청약이 성립한다.

㉡ 불특정 다수인에게 발송하는 제안은 제안자가 반대 의사를 명확히 표시하지 않는 한, 단지 청약의 유인으로 간주한다.

> **비엔나협약(CISG) 제14조 청약의 기준**
> A proposal other than one addressed to one or more specific persons is to be considered merely as an invitation to make offers, unless the contrary is clearly indicated by the person making the proposal.
> 불특정 다수인에게 발송하는 제안은 제안자가 반대 의사를 명확히 표시하지 않는 한, 단지 청약의 유인으로 간주한다.

(6) 청약의 효력 발생 2019, 2021, 2023 출제

일반적으로 청약의 효력 발생 시기는 도달주의에 따라 청약이 피청약자에게 도달한 때이다(영미법, 비엔나협약, 한국 민법).

> **비엔나협약(CISG) 제15조 청약의 효력 발생**
> An offer becomes effective when it reaches the offeree.
> 청약은 상대방에게 도달한 때에 효력이 발생한다.

> **TIP** '피청약자에게 도달한 때'의 기준은 다음과 같아요!
> 1. 상대방에게 구두로 통보된 때
> 2. 그 밖의 방법으로 상대방 본인, 상대방의 영업소나 우편주소로 전달된 때
> 3. 상대방이 영업소나 우편주소를 가지지 아니한 경우에는 그의 상거소로 전달된 때

(7) 청약의 유효 기간 2019, 2023 출제
① 유효 기간이 명시되지 않은 청약의 경우에는 무한정 효력을 인정할 수 없기에 합리적인 기간(Reasonable Time) 또는 상당한 기간 내에 승낙해야 계약이 유효하다.
② 유효 기간을 명시적으로 정한 경우에는 명시한 기간 동안만 청약이 유효하다.

(8) 청약의 효력 소멸 2019, 2021, 2023 출제
① **청약의 철회(Withdrawal)**: 청약의 효력이 발생하기 이전의 상태에서 청약자가 임의로 청약의 효력을 소멸시키려는 의사 표시이다(도달주의 관점). 청약은 취소될 수 없는 것이더라도, 철회의 의사 표시가 청약의 도달 전 또는 그와 동시에 도달하는 경우에는 철회될 수 있다.

> **비엔나협약(CISG) 제15조 청약의 효력 발생**
> An offer, even if it is irrevocable, may be withdrawn if the withdrawal reaches the offeree before or at the same time as the offer.
> 청약은 취소될 수 없는 것이더라도, 철회의 의사 표시가 청약의 도달 전 또는 그와 동시에 상대방에게 도달하는 경우에는 철회될 수 있다.

② **청약의 취소(Revocation)**

> **비엔나협약(CISG) 제16조 청약의 취소**
> 1. Until a contract is concluded an offer may be revoked if the revocation reaches the offeree before he has dispatched an acceptance.
>   청약은 계약이 체결되기까지는 취소될 수 있으나 상대방이 승낙 통지를 발송하기 전에 취소의 의사 표시가 상대방에게 도달해야 한다.
> 2. However, an offer cannot be revoked:
>   그러나 다음의 경우 청약이 취소될 수 없다.
>   a. if it indicates, whether by stating a fixed time for acceptance or otherwise, that it is irrevocable; or
>   승낙 기간을 지정하거나 그 외 방법으로 청약을 취소할 수 없다고 청약에 표시되어 있는 경우, 또는
>   b. if it was reasonable for the offeree to rely on the offer as being irrevocable and the offeree has acted in reliance on the offer.
>   상대방이 청약을 취소할 수 없다고 신뢰하는 것이 합리적이고, 그 상대방이 해당 청약을 신뢰하여 행동한 경우

③ **승낙(Acceptance)**: 청약에 대해 피청약자가 승낙한다는 의사 표시를 함으로써 계약이 성립하므로 승낙과 함께 청약의 효력은 소멸된다.
④ **청약의 거절(Rejection) 또는 반대청약(Counter Offer)** 2021, 2023 출제
  ㉠ **청약의 거절**: 청약에 대한 피청약자의 명시적인 거절의 의사 표시로 거절과 함께 청약의 효력은 소멸된다.
  ㉡ **반대청약**: 피청약자가 청약 내용에 조건을 붙여 그 일부만 승낙한 것으로서 최초의 청약에 대하여 거절하는 것으로 간주하므로 원청약의 효력은 상실된다.

> **비엔나협약(CISG) 제17조 청약의 거절**
> An offer, even if it is irrevocable, is terminated when a rejection reaches the offeror.
> 청약은 취소될 수 없는 것이더라도 거절의 의사 표시가 청약자에게 도달한 때에는 그 효력은 상실된다.

⑤ **청약의 실효(Passing of Time)**
  ㉠ 청약의 유효 기간 내에 승낙 통지가 청약자에게 도달하지 않은 경우 청약의 효력은 상실된다.
  ㉡ 유효 기간이 정해져 있지 않은 경우 상당 기간이 경과하면 청약의 효력은 소멸된다.

⑥ 당사자의 사망
  ㉠ 영미법계: 당사자의 사망으로 인한 청약의 효력 소멸을 인정한다.
  ㉡ 대륙법계: 당사자의 사망은 청약의 효력에 영향을 끼치지 않는 것으로 본다.

02 승낙(Acceptance) 2020, 2021, 2024, 2025 출제

(1) 승낙의 의미
승낙은 피청약자가 청약에 응하여 계약을 성립시킬 의도로 청약자에게 행하는 의사 표시이다. 승낙은 합의를 하는 것이 목적이므로 절대적이고 무조건적이어야 한다.

(2) 승낙의 요건 2021, 2023 출제
① 승낙 내용은 청약 내용과 완전히 일치해야 한다(Mirror Image Rule: 경상의 원칙). 즉, 무수정, 절대적, 최종적, 무조건적이어야 한다.
② 청약의 상대방인 피청약자가 해야 한다.
③ 청약의 유효 기간 내에 해야 한다.
④ 청약 시 승낙의 방법이 지정되지 않았다면 승낙의 의사 표시는 형식에 구애받지 않으며, 서면이나 구두 또는 행위로도 가능하다.

(3) 승낙의 방법
① 청약 시 승낙 방법이 지정된 경우: 그 지정된 방법에 따라야 한다.
② 승낙 방법이 지정되지 않은 경우: 합리적인 방법과 수단을 이용한다.
③ 구두 청약인 경우: 별도의 사정이 없는 한 즉시 승낙되어야 한다.
④ 행위에 의한 승낙인 경우: 그 행위가 이행된 때에 효력이 발생한다.

(4) 승낙 기간의 기산
① 전보에 의한 경우: 발송을 위하여 교부된 시점부터 기산한다(발신주의).
② 서신에 의한 경우: 서신에 표시되어 있는 일자로 한다. 서신에 표시되어 있지 않은 경우에는 봉투에 표시된 일자부터 기산한다(발신주의).
③ 전화, 텔렉스, 기타 통신수단에 의한 경우: 청약이 상대방에게 도달한 시점부터 기산한다.

> **TIP** 공휴일 또는 비영업일도 승낙 기간 계산에 산입해요!
> 그러나 승낙 기간의 말일이 청약자의 영업소 소재지의 공휴일 또는 비영업일이라 승낙 통지가 기간의 말일에 청약자에게 도달할 수 없는 경우, 승낙 기간은 그다음 최초 영업일까지로 연장돼요.

(5) 승낙의 효력 발생 시기
① 대화자 간: 의사 표시의 전달이 즉시 이루어지는 관계에서는 대면이나 전화, 텔렉스 등의 수단을 이용한다.
  ㉠ 일반적인 경우: 승낙의 의사 표시가 청약자에게 도달한 때 승낙의 효력이 발생한다(도달주의).
  ㉡ 미국법의 경우: 대면을 제외한 전화, 텔렉스의 경우에는 피청약자가 승낙의 의사 표시를 발신한 때 승낙의 효력이 발생한다(발신주의).
② 격지자 간: 의사 표시의 전달에 일정한 기간이 소요되는 관계에서는 우편이나 전보 등의 수단을 이용한다. 승낙의 효력 발생 시기는 각국의 입법례에 따라 다르다.
  ㉠ 한국·일본·영국·미국법의 경우: 피청약자가 승낙의 의사 표시를 발신한 때 승낙의 효력이 발생한다(발신주의).

ⓒ 독일법, 비엔나협약(CISG)의 경우: 승낙의 의사 표시가 청약자에게 도달한 때 승낙의 효력이 발생한다(도달주의).

> **비엔나협약(CISG) 제18조 승낙의 시기 및 방법** `2019, 2021 출제`
> An acceptance of an offer becomes effective at the moment the indication of assent reaches the offeror.
> 청약에 대한 승낙은 승낙의 의사 표시가 청약자에게 도달하는 시점에 효력이 발생한다(도달주의).

정리하고 넘어가기 승낙의 효력 발생 시기에 관한 각국의 입법례

구분			한국법, 일본법, 영국법	미국법	독일법, CISG
일반원칙			도달주의	도달주의	도달주의
승낙의 의사 표시	대화자 간	대면	도달주의	도달주의	도달주의
		전화	도달주의	발신주의	도달주의
		텔렉스	도달주의	발신주의	도달주의
	격지자 간	우편	발신주의	발신주의	도달주의
		전보	발신주의	발신주의	도달주의

TIP '의사 실현(Performing an act)'에 의한 계약의 성립
의사실현에 의한 계약의 성립이란 승낙의 과정을 생략하고 피청약자가 바로 청약의 내용을 실행함으로써 계약을 성립시키는 것을 의미한다.
예) 프랑스의 매도인이 발행한 화환신용장을 요구하는 청약에 대해 한국의 매수인이 해당 조건과 일치하는 수입신용장 개설 사실을 통보하는 경우

(6) 유효하지 않은 승낙 `2023 출제`
① 변경승낙(Offer-modified Acceptance): 청약의 내용을 변경하여 승낙한 경우에는 계약이 성립하지 않는다. 경상의 원칙을 위배되는 반대청약(Counter Offer)이 되기 때문이다.
② 부가조건부승낙(Additional Acceptance): 부가조건부승낙은 청약자의 청약에 피청약자가 조건을 추가하여 승낙하는 것으로서 원청약에 대한 거절이므로 계약이 성립하지 않는다.

> **비엔나협약(CISG) 제19조 변경된 승낙의 효력**
> 1. A reply to an offer which purports to be an acceptance but contains additions, limitations or other modifications is a rejection of the offer and constitutes a counteroffer.
>   승낙을 의도하고 있으나, 부가, 제한 또는 그 밖의 변경을 포함하는 청약에 대한 응답은 청약에 대한 거절이면서 동시에 새로운 청약이 된다.
> 2. However, a reply to an offer which purports to be an acceptance but contains additional or different terms which do not materially alter the terms of the offer constitutes an acceptance, unless the offeror, without undue delay, objects orally to the discrepancy or dispatches a notice to that effect. If he does not so object, the terms of the contract are the terms of the offer with the modifications contained in the acceptance.
>   하지만, 승낙을 의도하고 있으나 청약의 조건을 실질적으로 변경하지 않는 부가적 또는 상이한 조건을 포함하는 청약에 대한 응답은 승낙이 된다. 다만, 청약자가 부당한 지체 없이 그 상위(相違)에 대해 구두로 이의를 제기하거나 그러한 취지의 통지를 발송하는 경우는 제외된다. 청약자가 이의를 제기하지 않는 경우에는 승낙에 포함된 변경이 가하여진 청약 조건이 계약 조건으로 된다.
> 3. Additional or different terms relating, among other things, to the price, payment, quality and quantity of the goods, place and time of delivery, extent of one party's liability to the other or the settlement of disputes are considered to alter the terms of the offer materially.
>   특히 대금, 대금 지급, 물품의 품질과 수량, 인도 장소와 시기, 당사자 일방의 상대방에 대한 책임 범위 또는 분쟁해결에 관한 부가적 또는 상이한 조건은 청약 조건을 실질적으로 변경하는 것으로 간주한다.

③ 승낙 통지의 지연(Late Acceptance)
  ㉠ 유효 기간을 넘긴 승낙은 그 자체로 효력이 상실된다. 그러나 지연된 승낙이라도 승낙으로서 효력을 가진다는 취지를 구두로 통보하거나 그러한 취지의 통지를 발송하는 경우에는 승낙의 효력이 발생한다.
  ㉡ 지연된 승낙이 포함된 서신의 전달이 정상적이었고 기간 내에 청약자에게 도달하는 것을 목표로 승낙이 발송되었다고 인정되는 경우에는 승낙의 효력이 있다. 다만, 청약자가 상대방에게 지체 없이 청약의 효력이 상실되었다는 취지를 구두로 통보하거나 그러한 취지의 통지를 발송한 경우에는 승낙으로 인정되지 않는다.

④ 침묵(Silence)
  ㉠ 침묵은 각국법과 국제 협약에서 각자 다르게 규정하고 있으나 상대방의 청약에 대하여 회신을 하지 않는 경우 주로 효력이 상실되어 계약이 성립되지 않는 것으로 본다.
  ㉡ 청약에 대한 동의를 표시하는 상대방의 진술 및 그 밖의 행위는 승낙이 되지만, 침묵 또는 부작위는 그 자체만으로는 승낙이 되지 않는다.

> **비엔나협약(CISG) 제18조 승낙의 시기 및 방법**
> A statement made by or other conduct of the offeree indicating assent to an offer is an acceptance. Silence or inactivity does not in itself amount to acceptance.
> 청약에 대한 동의를 표시하는 상대방의 진술 또는 그 밖의 행위는 승낙이 된다. 침묵 또는 부작위는 그 자체만으로는 승낙이 되지 않는다.

⑤ 모호한 승낙(Equivocal Acceptance): 승낙은 무조건적이고 확정적이어야 하므로 중요 조건에 합의하지 않는 모호한 승낙인 경우에는 계약이 성립되지 않는다.

(7) 승낙의 철회 2023 출제
① 승낙의 효력이 발생하기 전 또는 그와 동시에 철회 의사가 청약자에게 도달하는 경우에는 승낙이 철회될 수 있다.
② 승낙의 의사 표시가 청약자에게 도달하여 승낙의 효력이 생긴 이후에는 이를 소멸시킬 수 없다.
③ 승낙의 효력이 생긴 이후에 그 효력을 소멸시키는 것은 계약 자체를 취소 또는 해제하는 것이며 철회로 보지 않는다. 발신주의에서는 논의 대상이 되지 못하지만 도달주의에서는 논의 대상이 된다.

> **비엔나협약(CISG) 제22조 승낙의 철회**
> An acceptance may be withdrawn if the withdrawal reaches the offeror before or at the same time as the acceptance would have become effective.
> 승낙은 그 효력이 발생하기 전 또는 그와 동시에 철회의 의사 표시가 청약자에게 도달하는 경우에는 철회될 수 있다.

4 무역계약의 기본 조건

무역거래에서 당사자 간에 반드시 약정해야 할 거래 조건을 의미한다. 매매당사자 간 계약 내용에 대해 상세한 합의가 이루어지지 않는다면 클레임이나 무역 분쟁이 일어날 수 있으므로 계약 시 확실하게 협의해야 한다.

01 품질 조건(Quality Terms) 2025 출제

국제매매에서 매매 대상인 물품의 품질은 거래당사자 간에 중요한 관심사이다. 품질로 인해 발생하는 많은 분쟁을 막기 위해 거래당사자는 품질결정 방법, 품질결정 시기, 품질증명 방법 등에 대해 명확히 약정해야 한다.

(1) 품질결정 방법 2019, 2020, 2023, 2024 출제

① 견본에 의한 매매(Sales by Sample) 2021 출제

㉠ 의미: 매매당사자가 제시한 견본과 동일한 품질의 물품을 인도하는 방법이다.

㉡ 표시 방법: 'Quality to be fully equal to sample', 'Quality to be same as sample', 'Quality to be up to sample'로 표시할 경우 매수인이 견본과 완전히 동일한 물품을 요구하며 마켓 클레임(Market Claim)을 제기할 수 있으므로 매도인은 'Quality to be considered as being about equal to sample', 'Quality to be similar to sample', 'Quality about equal to sample'과 같이 '대체로 견본과 비슷한 것'이라는 완곡한 표현을 사용하여 품질에 대한 클레임을 예방해야 한다.

마켓 클레임
평소 문제가 되지 않는 경미한 사안을 핑계로 매수인이 손해를 입을 것으로 예상되는 매수인의 국가 내 시장 상황에서 제기하는 클레임

㉢ 견본의 종류

매도인견본(Seller's Sample)	매도인이 매수인에게 보내는 견본
매수인견본(Buyer's Sample)	매수인이 매도인에게 보내는 견본
원견본(Original Sample)	품질 기준을 약정하는 견본
대응견본(Counter Sample)	원견본을 수정하여 제시하는 새로운 견본
보관견본(Keeping Sample)	사후 분쟁을 대비하여 보관하는 견본
선적견본(Shipping Sample)	생산된 물품이 선적된 물품과 동일한 물품임을 알리기 위해 보내는 실제 선적된 물품의 일부

② 상표에 의한 매매(Sales by Trade Mark or Brand)
국제적으로 널리 알려진 물품은 상표(Trade Mark)나 통명(Brand)으로 약정 물품의 품질 수준을 표시하는 방법이다.

③ 규격에 의한 매매(Sales by Grade or Type)
물품 규격이 국제적으로 통일되어 있거나 수출국의 공적 규격이 특정되어 있는 경우에 이용한다. 예 ISO(국제표준), 한국의 KS(한국표준산업규격), 일본의 JIS(일본공업규격)

④ 명세서에 의한 매매(Sales by Specification)
기계류나 선박 등의 거래에서는 견본 제시가 불가능하므로 설계도나 청사진 등의 규격서 또는 설명서 등으로 물품의 품질을 약정하는 방법이다. 2021 출제

⑤ 표준품에 의한 매매(Sales by Standard) 2021, 2022, 2023 출제

㉠ 의미: 농수산물과 같이 수확 예정 물품, 어획 예정 물품 등 매매계약 시 현품이 없고 견본 제공도 곤란한 경우 표준품의 품질을 기준으로 하여 약정 물품의 품질을 결정하는 방법이다. 표준품과 실제 인도된 물품의 품질을 비교하여 대금을 증감하고 조정한다.

㉡ 표준품질 표시 방법

평균중등품질 (FAQ: Fair Average Quality)	• 주로 과일, 곡물류에 사용 • 선적 시 선적 장소에서 해당 계절 출하품의 평균중등품을 기준으로 하여 품질을 결정(선적품질 조건) • 선물 거래의 경우 전년도 수확 물품의 평균중등품질을 택하기도 함
판매적격품질 (GMQ: Good Merchantable Quality)	• 목재, 냉동어류 등에 사용 • 판매하는 물품이 그 시장에서 판매 적격해야 함(양륙품질 조건) • 수입지에서 상품으로 사용하지 못하는 부분이 생기면 변상을 요구할 수 있음
보통표준품질 (USQ: Usual Standard Quality)	• 주로 원사(原絲), 인삼 거래에 사용 • 공인검사 기관, 공인표준 기준에 의하여 보통품질을 표준품으로 결정

⑥ 점검에 의한 매매(Sales by Inspection): BWT(Bonded Warehouse Transaction) 조건이나 COD(Cash on Delivery) 조건에서 주로 사용하는 방법으로 매수인이 현품의 품질 수준을 직접 확인한 후 매매하는 방법이다. 2024 출제

BWT(보세창고 인도 조건) 2025 출제
수출상이 계약이 체결되지 않은 상태에서 먼저 외국으로 물품을 선적하여 도착국의 보세창고에 입고시킨 후 현지에서 매수인을 확정하고 계약이 성립되면 상품을 인도하는 방식의 거래

(2) 품질의 결정 시기 2021, 2022 출제

무역거래에서 물품 운송은 장거리 해상운송이나 항공운송에 의하여 이루어지므로 선적 시점과 양륙 시점의 품질이 다를 수 있다. 따라서 품질의 결정 시기를 미리 약정함으로써 후일의 분쟁을 방지할 수 있다.

① 일반 물품의 품질결정 시기에 따른 조건
  ㉠ 선적품질 조건(Shipped Quality Terms): 공산품에 주로 사용되는 조건이다. 매도인은 운송 중에 변질된 품질에 대하여는 책임지지 않는다. 인코텀즈 F, C 조건 및 표준품매매의 평균중등품질(FAQ) 조건, Tale Quale(TQ) 조건이 이에 해당한다.
  ㉡ 양륙품질 조건(Landed Quality Terms): 운송 중 변질된 품질에 대해 매도인이 책임지는 조건이다. 인코텀즈 D 조건, 표준품매매의 판매적격품질(GMQ) 조건, Rye Terms(RT) 조건이 이에 해당한다.

② 곡물의 품질 결정 시기에 따른 조건 2019, 2021, 2023 출제
  ㉠ Tale Quale(TQ): 매도인이 선적할 때의 품질은 보장하나 양륙할 때의 품질은 책임지지 않는 조건으로 'Such as it is(있는 그대로)'라는 의미의 선적품질 조건에 해당한다.
  ㉡ Rye Terms(RT): 호밀(Rye) 거래에 사용되며 물품이 도착 시에 손상되어 있는 경우 매도인이 그 손해를 배상하는 관례에서 생긴 조건으로 양륙품질 조건에 해당한다.
  ㉢ Sea Damage(SD): 원칙적으로는 선적품질 조건에 해당하지만 해상운송 중에 발생한 해수(Sea Water) 또는 응고(Condensation)에 의한 손해를 입은 경우는 매도인이 책임지는 조건으로서 선적품질 조건과 양륙품질 조건이 절충된 조건이다.

(3) 품질의 증명
① 선적품질 조건하의 품질 증명 책임은 매도인에게 있다.
② 양륙품질 조건하의 품질 증명 책임은 매수인에게 있다.
③ 품질 증명에 관한 사후 분쟁을 피하기 위해 미리 권위 있는 감정인의 감정보고서(Survey Report)로 사실을 입증하고 손해배상을 청구하도록 합의하는 것이 바람직하다.

02 수량 조건(Quantity Terms) 2019, 2020, 2021, 2025 출제

계약 물품의 수량은 가격 산출의 기초가 되는 중요한 조건이다. 수량 조건에는 수량의 약정 방법, 수량의 결정 시기, 수량의 증명 방법, 과부족 용인 조건 등을 명확하게 약정하는 것이 바람직하다.

(1) 중량(Weight)
① 국가별 Ton 표기법: 2022, 2023 출제

국가 \ 단위	ton	pound(lb)	kg
영국식	Long Ton = Gross Ton	2,240 lbs	1,016 kg
미국식	Short Ton = Net Ton	2,000 lbs	907.2 kg
한국, 프랑스, 독일식	Metric Ton = Kilo Ton	2,204 lbs	1,000 kg

② 중량결정 조건 2021, 2022 출제
　㉠ 총중량 조건(Gross Weight Terms): 외포장과 내포장, 내부 충전물과 순수 내용물까지 모두 합하여 계량하는 조건으로 소맥분, 면화 등의 물품에 사용된다.
　㉡ 순중량 조건(Net Weight Terms): 총중량에서 외포장인 포장 또는 용기의 무게를 제외한 중량을 계량하는 조건으로 비누, 화장품 등을 소매 판매할 때 사용하는 일반적인 계량 조건이다.
　㉢ 정미중량조건(Net Net Weight Terms): 순중량에서 내포장과 충전물을 제외한 내용물만으로 중량을 계량하는 조건이다.

(2) 용적(Measurement) 2021 출제
① 목재 등의 단위
　㉠ 부피: Cubic meter(CBM: m^3), Cubic foot(CFT: ft^3)
　㉡ 면적: Square meter(m^2), Square foot(SFT: ft^2), Super foot(SF, 1 square foot × 1 inch)
② 액체 등의 단위
　㉠ 1 barrel(bbl) = 31.5 gallons(미국), 36 gallons(영국)
　㉡ 1 gallon(gal) = 3.785 liters = 4 quarts
③ 곡물 등의 단위: 1 bushel = 8 gallons(영국) = 약 35 liters(미국)

(3) 개수 2023 출제
① 개수의 단위
　㉠ 1 dozen = 12 pcs
　㉡ 1 gross = 12 dozen = 144 pcs(12 × 12)
　㉢ 1 small gross = 10 dozen = 120 pcs(10 × 12)
　㉣ 1 great gross = 12 gross = 144 dozen(12 × 12) = 1,728 pcs(144 × 12)
② 과부족 용인 조건(More or Less Clause): 유류나 광물 또는 곡물처럼 살물(Bulk cargo)인 경우 운송 도중 감량이 발생할 우려가 있으므로 매매계약서상 과부족 한도를 부여하여 그 범위 내에서 물품 인도가 이루어지면 수량 부족이 발생하지 않은 것으로 보고 클레임을 제기하지 않기로 약정하는 조건이다. 계약상 과부족 용인조항(Allowance)을 특약으로 두어 해당 비율 범위 내의 과부족은 인정하여 클레임을 제기하지 않도록 하는 경우도 있다. 예 5% more or less at seller's option 2021, 2022 출제

> **TIP** 신용장으로 Bulk cargo 거래 시 과부족을 인정하지 않는다는 금지 표시가 없다면 5%의 과부족을 허용해요.

> **UCP 600 제30조 신용장 금액, 수량 그리고 단가의 허용치**
> A tolerance not to exceed 5% more or 5% less than the quantity of the goods is allowed, provided the credit does not state the quantity in terms of a stipulated number of packing units or individual items and the total amount of the drawings does not exceed the amount of the credit.
> 신용장이 수량을 포장단위 또는 개별단위의 특정 숫자로 기재하지 않고 청구 금액의 총액이 신용장의 금액을 초과하지 않는 경우에는 물품의 수량에서 5%를 초과하지 않는 범위 내의 많거나 적은 편차는 허용된다.

③ 개산수량 조건(Approximate Quantity Terms): 'about', 'approximately' 등을 사용하여 신용장의 금액, 수량, 단가를 표현하는 경우 10%를 초과하지 않는 범위 내에서 과부족을 허용하는 조건이다.

> **UCP 600 제30조 신용장 금액, 수량 그리고 단가의 허용치**
>
> The words "about" or "approximately" used in connection with the amount of the credit or the quantity or the unit price stated in the credit are to be construed as allowing a tolerance not to exceed 10% more or 10% less than the amount, the quantity or the unit price to which they refer.
>
> 신용장 금액 또는 신용장에 표시된 수량 또는 단가와 관련하여 사용된 "about" 또는 "approximately"라는 단어는 그것이 언급하는 금액, 수량 또는 단가에 관하여 10%를 초과하지 않는 범위 내에서 많거나 적은 편차를 허용하는 것으로 해석된다.

TIP 예를 들어 'about 100 ton … USD 100 unit price'라고 표기되어 있는 경우 100톤에 대한 10%의 과부족은 허용하나 단가 $100에 대한 과부족은 허용하지 않는다고 볼 수 있어요.

03 가격 조건(Price Terms)

가격은 당사자의 이익에 직결되므로 매매당사자의 관심이 가장 높은 계약 조건이다. 가격 조건을 결정함에 있어 결제 통화, 매매 가격의 원가요소, 정형거래 조건을 선택해야 한다.

(1) 가격의 표시

통화(Currency)는 안정성(Stability), 교환성(Convertibility), 유동성(Liquidity), 환율 변동에 따른 환위험을 고려하여 선택해야 한다. 예 USD 100 per PC CIF New York

(2) 가격의 결정 방법

① 물품의 수출·수입 가격은 여러 원가요소를 포함해 결정된다.
② 수출상과 수입상 간 비용 부담에 관한 범위를 매번 특약하기 번거로우므로 비용 부담에 관련된 분기점을 설정하여 정형화된 가격 조건을 사용하는데 이를 정형거래 조건 또는 인코텀즈(Incoterms)라고 한다.

원가요소

제조원가, 포장비, 검사비, 수출 허가 등 비용, 통신비 및 잡비, 국내 운송비, 국내 운송보험료, 선적 비용, 부두 및 창고 사용료, 수출통관 비용, 검수·검량 비용, 은행이자 비용 및 수수료, 예상이익, 해상운임, 해상보험료, 목적항 양하 비용, 목적항 부두 비용, 수입관세, 수입통관 비용, 수입국 내 내륙운송료, 기타 영업 비용, 잡비

04 포장 조건(Packing Terms) `2020, 2025 출제`

포장이란 물품을 운송, 보관, 하역, 판매 등을 하는 데 있어 물품의 내용 및 외형을 보호하고 상품 가치를 유지하기 위하여 적절한 재료나 용기로 둘러싸는 작업 및 상태를 의미한다.

(1) 포장 방법(Packing Method)

① 개장(Unitary Packing): 소매의 단위가 되는 개품 또는 최소의 묶음을 개별적으로 포장하는 방법이다.
② 내장(Inner Packing): 개장 물품을 수송하거나 취급하기 편리하도록 몇 개의 개장 물품을 모아서 내부 결속, 충진, 칸막이 등을 하는 방법이다.
③ 외장(Outer Packing): 운송 및 취급 편의를 위해 내부 포장 물품을 합쳐서 큰 형태로 포장하는 방법이다.

(2) 포장의 종류

일반적인 지제상자(Carton), 목재상자(Wooden Case), 마대(Gunny Bag), 통포장(Barrel, Cask, Keg), 드럼(Drum) 등이 있으며 단위 포장 시에는 팔레트(Pallet), 컨테이너(Container) 등을 이용한다.

(3) 화인(Shipping Mark) `2021, 2022, 2023 출제`

① 의미: 화물의 포장 외부 면에 특정 기호, 포장번호, 목적항 등을 표시하여 포장 상호 간 식별할 수 있도록 하는 것이다. 필수 기재사항으로는 주화인, 목적항 표시, 화물번호가 있다.

② 내용
- ㉠ 주화인(Main Mark): 다른 화물과 식별이 용이하도록 사용하는 일정한 기호로 다이아몬드형, 사각형, 삼각형 등으로 표시하며 기호 안에 수하인의 회사명을 약어로 기재한다.
- ㉡ 부화인(Counter Mark): 주화인의 보조로 다른 화물과 식별이 용이하도록 표시한다.
- ㉢ 목적항 표시(Port Mark): 화물의 선적 또는 양하 작업을 용이하게 하기 위해 목적항 또는 목적지를 표시한다.
- ㉣ 중량 표시(Weight & Measurement Mark): 화물의 순중량, 총중량 및 용적을 표시한다.
- ㉤ 화물번호(Case Number): 포장별로 부여한 일련번호로서 내용물 확인을 용이하게 한다.
- ㉥ 원산지(Country of Origin) 표시: 당해 화물의 원산지(국가)를 표시한다.
- ㉦ 품질 표시(Quality Mark): 내용물의 품질이나 등급을 표시한다.
- ㉧ 주의 표시(Care Mark): 운송 또는 보관 시 취급상 주의사항을 표시한다. 보통 포장의 측면에 표시되므로 'Side Mark'라고도 한다.

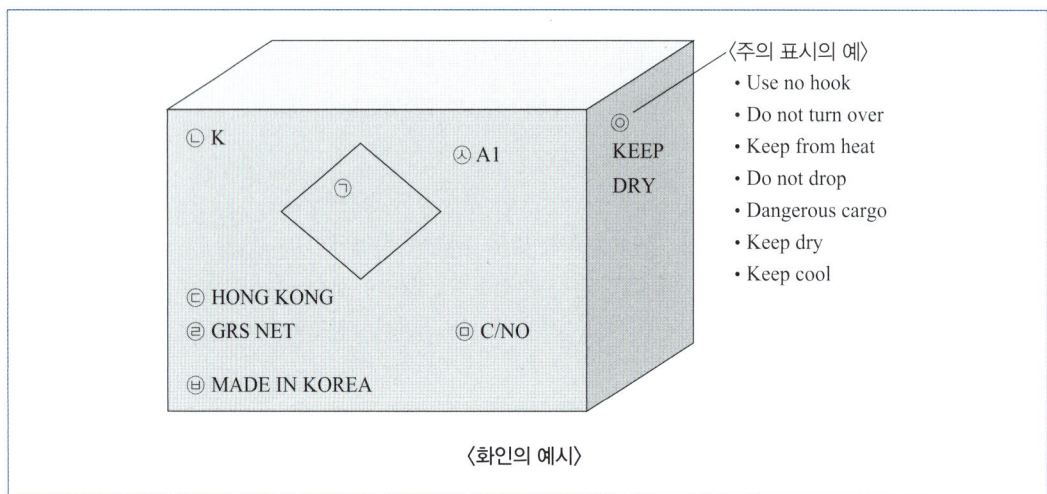

〈화인의 예시〉

05 선적 조건(Shipping Terms) 2024, 2025 출제

선적이란 본선적재(Loading on Board)뿐만 아니라 우편의 발송(Dispatch), 운송을 위한 인수(Acceptance for Carriage), 특송물품의 집배(Date of Pick-up) 및 복합운송을 이용하는 경우 수탁(Taking in Charge)의 의미를 나타낸다. 선적은 상품의 인도 그 자체이거나 인도의 한 방법으로 매도인이 점유권과 위험을 이전하는 시점이므로 중요한 의미를 지닌다.

(1) 선적 시기에 따른 조건
- ① 단월 선적 조건: 'Shipment shall be made during June 2023'와 같이 특정 월을 선적 시기로 정하는 방법으로 매도인은 해당 월 내에 선적해야 한다.
- ② 연월 선적 조건: 'Shipment shall be made during Jan. and Feb. 2023'와 같이 연속된 두 달을 선적 시기로 지정하는 방법으로 이 경우 1월과 2월 사이에 선적을 완료하면 된다.
- ③ 특정일 이전 또는 이후 선적 조건: 'Shipment shall be made till Jan 15, 2023'와 같이 특정일 이전이나 'within 90 days after receipt of L/C'와 같이 일정 시점 이후를 기준으로 선적 기간을 정하는 방법으로 정해진 기간 이내에 선적해야 한다.

④ 즉시 선적 조건: 'immediately', 'as soon as possible' 등의 용어를 사용하여 선적 시기를 정하는 방법이다. UCP 600에서는 이러한 용어가 사용된 서류를 은행이 받았을 경우 이 용어를 무시하도록 하고 있다. 2021 출제

(2) 기간 관련 용어(UCP 600 및 ISBP 745) 2019, 2020, 2021, 2022, 2023, 2025 출제
① to, until, till, from, between: (선적 일자를 결정하는 경우) 해당 일자 포함
② before, after: (선적 일자를 결정하는 경우) 해당 일자 제외

> **TIP** 환어음의 만기를 나타낼 때 'from'과 'after'가 사용된 경우에는 해당 일자를 제외해야 해요.

③ 전반(first half): 해당 월의 1일부터 15일까지
④ 후반(second half): 해당 월의 16일부터 마지막 날까지
⑤ 초(beginning), 중(middle), 말(end): 각각 해당 월의 1일부터 10일, 11일부터 20일, 21일부터 마지막 날까지
⑥ on or about: 지정 일자 기준으로 전후 5일까지(총 11일)
   예 on or about Jan. 6, 2023인 경우 2023년 1월 1일부터 11일까지로 해석한다.
⑦ not later than 2 days after: 이후 늦어도 2일 이내
   예 not later than 2 days after shipment date, May 25, 2023. 선적일인 2023년 5월 25일 이후 늦어도 2일 이내(2023년 5월 27일이 최종일 내지 마감일을 의미함)
⑧ at least 2 days before: 적어도 이틀 전
   예 Copy of Invoice should be sent to applicant at least 2 days before shipment date(May 25, 2023). 상업송장의 사본은 선적일인 2023년 5월 25일보다 적어도 2일 전(2023년 5월 23일)에 개설의뢰인에게 송부되어야 한다.
⑨ 기간을 산정할 때 within: 해당 일자를 제외한 이전 ~일부터 이후 ~일까지의 기간
   예 within 2 days of May 25, 2023. 2023년 5월 25일을 제외한 이틀 전부터 이틀 후까지의 기간(5월 23일~27일로 총 5일)
⑩ 일자나 사건과 함께 사용될 때 within: 해당일 또는 사건일이 포함한 ~일 내에
   예 Presentation to be made within May 14. 5월 14일 내에 제시되어야 한다.

(3) 선적 지연(Delayed Shipment)
선적 지연은 계약에 약정된 선적기한 내에 선적을 이행하지 못한 것이다. 매도인의 고의, 과실 또는 태만으로 인한 선적 지연인 경우 매도인이 계약 위반에 따른 손해배상책임을 지며 천재지변(Act of God)이나 불가항력(Force Majeure)으로 선적 지연이 발생한 경우 그 사실을 입증할 수 있는 서류를 구비하여 매수인에게 통지함으로써 면책을 받아야 한다.

(4) 선적 일자의 해석 2021, 2023 출제
선적 일자는 운송서류의 발행일이나 운송서류에 기재되는 본선적재일을 기준으로 하며 선적이 이행되었는지 여부를 판단하는 중요한 기준이 된다. UCP 600에서는 다음과 같이 해석에 관한 기준을 두고 있다.

선하증권(B/L), 비유통성 해상화물운송장(SWB), 용선계약부 선하증권, 복합운송서류	발행일 또는 본선적재표기에 기재된 일자
항공화물운송장(AWB)	발행일 또는 실제 선적일에 대한 부기가 있는 경우 부기에 기재된 일자
철도, 도로, 내수로운송서류	발행일 또는 선적일, 물품이 선적, 발송, 운송을 위하여 수령된 일자
특송 배달영수증	집배 또는 수령 일자
우편영수증, 우편증명서	선적지 또는 발송지에서 스탬프되거나 서명되는 일자

(5) 분할선적(Partial Shipment) 2019, 2020, 2021, 2022 출제

① **의미**: 물량 또는 금액이 많은 거래의 경우 매매 목적물을 전량 선적하지 않고 여러 회에 나누어 선적하는 것을 의미한다.

② **분할선적으로 인정하지 않는 경우**: 선적을 증명하는 제시가 두 세트 이상의 운송서류로 이루어지는 경우 가장 늦은 선적일을 선적일로 본다.

> **UCP 600 제31조 분할청구 또는 분할선적**
> A presentation consisting of more than one set of transport documents evidencing shipment commencing on the same means of conveyance and for the same journey, provided they indicate the same destination, will not be regarded as covering a partial shipment, even if they indicate different dates of shipment or different ports of loading, places of taking in charge or dispatch.
> 같은 운송수단에서 개시되고 같은 운송 구간을 위한 선적을 증명하는 두 세트 이상의 운송서류로 이루어진 제시는 그 운송서류가 같은 목적지를 표시하고 있는 한 다른 선적 일자 또는 다른 선적항, 수탁지 또는 발송지를 표시하더라도 분할선적으로 간주하지 않는다.

③ **분할선적으로 인정하는 경우**

> **UCP 600 제31조 분할청구 또는 분할선적**
> A presentation consisting of one or more sets of transport documents evidencing shipment on more than one means of conveyance within the same mode of transport will be regarded as covering a partial shipment, even if the means of conveyance leave on the same day for the same destination.
> 같은 운송 방법 내에서 둘 이상의 운송수단상 선적을 증명하는 하나 또는 두 세트 이상의 운송서류로 이루어진 제시는 운송수단들이 같은 날짜에 같은 목적지로 향하더라도 분할선적으로 간주한다.

④ **분할선적의 약정**
  ㉠ 허용하는 경우 'Partial shipment allowed(분할선적이 허용됨)'라고 표시하고, 분할 횟수와 각 회의 분할 수량을 약정한다.
  ㉡ 허용하지 않는 경우 'Partial shipment prohibited(분할선적이 금지됨)'라고 표시한다.
  ㉢ UCP 600에서는 신용장상에 분할금지약관이 명시되어 있지 않다면 분할선적을 허용하는 것으로 해석한다.

(6) 할부선적(Installment Shipment) 2019, 2020, 2021, 2023 출제

① **의미**: 분할선적의 일종으로 특정 기간 동안 일정량의 화물을 여러 차례에 걸쳐 선적하는 방법이다.

② **원칙**: 신용장 거래에서 할부선적을 지시하는 경우 신용장상의 'Installment schedule(할부 스케줄)'에 따라 반드시 지정된 기간 내에 지정된 물량만을 선적해야 하며 임의로 전체를 일괄 선적하거나 다른 회차분과 함께 선적할 수 없다.

③ **신용장의 무효**: 예를 들어 신용장에서 March(3/1~3/31)-1,000 MT, April(4/1~4/30)-600 MT, May(5/1~5/31)-200 MT의 선적을 요구한 경우 4월분 600 MT를 선적하지 못하면 4월을 포함한 이후의 모든 선적분에 대해서 신용장이 무효가 된다.

> **UCP 600 제32조 할부청구 또는 할부선적**
> If a drawing or shipment by installments within given periods is stipulated in the credit and any installment is not drawn or shipped within the period allowed for that installment, the credit ceases to be available for that and any subsequent installment.
> 신용장에서 할부청구 또는 할부선적이 일정 기간 내에 이루어지도록 명시된 경우 동 할부 거래를 위하여 배정된 기간 내에 할부청구나 할부선적이 이루어지지 않으면 동 신용장은 해당 할부분과 향후 할부분에 대하여 더 이상 이용될 수 없다.

(7) 환적(Transhipment) 2023 출제

① 의미: 환적은 선적항에서 하역항까지 운송 도중에 하나의 운송수단에서 양하(Unloading)되어 다른 운송수단으로 재적재(Reloading)되는 것을 의미한다. 원칙적으로 환적은 금지된다.

② 서류 해석 원칙 2022 출제

㉠ 선하증권은 전 운송이 하나의 동일한 선하증권에 의하여 포괄된다면 '물품이 환적될 것(Goods will be transhipped)'이라거나 '물품이 환적될 수 있다(Goods may be transhipped)'라고 표시할 수 있다.

㉡ '환적될 것이다(Transhipment will take place)'라거나 '환적될 수 있다(Transhipment may take place)'라고 표시된 선하증권은 물품이 컨테이너, 트레일러, 래시 바지에 선적되었다는 것이 선하증권에 의하여 증명되는 경우에는 비록 신용장이 환적을 금지하더라도 수리될 수 있다.

㉢ '환적은 금지되어 있고 UCP 600 제20조 (c)항을 제외한다'라고 규정되어 있는 경우에는 어떠한 경우에도 환적이 금지된다.

㉣ UCP 600 제20조 (d)항에서 'Clauses in a bill of lading stating that the carrier reserves the right to tranship will be disregarded.(운송인에게 환적할 권리가 있다고 기재한 선하증권의 조항은 무시된다.)'의 의미는 운송인이 환적할 권리를 가지고 있을 뿐 반드시 환적을 하겠다는 의미는 아니므로 은행은 수리할 수 있다.

㉤ 복합운송은 그 특성상 환적을 전제로 한다. 비록 신용장이 환적을 금지하고 있다 하더라도 전 운송이 하나의 동일한 운송서류에 의하여 포괄된다면 물품이 '환적될 것이다' 또는 '환적될 수 있다'라고 표시한 서류도 수리 가능하다.

06 보험 조건(Insurance Terms)

무역거래 대상 물품은 수출국에서 수입국으로 운송되는 도중에 멸실 또는 손상될 위험(선박의 좌초, 침몰, 충돌, 전쟁 등)이 있다. 이러한 위험을 담보하기 위해 적하보험에 부보한다. 인코텀즈 CIP, CIF 조건에서는 매도인이 적하보험계약을 체결하고 그 외 조건에서는 매도인이나 매수인이 필요에 의해 보험계약을 체결한다.

(1) 보험계약의 기본당사자

① 보험자(Insurer): 피보험자에게 보험금을 지급할 의무가 있는 자로서 일반적으로 보험회사를 말한다.

② 보험계약자(Policy Holder): 보험자와 보험계약을 체결하여 보험료를 납입하는 자이다.

③ 피보험자(Assured): 피보험이익을 갖는 자로서 손해를 입은 경우 보험자에게 손해배상을 청구할 수 있다.

> **TIP** 어머니가 선미를 위해 선미 이름 앞으로 A 보험회사에 보험을 가입했다고 가정해 보아요. 어느 날 선미가 사고가 나서 선미는 본인 앞으로 가입되어 있는 보험금을 A 보험회사에 청구했다면, 이 경우 어머니는 보험계약자, A 보험회사는 보험자, 선미는 피보험자가 됩니다.

(2) 보험가액과 보험금액

① 보험가액(Insurable Value): 보험사고가 발생한 경우에 피보험자가 입는 손해액의 최고 한도액으로 피보험이익의 평가액을 말한다.

② 보험금액(Insured Amount): 손해 발생 시 보험자가 부담하는 보상책임의 최고 한도액이며 보험계약의 체결에 있어서 보험자와 피보험자 간에 약정된 금액을 말한다.

③ 보험금액의 결정: 보험금액은 CIP, CIF 가격으로 환산한 송장(Invoice) 금액의 110%로 부보한다.

(3) 보상범위의 선택
① 구협회적하약관: 로이드 S.G. 보험증권을 사용하는 경우 구약관이 추가 사용된다. 구약관에는 전위험담보조건(All Risks)인 ICC(A/R), 분손담보조건(With Average)인 ICC(W/A), 단독해손부담보조건(Free from Particular Average)인 ICC(FPA) 규정이 있다.
② 신협회적하약관: 런던보험자협회와 로이드보험협회의 공동작업으로 New Lloyd's Policy를 제정하고 이에 추가하여 신협회적하약관인 ICC(A), ICC(B), ICC(C)를 제정하여 사용하고 있다. ICC(A), ICC(B), ICC(C)의 경우 전쟁위험이나 동맹파업위험을 담보하지 않기 때문에 특약으로 협회전쟁약관(IWC)이나 협회동맹파업약관(ISC)을 별도로 부보해야 한다.

07 분쟁해결조항

무역거래는 상이한 국가 간에 이루어지므로 분쟁이 발생할 가능성이 높다. 무역계약을 체결할 때에는 분쟁과 그러한 분쟁의 처리방안에 대한 사전 합의가 필요하며 불가항력조항, 클레임조항, 중재조항, 재판관할조항, 준거법조항 등을 약정하는 것이 바람직하다.

(1) 불가항력조항(Force Majeure Clause)
① 의미: 당사자의 통제를 넘어서는 불가항력 사태를 대비하여, 매도인이 계약 기간 내에 선적이 불가능하게 되는 경우에 선적을 유예받거나 선적 의무 전부를 면제받기 위해 약정하는 조항을 의미한다.
② 인정 범위: 천재지변(Act of God)과 같은 자연적인 사태와 동맹파업(Strike), 공장폐쇄(Lock-out), 내란(Insurrection) 등의 인위적인 요소 및 생산기계의 고장, 원재료 부족 등의 사태를 포함한 매도인의 능력으로는 통제가 불가능한 여건이 여기에 속한다.
③ 당사자의 면책요건
  ㉠ 당사자의 귀책사유가 없어야 한다.
  ㉡ 계약 체결 당시 장해 발생을 예측할 수 없어야 한다.
  ㉢ 불가항력 또는 결과를 극복하는 것을 예상할 수 없어야 한다.

(2) 클레임조항(Claim Clause)
① 클레임의 의미: 매매 당사자가 약정된 계약을 위반하여 상대방에게 단순한 불평을 넘어서 계약 위반으로 상실된 자신의 권리나 이익의 구제 또는 손해배상을 청구하는 것을 의미한다.
② 클레임 조항: 클레임의 제기 절차와 방법을 정하는 조항이다.
③ 주요 내용: 클레임 제기 기간, 서면 통지 여부, 첨부하여야 하는 서류 제시

(3) 중재조항(Arbitration Clause)
① 의미: 계약당사자 간에 분쟁이 발생한 경우 법원의 소송 절차에 의하지 않고 제3자인 중재인을 선임하여 분쟁을 맡기고 중재인의 판정에 양 당사자가 절대 복종함으로써 분쟁을 해결하는 중재에 대한 합의를 규정한 조항이다.
② 필요성: 중재를 통해 분쟁을 해결하기 위해서는 중재조항을 미리 설정하거나 이후에 중재를 통한다는 중재 합의가 있어야 한다. 중재조항에서는 중재기관, 중재장소, 준거법(중재의 3요소)에 대하여 합의해야 한다.
③ 장점
  ㉠ 단심제로 신속한 분쟁해결이 가능하다.
  ㉡ 소송에 비해 비용이 상대적으로 저렴하다.

ⓒ 무역전문가들의 판정이므로 현실적이고 합리적이다.
ⓔ 비공개 중재심리로 당사자의 비밀이 보장된다.
ⓜ 중재인의 판정에 양 당사자가 복종해야 하므로 결과는 강제성을 가지며 법원의 확정판결과 동일한 효력을 지닌다.
ⓗ 뉴욕협약(1958)에 가입한 국가 간 중재는 외국법원에 의해서도 집행 판결만으로 강제집행된다.

(4) 재판관할조항(Jurisdiction Clause)
① 의미: 무역당사자 간 분쟁해결을 중재에 의할 것을 합의하지 못한 경우 분쟁이 발생하면 소송으로 해결해야 하는데 이때 어느 국가의 법원을 재판관할 법원으로 할 것인가를 정하는 조항이다.
② 전속적 관할 합의(Exclusive Jurisdiction Agreement): 전적으로 어느 한 국가의 법원에만 소송을 제기하기로 하는 재판관할 합의이다.
③ 비전속적 관할 합의(Non-Exclusive Jurisdiction Agreement): 당사자가 재판관할에 대하여 합의하였다 하더라도 그 합의와 관계없이 소를 제기할 수 있는 합의이다.

(5) 준거법조항(Governing Law Clause) 2021, 2023 출제
① 무역계약의 성립과 이행, 해석에 관하여 어느 국가의 법률을 적용할 것인가에 대한 합의이다.
② 준거법과 재판관할지가 일치하지 않을 경우 재판관할 법원에 의해 준거법 규정의 효력이 인정되지 않을 수 있으므로 주의가 필요하다.
③ 준거법은 양 당사자 소재 국가의 법 외에 제3의 국가의 법으로 지정할 수도 있다.

5 Incoterms 2020의 개요

01 정형거래 조건

국제 무역거래는 계약당사자 간 자치 원칙에 의해 계약 내용을 자유롭게 합의할 수 있다. 또한 무역거래는 쌍무계약에 해당하여 매도인은 계약 물품을 인도하고 매수인은 대금을 지급할 의무를 갖는다. 이러한 무역거래는 상관습이 서로 다른 국가 간에 이루어지므로 무역계약의 성립에 관련된 관습, 계약조항에 관한 관습, 선적 및 운송에 관한 관습, 대금 결제에 관한 관습, 보험에 관한 관습 등에서 차이를 보일 수 있다. 이러한 다양성의 혼란을 피하기 위해 오랫동안 관용적으로 사용되고 있는 조건들을 FOB, CIF 등과 같이 세 글자로 표시하고 물품매매계약상 기업 간 거래관행을 반영하는 조건을 제정하여 사용하고 있다.

02 Incoterms 2020 2019 출제

Incoterms(인코텀즈)는 International Commercial Terms의 약어로 거래 조건에 대한 마찰과 오해를 방지하기 위해 국제상업회의소(ICC: International Chamber of Commerce)에서 1936년에 제정하여 10년 주기로 개정하고 있는 정형거래 조건의 해석에 관한 규칙(International Rules for the Interpretation of Trade Terms)이다. Incoterms 2010 개정 시 '국내·국제 거래 조건의 사용에 관한 ICC 규칙'을 부제로 명명함으로써 국제 거래뿐 아니라 국내 거래에서도 사용될 수 있음을 분명히 하고 있다. 인코텀즈는 조약이라고 볼 수 없으며 상관습법 성격을 띤다.

03 Incoterms 2020의 사용 목적 및 적용 범위 2020, 2021, 2023, 2025 출제

(1) 사용 목적
인코텀즈는 정형거래 조건과 관련하여 중립적이고 합리적인 국제 규칙을 제공하여 무역거래 조건 해석에 따른 불확실성이나 위험요소를 제거 또는 경감시키는 것을 목적으로 하고 있다.

(2) 적용 범위
① 인코텀즈는 소프트웨어와 같은 무형물을 제외하고 유체동산의 인도와 관련한 당사자들의 권리와 의무에 관한 사안에 한하여 적용된다.
② 인코텀즈는 매도인과 매수인 사이의 의무, 즉 매도인과 매수인 중 누가 물품을 운송하고 보험계약을 체결하여야 하는지 또는 수출입허가를 취득하여야 하는지, 언제, 어디에서 운송서류가 인도되어야 하는지 등을 규정한다.
③ 인코텀즈는 위험이 매도인으로부터 매수인에게 이전되는 물품의 인도 시점을 규정한다.
④ 인코텀즈는 운송 비용, 포장 비용, 적재 및 양하 비용, 통관 관련 비용 등 매도인과 매수인 중 누가 어떤 비용을 어디까지 부담하는지를 규정한다.
⑤ 인코텀즈는 다음의 내용을 다루지 않는다. 2022 출제
   ㉠ 매매계약의 존재 여부
   ㉡ 매매 물품의 성질과 형태
   ㉢ 대금 지급의 시기, 장소, 방법 또는 통화 종류
   ㉣ 매매계약 위반에 대하여 사용할 수 있는 구제수단
   ㉤ 계약상 의무 이행의 지체 및 그 밖의 위반 효과
   ㉥ 제재의 효력
   ㉦ 관세 부과 및 수출입의 금지
   ㉧ 불가항력(Force majeure) 또는 이행가혹(Hardship)
   ㉨ 지식재산권
   ㉩ 의무 위반의 경우 분쟁해결의 방법, 장소 또는 준거법
   ㉪ 매매 물품의 소유권 또는 물권의 이전
⑥ 인코텀즈는 강제성이 없으므로 계약서나 L/C상에 "Incoterms 2020 규정을 따른다."라는 명시가 없으면 효력이 발생하지 않기 때문에 해당 문구를 기재하는 것이 바람직하다.

04 Incoterms 2020 조항의 순서

매도인의 의무(A)	매수인의 의무(B)
A1 일반 의무(물품 제공)	B1 일반 의무(대금 지급 의무)
A2 인도*	B2 인도의 수령
A3 위험 이전*	B3 위험 이전
A4 운송	B4 운송
A5 보험	B5 보험
A6 인도/운송서류	B6 인도/운송서류
A7 수출통관	B7 수입통관
A8 점검/포장/화인 표시	B8 점검/포장/화인 표시
A9 비용 부담	B9 비용 부담
A10 통지	B10 통지

* 인도와 위험을 A2/B2, A3/B3로 이동시켜 인도의 시기와 장소, 위험의 이전에 대한 각 조건의 차이점을 쉽게 파악할 수 있도록 의도하였다.

05 Incoterms 2020의 변경 내용 [2020, 2021 출제]

(1) Incoterms 2020의 분류기준

Incoterms 2010의 기본 분류법은 유지하되, DAT가 DPU로 명칭이 변경되었다.

모든 운송 방식에 적용되는 규칙	EXW, FCA, CPT, CIP, DAP, DPU(신설, 구 DAT), DDP
해상과 내수로운송에 적용되는 규칙	FAS, FOB, CFR, CIF

(2) FCA 조건 – 본선적재 선하증권의 제공 [2022 출제]

매수인과 매도인은 매수인이 선적 후에 본선적재 선하증권을 매도인에게 발행하도록 운송인에게 지시(매수인의 비용과 위험부담)할 것을 합의할 수 있고, 이 경우 매도인은 은행(신용장 거래인 경우)을 통하여 본선적재 선하증권을 제공할 의무가 있다(A6/B6에서 추가적인 옵션 규정).

> **TIP** 기존 FCA 조건에서는 본선에 적재되기 전에 운송인에게 물품의 인도가 이루어지므로 수취식 선하증권(Received B/L)이 발행되었어요. Incoterms 2020에서는 매수인과 매도인은 선적 후에 본선적재선하증권(On board B/L)을 매도인에게 발행하도록 매수인이 운송인에게 지시할 것을 합의할 수 있고 매도인은 은행을 통하여 매수인에게 본선적재선하증권을 제공할 의무가 있어요.

(3) 비용 부담 규정의 명확화

Incoterms 2010의 여러 조항에 분산되어 있던 비용항목에 관한 내용을 A9/B9로 정리하여 매도인과 매수인이 인코텀즈 규칙상 본인이 부담해야 하는 모든 비용을 한곳에서 찾아 볼 수 있도록 개선하였다.

(4) CIF와 CIP 조건의 부보 수준 차별화 [2022, 2023 출제]

Incoterms 2010에서 CIP, CIF 조건은 매도인이 협회적하약관 C 약관[ICC(C)]에 부보하면 의무가 충족되는 것으로 규정하였다. 그러나 Incoterms 2020에서는 CIF 조건에 대해서는 기존 원칙을 유지하고 당사자들이 보다 높은 수준으로 부보하기로 합의할 수 있도록 하였다. 또한 CIP 조건에 대해서는 협회적하약관 A 약관[ICC(A)]에 따른 부보를 하도록 개정하였으며, 당사자 간 합의에 의해 보다 낮은 수준으로 부보하기로 합의할 수 있도록 하였다.

구분	Incoterms 2010	Incoterms 2020
부보 범위	CIF, CIP 최소 담보 조건	CIF 최소 담보 조건(협회적하약관 C)
		CIP 최대 담보 조건(협회적하약관 A)

(5) FCA, DAP, DPU, DDP 조건에서 매도인 또는 매수인 운송수단에 의한 운송 허용　2022 출제

Incoterms 2010에서는 물품이 매도인으로부터 매수인에게 운송되는 경우 제3자의 독립된 운송인이 물품을 운송하는 것으로 가정하였다. 그러나 실제로는 D 그룹 조건에서 매도인이 본인의 운송수단으로 물품을 목적지까지 운송할 수도 있고, 반대로 FCA 조건의 경우 매수인이 본인의 운송수단을 이용하여 물품을 인수하는 경우도 생길 수 있다. 따라서 Incoterms 2020에서는 해당 조건에서 본인의 운송수단을 이용하여 운송하는 것을 허용하고 있다.

> TIP　EXW, FAS, FOB, C 그룹 조건에는 적용되지 않아요.

(6) DAT 조건 삭제 및 DPU 조건 신설　2022 출제

Incoterms 2010에 있던 DAT 조건이 삭제되고 DPU 조건이 신설되었다. DAT 조건의 경우 물품을 운송수단에서 양하하여 터미널에 두어 인도하여야 하는 조건이므로 터미널 이외에 매수인이 지정한 장소에서 물품을 운송수단으로부터 양하하여 인도하고자 하는 경우에는 사용할 수 없다는 단점이 있었다. 이를 감안하여 Incoterms 2020에서 DPU 조건을 신설하였다. DPU 조건은 터미널뿐만 아니라 어떤 장소든지 목적지가 될 수 있도록 규정하고 있다. 주의해야 할 점은 그러한 목적지가 터미널이 아닌 경우 매도인이 물품을 인도하고자 하는 장소가 물품의 양하가 가능한 장소인지 확인하여야 한다는 것이다.

구분	Incoterms 2010	Incoterms 2020
규칙	DAT(Delivered at Terminal)	DPU(Delivered at Place Unloaded)
인도 지점	지정 목적항이나 지정 목적지의 지정 터미널에서 양하 후 인도	지정 목적지 또는 지정 목적지 내의 합의된 지점에서 양하 후 인도

(7) 운송 의무 및 비용조항에 보안 관련 요건 삽입

Incoterms 2010의 A2/B2 내지 A10/B10에 있던 보안 관련 요건과 관련된 선적 관행이 시간이 지나면서 상당히 정립되었다. 이러한 이유로 보안 관련 의무의 명시적 할당이 A4(운송)와 A7(수출통관)에 추가되었으며 관련 비용도 비용조항인 A9/B9에서 명확히 규정하였다.

(8) 사용지침에서 사용자를 위한 설명문으로 변경

Incoterms 2010의 첫머리 사용지침(Guidance Note)이 Incoterms 2020으로 개정되면서 '사용자를 위한 설명문(Explanatory Notes for Users)'이 되었다. 이 설명문은 각 조건이 어떤 경우에 사용되어야 하는지, 위험은 언제 이전하는지, 매도인과 매수인 사이에 비용 부담은 어떻게 하는지에 대해 안내한다.

(9) 조달규정 확대

Incoterms 2010에서는 FAS, FOB, CFR, CIF 조건에서만 인도의무 이행 방법의 하나로 조달이 인정되었다. 이에 연속매매를 하고자 할 경우에 다른 조건에서는 조달이 불가능하였다. 다른 조건에서도 연속매매를 하려는 경우가 증가하여 Incoterms 2020에서는 FCA, CPT, CIP, DAP, DPU, DDP 조건에 대해서도 이미 인도된 물품을 조달하여 인도할 수 있도록 조달규정이 확대되었다.

구분	Incoterms 2010	Incoterms 2020
조달 허용	FAS, FOB, CFR, CIF(단일 운송 조건)	FAS, FOB, CFR, CIF(기존) + FCA, CPT, CIP, DAP, DPU, DDP(추가)

6 Incoterms 2020 조건 2021, 2023 출제

01 EXW(Ex Works: 공장인도)

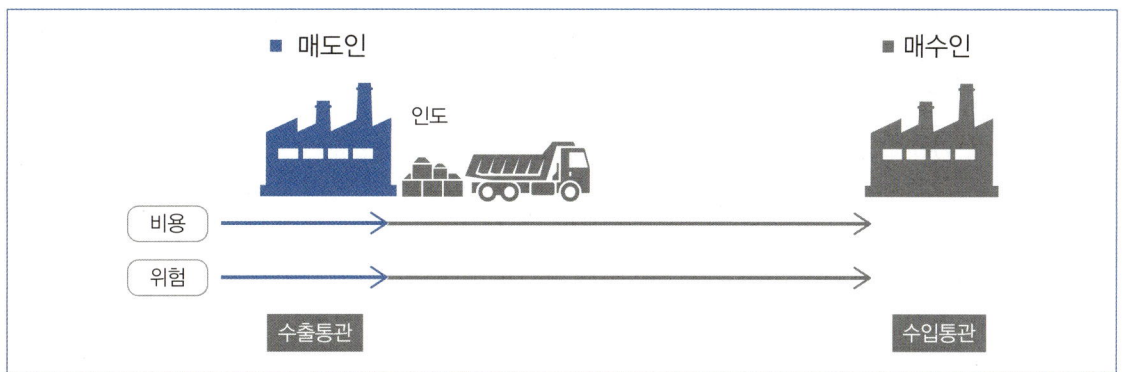

(1) EXW의 의미

공장인도란 매도인이 물품을 공장이나 창고 같은 지정된 장소(매도인의 영업구 내일 수도 있고 아닐 수도 있음)에서 매수인의 처분하에 두는 때 위험이 매수인에게 이전(매수인의 수취용 차량에 적재하지 않은 채 인도)되는 거래 조건이다.

(2) EXW의 특징

① 위험과 비용 부담의 분기점
  ㉠ 매도인: 물품을 인도할 때까지 물품에 관한 모든 위험과 비용을 부담한다.
  ㉡ 매수인: 지정 인도 장소의 합의된 지점에서 물품이 인도된 때부터 물품에 관한 모든 비용을 부담한다.
② 매도인은 매수인을 위하여 운송계약과 보험계약을 체결할 의무가 없다.
③ 복합운송을 포함한 모든 운송 방식에서 사용할 수 있다.
④ 표기: EXW + 적출지의 지정 장소(insert named place of delivery)
  예 EXW Seller's Warehouse in Seoul, Korea
⑤ 매도인은 수출통관 절차를 진행할 의무가 없다. 다만, 매수인의 요청이 있는 경우 매수인의 위험과 비용으로 수출통관과 관련된 서류 및 정보를 취득하는 데 있어 매수인에게 협력하여야 한다.
⑥ 매수인은 수출국, 통과국, 수입국에서 다음의 모든 수출, 통과, 수입통관 절차를 수행하고 그 비용을 부담하여야 한다.
  ㉠ 수출, 통과, 수입허가
  ㉡ 수출, 통과, 수입을 위한 보안통관
  ㉢ 선적 전 검사(PSI) 및 그 밖의 공적 인가
⑦ 매수인이 직·간접적으로 수출통관을 수행할 수 없는 경우에는 FCA 조건을 사용하는 것이 바람직하다.
⑧ 11개의 무역거래 조건 중 매도인의 위험과 비용 부담이 가장 적은 조건이다.

Incoterms 2020 EXW EXPLANATORY NOTES FOR USERS(사용자를 위한 EXW 조건 설명문)

1. Delivery and risk(인도와 위험)

"Ex Works" means that the seller delivers the goods to the buyer.

"공장인도"는 매도인이 매수인에게 다음과 같이 물품을 인도하는 것을 의미한다.

▶ when it places the goods at the disposal of the buyer at a named place(like a factory or warehouse).
▶ and that named place may or not be the seller's premises.
▶ 매도인이 물품을 (공장이나 창고와 같은) 지정 인도 장소에서 매수인의 처분하에 두는 때
▶ 그리고 지정 인도 장소는 매도인의 영업구 내일 수도 있고 아닐 수도 있다.

For delivery to occur, the seller does not need to load the goods on any collecting vehicle, nor does it need to clear the goods for export, where such clearance is applicable.

인도가 이루어지기 위해 매도인은 물품을 수취용 차량에 적재하지 않아도 되며, 물품의 수출통관이 요구되더라도 이를 수행할 필요가 없다.

2. Mode of transport(운송 방식)

This rule may be used irrespective of the mode or modes of transport, if any, selected.

본 규칙은 선택되는 어떤 운송 방식이 있는 경우에 그것이 어떠한 단일 또는 복수의 운송 방식인지를 불문하고 사용할 수 있다.

3. Place of precise point of delivery(정확한 인도 지점)

The parties need only name the place of delivery. However, the parties are well advised also to specify as clearly as possible the precise point within the named place of delivery. A named precise point of delivery makes it clear to both parties when the goods are delivered and when risk transfers to the buyer; such precision also marks the point at which costs are for the buyer's account. If the parties do not name the point of delivery, then they are taken to have left it to the seller to select the point "that best suits its purpose". This means that the buyer may incur the risk that the seller may choose a point just before the point at which goods are lost or damaged. Best for the buyer therefore to select the precise point within a place where delivery will occur.

당사자들은 단지 인도 장소만 지정하면 된다. 그러나 당사자들은 지정 인도 장소 내에 정확한 지점을 가급적 명확하게 명시하는 것이 좋다. 그러한 정확한 지정 인도 지점은 양 당사자에게 언제 물품이 인도되는지와 언제 위험이 매수인에게 이전되는지 명확하게 하며, 그러한 정확한 지점은 매수인에 대한 비용 부담의 기준점을 확정한다. 당사자들이 인도 지점을 지정하지 않은 경우에는 매도인이 "그 목적에 가장 적합한" 지점을 선택하기로 한다. 이는 매수인으로서는 매도인이 물품의 멸실 또는 훼손이 발생한 지점이 아닌 그 직전의 지점을 선택할 수도 있는 위험이 있음을 의미한다. 따라서 매수인은 인도가 이루어질 장소 내에 정확한 지점을 선택하는 것이 가장 좋다.

4. A note of caution to buyers(매수인 유의사항)

EXW is the Incoterms® rule which imposes the least set of obligation on the seller.

EXW는 매도인에게 최소한의 일련의 의무를 지우는 인코텀즈 조건이다.

> **TIP** 인코텀즈 2010 사용지침에서는 "EXW represents the minimum obligation for the seller. EXW 조건은 매도인의 최소 의무를 표방한다."라고 명시되어 있어요.

5. Loading risks(적재위험)

Delivery happens-and risk transfers-when the goods are placed, not loaded, at the buyer's disposal.

Where the buyer is keen to avoid any risk during loading at the seller's premises, then the buyer ought to consider choosing the FCA rule(under which, if the goods are delivered at the seller's premises, the seller owes the buyer an obligation to load, with the risk of loss of or damage to the goods during that operation remaining with the seller).

인도는 물품이 적재된 때가 아니라 매수인의 처분하에 놓인 때에 일어난다. 그리고 그때 위험이 이전된다.

매도인의 영업구 내에서 일어나는 적재 작업 중의 위험을 피하고자 하는 경우에 매수인은 FCA 조건을 선택하는 것을 고려하여야 한다(FCA 조건에서는 물품이 매도인의 영업구 내에서 인도되는 경우 매도인이 매수인에 대하여 적재 의무를 부담하고 적재 작업 중에 발생하는 물품의 멸실 또는 훼손의 위험은 매도인이 부담한다).

6. Export clearance(수출통관)

With delivery happening when the goods are at the buyer's disposal either at the seller's premises or at another named point typically within the seller's jurisdiction or within the same Customs Union, there is no obligation on the seller to organise export clearance or clearance within third countries through which the goods pass in transit.

Indeed, EXW may be suitable for domestic trades, where there is no intention at all to export the goods. The seller's participation in export clearance is limited to providing assistance in obtaining such documents the goods. Where the buyer intends to export the goods and where it anticipates difficulty in obtaining export clearance, the buyer would be better advised to choose the FCA rule, under which the obligation and cost of obtaining export clearance lies with the seller.

물품이 매도인의 영업구 내에서 또는 전형적으로 매도인의 국가나 관세 동맹지역 내에 있는 다른 지정된 지점에서 매수인의 처분하에 놓인 때에 인도가 이루어지므로 매도인은 수출통관이나 운송 중에 물품이 통과할 제3국의 통관을 수행할 의무가 없다.

사실 EXW 조건은 물품을 수출할 의사가 전혀 없는 국내 거래에 적절하다. 수출통관에 관한 매도인의 참여는 물품 수출을 위하여 매수인이 요청할 수 있는 서류와 정보를 취득하는 데 협력을 제공하는 것에 한정된다. 매수인이 물품을 수출하고자 하나 수출통관을 하는 데 어려움이 예상되는 경우에는 매수인은 수출통관을 할 의무와 그에 관한 비용을 매도인이 부담하는 FCA 조건을 선택하는 것이 더 바람직하다.

02 FCA(Free Carrier: 운송인인도) 2022 출제

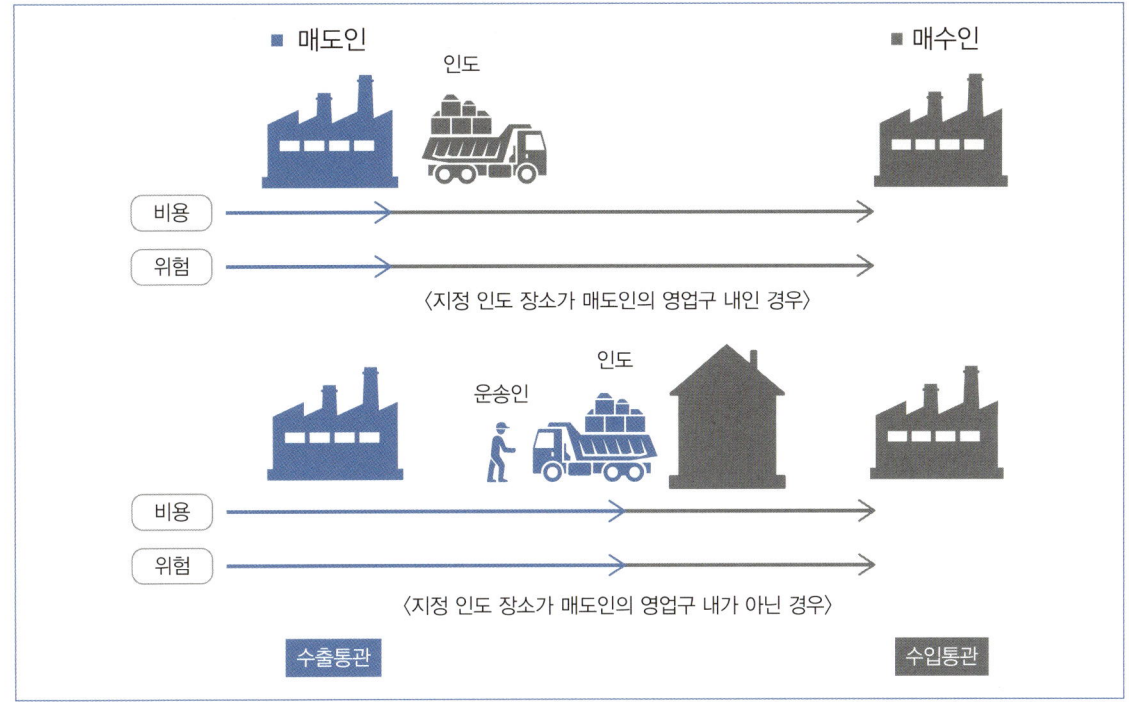

(1) FCA의 의미

매도인이 물품의 수출통관 절차를 마친 후 적출지의 지정된 장소에서 매수인이 지정한 운송인에게 물품을 인도함으로써 위험이 매수인에게 이전되는 거래 조건이다.

(2) FCA의 특징 2021 출제

① 위험과 비용 부담의 분기점: 매도인은 적출지의 지정된 장소, 매도인의 창고나 공장 이외의 장소에서 물품이 운송수단에 실린 채 양하 준비된 상태로 매수인이 지정한 운송인이나 제3자의 처분하에 놓인 때까지 발생하는 모든 위험과 비용을 부담한다. 단, 물품의 인도가 매도인의 창고나 공장 내에서 이루어지는 경우에는 매도인이 매수인의 운송수단에 적재하였을 때 위험과 비용이 이전된다.

② 매도인은 매수인에 대하여 운송계약 및 보험계약을 체결할 의무가 없다.

③ 복합운송을 포함한 모든 운송 방식에서 사용할 수 있고 매수인이 본인의 운송수단을 이용하여 운송하는 것을 허용한다.

④ 표기: FCA + 적출지의 지정 장소(insert named place of delivery)

  예) FCA Seller's Warehouse in Seoul, Korea(매도인의 영업구 내인 경우)
  FCA Warehouse in Incheon, Korea(별도의 외부 장소가 지정된 경우)

⑤ 매도인은 수출통관 절차(수출허가, 수출을 위한 보안통관, 선적 전 검사 및 그 밖의 공적 인가)를 수행하고 비용을 부담하여야 한다. 매수인은 수입국의 수입통관 절차를 수행하여야 한다.
⑥ **조달의 확대 적용**: Incoterms 2010과 달리 조달(Procure)규정을 두어 연속적으로 이루어지는 매매를 통해 인도 물품을 확보할 수 있게 되었다. 매도인은 물품을 운송인에게 인도하거나 그렇게 인도된 물품을 조달함으로써 인도해야 한다.
⑦ 매수인과 매도인은 매수인의 비용과 위험으로 선적 후에 선적 선하증권(Shipped B/L)을 매도인에게 발행하도록 그의 운송인에게 지시할 것을 합의할 수 있다. 이 경우 매도인은 은행(신용장 거래인 경우)을 통하여 선적 선하증권을 제공할 의무가 있다.

Incoterms 2020 FCA EXPLANATORY NOTES FOR USERS(사용자를 위한 FCA 조건 설명문)

1. Delivery and risk(인도와 위험)

"Free Carrier(named place)" means that the seller delivers the goods to the buyer in one or other of two ways.
"운송인인도(지정 장소)"는 매도인이 물품을 매수인에게 다음과 같은 두 가지 방법 중 어느 하나로 인도하는 것을 의미한다.

▶ First, when the named place is the seller's premises, the goods are delivered
  • when they are loaded on the means of transport arranged by the buyer.
▶ 첫째, 지정 인도 장소가 매도인의 영업구 내인 경우 물품은 다음과 같이 된 때 인도된다.
  • 물품이 매수인이 마련한 운송수단에 적재된 때
▶ Second, when the named place is another place, the goods are delivered
  • when having been loaded on the seller's means of transport,
  • they reach the named other place and
  • are ready for unloading from that seller's means of transport and
  • at the disposal of the carrier or of another person nominated by the buyer.
▶ 둘째, 지정 인도 장소가 그 밖의 장소인 경우 물품은 다음과 같이 된 때 인도된다.
  • 매도인의 운송수단에 적재되어
  • 지정 인도 장소에 도착하고
  • 매도인의 운송수단에 실린 채 양하 준비된 상태로
  • 매수인이 지정한 운송인이나 제3자의 처분하에 놓인 때

Whichever of the two is chosen as the place of delivery, that place identifies where risk transfers to the buyer and the time from which costs are for the buyer's account.
그러한 두 장소 중에서 인도 장소로 선택되는 장소는 위험이 매수인에게 이전되는 곳이자 매수인이 비용을 부담하기 시작하는 시점이 된다.

2. Mode of transport(운송 방식)

This rule may be used irrespective of the mode of transport selected and may also be used where more than one mode of transport is employed.
본 규칙은 어떠한 운송 방식이 선택되는지를 불문하고 사용할 수 있고 둘 이상의 운송 방식이 이용되는 경우에도 사용할 수 있다.

3. Place of point of delivery(인도 장소 또는 인도 지점)

A sale under FCA can be concluded naming only the place of delivery, either at the seller's premises or elsewhere, without specifying the precise point of delivery within that named place.
However, the parties are well advised also to specify as clearly as possible the precise point within the named place of delivery. A named precise point of delivery makes it clear to both parties when the goods are delivered and when risk transfers to the buyer; such precision also marks the point at which costs are for the buyer's account. Where the precise point is not identified, however, this may cause problem for the buyer. The seller in this case has the right to select the point "that best suits its purpose": that point becomes the point of delivery, from which risk and costs transfer to the buyer. If the precise point of delivery is not identified by naming it in the contract, then the parties are taken to have left it to the seller to select the point "that best suits its purpose". This means that the buyer may incur the risk that the seller may choose a point just before the point at which goods are lost or damaged. Best for the buyer therefore to select the precise point within a place where delivery will occur.
FCA 조건에 의한 매매는 지정 장소 내에 정확한 인도 지점을 명시하지 않고서 매도인의 영업구 내나 그 밖의 장소 중에서 어느 하나를 단지 인도 장소로 지정하여 체결될 수 있다.
그러나 당사자들은 지정 인도 장소 내에 정확한 지점도 가급적 명확하게 명시하는 것이 좋다. 그러한 정확한 지정 인도 지점은 양 당사자에게 물품이 언제 인도되는지와 위험이 언제 매수인에게 이전되는지 명확하게 하며, 그러한 정확한 지점은 매수인의 비용 부담

의 기준점을 확정한다. 그러나 정확한 지점이 지정되지 않은 경우에는 매수인에게 문제가 생길 수 있다. 이러한 경우에 매도인은 "그의 목적에 가장 적합한" 지점을 선택할 권리를 갖는다. 즉, 이러한 지점이 곧 인도 지점이 되고 그곳에서부터 위험과 비용이 매수인에게 이전된다. 계약에서 이를 지정하지 않아서 정확한 인도 지점이 정해지지 않은 경우에, 당사자들은 매도인이 "자신의 목적에 가장 적합한" 지점을 선택하도록 한 것으로 본다. 이는 매수인으로서는 매도인이 물품의 멸실 또는 훼손이 발생한 지점이 아닌 그 직전의 지점을 선택할 수도 있는 위험이 있음을 의미한다. 따라서 매수인은 인도가 이루어질 장소 내의 정확한 지점을 선택하는 것이 가장 바람직하다.

4. or procure goods so delivered(또는 그렇게 인도된 물품을 조달함)(A2 인도 관련)

The reference to "procure" here caters for multiple sales down a chain(string sales), particularly, although not exclusively, common in the commodity trades.

여기에 "조달하다"라고 규정한 것은, 꼭 이 분야에서 그런 것만은 아니지만, 특히 일차산품 거래(commodity trades)에서 일반적으로 여러 번에 걸쳐 이루어지는 연속 매매에 대응하기 위함이다.

5. Export/Import clearance(수출/수입통관)

FCA requires the seller to clear the goods for export, where applicable. However, the seller has no obligation to clear the goods for import or for transit through third countries, to pay any import duty or to carry out any import customs formalities.

FCA 조건에 해당되는 경우 매도인이 물품의 수출통관을 하여야 한다. 그러나 매도인은 물품의 수입을 위한 또는 제3국 통과를 위한 통관을 하거나 수입관세를 납부하거나 수입통관 절차를 수행할 의무가 없다.

6. Bills of lading with an on-board notation in FCA sales(FCA 매매에서 본선적재표기가 있는 선하증권)

We have already seen that FCA is intended for use irrespective of the mode or modes of transport used. Now if goods are being picked up by the buyer's road-haulier in Las Vegas, it would be rather uncommon to expect a bill of lading with an on-board notation to be issued by the carrier from Las Vegas, which is not a port and which a vessel cannot reach for goods to be placed on board. Nonetheless, seller selling FCA Las Vegas do sometimes find themselves in a situation where they need a bill of lading with an on-board notation(typically because of a bank collection or a letter of credit requirement), albeit necessarily stating that the goods have been placed on board in Los Angels as well as stating that they were received for carriage in Las Vegas. To cater for this possibility of an FCA seller needing a bill of lading with an on-board notation, FCA Incoterms® has, for the first time, provided the following optional mechanism. If the parties have so agreed in the contract, the buyer must instruct its carrier to issue a bill of lading with an on-board notation to the seller. The carrier may or may not, of course, accede to the buyer's request, given that the carrier is only bound and entitled to issue such a bill of lading once the goods are on board in Los Angels. However, if and when the bill of lading is issued to the seller by the carrier at the buyer's cost and risk, the seller must provide that same document to the buyer, who will need the bill of lading in order to obtain discharge of the goods from the carrier. This optional mechanism becomes unnecessary, of course, if the parties have agreed that the seller will present to the buyer a bill of lading stating simply that the goods have been received for shipment rather than that they have been shipped on board. Moreover, it should be emphasised that even where this optional mechanism is adopted, the seller is under no obligation to the buyer as to the terms of the contract of carriage. Finally, when this optional mechanism is adopted, the dates of delivery inland and loading of board will necessarily be different, which may well create difficulties for the seller under a letter of credit.

이미 언급하였듯이 FCA 조건은 사용되는 운송 방식이 단일 또는 복수인지를 불문하고 사용할 수 있다. 현재는 매수인의 도로운송인이 라스베이거스에서 물품을 수거한다고 할 때, 라스베이거스에서 운송인으로부터 본선적재표기가 있는 선하증권을 발급받기를 기대하는 것이 오히려 일반적이지 않다. 라스베이거스는 항구가 아니므로 선박이 물품 적재를 위하여 그곳으로 갈 수 없기 때문이다. 그럼에도 불구하고 FCA 라스베이거스 조건으로 매매하는 매도인은 때로는 (전형적으로 은행의 추심 조건이나 신용장 조건 때문에) 무엇보다도 물품이 라스베이거스에서 운송을 위하여 수령된 것으로 기재될 뿐만 아니라 그것이 라스베이거스에서 선적되었다고 기재된 본선적재표기가 있는 선하증권이 필요한 상황에 처하게 된다. 본선적재표기가 있는 선하증권을 필요로 하는 매도인의 이러한 가능성에 대응하기 위하여 Incoterms 2020 FCA 조건에서는 처음으로 다음과 같은 선택적 기재를 규정하였다. 당사자들이 계약에서 합의한 경우에 매수인은 운송인에게 본선적재표기가 있는 선하증권을 매도인에게 발행하도록 지시하여야 한다. 물론 운송인으로서는 물품이 로스앤젤레스에서 본선적재된 때에만 그러한 선하증권을 발행할 의무가 있고 또 그렇게 할 권리가 있기 때문에 매수인의 요청에 응할 수도 있고 응하지 않을 수도 있다. 그러나 운송인이 매수인의 비용과 위험으로 매도인에게 선하증권을 발행하는 경우에 매도인은 바로 그 선하증권을 매수인에게 제공하여야 하고 매수인은 운송인으로부터 물품을 수령하기 위해서는 그 선하증권이 필요하다. 물론 당사자들의 합의에 의하여 매도인이 매수인에게 물품의 본선적재 사실이 아니라 단지 물품이 선적을 위하여 수령되었다는 사실을 기재한 선하증권을 제시하는 경우에는 이러한 선택적 기재가 불필요하다. 또한 강조되어야 할 것으로 이러한 선택적 기재가 적용되는 경우에도 매도인은 매수인에 대하여 운송계약 조건에 관한 어떠한 의무도 없다. 끝으로, 이러한 선택적 기재가 적용되는 경우에 내륙의 인도 일자와 본선적재 일자는 부득이 다를 수 있을 것이고, 이로 인하여 매도인에게 신용장상 어려움이 발생할 수 있다.

03 FAS(Free Alongside Ship: 선측인도) – 해상운송과 내수로운송에 적용되는 규칙

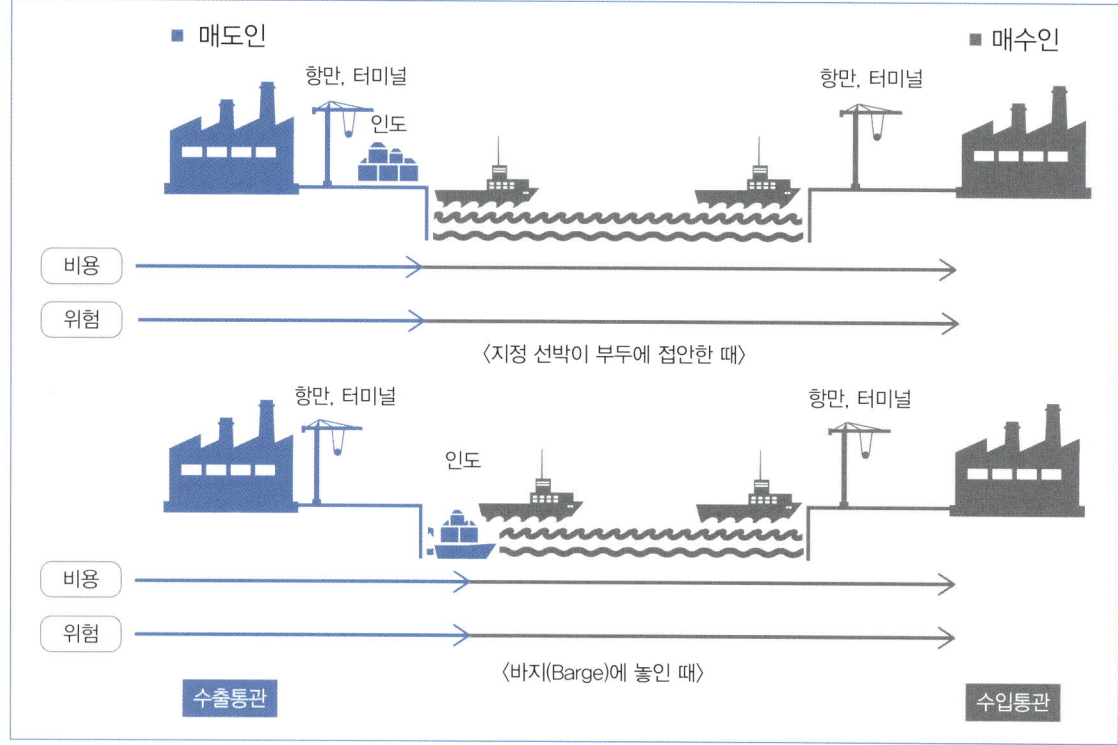

(1) FAS의 의미

매도인이 물품의 수출통관을 마친 후 지정된 선적항에서 매수인이 지명한 선박의 선측[부두 또는 바지(barge)]에 물품을 인도함으로써 위험이 매수인에게 이전되는 거래 조건이다.

(2) FAS의 특징 2021 출제

① 위험과 비용 부담의 분기점: 매도인은 물품이 선측에 놓일 때까지 발생하는 모든 위험과 비용을 부담한다.
② 매도인은 매수인을 위하여 운송계약 및 보험계약을 체결할 의무가 없다.
③ 해상운송과 내수로운송 방식에서만 사용할 수 있다.
④ 표기: FAS + 지정 선적항(insert named port of shipment) 예 FAS Busan Port
⑤ 매도인은 수출통관 절차를 수행하고 그에 관한 비용을 부담한다. 매수인은 수입국의 수입통관 절차를 수행한다.
⑥ 조달의 확대 적용: 매도인은 물품을 매수인이 지정하는 선박의 선측에 두거나 그렇게 인도된 물품을 조달함으로써 인도하여야 한다.
⑦ 주로 원면, 원목, 곡물 등 대량의 살물(Bulk cargo)을 운송 시 이용한다.

> Incoterms 2020 FAS EXPLANATORY NOTES FOR USERS(사용자를 위한 FAS 조건 설명문)
> 1. Delivery and risk(인도와 위험)
> "Free Alongside Ship" means that the seller delivers the goods to the buyer.
> "선측인도"는 다음과 같이 된 때 매도인이 물품을 매수인에게 인도하는 것을 의미한다.
> ▶ when the goods are placed alongside the ship(e.g. on a quay or a barge)
> ▶ nominated by the buyer

- ▶ at the named port of shipment
- ▶ or when the seller procure goods already so delivered.
- ▶ 지정 선적항에서
- ▶ 매수인이 지정한
- ▶ 선박의 선측[예를 들어 부두 또는 바지(barge)]에 물품이 놓인 때
- ▶ 또는 매도인이 이미 그렇게 인도된 물품을 조달한 때

The risk of loss of or damage to the goods transfers when the goods are alongside the ship, and the buyer bears all costs from the moment onwards.

물품의 멸실 또는 훼손 위험은 물품이 선측에 놓인 때 이전하고, 매수인은 그 순간부터 향후의 모든 비용을 부담한다.

2. Mode of transport(운송 방식)

   This rule is to be used only for sea or inland waterway transport where the parties intend to deliver the goods by placing the goods alongside a vessel.

   Thus, the FAS rule is not appropriate where goods are handed over to the carrier before they are alongside the vessel, for example where goods are handed over to a carrier at a container terminal. Where this is the case, parties should consider using the FCA rule rather than the FAS rule.

   본 규칙은 당사자들이 물품을 선측에 둠으로써 인도하기로 하는 해상운송이나 내수로운송에만 사용되어야 한다.

   따라서 FAS 조건은 물품이 선측에 놓이기 전에 운송인에게 전달되는 경우, 예컨대 물품이 컨테이너 터미널에서 운송인에게 교부되는 경우에는 적절하지 않다. 이러한 경우에 당사자들은 FAS 조건 대신에 FCA 조건을 사용하는 것을 고려하여야 한다.

3. Indentifying the loading point precisely(정확한 적재 지점 지정)

   The parties are well advised to specify as clearly as possible the loading point at the named port of shipment where the goods are to be transferred from the quay or barge to the ship, as the costs and risks to that point are for the account of the seller and these costs and associated handling charges may vary according to the practice of the port.

   당사자들은 지정 선적항에서 물품이 부두나 바지(barge)에서 선박으로 이동하는 적재 지점을 가급적 명확하게 명시하는 것이 좋다. 그 지점까지 비용과 위험은 매도인이 부담하고, 이러한 비용과 그와 관련된 처리 비용은 항구의 관행에 따라 다르기 때문이다.

4. or procuring the goods so delivered(또는 그렇게 인도된 물품을 조달함)

   The seller is required either to deliver the goods alongside the ship or to procure goods already so delivered for shipment. The reference to "procure" here caters for multiple sales down a chain(string sales), particularly common in the commodity trades.

   매도인은 물품을 선측에서 인도하거나 선적을 위하여 이미 그렇게 인도된 물품을 조달하여야 한다. 여기서 "조달하다(procure)"라고 규정하는 것은 특히 일차산품 거래에서 일반적으로 여러 번에 걸쳐 연속적으로 이루어지는 매매에 대응하기 위함이다.

5. Export/Import clearance(수출/수입통관)

   FAS requires the seller to clear the goods for export, where applicable. However, the seller has no obligation to clear the goods for import of for transit through third countries, to pay any import duty or to carry out any import customs formalities.

   FAS 조건에서는 해당되는 경우 매도인이 물품의 수출통관을 하여야 한다. 그러나 매도인은 물품의 수입을 위한 또는 제3국 통과를 위한 통관을 하거나 수입관세를 납부하거나 수입통관 절차를 수행할 의무가 없다.

04 FOB(Free On Board: 본선인도) - 해상운송과 내수로운송에 적용되는 규칙 2021 출제

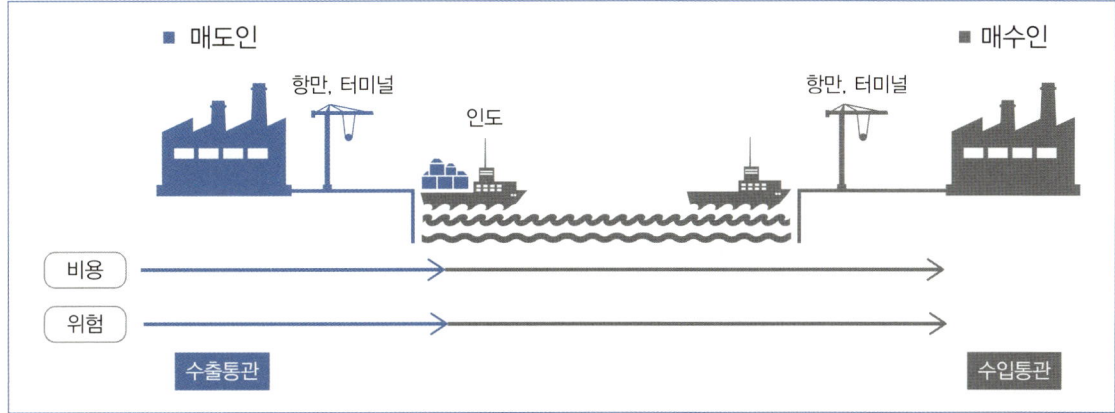

(1) FOB의 의미

매도인이 물품의 수출통관 절차를 마친 후 지정된 선적항에서 매수인이 지명한 선박의 본선상(on board the vessel)에 물품을 인도함으로써 위험이 매수인에게 이전되는 거래 조건이다.

(2) FOB의 특징 2021 출제

① **위험과 비용 부담의 분기점**: 매도인은 물품이 본선에 적재될 때까지 발생하는 모든 위험과 비용을 부담한다.
② 매도인은 매수인을 위하여 운송계약 및 보험계약을 체결할 의무가 없다.
③ 해상운송, 내수로운송 방식에서만 사용할 수 있다.
④ **표기**: FOB + 지정 선적항(insert named port of shipment) 예 FOB Busan Port
⑤ 매도인은 수출통관 절차를 수행하고 그에 관한 비용을 부담한다. 매수인은 수입국의 수입통관 절차를 수행한다.
⑥ **조달의 확대 적용**: 매도인은 물품을 매수인이 지정하는 선박에 적재하거나 그렇게 인도된 물품을 조달함으로써 인도하여야 한다.
⑦ 물품이 선박에 적재되기 전 컨테이너 터미널에서 운송인에게 교부되는 경우에는 FCA 조건을 사용하는 것이 권고된다.

Incoterms 2020 FOB EXPLANATORY NOTES FOR USERS(사용자를 위한 FOB 조건 설명문)

1. Delivery and risk(인도와 위험)

   "Free On Board" means that the seller delivers the goods to the buyer.
   "본선인도"는 매도인이 다음과 같이 물품을 매수인에게 인도하는 것을 의미한다.
   ▶ on board the vessel
   ▶ nominated by the buyer
   ▶ at the named port of shipment
   ▶ or procure goods already so delivered.
   ▶ 지정 선적항에서
   ▶ 매수인이 지정한
   ▶ 선박에 적재하거나
   ▶ 또는 이미 그렇게 인도된 물품을 조달하는 것
   The risk of loss of or damage to the goods transfers when the goods are on board the vessel, and the buyer bears all costs from the moment onwards.
   물품의 멸실 또는 훼손 위험은 물품이 선박에 적재된 때 이전되고, 매수인은 그 순간부터 이후의 모든 비용을 부담한다.

2. Mode of transport(운송 방식)

   This rule is to be used only for sea or inland waterway transport where the parties intend to deliver the goods by placing the goods on board a vessel.
   Thus, the FOB rule is not appropriate where goods are handed over to the carrier before they are on board the vessel, for example where goods are handed over to a carrier at a container terminal. Where this is the case, parties should consider using the FCA rule rather than the FOB rule.
   본 규칙은 당사자들이 물품을 선박에 적재함으로써 인도하기로 하는 해상운송이나 내수로운송에만 사용된다.
   따라서 FOB 조건은 물품이 선박에 적재되기 전에 운송인에게 교부되는 경우, 예컨대 물품이 컨테이너 터미널에서 운송인에게 교부되는 경우에는 적절하지 않다. 이러한 경우에 당사자들은 FOB 조건 대신에 FCA 조건을 사용하는 것을 고려하여야 한다.

* 조달, 수출/수입통관 부분은 FAS와 동일함

05 CPT(Carriage Paid To: 운송비지급인도) 2021, 2022 출제

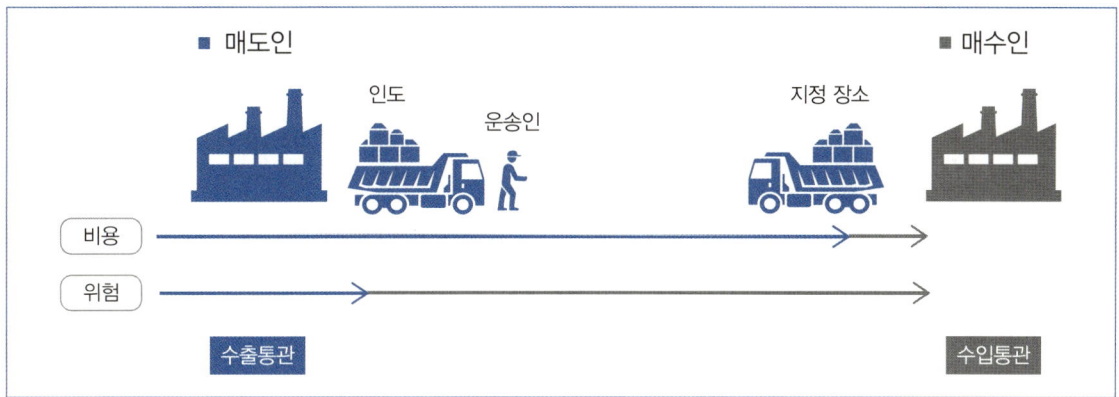

(1) CPT의 의미
매도인이 자신의 비용으로 운송인과 수입국의 지정 목적지까지 운송계약을 체결하고, 수출국에서 운송인에게 수출통관이 완료된 물품을 인도할 때 위험이 매수인에게 이전되는 조건이다.

(2) CPT의 특징
① 위험과 비용 부담의 분기점
  ㉠ 위험: 매도인이 물품을 수출국의 지정된 운송인에게 인도할 때 매수인에게 이전된다.
  ㉡ 비용: 매도인이 매수인의 지정 목적지로 물품이 도착할 때까지 발생하는 모든 비용을 부담한다. (보험료 제외)
  ㉢ 매도인이 운송계약상 지정 목적지에서 양하 관련 비용이 발생한 경우 당사자 간 별도로 합의되지 않는 한 그 비용을 매수인으로부터 상환받을 수 있는 권리가 없다.
② 매도인은 매수인을 위하여 보험계약을 체결할 의무가 없다.
③ 복합운송을 포함한 모든 운송 방식에서 사용할 수 있다.
④ 표기: CPT + 지정 목적지(insert named place of destination) 예 CPT Buyer's Factory in Texas, U.S.A.
⑤ 매도인은 수출통관 절차를 수행하고 그에 관한 비용을 부담한다. 매수인은 수입국의 수입통관 절차를 수행한다.
⑥ 조달의 확대 적용: 매도인은 자신과 운송계약을 체결한 운송인에게 물품을 인도하거나 그렇게 인도된 물품을 조달함으로써 인도하여야 한다.
⑦ FCA 조건에 운송비가 추가된 조건이다.

Incoterms 2020 CPT EXPLANATORY NOTES FOR USERS(사용자를 위한 CPT 조건 설명문)

1. Delivery and risk(인도와 위험)

"Carriage Paid To" means that the seller delivers the goods—and transfers the risk—to the buyer.

"운송비지급인도"는 매도인이 다음과 같이 매수인에게 물품을 인도하고 위험을 이전시키는 것을 의미한다.

▶ by handing them over to the carrier
▶ contracted by the seller
▶ or by procuring the goods so delivered.
▶ The seller may do so by giving the carrier physical possession of the goods in the manner and at the place appropriate to the means of transport used.
▶ 매도인과 계약을 체결한 운송인에게
▶ 물품을 교부함으로써
▶ 또는 그렇게 인도된 물품을 조달함으로써

▶ 매도인은 사용되는 운송수단에 적합한 방법 및 적합한 장소에서 운송인에게 물품의 물리적 점유를 이전함으로써 물품을 인도할 수 있다.

Once the goods have been delivered to the buyer in this way, the seller does not guarantee that the goods will reach the place of destination in sound condition, in the stated quantity or indeed at all. This is because risk transfers from seller to buyer when the goods are delivered to the buyer by handing them over to the carrier, the seller must nonetheless contract for the carriage of the goods from delivery to the agreed destination. Thus, for example, goods are handed over to a carrier in Las Vegas (which is not a port) for carriage to Southampton(a port) or to Winchester (which is not a port). In either case, delivery transferring risk to the buyer happens in Las Vegas, and the seller must make a contract of carriage to either Southampton or Winchester.*

물품이 이러한 방법으로 매수인에게 인도되면 매도인은 그 물품이 목적지에 양호한 상태로 그리고 명시된 수량 또는 그 전량이 도착할 것을 보장하지 않는다. 왜냐하면 물품이 운송인에게 교부됨으로써 매수인에게 인도된 때 위험은 매도인으로부터 매수인에게 이전되기 때문이다. 그럴더라도 매도인은 물품을 인도지에서 합의된 목적지까지 운송하는 계약을 체결하여야 한다. 따라서 예컨대 (항구인) 사우샘프턴이나 (항구가 아닌) 윈체스터까지 운송하기 위하여 (항구가 아닌) 라스베이거스에서 운송인에게 물품이 교부된다. 이러한 각각의 경우에 위험을 매수인에게 이전하는 인도는 라스베이거스에서 발생하고 매도인은 사우샘프턴이나 윈체스터로 향하는 운송계약을 체결하여야 한다.

2. Mode of transport(운송 방식)

This rule may be used irrespective of the mode of transport selected and may also be used where more than one mode of transport is employed.

본 규칙은 어떠한 운송 방식이 선택되는지를 불문하고 사용할 수 있고 둘 이상의 운송 방식이 이용되는 경우에도 사용할 수 있다.

3. Places(or points) of delivery and destination[인도 장소(또는 인도 지점)와 목적지]

In CPT, two locations are important: the place or point (if any) at which the goods are delivered (for the transfer of risk) and the place or point agreed as the destination of the goods (as the point to which the seller promises to contract for carriage).

CPT 조건에서는 두 곳이 중요하다. 물품이 (위험 이전을 위하여) 인도되는 장소 또는 지점(있는 경우)이 그 하나이고, 물품의 목적지로서 합의된 장소 또는 지점이 다른 하나이다(매도인은 이 지점까지 운송계약을 체결하기로 약속하기 때문임).

4. Identifying the place or point of delivery with precision(정확한 인도 장소 또는 인도 지점 지정)

The parties are well advised to identify both places, or indeed points within those places, as precisely as possible in the contract of sale. Identifying the place or point (if any) of delivery as precisely as possible is important to cater for the common situation where several carriers are engaged, each for different legs of the transit from delivery to destination. Where this happens and the parties do not agree on a specific place or point of delivery, the default position is that risk transfers when the goods have been delivered to the first carrier at a point entirely of the seller's choosing and over which the buyer has no control. Should the parties wish the risk to transfer at a later stage(e.g. at a sea or river port or at an airport), or indeed an earlier one(e.g. an inland point some way away from a sea or river port), they need to specify this in their contract of sale and to carefully think through the consequences of so doing in case the goods are lost or damaged.

당사자들은 매매계약에서 가급적 정확하게 두 장소(인도 장소 및 목적지) 또는 그러한 두 장소 내의 실제 지점들을 지정하는 것이 좋다. 인도 장소나 인도 지점(인도 장소 및 목적지)을 가급적 정확하게 지정하는 것은 복수의 운송인이 참여하여 인도지부터 목적지 사이에 각자 상이한 운송 구간을 담당하는 일반적인 상황에 대응하기 위하여 중요하다. 이러한 상황에서 당사자들이 특정한 인도 장소나 인도 지점을 합의하지 않는 경우에 (본 규칙이 규정하는) 보충적 입장은, 위험은 매도인이 전적으로 선택하고 그에 대하여 매수인이 전혀 통제할 수 없는 지점에서 물품이 제1운송인에게 인도된 때 이전한다는 것이다. 그 후의 어느 단계에서 (예컨대 바다나 강의 항구 또는 공항) 또는 그전의 어느 단계에서 (예컨대 바다나 강의 항구에서 멀리 떨어진 내륙의 어느 지점) 위험이 이전되길 원한다면, 당사자들은 이를 매매계약에 명시하고 물품이 실제로 멸실 또는 훼손되는 경우에 그렇게 하는 것의 결과가 어떻게 되는지를 신중하게 생각할 필요가 있다.

5. Identifying the destination as precisely as possible(가급적 정확한 목적지 지정)

The parties are also well advised to identify as precisely as possible in the contract of sale the point within the agreed place of destination, as this is the point to which the seller must contract for carriage and this is the point to which the costs of carriage fall on the seller.

당사자들은 또한 매매계약에서 합의된 목적지 내의 지점을 가급적 정확하게 지정하는 것이 좋다. 매도인이 그 지점까지 운송계약을 체결하여야 하고 그 지점까지 발생하는 운송 비용을 부담하기 때문이다.

7. Costs of unloading at destination(목적지의 양하 비용)

If the seller incurs costs under its contract of carriage related to unloading at the named place of destination, the seller is not entitled to recover such costs separately from the buyer unless otherwise agreed between the parties.

매도인이 그 운송계약상 지정 목적지에서 양하에 관하여 비용이 발생한 경우에 매도인은 당사자 간에 달리 합의되지 않는 한 그러한 비용을 매수인으로부터 별도로 상환받을 수 있는 권리가 없다.

* 조달 관련 내용은 공통으로 적용됨

06 CIP(Carriage and Insurance Paid To: 운송비·보험료지급인도) 2020, 2021 출제

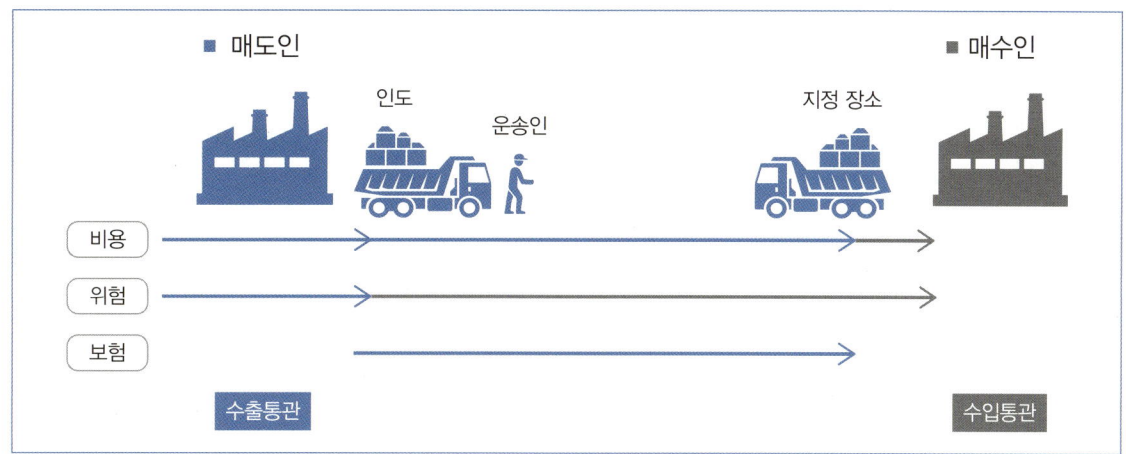

(1) CIP의 의미

지정된 목적지까지 물품을 운반하는 데 필요한 운송비와 보험료[협회적하약관 A 약관 또는 유사한 약관(A/R)으로 부보]는 매도인이 부담하되, 물품이 적출지의 지정된 장소에서 지정된 운송인에게 인도되는 시점부터 물품에 대한 모든 위험과 추가적인 비용 부담은 매수인에게 이전되는 거래 조건이다.

(2) CIP의 특징

① 위험과 비용 부담의 분기점
  ㉠ **위험**: 매도인이 수출국에서 매도인과 운송계약을 체결한 운송인에게 물품을 인도할 때 매수인에게 이전된다.
  ㉡ **비용**: 매도인이 매수인의 지정 목적지로 물품이 도착할 때까지 발생하는 모든 비용을 부담한다.
  ㉢ CPT 조건과 마찬가지로 지정 목적지에서 양하 관련 비용이 발생한 경우 당사자 간 별도로 합의되지 않는 한 그 비용을 매수인으로부터 상환받을 수 있는 권리가 없다.

② 매도인은 매수인을 위하여 보험계약을 체결할 의무가 있다. 매도인은 협회적하약관 A 약관이나 이와 유사한 약관에 따른 광범위한 담보 조건으로 부보하여야 하며 당사자들의 합의에 의해 보다 낮은 수준(B, C, WA, FPA 약관)으로 부보할 수 있다. 보험금액은 최소한 매매계약에 규정된 대금에 10%를 더한 금액(매매 대금의 110%)이어야 하고 보험의 통화는 매매계약의 통화와 같아야 한다. 보험은 인도 지점부터 적어도 지정 목적지까지 부보되어야 하고 매도인은 매수인에게 보험증권이나 보험증명서 또는 그 밖의 부보 증거를 제공하여야 한다.

③ 복합운송을 포함한 모든 운송 방식에서 사용할 수 있다.

④ **표기**: CIP + 지정 목적지(insert named place of destination) 예 CIP Buyer's Factory in Texas, U.S.A.

⑤ 매도인은 수출통관 절차를 수행하고 그에 관한 비용을 부담하여야 한다. 매수인은 수입국의 수입통관 절차를 수행하여야 한다.

⑥ **조달의 확대 적용**: 매도인은 자신과 운송계약을 체결한 운송인에게 물품을 인도하거나 그렇게 인도된 물품을 조달함으로써 인도하여야 한다.

⑦ CPT 조건에 보험료가 추가된 조건이다.

> Incoterms 2020 CIP EXPLANATORY NOTES FOR USERS(사용자를 위한 CIP 조건 설명문)
> 1. Delivery and risk(인도와 위험)
>   "Carriage and Insurance Paid To" means that the seller delivers the goods—and transfers the risk— to the buyer.
>   "운임비·보험료지급인도"는 매도인이 다음과 같이 매수인에게 물품을 인도하고 위험을 이전시키는 것을 의미한다.
>   - ▶ by handing them over to the carrier
>   - ▶ contracted by the seller
>   - ▶ or by procuring the goods so delivered.
>   - ▶ The seller may do so by giving the carrier physical possession of the goods in the manner and at the place appropriate to the means of transport used.
>   - ▶ 매도인과 계약을 체결한 운송인에게
>   - ▶ 물품을 교부함으로써
>   - ▶ 또는 그렇게 인도된 물품을 조달함으로써
>   - ▶ 매도인은 사용되는 운송수단에 적합한 방법 및 적합한 장소에서 운송인에게 물품의 물리적 점유를 이전함으로써 물품을 인도할 수 있다.
>   * CPT 하단부와 동일 내용
> 4. Insurance(보험)
>   The seller must also contract for insurance cover against the buyer's risk of loss of or damage to the goods from the point of delivery to at least the point of destination.
>   The buyer should also note that under the CIP Incoterms 2020 rule the seller is required to obtain extensive insurance cover complying with Institute Cargo Clauses(A) or similar clause, rather than with the more limited cover under Institute Cargo Clause(C). It is, however, still open to the parties to agree on a lower level of cover.
>   매도인은 또한 인도 지점부터 적어도 목적지까지 매수인의 물품의 멸실 또는 훼손 위험에 대하여 보험계약을 체결하여야 한다.
>   또한 매수인은 Incoterms 2020 CIP 조건에서 매도인이 협회적하약관 C 약관에 의한 제한적인 담보 조건이 아니라 협회적하약관 A 약관 이나 그와 유사한 약관에 따른 광범위한 담보 조건으로 부보하여야 한다는 것을 유의하여야 한다. 그러나 당사자들은 여전히 더 낮은 수준의 담보 조건으로 부보하기로 합의할 수 있다.

* 그 외 사항은 CPT와 동일하므로 CPT 사용자를 위한 설명문 참조

07 CFR(Cost and Freight: 운임포함인도) – 해상운송과 내수로운송에 적용되는 규칙

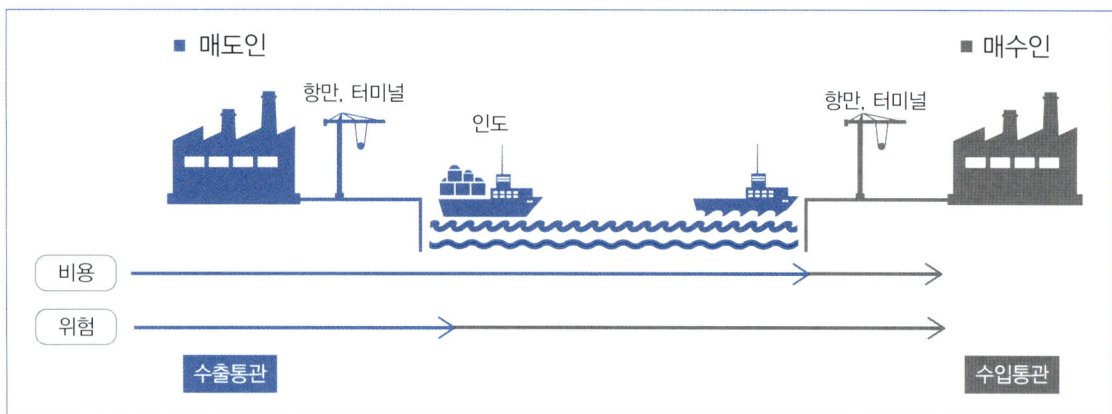

(1) CFR의 의미

매도인이 운송계약을 체결하고 지정된 목적항까지 물품을 운반하는 데 필요한 운임을 부담하되, 물품이 선적항에서 본선상에 적재되는 시점부터 물품에 대한 멸실 또는 훼손 위험이 매수인에게 이전되는 조건이다.

(2) CFR의 특징
① **위험과 비용 부담의 분기점**: 매도인은 물품이 본선에 적재될 때까지 발생하는 모든 위험을 부담한다. 또한 매도인은 물품을 인도지(선적항)부터 합의된 목적지(양륙항)까지 운송계약을 체결하여 인도하고, 물품 선적 비용과 해상운임 등을 부담한다.
② 매도인은 매수인을 위하여 보험계약을 체결할 의무가 없다.
③ 해상운송과 내수로운송 방식에서만 사용할 수 있다.
④ **표기**: CFR + 지정 목적항(insert named port of destination) 예) CFR New York Port
⑤ 매도인은 수출통관 절차를 수행하고 그에 관한 비용을 부담하여야 한다. 매수인은 수입국의 수입통관 절차를 수행하여야 한다.
⑥ 매도인은 물품을 선박에 적재하거나 그렇게 인도된 물품을 조달함으로써 인도하여야 한다.

Incoterms 2020 CFR EXPLANATORY NOTES FOR USERS(사용자를 위한 CFR 조건 설명문)

1. **Delivery and risk(인도와 위험)**

    "Cost and Freight" means that the seller delivers the goods to the buyer.
    "운임포함인도"는 매도인이 물품을 매수인에게 다음과 같이 인도하는 것을 의미한다.
    ▶ on board the vessel
    ▶ or procure goods already so delivered.
    ▶ 선박에 적재함
    ▶ 또는 이미 그렇게 인도된 물품을 조달함

    The risk of loss of or damage to the goods transfers when the goods are on board the vessel, such that the seller is taken to have performed its obligation to deliver the goods whether or not the goods actually arrive at their destination in sound condition, in the stated quantity or, indeed, at all.
    In CFR, the seller owes no obligation to the buyer to purchase insurance cover; the buyer would be well-advised therefore to purchase some cover for itself.
    물품의 멸실 또는 훼손 위험은 물품이 선박에 적재된 때 이전되고, 그에 따라 매도인은 명시된 수량의 물품이 실제로 목적지에 양호한 상태로 도착하는지를 불문하고 실제로 물품이 전혀 도착하지 않았더라도 물품 인도 의무를 이행한 것으로 본다.
    CFR 조건에서 매도인은 매수인에 대하여 부보 의무가 없다. 따라서 매수인은 스스로 부보하는 것이 좋다.

2. **Mode of transport(운송 방식)**

    This rule is to be used only for sea or inland waterway transport. Where more than one mode of transport is to be used, which will commonly be the case where goods are handed over to a carrier at a container terminal, the appropriate rule to use is CPT rather than CFR.
    본 규칙은 해상운송이나 내수로운송에만 사용되어야 한다. 물품이 컨테이너 터미널에서 운송인에게 교부되는 경우에 일반적으로 그러하듯이 둘 이상의 운송 방식이 사용되는 경우에 사용하기 적절한 조건은 CFR 조건이 아니라 CPT 조건이다.

4. **Ports of delivery and destination(인도항과 목적항)**

    In CFR, two ports are importance: the port where the goods are delivered on board the vessel and the port agreed as the destination of the goods. Risk transfers from seller to buyer when the goods are delivered to the buyer by placing them on board the vessel at the shipment port or by procuring the goods already so delivered. However, the seller must contract for the carriage of the goods from delivery to the agreed destination.
    CFR 조건에서는 두 항구가 중요하다. 물품이 선박에 적재되어 인도되는 항구와 물품의 목적항으로 합의된 항구가 그것이다. 물품이 선적항에서 선박에 적재됨으로써 또는 이미 그렇게 인도된 물품을 조달함으로써 매수인에게 인도된 때에 위험은 매도인으로부터 매수인에게 이전된다. 그러나 매도인은 물품을 인도지부터 합의된 목적지까지 운송하는 계약을 체결하여야 한다.

5. **Must the shipment port be named?(선적항은 반드시 지정되어야 하는가?)**

    While the contract will always specify a destination port, it might not specify the port of shipment, which is where risk transfers to the buyer. If the shipment port is of particular interest to the buyer, as it may be, for example, where the buyer wishes to ascertain that the freight element of the price is reasonable, the parties are well advised to identify it as precisely as possible in the contract.
    계약서에서는 목적항을 항상 명시할 것인 데 반하여, 위험이 매수인에게 이전하는 장소인 선적항은 명시하지 않을 수도 있다. 예컨대 매수인이 매매 대금에서 운임요소가 합리적인지 확인하고자 하는 경우에 그러하듯이, 선적항이 특히 매수인의 관심 사항인 경우에 당사자들은 계약에서 선적항을 가급적 정확하게 특정하는 것이 좋다.

6. Identifying the destination point at the discharge port(양륙항 내 목적 지점 지정)

   The parties are well advised to identify as precisely as possible the point at the named port of destination, as the costs to that point are for the account of the seller. The seller must make a contract or contracts of carriage that cover(s) the transit of the goods from delivery to the named port or to the agreed point within that port where such a point that been agreed in the contract of sale.

   당사자들은 지정 목적항 내의 지점을 가급적 정확하게 지정하는 것이 좋다. 그 지점까지 비용을 매도인이 부담하기 때문이다. 매도인은 물품을 인도지에서 지정 목적항까지 또는 그 지정 목적항 내의 지점으로서 매매계약에서 합의된 지점까지 물품을 운송하는 단일 또는 복수의 계약을 체결하여야 한다.

7. Multiple carriers(복수의 운송인)

   It is possible that carriage is effected through several carriers for different legs of the sea transport, for example, first by a carrier operating a feeder vessel from Hong Kong to Shanghai, and then onto an ocean vessel from Shanghai to Southhampton. The question which arises here is whether risk transfers from seller to buyer at Hong Kong or at Shanghai: where does delivery take place? The parties may well have agreed this in the sale contract itself. Where, however, there is no such agreement, the default position is that risk transfers when the goods have been delivered to first carrier, i.e. Hong Kong, thus increasing the period during which the buyer incurs the risk of loss or damage. Should the parties wish the risk to transfer at a later stage(here, Shanghai) they need to specify this in their contract of sale.

   예컨대 처음에는 홍콩에서 상하이까지 피더선(feeder vessel)을 운항하는 운송인이 담당하고 이어서 상하이에서 사우샘프턴까지 항해선박(ocean vessel)이 담당하는 경우와 같이, 상이한 해상운송 구간을 각기 담당하는 복수의 운송인이 운송을 수행하는 것도 가능하다. 이때 과연 위험은 매도인으로부터 매수인에게 홍콩에서 이전하는지 아니면 상하이에서 이전하는지 의문이 발생한다. 즉, 인도는 어디서 일어나는가? 당사자들이 매매계약 자체에서 이를 잘 합의하였을 수도 있다. 그러나 그러한 합의가 없는 경우에 (본 규칙이 규정하는) 보충적 입장은, 위험은 물품이 제1운송인에게 인도된 때, 즉 홍콩에서 이전되고, 이에 따라서 매수인이 물품의 멸실 또는 훼손 위험을 부담하는 기간이 증가한다. 당사자들은 그 뒤의 어느 단계에서 (여기서는 상하이) 위험이 이전되기를 원한다면 이를 매매계약에 명시하여야 한다.

8. Unloading costs(양하 비용)

   If the seller incurs costs under its contract of carriage related to unloading at the specified point at the port of destination, the seller is not entitled to recover such costs separately from the buyer unless otherwise agreed between the parties.

   매도인은 운송계약상 목적항 내의 명시된 지점에서 양하에 관하여 비용이 발생한 경우에 당사자 간에 달리 합의되지 않는 한 그러한 비용을 매수인으로부터 별도로 상환받을 수 있는 권리가 없다.

9. Export/Import clearance(수출/수입통관)

   CFR requires the seller to clear the goods for export, where applicable. However, the seller has no obligation to clear the goods for import or transit through third countries, to pay any import duty or to carry any import customs formalities.

   CFR 조건에서는 해당되는 경우 매도인이 물품의 수출통관을 하여야 한다. 그러나 매도인은 물품의 수입을 위한 또는 제3국 통과를 위한 통관을 하거나 수입관세를 납부하거나 수입통관 절차를 수행할 의무가 없다.

* 조달 관련 내용은 공통으로 적용됨

08 CIF(Cost, Insurance and Freight: 운임·보험료포함인도) – 해상운송과 내수로운송에 적용되는 규칙 [2021, 2023 출제]

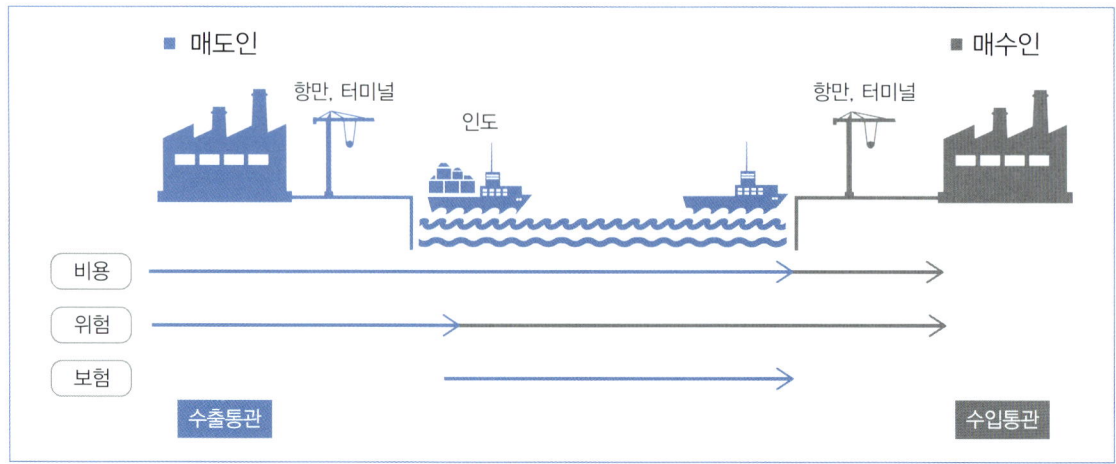

(1) CIF의 의미

지정된 목적항까지 물품을 운반하는 데 필요한 해상운송비와 보험료는 매도인이 부담하고, 물품이 선적항에서 본선에 적재되는 시점부터 물품에 대한 모든 위험과 추가적인 비용 부담은 매수인에게 이전되는 거래 조건이다.

(2) CIF의 특징

① 위험과 비용 부담의 분기점
  ㉠ 위험: 매도인이 물품을 본선에 적재할 때 매수인에게 이전된다.
  ㉡ 비용: 매도인은 수출통관에 관한 비용, 선적비용과 수입국의 지정 목적항까지 해상운임 및 보험료를 부담한다.

② 매도인은 매수인을 위하여 보험계약을 체결할 의무가 있다. ICC(C) 약관이나 유사한 약관에 따른 제한적인 담보 조건으로 부보 가능하며 당사자 간의 합의에 따라 더 높은 수준의 담보 조건(A, B, A/R, WA 약관)으로 부보할 수 있다. 이로 인해 발생하는 비용은 매수인이 부담한다.

③ 해상운송, 내수로운송 방식에서만 사용할 수 있다.

④ 표기: CIF + 지정 목적항(insert named port of destination) 예 CIF New York Port

⑤ 매도인은 수출통관 절차를 수행하고 그에 관한 비용을 부담하여야 한다. 매수인은 수입국의 수입통관 절차를 수행하여야 한다.

⑥ 조달의 확대 적용: 매도인은 물품을 선박에 적재하거나 그렇게 인도된 물품을 조달함으로써 인도하여야 한다.

Incoterms 2020 CIF EXPLANATORY NOTES FOR USERS(사용자를 위한 CIF 조건 설명문)

1. Delivery and risk(인도와 위험)

"Cost Insurance and Freight" means that the seller delivers the goods to the buyer.
"운임·보험료포함인도"는 매도인이 물품을 매수인에게 다음과 같이 인도하는 것을 의미한다.
▶ on board the vessel
▶ or procures the goods already so delivered.
▶ 선박에 적재함
▶ 또는 이미 그렇게 인도된 물품을 조달함

The risk of loss of or damage to the goods transfers when the goods are on board the vessel, such that the seller is taken to have performed its obligation to deliver the goods whether or not the goods actually arrive at their destination in sound condition, in the stated quantity or, indeed, at all.
물품의 멸실 또는 훼손 위험은 물품이 선박에 적재된 때 이전되고, 그에 따라 매도인은 명시된 수량의 물품이 실제로 목적지에 양호한 상태로 도착하는지를 불문하고 또는 실제로 물품이 전혀 도착하지 않았더라도 물품 인도 의무를 이행한 것으로 본다.

2. Mode of transport(운송 방식)

This rule is to be used only for sea or inland waterway transport. Where more than one mode of transport is to be used, which will commonly be the case where goods are handed over to a carrier at a container terminal, the appropriate rule to use is CIP rather than CIF.
본 규칙은 해상운송이나 내수로운송에만 사용되어야 한다. 물품이 컨테이너 터미널에서 운송인에게 교부되는 경우에 일반적으로 그러하듯이 둘 이상의 운송 방식이 사용되는 경우에 사용하기 적절한 조건은 CIF 조건이 아니라 CIP 조건이다.

8. Insurance(보험)

The seller must also contract for insurance cover against the buyer's risk of loss of or damage to the goods from the port of shipment to at least the port of destination. This may cause difficulty where the destination country requires insurance cover to be purchased locally : in this case the parties should consider selling and buying under CFR. The buyer should also note that under the CIF Incoterms 2020 rule the seller is required to obtain limited insurance cover complying with Institute Cargo Clauses(C) or similar clause, rather than with the more extensive cover under Institute Cargo Clause(A). It is, however, still open to the parties to agree on a higher level of cover.
매도인은 또한 선적항부터 적어도 목적항까지 매수인의 물품의 멸실 또는 훼손 위험에 대하여 보험계약을 체결하여야 한다. 이는 목적지 국가가 자국의 보험자에게 부보하도록 요구하는 경우에는 어려움을 야기할 수 있다. 이러한 경우에 당사자들은 CFR 조건으로 매매하는 것을 고려하여야 한다. 또한 매수인은 Incoterms 2020 CIF 조건에서 매도인은 협회적하약관 A 약관에 의한 보다 광범위한 담보 조건이 아니라 협회적하약관 C 약관이나 그와 유사한 약관에 따른 제한적인 담보 조건으로 부보하여야 한다는 것을 유의하여야 한다. 그러나 당사자들은 여전히 높은 수준의 담보 조건으로 부보하기로 합의할 수 있다.

* 조달, 인도항과 목적항, 선적항의 지정, 양륙항 내 목적 지점, 복수의 운송인, 양하 비용, 수출·수입통관 규정은 CFR 조건과 동일함

09 DAP(Delivered At Place: 도착장소인도) 2022 출제

(1) DAP의 의미

매도인이 본인의 책임하에 목적지까지 물품을 운반하여, 수입통관하지 않은 상태로 지정된 목적지에서 운송수단으로부터 양하 준비된 상태로 매수인의 처분하에 둠으로써 위험을 이전하는 조건이다.

(2) DAP의 특징

① **위험과 비용 부담의 분기점**: 위험은 매도인이 지정 목적지에서 물품을 운송수단에서 양하하지 않은 상태로 매수인의 처분 상태에 둘 때 이전되고 이때까지 발생하는 모든 비용도 매도인이 부담한다(인도 = 목적지의 도착). 매도인은 도착운송수단에서 물품을 양하할 의무가 없으며, 지정 목적지에서 양하 관련 비용이 발생한 경우 당사자 간 합의되지 않는 한 그 비용을 매수인으로부터 상환받을 수 있는 권리가 없다.

② 매도인은 매수인에 대하여 보험계약을 체결할 의무가 없다.

③ 복합운송을 포함한 모든 운송 방식에서 사용할 수 있고 매도인이 자신의 운송수단을 이용하여 운송하는 것을 허용하고 있다.

④ **표기**: DAP + 지정 목적지(insert named place of destination) 예 DAP Buyer's Factory in Texas, U.S.A.

⑤ 매도인은 수출통관 절차를 수행하고 그에 관한 비용을 부담한다. 매수인은 수입국의 수입통관 절차를 수행한다.

⑥ **조달의 확대 적용**: 매도인은 물품을 지정 목적지에서 인도하거나 그렇게 인도된 물품을 조달함으로써 인도하여야 한다.

⑦ 매도인이 수입통관과 수입관세 또는 세금을 납부하도록 하려는 경우에는 DDP 조건을 사용하는 것이 권고된다.

Incoterms 2020 DAP EXPLANATORY NOTES FOR USERS(사용자를 위한 DAP 조건 설명문)

1. Delivery and risk(인도와 위험)

"Delivered at Place" means that the seller delivers the goods—and transfers the risk— to the buyer.

"도착장소인도"는 다음과 같이 될 때 매도인이 매수인에게 물품을 인도하고 위험을 이전시키는 것을 의미한다.
▶ when the goods are placed at the disposal of the buyer
▶ on the arriving means of transport ready for unloading
▶ at the named place of destination or
▶ at the agreed point within that place, if any such point is agreed.
▶ 물품이 지정 목적지에서 또는
▶ 지정 목적지 내에 어떠한 지점이 합의된 경우에는 그 지점에서

▶ 도착운송수단에 실어 둔 채 양하 준비된 상태로
▶ 물품이 매수인의 임의 처분하에 놓인 때

The seller bears all risks involved in bringing the goods to the named place of destination or to the agreed point within that place. In this Incoterms rule, therefore, delivery and arrival at destination are the same.

매도인은 물품을 지정 목적지까지 또는 지정 목적지 내의 합의된 지점까지 가져가는 데 수반되는 모든 위험을 부담한다. 따라서 본 인코텀즈 규칙에서 인도와 목적지의 도착은 같은 것이다.

2. Mode of transport(운송 방식)

This rule may be used irrespective of the mode of transport selected and may also be used where more than one mode of transport is employed.

본 규칙은 어떠한 운송 방식이 선택되는지를 불문하고 사용할 수 있고 둘 이상의 운송 방식이 이용되는 경우에도 사용할 수 있다.

3. Identifying the place or point of delivery/destination precisely(정확한 인도 장소/목적지 또는 인도/목적 지점 지정)

The parties are well advised to specify the destination place or point as clearly as possible and this for several reasons.

First, risk of loss of or damage to the goods transfers to the buyer at that point of delivery/destination—and it is best for the seller and the buyer to be clear about the point at which that critical transfer happens.

Second, the costs before that place or point of delivery/destination are for the account of the seller and the costs after that place or point are for the account of the buyer.

Thirdly, the seller must contract or arrange for the carriage of the goods to the agreed place or point of delivery/destination. If it fails to do so, the seller is in breach of its obligations under the Incoterms DAP rule and will be liable to the buyer for any ensuing loss. Thus, for example, the seller would be responsible for any additional costs levied by the carrier to the buyer for any additional on-carriage.

당사자들은 다음의 몇 가지 이유로 가급적 명확하게 목적지나 목적 지점을 명시하는 것이 좋다.

첫째, 물품의 멸실 또는 훼손 위험은 그러한 인도/목적 지점에서 매수인에게 이전된다. 따라서 매도인과 매수인은 그러한 결정적인 이전이 일어나는 지점에 대하여 명확하게 해 두는 것이 가장 좋다.

둘째, 그러한 인도 장소/목적지 또는 인도/목적 지점 이전까지 발생한 비용은 매도인이 부담하고 그 후의 비용은 매수인이 부담한다.

셋째, 매도인은 물품을 합의된 인도 장소/목적지 또는 인도/목적 지점까지 운송하는 계약을 체결하거나 그러한 운송을 마련하여야 한다. 그렇게 하지 않는 경우에 매도인은 인코텀즈 DAP 조건상 그의 의무를 위반한 것이 되고 매수인에 대하여 그에 따른 손해배상책임을 지게 된다. 따라서, 예컨대 매도인은 추가적인 후속운송(on-carriage)을 위하여 운송인이 매수인에게 부과하는 추가 비용에 대하여 책임을 진다.

5. Unloading costs(양하 비용) – DPU 조건과 비교

The seller is not required to unload the goods from the arriving means of transportation. However, if the seller incurs costs under its contract of carriage related to unloading at the place of delivery/destination, the seller is not entitled to recover such costs separately from the buyer unless otherwise agreed between the parties.

매도인은 도착운송수단에서 물품을 양하할 필요가 없다. 그러나 매도인이 자신의 운송계약상 인도 장소/목적지에서 양하에 관하여 비용이 발생한 경우에 매도인은 당사자 간에 달리 합의되지 않는 한 그러한 비용을 매수인으로부터 별도로 상환받을 수 있는 권리가 없다.

6. Export/import clearance(수출/수입통관) – DDP 조건과 비교

DAP requires the seller to clear the goods for export, where applicable. However, the seller has no obligation to clear the goods for import or for post-delivery transit through third countries, to pay any import duty or to carry out any import customs formalities. As a result, if the buyer fails to organise import clearance, the goods will be held up at a port or inland terminal in the destination country. Who bears the risk of any loss that might occur while the goods are thus held up at the port of entry in the destination country? The answer is the buyer: delivery will not have occurred yet, B3(a) ensuring that the risk of loss of or damage to the goods is with the buyer until transit to a named inland point can be resumed. If, in order to avoid this scenario, the parties intend the seller to clear the goods for import, pay any import duty or tax and carry out import customs formalities, the parties might consider using DDP.

DAP 조건에서는 해당되는 경우 매도인이 물품의 수출통관을 하여야 한다. 그러나 매도인은 물품 수입을 위한 또는 물품 인도 후 제3국 통과를 위한 통관을 하거나 수입관세를 납부하거나 수입통관 절차를 수행할 의무가 없다. 따라서 매수인이 수입통관을 못 하는 경우 물품은 목적지 국가의 항구나 내륙터미널에 묶이게 될 것이다. 그렇다면 물품이 목적지 국가의 입국 항구에 묶여 있는 동안 발생하는 어떤 멸실의 위험은 누가 부담하는가? 그 답은 매수인이다. 즉, 아직 인도가 일어나지 않았고, B3(a)는 내륙의 지정 지점으로 통과가 재개될 때까지 물품의 멸실 또는 훼손 위험을 매수인이 부담하도록 하기 때문이다. 만일 이러한 시나리오를 피하기 위하여 물품의 수입통관을 하고 수입관세나 세금을 납부하고 수입통관 절차를 수행하는 것을 매도인이 하도록 하고자 하는 경우 당사자들은 DDP 조건을 사용하는 것을 고려할 수 있다.

10 DPU(Delivered at Place Unloaded: 도착지양하인도) 2020, 2021, 2022, 2023 출제

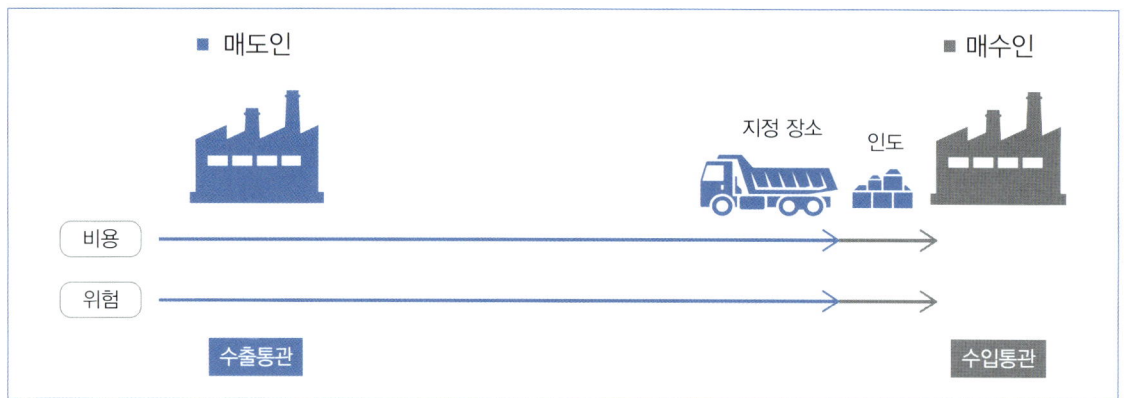

(1) DPU의 의미

매도인이 물품을 지정 목적지 또는 지정 목적지 내의 합의된 지점에서 도착운송수단으로부터 양하하여 매수인의 처분하에 둠으로써 위험이 이전되는 조건이다. Incoterms 2010의 DAT 조건이 삭제되고 DPU 조건이 신설되었다. 기존 DAT 조건에서는 인도 장소가 터미널(부두, 창고, 컨테이너 터미널 등)에 한정되어 있던 것에 비해 DPU 조건에서는 지정 목적지는 터미널을 포함한 수입국의 지정 장소로 그 범위가 확대되었다.

(2) DPU의 특징

① **위험과 비용 부담의 분기점**: 위험은 매도인이 지정된 목적지에서 물품을 운송수단으로부터 양하한 상태로 매수인의 처분하에 둘 때 이전되고 이때까지 발생하는 모든 비용도 매도인이 부담한다.
② 매도인은 매수인을 위하여 보험계약을 체결할 의무가 없다.
③ 복합운송을 포함한 모든 운송 방식에서 사용할 수 있고 매도인이 자신의 운송수단을 이용하여 운송하는 것을 허용하고 있다.
④ **표기**: DPU + 지정 목적지(insert named place of destination) 예 DPU Buyer's Factory in Texas, U.S.A.
⑤ 매도인은 수출통관 절차를 수행하고 그에 관한 비용을 부담한다. 매수인은 수입국의 수입통관 절차를 수행한다.
⑥ **조달의 확대 적용**: 매도인은 물품을 지정 목적지에서 인도하거나 그렇게 인도된 물품을 조달함으로써 인도하여야 한다.
⑦ 매도인이 수입통관과 수입관세나 세금을 납부하도록 하고자 하는 경우에는 DDP 조건을 사용하는 것이 권고된다.
⑧ 매도인이 도착운송수단에서 물품을 양하(Unloading)할 의무가 있는 유일한 인코텀즈 조건이다.
⑨ DAP 조건에 매도인의 양하의무가 추가된 조건이다.

Incoterms 2020 DPU EXPLANATORY NOTES FOR USERS(사용자를 위한 DPU 조건 설명문)

1. Delivery and risk(인도와 위험)

  "Delivered at Place Unloaded" means that the seller delivers the goods—and transfers the risk— to the buyer.
  "도착지양하인도"는 다음과 같이 된 때 매도인이 매수인에게 물품을 인도하고 위험을 이전 시키는 것을 의미한다.
  ▶ when the goods
  ▶ once unloaded from the arriving means of transport,
  ▶ are placed at the disposal of the buyer

> ▶ at a named place of destination or
> ▶ at the agreed point within that place, if any such point is agreed.
> ▶ 물품이
> ▶ 지정 목적지에서 또는
> ▶ 지정 목적지 내의 어떠한 지점이 합의된 경우에는 그 지점에서
> ▶ 도착운송수단에서 양하된 상태로
> ▶ 매수인의 처분하에 놓인 때
>
> The seller bears all risks involved in bringing the goods to and unloading them at the named place of destination. In this Incoterms rule, therefore, the delivery and arrival at destination are the same. DPU is the only Incoterms rule that requires the seller to unload the goods at the destination.
> The seller should therefore ensure that it is in a position to organise unloading at the named place. Should the parties intend the seller not to bear the risk and cost of unloading, the DPU rule should be avoided and DAP should be used instead.
> 매도인은 물품을 지정 목적지까지 가져가서 그곳에서 물품을 양하하는 데 수반되는 모든 위험을 부담한다. 따라서 본 인코텀즈 규칙에서 인도와 목적지의 도착은 같은 것이다. DPU 조건은 매도인이 목적지에서 물품을 양하하도록 하는 유일한 인코텀즈 조건이다. 따라서 매도인은 자신이 그러한 지정 장소에서 양하할 수 있는 입장에 있는지를 확실히 하여야 한다. 당사자들은 매도인이 양하의 위험과 비용을 부담하기를 원하지 않는 경우에는 DPU 조건을 피하고 그 대신 DAP 조건을 사용하여야 한다.

* 운송 방식, 인도 장소/목적지 또는 인도/목적 지점 지정, 조달, 수출/수입통관은 DAP 조건과 내용이 동일함

11 DDP(Delivered Duty Paid: 관세지급인도) 2021, 2022 출제

(1) DDP의 의미

매도인이 본인의 책임하에 목적지까지 물품을 운반하여 수입통관 절차를 거친 후 지정된 목적지에서 운송수단으로부터 양하 준비된 상태(ready for unloading)로 매수인의 처분하에 둠으로써 위험이 이전되는 조건이다.

(2) DDP의 특징

① 위험과 비용 부담의 분기점: 매도인은 물품을 지정 목적지 또는 지정 목적지 내의 합의된 지점까지 가져가는 데 수반되는 모든 비용과 위험을 부담한다(목적지의 도착과 함께 물품이 인도된다).
② 매도인은 매수인을 위하여 보험계약을 체결할 의무가 없다.
③ 복합운송을 포함한 모든 운송 방식에서 사용할 수 있고 매도인이 자신의 운송수단을 이용하여 운송하는 것을 허용한다.
④ 표기: DDP + 지정 목적지(insert named place of destination) 예) DDP Texas Buyer's factory
⑤ 매도인은 수출통관 절차를 수행하고 그에 관한 비용을 부담한다. 또한 수입국의 수입통관 절차를 수행하고 관세, 세금 및 그 밖의 비용도 부담한다.

⑥ **조달의 확대 적용**: 매도인은 물품을 지정 목적지에서 인도하거나 그렇게 인도된 물품을 조달함으로써 인도하여야 한다.
⑦ 11개의 무역거래 조건 중 매도인의 위험과 비용 부담이 가장 큰 조건이다. 매도인의 입장에서는 최대 의무 조건이고 매수인의 입장에서는 최소 의무 조건이다.

Incoterms 2020 DDP EXPLANATORY NOTES FOR USERS(사용자를 위한 DDP 조건 설명문)

1. Delivery and risk(인도와 위험)

"Delivered Duty Paid" means that the seller delivers the goods to the buyer.
"관세지급인도"는 다음과 같이 된 때 매도인이 매수인에게 물품을 인도하는 것을 의미한다.
▶ when the goods are placed at the disposal of the buyer,
▶ cleared for import
▶ on the arriving means of transport,
▶ ready for unloading,
▶ at the named place of destination or at the agreed point within that place, if any such point is agreed.
▶ 물품이 지정 목적지에서 또는 지정 목적지 내의 어떠한 지점이 합의된 경우에는 그러한 지점에서
▶ 수입통관 후
▶ 도착운송수단에 실어 둔 채
▶ 양하 준비 상태로
▶ 매수인의 처분하에 놓인 때

The seller bears all risks involved in bringing the goods to the named place of destination or to the agreed point within that place. In this Incoterms rule, therefore, delivery and arrival at destination are the same.

매도인은 물품을 지정 목적지까지 또는 지정 목적지 내의 합의된 지점까지 가져가는 데 수반되는 모든 위험을 부담한다. 따라서 본 인코텀즈 규칙에서 인도와 목적지의 도착은 같은 것이다.

3. A note of caution to sellers : maximum responsibility(매도인을 위한 유의사항 : 최대 책임)

DDP, with delivery happening at destination and with the seller being responsible for the payment of import duty and applicable taxes is the Incoterms rule imposing on the seller the maximum level of obligation of all eleven Incoterms rules.

DDP 조건에서는 인도가 도착지에서 일어나고 매도인이 수입관세와 해당되는 세금의 납부 책임을 지므로 DDP 조건은 11개의 모든 인코텀즈 조건 중에서 매도인에게 최대의 의무를 부과한다.

7. Export/Import clearance(수출/수입통관)

As set out in paragraph 3, DDP requires the seller to clear the goods for export, where applicable, as well as for import and to pay any import duty or to carry out any customs formalities.

Thus if the seller is unable to obtain import clearance and would rather leave the side of things in the buyer's hands in the country of import, then the seller should consider choosing DAP or DPU, under which rules delivery still happens at destination, but with import clearance being left to the buyer. There may be tax implications and this tax may not be recoverable from the buyer.

위의 3번 단락에서 보듯이, DDP 조건에서는 해당되는 경우 매도인이 물품의 수출통관 및 수입통관을 하여야 하고 또한 수입관세를 납부하거나 모든 통관 절차를 수행하여야 한다.

따라서 매도인이 수입통관을 완료할 수 없어서 차라리 이러한 부분을 수입국에 있는 매수인의 손에 맡기고자 하는 경우에 인도는 여전히 목적지에서 일어나지만 수입통관은 매수인이 하도록 되어 있는 DAP 조건이나 DPU 조건을 선택하는 것을 고려하여야 한다. 세금 문제가 개재될 수 있는데 이러한 세금은 매수인에게서 상환받을 수 없다.

---

* 운송 방식, 인도 장소/목적지 또는 인도/목적 지점 지정, 양하 비용, 조달은 DAP 조건과 동일함

정리하고 넘어가기 — Incoterms 2020의 주요 내용 2020, 2021, 2022, 2023, 2025 출제

구분	위험 이전	비용 이전	비고
EXW (EX Works, 공장인도)	매도인의 영업구 내 또는 지정된 장소에서 매수인이 임의 처분할 수 있도록 물품을 인도하였을 때	매도인은 물품이 인도될 때까지의 모든 비용을 부담	수출통관의무: 매수인 수입통관의무: 매수인 (매수인의 최대 의무)
FCA (Free Carrier, 운송인인도)	매도인이 지정 인도 장소에서 매수인이 지정한 운송인에게 수출통관된 물품을 인도하였을 때	매도인은 물품이 인도될 때까지의 모든 비용을 부담	수출통관의무: 매도인 수입통관의무: 매수인
FAS (Free Alongside Ship, 선측인도)	물품이 지정 선적항의 부두 혹은 바지선 선측에 인도되었을 때	매도인은 물품이 인도될 때까지의 모든 비용을 부담	수출통관의무: 매도인 수입통관의무: 매수인
FOB (Free On Board, 본선인도)	물품이 지정 선적항에서 본선에 적재된 때	매도인은 물품이 인도될 때까지의 모든 비용을 부담	수출통관의무: 매도인 수입통관의무: 매수인
CPT (Carriage Paid To, 운송비지급인도)	물품이 지정 목적지까지 운송할 운송인의 보관하에 또는 복합운송의 경우 최초의 운송인에게 인도되었을 때	매도인은 물품이 인도될 때까지의 모든 비용과 지정된 목적지까지의 운송비를 부담(보험료 제외)	수출통관의무: 매도인 수입통관의무: 매수인
CIP (Carriage and Insurance Paid to, 운송비·보험료지급인도)	물품이 지정 목적지까지 운송할 운송인의 보관하에 또는 복합운송의 경우 최초의 운송인에게 인도되었을 때	매도인은 물품이 인도될 때까지의 모든 비용과 지정된 목적지까지의 운송비 및 보험료를 부담	수출통관의무: 매도인 수입통관의무: 매수인
CFR (Cost and Freight, 운임포함인도)	물품이 지정 선적항에서 본선에 적재된 때	매도인은 물품 적재 시까지의 모든 비용과 목적항까지의 운임을 부담	수출통관의무: 매도인 수입통관의무: 매수인
CIF (Cost, Insurance and Freight, 운임·보험료포함인도)	물품이 지정 선적항에서 본선에 적재된 때	매도인은 물품 적재 시까지의 모든 비용과 목적항까지 운임 및 보험료를 부담	수출통관의무: 매도인 수입통관의무: 매수인
DAP (Delivered At Place, 도착장소인도)	물품이 수입통관되지 않은 채 수입국 내 지정 목적지에서 양하하지 않고 매수인의 처분하에 놓이는 때	매도인은 물품이 인도될 때까지의 모든 비용을 부담	수출통관의무: 매도인 수입통관의무: 매수인
DPU (Delivered at Place Unloaded, 도착지양하인도)	물품이 수입통관되지 않은 채 지정 목적지 또는 지정 목적지 내의 합의된 지점에서 도착운송수단으로부터 양하된 상태로 매수인의 처분하에 놓이는 때	매도인은 물품이 인도될 때까지의 모든 비용과 양하비를 부담	수출통관의무: 매도인 수입통관의무: 매수인
DDP (Delivered Duty Paid, 관세지급인도)	물품이 수입통관되어 수입국 내 지정 목적지에서 양하하지 않은 채 매수인의 처분하에 인도되었을 때	매도인은 물품이 인도될 때까지의 모든 비용, 수입통관 비용, 관세, 조세, 부과금을 부담	수출통관의무: 매도인 수입통관의무: 매도인 (매도인의 최대 의무)

> **정리하고 넘어가기**   Incoterms 2020의 분류   2021, 2023, 2025 출제

1. 운송 방식별 분류
    (1) 운송 방식에 관계없이 사용할 수 있는 조건: EXW, FCA, CPT, CIP, DAP, DPU, DDP
    (2) 해상 및 내수로운송 방식에만 사용되는 조건: FAS, FOB, CFR, CIF

    > **TIP** FAS 조건을 제외한 FOB, CFR, CIF 조건은 물품이 본선에 적재될 때까지의 비용을 매도인이 부담해요. 또 그러한 때 물품에 대한 위험이 이전되요.

2. 운송비·운임 부담자별 분류
    (1) 매도인(수출상)이 운송비·운임을 부담하는 조건: CPT, CIP, CFR, CIF, DAP, DPU, DDP
    (2) 매수인(수입상)이 운송비·운임을 부담하는 조건: EXW, FCA, FAS, FOB

3. 보험 가입자별 분류
    (1) 매도인(수출상)이 부보해야 하는 조건: CIP, CIF(가입 필수, 피보험자 매수인), DAP, DPU, DDP(가입 선택, 피보험자 매도인)
    (2) 매수인(수입상)이 부보해야 하는 조건: EXW, FCA, FAS, FOB, CPT, CFR(가입 선택, 피보험자 매수인)

    > **TIP** CIP, CIF 조건에서 피보험자는 매수인이며 D그룹 조건에서 피보험자는 매도인이 되어요.

4. 위험 이전의 분기점별 분류
    (1) 매도인(수출상)의 위험부담이 적출지(수출지)에서 종료되는 조건: EXW, FCA, FAS, FOB, CPT, CIP, CFR, CIF
    (2) 매도인(수출상)의 위험부담이 도착지(수입지)에서 종료되는 조건: DAP, DPU, DDP

7 국제물품매매계약에 관한 UN협약

01 국제물품매매계약에 관한 UN협약의 의미

국제물품매매계약에 관한 UN협약(United Nations Convention on Contracts for the International Sale of Goods, 1980: GISG 또는 Vienna Convention)은 유엔국제무역법위원회(UNCITRAL: United Nations Commission on International Trade Law)에 의하여 성안되고 1980년 3월 비엔나에서 개최된 유엔 외교회의에서 만장일치로 통과하여 1988년 1월 1일부로 발효된 국제물품매매법의 통일을 위한 국제협약을 의미한다.

02 비엔나협약의 적용   2020, 2021, 2023, 2025 출제

(1) 적용 요건
① 비엔나협약이 적용되기 위해서는 계약당사자가 상이한 국가에 영업소를 가지고 있거나, 영업소를 가지고 있지 않는 경우에는 당사자의 상거소가 있어야 한다.
② 당사자가 서로 다른 국가에 영업소를 갖고 있다는 사실이 계약 체결 전 또는 계약 체결 시 당사자 간의 거래나 당사자가 밝힌 정보에서 나타나야 한다(국제성에 대한 인식 가능성이 있을 것).

(2) 직접 적용
계약당사자들의 영업소가 있는 두 국가가 모두 체약국이고, 당사자 간 협약의 배제에 관한 합의가 없는 경우 비엔나협약이 적용된다.

(3) 간접 적용
계약의 당사자가 상이한 국가에 영업소를 가지고 있되 그 당해 국가 중 어느 하나 이상이 비체약국인 때에는 그 국가의 국제사법상 준거법이 체약국인 상대방 국가의 법률을 적용하도록 규정되어 있고 당사자 간 협약의 배제에 관한 합의가 없을 때 비엔나협약이 적용된다.

(4) 당사자의 국적 또는 당사자나 계약의 성격이 민사적인지 상사적인지 여부는 고려되지 않는다.

> **비엔나협약(CISG) 제1조 적용의 기본 원칙** 2019 출제
> 1. This Convention applies to contracts of sale of goods between parties whose places of business are in different States:
>   이 협약은 다음의 경우 영업소가 서로 다른 국가에 있는 당사자 간의 물품매매계약에 적용된다.
>   a. when the States are Contracting States; or
>   해당 국가가 모두 체약국인 경우 또는
>   b. when the rules of private international law lead to the application of the law of a Contracting State.
>   국제사법 규칙에 의하여 체약국법이 적용되는 경우
> 2. The fact that the parties have their places of business in different States is to be disregarded whenever this fact does not appear either from the contract or from any dealings between, or from information disclosed by, the parties at any time before or at the conclusion of the contract.
>   당사자가 서로 다른 국가에 영업소를 두고 있다는 사실은 계약이나 계약 체결 전 또는 계약 체결 시 당사자 간의 거래나 당사자가 밝힌 정보에서 드러나지 않는 경우에는 고려되지 않는다.
> 3. Neither the nationality of the parties nor the civil or commercial character of the parties or of the contract is to be taken into consideration in determining the application of this Convention.
>   당사자의 국적 또는 당사자나 계약의 민사적·상사적 성격은 이 협약의 적용 여부를 결정하는 데 고려되지 않는다.

03 비엔나협약의 적용 제외 2020, 2021, 2023 출제

(1) 일반적 적용 배제
① 개인용·가족용 또는 가정용으로 구입된 물품의 매매(다만, 매도인이 계약 체결 전이나 체결 당시에 물품이 그와 같은 용도로 구입된 사실을 알지 못하였고 알아야 했던 것도 아닌 경우에는 제외)
② 경매에 의한 매매
③ 강제집행 또는 그 밖의 법령에 의한 매매
④ 주식, 지분, 투자증권, 유통증권 또는 통화의 매매
⑤ 선박, 소선(小船), 부선(浮船) 또는 항공기의 매매
⑥ 전기의 매매

(2) 서비스(용역)가 주된 부분을 구성하는 경우
물품을 제조 또는 생산하여 공급하는 계약은 매매계약으로 본다. 그러나 다음 경우에는 적용되지 아니한다.
① 물품을 주문한 당사자가 그 제조 또는 생산에 필요한 재료의 중요한 부분을 공급하는 경우
② 물품을 공급하는 당사자의 의무 중 주된 부분이 노무 또는 그 외 서비스의 공급으로 구성된 경우(가공무역 또는 플랜트수출입 등의 경우)

> **비엔나협약(CISG) 제3조 서비스 계약 등의 제외**
> 1. Contracts for the supply of goods to be manufactured or produced are to be considered sales unless the party who orders the goods undertakes to supply a substantial part of the materials necessary for such manufacture or production.
>   물품을 제조 또는 생산하여 공급하는 계약은 이를 매매로 본다. 다만, 물품을 주문한 당사자가 그 제조 또는 생산에 필요한 재료의 중요한 부분을 공급하는 경우는 제외된다.
> 2. This Convention does not apply to contracts in which the preponderant part of the obligations of the party who furnishes the goods consists in the supply of labour or other services.
>   이 협약은 물품을 공급하는 당사자의 의무 중 주된 부분이 노무 또는 그 외 서비스의 공급으로 구성된 계약에는 적용되지 않는다.

(3) 적용 대상 외의 경우

비엔나협약은 매매계약의 성립 및 그 계약에서 발생하는 매도인과 매수인의 권리와 의무만을 규율하며 다음의 경우에는 적용되지 않는다.
① 계약이나 그 조항 또는 관행의 유효성
② 매매된 물품의 소유권에 관하여 계약이 미치는 효력

(4) 매매계약 물품에 의한 사망

비엔나협약은 물품으로 인하여 발생한 사람의 사망 또는 상해에 대한 매도인의 책임, 즉 제조물 책임(Product Liability)에는 적용되지 않는다.

(5) 계약에 의한 적용 배제

당사자는 합의하에 협약의 적용을 배제할 수 있으며 이 협약의 어떠한 규정에 대하여도 그 적용을 배제하거나 효과를 변경할 수 있다.

04 매도인의 의무 2021, 2025 출제

매도인은 계약과 이 협약에 따라 물품을 인도하고 관련 서류를 교부하며 물품의 소유권을 이전해야 한다. 또한 매도인은 물품 인도 의무, 서류 인도 의무, 계약적합 의무, 권리적합 의무를 부담하나 소유권 이전에 관해서는 별도의 규정이 없다.

(1) 물품 인도 의무 2021 출제

물품의 인도란 매도인이 매수인에게 계약목적물을 점유하게 하는 것을 의미한다. 국제 물품매매에서는 물품 인도가 소유권 이전보다 중요하므로 물품 인도 의무와 대금 지급 의무가 동시 이행의 관계에 놓인다.

① 인도 장소
  ㉠ 매매계약에 물품 운송이 포함된 경우: 매수인에게 전달하기 위하여 물품을 최초의 운송인에게 교부함으로써 인도 의무를 이행한다.
  ㉡ 운송을 수반하지 않는 경우: 계약이 특정물에 관련되거나 특정한 재고품에서 인출되는 불특정물이나 제조 또는 생산되는 불특정물에 관련되어 있고, 당사자 쌍방이 계약 체결 시에 그 물품이 특정한 장소에 있거나 그 장소에서 제조 또는 생산되는 것을 알고 있었던 경우 그 장소에서 물품을 매수인의 처분하에 둠으로써 인도 의무를 이행한다.
  ㉢ 기타의 경우: ㉠, ㉡ 이외의 경우에는 계약 체결 시에 매도인이 영업소를 두고 있던 장소에서 물품을 매수인의 처분하에 둠으로써 물품 인도 의무를 이행한다.

② 인도 시기: 매도인은 다음 시기에 물품을 인도하여야 한다.
  ㉠ 인도기일(a date)이 계약으로 지정되어 있거나 확정될 수 있는 경우 그 기일
  ㉡ 인도 기간(a period of time)이 계약으로 지정되어 있거나 확정될 수 있는 경우에는 그 기간 내의 어느 시기(다만 매수인이 기일을 선택해야 할 사정이 있는 경우는 제외)
  ㉢ 기타의 경우에는 계약 체결 후 합리적인 기간(reasonable time) 이내

(2) 서류 인도 의무

국제매매의 경우 현물에 의한 현실 인도 방법보다는 서류를 물품으로 추정하는 서류 인도 방법으로 이행되고 있다. 물품을 상징하는 서류를 인도하는 것은 물품을 인도하는 것과 동일한 효과가 있으므로 서류의 중요성은 크다. 이에 대하여 비엔나협약 제34조에서는 다음과 같이 규정하고 있다.

① 매도인이 물품에 관한 서류를 교부하는 경우, 매도인은 계약에서 정한 시기, 장소 및 방식에 따라 이를 교부해야 한다.
② 매도인이 교부해야 할 시기 전에 서류를 교부한 경우, 매도인은 매수인에게 불합리한 불편 또는 비용을 초래하지 않는 한, 계약에서 정한 시기까지 서류상의 결함을 보완할 수 있다. 다만, 매수인은 이 협약에서 정한 손해배상을 청구할 권리를 보유한다.

(3) 계약적합 의무

① 매도인은 계약에서 정한 수량, 품질 및 종류에 적합하고 계약에서 정한 방법으로 용기에 담거나 포장된 물품을 인도해야 한다.
② 계약에 적합하지 않은 경우 [2023 출제]
  ㉠ 동종 물품의 통상 사용 목적에 적합하지 않은 경우
  ㉡ 계약 체결 시 매도인에게 명시적 또는 묵시적으로 알려진 특별한 목적에 적합하지 않은 경우(단, 그 상황에서 매수인이 매도인의 기술과 판단을 신뢰하지 않았거나 신뢰하는 것이 불합리하였다고 인정되는 경우는 제외)
  ㉢ 매도인이 매수인에게 견본 또는 모형으로 제시한 물품의 품질을 보유하지 않은 경우
  ㉣ 그러한 물품에 대하여 통상의 방법(통상의 방법이 없는 경우에는 그 물품을 보존하고 보호하는데 적절한 방법)으로 용기에 담기거나 포장되어 있지 않은 경우
③ 매수인이 계약 체결 시에 물품의 부적합을 알았거나 또는 모를 수 없었던 경우 매도인은 ②에 따른 책임을 지지 않는다.
④ 매도인은 위험이 매수인에게 이전하는 때에 존재하는 물품의 부적합에 대하여 계약과 이 협약에 따라 책임을 진다. 이는 해당 부적합이 위험의 이전 후에 판명된 경우에도 마찬가지이다.
⑤ 매도인은 부적합의 위험이 ④에서 정한 때보다 이후에 발생하더라도 매도인의 의무 위반에 기인하는 경우에는 이에 책임을 진다. 이 의무 위반에는 물품이 일정 기간 통상의 목적이나 특별한 목적에 적합한 상태를 유지한다는 보증 또는 특정한 품질이나 특성을 유지한다는 보증을 위반한 경우도 포함된다.
⑥ 인도 만기 전의 보완권: 매도인이 인도기일 전에 물품을 인도한 경우, 매수인에게 불합리한 불편 또는 비용을 초래하지 않는 한 매도인은 해당 기일까지 누락분을 인도하거나 부족한 수량을 보충하거나 부적합한 물품에 갈음하여 물품을 인도하거나 또는 물품의 부적합을 보완할 수 있다. 다만, 매수인은 이 협약에서 정한 손해배상을 청구할 수 있는 권리를 보유한다.

(4) 권리적합 의무

① 제3자의 청구권에서 자유로운 물품의 인도: 매수인이 제3자의 권리나 권리 주장의 대상이 된 물품을 수령하는 데 동의한 경우를 제외하고, 매도인은 제3자의 권리나 권리 주장의 대상이 아닌 물품을 인도해야 한다.
② 제3자의 지식재산권에서 자유로운 물품의 인도
  ㉠ 매도인은 계약 체결 시에 자신이 알았거나 모를 수 없었던 공업소유권 또는 그 외 지식재산권에 기초한 제3자의 권리나 권리 주장의 대상이 아닌 물품을 인도해야 한다. 제3자의 권리나 권리 주장은 다음의 경우에 한한다.
    • 당사자 쌍방이 계약 체결 시에 물품이 어느 국가에서 전매되거나 그 밖의 방법으로 사용될 것을 예상한 경우, 물품이 전매되거나 그 밖의 방법으로 사용될 국가의 법

- 그 밖의 경우에는 매수인이 영업소를 두고 있는 국가의 법에 의한 공업소유권 또는 그 외 지식재산권을 기초에 두고 있는 경우
ⓒ 다음의 경우에는 ㉠의 의무를 적용하지 않는다.
- 매수인이 계약 체결 시에 그 권리 또는 권리 주장을 알았거나 모를 수 없었던 경우
- 매수인이 제공한 기술 설계, 디자인, 방식 또는 그 밖의 사양에 매도인이 응한 결과로 그 권리나 권리 주장이 발생한 경우

05 매수인의 의무 `2021, 2025 출제`

비엔나협약 제53조에서 "매수인은 계약과 이 협약에 따라 물품 대금을 지급하고 물품의 인도를 수령해야 한다."라고 규정하고 있는바, 매수인의 주요 의무는 물품 대금의 지급의 의무, 물품의 인도 수령의 의무 등으로 볼 수 있다. 이 외에도 매수인은 물품을 검사하고 하자가 있는 경우 통지해야 할 의무를 부담한다.

(1) 대금 지급 의무

매수인은 물품을 인수하고 대금을 지급해야 한다. 매수인의 대금 지급 의무에는 그 지급을 위하여 계약 또는 법령에서 정한 조치(신용장 개설, 수입승인, 외화송금 허가 등)를 취하고 절차를 따르는 것이 포함된다.

(2) 대금의 결정

① **대금이 불확정된 경우**: 계약이 유효하게 성립되었으나 그 대금을 명시적 또는 묵시적으로 정하지 아니하거나 이를 정하기 위한 조항을 두지 않은 경우, 당사자는 반대의 의사 표시가 없는 한 계약 체결 시 해당 거래와 유사한 상황에서 매도되는 동종의 물품에 대하여 일반적으로 청구되는 대금을 묵시적으로 참조한 것으로 본다.

② **순중량에 의한 결정**: 중량을 기준으로 대금을 결정하는 경우 총중량(Gross Weight), 순중량(Net Weight), 정미중량(Net Net Weight) 중 어느 중량을 기준으로 할 것인지 문제가 발생할 수 있다. 비엔나협약에서는 대금이 물품의 중량에 따라 정해지는 경우, 의심이 있을 시 순중량(총중량에서 외포장의 무게를 제외한 중량)으로 결정한다고 규정하고 있다.

③ **대금의 지급 장소**
㉠ 매매계약에서 대금의 지급 장소를 정한 경우 해당 장소에서 대금을 지급한다. 대금 지급 장소를 정하지 않은 경우에는 다음 장소에서 대금을 지급한다.
- 매도인의 영업소
- 대금이 물품 또는 서류의 교부와 상환하여 지급되는 경우에는 그 교부가 이루어지는 장소

ⓒ 계약 체결 후에 매도인이 영업소를 변경함으로써 대금 지급에 대한 부수 비용이 증가하는 경우 그 비용은 매도인이 부담한다.

④ **대금 지급 시기**
㉠ 대금 지급 시기를 약정한 경우: 해당 일자 또는 기간 내에 이루어져야 한다.
ⓒ 대금 지급 시기를 약정하지 않은 경우
- 매수인은 매도인이 계약과 이 협약에 따라 물품 또는 그 처분을 지배하는 서류(B/L과 같은 유가증권)를 매수인의 처분하에 두는 때에 대금을 지급해야 한다. 매도인은 그 지급을 물품 또는 서류의 교부를 위한 조건으로 할 수 있다(물품 인도와 대금 지급이 동시 이행 관계임을 규정).

- 계약에 물품 운송이 포함되는 경우, 매도인은 물품과 대금 지급을 상환하지 않으면 물품 또는 그 처분을 지배하는 서류를 매수인에게 교부하지 않는다는 조건으로 물품을 발송할 수 있다.
- 매수인은 물품을 검사할 기회를 가질 때까지는 대금을 지급할 의무가 없다. 다만, 당사자 간 합의된 인도 또는 지급 절차가 매수인이 검사 기회를 얻는 것과 양립하지 않는 경우에는 제외된다.

⑤ **지급 청구에 앞선 지급**: 매수인은 계약 또는 이 협약에서 지정되거나 확정될 수 있는 기일에 대금을 지급해야 하며 이 경우 매도인의 입장에서는 어떠한 요구를 하거나 절차를 따를 필요가 없다.

⑥ **위험 이전 후 물품에 손해가 발생한 경우 매수인의 대금 지급 의무**: 매수인에게 위험이 이전된 후 물품이 멸실 또는 훼손되더라도 매수인은 대금 지급 의무를 면하지 못한다. 다만, 그 멸실 또는 훼손이 매도인의 작위 또는 부작위로 인한 경우는 제외된다.

(3) 물품 인도 수령의 의무
① 매도인의 인도를 가능하게 하기 위하여 매수인에게 합리적으로 기대할 수 있는 모든 행위를 하는 것
② 물품을 수령하는 것(수령은 인도에 대응되는 개념으로 물품을 점유 또는 지배하는 것을 의미)

(4) 물품 검사 및 통지 의무 2022 출제
매수인은 매도인에게 물품 부적합 책임을 물을 수 있는 권리가 있으며 이를 주장하기 위해서는 수령한 물품이 계약에 적합한지 여부를 검사하고 그 결과를 매도인에게 통지하여야 한다.

① **물품 검사 기간**
  ㉠ 매수인은 실행 가능한 단기간 내에 물품을 검사해야 한다.
  ㉡ 계약에 물품 운송이 포함되는 경우, 검사는 물품이 목적지에 도착한 후까지 연기될 수 있다.
  ㉢ 매수인이 검사할 합리적인 기회를 가지지 못한 채 운송 중에 물품의 목적지를 변경하거나 물품을 전송(轉送)하고, 매도인이 계약 체결 시에 그 변경 또는 전송의 가능성을 알았거나 알아야 했던 경우, 검사는 물품이 새로운 목적지에 도착한 후까지 연기될 수 있다.

② **불일치의 통지 시기**
  ㉠ 매수인이 물품의 부적합을 발견하였거나 발견할 수 있었던 때부터 합리적인 기간 내에 매도인에게 그 부적합한 성질을 특정하여 통지하지 않은 경우, 매수인은 물품의 부적합을 주장할 권리를 상실한다.
  ㉡ 물품이 매수인에게 실제로 교부된 날부터 늦어도 2년 내에 매수인이 매도인에게 ㉠의 통지를 하지 않은 경우 매수인은 물품의 부적합을 주장할 권리를 상실한다. 다만, 이 기간 제한이 계약상의 보증 기간과 모순된 경우에는 제외된다.

정리하고 넘어가기 매도인의 의무 & 매수인의 의무

매도인의 의무	매수인의 의무
• 물품 인도 의무	• 대금 지급 의무
• 서류 인도 의무	• 물품 인도 수령 의무
• 계약적합 의무	• 물품 검사 및 통지 의무
• 권리적합 의무	

06 계약의 위반(Breach of Contract)

(1) 계약 위반의 의미
무역계약의 성립으로 일정한 채무를 부담한 자가 채무 내용에 적합하게 이행하지 않는 것을 말한다.

예 매도인이 약정 물품을 인도하지 않거나 불량품을 인도하거나 매수인이 대금의 전부 또는 일부를 지급하지 않는 경우

(2) 계약 위반의 유형 2020 출제

① 이행 지체(Delay in Performance)
  ㉠ 의미: 채무가 이행기에 있고 이행이 가능함에도 이행하지 않는 것을 말한다. 선적 불이행, 지연 선적, 대금 지급 지연 등의 경우가 이에 해당하며 대륙법과 영미법 모두 계약 위반으로 규정하고 있다.
  ㉡ 성립요건
    - 채무의 이행 시기가 도래할 것
    - 이행이 가능할 것
    - 채무자의 귀책사유일 것
  ㉢ 채권자의 구제 방법
    - 강제이행 청구
    - 손해배상 청구
    - 계약 해제

② 이행 거절(Renunciation, Repudiation)
  ㉠ 의미: 계약당사자가 자신의 의무를 이행하지 않겠다는 명시적 또는 묵시적인 의사 표시로 이행기 도래 전후를 불문하고 이행을 거절하는 것을 말한다. 영미법에서는 이를 계약 위반으로 규정하고 있다.
  ㉡ 성립요건
    - 이행기 도래 전후의 이행 거절일 것
    - 이행 거절의 의사를 명료하게 표시할 것
  ㉢ 효과(결과)
    - 상대방의 이행 거절이 있으나 소멸처리되지 않고 이행 시까지 이행 요구 가능
    - 이행기 도래 전에 계약을 해제하고 손해배상 청구 가능

③ 이행 불능(Impossibility of Performance)
  ㉠ 의미: 채무자의 행위 또는 불가항력으로 인해 계약 이행이 불가능하게 되는 것으로 원시적 불능과 후발적 불능이 있다. 대륙법에서는 이것을 계약 위반으로 규정하고 있다.
  ㉡ 이행 불능의 구분
    - 원시적 불능: 계약 체결 시 이미 계약의 목적 달성이 불가능하거나 계약목적물이 소멸한 경우로 계약 자체가 성립되지 않는 것을 말한다.
    - 후발적 불능: 계약은 체결 당시 적법하게 이루어졌으나 추후 예기치 못한 사정이 발생하여 계약 이행이 불가능해진 경우를 말한다. 당사자의 행위에 의해 이행이 불가능한 경우에는 계약 위반에 해당하는 이행 불능이 되며 이때 채권자는 손해배상을 청구하거나 계약 해제가 가능하다.

④ 계약의 좌절(Frustration)
  ㉠ 의미: 계약 성립 당시부터 원시적 불능도 아니고 계약 성립 후 당사자의 귀책사유도 아닌 이유로 계약을 법적으로 이행하지 못하게 되거나 상황이 계약 체결 시에 예상했던 것보다 많이 달라져서 이행할 가치가 없게 된 경우를 말한다.

- ⓒ 계약의 좌절 사유: 목적물의 멸실, 전쟁, 후발적 위법, 정부의 수출입 금지 명령, 법령의 변경 등이 있다.
- ⓒ 계약의 좌절 성립 배제: 스스로 이행 불능을 자초한 경우, 계약서상 명시적 규정이 있는 경우, 예측된 사건의 경우, 단기간의 이행 불능, 이행상의 비용 증가, 한 당사자에 의해 의도되어 계약 목적을 달성할 수 없는 경우에는 계약의 좌절로 보지 않는다.
- ⓔ 효과(결과): 계약의 좌절이 성립되는 경우 해당 사건의 발생 시점부터 계약이 자동적으로 소멸된다.
- ⓜ 계약의 좌절에 대한 대응
  - 불가항력조항 삽입: 계약의 좌절이 성립되는지 여부는 계약법상의 원칙으로 사건별로 판단하기 때문에 불가항력조항에 의해 면책 여부를 판단하는 것이 바람직하다.
  - 하드십 조항(Hardship Clause) 삽입: 매매계약이 체결된 후 당사자의 통제 불능인 정치, 경제 사정의 본질적인 변화로 계약 이행이 곤란하게 되는 경우 당사자가 계약이 소멸되지 않고 이행되기를 원하여 계약 이행을 약정하는 것이다. `2021 출제`

⑤ **불완전 이행(Incomplete Performance)**
- ⓘ 의미: 계약상 채무 이행이 일단 이루어졌지만 그 이행 정도가 불완전한 경우를 말한다. 대륙법에서는 이를 계약 위반으로 규정하고 있다.
- ⓛ 성립요건
  - 하자 있는 물품을 인도한 경우
  - 채무의 이행 방법이 불완전한 경우
  - 급부하기 전에 필요한 주의를 게을리한 경우
- ⓒ 효과(결과): 채권자는 손해배상 청구를 할 수 있으며, 계약의 본질적인 침해에 해당하는 경우 계약 해제권이 발생한다.

07 무역계약에 대한 구제 `2020, 2024, 2025 출제`

(1) 구제(Remedy)
① 의미: 일정한 권리가 침해되는 경우 그러한 침해를 방지하거나 보상하게 하는 것을 말한다. 매매계약을 위반하였을 경우 매수인에 대한 배상을 매수인의 구제(Buyer's Remedy)라고 하고 매도인에 대한 배상을 매도인의 구제(Seller's Remedy)라고 한다.

② 특징: 대륙법계에서는 계약 위반에 대한 구제 방법이 현실적 이행을 강제하는 방법으로 발달해 왔고 영미법계에서는 손해를 배상하게 하는 방법으로 발달해 왔다.

(2) 매도인 계약 위반에 따른 매수인의 구제 `2022 출제`
① 특정이행청구권 행사: 매수인은 계약을 해지하지 않고 매도인에게 권리 침해에 대해 적극적으로 이행할 것을 청구할 수 있으며 손해배상청구권과 병행하여 청구하는 것이 가능하다.

> **비엔나협약(CISG) 제46조 매수인의 이행청구권**
> 1. The buyer may require performance by the seller of his obligations unless the buyer has resorted to a remedy which is inconsistent with this requirement.
> 매수인은 매도인에게 의무 이행을 청구할 수 있다. 다만, 매수인이 그 청구와 양립하지 않는 구제를 구한 경우에는 제외된다.

② **대체품인도청구권 행사**: 매수인이 계약을 해제할 수 있을 정도의 본질적인 위반에 대해 행사할 수 있는 권한으로 비엔나협약에서 정한 목적물의 하자 통지와 동시에 또는 하자 통지 시점부터 합리적인 기간 내에 대체품의 인도를 청구해야 한다.

> **비엔나협약(CISG) 제46조 매수인의 이행청구권**
> 2. If the goods do not conform with the contract, the buyer may require delivery of substitute goods only if the lack of conformity constitutes a fundamental breach of contract and a request for substitute goods is made either in conjunction with notice given under article 39 or within a reasonable time thereafter.
> 물품이 계약에 부적합한 경우 매수인은 대체물의 인도를 청구할 수 있다. 다만, 그 부적합이 본질적 계약 위반을 구성하고, 그 청구가 제39조의 통지와 동시에 또는 그 후 합리적인 기간 내에 행해진 경우에 한한다.

③ **하자보완청구권 행사**: 물품이 계약과 일치하지 않는 경우 매수인은 매도인에게 합리적인 수리로 물품을 보완할 것을 청구할 수 있다. 하자의 보완 청구는 청구 내용이 주위의 모든 사정을 고려했을 때 불합리하지 않고 하자 통지와 동시에 또는 그 후 합리적인 기간 내에 이루어져야 한다.

> **비엔나협약(CISG) 제46조 매수인의 이행청구권**
> 3. If the goods do not conform with the contract, the buyer may require the seller to remedy the lack of conformity by repair, unless this is unreasonable having regard to all the circumstances. A request for repair must be made either in conjunction with notice given under article 39 or within a reasonable time thereafter.
> 물품이 계약에 부적합한 경우, 매수인은 모든 상황을 고려하여 불합리한 경우를 제외하고 매도인에게 수리를 통한 물품 부적합의 보완을 청구할 수 있다. 수리 청구는 제39조의 통지와 동시에 또는 그 후 합리적인 기간 내에 행해져야 한다.

④ **추가기간지정권 행사**
  ㉠ 매수인은 매도인의 의무 이행을 위하여 추가 기간을 부여할 수 있다. 매수인은 추가 기간을 정함에 있어 합리적인 기간을 정하여 확정적이고 최종적인 인도 일자를 특정해야 한다.
  ㉡ 매도인으로부터 추가 기간 내에 이행할 의사가 없다는 통지를 받은 경우를 제외하고는 어떠한 구제수단도 사용할 수 없다. 다만 이행 지체에 대한 손해배상은 청구할 수 있다.

> **비엔나협약(CISG) 제47조 이행 추가 기간의 통지**
> 1. The buyer may fix an additional period of time of reasonable length for performance by the seller of his obligations.
> 매수인은 매도인의 의무 이행을 위하여 합리적인 추가 기간을 정할 수 있다.
> 2. Unless the buyer has received notice from the seller that he will not perform within the period so fixed, the buyer may not, during that period, resort to any remedy for breach of contract. However, the buyer is not deprived thereby of any right he may have to claim damages for delay in performance.
> 매도인으로부터 추가 기간 내에 이행을 하지 않겠다는 통지를 수령한 경우를 제외하고, 매수인은 그 기간 중 계약 위반에 대한 구제를 구할 수 없다. 다만, 매수인은 이행 지체에 대한 손해배상을 청구할 권리를 상실하지 않는다.

⑤ **매도인의 하자보완권**: 매도인은 인도기일 후에도 불합리하게 지체하지 않고 매수인에게 불합리한 불편 또는 매수인이 지불한 선급 비용을 매도인으로부터 상환받는 것에 대한 불안을 초래하지 않는 경우에는 매도인 자신의 비용으로 의무 불이행을 치유할 수 있다. 다만 매수인은 이 협약에서 정한 손해배상을 청구할 권리를 보유한다. 즉, 매도인은 인도기일이 경과한 후에도 매수인이 거절하지 않는 한 인도 내용을 보완할 수 있으며 매수인은 손해배상을 청구할 권리를 여전히 보유한다.

> **비엔나협약(CISG) 제48조 인도기일 후의 보완권**
>
> Subject to article 49, the seller may, even after the date for delivery, remedy at his own expense any failure to perform his obligations, if he can do so without unreasonable delay and without causing the buyer unreasonable inconvenience or uncertainty of reimbursement by the seller of expenses advanced by the buyer. However, the buyer retains any right to claim damages as provided for in this Convention.
>
> 제49조를 따를 것을 조건으로, 매도인은 인도기일 후에도 불합리하게 지체하지 않고 매수인에게 불합리한 불편 또는 매수인이 미리 지불한 선급 비용을 매도인으로부터 상환받는 것에 대한 불안을 초래하지 않는 경우에는 자신의 비용으로 의무 불이행을 개선할 수 있다. 다만, 매수인은 이 협약에서 정한 손해배상을 청구할 권리를 보유한다.

⑥ **계약해제권 행사**: 계약 해제는 일방적인 의사 표시로 계약 관계를 해소하기 위한 권리를 행사하는 것이다. 다음의 경우 매수인은 계약을 해제할 수 있다.
  ㉠ 매도인의 계약 위반이 본질적인 위반을 구성하는 경우
  ㉡ 매수인이 정한 추가 기간 내에 매도인이 목적물을 인도하지 않는 경우
  ㉢ 매수인이 정한 추가 기간 내에 매도인이 그 의무를 이행하지 않을 것을 밝힌 경우

> **비엔나협약(CISG) 제49조 매수인의 계약해제권**
>
> 1. The buyer may declare the contract avoided:
>   매수인은 다음의 경우 계약을 해제할 수 있다.
>   a. if the failure by the seller to perform any of his obligations under the contract or this Convention amounts to a fundamental breach of contract; or
>   계약 또는 이 협약상 매도인의 의무 불이행이 본질적 계약 위반으로 되는 경우, 또는
>   b. in case of non-delivery, if the seller does not deliver the goods within the additional period of time fixed by the buyer in accordance with paragraph 1 of article 47 or declares that he will not deliver within the period so fixed.
>   인도 불이행의 경우, 매도인이 제47조 제1항에 따라 매수인이 정한 추가기간 내에 물품을 인도하지 않거나 그 기간 내에 인도하지 않겠다고 선언한 경우

⑦ **대금감액권 행사**
  ㉠ 매도인으로부터 수령한 물품이 계약에 부적합한 경우 대금이 이미 지급되었다 하더라도 매수인은 실제 인도된 물품의 가액에 부적합 비율과 동일한 비율로 대금을 감액할 수 있다.
  ㉡ 매도인이 의무 불이행을 보완하려는 경우나 매수인이 이를 수락하지 않는 경우에는 대금 감액 청구를 할 수 없다.

> **비엔나협약(CISG) 제50조 대금의 감액**
>
> If the goods do not conform with the contract and whether or not the price has already been paid, the buyer may reduce the price in the same proportion as the value that the goods actually delivered had at the time of the delivery bears to the value that conforming goods would have had at that time.
>
> 물품이 계약에 부적합한 경우, 대금 지급 여부에 관계없이 매수인은 실제 인도된 물품의 가액이 계약과 일치하는 물품의 그 당시에 가지고 있었을 가액에 대한 동일한 비율로 대금을 감액할 수 있다.

⑧ **손해배상청구권 행사**: 매도인이 의무를 이행하지 않는 경우 매수인은 손해배상을 청구할 수 있다. 손해배상은 대체품 인도 청구, 계약 해제, 이행 청구, 대금 감액과 선택적 또는 중복적으로 청구할 수 있다.

> **비엔나협약(CISG) 제45조 매수인의 구제 방법**
>
> 2. The buyer is not deprived of any right he may have to claim damages by exercising his right to other remedies.
>   매수인이 손해배상을 청구하는 권리는 다른 구제를 구하는 권리를 행사함으로써 상실되지 않는다.

⑨ 일부 이행, 조기 이행, 초과 이행에 대한 구제
  ㉠ 일부 이행: 매도인이 물품의 일부만을 인도하거나 인도된 물품의 일부만이 계약에 적합한 경우 미인도분 및 부적합분에 대하여 대체품인도청구권, 보완청구권, 매도인의 하자보완권, 대금감액권과 같은 구제수단이 허용된다.
  ㉡ 조기 이행: 매도인이 인도기일 전에 물품을 인도한 경우 매수인은 이를 수령하거나 거절할 수 있다.
  ㉢ 초과 이행: 매도인이 계약에서 정한 것보다 다량의 물품을 인도한 경우 매수인은 초과분을 수령하거나 이를 거절할 수 있다. 매수인이 초과분의 전부 또는 일부를 수령한 경우에는 계약 대금의 비율에 따라 그 대금을 지급해야 한다.

> **비엔나협약(CISG) 제51조 물품 일부의 불일치**
> If the seller delivers only a part of the goods or if only a part of the goods delivered is in conformity with the contract, articles 46 to 50 apply in respect of the part which is missing or which does not conform.
> 매도인이 물품의 일부만을 인도하거나 인도된 물품의 일부만이 계약에 적합한 경우, 제46조 내지 제50조는 부족 또는 부적합한 부분에 적용된다.
>
> **비엔나협약(CISG) 제52조 기일 전의 인도 및 초과 수량**
> 1. If the seller delivers the goods before the date fixed, the buyer may take delivery or refuse to take delivery.
>   매도인이 이행기 전에 물품을 인도한 경우, 매수인은 이를 수령하거나 거절할 수 있다.
> 2. If the seller delivers a quantity of goods greater than that provided for in the contract, the buyer may take delivery or refuse to take delivery of the excess quantity. If the buyer takes delivery of all or part of the excess quantity, he must pay for it at the contract rate.
>   매도인이 계약에서 정한 것보다 다량의 물품을 인도한 경우 매수인은 초과분을 수령하거나 이를 거절할 수 있다. 매수인이 초과분의 전부 또는 일부를 수령한 경우에는 계약 대금의 비율에 따라 그 대금을 지급해야 한다.

(3) 매수인의 계약 위반에 따른 매도인의 구제 2022 출제

① 특정이행청구권 행사: 매수인의 특정이행청구권에 상응하는 개념으로 매도인은 매수인에게 대금의 지급, 인도의 수령 또는 기타 매수인의 의무를 이행하도록 청구할 수 있다.

> **비엔나협약(CISG) 제62조 매도인의 이행청구권**
> The seller may require the buyer to pay the price, take delivery or perform his other obligations, unless the seller has resorted to a remedy which is inconsistent with this requirement.
> 매도인은 매수인에게 대금의 지급, 인도의 수령 또는 그 외 의무 이행을 청구할 수 있다. 다만, 매도인이 이러한 청구와 양립하지 않는 구제를 구한 경우는 제외된다.

② 추가기간지정권 행사: 매도인은 매수인의 의무 이행을 위해 합리적인 추가 기간을 정할 수 있다.

> **비엔나협약(CISG) 제63조 이행 추가기간의 통지**
> 1. The seller may fix an additional period of time of reasonable length for performance by the buyer of his obligations.
>   매도인은 매수인의 의무 이행을 위하여 합리적인 추가 기간을 정할 수 있다.

③ 계약해제권 행사: 다음의 경우 매도인은 계약을 해제할 수 있다.
  ㉠ 매수인의 계약 위반이 본질적인 위반을 구성하는 경우
  ㉡ 매도인이 정한 추가 기간 내에 매수인이 대금 지급 의무 또는 물품 수령 의무를 이행하지 않은 경우

ⓒ 매도인이 정한 추가 기간 내에 매수인이 그 의무를 이행하지 않을 것을 밝힌 경우

> **비엔나협약(CISG) 제64조 매도인의 계약해제권**
> 1. The seller may declare the contract avoided:
> 매도인은 다음의 경우에 계약을 해제할 수 있다.
>   a. if the failure by the buyer to perform any of his obligations under the contract or this Convention amounts to a fundamental breach of contract; or
>   계약 또는 이 협약상 매수인의 의무 불이행이 본질적 계약 위반으로 되는 경우, 또는
>   b. if the buyer does not, within the additional period of time fixed by the seller in accordance with paragraph 1 of article 63, perform his obligation to pay the price or take delivery of the goods, or if he declares that he will not do so within the period so fixed;
>   매수인이 제63조 제1항에 따라 매도인이 정한 추가기간 내에 대금 지급 또는 물품 수령 의무를 이행하지 않거나 그 기간 내에 그러한 의무를 이행하지 않겠다고 선언한 경우

④ **손해배상청구권 행사**: 매수인이 의무를 이행하지 않는 경우 매도인은 손해배상을 청구할 수 있다. 계약 해제, 특정이행 청구 등과 선택적 또는 중복적으로 청구할 수 있다.

> **비엔나협약(CISG) 제74조 손해배상액 산정의 원칙**
> Damages for breach of contract by one party consist of a sum equal to the loss, including loss of profit, suffered by the other party as a consequence of the breach. Such damages may not exceed the loss which the party in breach foresaw or ought to have foreseen at the time of the conclusion of the contract, in the light of the facts and matters of which he then knew or ought to have known, as a possible consequence of the breach of contract.
> 당사자 일방의 계약 위반에 대한 손해배상액은 이익의 손실을 포함하여 그 위반의 결과 상대방이 입은 손실과 동등한 금액으로 한다. 그 손해배상액은 위반 당사자가 계약 체결 시에 알았거나 알 수 있었던 사실과 사정에 비추어, 계약 위반의 가능한 결과로서 발생할 것을 예견하였거나 예견할 수 있었던 손실을 초과할 수 없다.

⑤ **물품명세확정권 행사**
ⓐ 매수인이 물품의 형태, 용적 또는 그 밖의 특징을 지정하기로 한 경우 매수인이 물품명세를 지정하지 않으면 매도인은 자신의 물품명세를 작성할 수 있다.
ⓑ 매도인이 세부사항을 매수인에게 통지하였음에도 매수인이 물품명세를 작성하지 않으면 매도인이 작성한 물품명세가 구속력을 가진다.

> **비엔나협약(CISG) 제65조 물품명세의 확정권**
> 1. If under the contract the buyer is to specify the form, measurement or other features of the goods and he fails to make such specification either on the date agreed upon or within a reasonable time after receipt of a request from the seller, the seller may, without prejudice to any other rights he may have, make the specification himself in accordance with the requirements of the buyer that may be known to him.
> 계약상 매수인이 물품의 형태, 규격 또는 그 밖의 특징을 지정해야 하는 경우, 매수인이 합의된 기일 또는 매도인에게 요구를 수령한 후 합리적인 기간 내에 그 지정을 하지 않으면 매도인은 자신이 보유한 다른 권리를 침해하지 않고 자신이 알고 있는 매수인의 필요에 따라 스스로 물품명세를 작성할 수 있다.

정리하고 넘어가기 매수인과 매도인의 구제권리 비교 2019, 2020, 2023 출제

구분	구제권리	
	매수인	매도인
특정이행청구권	○	○
대체품인도청구권	○	×
하자보완청구권	○	×
추가기간지정권	○	○
하자보완권	○	×
계약해제권	○	○
대금감액권	○	×
손해배상청구권	○	○
일부 이행, 조기 이행, 초과 이행에 대한 구제	○	×
물품명세확정권	×	○

08 계약의 해제 2019, 2020, 2021, 2022, 2025 출제

(1) 계약 해제의 의미

계약 해제(Avoidance of Contract)란 계약의 효력을 계약 성립 시로 소급하여 소멸시키는 것으로 처음부터 계약이 없던 것과 같은 효력이 발생하는 의사 표시를 의미한다. 아직 이행되지 않은 부분에 대하여는 채무가 소멸되고 이미 이행한 부분에 대해서는 원상회복의 의무가 있다. 비엔나협약 제26조에서는 계약 해제의 의사 표시는 상대방에게 통지한 경우에만 효력이 있다고 규정하고 있다.

(2) 이행기일 경과 후의 계약 해제

① **매수인의 계약해제권**: 매수인은 다음의 경우 계약을 해제할 수 있다.
  ㉠ 계약 또는 협약상 매도인의 의무 불이행이 본질적 계약 위반으로 되는 경우
  ㉡ 물품 인도 불이행의 경우, 매수인이 정한 추가 기간 내에 매도인이 물품을 인도하지 않았거나 그 기간 내에 인도하지 않겠다고 선언한 경우

② **매도인의 계약해제권**: 매도인은 다음의 경우에 계약을 해제할 수 있다.
  ㉠ 계약 또는 협약상 매수인의 의무 불이행이 본질적 계약 위반으로 되는 경우
  ㉡ 매도인이 정한 추가 기간 내에 매수인이 대금 지급 또는 물품 수령 의무를 이행하지 않거나 그 기간 내에 그러한 의무를 이행하지 않겠다고 선언한 경우

(3) 이행기일 전의 계약 해제

① 계약의 이행기일 전에 당사자 일방이 본질적 계약 위반을 할 것이 명백한 경우 상대방은 계약을 해제할 수 있다.

> **비엔나협약(CISG) 제72조 이행기일 전의 계약 해제**
> 1. If prior to the date for performance of the contract it is clear that one of the parties will commit a fundamental breach of contract, the other party may declare the contract avoided.
> 계약의 이행기일 이전에 당사자 일방이 본질적 계약 위반을 할 것이 명백한 경우 상대방은 계약을 해제할 수 있다.

② 시간이 허용하는 경우 계약을 해제하려고 하는 당사자는 상대방이 이행에 관하여 적절한 보장을 제공할 수 있도록 상대방에게 합리적인 통지를 해야 한다. 다만 상대방이 그 의무를 이행하지 않겠다고 선언한 경우에는 합리적인 통지를 하지 않아도 된다.

(4) 분할이행계약의 해제
① 물품의 분할 인도 계약에서 어느 분할 부분에 관한 당사자 일방의 의무 불이행이 그 분할 부분에 관하여 본질적 계약 위반이 되는 경우, 상대방은 그 분할 부분에 관하여 계약을 해제할 수 있다.
② 해당 분할 부분에 관한 당사자 일방의 의무 불이행이 장래의 분할 부분에 대한 본질적 계약 위반의 발생을 미루어 판단하는 데 충분한 근거가 되는 경우, 상대방은 장래의 분할 부분에 대하여 계약을 해제할 수 있다.
③ 일부 인도에 대하여 계약 해제를 선언하는 매수인은 이미 행하여진 인도 또는 장래의 인도가 그 인도와의 상호 의존 관계로 인하여 계약 체결 시에 당사자 쌍방이 예상했던 목적으로 사용될 수 없는 경우, 이미 행하여진 인도 또는 장래의 인도에 대해서도 동시에 계약을 해제할 수 있다.

(5) 계약 해제 시기상의 제한
① **매수인이 계약 해제 시**: 매도인이 물품을 인도한 경우, 매수인은 다음 기간 내에 계약을 해제하지 않으면 계약해제권을 상실한다.
　㉠ 인도 지체의 경우: 매수인이 인도가 이루어진 것을 안 후 합리적인 기간 내
　㉡ 인도 지체 이외의 모든 위반의 경우: 다음 시기부터 합리적인 기간 내
　　• 매수인이 그 위반을 알았거나 또는 알 수 있었던 때
　　• 매수인이 정한 추가 기간이 경과한 때 또는 매도인이 그 추가 기간 내에 의무를 이행하지 않겠다고 선언한 때
　　• 매도인이 정한 추가 기간이 경과한 때 또는 매수인이 이행을 승낙하지 않겠다고 선언한 때
② **매도인이 계약 해제 시**: 매수인이 대금을 지급한 경우 매도인은 다음 기간 내에 계약을 해제하지 않으면 계약해제권을 상실한다.
　㉠ 매수인에 의한 이행 지체의 경우: 매도인이 이행이 이루어진 사실을 알기 전
　㉡ 매수인이 이행 지체 이외에 계약을 위반한 경우: 다음의 시기부터 합리적인 기간 내
　　• 매도인이 그 위반을 알았거나 알 수 있었던 때
　　• 매도인이 정한 추가 기간이 경과한 때 또는 매수인이 그 추가 기간 내에 의무를 이행하지 않겠다고 선언한 때
③ **분할이행계약의 계약 해제 시**: 비엔나협약 제73조 제2항에서는 "일부 분할 부분에 관한 당사자 일방의 의무 불이행이 장래의 분할 부분에 대한 본질적 계약 위반의 발생을 추정하는 데 충분한 근거가 되는 경우 상대방은 장래의 분할 부분에 대하여 계약을 해제할 수 있다."라고 규정하고 단서 조항으로 "그 해제는 합리적인 기간 내(within a reasonable time)에 이루어져야 한다."라고 하였다.

(6) 계약 해제의 효력
① 계약 해제는 손해배상 의무를 제외하고 당사자 쌍방을 계약상의 의무(매도인은 물품 인도 의무, 매수인은 물품 인수 및 대금 지급 의무)에서 면하게 한다. 계약 해제는 계약상의 분쟁해결조항(소송, 중재 등) 또는 해제의 결과 발생하는 당사자의 권리와 의무(손해배상청구권의 행사 등)를 규율하는 그 밖의 계약조항에 영향을 미치지 않는다.
② **원상회복 의무**: 계약의 전부 또는 일부를 이행한 당사자는 상대방에게 자신이 계약상 공급 또는 지급한 것의 반환을 청구할 수 있다.

③ 부당이득반환청구권: 당사자 쌍방이 반환해야 하는 경우에는 동시에 반환해야 한다.
④ 이자 지급: 매도인은 대금을 반환해야 하는 경우 대금이 지급된 날부터 그에 대한 이자도 지급해야 한다.
⑤ 매수인이 물품의 전부 또는 일부에서 발생한 모든 이익을 매도인에게 지급해야 하는 경우
  ㉠ 매수인이 물품의 전부 또는 일부를 반환해야 하는 경우
  ㉡ 물품의 전부 또는 일부를 반환할 수 없거나 물품을 수령한 상태와 실질적으로 동일한 상태로 전부 또는 일부를 반환할 수 없음에도 불구하고, 매수인이 계약을 해제하거나 매도인에게 대체물의 인도를 청구한 경우

(7) 계약해제권의 상실

① 의미: 매수인이 계약을 해제하려면 비엔나협약 제81조 제2항 "계약의 전부 또는 일부를 이행한 당사자는 상대방에게 자신이 계약상 공급 또는 지급한 것의 반환을 청구할 수 있다."라는 규정에 의해 물품을 인수하고 양호하게 보존하였다가 매도인에게 반환해야 한다. 매수인이 물품을 수령한 상태와 실질적으로 동일한 상태로 반환할 수 없는 경우 매수인은 계약을 해제하거나 매도인에게 대체물을 청구할 권리를 상실한다.
② 매수인의 계약해제권이 상실되지 않는 경우
  ㉠ 물품을 반환하거나 물품의 수령 상태와 실질적으로 동일한 상태로 반환할 수 없는 사유가 매수인의 작위 또는 부작위에 기인하지 않은 경우
  ㉡ 물품의 전부 또는 일부가 검사의 결과로 멸실 또는 훼손된 경우
  ㉢ 매수인이 부적합을 발견하였거나 발견해야 했던 시점 전에 물품의 전부 또는 일부가 정상적인 거래 과정에서 매각되거나 통상의 용법에 따라 소비 또는 변형된 경우

(8) 기타 구제 방법의 보유

매수인은 계약해제권 또는 대체물인도청구권을 상실한 경우에도 이 협약에 따른 그 밖의 모든 구제권을 보유한다.

8 무역계약의 종료

01 무역계약 종료의 의미

매매당사자 간 성립되었던 계약이 여러 가지 사유로 인해 효력이 소멸되는 것을 말한다. 계약당사자는 당사자가 합의한 계약 내용대로 이행하고 그 목적을 달성하여 계약을 종료하는 것이 바람직하나 당사자 간의 합의, 이행 불능, 계약 위반 등의 사유로 계약이 종료되기도 한다. 무역계약이 종료되면 계약당사자는 계약 내용대로 이행하여야 하는 의무에서 해방되며 무역계약의 구속력은 소멸된다.

02 무역계약의 종료 사유 `2021 출제`

(1) 이행에 의한 소멸(Discharge by Performance)
① 쌍무계약의 성격에 의해 매매계약 당사자 쌍방이 계약상 의무를 완전하게 이행하여 계약이 소멸되는 것을 의미한다.
② 계약당사자 중 일방만이 완전하게 계약상의 의무를 이행하는 경우에는 무역계약이 소멸되지 않는다.

(2) 당사자의 합의에 의한 소멸(Discharge by Agreement)
매매계약의 당사자가 상호 합의에 따라 계약을 소멸시키는 것을 의미한다.

> **비엔나협약(CISG) 제29조 계약변경과 합의종료**
> A contract may be modified or terminated by the mere agreement of the parties.
> 계약은 당사자의 합의만으로 변경 또는 종료될 수 있다.

(3) 기간 만료에 의한 소멸(Discharge by Period)
무역계약에서 계약이 유효하게 존속하는 기간을 정해 두는 경우 그 기간이 만료하면 계약 관계가 종료된다.

(4) 계약 위반에 의한 소멸(Discharge by Breach)
① 계약 위반은 매매당사자가 본인의 귀책사유로 계약 내용에 합치되는 이행을 하지 않은 것을 의미한다.
 예) 매도인 - 계약 물품 인도 의무, 매수인 - 계약 물품 인수 및 대금 지급 의무
② 대륙법계에서는 이행 지체 시 최고(催告)한 후 최고 기간 안에 이행이 없으면 계약이 해제되는 것으로 보며 비엔나협약에서는 본질적 계약 위반인 경우 계약 해제 선언이 가능하다고 규정한다.

(5) 이행 불능에 의한 소멸(Discharge by Impossibility of Performance)
① 원시적 이행 불능: 계약 체결 시 이미 계약의 목적 달성이 불가능하거나 계약목적물이 소멸한 경우로서 계약 자체가 성립하지 않는 것을 말한다.
② 후발적 이행 불능: 계약이 체결 당시에는 적법하게 이루어졌으나 추후 예기치 못한 사정이 발생하여 계약 이행이 불가능해진 경우를 말한다. 당사자의 행위에 의해 이행이 불가능한 경우에는 계약 위반에 해당하는 이행 불능이 된다.
③ 계약의 좌절(Frustration): 계약 성립 당초부터 원시적 불능도 아니고 계약 성립 후 당사자의 귀책사유도 아닌 이유로 계약이 법적으로 이행하지 못하게 되거나 상황이 계약 체결 시에 예상했던 것보다 많이 달라져서 이행할 가치가 없게 된 경우를 말한다. `2021 출제`

9 클레임(Claim)

01 클레임의 의미 2022 출제

매매당사자 중 일방이 매매계약 내용을 불이행함으로써 상대방에게 손해를 입힌 경우 손해를 입은 당사자가 자신의 권리구제를 위하여 행하는 일정한 청구(손해배상) 및 그러한 청구에 관한 권리를 의미한다. 단순한 불만(Complaint), 경고(Warning), 분쟁(Dispute)과 구분된다.

02 클레임의 종류

(1) 발생 원인 기준
① 품질 클레임: 품질 불량, 품질 차이 등에 관한 클레임
② 수량 클레임: 선적 수량 부족, 중량 부족 등에 관한 클레임
③ 선적 클레임: 지연 선적, 미선적 등에 관한 클레임
④ 포장 클레임: 불완전 포장, 포장 불충분 등에 관한 클레임
⑤ 가격 및 결제 클레임: 가격 인하, 가격 인상, 결제 지연, 미결제에 관한 클레임
⑥ 보험 클레임: 불완전 보험계약 체결 또는 보험사에 대한 청구에 관한 클레임
⑦ 계약 클레임: 계약의 성립, 내용, 이행에 관한 클레임

(2) 성질 기준
① 일반 클레임: 무역거래와 관련된 일반적인 클레임으로 매매당사자의 과실 또는 태만에 의해 발생하는 클레임
② 마켓 클레임: 문제가 되지 않는 경미한 사안을 핑계로 매수인이 손해를 입을 것으로 예상되는 상황(상품 시세의 하락 등)에 제기하는 클레임 2022 출제

> **TIP** 예시를 통해 마켓 클레임을 예방하기 위한 매도인의 조치에 대해 알아보아요.
> 1. 견본으로 품질 조건을 정하는 경우 계약서상에 'equal to sample(견본과 동일)' 대신에 'about similar to sample(견본과 유사)'이라고 기재
> 2. 매수인의 D/A 거래 요구에 대해 Usance L/C 거래 제의(은행의 지급확약 확보)
> 3. 신용장 수령 후 모호한 선적서류 요구에 대해 명확한 수정 요구
> 4. 운송 중 위험을 헤지(Hedge)하기 위해 EXW 조건으로 계약 체결
> 5. 계약서에 클레임 제기기한을 되도록 짧게 설정
> 6. 계약 체결 전에 바이어에 대한 신용조사를 실시
> 7. 계약서에 중재조항 추가

③ 계획적 클레임: 매매당사자의 계획적 의도에 의한 클레임

03 무역클레임의 내용

(1) 금전 청구
① 손해배상 청구: 품질 위반, 선적 불이행, 부당계약 해제, 지연 선적, 대금 결제 지연 등으로 발생한 손해에 대해 금전 배상을 청구하는 것이다.
② 대금 지급 거절: 신용장 조건과 서류가 불일치하거나 D/A 거래에서 물품이 서류보다 먼저 도착하여 검사 결과 계약 내용과 상이할 경우 대금 지급 거절이 가능하다.
③ 대금 감액 요청: 도착된 물품이 품질, 포장, 수량 부족 등 계약 내용과 일치하지 않는 경우 대금 감액 요청이 가능하다.

(2) 금전 이외의 청구

① **화물 인수 거절**: 화물의 품질 불량, 파손 등을 발견 시 매수인은 인수를 거절할 수 있다. 계약상 인수 거절 약정이 있는 경우 문제가 되지 않으나 약정이 없는 경우에는 물품 상태가 계약에 현저히 위반될 때 거절이 가능하다.
② **계약 이행 청구**: 매도인은 신용장 개설을 요청하거나 매매약정 시의 물량 이행을 요청할 수 있고 매수인은 계약 물품 선적의 이행 등을 요청할 수 있다.
③ **잔여계약분 해제 요청**: 분할선적된 물품의 품질 불량, 품질 등급 상이 등의 이유로 잔여계약분에 대한 계약의 해제를 요청할 수 있다.
④ **대체품의 청구 및 부족분의 추가 송부**: 매수인이 화물 인수를 거절하고 반송함과 동시에 매도인에게 계약 물품을 다시 선적하도록 요청하거나(대체품의 청구), 도착된 화물의 수량이 부족한 경우 매도인에게 부족분을 추가로 송부할 것을 요청할 수 있다(부족분의 추가 송부).

04 무역클레임의 제기

(1) 매수인의 물품 검사와 통지 의무

매수인은 물품을 인도받은 경우 계약 내용과 일치하는지 여부를 검사하여 하자가 발견되면 지체 없이 매도인에게 통지하여야 한다.

> **TIP** 나라별 물품 검사 및 통지 방식을 알아보아요!
> 1. **우리나라 상법**: 지체 없이 검사해야 하며 즉시 발견할 수 없는 하자는 6개월 내에 발견하여 통지하여야 함
> 2. **일본상법**: 즉시 검사하여 통지해야 함(우리나라 상법과 동일)
> 3. **비엔나협약**: 실행 가능한 단기간 내에 검사하여 합리적인 기간 내에 매도인에게 통지하여야 함. 다만 물품이 인도된 날부터 2년 이내에 이루어져야 함

(2) 클레임 제기 당사자

클레임 제기 사유 발견 시 클레임을 청구할 당사자를 결정하여야 한다. 당사자의 선택이 잘못되면 클레임 제기의 효력이 없어지므로 클레임 사유 발생의 원인과 책임 소재가 누구에게 있는지를 결정하여야 한다.

(3) 클레임 제기 기간

① **제기 기간을 약정한 경우**: 약정된 기간 내
② **제기 기간을 약정하지 않은 경우**: 준거법의 규정에 따라 클레임의 제기 기간이 결정된다. 비엔나협약의 경우 검사·하자 발견 시 즉시 통지 의무를 규정하고 있으며, 물품이 실제로 교부된 날부터 늦어도 2년 이내에 통지가 이루어져야 한다고 규정하고 있다.

(4) 클레임 제기 시 구비서류

① **클레임 사실진술서**: 법적 문서로서 간단명료하게 구체적으로 기술하여야 하며 육하원칙에 따라 기재하여 제출
② **청구액에 대한 손해명세서**: 손해액과 제비용에 대한 명세서를 정확히 기재하여 제출
③ **검사보고서**: 품질 불량, 품질 상이, 수량 부족 등에 대해 국제공인검정기관에서 발급받은 객관적인 보고서를 제출
④ 기타 계약입증 서류

05 무역클레임의 수령

(1) 클레임의 내용 파악
클레임이 제기된 경우 상대방의 의사를 정확히 파악하여 해결책을 강구하여야 한다.

(2) 검토사항
① 클레임 제기 기간 내에 제기되었는가
② 하자입증 서류가 구비되었는가
③ 물품의 검사가 공인검사기관에 의해 행해졌는가
④ 계약 조건의 미비에 의한 클레임은 아닌가
⑤ 손해배상의 청구가 합리적인 계산에 의한 것인가
⑥ 하자의 정도가 계약 및 거래관례상 허용 범위를 초과하였는가

(3) 클레임의 수락 및 거절
상대방의 클레임이 정당하다고 판단되면 손해배상을 하거나 대체품을 인도하여야 하며, 클레임이 부당한 경우 청구 거절의 의사 표시를 해야 한다. 이후에는 중재, 소송 등을 통해 해결한다.

06 무역클레임의 해결 내용

손해배상금의 지급	클레임 제기자가 입은 손해에 대해 금전으로 배상하는 것
대금의 감액	품질 불량, 품질 상이, 포장 불량 등의 사유로 계약 가격의 감액을 요청받고 이를 승낙하는 것
물품의 반송	물품의 인수를 거절하고 수출상에게 되돌려 보내는 것 예 계약 상이 물품, 품질 불량품, 포장 불량품 등
계약의 이행	계약상 의무를 이행할 것을 요구하는 것(클레임 피제기자의 계약 이행이 불완전할 경우 손해배상금의 청구나 대금의 감액이 수반되는 경우도 있음)

07 무역클레임의 해결 방법 2020, 2021, 2023, 2024 출제

(1) 당사자 간 해결
① **청구권의 포기(Waiver of Claim)**: 상대방이 다른 조건으로 만족시킨 경우나 클레임 제기 금액이 너무 작아 클레임의 가치가 없는 경우, 분쟁해결 절차가 복잡한 경우 등에 해당하여 클레임을 포기하고 단순 경고로써 주의를 촉구하는 방법이다.
② **화해(Amicable Settlement, Compromise)**: 제3자의 판단에 의하지 않고 당사자 간 교섭에 의해 해결하는 방식을 말하며 실무상 대부분의 경우 화해를 통해 해결한다.

(2) 제3자 개입에 의한 해결
① **알선(Intercession, Recommendation)**: 공정한 제3자가 당사자의 일방 또는 쌍방의 요청으로 사건에 개입하여 원만하게 해결될 수 있도록 조언하는 것을 의미한다. 강제력은 없으나 제3자가 당사자에게 강한 영향력을 미침으로써 분쟁을 해결할 수 있다.
② **조정(Conciliation, Mediation)**: 양 당사자가 공정한 제3자를 조정인으로 선임하고 조정인이 제시하는 해결안에 합의하여 분쟁을 해결하는 방법이다. 조정은 중재 판정과 동일한 효력이 있으나, 양 당사자는 제시된 조정안을 수락할 의무가 없으므로 어느 일방이 조정안에 불복하면 실패한다.

③ 중재(Arbitration): 당사자 간의 합의로 사법상의 법률 관계를 법원의 소송 절차에 의하지 않고 제3자인 중재인(예 대한상사중재원)을 선임하여 그 분쟁을 중재인의 판단에 맡겨 양 당사자가 절대 복종함으로써 분쟁을 합의하는 방법이다. 중재는 중재 합의에 의하여야 하고 중재인의 판정은 강제성을 갖고 그 효력도 당사자 간에는 법원의 확정 판결과 동일하게 적용된다. 또한 뉴욕협약에 의해 외국에서의 집행을 보장받는다.

④ 소송(Litigation): 국가기관인 법원의 판결에 의하여 분쟁을 강제적으로 해결하는 방법이다. 중재에 의한 해결이 사전에 합의되지 않은 경우 상대방에게 강제력을 가하기 위해 국가권력의 발동을 요청하고 국가권력에 의하여 강제력을 행사하는 방법이다.

10 중재제도 2025 출제

01 중재제도의 의미

자발적 중재 합의에 의하여 계약당사자 간 현존하는 분쟁 또는 장차 발생 가능한 분쟁을 법원의 소송 절차에 의하지 않고 제3자인 중재인을 통한 판정에 따르도록 하여 분쟁을 해결하는 제도를 의미한다. 중재 판정에 복종함으로써 분쟁을 해결하는 자주법정제도이며 당사자 간 중재계약이 약정되어 있어야 한다. 외국 중재 판정의 승인과 집행을 위한 국제 협약 또는 국가 간 중재협정의 체결이 중요하다. 우리나라의 중재기관은 대한상사중재원이다.

02 중재의 요건

(1) 분쟁당사자 간의 합의
거래당사자가 분쟁 발생 전 또는 분쟁 발생 후 중재 합의를 하여야 한다.

(2) 중재인의 사인성
중재기관은 국가기관이 아닌 사인이어야 하며 중재권한이 당사자 간 합의에서 기인하여야 한다.

(3) 중재 판정의 구속력
당사자 간에 원만한 해결이 이루어지지 않은 경우 중재인은 반드시 중재 판정을 하여야 하고 당사자는 그 판정에 따라야 한다.

03 중재제도의 장단점 2020, 2021, 2022, 2024 출제

(1) 중재제도의 장점
① 분쟁의 신속 해결: 소송은 3심제로 운영되는 반면, 중재는 단심제로 운영되고 있어 법원에 비해 짧은 시간에 최종 판정에 도달한다. 국내상사중재 규칙 제49조 중재판정에서는 "중재판정부는 중재판정부 구성의 통지를 받은 날부터 100일 이내에 판정하여야 한다"(국제중재의 경우 판정부 구성일로부터 6개월 이내)라고 규정하여 신속한 해결이 가능하도록 하고 있다.
② 비용의 절감: 중재는 단심제로 운영되므로 법원 소송보다 비용을 절감할 수 있다. 소송의 경우 매 심급마다 인지대, 변호사 보수 등이 발생한다.
③ 전문가의 판단: 상거래와 관습에 정통한 중재인이 판정하므로 법원판결보다 현실적이고 타당할 수 있다.

④ 절차의 비공개: 중재는 회사의 운영 비용, 영업 방식, 손익 내용 등 거래 비밀을 공개하지 않으므로 사업상 비밀이나 회사의 명성을 그대로 유지할 수 있다.
⑤ 판정의 국제 효력 발생: 중재 판정은 뉴욕협약에 가입한 국가에 대해 그 집행을 보장받으므로 국내에서만 효력이 발생하는 소송에 의한 판결보다 더 큰 효력이 있다.
⑥ 자주적 분쟁해결: 중재는 중재계약부터 중재 판정에 이르는 모든 절차를 당사자의 자유의사에 의한 중재 합의에 따라 해결함으로써 자주적인 분쟁해결 방법이다.
⑦ 평화적 분위기: 소송은 제소 및 소환의 수단에 의해 진행되지만 중재는 상호교섭과 평화로운 분위기 속에서 진행한다.

(2) 중재제도의 단점
① 법률 문제: 중재인은 사실 문제에 대해 신속하고 정확하게 판정할 수 있으나 중요 법률 문제가 개재되었을 때에는 일반적으로 판단 능력이 미흡하다.
② 절차상의 문제: 중재에서는 신속한 처리를 위해 정당한 절차에 의해 통지되었다면 당사자가 출석하지 않더라도 심리를 진행할 수 있으므로 불출석 당사자의 입장이 완전히 무시될 수 있다.
③ 단심제: 소송과 달리 단심제를 채택하고 있으므로 결과에 불복하는 경우 재심을 요청할 수 없다.
④ 예측 가능성의 감소: 중재 판정이 법률 또는 판례 등에 의하지 않고 중재인의 합리적 판단에 의존함에 따라 판정 기준이 애매하므로 때로는 객관성이 결여되어 예측 가능성이 감소한다.
⑤ 중재인의 대리인 의식: 중재는 당사자가 각각 1명씩 대리인을 선임하므로 선임받은 중재인은 선임자의 이익을 대변할 가능성이 높다.

04 중재계약(합의) `2023 출제`

(1) 중재계약(합의)의 의미 `2020, 2021, 2022 출제`
① 사법상의 법률 관계에 대해 당사자 간에 현재 발생하고 있거나 장래 발생할지도 모르는 분쟁을 중재에 의해 해결하도록 하는 합의를 의미한다.
② 사전에 계약서에 중재조항을 삽입하는 중재 합의와 사후 약정하는 중재부탁 합의로 구분된다.
③ 사전에 중재계약에 의한 합의가 없을 경우, 분쟁이 발생한 후 중재가 본인에게 유리하다고 판단되지 않을 시 중재에 합의하지 않을 가능성이 있으므로 계약서상에 중재조항을 미리 설정해 두는 것이 바람직하다.

(2) 중재계약(합의)의 내용
분쟁에 대해 중재 의뢰를 원활하게 하기 위해 중재가 행해지는 장소, 이용할 중재기관, 적용할 중재 규칙 또는 준거법 등을 명시한다(중재의 3요소).

(3) 중재계약의 방법
① 매매계약서상 중재조항을 삽입하지 않고 독립계약 또는 중재부탁 합의서를 작성한다.
② 매매계약서상에 분쟁이 발생하였을 경우 중재로 해결한다는 내용을 삽입한다.

(4) 중재계약의 효력
① 분쟁이 발생하면 계약에 따라 중재로 해결해야 하므로 법원의 재판을 받을 권리를 상실한다(직소금지의 원칙).
② 중재계약을 무시하고 어느 한 편이 법원에 제소하더라도 소송은 각하된다.

05 중재의 절차 [2023 출제]

(1) 중재계약의 체결
당사자 간 계약 체결 시 계약서상에 중재조항을 삽입하는 중재 합의 또는 사후 약정하는 중재부탁 합의에 의해 중재계약이 체결되어 있어야 한다.

(2) 중재 신청
계약에서 정한 중재기관에 중재를 신청한다. 중재원은 신청접수 내용의 적합성 여부를 확인하고 쌍방 당사자에게 중재 신청을 수리하였음을 통지한다.

(3) 중재 전 조정(Conciliation)
① 중재 절차에 의한 판정을 거치지 않고 당사자 상호 간 양보 아래 조정인을 개입시켜 분쟁을 해결하는 방식으로 중재 절차를 밟기 전에 이루어진다.
② 대한상사중재원에서 조정인을 선정한 후 조정안을 제시하며 조정인이 선정된 후 30일 이내에 양 당사자 간 조정이 이루어지지 않으면 중재 절차가 재개된다.
③ 조정이 성립하면 중재 판정 및 법원의 확정 판결과 동일한 효력을 갖는다.

(4) 중재 장소 합의
① 중재지는 중재 절차 및 중재 판정이 행해지는 국가 또는 지역을 말하며 분쟁 당사자 간 합의에 의해 결정된다.
② 중재 장소가 결정되지 않은 경우, 유엔무역위원회(UNCITRAL)의 중재 규칙에서는 중재 판정부가 중재 주위 상황에 유의하여 중재지를 결정하도록 규정하고 있으며 ICC 중재 규칙에서는 중재재판소가 결정하도록 하고 있다.

(5) 중재인 선정
① 중재인(Arbitrator)의 의미: 당사자의 합의로 중재 판정을 내리는 권한이 부여된 사인인 제3자를 의미한다.
② 선정 방법: 중재인은 당사자가 직접 선정하는 방법과 중재 판정부가 선정하는 방법이 있다. 중재인의 수는 중재계약에서 수를 정한 경우에는 그에 따르고 그 수를 정하지 않을 경우에는 1인 또는 3인으로 구성한다. 중재인은 중재 절차가 공정하고 정당하게 진행되도록 노력하여야 한다.

(6) 심리
① 심리는 중재인이 결정하는 것이 원칙이며 중재판정부는 심리의 일시, 장소, 방식을 결정하여 통지하도록 하고 있다.
② 상사중재 규칙에서는 중재인은 제출된 증거의 신빙성과 유효성을 자유심증에 따라 판단한다는 자유심증주의를 채택하고 있다.

(7) 중재 판정 [2022 출제]
① 의미: 중재 판정은 중재계약의 당사자가 부탁한 분쟁 해결을 위하여 중재인이 내리는 최종적 결정으로서 양 당사자를 구속하므로 공평하고 정당하며 확정적인 판정이 되도록 하여야 한다.
② 중재 판정의 국내 효력: 중재 판정은 당사자 간에 있어서 법원의 확정 판결과 동일한 효력을 가지며(기판력), 법원의 집행 판결을 받으면 집행력이 발생한다.
③ 국제 효력: 뉴욕협약에 가입한 국가 간의 중재 판정은 국경이나 법역을 넘어서 외국에서도 그 효력을 미칠 수 있다.

(8) 중재 판정의 취소 `2021, 2022 출제`

중재 판정에 대한 불복은 법원에 중재 판정 취소의 소를 제기하는 방법으로 가능하다.

① 중재 판정 취소의 소를 제기할 수 있는 경우
- ㉠ 중재 합의의 당사자가 해당 준거법에 따라 중재 합의 당시 무능력자였던 사실 또는 중재 합의가 당사자들이 지정한 법에 따른 무효인 경우
- ㉡ 당사자가 중재인의 선정 또는 중재 절차에 관하여 적절한 통지를 받지 못하였거나 본안에 관한 변론을 할 수 없었던 사실이 인정되는 경우
- ㉢ 중재 판정이 중재 합의의 대상이 아닌 분쟁을 다룬 사실 또는 중재 판정이 중재 합의의 범위를 벗어난 사항을 다룬 사실이 인정되는 경우
- ㉣ 중재판정부의 구성이나 중재 절차가 당사자 간의 합의에 따르지 않았을 경우

② 법원의 직권으로 중재 판정을 취소할 수 있는 경우
- ㉠ 중재 판정의 대상이 된 분쟁에 중재 판정국의 법에 따라 중재로 해결될 수 없는 경우
- ㉡ 중재 판정의 승인 또는 집행이 대한민국의 선량한 풍속이나 그 밖의 사회질서에 위배되는 경우

(9) 임시적 처분

중재 판정부가 중재 절차 진행 도중 내리는 긴급 조치로서, 중재 절차에서 중재 판정부가 당사자들의 지위를 보호하고 중재 판정의 결과를 기다리는 동안 중재 대상 목적물의 처분이나 재산 도피 등을 제한하고 그 상태를 유지하는 것을 의미한다.

06 외국 중재 판정

(1) 외국 중재 판정의 의미

중재 판정은 무역 분쟁을 해결하기 위한 것이므로 중재 판정의 효력이 외국에 미치지 않는다면 중재를 할 필요가 없어진다. 이러한 이유로 국제 협력을 위해 중재에 관한 국제 협약 및 양국 간 협정이 체결되어 있다.

(2) 뉴욕협약(New York Convention) `2022 출제`

① '외국 중재 판정의 승인과 집행에 관한 유엔협약'의 약칭이다.
② 뉴욕협약은 중재 판정의 승인 및 집행 요구를 받는 국가 이외의 국가 영토 내에서 내려진 판정으로 자연인 또는 법인 간 분쟁에서 발생하는 중재 판정의 승인 및 집행에 적용된다.

(3) 외국 중재 판정의 승인과 집행

① 승인: 특정한 법률 관계 또는 사항에 대하여 공적인 권위 또는 권한에 의하여 그 존재 또는 정부(正否)를 확인·시인·비준하는 행위
② 집행: 사법상 청구권을 국가권력의 행사에 의하여 만족시킬 것을 목적으로 하는 법률상 절차

(4) 외국 중재 판정의 승인과 집행의 요건

① 중재계약이 뉴욕협약의 적용 범위 내에 들어가야 한다.
② 분쟁이 일정한 법률 관계에 관련하여 발생하되 동 분쟁은 중재계약의 범위 내에 있어야 한다.
③ 중재계약의 서면상 요건이 구비되어야 한다.
④ 중재계약이 무효, 실효, 이행 불능이 되지 않아야 한다.
⑤ 외국 판정의 승인이나 집행이 그 국가의 공공질서에 반하지 않아야 한다.

(5) 외국 중재 판정의 승인과 집행의 신청

외국 중재 판정의 승인과 집행의 청구인은 ① 인증된 중재 판정의 원본 또는 등본, ② 중재계약의 원본 또는 인정된 등본과 ①, ②에 대하여 공적인 또는 선서한 번역인이나 외교관에 의하여 인증된 번역문을 해당 집행국의 해당 법원에 제출하면 승인과 집행을 보장받을 수 있다.

(6) 외국 중재 판정의 승인 및 집행 거부 사유

뉴욕협약에서는 승인과 집행이 거부 사유에 해당된다고 하더라도 그 집행의 거부 여부는 집행국 법원의 재량으로 결정된다.

① 집행 피신청인이 주장·입증하여야 하는 사유: 중재 판정이 불리하게 원용되는 당사자의 청구에 의하여 다음의 증거를 제출하는 경우 거부될 수 있다.
  ㉠ 중재 합의의 당사자가 법률상 무능력자이거나 준거법에 의하여 합의가 무효가 된 경우
  ㉡ 집행 피신청인이 중재인의 선정이나 중재 절차에 관하여 적절한 통고를 받지 않았거나 기타 이유에 의하여 응할 수 없었을 경우
  ㉢ 판정이 중재 부탁 조항에 규정되어 있지 않거나 그 조항의 범위에 속하지 않는 분쟁에 관한 것이거나 또는 그 판정이 중재 부탁의 범위를 벗어나는 사항에 관한 규정을 포함하는 경우
  ㉣ 중재기관의 구성이나 중재 절차가 당사자 간의 합의와 합치하지 않거나, 이러한 합의가 없는 경우 중재를 행하는 국가의 법령에 합치하지 않는 경우
  ㉤ 판정이 당사자에 대한 구속력을 아직 발생하지 않았거나, 판정이 내려진 국가의 권한 있는 기관이나 또는 그 국가의 법령에 의거하여 취소 또는 정지된 경우

② 집행국의 법원이 직권으로 판단할 사유
  ㉠ 분쟁의 대상인 사항이 그 국가의 법률하에서는 중재에 의해 해결할 수 없는 경우
  ㉡ 판정의 승인이나 집행이 그 국가의 공공질서에 반하는 경우

정리하고 넘어가기 중재와 소송의 비교 2022, 2023, 2025 출제

구분	중재	소송
대상	당사자가 처분할 수 있는 사법상 모든 분쟁	민사, 형사, 행정, 선거 등 모든 분쟁
요건	• 당사자 간 서면에 의한 중재 합의가 있을 것 • 당사자가 능력이 있을 것 • 당사자가 적격할 것 • 권리보호의 자격과 필요가 있을 것	• 당해 법원이 관할권을 가질 것 • 당사자가 능력이 있을 것 • 당사자가 적격할 것 • 권리보호의 자격과 필요가 있을 것
효력	법원의 확정 판결과 동일한 효력, 구속력, 기판력, 집행력, 형성력	구속력, 기판력, 집행력, 형성력
신속성	단심제로 인한 신속한 처리 가능	삼심제와 복잡한 절차 필요
경비	단심제로 인한 중재 비용의 일회성 지출, 변호사 선임 비용 미발생	삼심제에 의한 인지세, 변호사 보수 등 많은 비용 발생
판정인	무역실무에 정통한 중재인이 판정하므로 합리적인 해결이 가능하나 법률적 해석과 예측 가능성 측면에서는 소송에 비해 불리함	법관이 법률과 판례를 통해 판결하여 상관습 및 실무와 차이가 발생할 수 있음
공개성	비공개주의 원칙에 따라 사인의 비밀이 보장되어 대외 신용도에 부정적 영향을 받을 우려가 적음	공개주의 원칙으로 영업상 비밀이나 회사의 기밀이 공개되어 대외 신용도 실추 위험이 있음

Mini Test — 무역계약

OX문제

01 매도인의 청약에 대하여 매수인이 승낙함으로써 매매계약이 성립되는 것은 쌍무계약의 특징에 해당한다. (   )

02 Capacity는 신용조회의 3C's 중 하나에 해당한다. (   )

03 시황 변동에 따라 사전 통보 없이 제시 가격이 변동될 수 있음을 조건으로 한 청약을 Offer on Sale or Return이라 한다. (   )

04 승낙을 의도하고 있으며 대금 지급, 품질, 수량 조건의 변경을 포함하는 청약에 대한 응답은 승낙으로 간주한다. (   )

05 중재 절차가 진행되는 중이라 하더라도 분쟁의 당사자는 법원에 제소하여 분쟁을 해결할 수 있다. (   )

06 비엔나협약은 물품의 매매뿐 아니라 용역의 거래에도 적용된다. (   )

07 매도인의 입장에서 비규격품인 잡화류는 'Quality to be up to sample'이라는 표현보다 'Quality to be similar to sample'로 표현하여 계약을 체결하는 것이 마켓 클레임 예방에 유리하다. (   )

08 신용장에서 할부청구 또는 할부선적이 일정한 기간 내에 이루어지도록 명시된 경우 동 할부 거래를 위하여 배정된 기간 내에 할부청구나 할부선적이 이루어지지 않으면 동 신용장은 해당 할부분과 향후 할부분에 대하여 더 이상 이용될 수 없다. (   )

09 Severability Clause는 계약 내용의 일부가 어떠한 사유로 인해 실효 또는 무효화되더라도 그것을 이유로 계약 전체가 실효 또는 무효화되는 것은 아니라는 조항이다. (   )

10 Incoterms 2020은 매매 물품의 소유권 이전에 대해 규정한다. (   )

정답 Check

01 X   02 O   03 X   04 X   05 X
06 X   07 O   08 O   09 O   10 X

[X 해설]
01 매도인의 청약에 대하여 매수인이 승낙함으로써 매매계약이 성립되는 것은 낙성계약의 특징에 해당한다.
03 시장변동 조건부청약(Offer Subject to Market Fluctuations)에 대한 설명이다. Offer on Sale or Return은 반품허용 조건부청약을 의미한다.
04 승낙을 의도하고 있으나 청약 조건을 실질적(대금 지급, 품질, 수량, 인도의 장소와 시기 등)으로 변경하지 않는 부가적 또는 상이한 조건을 포함하는 청약에 대한 응답은 승낙으로 간주한다.
05 직소금지의 원칙에 의해 중재 절차 중에는 법원에 소송을 제기할 수 없으며 제소하더라도 해당 소송은 각하된다.
06 비엔나협약은 물품을 공급하는 당사자의 의무 중 주된 부분이 노무 또는 그 외 서비스의 공급으로 구성된 계약에는 적용되지 않는다.
10 인코텀즈는 매매 물품의 소유권 및 물권의 이전에 대해서는 다루지 않는다.

빈칸 채우기

01 개산수량 조건은 "about", "approximately"와 같은 표현을 사용하여 신용장의 금액, 수량, 단가를 표현하는 경우 ( )%를 초과하지 않는 범위 내에서 과부족을 허용하는 조건이다.

02 Incoterms 2020의 조건 중 매도인이 운송수단에서 물품을 양하하여 매수인의 임의 처분 상태로 두는 조건은 ( )이다.

03 Incoterms 2020의 조건 중 FAS, FOB, CFR, ( )은(는) 해상 및 내수로운송에만 사용할 수 있는 조건이다.

04 산업설비나 선박 기타 대형 기계류처럼 공정에 장기간이 소요되는 물품의 경우 각종 원부자재의 가격 상승에 대응할 수 있도록 가격의 변경을 허용하도록 하는 조항을 ( )(이)라 한다.

05 중재를 통한 분쟁의 해결을 하는 경우 중재 판정의 효력이 외국에도 적용되어야 한다. 국제 협력을 위해 중재에 관한 국제 협약인 ( )이(가) 체결되어 있다.

06 계약당사자의 어느 일방이 일시적으로 계약상 어떤 조항에 의한 이행 청구를 하지 않았다 하더라도 이를 이유로 그 후의 동일 조항에 대해 이행청구권을 포기한 것으로 간주하거나 박탈할 수 없다는 조항을 ( )(이)라 한다.

07 비엔나협약에 의한 계약해제권은 ( )이(가) 존재하는 경우에 한해 행사 가능한 구제수단이다.

08 1 Gross ton은 2,240 lbs이며 kg으로 환산하면 대략 ( )kg이다.

09 ( )은(는) 대체품 인도 청구, 계약 해제, 이행 청구, 대금 감액과 선택적 또는 중복적으로 청구할 수 있는 권리이다.

10 ( )은(는) 계약 내용의 해석이나 의견 차이로 분쟁이 발생할 경우 해석의 근거가 되며, 계약서에 기재되지 않은 부분에 대한 계약당사자 간의 권리와 의무를 해석하는 역할을 한다.

정답 Check

01 ±10 02 DPU 03 CIF 04 신축조항 05 뉴욕협약
06 Non-waiver Clause(비포기조항) 07 본질적(근본적) 계약 위반 08 1,016
09 손해배상(청구권) 10 준거법

CHAPTER 02 | 국제운송

*참고: ●은 목표 점수 60점 이상을 위한 필수 학습 내용입니다.

1 국제해상운송

01 화물의 운송

(1) 운송의 의미
효용이 낮은 지역에서 효용이 높은 지역으로 물자를 이동시키는 것으로 거리 극복을 통해 물자의 효용을 극대화하는 행위를 의미한다.

(2) 국제운송의 의미
서로 다른 국가에 영업소를 둔 수출상 및 수입상이 물품매매계약을 통하여 계약목적물을 수입국 또는 제3국으로 이동시키는 것을 의미한다.

02 화물의 운송 형태

(1) 해상운송(Marine Transport)
① 의미: 선박을 이용하여 사람과 화물을 운송하는 방식이다. 정기선(Liner)은 주로 컨테이너를 운송하며 부정기선(Tramper)은 운송 수요에 의해 주로 살물(Bulk Cargo)을 운송한다.
② 특징
　㉠ 대량운송이 가능하다. 철도나 차량보다 많은 양의 화물을 운송할 수 있다.
　㉡ 대량운송에 따른 규모의 경제 원칙에 의해 단위당 운송비가 저렴하다.
　㉢ 원거리 운송에 보편적으로 사용된다.
　㉣ 공해(公海)를 이용하므로 운송로의 선택이 자유로우며 2개국 간 운송이 진행되므로 국제성을 지닌다.
　㉤ 항공운송에 비해 운송 기간이 길고 해상위험에 노출될 가능성이 높다.

(2) 복합운송(Multimodal Transport)
① 의미: 육상, 해상, 항공, 철도 등의 방법 중 최소 2가지 이상 다른 종류의 운송수단을 통하여 화물을 운송하는 방식이다.
② 특징: 컨테이너가 도입된 이후 복합운송의 효율성이 극대화되었다.

(3) 항공운송(Air Transport)
① 의미: 항공기의 항복(Plane's Space)을 이용하여 화물을 운송하는 방식이다. 일반적으로 정기 항공운송이 이루어진다.
② 특징: 고가품이나 긴급한 물품, 신선 유지 필요 물품을 운송하는 데 이용된다.

03 선박(Ship, Vessel)

(1) 선박의 의미
사람이나 화물을 싣고 해상으로 공간적, 장소적 이동을 수행하는 운반수단이다. 선박의 구성요소로는 부양성, 적재성, 이동성이 있다.

(2) 상선(Merchant Ship)
여객선(Passenger Ship), 화물선(Cargo Ship), 컨테이너선, 원유운반선, 정제유운반선, 화공품운반선, 로로선(RORO), 냉동선, 래시선(LASH) 등이 있다.

> **로로선**
> 선측 또는 선미의 선내 경사를 통해 컨테이너, 트레일러 등을 수평으로 적·양하하는 선박

> **래시선**
> 화물이 적재된 바지선을 선박 자체에 있는 크레인으로 적·양하하는 선박

(3) 정기선(Liner)
① 의미: 정해진 항로를 따라 규칙적으로 반복 운항하는 선박을 말한다.
② 특징
  ㉠ 공산품 등 일반 화물을 운송하는 데 사용된다.
  ㉡ 운항 일정(Sailing Schedule) 및 운임요율표(Freight Tariff)가 공시된다.
  ㉢ 화물량에 관계없이 특정 항로를 규칙적으로 운항하므로 고정비가 많이 발생하여 부정기선보다 상대적으로 운임이 높다.
  ㉣ 고정된 항로를 규칙적으로 운항하므로 선적기일을 맞추는 데 적합하다.

(4) 부정기선(Tramper)
① 의미: 고정된 항로 없이 운송 수요자의 요청에 따라 운항하는 선박을 말한다.
② 특징
  ㉠ 곡물, 원유, 광물을 비롯한 일반 원료나 대량 화물, 운송 수요가 급증하는 화물을 주로 운송한다.
  ㉡ 운임은 대체로 정기선보다 낮으며 수요와 공급에 의해 운임이 결정되므로 운임 변동폭이 크다.
  ㉢ 선주가 선박 또는 선복을 제공하여 화물운송을 약정하는 용선계약을 체결하고 운송하는 것이 일반적이다.
  ㉣ 고정된 항로와 운항 일정이 없으므로 항로를 자유롭게 선택할 수 있다.
  ㉤ 선박의 공급이 물동량 변화에 대해 비탄력적이므로 선박수급의 불균형이 발생하기도 한다.

정리하고 넘어가기 정기선과 부정기선의 비교 [2021 출제]

구분	정기선	부정기선
항로 및 시기	반복적인 운항 일정, 고정된 항로	반복적이지 않은 운항 일정, 고정되지 않은 항로
운송 성격	공적 일반운송	사적 계약운송
운임	고율 (동일 운임, 운임표에 의해 결정)	저율 (수요와 공급에 의해 결정)
운송계약	불요식계약 (선하증권 약관에 의한 부합계약 방식)	요식계약 (용선계약을 체결, 계약 조건은 선박마다 다르며 시황과 선주 및 화주의 교섭력에 좌우됨)
조직	대형 조직	소형 조직
서비스	화주의 요구에 따라 조정	선주와 용선자의 합의에 의해 결정
화물 가치	고가(일반 화물)	저가(대량 화물)
선박	고가, 복잡한 구조	저가, 단순한 구조

04 해상운송계약(Contract of Carriage by sea) 2022, 2023 출제

운송인은 물품의 해상운송을 대행하고 송하인은 이에 대한 보수 지급을 약정함으로써 성립하는 계약이다.

(1) 개품운송계약
① 의미: 해상운송인이 다수의 화주와 개별적으로 화물운송계약을 맺는 것을 말한다. 이때 운송인은 물품 운송을 약정하고 송하인은 운임 지급을 약정한다.

② 특징
- ㉠ 해상운송인이 불특정 다수의 화주로부터 화물운송을 위탁받아 집화된 화물을 혼적(Consolidation)하므로 주로 정기선운송에서 많이 이용된다.

  혼적
  한 선박에 여러 가지 화물을 쌓거나 싣는 일

- ㉡ 개품운송계약은 선하증권 약관에 의한 부합계약의 방식으로 체결된다. 따라서 별도의 계약서 없이 해상운송인이 발행하는 선하증권이 운송계약의 증거가 될 수 있다.
- ㉢ 개품운송계약은 불요식계약이므로 별도의 방식이 요구되지 않으나 대개는 선복요청서(S/R: Shipping Request)를 제출하여 선박회사가 인수확약서(Booking Note)를 발행하면 운송계약이 체결된 것으로 간주한다.
- ㉣ 개품운송계약이 체결되면 매도인 또는 그의 대리인은 계약 물품을 본선에 적재하고 선박회사는 선적 선하증권(Shipped B/L)을 발급한다. 선하증권(B/L)은 운송계약의 증거, 물품 인도의 증거 및 권리증권의 기능을 수행한다.

(2) 용선운송계약 2021 출제
① 의미: 해상운송은 선박의 전부 또는 선복의 일부를 제공하여 적재된 물품을 운송하기로 약정하고, 용선자는 이에 대한 반대급부로 운임(용선료)을 지급하기로 약정하는 운송계약이다.

② 특징
- ㉠ 주로 살물(Bulk Cargo)을 대상으로 하며 일반적으로 부정기선 운송에서 이용된다.
- ㉡ 개품운송계약과 달리 표준화된 용선계약서(C/P: Charter Party)를 작성한다.

③ 용선운송계약의 종류
- ㉠ 일부용선계약(Partial Charter): 선주로부터 선복의 일부를 빌려 사용하는 계약을 말한다.
- ㉡ 전부용선계약(Whole Charter): 선주로부터 선박 전체를 빌려 사용하는 계약을 말한다.
  - 항해용선계약(Voyage Charter): 일정 항구에서 항구까지 화물운송을 의뢰하는 화주와 선주 간에 체결하는 운송계약이다. 운임은 '톤당 금액'을 기준으로 한다.
  - 기간용선계약(Time Charter): 선원이 승무하고 항해 장비를 갖춘 선박을 선주가 일정 기간 제공하고 용선자가 이에 대하여 보수(용선료)를 지급하기로 약정하는 계약이다.
    - 용선 기간은 연월일수, 특정 항로의 항해 기간 등으로 표시된다.
    - 선주는 직접 선비(선원비, 선박용품비, 수리비, 검사비 등)와 간접 선비(보험료 등)를 부담하고 용선자는 운항비(항만사용료, 연료비, 운반비 등)를 부담한다.
  - 나용선계약(Bareboat Charter, Demise Charter): 선주가 내항성(Seaworthiness)을 가진 선박 자체만을 용선자에게 대여해 주는 것을 의미한다. 2021 출제
    - 용선자에게 선박의 점유와 통제권을 부여하므로 선장은 법적으로 용선자의 대리인이 된다.
    - 선주는 선박만 제공하고 용선자는 선박을 제외한 선장, 선원, 장비 및 소요품 일체에 대해 책임을 진다.

정리하고 넘어가기 — 전부용선계약의 비교

구분	항해용선계약	기간용선계약	나용선계약
운임 결정	예상 항해 구간과 화물량, 선복에 따라 결정	기간에 따라 결정	기간에 따라 결정
선장 임명 책임	선주가 선장을 임명, 지휘, 감독	선주가 선장을 임명, 지휘, 감독	용선자가 선장을 임명, 지휘, 감독
선주의 부담 비용	직접 선비, 간접 선비, 운항비	직접 선비, 간접 선비	상각비
용선자의 부담 비용	용선료	용선료 및 운항비	상각비 외 모든 비용

(3) 하역 비용 부담 조건

항해용선계약을 체결할 때 선적 비용과 양륙 비용(선내 하역 비용, Stevedorage)을 누가 부담할 것인가에 대한 약정을 해야 한다.

① 선주부담 조건(Berth Terms, Liner Terms): 선적·양하 시 선내 하역 비용을 모두 선주가 부담하는 조건으로 대체로 정기선 운송인 개품운송계약에서 사용하는 방법이다.
② F.I(Free In): 선적 시 선내 하역 비용은 용선자가 부담하고(선주가 부담하지 않음), 양하 시 선내 하역 비용은 선주가 부담하는 조건이다.
③ F.O(Free Out): 선적 시 선내 하역 비용은 선주가 부담하고, 양하 시 선내 하역 비용은 용선자가 부담하는 조건이다.
④ F.I.O(Free In & Out): 선적·양하 시 선내 하역 비용을 모두 용선자가 부담하는 조건이다.
⑤ F.I.O.S.T(Free In & Out & Stowed & Trimmed): 선적·양하 시 선내 하역 비용 및 적부 비용은 물론 화물정리 비용까지도 모두 용선자가 부담하는 조건이다.

정리하고 넘어가기 — 개품운송계약과 용선운송계약의 비교

구분	개품운송계약	용선운송계약
운송 형태	정기선 운송	부정기선 운송
특징	불특정 다수의 화주로부터 개별적으로 운송을 의뢰받은 개별 화물을 혼재하여 운송	특정 화주의 특정 화물을 운송하기 위해 선박 또는 선복의 일부 또는 전부를 빌려주는 형태로 운송
대상 화물	주로 컨테이너 화물	원유, 곡물, 광산물 등 살물
당사자	운송인(선사)과 송하인	운송인(선주)과 용선자
운임 결정	공시된 운임률을 따름	수요와 공급에 따름
계약서	별도의 계약서 작성 없이 선하증권(B/L)이 계약서 역할을 함	용선계약서를 작성
하역 비용 부담 조건	선주부담 조건(Berth Terms, Liner Terms)	F.I, F.O, F.I.O, F.I.O.S.T

05 정박 기간(Laydays, Laytime) 2022 출제

(1) 정박 기간의 의미
화주가 계약 화물의 전량을 적재 또는 양하하는 데 필요한 일수로 선주가 화주에게 부여한 기간을 말한다.

(2) 정박 기간 계산 조건
① C.Q.D(Customary Quick Delivery, 관습적 조속하역): 관습적인 하역능력에 따라 가능한 한 빨리 적재하고 양하하는 조건을 의미한다. 불가항력으로 인한 하역 불능은 정박 기간에서 공제하며 일요일과 공휴일은 관습에 따른다.

② 연속 정박 기간(Running Laydays): 하역 개시일부터 종료일까지 경과 일수를 계산하는 방법으로 총 소요시간을 24시간으로 계산하여 정박 기간을 계산한다. 일요일, 공휴일은 물론 하역 불능 사태가 발생해도 모두 정박 기간에 포함된다.

③ 작업일(Working Days): 각 항구의 관습에 따라 해당 항구에서 평상시 하역이 행해지는 날을 말한다. 정박 기간을 산정하는 방식은 다음과 같다.

WWD (Weather Working Day)	기상 조건이 좋아 하역 작업이 가능한 날만 산입하는 방식
SHEX (Sunday and Holidays Excepted)	일요일 및 공휴일은 산정하지 않는 방식
SHEXUU (Sunday and Holidays Excepted Unless Used)	일요일과 공휴일에 작업을 하는 경우에만 산입하는 방식
SHEXEIU (Sunday and Holidays Excepted Even If Used)	일요일과 공휴일에 작업을 하더라도 정박 기간에 산정하지 않는 방식

(3) 체선료 · 조출료 · 지체료 2019, 2021, 2023 출제

체선료 (Demurrage)	• 정기선 운송의 경우: CY에 반입된 컨테이너를 화주가 무료 장치 기간 내에 반출하지 않을 시 선사가 화주에게 부과 • 부정기선 운송의 경우: 규정된 정박 기간 이내에 선적이나 양륙이 이루어지지 않으면 초과 일수 사용에 대하여 선주가 용선자에게 부과하는 비용 (반)조출료
조출료 (Dispatch Money)	규정된 정박 기간 이전에 하역 작업이 완료되면 선주가 용선자에게 지급하는 비용
지체료 (Detention Charge)	정기선 운송의 경우 CY에 반입된 컨테이너를 화주가 반출해 가면 빈 컨테이너를 무료 장치 기간 내에 반납해야 하는데, 이 기간을 경과하여 반납할 경우 선사가 화주에게 부과하는 비용

06 해상운임

(1) 정기선의 운임
① 기본운임: 해상운임을 일정한 기준에 따라 산출한 것으로 운임계산의 기초가 되며 중량(Weight), 용적(Measurement), 가격(Price)이 그 기준이 된다.

② 할증료(Surcharge)
  ㉠ 의미: 일정 항로를 취항하는 정기선이 기항하는 항구 간 기본운임 외에 특별히 인상하거나 부과하는 비용이다.

ⓛ 종류 2019, 2021, 2025 출제

중량할증운임 (Heavy Lift Surcharge)	화물의 1단위가 일정 중량을 초과하는 경우 부과하는 할증료
용적 및 장척할증운임 (Bulky/Lengthy Surcharge)	화물의 부피가 크거나 길이가 길 때 부과하는 할증료
양륙항선택료 (Optional Charge)	선적 시 목적항을 2개로 했다가 본선 출항 후 그중 1개항을 선택할 때 부과하는 할증료
통화할증료 (CAF: Currency Adjustment Factor)	운임 표시 통화의 가치 하락에 따른 손실을 보전하기 위해 운임에 부과하는 할증료
유류할증료 (BAF: Bunker Adjustment Factor)	유류 가격 인상으로 생기는 손실을 보전하기 위해 운임에 부과하는 할증료
체선(혼잡)할증료 (Congestion Surcharge)	양륙항에 선박이 많아 대기 시간이 길어져 선사에 비용 손실이 발생하는 경우 화주에게 그 부담을 전가하는 할증료
운하할증료 (Canal Surcharge)	해당 항로에 운하를 이용하는 경우 운하 사용료를 화주에게 전가하는 할증료
저유황할증료 (LSS/LSF: Low Sulphur Surcharge)	선박운항에 필요한 연료유를 저유황유로 변경하여 사용함에 따라 추가로 발생하는 비용을 화주에게 전가하는 할증료

(2) 부정기선의 운임 2021, 2024 출제

부정기선의 운임은 선주와 용선자 간에 체결하는 용선계약에 의해 개별적으로 결정된다. 부정기선의 운임은 선복의 수요자와 공급자 사이의 계약에 의해 결정되므로 항상 변한다.

① 비례운임(Pro-rata Freight): 수송거리 운임이라고도 하며, 운송 도중 불가항력 또는 기타 원인에 의해 운송할 수 없게 되어 중도에 화물을 인도하는 경우 운송 이행 비율에 따라 산정되는 운임이다.
② 선복운임(Lumpsum Freight): 부정기선 운임의 종류로서 항해 또는 선복을 단위로 계산하는 운임이다.
③ 부적운임(Dead Freight): 공적운임이라고도 하며, 선적하기로 계약했던 화물량보다 실제 선적량이 적은 경우 용선자가 그 부족분에 대해 지불하는 운임이다.
④ 운임은 운송시기 및 기간에 따라 SPOT운임, 선물운임, 연속항해운임, 장기계약운임 등으로 구분된다.
  ㉠ SPOT 운임 : 단기간내에 선적되는 현물시장운임으로서 자유경쟁을 통해 형성되는 운임이다.
  ㉡ 선물운임 : 상당기간(보통 몇개월)을 두고서 미리 약정되는 운임이다.
  ㉢ 연속항해운임 : 특정항로에서 수차례 연속된 항해를 통해 운송되는 화물에 대하여 일률적으로 부과되는 약정운임이다.
  ㉣ 장기계약운임 : 보통 수년간에 걸쳐 일정하게 적용되는 운임이다.

(3) 기타 부대 비용 2020, 2021, 2025 출제

부두사용료 (Wharfage)	항만 당국이 부두 사용에 대해 부과하는 비용
터미널화물 처리비 (THC: Terminal Handling Charge)	화물이 CY(컨테이너 야적장)에 입고된 순간부터 본선의 선측까지, 반대로 본선의 선측에서 CY 게이트를 통과하기까지 화물 이동에 따르는 비용
컨테이너화물 적입비 (CFS Charge)	LCL 화물(소량 화물)을 운송하는 경우 선적지 또는 도착지의 보세창고인 CFS(컨테이너 화물 집화소)에서 화물의 혼재 작업 시 발생하는 비용
서류발급비 (Document fee)	선사가 선하증권과 화물인도지시서(D/O) 발급 시 소요되는 비용을 보전하기 위해 부과하는 비용

07 해운동맹(Shipping Conference)

(1) 해운동맹의 의미
특정 항로에 취항하고 있는 둘 이상의 정기선 운송업자가 상호 간의 독립성을 유지하면서 경쟁을 최소화하여 상호이익을 증진하기 위해 운임, 항로, 배선 등에 대해 협정을 체결하는 일종의 국제 카르텔이다. 운임협정이 주가 되기 때문에 운임동맹(Freight Conference) 또는 항로동맹이라고도 한다.

(2) 해운동맹의 종류
① 개방식 동맹(Open Conference): 일정 수준의 서비스 능력을 갖춘 선사는 자유롭게 가입이 가능한 동맹으로 미국을 중심으로 북미 항로에서 주로 이용된다. 보통 운임협정만을 체결하기 때문에 동맹사 간 단결력이 떨어지고 상황 변동에 대한 대책을 수립하기 어렵다.
② 폐쇄식 동맹(Closed Conference): 동맹선사의 기득권을 존중하여 가입 및 탈퇴에 철저한 제한을 둔 보수적 동맹이다. 가맹 시 회원 전원의 동의가 필요하며 대외 경쟁에 대한 회원 간 단결력이 강하다.

(3) 대내적 운영 방식
① 운임협정(Rate Agreement): 선박회사 간 과다 경쟁으로 인한 운임 하락을 막기 위해 운임을 협정한다. 협정된 운임률은 엄수되어야 한다.
② 배선협정(Sailing Agreement): 특정 항로에 있어 배선 선복량을 조절 및 제한하여 과다 경쟁을 방지하는 것으로 선박회사 간 기항지, 항해 수, 적취 톤수, 운항 스케줄 등을 규제한다. 운임협정보다 더 강화된 경쟁 억제 수단이다.
③ 공동계산협정(Pooling Agreement): 가맹선사들이 일정 항로에서 일정 기간 동안 획득한 운임수입의 전부 또는 일부를 기금으로 두고 동맹선사들의 경력, 실적 등을 고려하여 일정한 비율로 배분하는 협정을 말한다. 동맹선사 간의 경쟁 제한 수단으로 가장 강력하게 사용된다.
④ 집단사무소 설치: 동맹선사 간의 운영 및 연락을 위해 사무소를 설치한다.

(4) 대외적 운영 방식
① 대항선(Fighting Ship) 투입: 동맹선사 항로에 투입된 비가맹선을 퇴출시키기 위해 선박을 투입하여 비가맹선 항로의 운항 스케줄에 맞추어 대폭 인하된 운임을 무기로 배선함으로써 비가맹선의 집화를 방해하는 방법이다. 인하된 운임으로 인한 손해분은 공동으로 부담한다.
② 계약운임제(Contract Rate): 동맹선에 일정 기간 동안 선적할 것을 약정한 화주에게는 낮은 운임을 적용하고 일반 화주에게는 비계약요율을 적용하는 제도이다. 계약한 화주가 비동맹선에 선적하는 경우에는 위약금을 지불하거나 제재를 받는다.
③ 운임연환급제(Deferred Rebate System): 일정 기간 동안 동맹선에 선적한 화주에게 운임의 일부를 환급해 주는 제도이다. 일정 기간(통상 6개월) 동안 동맹선에만 선적하면 그 기간 내에 지급한 운임 일부를 환급받을 수 있는 자격이 주어지고, 다음 일정 기간 동안에도 계속 동맹선만 이용하면 이 두 기간이 끝난 시점에 즉시 환불해 준다.
④ 성실환급제(Fidelity Rebate System): 일정 기간 동안 동맹선사의 배를 이용한 화주에게 선불이나 후불 여부에 상관없이 그 기간 내에 선박회사가 받은 운임의 일부를 즉시 환급해 주는 제도이다. 화주와의 계약에 의하여 실시되는 계약 운임제와 달리 동맹의 일방적 선언에 의해 실시된다.

(5) 해운동맹의 장단점
① 장점
  ㉠ 협정된 운임을 통하여 운임의 안정을 도모하므로 운송 비용 등의 계획 수립이 용이하다.
  ㉡ 정기운송을 유지하여 물품을 운송하고자 하는 무역당사자들에게 무역거래의 편의성을 제공한다.
  ㉢ 화주를 구분하지 않고 균등한 운임이 적용된다.
  ㉣ 합리적인 배선으로 인해 과다 경쟁이 사라지고 원가 절감의 효과를 가져온다.
② 단점
  ㉠ 국제 카르텔로서 독점적 성격이 있으므로 화주보다는 선박회사에게 유리한 계약이 체결된다.
  ㉡ 운임 원가보다는 동맹정책에 의해 운임이 결정된다.
  ㉢ 계약운임제와 운임연환급제 등 여러 방법을 통해 화주를 구속한다.

08 컨테이너 운송

(1) 컨테이너의 의미 2022 출제
화물의 단위화를 목적으로 하는 수송도구로 물적 유통 부분에서 포장·운송·하역·보관 등에 대해 육·해·공로상의 모든 과정에서 경제성·신속성·안정성을 최대한 충족하고 운송 중 화물의 이적 없이 일관 운송을 실현한 운송용 도구를 의미한다.

(2) 국제표준화기구(ISO)의 컨테이너 요건
① 일정 기간에 재사용이 가능한 내구력을 갖출 것
② 운송 도중 운송 경로가 변경되는 경우 화물의 이적 없이 일관운송할 수 있도록 설계될 것
③ 화물의 적재와 양륙이 편리하게 이루어지도록 설계될 것
④ 내부 용적이 $1m^3$ 이상일 것

(3) 컨테이너의 종류 2020, 2021, 2022 출제
① 규격에 따른 분류
  ㉠ TEU(Twenty-foot Equivalent Unit): 국제표준규격(ISO)의 컨테이너 중 20ft 컨테이너 규격을 의미하는 용어이다. 물동량의 산출이나 컨테이너 선박에 대한 적재 능력의 표시 기준이다.
  ㉡ FEU(Forty-foot Equivalent Unit): 국제표준규격(ISO)의 컨테이너 중 40ft 컨테이너 규격을 의미하는 용어이다.
  ㉢ 40ft High Cubic Container: 40ft보다 높이가 1ft 높은 컨테이너이다. 40ft(길이)×8ft(폭)×9ft 6inch(높이)이다.

20ft 컨테이너
20ft(길이)×8ft(폭)×8ft 6inch(높이), 평균 적재 용적 25CBM(m^3), 적재 가능 중량 17.5톤

40ft 컨테이너
40ft(길이)×8ft(폭)×8ft 6inch(높이), 평균 적재 용적 55CBM(m^3), 적재 가능 중량 20톤

② 용도에 따른 분류
  ㉠ 건화물 컨테이너(Dry Container): 일반적인 컨테이너로서 온도 조절이 필요 없는 일반 잡화 운송에 사용된다.
  ㉡ 냉동 컨테이너(Reefer Container): 온도 조절 장치가 부착되어 있어 육류, 어류 등 냉장이나 냉동이 필요한 화물을 운송하는 데 사용된다.
  ㉢ 펜 컨테이너(Pen Container): 살아 있는 가축 또는 동물 운송 시 통풍과 먹이 주기가 가능하도록 만들어진 컨테이너이다. 동물 수송용 컨테이너(Live Stock Container)라고도 한다.
  ㉣ 천장개방형 컨테이너(Open top Container): 길이가 긴 물품이나 기계류 등을 적재·운송하기 편리하도록 천장이 개방되어 있는 컨테이너이다.

ⓜ 플랫랙 컨테이너(Flat Rack Container): 건화물 컨테이너의 지붕과 벽을 제거하고 기둥과 버팀대만 설치한 컨테이너로 목재, 기계류 등의 중량물을 수송하는 데 사용된다.
ⓗ 탱크 컨테이너(Tank Container): 유류, 술, 약품, 화학 제품 등을 운송하기에 적합한 특수 컨테이너이다.
ⓢ 행거 컨테이너(Hanger Container): 고급 의류를 운송할 때 구겨지지 않도록 옷걸이(Hanger)에 걸어 운송하여 수입지에서 그대로 판매할 수 있도록 제작된 컨테이너이다.

(4) 컨테이너 운송의 장단점

① 장점
  ㉠ 컨테이너 자체가 상품의 외장 역할을 하기 때문에 포장비를 절감할 수 있다.
  ㉡ 컨테이너의 빠른 회전율 등으로 저율 운임의 적용이 가능하여 운임 절감 효과를 볼 수 있다.
  ㉢ 컨테이너가 창고 역할을 수행하여 별도의 창고료가 발생하지 않으며 크레인 등을 이용한 기계화로 하역 비용이 저렴하다.
  ㉣ 크레인 등 기계화된 장비를 통해 신속한 적재 및 양륙 작업이 가능하다.
  ㉤ 화물의 보관, 하역, 운송 단계마다 발생하는 화물 관련 서류가 간소화되어 이에 따른 시간 낭비를 막을 수 있다.
  ㉥ 컨테이너 자체의 견고성과 밀폐성으로 운송 및 하역 시에는 물론 운송 중의 기후 변화에도 안전하다.

② 단점
  ㉠ 컨테이너 자체 및 하역 장비, 컨테이너 운반선 등은 고가이므로 초기 자본이 많이 필요하다.
  ㉡ 중량, 용적, 길이 등의 이유로 컨테이너 사용이 불가능한 물품이 있다.
  ㉢ 컨테이너선의 경우 갑판적이 허용되므로 갑판 적재 화물에 대한 할증보험료가 적용된다.

(5) 컨테이너 터미널의 구조

① 안벽(Berth, Pier): 컨테이너선이 안전하게 접안하여 하역 작업이 이루어질 수 있도록 구축된 접안시설로 선석이라고도 한다.
② 에이프론(Apron): 선석에 접한 야드 부분으로 하역 작업을 위한 공간이다. 갠트리 크레인(Gantry Crane)용 철로가 가설되어 컨테이너 하역 작업이 가능하다.

> **갠트리 크레인**
> 컨테이너를 옮기기 위해 컨테이너 전용 부두에 설치되어 있는 크레인

③ 마샬링 야드(Marshalling Yard): 컨테이너선에서 하역을 마친 컨테이너나 선적할 예정인 컨테이너를 미리 정렬해 두는 공간이다.
④ 컨테이너 야적장(CY: Container Yard): 컨테이너를 인수·인도 및 보관하는 장소이다. 한 컨테이너에 가득 채운 만재 화물(FCL: Full Container Load)의 인수·인도가 주로 이곳에서 이루어진다.
⑤ 컨테이너 화물 집화소(CFS: Container Freight Station): 한 컨테이너를 다 채울 수 없는 소량 화물(LCL: Less than Container Load)을 여러 송하인으로부터 인수하여 한 컨테이너에 적입(Stuffing)하거나 반대로 반입된 혼재화물을 해체(Devanning)하여 여러 화주에게 분산·인도하는 창고형 작업장이다.
⑥ 통제소(Control Tower): 컨테이너 야적장의 본선 하역 작업을 신속하고 정확하게 수행하도록 계획, 지시, 감독하는 곳이다.
⑦ 정비소(Maintenance Shop): 컨테이너 야적장에 있는 여러 종류의 기기 및 비품을 점검·수리·정비하는 곳이다.

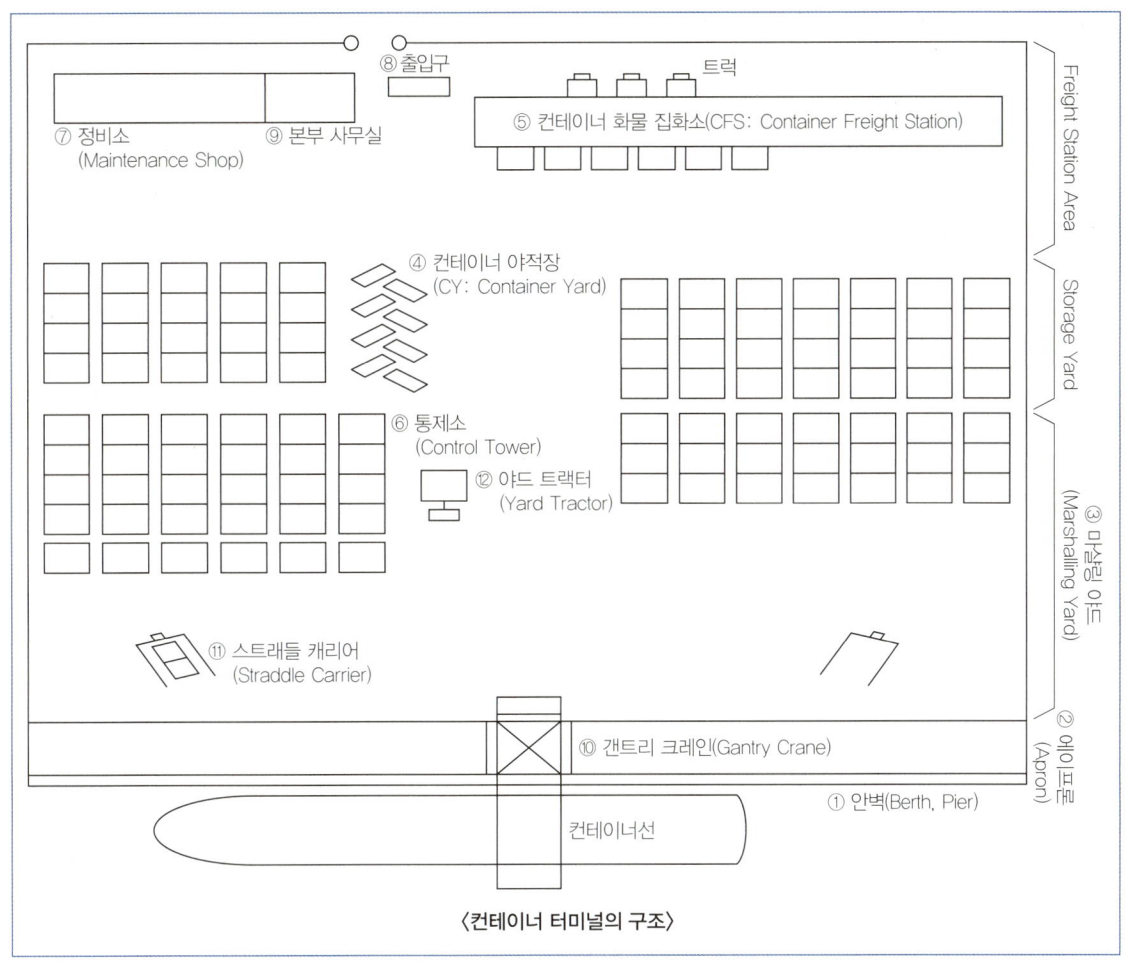

〈컨테이너 터미널의 구조〉

(6) 내륙 컨테이너 기지(ICD: Inland Container Depot)
① 의미: 컨테이너 화물 처리 시설을 갖춘 종합물류터미널의 기능을 수행하는 지역으로서 항만이나 공항이 아닌 내륙 지역에 위치한다.
② 기능: 통관, 컨테이너 화물의 인수·인도, 공컨테이너의 회수, 일시 보관 및 수리 등을 수행한다. 가능한 한 컨테이너선 기항지 근처에 설치하므로 단기간에 운송이 가능하다.

(7) 컨테이너선 하역 방식에 따른 분류
① Lift On/Lift Off 방식(LOLO 방식): 일반 컨테이너의 적재 방식으로서 크레인을 이용하여 컨테이너를 본선에 수직으로 적재·양하하는 방식이다.
② Roll On/Roll Off 방식(RORO 방식): 선측 또는 선미의 선내 경사로(Ramp Way)를 통하여 컨테이너 또는 트레일러를 수평으로 적재·양하하는 방식으로 자동차 전용선과 페리선에서 사용하는 방식이다.
③ Float On/Float Off 방식(FOFO 방식): 부선(Barge)에 화물을 적재하고 크레인으로 부선을 적재·양하하는 방식이다.

(8) 컨테이너 화물의 운송 형태 `2022 출제`
① CFS/CFS 운송(Pier to Pier 방식): 선적항에서 소량 화물을 인수하여 혼재한 후 목적국까지 운송하여 해체 작업을 한 뒤 여러 수하인에게 화물을 인도하는 방식으로 선적항의 CFS에서 목적항의 CFS까지 운송하는 방식이다.

② CFS/CY 운송(Pier to Door 방식): 다수의 송하인과 한 명의 수하인 관계에서 사용하는 방식으로 지정된 선적항의 CFS에서 물품을 집화하여 컨테이너에 적입한 후 최종 목적지인 수하인의 공장 또는 창고까지 운송하는 방식이다.

③ CY/CFS 운송(Door to Pier 방식): 한 명의 송하인과 다수의 수하인 관계에서 사용하는 방식으로 선적지에서 만재 화물(FCL: Full Container Load)을 컨테이너로 운송하여 수입항의 CFS에서 여러 수하인에게 화물을 인도하는 방식이다.

④ CY/CY 운송(Door to Door 방식): 한 명의 송하인과 한 명의 수하인 관계에서 사용하는 방식으로 컨테이너 선박에 의한 일관 수송 형태로 운송하는 방식이다.

09 운송 절차 2020, 2021, 2022 출제

(1) 수출 시 운송 절차(컨테이너 기준)

① 인수기록(Booking Note)의 작성: 선사는 매도인이 제출한 선복요청서(S/R: Shipping Request)를 근거로 인수기록을 작성하고 화물인수목록(Booking List)을 관련 부서에 전달한다.

② 빈 컨테이너 대출 및 적입 작업(Stuffing): 만재 화물(FCL)의 경우 CY Operator는 인수기록을 기준으로 송하인에게 빈 컨테이너를 제공하고 송하인은 컨테이너 기기를 인수받았음을 증명하는 기기수도증(E/R: Equipment Receipt)을 제공한다. 소량혼재 화물(LCL)인 경우 CFS Operator에게 필요한 만큼 빈 컨테이너 공간을 제공하여 적입 작업을 대비한다.

③ 적입 후 인도
 ㉠ LCL 화물인 경우: 수출상은 CFS로 물품을 반입하여 CFS Operator에게 인도하고, 여러 화주의 물품을 컨테이너에 혼재(Consolidation)하고, 컨테이너 박스에 들어 있는 화물의 명세를 기재한 컨테이너 내적 부표(CLP: Container Load Plan)를 작성하고 CY Operator에게 인도하여 선적한다.
 ㉡ FCL 화물인 경우: 수출상의 공장이나 창고로 컨테이너를 보내 수출상의 책임으로 물품을 적재하여 봉인한 후 컨테이너 야적장(CY: Container Yard)으로 이동하여 CY Operator에게 인도한다.

④ 부두수령증의 교부(D/R: Dock Receipt): 선사의 대리인인 CY Operator는 화주가 제출한 서류와 컨테이너 적입 물품을 확인한 후 부두수령증을 발행하여 화주에게 제공한다.

⑤ 선사에 D/R 제공: 수출상은 선사에 D/R을 제공하고 (수출상 운임 선지급 조건인 인코텀즈 C, D 조건일 경우) 운임을 선사에 지급한다.

⑥ 선하증권의 발급: 선사는 D/R을 근거로 선하증권(B/L)을 수출상에게 발급한다. 실제로는 D/R을 교부하기보다 내부 절차에 의해 확인 후 B/L을 발급한다.

(2) 수입 시 운송 절차

① 도착 통지: 선사는 본선이 입항하면 선하증권의 착화통지처(Notify Party)에 통지한다.

② 선사에 B/L 원본 제시: 수하인은 은행에서 B/L 원본을 수령하여 배서한 후 선사에 제출하고 운임이 발생하는 경우 운임을 지급한다.

③ D/O 발급: 선사는 B/L 원본을 수령하고 화물인도지시서(D/O: Delivery Order)를 교부한다.

④ D/O 및 수입신고필증의 제시: 수하인은 선사로부터 발급받은 D/O 및 수입신고필증을 CY 또는 CFS에 제시하고 물품을 수령한다.

10 선하증권(B/L: Bill of Lading) 2025 출제

(1) 선하증권의 의미
해상운송계약 및 운송인에 의한 물품의 수령 또는 선적을 증명하는 증권으로서 운송인이 동 증권과 상환으로 물품을 인도할 것을 약정하는 증권을 말한다(Hamburg Rule 제1조 제7항). 신용장을 이용하여 대금을 결제하는 방식에서는 수출상이 선하증권과 기타 선적서류를 구비하여 화환어음을 발행한 뒤 은행을 통해 대금을 회수하므로 상업송장, 보험증권과 더불어 중요한 선적서류이다.

(2) 선하증권의 기능 2022, 2023 출제
① 권리증권(Document of Title)
  ㉠ 선하증권은 증권상에 기재된 화물에 대한 권리를 나타내는 증권이다.
  ㉡ 선하증권의 인도는 물건 자체의 인도와 같은 효과를 갖는다(인도증권성).
  ㉢ 선하증권은 배서(Endorsement)를 통해 그 권리(물품의 인도청구권, 물품의 소유권, 물품의 담보권 등)가 이전된다.

> **배서**
> 증권상 권리를 양도하기 위해 증권에 필요사항을 기재하고 기명날인하여 상대방에게 교부하는 행위

② 운송계약의 증거(Evidence of Contract): B/L의 전면과 이면에는 상법에 따라 화물운송에 관해 송하인과 선박회사가 체결한 운송계약의 내용(계약 물품의 구체적인 운송 조건)이 기재되어 있어 운송계약의 증거 역할을 한다(요식증권성, 요인증권성).

③ 화물수령증(Receipt for Goods)
  ㉠ 선하증권에 기재된 화물의 명세·수량·중량 및 상태와 동일한 물품을 인수·수령했음을 나타내는 화물영수증의 역할을 한다.
  ㉡ 선하증권은 선적항에서 무엇이 어떠한 상태로 선적되었는가를 나타내므로 선사는 목적항에서 물품을 인도할 때 선하증권에 기재된 대로 해야 한다.

(3) 선하증권의 법적 성질
① 유가증권성: 선하증권은 주식이나 어음처럼 유가증권에 포함되며 일정한 요건을 갖추면 어느 때라도 현금화할 수 있다.
② 요인증권성: 증권상 권리가 발생한 것에 대한 원인을 요구하는 성질을 말한다. 즉, 선하증권은 그 전에 운송계약에 따라 운송인이 화물을 인수하였다는 원인에 의하여 발행된다.
③ 요식증권성: 선하증권에는 상법이나 선하증권의 준거법에 명시된 법정 기재사항이 기재되어야 한다.
④ 지시증권성: 선하증권은 배서나 교부(Delivery)의 방법으로 양도하며 우리나라 상법에서는 기명식 선하증권이라도 배서에 의하여 양도할 수 있도록 규정하고 있다.
⑤ 채권증권성: 선하증권의 정당한 소지인은 이를 발급한 운송인에 대하여 선하증권상에 표시된 화물의 인도를 청구할 수 있는 권리를 갖는다.
⑥ 제시증권성: 증권과 교환함으로써 채무 변제가 이루어지는 성격을 갖는다. 양륙항에서 화물을 인수하고자 하는 자는 채무(대금 지급)를 변제하였거나 변제를 약속한 후 선하증권을 소지해야 있어야 하며 선사에게 선하증권을 제시해야 화물을 인도받을 수 있다.
⑦ 인도증권성: 선하증권의 정당한 소지자는 해당 화물의 소유권을 갖게 되므로 화물을 소유한 것과 같은 효과를 갖는다.
⑧ 처분증권성: 선하증권을 작성한 경우에는 물품에 대한 처분을 선하증권으로 해야 한다.

(4) 선하증권의 기재사항

① **법정 기재사항(필수 기재사항)**: 우리나라 상법에서는 선하증권에 다음 사항을 기재하고 운송인이 기명날인 또는 서명해야 한다고 규정하고 있다.
- ㉠ 선박의 명칭, 국적, 톤수
- ㉡ 송하인이 서면으로 통지한 운송물의 종류, 중량 또는 용적, 포장의 종별, 개수와 기호
- ㉢ 운송물의 외관 상태
- ㉣ 용선자 또는 송하인의 성명 또는 상호
- ㉤ 수하인 또는 통지수령인의 성명 또는 상호
- ㉥ 선적항, 양륙항
- ㉦ 운임
- ㉧ 발행지와 그 발행 연월일
- ㉨ 여러 장의 선하증권을 발행한 경우 그 통수

② **임의 기재사항**: 선하증권의 임의 기재사항으로는 다음 사항들이 있다.
- ㉠ 통지처
- ㉡ 선장의 성명
- ㉢ 운임의 지불지
- ㉣ 일반약관 또는 면책약관
- ㉤ 선하증권번호

③ **이면 약관에 기재되는 주요 면책 조항** `2021, 2023 출제`
- ㉠ 잠재하자조항(Latent Defect Clause): 선박 출항 시 감항능력 확보에 관해 운송인에게 상당한 주의를 요구하나 복잡한 선체, 기관 및 설비에 대한 기술적 결함이 잠재하여 출항 전 충분한 주의를 기울였음에도 불구하고 이로 인해 발생한 손해에 대해서 선박회사는 면책된다는 조항이다.
- ㉡ 항해과실조항(Negligence Clause): 항해 또는 선박의 관리에 있어서 수로안내인, 도선사, 선장, 항해사, 선원 기타 선박 또는 선박회사 사용인의 태만 또는 과실에 기인한 손해에 대해서는 선박회사가 책임지지 않는다는 조항이다.
- ㉢ 부지조항(Unknown Clause): FCL 화물의 경우 수출상의 창고에서 컨테이너 적재 작업이 완료되어 CY에 반입되므로 선박회사는 해당 컨테이너 안에 들어 있는 내용물의 적재 상태, 수량 등을 검사할 수 없기 때문에 운송인은 그 내용물에 대해 책임이 없음을 약정하는 면책약관이다. B/L상에 'Shipper's Load, Count and Seal(송하인이 적재, 수량 확인, 봉인)'이라고 기입한다.

(5) 선하증권의 수하인 표시 방법

① **기명식**: 선하증권의 수하인(Consignee)란에 수입상의 상호 및 주소가 기재되는 방식이다. 유통성이 없으며 담보권을 유보할 수 없다는 특징을 가진다.

② **지시식**: 선하증권의 수하인란에 "To Order", "To Order of Shipper", "To Order of Bank"와 같이 지시인(Order)만 기재하여 유통을 목적으로 발행하는 방식이다.
- ㉠ 단순지시식: "Order of Shipper" 또는 "Order"라고만 기재하는 방식이다.
- ㉡ 기명지시식: "Order of ×××"라고 표시하여 ×××의 지시에 따라 인도가 이루어지는 방식이다.

To Order of the Seller (매도인지시식)	매도인은 소유권을 유보할 수 있는 권한을 가지며 매수인이 물품 대금을 결제하거나 인수했을 때 소유권을 가짐
To Order of Bank (은행지시식)	신용장 방식에서 개설은행이 이중 담보(개설 시 담보, 화물 처분권 담보)를 획득하기 위해 개설은행 앞으로 발행함

ⓒ 선택지시식: "××× or Order"로 기재하여 기명식 또는 지시식으로 선택하여 사용할 수 있도록 한 방식이다.
③ 소지인식
㉠ 단순소지인식: 수하인란에 "Bearer"로 기재하는 방식이다.
㉡ 선택소지인식: 수하인란에 "××× or Bearer"로 기재하는 방식이다.

(6) 선하증권의 양도

선하증권을 타인에게 양도할 때 배서(Endorsement)를 이행한다. 배서 방식에는 기명식, 지시식, 무기명식이 있다. B/L이 연속해서 양도되기 위해서는 피배서인의 배서가 또다시 있어야 한다.

① 기명식 배서(Full Endorsement)

```
Deliver to "Korea Inc."  → Endorsee(피배서인)
Shina Trading co.  → Endorser(배서인)
(signed)
President
```

② 지시식 배서(Order Endorsement)

```
Deliver to order of "Korea Inc."  → Endorsee(피배서인)
또는 Deliver to "Korea Inc" or Order.  → Endorsee(피배서인)
Shina Trading co.  → Endorser(배서인)
(signed)
President
```

③ 백지식 배서(무기명 배서): 피배서인은 기재하지 않고 배서인만 서명하는 방식으로 선하증권의 인도에 의해 물품의 권리가 이전된다.

(7) 선하증권의 종류 2019, 2020, 2021, 2022, 2023, 2024, 2025 출제

① 선적 선하증권(Shipped B/L): 화물을 본선에 적재한 후 발행하는 선하증권으로 선하증권상에 "Shipped on Board"라는 문구의 선적 완료 표시를 한다. 선하증권의 법적 요건 및 성질을 충족하는 서류이며 이 증권의 발행일이 본선적재 일자가 된다.

② 수취 선하증권(Received B/L): 송하인의 물품을 본선적재하지 않고 단순히 수취한 상태에서 발행된 선하증권을 말한다.

③ 본선적재 선하증권(On Board B/L): 실제로 본선에 화물 적재를 완료한 후 본선적재부기(On Board Notation)를 기재한 선하증권을 말한다. 본선적재 선하증권은 선적 선하증권과 그 성질이 동일하다.

④ 사고 선하증권(Dirty B/L, Foul B/L): 선박회사가 물품을 인수할 당시 포장 상태가 불완전하거나 수량이 부족할 때 비고(Remark)란에 그것을 기재하는 선하증권이다. 사고 선하증권은 은행에서 수리를 거절하므로 수출상은 선박회사에 파손화물보상장(L/I: Letter of Indemnity)을 제공하고 무사고 선하증권을 받아 은행의 수리를 받는다.

> **파손화물보상장**
> 화물 손상은 수출상이 책임을 지고 도착항에서 수하인으로부터 손해배상을 요구받아도 선박회사는 면책된다는 뜻을 기재한 보상장

⑤ 무사고 선하증권(Clean B/L): 송하인이 계약 화물을 선적할 때 화물 상태가 양호하고 과부족 없이 수량이 정확하여 비고(Remark)란에 아무 표시도 기재되지 않고 "Shipped on board in apparent good order and condition"이라고 표시된 선하증권을 의미한다.

⑥ 기명식 선하증권(Straight B/L): B/L의 수하인(Consignee)란에 수하인인 수입상 이름이 기재된 선하증권이다. 유통성이 없으므로 무역거래보다는 개인 이사화물, 위탁판매 물품 운송 등에 주로 사용된다.

⑦ 지시식 선하증권(Order B/L): B/L의 수하인란에 특정 수하인명이 기재되지 않고, "to Order", "to Order of Shipper", "to Order of Bank"와 같이 지시인(Orderer)만 기재하여 유통을 목적으로 한 선하증권을 의미한다. 수출상은 화환취결 시 선하증권 이면에 백지배서하여 은행에 제출하고 은행은 선하증권을 취득함으로써 상품의 담보권을 얻는다.

⑧ 약식 선하증권(Short Form B/L): 선하증권의 전면에 법적 기재사항은 포함되어 있으나 이면에 기재되는 운송약관의 전부 또는 일부를 생략하고 다른 서식을 참조하도록 한 선하증권을 의미한다. 약식 선하증권은 정식 선하증권(Long Form B/L)의 중요 부분만 기재한 선하증권이며 송하인과 선박회사 간에 분쟁이 발생할 시 정식 선하증권의 규정을 따른다.

⑨ 용선계약 선하증권(Charter Party B/L): 송하인이 대량 살물을 운송하기 위해 일정 기간 동안 또는 일정 항로로 부정기선을 이용하는 경우 용선자인 송하인과 선주 간에 용선계약을 체결하는데, 이 계약 내용에 따라 화물이 적재된 경우 발급된 선하증권을 용선계약 선하증권이라고 한다. 신용장 거래에서 용선계약 선하증권을 특별히 요구하거나 허용하지 않는 한 은행은 이것의 수리를 거절한다.

⑩ 집단 선하증권(Groupage B/L, Master B/L): 운송주선업자(Forwarder, 포워더)가 동일 목적지로 향하는 각기 다른 화주들의 화물을 혼재(Consolidation)하여 선박회사에 운송을 의뢰하는 경우 선박회사가 운송주선업자에게 발급하는 선하증권을 의미한다.

⑪ 혼재 선하증권(House B/L): 운송주선업자가 선박회사로부터 발급받은 Master B/L을 근거로 하여 각각의 화주에게 발급하는 일종의 선적증명서를 말한다.

⑫ 통 선하증권(Through B/L): 최초 구간의 해상운송인이 계약운송의 전 구간에 대해 발행하는 선하증권을 말한다. 둘 이상의 운송수단을 이용하여 운송하는 경우 별개의 운송계약을 체결해야 하는 비용과 절차를 줄이기 위하여 최초의 운송인이 특약하여 그 화물이 최종 목적지에 도착할 때까지 별도의 조치 없이 수송되도록 하는 선하증권이다.

⑬ 제3자 선하증권(Third Party B/L): B/L상의 송하인(Shipper) 부분에 신용장의 수익자인 수출자가 아닌 제3자의 이름이 기재되는 선하증권을 의미한다. 신용장에 별도의 명시가 없는 한 은행은 이 선하증권을 수리한다.

⑭ 스위치 선하증권(Switch B/L): 물품을 선적하고 선적항에서 발행된 선하증권을 목적항 이외의 제3의 장소(중계국)에서 송하인, 수하인, 통지처 등의 내용을 변경한 다음 다시 발행하는 선하증권이다. 주로 중계무역에서 사용된다.

⑮ 서렌더 선하증권(Surrendered B/L): 운송인이 Shipper(선적인)와의 서렌더(Surrender) 약정에 의하여 원본 선하증권(Original B/L)의 발급을 생략하거나 또는 이미 발급한 Original B/L의 전통(Full set)을 반환받은 후, 당해 B/L의 유가증권적 성질 및 유통가능성이 소멸되었음을 증명할 목적으로 'Surrendered'라는 표기를 하여 교부한 유통불능 선하증권을 말한다.

(8) 신용장상 요구 서류를 해석하는 법 `2020 출제`

Full set of clean on board ocean bills of lading made out to the order of ○○○ Bank marked "Freight Prepaid(or Collect)" and notify accountee.
① ② ③ ④ ⑤ ⑥ ⑦

① 선하증권이 복수로 발행된 경우 발행된 원본의 전부를 제시해야 함(보통 한 set에 원본 3통 발행)
② 포장의 훼손, 수량의 부족 등과 같은 결함(dirty or foul)의 문언이 기재되지 않아야 함
③ 선적(shipped) 선하증권 또는 본선적재(on board) 선하증권일 것
④ 해상운송과 관련된 선하증권일 것
⑤ 은행 지시식으로 발행될 것(보통 개설은행)
⑥ FAS, FOB 조건의 경우 Freight Collect(운임 후지급), CIF, CFR 조건의 경우 Freight Prepaid(운임 선지급)로 표시
⑦ 착화통지처에 개설의뢰인(수입상)이 기재되어야 함

11 해상화물운송장(SWB: Sea Waybill) 2020 출제

(1) 해상화물운송장의 의미

해상운송인이 운송 화물의 수령 사실을 증명하고 운송계약 내용을 증빙하기 위해 송하인에게 발행하는 서류이다. 도착지에서 물품 수령 시 선하증권처럼 반드시 제시해야 할 필요가 없는 비유통성 서류를 의미한다.

(2) 해상화물운송장의 특징 2022, 2023 출제

① 해상화물 수령의 증거 및 운송계약 체결의 증거: 해상화물운송장은 선하증권과 달리 권리증권의 기능이 없으며 단순히 화물 수령의 증거 및 운송계약 체결의 증거 역할을 수행한다.
② 화물 인도 청구 시 제출할 필요 없음: 권리증권 기능이 없으므로 기명된 수하인이 물품을 인수할 때 운송장에 대하여 화물과의 상환을 요하지 않는다.
③ 기명식 발행: 권리증권성이 없는 비유통성 증권이므로 지시식이나 무기명이 아닌 기명식으로 발행되어 기명된 수하인이 화물을 인수할 수 있다.

(3) 해상화물운송장의 장단점

① 장점
  ㉠ 신속한 화물 인수: 수하인 기명식으로 발행되므로 목적지에서 수하인은 운송장 원본의 제출 없이도 화물을 인수할 수 있다.
  ㉡ 서류 분실 위험의 해소: 선하증권은 권리증권성이 있으므로 분실에 대한 위험부담이 크지만 해상화물운송장은 유가증권이 아니므로 분실에 대한 위험부담이 크지 않다.
  ㉢ 경비 절감: 물품보다 선하증권이 늦게 도착하는 경우에는 선하증권이 도착할 때까지 물품 보관료 등의 경비가 발생하나 해상화물운송장은 화물 도착 즉시 인수하는 것이 가능하므로 물품 보관료 등의 경비가 발생하지 않는다.
② 단점
  ㉠ 운송 중 물품의 매매·양도 불가능: 유가증권성이 없고, 비유통성의 운송서류로서 운송 중인 물품에 대한 권리를 나타내지 못하므로 운송 중인 물품을 매매·양도하고자 하는 경우에는 이용하기 어렵다.
  ㉡ 담보력의 부재: 선하증권의 경우 은행은 선하증권의 담보력을 이용하여 대금 지급 시까지 담보권을 유보할 수 있지만 해상화물운송장의 경우 이러한 서류의 제출 없이도 화물 수취가 가능하므로 선하증권 같은 담보력이 없다.
  ㉢ 송하인의 처분권 악용: 송하인은 물품 도착지에서 수하인이 인도를 청구할 때까지는 언제라도 수하인을 변경할 수 있다. 이러한 처분권은 매수인의 신용 상태나 시장 상황의 변동에 따라서 악용될 소지가 있다.

정리하고 넘어가기 선하증권과 해상화물운송장의 비교

구분	선하증권(B/L)	해상화물운송장(SWB)
화물 수령 증거 기능	있음	있음
운송계약 증거 기능	있음	있음
담보 기능	매입은행 결제 시 담보 가능	담보 불가능(은행은 무담보 어음을 매입함)
유가증권성	유가증권, 권리증권임	유가증권도 권리증권도 아님
유통성 유무	유통 가능(일부 제외)	유통 불가능
서류의 성격	운송 물품에 대한 권리증권	단순한 화물 수령 및 운송계약 체결의 증거

12 해상운송과 관련된 국제 법규

(1) 헤이그 규칙(Hague Rules, 1924)

① 의미: 선하증권에 관한 규정을 통일하기 위한 국제 협약이다. 체약국에서 작성한 선하증권에 한하여 적용되고 16개조로 되어 있으며 주요 내용으로는 운송인의 책임과 운송인의 면책사유에 관한 사항이 있다.

② 운송인의 책임
  ㉠ 내항성 담보 등에 관한 주의 의무
  ㉡ 상업과실에 대한 책임(책임 한도는 1 package, unit당 £100로 규정)

> **TIP** 상업 과실은 선적·취급·적부·운송·보관·관리·양하 등이 적절하고 신중하게 이루어지지 않아서 발생한 물건의 손해를 의미해요. 운송인은 이에 대하여 면책약관이 있어도 책임을 면할 수 없어요. 헤이그 규칙에 규정된 운송인의 책임을 경감하거나 면제하는 약정도 무효가 돼요.

③ 운송인의 면책 **2023 출제**

헤이그-비스비 규칙의 면책 카탈로그의 내용과 동일하며, 면책사유에 대하여 화주가 입증하지 않는 한 원칙적으로 면책된다.
  ㉠ 항해 과실
  ㉡ 운송인의 사실상 과실 또는 고의에 의한 경우를 제외한 화재로 인한 손실
  ㉢ 해상 또는 기타의 가항수로에서의 재해, 위험 또는 사고로 인한 손실(해상 고유의 위험)
  ㉣ 천재지변에 의한 손실
  ㉤ 전쟁 행위에 의한 손실
  ㉥ 공적 행위로 인한 손실
  ㉦ 군주, 통치자 또는 인민에 의한 억류 또는 재판상의 차압에 의한 손실
  ㉧ 검역상의 제한에 의한 손실
  ㉨ 화물의 송화인, 소유권자 또는 이들의 대리인이나 지정인의 태만 행위에 의한 손실
  ㉩ 동맹파업, 직장폐쇄, 노동의 정지 또는 방해에 의한 손실
  ㉪ 폭동 및 내란에 의한 손실
  ㉫ 해상에서의 인명 및 재산의 구조에 의한 손실
  ㉬ 화물 고유의 하자 및 화물의 품질 또는 결함으로 인하여 발생하는 용적 또는 중량의 감손이나 기타 일체의 멸실 또는 손상
    • 포장의 불충분에 의한 손실

- 화인의 불충분 및 부적당함에 의한 손실
- 상당한 주의를 하여도 발견할 수 없는 잠재적인 하자에 의한 손실
- 운송인의 사실상의 과실이나 고의에 의하지 않거나 운송인의 대리인이나 고용인의 과실이나 태만에 의하지 않은 기타 모든 원인

④ 책임 기간: 물건을 선박에 적재한 시점부터 선박에서 양하한 시점까지로 본다(Tackle to Tackle 원칙).

(2) 헤이그-비스비 규칙(The Hague-Visby Rules, 1968)

① 적용 범위
  ㉠ 선하증권이 체약국에서 발행된 경우
  ㉡ 운송이 체약국의 항구에서 개시된 경우
  ㉢ 선하증권에 이 조약의 규정 또는 이 조약을 국내법화한 국가의 법률이 계약에 적용되는 경우

② 책임 기간: 물건을 선박에 적재한 시점부터 선박에서 양하한 시점까지로 본다(Tackle to Tackle 원칙).

③ 과실 책임 원칙: 운송인은 내항성 담보 등에 관한 주의 의무, 상업 과실에 대한 책임을 부담한다.
  ㉠ 책임 한도: IMF의 특별인출권(SDR: Special Drawing Right) 채용으로 1 package, 1 unit당 667 SDR 또는 1kg당 2 SDR 중 높은 금액을 채택한다.
  ㉡ 컨테이너 약관 신설: 운송물의 포장 또는 단위 수가 기재되어 있으면 그것이 기준이 되고, 기재되어 있지 않으면 컨테이너를 하나의 포장으로 판단한다.

특별인출권
국제 유동성 부족에 대처하기 위하여 도입된 일종의 국제 준비 통화로 IMF 회원국이 자국의 외화보유량이 부족할 때 IMF에서 담보 없이 외화를 인출할 수 있는 권한을 의미함. SDR의 가치는 달러화, 유로화, 파운드화, 엔화, 위안화 통화가치를 반영하여 결정함

④ 면책 카탈로그 적용(운송인의 면책)
  ㉠ 해상 고유의 위험   ㉡ 불가항력   ㉢ 전쟁위험, 공적위험
  ㉣ 검역상의 제한   ㉤ 송하인의 과실   ㉥ 노사분쟁, 폭동 또는 내란
  ㉦ 해상 구조   ㉧ 화물 고유의 하자   ㉨ 포장, 화인의 불충분
  ㉩ 잠재하자, 운송인 측의 무과실   ㉪ 행정권에 의한 압류(제한, 재판상의 압류)

(3) 함부르크 규칙(The Hamburg Rules, 1978)

① 인도 지연에 대한 운송인의 책임을 명기하여 운송인이 운임의 2.5배 이내에서 책임을 지도록 한다.
② 운송인의 책임 한도액을 선적 단위당 667 SDR에서 835 SDR로, 화물 중량 1kg당 2 SDR에서 2.5 SDR로 증액하였다.
③ 이의 신청 기간을 연장하였으며 소 제기 기간을 2년으로 개정하였다.
④ 운송인의 항해과실면책, 선박화재면책, 면책 카탈로그 등을 폐지하였다.

(4) 로테르담 규칙(Rotterdam Rules, 2009)

① 정식 명칭은 "전부 혹은 일부 국제해상물품운송계약에 관한 UN협약"으로 국제법 회의가 주도한 해상운송과 관련된 국제 규칙이다. 헤이그 규칙, 헤이그-비스비 규칙, 함부르크 규칙을 대체할 목적으로 제정되었다.
② 복합운송에도 적용할 수 있도록 하고 전자 선하증권 등 전자운송 시스템과 전통적인 선하증권이 동일한 기능을 수행한다고 인정하며 운송인의 책임 규정뿐 아니라 송하인의 책임에 대해서도 규정하고 있다.
③ 운송인의 의무와 관련하여 묵시적인 규칙으로 여겨왔던 화물 인도 의무를 명시하였고 화물에 대한 주의 의무, 감항능력 주의 의무에 관한 입증 책임을 명확히 하였다.

④ 운송인의 면책과 관련해서는 항해 과실에 대한 면책 불가원칙을 정립했으며 선사의 과실로 화재가 발생한 경우 선사가 책임지도록 하고 있다. 또한 화물의 인도 지연에 의한 경제적 손상에 대하여 운송인의 책임을 명문화하였고, 감항능력 주의 의무에 대한 입증 책임이 송하인에게 있음을 규정하였다.
⑤ 송하인은 운송을 위한 인도 의무, 정보·지시·서류 제공 의무, 계약 일치 정보 제공 의무를 부담한다고 명시하고 있다.
⑥ 개별적 책임제도를 채택하고 있으며 선사의 책임한도를 상향 조정하였다. 1 package, 1 unit당 875 SDR을, 1kg당 3 SDR을 채택하고 있다.

2 국제복합운송 [2020 출제]

01 국제복합운송의 개요

(1) 국제복합운송의 의미

국제복합운송은 복합운송인에 의해 화물이 한 국가 내 특정 장소에서 다른 국가 내에 위치한 장소까지 적어도 두 개의 다른 운송 방식(항공, 해상, 도로, 철도 등)으로 운송되는 것을 말한다.

(2) 국제복합운송의 특징 [2022 출제]

① 이종 운송수단(선박, 항공기, 기차, 트럭 등)의 결합이 이루어진다.
② 모든 책임이 복합운송인에게 집중되는 단일책임의 단일운송계약(Single Contract)으로 전 구간의 운송(Through Carriage)을 인수한다.
③ 화물 1단위당, 중량 또는 용적당 일정한 운임을 책정하는 단일운임(Through Rate)의 청구권을 가진다.
④ 전 운송 구간에 대해 한 장의 운송서류인 복합운송증권(MTD: Multimodal Transport Document)을 발행한다.

(3) 복합운송의 형태

Piggy-Back	컨테이너를 적재한 트럭 또는 트레일러를 철도에 실어 수송하는 방식(도로+철도)
Fishy-Back	선박을 이용하여 컨테이너를 운송하는 방식(도로+해상)
Birdy-Back	항공기를 이용하여 컨테이너를 운송하는 방식(도로+항공)

02 복합운송인(MTO: Multimodal Transport Operator)

(1) 복합운송인의 의미

스스로 또는 대리인을 통하여 복합운송계약을 체결하고, 대리인 또는 송하인이나 복합운송 작업에 참여하는 운송인을 위해서가 아니라 운송의 주체로서 행위하고 계약 이행에 대한 책임을 지는 자를 말한다.

(2) 복합운송인의 유형

① 실제운송인(Actual Carrier)형 복합운송인: 자신이 직접 일부 구간의 운송수단을 보유하면서 복합운송인의 역할을 수행하는 자로서 항공사, 선박회사가 대표적이다.
② 계약운송인(Contractual Carrier)형 복합운송인: 운송수단을 직접 보유하지 않지만 실제 운송인처럼 운송 주체자의 기능과 책임을 다하는 운송 주체이다. 화주에게는 운송인, 운송인에게는 화주의 역할을

수행한다. 운송주선인(포워더)이나 무선박운송인(NVOCC: Non Vessel Operation Common Carrier)이 이에 해당한다.

> **TIP** 운송주선인의 업무에 대해 알아보아요!
> 1. 운송주선인이 상대방 국가의 운송주선인과 파트너십을 체결하여 전 운송 구간에 걸쳐 일관운송 서비스 제공
> 2. 소량 화물(LCL Cargo)을 집화하여 컨테이너에 혼재하거나 운송인에게 운송 의뢰
> 3. 주요 업무: 화물 인수도, 운송 수배, 운송서류 작성, 창고 보관, 보험 수배, 화물의 통합·혼재, 화물 관리, 배송

운송주선인
운송을 위탁한 고객을 대신해 화물을 인수하여 화주가 요구하는 목적지까지 운송해 주는 복합 운송인

무선박운송인
해상운송에 있어 자기 스스로 선박을 직접 운항하지 않으면서 해상운송인에 대하여는 화주의 입장이 되는 재미국 해운법으로 항공운송 업무도 같이 취급함

(3) 복합운송인 책임 원칙의 종류

① **과실 책임(Liability for Negligence)**: 과실은 주의 의무의 태만으로 인해 야기되므로 운송인이 책임져야 한다는 원칙이다. 복합운송인은 무과실에 대한 입증 책임을 가지므로 운송인이 면책받기 위해서는 무과실을 입증해야 한다. 주로 해상운송에서 사용한다.

② **무과실 책임(Liability without Negligence)**: 무과실 책임은 운송인의 과실 여부를 불문하고 운송인이 책임져야 한다는 원칙으로 불가항력, 포장의 불비, 통상의 누손, 화물 고유의 성질에 대해서는 면책을 인정한다. 주로 육상운송에서 사용한다.

③ **절대 책임 원칙, 엄격 책임(Strict Liability)**: 엄격 책임은 과실 유무를 불문하고 손해의 결과까지도 운송인이 책임지는 원칙으로 면책의 항변이 절대 인정되지 않는 원칙이다. 이러한 엄격 책임을 인정하는 경우는 없으며, 항공운송에 관한 바르샤바 조약이나 몬트리올 협약에 면책사유가 분명하게 기재되어 있다.

(4) 복합운송인의 책임체계

① **이종 책임체계(Network Liability System)**
  ㉠ 의미: 복합운송 중 물품의 멸실이나 손상 등 손해 구간이 판명된 경우에는 기존의 구간별 책임체계를 따르고 그렇지 않은 경우에는 별도의 책임 원칙을 따르는 방법이다.
  ㉡ 구간별 적용원칙
    • 해상운송 구간: 헤이그 규칙, 헤이그-비스비 규칙
    • 항공운송 구간: 바르샤바 조약
    • 도로운송 구간: 도로화물운송조약
    • 철도운송 구간: 철도운송조약
    • 손해 발생 구간이 확인되지 않는 경우: 헤이그 규칙, 헤이그-비스비 규칙 또는 별도로 정한 기본 책임(Basic Liability) 적용
  ㉢ 장점: 기존 운송법상의 책임제도 및 책임 한도와 조화를 이루므로 실제로 적용하는 데 무리가 없고 복합운송 이용도 원활해진다.
  ㉣ 단점: 실제 적용 구간의 입증 문제가 발생하여 분쟁이 발생할 가능성이 있다.

② **단일 책임체계(Uniform Liability System)**
  ㉠ 의미: 물품의 멸실이나 손상 등 손해가 발생한 구간이나 운송 방식과 상관없이 동일한 책임체계에 따라 복합운송인의 책임이 정해지는 방식이다.
  ㉡ 장점: 이론상 합리적이고 일관성이 있으며 제도가 간단하여 당사자 간의 분쟁을 줄일 수 있다.
  ㉢ 단점: 복합운송인은 실제 운송인에게 구상해야 하는 문제가 있는데 이는 절차가 복잡하여 비용의 증가로 이어지며 각 운송 방식별로 확립된 책임 수준의 균형을 해친다.

③ 절충식 책임제계(Modified Uniform Liability System): 이종 책임체계와 단일 책임체계를 절충한 것으로서 복합운송인의 책임 원칙은 일률적인 책임 원칙을 따르고 책임의 정도와 한계는 손해가 발생한 구간의 규칙을 따르는 것을 의미한다.

03 복합운송증권(MTD: Multimodal Transport Document) 2021, 2023 출제

(1) 복합운송증권의 의미
복합운송증권은 선박, 항공기, 철도, 도로에 의한 운송 방식 중 적어도 두 가지 이상의 다른 운송 방식으로 이루어지는 국제운송 과정에서 복합운송인이 복합운송계약을 증명하기 위해 발행하는 증권이다.

(2) 복합운송증권의 특징 2022, 2023 출제
① 전 운송 구간 단일 책임: 선박, 항공기, 철도, 도로운송이 결합된 복합운송을 각각 다른 운송인이 수행하더라도 복합운송증권은 전 운송 구간을 커버한다.
② 증권 발행 제한 부재
  ㉠ 계약에 대한 책임과 사고 발생 시 화물의 멸실이나 손상에 대한 책임을 지는 복합운송인에 의해 발행된다.
  ㉡ 운송인뿐 아니라 운송주선인(포워더)도 발행 가능하다.
  ㉢ 복합운송증권은 본선적재 전에 복합운송인이 수탁 또는 수취한 상태에서 발행되는 서류이다.

(3) 복합운송증권의 발행 형태
① 책임 형태에 따른 구분: 이종 책임체계형, 단일 책임체계형으로 구분된다.
② 증권의 유통성 및 작성 방법에 따른 구분: 유통 가능(Negotiable), 유통 불능(Non-Negotiable)으로 구분하며 유통성 증권의 경우 지시식(To order), 소지인식(To Bearer)으로 구분된다.
③ 선하증권 형식에 따른 구분: 'Combined Transport B/L', 'Multi-modal Transport B/L'처럼 선하증권의 명칭에 복합운송을 의미하는 단어가 첨부된 것도 있고, CTD(Combined Transport Document), MTD(Multimodal Transport Document)라고 표기된 것도 있다.
④ FIATA 복합운송증권(FBL): 화물운송 주선업자가 발행하는 복합운송증권으로 국제운송주선업협회연맹(FIATA)이 제정하고 국제상업회의소(ICC)에서 승인한 표준 양식에 의거하여 발행된다. 2022 출제

(4) 복합운송증권의 기능
① 증거서류의 기능: 복합운송계약 내용을 입증하는 증거로 사용될 수 있다.
② 화물수취증의 기능: 복합운송계약에 따라 복합운송인에게 수탁되었다는 사실을 입증할 수 있다.
③ 권리증권의 기능: 선하증권과 마찬가지로 증권의 인도가 화물의 인도와 동일한 효력을 갖는다.
④ 유가증권적 기능: 증권의 이전으로 증권상의 권리를 이전할 수 있고 증권을 제시하여 화물의 인도를 청구할 수 있다.
⑤ 유통증권적 기능: 증권의 배서와 교부에 의해 양도할 수 있다.

04 국제복합운송의 경로

(1) 랜드브리지

육·해로상의 복합 일괄 운송이 실현됨에 따라 해상-육상-해상으로 이어지는 운송 구간 중 육상 구간을 말한다. 해상과 해상을 잇는 교량 역할을 한다는 의미에서 랜드브리지라고 한다. 컨테이너 사용으로 국제운송 경로가 다양해지면서 해상운송과 육상운송을 연계하여 수송 시간과 비용을 절감하기 위해 사용하고 있다.

(2) 주요 경로 2022, 2025 출제

시베리아 랜드브리지 (SLB: Siberian Land Bridge)	동아시아에서 유럽과 서아시아행 화물을 러시아의 극동 항구인 보스토치니항으로 해상운송한 후 시베리아 횡단철도(TSR: Trans Siberian Railway)를 이용하여 유럽과 서아시아로 운송하거나 그 반대로 운송하는 경로
아메리카 랜드브리지 (ALB: American Land Bridge)	동아시아에서 미국 태평양 연안까지 해상운송하고 북미지역 횡단철도를 통하여 북미지역의 동부해안까지 운송한 뒤, 다시 해상을 통해 유럽지역의 항구로 운송하는 경로
캐나다 랜드브리지 (CLB: Canadian Land Bridge)	아메리카 랜드브리지와 유사하며 밴쿠버 또는 시애틀까지 해상운송한 후 캐나다의 철도를 이용하여 동부해안의 몬트리올에 이른 다음 다시 대서양 해상운송으로 유럽 항구로 운송하는 경로
미니 랜드브리지 (MLB: Mini Land Bridge)	동아시아에서 미국 태평양 연안까지 해상운송한 후 미국의 동부해안 또는 멕시코만 항구까지 내륙운송하는 경로
마이크로 랜드브리지 (MCB: Micro Land Bridge, IPI: Interior Point Intermodal)	로키산맥 동부의 내륙 지점까지 운송하는 것으로 동아시아에서 미국 태평양 연안까지는 해상운송하고 시카고 또는 주요 거점까지 철도운송을 한 뒤 도로를 이용하여 내륙운송을 하는 복합운송경로. 선박회사 책임으로 일괄운임을 부과하고 통 선하증권을 발행
중국횡단철도 (TCR: Trans China Railway)	중국의 연운항에서 시작하여 카자흐스탄과 접경 지역인 아라산쿠를 잇는 철도로, TSR과 연결되어 러시아를 통과하여 로테르담까지 운송하는 경로
리버스 마이크로 랜드브리지 (RIPI: Reversed Interior Point Intermodal)	마이크로 랜드브리지 서비스에 대응하여 만들어진 서비스로 미국의 동해안 및 걸프 지역까지 해상으로 운송되어 양륙된 화물을 철도 또는 트럭으로 내륙운송하고 최종 목적지의 철도터미널 또는 트럭터미널에서 수하인에게 인도하는 경로

3 항공운송

01 항공운송의 개요

(1) 항공운송의 의미

항공기의 항복(Plane's Space)에 화물이나 여객을 탑재하고 공로를 통해 운송하는 것을 의미한다. 무역거래에서 항공운송의 대상이 되는 항공화물은 항공화물운송장(AWB: Air Way Bill)에 의하여 수송되는 화물이며 우편물, 여행자용 수화물은 제외한다.

(2) 항공운송의 장단점

장점	단점
• 해상운송에 비해 운송 시간이 짧고 안전도가 높음 • 수요 변화에 빠르게 대응할 수 있음 • 농수산물 등의 신선도를 유지할 수 있음 • 화물의 손상, 분실 또는 조난 사고가 적어 보험료와 포장비를 절감할 수 있음	• 위험물에 대한 제한이 많음 • 해상운송에 비해 운임이 높음 • 고중량 물품의 운송이 어려움 • 공항을 갖춰야 하므로 운송 지역이 제한됨 • 항복의 한계로 인해 대량 수송이 어려움

02 항공화물의 운임 2021, 2022, 2025 출제

항공화물운임은 국제항공운송협회(IATA: International Air Transport Association)가 제정한 운임요율표를 국제적으로 사용하고 있다. 요율(Rate)은 항공운송기업이 화물운송의 대가로 징수하는 운임으로 중량 또는 용기 단위당 금액으로 표시한다. 부대요금(Charge)은 운송에 관련된 부수적인 업무 및 설비 사용에 대한 대가로 취급 수수료(Handling Charge), AWB Fee, 위험품 취급 수수료 등으로 구성된다.

(1) 일반 화물요율(GCR: General Cargo Rate) 2019, 2023 출제

특정 품목 할인요율(SCR) 또는 품목 분류요율(CCR)이 적용되지 않는 모든 화물의 운송에 적용되는 요율이다.

최저운임 (M: Minimum Charge)	화물운송에 적용할 수 있는 가장 적은 운임(화물의 중량운임이나 부피운임이 최저운임보다 낮을 경우 적용되며 요율표에 'M'으로 표시)
기본요율 (N: Normal Rate)	45kg 미만의 화물에 적용되는 요율(모든 화물의 기준이 되며 요율표에 'N'으로 표시)
정량요율 (Q: Quantity Rate)	중량단계에 따라 다른 요율이 설정되는데 중량이 높아지면 kg당 단위 요율이 낮게 책정되는 요율(중량단계별 할인요율이라고도 하며 요율표에 'Q'로 표시)
운임산출중량 (Chargeable Weight)	실제 중량과 용적 중량 중 큰 값을 기준으로 함(용적 중량 환산 방법: 가로 × 세로 × 높이 / 6,000cm³)

(2) 특정 품목 할인요율(SCR: Specific Commodity Rate) 2023 출제

특정 품목 할인요율은 특정 구간에서 특정 품목에 적용되는 요율로 일반 품목보다 낮게 적용한다. 동일 물품이 반복적으로 운송되는 경우 일반 품목보다 요율을 낮게 하여 항공운송의 촉진을 도모한다. SCR을 GCR(일반 화물요율), CCR(품목 분류요율)보다 우선 적용하되 GCR이나 CCR을 적용하였을 때 더 낮은 요율이 산출되면 그 요율을 적용한다.

(3) 품목 분류요율(CCR: Commodity Classification Rate) 2023 출제

화물의 특성, 가격 등을 고려하여 몇 가지 특정 품목, 특정 지역 간에만 적용되는 요율이다. 대개 일반 화물요율의 백분율에 의한 할증 또는 할인으로 표시된다.
① 할인요금 적용: 신문, 잡지, 정기간행물, 서적, 카탈로그, 개인용품 등
② 할증요금 적용: 금괴, 화폐, 산 동물, 시체 등

(4) 종가운임(VC: Valuation Charge)

화물에 대한 항공사의 책임 한도액을 확대하기 위해 항공화물운송장상 신고 가격(Declared Value)이 화물 1kg당 20달러를 초과하면 가격에 비례하여 추가로 할증료를 지불하는 운임이다.

(5) 단위탑재(적재)용기요금(BUC: Bulk Unitization Charge) 2023 출제

팔레트 또는 컨테이너에 적입된 상태로 송하인이 항공사에 반입하여 그대로 수하인에게 인도되는 화물에 적용하는 운임으로 IATA에서 규정한 단위탑재용기(ULD: Unit Load Device)별로 다른 운임이 적용된다.

03 항공화물운송장(AWB: Air Waybill) 2020, 2021 출제

(1) 항공화물운송장의 의미

항공회사가 화물을 항공으로 운송하는 경우에 발행하는 운송계약 체결의 증거서류이며, 송하인으로부터 화물을 운송하기 위해 화물을 수령하였다는 증거서류를 말한다. 항공운송장은 송하인이 작성하여 제출하는 것이 원칙이나 통상적으로 항공사나 항공사로부터 권한을 위임받은 대리점에 의해 발행된다.

(2) 항공화물운송장의 기능 2022, 2023 출제
① 송하인과 항공운송인 간의 항공운송계약 체결 입증 서류
② 송하인으로부터 화물을 수취한 것을 증명하는 화물수령증
③ 수하인이 운임 및 요금을 계산하는 근거 자료
④ 수출입신고의 근거 자료

(3) 항공화물운송장의 법적 성질
① **비유통성**: 선하증권과 달리 양도성이나 유통성을 갖고 있지 않다. 해상운송과 달리 신속하게 운송되어 수하인에게 전달되므로 해상운송처럼 운송 중 전매의 필요성이 없기 때문이다.
② **불완전 처분증권**: AWB는 송하인이 운송인(항공사)에게 운송계약의 이행에 필요한 사항을 지시하는 지시증권이다. 그러나 AWB는 양도 불능의 비유통성 증권이므로 수하인에게 완전한 처분권이 인정되지 않는다. 즉, 송하인에게는 처분권이 인정되나 수하인에게는 처분권을 극히 제한하고 있다.
③ **증거증권 및 화물수령증**: 유통성이 없으므로 유가증권이 아니며 단순한 증거증권 또는 화물수령증에 해당한다. 따라서 선하증권과 달리 주로 기명식으로 작성된다.

(4) 항공화물운송장의 발행
① **발행 시기**: 항공화물의 운송인은 송하인이 항복예약(Plane's Space Booking)을 하고 물품, 상업송장, 포장명세서 등의 서류를 항공운송업자에게 인도했을 때 AWB를 발급한다.
② **표준화된 발행**: IATA에서 AWB에 대한 양식과 발행 방식을 세부적으로 규정하고 있으나 IATA 회원국 여부를 불문하고 모두 사용하므로 세계 표준화를 이루었다고 볼 수 있다.
③ **발행 서류와 통수**: 항공화물운송장은 9통으로 구성되지만 수출상은 신용장 매입(NEGO) 시 송하인용 또는 선적인용 원본 1통만 제시하면 된다.

Original 1(녹색)	항공사가 운임, 기타 회계 처리를 위해 사용하며 송하인과 항공사 간의 계약 성립을 증명하는 서류
Original 2(적색)	수하인용으로 발급된 서류로, 화물과 함께 목적지로 운송되어 수하인에게 인도됨
Original 3(청색)	송하인용으로, 출발지에서 송하인으로부터 항공사가 화물을 수취했다는 수령증 및 운송계약 체결의 증빙 서류
사본 4	화물 인도 항공회사용으로, 도착지의 수하인이 화물 인도와 상환으로 서명하여 화물인도증명서로 사용됨
사본 5	도착지 공항용으로, 화물과 함께 도착지 공항으로 보내지며 세관 관계 업무에 사용됨
사본 6 ~ 8	운송에 참가한 항공회사용으로, 그중 1통을 운임 정산에 사용함
사본 9	발행대리점이 보관하기 위한 서류

(5) UCP 600상 AWB 수리 기준(제23조) 2019, 2022, 2023 출제
① 운송인의 명칭을 표시해야 하고 운송인 또는 기명대리인의 서명이 있어야 한다.
② 물품이 운송을 위하여 인수되었음을 표시해야 한다.
③ 발행일을 표시해야 한다.
④ 신용장에 기재된 출발 공항과 도착 공항을 표시해야 한다.
⑤ 신용장이 원본 전통을 요구하더라도 송하인 또는 선적인용 원본 1부만 제시하면 된다.

> **TIP** 원본 3부 중 원본 1은 항공사가 수령하고 원본 2는 수하인에게 인도되어요!

⑥ 항공운송서류는 전 운송이 하나의 동일한 항공운송서류에 의하여 포괄된다면 물품이 환적될 것이라거나 환적될 수 있다는 것을 표시할 수 있다.
⑦ 환적될 것이라거나 환적될 수 있다고 표시하는 항공운송서류는 비록 신용장이 환적을 금지하더라도 수리될 수 있다.

정리하고 넘어가기　선하증권과 항공화물운송장의 비교

구분	선하증권(B/L)	항공화물운송장(AWB)
유가증권성	유통성, 유가증권	비유통성, 유가증권성 없는 단순한 화물수령증
권리증권성	정당한 배서에 의해 양도 가능	기명식으로 발행되어, 운송장에 기재된 수하인이 아니면 화물 인수 불가능
유통성	유통 가능(일부 제외)	유통 불가능
발행 방식	기명식, 지시식	기명식
발행 시기	선적 후 발행	물품 수령 및 수량 검수 후 발행
발행인	선박회사 작성 및 발행	송하인(실무에서는 운송사가 대리 작성)

04 항공화물의 운송업자

(1) 항공화물 운송대리점
① 의미: 항공사 또는 항공사의 대리점을 위하여 유상으로 항공기에 의한 화물운송 계약의 체결을 대리하는 자를 말한다. 항공사는 선사와 달리 무역업체를 대상으로 직접 영업을 하지 않기 때문에 대리점을 둔다.
② 역할
　㉠ 항공사를 대리하여 항공화물을 집화하고 MASTER AWB를 발행하며 수수료를 취득한다.
　㉡ 항공사를 대리하므로 자신의 명의로 운송할 수 없고 주선업자와 달리 독자적인 항공화물운송장을 발행할 수 없으므로 항공사 명의로 발행한다.

(2) 항공화물 운송주선인(Forwarder)
① 의미: 항공 운송주선인, 포워더(Forwarder)라고도 한다. 항공기를 보유하거나 스스로 운항하지 않지만 개별 화주와 운송계약을 체결하여 운송에 대한 책임을 부담하며, 집화한 소량 화물을 하나의 화물로 통합하여 스스로 송하인의 입장에서 항공회사에 운송을 위탁하는 자이다.
② 역할: 항공사에서 제시받은 운임과 화주에게 제시하는 운임의 차익을 통해 수익을 창출하며 자체적으로 요율을 정하고 화주에게 HOUSE AWB를 발행한다.

(3) 항공화물 혼재업자(Consolidator)
① 의미: 항공화물 운송주선인들이 하는 혼재운송 부분을 강조하는 업자를 의미한다.
② 역할: 수출 항공화물의 출발, 환적, 도착 등 일련의 화물 이동을 관리하고 수입 항공화물의 수입통관 주선 및 배달을 위한 조치를 취한다.

정리하고 넘어가기　항공화물 운송대리점과 항공화물 운송주선인의 비교　2025 출제

구분	항공화물 운송대리점	항공화물 운송주선인
운임률표(Tariff)	항공사의 운임률표 사용	자체 운임률표 사용
운송약관	항공사의 약관 사용	자체 약관 사용
운송서류	항공사의 Master AWB(항공사가 발행)	자체 House AWB(포워더가 발행)
책임	항공사의 책임	주선업자 책임
수익	운임의 5%(IATA 판매 수수료)와 기타 수수료	항공사 지불운임과 화주에게 지불받는 운임의 차액, 혼재에 의한 Volume Weight 강조 이익

05 항공운송 클레임

(1) 항공운송 클레임의 의미

항공운송 클레임은 항공사에 물품 운송을 위탁하고 항공사가 운송한 화물이 항공사의 귀책사유로 손해를 입은 경우 피해 당사자인 송하인, 수하인 또는 그 대리인이 제출하는 손해배상 청구를 의미한다.

(2) 항공운송 클레임 제기 및 제소기한 `2022 출제`

① 클레임 제기기한

화물의 파손(일부 손실 포함)	발견 즉시 또는 화물 인수일부터 14일 이내
지연	물품이 수하인의 처분에 놓이게 된 날(화물 도착 통보를 받은 날)부터 21일 이내
화물 전부 분실, 인도 불능	AWB 발행일부터 120일 이내

② 클레임 제기 시 필요서류: 항공화물운송장 원본(Original AWB), 운송인 발행 항공운송장(House AWB), 상업송장, 포장명세서, 파손, 지연 등에 따른 손실계산서, 클레임이 청구된 총계, 지연 등으로 인한 손해 비용 명세서, 검사증명서 및 기타 서류가 필요하다.

③ 클레임 제소기한: 소를 제기할 수 있는 권리는 목적지 공항에 도착한 날부터, 도착되었어야 할 날부터 또는 운송이 중지된 날부터 2년 이내에 이루어지지 않으면 소멸된다.

Mini Test — 국제운송

OX문제

01 해상운송은 대량운송에 따른 규모의 경제 원칙에 의해 단위당 운송비가 비싸다. (   )

02 개품운송계약은 선하증권 약관에 의한 부합계약의 방식으로 체결된다. (   )

03 항해용선계약에서 F.I.O 조건은 선적, 양하 시 선내 하역 비용을 모두 용선자가 부담하는 조건이다. (   )

04 ICD(내륙 컨테이너 기지)의 주요 기능은 통관, 컨테이너 및 화물의 인수, 일시 보관, 선적 및 하역 작업 등이다. (   )

05 선하증권의 수하인을 표시하는 방법으로 수입상의 상호 및 주소가 기재되는 방식을 지시식이라고 한다. (   )

06 Sea Waybill은 지시식으로 발행되며, Surrendered B/L은 기명식으로 발행된다. (   )

07 선하증권의 뒷면에 기재되는 상세한 운송약관이 생략된 채, 그 일부 또는 전부에 대하여 다른 서류를 참조하도록 표시하고 있는 B/L을 Switch B/L이라고 한다. (   )

08 운송주선인은 운송수단을 보유하면서 복합운송인의 역할을 수행하는 자를 의미한다. (   )

09 부적운임은 수송거리 운임이라고도 하며 운송 도중 불가항력 또는 기타 원인에 의해 운송할 수 없게 되어 중도에 화물을 인도하는 경우 운송 이행 비율에 따라 산정되는 운임을 의미한다. (   )

10 LCL 화물의 경우 CY에서 물품을 혼재하고 CFS Operator에게 인도하여 선적한다. (   )

✅ 정답 Check

| 01 X | 02 ○ | 03 ○ | 04 X | 05 X |
| 06 X | 07 X | 08 X | 09 X | 10 X |

[X 해설]

01 규모의 경제 원칙에 의해 단위당 운송비가 저렴하다.
04 ICD는 지리적으로 해안이 없는 내륙 지역에 위치한다. 따라서 선박에서 이루어지는 선적 및 하역 작업은 할 수 없다.
05 선하증권의 수하인란에 수입상의 상호 및 주소가 기재되는 방식은 기명식이다. 지시식은 지시인을 기재하여 유통성을 부여하는 방식이다.
06 Sea Waybill(SWB)은 유가증권이 아니므로 일반적으로 기명식으로 발행된다.
07 약식 선하증권(Short Form B/L)에 대한 설명이다.
08 운송주선인이나 무선박운송인은 운송수단을 직접 보유하지는 않으나 실제 운송인처럼 운송 주체자의 기능과 책임을 다하는 운송 주체를 의미한다.
09 부적운임(Dead Freight)은 공적운임이라고도 하며 선적하기로 계약했던 화물량보다 실제 선적량이 적은 경우 용선자가 그 부족분을 지불하는 운임이다. 수송거리 운임은 비례운임(Pro-rata Freight)이라고도 한다.
10 LCL 화물의 경우 CFS에서 물품을 혼재하여 CY Operator에게 인도하여 선적을 이행한다.

빈칸 채우기

01 수취 선하증권이 발행된 후에 실제로 본선에 화물 적재를 완료한 후 본선적재부기를 기재한 선하증권을 (　　　　)(이)라고 한다.

02 복합운송 중 물품의 멸실, 손상 등 손해 구간이 판명된 경우에는 기존의 구간별 책임체계를 따르고 그렇지 않은 경우에는 별도의 책임 원칙을 따르는 방법을 (　　　　)(이)라고 한다.

03 동아시아에서 유럽과 서아시아행 화물을 러시아의 극동 항구인 보스토치니항으로 해상운송한 후 시베리아 횡단철도(TSR)를 이용하여 유럽과 서아시아로 운송하거나 그 반대로 운송하는 경로를 (　　　　)(이)라고 한다.

04 신용장 방식에서 항공운송을 통해 물품을 수입하는 경우 신용장에서 항공운송서류 원본 전통을 요구하더라도 (　　　　) 원본 1부를 제시하면 된다. 원본 3부 중 원본 1은 항공사가 수령하며 원본 2는 수하인에게 인도되어야 하기 때문이다.

05 동일 물품이 반복적으로 운송되는 경우 일반 품목보다 요율을 낮게 하여 항공운송을 촉진하기 위해 사용되는 운임요율을 (　　　　)(이)라고 한다.

06 수입화물을 인수하기 위해서는 선사로부터 (　　　　)을(를) 발급받아야 한다.

07 정기선 운송의 경우 CY에 반입된 컨테이너를 화주가 반출해 가면 빈 컨테이너를 무료 장치 기간 내에 반납하여야 하는데 이 기간을 경과하여 반납한 경우 선주가 화주에게 부과하는 비용을 (　　　　)(이)라 한다.

08 (　　　　) 규칙은 선주국과 화주국의 이해관계를 반영하여 제정한 규칙으로 복합운송에도 사용할 수 있도록 하였으며 화물에 대한 선사의 책임한도를 1 package, 1 unit당 875 SDR을, 1kg당 3 SDR을 채택하고 있다.

09 화물 파손(일부 손실 포함)에 대해 항공사에 클레임을 제기할 수 있는 기한은 발견 즉시 또는 화물 인수일부터 (　　　　)일 이내이다.

10 선박운항에 필요한 연료유를 저유황유로 변경하여 사용함에 따라 추가적으로 발생하는 비용을 화주에게 전가하는 할증료를 (　　　　)(이)라 한다.

✓ 정답 Check

01 본선적재 선하증권　　02 이종 책임체계　　03 시베리아 랜드브리지(SLB)　　04 송하인 또는 선적인용
05 특정 품목 할인요율　　06 화물인도지시서(D/O)　　07 지체료　　08 로테르담
09 14　　10 저유황할증료(LSS/LSF)

CHAPTER 03 | 해상보험

*참고: ●은 목표 점수 60점 이상을 위한 필수 학습 내용입니다.

1 해상보험 관련 용어

01 해상보험

(1) 해상보험의 의미
손해보험의 일종으로 해상 고유의 위험(침몰, 좌초, 악천후, 충돌, 행방불명 등), 해상위험(화재, 강도, 투하, 선장 및 선원의 악행, 해적), 전쟁위험, 기타 보험증권에 열거된 위험 등에 의해 발생하는 손해보상을 약정하는 보험이다.

(2) 해상보험의 종류 [2022 출제]

① 피보험이익에 의한 분류

선박보험 (Insurance on Ship)	선박 소유자가 보험목적물인 선박에 대해 피보험이익을 부보하는 보험으로 Hull Insurance라고도 함
적하보험 (Insurance on Goods)	화물 소유자가 보험목적물인 화물에 대해 피보험이익을 부보하는 보험으로 Cargo Insurance라고도 함

② 보험 기간을 기준으로 한 분류

항해보험 (Voyage Insurance)	항해 단위를 기준으로 보험자의 책임이 정해지는 보험
기간보험 (Time Insurance)	일정한 기간을 기준으로 보험자의 책임이 정해지는 보험
혼합보험 (Mixed Insurance)	항해보험과 기간보험을 기준으로 하여 보험자의 책임이 정해지는 보험

02 피보험이익(Insurable Interest) [2023 출제]

(1) 피보험이익의 의미
보험목적물(Subject Matter Insured)에 대하여 특정인이 갖는 이해관계로서, 보험계약에 의해 보호받을 수 있는 대상(화물, 선박)이 있을 때 그 대상이 가진 경제적 이익(희망이익, 해상운임 등)을 의미한다.

(2) 피보험이익의 요건
① **적법성**: 피보험이익은 법적으로 인정되고 합법적인 것이어야 한다. 밀수품, 마약, 절도품, 위조품 등은 피보험이익이 될 수 없다.
② **경제성**: 경제적 이익이 있어야 한다. 감정적, 도덕적 이익은 금전으로 평가할 수 없는 비경제적 이익이므로 피보험이익이 될 수 없다.
③ **확정성**
  ㉠ 보험계약의 필수 요소로서 확정되지 않으면 보험사고가 발생하여도 보험금과 지급받을 피보험자가 확실해지지 않기 때문에 피보험이익은 보험사고가 발생할 때까지 금전적으로 확정되고 그 귀속이 결정될 수 있어야 한다.
  ㉡ 장래에 확정될 것이 확실한 이익(희망이익 등)은 보험의 대상이 될 수 있다.

(3) 피보험이익의 특징
① 보험목적물은 보험사고가 발생하는 대상이므로 보험사고로 인해 손해를 입는 경우 피보험자가 경제적 이해관계(피보험이익)를 얻고, 해상위험이 발생하는 경우에는 이해관계인이 경제적 이해관계(피보험이익)를 얻는다.
② 동일한 보험목적물에 대하여 복수의 이해관계(피보험이익)가 존재할 수도 있다.

(4) 피보험이익의 종류

선박 또는 적하의 소유이익	보험목적물의 소유자가 이에 대해 사용, 수익, 처분의 권리를 행사할 수 있는 경우의 피보험이익
선박 또는 적하에 대한 담보이익	채권자가 채권 변제를 위해 보험목적물에 대하여 질권·저당권·유치권 등의 담보권을 가질 때 보험목적물에 대한 피보험이익
선박 또는 적하에 대한 수익이익	보험목적물에서 기대할 수 있는 이익에 대하여 존재하는 피보험이익(선박 소유자가 받는 운임, 용선자에게 용선 후 받게 될 용선료, 화물을 인도하고 받게 될 희망이익 등)
선비의 대상 이익	선주가 선비를 부담하였으나, 해상위험이 발생하여 희망이익을 얻을 수 없는 경우 낭비된 비용 (선박 운항에 필요한 연료, 선원들의 식료품, 급여 등에 대한 피보험이익)

03 보험가액(Insurable Value) 2023 출제

(1) 보험가액의 의미
보험가액은 피보험이익을 경제적으로 평가한 금액으로서 보험목적물의 실제 가치를 말한다. 보험사고가 발생한 경우에는 피보험자가 입게 된 손해액의 최고 한도액이며 보험사고가 발생하지 않을 경우 피보험자가 취할 경제적 이익에 대한 평가액이다.

(2) 보험가액의 결정
보험가액은 시장 상황에 따라 변동하므로 측정이 어렵다. 해상보험은 이익금지 원칙을 따르므로 보험금액은 보험가액을 초과할 수 없다. 보험가액을 결정하는 기준은 다음과 같다.
① **법정 보험가액(미평가보험)**
  ㉠ 의미: 보험가액을 손해가 발생한 때와 장소에 따라 산정한 것을 의미한다. 법정 보험가액으로 보험계약이 체결되어 당사자 사이에 피보험이익에 대한 평가를 하지 않는 경우 미평가보험이라고 한다.
  ㉡ 보험가액 산정의 일반원칙: 상법에서는 손해보험의 경우 피보험자가 입은 손해의 보상을 목적으로 하기 때문에 보험자가 보상책임을 져야 하는 손해액은 손해 발생 시의 가액을 기준으로 결정하도록 하고 있다.
  ㉢ 보험가액 산정의 특례: 일반원칙에 따라 손해 발생 시점의 가액을 결정하기 어렵기 때문에 평가가 용이한 시점의 보험가액을 표준으로 하여 이를 전 보험 기간의 보험가액으로 인정하고 있다(보험가액 불변경주의).
    예) 적하보험에 있어서는 선적한 때와 선적한 곳의 적하의 가액과 선적 및 보험에 관한 비용을 보험가액으로 함(상법)
② **협정 보험가액(기평가보험)**
  ㉠ 법정 보험가액의 평가 방법 적용에 있어서 보험 기간의 시기 또는 선적 시의 가액을 정확히 파악하기 어렵다. 따라서 당사자는 보험계약 체결 시 서로 협정하여 일정액을 보험가액으로 정하는데 이를 협정 보험가액이라고 한다. 당사자 사이에 미리 피보험이익의 가액에 대한 합의가 이루어져 있으므로 기평가보험이라고도 한다.
  ㉡ 해상적하보험 협정 보험가액은 보통 CIF 가격의 110%로 한다.

04 보험금액(Insured Amount)

(1) 보험금액의 의미
① 보험금액은 보험계약 당사자 간의 합의에 의하여 약정된 금액으로 보험자가 부담하는 보상책임의 최고 한도액이다. 보험금액은 보험가액을 초과할 수 없으며 보험자는 보험금액 한도 내에서 책임을 진다.
② 실제 손해가 발생한 경우 보험자가 지급하는 보험금의 최고액은 실손해액, 보험가액, 보험금액 중 가장 적은 금액이 된다.

(2) 보험가액과 보험금액의 관계

구분	내용
전부보험 (Full Insurance)	• 보험금액 = 보험가액 • 보험가액 전액을 보험에 부보한 경우로 보험자는 소손해 면책(일정률 이하의 손해는 책임지지 않는 것) 등의 약정이 없는 한 피보험자에게 손해액 전액을 보상
일부보험 (Under Insurance)	• 보험금액 < 보험가액 • 보험가액에 미달되는 금액을 보험에 부보한 경우로 비례보상 방식으로 보상 • 보상액 = 손해액 × 보험금액/보험가액
초과보험 (Over Insurance)	• 보험금액 > 보험가액 • 보험금액이 보험가액을 초과하는 보험으로 사기성이 없어야 하며 상법에서는 이를 제한함
중복보험 (Double Insurance) 2023 출제	동일한 피보험이익 및 위험에 관하여 복수의 보험계약이 존재하고 그 보험금액의 합계액이 보험가액을 초과하는 경우의 보험 예 보험가액 $10,000의 화물을 A 보험회사에서 $6,000, B 보험회사에서 $6,000의 보험금액으로 중복보험을 체결한 경우 • 사기에 의해 보험계약이 성립한 경우: 모든 보험계약은 무효 • 선의로 중복보험이 성립한 경우: 각 보험계약의 효력은 인정되지만 실제 손해액을 한도로 보상함. 초과되는 부분의 보험계약은 원칙적으로 무효가 됨
공동보험 (Co-Insurance)	중복보험과 같이 동일한 피보험이익 및 위험에 관하여 복수의 보험계약이 체결되었지만 보험금액의 합계액이 보험가액의 범위 내인 경우로 복수의 보험자가 각각 위험의 일부를 인수하는 보험[위험의 수평적 분산(Horizonal Distribution)] 예 보험가액 $10,000의 화물을 A 보험사에서 $3,000, B 보험사에서 $4,000, C 보험사에서 $3,000의 보험금액으로 보험계약을 체결한 경우 각각 해당 금액을 보상함

05 보험료(Premium) 2022 출제

보험자의 위험부담에 대한 대가로서 피보험자 또는 보험계약자가 보험자에게 지급하는 금액이며 보험금액에 보험료율을 곱하여 산출한다.

06 담보(Warranty) 2020, 2022, 2025 출제

(1) 담보의 의미
특정 조건의 준수를 보증하는 보험계약자와 피보험자의 약속이다. 즉, 보험계약자가 엄격히 이행하거나 충족해야 할 약속으로 피보험자가 담보를 위반할 경우 위반 시점부터 보험자는 보상에 대해 면책된다.

(2) 담보의 필요성

보험계약은 최대선의의 계약으로 보험계약자는 고지 의무를 충분히 이행해야 한다. 하지만 보험자는 계약 당시 고지 의무의 위반 또는 부실 고지에 대한 입증이 어려우므로 보험자는 보험계약자가 엄격히 이행하거나 충족해야 할 사항을 보험증권에 명시하거나 법률로 규정할 필요가 있다.

(3) 담보의 종류

① 명시담보(Express Warranty): 명시담보는 담보 내용이 보험증권에 기재되거나 담보 내용을 증권에 첨부하는 것으로, 담보 내용이 육안으로 식별될 수 있도록 보험증권이나 기타 서류에 기재되거나 인쇄되어 있어야 한다. 반드시 담보한다는 형식적 내용이 사용되지 않더라도 담보의 의사로 추정되는 용어를 사용하였다면 담보로 인정된다.

안전담보 (Warranty of Goods Safety)	보험증권상에 보험목적물이 특정일 또는 특정한 기간 동안 언제라도 안전해야 한다는 명시조항이 삽입된 경우의 담보
중립담보 (Warranty of Neutrality)	보험증권상에 보험의 목적이 중립적이어야 한다는 명시조항이 삽입된 경우의 담보
선비담보 (Disbursement Warranty)	선박보험에 추가하여 선비를 부보할 때 선비의 보험금액을 선박 보험금액의 일정 비율(25%) 이상을 넘지 못하도록 정한 담보

② 묵시담보(Implied Warranty): 보험증권에 명시되어있지 않지만 해상보험계약 체결의 행위 자체로 묵시적으로 보증된 담보이다. 계약당사자 간에 현실적으로 합의하지 않고 합의할 필요도 없으며 합의로 추정할 필요도 없다.

감항성담보 (Warranty of Seaworthiness)	선박이 항해를 개시할 때에 해당 항해를 완수할 수 있도록 내항성이 있어야 함을 정한 담보
적법성담보 (Warranty of Legality)	피보험자가 지배할 수 없는 경우를 제외하고 모든 해상운송은 그 내용이 합법적이어야 함을 정한 담보

(4) 담보의 위반

① 담보는 명시담보와 묵시담보를 모두 충족해야 한다. 보험자는 보험증권에 별도의 명시된 규정이 있는 경우를 제외하고는 피보험자의 담보 위반일부터 보상책임을 지지 않으며, 담보 위반 전에 발생한 손해에 대해서는 보상책임을 져야 한다.

② 담보 위반이 발생한 경우 계약이 종료되는 것은 아니며 위반 결과에 대하여 법률적 효력을 부여할지 여부는 보험자가 결정한다.

③ MIA(영국해상보험법)에서는 다음의 경우 담보 위반이 허용된다고 규정한다.

　㉠ 사정의 변경으로 담보가 적합하지 않을 경우나 담보를 충족하는 것이 그 후의 법률에 위반하는 경우

　㉡ 담보 위반이 보험자에 의하여 묵인될 경우

2 해상보험계약 2021 출제

01 해상보험계약의 의미

영국해상보험법(MIA) 제1조 해상보험의 정의
A contract of marine insurance is a contract whereby the insurer undertakes to indemnify the assured, in manner and to the extent thereby agreed, against marine losses, that is to say, the losses incident to marine adventure.
해상보험계약이란 보험자가 피보험자에게 합의한 방법과 범위 내에서 해상손해, 즉 항해사업에 수반되는 손해를 배상할 것을 약속하는 계약을 말한다.

영국해상보험법(MIA) 제2조 해륙혼합위험
A contract of marine insurance may, by its express terms, or by usage of trade, be extended so as to protect the assured against loses on inland waters or on any land risk which may be incidental to any sea voyage.
해상보험계약은 명시의 특약이나 상관습에 의하여 해상항해에 수반할 수 있는 내수 또는 육상위험의 손해에 대하여 피보험자를 보호하기 위해서 그 담보 범위를 확장할 수 있다.

02 해상보험계약의 특징

(1) 손해배상 목적
해상위험으로 인해 손해를 입은 피보험자는 보험자가 지급하는 보험금으로 이득을 취해서는 안 된다.

(2) 피보험이익의 존재
피보험자가 해상위험으로 인해 손해를 입은 경우에는 그에 상응하는 피보험이익이 존재해야 한다. 즉, 피보험자는 해상위험에 의해 보험목적물인 선박 또는 적하에 대해 손해를 입은 사실이 있어야 그 손해를 보상받을 수 있다.

(3) 직접손해 책임보상의 원칙
해상보험은 피보험이익에 발생한 손해의 보상을 목적으로 한다. 해상보험에서 보험자에 의하여 보상되는 손해는 원칙적으로 직접손해에 한정되며 간접손해를 포함하는 모든 손해에 대해 보상하지는 않는다. 단, 직접손해가 발생해도 면책비율에 의해 면책되는 경우가 있으며 손해방지 비용, 공동해손 비용, 구조료, 배상책임 등과 같은 간접손해에 대해서는 보상하는 경우가 있다.

(4) 최대선의의 원칙(Utmost Good Faith)
보험계약자는 보험계약 체결 당시 보험목적물의 위험이나 성질에 영향을 주는 중요 사실에 대해 보험자에게 고지해야 한다.

(5) 근인주의(Proximate Cause)
보험자는 보험증권상 담보된 위험이거나 그 위험에 근인하여 발생한 손해를 보상한다. 근인주의는 가장 유력하고 직접적이며 지배적인 위험이 손해의 원인이 된다는 '최유력조건설'과, 일반적인 경우에도 동일한 결과를 발생시킬 것으로 인정되거나 그럴 가능성이 있는 위험을 손해의 원인으로 보는 '상당인과관계설'을 보편적으로 받아들이고 있다.

03 해상보험계약의 법적 성격

(1) 낙성계약(Consensual Contract)
보험계약은 당사자 간 의사 표시의 합치로 성립하며 그 의사 표시에 특별한 방식이 필요하지 않다.

(2) 쌍무계약(Bilateral Contract)
보험계약자는 보험료 납부 의무를 부담하고 보험자는 보험목적물에 손해가 발생한 경우 보험금 지급 의무를 부담한다.

(3) 유상계약(Remunerative Contract)
계약당사자는 상호 대가적 관계에서 급부를 목적으로 한다. 즉, 보험자는 계약상 합의된 방법과 범위 내에서 피보험자의 손해를 보상할 것을 확약하며 그 대가로 보험료를 지급받는다.

(4) 불요식계약(Informal Contract)
보험계약은 그 성립을 위하여 당사자 간의 합의 외에는 별도의 형식을 필요로 하지 않는다. 보험계약이 체결되면 보험증권이 작성되어 교부되지만 이는 계약 성립의 결과로서 발생하는 보험자의 의무 이행 중 하나이므로 요식계약으로 보지 않는다.

(5) 부합계약성(Contract of Adhesion)
보험자가 다수의 보험계약자와 계약을 체결하기 위해 계약 내용을 개별적으로 작성하는 것은 어려운 일이다. 따라서 보험계약자는 보험자가 제시하는 증권상 인쇄된 약관을 승인함으로써 계약을 체결한다.

(6) 사행계약성(Aleatory Contract)
피보험자는 불확실한 사고의 발생 여부에 따라서 보상을 받거나 보험료를 상실한다.

(7) 독립계약성
보험계약은 민법상 일반적인 계약 범주에 속하지 않는 무명계약이며 독립계약이다.

(8) 계속계약성
보험자의 손해배상 또는 보험금의 지급은 보험 기간 이내에 발생한 보험사고에 대해 이루어진다. 또한 보험자의 책임과 보험계약 관계는 보험 기간 동안 지속된다.

(9) 선의계약성
보험계약은 최대선의(Utmost Good Faith)에 기초를 둔 계약이다. 보험계약 체결 당시 보험계약자는 보험목적물의 위험이나 성질에 영향을 주는 중요 사실을 보험자에게 고지해야 한다.

(10) 유한책임계약
보험계약에서 보험자는 보험사고 발생 시 피보험자에게 보험금액을 한도로 보험금을 지급한다.

04 해상보험계약의 당사자

(1) 보험자(Insurer)
보험계약의 당사자로서 보험회사를 말한다. 보험자는 보험사고가 발생한 경우 피보험자에게 보험금을 지급할 의무가 있는 자로 보험계약을 인수하는 주체이다.

(2) 보험계약자(Policy Holder) 2022 출제
보험자와 보험계약을 체결하는 자를 말한다. 보험계약자는 보험자(보험회사)와 보험계약을 체결하고 보험료를 납입하는 자로서 보험자에게 고지 의무, 위험의 변경 및 증가에 대한 통지 의무를 부담한다.

(3) 피보험자(Assured)

피보험이익(Insurable Interest)을 갖는 자로서 보험사고가 발생하여 손해를 입은 경우 보험자에게 보험금을 청구할 수 있다. 인코텀즈 CIF, CIP 조건에서 매도인은 매수인을 위하여 보험계약을 체결하는데, 이때 매도인은 보험계약자가 되고 매수인은 피보험자가 된다.

(4) 보험대리점(Insurance Agent)

특정한 보험자를 위하여 지속적으로 보험계약 체결을 대리(체약대리상)하거나 관리하는 것을 업으로 하는 독립된 상인(중개대리상)이다. 보험자에게 위임을 받아 대리 또는 중개를 업으로 한다는 점에서 보험중개인과 다르다.

> **TIP** 특정 보험자를 위하여 지속적으로 대리한다는 점에서 보험중개인과 구분됨을 기억하세요!

(5) 보험중개인(Insurance Broker)

불특정 보험자를 위해 보험자와 보험계약자의 보험계약 체결을 중개하는 것을 업으로 하는 독립된 상인이다.

05 해상보험계약 성립 시기

> **영국해상보험법(MIA) 제21조 보험계약이 성립된 것으로 간주되는 시기**
> A contract of marine insurance is deemed to be concluded when the proposal of the assured is accepted by the insurer, whether the policy be then issued or not; and for the purpose of showing when the proposal was accepted, reference may be made to the slip or covering note or other customary memorandum of the contract.
> 해상보험계약은 보험증권의 발행 여부에 관계없이 피보험자의 청약이 보험자에 의해 승낙된 때 성립한 것으로 간주한다. 그리고 청약이 승낙된 때를 증명하기 위해서 슬립이나 보험인수증서 또는 기타 관례적인 계약각서를 참조할 수 있다.

06 해상보험계약의 의무

(1) 보험자의 의무

① 손해보상 약정 의무: 해상보험자는 해상운송과 관련된 사고 발생으로 인한 피보험이익의 손해에 대해 보상할 의무가 있다.
② 보험증권 교부 의무: 보험자는 보험계약 체결 시 보험증권을 교부할 의무가 있다. 보험증권의 교부 의무는 보험계약자가 보험료의 전부 또는 최초의 보험료를 지급한 때 발생한다.
③ 보험료 반환 의무: 보험계약이 무효가 되거나 보험사고 발생 전 보험계약이 해지된 경우에는 보험료의 전부 또는 일부를 반환해야 한다.
④ 보험금 지급 의무: 보험계약 내용에 따라 보험 기간 내에 보험사고가 발생한 경우에는 약정된 보험금을 지급해야 한다.

(2) 보험계약자 및 피보험자의 의무 `2020, 2022 출제`

① 보험료 납부 의무: 보험자가 위험을 부담하는 대가로 보험계약자는 보험료를 납부해야 한다. 보험료를 납부하지 않은 경우 다른 약정이 없으면 보험자의 책임이 개시되지 않는다.

> **영국해상보험법(MIA) 제52조 보험료의 납부 시기**
> Unless otherwise agreed, the duty of the assured or his agent to pay the premium, and the duty of the insurer to the assured or his agent, are concurrent conditions, and the insurer is not bound to issue the payment or tender of the premium.

> 별도의 협의가 있는 경우를 제외하고, 피보험자 또는 그 대리인의 보험료 납부 의무와 피보험자 또는 그 대리인에 대한 보험자의 보험증권 발급 의무는 동시 조건이며, 보험자는 보험료의 납부 또는 보험료에 대한 변제의 제공이 있을 때까지는 보험증권을 발급할 의무를 지지 않는다.

② 고지 의무(Duty of Disclosure, Duty of Representation): 보험계약자는 보험계약 시 보험의 인수 여부 및 계약 내용의 결정에 영향을 줄 수 있는 모든 중요 사실을 고지해야 한다. `2022, 2025 출제`

  ㉠ 고지 의무의 당사자
   - 보험계약자와 피보험자가 동일인인 경우: 보험계약자와 피보험자
   - 타인을 위한 보험의 경우: 보험계약자와 피보험자(상법), 피보험자(MIA)
   - 대리인에 의해서 보험계약을 체결하는 경우: 그 대리인과 보험계약자

  ㉡ 고지 의무의 내용
   - 고지 시기: 보험계약자는 보험자에게 계약 체결 전(MIA) 또는 계약 체결 시(상법)까지 고지해야 한다.
   - 고지가 필요한 사항(보험자가 보험료의 산정, 위험의 인수 여부를 결정함에 있어 그 판단에 영향을 미칠 수 있는 사실, 중요한 사항으로 추정되는 사실)
     - 갑판적재 여부
     - 포장 상태
     - 위험지역
     - 제품의 성질(부패, 깨짐 등) 등
     - 피보험자가 당연히 알고 있는 사실
     - 대리인이 알고 있는 사실(피보험자가 늦게 알았기 때문에 대리인에게 통지하지 못한 사실은 제외)
   - 고지가 필요 없는 사항
     - 위험을 감소시키는 일체의 사실
     - 보험자가 알고 있거나 알고 있을 것으로 추정되는 사실
     - 고지받을 권리를 포기한 사실
     - 담보에 의해 고지가 필요 없는 사실

  ㉢ 고지 의무 위반 시: 고지 의무 위반에 대해 손해배상 청구를 할 수 없으나 계약해제권 또는 해지권을 행사할 수 있다.
   - 상법상 고지 의무 위반 시 보험자의 구제
     - 고지 의무 위반 시 보험자는 보험사고 발생 전후를 불문하고 계약 해지 가능
     - 해지 효력은 장래에 대해 발생하고 소급 적용되지 않으므로 보험자는 피보험자가 보험사고 발생 전 지급한 보험료를 반환할 의무가 없고 미지급 보험료가 있다면 청구 가능
     - 보험사고 발생 후 계약 해지 시에는 보험계약자 또는 피보험자에게 이미 지급한 보험금을 반환 청구할 수 있으며 지급하지 않은 보험금은 지급할 책임이 없음
   - MIA상 고지 의무 위반 시 보험자의 구제
     - 고지 의무 위반 시 보험자에게 해제권 부여
     - 해제의 경우 소급 적용이 가능하므로 보험자가 해제권을 행사한 경우 보험자는 보험료를 반환해야 하며 피보험자는 보험금을 반환해야 함

정리하고 넘어가기 고지와 담보의 비교

구분	고지	담보
개념	보험의 인수 여부 및 계약 내용의 결정에 영향을 줄 수 있는 모든 중요한 사실	보험계약자가 엄격히 이행하거나 충족시켜야 할 약속
보험증권 기재 여부	보험증권상 기재할 필요 없음	계약 요소이므로 보험증권상에 기재해야 함
방식	서면, 구두 가능	서면
위반 내용	중요한 사실이어야 함	보험증권 내용 위반 시 보험자 면책
결과	보험자에게 보험계약 해지, 해제권 부여	위반 시점부터 보험자 면책

③ 통지 의무(Duty of Notice): 보험계약자는 보험계약 체결 후 위험이 현저하게 증가하거나 변경되는 경우 또는 보험사고가 발생한 경우 보험자에게 통지해야 한다. [2023 출제]

④ 손해방지·경감 의무(Duty of Avert or Minimize the Loss): 피보험자는 피보험이익의 보호에 상당한 주의를 기울여야 하며 신의성실의 원칙에 입각하여 손해를 방지하거나 경감하기 위한 적절하고 합리적인 조치를 강구해야 한다.

3 보험증권(Insurance Policy) [2025 출제]

보험증권이란 보험계약의 성립과 그 내용을 증명하기 위하여 보험자가 작성하고 기명날인 또는 서명하여 보험계약자에게 교부하는 증권이다.

01 보험증권의 법적 성질

(1) 요식증권성
보험증권은 그 기재사항이 법으로 정해진 요식증권으로서 법정 기재사항을 기재해야 한다.

(2) 증거증권성
보험증권은 보험계약 성립을 증명하기 위하여 보험자가 발행하는 증거증권이다.

(3) 면책증권성
보험자는 보험금을 지급할 때 보험증권을 제시하는 자의 자격을 조사할 권리는 있으나 의무는 없기 때문에 보험증권은 면책증권의 성질을 지닌다.

(4) 유가증권성
CIF 조건에서 수출상은 적하보험계약을 체결하고 보험증권을 선하증권과 함께 수입상에게 양도한다. 보험사고 발생 시 수입상이 보험금을 청구하므로 수출상이 교부받은 적하보험증권은 유가증권의 기능이 있어야 한다.

(5) 상환증권성
보험자는 보험증권을 상환하여 보험금을 지급하기 때문에 상환증권적 성질을 가진다. 이러한 보험증권이 없는 경우 정당하게 보험에 가입했다는 사실을 제시하면 보험금을 지급받을 수 있다.

02 보험증권의 기재사항

손해보험증권에는 다음의 사항을 기재하고 보험자가 기명날인 또는 서명해야 한다.
(1) 보험목적물
(2) 보험사고의 성질
(3) 보험금액
(4) 보험료와 그 지급 방법
(5) 보험 기간을 정한 때에는 그 시기와 종기
(6) 무효와 실권의 사유
(7) 보험계약자의 주소와 성명 또는 상호
(8) 보험계약의 연월일
(9) 보험증권의 작성지와 작성 연월일
(10) 선박보험의 경우 그 선박의 명칭, 국적과 종류 및 항해의 범위
(11) 적하보험의 경우 선박의 명칭, 국적과 종류, 선적항, 양륙항, 출발지와 도착지를 정한 때에는 그 지명
(12) 보험가액을 정한 때에는 그 가액

03 해상보험증권의 양식

우리나라에서 사용하는 해상보험증권의 양식은 로이드의 신해상보험증권(New Lloyd's Marine Insurance Policy)과 런던보험자협회(I.L.U.: Institute of London Underwriters)가 제정한 신보험증권(New I.L.U. Companies Marine Policy)을 변형한 것이다.

기존의 본문 약관 중 주요 내용은 협회적하보험약관에 포함하고 본문·이탤릭서체·난외약관은 모두 삭제하였다. 신양식의 해상보험증권은 반드시 적하보험약관을 첨부해야 해상보험증권으로서 기능을 할 수 있다.

04 보험증권의 해석 원칙

보험계약과 관련하여 분쟁이 발생한 경우 보험계약이 실제로 존재하고 계약 내용이 계약당사자에 의하여 표시되었다는 것이 입증된 후에는 계약 내용의 해석이 문제가 된다. 보험증권은 구조가 복잡하고 조항과 문언이 상호 모순되어 분쟁이 발생할 가능성이 크다. 따라서 보험증권상의 조항에 우선권을 부여하여 이러한 모순을 제거할 필요가 있다. 보험증권의 일반적인 해석 원칙은 다음과 같다.

(1) 수기문언 우선의 원칙

신양식의 경우 본문약관이 있고 구양식의 경우 본문약관, 난외약관, 이탤릭서체약관, 협회특별약관, 스탬프약관, 수기문언 등으로 구성되는데 동일 증권에 대하여 각 약관의 내용이 서로 다른 경우 수기문언을 가장 우선 적용한다.

① **구양식 해석 순서**: 수기약관 – 타자약관 – 스탬프약관 – 기타특별약관 – ICC 약관 – 난외약관 – 이탤릭서체약관 – 본문약관

② **신양식 해석 순서**: 수기약관 – 타자약관 – 스탬프약관 – 기타특별약관 – ICC 약관 – 난외약관 – 본문약관

(2) 계약당사자의 의사존중과 판례의 적용

계약당사자의 의사를 존중하는 것이 해석의 기본원칙이지만 실제로는 판례에 따라 해석할 수밖에 없다.

(3) P.O.P 원칙
보험증권의 각 조항은 평이하고(Plain), 통상적이며(Ordinary), 대중적인(Popular) 의미로 해석되어야 한다.

(4) 문서 작성자 불이익의 원칙
보험약관의 내용이 애매하여 불분명한 경우나 규정이 여러 가지 뜻으로 해석될 수 있는 경우에는 문서 작성자인 보험자에게는 불리하게, 보험계약자에게는 유리하게 풀이해야 한다.

(5) 동종 제한의 원칙
보험증권에는 Vessel, Ship과 같이 서로 비슷한 뜻을 가진 단어들이 나열되는 경우가 많은데 이 단어들은 다른 뜻을 지니는 것이 아니라 서로 유사한 뜻을 지니고 있는 동일한 의미로 해석한다.

05 해상보험증권의 종류

(1) 계약 방식에 따른 분류
① 확정보험증권(Definite Policy): 개별 선적분에 대한 보험요건(보험목적물, 보험금액, 적재선박, 부보구간 등)이 모두 확정된 상태에서 그 위험의 개시(선적) 직전에 건별로 체결하는 보험계약에 의해 발행된 증권을 말한다.

> **TIP** 무역거래가 확정된 화물 중 선적이나 운송의 일시 또는 적재될 선박 등이 미확정된 운송 화물의 경우 개별 미확정보험을 체결할 수 있어요. 선명이 미상인 상태에서 가입하는 보험을 "선명 미확정보험"이라 하는데 증권상 선명은 TBD(to be declared)로 기재되고 이후 확정 통지로 구체화해요. 선명 미확정보험은 개별보험에 해당해요!

② 포괄예정보험증권(Open Policy): 보험계약의 구체적인 요건이 아직 확정되지 않은 상태에서 장래 일정 기간(통상 12개월) 동안의 부보 예정 화물 전체에 대해 미리 포괄적으로 보험계약을 체결한 후, 사후에 개별 위험에 대한 보험요건이 확정될 때마다 그 사실을 보험회사에 통지함으로써 당해 계약 범위 내의 모든 개별 위험을 자동적으로 책임지도록 하는 방식의 보험계약을 포괄보험(Open Cover)이라고 하며 이러한 계약의 증거로 발행된 보험증권을 포괄예정보험증권이라고 한다. 2023 출제

> **TIP** 포괄보험하의 개별 선적분에 대한 부보 사실을 입증할 목적으로 포괄예정보험증권에 근거하여 건별로 발행하는 보험서류를 보험증명서(Insurance Certificate)라고 해요!

(2) 피보험이익에 따른 분류
피보험자와 보험목적물의 적법한 경제적 이해관계가 어느 것인가에 따라 달라진다.
① 선박보험: 소유자이익, 운임(수익)이익, 선비와 보험료에 대한 비용이익, 선박충돌배상 책임이익을 포함한다.
② 적하보험: 적하소유이익, 희망이익을 포함한다.

(3) 보험 기간에 따른 분류
보험 기간은 보험자가 보상책임을 부담하는 기간으로 그 기간 중에 발생한 손해에 대해 보상한다.
① 항해보험증권(Voyage Policy): 한 장소에서 다른 장소까지 보험을 인수하는 경우 발행되는 보험증권이다. 보통 1회 운송으로 종료되므로 적하보험의 경우 대부분 항해보험이다. 예 from Busan to L.A.
② 기간보험증권(Time Policy): 보험목적물을 일정 기간에 한하여 인수하는 경우 발행되는 보험증권이다. 보험자의 책임 기간에 대한 시작과 종료 시점을 일정 기간으로 표시한다. 주로 선박보험에 사용되며 보통 12개월을 기준으로 한다.
③ 혼합보험증권(Mixed Policy): 동일한 하나의 보험증권에 항해와 기간에 대한 계약을 포함한 보험증권이다. 예 부산에서 L.A.까지 2개월 동안

4 해상위험과 해상손해

01 해상위험

(1) 해상위험의 의미

항해에 기인하고, 항해에 부수하여 발생하는 위험을 의미한다. 항해를 계기로 생기는 위험으로서 항해의 위험뿐만 아니라 항해에 부수하는 위험도 포함한다. 해상보험의 대상이 되는 위험이어야 해상보험계약에 의해 손해를 보상받을 수 있다.

(2) 해상위험의 범위

① 항해에 기인하는 위험: 항해로부터 생기는 사고(폭풍우 등에 의한 선박의 침몰, 좌초, 난파, 화물의 유실 등)로서 해상 고유의 위험이다.

② 항해에 부수하는 위험
  ㉠ 해상위험은 항해를 원인으로 하지 않는 항해에 부수하는 위험(화재, 약탈, 억류 등)도 포함한다.
  ㉡ 정박 중 위험, 환적을 위한 양륙 중 위험 등은 엄격히 항해에 해당하지는 않지만 항해에 부수하는 것이므로 해상위험으로 간주한다.

(3) 해상위험의 분류

① 담보위험(Perils Covered)
  ㉠ 보험자가 해상위험에 의해 발생한 손해를 보상하기로 약속한 위험을 의미한다.
  ㉡ 보험자가 보상책임을 부담하기 위해서는 손해가 담보위험과 일정한 인과관계를 가져야 한다.

② 면책위험(Except or Excluded Perils)
  ㉠ 특정 위험에 의하여 발생한 손해에 대하여 보험자가 보상책임을 면할 것을 정한 위험을 의미한다.
  ㉡ 특약에 의해 보험자 부담으로 정할 수 있는 상대적 면책위험과 특약에 의해서도 보험자 부담으로 할 수 없는 절대적 면책위험으로 구분된다.
  ㉢ 담보위험과 면책위험이 상충하는 경우 면책위험이 우선한다.

③ 비담보위험(Perils Not Covered)
  ㉠ 담보위험 및 면책위험 이외의 모든 위험을 의미한다.
  ㉡ 보험자의 보상책임에 대하여 적극적 효과를 갖지 못한다.

(4) 해상위험의 담보 방식 `2020, 2022 출제`

① 포괄책임주의
  ㉠ 보험자가 법정 면책위험 또는 약정 면책위험 이외에 일체의 해상위험 사고를 담보하는 방식이다.
  ㉡ 피보험자는 예상 밖의 위험이 발생하여도 면책사유에 해당하지 않는 한 보호를 받을 수 있다.
  ㉢ ICC(A/R), ICC(A)가 이에 해당한다.
  ㉣ 보험자는 면책사유와 손해의 인과관계를 입증하면 면책된다.

② 열거책임주의
  ㉠ 해상보험계약에서 보험자가 책임지는 위험을 구체적으로 열거하고 열거되지 않은 위험은 부담하지 않는 방식이다.
  ㉡ ICC(W/A), ICC(FPA), ICC(B), ICC(C)가 이에 해당한다.
  ㉢ 피보험자는 담보위험에 의해 손해가 발생하였다는 인과관계를 증명하면 보험자에게 보상을 받을 수 있고, 보험자는 손해가 면책위험에 의해 생겼다는 사실을 입증해야 책임을 면할 수 있다.

02 해상손해(Marine Loss) 2019 출제

(1) 해상손해의 의미
해상손해란 해상위험으로 인하여 항해사업(Marine Adventure)에 관련된 적하, 선박, 기타의 보험목적물이 갖고 있는 피보험이익의 전부 또는 일부가 멸실 또는 손상되어 피보험자가 입는 재산상의 불이익이나 경제상의 부담을 의미한다.

(2) 해상손해의 범위
보험자가 보상하는 손해는 보험계약에서 약정한 피보험이익, 보험사고와 인과관계가 있는 손해에 한정된다.

(3) 해상손해의 분류

물적손해 (Physical Loss)	전손 (Total Loss)	현실전손(Actual Total Loss)
		추정전손(Constructive Total Loss)
	분손 (Partial Loss)	단독해손(Particular Average)
		공동해손(General Average)
비용손해 (Expenses)		구조 비용(Salvage Charges)
		손해방지 비용(Sue & Labour Charges)
		특별 비용(Particular Charges)
배상책임손해 (Liability Loss)		선박충돌 손해배상책임(Collision Liability)

03 물적손해(Physical Loss) 2020, 2022 출제

보험목적물 자체의 직접적인 손해로서 재산 및 금전상의 손해를 의미한다.

(1) 전손(Total Loss)
① 현실전손(Actual Total Loss): 보험사고로 인해 피보험이익이 전부 상실되는 것을 의미한다.
  ㉠ 실질적인 멸실(Physical Destruction)
  ㉡ 보험목적물 본래의 성질 상실(Alteration of Species)
  ㉢ 회복 가망이 없는 박탈(Irretrievable Deprivation)
  ㉣ 선박의 행방불명(Missing Ship)
② 추정전손(Constructive Total Loss) 2021, 2023, 2025 출제
  ㉠ 보험증권에 명시 규정이 있는 경우를 제외하고, 보험목적물의 현실전손이 불가피한 것으로 생각되는 경우, 수리비가 보험목적물의 가액을 초과하여 보험목적물이 합리적으로 포기된 경우를 추정전손으로 본다(MIA 제60조).
    • 피보험자가 피보험위험으로 인하여 선박 또는 화물의 점유를 박탈당한 경우
    • 피보험자가 선박 및 화물을 회복할 가능성이 극히 낮거나 선박 또는 화물의 회복 비용이 가액을 초과하는 경우
    • 선박의 수리비가 선박 가액을 초과할 것으로 예상되는 경우
    • 화물의 수리 비용 및 운송 비용이 도착 시 화물의 가액을 초과할 경우

ⓒ 추정전손의 효과 2021, 2022 출제

> **영국해상보험법(MIA) 제61조 추정전손의 효과**
> Where there is a constructive total loss the assured may either treat the loss as a partial loss, or abandon the subject-matter insured to the insurer and treat the loss as if it were an actual total loss.
> 추정전손이 있을 경우, 피보험자는 그 손해를 분손으로 처리할 수도 있고, 보험목적물을 보험자에게 위부하고 그 손해를 현실전손의 경우에 준하여 처리할 수도 있다.

(2) 분손(Partial Loss)

분손은 보험목적물, 피보험이익의 일부가 멸실되거나 손상된 것으로서 전손이 아닌 경우를 의미한다.

① 단독해손(Particular Average) 2023 출제
  ㉠ 의미: 피보험위험으로 인하여 발생한 보험목적물의 분손이며 공동해손 손해가 아닌 것을 말한다.
  ㉡ 종류 2022 출제
   • 적하의 단독해손: 물품 훼손 및 수량 부족 등이 있으며 해수의 유입, 선박의 충돌, 화재에 의한 분손 등으로 인해 발생한 손해
   • 선박의 단독해손: 수선비, 선원의 급료, 연료 및 저장품 등이 대상이며 해수유입, 선내 화재 등으로 인해 발생한 손해
   • 운임의 단독해손: 화물의 일부가 멸실, 손상을 입어 운임의 일부를 받지 못한 경우의 손해

② 공동해손(General Average) 2021, 2022 출제
  ㉠ 의미: 선박 및 적하 등의 사고로 인하여 공동의 위험에 처했을 경우 이를 면하기 위해 선장이 고의로 선박이나 적하품의 일부를 희생시킨 손해를 말한다.
  ㉡ 공동해손 행위(G.A. Act): 공동의 위험에 처한 재산을 보호하기 위하여 보험목적물의 희생 또는 비용을 임의적, 합리적으로 발생하게 하는 행위를 의미한다.
  ㉢ 공동해손의 성립요건
   • 위험요건: 공동위험이 존재하며 그 위험은 현실적이고 중대한 것이어야 한다.
   • 처분요건: 고의적이고 합리적이며 이례적인 처분이 있어야 한다.
   • 손해와 비용요건: 처분의 직접적인 결과인 손해 및 비용에 한하여 공동해손으로 인정된다. 즉, 항해 중 또는 항해 종료 후 발생한 체선료 등과 같은 지연으로 인한 손해와 간접손해는 공동해손으로 인정되지 않는다.
   • 잔존요건: 공동해손이 성립하기 위해서는 공동해손 행위의 결과로 선박 또는 화물의 쌍방 또는 어느 일방이 남아 있어야 한다.
  ㉣ 공동해손 손해의 구분
   • 공동해손 희생(G.A. Sacrifice): 공동해손 행위에 의해 발생하는 최초의 물적손해를 말한다. 투하(Jettison), 선내 화재 소화에 따른 손해, 임의 좌초에 의한 손해, 선박의 중량을 가볍게 하기 위한 행위로 인한 손해, 연료로 사용한 선박용품 및 저장품, 운임의 손실 등이 이에 해당한다.
   • 공동해손 비용(G.A. Expenditure): 공동해손 행위에 의하여 공동이익단체를 구성하는 이익의 귀속자가 지출하는 비용을 말한다. 구조 비용, 피난항 비용, 임시수리비, 대체 비용, 자금조달 비용, 공동해손 정산 비용이 이에 해당한다.
  ㉤ 공동해손 분담금(G.A. Contribution): 공동해손 행위 때문에 발생한 손해로 인한 위험을 면하도록 이해관계자가 그 손해액을 공평하게 분담하는 금액이다. 공동해손의 정산은 준거조항이 있는 경우 요크-앤트워프 규칙(York-Antwerp Rule)에 의해 이루어진다.

04 비용손해(Expenses) 2025 출제

비용손해는 물체의 멸실이나 파손과 관계가 없고 보험사고의 발생으로 손해 경감이나 방지를 위해 지출된 비용을 의미하며, 약관을 통해 보험자가 보상한다.

투하
배가 침몰 위기에 처했을 때 배의 무게를 줄이려 화물을 버리는 것

(1) 구조료(Salvage Charges) 2025 출제

피보험위험으로부터 보험목적물인 선박을 구조한 계약상 의무가 없는 임의 구조자에게 지급하는 보수를 의미한다. 구조료는 보험증권상 보험자가 보상하는 손해를 방지하기 위해 발생된 경우에만 지급되고, 어떠한 경우에도 보험금액을 초과할 수 없다. 또한 구조행위에 불구하고 보험목적물이 전손된 경우에는 구조자에 대한 지급책임이 없게 되므로 보험자도 보상하지 않는다.

(2) 손해방지 비용(Sue&Labour Charges)

① 의미: 보험사고 발생 시 피보험자 또는 대리인이 손해를 방지, 경감하려는 목적으로 지출하는 비용을 말한다.

② 특징
  ㉠ 손해방지 비용에는 선박과 화물의 공동이익을 위해 지출되는 공동해손 비용과 구조 비용이 제외된다.
  ㉡ 손해방지 의무에 의해 지출된 비용이므로 특약 없이도 보험자는 이를 부담하며, 물적손해보상액과 합하여 보험금액을 초과하여도 보상한다.
  ㉢ 보험자의 부수적 보상 의무 대상으로 보험금액의 제한이 없고 소손해 면책비율이 적용되지 않는다.

(3) 특별 비용(Particular Charges)

① 의미: 보험목적물의 안전이나 보존을 위하여 피보험자에 의하여 또는 피보험자를 위하여 지출된 비용으로 공동해손 비용 및 구조료 이외의 비용을 말한다.

② 특징
  ㉠ 특별 비용은 단독해손에 포함되지 않는다.
  ㉡ 피보험자의 재산이나 안전의 보전을 위해 지출한 비용인 점에서 공동해손 비용과 구별된다.
  ㉢ 행위의 주체가 피보험자라는 점에서 구조 비용과 구분된다.
  ㉣ 손해방지 경감 비용과 비용지출의 목적이 다르다.
  ㉤ 적하의 경우 특별 비용으로는 긴급사태의 결과로 피난항에서 지출하게 된 양륙비, 창고보관료, 재포장 비용, 재선적 비용, 재운송비 등이 있다.

05 배상책임 손해(Liability Loss)

(1) 배상책임 손해의 의미

피보험선박이 타선과 충돌하여 입은 피보험선박 자체의 물적손해는 물론, 그 충돌로 인해 상대 선박의 선주 및 화물의 화주에게 지급해야 하는 손해배상금을 보험자가 담보하는 손해를 말한다.

(2) 배상책임 손해의 특징

로이드 보험증권(Lloyd's S.G. Policy)에는 제3자에 대한 충돌손해 배상책임에 대한 명시가 없고, 협회적하약관에서 쌍방과실충돌약관과 협회선박약관의 3/4 충돌손해 배상책임약관을 규정하고 있으며, 화주와 선주의 제3자에 대한 배상책임도 보험자가 보상하는 것으로 한다.

5 위부와 대위

01 위부(Abandonment)

(1) 위부의 의미 2021 출제
① 추정전손의 경우 보험자가 보험목적물에 대한 손해를 현실전손으로 취급하도록 피보험자가 보험목적물에 대한 소유권과 제3자에 대한 구상권을 보험자에게 양도하는 것을 말한다.
② 추정전손의 형식적 요건으로서 위부에 의하여 추정전손이 완전하게 성립한다.

(2) 위부의 요건
① 추정전손의 성립요건을 만족해야 한다.
  ㉠ 선박 및 적하의 점유 상실
  ㉡ 선박의 수리비가 선박 가액을 초과
  ㉢ 적하의 수선비 및 운송 비용이 적하 가액을 초과
② 위부는 무조건적으로 보험목적물에 대한 권리를 보험자에게 이전해야 한다(조건부, 기한부로 해서는 안 됨).
③ 위부는 보험목적물의 전부에 대해 불가분적으로 이루어져야 한다.

(3) 위부 통지(Notice of Abandonment)
① 별도 규정이 있는 경우를 제외하고, 피보험자가 보험목적물을 보험자에게 위부할 것을 선택하는 경우, 피보험자는 위부 사실을 보험자에게 통지하여야 한다. 피보험자가 위부를 통지하지 않으면 그 손해는 오로지 분손으로 처리되는 것에 불과하다.
② 위부 통지는 서면으로 하거나 구두로 할 수 있고, 일부는 서면으로 일부는 구두로 할 수 있으며, 보험목적물에 대한 피보험자의 보험이익을 보험자에게 무조건 위부한다는 피보험자의 의사를 나타내는 것이면 어떠한 용어로 하여도 무방하다.
③ 위부 통지는 손해에 관한 신뢰할 수 있는 정보를 수취한 후에 상당한 주의로서 이를 통지하여야 한다. 그러나 그 정보가 의심스러운 경우 피보험자는 상당히 신속하게 이를 조사할 권리가 있다.
④ 위부 통지가 정당하게 행해지는 경우 피보험자의 권리는 보험자가 위부 승낙을 거부한다는 사실로 인하여 피해를 입지 않는다.
⑤ 위부 승낙은 보험자의 행위에 의하며 명시적 또는 묵시적으로 할 수 있다. 위부 통지 후 보험자의 단순한 침묵은 승낙이 될 수 없다.
⑥ 위부 통지가 승낙된 경우 위부는 철회할 수 없다. 위부 통지에 대한 승낙은 손해에 대한 책임과 충분한 요건을 갖춘 통지임을 결정적으로 인정하는 것이다.
⑦ 피보험자가 손해의 정보를 받았을 때 보험자에게 위부 통지를 했다고 하더라도 보험자에게 이득 가능성이 없을 경우에는 위부 통지가 필요하지 않다.
⑧ 위부 통지는 보험자가 면제할 수 있다.
⑨ 보험자가 자기의 위험을 재보험한 경우 보험자는 위부 통지를 할 필요가 없다.

(4) 위부의 효과
① 유효한 위부가 있을 경우 보험자는 보험목적물에 잔존할 수 있는 피보험자의 이익 일체와 보험목적물의 소유권에 속하는 권리 일체를 양도받을 수 있는 권리가 있다.

② 위부를 통해 추정전손의 형식적 요건을 충족함에 따라 피보험자는 보험자에게 보험금액 전액을 청구할 수 있다.

02 대위(Subrogation) 2021, 2023 출제

(1) 대위의 의미
① 보험자는 보험목적물 전부에 대한 전손금을 지불하였거나 분할된 전손금을 지불한 경우 전손금이 지불된 보험목적물에 잔존할 수 있는 피보험자의 이익(잔존물, 제3자에 대한 청구권)을 승계할 권리를 갖는데, 이러한 권리 이전을 대위라 한다.
② 보험사고로 인한 손해 발생 시 보험자가 보험금을 지급한 이후에도 피보험자에게 잔존물이나 제3자에 대한 청구권이 있는 경우 피보험자는 부당이득을 취하게 된다. 이는 이중 이득으로서 실손보상원칙에 위배되므로 이를 방지하고자 대위를 하도록 하는 것이다.

(2) 보험목적물에 대한 대위
① 보험자는 보험사고 발생 시 보험가액과 잔존물 가액을 정확히 산정하기 어려워 전손금을 지급한 후 잔존물에 대한 권리를 이전받는다.
② 보험자는 보험목적물을 취득함에 따라 부수하는 의무를 부담해야 하는 경우가 있는데 잔존이익보다 부담이 더 큰 경우에는 잔존이익의 취득을 포기할 수 있다.

(3) 제3자에 대한 보험자 대위
① 보험사고가 제3자의 행위로 인하여 발생한 경우 보험금을 지급한 보험자는 그 지급 금액의 한도에서 제3자에 대한 보험계약자 또는 피보험자의 권리를 취득한다.
② 피보험자가 제3자의 행위로 인한 보험금청구권과 손해배상청구권을 동시에 행사함으로써 얻는 이중이득을 방지하기 위함이다.

6 협회적하약관(ICC: Institute Cargo Clause)

협회적하약관은 보험자와 보험계약자 사이에 체결되는 보험계약의 내용을 구성하는 정형화된 약관이다. 보험계약 체결 시 보험계약의 내용을 개별적으로 합의하는 것이 아니라 협회적하약관을 채택하여 첨부함으로써 보험계약의 내용이 정해진다.

01 구협회적하약관 2021 출제

(1) 구협회적하약관의 제정 배경
해상보험에서 1779년 런던보험시장에서 채택된 "Lloyd's S.G. Policy Form"이 사용되었으나 중세 고문으로 되어 있어 이해하기 어렵고 현실과 맞지 않는 점을 고려하여 1912년 "Lloyd's S.G. Policy Form"에 첨부하여 사용하도록 통일된 특별약관을 제정하였는데 이것이 협회적하약관이다. FPA(단독해손부담보, Free from Particular Average), W/A(분손담보, With Average), A/R(전위험담보, All Risks) 조건이 있다.

(2) 구협회적하약관의 손해담보 범위 2019, 2020, 2021, 2022, 2025 출제

A/R	W/A	FPA	1. 전손(Total Loss)
			  (1) 현실전손(Actual Total Loss): 보험사고로 인해 피보험이익이 전부 상실되는 손해
			  (2) 추정전손(Constructive Total Loss): 현실전손이 불가피하다고 생각되는 경우 수리비가 보험목적 가액보다 더 들어 보험목적물이 포기된 경우

			2. 공동해손 또는 분손(Partial Loss)
			  (1) 공동해손(General Average): 공동해손 희생 손해, 공동해손 분담액
			  (2) 단독해손(Particular Average): 선박 또는 부선의 침몰(Sinking), 좌초(Stranding), 화재(Burning)로 발생한 손해

			3. 확장담보(Extention Cover)
			  (1) 선적, 환적 혹은 하역 작업 중의 포장당 전손
			  (2) 화재, 폭발, 충돌, 운송 용구와의 접촉, 피난항에서 화물의 양하
			  (3) 손해방지 비용, 구조 비용, 기항항이나 피난항에서 발생한 특별 비용 및 부대 비용(해수손 및 불가항력에 기인하여 발생한 분손은 보험자가 담보하지 않음)

		4. 악천후 위험에 의한 해수손
		  (1) WA 3%: 손해액이 전체의 3% 초과 시에만 손해액 전부 보상
		  (2) WAIOP: 면책비율에 관계없이 전액 보상	

	5. 모든 외부적·우발적 원인에 의한 손해		

(3) 구협회적하약관상 보상되지 않는 손해 2023 출제
① 피보험자의 고의적인 불법 행위로 인한 일체의 손해
② 화물 고유의 하자 또는 성질에 의한 손해
③ 자연 감량, 통상의 손실 등 위험요건을 구비하지 않은 사유에 의한 손해
④ 항해의 지연으로 인한 손해
⑤ 화물의 포장 불량으로 인한 손해

(4) 구협회적하약관상의 면책위험
① 포획 및 나포 부담보약관(FC&S Clause: Free of Capture and Seizure Clause): 해당 운송 중 발생한 포획 및 나포 위험에 대해 보험자가 담보하지 않는다고 규정한 약관이다.
② 동맹파업·폭동 및 소요 부담보약관(FSR&CC Clause: Free from Strikes Riot and Civil Commotion Clause): 동맹파업과 관련된 손해에 대해 보험자가 담보하지 않는다고 규정한 약관이다.

02 신협회적하약관 2021 출제

(1) 신협회적하약관의 의미
1982년 구협회적하약관을 개정한 약관이다. A/R(전위험담보) 대신 ICC(A), W/A(분손담보) 대신 ICC(B), FPA(분손부담보) 대신 ICC(C)가 사용된다.

(2) 신협회적하약관의 주요 특징
① 보험증권의 단순화: 문장이 이해하기 쉽고 자기완결성을 갖추었다. 보험증권의 본문과 독립되어 있으므로 보험계약 체결 시 협회적하약관의 내용만으로 보험계약을 체결할 수 있다.
② 담보 기준의 변경: 열거책임주의 ICC(B), ICC(C)를 채택하고 포괄책임주의 ICC(A)를 병행하였다.
③ 명칭의 단순화: ICC(A/R), ICC(W/A), ICC(FPA)를 ICC(A), ICC(B), ICC(C)로 단순화하였다.

④ 약관 조항 수의 증가: 구약관 14개 조항이 19개 조항으로 증가하였다.
⑤ (B), (C) 조건의 명확한 구분: W/A와 FPA 조건 간 담보 범위의 차이가 확대되었다. FPA에서는 담보되던 양하 작업 중 포장당 전손이 ICC(C) 조건에서는 담보 조건에서 제외되었다.
⑥ ISC(협회동맹파업약관), IWC(협회전쟁약관)의 독립: 동맹파업위험이나 전쟁위험을 담보하려는 경우 따로 특약을 맺고 추가 보험료를 지급해야 한다.
⑦ 소손해 면책(Franchise Clause) 삭제

(3) 신협회적하약관의 담보위험 조항 [2020, 2021, 2022, 2023 출제]

약관조항	담보위험	A	B	C
위험 조항 (상당인과관계의 손해)	1. 화재, 폭발	○	○	○
	2. 본선 또는 부선의 좌초·교사·침몰·전복	○	○	○
	3. 육상운송 용구의 전복·탈선	○	○	○
	4. 본선·부선·운송 용구의 타물과의 충돌·접촉	○	○	○
	5. 피난항에서 화물의 하역	○	○	○
	6. 지진·화산의 분화·낙뢰	○	○	×
위험 조항 (근인으로 발생된 손해)	7. 공동해손 희생	○	○	○
	8. 투하(Jettison)	○	○	○
	9. 갑판상 유실(Washing Overboard)	○	○	×
	10. 본선·부선·선창·운송 용구·컨테이너·지게차(Littivan) 또는 보관 장소에 해수·호수·강물의 유입	○	○	×
	11. 본선·부선에 선적 또는 양륙 작업 중 바다에 빠지거나 갑판에 추락하여 발생한 포장 단위당의 전손	○	○	×
	12. 약관상 면책사항 이외의 외래적, 우연적 사고에 의한 손해	○	×	×
공동해손	13. 공동해손·구조비	○	○	○
쌍방과실 충돌조항	14. 쌍방과실 충돌조항에 따라 피보험자가 분담하는 가액 중 보험증권으로 보상받는 손해	○	○	○

(○: 보험자가 담보 ×: 보험자가 부담보)

(4) 신협회적하약관의 면책위험 조항 [2023 출제]

약관조항	면책위험	A	B	C
제4조 일반면책	1. 피보험자의 고의적인 불법 행위	×	×	×
	2. 통상의 누설·중량 또는 용적의 통상 감소, 자연 소모	×	×	×
	3. 포장 또는 포장 준비의 불완전·부적합	×	×	×
	4. 물품 고유의 하자·성질	×	×	×
	5. 지연	×	×	×
	6. 선박 소유자·관리자·용선자 또는 운항자의 지급 불능 또는 채무 불이행	×	×	×
	7. 제3자의 불법 행위에 의한 의도적인 손상 또는 파괴	○	×	×
	8. 원자핵무기에 의한 손해	×	×	×
제5조 불감항과 부적합면책약관	9. 피보험자 또는 그 사용인이 인지하는 선박의 내항성 결여, 부적합	×	×	×
제6조 전쟁위험면책약관	10. 전쟁위험	×	×	×
제7조 동맹파업위험면책약관	11. 동맹파업위험	×	×	×

(○: 보험자가 담보 ×: 보험자가 부담보)

① 제6조의 전쟁위험면책약관에 의한 전쟁위험을 담보받으려면 협회전쟁약관(IWC: Institute War Clause)으로 특약을 맺고 추가 보험료를 지급하면 된다.
② 제7조의 동맹파업위험면책약관에 의한 동맹파업위험을 담보받으려면 협회동맹파업위험약관(ISC: Institute Strike Clause)으로 특약을 맺고 추가 보험료를 지급하면 된다.

(5) 부가위험약관 `2019, 2020, 2021, 2022 출제`

ICC(B), ICC(C) 조건의 경우 표에서 열거된 위험으로 인한 손해에 대해서만 보험자가 보상책임을 지므로 피보험자는 화물의 종류, 성질, 포장, 항로 등을 고려하여 필요한 경우 담보위험 이외의 위험에 대해 보험의 보호를 받기 위해 특약에 의한 추가 담보를 요청한다. 이때 특약에 의해 추가 보험료(Additional Premium)를 지급하고 특별히 담보되는 위험을 부가위험(Extraneous Risks)이라고 한다.

① 위험에 관한 부가약관

㉠ 도난, 발하(좀도둑질), 불착(TPND: Theft, Pilferage and Non-Delivery)

도난	화물 전체 또는 일부가 도둑 맞아 없어지는 것(화물이 고의로 파괴되어 일부가 없어진 경우에는 도난사고로 추정 가능)
발하(좀도둑질)	화물의 외포장은 이상이 없는 것처럼 보이나 내용물인 화물의 개수가 부족한 경우
불착	송하인이 운송인에게 인도한 만큼의 수량이 수하인에게 인도되지 않는 경우

㉡ 갑판상 유실(WOB: Washing Overboard): 갑판에 적재된 화물이 파도 등에 휩쓸려 입는 손해나 손실이며 ICC(C) 조건에서는 담보되지 않는다.

㉢ 빗물 및 담수에 의한 손해(RFWD: Rain and/or Fresh Water Damage): 빗물 및 담수에 의해 젖어서 발생하는 손해를 말한다.

㉣ 유류 및 타물과의 접촉(COOC: Container with Oil or Other Cargo): 선박의 연료유 등에 의해 화물이 입는 유손(Oil Damage), 적재된 타 화물에 직접 접촉함으로써 피보험 화물에 흠이 생기거나 파손 또는 오손되는 등의 위험을 말한다.

㉤ 파손 담보특약(Breakage): 화물의 운송중 파손을 담보하기 위해서는 파손 담보특약에 가입해야 한다.

② 보험 기간 연장을 위한 확장담보 조건

㉠ 내륙장치 기간연장담보 조건(ISE: Inland Storage Extension): 최종 양하항에서 외항선으로부터 피보험 화물의 하역 완료 후 60일(수입의 경우 30일) 이내에 운송이 완료되지 못하는 경우 보험 기간을 연장할 때 사용되는 약관이다.

㉡ 특별수송약관(Special Transit Clause): 보험목적물이 통상의 수송 과정을 벗어나 보관되는 경우 또는 최종 양하항에서 하역 후 할당이나 분배를 위하여 보관되는 경우에도 외항선에서 하역 완료 후 양 당사자 간의 합의로 정한 기한이 경과할 때까지 또는 화물이 목적지에 있는 최종 창고로 인도될 때까지 계속 담보되는 것을 내용으로 하는 약관이다.

③ 기타 특별약관(화물의 종류에 따라 보험자가 자동적으로 첨부하는 약관)

㉠ 상표약관(Label Clause): 병, 캔, 술 등 라벨이 붙은 화물에 원칙적으로 첨부되는 약관으로서 상표만 손상되었을 경우 신상표 및 상표 재부착 비용을 보상한다.

㉡ 갑판적약관(On-deck Clause): 모든 적하보험에 첨부되는 특별약관으로서 ICC(W/A) 조건이나 ICC(B) 조건 또는 그보다 넓은 조건으로 인수되는 계약에 적용한다. 적하보험은 기본적으로 피보험 화물이 선창 내에 적재되는 것을 원칙으로 하므로 화물이 갑판에 적재된 경우에는 보험 조건이 이 약관에 의해 보험 개시 시점에서 FPA+JWOB(투하 및 갑판유실손 포함) 조건 혹은

ICC(C)＋WOB(갑판유실손 포함) 조건으로 변경된다. 다만 밀폐된 컨테이너 화물에는 적용하지 않는다. 2021 출제

ⓒ 기계류수선 특별약관(Special Replacement Clause): 기계류의 수리와 관련한 위험을 보험에 부보할 때 첨부하는 약관으로 기계류의 일부가 손상된 경우 그 부분의 재수리 비용을 한도로 보상한다. 기계류의 수리비에 운임 및 재조립 비용이 필요한 경우 이를 가산한 금액을 한도로 보상한다. 기계류의 손상 부분을 대체하기 위하여 신제품을 구입하는 중에 관세를 지급한 때는 화물의 관세 금액이 보험 가입 금액에 포함되는 경우에 한하여 보상한다. 보험자의 보상책임은 손상된 부분이 포함된 유닛의 보험 가입 금액을 한도로 한다.

(6) ICC상 보험 기간 2021, 2025 출제

원칙적인 보험증권 본문에 있어서 보험자의 책임이 시작되는 시기는 보험증권에 기재된 출발항에서 본선에 화물이 적재되었을 때이며 책임이 끝나는 시기는 목적항에 도착하여 안전하게 하역되었을 때이다. ICC는 제8조 운송약관(Transit Clause)에서 다음과 같이 시작과 종료 시점에 대해 설명한다.

① 시작 시점: 운송개시를 위하여 운송 차량 또는 기타 운송 용구에 보험목적물을 곧바로 적재할 목적으로 보험계약에 명시된 장소의 창고 또는 보관 장소에서 보험목적물이 최초로 움직인 때에 개시되고, 통상의 운송 과정 중에 계속된다.

② 종료 시점: 다음 중 어느 것이든 먼저 발생한 때에 종료된다.
  ㉠ 보험계약에 기재된 목적지의 최종 창고 또는 보관 장소에서, 운송 차량 또는 기타 운송 용구로부터 양륙이 완료된 때
  ㉡ 보험계약에 기재된 목적지로 가는 도중이든 목적지든 불문하고, 피보험자 또는 그 사용인이 통상의 운송 과정상의 보관 이외의 보관을 위해, 혹은 할당 또는 분배를 위하여 선택한 기타의 창고 또는 보관 장소에서 운송 차량 또는 기타 운송 용구로부터 양륙이 완료된 때
  ㉢ 피보험자 또는 그 사용인이 통상의 운송 과정이 아닌 보관을 목적으로, 운송차량 또는 기타 운송 용구 또는 컨테이너를 사용하고자 선택한 때
  ㉣ 최종 양륙항에서 외항선으로부터 보험목적물의 양륙을 완료한 후 60일이 경과한 때

7 적하보험의 보상

01 보험금 지급 청구 2025 출제

피보험 화물에 대한 보험사고로 손해를 입은 피보험자는 보험증권의 계약 내용에 따라 보험자에게 보험금 지급을 청구하며, 보험증권의 정당한 소지인이 지급 청구자가 된다.

02 보험금 청구 절차 2022 출제

(1) 클레임 통지 및 손해방지 또는 경감조치

보험사고로 인한 손해가 발생하면 피보험자는 즉시 보험자에게 클레임을 통지하고 운송인에게 클레임을 제기하여 화물의 손해방지 또는 경감조치를 취한다.

(2) 클레임 임시 접수 및 사고 조사

피보험자에게 클레임을 통지받은 보험자는 클레임을 임시 접수하고 손해검정인(Surveyor)을 선임하여 손해를 조사(검정)한다.

(3) 클레임 정식 접수

손해검정인의 손해조사 결과에 따라서 보험자에게 클레임을 정식으로 제기하고 필요서류를 제출한다.

(4) 보험금 지급 및 구상권 행사

보험자는 조사 결과 면책위험으로 결정되면 보험금을 지급하지 않으며, 담보위험에 해당하는 손해가 발생했다고 인정되는 경우 피보험자에게 보험금을 지급한다. 보험금을 지급한 보험자는 피보험자에게 해당 물품에 대한 구상권을 행사한다.

03 보상 한도 2023 출제

해상보험은 손해보험이며 손해보험은 실손보상주의 원칙이 적용된다. 따라서 보험자는 피보험자가 입은 실손해액만 보상한다. 다만, 손해방지 비용이 발생한 경우에는 보험금액을 초과하여도 이를 보상한다.

04 손해율과 보험금 2020, 2022, 2023, 2025 출제

전손은 기평가보험일 경우 보험금액을 지급하며, 미평가보험인 경우에는 보험가액과 보험금액 중 적은 금액을 보험금으로 지급한다. 분손의 경우 수리가 필요하면 합리적인 수리비가 보험금이 되며 그렇지 않은 경우 기평가보험을 기준으로 손해율에 보험금액(부보금액)을 곱하여 계산한다.

(1) 양적손해의 손해율 2021 출제

화물의 전부 또는 일부가 도난, 파손 등의 사유로 인해 계약 내용대로 피보험자에게 인도되지 않았거나 인도되었다 하더라도 본래 용도로 사용할 수 없어 폐기하는 경우를 양적손해라고 한다. 손해율은 전체 수량 중 멸실 수량의 비율로 구한다.

> 양적손해의 손해율 = 멸실 수량 / 전체 수량

TIP LED TV 1,000대를 $200,000로 부보하였는데 해상운송 중 사고가 발생하여 200대가 파손되어 수리 불가능한 상태가 되었다면 보험금은 아래와 같아요.
양적 손해율 = 200 / 1000 = 1/5(20%)
보험금 = 전체 부보금액 × 양적 손해율 = $200,000 × 1/5 = $40,000

(2) 질적손해의 손해율(MIA 제71조) 2021 출제

화물의 전부 또는 일부가 파손, 손상되어 목적지에 도착한 경우 그 손상으로 인한 가치의 감소를 질적손해라고 한다. 질적손해의 손해율은 정상 가격에서 손상된 물품의 가격을 공제한 잔액을 정상 가격으로 나누어 구한다.

> 질적손해의 손해율 = (정상 가격 − 손상 가격) / 정상 가격

TIP LED TV 1,000대를 $300,000로 부보하였는데 해상운송 중 사고가 발생하여 400대가 파손되어 상품의 가치가 하락하였고, 정상 가격은 한 대당 $400, 손상품은 한 대당 $200에 판매되었다면 보험금은 아래와 같아요.
400대의 정품 시가 = 400 × $400 = $160,000
400대의 손품 시가 = 400 × $200 = $80,000
질적손해율 = (160,000 − 80,000) / 160,000 = 1/2(50%)
부보금액 = 파손 상품 개수 × 1대당 부보금액 = 400 × $300 = $120,000
보험금 = 부보금액 × 손해율 = $120,000 × 1/2 = $60,000

(3) 구조물차감 방식(Salvage Loss Settlement)

질적손해가 발생한 물품이 중간항에서 매각되어 정상 가격이나 손상 가격을 산정하기 어려운 경우 보험금액에서 구조물 순매각금을 차감하여 보험금을 산정한다.

> 구조물차감 방식의 보험금 = 보험금액 − 구조물 순매각금

TIP LED TV 1,000대를 $400,000로 부보하였고 운송 중 피보험위험으로 인해 파손을 입고 중간항에서 해당 물품을 판매하는 것이 유리하다고 판단한 후 물품을 양하하여 $80,000에 매각하고 $1,000의 매각 수수료를 지급한 경우, 보험금은 $400,000 − ($80,000 − $1,000) = $321,000이에요.

Mini Test — 해상보험

OX문제

01 Warranty(담보)는 엄격하게 충족되어야 하며 위반 시 보험자는 Warranty 위반 이전에 발생한 손해에 대해서 보상책임을 부담하지 않는다. (   )

02 FPA 조건에서는 원칙적으로 단독해손이 보장되지 않는다. (   )

03 해상사고로 인해 피보험이익에 대해 손해가 발생한 경우 피보험이익에 대한 보상과 함께 정신적 손해배상도 받을 수 있다. (   )

04 보험금액은 보험자가 부담하는 보상책임의 최고 한도액으로 실제 손해가 발생한 경우 보험자가 지급하는 보험금액은 실손해액과 보험가액 및 보험금액 중 가장 큰 금액이 된다. (   )

05 전쟁면책약관에 대하여 전쟁위험을 담보하고자 하는 경우에는 협회전쟁약관(IWC)으로 특약을 맺고 보험료를 지급하면 된다. (   )

06 보험계약 체결 시 선명 미확정 상태에서는 개별보험에 가입할 수 없고 포괄보험에 가입하여야 한다. (   )

07 보험자가 법정 면책위험 또는 약정 면책위험 이외에 일체의 해상위험 사고를 담보하는 방식을 포괄책임주의라 한다. (   )

08 보험계약자는 영국해상보호법(MIA), 상법상 사고 발생 전까지 보험자에게 계약 내용의 중요한 사항을 고지할 의무가 있다. (   )

09 보험목적물인 시멘트를 운송하던 중 바닷물의 유입으로 시멘트가 경화되었다. 이러한 경우 현실전손으로 처리할 수 있다. (   )

10 보험사고로 인한 손해가 발생하면 피보험자는 즉시 보험자에게 클레임을 통지해야 한다. (   )

✅ 정답 Check

01 X 02 ○ 03 X 04 X 05 ○
06 X 07 ○ 08 X 09 ○ 10 ○

[X 해설]
01 보험자는 보험증권에 별도의 명시 규정이 있는 경우를 제외하고는 피보험자의 담보 위반일부터 보상책임을 지지 않으며, 담보 위반 전에 발생한 손해는 보상책임을 져야 한다.
03 피보험이익은 경제적으로 계산 가능한 것이어야 하며, 금전으로 평가할 수 없는 것은 피보험이익이 될 수 없다.
04 보험금은 실제 손해 발생 시 지급받는 보상금이며, 보험자가 지급하는 보험금은 실손해액, 보험가액, 보험금액 중 가장 적은 금액이 된다. 보험금액은 보험자가 부담하는 보상책임의 최고 한도액이다.
06 선명이 미상인 상태에서 가입하는 보험을 선명 미확정보험이라 하며 증권상 선명은 TBD(to be declared)로 기재되고 이후 확정 통지로 구체화하는데 이는 개별보험에 해당한다.
08 보험계약자는 보험자에게 계약 체결 전(MIA) 또는 계약 체결 시(상법)까지 고지해야 한다.

빈칸 채우기

01 보험자가 해상위험에 의해 발생한 손해를 보상하기로 약속한 위험을 (　　　　)(이)라고 한다.

02 선박이 항해를 개시할 때에 해당 항해를 완수할 수 있도록 내항성이 있어야 함을 정한 담보를 (　　　　)(이)라고 한다.

03 피보험이익을 경제적으로 평가한 금액으로서 보험사고가 발생한 경우 피보험자가 입는 손해액의 최고 한도액을 (　　　　)(이)라고 한다.

04 보험사고로 인해 선박 수리비가 선박의 가액을 초과할 것으로 예상되는 경우 피보험자는 분손으로 처리하거나 (　　　　)을(를) 통해 현실전손에 준하여 처리할 수 있다.

05 보험계약의 요건이 구체적으로 확정되지 않은 상태에서 장래 일정 기간 동안의 부보 예정 화물 전체에 대해 미리 포괄적으로 보험계약을 체결하고 발행된 보험증권을 (　　　　)(이)라 한다.

06 구조물차감 방식의 보험금은 보험금액에서 (　　　　)을(를) 차감하여 구한다.

07 공동해손의 정산은 준거조항이 있는 경우 (　　　　)에 의해 이루어진다.

08 영국해상보험법(MIA)은 위험과 손해 사이의 인과관계에 대하여 (　　　　)을(를) 채택하고 있다. 이는 가장 유력하고 직접적이며 지배적인 위험이 손해의 원인이 된다는 것을 의미한다.

09 (　　　　)은(는) 기계류의 수리와 관련한 위험을 보험에 부보할 때 첨부하는 약관으로 기계류의 일부가 손상된 경우 그 부분의 재수리 비용을 한도로 보상한다.

10 본선·부선·선창·운송 용구·컨테이너·지게차(Liftivan) 또는 보관 장소에 해수·호수·강물의 유입의 위험은 (　　　　)에서는 담보하지 않는 위험이다.

✓ 정답 Check

01 담보위험　02 감항성담보　03 보험가액　04 위부　05 포괄예정보험증권
06 구조물 순매각금　07 요크-앤트워프 규칙　08 근인주의　09 기계류수선 특별약관　10 ICC(C)

PART 02 | 무역계약 기출 유사문제

01 다음은 무역계약의 법률적 성격에 대한 설명이다. 잘못된 것은?

① 무역계약은 매도인의 물품 공급과 매수인의 대금 지급이 이루어진다는 측면에서 유상계약의 성격을 갖고 있다.
② 무역계약은 형식에 상관없이 의사를 전달 또는 표시함으로써 계약을 성립할 수 있는 요식계약의 성격을 갖고 있다.
③ 무역계약은 매도인의 청약과 매수인의 승낙에 의해 성립되는 낙성계약의 성격을 가진다.
④ 무역계약은 매도인의 계약 물품 인도 의무와 매수인의 계약 물품 인수 및 대금 지급 의무가 발생하는 쌍무계약의 성격을 갖는다.

| 해설 | 무역계약의 법률적 성격으로 ① 유상계약(↔ 무상계약), ③ 낙성계약(↔ 요물계약), ④ 쌍무계약(↔ 편무계약)이 있다.
② 무역계약은 구두든 문서든 형식에 상관없이 의사를 전달 또는 표시함으로써 성립하는 불요식계약(↔ 요식계약)의 성격을 갖고 있다.

02 다음 중 청약에 대한 설명으로 옳지 않은 것은?

① 불특정 다수에 대한 제안은 제안자가 반대 의사를 명확히 표시하지 않는 경우 외에는 청약의 유인으로 간주한다.
② 청약에 대해 반대청약을 하는 것은 원청약을 무효화한다.
③ CISG(비엔나협약)에서는 청약의 효력 발생 시기는 피청약자에게 도달해야 한다는 도달주의를 채택하고 있다.
④ 유효 기간 내에 거절 통지를 하지 않으면 승낙으로 간주한다는 조건이 포함된 청약을 수신한 후 승낙에 대해 침묵한다면 계약은 성립한다.

| 해설 | CISG(비엔나협약) 제18조에 따르면 청약자의 청약에 대한 침묵이나 부작위 그 자체만으로는 승낙이 되지 않는다고 규정한다.

정답 01 ② | 02 ④

03 다음은 비엔나협약에 대한 설명이다. 잘못된 것은?

① 비엔나협약은 영업소가 서로 다른 국가에 있는 당사자 간의 물품매매계약에 적용된다.
② 비엔나협약은 개인용, 가족용 또는 가정용으로 구입된 물품의 매매에도 적용된다.
③ 비엔나협약은 매매계약의 성립 및 그 계약에서 발생하는 매도인과 매수인의 권리와 의무만을 규율하며, 계약이나 조항 또는 관행의 유효성에 대해서는 관련이 없다.
④ 비엔나협약의 당사자는 비엔나협약의 적용을 배제하거나 효과를 변경할 수 있다.

| 해설 | CISG 제2조에 따르면 개인용, 가족용 또는 가정용으로 구입된 물품의 매매, 경매에 의한 매매, 강제집행 또는 그 밖의 법령에 의한 매매, 주식, 지분, 투자증권, 유통증권 또는 통화의 매매, 선박, 소선, 부선 또는 항공기의 매매, 전기의 매매에는 비엔나협약이 적용되지 않는다.

04 다음 중 무역계약 체결에 대한 설명으로 올바른 것을 모두 기재한 것은?

A. Buying Offer를 받은 매도인인 한국의 K기업은 승낙을 발송하지 않고 Buying Offer에 기재된 내용에 따라 수출 물품을 선적한 경우 계약이 성립한다.
B. 매도인인 한국의 A기업이 발행한 Selling Offer는 매수인에게 도달하였을 때 효력이 발생한다.
C. Selling Offer를 받은 매수인인 미국의 A기업이 승낙을 발송하지 않고 Selling Offer에 기재된 내용에 따라 대금을 지급한 경우 계약은 성립한다.
D. 매도인인 한국의 S기업이 청약을 받고 Counter Offer를 보냈을 경우에도 그 반대청약을 없었던 것으로 하고 원청약대로 승낙하겠다는 의사 표시를 하면 계약은 성립한다.

① A, B, C
② A, B, D
③ A, C, D
④ B, C, D

| 해설 | D. 반대청약(Counter Offer)을 한 경우 원청약의 효력은 소멸된다. 따라서 소멸된 청약을 승낙해도 계약은 성립하지 않는다.
A. 매수청약(Buying Offer)은 매수인이 발행한 청약으로 주문(Order)에 해당한다. 따라서 청약을 받은 매도인이 별도로 승낙하지 않고 해당 청약 내용과 일치하는 물품을 발송해도 계약이 성립된다.
B. 청약의 효력 발생 시기는 도달주의에 따라 청약이 피청약자에게 도달한 때이다.
C. 매수인이 승낙을 발송하지 않고 청약에 기재된 내용에 따라 대금을 지급한 것은 행위에 의한 승낙에 해당한다.

05 다음 중 무역계약의 품질 조건에 대한 설명이 가장 잘못된 것은?

① 매수인의 요청에 의해 생산이 완료된 물품이 선적된 물품과 동일한 물품임을 알리기 위해 보내는 실제 선적된 물품의 일부를 Original Sample이라고 한다.
② BWT 조건이나 COD 조건은 대표적인 Sales by Inspection 방법이다.
③ Sea Damage 조건은 해상운송 중에 발생한 해수(Sea Water)에 의한 손해 또는 응고(Condensation)에 의한 손해를 입은 경우 매도인이 책임지는 조건으로서 선적품질 조건과 양륙품질 조건이 절충된 조건이다.
④ FAQ 조건은 매매계약 시 현품이 없고 품질을 정확히 할 수 없는 농산물 거래에서 주로 이용된다.

| 해설 | ①은 선적견본(Shipping Sample)에 대한 설명이다. 원견본(Original Sample)은 품질 기준을 약정하는 견본을 의미한다.
② 점검에 의한 매매(Sales by Inspection)란 매수인이 현품의 품질 수준을 직접 확인한 후 매매하는 방법으로 BWT(Bonded Warehouse Transaction, 보세창고 인도조건), COD(Cash On Delivery, 현물상환 방식)가 이에 해당한다.
④ 평균중등품질(FAQ: Fair Average Quality) 표시 방법은 선적 시 선적 장소에서 해당 계절 출하품의 평균 중등품을 기준으로 품질을 결정하는 방법으로서, 선물 거래의 경우 전년도 수확 물품의 평균 중등 품질을 택하기도 한다.

06 다음은 분할선적과 할부선적에 대한 설명이다. 잘못된 것은?

① 선하증권은 전 운송이 하나의 동일한 선하증권에 의해 포괄된다면 물품이 환적될 것이라거나 환적될 수 있다는 것을 표시할 수 있다.
② 특정 기간 동안 일정량의 화물을 수회에 걸쳐서 선적하는 방법을 할부선적이라 하며 할부 스케줄에 의해 선적하지 못하는 경우 신용장은 최초 선적분에 소급하여 선적 완료분에 대해 효력을 상실한다.
③ 선적일과 선적항, 하역항이 동일하더라도 적재 선박이 다르면 분할선적으로 간주한다.
④ 같은 운송수단에서 개시되고 같은 운송 구간을 위한 선적을 증명하는 두 세트 이상의 운송서류로 이루어진 제시는 그 운송서류가 같은 목적지를 표시하고 있는 한 다른 선적 일자 또는 다른 선적항을 표시하더라도 분할선적으로 간주하지 않는다.

| 해설 | 할부선적의 경우 선적을 이행하지 못한 해당 월을 포함한 이후의 예정 선적분에 대해서 신용장이 무효 처리된다.

정답 05 ① | 06 ②

07 비엔나협약에서 규정하고 있는 구제수단 중 매도인과 매수인이 공통으로 사용할 수 있는 구제수단을 모두 고른 것은?

> A. 특정이행청구권 B. 추가기간설정권 C. 계약해제권
> D. 손해배상청구권 E. 물품명세확정권 F. 대체품인도청구권

① A, B, C
② A, B, C, D
③ A, B, C, D, E
④ A, B, C, D, E, F

| 해설 | 공통으로 사용할 수 있는 구제수단 이외에도 매수인은 대체품인도청구권, 하자보완청구권, 대금감액권, 하자보완권, 일부이행, 조기 이행, 초과 이행에 대한 구제를 추가로 사용할 수 있으며, 매도인은 물품명세확정권을 추가로 사용할 수 있다.

08 다음 중 Incoterms 2020의 조건에 대한 설명으로 옳지 않은 것은?

① EXW 조건에서 매도인은 수출통관이 완료되지 않은 물품을 매도인의 구내창고에서 매수인의 임의 처분하에 두는 때 인도하는 것으로 그 의무를 이행한 것으로 본다.
② CPT 조건에서 매도인은 수입국의 지정된 장소까지 운송계약을 체결 및 수입통관 의무를 부담한다.
③ FOB, CFR, CIF 조건에서 매도인은 물품을 본선에 적재하여 인도하는 것뿐만 아니라 이미 선적되어 운항 중인 물품을 조달하여 공급하는 것도 가능하다.
④ DPU 조건에서 매도인은 물품을 지정된 목적지 또는 지정 목적지 내의 합의된 지점에서 운송수단으로부터 양하하여 매수인의 임의 처분하에 둔 때에 위험이 이전한 것으로 간주하나 수입통관 의무는 부담하지 않는다.

| 해설 | CPT(운송비지급인도) 조건에서 매도인은 수입국의 지정된 장소까지 운송계약을 체결하고 운송비를 부담하나 수입통관 의무를 부담하지는 않는다. 인코텀즈 조건 중 매도인이 수입통관 의무를 부담하는 조건은 DDP 조건이 유일하다.

09 다음 내용으로 거래가 진행될 경우 적절한 가격 조건으로 볼 수 없는 것은?

> A. 물품: NEBULIZER
> B. 미국 공장도 가격: USD 10.0
> C. 미국 공장으로부터 LA항까지 1개당 운송료(통관비 포함): USD 1.0
> D. LA항에서 부산항까지 1개당 운임: USD 2.0
> E. LA항에서 부산항까지 1개당 보험료: USD 0.5
> F. 부산항에서 최종 목적지인 서울까지 1개당 내륙 운송료: USD 1.0

① FOB 조건인 경우 USD 10.0
② CFR 조건인 경우 USD 13.0
③ CIF 조건인 경우 USD 13.5
④ DAP 조건인 경우 USD 14.0

| 해설 | ① FOB(본선인도) 조건에서 매도인은 수출국의 지정된 항구에서 본선에 적재할 때까지 비용과 위험을 부담한다. 따라서 미국 공장도 가격(USD 10)에 LA항까지 운송료(USD 1.0)가 포함되므로 B와 C를 더한 값인 USD 11이 된다.
② CFR(운임포함인도) 조건인 경우 매도인은 적재 시까지 모든 비용과 운임을 부담하므로 B, C, D를 더한 값인 USD 13이다.
③ CIF(운임·보험료포함인도) 조건인 경우 매도인은 적재 시까지 모든 비용과 목적항까지 운임 및 보험료를 부담하므로 B, C, D, E를 더한 값인 USD 13.50이다.
④ DAP(도착인도장소) 조건인 경우 매도인은 물품이 인도될 때까지 모든 비용을 부담하나 보험에 가입할 의무는 없으므로 B, C, D, F를 더한 USD 14.00이다. 보험의 경우 매도인이 본인의 위험에 대해 부보할 수도 있고 하지 않을 수도 있으므로 가산하지 않아도 된다.

10 다음 Incoterms 2020의 조건들 중 같은 특성끼리 옳게 묶인 것을 모두 고른 것은?

> A. 해상 및 내수로운송에만 사용되는 조건: FAS, FOB, CFR, CIF
> B. 매도인(수출상)이 부보해야 하는 조건: CIP, CIF
> C. 매도인(수출상)의 위험부담이 도착지에서 종료되는 조건: CPT, CIP, DPU, DAP, DDP
> D. 매도인(수출상)이 운임을 부담하는 조건: CFR, CPT, CIF, CIP, DPU, DAP, DDP
> E. 적출지의 지명이 표기되어야 하는 조건: EXW, FCA, DDP

① A, B, C
② A, B, D
③ A, B, C, D
④ A, B, D, E

| 해설 | C. 매도인(수출상)의 위험부담이 도착지(수입상)에서 종료되는 조건은 DAP, DPU, DDP 조건이다. CPT, CIP 조건은 매도인의 위험부담이 수출국에서 종료되며 운송과 관련된 비용만 수입국까지 부담한다.
E. EXW, FCA 조건 다음에는 적출지(수출지)의 지정 장소가 나와야 하고, DDP 조건 다음에는 도착지의 지정 장소가 기재되어야 한다.

정답 09 ① | 10 ②

11 다음은 FCA 조건에 관한 설명이다. 잘못된 것은?

① 매도인은 지정 장소가 영업소 구내인 경우에는 매수인이 지정한 운송인의 운송수단에 적재한 때 인도가 완료된다.
② 매도인은 수출통관 절차를 이행하고 물품을 인도해야 한다.
③ 매수인은 운송계약을 체결한 운송인에게 본선적재표기가 있는 선하증권을 매도인에게 발행하도록 지시해서는 안 된다.
④ 수출의 경우 FCA Warehouse in Incheon, Korea와 같이 적출지의 지정 장소를 함께 표기한다.

| 해설 | Incoterms 2020에 따르면 FCA(운송인인도) 조건에서 당사자들이 합의한 경우에 매수인은 매수인의 비용과 위험으로 운송인에게 본선적재표기가 있는 선하증권을 매도인에게 발행하도록 지시할 수 있다.

12 다음은 CIP 조건에 대한 설명이다. 잘못된 것은?

① CIP 조건은 비용과 위험의 분기점이 다른 조건이다.
② 매도인은 협회적하약관 (A) 약관이나 유사한 약관으로 부보해야 하며, 당사자가 합의하더라도 낮은 수준의 약관으로 부보할 수 없다.
③ 매도인의 위험부담은 수출국에서 매도인과 운송계약을 체결한 운송인에게 인도하는 시점에 매수인에게 이전된다.
④ 매도인은 매매계약에 일치하는 물품 및 상업송장과 그 밖의 일치성에 관해 계약에서 요구되는 증거를 제공해야 한다.

| 해설 | CIP(운송비·보험료지급인도) 조건에서 매도인은 협회적하약관 (A) 약관이나 유사한 약관에 따른 광범위한 담보 조건으로 부보해야 하며 당사자들의 합의에 의해 낮은 수준의 약관(B, C, W/A, FPA)으로 부보할 수도 있다.

정답 11 ③ | 12 ②

13 다음은 용선계약과 관련된 내용이다. 잘못된 것은?

① 선주가 선원과 항해장비를 갖춘 선박을 일정 기간 제공하여 항해에 사용하게 하고 용선자가 이에 대하여 보수(용선료)를 지급할 것을 약정하는 계약을 정기용선계약이라 한다.
② 체선료(Demurrage)는 허용된 정박 기간 이전에 하역 작업이 완료된 경우에 선주가 용선자에게 지급하는 금액을 의미한다.
③ 기간용선계약의 경우 선주는 직접 선비와 간접 선비를 부담하며 운항비는 부담하지 않는다.
④ 용선계약의 경우 용선계약서가 작성되며, 선장 또는 용선자는 용선계약에 따른 선하증권을 발행할 수 있다.

| 해설 | 체선료(Demurrage)는 부정기선의 경우 규정된 정박 일수 이내에 선적이나 양륙이 이루어지지 않은 경우 초과 사용 일수에 대해 선주가 용선자에게 부과하는 비용을 의미한다. ②는 조출료(Dispatch Money)에 대한 설명이다.
③ 기간용선계약(Time Charter)의 경우 운항비(항만사용료, 연료비, 운반비 등)는 용선자가 부담한다.

14 다음은 하역 비용 부담 조건에 관한 설명이다. 잘못된 것은?

① F.I 조건은 선적 시 선내 하역 비용은 용선자가 부담하고, 양하 시 선내 하역 비용은 선주가 부담하는 조건이다.
② F.I.O 조건은 선적·양하 시 선내 하역 비용을 모두 선주가 부담하는 조건이다.
③ F.O 조건은 선적 시 선내 하역 비용은 선주가 부담하고, 양하 시 선내 하역 비용은 용선자가 부담하는 조건이다.
④ F.I.O.S.T 조건은 선적·양하 시 선내 하역 비용, 적부 비용 및 화물정리 비용까지 모두 용선자가 부담하는 조건이다.

| 해설 | F.I.O(Free In & Out) 조건은 선적·양하 시 선내 하역 비용을 모두 용선자가 부담하는 조건이다. Free는 선주 입장에서 생각하여 해석해야 한다.

+ THE PLUS 하역 비용 부담 조건

- Berth Terms(Liner Terms, 선주부담 조건): 선적·양하 시 선내 하역 비용을 모두 선주가 부담하는 조건으로 대체로 정기선 운송인 개품운송계약에서 사용
- F.I(Free In): 선적 시 선내 하역 비용은 용선자가 부담하고, 양하 시 선내 하역 비용은 선주가 부담하는 조건
- F.O(Free Out): 선적 시 선내 하역 비용은 선주가 부담하고, 양하 시 선내 하역 비용은 용선자가 부담하는 조건
- F.I.O(Free In & Out): 선적·양하 시 선내 하역 비용을 모두 용선자가 부담하는 조건
- F.I.O.S.T(Free In & Out & Stowed & Trimmed): 선적·양하 시 선내 하역 비용 및 적부 비용은 물론 화물정리 비용까지 모두 용선자가 부담하는 조건

15 다음 중 컨테이너 화물의 수출선적과 관련된 서류를 순서에 맞게 나열한 것은?

① S/R - M/R - B/L - E/R - MANIFEST
② S/R - E/R - D/R - B/L - MANIFEST
③ D/R - S/R - E/R - B/L - MANIFEST
④ D/R - E/R - S/R - B/L - MANIFEST

| 해설 | 수출선적은 수출상이 제출한 선복요청서(S/R: Shipping Request)를 근거로 선사는 인수예약서(Booking Note) 작성 → FCL(Full Container Load)의 경우 송하인에게 빈 컨테이너를 제공하고, 송하인은 기기수도증(E/R: Equipment Receipt)을 제공 → 선사의 대리인인 CY Operator는 부두수령증(D/R: Dock Receipt)을 발행하여 화주에게 전달 → D/R을 근거로 선사는 선하증권(B/L: Bill of Lading) 발행 → 선사는 세관에 적재화물목록(MANIFEST)을 작성해 제출의 순서로 진행된다.
M/R은 본선수취증(Mate's Receipt)으로 일등항해사가 재래 화물을 수령했음을 증명하기 위해 화주에게 발급하는 서류이다.

16 다음에서 설명하는 선하증권은 무엇인가?

> 운송인이 수출상과의 약정에 의하여 Original B/L의 발급을 생략하거나 또는 이미 발급한 Original B/L의 Full Set을 반환 받은 후, 당해 B/L의 유가증권적 성질 및 유통가능성이 소멸되었음을 증명할 목적으로 교부한 유통불능 선하증권이다.

① Short Form B/L
② Switch B/L
③ Surrendered B/L
④ Clean B/L

| 해설 | 신용장 방식의 경우 선하증권의 원본이 은행을 통해 오고 가기 때문에 시간이 오래 걸리며 중간에 분실될 위험이 존재한다. 이러한 단점을 극복하기 위해 서렌더 선하증권(Surrendered B/L)이 사용된다. 서렌더 선하증권은 원본을 수출지 선사가 미리 회수하므로 원본을 필요로 하지 않아 화물의 신속한 수취가 가능하다.
① 약식 선하증권(Short Form B/L): 선하증권의 전면에 법적 기재사항은 포함되어 있으나 이면에 기재되는 운송약관의 전부 또는 일부를 생략하고 다른 서식을 참조하도록 한 선하증권
② 스위치 선하증권(Switch B/L): 물품을 선적하고 선적항에서 발행된 선하증권을 목적항 이외의 제3의 장소(중계국)에서 송하인, 수하인, 통지처 등의 내용을 변경하고 다시 발행한 선하증권
④ 무사고 선하증권(Clean B/L): 송하인이 계약 화물을 선적할 때 화물 상태가 양호하고 과부족 없이 수량이 정확하여 비고(Remarks)란에 아무 표시도 기재되지 않고 "Shipped on board in apparent good order and condition"이라고 표시된 선하증권

17 다음은 컨테이너 운송에 관한 내용이다. 잘못된 것은?

① 20 feet 컨테이너 1개를 1 TEU라 하여 물동량 산출이나 컨테이너 선박의 최대 적재 능력이 표시의 기준이 된다.
② LCL 화물의 경우 수출상은 컨테이너 야적장(CY)으로 물품을 반입하여 CY Operator에게 인도하고 여러 화주의 물품을 컨테이너에 혼재(Consolidation)하고 CLP(Container Load Plan)를 작성하여 CFS Operator에게 인도해 선적한다.
③ CY Operator는 Booking Note를 기준으로 FCL(Full Container Load)의 경우 송하인에게 빈 컨테이너를 제공하고 송하인은 기기수도증(E/R)을 제공한다.
④ 컨테이너에 기재되어 있는 Tare Weight는 빈 컨테이너 자체의 무게를 의미하며, Payload는 컨테이너 안에 적재 가능한 화물의 총무게를 의미한다.

| 해설 | LCL 화물의 경우 수출상은 컨테이너 화물 집화소(CFS)로 물품을 반입하여 CFS Operator에게 인도하고, 여러 화주의 물품을 컨테이너에 혼재하고 CLP를 작성 후 CY Operator에게 인도해 선적한다.

18 다음은 복합운송인에 대한 설명이다. 잘못된 것은?

① 자신이 직접 일부 구간의 운송수단을 보유하면서 복합운송인의 역할을 수행하는 자를 실제운송인형 복합운송인이라 한다.
② 선량한 관리자로서 주의 의무를 태만하여 야기되는 것으로 운송인이 과실에 대한 책임을 져야 한다는 원칙을 무과실 책임이라 한다.
③ 운송을 위탁한 고객을 대신해 화물을 인수하여 화주가 요구하는 목적지까지 운송해 주는 복합운송인을 무선박운송인 또는 복합운송주선인이라 한다.
④ 복합운송 중 물품의 멸실, 손상 등 손해의 구간이 판명된 경우에는 기존의 구간별 책임체계를 따르고, 그렇지 않은 경우에는 별도의 책임 원칙에 따르는 방법을 이종 책임체계라 한다.

| 해설 | ②는 과실 책임(Liability for Negligence) 대한 설명이다. 무과실 책임(Liability without Negligence)은 운송인의 과실 여부를 불문하고 배상책임을 지는 원칙으로서, 엄격 책임과는 달리 불가항력, 포장의 불비 등에 대해서는 운송인 면책을 인정한다.

정답 17 ② | 18 ②

19 다음은 항공운송 클레임에 대한 설명이다. 잘못된 것은?

① 일부 화물의 파손에 의한 클레임의 경우 화물 인수일부터 14일 이내에 클레임을 제기해야 한다.
② 클레임은 피해 당사자인 송하인, 수하인 또는 그 대리인이 해야 한다.
③ 항공사의 책임에 대한 소제기는 목적지 공항에 도착한 날부터, 항공기가 도착했어야 할 날부터, 운송이 중지된 날부터 1년 이내에 이루어져야 한다.
④ 클레임 제기 시 항공화물운송장 원본(Original AWB), 운송인 발행 항공운송장(House AWB), 상업송장, 포장명세서, 파손, 지연 등에 따른 손실계산서 등을 첨부해야 한다.

| 해설 | 항공사의 책임에 대한 소 제기를 목적지 공항에 도착한 날부터, 항공기가 도착했어야 할 날부터 또는 운송이 중지된 날부터 2년 이내에 이루어지지 않으면 소멸된다.

20 다음 중 선하증권에 대한 설명이 잘못된 것을 모두 고른 것은?

> A. 신용장 거래를 하는 경우 은행은 Received B/L에 On Board Notation이 기재된 것을 수리한다.
> B. B/L의 Shipper란에는 신용장상의 수익자와 상이한 제3자가 기재되어서는 안 된다.
> C. 신용장에서 Clean B/L을 요구한 경우 선하증권에는 반드시 Clean 표시가 있어야 한다.
> D. 선하증권에 'Shipper's Load, Count & Seal'이라고 표시된 경우 은행은 해당 선하증권을 수리 거절한다.
> E. B/L의 Consignee란에 특정 수취인을 기재하지 않고 'To order', 'To order of XXX Bank'라고 기재되어 있는 것을 Straight B/L이라 한다.

① A, B, C, D
② A, C, D, E
③ B, C, D, E
④ A, B, C, D, E

| 해설 | A. 수취 선하증권(Received B/L)에 본선적재부기(On Board Notation)가 기재되어 있는 것은 본선적재 선하증권(On Board B/L)이며 선적 선하증권(Shipped B/L)과 함께 은행이 수리한다.
B. 화주(Shipper)란에는 수익자 이외의 제3자가 기재되어도 된다. 이는 수출대행업자 등이 수출상을 대신하여 선적하는 현실을 반영한 것이다.
C. Clean이라는 문구는 반드시 표시되지 않아도 된다.
D. 'Shipper's Load, Count & Seal(화주가 적재하고 검수하였음)'은 부지약관으로 은행은 이러한 문구가 있다 하더라도 해당 선하증권을 수리한다.
E. 수하인(Consignee)란에 'To order', 'To order of XXX Bank'가 표시된 선하증권을 지시식 선하증권(Order B/L)이라고 한다. Straight B/L은 기명식 선하증권이다.

21 다음은 항공운임에 대한 설명이다. 잘못된 것은?

① 항공화물의 요율은 출발지국의 현지 통화로 설정되는 것이 원칙이나 예외적으로 USD로 요율을 설정하는 것도 허용된다.
② 운임을 산출할 때 실제 중량과 용적 중량 중 낮은 쪽을 운임산출중량으로 계산한다.
③ 특정 품목 할인요율은 특정 품목에 대하여 일반 화물요율(GCR)보다 낮은 수준으로 설정되어 있으며, 품목 분류요율(CCR)이나 일반 화물요율(GCR)보다 우선하여 적용된다.
④ 운임산출중량 중에서 용적 중량에 의한 방법은 IATA에서 정한 계산법에 따라 6,000cm³를 1kg으로 계산한다.

| 해설 | 운임산출중량은 실제 중량과 용적 중량 중 큰 쪽으로 산정한다.

22 다음은 피보험자의 의무사항에 대한 설명이다. 잘못된 것은?

① 피보험자는 피보험이익의 보호에 상당한 주의와 신의성실의 원칙에 입각해 손해를 방지하거나 경감하기 위해 합리적인 조치를 강구할 의무가 있다.
② 보험계약자는 보험계약의 인수 여부 또는 계약 내용의 결정에 영향을 줄 수 있는 모든 중요한 사실을 보험자에게 계약 성립 전(MIA) 또는 계약 성립 시(상법)까지 고지해야 한다.
③ 피보험자가 지켜야 할 약속인 담보는 보험증권상에 반드시 기재되어야 그 효력이 발생한다.
④ 피보험자는 보험자가 위험을 부담하는 대가로 보험료를 지급할 의무를 진다. 상법에서는 보험계약자가 최초의 보험료를 납입하지 않은 때에는 보험자의 책임이 개시하지 않는 것으로 규정한다.

| 해설 | 담보는 담보 내용이 보험증권에 기재되거나 담보 내용을 증권에 첨부하는 명시담보(Express Warranties)와 보험증권에 명시되어 있지 않지만 피보험자가 묵시적으로 제약을 받는 묵시담보(Implied Warranties)로 구분된다.

정답 21 ② | 22 ③

23 다음은 보험의 고지 의무에 대한 설명이다. 잘못된 것은?

① 보험계약자는 보험계약 시 보험의 인수 여부 및 계약 내용의 결정에 영향을 줄 수 있는 모든 중요 사실을 고지해야 한다.
② 보험계약자는 고지해야 하는 사항에 대해 보험자에게 계약 체결 전(MIA) 또는 계약 체결 시(상법)까지 고지해야 한다.
③ 위험을 감소시키는 일체의 사실은 고지해야 한다.
④ MIA의 규정에 의하면 고지 의무 위반 시 보험자에게 해제권이 부여된다.

| 해설 | 고지가 필요 없는 사항은 다음과 같다.
- 위험을 감소시키는 일체의 사실
- 보험자가 알고 있거나 알고 있을 것으로 추정되는 사실
- 고지받을 권리를 포기한 사실
- 담보에 의해 고지가 필요 없는 사실

24 다음은 피보험이익에 대한 설명이다. 잘못된 것은?

① 피보험이익은 보험목적물(Subject Matter Insured)에 대해 특정인이 갖는 경제적 이해관계를 의미한다.
② 피보험이익은 법적으로 인정된 것이어야 하며 합법적인 것이어야 한다.
③ 감정적, 도덕적 이익은 금전으로 평가할 수 없지만 피보험이익이 될 수 있다.
④ 동일한 보험목적물에 대해 복수의 이해관계(피보험이익)가 존재할 수 있다.

| 해설 | 피보험이익은 적법성, 경제성, 확정성을 요건으로 하고 있다. 따라서 감정적, 도덕적 이익은 금전으로 평가할 수 없는 비경제적 이익이므로 피보험이익이 될 수 없다.

25 다음 중 구협회적하약관 보험조건별 담보 범위에 대한 설명으로 옳지 않은 것은?

① A/R 조건은 ICC 약관상 보상되지 않는 면책위험을 제외하고 전쟁위험과 동맹파업위험을 포함하여 일체의 위험을 담보한다.
② FPA 조건은 원칙적으로 단독해손에 대해 담보하지 않는다.
③ W/A 조건은 일정 비율 미만의 소손해에 대해 원칙적으로 담보하지 않는다.
④ W/A 조건은 전손과 공동해손을 담보하며, FPA에서 담보하지 않는 단독해손에 대해 담보한다.

| 해설 | 전위험담보약관(A/R: All Risks) 조건은 ICC 약관상 보상되지 않는 면책위험을 제외하고 일체의 위험을 담보하지만 전쟁위험과 동맹파업위험은 담보되지 않으므로 별도의 특약을 첨부해야 한다.
② FPA 조건은 단독해손부담보 조건이다.

정답 23 ③ | 24 ③ | 25 ①

26 다음은 신협회적하약관 제8조 운송약관의 내용이다. 잘못된 것은?

① 보험은 보험목적물이 보험계약에 명시된 장소의 창고 또는 보관 장소에서 최초로 움직인 때 개시된다.
② 최종 양륙항에서 외항선으로부터 보험의 목적의 양륙을 완료한 후 60일이 경과한 때 보험은 종료된다.
③ 보험증권에 기재된 목적지의 최종 장소 또는 보관 장소에서 운송차량 또는 기타 운송 용구로부터 양륙이 완료된 때 보험은 종료된다.
④ 보험계약에 기재된 목적지로 가는 도중이든 목적지든 불문하고, 피보험자 또는 그 사용인이 통상의 운송 과정상의 보관 이외의 보관 할당 또는 분배를 위해 선택한 기타의 창고 또는 보관 장소를 경유하여 최종 목적지에 도달할 때 보험은 종료된다.

| 해설 | 보험계약에 기재된 목적지로 가는 도중이든 목적지든 불문하고, 피보험자 또는 그 사용인이 통상의 운송 과정상의 보관 이외의 보관을 위해 또는 할당 또는 분배를 위하여 선택한 기타의 창고 또는 보관 장소에서 운송 차량 또는 기타 운송 용구로부터 양륙이 완료된 때 보험은 종료된다.

27 다음 중 공동해손 성립요건에 대한 설명이 잘못된 것은?

① 공동위험이 존재하고 그 위험은 현실적이고 중대한 것이어야 한다.
② 공동해손이 성립하기 위해서는 고의적이고 합리적이며 이례적인 처분이 있어야 한다.
③ 체선료 등과 같은 지연으로 인한 손해와 간접 손해가 발생해야 한다.
④ 공동해손 행위의 결과로 선박 또는 화물의 쌍방 또는 어느 일방이 남아 있어야 한다.

| 해설 | 처분의 직접적인 결과인 손해 및 비용에 한해 공동해손으로 인정된다. 즉, 항해 중 또는 항해 종료 후 발생한 체선료(Demurrage) 등과 같은 지연으로 인한 손해와 간접 손해는 공동해손으로 인정되지 않는다.

+ THE PLUS 공동해손의 성립요건

위험이 현실적이고 중대하고(위험요건), 다수 위험의 공동안전을 위하여 취한 고의적이고 합리적인 행위이고(처분요건), 처분의 직접적인 결과인 손해 및 비용이 발생해야 하고(손해와 비용 요건), 그 결과로 유효한 재산이 구조되어야 함(잔존요건)

정답 26 ④ | 27 ③

28 다음 중 해상손해에 관한 설명으로 잘못된 것은?

① 해상손해는 물적손해(Physical Loss), 비용손해(Expense) 및 배상책임손해(Liability Loss)로 구분할 수 있다.
② 보험목적이 물건으로 존재하고 있으나 부보된 종류의 물건으로서 성질을 상실한 경우 현실전손(Actual Total Loss)에 해당하여 피보험자는 보험금을 수령할 수 있다.
③ 화물 손해의 경우 손상을 수선하는 비용과 화물을 그 목적항까지 운송하는 비용을 합한 비용이 도착 시 화물의 가액을 초과할 것으로 예상되는 경우 피보험자는 보험자에게 대위하고 전손으로 처리할 수 있다.
④ 피보험이익의 일부의 멸실 또는 손상으로 인한 손해 중에서 공동해손을 제외한 손해를 단독해손(Particular Average)이라고 한다.

| 해설 | 화물 손해의 경우 손상을 수선하는 비용과 화물을 그 목적항까지 운송하는 비용을 합한 비용이 도착 시 화물의 가액을 초과할 것으로 예상되는 경우 피보험자는 보험자에게 위부(Abandonment)하고 현실전손으로 처리할 수 있다.

+ THE PLUS 대위(Subrogation)
보험자가 보험목적물 전부에 대한 전손금을 지불했거나 분할된 전손금을 지불한 경우 전손금이 지불된 보험목적물에 잔존할 수 있는 피보험자의 이익(잔존물, 제3자에 대한 청구권)을 승계할 권리를 갖는 것

29 다음 중 위부에 관한 설명으로 잘못된 것은?

① 위부는 추정전손의 경우 피보험자가 보험자에게 보험의 목적에 대한 손해를 현실전손으로 취급하도록 하기 위해 사용된다.
② MIA에서는 위부의 통지를 서면으로만 하도록 하고 있다.
③ 위부의 통지는 무조건적이어야 한다.
④ 위부는 보험목적물의 전부에 대해 이루어져야 한다.

| 해설 | MIA(영국해상보험법)에서는 위부의 통지를 서면, 구두로 하여도 의사 표시만 하면 어떠한 용어를 사용하더라도 무방하다고 규정한다.

+ THE PLUS 위부(Abandonment)
피보험자가 보험목적물의 전손(全損) 여부가 분명하지 않은 경우 현실전손으로 취급하여 보험금 전액을 지급받기 위하여 소유권과 제3자에 대한 구상권을 보험자에게 양도하는 일

정답 28 ③ | 29 ②

30 다음은 상사중재에 대한 설명이다. 잘못된 것은?

① 중재는 단심제로 운영되어 법원의 소송에 의하는 경우보다 비용이 절감된다.
② 중재 판정은 뉴욕협약에 가입한 국가에 대해 그 집행을 보장받을 수 있으므로 국내에서만 효력을 발생하는 소송에 의한 판결보다 더 큰 효력이 있다.
③ 중재 합의의 실효성을 확보하기 위해 중재지, 중재기관, 준거법이 중재조항에 포함되어 있어야 한다.
④ 당사자 간 중재 합의를 하였다 하더라도 당사자 일방이 중재 합의를 무시하고 법원에 제소할 수 있으며, 중재 합의는 자동 소멸된다.

| 해설 | 당사자 간 중재 합의를 한 경우 분쟁이 발생하면 중재로 해결해야 하므로 법원의 재판을 받을 권리를 상실하며(직소금지의 원칙) 법원에 제소하더라도 소송은 각하된다.

31 송장 금액이 USD 7,000인 화물이 보험금액 USD 7,700(USD 7,000 × 110%)로 하여 ICC(B) 조건으로 적하보험에 가입되었다. 해상운송 중 보험사고가 발생하여 화물이 손상된 채로 목적지에 도착하자, 수입상이 인수를 거부하여 손상 화물은 USD 4,000에 매각되었다. 정상 화물의 가격이 USD 10,000이었다면, 보험자가 지급해야 하는 보험금은 얼마인가?

① USD 2,800
② USD 3,080
③ USD 4,200
④ USD 4,620

| 해설 | 화물의 전부 또는 일부가 파손, 손상되어 목적지에 도착한 경우 그 손상으로 인한 가치의 감소를 질적손해라고 한다. 질적손해의 손해율은 정상 가격에서 손상된 물품의 가격을 공제한 잔액을 정상 가격으로 나누어 구한다. 손품 가격은 USD 4,000이며 정품 가격은 USD 10,000이므로 손해율은 (10,000 − 4,000) / 10,000 = 60%이다. 따라서 보험금은 USD 7,700 × 0.6 = USD 4,620이 된다.

정답 30 ④ | 31 ④

[32-33] 다음 선하증권을 보고 물음에 답하시오.

Shipper/Exporter KOREATRADING CO., LTD. ILSAN TECHNO TOWN ILSAN DONGGU GOYANG CITY GYEONGGI DO SOUTH KOREA		B/L No: KINCHK060	
Consignee TO ORDER OF HONGKONG BANK		**ABC Liner Ltd.** **BILL OF LADING**	
Notify Party HK ELETRIC CO., LTD. 3F RAILWAY PLAZA 10 CHATHAM ROAD SOUTH. TSIMSHATSUI KLN HONGKONG		Received in external apparent good order and condition except as otherwise noted. The total number of the packages or units stuffed in the container, the description of the goods and the weights shown in this Bill of Lading are furnished by the merchants, and which the carrier has no reasonable means of checking and is not a part of this Bills of Lading contract. The carrier has issued 3 original Bills of Lading, all of this tenor and date, one of the original Bills of Lading must be surrendered and endorsed or signed against the delivery of the shipment and whereupon any other original Bills of Lading shall be void. The merchants agree to be bound by the terms and conditions of this Bill of Lading as if each had personally signed this Bill of Lading.	
Pre-Carriage by	Place of Receipt INCHEON PORT, KOREA		
Ocean Vessel HYUNDAI INCHEON	Voyage No. 4567E		
Port of Loading INCHEON PORT, KOREA	Port of Discharge HONGKONG, HK	Place of Delivery HONGKONG, HK	Final Destination (For the Merchant Ref.) HONGKONG, HK
Container No. Seal No. Marks & No.	No. & Kinds of Containers or Packages	Description of Goods	Gross Weight	Measurement
WDFU1234567(20GP)/ E151515 Total No. of Containers or Packages(in words)	5 PALLETS	57" LCD CELL LC NO. DCTSE123456AA	4800KGS	19 CBM
	ORIGINAL SHIPPER'S LOAD, COUNT AND SEAL			
Freight and Charges FREIGHT PREPAID A. ARRANGED	Revenue tons	Rate	Per	Prepaid	Collect
Freight prepaid at SEOUL, KOREA	Freight payable at	Place and Date of Issue Mar 9, 2023, Seoul	
Total prepaid in	No. of original B/L THREE(3)	Signature	
Laden on board vessel Date Mar 9, 2023		ABC SHIPPING As a carrier, ABC SHIPPING co., ltd.	

32 위의 선하증권에 대한 내용으로 옳지 않은 것은?

① KOREATRADING CO., LTD.는 수익자(Beneficiary)이다.
② 이 선하증권은 선적 선하증권(Shipped B/L)이다.
③ ABC SHIPPING는 운송인으로서 선하증권을 발행하였으며 운송인으로서 서명한다.
④ 매수인은 도착항까지 운송계약을 체결하고 해상운임을 지급해야 한다.

| 해설 | FREIGHT PREPAID(운임 선지급)라고 기재되어 있으므로 수출상(매도인)이 운송계약을 체결하고 도착항까지 해상운임을 수출지에서 선지급하였음을 알 수 있다.
① Exporter(수출상)란에 KOREATRADING CO., LTD.가 기재되어 있으므로 수익자로 볼 수 있다.
②, ③ 위 선하증권은 ABC SHIPPING이 운송인으로서 서명하고(As a carrier, ABC SHIPPING co., ltd.) 발행한 것이다.

33 선하증권과 관련된 내용으로 옳지 않은 것은?

① Consignee란에 "TO ORDER OF XXX BANK"로 기재된 선하증권을 Order B/L이라고 한다.
② 선하증권은 유통증권적 기능이 있으므로 그 권리를 타인에게 양도하기 위해 지시식인 경우 배서(Endorsement)라는 행위가 필요하다.
③ "SHIPPER'S LOAD, COUNT AND SEAL"이라고 기재된 선하증권 원본은 신용장 방식에서 은행에 제시하면 안 된다.
④ 선하증권의 이면에는 선박회사의 권리와 의무에 관한 일반 면책약관이 기재된다.

| 해설 | SHIPPER'S LOAD, COUNT AND SEAL은 부지약관으로 선사는 수출상(화주)이 적재하고 수량을 세고 봉인한 컨테이너에 대해 내용물을 확인할 수 없으므로 책임이 없다는 뜻이다. 이러한 문구가 있다 하더라도 은행은 수리할 수 있다.
① Order B/L은 지시식 선하증권이다.

정답 32 ④ | 33 ③

[34-35] 다음 계약서에 따른 질문에 답하시오.

KOREA INDUSTRIAL CO., LTD.

ROOM10 NAMDAEMOON-RO 60 JUNGGU SEOUL,KOREA
TEL:82-2-123-4567

SALES CONTRACT NO.1

MESSRS. BOSTON TRADING INC.　　　　　　　　　　DATE: Oct 10, 2023

We as Seller confirm having sold you as Buyer the following goods on the terms and conditions as stated below and on the back hereof :

DESCRIPTION	Q'TY	PRICE	AMOUNT
Water purifier	2,000 SET	CIF New York USD 300	USD 600,000

(A): NOT LATER THAN November 20, 2023
(B): By a Documentary Letter of Credit at 60 days after sight in our favor
(C): Seller to cover the CIF price plus 10% against ICC(C)
(D): Export Standard Carton Packing
DESTINATION: New York port, U.S.A.
ORIGIN: KOREA
REMARKS: Partial Shipment allowed

PLEASE SIGN AND RETURN THE DULICATE.

34 상기 계약서의 내용에 대한 설명으로 옳지 <u>않은</u> 것은?

① KOREA INDUSTRIAL은 신용장 거래의 수익자(Beneficiary)이다.
② KOREA INDUSTRIAL은 ICC(C) 조건으로 부보 가능하다.
③ BOSTON TRADING INC.는 선적항에서 본선에 적재된 이후의 모든 위험을 부담한다.
④ KOREA INDUSTRIAL은 물품을 2회 이상 나누어 선적하여서는 안 된다.

| 해설 | 'Partial Shipment allowed'가 기재된 것으로 보아 분할선적이 허용되고 있으므로 2회 이상 나누어 해당 기간 이내에 선적 가능하다.
③ CIF 조건에서는 물품이 선적항에서 본선에 적재되는 시점부터 물품에 대한 모든 위험이 매수인에게 부담된다.

35 (A)~(D)에 들어갈 단어를 순서대로 고른 것은?

	(A)	(B)	(C)	(D)
①	SHIPMENT	PAYMENT	INSURANCE	PACKING
②	SHIPMENT	INSURANCE	PAYMENT	PACKING
③	PACKING	SHIPMENT	INSURANCE	PAYMENT
④	PAYMENT	INSURANCE	SHIPMENT	PACKING

| 해설 | A는 선적(SHIPMENT)이 언제까지 이루어져야 하는지에 대해, B는 결제(PAYMENT) 방식에 대해, C는 보험(INSURANCE) 의 부보금액과 위험부담에 대해, D는 포장(PACKING) 방식에 대해 언급하고 있다.

정답 34 ④ | 35 ①

36 다음의 내용이 설명하고 있는 계약상 조항은?

> The failure of delay of either party to require performance by the other party of any provision of this Agreement shall not constitute a waiver of, or shall not affect, its right to require subsequent performance of such provision.

① Severability Clause
② Arbitration Clause
③ Hardship Clause
④ Non-waiver Clause

| 해설 | 제시문은 Non-waiver Clause(비포기조항)에 대한 설명이다.
① Severability Clause(분리가능조항, 가분성조항): 계약 내용의 일부가 어떠한 사유로 인해 실효 또는 무효화되더라도 그것을 이유로 그 계약 전체가 실효 또는 무효화되는 것은 아니라는 조항
② Arbitration Clause(중재조항): 계약당사자 간에 분쟁이 발생한 경우 법원의 소송 절차에 의하지 않고 제3자인 중개인을 선임하여 그에게 분쟁을 맡기고, 중재인의 판단에 양 당사자가 절대 복종함으로써 최종적으로 해결하겠다는 조항
③ Hardship Clause(사정변경조항, 이행가혹조항): 매매계약이 체결된 후 당사자의 통제 불능인 정치, 경제 사정의 본질적인 변화로 계약 이행이 곤란하게 되는 경우 당사자가 계약이 소멸되지 않고 이행되기를 원하여 계약 이행을 약정하는 조항

해석 일방 당사자가 타방 당사자에게 이 계약서의 어떤 조항의 이행을 요구하지 않거나 지연하는 것은 그러한 조항의 이행을 요구할 권리에 대한 포기로 간주되지 않으며 영향을 미치지 않는다.

37 다음은 승낙에 대한 설명이다. 잘못된 것은?

① A statement made by or other conduct of the offeree indicating assent to an offer is an acceptance.
② Silence or inactivity does in itself amount to acceptance.
③ An acceptance of an offer becomes effective at the moment the indication of assent reaches the offeror.
④ A reply to an offer which purports to be an acceptance but contains additions, limitations or other modifications is a rejection of the offer and constitutes a counter offer.

| 해설 | 비엔나협약 제18조 1항에 'Silence or inactivity does not in itself amount to acceptance(침묵 또는 부작위는 그 자체만으로 승낙이 되지 않는다).'고 나와 있다.

해석 ① 청약에 대한 동의를 표시하는 상대방의 진술 또는 그 밖의 행위는 승낙이 된다.
② 침묵 또는 부작위는 그 자체만으로 승낙에 해당한다.
③ 청약에 대한 승낙은 동의의 의사 표시가 청약자에게 도달하는 시점에 효력이 발생한다.
④ 승낙을 의도하고 있으나, 부가, 제한, 또는 그 밖의 변경을 포함하는 청약에 대한 응답은 청약에 대한 거절이면서 동시에 새로운 청약이 된다.

정답 36 ④ | 37 ②

38 다음은 Incoterms 2020의 매도인의 인도에 관한 규정이다. 올바르게 기재된 것은?

> (A) The seller must deliver the goods to the carrier or another person nominated by the buyer at the agreed point, if any, at the named place, or procure goods so delivered.
> (B) The seller must deliver the goods by placing them at the disposal of the buyer at the agreed point, if any, at the named place of delivery, not loaded on any collecting vehicle.
> (C) The seller must deliver the goods by placing them at the disposal of the buyer on the arriving means of transport ready for unloading at the agreed point, if any, at the named place of destination or by procuring the goods so delivered.
> (D) The seller must deliver the goods either by placing them on board the vessel or by procuring the goods so delivered. In either case, the seller must deliver the goods on the agreed date or within the agreed period and in the manner customary at the port.

	(A)	(B)	(C)	(D)
①	FCA	EXW	DPU	CFR
②	FOB	FCA	DPU	CFR
③	FCA	EXW	DAP	CIF
④	FAS	FCA	DDP	CIF

해석 (A) FCA(운송인인도): 매도인은 물품을 지정 장소에서, 지정 장소에 지정된 지점이 있는 경우에는 그 지점에서 매수인이 지정한 운송인 또는 제3자에게 인도하거나 그렇게 인도된 물품을 조달해야 한다.
(B) EXW(공장인도): 매도인은 지정 인도 장소에서 특히 그 장소에 합의된 지점이 있는 경우에는 그 지점에서 물품을 수취용 차량에 적재하지 않은 채로 매수인의 처분하에 둠으로써 인도해야 한다.
(C) DAP(도착장소인도): 매도인은 물품을 지정 목적지에서, 지정 목적지에 합의된 지점이 있는 때에는 그 지점에서 도착 운송수단에 실어 둔 채 양하 준비된 상태로 매수인의 처분하에 두거나 그렇게 인도된 물품을 조달함으로써 인도해야 한다.
(D) CIF(운임·보험료포함인도): 매도인은 물품을 본선에 적재함으로써 또는 그렇게 인도된 물품을 조달함으로써 인도해야 한다. 각각의 경우, 매도인은 합의된 기일에 또는 합의된 기간 내에 해당 항구에서 관습적인 방법으로 물품을 인도해야 한다.

정답 38 ③

39 다음 중 신협회적하약관 ICC(A)의 면책위험이 아닌 것은?

① Loss, damage or expense attributable to willful misconduct of the Assured
② Ordinary leakage, ordinary loss in weight or volume, or ordinary wear and tear of the subject-matter insured
③ Deliberate damage to or deliberate destruction of the subject-matter insured or any part thereof by the wrongful act of any person or persons
④ Loss, damage or expense caused by inherent vice or nature of the subject-matter insured

| 해설 | ICC(A) 조건은 제3자의 불법 행위에 의한 고의적인 손상 또는 고의적인 파괴에 대해 선사의 면책위험으로 규정하고 있지 않다. 즉, ICC(A) 조건에서는 해당 손상 파괴에 대한 위험도 보상한다.

해석 ① 피보험자의 고의적인 불법 행위에 기인하는 멸실, 손상 또는 비용
② 보험목적물의 통상적인 누손, 통상적인 중량손 또는 용적손 또는 자연 소모
③ 보험목적물 또는 그 일부에 대한 어떠한 자 또는 자들의 불법 행위에 의한 고의적인 손상 또는 고의적인 파괴
④ 보험목적물에 대한 고유의 하자 또는 성질로 인해 발생한 멸실, 손상 또는 비용

40 다음 중 매수인의 의무위반에 대한 매도인의 권리구제에 대한 설명으로 잘못된 것은?

① The seller may fix an additional period of time of reasonable length for performance by the buyer of his obligations.
② The seller may require the buyer to pay the price, take delivery or perform his other obligations.
③ The seller may declare the contract avoided if the failure by the buyer to perform any of his obligations under the contract or CISG amounts to a fundamental breach of contract.
④ The seller is deprived of any right he may have to claim damages by exercising his right to other remedies.

| 해설 | '매도인이 손해배상을 청구하는 권리는 다른 구제를 구하는 권리를 행사함으로써 상실되지 않는다.'라는 뜻이 되어야 하므로 'is not deprived'가 옳은 표현이다.

해석 ① 매도인은 매수인의 의무 이행을 위하여 합리적인 추가 기간을 정할 수 있다.
② 매도인은 매수인에게 대금의 지급, 인도의 수령 또는 그 외 의무의 이행을 청구할 수 있다.
③ 계약 또는 CISG 협약상 매수인의 의무 불이행이 본질적 계약 위반으로 되는 경우 매도인은 계약을 해제할 수 있다.
④ 매도인이 손해배상을 청구하는 권리는 다른 구제를 구하는 권리를 행사함으로써 상실된다.

정답 39 ③ | 40 ④

**에듀윌이
너를
지지할게**
ENERGY

모든 꽃이 봄에 피지는 않는다.

– 노먼 프랜시스(Norman Francis)

PART 03

무역결제

3개년 출제 비중으로 보는 합격 전략

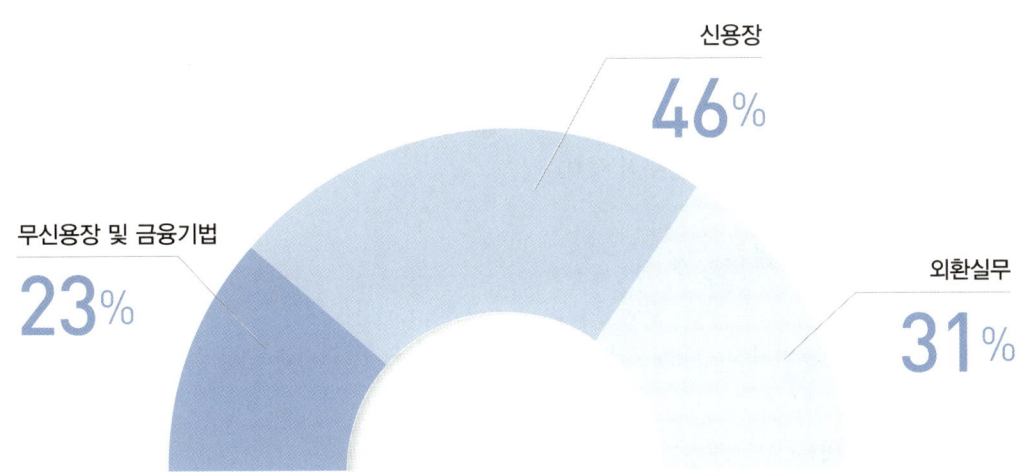

- 신용장 **46%**
- 외환실무 **31%**
- 무신용장 및 금융기법 **23%**

빈출 키워드

무신용장 및 금융기법 | 송금 방식(CAD, COD, O/A), 추심 방식(D/P, D/A), 포페이팅, 국제팩토링

신용장 | UCP 600, ISBP 745, 서류심사 기준, 신용장 관련 수수료, 양도 가능 신용장, 상업송장, 보험서류, 환어음

외환실무 | 매입률과 매도율, 선물환거래, 선물환율, 스왑레이트, 통화옵션, 통화선물거래, 환위험관리기법, 외환포지션, 역외선물환

학습 전략

POINT 1 무신용장 및 금융기법 영역은 각 개념을 신용장과 비교하여 숙지해야 합니다.

POINT 2 신용장 영역에서는 신용장 업무 전반에 대한 문제가 출제되며 UCP 600과 ISBP 745의 내용을 숙지해야 합니다.

POINT 3 외환실무 영역은 출제되는 부분이 거의 고정되어 있으므로 기출문제 풀이를 통해 출제 패턴에 익숙해져야 합니다.

01 무신용장 및 금융기법

*참고: ●은 목표 점수 60점 이상을 위한 필수 학습 내용입니다.

1 대금 결제

01 대금 결제의 의미

매도인은 계약 내용과 일치하는 물품을 계약에서 정한 바에 따라 정해진 장소에서 정해진 시간에 매수인에게 인도할 의무가 있으며 매수인은 계약에서 정한 바에 따라 정해진 방법으로 정해진 시간에 대금을 지급할 의무가 있다(무역계약의 쌍무적 성격).

02 결제 형태에 따른 분류

(1) 신용장 방식
지급 신용장, 연지급 신용장, 인수 신용장, 매입 신용장, 일람불 신용장, 기한부 신용장을 사용하여 결제한다.

(2) 무신용장 방식
신용장을 사용하지 않는 방식으로 송금 방식, 추심 방식이 있다.

03 지급 시기에 따른 분류

(1) 선지급(Payment in Advance) 2022 출제
① 의미: 수출상(매도인)이 물품을 인도하기 전에 수입상(매수인)이 대금을 지급하는 방식이다.
② 특징: 수출상에게는 유리하지만 수입상은 물품 인도에 대한 위험을 부담하기 때문에 불리할 수도 있다. 견본, 소액 물품 등의 거래에 사용되며 송금수표(D/D)나 전신환(T/T) 등으로 지급한다.
③ 종류: 주문 시 지급 방식(CWO: Cash With Order), 선송금 방식(T/T in Advance) 등이 있다.

(2) 후지급(Deferred Payment)
① 의미: 매도인은 매수인에게 물품 또는 서류를 먼저 인도하고 일정 기간 이후에 매수인이 매도인에게 대금을 지급하는 방식이다.
② 특징: 수입상은 물품을 먼저 확보하므로 유리하지만 수출상은 사후 대금 결제에 대한 위험을 부담하기 때문에 불리할 수도 있다.
③ 종류: 기한부 신용장(Usance L/C), 인수인도조건(D/A: Document against Acceptance) 방식 등이 있다.

2 송금 방식 2020, 2021, 2025 출제

01 송금 방식의 의미

무역계약을 체결한 수출상이 약정 물품을 선적하기 전에 또는 수출상이 약정 물품이나 서류를 인도할 때 수입상이 현금, 수표 또는 전신송금(T/T) 등의 방법으로 은행을 통해 수출업자에게 대금을 지급하는 방식이다.

02 송금 방식의 특징 2021, 2022, 2023 출제

(1) 환어음이 사용되지 않으므로 어음법이 적용되지 않는다.
(2) 적용되는 국제규칙이 없다.
(3) 결제는 은행을 통해 이루어지나 서류는 수출업자가 수입업자에게 직접 송부한다.
(4) 결제방식 중 가장 낮은 은행 수수료를 부담하고, 거래의 흐름이 신속하게 이루어진다.

03 송금 방식에 따른 분류

(1) **전신환 송금 방식(T/T: Telegraphic Transfer)**
   ① 의미: 수입상의 요청에 따라 수입국의 송금은행이 수출국의 지급은행에게 일정 금액에 대한 지급지시서를 전신으로 송부하여 지급은행이 수취인(수출상)에게 신속하게 대금을 지급하도록 하는 방식이다.
   ② 거래 과정

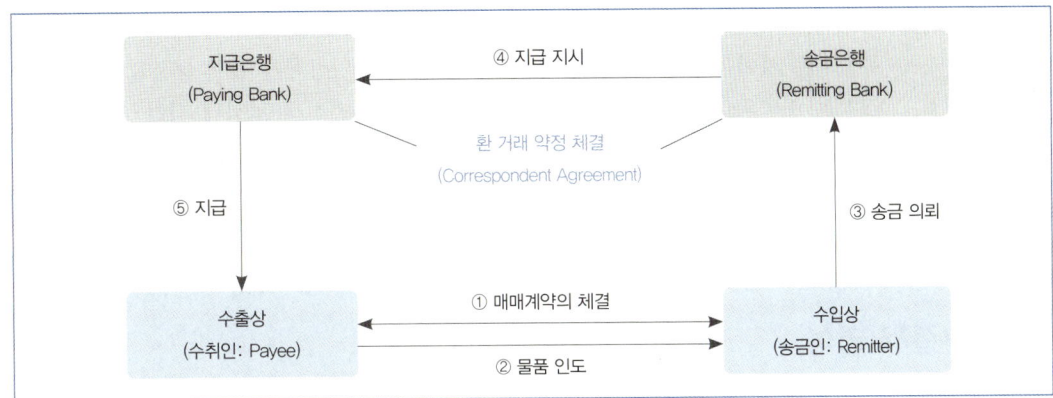

(2) **수표 송금 방식(D/D: Demand Draft)**
   수입상이 물품 대금을 은행에 입금하고 은행에서 요구불 송금수표(D/D)를 발급받아 이를 직접 수출상에게 우편으로 송부하는 방식이다.

(3) **우편환 송금 방식(M/T: Mail Transfer)**
   수입상의 요청에 따라 수입지의 송금은행이 수출지의 지급은행에 대하여 일정 금액을 지급할 것을 위탁하는 우편환(M/T)을 발행하여 이를 송금은행이 직접 지급은행에 우편으로 송부하는 방식이다.

04 송금 시기에 따른 분류

(1) **사전 송금 방식(Advanced Remittance Before Shipment)**
   ① 의미: 계약 물품의 선적 전에 수입상이 수출상에게 무역 대금 전액을 미리 송금하고 수출상은 계약서상 약정된 기일 내에 상품을 선적하는 방식이다.
   ② 계약서상 표기: T/T in advance, T/T remittance in advance on 날짜

(2) **사후 송금 방식(Later Remittance After Shipment)**
   ① 의미: 수출상이 대금을 받기 전에 계약 물품을 수입상에게 발송하고, 수입상은 상품을 수령한 후 계약 내용에 따라 약정된 기일 내에 대금을 지급하는 방식이다.
   ② 계약서상 표기: T/T within ××days after the date of B/L

③ O/A(Open Account)　2019, 2020, 2021, 2022, 2023, 2024, 2025 출제
　㉠ 의미: 수출상과 수입상이 일정 기간의 수출입 거래와 관련하여 기본매매계약(O/A Master Contract)을 체결하고 구매주문서(P/O: Purchase Order) 등에 의해 건별로 주문이 도달하면, 수출상은 이를 선적하고 서류를 수입상에게 전달하며 수입상은 기본매매계약에 따라 선적일을 기준으로 일정 기간 경과 후 수출상의 계좌로 대금을 송금하는 결제 방식을 의미한다.
　㉡ O/A 방식의 특징
　　• O/A 방식은 일반 사후 송금 방식과 달리 물품을 선적한 후 수입상에게 선적 사실을 통지함과 동시에 수출 채권이 확정된다.
　　• 수출상은 선적을 완료한 후에 해당 외화 채권에 대해 거래은행에 매입(NEGO)을 의뢰함으로써 대금을 회수할 수 있다. 또한 O/A Nego 는 신용장이나 선하증권 등에 의해 담보되지 않는 순수한 외상수출채권만을 매입하는 거래이다.
　　• 대금 회수에 있어 수입상의 신용에만 의존하므로 신용장에 비해 대금 회수의 불확실성이 높다.
　　• 신용도가 좋은 수입상과의 거래에 유리하며 신용장에 비해 거래 형태 및 서류 작성과 심사 면에서 간편하다.
　　• 수출상은 환어음을 발행하지 않으며 선적서류를 수입상에게 직접 송부한다.
　　• 결제를 건별로 하는 것이 아니라 상호계산 계정에 기장하고 회계 기간의 범위 내에서 결산 주기를 정하여 결산하는 방식으로 차액을 결제하기도 한다.
　　• 수출상은 대금회수 위험을 제거하기 위하여 상업 보증 신용장(Commercial Standby L/C)을 활용할 수 있다.

> **상업 보증 신용장**
> 계약에서 정한 방법으로 대금이 지급되지 않았을 때를 대비하여, 당해 상품 또는 서비스의 대금 지급을 2차적으로 보장할 목적으로 사용되는 보증 신용장

3 동시결제 방식

01 동시결제 방식의 의미

단순 송금 방식과 달리 물품 또는 서류가 인도될 때 또는 인도된 후에 수입상이 대금을 지급하는 방식이다. 선적 후에 물품 또는 서류와 상환으로 대금을 지급하므로 사후 송금 방식으로 볼 수도 있다.

02 대금상환 방식에 따른 분류　2019, 2021, 2022, 2023, 2024, 2025 출제

(1) 현물상환 방식(COD: Cash on Delivery)

① 의미: 수출상이 계약 물품을 선적한 후 선적서류를 수입국에 소재한 자신(수출상)의 지사나 대리인 또는 수입국의 은행에 송부하고 상품이 목적지에 도착하면 수입상이 계약 물품을 검사한 후 상품을 인도받으면서 대금을 결제하는 방식이다.

② 특징

수입상 입장	수출상 입장
• 대금 지급 전에 물품을 검사하여 물품이 계약 내용과 일치하는지 확인 가능 • 대금 결제 전에 계약 물품의 인수 여부를 결정할 수 있음	• 매수인이 물품 인수를 거부할 경우 물품 대금 회수 불능으로 인한 손해를 입을 수 있음 • 수입국에서 수입상이 물품을 검사한 후 수출상의 대리인이나 지사가 대금을 수령하여 다시 수출상에게 송금하므로 대금 회수에 오랜 시간이 걸릴 수 있음

③ 거래 과정

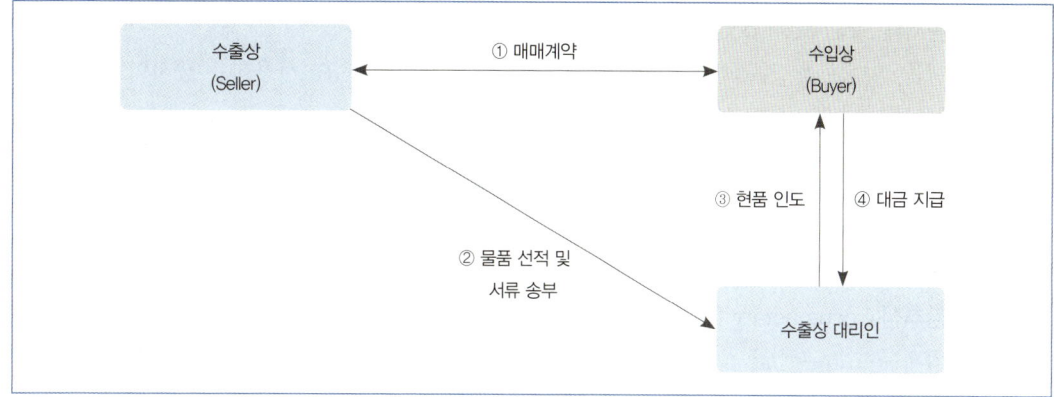

(2) 서류상환 방식(CAD: Cash Against Document) 2021, 2024 출제
① 의미: 수출상이 약정 물품을 선적한 후 선적서류를 수출국 내에 소재하는 수입상의 지사나 대리인 또는 수입상의 거래은행 또는 수입상에게 직접 제시하면 선적서류와 상환으로 대금을 결제하는 방식이다.
② 특징: 서류를 통해 물품을 판단할 수 있는 거래에 사용된다. 또한 수입상의 대리인이나 지사가 계약 물품이 정확히 선적되었는지 확인하기 위해 선적 전 검사(PSI)를 진행한 후 서류와 상환으로 대금을 지급하므로 수출지에 수입상을 대리할 수 있는 대리인이나 지사가 있는 경우에만 사용 가능하다.
③ 거래 과정

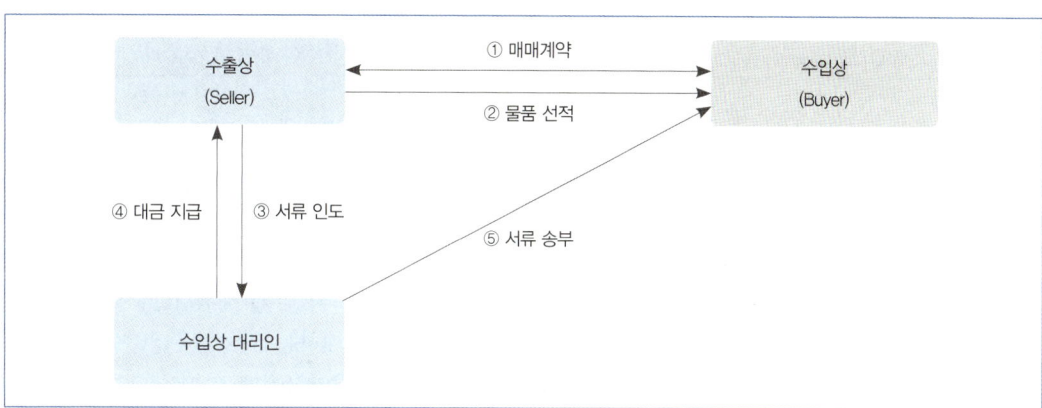

4 추심 방식 2025 출제

01 추심의 의미 2022 출제

은행이 접수된 지시에 따라 인수 또는 지급을 받기 위하여 또는 인수 또는 지급과 상환으로 서류를 인도하기 위하여 또는 기타 조건으로 서류를 인도하기 위하여 서류를 취급하는 것을 말한다. 추심 거래에는 추심 통일규칙(URC 522: Uniform Rules for Collections)을 적용한다.

02 추심의 대상

(1) 금융서류(Financial Documents)
환어음, 약속어음, 수표 또는 기타 금전 지급을 취득하기 위하여 사용하는 증서이다.

(2) 상업서류(Commercial Documents)
송장, 운송서류, 권리증권, 기타 이와 유사한 서류 또는 그 밖에 금융서류가 아닌 모든 서류를 말한다.

03 추심의 종류

(1) 화환추심(Documentary Collection)
상업서류가 첨부된 금융서류의 추심 또는 금융서류가 첨부되지 않은 상업서류만의 추심을 말한다.

(2) 무화환추심(Clean Collection)
상업서류가 첨부되지 않은 금융서류의 추심을 말한다.

04 추심의 당사자

추심의뢰인(Principal)	거래은행에 추심을 의뢰하고 추심서류(환어음 등의 금융서류와 송장, 운송서류 등의 상업서류)를 제공하는 자(수출상)
추심의뢰은행(Remitting Bank)	추심의뢰인에게 추심 업무를 의뢰받은 은행(수출상의 거래은행)
추심은행(Collecting Bank)	추심 과정에 참여하는 추심의뢰은행 이외의 일체 은행(보통 수입국 은행)
제시은행(Presenting Bank)	지급인에게 제시를 행하는 추심은행(보통 수입상의 거래은행)
지급인(Drawee)	추심지시서의 내용에 따라 추심서류를 제시받아야 하는 자(수입상)

TIP 추심은행과 제시은행은 서로 같은 은행일 수도, 다른 은행일 수도 있어요.

05 추심결제 방식   2020, 2021, 2022, 2023 출제

(1) D/P(Document against Payment, 지급인도조건)

① 의미: 수출상이 계약에 따라 물품을 선적하고 구비한 서류와 함께 수입상을 지급인(Drawee)으로 하는 일람출급 환어음(Sight Draft)을 발행하여 자신이 거래하는 외국환은행(추심의뢰은행)에 추심을 의뢰하면, 추심의뢰은행이 수입국의 추심은행을 통해 수입상에게 환어음 및 선적서류를 송부하고 수입상은 일람출급 환어음을 결제한 뒤 선적서류를 입수하는 결제 방식을 말한다(D/P at sight).

② 특징   2019 출제
  ㉠ 수출상은 추심을 통해 대금을 회수하므로 수입상이 대금을 결제할 때까지 발생할 수 있는 모든 위험을 부담한다. 반면에 수입상은 서류가 도착할 때까지 대금 결제를 유예할 수 있다.
  ㉡ 추심에 참여하는 모든 은행은 단지 수출상의 추심대리인으로서 환어음이나 선적서류를 심사할 의무가 없다.
  ㉢ 추심과 관련된 은행의 수수료와 모든 비용은 추심의뢰인인 수출상이 부담한다.
  ㉣ 추심의뢰인이 추심은행을 지정하지 않은 경우 추심의뢰은행은 자신이 임의로 선정한 제시은행을 이용할 수 있다.

③ 거래 과정

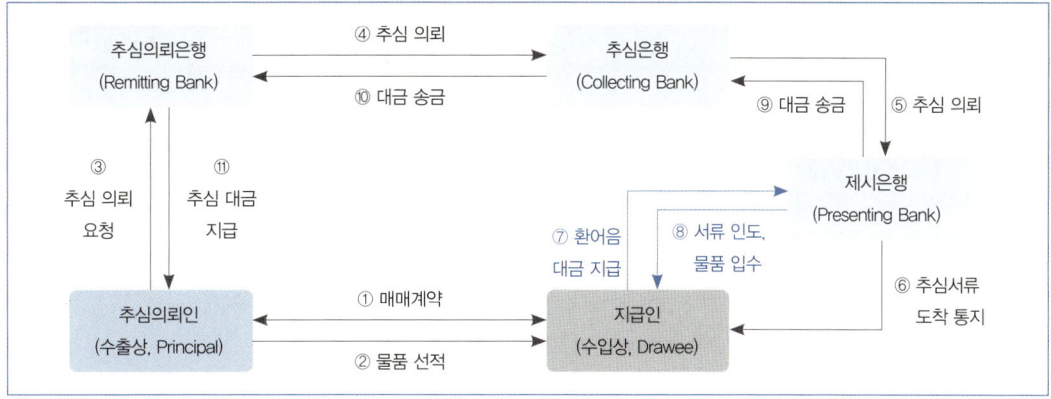

> **TIP** D/P Usance를 알아보아요!
> 1. 의미: 지정된 미래 일자에 수입상으로부터 대금과 서류를 교환하는 방식
> 2. 사용 목적: 계약 물품이 서류보다 늦게 도착할 경우 수입상의 대금 지급시기와 물품 인도 시기의 차이가 발생하므로 수입상의 자금 부담을 경감하기 위해 사용
> 3. 특징: 추심은행이 D/A로 착각하여 수입상이 대금을 지급하지 않았음에도 서류를 인도하는 경우 문제가 발생할 수 있음
> 4. 서류 기입 예시: D/P at 30 days after B/L date(B/L 발행 일자부터 30일 후에 대금과 서류를 교환함)

(2) D/A(Document against Acceptance, 인수인도조건) 2023 출제

① 의미: 대금의 추심 과정은 D/P 방식과 동일하나 추심은행이 환어음과 서류의 도착 즉시 환어음의 인수와 동시에 서류를 수입상에게 인도하고 수입상은 어음 만기일에 대금을 지급하는 방식을 말한다.

② 특징 2019 출제
  ㉠ 수출상이 기한부 환어음을 발행함으로써 수입상에게 환어음의 지급 만기일만큼 신용을 공여한다.
  ㉡ 추심지시서(Collecting Order)에 D/P나 D/A 등의 명시적인 언급이 없거나 불명확한 경우에는 추심통일규칙(URC 522)에 의해 D/P로 간주한다.

신용 공여
금융거래에서 타인에게 재산을 일시적으로 빌려줘 이용할 수 있도록 해주는 것

③ 거래 과정

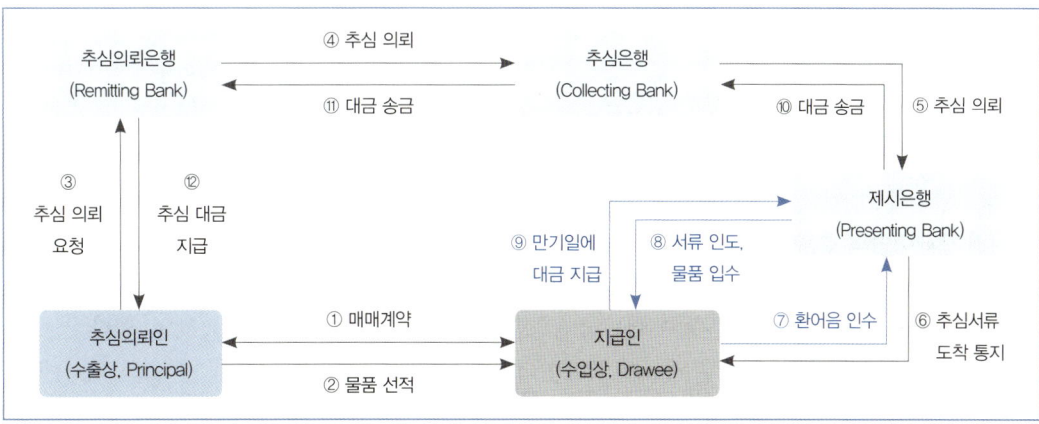

> **TIP** European D/P도 알아 두세요!
> 1. 의미: 수출상이 물품 선적 후 해외의 수입상 거래은행 앞으로 선적서류를 송부하여 수입상에게 제시하도록 하고, 수입상은 본인의 거래은행을 통해 선적서류를 수령하고 동시에 결제 대금을 송금하는 방식
> 2. 특징: 수출상의 은행을 통해 서류를 추심하지 않고 수입상 거래은행 앞으로 서류를 송부하고 환어음이 발행되지 않는다는 점에서 D/P와 구별됨

정리하고 넘어가기   송금 방식과 추심 방식의 차이점

구분	송금 방식	추심 방식
준거법	적용되는 국제 규칙 없음	URC 522(추심통일규칙)
선적서류 전달 방식	수출상이 수입상에게 직접 발송	은행을 통해 전달
환어음 발행 여부	환어음 발행 ×	환어음 발행 ○

5 금융기법

01 포페이팅(Forfaiting) [2019, 2020, 2021, 2022, 2023, 2025 출제]

(1) 포페이팅의 의미
  ① 포페이팅은 현금을 대가로 채권을 포기 또는 양도하는 것을 의미한다.
  ② 수출 거래에 따른 환어음이나 약속어음을 상환청구권 없이 (without recourse) 고정 금리로 할인매입한다.
  ③ 신용판매(외상판매)를 현금판매로 전환하는 금융기법의 일종이다.
  ④ Usance L/C, D/A 거래에서 사용되며 주로 어음 금액이 크거나 수출 대금 회수 기간이 장기인 경우에 사용한다.
  ⑤ 포페이팅 거래와 관련된 국제 규칙으로는 ICC에 의해 제정되어 2013년 1월 1일부터 발효 중인 포페이팅통일규칙(URF 800: Uniform Rules for Forfaiting)이 있다.

> **상환청구권**
> 어음을 가지고 있는 사람이 만기일에 지급인으로부터 지급 거절을 당했을 때 이전 소지인이나 발행인에게 상환을 청구할 수 있는 권리로 소구권과 동일한 의미

(2) 포페이팅의 특징
  ① 포페이터(Forfaiter)는 상환청구권이 없는 조건으로 채권을 매입하므로 수출상은 수입상이 만기에 대금을 결제하지 않는 경우에도 대금을 반환할 책임이 없다.
  ② 은행의 지급보증서나 환어음에 추가하는 어음보증(Aval)을 담보로 활용한다.
  ③ 기타 증권, 채권의 경우 법률적 문제로 인한 분쟁의 소지가 크고 해결이 어렵기 때문에 환어음, 약속어음만을 대상으로 한다.

> **어음보증**
> Approval의 의미로 일종의 어음보증으로 수입상의 거래은행이 환어음(약속어음)에 지급 보증의 문언을 기재하고 서명하는 행위

(3) 포페이팅의 효용
  ① 수출상은 포페이팅을 통해 신용위험(채무자, 보증인의 지급 불능 위험), 국가위험(국가 지급 불능 위험), 통화위험(환율 변동 위험), 금리위험(이자율 변동 위험) 등을 회피할 수 있다.
  ② 수출상은 물품 선적 후 서류를 포페이터에게 제시하고 할인된 금액을 받으므로 신속한 현금 확보(보통 포페이터가 신용장 개설은행의 인수 통보 접수 후 수출상에게 할인료 차감 금액을 지급함)가 가능하며 거래은행과의 대출한도와 재무제표에 영향을 미치지 않는다.
  ③ 필요서류가 비교적 간편하여 수출상은 시간과 비용을 절감할 수 있다.

02 국제팩토링(International Factoring) 2021, 2023, 2025 출제

(1) 국제팩토링의 의미
전 세계 팩터(팩토링 회사)의 회원망을 통하여 수입상의 신용을 바탕으로 이루어지는 무신용장 방식(주로 D/A 또는 O/A 거래)의 무역거래 방법이다.

(2) 국제팩토링의 효용 2021, 2022 출제

① 수출상의 이점
  ㉠ 수출팩터와 수입팩터가 수출 대금의 회수를 보증하여 신용 거래에 따른 **수출 대금 회수 불능의 위험이 없다.**
  ㉡ 신용장의 서류 작성 부담 및 추심 거래에 수반하는 담보 제공 부담이 없으므로 상대적으로 절차가 간편하다(단, 팩토링 거래 시 발생하는 모든 수수료는 수출상이 부담함).
  ㉢ 수출상은 선적 후 선적서류를 수출팩터에게 양도하고 전도금융을 받을 수 있다.

  > **전도금융**
  > 판매상인(수출상)이 채권회수업자(팩터)에게 채권을 양도하고 이를 담보로 하여 자금을 융통받는 것

  ㉣ 대금 회수 및 수출 채권 관리 등의 업무를 수출팩터가 대행하므로 업무 부담에서 벗어나 생산 및 판매에만 전념할 수 있다.
  ㉤ 전 세계 팩토링 기구의 회원망을 통해 신속하고 정확한 해외시장 정보를 얻을 수 있으며, 수출팩터와 거래함으로써 국제시장에서 지명도를 높일 수 있다.
  ㉥ 수입상에게 신용장 거래보다 유리한 조건을 제시할 수 있으므로 거래 수입상의 폭을 넓혀 대외 경쟁력을 확보할 수 있다.
  ㉦ 수출팩터는 상환청구권을 행사하지 않는 조건으로 수출팩토링 채권을 매입하므로, 수출상은 상환청구에 따른 우발채무 부담에서 벗어날 수 있다.

② 수입상의 이점
  ㉠ 수출상과의 외상 거래를 수입팩터가 지급 보증함으로써 신용구매(외상 거래)가 가능하다.
  ㉡ 신용장 거래 시 발생하는 신용장 개설 수수료 등의 부담이 없으므로 비용 경감이 가능하다.
  ㉢ 수입상은 결제기일에 수입 결제자금이 부족한 경우 수입팩터에게 금융을 제공받을 수 있다.
  ㉣ 수입팩터가 수입상의 신용을 조사한 후 신용한도를 설정하고 그 범위 내에서 지급 보증하므로 수입상은 지속적으로 외상 수입 조건으로 수입이 가능하다.
  ㉤ 수입상은 수입팩터에게 회계관리 서비스를 제공받을 수 있다.
  ㉥ 팩토링 거래에서 수입상은 계약 위반 또는 상품의 하자 등을 이유로 클레임을 제기하여 대금 지급을 거절할 수 있다.

(3) 거래당사자

① **수출팩터(Export Factor)**: 수출국에서 수출상과 국제팩토링 계약을 체결하고 구매자에 대한 신용 조사, 수출상의 팩토링 채권의 대외 양도 및 추심, 전도금융 제공, 기타 회계처리 등의 업무를 수행하는 자를 말한다. 수출국의 수출팩터는 수입국의 수입팩터와 함께 수출상을 위하여 외상 수출 채권과 관련된 대금 회수를 보장하고 회수 업무에 따른 장부기장 등 회계 업무와 전도금융에 이르는 제반 서비스를 제공한다.

② **수입팩터(Import Factor)**: 수입국에서 수입상과 국제팩토링 계약을 체결하고 수입상의 신용 조사, 신용위험을 인수(지급 보증)하고 팩토링 채권을 회수하여 수출팩터에게 송금하는 자를 말한다. 수입팩터는 수입상에게 수입을 위한 신용을 공여하여 수입상이 수출상에게서 신용으로 상품을 수입할 수 있게 한다.

(4) 거래 과정 2020, 2022 출제

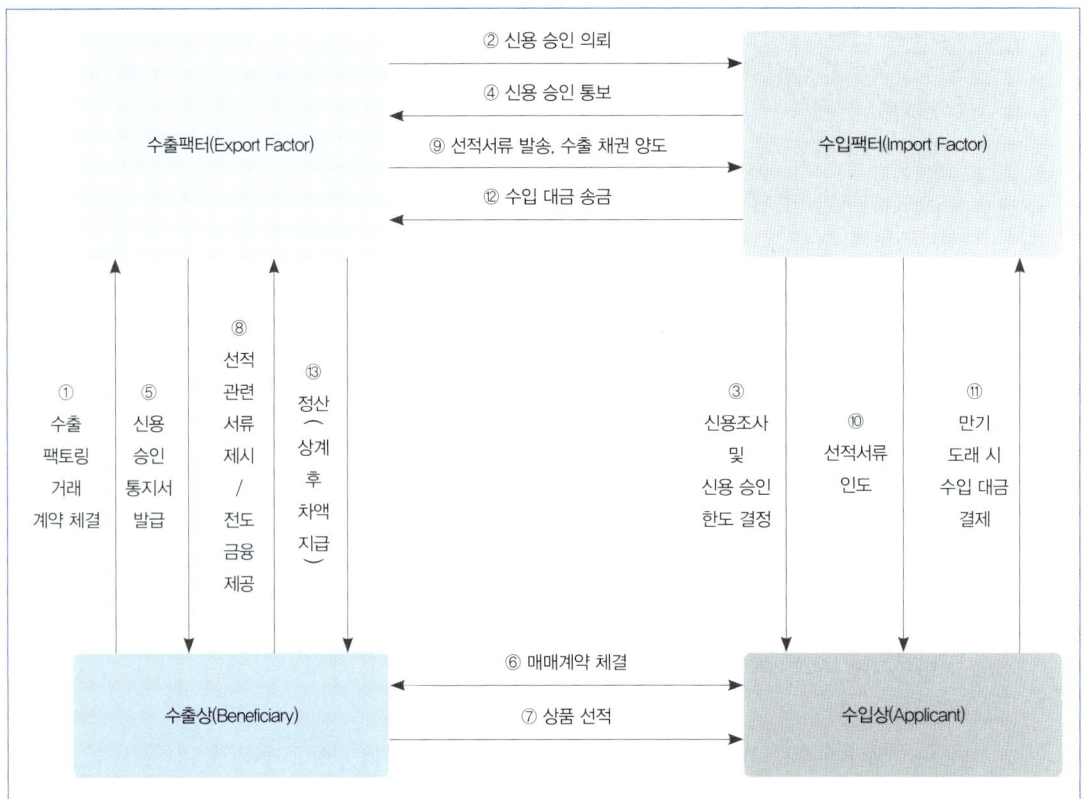

> **TIP** 신용 승인(Credit Approval)은 수입상이 자금 부족, 파산 등 재무상 이유로 수입 채무를 이행하지 못하는 경우 수입팩터가 그 대금을 대신 지급할 것임을 약속하는 일종의 보증을 의미해요.

Mini Test — 무신용장 및 금융기법

개념을 확실하게!

OX문제

01 송금 방식에서 선적서류는 은행을 통해 수입상에게 인도되어야 한다. (　　)

02 추심 방식에서 환어음의 지급인은 추심은행이다. (　　)

03 O/A 방식은 선적 통지 조건부 기한부 사후 송금 방식으로 환어음을 발행하여 대금을 회수한다. (　　)

04 팩토링 방식에서 수입상은 수입팩토링 수수료를 부담하지 않는다. (　　)

05 포페이팅은 Usance L/C, D/A 거래에 사용된다. (　　)

06 최근 전자상거래의 비중 증가로 인해 알리페이, 아마존페이, 페이팔 같은 전자상거래 PG(Payment Gateway)의 활용은 감소하고 있다. (　　)

07 선적일을 기준으로 구분하면 COD와 CAD는 사전 송금 방식으로 볼 수 있다. (　　)

08 포페이터는 은행의 지급확약서나 어음보증(Aval)을 담보로 활용하며, 수출상에게 별도의 담보를 요구하지 않는다. (　　)

09 팩토링 거래에서 매수인은 계약 위반 또는 상품의 하자 등을 이유로 클레임을 제기하여 그 대금 지급을 거절할 수 있다. (　　)

10 추심에 관여하는 은행은 서류의 송달 중 지연 또는 멸실로 인하여 발생하는 결과 및 전문용어의 번역이나 해석상의 오류에 대해 책임을 부담하여야 한다. (　　)

✅ 정답 Check

| 01 X | 02 X | 03 X | 04 O | 05 O |
| 06 X | 07 X | 08 O | 09 O | 10 X |

[X 해설]
01 송금 방식은 은행의 개입이 없는 거래이므로 수출상이 서류를 수입상에게 직접 인도한다.
02 추심 방식에서 환어음의 지급인은 수입상이며, 신용장 거래에서 환어음의 지급인은 일반적으로 신용장의 개설은행이다.
03 O/A 방식에서 수출상은 환어음을 발행하지 않고 선적서류를 수입상에게 직접 송부한다.
06 전자상거래 PG(Payment Gateway)의 활용은 증가하고 있다.
07 선적일을 기준으로 COD와 CAD는 대금 결제 전에 선적이 이루어지므로 사후 송금 방식으로 볼 수 있다.
10 은행은 서류의 송달 중 지연 또는 멸실로 인하여 발생하는 결과 및 전문용어의 번역이나 해석상의 오류에 대하여 어떠한 책임도 지지 않는다.

빈칸 채우기

01 CAD 방식에서 수출상은 약정 물품을 선적한 후 선적서류를 수출국 내에 소재하는 수입상의 지사나 대리인 또는 수입상에게 직접 제시하여 선적서류와 상환으로 대금을 결제한다. 계약 물품이 정확히 선적되었는지 서류만으로는 확인되지 않으므로 (   )을(를) 진행하여 계약 이행 내용을 확인한다.

02 추심 방식에서 상업서류가 첨부된 금융서류의 추심 또는 금융서류가 첨부되지 않은 상업서류만의 추심을 (   )(이)라고 한다.

03 추심 방식의 일종으로 지정된 미래 일자에 수입상으로부터 대금과 서류를 교환하는 방식을 (   )(이)라고 한다.

04 추심 거래에서 D/P와 D/A의 구분 표시가 없는 경우 추심통일규칙(URC 522)에 의해 (   )(으)로 간주된다.

05 포페이팅은 (   )와(과) (   )만을 할인 대상으로 한다.

06 수출상이 물품 선적 후 해외의 수입상 거래은행 앞으로 선적서류를 송부하여 수입상에게 제시하도록 하고, 수입상은 본인의 거래은행을 통해 선적서류를 수령하고 동시에 결제대금을 송금하는 형태의 거래를 (   )(이)라고 한다.

07 포페이터는 (   )이(가) 없는 조건으로 채권을 매입하므로 의뢰인(수출상)은 채무자(수입상)가 만기에 대금을 결제하지 못하여도 부도상환의 의무를 지지 않는다.

08 수입팩터의 (   )은(는) 신용장 거래에서 은행의 조건부 지급확약과 같은 역할을 수행한다.

09 초기 거래단계에서 O/A 방식으로 대금결제를 하고자 하는 경우 수출상은 신용위험을 회피하기 위해 (   )을(를) 안전장치로 마련할 수 있다.

10 (   ) 방식은 물품의 인도와 동시에 대금이 결제되는 동시결제 방식으로 볼 수 있다.

✅ 정답 Check

01 선적 전 검사(PSI) 02 화환추심 03 D/P USANCE 04 D/P 05 환어음, 약속어음
06 European D/P 07 상환청구권 08 신용 승인 09 상업보증 신용장
10 현물상환(COD: Cash On Delivery)

CHAPTER 02 | 신용장

*참고: ●은 목표 점수 60점 이상을 위한 필수 학습 내용입니다.

1 신용장의 기초

01 신용장의 일반적 정의 2022 출제

신용장(L/C: Letter of Credit)은 개설은행이 신용장 조건에 일치하고 약정된 기간 내에 신용장이 요구하는 서류가 제시되면 수익자인 수출상에게 대금 지급을 확약하는 조건부 지급확약이다.

02 UCP 600상 신용장의 정의 2022 출제

신용장은 명칭이나 표기에 관계없이 취소불능이며, 일치하는 제시에 대하여 결제(honour)하기 위한 개설은행의 명백한 확약을 구성하는 모든 약정을 의미한다.

> **TIP** 결제에는 다음의 세 가지가 있어요.
> 1. 신용장이 일람지급에 의하여 사용될 수 있는 경우 일람 후 지급하는 것
> 2. 신용장이 연지급에 의하여 사용될 수 있는 경우 연지급을 확약하고 만기일에 지급하는 것
> 3. 신용장이 인수에 의하여 사용될 수 있는 경우 수익자에 의하여 발행된 환어음을 인수하고 만기일에 지급하는 것

UCP 600 제2조 정의

Credit means any arrangement, however named or described, that is irrevocable and thereby constitutes a definite undertaking of the issuing bank to honour a complying presentation.
신용장은 그 명칭이나 기술에 상관없이 개설은행이 일치하는 제시에 대하여 결제(honour)하겠다는 확약으로서 취소 불가능한 모든 약정을 의미한다.

---

03 화환 신용장의 기능

(1) 대금 결제 기능
수출상은 대금 회수의 위험을 부담하는데, 신용장을 사용할 경우 대금 지급을 개설은행이 보증하므로 수출 대금의 회수가 보장된다.

(2) 위험 제거 기능
수입상에게는 수출상이 계약에 일치하는 물품을 약속 기간 내에 선적할지 여부에 대한 위험이 존재한다. 그러나 신용장 방식의 경우 수출상은 선적을 완료해야 거래은행을 통해 수출 대금을 회수할 수 있고 수입상은 서류가 개설은행에 도착한 후에 대금을 지급하므로 수입상은 물품 확보에 대한 위험을 제거할 수 있다.

(3) 수출 거래 확정
취소불능 신용장이 개설되면 거래당사자[개설은행, 수익자, 확인은행(있는 경우)]의 동의 없이 취소가 불가능하므로 수출 거래가 확정된다.

04 화환 신용장의 효용 `2020, 2021, 2025 출제`

(1) 수출상의 이점
① **대금 회수 보장**: 개설은행의 신용으로 대금 지급을 확약하므로 대금 회수가 보장된다.
② **대금의 조기 회수**: 물품을 선적한 후 신용장 조건에 일치하는 서류 또는 환어음에 대하여 거래은행에 매입을 의뢰함으로써 수출 대금을 즉시 회수할 수 있다.
③ **수입상의 계약 이행 보장**: 수출계약이 체결되어도 신용장이 발행되지 않으면 계약이 취소될 가능성이 높으나, 취소불능 신용장이 개설된 후에는 수입상의 일방적인 계약 취소가 불가능하므로 계약 이행을 보장받을 수 있다.
④ **무역금융 수혜 및 내국 신용장 활용 가능**: 신용장을 담보로 수출 물품을 제조·가공하는 데 필요한 원자재 자금을 융자받을 수 있으며 원신용장을 근거로 내국 신용장을 이용하여 수출용 완제품 또는 수출용 원자재를 조달할 수 있다.

(2) 수입상의 이점
① **인도 시기의 예상 및 계약과 일치하는 물품 수령 가능**: 신용장에 선적기일과 신용장의 유효기일이 명시되어 있기 때문에 수출상은 해당 일자 안에 물품을 선적하고 서류를 제시해야 한다. 따라서 수입상은 계약 물품의 선적 여부와 인도 시기를 예상할 수 있다. 또한 신용장 조건과 일치하는 서류와 상환하여 대금을 지급하기 때문에 계약과 일치하는 물품을 수령할 수 있다.
② **대금의 선지급 불필요**: 수입 대금을 물품의 선적 전 또는 선적 시 지급하지 않고 수입 환어음 및 수입 관련 서류가 개설은행에 도착한 후에 지급할 수 있다. 또한 기한부 신용장 방식으로 발행하는 경우에는 수입 물품을 입수한 후 판매한 대금으로 수입 대금을 결제할 수 있으므로 자금을 융통성 있게 운용할 수 있다.
③ **유리한 계약 체결 가능**: 수입상은 매매계약 시 자사의 신용을 은행의 신용으로 대체할 수 있으므로 수출상과 계약 시 신용도를 높여 가격이나 결제 조건 등을 유리하게 제시할 수 있다.
④ **자금 절약 가능**: 결제 금액을 은행에서 대출받았을 때 내는 이자보다 신용장 개설 시 내는 수수료가 더 저렴하므로 자금을 절약할 수 있다.

(3) 개설은행의 이점
① 신용장 개설(발행) 시 수입상에게 담보를 받음으로써 위험을 전가할 수 있다.
② 신용장 개설에 따른 수수료를 받을 수 있다.
③ B/L의 수하인을 은행 지시식으로 발행하여 수입화물을 담보로 할 수 있다.
④ 신용장 개설 시 개설은행의 지사를 매입은행으로 지정하여 이중으로 수수료를 취득할 수 있다.

(4) 매입은행의 이점
① 수출상이 신용장 조건과 일치하는 서류를 매입은행에 제시하면 개설은행으로부터 대금 지급 확약을 받을 수 있다.
② 매입(NEGO)을 통한 수수료 수익을 얻을 수 있다.
③ 개설은행으로부터 지급 거절된 경우 해당 B/L로 담보권 행사가 가능하며 수익자(수출상)에게 상환청구권을 행사할 수 있다.

05 화환 신용장의 특성

(1) 독립성(Independence) 2021, 2022, 2023 출제
① 신용장 개설은 당사자 간의 근거계약, 기타 거래와는 별개의 독립된 거래로 간주한다.
② 은행은 매도인과 매수인 사이에 체결된 매매계약과 전혀 무관하며 이에 구속되지 않는다(매매계약과의 독립성).
③ 신용장이 개설되면 매매계약뿐만 아니라 개설의뢰인(수입상)과 개설은행 간의 신용장 개설 약정도 독립된 별개의 거래가 된다(신용장 개설 약정의 독립성).
④ 신용장은 독자적인 법률성을 가진다. 신용장 당사자들은 신용장 거래와 관련하여 발생한 클레임이나 항변 등에 대하여 매매계약의 내용을 들어 영향을 미치게 할 수 없다(매매당사자 간 해결해야 하는 문제임).

> **UCP 600 제4조 신용장과 원인계약**
> a. A credit by its nature is a separate transaction from the sale or other contract on which it may be based. Banks are in no way concerned with or bound by such contract, even if any reference whatsoever to it is included in the credit. Consequently, the undertaking of a bank to honour, to negotiate or to fulfil any other obligation under the credit is not subject to claims or defences by the applicant resulting from its relationships with the issuing bank or the beneficiary. A beneficiary can in no case avail itself of the contractual relationships existing between banks or between the applicant and the issuing bank.
> 신용장은 본질상 그 기초가 되는 매매 또는 다른 계약과는 별개의 거래이다. 신용장에 그러한 계약에 대한 언급이 있더라도 은행은 해당 계약과 아무 관련이 없으며 계약 내용에 구속되지 않는다. 따라서 신용장에 의한 결제(honour), 매입(negotiate) 또는 다른 의무 이행의 확약은 개설은행 또는 수익자와 개설의뢰인 간의 관계에서 비롯된 개설의뢰인의 주장이나 항변에 구속되지 않는다. 수익자는 어떠한 경우에도 은행 간 또는 개설의뢰인과 개설은행 간의 계약 관계를 이용할 수 없다.
> b. An issuing bank should discourage any attempt by the applicant to include, as an integral part of the credit, copies of the underlying contract, pro forma invoice and the like.
> 개설은행은 개설의뢰인이 원인계약이나 견적송장 등의 사본을 신용장의 일부로 포함하려는 어떠한 시도도 못 하게 하여야 한다.

(2) 추상성(Abstraction) 2021, 2022 출제
① 신용장 거래 시 당사자인 은행은 매매계약에서 언급된 물품이 계약 내용과 일치하는지를 기준으로 대금 지급 여부를 판단하는 것이 아니라 신용장에서 요구하는 서류만으로 대금 지급 여부를 판단한다.
② 은행은 계약 물품에 대해 정확히 알 수 없고 전문적인 지식이 부족하므로 신용장 조건과 수익자가 제시한 서류를 기준으로 일치성 또는 정당성 여부를 판단하여 지급을 이행한다.

> **UCP 600 제5조 서류와 물품, 용역 또는 의무 이행**
> Banks deal with documents and not with goods, services or performance to which the documents may relate.
> 은행은 서류를 취급하며 해당 서류와 관련된 물품, 용역 또는 의무 이행을 다루지 않는다.
>
> **UCP 600 제14조 서류 심사의 기준**
> a. A nominated bank acting on its nomination, a confirming bank, if any, and the issuing bank must examine a presentation to determine, on the basis of the documents alone, whether or not the documents appear on their face to constitute a complying presentation.
> 지정에 따라 행동하는 지정은행, 확인은행(있는 경우) 그리고 개설은행은 서류에 대하여 문면상 일치하는 제시가 있는지 여부를 단지 서류에 의해서만 심사하여야 한다.

(3) 엄밀일치의 원칙, 경상의 원칙(Doctrine of Strict Compliance, Mirror Image Rule)
신용장 거래 시 개설의뢰인을 위하여 서류를 심사하는 은행은 신용장의 제조건과 제시된 서류의 문면이 엄밀하게 일치하는 서류만을 수리하여 대금을 지급한다는 원칙이다.

(4) 상당일치의 원칙(Doctrine of Substantial Compliance)

① 서류를 심사하는 개설은행은 신용장의 제조건과 제시된 서류의 문면이 엄밀히 일치하지 않더라도 실질적인 일치성이 있으면 서류를 수리하여 대금을 지급한다는 원칙이다.

② 엄밀일치의 원칙을 완화하여 서류상 오자, 탈자 등 계약에 큰 영향을 주지 않는 사소한 불일치는 용인한다.

> 예) Machine이 Mashine으로 표기되어도 수리 가능
> Fountain pen이 Fauntain pen으로 표기되어도 수리 가능
> Model이 Modle로 표기되어도 수리 가능
>
> **TIP** 상품 번호가 잘못 표기된 경우(예를 들어 Model 321을 Model 123으로 잘못 표기)에는 서류를 수리하지 않아요.

ISBP 821 오자나 오타

A misspelling or typing error that does not affect the meaning of a word or the sentence in which it occurs does not make a document discrepant.
오자나 오타는 당해 언어나 문장의 의미에 영향을 주지 않는다면 서류의 하자로 보지 않는다.

06 화환 신용장 방식의 한계성 [2023 출제]

(1) 수출상의 입장

① 수출상은 신용장의 독립·추상성에 의해 수입상보다 상대적으로 유리하지만, 신용장에 명시된 서류를 유효기일 및 서류 제시기일 내에 제시하지 못하면 수출 대금을 지급받지 못할 수 있다.

② 유효기일 및 서류 제시기일 내에 서류를 제시하더라도 서류 심사 결과 신용장 조건과 엄밀하게 일치한다고 판단되지 않을 경우에는 대금을 지급받지 못할 수 있다.

> **TIP** 유효기일이란 다음을 의미해요.
> 1. 지급·인수·매입을 위하여 신용장에 명시된 서류나 환어음을 제시하여야 하는 최종 일자
> 2. 수익자가 신용장 조건에 일치하는 서류를 제시하고 신용장 대금을 청구할 수 있는 최종 일자
> 3. 신용장에 그 유효기일이 종료하는 장소(유효기일까지 서류나 환어음이 제시될 장소)가 명시되어 있어야 함

(2) 수입상의 입장

① 신용장의 독립·추상성에 의해 근거계약과 관계없이 문면상 신용장 조건과 일치하는 서류의 제시가 있으면 대금 지급이 이루어진다. 이때 매입은행, 확인은행 또는 개설은행은 제시되는 서류의 형식이나 진정성에 대해서는 면책되므로, 수출상이 서류를 위조하여 대금을 지급받는 상황이 발생하는 경우 이에 대한 손해는 수입상이 부담한다.

② 수출상이 계약과 다른 물품을 선적한 후 신용장에서 요구하는 서류를 작성하여 지정은행을 통해 대금을 지급받더라도 은행은 면책되므로 수입상은 신용장 조건과 일치하는 서류를 입수하더라도 실제 물품이 계약에서 정한 물품과 동일하다는 보장을 받을 수 없다.

(3) 업무 처리상의 한계

① 신용장의 제조건에 대한 이해 부족 및 신용장 조건과 일치하는 서류 구비 과정의 복잡성으로 인한 오류 발생을 회피하기 위해 신용장 조건 및 신용장통일규칙(UCP 600)에 대한 이해가 필요하다.

② 은행의 신용장 관련 서류 처리 속도가 운송수단의 고속화를 따라가지 못해 물품이 서류보다 먼저 도착하는 등의 업무 지연이 발생하여 매수인이 물품을 인수하는 데 지장을 받을 수 있다.

07 사기 거래 배제 원칙(Fraud Rule)의 적용 [2019, 2023 출제]

(1) 사기 거래 배제 원칙의 의의
① 독립·추상성 원칙의 예외로서, 제시된 서류가 신용장의 제조건에 일치하더라도 그 서류가 위조 또는 사기로 작성되었음이 명백하게 밝혀지는 경우 은행은 서류 수리를 거절할 수 있다는 원칙이다.
② 영미법에서는 판례를 중심으로 형성되며 대륙법계에서는 수익자의 청구가 신의성실의 원칙에 반하는 경우나 권리 남용임이 인정되는 경우 기만적인 청구로 간주하고 있다.

(2) 사기 거래 배제 원칙의 적용 요건
① 사기 행위의 명확성: 사기 행위가 명백한 경우에만 사기 거래 배제 원칙을 적용할 수 있다.
② 증거의 명확성: 사기 행위가 명백한 증거로 입증되어야 하고, 서류상의 사기는 개설은행이 서류를 거절하기 이전이나 법원이 지급정지명령(Injunction)을 내리기 이전에 발생되어야 한다.

(3) 사기 거래 적발 시 조치
사기 거래에 대한 명백한 증거가 있는 경우 개설은행은 개설의뢰인으로 하여금 법원의 지급정지명령을 얻도록 하고 이를 근거로 신용장 대금의 지급을 거절할 수 있다.

2 화환 신용장의 거래당사자 [2019, 2021, 2022 출제]

01 거래당사자

(1) 기본당사자 [2022, 2025 출제]
기본당사자는 신용장의 조건 변경 또는 취소에 관계되는 당사자로서 개설은행, 확인은행(있는 경우), 수익자를 말한다. 기본당사자의 동의 없이는 신용장 조건이 변경되거나 취소될 수 없다.

> **UCP 600 제10조 조건 변경**
> a. Except as otherwise provided by article 38, a credit can neither be amended nor cancelled without the agreement of the issuing bank, the confirming bank, if any, and the beneficiary.
> 제38조(양도 가능 신용장)에서 규정한 경우를 제외하고 신용장은 개설은행, 확인은행(있는 경우), 그리고 수익자의 동의 없이는 신용장 조건이 변경되거나 취소될 수 없다.

(2) 기타당사자
신용장의 기본당사자 이외의 자로서 개설의뢰인, 통지은행, 지급은행, 인수은행, 매입은행, 상환은행, 양도은행 등을 말한다.

02 기본당사자

(1) 개설은행(=발행은행, Issuing Bank) 2021 출제

① 의미: 개설의뢰인의 신청에 의해 또는 그 자신을 위해 신용장을 개설한 은행을 말한다. 즉, 수입상의 주거래은행이 개설은행이 되며 일단 신용장이 발행되면 수익자에 대해 최종적인 책임을 부담한다.

② 의무
  ㉠ 신용장 조건에 따라 지급·인수·매입을 이행한 지정된 은행에 대해 상환 의무가 있다.
  ㉡ 서류 심사 결과 신용장 조건과 불일치하는 것으로 판단되는 경우 지급·인수·매입은행 또는 수익자에게 불일치 사항과 서류의 행방을 기재하여 수리 거절을 통고해야 한다.
  ㉢ 상환청구은행이 상환은행에서 상환받을 수 있도록 상환은행에 적절한 지시나 수권이 이루어지도록 해야 하며 상환은행에서 상환하지 않을 경우 개설은행이 상환 의무를 부담한다.

UCP 600 제7조 개설은행의 의무

a. Provided that the stipulated documents are presented to the nominated bank or to the issuing bank and that they constitute a complying presentation, the issuing bank must honour if the credit is available by:
신용장에서 규정된 서류들이 지정은행 또는 개설은행에 제시되고, 그것이 신용장 조건과 일치하게 제시되면 개설은행은 다음과 같은 경우에는 결제(honour)의 의무를 부담한다.

  i. sight payment, deferred payment or acceptance with the issuing bank;
  신용장을 개설은행에서 일람지급, 연지급 또는 인수의 방법으로 이용할 수 있는 경우

  ii. sight payment with a nominated bank and that nominated bank does not pay;
  신용장을 지정은행에서 일람지급의 방법으로 이용할 수 있는데, 지정은행이 대금을 지급하지 않는 경우

  iii. deferred payment with a nominated bank and that nominated bank does not incur its deferred payment undertaking or, having incurred its deferred payment undertaking, does not pay at maturity;
  신용장을 지정은행에서 연지급의 방법으로 이용할 수 있는데 지정은행이 연지급 의무를 부담하지 않는 경우 또는 그와 같은 연지급 의무를 부담하였으나 만기에 대금을 지급하지 않는 경우

  iv. acceptance with a nominated bank and that nominated bank does not accept a draft drawn on it or, having accepted a draft drawn on it, does not pay at maturity;
  신용장을 지정은행에서 인수의 방법으로 이용할 수 있는데, 지정은행이 지정은행을 지급인으로 한 환어음을 인수하지 않거나 그 환어음을 인수하였더라도 만기에 지급하지 않는 경우

  v. negotiation with a nominated bank and that nominated bank does not negotiate.
  신용장을 지정은행에서 매입의 방법으로 이용할 수 있는데, 지정은행이 매입하지 않는 경우

  > **TIP** 지정은행에서 매입하지 않는 경우 개설은행이 결제를 이행해요. 매입은 서류를 구매하는 행위로서 환어음의 지급인 이외의 당사자가 하는 행위이므로 환어음의 지급인인 개설은행은 매입이 아닌 지급 의무를 부담합니다.

b. An issuing bank is irrevocably bound to honour as of the time it issues the credit.
개설은행은 신용장의 개설 시점부터 취소 불가능한 결제(honour)의 의무를 부담한다.

c. An issuing bank undertakes to reimburse a nominated bank that has honoured or negotiated a complying presentation and forwarded the documents to the issuing bank. Reimbursement for the amount of a complying presentation under a credit available by acceptance or deferred payment is due at maturity, whether or not the nominated bank prepaid or purchased before maturity. An issuing bank's undertaking to reimburse a nominated bank is independent of the issuing bank's undertaking to the beneficiary.
개설은행은 일치하는 제시에 대하여 결제(honour) 또는 매입을 하고, 해당 서류를 개설은행에 송부한 지정은행에 대하여 신용장 대금을 상환할 의무를 부담한다. 인수 신용장 또는 연지급 신용장의 경우 일치하는 제시에 대응하는 대금의 상환은 지정은행이 만기 이전에 대금을 선지급 또는 매입하였는지 여부와 관계없이 만기에 이루어져야 한다. 지정은행에 대한 개설은행의 상환 의무는 수익자에 대한 개설은행의 의무로부터 독립적이다.

(2) 수익자(Beneficiary)

① 의미: 신용장 개설을 통해 이익을 얻는 당사자로서 일반적으로 수출상을 말한다. 신용장을 양도한 경우에는 양수인을 제2수익자라 한다.

② 수익자의 의무: 대금 지급 청구권 등의 권한을 갖기 위해서는 계약과 일치하는 물품을 제공하고, 운송서류 및 신용장 조건과 일치하는 기타 서류와 환어음을 제시할 의무가 있다.

(3) 확인은행(Confirming Bank) 2021 출제

① 의미: 개설은행의 수권 또는 요청에 의하여 신용장의 확인을 행한 은행을 의미한다.

> **TIP** 신용장의 확인이란 신용장에 의해 발생되는 어음을 지급·인수·매입하겠다는 약속을 추가하는 행위를 의미해요.

> **UCP 600 제2조 정의**
> Confirmation means a definite undertaking of the confirming bank, in addition to that of the issuing bank, to honour or negotiate a complying presentation.
> 확인(Confirmation)은 일치하는 제시에 대하여 결제(honour) 또는 매입하겠다는 개설은행의 확약에 추가하여 확인은행이 하는 확약을 의미한다.

② 확인은행의 의무

㉠ 확인은행은 신용장에 확인을 추가하는 시점부터 취소 불가능한 결제(honour) 또는 상환청구권 없는 매입 의무를 부담한다.

㉡ 확인은행은 일치하는 제시에 대하여 결제 또는 상환청구권 없는 매입을 하고 그 서류를 확인은행에 송부한 다른 지정은행에 대하여 신용장 대금을 상환할 의무를 부담한다.

㉢ 개설은행으로부터 신용장에 대한 확인의 권한 또는 요청을 받았음에도 불구하고 그 준비가 되지 않았다면, 바로 개설은행에 그 사실을 알려야 하며 이 경우 신용장에 대한 확인 없이 통지만 할 수 있다.

㉣ 확인은행은 1차 조건 변경 내용에 대하여 확인을 거절하였다고 할지라도, 이후 차수의 조건 변경에 대해서는 확인을 추가할 수도 있다.

03 기타당사자

(1) 개설의뢰인(Applicant)

① 의미: 신용장 개설을 신청한 당사자로서 일반적으로 수입상을 말한다.

② 개설의뢰인의 의무: 개설의뢰인은 개설은행에 신용장 개설을 요청하여 수익자에게 신용장을 발행할 의무가 있으며 서류와 상환하여 개설은행에 대금을 지급해야 한다.

(2) 통지은행(Advising Bank)

① 의미: 개설은행의 요청에 따라 신용장을 통지하는 은행을 의미한다. 일반적으로 수익자 소재지에 있는 개설은행의 지점이나 환거래은행이 이에 해당한다.

② 통지은행의 의무: 통지은행을 통하여 신용장 개설 및 이에 대한 조건 변경이 수익자에게 통지될 수 있다. 통지은행은 단순히 신용장 개설 및 이에 대한 조건 변경을 통지하며 확인은행의 의무인 결제나 매입에 대한 의무를 지지 않는다.

> **UCP 600 제9조 신용장 및 이에 대한 조건 변경의 통지**
> a. A credit and any amendment may be advised to a beneficiary through an advising bank. An advising bank that is not a confirming bank advises the credit and any amendment without any undertaking to honour or negotiate.
> 신용장 및 이에 대한 조건 변경은 통지은행을 통하여 수익자에게 통지될 수 있다. 확인은행이 아닌 통지은행은 결제(honour)나 매입에 대한 어떤 의무를 부담하지 않고 신용장 및 이에 대한 조건 변경을 통지한다.

(3) 지정은행(Nominated Bank)

① 의미: 신용장에서 권한을 받은 특정한 은행을 의미하며 모든 은행에 대한 수권이 있는 신용장의 경우에는 모든 은행이 지정은행이 될 수 있다. 개설은행으로부터 지급·인수 또는 매입의 권한을 부여받은 은행이며 자유매입 신용장의 경우에는 어떤 은행이라도 지정은행이 될 수 있다.

> **UCP 600 제6조 이용 가능성, 유효기일 및 제시 장소**
> a. A credit must state the bank with which it is available or whether it is available with any bank. A credit available with a nominated bank is also available with the issuing bank.
> 신용장에는 이를 사용할 수 있는 은행 또는 모든 은행에서 이용 가능한지 여부를 명시해야 한다. 지정은행에서 이용 가능한 신용장은 개설은행에서도 이용할 수 있다.
> b. A credit must state whether it is available by sight payment, deferred payment, acceptance or negotiation.
> 신용장에는 일람지급, 연지급, 인수 또는 매입으로 이용 가능한지 여부를 명시해야 한다.

② 종류
  ㉠ 매입은행(Negotiating Bank): 수익자가 제시하는 서류가 신용장의 제조건과 일치하는 경우 개설은행을 지급인으로 하고 있는 환어음을 매입 시점에서 최종 지급일까지의 이자와 환가료를 공제하고 대금을 지급하는 은행을 말한다.
    • 개설은행으로부터 매입하도록 수권받은 지정은행을 말하며 지정이 없는 경우에는 모든 은행이 매입은행이 될 수 있다.
    • 매입은행이 매입한 화환어음을 개설은행이 지급 거절하는 경우에는 수익자에게 상환청구권을 행사할 수 있다.
  ㉡ 지급은행(Paying Bank): 일람지급 신용장이나 연지급 신용장 조건하에서 수익자가 제시하는 서류에 대해 신용장 대금을 지급하는 은행을 말한다.
    • 개설은행의 본지점이나 개설은행의 지정을 받은 예치환거래은행 또는 개설은행이 결제대금을 미리 위탁한 은행이 지급은행이 된다.
    • 지급 신용장(일람지급, 연지급 신용장)이 사용되는 경우 각각 상환 방식 또는 차기 방식으로 개설되어야 한다.
    • 지급은행은 신용장 조건과 일치하는 제시인 경우에는 수수료 차감 없이 수익자에게 신용장 대금을 지급한다.
  ㉢ 인수은행(Accepting Bank): 개설은행 또는 개설은행으로부터 수권받은 지정은행으로서 수익자가 제시한 서류가 신용장 제조건과 일치할 경우 수익자가 발행한 기한부 환어음을 인수하고 어음 만기일에 대금을 지급하는 은행을 말한다.

> **TIP** 환어음의 지급은행과 지정은행인 인수은행은 동일해야 해요.

환가료
매입은행이 수출상이 제시한 서류를 매입할 때 수출상에게 선지급한 날과 개설은행이나 확인은행 또는 상환은행으로부터 대금을 지급받는 날 사이에 발생하는 이자 개념의 수수료

매입 2023 출제
일치하는 제시에 대하여 지정은행이, 지정은행에 상환해야 하는 은행영업일 또는 그전에 대금을 지급함으로써 또는 대금 지급에 동의함으로써 환어음(지정은행이 아닌 개설은행 앞으로 발행된 것) 및 서류를 매수하는 것

(4) 상환은행(Reimbursing Bank)

① 의미: 개설은행을 대신하여 지급·인수 또는 매입을 행한 은행에게 상환 청구를 받아 대금을 상환하는 은행을 말한다.

② 상환은행의 의무

㉠ 상환청구은행(지정은행)에게 신용장 조건에 일치하는 증명서를 상환은행에 제시하도록 요구해서는 안 된다.

㉡ 신용장 조건에 따른 상환은행의 최초 지급 청구 시에 상환이 이루어지지 않는 경우 개설은행은 그로 인하여 발생한 모든 비용과 함께 모든 이자 손실에 대해 책임을 부담한다.

㉢ 상환은행의 수수료는 원칙적으로 개설은행이 부담하나 수익자가 부담하는 경우라면 상환수권서에 이를 명시하여야 한다.

UCP 600 제13조 은행 간 상환 약정

b. If a credit dose not state that reimbursement is subject to the ICC rules for bank-to-bank reimbursements, the following apply:
신용장이 상환과 관련하여 은행 간 상환에 대한 국제상업회의소(ICC) 규칙의 적용을 받는다는 사실을 명시하지 않으면 아래 내용이 적용된다.

ⅰ. An issuing bank must provide a reimbursing bank with a reimbursement authorization that conforms with the availability stated in the credit. The reimbursement authorization should not be subject to an expiry date.
개설은행은 신용장에 명시된 이용 가능성에 부합하는 상환 권한을 상환은행에 수여해야 한다. 상환 권한은 유효기일의 적용을 받지 않아야 한다.

ⅱ. A claiming bank shall not be required to supply a reimbursing bank with a certificate of compliance with the terms and conditions of the credit.
청구은행은 신용장의 조건과 일치한다는 증명서를 상환은행에 제시하도록 요구받아서는 안 된다.

ⅲ. An issuing bank will be responsible for any loss of interest, together with any expenses incurred, if reimbursement is not provided on first demand by a reimbursing bank in accordance with the terms and conditions of the credit.
신용장의 조건에 따른 상환은행의 최초 지급 청구 시 상환이 이루어지지 않는 경우, 개설은행은 그로 인하여 발생한 모든 비용과 함께 모든 이자 손실에 대하여 책임을 부담한다.

ⅳ. A reimbursing bank's charges are for the account of the issuing bank. However, if the charges are for the account of the beneficiary, it is the responsibility of an issuing bank to indicate in the credit and in the reimbursement authorization.
상환은행의 수수료는 개설은행이 부담한다. 그러나 그 수수료를 수익자가 부담해야 한다면, 개설은행은 신용장과 상환수권서에 이를 명시할 책임이 있다.

---

(5) 양도은행(Transferring Bank)

① 의미: 수익자(제1수익자)의 요청으로 양도 가능 신용장에 대한 권리의 전부 또는 일부를 다른 자(제2수익자)에게 양도하는 절차를 취급하는 지정은행(지급·인수·매입은행)이다.

UCP 600 제38조 양도 가능 신용장

b. Transferring bank means a nominated bank that transfers the credit or, in a credit available with any bank, a bank that is specifically authorized by the issuing bank to transfer and that transfers the credit. An issuing bank may be a transferring bank.
양도은행이라 함은 신용장을 양도하는 지정은행 또는 어느 은행에서나 이용할 수 있는 신용장의 경우에는 개설은행으로부터 양도할 수 있는 권한을 특별히 부여받아 신용장을 양도하는 은행을 말한다. 개설은행은 양도은행이 될 수 있다.

---

② 특징: 양도은행은 직접적인 결제 의무를 부담하지 않는다.

3 신용장의 종류 2021, 2025 출제

01 서류의 첨부 여부에 따른 분류

(1) 화환 신용장(Documentary L/C)
① 수익자가 발행한 환어음(Draft)에 신용장 조건과 일치하는 선적서류를 첨부할 것을 조건으로 신용장 개설은행이 지급·연지급·인수할 것을 확약하는 신용장을 말한다.
② 물품의 소유권 이전을 대금 결제의 선행조건으로 하며 대금 청구 시 선하증권(B/L)을 구비서류로 제출하도록 하고 있다.

(2) 무화환 신용장(Clean L/C)
수출상의 선적서류 제시 없이 은행이 대금 지급을 확약하는 신용장을 말한다. 개설은행이 개설의뢰인의 신용을 높이 평가하는 경우에 발행하며 환어음 이외의 선적서류는 은행을 경유하지 않고 수입상에게 직송된다.

02 확인 유무에 따른 분류

(1) 확인 신용장(Confirmed L/C) 2021 출제
개설은행 이외에 타 은행이 수익자에게 추가로 지급·연지급·인수 또는 매입을 확약하는 신용장을 말한다. 개설은행의 대금 지급 확약과는 별개의 독립된 확약으로, 수익자는 개설은행과 확인은행에서 이중으로 결제에 대한 확약을 받는다. 개설은행의 신용 상태가 좋지 않아 지급 불능의 가능성이 있거나 개설은행 소재 국가가 정치, 경제적 위험이 있는 경우 이를 회피하기 위해 활용한다.

(2) 무확인 신용장(Unconfirmed L/C)
개설은행이 수익자가 발행하는 어음의 지급·인수·매입을 확약하고 있을 뿐 제3의 은행의 확인이 추가되지 않은 신용장을 말한다. 대부분의 신용장은 무확인 신용장으로 개설된다.

03 양도 가능 여부에 따른 구분

(1) 양도 가능 신용장(Transferable L/C) 2021 출제
신용장에 '양도 가능(Transferable)'이라고 명시된 신용장을 말한다. 수익자(제1수익자)가 다른 수익자(제2수익자)에게 신용장상 권리를 전부 또는 일부 양도할 수 있다. 달리 합의된 경우를 제외하고 양도와 관련된 모든 수수료(요금, 보수, 경비 또는 비용 등)는 제1수익자가 지급해야 한다.

> **UCP 600 제38조 양도 가능 신용장**
> b. Transferable credit means a credit that specifically states it is "transferable". A transferable credit may be made available in whole or in part to another beneficiary("second beneficiary") at the request of the beneficiary("first beneficiary").
> 양도 가능 신용장이란 "양도 가능"이라고 특정하여 기재하고 있는 신용장을 말한다. 양도 가능 신용장은 수익자("제1수익자")의 요청에 의하여 전부 또는 부분적으로 다른 수익자("제2수익자")가 이용하게 할 수 있다.

(2) 양도 불능 신용장(Non-Transferable Credit)
신용장상에 '양도 가능(Transferable)'이라는 표시가 없는 신용장을 말한다. 양도가 허용되지 않으며 지정된 수익자만 신용장을 사용할 권리를 가진다.

04 대금 지급 방식에 따른 구분

(1) 지급 신용장(Payment Credit, Sight Payment L/C)
① 의미: 수익자가 개설은행 또는 개설은행이 지정하는 은행에 신용장 조건과 일치하는 서류를 제시하면 대금을 지급하겠다고 약정한 신용장을 말한다.

② 종류
  ㉠ 일람지급 신용장(Sight Payment Credit)
  - 의미: 신용장 조건에 일치하는 서류가 신용장에 지정되어 있는 지급은행에 제시되면 서류를 일람한 후 서류와 상환으로 대금을 지급하는 신용장을 말한다. 서류가 신용장 조건과 일치하면 대금을 지급하므로 환어음을 발행할 필요가 없다.
  - 특징: 일람지급 신용장의 경우 지급은행이 개설은행의 예치환거래은행이므로 지급 시마다 개설은행의 예금계정에서 당해 금액을 차감하여 지급한다. 지급은행은 서류가 개설은행에 의해 부도 반환 처리되어도 수익자에게 상환청구권을 행사할 수 없다.

  ㉡ 연지급 신용장(Deferred Payment Credit)
  - 의미: 신용장에서 요구된 서류가 제시되면 신용장에 정해진 지급 만기일에 대금 지급을 확약하는 신용장을 말한다.
  - 특징: 연지급 신용장도 일람지급 신용장처럼 환어음을 발행할 필요가 없다(어떠한 경우라도 환어음이 발행되지 않는 신용장).

(2) 인수 신용장(Acceptance L/C)
인수 신용장은 제시된 서류가 신용장 조건과 일치하면 환어음을 인수하고 만기일에 대금을 지급하는 조건의 신용장을 의미한다. 개설은행은 자행의 해외지점이나 예치환거래은행을 인수은행으로 지정하여 개설은행을 대신하여 환어음을 인수하도록 하고, 만기일에 인수은행에 개설되어 있는 개설은행의 예금계정에서 수익자에게 대금을 지급한다.

인수
수익자가 발행한 기한부 어음과 신용장 조건에 일치하는 서류를 어음 지급인에게 제시하면 어음을 인수하고 만기에 대금을 지급하는 것

> **TIP** 연지급 신용장으로 결제할 때는 환어음 발행이 요구되지 않지만 인수 신용장으로 결제할 때는 환어음 발행이 요구된다는 점을 기억하세요!

(3) 매입 신용장(Negotiation L/C)
① 의미: 신용장을 가지고 발행된 환어음이 매입되는 것을 예상하여 매입을 허용하고, 어음의 발행인(Drawer)뿐만 아니라 어음의 배서인(Endorser), 어음의 소지인(Bona Fide Holder)에 대해서도 지급을 확약하는 신용장을 말한다.

② 종류
  ㉠ 자유매입 신용장(Freely Negotiable Credit): 특정 은행을 지정하지 않고 불특정 다수의 은행에 의한 매입이 허용된 신용장이다.
  ㉡ 매입제한 신용장(Restricted Credit): 특정 은행에서만 매입이 가능한 신용장이다.

③ 특징: 서류 매입 의뢰 시에 어느 은행이나 자유롭게 매입을 담당할 수 있으며 개설은행에 의해 서류가 부도 반환 처리되면 환어음 발행인(수출상)에게 상환청구권을 행사할 수 있다.

> **TIP** 지급·인수·매입 신용장의 특징을 한눈에 살펴볼까요?

신용장 종류	수출지 은행 (일반적 경우)	환어음 발행 요구 여부	어음 종류	취급은행 (일반적 경우)	배서 여부 (일반적 경우)	은행의 상환청구권 행사 여부
일람지급 신용장	예치 환거래은행	미요구 (요구 가능)	일람출급	지정은행	미요구	소구 불능
연지급 신용장	예치 환거래은행	미요구	발행 ×	지정은행	미요구	소구 불능
인수 신용장	예치 환거래은행	발행 요구	기한부	지정은행	미요구	소구 불능
매입 신용장	예치 또는 무예치 환거래은행	발행 요구 (미요구 가능)	일람출급 또는 기한부	일반적으로 모든 은행	요구	소구 가능

05 대금 지급기일에 따른 분류

(1) 일람출급 신용장(Sight L/C)

수익자가 일람출급 환어음을 발행하거나 어음의 발행 없이 선적서류를 준비하여 개설은행, 지정은행, 확인은행에 제시했을 때 그 서류가 신용장 조건에 일치하면 선적서류와 상환하여 즉시(서류접수 익일로부터 5영업일 이내) 대금을 지급하는 신용장을 말한다.

(2) 기한부 신용장(Usance L/C) [2019 출제]

기한부 환어음의 발행을 요구하는 신용장으로 수익자가 선적서류와 함께 기한부 환어음을 제시하면 기한부 환어음을 인수한 뒤 만기일에(at maturity) 지급하기로 약정한 신용장을 말한다. 기한부 신용장에는 인수 신용장, 기한부 매입 신용장이 있으며, 기한부 신용장의 기능을 하는 연지급 신용장이 있다.

> **TIP** 연지급 신용장은 기한부 환어음이 발행되지 않는 기한부 신용장이에요.

① Shipper's Usance Credit
  ㉠ 의미: 수출상이 수입상에게 기한부 환어음의 만기일까지 지급을 유예해 주는 신용장으로 Usance(기한부) 기간 동안 수출상이 수입상에게 신용을 제공한다.
  ㉡ 특징: 수출상은 만기일까지 대금 결제를 기다릴 수도 있고 거래은행에 매입을 의뢰하여 현금화할 수도 있다.

② Banker's Usance Credit
  ㉠ 의미: 은행(수출지 은행 또는 수입지 은행)이 수출상이 발행한 기한부 환어음을 인수하여 수출상에게 일람출급 방식(at sight basis)으로 대금을 지급하는 한편 수입상에게는 일정 기간 후에 자금을 회수함으로써 수출상에게는 일람불 거래의 효과를 주고 수입상에게는 기한부 거래의 효과를 주는 신용장이다.
  ㉡ 특징: 수입상은 본인을 위하여 여신(인수 및 할인 편의)을 공여한 은행에게 A/D Charge(Acceptance Commission & Discount Charge)를 지불해야 하고 수출상의 매입은행은 기한부 신용장임에도 불구하고 환어음상의 기간에 관계없이 일람불로 수출상에게 대금을 지급한다.
  ㉢ 종류: 해외은행이 아닌 개설은행이 인수하고 할인금융을 직접 제공하면 Domestic Banker's Usance Credit, 해외은행이 제공하면 Overseas Banker's Usance Credit이라고 한다.

06 기타 신용장 2020 출제

(1) 회전 신용장(Revolving L/C) 2021 출제
수출상과 수입상 사이에 동종 상품 거래가 상당 기간 지속될 것으로 예상되는 경우 거래할 때마다 신용장을 개설하는 불편과 부담을 덜기 위하여 신용장을 1회 개설하고 이를 사용한 후에도 신용장의 효력이 다시 발생하는 조건으로 개설된 신용장이다.

(2) 전대/선대 신용장(Red Clause L/C) 2021, 2023, 2025 출제
개설은행이 매입은행으로 하여금 수출상에게 선적 전에 일정한 조건으로 수출 대금을 지급할 수 있도록 허용한 신용장이다. Packing L/C, Advance Payment L/C, Anticipatory L/C라고도 불린다.

(3) 동시개설 신용장(Back to Back L/C) 2021, 2023 출제
수입상이 수입 신용장을 개설할 경우 수출국에서도 같은 금액의 신용장을 개설하는 경우에만 유효하다는 조건이 붙은 조건부 신용장이다. 보통 두 나라가 물자를 교환하는 경우에 사용되며 중계무역과 관련하여 견질 신용장으로 사용되기도 한다. 견질 신용장은 원신용장(Master L/C, Original L/C)의 수익자가 원신용장을 견질로 하여, 해당 물품의 공급상을 수익자로 하여 다시 개설하는 제2의 신용장(Baby L/C, Sub L/C, Second L/C)을 의미한다.

(4) 기탁 신용장(Escrow L/C)
신용장에 의해 발행되는 어음의 매입 대금을 수익자에게 지급하지 않고 상호 약정에 따라 수익자 명의로 된 매입은행, 발행은행, 제3국의 환거래은행의 기탁계정(Escrow Account)에 기탁하는 방식의 신용장이다. 수익자가 원신용장 발행국에서 수입하는 물품의 대금 결제에만 사용하도록 하는 조건의 신용장으로서, 기탁해 둔 매입 대금은 수익자 신용장 개설의뢰인의 국가에서 상품을 수입할 때 사용할 수 있다.

(5) 토마스 신용장(TOMAS L/C)
수출상과 수입상 양측이 상호 일정액의 신용장을 서로 발행하기로 하되, 일방이 먼저 신용장을 개설한 경우 상대방은 이에 대응하는 신용장을 일정 기간 후에 발행하겠다는 보증서를 발행해야만 상대방에게 도착한 신용장이 유효하다고 인정하는 방식의 신용장이다.

(6) 내국 신용장(Local L/C)
원수출 신용장(Master L/C)을 받은 수출상의 요청으로 외국환은행이 국내의 완제품 또는 원자재 생산업체(수입 원자재 공급자 포함)를 수혜자로 하여 개설한 지급보증서로서, 국내 공급업체가 수출 물품 및 원자재를 원활히 조달할 수 있도록 무역금융의 일환으로 운영되는 신용장이다.

(7) 보증 신용장(Standby L/C) 2021, 2022, 2025 출제
① 의미: 금융 조달이나 보증을 위해 발행되는 무화환 신용장(Clean L/C)의 일종으로 발행의뢰인이 의무를 이행하지 않은 경우 개설은행이 지급을 이행하겠다는 약속증서와 같은 채무보증용 신용장이다.
② 특징
  ㉠ 상거래에 따른 대금 결제의 목적보다 주로 금융이나 보증의 목적으로 사용된다[상업보증 신용장(Commercial Standby L/C)은 예외].
  ㉡ 화환 신용장처럼 적용 가능한 범위 내에서 UCP 600(신용장통일규칙)의 적용을 받지만 그 외의 사항은 ISP 98(보증신용장통일규칙)을 따른다. UCP 600과 상충되는 경우에는 ISP 98이 우선 적용된다.

③ 보증 신용장의 종류

보증 신용장의 구분	주요 내용
입찰보증 신용장 (Bid Standby L/C)	개설의뢰인이 입찰에 응찰하여 낙찰된 경우 계약 체결을 보증
계약이행보증 신용장 (Performance Standby L/C)	수출입계약 또는 공사계약의 이행을 보증
선수금환급보증 신용장 (Advance Payment Standby L/C)	수익자로부터 받은 선수금에 대하여 계약 이행을 보장 또는 계약 불이행 시 선수금 반환을 보증
유보금환급보증 신용장 (Retention Money Standby L/C)	계약 이행 완료 후 하자 등을 담보하기 위하여 일정 금액의 유보금을 예치한 경우, 유보금을 선지급하는 대신 하자 발생 등의 계약 위반 사실이 발생했을 때 유보금의 환급을 보증
하자보수유지보증 신용장 (Maintenance Standby, Warranty Standby L/C)	계약 이행 중 하자 발생 시 물품의 반품 또는 보수 공사를 요구하는 것에 대한 보증서 대신 은행이 보증서를 발급하는 것도 보증
상업보증 신용장 (Commercial Standby L/C)	계약에 의해 미리 정해진 방법(O/A, 사후 송금 등)으로 대금이 지급되지 않았을 때를 대비하여 상품이나 서비스 대금을 2차적으로 보장할 목적으로 사용
금융보증 신용장 (Financial Standby L/C)	차입금의 상환을 보장하기 위한 수단으로 사용

> **TIP** 청구보증(Demand Guarantee)을 알아보아요. **2019, 2021, 2022, 2024 출제**
> 1. 의미
>   (1) 청구보증은 일반 보증서와 달리 주채무자의 채무 불이행에 대해 주채무자와 독립된 1차적 책임을 부담하는 보증
>   (2) 보증서의 형태를 갖고 있으나 보증 신용장(Standby L/C)과 동일한 목적으로 사용(금융보증보다는 이행보증에 주로 사용)
>   (3) 청구보증은 ICC(국제상업회의소)에 의해 제정된 청구보증통일규칙(URDG 758)이 적용됨
>   (4) 보증서상에 별도로 요구하지 않더라도 보강진술(불이행진술서)에 의해 보강(제시)되어야 함
>   (5) 보증에서 제시되는 형태를 지정하지 않은 경우 수익자는 종이형태(전자형태 아님 주의)로 제시하여야 함
> 2. 유형(보증 신용장의 유형과 동일): 입찰보증(Bid Bond, Tender Guarantee), 이행보증(P Bond, Performance Guarantee), 선수금보증(A/P Bond, Advance Payment Guarantee), 유보금보증(R Bond, Retention Money Guarantee), 하자보증(M Bond, Maintenance Bond, Warranty Guarantee)

4 화환 신용장의 거래 과정

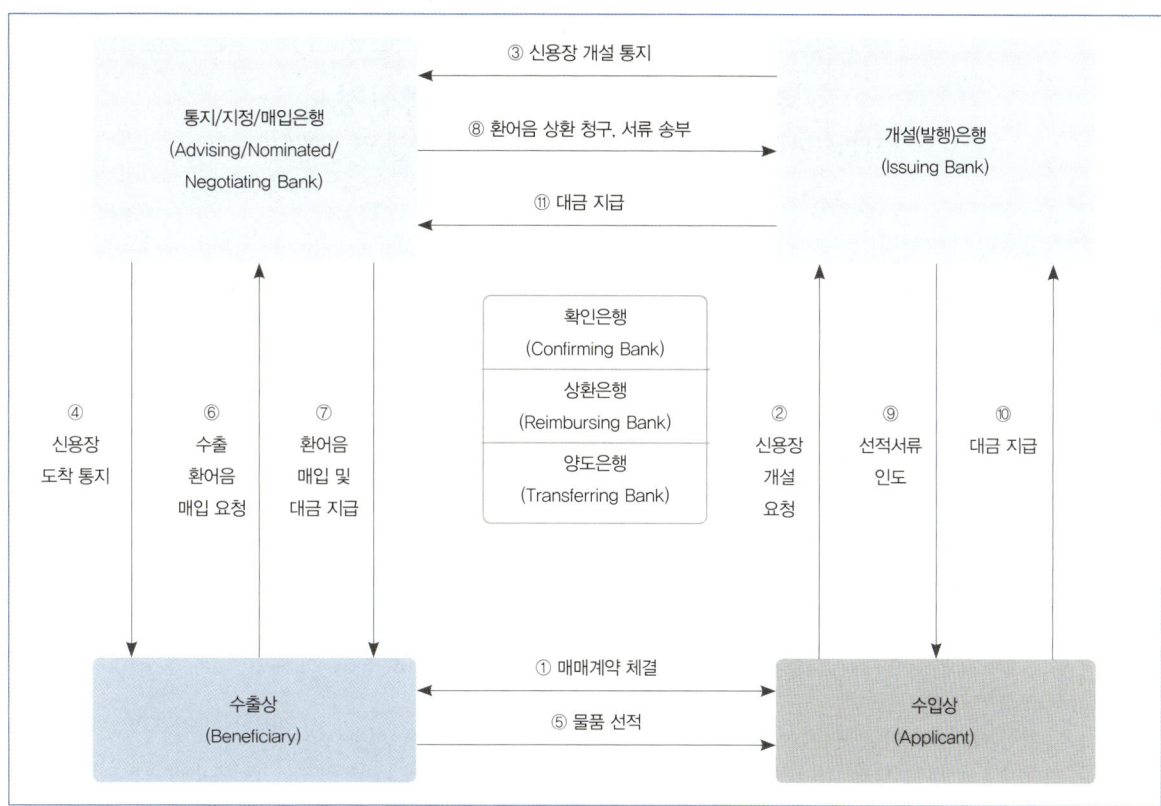

01 화환 신용장 개설

개설은행은 개설의뢰인(수입상)의 신용 상태를 조사한 후 외국환거래약정을 체결하고 개설의뢰인은 개설은행에 신용장 개설신청서를 제출한다.

(1) 외국환거래약정
① 수입 대금의 지급확약, 신용장 개설에 따른 제반 수수료 및 신용장 관련 은행이 부담하는 제 비용의 보상 의무, 수입 화물의 담보 차입 및 그 처분에 관한 사항, 은행의 면책사항 인정, 약정서에 규정이 없는 사항의 준거법에 대한 사항을 다룬다.
② 외국환거래약정서는 수출, 수입, 내국신용장 발행, 내국신용장 환어음 매입(추심)거래 등을 위해서 외국환 거래자와 은행이 체결하는 기본약정서이다.
③ 외국환거래약정서에 정하는 수입 거래란 신용장 발행, 화환어음의 인도 및 결제, 보증 신용장에 의한 무화환어음의 인도 및 결제 등이다.
④ 외국환거래약정서에서 약정하지 않은 사항은 신용장통일규칙, 추심에 관한 통일규칙 등 국제규칙과 은행의 관련 규정을 따르기로 한다.
⑤ 적용환율은 매입(추심) 신청서 또는 신용장 발행 신청서 등을 접수한 날과 관계없이 본인이 매입(추심)대금등을 실제로 지급받거나 결제대금등을 실제로 지급하는 날의 대고객 매입율 또는 매도율로 한다.

(2) 신용장 개설신청서 2021 출제

① 예시

취소불능화환 신용장 발행신청서
(APPLICATION FOR IRREVOCABLE DOCUMENTARY CREDIT)

ABC BANK OF KOREA

| AT SIGHT L/C 및 |
| 내국수입 USANCE |
| 지급보증용 |

To

Dear Sirs,

We request you to establish by ☐ cable ☐ air mail an Irrevocable Credit on the following terms and conditions.

① Advising Bank

　Cable Address

② Credit Number

③ Applicant

④ Beneficiary

⑤ Amount

⑥ Expiry Date

⑦ Tenor of Draft　　　At Sight　　⑧ For　　　% of invoice value

Documents(please indicate by placing × Mark in applicable box)　　요구 서류(해당하면 박스에 ×표시)

☐ ⑨ full set of clean on board ocean bills of lading, made out to the order of the ABC Bank of Korea marked "Freight _____" and "Notify _____"

☐ ⑩ Marine Insurance policy or certificate in duplicate, endorsed in blank for 110% of the invoice value.

Insurance polices or certificates must expressly stipulate that claims are payable in the currency of the drafts and policies or certificates must also indicate a claim settling agent in Korea. Insurance must include Institute Cargo Clauses: _____

☐ ⑪ Signed commercial invoice in _____

☐ ⑫ Packing list in _____

☐ ⑬ Other document(s) (if any)

⑭ Commodity Description

Name of Commodity	Quantity	Unit Price	Amount
Country of Origin			

⑮ Shipment from _____ to _____　⑯ Latest

⑰ Partial shipments are _____　　⑱ Transhipment is

⑲ Documents must be presented within _____ days after the date of issuance of B/L or other transportation documents.

Special condition(s): All banking charges including postage, advising and payment commission outside Korea are for account of _____ Shipment by _____

위와 같이 신용장 발행을 신청함에 있어서 위 기재사항이 수입허가(승인) 사항과 틀림없음을 확인하고 따로 제출한 외국환거래 약정서의 각 조항에 따를 것을 확약하며 아울러 위 수입화물에 관한 모든 권리를 귀행에 양도하겠습니다.

Except so far as otherwise expressly stated, this credit is subject to the Uniform Customs and Practice for Documentary Credits(2007 Revision) International Chamber of Commerce, Publication NO. 600	신청인　　　　　인 주　소	인감대조

지급보증 확인	Checked By	Approved By	계	대리	차장	부점장

② 작성요령 [2025 출제]

항목	작성요령
① Advising Bank	수출상이 요청하는 은행으로 하며 별도 요청이 없는 경우 개설은행의 본지점 또는 예치환거래 은행을 기재
② Credit Number	개설은행이 부여한 신용장 번호를 기재
③ Applicant	개설의뢰인(수입상)의 상호, 주소를 기재
④ Beneficiary	수익자(수출상)의 상호, 주소, 전화번호를 기재
⑤ Amount	신용장 한도 금액을 기재(이 금액 이상으로 환어음을 발행할 수 없음)
⑥ Expiry Date	신용장의 유효기일을 기재(보통 최종 선적일부터 10일 정도 부여됨)
⑦ Tenor of Draft	환어음의 지급기한을 기재 • At Sight(일람출급)인 경우: 송금(Remittance) 방식인지 상환(Reimbursement) 방식인지 선택 • Usance(기한부)인 경우: 신용을 공여하는 주체가 은행인지 수출상인지 결정하고 일람 후 출급(After Sight), 일자 후 출급(From B/L Date: 선적일 기준) 또는 확정일 기준 여부를 결정하여 기재
⑧ For __% of Invoice Value	환어음 발행 금액으로 보통 송장 금액의 100%를 기재
⑨ Full Set of Clean on board ocean bills of lading	본선적재 해상선하증권(ON BOARD OCEAN B/L), 복합운송서류(MTD) 또는 항공화물운송장(AWB)의 여부를 확인 • Freight(운임): 운임 후지급 조건인 경우 COLLECT(수입상 부담), 운임 선지급 조건인 경우 PREPAID(수출상 부담) • Notify(착화 통지): 수입상인 경우 APPLICANT, 다른 업체인 경우 OTHER
⑩ Insurance	협회적하약관 중 수출상과 수입상이 협의한 약관을 기재함[INCOTERMS 2020이 적용되는 경우 CIF의 경우 ICC(C), CIP의 경우 ICC(A)로 기재]
⑪ Signed commercial invoice	수출상이 서명한 상업송장을 제시하여야 하며 제시할 통수를 기재 예 in duplicate: 2부, in triplicate: 3부
Certificate of Analysis	분석증명서를 요구하는 경우 기재
⑫ Packing List	수출상이 제시하여야 하는 포장명세서 통수를 기재
⑬ Other Documents(if any)	수출상이 제시하여야 하는 추가 서류(있는 경우) 기재
Certificate of Weight	수출상이 제시하여야 하는 중량증명서 통수를 기재
Certificate of Origin	수출상이 제시하여야 하는 원산지증명서의 통수 및 발급자를 기재
Inspection Certificate	수출상이 제시하여야 하는 검사증명서의 통수와 발급자를 기재
⑭ Commodity Description	계약서에서 약정한 품명, 수량, 단가, 금액, HS CODE 및 정형거래 조건(Incoterms)을 기재
⑮ Shipment from __ to __	선적항/출발공항, 도착항/도착공항, 수탁지 및 목적지 등을 기재
⑯ Latest	계약서에서 지정한 선적일을 기재
⑰ Partial Shipment	분할선적 허용 여부를 기재 예 prohibited: 금지, Allowed: 허용
⑱ Transhipment	환적 허용 여부를 기재
Confirmation	신용장의 확인과 관련하여 계약상 합의가 있는 경우 기재
Transfer	수출상과 양도 가능 신용장 개설의 합의가 있는 경우 기재
⑲ Documents must be presented…	운송서류 원본 전통이 제시될 것을 조건으로 하는 신용장에서 서류가 제시되어야 하는 기간
Additional Conditions	부가 조건으로서 추가로 기재하고 싶은 사항을 기재

02 신용장 발행

(1) 신용장 발행의 의미
매매계약상 신용장에 의한 대금 결제를 약정한 경우 수입상은 외국환거래은행과의 약정에 따라 수입대금 결제를 위한 신용장 개설을 개설은행에 의뢰하면 개설은행이 신용장을 개설하는 것을 말한다.

(2) 발행 방법
① 우편에 의한 발행: 신용장 양식에 신용장 조건을 명시하고 우편을 통해 개설은행이 통지은행 앞으로 보내는 방식이다.
② 전신에 의한 발행: CABLE, TELEX, SWIFT(국제 은행 간 데이터 통신 시스템) 방식 등 인증된 전송 방법을 이용하는 것으로 현재는 SWIFT를 가장 많이 사용하고 있다. 2021 출제

> **SWIFT**
> 금융기관 간에 교환되는 각종 메시지를 표준화 SWIFT에 가입되어 있는 회원사 간 자체 통신망을 이용하여 송수신할 수 있도록 조직화된 금융정보 통신망. 신용장 개설과 관련하여 MT(Message Type)700을 사용하며 내용이 부족할 경우 MT701을 추가하여 사용함

(3) 개설은행의 의무 2025 출제
① 개설은행은 정해진 기간 내에 신용장을 발행할 의무가 있다. 또한 개설의뢰인의 지시 내용을 준수해야 하며 신용장의 내용을 지나치게 상세히 기재해서는 안 된다.
② 개설은행은 신용장 발행과 동시에 수익자에게 이를 통지해야 한다.
③ 개설은행은 신용장 개설 시점부터 취소가 불가능한 결제(honour)의 의무를 부담한다.
④ 개설은행은 일치하는 제시에 대하여 결제(honour) 또는 매입(negotiate)을 하고, 그 서류를 개설은행에 송부한 지정은행에 대하여 신용장 대금을 상환할 의무를 부담한다.

03 신용장 통지

(1) 신용장 통지의 의미
수익자인 수출상에게 신용장 발행 사실을 통보하는 것이다.

(2) 통지 방법
우편 통지, 전신 통지, SWIFT에 의한 통지 방법이 있다. SWIFT 통지는 개설은행이 SWIFT망을 이용하여 통지은행에게 신용장 개설 내용을 전달하고 이를 수익자에게 통지하도록 요청하는 방법이다.

(3) 통지은행의 의무 2022 출제
① 통지은행이 확인은행이 아닌 경우 결제(honour)나 매입에 대한 어떤 의무를 부담하지 않고 신용장 및 이에 대한 조건 변경을 통지한다.
② 통지은행은 신용장 또는 그 조건 변경을 통지함으로써 신용장 또는 그 조건 변경에 대한 외견상 진정성이 충족된다는 점과 그 통지가 송부받은 신용장 또는 그 변경의 조건들을 정확하게 반영한다는 점을 표명한다.
③ 통지은행은 수익자에게 신용장 및 그 조건 변경을 통지하기 위하여 다른 은행을 이용할 수 있다.
④ 은행이 신용장 또는 그 조건 변경을 통지하도록 요청받았지만 신용장이나 신용장의 조건 변경 또는 통지의 외견상 진정성에 대한 요건을 충족하지 못한다고 판단한 경우, 바로 그 지시를 송부한 것으로 되어 있는 은행에 해당 사실을 통지해야 한다.

> **UCP 600 제9조 신용장 및 이에 대한 조건 변경의 통지**
> b. By advising the credit or amendment, the advising bank signifies that it has satisfied itself as to the apparent authenticity of the credit or amendment and that the advice accurately reflects the terms and conditions of the credit or amendment received.
> 통지은행은 신용장 또는 조건 변경을 통지함으로써 신용장 또는 조건 변경에 대한 외견상 진정성이 충족된다는 점과 그 통지가 송부받은 신용장 또는 그 변경 조건들을 정확하게 반영한다는 점을 표명한다.

c. An advising bank may utilize the services of another bank ("second advising bank") to advise the credit and any amendment to the beneficiary. By advising the credit or amendment, the second advising bank signifies that it has satisfied itself as to the apparent authenticity of the advice it has received and that the advice accurately reflects the terms and conditions of the credit or amendment received.

통지은행은 수익자에게 신용장 및 모든 조건 변경을 통지하기 위하여 다른 은행("제2통지은행")의 서비스를 이용할 수 있다. 제2통지은행은 신용장을 통지하거나 조건 변경을 통지함으로써 그 통지내용 자체에 대한 외견상 진정성이 충족된다는 점과 그 통지가 송부받은 신용장 또는 조건 변경사항을 정확하게 반영된다는 점을 표명한다.

e. If a bank is requested to advise a credit or amendment but elects not to do so, it must so inform, without delay, the bank from which the credit, amendment or advice has been received.

은행이 신용장 또는 조건 변경을 통지하도록 요청받았으나 이를 수락하지 않을 경우, 신용장, 조건 변경 또는 통지를 송부한 은행에 이를 지체 없이 알려 주어야 한다.

f. If a bank is requested to advise a credit or amendment but cannot satisfy itself as to the apparent authenticity of the credit, the amendment or the advice, it must so inform, without delay, the bank from which the instructions appear to have been received. If the advising bank or second advising bank elects nonetheless to advise the credit or amendment, it must inform the beneficiary or second advising bank that it has not been able to satisfy itself as to the apparent authenticity of the credit, the amendment or the advice.

은행이 신용장 또는 조건 변경을 통지하도록 요청받았으나, 신용장, 조건 변경 또는 통지의 외견상 진정성에 대한 요건을 충족하지 못한다고 판단한 경우, 그 지시를 송부한 것으로 되어 있는 은행에 이를 지체 없이 통지해야 한다. 그럼에도 불구하고 통지은행 또는 제2통지은행이 신용장을 통지하거나 조건 변경을 통지하기로 한 경우, 그 은행은 수익자 또는 제2통지은행에게 신용장, 조건 변경 또는 통지가 외견상 진정성에 대한 요건을 충족하지 못한다고 알려 주어야 한다.

(4) 신용장 통지

① 예시 `2019, 2025 출제`

ADVICE OF IRREVOCABLE DOCUMENTARY CREDIT

CREDIT ADVICE NUMBER: A123456789	**DATE:** 2023-02-05
BENEFICIARY TEKMAX CO., LTD. ILSAN TECHNO TOWN ILSAN DONG-GU GOYANG CITY GYEONGGIDO SOUTH KOREA	**ISSUING BANK** HANG SENG BANK 83 DES VOEUX ROAD, CENTRAL
APPLICANT HARVARD MUSIC CO., LTD. 13F RAILWAY PLAZA 40 CHATHAM ROAD SOUTH TSIMSHATSUI KLN	**AMOUNT** USD 1,000,000 OPEN DATE: 2023/02/02 EXPIRY DATE: 2023/03/31

Dear Sir(s)
We are requested by the issuing bank without any responsibility on our part to advise you of authenticated cable reading as follows:
From: HASENHKHHXXX
MSG TYPE: 700- ISSUE OF A DOCUMENTARY CREDIT
This letter is solely an advice of credit opened by the above mentioned.

① **27 Sequence of Total:** 1/1 1페이지로 구성된 전문 중 첫 번째 페이지
② **40A Form of Documentary Credit:** IRREVOCABLE 취소불능
③ **20 Documentary Credit Number:** DC TSE123456AA
④ **31C Date of Issue:** 2023/02/02
⑤ **40E Applicable Rules:** UCP LATEST VERSION UCP 최신 버전(UCP 600) 적용
⑥ **31D Date and Place of Expiry:** 2023/03/31 IN BENEFICIARY COUNTRY
⑦ **50 Applicant:** HARVARD MUSIC CO., LTD.
　　　　13F RAILWAY PLAZA 40 CHATHAM ROAD SOUTH TSIMSHATSUI KLN

⑧ 59 Beneficiary: TEKMAX CO., LTD.
　　　　ILSAN TECHNO TOWN ILSAN DONG-GU GOYANG CITY GYEONGGIDO SOUTH KOREA
⑨ 32B Currency Code, Amount: USD 1,000,000
⑩ 39A Percentage Credit Amount Tolerance: (±)0.00(%)
⑪ 41A Available with … by: ANY BANK BY NEGOTIATION 어느 은행에서나 매입 가능(자유매입 신용장)
⑫ 42C Drafts at …: AT SIGHT FOR FULL INVOICE VALUE 총송장 금액 전체를 금액으로한 일람불 조건의 환어음 발행
⑬ 42A Drawee: ISSUING BANK 지급인은 개설은행으로 함
⑭ 43P Partial Shipment: ALLOWED 분할선적 허용
⑮ 43T Transhipment: PROHIBITED 환적 허용하지 않음
⑯ 44E Port of Loading / Airport of Departure: ANY KOREAN PORTS, KOREA
⑰ 44F Port of Discharge / Airport of Destination: HONGKONG PORT, HONGKONG
⑱ 44C Latest Date of Shipment: 2023/03/11
⑲ 45A Description of Goods and/or Services
　　MP3 PLAYER MODEL NO: MP650A 50,000 PCS UNIT PRICE USD 20
　　TOTAL AMOUNT: USD 1,000,000 CIF HONGKONG PORT
⑳ 46A Documents Required
　　+ SIGNED COMMERCIAL INVOICE IN 3 COPIES 서명된 상업송장 3부(작성요령 참고)
　　+ PACKING LIST IN 3 COPIES 포장명세서 3부
　　+ FULL SET OF CLEAN ON BOARD OCEAN BILLS OF LADING MADE OUT TO THE ORDER OF HANG SENG BANK MARKED
　　 FREIGHT PREPAID AND NOTIFY ACCOUNTEE(작성요령 참고)
　　+ CERTIFICATE OF ORIGIN(작성요령 참고)
　　+ INSURANCE POLICY/CERTIFICATE IN DUPLICATE ISSUED BY AN INSURANCE COMPANY
　　 ENDORSED IN BLANK COVERING INSTITUTE CARGO CLAUSE (A) FOR FULL INVOICE
　　 VALUE PLUS 10 PCT INDICATING THIS CREDIT NO. AND THE APPOINTED SETTLING
　　 AGENT IN HONGKONG(작성요령 참고)
㉑ 47A Additional Conditions
　　+ ALL DOCUMENTS MUST BE MADE OUT IN ENGLISH VERSION 모든 서류 영문 작성 원칙
　　+ T/T REIMBURSEMENT NOT ALLOWED(작성요령 참고)
　　+ ALL DOCUMENTS MUST BEAR OUR CREDIT NUMBER(작성요령 참고)
㉒ 71B Charges
　　+ ALL BANKING CHARGES EXCLUDING OUR L/C OPENING CHARGES ARE FOR ACCOUNT OF BENEFICIARY.
　　 신용장 개설 비용을 제외한 모든 은행수수료는 수익자 부담으로 한다.
㉓ 48 Period for Presentation
　　WITHIN 21 DAYS AFTER THE DATE OF SHIPMENT BUT WITHIN THE VALIDITY OF THE CREDIT
　　선적일부터 21일 이내에 서류가 제시되어야 하나 이 기한 역시 신용장 유효기일 이내이어야 한다.
㉔ 49 Confirmation Instructions: WITHOUT(작성요령 참고)
㉕ 78 Instructions to the Paying / Accepting / Negotiation Bank:
　　+ THE AMOUNT OF EACH DRAWING UNDER THIS L/C MUST BE ENDORSED BY THE NEGOTIATING BANK ON THE REVERSE
　　 OF THE ADVICE OF THIS MESSAGE. 이 신용장하에 발행된 환어음 금액은 이 서류 뒷부분에 매입은행에 의해 배서되어야 한다.
　　+ ALL DOCUMENTS MUST BE FORWARDED DIRECTLY TO HANG SENG BANK, 83 DES VOEUX ROAD, CENTRAL
　　 HONGKONG: IMPORT DIV. IN ONE LOT ORIGINAL BY COURIER SERVICE.
㉖ 72 Sender to Receiver Information
　　THIS CREDIT IS SUBJECT TO UCP(2007 REVISION)
　　ICC PUBLICATION NO. 600
　　이 신용장은 국제상업회의소가 제정한 UCP 600(2007 개정)에 따른다.

END OF MESSAGE

② 작성요령

항목	작성요령
① 27 Sequence of Total	전문의 전체 쪽수 중에서 몇 번째 쪽인지를 기재
② 40A Form of Documentary Credit	신용장의 취소 가능 여부(Revocable 또는 Irrevocable) 및 양도 가능 여부(Transferable 또는 Non-Transferable)를 기재
③ 20 Documentary Credit Number	개설된 신용장의 번호를 기재
④ 31C Date of Issue	신용장 개설 일자를 기재
⑤ 40E Applicable Rules	신용장 해석을 위해 적용하는 규칙을 기재
⑥ 31D Date and Place of Expiry	신용장 대금의 결제 또는 매입을 위한 제시가 이루어져야 하는 최종 일자와 장소를 기재 **TIP** 결제 또는 매입이 완료되는 날짜가 아님에 주의하세요. 서류의 우편 도달 기간이 있으므로 서류가 도착하는 기일을 감안하여 서류를 제시하여야 해요.
⑦ 50 Applicant	신용장 개설을 의뢰하는 개설의뢰인을 기재 **TIP** 화환 신용장에서 개설의뢰인은 수입상이에요.
⑧ 59 Beneficiary	신용장을 통해 수익을 얻는 자(일반적으로 수출상)를 기재
⑨ 32B Currency Code, Amount	신용장 금액의 통화 종류 및 금액을 기재
⑩ 39A Pct Credit Amount Tolerance	신용장 금액의 과부족 용인율을 기재
⑪ 41A Available with … by	신용장을 사용할 수 있는 은행과 사용 가능 방법을 기재 예) available with 신용장 사용 가능 은행명 by 신용장 사용 가능 방법 **TIP** 신용장에는 일람지급, 연지급, 인수 또는 매입으로 이용 가능한지 여부를 명시해야 해요(UCP 600 제6조).
⑫ 42C Drafts at	환어음의 지급기일을 기재 예) • at sight(일람출급-즉시 지급): 환어음을 일람불 조건으로 발행 **TIP** 일람출급(at sight) 방식에서 지정은행 또는 매입은행은 서류를 심사하여 신용장 조건과 일치하는 경우 서류를 접수한 날의 다음 날부터 5은행영업일 이내에 대금을 지급해야 해요. • Usance(기한부): 환어음의 만기일에 대금을 지급하는 조건으로 발행 – at XX days after sight(일람 후 정기출급): 서류를 일람한 날짜에서 XX일 후 대금을 지급하는 조건 – at XX days after B/L date(일자 후 정기출급): 선하증권 일자(선적일)를 기준으로 XX일 후 대금을 지급하는 조건 **TIP** 환어음의 만기와 관련하여 From, After라는 용어가 사용된 경우 해당 일자는 제외한다는 것을 잊지 마세요.
⑬ 42A Drawee 2022 출제	환어음의 지급인(일반적으로는 개설은행, 인수 신용장의 경우 인수은행)을 기재 **TIP** 신용장은 개설의뢰인을 지급인으로 하는 환어음에 의하여 이용 가능하도록 개설되어서는 안 돼요(UCP 600 제6조).
⑭ 43P Partial Shipment	분할선적 허용 여부를 기재(아무 표시가 없는 경우에는 분할선적이 허용됨) 예) • ALLOWED 또는 PERMITTED: 분할선적 허용 • NOT ALLOWED 또는 NOT PERMITTED 또는 PROHIBITED: 분할선적을 허용하지 않음
⑮ 43T Transhipment	환적 가능 여부를 표시 예) • ALLOWED 또는 PERMITTED: 환적 허용 • NOT ALLOWED 또는 NOT PERMITTED 또는 PROHIBITED: 환적을 허용하지 않음

⑯ 44E Port of Loading /Airport of Departure	선적항 또는 출발공항을 기재	
⑰ 44F Port of Discharge /Airport of Destination	도착항 또는 도착공항을 기재	
⑱ 44C Latest Date of Shipment	선적이 이루어져야 하는 최종 일자를 기재	
⑲ 45A Description of Goods and/or Services	상품 또는 용역의 명세를 기재	
⑳ 46A Documents Required 2019, 2020 출제	수출상이 제시해야 할 서류를 기재(상업송장, 포장명세서, 원산지증명서, 보험증명서류, 검사보고서 등) • SIGNED COMMERCIAL INVOICE IN 3 COPIES: 상업송장은 명시하지 않은 경우 서명될 필요는 없으나 SIGNED C/I(Commercial Invoice, 상업송장)를 요구한 경우 반드시 서명되어야 함. IN 3 COPIES라고 표시되어 있는 경우 최소한 원본(ORIGINAL) 1부를 포함해야 하며 나머지는 사본으로 제시하여도 무방함 2021 출제 **TIP** 서류 제시 통수 표기 방법을 알아보아요.	

통수	영문 표기 방법	통수	영문 표기 방법
2	DUPLICATE	6	SEXTUPLICATE
3	TRIPLICATE	7	SEPTUPLICATE
4	QUADRUPLICATE	8	OCTUPLICATE
5	QUINTUPLICATE		

• PACKING LIST IN 3 COPIES: 포장명세서 3부
• FULL SET OF CLEAN ON BOARD OCEAN BILLS OF LADING MADE OUT TO THE ORDER OF HANG SENG BANK MARKED FREIGHT PREPAID AND NOTIFY ACCOUNTEE
 – FULL SET: 선사가 발행하는 선하증권 원본 전통(3부)을 제시해야 함. 각각의 원본은 독립적 효력을 유지하므로 한 부만 있어도 수입상은 이를 선사에 제시하여 물품을 찾을 수 있음. 은행은 대금 지급에 대한 담보로 화물 소유권을 확보하기 위해 선하증권 원본 전통을 은행에 제출하도록 하고 있음
 – OF CLEAN: CLEAN이란 무사고(무고장)을 의미하며 수량의 부족, 포장의 미비 등과 같은 하자(DIRTY 또는 FOUL)의 내용이 선하증권의 REMARKS란에 기재되지 않은 선하증권을 의미함. 화물에 이상이 있는 경우 화주는 파손화물보상장(L/I: Letter of Indemnity)을 제공하여 무사고부 선하증권을 발급받아 화물을 수령할 수 있음
 – ON BOARD OCEAN BILLS OF LADING: 본선적재 완료된 해상선하증권을 제시해야 함. 물품 선적 후 발급되는 선하증권인 선적 선하증권(SHIPPED B/L)과 수취선하증권(RECEIVED B/L)이 발급된 후 ON BOARD NOTATION(본선적부기)이 표시되는 본선적재 선하증권(ON BOARD B/L)이 은행에서 수리됨
 – MADE OUT TO THE ORDER OF HANG SENG BANK: 은행 지시식으로 선하증권을 발행하라는 표시임. 개설은행은 선하증권의 수하인을 자행으로 발행하도록 하여 해당 선하증권에 대한 물권을 확보함
 – MARKED FREIGHT PREPAID: 해상운임 지불 여부를 표시
  예) FCA, FOB 조건: FREIGHT COLLECT(운임 후지급)라고 표시
   CFR, CIP, CIF, CPT, DAP, DPU, DDP 조건: FREIGHT PREPAID(운임 선지급)라고 표시

TIP 운임과 관련하여 'FREIGHT PREPAYABLE', 'TO BE PREPAID'와 같이 모호한 표현을 사용하면 안 돼요.

⑳ 46A Documents Required 2019, 2020 출제	– AND NOTIFY ACCOUNTEE: 착화통지처란에 수입상의 이름을 표시함. 선사는 화물이 도착하면 수입상이 해당 화물을 신속히 인수할 수 있도록 화물 도착 사실을 알려 주어야 함. NOTIFY란에는 수입상의 주소와 연락처를 기재함 • 보험회사 서류: 보험회사가 보험증권 또는 보험증명서 2부를 전통(Full Set)으로 발행함. 보험증권은 백지배서되어야 하고 보험 가입 조건은 CIF 조건의 경우 ICC(C), CIP 조건의 경우 ICC(A)이며 보험 가입 금액은 상업송장 금액에 10%를 더한 금액이어야 함. 보험증권상에는 신용장 번호와 홍콩에 지명된 보험 결제 대리인을 표시함	
㉑ 47A Additional Conditions	추가 조건을 기재 **TIP** 추가 조건은 개설의뢰인의 요구사항으로 기본 조건과 모순되거나 상충하지 않아야 하며 비서류적 조건이나 이행 불가능한 조건을 삽입하려는 시도는 지양해야 해요. • T/T REIMBURSEMENT NOT ALLOWED: T/T 상환 방식은 허용되지 않음 • ALL DOCUMENTS MUST BEAR OUR CREDIT NUMBER: 모든 서류에는 신용장 번호를 기재해야 함 • QUANTITY 10PCT MORE OR LESS ALLOWED: 10%의 수량 과부족 허용 • THIRD PARTY DOCUMENTS ACCEPTABLE: 제3자가 발행한 서류를 허용함	
㉒ 71B Charges	수수료가 수익자 부담인 경우 기재	
㉓ 48 Period for Presentation	서류 제시 기간을 기재	
㉔ 49 Confirmation Instructions 2023 출제	수신은행(보통 통지은행)에 대한 확인 요청사항을 기재 • CONFIRM: 수신은행에게 확인을 요청 • MAY ADD: 수신은행에게 신용장 확인을 허용 • WITHOUT: 신용장 확인을 요청하지 않음	
㉕ 78 Instructions to Pay/Acc/Neg Bank	지급, 인수, 매입은행에 대한 지시사항을 기재	
㉖ 72 Sender to Receiver Information	필요한 경우 개설은행이 수신은행(통지은행)에게 제공하는 정보를 기재	

04 신용장 확인 2021, 2022, 2025 출제

(1) 신용장 확인의 의미
① 신용장 확인이란 개설은행 이외에 제3의 은행이 개설은행과는 독립적으로 어음의 지급·인수·매입을 확약하는 것을 의미한다.
② 확인은행은 보통 수익자 소재 국가의 개설은행의 예치환거래은행이 되며 수익자는 개설은행과 확인은행에서 이중으로 결제에 대한 확약을 받는다.

(2) 확인이 필요한 경우
① 조건부 지급확약을 하고 있는 개설은행의 자본력이나 신용이 약한 경우
② 개설은행 소재국에 정치·경제적 위험이 있어 지급에 대하여 수익자가 신뢰할 수 없는 경우

(3) 확인은행의 의무 2023 출제
① 확인은행은 신용장에 확인을 추가하는 시점부터 **취소가 불가능한** 결제(honour) 또는 매입(상환청구권 없음)의 의무를 부담한다.
② 확인은행은 지정은행에게 받은 일치하는 제시에 대하여 결제(honour) 또는 매입을 하고 지정은행에게 신용장 대금을 상환할 의무를 부담한다.
③ 어떤 은행이 개설은행으로부터 신용장에 대한 확인의 권한이나 요청을 받았음에도 불구하고 준비가 되지 않았다면 지체 없이 개설은행에게 그 사실을 알려 주어야 하며 이 경우 신용장에 대한 확인 없이 통지만 할 수 있다.

④ 확인은행은 제시가 일치한다고 판단한 경우 결제(honour) 또는 매입 후 그 서류들을 개설은행에 송부해야 한다.

> **TIP** 확인은행의 의무는 개설은행의 의무와 동일한 부분이 많아요. 차이점은 개설은행과 달리 상환청구권 없이 매입을 확약한다는 것과 개설은행의 확인 요청을 거절할 권리가 있다는 점이에요!

UCP 600 제8조 확인은행의 의무

a. ⅰ. honour, if the credit is available by
   확인은행은 다음의 경우 결제(honour) 의무를 부담한다.
   a) sight payment, deferred payment or acceptance with the confirming bank;
      신용장을 확인은행에서 일람지급, 연지급 또는 인수의 방법으로 이용할 수 있는 경우
   b) sight payment with another nominated bank and that nominated bank does not pay;
      신용장이 다른 지정은행에서 일람지급의 방법으로 이용할 수 있는데, 해당 지정은행이 대금을 지급하지 않는 경우
   c) deferred payment with another nominated bank and that nominated bank does not incur its deferred payment undertaking or, having incurred its deferred payment undertaking, does not pay at maturity;
      신용장을 다른 지정은행에서 연지급의 방법으로 이용할 수 있는데, 해당 지정은행이 연지급 의무를 부담하지 않는 경우, 또는 그와 같은 연지급의 의무를 부담하였으나 만기에 대금을 지급하지 않는 경우
   d) acceptance with another nominated bank and that nominated bank does not accept a draft drawn on it or, having accepted a draft drawn on it, does not pay at maturity;
      신용장을 다른 지정은행에서 인수의 방법으로 이용할 수 있는데, 해당 지정은행이 그 지정은행을 지급인으로 한 환어음을 인수하지 않거나 인수하였더라도 만기에 대금을 지급하지 않는 경우
   e) negotiation with another nominated bank and that nominated bank does not negotiate.
      신용장을 다른 지정은행에서 매입의 방법으로 이용할 수 있는데, 해당 지정은행이 매입하지 않는 경우
   ⅱ. negotiate, without recourse, if the credit is available by negotiation with the confirming bank
      신용장을 확인은행에서 매입의 방법으로 이용 가능한 경우 확인은행은 **상환청구권 없이**(without recourse) 매입해야 한다.

b. A confirming bank is irrevocably bound to honour or negotiate as of the time it adds its confirmation to the credit.
   확인은행은 신용장에 확인을 추가하는 시점부터 취소 불가능한 결제(honour) 또는 매입의 의무를 부담한다.

c. A confirming bank undertakes to reimburse another nominated bank that has honoured or negotiated a complying presentation and forwarded the documents to the confirming bank. Reimbursement for the amount of a complying presentation under a credit available by acceptance or deferred payment is due at maturity, whether or not another nominated bank prepaid or purchased before maturity. A confirming bank's undertaking to reimburse another nominated bank is independent of the confirming bank's undertaking to the beneficiary.
   확인은행은 일치하는 제시에 대하여 결제(honour) 또는 매입하고 그 서류를 확인은행에 송부한 다른 지정은행에 대하여 신용장 대금을 상환할 의무를 부담한다. 인수 신용장 또는 연지급 신용장의 경우 일치하는 제시 금액의 상환은 다른 지정은행이 그 신용장의 만기 이전에 대금을 선지급 또는 매입하였는지 여부와 관계없이 만기에 이루어져야 한다. 다른 지정은행에 대한 확인은행의 상환의무는 수익자에 대한 확인은행의 의무로부터 독립적이다.

d. If a bank is authorized or requested by the issuing bank to confirm a credit but is not prepared to do so, it must inform the issuing bank without delay and may advise the credit without confirmation.
   어떤 은행이 개설은행에서 신용장을 확인할 권한 또는 요청을 받았음에도 불구하고 그 준비가 되지 않았다면, 해당 은행은 지체 없이 개설은행에 통지해야 하며, 이 경우 신용장 확인 없이 통지만 할 수 있다.

UCP 600 제15조 일치하는 제시

b. When a confirming bank determines that a presentation is complying, it must honour or negotiate and forward the documents to the issuing bank.
   확인은행은 제시가 일치한다고 판단할 경우 결제(honour) 또는 매입하고 그 서류들을 개설은행에 송부해야 한다.

05 신용장 조건 변경 및 취소 2020, 2021, 2022, 2023 출제

(1) 조건 변경 및 취소의 의미
① 조건 변경: 수익자가 수령한 신용장 전체의 효력은 유지하되 그 내용의 일부를 수정하거나 변경하는 것을 말한다.
② 취소: 유효하게 개설된 신용장의 내용을 취소하여 그 효력을 해지하는 것을 말한다.

(2) 조건 변경 및 취소의 요건
① 취소불능 신용장의 경우에는 거래 기본당사자[개설은행, 확인은행(있는 경우), 수익자] 전원의 동의가 있어야 한다.
② 신용장의 유효기일 내에 이루어져야 하며 조건 변경의 횟수에는 제한을 두고 있지 않다.

(3) 조건 변경의 내용
① 금액 변경(주로 증액하는 경우가 많으며 금액 증액 시 신용장 개설은행의 여신 및 책임이 증가하므로 추가 담보 제공이나 지급 보증의 추가 확보를 요구함)
② 선적기일 또는 유효기일의 연장(수익자가 유효기한 내에 선적하기 어려운 경우 개설의뢰인에게 선적기일 연장을 요청하면 개설의뢰인이 개설은행에 요청하는 절차로 진행)
③ 품목 또는 상품 명세의 변경
④ 선적항 또는 도착항의 변경
⑤ 환적 및 분할선적 여부 변경(운송 환경의 변경이나 기타 사유로 환적 및 분할선적이 필요하게 된 경우 금지되어 있던 환적 및 분할선적을 허용)
⑥ 단가, 인도 조건, 어음 만기일 변경

(4) 조건 변경의 통지
① 신용장 조건 변경은 통지은행을 통하여 수익자에게 통지될 수 있다.
② 통지은행은 지급 또는 매입을 위한 어떠한 확약 없이 신용장 일체의 조건 변경을 통지한다.
③ 통지은행이 조건 변경을 통지한 경우 조건 변경 그 자체의 외관상 진정성이 충족된다는 점과 그 통지가 송부받은 조건 변경사항을 정확하게 반영한다는 점을 표명해야 한다.
④ 통지은행은 수익자에게 조건 변경을 통지하기 위하여 제2통지은행을 이용할 수 있다.
⑤ 신용장의 통지를 위해 통지은행 또는 제2통지은행을 이용하였다면 신용장의 조건 변경을 통지할 때에도 동일한 은행을 이용해야 한다.

(5) 조건 변경의 특징
① 개설은행은 신용장의 조건을 변경한 경우 그 시점부터 변경 내용에 대해 취소할 수 없다.
② 확인은행은 조건 변경에 대한 확인을 연장할 수 있고, 조건 변경을 통지한 경우 그 시점부터 취소할 수 없다.
③ 수익자는 조건 변경 내용에 대한 수락 또는 거절의 뜻을 알려 주어야 한다. 수익자가 변경에 대한 수락 또는 거절의 뜻을 확실히 알리지 않더라도 신용장이나 아직 수락되지 않고 있는 조건 변경 내용에 부합하는 제시가 있으면 수익자가 조건 변경 내용을 수락한다는 뜻으로 간주한다.
④ 조건 변경을 일부만 수락하는 것은 허용되지 않으며, 이는 조건 변경 내용에 대한 거절의 의사 표시로 간주한다.

⑤ 수익자가 일정한 시간 내에 조건 변경을 거절하지 않는다고 해서 조건 변경을 수락했다고는 할 수 없다. 거절하지 않을 시 조건 변경이 효력을 얻는다는 규정이 있다면 이는 무시된다.

> **UCP 600 제10조 조건 변경**
> a. Except as otherwise provided by article 38, a credit can neither be amended nor cancelled without the agreement of the issuing bank, the confirming bank, if any, and the beneficiary.
> 제38조(양도 가능 신용장)에서 규정한 경우를 제외하고 신용장은 개설은행, 확인은행(있는 경우), 그리고 수익자의 동의 없이는 조건 변경되거나 취소될 수 없다.
> b. An issuing bank is irrevocably bound by an amendment as of the time it issues the amendment. A confirming bank may extend its confirmation to an amendment and will be irrevocably bound as of the time it advises the amendment. A confirming bank may, however, choose to advise an amendment without extending its confirmation and, if so, it must inform the issuing bank without delay and inform the beneficiary in its advice.
> 개설은행은 신용장에 대한 조건을 변경한 시점부터 변경 내용에 대하여 취소 불가능하게 구속된다. 확인은행은 조건 변경에 대한 확인을 연장할 수 있고, 그 조건 변경을 통지한 시점부터 그 내용에 대해 취소 불가능하게 구속된다. 그러나 확인은행이 조건 변경에 대하여 확인을 연장하지 않고 통지만 하기로 선택한 경우 그 사실을 지체 없이 개설은행에 알려 주어야 하고, 그 통지에서 수익자에게 그 사실을 알려 주어야 한다.
> c. The terms and conditions of the original credit (or a credit incorporating previously accepted amendments) will remain in force for the beneficiary until the beneficiary communicates its acceptance of the amendment to the bank that advised such amendment. The beneficiary should give notification of acceptance or rejection of an amendment. If the beneficiary fails to give such notification, a presentation that complies with the credit and to any not yet accepted amendment will be deemed to be notification of acceptance by the beneficiary of such amendment. As of that moment the credit will be amended.
> 원신용장(또는 이전에 조건 변경이 수락된 신용장)의 조건은 수익자가 그러한 조건 변경을 통지한 은행에게 변경된 내용을 수락한다고 통보할 때까지는 수익자에게 유효하다. 수익자는 조건 변경에 대한 수락 또는 거절의 뜻을 알려 주어야 한다. 수익자가 위 수락 또는 거절의 뜻을 알리지 않은 경우, 신용장 및 아직 수락되지 않고 있는 조건 변경에 부합하는 제시가 있으면 수익자가 그러한 조건 변경을 수락한다고 통보한 것으로 간주한다. 이 경우 그 순간부터 신용장은 조건이 변경된다.
> d. A bank that advises an amendment should inform the bank from which it received the amendment of any notification of acceptance or rejection.
> 신용장의 조건 변경을 통지하는 은행은 조건 변경을 송부한 은행에게 조건 변경에 대한 수락 또는 거절의 뜻을 통보해야 한다.
> e. Partial acceptance of an amendment is not allowed and will be deemed to be notification of rejection of the amendment.
> 조건 변경의 일부만 수락하는 것은 허용되지 않으며, 이는 조건 변경을 거절하는 의사 표시로 간주한다.
> f. A provision in an amendment to the effect that the amendment shall enter into force unless rejected by the beneficiary within a certain time shall be disregarded.
> 수익자가 특정 기한 내에 조건 변경을 거절하지 않으면 조건 변경이 효력을 얻는다는 규정이 조건 변경 내용에 있는 경우 이는 무시된다.

06 신용장 양도   2021, 2025 출제

(1) 신용장 양도의 의미
최초 수익자의 요청에 따라 양도 가능 신용장(Transferable L/C)상의 권리 전부 또는 일부를 지정된 양도은행을 통해 제2수익자에게 양도하여 제2수익자가 이용할 수 있도록 하는 이전 행위를 말한다.

(2) 신용장 양도의 유형
① 최초의 수익자가 수출대행계약을 체결하여 제2수익자 앞으로 신용장을 양도하고자 하는 경우 신용장상의 권리를 전부 양도한다.
② 제조설비를 갖추지 못한 제1수익자가 제2수익자에게 양도하여 수수료, 수출 이윤을 목적으로 하는 경우 신용장을 양도한다.

(3) 신용장 양도의 요건   2020, 2021, 2022, 2023 출제
① 양도 가능 신용장은 지급·연지급·인수 또는 매입을 수권 받은 지정은행만 취급할 수 있으며, 자유매입 신용장의 경우에는 개설은행에 의하여 양도은행이 별도로 지정된다.
② 신용장상에 'Transferable(양도 가능)'이라고 표시된 신용장만 양도 가능하다('Fractionable', 'Assignable', 'Transmissible', 'Divisible'이라고 표시된 문언은 무시).
③ 신용장 양도는 1회에 한정된다. 제2수익자는 제3수익자에게 양도할 수 없으며 신용장을 양도받은 제2수익자가 제1수익자에게 재양도하는 것은 가능하다.
④ 분할선적이 금지되지 않은 경우 다수의 제2수익자에게 분할양도하는 것이 가능하다(단, 분할선적이 금지된 경우에는 전부양도만 가능).
⑤ 신용장을 양도하는 경우 원신용장의 조건과 동일한 조건이어야 한다. 단, 아래의 경우 단축 및 축소하여 양도하는 것이 가능하다.

UCP 600 제38조 양도 가능 신용장   2021, 2022 출제

g. The transferred credit must accurately reflect the terms and conditions of the credit, including confirmation, if any, with the exception of:
양도된 신용장은 확인(있는 경우)을 포함하여 신용장의 조건을 정확히 반영해야 한다. 다만 다음은 예외로 한다.
- the amount of the credit,
  신용장의 금액
- any unit price stated therein,
  신용장에 기재된 단가
- the expiry date,
  유효기일
- the period for presentation, or
  제시 기간 또는
- the latest shipment date or given period for shipment,
  최종 선적일 또는 주어진 선적 기간

any or all of which may be reduced or curtailed. The percentage for which insurance cover must be effected may be increased to provide the amount of cover stipulated in the credit or these articles.
위의 내용은 일부 또는 전부 감액되거나 단축될 수 있다. 부보되어야 하는 백분율은 신용장 또는 이 규칙에 명시된 부보 금액을 규정하기 위하여 높일 수 있다.

TIP 보험 부보 비율은 유일하게 증가할 수 있음을 기억하세요!

(4) 양도인의 권리와 의무
① 양도인의 권리
- ㉠ 양도요청권: 양도 가능 신용장의 수익자는 신용장의 전부 또는 일부를 제2수익자에게 양도하도록 지급·인수·매입은행에 요청할 수 있는 권한을 가진다.
- ㉡ 송장대체권: 조건변경부 양도의 경우, 제1수익자는 제2수익자가 제시한 송장을 자신의 송장으로 대체할 수 있다.
- ㉢ 양도지 매입요구권: 제1수익자는 양도은행에 대하여 제2수익자에 대한 지급 또는 매입이 신용장이 양도된 장소에서 신용장의 유효기일까지 이루어지도록 요청할 수 있다.

② 양도인의 의무: 제1수익자는 양도은행에 대한 양도수수료를 부담한다. 제2수익자의 송장을 대체하는 권리는 지정은행이 이를 최초로 요구할 때 즉시 행사해야 한다.

> **UCP 600 제38조 양도 가능 신용장**
> c. Unless otherwise agreed at the time of transfer, all charges (such as commissions, fees, costs or expenses) incurred in respect of a transfer must be paid by the first beneficiary.
> 양도 시에 별도로 합의된 경우를 제외하고, 양도와 관련하여 발생한 모든 수수료(요금, 보수, 경비 또는 비용 등)는 제1수익자가 지급해야 한다.

(5) 양도은행의 권리와 의무
① 권리: 양도은행은 제1수익자가 양도수수료 등을 지급할 때까지 양도를 유보할 권리를 가지며 송장 및 어음을 즉시 대체하지 않는 경우 제2수익자의 서류로 처리할 수 있는 권리를 갖는다.
② 의무: 제1수익자와 양도에 관해 동의한 경우 양도 수수료를 납부하는 것을 조건으로 양도 절차를 이행해야 한다.

(6) 신용장 양도 후의 조건 변경
① 전부 양도된 경우: 조건 변경 및 취소는 개설은행, 원수익자 및 제2수익자 전원의 합의가 있어야 가능하다.
② 분할 양도된 경우: 제2수익자가 조건 변경을 거절하면 조건 변경 전 원신용장의 효력이 유지되고, 제2수익자가 조건 변경을 수락하면 변경된 조건의 효력이 발생한다. 다수의 제2수익자가 있는 경우 조건 변경을 수락한 당사자에 한하여 조건이 변경되고 수락하지 않은 당사자에 대해서는 원신용장의 조건이 유지된다.

> **UCP 600 제38조 양도 가능 신용장**
> f. If a credit is transferred to more than one second beneficiary, rejection of an amendment by one or more second beneficiary does not invalidate the acceptance by any other second beneficiary, with respect to which the transferred credit will be amended accordingly. For any second beneficiary that rejected the amendment, the transferred credit will remain unamended.
> 신용장이 두 사람 이상의 제2수익자에게 양도되면 하나 또는 둘 이상의 수익자가 조건 변경을 거부하더라도 다른 제2수익자의 수락은 무효가 되지 않으며 양도된 신용장은 그에 따라 변경된다. 조건 변경을 거부한 제2수익자에 대해, 양도된 신용장은 변경되지 않은 상태로 남는다.

(7) 예시

APPLICATION FOR	☐ Total Transfer ☐ Partial	담당	검토자	결재권자

To: EDUWILL BANK

Date:

Re: L/C No.
    Dated
    Issuing Bank
    Amount
    Beneficiary
    Accountee

Gentlemen :

We hereby request you to transfer irrevocably all of our rights of the above mentioned credit to the transferee under the same terms and conditions of the original credit with exceptions indicated hereunder

    Amount to be transferred:
    Lastest shipping date:
    Expiry date:
    Description of commodities and other conditions.

Any amendment to the credit hereafter made is to be advised to ☐ the first beneficiary.
    ☐ the second beneficiary.

The original credit(including amendments to this date, if any) is attached herewith for your endorsement. We agree to indemnify and hold you harmless against any and all losses, damages and expenses arising from your actions on this transfer.

This application is subject to the Uniform Customs and Practice for Documentary Credits 2007 Revision, International Chamber of Commerce Publication No. 600.

    Accepted by   Your very truly

인감 및 원본확인

Name and Signature
of Second Beneficiary

Name and Signature
of First Beneficiary

정리하고 넘어가기 신용장 방식과 추심 방식의 비교 2019 출제

구분	신용장 방식	추심 방식(D/P, D/A)
은행의 대금 지급 확약	○	×
은행 거래 시 담보 제공	신용장 개설 신청 시	수출 환어음 매입 시
부대 비용 및 수수료	상대적으로 많음	상대적으로 적음
대금 결제 시기	일람불 또는 기한부	일람불 또는 기한부
환어음 발행	○ (지급, 연지급 신용장 제외)	○
환어음의 지급인	개설은행 또는 수권받은 은행	수입상
환어음의 발행인	수출상	수출상
거래의 안전성	은행 신용으로 수출상의 대금 회수가 이루어지므로 안전함	수출상의 대금 회수 보장이 없으므로 비교적 안전하지 않음
환 및 대금의 이동	역환 방식	역환 방식
준거법	UCP 600	URC 522

5 화환 신용장 관련 수수료 2020, 2022, 2025 출제

01 개설 수수료(Opening Charge)

(1) 개설 수수료의 의미

신용장 개설로 인하여 발생하는 개설은행의 신용위험 부담을 커버하기 위해 개설은행이 개설의뢰인으로부터 징수하는 수수료이다.

(2) 징수 원칙

① 통상 3개월 단위로 징수하던 관행을 폐지하고 연 요율로 계산하여 일 단위로 징수한다.
② 수수료의 징수 기간은 개설일부터 수입 환어음의 결제일(또는 인수일) 전일까지를 원칙으로 한다.
③ Sight L/C의 경우 유효기일까지 일 단위로 징수한 후, 초과하는 기간에 대하여 신용장의 결제 시점부터 추가적으로 징수한다.
④ Usance L/C의 경우 유효기일까지 일 단위로 징수한 후, 인수 수수료를 징수하는 시점부터 인수일 이후의 기간(중복되는 기간)에 해당하는 개설 수수료는 환급한다.

(3) 개설 수수료의 계산식

> 신용장 금액 × 매매 기준율 × 적용 요율(0.6~1.2%) × 징수 기간(일)/360(또는 365)

02 코레스 비용(Corres Charge)

(1) 코레스 비용의 의미

신용장의 개설·통지·매입·상환 등과 관련하여 해외의 거래은행이 청구하는 수수료를 말한다.

(2) 코레스 비용의 종류
① 통지 수수료(Advising Commission): 신용장 통지 시 징수하는 취급 수수료(수익자 부담)이다.
② 매입 수수료(Negotiation Commission): 매입 신용장하에서 매입을 수권 받은 은행이 수출 환어음을 매입하는 경우 징수하는 취급 수수료(수익자 부담)이다.
③ 상환 수수료(Reimbursement Commission): 상환 업무 취급 시 징수하는 취급 수수료로서 보통 신용장에서 지시하는 당사자가 어음 건별로 일정액을 부담한다.

03 A/D Charge(Acceptance Commission & Discount Charge) 2023 출제

(1) A/D Charge의 의미
Banker's Usance 신용장하에서 개설은행의 요청에 따라 해외의 신용공여은행이 매입은행 등에게 일람출급(at sight basis) 방식으로 대금을 지급하기 위해 수익자가 발행한 기한부 환어음을 인수하고 할인하는 때에 발생하는 금융 비용이다.
① A/C: 개설은행의 요청을 받은 인수은행이 취하는 인수 수수료
② D/C: 기간에 따른 이자 성격의 환가료

(2) 징수 절차
해외의 신용공여은행이 개설은행으로 청구하여 최종적으로 개설의뢰인(수입상)이 부담한다.

04 확인 수수료(Confirming Charge)
신용장 확인 시 확인은행이 징수하는 수수료로서 신용장에서 확인을 지시하는 당사자(수출상 또는 수입상)가 부담한다.

05 수입화물 선취보증서(L/G) 발급 관련 수수료 2023 출제

L/G 발급 수수료	수입화물 선취보증서의 발급에 따른 은행의 취급 수수료
L/G 보증료 (수입화물 선취보증료)	수입화물 선취보증서 발급에 따라 은행이 추가적으로 부담하는 신용위험 부담을 커버할 목적으로 징수하는 보증료

06 하자 수수료(Discrepancy Fee) 2021 출제
개설은행에 도착한 선적서류가 신용장 조건과 일치하지 않음에도 불구하고 환어음을 결제하는 경우에 징수하는 수수료로서, 수출상이 부담하며 신용장에서 미리 정한 수수료를 결제 금액에서 차감한 후 지급한다.

07 환가료(Exchange Commission, Periodic Interest)
매입은행이 수출상이 제시한 서류를 매입할 때 수출상에게 선지급한 날과 개설은행이나 확인은행 또는 상환은행으로부터 대금을 지급받는 날 사이에 발생하는 이자 개념의 수수료를 말한다.

08 대체료(In Lien of Exchange Commission)

원화 대가 매매를 수반하지 않고 동일한 종류의 외국환으로 대체되는 거래에 적용하는 수수료이다. 원화와 외화 간 거래가 발생하지 않아 은행이 외환 매매 차익을 얻지 못하는 경우 또는 당해 거래가 외환 현찰을 수반하지 않아 은행이 외환 현찰 수수료를 취득할 수 없는 경우에 은행의 위험 및 비용을 보전하기 위해 징수하는 수수료이다.

09 미임금수수료(Less charge) 2023 출제

매입 당시 예상하지 않은 은행수수료가 해외은행(개설은행, 상환은행 등)으로부터 추가로 징수된 경우 매입의뢰인에게 다시 징수하는 수수료

6 선적서류

매도인이 매매계약 내용대로 이행하고 매수인에게 대금 지급을 청구하기 위하여 은행을 통해 간접적으로 또는 매수인에게 직접 송부하는 서류로 운송서류, 상업송장, 보험서류, 기타 서류를 포함한 일체의 서류를 말한다.

01 운송서류(Transport Document)

(1) 운송서류의 의미

특정 장소에서 특정 장소까지 특정 물품을 운송하는 증거로 적재, 발송, 수탁을 표시한 서류를 말한다.

(2) 운송서류의 종류

① 선하증권(B/L: Bill of Lading) 2020, 2021 출제
   ㉠ 의미: 화주와 선박회사 간의 해상운송계약에 의해 선박회사가 발급하는 유가증권을 말한다. 선하증권은 권리증권성이 있는 운송서류로 선하증권의 소지자가 해당 화물의 주인이 된다.

ⓛ 수리 조건 2022 출제

> **UCP 600 제20조 선하증권**
> a. A bill of lading, however named, must appear to:
> 　선하증권은 어떤 명칭을 사용하든 다음과 같이 보여야 한다.
> 　ⅰ. indicate the name of the carrier and be signed by:
> 　　운송인의 명칭을 표시하고 다음 사람이 서명해야 한다.
> 　　　• the carrier or a named agent for or on behalf of the carrier, or
> 　　　　운송인 또는 운송인을 위한 또는 그를 대리하는 기명대리인 또는
> 　　　• the master or a named agent for or on behalf of the master.
> 　　　　선장 또는 선장을 위한 또는 그를 대리하는 기명대리인
> 　Any signature by the carrier, master or agent must be identified as that of the carrier, master or agent.
> 　운송인, 선장 또는 대리인의 서명은 운송인, 선장 또는 대리인의 서명으로서 특정되어야 한다.
> 　Any signature by an agent must indicate whether the agent has signed for or on behalf of the carrier or for or on behalf of the master.
> 　대리인의 서명은 그가 운송인을 위하여 또는 대리하여 또는 선장을 위하여 또는 대리하여 서명한 것인지를 표시해야 한다.
> 　ⅱ. indicate that the goods have been shipped on board a named vessel at the port of loading stated in the credit by:
> 　　물품이 신용장에 명시된 선적항에서 기명된 선박에 본선적재되었음을 다음의 방법으로 표시해야 한다.
> 　　　• pre-printed wording, or
> 　　　　미리 인쇄된 문구 또는
> 　　　• an on board notation indicating the date on which the goods have been shipped on board.
> 　　　　물품이 본선적재된 일자를 표시하는 본선적재표기
> 　**The date of issuance of the bill of lading will be deemed to be the date of shipment** unless the bill of lading contains an on board notation indicating the date of shipment, in which case **the date stated in the on board notation will be deemed to be the date of shipment.**
> 　선하증권이 선적 일자를 표시하는 본선적재표기를 포함하지 않는 경우에는 **선하증권 발행일을 선적일로 간주한다.** 선하증권에 본선적재표기가 된 경우에는 본선적재표기에 기재된 일자를 선적일로 간주한다.
> 　ⅲ. indicate shipment from the port of loading to the port of discharge stated in the credit.
> 　　신용장에 기재된 선적항에서 하역항까지 선적을 표시해야 한다.
> 　ⅳ. be the sole original bill of lading or, if issued in more than one original, be the full set as indicated on the bill of lading.
> 　　선하증권 원본이 한 통이거나 한 통을 초과하여 발행되는 경우 선하증권에 표시된 대로 전통(full set)이어야 한다.
> b. For the purpose of this article, transhipment means unloading from one vessel and reloading to another vessel during the carriage from the port of loading to the port of discharge stated in the credit.
> 　이 조항의 목적상, 환적은 신용장에 기재된 선적항에서 하역항까지 운송 도중에 한 선박에서 양하되어 다른 선박으로 재적재되는 것을 의미한다.
> c. ⅰ. **A bill of lading may indicate that the goods will or may be Transhipped** provided that the entire carriage is covered by one and the same bill of lading.
> 　　선하증권은 전 운송이 동일한 선하증권으로 포괄된다면 **물품이 환적될 것이라거나 환적될 수 있다고 표시할 수 있다.**
> 　ⅱ. A bill of lading indicating that transhipment will or may take place is acceptable, even if the credit prohibits transhipment, if the goods have been shipped in a container, trailer or LASH barge as evidenced by the bill of lading.
> 　　물품이 컨테이너, 트레일러, 래시 바지에 선적되었음이 선하증권으로 증명되는 경우, 환적될 것이라거나 환적될 수 있다고 표시하는 선하증권은 신용장이 환적을 금지하더라도 수리될 수 있다.
> d. Clauses in a bill of lading stating that the carrier reserves the right to tranship will be disregarded.
> 　운송인에게 환적할 권리가 있다고 기재한 선하증권의 조항은 무시된다.

TIP 환적 부분은 무역계약의 선적 조건의 환적과 관련하여 출제되므로 함께 정리해 두세요.

ⓒ UCP 600을 보완하는 ISBP 821

ISBP 821 선하증권 문구

A bill of lading is not to include a clause or clauses that expressly declare a defective condition of the goods or their packing. For example:
선하증권에는 물품 또는 포장의 결함을 명백히 표시하는 문구가 포함되지 않아야 한다. 예컨대.

a. A clause on a bill of lading such as "packaging is not sufficient for the sea journey" or words of similar effect is an example of a clause expressly declaring a defective condition of the packaging.
"포장이 해상운송에 충분하지 않다" 또는 이와 유사한 취지의 선하증권상 문구는 포장의 결함을 명백하게 표시하는 예이다.

b. A clause on a bill of lading such as "packaging may not be sufficient for the sea journey" or words of similar effect does not expressly declare a defective condition of the packaging.
"포장이 해상운송에 충분하지 않을 수 있다" 또는 이와 유사한 취지의 선하증권상 문구는 포장의 결함을 명백하게 표시하는 것이 아니다.

ISBP 821 선하증권 정보의 정정

Any correction of data on a bill of lading is to be authenticated. Such authentication is to appear to have been made by the carrier, master(captain) or any one of their named agents, who may be different from the agent that may have issued or signed a bill of lading, provided they are identified as an agent of the carrier or the master(captain).
선하증권상 정보의 정정은 인증되어야 한다. 그러한 인증은 운송인, 선장 또는 그 각 기명대리인의 것으로 나타나야 하되, 그 대리인은 운송인 또는 선장의 대리인으로 확인되면, 선하증권을 발행하거나 그에 서명한 대리인과 다를 수 있다.

ISBP 821 선하증권의 비유통성 사본

Non-negotiable copies of a bill of lading need not include authentication of any corrections that may have been made on the original.
선하증권의 비유통성 사본에는 그 원본에 이루어진 어떠한 정정에 대한 인증이 포함될 필요가 없다.

> **TIP** 운송서류와 관련된 부분은 선하증권과 다른 선적서류가 어떤 차이가 있는지 살펴보면 학습시간을 단축할 수 있어요! 선하증권은 서명권자, 적재 표시, 원본 제시, 용선계약 여부, 환적 표시 등으로 구성되어 있음을 잊지 마세요.

ISBP 821

a. "shipping document" - all documents required by the credit, except drafts, teletransmission reports and courier receipt, postal receipts or certificates of posting evidencing the sending of documents.
"선적서류" - 이는 환어음, 전송보고서 그리고 서류의 발송을 증빙하는 특송영수증, 우편영수증 및 우편증명서를 제외한 신용장에서 요구하는 모든 서류를 의미한다.

b. "stale document acceptable" - documents may be presented later than 21 calendar days after the date of shipment as long as they are presented no later than the expiry date of the credit. This will also apply when the credit specifies a period for presentation together with the condition "stale documents acceptable."
"기간 경과 서류 수리 가능" - 신용장의 유효기일 이전에 제시되는 것을 전제로 서류가 선적일 후 달력상 21일 후에도 제시될 수 있다는 의미이다. 이는 또한 신용장에서 제시 기간을 "기간 경과 서류 수리 가능"이라는 조건과 함께 명시한 경우에도 적용된다.

c. "third party document acceptable" - all documents for which the credit or UCP 600 do not indicate an issuer, except drafts, may be issued by a named person or entity other than the beneficiary.
"제3자의 서류 수리 가능" - 환어음을 제외하고 신용장이나 UCP 600에서 발행인이 명기되지 않은 모든 서류는 수익자 이외의 기명된 자연인이나 실체에 의하여 발행될 수 있음을 의미한다. **2021 출제**

d. "third party documents not acceptable" - has no meaning and is to be disregarded.
"제3자 서류 수리 불가" - 이는 어떠한 의미도 갖지 않으며 무시되어야 한다.

ⓔ 예시

① Shipper/Exporter TEKMAX CO., LTD. ILSAN TECHNO TOWN ILSAN DONGGU GOYANG CITY GYEONGGI DO SOUTH KOREA			⑦ B/L No. KINCHK060		
② Consignee TO ORDER OF HANG SENG BANK			**ABC SHIPPING Co., Ltd.** **BILL OF LADING**		
③ Notify Party HARVARD MUSIC CO., LTD. 13F RAILWAY PLAZA 40 CHATHAM ROAD SOUTH TSIMSHATSUI KLN HONGKONG			The cargo covered by this Bill of Lading has been received and arrangements will be made for forwarding, storing handling and delivery subject to the conditions, permissions and exceptions of companies carriers, authorities, warehouse, organizations and others involved in or in connection with receiving, shipping, carrying, forwarding, storing, handling, and delivering the said cargo. Delivery will be made upon surrender of one original of this Bill of Lading duly receipted.		
Pre-Carriage by	④ Place of Receipt INCHEON PORT, KOREA		⑧ Flag		
⑤ Ocean Vessel HYUNDAI INCHEON	⑥ Voyage No. 1234E				
⑨ Port of Loading INCHEON PORT, KOREA	⑩ Port of Discharge HONGKONG, HK	⑪ Place of Delivery HONGKONG, HK	⑫ Final Destination(For the Merchant Ref.) HONGKONG, HK		
⑬ Container No. ⑭ Seal No. Marks & No.		⑮ No. & Kinds of Containers or Packages	⑯ Description of Goods	⑰ Gross Weight	Measurement
DFSU1234567(20GP)/ M123456		8 PALLETS	MP3 MODEL NO. MP650A LC NO. DCTSE123456AA	3800KGS	21CBM
Total No. of Containers or Packages(in words)		SAY: ONE(1) CONTAINER ONLY			
			ORIGINAL SHIPPER'S LOAD, COUNT AND SEAL		
⑱ Freight and Charges FREIGHT PREPAID AS ARRANGED	Revenue tons	Rate	Per	Prepaid	Collect
⑲ Freight prepaid at SEOUL, KOREA	Freight payable at		㉒ Place and Date of Issue Mar 9, 2023, Seoul		
Total prepaid in	⑳ No. of original B/L THREE(3)		㉓ Signature ABC SHIPPING As a carrier, ABC SHIPPING Co., Ltd.		
㉑ Laden on board vessel Date Mar 9, 2023					

ⓜ **작성요령** `2021, 2023, 2025 출제`

항목	작성요령
① Shipper/Exporter	신용장에 있는 수익자(수출상)의 상호와 주소를 기재
② Consignee	수하인을 기재 **TIP** 신용장 방식에서는 개설은행이 화물에 대한 담보권을 확보하기 위해 수하인란에 은행 지시식(TO ORDER OF ~ BANK)으로 기재해요.
③ Notify Party	화물이 도착하면 알리는 착화통지처로 신용장 개설의뢰인(수입상)의 상호와 주소를 기재 **TIP** 선사는 화물이 도착하면 실제 화주가 신속히 찾아갈 수 있도록 화물 도착 사실을 통지하고 화물 인수를 요청해요.
④ Place of Receipt	화물을 인수한 장소를 기재. 복합운송 방식이 사용되는 경우 선적항이 아닌 내륙지의 지정된 장소에서 인수할 수도 있음
⑤ Ocean Vessel	화물을 선적한 본선명을 기재
⑥ Voyage No.	선박의 항차를 기재
⑦ B/L No.	선하증권의 발급 번호를 기재 **TIP** 선하증권 번호를 통해 해당 화물의 입항 및 장치 장소 여부 등을 알 수 있으므로 정확히 기재하여야 해요.
⑧ Flag	선박이 속한 국가를 기재(필수 기재사항 아님)
⑨ Port of Loading	화물의 선적항을 기재
⑩ Port of Discharge	화물의 양륙항을 기재
⑪ Place of Delivery	선사가 수하인에게 인도하는 장소를 기재
⑫ Final Destination	화물이 도착하는 장소 및 수하인에게 인도되는 지점을 기재
⑬ Container No.	컨테이너 번호를 기재
⑭ Seal No. Marks & No.	봉인 번호 및 화인, 상자 번호를 기재
⑮ No. & Kinds of Containers or Packages	포장 방법, 컨테이너 종류 및 포장, 컨테이너의 수량을 기재
⑯ Description of Goods	물품의 명세를 기재[컨테이너 운송의 경우 선사는 정확한 수량이 선적되었는지 확인할 수 없으므로 SHIPPER'S LOAD, COUNT AND SEAL(Unknown Clause, 부지조항)을 기재]
⑰ Gross Weight, Measurement	총중량과 용적(부피)을 기재
⑱ Freight and Charges	해상운임이 선지급(Prepaid) 조건인지 도착지 후지급(Collect) 조건인지 기재
⑲ Freight prepaid at	해상운임이 선지급 조건인 경우 지급된 장소를 기재
⑳ No. of original B/L	선하증권 원본 발행 통수를 기재
㉑ Laden on board vessel Date	화물이 본선에 적재된 날짜를 기재 **TIP** 수취식 선하증권(Received B/L)의 경우 발행일이 선적 일자와 동일하지 않을 수 있으므로 본선적재부기(On Board Notation)를 표기하여 선적일을 기재해요. 본선적재부기에는 본선적재 사실(On Board), 본선적재일, 선박명 등을 기재해요.
㉒ Place and Date of Issue	선하증권이 발행된 장소와 일자를 기재
㉓ Signature	운송인으로서 선사가 서명함(선하증권에서 서명할 수 있는 당사자는 운송인, 선장 또는 이들의 기명대리인임) • 운송인이 발행하는 경우: 'As a carrier(운송인으로서)'라고 명시하고 서명함 • 운송인을 대리하는 기명대리인이 발행하는 경우: 'As an agent for the carrier, ABC SHIPPING Co., Ltd.(ABC 선사의 운송 대리인으로서)'라고 명시하고 서명함 • 선장이 발행하는 경우: 'As a master'라고 명시하고 서명함

ⓗ 기재사항
- 법정 기재사항(필수 기재사항): 우리나라 상법에서는 선하증권에 다음 사항을 기재하고 운송인이 기명날인 또는 서명해야 한다고 규정하고 있다.
  - 선박의 명칭, 국적, 톤수
  - 송하인이 서면으로 통지한 운송물의 종류, 중량 또는 용적, 포장의 종별, 개수와 기호
  - 운송물의 외관 상태
  - 용선자 또는 송하인의 성명 또는 상호
  - 수하인 또는 통지 수령인의 성명 또는 상호
  - 선적항, 양륙항
  - 운임
  - 발행지와 그 발행 연월일
  - 여러 장의 선하증권을 발행한 경우 그 통수
- 임의 기재사항
  - 선장의 성명
  - 운임의 지불지
  - 본선항해 번호
  - 화물도착통지처
  - 선하증권 번호
  - 컨테이너 번호 및 봉인 번호 등 기재사항
  - 선박회사의 권리와 의무 등에 관한 일반 면책약관

> **TIP** 선하증권상의 운송인 면책사항을 알아보아요!
> 1. 천재지변 및 해난
> 2. 전쟁·파업 위험 등
> 3. 제3자의 행위에 기인하는 위험
> 4. 항해과실약관
> 5. 잠재하자약관
> 6. 이로약관
> 7. 부지약관
> 8. 갑판적화물
> 9. 고가품, 위험품 조항, 손해배상조항
> 10. 화재

② 용선계약부 선하증권(Charter Party B/L)
  ㉠ 의미: 화주(조건에 따라 수출상 또는 수입상)가 선박의 소유주(선주)와 항해용선계약을 체결하고 일정 구간의 항해에 대하여 선복의 전부 또는 일부를 빌려 본인의 화물을 운송하는 경우 당해 선박의 선주·선장 또는 그들의 대리인으로부터 발급받는 선하증권을 말한다. 또는 선박의 소유주와 정기용선계약을 체결하고 선박을 빌린 용선자(운송인)가 제3자의 화물을 운송하면서 개별 화주 앞으로 발행하는 선하증권을 의미하기도 한다.
  ㉡ 수리요건
    - 용선계약부 선하증권의 유일한 원본이거나 또는 원본이 한 통을 초과하여 발행된 경우 용선계약부 선하증권에 표시된 전통(Full Set)이어야 수리 가능하다.
    - 신용장의 조건이 용선계약서의 제시를 요구하더라도 은행은 용선계약을 심사하지 않는다. 용선계약은 용선자와 선주 간의 계약이므로 은행이 그 내용을 파악하기 쉽지 않기 때문이다.

UCP 600 제22조 용선계약부 선하증권

a. A bill of lading, however named, containing an indication that it is subject to a charter party (charter party bill of lading), must appear to:
용선계약에 따른다는 선하증권(용선계약부 선하증권)은 어떤 명칭을 사용하든 다음과 같이 보여야 한다.

  i. be signed by:
  다음의 사람이 서명해야 한다.
    - the master or a named agent for or on behalf of the master, or
      선장 또는 선장을 위한 또는 그를 대리하는 기명대리인 또는
    - the owner or a named agent for or on behalf of the owner, or
      선주 또는 선주를 위한 또는 그를 대리하는 기명대리인 또는
    - the charterer or a named agent for or on behalf of the charterer.
      용선자 또는 용선자를 위한 또는 그를 대리하는 기명대리인

  Any signature by the master, owner, charterer or agent must be identified as that of the master, owner, charterer or agent.
  선장, 선주, 용선자 또는 대리인의 서명은 선장, 선주, 용선자 또는 대리인의 서명으로서 특정되어야 한다.

  Any signature by an agent must indicate whether the agent has signed for or on behalf of the master, owner or charterer.
  대리인의 서명은 그가 선장, 선주 또는 용선자를 대리하여 서명하였는지를 표시해야 한다.

  An agent signing for or on behalf of the owner or charterer must indicate the name of the owner or charterer.
  선주를 위하여 또는 대리하여 또는 용선자를 위하여 또는 대리하여 서명하는 대리인은 선주 또는 용선자의 명칭을 표시해야 한다.

  iii. indicate shipment from the port of loading to the port of discharge stated in the credit. The port of discharge may also be shown as a range of ports or a geographical area, as stated in the credit.
  신용장에 기재된 선적항에서 하역항까지 선적을 표시해야 한다. 하역항은 또한 신용장에 기재된 바에 따라 일정 범위의 항구들 또는 지리적 지역으로 표시될 수 있다.

b. A bank will not examine charter party contracts, even if they are required to be presented by the terms of the credit.
신용장의 조건이 용선계약서의 제시를 요구하더라도 은행은 용선계약을 심사하지 않는다.

③ 복합운송증권(Multimodal Transport Document)
　㉠ 의미: 복합운송인에 의해 해상선박, 항공기, 철도, 자동차 등 운송수단 중 2가지 이상의 다른 운송 방식이 결합하여 운송된다는 내용의 복합운송계약에 따라 발행한 서류이다.
　㉡ 수리요건
　　• 물품이 신용장에 명시된 장소에서 발송, 수탁 또는 본선적재되었음을 표시하기 위해서는 미리 인쇄된 문구와 물품이 발송, 수탁 또는 본선적재된 일자를 표시하는 스탬프 또는 부기가 있어야 한다.
　　• 유일한 운송서류 원본이거나 또는 원본이 한 통을 초과하여 발행된 경우에는 운송서류에 표시된 전통(Full Set)이어야 수리 가능하다.
　　• 용선계약에 따른다는 어떤 표시도 포함하지 않아야 한다.
　　• 운송서류는 전 운송이 하나의 동일한 운송서류에 의하여 포괄된다면 물품이 환적될 것이라거나 환적될 수 있다고 표시할 수 있다.
　　• 환적이 될 것이라거나 환적될 수 있다고 표시하는 운송서류는 비록 신용장이 환적을 금지하더라도 수리될 수 있다.
　　• 발송지, 수탁지 또는 선적지와 최종 목적지를 표시해야 하나 운송서류가 추가적으로 다른 발송지, 수탁지 또는 선적지 또는 최종 목적지를 기재하는 경우라도 수리 가능하며, 운송서류가 선박, 선적항 또는 하역항과 관련하여 "예정된"이라는 표시 또는 이와 유사한 제한을 포함하는 경우라도 수리 가능하다.

④ 항공운송서류(Air Transport Document) 2020, 2021 출제
  ㉠ 의미: 항공회사가 작성하여 송하인에게 교부하는 항공운송의 기본 서류로서 해상운송의 선하증권에 해당한다.
  ㉡ 수리요건 2022 출제

> **UCP 600 제23조 항공운송서류**
> a. An air transport document, however named, must appear to:
>   항공운송서류는 어떤 명칭을 사용하든 다음과 같이 보여야 한다.
>   i. indicate the name of the carrier and be signed by:
>   운송인의 명칭을 표시하고 다음 사람이 서명해야 한다.
>   • the carrier, or
>   운송인 또는
>   • a named agent for or on behalf of the carrier.
>   운송인을 위한 또는 그를 대리하는 기명대리인
>   Any signature by the carrier or agent must be identified as that of the carrier or agent.
>   운송인 또는 대리인의 서명은 운송인 또는 대리인의 서명으로서 특정되어야 한다.
>   Any signature by an agent must indicate that the agent has signed for or on behalf of the carrier.
>   대리인의 서명은 그 대리인이 운송인을 위하여 또는 운송인을 대리하여 서명하였는지를 표시해야 한다.
>   ii. indicate that the goods have been accepted for carriage.
>   물품이 운송을 위하여 인수되었음을 표시해야 한다.
>   iii. indicate the date of issuance. This date will be deemed to be the date of shipment unless the air transport document contains a specific notation of the actual date of shipment, in which case the date stated in the notation will be deemed to be the date of shipment.
>   발행일을 표시해야 한다. 항공운송서류가 실제 선적일에 대한 특정한 부기를 포함하지 않는 경우에는 이 일자를 선적일로 본다. 항공운송서류가 실제 선적일에 대한 특정한 부기를 포함하는 경우에는 부기에 기재된 일자를 선적일로 본다.
>   Any other information appearing on the air transport document relative to the flight number and date will not be considered in determining the date of shipment.
>   운항 번호 및 일자와 관련하여 항공운송서류에 나타나는 그 밖의 모든 정보는 선적일을 결정할 때 고려되지 않는다.
>   iv. indicate the airport of departure and the airport of destination stated in the credit.
>   신용장에 기재된 출발공항과 도착공항을 표시해야 한다.
>   v. be the original for consignor or shipper, even if the credit stipulates a full set of originals.
>   신용장이 원본 전통(full set)을 규정하더라도 송하인 또는 선적인용 원본이어야 한다.
> b. For the purpose of this article, transhipment means unloading from one aircraft and reloading to another aircraft during the carriage from the airport of departure to the airport of destination stated in the credit.
>   이 조항의 목적상, 환적은 신용장에 기재된 출발공항에서 도착공항까지 운송 도중 한 항공기에서 양하되어 다른 항공기로 재적재되는 것을 의미한다.
> c. i. An air transport document may indicate that the goods will or may be Transhipped, provided that the entire carriage is covered by one and the same air transport document.
>   항공운송서류는 전 운송이 하나의 동일한 항공운송서류로 포괄된다면 물품이 환적될 것이라거나 환적될 수 있다고 표시할 수 있다.
>   ii. An air transport document indicating that transhipment will or may take place is acceptable, even if the credit prohibits transhipment.
>   환적될 것이라거나 환적될 수 있다고 표시하는 항공운송서류는 비록 신용장이 환적을 금지하더라도 수리될 수 있다.

ⓒ UCP 600을 보완하는 ISBP 821

ISBP 821 항공운송서류 문구

An air transport document need not be titled "air waybill", "air consignment note" or words of similar effect even when the credit so names the required document.

신용장에서 필요 운송서류의 명칭으로 "항공운송장", "항공화물탁송장" 또는 이와 유사한 문구를 사용하더라도 항공운송서류가 반드시 그러한 제목을 가져야 하는 것은 아니다.

ISBP 821 출발공항과 도착공항

An air transport document is to indicate the airport of departure and airport of destination stated in the credit. When a credit indicates either of these airports by also stating the country in which the airport is located, the name of the country need not be stated.

항공운송서류에는 신용장에 명시된 출발공항과 도착공항이 표시되어야 한다. 신용장에서 출발공항과 도착공항을 명시하면서 그 공항이 위치한 국가도 함께 명시한 경우에 국가명은 기재되지 않아도 된다.

The airport of departure and airport of destination may also be indicated by the USD of IATA codes instead of evidencing the airport name in full(for example, LAX instead of Los Angeles).

출발공항과 도착공항은 공항명을 완전하게 표시하는 대신에 IATA 코드를 사용하는 방법(예컨대, Los Angeles 대신에 LAX)으로 표시할 수도 있다.

ISBP 821 특정인 지시식 항공운송서류

When a credit requires an air transport document to evidence that goods are consigned "to order of (named entity), it may indicate that the goods are consigned to that entity, without mentioning "to order of".

신용장에서 항공운송서류가 수하인에 관하여 "특정인 지시식"으로 발행될 것을 요구하는 경우에, 항공운송서류는 "to order of"라는 문구 없이 단순히 그러한 기명인을 수하인으로 하여 발행될 수 있다.

ISBP 821 항공운송서류의 통지처란

i. When a credit does not stipulate the details of as notify party, an air transport document may indicate the details of any notify party and in any manner (except as stated in paragraph H14 b (ii)).

신용장에서 통지처의 세부 정보를 명시하지 않은 경우에, (H14 b (ii)항의 규정을 예외로 하고) 항공운송서류에는 여느 통지처의 세부 정보가 표시될 수 있고 이는 어떤 방법으로도 표시될 수 있다.

ii. When a credit dose not stipulate the details of a notify party, but the details of the applicant appear as notify party on an air transport document, and these details include the applicant's address and contact details, they are not to conflict with those stated in the credit.

신용장에서 통지처의 세부 정보를 명시하지 않았는데, 항공운송서류에 개설의뢰인의 세부 정보가 통지처란에 나타나고 이 세부 정보에 개설의뢰인의 주소 및 상세 연락처가 포함되어 있다면, 이는 신용장에 명시된 그것과 저촉되지 않아야 한다.

ㄹ) 예시

| 988 | ICN | 95132995 | | PLIHQ0679876 |

| ① Shipper's Name and Address | ② Shipper's Account Number | ④ Not Negotiable Air Waybill Issued by | PANDA LOGISTICS CO., LTD. 25, YEOUI-DAERO, YEONGDEUNGPO-GU, SEOUL 150-709, REPUBLIC OF KOREA TEL: +82-2-3123-4567 |

EDUWILL CO., LTD.
55, DIGITAL-RO 34-GIL,
GURO-GU, SEOUL, KOREA
TEL: 82-2-2650-3900
ATN: LILY HAN

Copies 1,2 and 3 of this Air Waybill are originals and have the some validity.

③ Consignee's Name and Address   Consignee's Account Number

HUIXJOU SAMYAMG LEATHER CO., LTD.
98 HUIFENGDONG ROAD, HUITA INDUSTRIAL PARK OF
ZHONG KAI DEVELOMENT ZONE, HUIZHOU CITY
GUANGDONG, CHINA
TEL:86-0752-1234667

It is agreed that the goods described herein are accepted in apparent good order and condition (except as noted) for carriage SUBJECT TO THE CONDITIONS OF CONTRACT ON THE REVERSE HEREOF. ALL GOODS MAY BE CARRIED BY ANY OTHER MEANS INCLUDING ROAD OR ANY OTHER CARRIER UNLESS SPECIFIC CONTRARY INSTRUCTIONS ARE GIVEN HEREON BY THE SHIPPER. AND SHIPPER AGREES THAT THE SHIPMENT MAY BE CARRIED VIA INTERMEDIATE STOPPING PLACES WHICH THE CARRIER DEEMS APPROPRIATE. THE SHIPPER'S ATTENTION IS DRAWN TO THE NOTICE CONCERNING CARRIERS' LIMITATION OF LIABILITY. Shipper may increase such Limitation of liability by declaring a higher value for carriage and paying a supplemental charge if required.

Issuing Carrier's Agent Name and City

Agent's IATA Code   Account No.

⑤ Accounting Information
FREIGHT COLLECT

NOTIFY
SAME AS CNEE

⑥ Airport of Departure (Addr. of First Carrier) and Requested Routing
INCHEON AIRPORT

| ⑦ to | ⑧ By First Carrier Routing and Destination | to | by | to | by | ⑨ Curr Code | Chgs | WT/VAL PPD COL | OTHER PPD COL | ⑩ Declared value for Carriage | ⑪ Declared value for Customs |
| HKG | OZ969 | | | | | USD | | CC | PP | N.V.D. | N.C.V. |

| Airport of Destination | ⑫ Flight/Date | ⑬ Amount of Insurance | INSURANCE-if Carrier offers insurance, and such insurance is requested in accordance with the conditions therof indicate amount to be insured in figures in box marked "Amount of Insurance". |
| HONG KONG | OZ969   OCT/31/2023 | NIL | |

Handling Information HUIZHOU   SCI

⑭ No. of Pieces RCP	⑮ Gross Weight	kg lb	⑯ Rate Class Commodity Item No	⑰ Chargeable Weight	⑱ Rate / Charge	Total	⑲ Nature and Quantity of Goods (incl. Dimensions or Volume)
25 (25)	100.0	K	Q	100.0	2.80	280.00	INC NO. EDU-160001 UTP CODE MODEL: EDU123
25	100.0					280.00	

Prepaid	Weight Charge	Collect	Other Charge
		280.00	
	Valuation Charge		
	Tax		
	Total Other Charge Due Agent		Shipper certifies that the particulars of the face here of are correct and insofar as and part of the consignment contains dangerous goods, such part is properly described by name and is in poper condition for carriage by air according to applicable Dangerous Goods Regulations.
		0.00	
	Total Other Charge Due Carrier		
		0.00	
			AS AN AGENT OF THE SHIPPER, EDUWILL CO., LTD. Signature of Shipper or his Agent
Total Prepaid	Total Collect		
	280.00		
curr Conversion Rates	CC Charges in Dest. curr	NOV/01/2023 JUNG JIN JEONG	
		Excuted on (date) at (place)	Signature of Issuing Carrier or its Agent
For Carrier's Use only at Destination	Charges at Destination	Total Collect Changes	PLIHQ0679876

ORIGINAL 3(FOR SHIPPER)

⑩ 작성요령 2021 출제

항목	작성요령
① Shipper's Name and Address	송하인 또는 선적인의 상호, 주소 및 연락처를 기재
② Shipper's Account Number	운송회사에서 송하인을 구분하기 위해 사용하는 식별번호를 기재
③ Consignee's Name and Address 2019 출제	수하인의 성명, 주소, 국가, 연락처를 기재
④ Not Negotiable	해당 서류인 AWB가 양도성이 없음을 의미 TIP 항공화물운송장(AWB)은 양도할 수 없으며 선하증권(B/L)과 달리 유통성이 없는 운송장에 불과해요.
⑤ Accounting Information	특별히 회계 처리에 관한 내용을 기재(주로 운송료 지불 방법이나 지불자에 대한 정보)
⑥ Airport of Departure	출발공항을 기재
⑦ to(Airport of Destination)	도착공항을 기재
⑧ By First Carrier	최초 운송인 기재(AWB에서는 항공사 코드와 편명 기재)
⑨ Curr	Currency의 약자로 AWB 발행국의 화폐 단위 CODE를 기입 TIP AWB에 기재된 금액은 Curr에 기재된 화폐 단위와 일치하여야 해요.
⑩ Declared value for Carriage	송하인의 운송신고 가격을 기재 TIP 화물 분실 등 피해가 발생한 경우 손해배상의 기준이 되어요. 일정 금액을 신고거나 무가격신고(N.V.D.: No Value Declared)로 표시할 수 있어요.
⑪ Declared value for Customs	세관통관을 목적으로 송하인의 세관신고 가격을 기재 TIP N.C.V: No Commercial Value
⑫ Flight/Date	항공편 및 출발 일자를 기재
⑬ Amount of Insurance	화주가 보험에 부보할 경우 보험금액을 기재(부보하지 않는 경우 기재하지 않아도 됨)
⑭ No. of Pieces RCP	화물의 개수를 기재, RCP는 Rate Combination point의 약자
⑮ Gross Weight	화물의 실제 총무게를 기재
⑯ Rate Class	화물요율을 기재 • M : Minimum charge • N : Normal under 45kg(100lb) rate • Q : Quantity over 45kg(100lb) rate • C : Specific Commodity Rate • R : Class Rate(less than normal rate) • S : Class Rate(more than normal rate) • U : Pivot weight and applicable pivot weight charge • E : Weight in excess of pivot weight and applicable rate • X : Unit Load Device(as an additional line entry with one of the above) • P : Small Package Service • Y : Unit Load Device Discount
⑰ Chargeable Weight	화물의 실제 중량과 부피 중량 중 높은 쪽을 기재하여 운임 부과의 기준으로 삼음
⑱ Rate/Charge	kg당 또는 lb당 적용요율을 기재
⑲ Nature and Quantity of Goods (incl. Dimensions or Volume)	화물의 넓이와 부피를 포함하여 품목을 기재(부피 중량이 적용되는 경우 가로 × 세로 × 높이를 기재)

TIP ISBP 821를 통해 UCP 600에서 정의되지 않은 표현 및 서류의 언어를 살펴보아요!

02 상업송장(Commercial Invoice) 2025 출제

(1) 상업송장의 의미
매매계약의 이행을 입증하는 물품명세서에 해당하는 것으로 수출상에게는 대금 청구서 및 명세서의 역할을 수행하고, 수입상에게는 계약에 일치하는 물품임을 입증하는 증빙서류의 기능을 수행한다. 수출상에게는 수출신고할 때 가장 기본이 되는 서류이며 수입상에게는 수입신고할 때 과세자료가 되어 통관 시 필수적인 서류이다.

(2) 송장의 종류
① **선적송장(Shipping Invoice)**: 실제로 선적한 물품의 명세가 기재된 송장(보통의 상업송장)이다.
② **견품송장(Sample Invoice)**: 수출상이 수입상에게 보내는 견품의 명세, 품질, 가격, 규격 등을 명시하는 송장이다.
③ **견적송장(Proforma Invoice)**: 가격 계산의 기초로 사용되는 송장으로서 확정 주문 전 수출상이 작성하며 선적 전 계약 내용을 확인하기 위해 발행된다.
④ **위탁판매송장(Consignment Invoice)**: 위탁매매 시 사용되는 송장(위탁판매 송장, 위탁매입 송장)이다.
⑤ **세관송장(Customs Invoice)**: 과세 가격 기준 결정, 덤핑유무 판정, 수입통계 등을 목적으로 작성되는 공용송장이다.
⑥ **영사송장(Consular Invoice)**: 수입국에서 수입관세나 외화도피, 덤핑 등을 방지하기 위해 수출국 주재 수입국 영사가 작성하거나 사증을 해 주는 송장이다.

> **TIP** 신용장에서 수리되는 송장은 상업송장과 세관송장이며 견적송장과 임시송장은 수리되지 않아요.

ISBP 821 송장의 제목 2019, 2021 출제

a. When a credit requires presentation of an "invoice" without further description, this will be satisfied by the presentation of any type of invoice(commercial invoice, customs invoice, tax invoice, final invoice, consular invoice, etc.). However, an invoice is not to be identified as "provisional", "pro-forma" or the like.

신용장에서 "송장"의 제시를 요구하면서 더 이상의 명시가 없는 경우에, 이는 (상업송장, 세관송장, 최종송장, 영사송장 등) 어떠한 종류의 송장을 제시해도 충족된다. 그러나 송장은 "임시"송장, "견적"송장 또는 이와 유사한 것으로는 인정되지 않아야 한다.

(3) 은행의 상업송장 수리요건 2019, 2020, 2021, 2022 출제
① 상업송장은 수익자(수출상)가 발행한 것이어야 한다.
② 개설의뢰인(수입상) 앞으로 발행되어야 한다.
③ 신용장과 같은 통화로 발행되어야 하며 서명될 필요는 없다. 다만, 신용장에서 서명된 송장(Signed Invoice)을 요구하는 경우 서명되어 있어야 한다.
④ 지정은행, 확인은행(있는 경우), 개설은행은 신용장에서 허용된 금액을 초과하여 발행된 상업송장을 수리할 수 있고, 그 결정은 은행이 신용장에서 허용된 금액을 초과한 금액을 결제(honour) 또는 매입 (negotiate)하지 않았던 경우에 한하여 모든 당사자를 구속한다(서류의 불일치를 주장할 수 없음).
⑤ 상업송장의 물품, 서비스 또는 의무 이행의 명세는 신용장상의 명세와 일치해야 한다.

> **UCP 600 제18조 상업송장**
> b. A nominated bank acting on its nomination, a confirming bank, if any, or the issuing bank may accept a commercial invoice issued for an amount in excess of the amount permitted by the credit, and its decision will be binding upon all parties, provided the bank in question has not honoured or negotiated for an amount in excess of that permitted by the credit.
> 지정에 따라 행동하는 지정은행, 확인은행(있는 경우) 또는 개설은행은 신용장에서 허용된 금액을 초과하여 발행된 상업송장을 수리할 수 있고, 이러한 결정은 문제된 은행이 신용장에서 허용된 금액을 초과한 금액을 결제(honour) 또는 매입(NEGO)하지 않았던 경우에 한하여 모든 당사자를 구속한다.
> c. The description of the goods, services or performance in a commercial invoice must correspond with that appearing in the credit.
> 상업송장상의 물품, 서비스 또는 의무 이행의 명세는 신용장상의 그것과 일치해야 한다.

(4) ISBP 821 송장 관련 규정 2023 출제
① 송장에 기재된 물품, 서비스 또는 의무 이행에 관한 명세는 신용장에 기재된 명세에 상응하여야 한다. 그러나 경상의 법칙(Mirror Image Rule)과 같은 기재가 요구되는 것은 아니다. 예컨대, 물품의 세부사항은 송장 내 여러 곳에 산재할 수 있으며, 단지 그것들을 통합하여 읽을 때 물품명세가 신용장의 그것에 상당하는 것으로 충분하다.
② 송장에는 다음을 표시하여야 한다.
　㉠ 선적 또는 인도되는 물품이나 제공되는 서비스 또는 의무 이행의 금액
　㉡ 단가(신용장에 명시된 경우)
　㉢ 신용장에 나타나는 통화와 동일한 통화
　㉣ 신용장에서 요구되는 할인 또는 공제
③ 송장에는 신용장에 명시되지 않은 선지급이나 할인 등에 따른 공제가 표시될 수 있다.
④ 송장은 서명되거나 날짜를 기입할 필요가 없다.
⑤ 송장에는 다음이 표시되지 않아야 한다.
　㉠ 초과 선적
　㉡ 신용장에서 요구하지 않은 물품
　㉢ 서비스 또는 의무 이행(송장이 신용장에서 요구되는 물품, 서비스 또는 의무 이행에 추가되는 수량이나 견본 및 광고용품을 포함하고 있다면 그것들이 무료라고 기재된 경우)
⑥ 신용장에서 단가의 표시가 없다면 송장에는 단가가 표시되지 않아도 된다.

(5) 예시

COMMERCIAL INVOICE

① Seller/Shipper TEKMAX CO., LTD. ILSAN TECHNO TOWN ILSAN DONGGU KOYANG CITY KYUNGKI DO SOUTH KOREA tel : 031-912-3456 fax : 031-912-9876	⑧ Invoice No. and Date TKM202310003(MAR.3.2023)
	⑨ L/C No. and Date DCTSE123456AA(FEB.2.2023)
② For Account & Risk of Messers HARVARD MUSIC CO., LTD. 13F RAILWAY PLAZA 40 CHATHAM ROAD SOUTH. TSIMSHATSUI KLN HONGKONG	⑩ L/C Issuing Bank HANG SENG BANK, HONGKONG
③ NOTIFY PARTY THE SAME AS ABOVE	⑪ Other References(Remarks) FREIGHT PREPAID
④ Departure Date/ Sailing on/or about 2023.03.09	
⑤ Vessel/Flight HYUNDAI INCHEON	⑫ Terms of Delivery and Payment CIF HONGKONG
⑥ PORT OF LOADING: INCHEON PORT, KOREA	
⑦ FINAL DESTINATION(Port of discharge): HONGKONG PORT	

⑬ Shipping Marks	⑭ No. & kind of Packages	⑮ Goods Description	⑯ Quantity	⑰ Unit Price	⑱ Amount
HM ITEM : MP650A PALLET NO.1-8 MADE IN KOREA	8 PALLETS	MP3 MODEL O.MP650A	50,000 PCS	USD 20	USD 1,000,000

⑲ Signed by

M.J HONG

TEKMAX CO., LTD.

(6) 작성요령

항목	작성요령
① Seller/Shipper	수출상(화주)의 상호와 주소를 기재
② For Account & Risk of Messers	"~의 비용과 위험부담으로 "라는 의미로 신용장상 개설의뢰인(수입상)을 기재 **TIP** UCP 600 제18조에서 상업송장은 수익자(수출상)가 신용장의 개설의뢰인(수입상) 앞으로 작성하여야 한다고 명시하고 있어요.
③ Notify Party	통지 당사자를 의미하며 일반적으로 개설의뢰인과 동일하므로 개설의뢰인의 상호 및 주소를 기재['THE SAME AS ABOVE(상기와 동일함)'로 표시해도 됨]
④ Departure Date 또는 Sailing on/or about	선박이나 항공기의 출발 일자를 의미하며 본선(기)적재 일자를 기준으로 기재
⑤ Vessel/Flight	선박명이나 항공기 편명을 기재
⑥ Port of Loading	해상운송의 경우 선적항을 기재하며 항공운송의 경우 출발공항을 기재 **TIP** 신용장에서 Any Korean Port와 같이 지리적 구역이나 범위로 선적항을 제시하는 경우 상업송장이나 선하증권의 수출항 항목에는 실제 선적되는 항구명을 기재하여야 해요.
⑦ Final Destination(Port of Discharge)	도착항, 도착공항 또는 최종 도착지를 표시 **TIP** 신용장에서 Any Port와 같이 지리적 구역이나 범위로 도착항을 제시하는 경우에도 상업송장이나 선하증권의 도착항 항목에는 실제 양륙되는 항구명을 기재하여야 해요.
⑧ Invoice No. and Date	상업송장의 번호와 작성 일자를 기재
⑨ L/C No. and Date	신용장 번호와 개설(발행) 일자를 기재
⑩ L/C Issuing Bank	신용장의 개설은행을 기재
⑪ Other References(Remarks)	기타 참조사항(신용장에서 별도로 요구하는 사항)을 기재
⑫ Terms of Delivery and Payment	Incoterms(정형거래 조건)를 사용하기로 한 경우 해당 거래 조건을 기재 **TIP** 수출 신용장 예시에서 CIF HONGKONG 계약을 체결하였으므로 상업송장에도 CIF HONGKONG으로 기재해요.
⑬ Shipping Marks	물건을 구분하기 위한 화인을 기재(화인의 모양 및 물품명, 포장 개수, 각 포장당 번호, 원산지 등)
⑭ No. & kind of Packages	포장 수량 및 포장 종류를 기재
⑮ Goods Description	물품의 명세를 기재(신용장에 기재된 명세와 일치해야 함)
⑯ Quantity	상품의 거래 수량을 기재
⑰ Unit Price	상품의 단가를 기재
⑱ Amount	총액을 기재
⑲ Signed by	서명을 기재 **TIP** UCP 600 제18조에서 상업송장은 서명될 필요가 없다고 규정하고 있지만, 신용장에서 서명된 상업송장을 요구하는 경우에는 상업송장에 서명이 반드시 있어야 해요.

03 보험서류(Insurance Document)

(1) 보험서류의 의미

무역 물품의 운송 도중 해난이나 기타의 위험으로 발생하게 될 손해에 대비하여 보험을 부보하고 보험자로부터 발급받는 증거서류를 의미한다.

(2) 보험서류의 종류

① **보험증권(Insurance Policy)**: 보험계약 체결의 증거로서 피보험자 또는 보험계약자가 보험료 납부 시 보험자가 발급하는 증거서류이다.
② **보험증명서(Insurance Certificate)**: 포괄보험계약(Open Cover)하에서 발행된 포괄예정보험증권(Open Policy)에 근거하여, 개개의 선적분에 대한 부보사실을 증명하기 위하여 건별로 발행하는 증명서(Certificate)이다.
③ **보험확인서(Insurance Declaration)**: 포괄보험계약하의 개별 선적분에 대한 부보확인 요청에 대하여, 보험회사가 당해 선적분에 대한 부보사실을 선언한 확인서(Declaration)이다.
④ **보험승낙서, 보험인수증(Cover Note)**: 보험중개인이 피보험자가 의뢰한 조건대로 보험에 가입하겠다는 의사가 표시된 통지서(피보험자가 보험회사와 직접 보험계약을 체결했음을 증명하는 서류가 아님)이다.

> **TIP** 보험승낙서는 선적서류로서 수리되지 않음을 기억하세요!

(3) 보험서류와 수리요건 2020, 2021, 2022, 2023 출제

① 보험증권, 보험증서 또는 포괄보험에서 확정통지서와 같은 보험서류는 보험회사, 보험인수인 또는 그들의 대리인 또는 수탁인(Proxies)에 의하여 발행되고 서명된 것으로 보아야 한다. 대리인 또는 수탁인이 서명한 경우 보험회사 또는 보험중개인을 대리하여 서명했는지 여부를 표시해야 한다.

> **UCP 600 제28조 보험서류와 부보 범위**
> a. An insurance document, such as an insurance policy, an insurance certificate or a declaration under an open cover, must appear to be issued and signed by an insurance company, an underwriter or their agents or their proxies. Any signature by an agent or proxy must indicate whether the agent or proxy has signed for or on behalf of the insurance company or underwriter.
> 보험증권, 보험증명서 또는 포괄보험에서의 확정통지서와 같은 보험서류는 보험회사, 보험인수인 또는 그들의 대리인 또는 수탁인이 발행하고 서명한 것으로 보아야 한다. 대리인 또는 수탁인에 의한 서명은 대리인 또는 수탁인이 보험회사 또는 인수업자를 위해 또는 대리로 서명했는지를 표시해야 한다.

② 보험서류가 한 통을 초과한 원본으로 발행되었다고 표시된 경우 모든 원본 서류가 제시되어야 한다.
③ 잠정적 보험승낙서, 보험인수증은 수리되지 않는다.
④ 보험증권은 보험증명서나 포괄보험의 확정통지서(Declaration)를 대신하여 수리 가능하다. 신용장에서 보험증명서나 확정통지서를 요구한 경우에 보험증권을 대신 제시하면 은행은 신용장 조건에 일치하는 것으로 수리한다.
⑤ 보험서류의 일자는 선적일보다 늦어서는 안 된다. 다만 보험서류에서 부보가 최소한 선적 일자 이전에 효력이 발생함을 나타내고 있는 경우에는 그렇지 않다.

> **TIP** 소급 적용된다는 단서가 있는 경우 은행은 수리가 가능해요!

⑥ 보험서류는 부보 금액을 표시해야 하고 신용장과 동일한 통화로 표시되어야 한다.
⑦ 신용장에 부보 금액이 물품의 가액, 송장가액 또는 그와 유사한 가액에 대한 백분율로 표시되어야 한다는 요건이 있는 경우, 이는 요구되는 부보 금액의 최소한으로 본다.

⑧ 신용장상 부보 범위에 부보 금액에 대한 명시가 없는 경우 부보 금액은 최소한 물품의 CIF 또는 CIP 가격의 110%가 되어야 한다.
⑨ CIF 또는 CIP 가격을 결정할 수 없는 경우 부보 금액의 범위는 요구된 결제(honour) 또는 매입 금액 또는 송장에 나타난 물품에 대한 총금액 중 더 큰 금액을 기준으로 산출되어야 한다.

> **TIP** 신용장 금액의 110%와 송장 총액의 110% 중 더 큰 금액으로 부보해야 해요.

⑩ 보험서류는 최소한 신용장에 명시된 수탁지 또는 선적지에서 양륙지 또는 최종 목적지 사이에 발생하는 위험에 대하여 부보되는 것이어야 한다.
⑪ 신용장이 '통상의 위험' 또는 '관습적인 위험'과 같이 부정확한 용어를 사용하는 경우 보험서류는 특정 위험을 부보하지 않는지 여부와 관계없이 수리된다.
⑫ 보험서류는 부보 범위가 일정 한도까지 본인 부담이라는 조건 또는 일정 한도 이상 보상이라는 조건에 적용받고 있음을 표시할 수 있다.
  ㉠ 소손해 면책약관(Franchise): 일정 비율 미만의 손해에 대해서는 보험자가 담보 책임을 면하지만 그 비율을 초과하면 면책 부분을 포함한 손해의 전부를 담보하는 것
  ㉡ 초과 공제 면책약관(Excess Deductible): 일정 비율을 초과하면 보험자가 그 면책률 부분을 공제하고 나머지 초과 부분만 담보하는 것
⑬ 보험서류에 보험금 청구기간을 제한하는 보험금 지급 청구의 만료일이 표시되어서는 안 된다.

(4) 예시

ABC Insurance Co., Ltd.
CERTIFICATE OF MARINE CARGO INSURANCE

① Assured(s), etc TEKMAX CO., LTD.	
② Certificate No. 123456789ABC	③ Ref. No. Invoice No. TKM202310003 L/C No. DC TSE123456AA
Assured(s), etc TEKMAX CO., LTD.	
④ Claim, if any, payable at Met-life Hopewell Centre, 183 Queen's Rd E, Wan Cha Claims are payable in USD CURRENCY	⑤ Amount insured USD 1,100,000 (USD 1,000,000 X 110%)

⑥ Survey should be approved by THE SAME AS ABOVE		⑮ Conditions * INSTITUTE CARGO CLAUSE(A) 1982 * CLAIMS ARE PAYABLE IN AMERICA IN THE CURRENCY OF THE DRAFT. * THE APPOINTED SETTING AGENT IN HONGKONG Subject to the following Clauses as per back hereof institute Cargo Clauses Institute War Clauses(Cargo) Institute War Cancellation Clauses(Cargo) Institute Strikes Riots and Civil Commotions Clauses Institute Air Cargo Clauses(All Risks) Institute Classification Clauses Special Replacement Clause(applying to machinery) Institute Radioactive Contamination Exclusion Clauses Co-Inssurance Clause Marks and Numbers as
⑦ Local Vessel or Conveyance	⑪ From(interior port or place of loading)	
⑧ Ship or Vessel called HYUNDAI INCHEON	⑫ Sailing on or about MARCH 10, 2023	
⑨ At and From INCHEON PORT, KOREA	⑬ Transhipped at	
⑩ Arrived at HONGKONG, HK	⑭ Thence to	

⑯ Goods and Merchandise MP3 MODEL NO.MP650A 50,000 PCS	
⑰ Place and Date signed in SEOUL, KOREA, MARCH 10, 2023	⑱ No. of Certificates issued DUPLICATE

⑲ This Certificate represents and takes the place of the Policy and conveys all rights of the original policyholder (for the purpose of collecting any loss or claim) as fully as if the property was covered by an Open Policy direct to the holder of this Certificate.

This Company agrees lossed, if any, shall be payable to the order of Assured on surrender of this Certificate.
Settlement under one copy shall render all others null and void.
Contrary to the wording of this form, this insurance is governed by the standard from of English Marine Insurance Policy.
In the event of loss or damage arising under this insurance, no claims will be admitted unless a survey has been held with the approval of this Compay's office or Agents specified in this Certificate.

SEE IMPORTANT INSTRUCTIONS ON REVERSE

⑳ ABC Insurance Co., Ltd.

AUTHORIZED SIGNATORY

This Certificate is not valid unless the Declaration be signed by an authorized representative of the Assured.

(5) 작성요령

항목	작성요령
① Assured(s), etc	피보험자(또는 보험계약자)의 영문명을 기입 **TIP** CIF 조건의 수출인 경우 피보험자에 대해 별도의 약정이나 지시가 없으면 수출상 자신을 피보험자로 하여 보험증권을 발행하고 수출 환어음 매입 시 백지배서(blank endorsement)로 매수인 또는 이해당사자에게 양도해도 돼요.
② Certificate No.	보험자가 피보험자에게 보험증권을 교부할 때 부여하는 일련 번호를 기재
③ Ref. No.	보험자가 업무상 참조하기 위한 번호 기재(보통 수출의 경우 신용장 번호 또는 상업송장 번호를 기재)
④ Claim, if any, payable at	보험금 지불을 희망하는 장소(보통 화물의 최종 목적지)를 기재
⑤ Amount insured	보험계약자가 부보한 금액을 기재 **TIP** 보험금액은 보통 물품의 CIF 또는 CIP 가격에 10%(희망이익)를 가산한 금액이에요. 신용장의 부보 범위에 부보 금액에 대한 명시가 없는 경우, 부보 금액은 최소한 물품의 CIF 또는 CIP 가격의 110%가 되어야 해요.
⑥ Survey should be approved by	보험사고가 발생했을 때 지체 없이 통지해야 하는 곳으로 사고 조사를 담당하는 Surveyor가 기재되며, 보통 화물의 최종 목적지에 있는 보험자의 대리점 상호 및 주소를 기재
⑦ Local Vessel or Conveyance	내륙 운송 시 운송수단을 기재하는 곳으로서, 화물의 출하지와 선적지가 다르고 출하지에서 선적지까지 운송 화물에 대해 부보하는 경우에 기재 예 Trail, Truck 등
⑧ Ship or Vessel called	화물을 적재하는 선박명을 기재
⑨ At and From	화물을 선적하는 선적항을 기재
⑩ Arrived at	화물을 양륙하는 양륙항을 기재
⑪ From(interior port or place of loading)	화물의 출하지와 선적지가 다른 경우 출하항 또는 출하지를 기재
⑫ Sailing on or about	본선이 선적항을 출항하는 연월일 또는 예정 연월일을 기재 **TIP** 신용장의 조건과 일치하는 선적 기간 이내에 선적하여 출항해야 하며 선하증권에 기재된 날짜를 기재해요. **TIP** 무역거래에서의 기간 앞의 on or about은 해당일 포함 전후 5일, 총 11일간을 말해요.
⑬ Transhipped at	환적하는 경우 환적항을 기재
⑭ Thence to	최종 목적지가 양륙항과 상이한 경우, 운송약관에 따라 양륙항에서 최종 목적지까지 운송 화물에 대하여 부보할 때 최종 목적지를 기재
⑮ Conditions	신용장에서 요구하는 보험 조건을 기재
⑯ Goods and Merchandise	보험목적물의 품명, 수량, 화물 상태 등을 기재(신용장 및 선하증권과 동일해야 함)
⑰ Place and Date signed in	보험증권의 발행지와 발행일을 기재 **TIP** 보험서류의 일자는 선적일보다 늦어서는 안 돼요. 다만 보험서류에 부보가 최소한 선적 일자 이전에 효력이 발생함을 나타내고 있는 경우는 괜찮아요(UCP 600 제28조).
⑱ No. of Certificates issued	보험증권의 발행 통수를 기재 **TIP** 보통 2통이 발행되는데 보험자가 1통에 대하여 보험금을 지급하면 나머지 1통은 무효가 되어요. 보험서류가 1통을 초과한 원본으로 발행되었다고 표시하는 경우에는 모든 원본 서류가 제시되어야 해요(UCP 600 제28조).
⑲ 본문 약관	준거법 약관, 타보험 약관, 약인 약관 등을 기재 **TIP** 개정된 보험증권의 신양식 본문 약관은 구양식의 약관보다 아주 간결해요.
⑳ 서명	보험자의 서명을 기재 **TIP** 보험증권, 보험증명서 또는 포괄보험에서 확정통지서와 같은 보험서류는 보험회사, 보험인수인 또는 그들의 대리인 또는 수탁인(Proxies)에 의하여 발행되고 서명된 것으로 보여야 해요.

04 기타 서류

(1) 포장명세서(Packing List)

① 의미: 상업송장의 보충서류로서 포장 속에 들어 있는 상품의 목록, 총중량, 용적, 순중량, 포장 개수, 포장 형태, 화인 등을 기재한 서류이다.

② 예시

PACKING LIST

Seller/Shipper TEKMAX CO., LTD. ILSAN TECHNO TOWN ILSAN DONGGU GOYANG CITY GYEONGGIDO SOUTH KOREA tel : 031-912-3456 fax : 031-912-9876	**Invoice No. and Date** TKM202310003 MAR 3, 2023
	L/C No. and Date DCTSE123456AA(FEB 2, 2023)
For Account & Risk of Messers HARVARD MUSIC CO., LTD. 13F RAILWAY PLAZA 40 CHATHAM ROAD SOUTH TSIMSHATSUI KLN HONGKONG	**L/C Issuing Bank** HANG SENG BANK, HONGKONG
NOTIFY PARTY THE SAME AS ABOVE	**Other References(Remarks)** CARRIER : ABC shipping co., ltd. MEASUREMENT : 21 CBM
Departure Date/ **Sailing on/or about** 2023.03.09	
Vessel/Flight HYUNDAI INCHEON	**Terms of Delivery and Payment** CIF HONGKONG
PORT OF LOADING INCHEON PORT, KOREA	
FINAL DESTINATION(Port of Discharge) HONGKONG PORT	

Shipping Marks	No.&kind of Packages	Goods Description	Quantity	Net Weight	Gross Weight
HM ITEM : MP650A PALLET NO.1-8 MADE IN KOREA	8 PALLETS	MP3 MODEL NO. MP650A	50,000 PCS	3,400kg	3,800kg

CONTAINER NO. DFSU1234567(20GP)

Signed by

M.J HONG

TEKMAX CO., LTD.

③ 작성요령

항목	작성요령
Net weight	상품의 순중량을 기재
Gross weight	포장을 포함한 상품의 총중량을 기재
Measurement	용적(부피)을 표시하며 CBM(m^3, 1M × 1M × 1M) 기준으로 작성 **TIP** 해상 컨테이너나 항공용 컨테이너에 적재하기 위해서 제품의 중량과 용적을 모두 기재하여야 해요. 용적은 운임을 산출하기 위한 요소로 사용되기도 해요.

(2) 원산지증명서(Certificate of Origin)

① 의미: 거래되는 물품의 국적에 대한 증명서로 상공회의소 또는 각 국가의 기관에서 발행하며 물품이 수출국에서 생산, 제조 또는 가공되었다는 사실을 증명하는 서류이다.

② 특징 [2021 출제]
  ㉠ 신용장에서 원산지증명서를 요구하는 경우 다음 조건이 충족되어야 한다.
  - 원산지증명서는 서명되어야 한다.
  - 원산지증명서에는 송장에 기재된 물품과 관련된 품목이 표시되어야 한다.
  - 원산지가 증명되어야 한다.
  ㉡ 신용장에 명시된 자에 의해 발행되어야 한다.
  ㉢ 신용장에 발행인의 이름이 표시되지 않은 경우에는 누구나 발행 가능하다.

> **ISBP 821 원산지증명서의 제시**
> When a credit requires the presentation of a certificate of origin, this will be satisfied by the presentation of a signed document that appears to relate to the invoiced goods and certifies their origin.
> 신용장에서 원산지증명서의 제시를 요구하는 경우에 이는 송장상의 물품에 관련되고 그 원산지를 증명하는 것으로 보이는 서명된 서류를 제시함으로써 충족된다.
>
> **ISBP 821 원산지증명서의 발행**
> a. A certificate of origin is to be issued by the entity stated in the credit.
>   원산지증명서는 신용장에 명시된 자에 의하여 발행되어야 한다.
> b. When a credit does not indicate the name of an issuer, any entity may issue a certificate of origin.
>   신용장에서 발행인의 이름을 표시하지 않은 경우 누구든지 원산지증명서를 발행할 수 있다.

  ㉣ 송장상 물품에 관한 것으로 보여야 한다.
  - 신용장에 명시된 물품명세와 상응하는 물품명세 또는 신용장에 명시된 물품명세와 저촉되지 않는 일반 용어로 기재된 명세를 원산지증명서상에 기재하여야 한다.
  - 다른 서류에 나타나는 물품명세나 원산지증명서에 첨부되거나, 원산지증명서와 일체의 서류를 구성하는 서류에 나타나는 물품명세를 참조하는 방법에 의해 확인되어야 한다.
  ㉤ 신용장에서 원산지증명서의 제시를 요구하지 않으면서 물품의 원산지를 표시한 경우(비서류적 조건), 표시된 원산지는 신용장에 명시된 원산지와 달라서는 안 된다[다른 서류상에 기재된 원산지표시가 신용장에서 요구하는 원산지와 다르게 표기되어 있는 경우 정보(Data) 간의 충돌을 일으키므로 하자를 구성함].

③ 예시(미합중국과의 협정에 따른 원산지증명서 권고 서식)

Certificate of Origin
Korea-US Free Trade Agreement

1. Exporter (수출상)	Name(성명)		2. Blanket Period (원산지 포괄 증명 기간) YYYY MM DD YYYY MM DD (년) (월) (일) (년) (월) (일) From: ___ _/__ /__ To: ___ _/__ /__ (부터) (까지)
	Address(주소)		
	Telephone(전화)		
	Fax(팩스)		
	E-mail(이메일주소)		

3. Producer (생산자)	Name(성명)		4. Importer (수입상)	Name(성명)	
	Address(주소)			Address(주소)	
	Telephone(전화)			Telephone(전화)	
	Fax(팩스)			Fax(팩스)	
	E-mail(이메일주소)			E-mail(이메일주소)	

5. 원산지증명 대상 물품 내역

Serial No. (연번)	Description of Good(s) (품명·규격)	Quantity & Unit (수량 및 단위)	HS2002 No. (품목번호 HS 6단위)	Preference Criterion (원산지결정 기준)	Country of Origin (원산지 국가)

6. Observations:
(특이사항)

I certify that: (본인은 다음 사항을 확인합니다.)
- The information in this document is true and accurate and I assume the responsibility for proving such representations. I understand that I am liable for any false statements or material omissions made on or in connection with this document.
(상기 서식에 기재된 내용은 사실이고 정확하며, 기재된 사항에 대한 책임은 본인에게 있습니다. 이 증명서 또는 이와 관련한 허위 진술 또는 중대한 사실 누락에 대해서는 본인에게 책임이 있음을 확인합니다.)
- I agree to maintain, and present upon request, documentation necessary to support this Certificate, and to inform, in writing, all persons to whom the Certificate was given of any changes that would affect the accuracy or validity of this Certificate.
(본인은 이 증명서를 입증하는 데 필요한 문서를 보관하며, 요청이 있을 경우 이를 제출할 뿐 아니라, 이 증명서의 정확성이나 유효 기간에 영향을 미치는 여타 변동사항에 대해서 이 증명서를 받은 모든 관계자들에게 서면으로 통보할 것에 동의합니다.)
- The goods originate in the territory of one or both Parties and comply with the origin requirements specified for those goods in the Korea -United State of America Free Trade Agreement.
(해당 물품은 대한민국과 미합중국 간의 자유무역협정에 따른 원산지결정 기준을 충족하고 있음을 확인합니다.)
This Certificate consists of ____ pages, including all attachments.
(이 증명서는 모든 첨부 서류를 포함하여 총 __ 장으로 구성되어 있습니다.)

7. Authorized Signature (서명권자의 서명)	Company (회사명)
Name: (작성자 성명)	Title: (직위)
YYYY MM DD (년) (월) (일) ____/__/__	Telephone: (전화번호) Fax: (팩스번호)

(3) 검사증명서(Inspection Certificate)
① 수출 물품이 매매계약에 의해 수입상이 요구하는 품질이나 수량에 해당하는지를 수출 전 수출국의 공적 검사기관이 검사하고 발행하는 서류로서 수입상의 요청으로 제공된다.
② 자사 연구기관에 의한 증명이나 공신력 있는 외부기관에 의뢰하여 검사를 진행한다.

(4) 위생증명서(Health Certificate)
식료품, 약품, 화장품 등을 수출하는 경우 해당 물품이 수입국의 위생검사당국 기준에 합치된다는 것을 입증하는 서류이다.

(5) 검역증명서(Certificate of Quarantine)
동물이나 식물을 수출하는 경우 세균의 전염을 예방하기 위해 수출국에서 소독, 방역, 검역을 실시하고 발급하는 서류이다.

ISBP 745 증명서, 표명서 및 진술서 관련 내용

A3) When a certificate, certification, declaration or statement is required by a credit, it is to be signed.
신용장에 의하여 증명서, 표명서 또는 진술서가 요구되는 경우에 이 서류는 서명되어야 한다.

A4) Whether a certificate, certification, declaration or statement needs to be dated will depend on the type of certificate, certification, declaration or statement that has been requested, its required wording and the wording that appears within the document.
증명서, 표명서 또는 진술서에 일자가 표시되어야 하는지에 대한 여부는 요구된 당해 증명서, 표명서 또는 진술서의 종류, 그에 기재되어야 하는 문구 및 그 서류에 나타나는 문구에 의존한다(제시된 서류에 발행일이 반드시 필요한 것은 아니다).

A7) a.
ⅰ. Any correction of data in a document issued by the beneficiary, with the exception of drafts, need not be authenticated.
수익자가 발행하는 서류상 정보의 정정은 환어음을 제외하고는 인증될 필요가 없다.

---

(6) 수입화물 선취보증서(L/G: Letter of Guarantee) `2021, 2022, 2023, 2024출제`
① 의미: 수입 물품은 이미 도착하였으나 선적서류가 도착하지 않아 화물 인수가 불가능한 경우 화물을 선사로부터 인수할 수 있도록 개설은행의 연대보증을 받아 선사로 제출하는 보증서이다. 매수인은 선사에 선하증권 원본 대신 L/G 원본을 제출하고 화물을 인도받는다.
② 필요성: 수출입 지역 간의 항해 일정이 짧거나 항공운송인 경우 또는 수출상의 선적서류 매입 지연에 따라 서류송달이 늦어지는 경우 수입상은 서류 미도착으로 인해 화물을 찾을 수 없으므로 서류가 도착할 때까지 화물 보관을 위한 창고보관비와 같은 부대 비용이 발생한다.
③ 주요 내용
　㉠ B/L이 도착하면 원본을 선사에 제출하겠다는 약속문언이 포함되어 있다.
　㉡ 화물 인도로 인하여 발생하는 모든 책임을 은행이 지겠다는 약속문언이 포함되어 있다.
　㉢ 화물 인도에 따른 모든 비용을 화물 인도 시 지급하겠다는 문언이 포함되어 있다.
④ L/G의 발급으로 인한 파급효과
　㉠ 도착하는 선적서류에 하자가 발견되더라도 개설은행은 L/G를 발급한 건에 대해서는 클레임을 제기할 수 없다(대금 지급을 거절할 수 없음).
　㉡ 운송인(선사)은 선하증권 원본을 제시한 자에게만 화물을 인도할 의무가 있기 때문에 추후에 정당한 권리자가 선하증권을 제시하고 화물 인도를 요구하는 경우 그에 따른 손해배상책임을 부담해야 한다.

⑤ 예시

LETTER OF GUARANTEE

To
[Shipping Company]

L/G NO.:
DATE:

Shipping Company		L/C NO.	Date of Issue
Port of Loading		Invoice Value	
Port of Discharge		Description of Cargo	
Bill of Lading No.	Date of Issue		
Shipper		No. of Packages	Marks & Nos.
Consignee			
Party to be delivered			

Wheareas you have issued a Bill of Lading covering the above shipment and the above cargo has been arrived at the above port of discharge(or the above place of delivery), we hereby request you to give delivery of the said cargo to the above mentioned party without production of the original Bill of Lading.

In consideration of your complying with our above request, we hereby agree as follows :

1. To indemnify you, your servants and agents and to hold all of you harmless in respect of liability, loss, damage of expenses which you may sustain by reason of delivering the cargo in according with our request, provided that the undersigned Bank shall be exempt from liability for freight, demurrage or expenses in respect of the contract of carriage.

2. As soon as the original Bill of Lading corresponding to the above cargo comes into our possession, we shall surrender the same to you, whereupon our liability hereunder shall cease.

3. The liability of each and every person under this guarantee shall be joint and several and shall not be conditional upon your proceeding first against any person, whether or not such person is party to or liable under this guarantee.

4. This guarantee shall be governed by and construed in accordance with Korean law and the jurisdiction of the competent court in Korea.

Should the Bill of Lading holder file a claim or bring a lawsuit against you, you shall notify the undersigned Bank as soon as possible.

Your faithfully,

For and on behalf of
[Name of Requestor]

For and on behalf of
[Name of Bank]

Authorized Signature

Authorized Signature

수입화물 선취보증신청서
(Application For Letter of Guarantee)

선박회사명(Shipping Co.)	신용장(계약서) 번호(Number of Credit)		L/G번호(L/G Number)	
	선하증권 번호 (Number of B/L)			
송하인(Shipper)	선박명 (Vessel Name)			
	도착(예정)일 (Arrival Date)			
	항해 번호 (Voyage No.)			
상업송장 금액(Invoice Value)	선적항 (Port of Loading)			
	도착항 (Port of Discharge)			
화물표시 및 번호 (Nos. & Marks)	포장 수 (Packages)		상품 명세 (Description of Goods)	

본인은 위 신용장 등에 의한 관계 선적서류가 귀행에 도착하기 전에 수입화물을 인도받기 위해 수입화물 선취보증을 신청하며 본인이 따로 제출한 수입화물 선취보증서(LETTER OF GUARANTEE)에 귀행이 서명함에 있어 다음 사항에 따를 것을 확약합니다.

1. 귀행이 수입화물 선취보증서에 서명함으로써 발생하는 위험과 책임 및 비용은 모두 본인이 부담하겠습니다.
2. 본인은 귀행의 요청이 있으면 언제든지 위 수입화물을 귀행에 인도하겠습니다.
3. 본인은 위 수입화물에 관한 관계 선적서류를 제3자에게 담보로 제공하지 않았음을 확인하며, 또한 귀행의 서면 동의 없이 이를 담보로 제공하지 않겠습니다.
4. 본인은 위 수입화물에 관한 관계 선적서류가 도착할 때에는 신용장 조건과의 불일치 등 어떠한 흠에도 불구하고 이들 서류를 반드시 인수하겠습니다.

년 월 일

신청인 ㊞
주 소
TEL.

인감대조

(7) 수입화물대도(T/R: Trust Receipt) 2020, 2022, 2023 출제

① 의미
  ㉠ 개설은행이 수입화물에 대한 소유권을 유지하면서 개설의뢰인이 수입대금을 결제하기 전에 미리 화물을 처분할 수 있도록 허용하는 제도를 의미한다.
  ㉡ 수입상은 대금을 결제하지 않은 상태에서도 수입화물을 인도받아 처분함으로써 얻는 대금으로 수입대금을 결제할 수 있는 편의를 제공받게 된다.
  ㉢ 수입화물대도는 개설은행과 개설의뢰인 간의 계약이므로 개설의뢰인이 대금을 결제하지 않는 경우 화물을 매입한 제3자에게 화물의 소유권을 주장할 수 없다.

② 예시

수입화물대도(T/R) 신청서

계	대리	차장	부점장

본인은 아래 신용장 등에 의하여 도착된 수입 화물을 대도 신청함에 있어서 은행여신 거래 기본약관, 따로 제출한 수입거래 약정서 및 양도 담보 계약서의 모든 조항에 따를 것을 확약합니다.

선하증권 기 타	번 호 : 발행인 :		발행일 :	
대도(T/R) 금 액	금 액 : US $		(원 화 :)	
신용장 등	번 호 : 발행인 :		금 액 : US $	
물품명	물품명 : 수 량 : 단 가 : 금 액 : US $		화물표시 및 번호 :	
	선적항 : 도착항 : 도착(예정일) :		선 명 :	

선적서류	선 하 증 권	항공화물운송장 등	상 업 송 장	보 험 서 류	포장명세서	원산지 증명서	중 량 용 적 증명서	검 사 증명서	기 타
통 수									

년 월 일

신청인   ㉀
주 소

인감대조

7 환어음(Draft, Bill of Exchange) 2020, 2021, 2025 출제

01 환어음의 의미

채권자인 발행인이 채무자인 지급인에게 일정한 금액을 증권에 기재된 수취인 또는 그 지시인 또는 소지인에게 지급일에 일정 장소에서 무조건 지급할 것을 위탁하는 요식유가증권(Formal Instrument)이며 유통증권(Negotiable Instrument)이다. 환어음에 관한 사항은 행위지(서명지)의 현지 법률에 의하여 처리되는 것이 원칙이다.

02 환어음의 필요성

(1) 매입 경로의 확인
자유매입 신용장의 경우 동일한 신용장으로 다른 은행에서 매입에 참가할 시 매입 경로를 확인하거나 이중 매입을 방지하기 위해 환어음을 발행한다.

(2) 상환 청구
매입은행이 매입 대금을 상환 방식으로 수취하는 경우 상환은행에 대금을 청구하기 위해 환어음이 발행된다.

(3) 신용장의 어음 발행 요구
매입 신용장 또는 인수 신용장은 어음부 신용장의 형태를 갖고 있으므로 신용장 조건대로 이행하기 위해서는 환어음의 발행이 필요하다.

(4) 인수 신용장상의 금융 제공
인수 신용장에서는 인수은행을 지급인으로 하여 기한부 환어음을 발행하고 해당 은행이 이를 인수하여 대금을 지급하도록 한다.

(5) 담보권 확보의 수단
화환어음의 경우 운송서류가 첨부되며 이러한 운송서류는 환어음 금액의 담보로서 매입을 통해 환어음이 유통된다. 순차적으로 매입이 진행되는 경우 이러한 운송서류는 환어음상 권리자에게 그 담보권이 이전된다.

03 환어음의 특성

(1) 신용장 및 추심 거래에 사용
신용장 방식, 지급인도 조건(D/P: Documents against Payment), 인수인도 조건(D/A: Documents against Acceptance)에 사용된다.

(2) 화환취결 방식
환어음과 운송서류가 은행을 통해 매수인에게 제시되거나 매수인에게 직접 제시되는 방식으로 대금이 결제된다.

(3) 담보로서의 운송서류
어음 금액의 담보로서 운송서류가 첨부되어 담보권의 확보 및 금융 조달 시 유리하다.

04 환어음의 법적 성질

문언증권성	환어음은 증권상의 권리가 증권에 기재된 문언에 의해 정해짐
요식증권성	환어음에는 법이 정한 필수 기재사항을 기재하여야 함
제시증권성	환어음상 권리의 행사는 환어음의 제시로 행해짐
상환증권성	어음의 채무자는 어음과 상환으로 그 채무를 이행할 의무를 가짐
무인증권성(추상증권성)	증권상 권리는 환어음을 발행하게 된 기본계약과 별개로 독립적으로 존재함

05 환어음의 당사자

(1) 발행인(Drawer) 2023 출제
환어음을 발행하고 서명하는 자로 수출상이 발행한다.

(2) 지급인(Drawee)
환어음상에 금액을 지급하도록 지정되어 있는 자를 말한다.

① 신용장 거래 시: 개설은행, 상환은행, 개설은행으로부터 지급·연지급·인수를 수권받은 은행

> **UCP 600 제6조 c 이용 가능성** 2021 출제
> A credit must not be issued available by a draft drawn on the applicant.
> 신용장은 개설의뢰인을 지급인으로 하는 환어음에 의하여 이용 가능하도록 개설되어서는 안 된다.

② 추심(D/P, D/A) 거래 시: 수입상

> **TIP** 신용장 방식에서는 개설은행이 수익자에 대해 지급확약을 하기 때문에 환어음의 지급인은 개설은행이 되지만, 추심결제 방식에서 수출상 거래은행인 추심의뢰은행과 수입상 거래은행인 추심은행은 대금의 지급, 영수에 대하여 어떠한 책임이나 권리가 없으며, 단지 서류의 전달, 통지 등의 역할만 해요. 따라서 추심결제 방식에서 환어음의 지급인은 수입상이 돼요.

(3) 수취인(Payee)
환어음 대금을 지급받는 자를 말한다.

① 매입 신용장, 추심 전 매입이 된 경우: 매입은행
② 추심의 경우: 수출상

06 유의사항

(1) 발행일 및 발행지
어음이 발행되어 어음상에 기재된 일자로서 실제로 어음이 발행된 일자와 동일할 필요는 없다.

(2) 발행인의 기명날인 2022 출제
발행인의 기명날인이 없는 어음은 무효이다. 환어음은 반드시 수익자(수출상)가 기명날인해야 하며 수출상이 은행에 제출한 서명과 일치해야 한다.

> **ISBP 821 환어음의 발행**
> a. A draft is to be drawn and signed by the beneficiary and to indicate a date of issuance.
> 환어음은 수익자에 의해 발행되고 서명되어야 하며 발행일이 표시되어야 한다.

(3) 금액 표기

어음 금액이 문자 및 숫자로 표기되는 경우 문자로 표기되는 금액과 숫자로 표기되는 금액을 정확하게 반영하여야 하고 신용장에 명시된 통화로 표시해야 한다. 문자 표기 금액과 숫자 표기 금액이 상충하는 경우에는 문자 표기 금액을 청구 금액으로 하여 심사해야 한다.

07 환어음의 배서 · 인수 · 지급

(1) 환어음의 배서

① 배서의 의미: 지시증권의 양도 방법으로 증권상의 권리자가 그 증권에 소요 사항을 기재하고 서명하여 이를 상대방에게 교부하는 행위이다. 환어음도 배서에 의해 유통된다.
② 배서와 당사자: 어음을 양도하는 자를 배서인, 양도받는 자를 피배서인이라 한다.
③ 배서의 종류
  ㉠ 기명식 배서: 어음 뒷면에 피배서인의 성명이나 상호를 기재하여 배서인이 서명하는 방식이다.
  ㉡ 백지식 배서: 피배서인을 지정하지 않고 약식으로 백지배서하는 방식이다.

(2) 환어음의 인수

① 기한부(Usance) 환어음의 지급인이 환어음을 인수하면 만기일에 그 소지인에게 환어음 대금을 지급할 의무가 있다.
② 인수는 지급인으로서 지급 채무를 부담하겠다는 의사 표시이므로 인수라는 행위를 통하여 지급인은 어음 소지인에 대한 주채무자로 성격이 바뀐다.
③ 인수를 위한 제시(Presentment for Acceptance)는 어음소지인이 환어음을 지급인에게 제시하여 인수를 청구하는 행위를 말한다.

(3) 환어음의 지급

① 의미: 환어음의 만기일(Maturity Date)에 환어음의 지급인이 지급 제시를 한 어음 소지인에게 어음 대금을 지급하는 행위이다.
② 지급 만기일 표시하는 방법 [2022, 2023 출제]
  ㉠ at sight(일람출급, 일람지급): 일람 즉시 대금을 지급
  ㉡ at ××days after sight(일람 후 정기출급): 어음이 수입상에게 제시된 다음 날부터 ××일 후에 지급
  ㉢ at ××days after B/L date(일부 후 정기출급): 선하증권 발행 일자 다음 날부터 ××일 후에 지급(발행 일자와 선적 일자가 다른 경우 선적 일자가 기준임)
  ㉣ on a fixed date(확정일 출급): 확정된 특정 일자에 지급 예) on July 7, 2023

> **ISBP 821 환어음의 만기** [2022 출제]
> c. When the tenor refers to, for example, 60 days after the bill of lading date, the on board date is deemed to be the bill of lading date even when the on board date is prior to or later than the date of issuance of the bill of lading.
> 만기가 예컨대 선하증권 일자 후 60일로 기재된 경우에, 본선적재 일자가 선하증권의 발행일 전이든 후이든 간에 본선적재 일자가 선하증권 일자로 간주된다.
> e. iii. When a credit require a bill of lading and drafts are to be drawn, for example, at 60 days after or from the bill of lading date, and more than one set of bills of lading is presented under one draft, the on board date of the latest bill of lading will be used for the calculation of the maturity date.
> 신용장에서 선하증권과 환어음의 발행을 요구하면서 환어음의 만기를 예컨대 선하증권 일자 후 또는 선하증권 일자부터 60일로 할 것을 요구하고, 또한 하나의 환어음하에서 두 세트 이상의 선하증권이 제시되는 경우에, 가장 늦은 선하증권의 본선적재일자가 만기일의 산정에 사용된다.

08 환어음의 기재사항 2019, 2022, 2023 출제

---

① **BILL OF EXCHANGE**

ⓐ NO. 123456   ② MAY 10, 2023 SEOUL, KOREA
FOR US $53,200.
③ AT SIGHT OF THIS ORIGINAL BILL OF EXCHANGE(SECOND OF THE SAME TENOR AND DATE BEING UNPAID)
④ PAY TO ⑤ EDUWILL BANK OR ORDER THE SUM OF
SAY US DOLLARS FIFTY THREE THOUSAND TWO HUNDRED ONLY;

VALUE RECEIVED AND CHARGE THE SAME TO ACCOUNT OF ⓑ TOKYO SUPPLY LTD.

ⓒ DRAWN UNDER THE MIISUI BANK, HEAD OFFICE TOKYO, JAPAN
ⓓ L/C NO. M0123456789 DATED APRIL 17, 2023
⑥ TO THE MIISUI BANK
⑦ HEAD OFFICE, TOKYO.

⑧ KOREA TRADING CO., LTD.

TIP 위 서식을 함께 보며 학습하세요!

(1) 필수 기재사항

필수 기재사항이 누락되면 환어음은 법적 효력이나 구속력을 갖지 못한다.
① 환어음의 표시: BILL OF EXCHANGE
② 발행일과 발행지의 표시: MAY 10, 2023 SEOUL, KOREA
③ 지급 만기 표시: AT SIGHT
④ 무조건 지급 위탁 문언과 어음 금액: PAY TO EDUWILL BANK OR ORDER THE SUM OF(어음 금액 영문표기), For 숫자 금액
⑤ 수취인 또는 수취인을 지시할 자의 명칭: EDUWILL BANK(매입은행)
⑥ 지급인의 명칭: TO THE MIISUI BANK(신용장 개설은행)
⑦ 지급지: TOKYO
⑧ 발행인의 기명날인 또는 서명: KOREA TRADING CO., LTD.(수출상)

(2) 임의 기재사항

임의 기재사항은 환어음의 법적 효력에는 영향을 미치지 않으나 그 내용이 명확해야 한다.
ⓐ 환어음 번호: 123456
ⓑ 신용장 개설의뢰인: TOKYO SUPPLY LTD.
ⓒ 신용장 개설은행명: THE MIISUI BANK
ⓓ 신용장 번호 및 발행일: L/C NO. M0123456789 DATED APRIL 17, 2023

8 서류의 심사 [2019, 2020, 2025 출제]

01 서류 심사은행

서류 심사의 주체인 은행은 개설은행, 지정은행, 확인은행이다.

02 서류 심사 대상 [2021 출제]

신용장에 명시된 모든 서류만을 심사 대상으로 하며 신용장에서 요구하지 않은 서류를 제시한 경우 무시되고 제시자에게 반환될 수 있다.

03 서류 심사 기준

은행은 서류가 문면상 일치하는 제시에 해당하는지 여부를 결정하기 위해 서류만을 기본으로 제시를 심사한다고 규정한다. '일치하는 제시'는 신용장의 제조건, 적용 가능한 범위 내에서의 신용장통일규칙의 규정, 국제표준은행관행에 따른 제시를 의미한다.

국제표준은행관행
UCP 600 제2조에서 '국제표준은행관행'은 'International Standard Banking Practice'로 표시되며 이는 ISBP 745뿐만 아니라 그 외의 관행도 포함함. 국제상업회의소 산하 은행위원회에서 공식의견으로 제시한 Official Opinion, DOCDEX 결정문도 국제표준은행관행에 포함됨

UCP 600 제2조 정의 [2021, 2022, 2023 출제]

Complying presentation means a presentation that is in accordance with the terms and conditions of the credit, the applicable provisions of these rules and international standard banking practice.

일치하는 제시(Complying presentation)는 신용장 제조건, 적용 가능한 범위 내에서 이 규칙의 규정, 그리고 국제표준은행관행에 따른 제시를 의미한다.

UCP 600 제14조 서류 심사의 기준 [2022 출제]

a. A nominated bank acting on its nomination, a confirming bank, if any, and the issuing bank must examine a presentation to determine, on the basis of the documents alone, whether or not the documents appear on their face to constitute a complying presentation.
지정에 따라 행동하는 지정은행, 확인은행(있는 경우) 그리고 개설은행은 서류에 대하여 문면상 일치하는 제시가 있는지 여부를 단지 서류에 의해서만 심사하여야 한다.

g. A document presented but not required by the credit will be disregarded and may be returned to the presenter.
제시되었으나 신용장에서 요구하지 않은 서류는 무시되고 제시자에게 반환될 수 있다.

---

04 서류 심사 기간 [2021, 2022, 2023 출제]

은행(지정·확인·개설은행)은 서류의 일치하는 제시가 이루어졌는지 판단하기 위해 제시일 다음 날부터 계산하여 최대 5은행영업일 내에 서류를 심사하여야 한다.

UCP 600 제14조 서류 심사의 기준

b. A nominated bank acting on its nomination, a confirming bank, if any, and the issuing bank shall each have a **maximum of five banking days following the day of presentation to determine if a presentation is complying.** This period is not curtailed or otherwise affected by the occurrence on or after the date of presentation of any expiry date or last day for presentation.
지정에 따라 행동하는 지정은행, 확인은행(있는 경우) 및 개설은행에게는 제시가 일치하는지 여부를 결정하기 위하여 제시일 다음 날부터 기산하여 최대 5은행영업일이 각자 주어진다. 이 기간은 유효기일 내의 제시 일자나 최종 제시일 또는 그 이후에 발생하는 사건으로 단축되거나 달리 영향을 받지 않는다.

> **TIP** 상환은행은 신용장에서 달리 요구하지 않는 한 청구은행에서 대금 청구를 접수한 후 최대 3은행영업일 이내에 대금을 상환해야 해요.

05 불명확한 서류의 심사 2023 출제

신용장에서 누가 서류를 발행해야 하는지 여부 또는 그 정보의 내용을 명시함 없이 운송서류, 보험서류 또는 상업송장 이외의 다른 어떠한 서류의 제시를 요구하는 경우에는 그 서류 내용이 요구된 서류의 기능을 충족하는 것으로 본다. 또한 그 밖에 제14조 (d)항에 부합하는 한 은행은 제시된 대로 그 서류를 수리한다.

> **UCP 600 제14조 서류 심사의 기준**
>
> d. Data in a document, when read in context with the credit, the document itself and international standard banking practice, need not be identical to, but must not conflict with, data in that document, any other stipulated document or the credit.
> 신용장, 서류 그 자체 및 국제표준은행관행의 문맥에 따라 검토하는 경우, 서류상 정보(data)는 해당 서류나 다른 명시된 서류 또는 신용장상의 정보와 반드시 일치할 필요는 없으나 이와 상충되어서는 안 된다.
>
> e. In documents other than the commercial invoice, the description of the goods, services or performance, if stated, may be in general terms not conflicting with their description in the credit.
> 상업송장 이외의 서류에서 물품, 서비스 또는 의무 이행의 명세는, 만약 기재되는 경우, 신용장상의 명세와 상충되지 않는 일반 용어로 기재될 수 있다.
>
> f. If a credit requires presentation of a document other than a transport document, insurance document or commercial invoice, without stipulating by whom the document is to be issued or its data content, banks will accept the document as presented if its content appears to fulfil the function of the required document and otherwise complies with sub-article 14 d.
> 신용장에서 누가 서류를 발행해야 하는지 여부 또는 그 정보의 내용을 명시하지 않고 운송서류, 보험서류 또는 상업송장 이외의 서류 제시를 요구하는 경우, 그 서류 내용이 요구되는 서류의 기능을 충족하는 것으로 보이고 그 밖에 제14조 (d)항에 부합하는 한 은행은 그 서류를 제시된 대로 수리한다.
>
> h. If a credit contains a condition without stipulating the document to indicate compliance with the condition, banks will deem such condition as not stated and will disregard it.
> 조건과 일치함을 나타낼 서류를 명시함이 없이 신용장에 어떠한 조건이 담겨 있다면, 은행은 그러한 조건이 기재되지 아니한 것으로 간주하고 무시할 것이다.

06 서류의 제시 기간 2021 출제

제19조(복합운송서류) 내지 제25조(특송배달영수증, 우편영수증 또는 우편증명서)에 규정된 하나 또는 그 이상의 원본 운송서류를 포함하는 제시는 선적일 후 21일보다 늦지 않게 수익자 또는 그를 대신하여 이루어져야 한다. 어떠한 경우라도 신용장의 유효기일보다 늦게 제시되어서는 안 된다.

> **UCP 600 제6조 d 제시의 유효기일**
>
> i. A credit must state an expiry date for presentation. An expiry date stated for honour or negotiation will be deemed to be an expiry date for presentation.
> 신용장은 제시를 위한 유효기일을 명시하여야 한다. 신용장 대금의 결제(honour) 또는 매입을 위한 유효기일은 제시를 위한 유효기일로 본다.

> **UCP 600 제14조 서류 심사의 기준**
>
> c. A presentation including one or more original transport documents subject to articles 19, 20, 21, 22, 23, 24 or 25 must be made by or on behalf of the beneficiary not later than 21 calendar days after the date of shipment as described in these rules, but in any event not later than the expiry date of the credit.
> 제19조(복합운송서류), 제20조(선하증권), 제21조(비유통 해상화물운송장), 제22조(용선계약부 선하증권), 제23조(항공운송서류), 제24조(도로, 철도 또는 내수로 운송서류) 또는 제25조(특송배달영수증, 우편영수증 또는 우편증명서)에 따른 하나 이상의 운송서류 원본을 포함하는 제시는, 이 규칙에 기재된 선적일 이후 21일보다 늦지 않게 수익자 또는 그를 대신하여 이루어져야 하고, 어떠한 경우라도 신용장의 유효기일보다 늦게 이루어져서는 안 된다.

07 제시 서류의 발행일 제한   2021, 2022, 2023 출제

서류는 신용장 개설일 이전 일자에 작성된 것이어도 되지만 제시 일자보다 늦은 일자에 작성된 것은 안 된다.

> **UCP 600 제14조 서류 심사의 기준**
> i. A document may be dated prior to the issuance date of the credit, but must not be dated later than its date of presentation.
> 서류는 신용장 개설일 이전 일자에 작성된 것일 수 있으나 제시 일자보다 늦은 일자를 (발행일로) 표시해서는 안 된다.

08 원본 서류와 사본   2021, 2022, 2023 출제

(1) 신용장에서 명시된 각 서류는 원본이 적어도 한 통은 제시되어야 한다.

> **UCP 600 제17조 원본 서류와 사본**
> a. At least one original of each document stipulated in the credit must be presented.
> 적어도 신용장에서 명시된 각 서류의 원본 한 통은 제시되어야 한다.

(2) 서류의 원본은 다음의 경우 인정된다.

> **UCP 600 제17조 원본 서류와 사본**
> b. A bank shall treat as an original any document bearing an apparently original signature, mark, stamp, or label of the issuer of the document, unless the document itself indicates that it is not an original.
> 서류 자체가 원본이 아니라고 표시하고 있지 않은 한, 은행은 명백하게 원본성을 갖춘 서류 발행자의 서명, 마크, 스탬프 또는 라벨이 담긴 서류를 원본으로 취급한다.
> c. Unless a document indicates otherwise, a bank will also accept a document as original if it:
> 서류가 달리 표시하지 않으면, 은행은 또한 다음과 같은 서류를 원본으로 수리한다.
>   i. appears to be written, typed, perforated or stamped by the document issuer's hand; or
>   서류 발행자의 손으로 작성, 타이핑, 천공서명 또는 스탬프된 것으로 보이는 것 또는
>   ii. appears to be on the document issuer's original stationery; or
>   서류 발행자의 원본 서류용지 위에 작성된 것으로 보이는 것 또는
>   iii. states that it is original, unless the statement appears not to apply to the document presented.
>   원본이라는 표시가 제시된 서류에는 적용되지 않는 것으로 보이지 않는 한, 원본이라는 표시가 있는 것

(3) 신용장에서 서류의 사본 제시를 요구하는 경우 원본 또는 사본을 제시할 수 있다.

> **UCP 600 제17조 원본 서류와 사본**
> d. If a credit requires presentation of copies of documents, presentation of either originals or copies is permitted.
> 신용장이 서류의 사본 제시를 요구하는 경우, 원본 또는 사본의 제시가 모두 허용된다.

(4) "in duplicate", "in two folds" 또는 "in two copies"와 같은 표현은 적어도 한 통 이상의 원본을 포함하여 제시하여야 함을 의미한다.

> **UCP 600 제17조 원본 서류와 사본**
> e. If a credit requires presentation of multiple documents by using terms such as "in duplicate", "in two fold" or "in two copies", this will be satisfied by the presentation of at least one original and the remaining number in copies, except when the document itself indicates otherwise.
> 신용장이 "in duplicate", "in two folds" 또는 "in two copies"와 같은 용어를 사용하여 복수의 서류 제시를 요구하는 경우, 이 조건은 그 서류 자체에 달리 정함이 없는 한 적어도 한 통의 원본과 나머지 수량의 사본을 제시함으로써 충족된다.

(5) ISBP 821 원본 서류와 사본에 관련된 규정은 다음과 같다.

> **ISBP 821**
>
> When a credit requires, for example, presentation of :
> 신용장에서 예컨대,
>
> i. "Invoice", "One Invoice", "Invoice in 1 copy" or "Invoice – 1 copy", it will be understood to be a requirement for an original invoice.
> "Invoice", "One Invoice", "Invoice in 1 copy" 또는 "Invoice – 1 copy"의 제시를 요구한다면, 이는 1부의 송장 원본을 요구하는 것으로 이해된다.
>
> ii. "Invoice in 4 copies" or "Invoice in 4 folds" will be satisfied by the presentation of at least one original invoice and any remaining number as copies.
> "Invoice in 4 copies" 또는 "Invoice in 4 folds"의 제시를 요구한다면, 이는 최소한 1부의 송장 원본과 나머지 부수의 사본 제시에 의하여 충족된다.
>
> iii. "photocopy of invoice" or "copy of invoice" will be satisfied by the presentation of either a photocopy, copy or, when not prohibited, an original invoice.
> "photocopy of invoice" 또는 "copy of invoice"의 제시를 요구한다면, 이는 사진 복사본이나 사본 1부 또는 만약 금지되지 않았다면 송장 원본 1부의 제시에 의하여 충족된다.
>
> iv. "photocopy of a signed invoice" will be satisfied by the presentation of either a photocopy or copy of the original invoice that was apparently signed or, when not prohibited, a signed original invoice.
> "photocopy of a signed invoice"의 제시를 요구한다면, 이는 명백히 서명된 송장 원본의 사진 복사본 또는 사본 1부의 제시에 의하거나, 금지되지 않았다면 서명된 원본 송장의 제시에 의하여 충족된다.

9 서류의 수리 거절

01 수리 거절의 의미

서류를 심사하는 지정은행(지급, 연지급, 인수, 매입은행), 확인은행(있는 경우) 및 개설은행이 제시가 일치하지 않는 경우 결제(honour) 또는 매입(negotiate)을 거절하는 것을 말한다. 심사 결과 신용장 조건과 불일치한다고 판단하는 경우 서류 심사 시간 내에 서류를 제시한 자나 은행에 신속한 방법으로 수리 거절 통지를 해야 한다.

> **UCP 600 제16조 불일치 서류, 권리 포기 및 통지**
> a. When a nominated bank acting on its nomination, a confirming bank, if any, or the issuing bank determines that a presentation does not comply, it may refuse to honour or negotiate.
> 지정에 따라 행동하는 지정은행, 확인은행(있는 경우) 또는 개설은행은 제시가 일치하지 않는다고 판단하는 경우 결제(honour) 또는 매입을 거절할 수 있다.

02 거절 통지의 기간

제시일의 다음 날부터 5은행영업일의 마감시간 이전에 이루어져야 한다.

> **UCP 600 제16조 불일치 서류, 권리 포기 및 통지**
> d. The notice required in sub-article 16 c. must be given by telecommunication or, if that is not possible, by other expeditious means no later than the close of the fifth banking day following the day of presentation.
> 제16조 c항(거절 통지)에서 요구하는 통지는 전신(telecommunication)으로, 또는 그 이용이 불가능하다면 다른 신속한 수단으로 제시일의 다음 날부터 기산하여 5은행영업일 마감 시간보다 늦지 않게 이루어져야 한다.

03 개설은행의 포기교섭권 2022 출제

개설은행은 제시가 일치하지 않는다고 판단하는 경우 독자적인 판단으로 하자에 대한 권리 포기(Waiver)를 위하여 개설의뢰인과 교섭할 수 있다.

> **UCP 600 제16조 불일치 서류, 권리 포기 및 통지**
> b. When an issuing bank determines that a presentation does not comply, it may in its sole judgement approach the applicant for a waiver of the discrepancies. This does not, however, extend the period mentioned in sub-article 14 (b).
> 개설은행은 제시가 일치하지 않는다고 판단하는 경우 독자적인 판단으로 불일치에 대한 권리 포기(waiver)를 위하여 개설의뢰인과 교섭할 수 있다. 그러나 이는 제14조 b항(서류 심사 기간)에 규정된 기간을 연장하지 않는다.

04 거절 통지의 횟수 등

지정에 따라 행동하는 지정은행, 확인은행(있는 경우) 또는 개설은행이 결제(honour) 또는 매입(negotiate)을 거절하기로 결정하는 때에는 제시자에게 그러한 취지로 한 번에 통지해야 한다.

> **UCP 600 제16조 불일치 서류, 권리 포기 및 통지**
> c. When a nominated bank acting on its nomination, a confirming bank, if any, or the issuing bank decides to refuse to honour or negotiate, it must give a single notice to that effect to the presenter.
> 지정에 따라 행동하는 지정은행, 확인은행(있는 경우) 또는 개설은행이 결제(honour) 또는 매입을 거절하기로 결정하는 경우 제시자에게 그러한 취지로 한 번에 통지해야 한다.

05 수리 거절 통지의 내용 2020, 2021, 2023 출제

> **UCP 600 제16조 불일치 서류, 권리 포기 및 통지**
>
> The notice must state:
> 통지에는 다음 사항을 기재해야 한다.
>
> i. that the bank is refusing to honour or negotiate; and
>   은행이 결제(honour) 또는 매입을 거절한다는 사실 그리고
> ii. each discrepancy in respect of which the bank refuses to honour or negotiate; and
>   은행이 결제(honour) 또는 매입을 거절하는 각각의 하자 그리고
> iii. a) that the bank is holding the documents pending further instructions from the presenter; or
>   제시자의 추가 지시가 있을 때까지 은행이 서류를 보관한다는 사실 또는
>   b) that the issuing bank is holding the documents until it receives a waiver from the applicant and agrees to accept it, or receives further instructions from the presenter prior to agreeing to accept a waiver; or
>   개설의뢰인으로부터 권리 포기를 받고 이를 받아들이기로 동의하거나 또는 권리 포기를 받아들이기로 동의하기 전 제시자에게 추가지시를 받을 때까지 개설은행이 서류를 보관한다는 사실 또는
>   c) that the bank is returning the documents; or
>   은행이 서류를 반환한다는 사실 또는
>   d) that the bank is acting in accordance with instructions previously received from the presenter.
>   은행이 사전에 제시자에게 받은 지시에 따라 행동한다는 사실

10 은행의 면책

은행은 신용장 거래의 중요한 부분을 차지한다. 은행에 신용장 거래 자체의 존립 여부가 달려 있으므로 은행을 보호하기 위한 면책 규정을 두고 있다.

01 서류의 효력에 대한 면책

은행은 어떤 서류의 방식, 충분성, 정확성, 진정성, 위조 여부 또는 법적 효력 또는 서류에 명시되거나 위에 추가된 일반 또는 특정 조건에 대하여 어떠한 책임(liability or responsibility)도 지지 않는다. 또한 은행은 어떤 서류에 나타난 물품, 용역 또는 다른 이행의 기술, 수량, 무게, 품질, 상태, 포장, 인도, 가치 또는 존재 여부 또는 물품의 송하인, 운송인, 운송중개인, 수하인 또는 보험자 또는 다른 사람의 선의 또는 작위 또는 부작위, 지불 능력, 이행 또는 지위(standing)에 대하여 어떠한 책임도 지지 않는다.

02 전송과 번역에 대한 면책

(1) 전송에 대한 면책

신용장에 기재된 방법에 따라서 알림말, 서신 또는 서류가 전송 또는 송부되는 때 또는 신용장에 송달 서비스의 선택에 대한 지시 사항이 없어서 은행이 자체적인 판단으로 선정하였을 때, 알림말의 전송 또는 서신이나 서류의 송부 과정에서 일어나는 지연, 전달 도중의 분실, 훼손 또는 다른 실수로 발생하는 결과에 대하여 은행은 어떠한 책임도 지지 않는다.

(2) 번역에 대한 면책

기술적인 용어의 번역 또는 해석상의 잘못에 대해 은행은 어떠한 책임도 지지 않으며 그러한 용어를 자체적으로 번역하지 않고 신용장의 조건을 전송할 수 있다.

03 불가항력(Force Majeure) 2021 출제

은행은 천재지변, 폭동, 소요, 반란, 전쟁, 테러 행위 또는 어떤 파업이나 직장폐쇄 또는 자신의 통제권을 벗어난 원인으로 발생한 영업중단의 결과에 대하여 어떠한 책임도 지지 않는다. 은행은 자신의 영업이 중단된 동안에 만료된 신용장하에서는 결제 또는 매입을 하지 않는다.

04 지시받은 당사자의 행위에 대한 면책

(1) 개설의뢰인의 지시를 이행하기 위하여 다른 은행의 용역을 이용하는 은행은 개설의뢰인의 비용과 위험하에 용역을 이용하는 것이다.
(2) 개설은행이나 통지은행은 비록 자신의 판단으로 다른 은행을 선정하였더라도 그들이 다른 은행에 전달한 지시가 이행되지 않은 데 대하여 어떤 책임도 지지 않는다.
(3) 다른 은행에게 용역의 이행을 요청하는 은행은 그러한 지시와 관련하여 발생하는 다른 은행의 요금, 보수, 경비 또는 비용(이하 수수료)에 대하여 책임이 있다. 신용장에서 수수료가 수익자 부담이라고 기재되어 있고 그 수수료가 신용장 대금에서 징수되거나 공제될 수 없는 경우 개설은행은 그 수수료에 대하여 여전히 책임이 있다. 신용장 또는 조건 변경은 수익자에 대한 통지가 통지은행 또는 둘째 통지은행이 자신의 수수료를 수령하는 것을 조건으로 하여서는 안 된다.
(4) 개설의뢰인은 외국의 법과 관행이 부과하는 모든 의무와 책임에 대하여 은행에 보상할 의무와 책임이 있다.

11 서류의 매입(Negotiation)

01 매입의 의미 2022 출제

(1) 수출상이 신용장 조건 또는 계약 조건에 따라 선적을 완료한 후에 화환어음을 발행하고 신용장이나 계약 조건상 요구되는 서류를 구비하여 거래은행에 매입 요청을 한다. 그러면 수출상은 할인된 금액을 지급받고 거래은행은 신용장 개설은행 앞으로 서류를 송부하여 개설은행이나 상환은행으로부터 대금을 수령하는 것을 매입이라 한다.
(2) 매입은 대금을 지급하여야 하는 당사자(환어음의 지급인) 이외의 은행이 만기일 또는 그 이전에 대금을 지급하거나 대금을 지급하기로 동의함으로써 환어음 또는 서류를 매수하는 것을 의미한다.

> **UCP 600 제2조 정의**
> Negotiation means the purchase by the nominated bank of drafts (drawn on a bank other than the nominated bank) and/or documents under a complying presentation, by advancing or agreeing to advance funds to the beneficiary on or before the banking day on which reimbursement is due to the nominated bank.
> 매입(Negotiation)은 일치하는 제시에 대하여 지정은행이, 지정은행에 상환하여야 하는 은행영업일 또는 그전에 수익자에게 대금을 지급함으로써 또는 대금 지급에 동의함으로써 환어음(지정은행이 아닌 은행 앞으로 발행된) 및 서류를 매수(purchase)하는 것을 의미한다.

02 하자가 있는 서류의 매입 방법

(1) **신용장 조건 변경 후 매입(Amend Negotiation)**
하자 사항과 관련된 신용장의 제조건을 변경한 후에 매입하는 방법으로 시간적 여유가 있는 경우 활용할 수 있는 가장 안전한 방법이다.

(2) 보증부 매입(L/G Negotiation)

신용장 조건과 불일치하는 내용을 수익자와 매입은행이 서로 확인한 후, 그로 인해 신용장 대금의 결제가 거절되면 외국환거래약정서에서 정하는 바에 따라 즉시 매입 대금을 상환하겠다는 확인서를 제출받고 매입하는 방법이다. 보상장 매입(Letter of Indemnity Negotiation, L/I Nego)이라고도 한다.

(3) 유보부 매입(Negotiation under Reserve)

하자 사항에 대한 개설은행의 승낙(Waiver)을 전제 조건으로 하여 하자가 있는 서류를 매입하고 그 대금을 지급하는 방법으로, 개설은행의 결제 거절 시 채권 확보를 용이하게 하기 위하여 개설은행의 승낙 시까지 매입 대금의 지급을 유보하는 방법이다.

(4) 추심 후 매입전환(Post Negotiation)

하자 등으로 인해 추심으로 처리한 기한부 신용장에 대하여 개설은행의 인수 또는 연지급 확약 통보 접수 후에 매입으로 전환하는 방법이다.

(5) 전신 조회 후 매입(Cable Negotiation)

개설은행에 미리 전신으로 서류의 미비점 또는 신용장 조건과의 불일치 사항을 알려 주고 매입 가능 여부를 조회하여 승인을 받은 후에 매입하는 방법이다.

> **TIP** 개설은행의 매입 승인은 신용장의 조건 변경과 동일한 효력을 가지므로 승낙의 답신이 접수되면 당해 서류는 Clean 매입(무사고 매입)으로 처리돼요.

개념을 확실하게! Mini Test — 신용장

OX문제

01 화환 신용장 거래 시 당사자인 은행은 매매계약에서 언급된 물품이 계약 내용과 일치하는지를 기준으로 대금 지급 여부를 판단한다. (   )

02 화환 신용장을 통지하는 통지은행은 수익자에 대해 결제 또는 매입의 의무를 부담한다. (   )

03 연지급 신용장은 기한부 환어음을 발행하며 지정은행은 만기에 대금을 지급한다. (   )

04 보증 신용장의 해석과 관련하여 UCP 600과 ISP 98이 상충하는 경우에는 ISP 98이 우선 적용된다. (   )

05 서류를 심사하는 지정은행은 일치하지 않는 제시라고 판단할 때는 하자 사항에 대해 발견할 때마다 즉시 통지하여야 한다. (   )

06 화환 신용장에서 환어음의 만기일을 결정할 때 "from"과 "after"가 사용된 경우 해당일을 제외한다. (   )

07 은행에 제시되는 서류는 반드시 신용장 개설일 이후에 작성되어야 하고, 제시 일자보다 늦은 날짜로 작성되어서는 안 된다. (   )

08 개설은행은 일치하는 제시에 대하여 결제(honour) 또는 매입을 하고, 그 서류를 개설은행에 송부한 지정은행에 대하여 신용장 대금을 상환할 의무를 부담한다. (   )

09 상업송장에 기재되는 송하인의 주소는 신용장의 주소와 일치하지 않아도 된다. (   )

10 선하증권 원본이 도착하지 않은 경우 개설의뢰인은 개설은행에 Letter of Guarantee를 발급받아 원본 서류 도착 전 물품을 인수할 수 있다. (   )

✅ 정답 Check

| 01 X | 02 X | 03 X | 04 ○ | 05 X |
| 06 ○ | 07 X | 08 ○ | 09 ○ | 10 ○ |

[X 해설]
01 신용장 거래 시 당사자인 은행은 신용장에서 요구하는 서류만으로 대금 지급 여부를 판단한다(신용장의 추상성).
02 신용장을 통지하는 통지은행은 결제나 매입의 의무 없이 신용장의 개설 사실과 조건 변경을 통지한다.
03 연지급 신용장은 환어음을 발행하지 않는 대신 연지급확약서를 발행한다.
05 지정은행이 결제(honour) 또는 매입을 거절하기로 결정하는 때에는 제시자에게 한 번에 통지(Single Notice)해야 한다.
07 은행에 제시되는 서류는 신용장 개설일 이전에 작성되어도 된다. 다만, 제시일보다 늦은 날짜로 작성되어서는 안 된다.

빈칸 채우기

01 화환 신용장을 조건 변경하거나 취소하고자 하는 경우 수익자, (　　　), 확인은행(있는 경우)의 동의가 필요하다.

02 화환 신용장을 양도할 때는 원신용장 조건과 동일한 조건이어야 하나 일부 조건은 단축 및 축소가 가능하다. 다만, (　　　)은(는) 증가되어야 한다.

03 선하증권은 (　　　), (　　　) 또는 이들의 대리인에 의해 서명되어야 한다.

04 서류 심사를 하는 은행은 서류가 제시된 날의 다음 날부터 (　　　)영업일 이내에 결제 또는 거절의 의사 표시를 하여야 한다.

05 화환 신용장에 부보 범위에 부보 금액에 대한 명시가 없는 경우, 부보 금액은 최소한 물품의 CIF 또는 CIP 가액의 (　　　)%가 되어야 한다.

06 화환 신용장에서 항공운송서류 원본 전통의 제시를 요구하는 경우 (　　　) 원본 제시로 그 조건을 충족하는 것으로 본다.

07 UCP600 제19조부터 제25조에 해당하는 하나 이상의 운송서류 원본이 포함된 제시는 선적일 후 (　　　)보다 늦지 않게 제시되어야 한다.

08 화환 신용장의 조건과 일치하지 않는 경우 개설은행은 결제를 거절할 수 있다. 개설의뢰인과의 교섭에 의해 이러한 권리를 포기할 수 있는데 이를 (　　　)(이)라고 한다.

09 환어음의 pay to 뒤에는 (　　　)이(가) 기재된다.

10 화환 신용장에서 'invoice(송장)'의 제시를 요구하면서 별도의 명시가 없는 경우에는 어떠한 종류의 송장의 제시도 가능하다. 그러나 (　　　), (　　　)은(는) 인정되지 않는다.

✅ 정답 Check

01 개설은행　　02 보험부보 비율　　03 운송인, 선장　　04 5　　05 110
06 송하인용　　07 21일　　08 waiver　　09 수취인(지급받을 자)
10 임시송장, 견적송장

에듀윌이
너를
지지할게

ENERGY

인생에 있어서 가장 큰 기쁨은
'너는 그것을 할 수 없다'라고 세상 사람들이 말하는
그 일을 성취시키는 일이다.

– 월터 배젓(Walter Bagehot)

CHAPTER 03 | 외환실무

*참고: ●은 목표 점수 60점 이상을 위한 필수 학습 내용입니다.

1 외환 시장 2020, 2025 출제

01 외환 시장의 의미

외환 시장이란 외국환 시장의 약어로서 외환이 매매되는 구체적 장소 또는 무형의 장소를 총칭하는 다소 추상적인 개념이다.

02 외환 시장의 성격

구분	내용
투웨이 시장 (Two-way Market)	환율을 고시할 때 매입률(Bid Rate)과 매도율(Offer Rate)을 동시에 제시하는 시장
장내 또는 장외 시장 (Over-the-counter Market)	실물을 거래하는 거래소 시장이 아닌 통신 수단을 통해 시간에 구애받지 않고 거래가 가능한 시장
범세계적 시장 (One Global Market)	물리적 국경의 영향을 받지 않고 24시간 동안 운영되어 시간의 제약을 받지 않는 시장
제로섬 시장 (Zero Sum Market)	한쪽이 이익을 보면 반대쪽은 손해를 보는 구조로 외환 시장 참가자들의 거래 손익을 합하면 0이 되는 시장
통신 시장 (Communication Market)	전화, 텔렉스, 딜링 기기(Reuter Dealing Machine) 등으로 거래하는 시장

03 우리나라 외환 시장의 종류 2021, 2022, 2023 출제

(1) 은행 간 시장

각 은행의 외환 거래를 금융결제원 내의 자금 중개실에서 중개하거나 직접 거래하는 시장을 말한다.
① 거래 통화: 은행 간 시장에서는 미 달러화(USD) 대 원화(KRW) 거래와 원화 대 위안화(CNY) 거래가 이루어진다.
② 시장 참가자: 국내 은행과 국내에 지점을 둔 외국 은행 종합금융회사 간에 거래가 이루어진다.
③ 특징
  ㉠ 은행 간 환율은 수요와 공급에 따라 시시각각 변한다.
  ㉡ 거래 단위는 통상적으로 한 거래당 100만 달러(위안화의 경우 100만 위안)를 기준으로 한다.
  ㉢ 일일 환율 변동폭의 제한이 없다.
  ㉣ 평일 오전 9시부터 다음날 새벽 2시까지 개장되며, 주말과 공휴일에는 열리지 않는다.
  ㉤ 환차익을 노리는 투기 거래의 비중이 실수요 거래보다 큰 편이다.

(2) 대고객 시장

외국환은행과 고객 사이에 외환 거래가 이루어지는 시장을 말한다.
① 거래 통화: 각국의 통화로 거래가 이루어진다.
② 시장 참가자: 외국환은행과 고객(기업, 정부, 개인 등) 간에 거래가 이루어진다.

③ 특징
  ㉠ 은행 간 시장에서 형성된 환율을 기준으로 일정 마진폭을 가감하여 대고객 환율을 자율적으로 고시한다.
  ㉡ 자율변동제를 채택하므로 환율은 지속적으로 변화하고 대고객 환율은 각 은행이 자율적으로 결정하므로 은행 간 환율이 일치하지는 않는다.
  ㉢ 은행은 거래 고객에게 적용하는 환율을 고시할 때 현찰 매매율의 스프레드(매입률과 매도율의 차이)를 전신환 매매율의 스프레드에 비해 크게 고시한다. 이는 현금 보관 비용, 관리 비용 등이 전신환보다 많이 들기 때문이다.

2 외국환

01 환(Exchange)의 의미

채권·채무 관계에 있는 원격자들이 현금 수송 없이 금융기관의 중개를 통해 결제수표나 어음 등과 같은 수단을 이용하여 결제하는 방식이다.

02 외국환의 특징

(1) 다른 나라에 거주하는 당사자 간의 거래이므로 사용하는 통화 단위가 달라 통화 교환 비율 문제가 발생한다.
(2) 환율 변동에 따라 환차손이나 환차익과 같은 환리스크가 존재한다.
(3) 거래 시에 외국환은행이 개입하여 외환 거래를 담당한다.

03 외국환의 범위

대외 지급 수단	외국통화로 표시된 지급 수단, 그 밖에 표시 통화에 관계없이 외국에서 사용할 수 있는 지급 수단
외화 증권	외국통화로 표시된 증권 또는 외국에서 지급받을 수 있는 증권
외화 파생상품	외국통화로 표시된 파생상품 또는 외국에서 지급받을 수 있는 파생상품
외화 채권	외국통화로 표시된 채권 또는 외국에서 지급받을 수 있는 채권

04 외국환의 종류

(1) 송금환(Remittance Bill)

채무자가 채권자에게 채부액을 지급하기 위해 외국환은행에게 원화 또는 외화를 지급하고 채권자에게 지급할 것을 위탁하는 경우에 사용되는 환(순환)이다. 보통 T/T(전신환) 거래 시 수입상이 은행을 통해 수출상에게 송금하는 경우에 사용된다.

> **순환**
> 채무자가 채권자에게 채무를 갚으려고 발행하는 송금환

(2) 추심환(Collection Exchange)

채권자가 채무자에게 채무액 지급을 요청하는 증서를 발행하여 채권을 회수하는 경우에 사용되는 환(역환)이다. 추심 거래 시 수출상이 수입상으로부터 대금을 지급받고자 하는 경우에 사용된다.

> **역환**
> 채권자가 채무자의 송금을 기다리지 않고 채무자를 지급인으로 환어음을 발행한 후 거래은행에서 할인하여 대금을 받는 환

(3) 매도환(Selling Exchange)

외국환은행이 외화 수요자에게 원화를 받고 외국환을 팔 경우 외국환은행 입장에서 보는 외국환이다.

(4) 매입환(Buying Exchange)

외국환은행이 외화 공급자에게 원화를 주고 외국환을 매입한 경우 외국환은행 입장에서 보는 외국환이다.

(5) 현물환(Spot Exchange)

외국환 매매계약과 동시에 또는 2영업일 이내에 받는 외국환이다.

(6) 선물환(Forward Exchange)

장래의 특정 일자 또는 특정 기간 내에 일정 금액의 외국환을 미리 정해 놓은 환율로 매매할 것을 약속한 환을 말한다.

(7) 당발환(Outward Exchange)

환 거래 시작이 되는 은행을 당발은행이라고 하는데, 국내 수입상이 T/T 방식으로 수입 대금을 결제하는 경우 당발은행 입장에서 보는 환을 당발환이라 한다.

(8) 타발환(Inward Exchange)

환 거래가 종료되는 은행을 타발은행이라 하는데, 환이 종결되는 타발은행의 입장에서 보는 환을 타발환이라 한다.

3 환율(Exchange Rate) 2025 출제

01 환율의 의미

환율은 두 나라 화폐 간의 교환비율, 즉 자국통화와 타국통화 간의 상대적 교환비율이다. 또한 외화를 상품처럼 인식하여 외화의 가치를 자국의 화폐 단위로 표시한 것을 의미하기도 한다.

02 환율 표시 방법

(1) 직접 표시법과 간접 표시법

① **직접 표시법(Direct Quotation)**: 외국통화가 상품통화가 되고 자국통화가 가격표시통화가 되는 방법으로 외국통화 1단위 또는 100단위에 대한 자국통화 표시법이다.

　예) USD 1=KRW 1,100, JPY 100=KRW 1,100
　　　　상품통화　　　　　가격표시통화

② **간접 표시법(Indirect Quotation)**: 자국통화가 상품통화가 되고 외국통화가 가격표시통화가 되는 방법으로 자국통화 1단위 또는 100단위에 대한 외국통화 표시법이다.

　예) 1 KRW=0.000825 USD
　　　　상품통화　　　가격표시통화

(2) 유럽식 표시법과 미국식 표시법 2021, 2023 출제

① **유럽식 표시법(European Term)**: USD가 상품통화가 되고 외국통화가 가격표시통화가 되는 방법이다.

　예) USD/HKD=7.78, USD/CNY=6.46

② **미국식 표시법(American Term)**: 외국통화가 상품통화가 되고 USD가 가격표시통화가 되는 방법이다. 뉴질랜드 달러(NZD), 호주 달러(AUD), 영국 파운드(GBP), 유로화(EUR)가 이에 해당한다.

　예) EUR 1=USD 1.2, GBP 1=USD 1.53

(3) 양방향 고시법(Two-way Quotation)

매입률(Bid Rate)과 매도율(Offer Rate)을 동시에 표시하여 고시하는 방법을 말한다.

```
            기준통화(Reference Currency) ─┐  ┌─ 매입률   ┌─ 매도율
                              USD/KRW = 1,000/1,100
                                  └─ 피고시통화(Quoted Currency) 또는 가변통화(Variable Currency)
```

(4) Big Figure

환율의 마지막 두 자리 숫자를 제외한 앞자리 수를 의미한다.

> 예 GBP/USD 1.5570~1.5580의 경우 외환 딜러들은 70~80으로 표시한다. 이때 변동 없는 1.55를 Big Figure라고 한다.

03 환율의 변동   2020, 2021, 2022, 2023, 2025 출제

(1) 환율 상승 = 평가 절하

① 환율 상승 및 평가 절하의 의미

  ㉠ 환율 상승: 자국화폐로 표시한 외국화폐의 가격 상승을 의미한다.
  > 예 USD/KRW가 1,000원에서 1,100원으로 상승

  ㉡ 평가 절하: 상대적으로 자국화폐 가치가 하락하는 것을 의미한다.

② 환율 상승 및 평가 절하의 원인: 외국의 금리 인상에 따른 국내 투자자금의 유출, 무역수지 적자, 유럽의 재정위기 등이 발생하면 안전자산인 달러화에 대한 수요가 증가한다. 이처럼 외환의 수요가 공급보다 많아지면 환율이 상승하고 자국화폐 가치가 하락한다.

③ 환율 상승 및 평가 절하의 결과

  ㉠ 환율이 상승하면 외화를 필요로 하는 수입상이나 여행자들은 기존보다 더 많은 자국화폐를 지불해야 한다.

  ㉡ 수출기업은 환율 상승으로 더 많은 자국화폐를 수령하므로 수익이 늘어나거나 수출 단가를 조정할 여력이 생겨 가격 경쟁력을 가질 수 있다.

(2) 환율 하락 = 평가 절상

① 환율 하락 및 평가 절상의 의미

  ㉠ 환율 하락: 자국화폐로 표시한 외국화폐의 가격 하락을 의미한다.
  > 예 USD/KRW가 1,000원에서 900원으로 하락

  ㉡ 평가 절상: 상대적으로 자국화폐 가치가 상승하는 것을 의미한다.

② 환율 하락 및 평가 절상의 원인: 미국 시장의 경기둔화에 따른 투자자금의 국내 유입, 국내 이자율 상승, 무역수지 흑자 등이 발생하면 달러화에 대한 수요가 줄어든다. 이처럼 외환의 공급이 수요보다 많아지면 환율이 하락하고 자국화폐 가치가 상승한다.

③ 환율 하락 및 평가 절상의 결과

  ㉠ 환율이 하락하면 외화를 필요로 하는 수입상이나 여행자들은 기존보다 적은 비용으로 외화를 구입할 수 있다.

  ㉡ 수출기업은 외화를 자국화폐로 환산하는 경우 기존보다 적은 금액을 수령하므로 수익성이 악화되고 수출 단가가 상승한다.

04 환율의 종류

(1) 매입률과 매도율 2019, 2022, 2025 출제
① 매입률(Bid Rate): 외환 시장에서 외화를 사고자 하는 환율(은행 기준)을 말한다.
② 매도율(Offer Rate): 외환 시장에서 외화를 팔고자 하는 환율(은행 기준)을 말한다.

> **TIP** USD/KRW=1,000/1,010 → 은행은 1달러를 1,000원에 사고 1,010원에 팔겠다는 것을 의미해요. 즉, 매입률은 1,000, 매도율은 1,010이에요.

(2) 스프레드(Spread) 2023 출제
① 의미: 매입률과 매도율의 차이를 스프레드라고 하며, 스프레드는 은행의 위험 프리미엄으로 은행의 수익이 된다.

위험 프리미엄
가격 제시자(은행)가 부담하는 위험의 대가

예) USD/KRW=1,000/1,010일 경우, 스프레드는 10원이다.

② 특징: 스프레드는 해당 통화의 유동성(Liquidity), 변동 가능성(Volatility)에 의해 결정되며 시장의 불확실성, 거래의 빈도와 규모, 거래의 발생 시간에 영향을 받는다.
③ 스프레드의 상대성
  ㉠ 거래가 많은 통화는 스프레드가 적으며 거래가 적은 통화는 스프레드가 크다.
  ㉡ 외환시세가 안정적이면 스프레드가 적으며 외환시세가 불안정적이면 스프레드가 크다.
  ㉢ 일반적으로 선물환율의 스프레드가 현물환율의 스프레드보다 크다. 현물환율의 불확실성보다 선물환율의 불확실성이 더 크기 때문이다.

(3) 현물환율과 선물환율 2021, 2025 출제
① 현물환율(Spot Exchange Rate): 외국환 매매계약 체결 후 2영업일 이내에 대금 결제가 이루어지는 거래에서 사용되는 환율이다. 외환매매계약 후 당일 결제되는 거래를 Value Today, 익일 결제되는 거래를 Value Tomorrow, 2영업일에 결제되는 거래를 Value Spot이라고 한다.
② 선물환율(Forward Exchange Rate): 외국환 매매계약일부터 2영업일이 경과한 장래의 특정 일자 또는 특정 기간 내에 대금 결제가 이루어지는 거래에서 사용되는 환율이다.
③ 현물환과 선물환 거래 형태 비교

구분	계약 시점	이행(결제 시점)	형태
현물환 (Spot Ex.)	오늘	오늘	Value Today
	오늘	익일	Value Tomorrow
	오늘	2영업일	Value Spot
선물환 (Forward Ex.)	오늘	1개월 후	선물환 1개월물
	오늘	3개월 후	선물환 3개월물
	오늘	6개월 후	선물환 6개월물

(4) 재정환율과 교차환율 2021 출제
① 재정환율: 우리나라에서 미국 달러화가 아닌 다른 국가의 통화에 대한 환율을 산정할 때 국제 외환 시장에서 형성된 미국 달러화와 다른 국가 통화 간의 환율을 이용해 산출하는 환율이다.
② 교차환율: 재정환율을 산출하기 위해 2개의 고시 환율과 교차로 계산하여 산출된 상대국의 기준환율이다.

> **TIP** USD/KRW=1,000, USD/JPY=90일 경우 JPY/KRW의 환율을 구해 보아요.
> 1,000원으로 1달러를 매입한 후 이를 매도하여 90엔을 매입하는 환율로 구하면 돼요. 즉, 1,000원으로 90엔을 매입하는 결과와 동일하므로 JPY/KRW은 1000/90=11.1111이 되고 대고객 환율은 100엔당 원화의 가격으로 고시하므로 1,111.11원이 돼요.

(5) 대고객 환율과 외국환은행 간 매매율

① **대고객 환율(Customer Rate)**: 외국환은행이 고객과 외환 거래를 하는 데 적용하는 환율로 전신환, 환어음, 여행자수표, 현찰 등의 매매율로 구분된다. 무역거래에 사용되는 것은 환어음 매매율, 전신환 매매율이다.

② **외국환은행 간 매매율(Interbank Rate)**: 외환 시장에서 은행과 은행 사이에 적용되는 환율로서 전체 외환 시장에서 제일 큰 비중을 차지하고 있다.

4 선물환 거래(Forward Exchange Transaction) 2025 출제

01 선물환 거래의 의미

선물환 거래란 외국환 매매계약일부터 2영업일이 경과한 장래의 특정 일자 또는 특정 기간 내에 일정 금액의 외국환을 당사자 간에 미리 정해 놓은 환율로 매매할 것을 약정한 환 거래를 의미한다.

02 선물환 거래의 목적

(1) 헤징(Hedging)
장래의 외환 결제에 적용할 환율을 거래 계약일에 미리 고정하여 약정함으로써 계약일부터 결제일 사이에 일어날 환율 변동에 대한 리스크를 회피할 수 있다.

(2) 차익 거래(Arbitrage, 재정 거래)
선물환율은 두 통화 간의 금리 차이로 결정된다. 선물환율이 금리 차이를 적절히 반영하지 못한다면 환위험을 피하기 위해 자금 시장과 외환 시장 간의 불균형을 이용하여 환 시세가 낮은 시장에서 매입하고 환 시세가 높은 시장에서 매도하여 환위험 없이 매매차익을 얻을 수 있다.

(3) 환투기(Speculation)
계약 체결 시점의 선물환율과 결제일에 실제로 실현될 현물환율의 차이를 예상하여 선물환 거래를 체결함으로써 자기 자금의 부담 없이 결제일에 환차익을 얻을 수 있는 거래를 말한다. 하지만 실제 결제일에 선물환율이 예상과 반대로 움직여서 손실을 볼 수도 있다.

03 스왑레이트(스왑률, Swap Rate) 2019, 2021, 2023, 2025 출제

(1) 스왑레이트(스왑률)의 의미
현물환율(Spot Rate)과 선물환율(Forward Rate)의 차이를 말한다.

예 현재 환율이 USD 1=KRW 1,100일 때 3개월 만기 시 USD 1=KRW 1,200으로 교환하기로 한 경우 KRW 100이 스왑레이트가 된다.

(2) 계산식
① 스왑레이트의 매입률이 매도율보다 낮은 경우에는 현물환율에서 더하고 반대인 경우에는 현물환율에서 차감한다.
② 선물환율은 현물환율에서 프리미엄(Premium) 또는 디스카운트[Discount(Swap Rate)]를 가감하여 산출한다.
③ 매입률(Bid Rate)은 매도율(Offer Rate)보다 항상 낮아야 한다.

④ 선물환율 스프레드는 현물환율 스프레드보다 항상 커야 한다. 스프레드가 가격 제시자의 위험부담이라는 측면에서 이해할 때, 선물환 거래에서 결제가 완료되는 기간이 길어지는 만큼 가격 제시자의 위험부담이 커지므로 선물환율 스프레드가 현물환율 스프레드보다 커진다.
⑤ 선물환율 스프레드는 현물환율 스프레드 + 스왑레이트 스프레드이다.
⑥ 외환 시장에서 스왑레이트는 pip(point in percentage) 단위로 고시된다. pip은 환율을 표시하는 소수점 아래 숫자를 의미하며 고시되는 통화의 자릿수에 따라 계산한다.

pip
일상 상거래에서 사용되는 최소 화폐단위의 1/100

> **TIP** EUR/USD 현물환율은 1.2947/1.2967, 1개월 스왑레이트는 27/25일 경우
> 스왑레이트의 매입률이 매도율보다 높으므로 현물환율에서 차감해요.
> EUR/USD 현물환율 1.2947/1.2967에서 각각 27, 25씩 차감하면 EUR/USD 선물환율 1.2920/1.2942가 되어요.
> 이런 경우를 EUR는 USD에 대하여 선물할인 또는 선물 디스카운트(Forward Discount)되었다고 하고, USD는 EUR에 대하여 선물할증 또는 선물 프리미엄(Forward Premium)되었다고 해요.

04 선물환율 결정이론

(1) 금리평가 이론(Theory of Interest Rate Parity)
현물환율과 통화 간 금리 차이에 의해 선물환율이 결정된다는 것을 설명한 이론이다.

(2) 선물환율 산출공식 및 예제   2022, 2023, 2025 출제
① 산출공식

> 선물환율 = 현물환율 + [현물환율 × (피고시통화의 금리 − 기준통화의 금리) × 개월 수 / 12]

② 예제   2019, 2021 출제

> 원화의 연금리 6%, USD 연금리 3%, 현물환율 USD/KRW 1,100일 경우 3개월 만기 선물환율 구하기
> ① $F = S + [S \times (i - i^*) \times n/12]$
> ② $i - i^*$
> i = 원화의 3개월 금리: 6%
> i^* = USD의 3개월 금리: 3%
>   ∴ $i - i^* = 3\% = 0.03$
> ③ $F = 1,100 + (1,100 \times 0.03 \times 3/12) = 1,108.25$, 즉 1,108원이 된다.

F: 선물환율
S: 현물환율
i: 피고시통화의 금리
i*: 기준통화의 금리
n: 개월 수

05 선물환 거래와 통화선물 거래의 비교   2019, 2020, 2021, 2022, 2023, 2025 출제

구분	선물환 거래	통화선물 거래
거래 상대방	당사자 간 1대 1 거래	불특정 다수 간 거래
거래 장소	일정한 장소 없이 참여자 간 전화, 텔렉스 등을 통해 직접적으로 거래가 이루어짐(장외 거래, Over-the-Counter 거래)	한국거래소에서 공개 거래
손익 정산	계약 종료일에 정산	정산소를 통해 매일 이루어짐(일일정산)

거래 조건	매매당사자 간의 합의에 따르므로 계약 단위, 만기일의 제한이 없음	대상 상품의 내역, 만기, 1계약의 크기 등 표준화
		• 계약 단위: 달러선물 1계약 1만 달러
		          엔화선물 1계약 1백만 엔
		          유로선물 1계약 1만 유로
		• 만기: 매월 세 번째 월요일

중도청산	반대 거래를 통한 청산이 제한적임. 상대방과 합의 전까지는 만기에 인도 결제함	반대 거래로 항상 청산이 가능. 대부분 만기일 이전에 반대매매에 의한 차액정산 방식으로 계약 종료
증거금	신용도에 따라 계약 이행보증금 차등 적용	신용을 불문하고 개시증거금, 유지증거금, 추가증거금 등 모든 거래에 대해 위탁증거금을 적립하여야 함
중개인	외국환은행	선물회사
신용위험	계약 이행의 신용도는 전적으로 거래 상대방에게 의존하므로 신용상 위험이 존재함	청산소가 계약 이행을 보증하므로 신용위험이 없음
선물 가격 결정	서로 협상하여 거래량에 따라 가격 결정	공개경쟁 입찰 방식을 통해 공정한 시장 가격 결정
수수료	거래환율에 수수료 포함	시장환율과 별도로 거래 수수료를 납부

TIP 통화선물 거래는 거래소(Exchanges)에 상장되어 있는 특정 통화에 대하여 시장 참가자 간의 호가 방식에 의해 결정되는 선물환율로 일정 기간 후에 인수도할 것을 약정하는 거래를 의미해요.

06 역외선물환(NDF: Non-Deliverable Forwards) 2019, 2020, 2021, 2022, 2023, 2025 출제

(1) 역외선물환의 의미
① 만기에 계약원금을 상호 교환하지 않고, 계약한 선물환율과 지정환율의 차이만을 기준통화(일반적으로 미 달러화)로 결제하는 파생금융상품을 말하며 차액결제선물환이라고도 한다.
② NDF는 실물을 주고받지 않고 차액만을 정산하므로 투기적 성격이 강하며 환위험 헤지 목적으로 이용하기도 한다.

(2) 역외선물환 시장의 의미
① 본국 거래 시 발생할 수 있는 각종 세제나 운용상의 제반 규제를 회피하고 조세, 금융 등의 혜택을 누리기 위해 타국에 형성된 시장을 의미한다.
② USD/KRW의 역외선물환 시장은 원화와 달러를 교환하기 위해 홍콩, 싱가포르, 뉴욕 등에 형성된 시장을 의미한다.

(3) 산출공식

> [(계약환율 − 정산환율) × 거래 금액]/정산환율

(4) 예제

> A은행은 시카고 은행과 달러/원 역외선물환 거래를 체결하였고, 시카고 은행에 달러 NDF를 다음과 같이 매도하였다.
> - 거래 금액: 1,000,000달러
> - 계약환율: 1,100원
> - 정산환율(현물시장환율, 지정환율): 1,000원
>
> 계약환율보다 정산환율이 하락하였으므로 A은행은 달러당 100원의 이익을 얻었고 시카고 은행은 달러당 100원의 손실을 보았다. 따라서 시카고 은행은 A은행에게 달러화로 차액을 지급해야 한다.
>
> 이 경우 시카고 은행이 지급해야 할 차액을 계산하는 방법은 다음과 같다.
> - 먼저, 계약환율과 정산환율과의 차액을 달러로 정산하는 과정을 거친다.
>   (1,100 − 1,000) × 1,000,000 = 100,000,000원
> - 다음으로, 원화금액을 지정통화인 달러화로 환산한다.
>   100,000,000 / 1,000 = USD 100,000
>
> 즉, 시카고 은행은 A은행에게 10만 달러를 지급해야 한다.

5 환리스크(환위험, Exchange Risk) 2020 출제

01 환리스크(환위험)의 의미

각국 통화 간의 교환비율인 환율의 예상치 못한 변동으로 인하여 외화표시 거래의 가치나 외화표시 재무제표항목의 가치가 변화하여 발생하는 위험을 의미한다. 달리 말하면 환리스크는 미래의 환율 변동으로 인해 기업의 재무제표나 기업수익성, 경영실적에 영향을 줄 수 있는 가능성을 의미한다.

02 환리스크의 종류 2021, 2022, 2025 출제

(1) 거래 환리스크(Transaction Exchange Risk)
외화로 표시된 거래를 할 때 환율이 변하기 전에 체결한 계약을 환율 변동 이후에 실행함으로써 발행하는 환리스크를 의미한다. 예를 들어, 수출계약 금액이 USD 10,000달러일 때 환율이 1,000원이었던 것이 선적 후 900원으로 하락했다면 1,000,000원의 손해를 본다(수입의 경우 환율이 상승하면 환리스크가 발생).

(2) 환산 환리스크(Translation Exchange Risk)
환율 변동 시점 이전에 외화로 표시된 외화자산, 외화부채를 자국통화로 환산한 후 연결 재무제표로 작성할 때 발생하는 환위험이다. 회계장부상에서 발생하는 환리스크로 실제 자금흐름이 수반되지는 않으며 해외 자회사나 지사의 재무제표를 본사의 통화로 평가할 때 발생한다.

(3) 영업 환리스크(Business Exchange Risk)
환율 변동의 결과로 미래 제품의 판매량, 가격, 시장점유율 등 기업 가치에 영향을 주는 환위험을 말한다.

03 대내적 관리기법 2021, 2022, 2025 출제

환율 변동에 따른 환리스크를 내부적으로 관리하는 방법으로서, 기업의 영업활동과 관련하여 환위험을 관리하기 위한 추가 비용 없이 내부적으로 예방하거나 환리스크를 감소시키는 행위를 의미한다.

(1) 매칭(Matching)
① 의미: 외화의 수입과 지출을 통화별, 만기별로 일치시킴으로써 차액을 최소화하여 외화 자금의 불일치에서 발생할 수 있는 환리스크를 예방하는 관리기법이다.
② 특징
  ㉠ 특정 일자에 수취할 외화 금액과 지급해야 하는 외화 금액을 일치시키기 어렵다.
  ㉡ 수출과 수입을 동시에 하는 기업에서만 활용할 수 있다.

(2) 리딩(Leading)과 래깅(Lagging) 2021, 2023 출제
① 의미: 외화 자금의 결제 시기를 의도적으로 앞당기거나(리딩) 또는 지연시킴(래깅)으로서 환율 변동에 따르는 환차손을 최소화하고 환차익을 극대화하기 위한 방법이다.
② 특징
  ㉠ 리딩: 환율이 상승할 것으로 예상되는 경우 수입상이 대금 결제를 앞당기려고 할 때 사용한다.
  ㉡ 래깅: 환율이 상승할 것으로 예상되는 경우 수출상이 물품의 선적이나 수출 환어음의 매도 시기를 지연시켜 결제 시점에 자국통화표시 수출 대금을 증가시키고자 할 때 사용된다.

(3) 상계(Netting)
① 의미: 주로 다국적기업의 본·지사 간 또는 지사 상호 간에 발생하는 채권·채무 관계를 개별 건마다 결제하지 않고 일정 기간 경과 후에 채권과 채무를 상계하고 그 차액만 특정 기한마다 결제하는 방법이다.
② 특징: 두 회사 간에 일어나는 양자 간 상계는 외화 채권·채무의 청산에 있어 결제 자금의 규모를 축소하는 효과를 가져오는데, 축소된 결제 자금만큼만 환리스크에 노출되므로 어느 정도 환리스크 관리가 가능하다.

(4) 가격정책(Price Variation Policy)
① 의미: 기업의 판매관리와 구매 관리정책의 일환으로 판매수익의 극대화 또는 구매 비용의 극소화를 위한 가격 결정 및 가격 선택 정책이다.
② 종류
 ㉠ 가격조정정책(Price Variation Policy): 환율이 하락할 것으로 예상되는 경우 수출상은 환율 하락 전의 수출 대금을 받기 어려워지므로 해당 수출 상품의 가격을 환율 하락 폭만큼 상승시켜 수출 대금을 보전하는 정책이다.
 ㉡ 가격표시정책(Currency of Involving Policy): 수출입 거래의 표시 통화를 조정하는 것을 의미하며 수출의 경우 강세 예상통화로, 수입의 경우 약세 예상통화로 거래계약을 체결한다.

(5) 자산부채 종합관리(Asset Liability Management)
① 의미: 환율 변동 전망에 따라 기업이 보유하고 있는 외화자산 및 외화부채의 보유 상태를 조정함으로써 환리스크를 관리하는 방법이다.
② 종류
 ㉠ 적극적인 자산부채 종합관리: 강세통화의 경우 예상통화표시의 자산이나 현금 보유량을 증가시키고 채무는 최대한 빠르게 결제 또는 상환하여 축소시키는 방법이다.
 ㉡ 소극적인 자산부채 종합관리: 약세통화, 강세통화의 구분 없이 만기별, 통화별로 자산과 부채, 현금 수입과 지급의 규모를 일치시키는 방법이다.

(6) 포트폴리오 전략(Portfolio)
거래 통화를 1개가 아닌 다수의 통화 바스켓으로 구성하여 통화 간의 환율 변동이 서로 상쇄시킴으로써 환율 변동에 따른 위험을 줄이는 전략이다.

04 대외적 관리기법

(1) 헤징(Hedging)
① 의미: 현물 가격 변동에 따른 환리스크를 줄이기 위해 사용되는 대표적인 환리스크 관리기법이다.
② 종류
 ㉠ 선물환 시장에서의 헤징: 외국환 매매계약일부터 2영업일이 경과한 장래의 특정 일자 또는 특정 기간 내에 계약한 대상 외국환을 일정 환율로 매매할 것을 당사자 간에 약정하여 환리스크를 예방할 수 있다.
 ㉡ 단기 금융 시장에서의 헤징: 금융 시장에서 수출 대금 외화를 미리 차입하여 현물환 시장에서 매각하고 자국통화로 환전한 후 이를 예금, 채권 투자 등으로 운용하고 만기에 차입금을 상환함으로써 수출계약 체결 시부터 수출 대금 입금 시까지 환율 변동에 대한 환리스크를 회피할 수 있다.

(2) 통화스왑(Currency Swap) 거래
두 거래당사자가 계약일에 약정 환율로 해당 통화를 일정 시점에서 상호 교환하는 외환 거래이다.

(3) 통화선물(Currency Futures) 거래
선물환 거래와 같이 미래의 일정 시점에서 일정 수량의 통화를 특정 환율로 매입 또는 매도하기로 계약한 거래이다.

(4) 통화옵션(Currency Option) `2019, 2020, 2021, 2022, 2023, 2025 출제`
① 의미: 어떤 통화를 특정 환율로 매입하거나 매도할 수 있는 권리가 부여된 선택권이다.
② 종류
  ㉠ 콜옵션(Call Option): 옵션을 매입한 사람이 옵션 만기일 이전에 미리 정한 행사 가격으로 일정 자산을 살 수 있는 권리를 말한다.
  - 콜옵션 매수자는 콜옵션 매도자에게 옵션 프리미엄을 지급하고 옵션을 매입한다.
  - 콜옵션 매수자는 만기일 또는 만기일 전에 시장 가격이 행사 가격보다 높으면 권리를 사용하고 낮으면 권리를 포기할 수 있다.
  - 콜옵션 권리를 포기하는 경우 옵션 프리미엄만큼 손해를 보고, 권리를 행사하는 경우 시장 가격과 행사 가격 차이만큼 이익을 얻는다.
  - 콜옵션 매도자는 매수자가 권리를 행사하면 응해야 한다.

  > [가정]
  > 수입상 K는 3개월 후 USD 200,000 수입 대금 결제를 위해 콜옵션을 매입하였다. 옵션계약 내용은 다음과 같다.
  > USD/KRW Call Option USD 200,000
  > - 만기: 3개월
  > - 행사 가격(환율): 1,020원
  > - 옵션 프리미엄: 4,020,000원(2%, 적용환율: 1,005원)
  >
  > [계약 내용 해석]
  > 옵션 프리미엄 4,020,000원을 지급하고 수입 대금 미화 200,000달러를 3개월 후 1달러당 1,020원으로 매입할 수 있는 콜옵션을 매수하였다.
  >
  > [옵션 행사 여부]
  > - 3개월 후 환율이 1,100원으로 상승하는 경우: 옵션 행사
  >   USD 200,000×(1,100−1,020) = 16,000,000원(옵션 행사로 얻게 될 이익)
  > - 3개월 후 환율이 900원으로 하락하는 경우: 옵션 미행사(권리 포기)
  >   USD 200,000×(1,020−900) = 24,000,000원(옵션 포기로 얻게 될 이익)
  > ∴ 환율이 상승하여 행사 가격보다 높아지면 옵션을 행사하는 것이 이익이며, 환율이 하락하여 행사 가격보다 낮아지면 옵션을 포기하는 것이 이익이다.

  ㉡ 풋옵션(Put Option): 옵션을 매입한 사람이 옵션 만기일 이전에 미리 정한 행사 가격으로 일정 자산을 팔 수 있는 권리를 말한다.
  - 풋옵션 매수자는 풋옵션 매도자에게 옵션 프리미엄을 지급하고 옵션을 매입한다.
  - 풋옵션 매수자는 만기일 또는 만기일 전에 행사 가격이 시장 가격보다 높으면 권리를 사용하고 낮으면 권리를 포기할 수 있다.
  - 풋옵션 매수자가 권리를 포기할 경우 옵션 프리미엄만큼 손해를 보고 매도자는 그만큼의 이익을 취한다.
  - 풋옵션의 매도자는 매수자가 권리를 행사하면 이에 응해야 한다.

> **정리하고 넘어가기** 콜옵션, 풋옵션의 응용 2024 출제
>
> 1. 스트래들(Straddle): 동일한 만기와 동일한 행사가격을 가지는 두 개의 옵션 즉, 콜 옵션과 풋 옵션을 동시에 매수하는 포지션
> 2. 스트랭글(Strangle): 스트래들과 유사하나 매수대상이 되는 콜 옵션, 풋 옵션의 행사가격이 다름

[가정]
수출상 K는 3개월 후 USD 100,000 수출 대금 매각을 위한 풋옵션을 매입하였다. 옵션계약 내용은 다음과 같다.
USD/KRW Put Option USD 100,000
- 만기: 3개월
- 행사 가격(환율): 1,005원
- 옵션 프리미엄: 2,004,000원(2%, 적용환율: 1,002원)

[계약 내용 해석]
옵션 프리미엄 2,004,000원을 지급하고 수출 대금 미화 100,000달러를 3개월 후 1달러당 1,005원으로 매도할 수 있는 풋옵션을 매입하였다.

[옵션 행사 여부]
- 3개월 후 환율이 1,100원으로 상승하는 경우: 옵션 미행사(권리 포기)
  USD 100,000 × (1,100 − 1,005) = 9,500,000원(옵션 포기로 얻게 될 이익)
- 3개월 후 환율이 900원으로 하락하는 경우: 옵션 행사
  USD 100,000 × (1,005 − 900) = 10,500,000원(옵션 행사로 얻게 될 이익)

∴ 환율이 상승하여 행사 가격보다 높아지면 옵션을 행사하지 않는 것이 이익이며, 환율이 하락하여 행사 가격보다 낮아지면 옵션을 행사하는 것이 이익이다.

TIP 옵션 프리미엄이란 옵션의 가격으로 옵션 매수자가 매도인에게 지불해야 하는 비용이에요.
옵션 프리미엄은 '내재 가치와 시간 가치를 합한 비용'인데, 내재 가치란 옵션을 행사할 때 옵션 매입자가 즉시 얻을 수 있는 이익에 해당하는 금액(선물환율과 옵션 행사 가격의 차이)을 말해요. 두 가지 경우를 살펴볼까요?

콜옵션의 경우	풋옵션의 경우
• 현물환율이 행사 가격보다 높을수록 내재 가치가 커짐	• 현물환율이 행사 가격보다 낮을수록 내재 가치가 커짐
• 옵션을 행사하지 않으면 내재 가치는 0	• 옵션을 행사하지 않으면 내재 가치는 0

시간 가치는 옵션 가치에서 내재 가치를 뺀 가치로 미래의 불확실한 잠재적 이익에 대한 대가로 지불하는 비용이에요.

③ 옵션의 가치 형태
  ㉠ 행사 가격: 만기일에 특정 가격으로 거래하겠다고 약정된 가격이다.
  ㉡ 시장 가격: 만기일의 시점에서 시장에서 거래되는 시장 가격이다.
  ㉢ 내가격: 이익을 보는 상태이다.
  ㉣ 외가격: 손실을 보는 상태이다.
  ㉤ 등가격: 이익도 손실도 보지 않는 상태이다.

> **정리하고 넘어가기** 옵션의 가치 형태
>
> | 구분 | 콜옵션 | 풋옵션 |
> | --- | --- | --- |
> | 시장 가격 > 행사 가격 | 내가격(ITM: In The money) | 외가격(OTM: Out of The money) |
> | 시장 가격 = 행사 가격 | 등가격(ATM: At The money) | 등가격(ATM: At The money) |
> | 시장 가격 < 행사 가격 | 외가격(OTM: Out of The money) | 내가격(ITM: In The money) |

6 환포지션 2020, 2021 출제

01 환포지션의 의미

환포지션은 외국환 매입액과 매도액의 차액 또는 외화 채권과 외화 채무와의 차액을 의미한다. 환율은 유동적이므로 외화 자산 및 부채는 환율에 의해 그 가치가 지속적으로 변하기 때문에 환포지션도 유동적이다.

02 환포지션의 형태 2022, 2023, 2025 출제

(1) 스퀘어 포지션(Square Position, Flat Position)
① 의미: 외국환의 매입액과 매도액이 동일하거나 외화 채권과 외화 채무가 동일하여 받을 외화 금액과 지급할 외화 금액이 같은 경우의 환포지션을 말한다.
② 특징: 환리스크가 존재할 수 없으며 원화 자금 면에서도 부담이 없다. 하지만 현실적으로 불가능한 포지션이다.

(2) 매입초과 포지션(Over Bought Position, Long Position, Bull Position)
① 의미: 외국환의 매입액이 매도액을 초과하거나 외화 채권이 외화 채무보다 많은 상태의 환포지션을 말한다.
② 특징: 환율 상승 시에는 환차익이 발생하며, 환율 하락 시에는 환차손이 발생한다.

(3) 매도초과 포지션(Short Position, Over Sold Position, Bear Position)
① 의미: 외화 채권이 외화 채무보다 적은 경우 환포지션을 말한다.
② 특징: 환율 상승 시에는 환차손이 발생하며, 환율 하락 시에는 환차익이 발생한다.

(4) 오픈 포지션(Open Position)
외환 매입초과 포지션과 외환 매도초과 포지션을 포함한 개념으로 외환 위험에 노출되어 있으므로 환율 변동에 따라 환차손익이 발생한다.

(5) 현금포지션(Cash Position)
현금 포지션은 현재 확정된 외환매매 차액이나 혹은 외화자산과 부채의 차액을 말한다. 현금포지션을 산출할 때에는 대차대조표에 등재되어 있는 자산과 부채만을 비교하며 자산과 부채의 차액만을 산출한다.

(6) 약정된 포지션(Committed Position)
현금 포지션은 아니지만 미래의 현금 포지션에 변화를 일으킬 수 있는 포지션을 의미한다. 미래에 받을 것으로 확정된 수출대금 또는 미래에 지급하기로 약정된 수입대금으로 향후 환율 변동에 의해 가치가 변동되어 기업의 손익이 좌우될 수 있는 것을 의미하며 외환포지션으로 간주된다.

Mini Test — 외환실무

OX문제

01 외국환 매매계약과 동시에 또는 2영업일 이내에 받는 외국환을 현물환이라고 한다. (   )

02 USD가 상품통화가 되고 외국통화가 가격표시통화가 되는 방법을 미국식 표시법(American Term)이라 한다. (   )

03 거래가 많은 통화는 Spread가 적고, 거래가 적은 통화는 Spread가 크다. (   )

04 일반적으로 현물환율의 Spread는 선물환율의 Spread보다 크다. (   )

05 외국환의 매입액이 매도액을 초과하거나 외화 채권이 외화 채무보다 많은 상태의 환포지션을 Short Position이라 한다. (   )

06 우리나라의 은행 간 외환 시장은 달러/원 거래가 제일 많고, 유로/원 거래도 활발하다. (   )

07 평가 절상은 자국의 화폐 가치는 하락하고 외국화폐의 가치는 상승하는 것을 의미한다. (   )

08 Offer Rate는 Bid Rate보다 항상 커야 한다. (   )

09 통화선물 거래에서 개시증거금은 통화선물을 매도하고자 하는 당사자만 납부한다. (   )

10 역외선물환 거래(NDF)는 주로 환위험을 헤지(Hedge)하기 위해 사용한다. (   )

정답 Check

| 01 ○ | 02 X | 03 ○ | 04 X | 05 X |
| 06 X | 07 X | 08 ○ | 09 X | 10 X |

[X 해설]

02 USD가 상품통화가 되고 외국통화가 가격표시가 되는 방법은 유럽식 표시법이다.

04 현물환율의 Spread(스프레드)는 일반적으로 선물환율의 Spread보다 작다. 현물환율의 불확실성보다 선물환율의 불확실성이 더 크기 때문이다.

05 외국환의 매입액이 매도액을 초과하거나 외화 채권이 외화 채무보다 많은 상태의 환포지션을 매입초과 포지션(Long Position)이라고 한다.

06 우리나라의 은행 간 외환 시장은 달러/원, 위안/원 거래만 이루어지고 있다.

07 평가 절하는 외국화폐의 가치 상승에 따라 상대적으로 자국화폐 가치가 하락하는 것을 의미한다. 평가 절상은 그 반대를 의미한다.

09 개시증거금은 통화선물 거래를 하고자 하는 모든 당사자가 납부하여야 한다.

10 역외선물환 거래는 주로 투기적 성격이 강하며, 일부 헤지 목적으로 사용하기도 한다.

빈칸 채우기

01 본국 거래 시 발생할 수 있는 각종 세제나 운용상의 제반 규제를 회피하고 조세, 금융 등의 혜택을 누리기 위해 타국에 형성된 선물환 시장을 (　　　　) 시장이라 한다.

02 상대적으로 자국화폐 가치가 상승하는 것을 (　　　　)(이)라 한다.

03 현물환율(Spot Rate)과 선물환율(Forward Rate)의 차이를 (　　　　)(이)라고 한다.

04 옵션을 매입한 사람이 옵션 만기일 전에 미리 정한 행사 가격으로 일정 자산을 살 수 있는 권리를 (　　　　)(이)라 한다.

05 환율이 상승할 것으로 예상되는 경우 수출상이 수출 대금의 매도시기를 늦추려고 할 때 사용하는 환리스크 관리기법을 (　　　　)(이)라 한다.

06 통화옵션에서 행사 가격이 상승하면 풋옵션의 프리미엄은 (　　　　)한다.

07 환율 변동 시점 이전에 외화로 표시된 외화자산, 외화부채를 자국통화로 환산한 후 연결 재무제표로 작성할 때 발생하는 환위험을 (　　　　)(이)라 한다.

08 "한국 주식시장에서 외국인 투자자 공격적 매도세 지속"이라는 뉴스에 의하면 우리나라 외환 시장의 달러화(USD)에 대한 원화(KRW)의 환율은 (　　　　)한다.

09 환율 상승 시에는 환차익이 발생하며, 환율 하락 시에는 환차손이 발생하는 환포지션은 (　　　　)이다.

10 통화선물 거래에서 달러선물 1계약의 단위는 (　　　　) 달러이다.

✓ 정답 Check

01 역외선물환(NDF)　02 평가 절상　03 스왑레이트(스왑률)　04 콜옵션　05 래깅(Lagging)
06 증가　07 환산 환리스크　08 상승　09 매입초과포지션　10 1만

PART 03 무역결제 | 기출 유사문제

01 다음 중 "D/P at 30 days after B/L date" 거래에 대한 설명이 <u>잘못된</u> 것을 모두 고른 것은?

> A. D/A at 30 days after B/L date와 동일한 조건이다.
> B. 환어음의 만기일은 B/L date의 다음날로부터 30일째 되는 날이며, B/L date는 본선적재일을 의미한다.
> C. 선적서류가 추심은행에 도착하면, 은행은 수입상에게 환어음을 제시하고, 수입상이 환어음을 인수한 후 서류를 인도해야 한다.
> D. 추심의뢰은행은 추심의뢰인이 지정한 추심은행으로 추심서류를 송부해야 하나 지정된 추심은행이 환거래은행이 아닌 경우 환거래은행인 타 은행 앞으로 송부할 수도 있다.

① A, B　　　　　② A, C
③ B, C　　　　　④ B, D

| 해설 | A. "D/P At 30 days after B/L date"는 "D/P Usance 방식으로 B/L 발행일자부터 30일 후에 대금과 서류를 교환한다."라는 의미이다. 따라서 서류 도착과 동시에 환어음을 제시하고 수입상이 환어음을 인수한 후 서류를 인도하며 만기에 대금을 지급하도록 하는 D/A 방식과는 차이가 있다.
C. D/P 방식이므로 인수 과정이 필요하지 않다. 인수(acceptance)는 D/A 방식에서 필요한 과정이다.

02 다음 중 송금결제 방식의 특징 및 업무에 관한 설명이 <u>잘못된</u> 것은?

> A. CAD, COD, BWT는 선적 이후에 대금이 지급된다는 측면에서 사전송금 방식에 해당한다.
> B. 수출자 입장에서 O/A 방식으로 거래하는 경우, K-SURE의 수출보험에 가입함으로써 위험에 대응할 수 있다.
> C. 사전송금 방식의 거래에서 수입자는 수출자에게 Advance Payment Guarantee의 발행을 요구해 상업위험을 관리할 수 있다.
> D. 송금결제 방식에서 수출자는 선적서류를 수입자가 지정한 은행으로 직접 발송한다.

① A, B　　　　　② B, C
③ A, D　　　　　④ B, C, D

| 해설 | A. CAD, COD, BWT는 선적 이후에 대금이 지급된다는 측면에서 사후송금 방식에 해당한다.
D. 송금결제 방식에서 수출자는 선적서류를 수입자에게 직접 발송한다.

정답 01 ② | 02 ③

03 다음 중 환어음에 대한 설명이 잘못된 것은?

① 신용장 거래 시 환어음의 Drawee(지급인)란에는 개설은행이나 인수를 수권받은 은행 또는 상환은행으로 지정된 은행이 기재될 수 있다.
② 환어음은 통상 2통으로 발행되며, 그중 하나가 결제되면 나머지 한 통은 자동적으로 효력을 상실한다.
③ 환어음의 발행일은 신용장의 유효기일 이내이어야 하며, 화환어음의 경우 선적일 이후의 일자이어야 한다.
④ 환어음은 배서에 의해 유통되며 한국에서 발행된 어음이 무효인 경우 일본에서 적법하게 배서되어 유통되더라도 무효처리된다.

| 해설 | 환어음은 행위지(서명지)의 현지 법률에 의해 처리하는 것이 원칙이다. 한국에서 어음을 발행하고 일본에서 배서 양도하였다면, 어음의 발행은 한국법의 적용을 받게 되고 배서는 일본법의 적용을 받게 된다.

04 다음 중 국제팩토링에 관한 설명이 잘못된 것은?

① 수입팩터로부터 수입상에 대한 신용 승인이 이루어지면, 수입상의 클레임이 제기되지 않는 한 수출상은 해당 신용 승인 한도 내에서 대금 지급을 보장받는다.
② 수출상은 대금 회수·수출 채권의 기일 관리 등 제반 회계업무의 부담에서 벗어나 생산·판매에만 전념함으로써 생산성 증대를 실현할 수 있다.
③ 국제팩토링은 무신용장 방식의 O/A, D/A 거래 및 Usance 신용장 방식에서도 사용되고 있다.
④ 수입상은 별도 담보가 없이 본인 신용만으로 기한의 이익을 향유하여 외상 수입이 가능하다.

| 해설 | 국제팩토링은 O/A, D/A와 같은 무신용장 방식의 외상 거래에서 활용하는 금융기법이다. 포페이팅은 Usance L/C, D/A 거래에서 사용된다.

05 다음은 포페이팅(Forfaiting)에 대한 설명이다. 옳지 않은 것은?

① 수출 거래에 따른 환어음에 대해 상환청구권을 행사하는 조건으로 고정 이자율로 할인하여 매입하는 금융기법이다.
② Usance L/C, D/A 거래 등 어음 금액이 크거나 수출 대금 회수 기간이 장기(최장 10년)인 경우 주로 사용된다.
③ 포페이팅과 관련된 국제규칙으로는 URF 800이 있다.
④ 포페이터는 제3자가 발행한 화환 신용장, 보증 신용장, 청구보증, AVAL을 담보로 활용하며, 수출상에게는 별도의 보증이나 담보를 요구하지 않는다.

| 해설 | 포페이팅은 수출 거래에 따른 환어음이나 약속어음을 상환청구권 없이(without recourse) 고정 금리로 할인매입한다.

정답 03 ④ | 04 ③ | 05 ①

06 다음은 수출상이 활용할 수 있는 결제 방식에 대한 위험관리 방법이다. 잘못된 것은?

① D/A 거래를 하는 수출상은 신용위험에 대비하여 한국무역보험공사에 수출보험을 가입하고 선적을 이행하였다.
② COD 조건으로 계약을 이행한 수입상은 수출상의 구내창고에서 PSI를 실시하려고 한다.
③ Usance L/C 조건으로 매매계약을 체결한 수출상은 수출을 이행한 후 신용장이 요구하는 선적서류를 준비하여 거래은행에 Forfaiting NEGO를 이행하였다.
④ 수출상이 선수금 방식을 요구하였고 수입상은 수출상에게 A/P BOND의 발행을 요구하였다.

| 해설 | 현물상환 방식(COD: Cash On Delivery)은 수출상이 계약 물품을 선적한 후 선적서류를 수입국에 소재한 자신의 지사나 대리인 또는 수입국의 은행에 송부하여 상품이 목적지에 도착하면 수입상이 계약 물품을 검사한 후 상품을 인도받으면서 대금을 결제하는 방식이다. PSI(선적 전 검사)는 서류상환 방식(CAD: Cash Against Document)에서 수입상이 미리 선적지에서 선적되는 물품을 대리 확인할 수 있을 때 활용 가능한 위험관리 방법이다.
④ 선수금환급보증(A/P Bond: Advance Payment Bond)은 수출상이 계약을 불이행하는 경우 수입상이 이미 지급한 선수금을 환급하기로 하는 보증으로서 선수금을 반환받을 수 있는 역할을 한다.

07 O/A 거래에 대한 설명으로 옳지 않은 것은?

① O/A 방식의 거래는 결제위험이 높으나 거래가 단순하고 서류 작성, 심사에 따른 수고와 은행 수수료 등을 절감할 수 있다.
② O/A 방식은 수입상이 대금 결제 이전에 미리 상품을 점검할 수 있다는 점과 대금 결제의 유예를 통한 현금유동성 확보 측면에서 유리하다.
③ O/A 방식은 수출업체가 물품을 선적하고 선적서류가 수입상에게 전달된 후 수출 채권이 확정된다.
④ 수출상은 환어음을 발행하지 않으며 선적서류를 수입상에게 직접 송부한다.

| 해설 | 일반적인 사후 송금 방식 수출의 경우 선적서류 또는 수출 물품이 수입상에게 인도되어야 수출 채권이 확정되는 데 반해, O/A 방식은 수입상에게 선적 사실을 통지함과 동시에 수출 채권이 확정된다.

정답 06 ② | 07 ③

08 다음은 화환 신용장의 통지에 관한 내용이다. 잘못된 것은?

① 통지란 신용장의 개설 사실 및 조건 변경의 내용을 수익자에게 알리는 행위를 의미한다.
② 통지은행은 확인은행이 아닌 경우 결제(honour)나 매입(Nego)에 대한 부담 없이 통지한다.
③ 통지은행이 신용장을 통지하기로 결정한 경우 신용장의 외견상 진정성을 확인하기 위한 상당한 주의를 기울여야 한다. 만일 신용장을 통지하지 않기로 결정했다면 통지은행은 그러한 뜻을 지체 없이 수익자에게 안내해야 한다.
④ 통지은행은 수익자에게 신용장 및 그 조건 변경을 통지하기 위해 다른 은행(제2통지은행)을 이용할 수 있다.

| 해설 | 통지은행이 신용장을 통지하기로 결정한 경우 신용장의 외견상 진정성을 확인하기 위한 상당한 주의를 기울여야 한다. 만일 신용장을 통지하지 않기로 결정한 경우 통지은행은 그러한 뜻을 지체 없이 통지를 송부한 은행에게 통보해야 한다.

09 다음은 화환 신용장의 확인에 대한 내용이다. 잘못된 것은?

① 신용장의 확인이란 개설은행 이외의 제3의 은행이 개설은행과는 독립적으로 어음의 지급·인수·매입을 확약하는 것을 의미한다.
② 확인을 요청받은 은행은 개설은행의 신용 상태가 불확실하더라도 요청을 승낙해야 한다.
③ 확인은행은 신용장에 확인을 추가하는 시점부터 취소불능의 결제 또는 매입 의무를 부담한다.
④ 확인은 어음의 발행인이나 선의의 제3자에게 상환 청구 없이 매입할 것을 확약하는 행위다.

| 해설 | 확인은행은 개설은행의 신용 상태가 불확실하다고 판단하는 경우 확인 요청을 거절할 수 있다. 또한 신용장의 조건 변경에 대한 확인 요청이 들어와도 거절할 권리를 갖는다.

10 다음 중 보증 신용장과 청구보증에 대한 설명이 잘못된 것은?

① 보증 신용장은 금융 조달이나 채무 이행 보증을 위해 발행되는 무화환 신용장의 일종이다.
② 청구보증은 주로 채무 보증의 목적으로 사용된다.
③ 청구보증은 URDG 758의 적용을 받으며, 보증 신용장은 UCP 600을 배제하고 ISP 98이 적용된다.
④ 계약의 이행에 대해 대금을 결제하는 상업 신용장과 달리 보증 신용장은 채무 불이행에 대해 대금을 지급한다.

| 해설 | 보증 신용장은 적용 가능한 범위 내에서는 UCP 600의 적용을 받지만 그 외의 사항에 대해서는 ISP 98(보증신용장통일규칙)의 적용을 받는다. UCP 600과 ISP 98이 상충하는 경우에는 ISP 98이 우선 적용된다.

+ THE PLUS 보증 신용장(Standby L/C)

금융 조달이나 보증을 위해 발행되는 무화환 신용장(Clean L/C)의 일종으로 발행의뢰인이 의무를 이행하지 않을 경우 개설은행이 지급을 이행하겠다는 약속증서와 같은 채무보증용 신용장

11 다음은 화환 신용장 조건 변경에 대한 내용이다. 옳은 것으로 묶인 것은?

> A. UCP 600의 적용을 받는 신용장을 조건 변경하고자 하는 경우 수익자의 동의는 필요하지 않다.
> B. 개설은행은 신용장에 대한 조건을 변경한 경우 그 시점부터 변경 내용을 취소할 수 없다.
> C. 수익자가 일정한 시간 내에 조건 변경을 거절하지 않으면 자동적으로 조건 변경을 수락한 것으로 간주한다.
> D. 신용장의 조건을 변경하거나 취소하는 경우 신용장의 유효기일 내에 이루어져야 한다.

① A, B
② B, C
③ B, D
④ A, C, D

| 해설 | A. UCP 600에서 신용장은 별도의 표시가 없다 하더라도 취소불능으로 간주한다. 취소불능 신용장에서 조건 변경이나 취소를 하려면 개설은행, 수익자, 확인은행(있는 경우) 전원의 동의가 있어야 한다.
C. 수익자가 일정한 시간 내에 조건 변경을 거절하지 않는다고 해서 조건 변경을 수락했다고는 할 수 없다.

12 다음은 화환 신용장의 양도에 관한 설명이다. 잘못된 것은?

① 신용장의 양도란 수익자의 요청에 따라 제2수익자에게 신용장을 양도하는 행위를 말한다.
② 신용장상에 'Transferable(양도 가능)'이라는 문언이 표시된 신용장만 양도 가능하다.
③ 신용장을 양도하는 경우 보험 부보 비율도 축소하여 양도 가능하다.
④ 제1수익자는 송장 및 어음을 대체할 수 있는 권리를 갖는다.

| 해설 | 신용장을 양도하는 경우 신용장의 금액, 단가, 선적기일, 유효기일, 서류 제시를 위한 기간은 단축 및 축소하여 양도 가능하나 보험 부보 비율의 경우 상업송장 금액의 110%를 충족해야 하므로 신용장의 금액이 낮아진 경우에는 낮아진 만큼 보험 부보 비율은 높아진다. 즉, 신용장 양도 시 유일하게 보험 부보 비율만 증가시킬 수 있다.

정답 11 ③ | 12 ③

13 다음은 화환 신용장 거래에서 항공운송서류에 관한 설명이다. 잘못된 것은?

① 신용장에 기재된 출발공항과 도착공항을 표시해야 한다.
② 물품이 운송을 위해 인수되었다는 것을 표시해야 한다.
③ 항공운송서류가 실제 선적일에 대한 특정 부기를 포함하지 않은 경우에는 발행일을 선적일로 본다.
④ 전 운송이 하나의 동일한 항공운송서류에 의해 포괄된다면 물품이 환적될 것이라거나 환적될 수 있음을 표시한 항공운송서류는 하자로 인정된다.

| 해설 | 항공운송서류(Air Transport Document)는 전 운송이 하나의 동일한 항공운송서류에 의해 포괄된다면 물품이 환적될 것이라거나 환적될 수 있음을 표시할 수 있다. 환적이 될 것이라거나 환적될 수 있다고 표시하는 항공운송서류는 비록 신용장에서 환적을 금지하더라도 수리될 수 있다.

14 다음은 SWIFT 신용장의 일부이다. 옳게 설명한 것은?(개설은행은 ABC Bank, 확인은행은 XYZ Bank이다.)

```
41D: Available with XYZ BANK by acceptance
42C: Drafts at 90 days after sight
42D: Drawee XYZ Bank
46A: Document required
+ Signed Commercial Invoice In 2 copies
+ Certificate of origin certifying that goods are of South Korea origin
```

① ABC Bank는 환어음 만기일을 결정할 수 있다.
② 상업송장 사본 2부를 제시해야 한다.
③ 인수 신용장은 환어음을 요구하지 않는다.
④ 대한상공회의소, 세관, 수익자 등 누구라도 원산지증명서를 발행할 수 있다.

| 해설 | 신용장에서 원산지증명서 발행자에 대해 아무 명시가 없는 경우 수익자를 포함하여 누구든 원산지증명서를 발행할 수 있다.
① 환어음의 지급인은 확인은행이므로 XYZ 은행이 만기일을 결정할 수 있다.
② In 2 copies라고 표시되어 있는 경우 최소 원본 1부와 나머지 숫자만큼 송장 사본을 제시해야 한다.
③ 인수 신용장은 환어음을 요구한다.

15 다음은 보험서류에 관한 설명이다. 잘못된 것은?

① 보험서류가 한 통을 초과한 원본으로 발행되었다고 표시하는 경우 모든 원본 서류가 제시되어야 한다.
② 보험서류의 일자는 선적일보다 늦어서는 안 된다.
③ 보험서류는 부보 금액을 표시해야 하고 신용장과 동일한 통화로 표시되어야 한다.
④ 보험증권을 요구한 경우 보험증명서를 대신하여 제출 가능하다.

| 해설 | 보험증권(Insurance Policy)은 보험계약 체결의 증거로 피보험자 또는 보험계약자의 보험료 납부 시에 보험자가 발급하는 증거서류이다. 보험증명서(Insurance Certificate)는 포괄보험계약(Open Cover)하에서 발행된 포괄예정보험증권(Open Policy)에 근거하여, 개개의 선적분에 대한 부보 사실을 증명하기 위해 매 건별로 발행하는 증명서이다. 보험증권은 보험증명서를 대신하여 수리될 수 있으나, 보험증명서는 보험증권을 대신하여 제시되어도 수리되지 않는다. 참고로 보험승낙서(Cover Note)는 보험에 가입하겠다는 의사 통지서로 보험증권을 대신할 수 없다.

16 SWIFT로 통지 요청된 화환 신용장에서 운송서류로 해상선하증권을 요구하면서 분할선적과 환적에 대해 다음과 같이 기재하였다. 잘못 설명한 것은?

> 43P: Partial Shipment PROHIBITED
> 43T: Transhipment PROHIBITED

① 2건의 선하증권이 제시된 경우 선적일과 선적항, 하역항이 동일하더라도 적재 선박이 다르면 분할선적으로 간주되어 하자가 있는 서류가 된다.
② 2건의 선하증권이 제시된 경우 선적일과 선적항이 다르더라도 하역항과 적재 선박이 동일하면 분할선적으로 간주되지 않는다.
③ 선하증권에 "The carrier reserves the right to tranship the goods to the destination by any other ship."이라고 기재되어 있으면 하자가 되지 않는다.
④ 신용장에서 환적을 금지하면 하나의 선하증권이 전 운송을 커버하고 화물이 컨테이너, 트레일러 또는 래시바지에 선적되었다는 표시가 있다 하더라도 하자가 된다.

| 해설 | 신용장에서 환적을 금지하였더라도 하나의 선하증권이 전 운송을 커버하고 화물이 컨테이너, 트레일러 또는 래시바지에 선적되었다는 표시가 있다면 환적이 허용된다. 이는 컨테이너, 트레일러, 래시바지에 실린 선적 물품이 환적되더라도 물품이 손상될 가능성이 낮기 때문이다.

정답 15 ④ | 16 ④

17 다음 중 XYZ BANK의 화환 신용장 관련 업무에 대한 해석으로 옳지 않은 것은?

> 31D Date and Place of Expiry: May 10, 2023 South Korea
> 41A Available with by: XYZ Bank Seoul, South Korea By Negotiation
> 43T Transhipment: Prohibited
> 4C   Latest date of Shipment: April 5, 2023
> 4E   Port of Loading/Airport of Departure: Incheon port, South Korea
> 4F   Port of Discharge/Airport of Destination: Jakarta port, Indonesia
> 47A Additional Conditions: A copy of all documents must be sent to the applicant within 4 working days after shipment

① 수익자가 거래은행인 ABC 은행에 매입을 의뢰하였다면, ABC 은행은 XYZ 은행에 재매입을 요청해야 한다.
② 서류 제시기일이 지정되어 있지 않으므로 선적일부터 21일 이내에 서류를 제시하면 된다.
③ 2023년 4월 5일이 일요일이라면 최종 선적일은 4월 6일로 자동 연장된다.
④ 분할선적을 금지하고 있지 않으므로 분할선적은 허용된다.

| 해설 | 신용장 유효기일이나 서류 제시기일이 은행의 통상적인 휴일에 해당하는 경우에는 다음 영업일로 자동 연장되지만 최종 선적일은 자동 연장되지 않는다.

18 다음은 화환 신용장의 문구와 관련된 내용이다. 잘못된 것은?

① "transferable", "assignable" 등의 용어가 사용된 신용장은 양도가 가능하다.
② "irrevocable"이라는 용어의 존재 여부와 관계없이 UCP 600에서는 취소불능으로 간주한다.
③ "surrendered B/L acceptable"이라고 개설 신청을 하는 경우, 별도의 담보가 확보되지 않는 한, 개설은행은 신용장 개설을 거절한다.
④ "All discrepancies are acceptable"이라는 문구는 사기의 수단으로 악용될 가능성이 있으므로 개설은행은 이러한 문구의 사용을 배제하여야 한다.

| 해설 | 양도 가능 신용장은 transferable이라는 용어만 사용할 수 있으며 assignable은 양도의 뜻으로 사용할 수 없다.
② irrevocable은 취소불능, ③ surrendered B/L은 서렌더 선하증권, ④ All discrepancies are acceptable은 모든 하자의 수리가 가능함을 의미한다.

정답 17 ③ | 18 ①

19 UCP 600에서 규정하고 있는 원본 서류와 사본에 대한 설명 중 옳지 <u>않은</u> 것은?

① 적어도 신용장에서 명시된 각각의 서류는 적어도 원본 한 통이 제시되어야 한다.
② 서류 자체가 원본이 아니라고 표시하고 있지 않는 한, 은행은 명백하게 원본성을 갖는 서류 발행자의 서명이 담긴 서류를 원본으로 취급한다.
③ "in three copies"라고 표시된 경우 적어도 한 통의 원본과 나머지 수량의 사본으로 제시 가능하다.
④ 신용장이 서류 사본의 제시를 요구하는 경우 사본만 제시되어야 한다.

| 해설 | 신용장이 서류 사본의 제시를 요구하는 경우 원본 또는 사본의 제시가 모두 허용된다.

20 다음은 수출상이 통지받은 화환 신용장의 조건이다. 수출상이 제시한 선하증권의 내용 중 하자를 구성하는 것은?

> Full set of clean on board ocean bills of lading made out to the order of ABC Bank marked "Freight Collect" and notify accountee.

① Consignee란에 To the order of ABC Bank라고 표시하였다.
② 선하증권 remark란에 물품이나 포장의 하자 내용 또는 Clean이라는 문구가 기재되지 않았다.
③ Consignor가 배서를 하지 않았다.
④ 선장이 서명한 수취식 선하증권이 제시되었다.

| 해설 | On board ocean bills of lading은 수취식 선하증권(Received B/L)에 본선적재부기(On board notation)가 찍힌 선하증권을 의미한다. 따라서 본선적재부기가 없다면 단순히 수취식 선하증권에 불과하므로 하자를 구성한다.

21 다음 중 기한부 신용장에 대한 설명으로 옳지 <u>않은</u> 것은?

① 기한부 신용장은 수익자가 선적서류와 함께 기한부 환어음을 제시하면 이를 인수한 후 만기일에 지급한다고 약정한 신용장을 의미한다.
② 신용을 공여하는 기간에 따라 Shipper's Usance Credit, Banker's Usance Credit으로 구분한다.
③ A/D Charge는 Overseas Banker's Usance Credit에서 개설의뢰인이 부담한다.
④ Shipper's Usance Credit에서 수출상은 만기까지 대금 결제를 기다릴 수 있고, 거래은행에 매입을 의뢰하여 대금을 회수할 수도 있다.

| 해설 | 신용을 공여하는 주체에 따라 Shipper's Usance Credit(매도인이 공여), Banker's Usance Credit(은행이 공여)으로 구분한다.

정답 19 ④ | 20 ④ | 21 ②

22 다음 중 국제표준은행관행(ISBP 745)에 대한 설명으로 잘못된 것은?

① "Third party documents not acceptable": '제3자 서류 수리 불가'라는 표현은 어떠한 의미를 갖지 않으며 무시된다.
② "Shipping document": 선적서류는 환어음, 전송보고서 그리고 서류의 발송을 증빙하는 특송영수증, 우편영수증 및 우편증명서를 포함한 신용장에서 요구하는 모든 서류를 의미한다.
③ "Stale documents acceptable": 신용장의 유효기일 이전에 제시되는 것을 전제로 서류가 달력상 선적일의 21일이 지난 후에도 제시될 수 있다.
④ "Document acceptable as presented": 신용장에서 요구된 서류 중 1부라도 신용장 유효기일 이내에 제출되고 청구 금액이 신용장 금액 이내라면 수리된다.

| 해설 | 선적서류(Shipping document)는 환어음, 전송보고서 그리고 서류의 발송을 증빙하는 특송영수증, 우편영수증 및 우편증명서를 제외한 신용장에서 요구하는 모든 서류를 의미한다.

23 화환 신용장 서류 심사와 관련된 내용이다. 잘못된 내용은?

① 신용장에 명시된 모든 서류만을 심사 대상으로 하며 신용장에서 요구하지 않은 서류를 제시한 경우 무시될 것이고 제시자에게 반환될 수 있다.
② 지정은행, 확인은행, 개설은행이 결제 또는 매입을 거절하기로 결정한 경우, 서류의 제시자에게 결제 또는 매입을 거절한다는 사실과 모든 하자의 내용을 한 번에 통지해야 한다.
③ 거절 통지의 기간은 제시일의 다음 날부터 5은행영업일의 마감시간 이전에 행해져야 한다.
④ UCP 600에서 은행은 서류가 문면상 일치하는 제시에 해당하는지 여부를 결정하기 위해 서류만을 기본으로 제시를 심사한다고 규정하며 '일치하는 제시'에는 신용장의 제조건, 적용 가능한 범위 내에서의 신용장통일규칙의 규정, 국제표준은행관행(ISBP 745)에 따른 제시만을 의미한다.

| 해설 | '일치하는 제시'에는 신용장의 제조건, 적용 가능한 범위 내에서의 신용장통일규칙의 규정, 국제표준은행관행(International Standard Banking Practice)에 의한 제시를 말한다. ISBP 745는 ICC(국제상업회의소)에서 발간한 책자로서 국제표준은행관행에는 ISBP 745뿐만 아니라 다른 관행도 포함하고 있다.

정답 22 ② | 23 ④

24 다음은 개설은행의 하자있는 서류로 인한 지급 거절 통보에 관한 내용이다. 잘못된 것을 모두 고른 것은?

> A. 확인은행은 제시가 일치하지 않는다고 판단할 시 개설의뢰인과 Waiver에 대해 교섭할 수 있다.
> B. 거절 통지는 서류가 제시된 날의 다음 날부터 5영업일 이내에 행해져야 한다.
> C. 거절 통지를 하지 못하는 경우 서류의 불일치를 주장할 수 없으며 대금을 지급하지 않을 수 있다.
> D. 거절 통지는 모든 하자 사항을 단 한 번에 통지해야 한다.

① A, B
② A, C
③ B, C
④ B, D

| 해설 | A. 개설은행은 제시가 일치하지 않는다고 판단한 경우 독자적 판단으로 권리 포기(Waiver)를 할 수 있고 이에 관해 개설의뢰인에게 교섭할 수 있다.
C. 거절 통지를 하지 못하는 경우 서류의 불일치를 주장할 수 없으며 대금 지급을 거절할 수 없다. 즉, 대금을 지급해야 한다.

25 다음은 주요 경제지의 기사 제목이다. 관련 내용이 서울의 외환 시장에 전해지면 USD/KRW 환율이 하락할 것으로 예상되는 뉴스는?

① '일본은행의 추가 통화완화정책을 단행하기로 결정'
② '미국 FOMC 기준금리 인상 단행 시기 앞당겨'
③ '국내 건설사 중동에서 대형 수주 잇달아'
④ '위험자산 회피심리로 신흥국 통화 절하 지속'

| 해설 | 건설사의 대형 수주가 증가하면 국내의 달러 공급이 증가하며, 이는 달러/원 환율의 하락 요인이 된다.
① 일본은행의 통화완화정책(엔화가치 절하)은 달러/엔 환율 상승으로 이어지며 이는 한국 원화의 동반 절하(달러/원 환율 상승)를 유발한다.
② 미국의 기준금리 인상은 달러가치 상승을 가져오므로 달러/원 환율도 상승한다.
④ 신흥국의 통화가 절하되는 경우 원화가치도 동반 절하(달러/원 환율 상승)할 가능성이 커진다.

정답 24 ② | 25 ③

26 다음은 우리나라 외환 시장에 대한 설명이다. 잘못된 것은?

① 은행 간 외환 시장에서 한국 원화를 대가로 결제되고 있는 통화는 미 달러화와 중국 위안화이다.
② 외국환은행은 은행 간 외환 시장에서 거래되는 매도환율을 반영하여 매매 기준율을 산정하고 이를 수시로 변경 고시한다.
③ 은행 간 시장에서 달러화의 현물환과 선물환의 경우 최소 거래 단위는 10전이다.
④ 은행 간 시장에 개인은 참여할 수 있으나 기업은 참여할 수 없다.

| 해설 | 은행 간 시장은 외국환은행뿐만 아니라 증권, 보험, 종금사 등 허가받은 은행 이외의 금융기관도 참여 가능하나 그 외의 기업이나 개인은 참여할 수 없다.

27 다음은 통화선물 거래와 관련된 내용이다. 잘못된 것은?

① 미국 달러 선물의 1계약은 1만 달러를 거래 대상으로 한다.
② 통화선물 거래의 대부분은 만기일에 실물 인도 및 인수가 이루어지며 거래가 종료된다.
③ 청산소가 계약 이행을 보증하므로 신용상 위험이 적다.
④ 통화선물 거래의 최종 거래일은 결제월의 세 번째 월요일이다.

| 해설 | 통화선물 거래의 대부분은 만기일 이전에 반대매매에 의한 차액정산 방식으로 계약 종료된다. 통화선물 거래란 미래의 일정 시점에서 일정 수량의 통화를 특정 통화로 매입 또는 매도하기로 계약한 거래이다.

28 K사는 일본에 제품을 수출하고 받은 JPY를 은행을 통해 USD로 환전하려고 한다. 국내 여러 은행이 제시하는 USD/JPY 현물환율이 아래와 같다면 K사는 어느 은행과 거래하는 것이 유리한가?(단, 환율표시는 앞쪽 통화가 기준통화이다.)

은행	Bid Rate	Offer Rate
A은행	120.5	120.7
B은행	120.55	120.75
C은행	120.6	120.8
D은행	120.65	120.85

① A은행　　② B은행　　③ C은행　　④ D은행

| 해설 | 매입률(Bid Rate)은 은행이 해당 통화를 살 때 환율이며, 매도율(Offer Rate)은 은행이 외화를 팔 때 환율이다. 제시문에서 K사는 미 달러화를 구매하려 한다. 이 경우 은행은 달러화를 파는 입장이므로 매도율을 살펴보아야 하며 A은행이 가장 낮은 환율로 팔고 있으므로 K사 입장에서는 A은행과 거래하는 것이 유리하다.

정답 26 ④ | 27 ② | 28 ①

29 ㈜한국기업은 다음과 같은 달러 풋옵션을 매입하였다. 이에 대한 설명으로 가장 적절한 것은?(단, 환율표시는 앞쪽 통화가 기준통화이다.)

- 현재 USD/KRW 환율: 1,000원
- 행사 가격(환율): 1,010원
- 계약 금액: 100만 달러
- 프리미엄: 2,000만 원

① ㈜한국기업은 환율이 상승할 것으로 예상하고 옵션계약을 체결하였다.
② 만기 시 환율이 990원이면 ㈜한국기업은 옵션을 행사하지 않는다.
③ 만기 시 환율이 1,020원이면 등가격 상태가 된다.
④ 옵션 프리미엄에는 내재 가치와 시간 가치를 가지고 있다.

| 해설 | 옵션 프리미엄은 옵션의 가격으로서 옵션 매수자가 매도인에게 지불해야 하는 비용을 의미한다. 내재 가치란 옵션을 행사할 때 옵션 매입자가 즉시 얻을 수 있는 이익에 해당하는 금액(선물환율과 옵션 행사 가격의 차이)이며, 시간 가치는 옵션 가치에서 내재 가치를 뺀 가치로 미래의 불확실한 잠재적 이익에 대한 대가로 지불하는 비용을 의미한다. 즉, 옵션 프리미엄은 '내재 가치와 시간 가치를 합한 비용'이다.
① 풋옵션(Put Option)은 달러를 팔 수 있는 권리이다. ㈜한국기업은 환율이 하락할 것을 예상하고 환위험을 회피하기 위해 풋옵션을 매입하였다.
② 만기 시 환율이 990원이라는 것은 1달러를 매도할 경우 990원을 받는다는 의미이다. 이 경우 ㈜한국기업은 옵션을 행사하며 달러당 1,010원을 받는다.
③ 만기 시 환율이 1,020원이면 행사 가격보다 높아 옵션을 행사하지 않으므로 외가격 상태(손실 상태)가 된다.

30 다음 중 기업의 환위험에 대한 설명이 잘못된 것은?

① 환위험은 크게 회계적 환위험과 경제적 환위험으로 구분된다.
② 달러 표시 수출 금액이 달러 표시 수입 금액보다 적은 금액은 달러 Short 포지션이며 USD/KRW 환율이 상승하면 손실이 발생한다.
③ 영업 환위험은 환율 변동의 결과로 미래 제품의 판매량, 가격, 시장점유율 등 기업의 가치에 영향을 주는 환위험을 말한다.
④ 회계장부상에서 발생하는 환리스크로 실제 자금흐름이 수반되지 않으며 해외 자회사나 지사의 재무제표를 본사의 통화로 평가할 때 발생하는 환리스크를 거래 환리스크라고 한다.

| 해설 | ④는 환산 환리스크(Translation Exchange Risk)에 대한 설명이다. 거래 환리스크(Transaction Exchange Risk)는 외화로 표시된 거래를 할 때 환율이 변하기 전에 체결한 계약을 환율 변동 이후에 실행함으로써 발행하는 환리스크를 의미한다.

정답 29 ④ | 30 ④

31 수출, 수입을 동시에 하고 있는 ㈜에듀윌상사는 최근 USD/KRW 환율의 등락이 심해 어려움을 겪고 있다. 이에 ㈜에듀윌상사는 환리스크 관리를 위해 수입 대금의 결제 시기를 의도적으로 지연하여 환율 변동에 대한 환차손을 최소화하고자 한다. 이때 사용한 환위험 관리기법은 무엇인가?

① 매칭(Matching)
② 리딩(Leading)
③ 래깅(Lagging)
④ 네팅(Netting)

| 해설 | ① 매칭(Matching)은 외화의 수입과 지출을 통화별, 만기별로 일치시킴으로써 그 차액을 최소화하여 외화 자금의 불일치에서 발생할 수 있는 환리스크를 예방하는 관리기법이다.
② 리딩(Leading)은 환율 상승이 예상되는 경우 수입상이 대금 결제 시기를 의도적으로 앞당기는 전략이다.
④ 네팅(Netting)은 상계라고도 하며, 다국적기업의 본·지사 간 또는 지사 상호 간에 발생하는 채권·채무 관계를 개별 건마다 결제하지 않고 일정 기간 경과 후에 채권과 채무를 상계하여 그 차액만 특정 기한마다 결제하는 방법이다.

32 다음은 외환포지션에 관한 설명이다. 잘못된 것은?

① 외국환 매입액과 매도액이 동일하거나 외화 채권과 채무가 동일한 경우 매도초과 포지션을 가져야 한다.
② 매입초과 포지션은 외화 채권이 외화 채무보다 많은 상태의 외환포지션이다.
③ 종합 포지션(Overall Position)은 현금포지션과 약정된 포지션의 합계를 말한다.
④ 필요 시 외화 자금으로 사용 가능하도록 완전히 자금화된 포지션을 현금 포지션(Cash Position)이라 한다.

| 해설 | 외국환 매입액과 매도액이 동일하거나 외화 채권과 채무가 동일한 경우 스퀘어 포지션(Square Position)을 취해야 한다. 이 포지션은 외국환의 매입액과 매도액이 동일하거나 외화표시 자산과 외화 표시 부채가 동일하여, 받을 외화 금액과 지급할 외화 금액이 같은 경우로 환리스크가 존재할 수 없다.

33 현재 달러/원 현물환율이 1,000원이고 달러 금리는 연 2.5%, 원화 금리는 연 4.5%라고 가정하면 달러/원 3개월 선물환율은 얼마인가?(단, 환율 표시는 앞쪽 통화가 기준통화이며 간편식으로 계산한다.)

① 995원
② 1,002.5원
③ 1,004.5원
④ 1,005원

| 해설 | 선물환율 = 현물환율 + 현물환율(피고시통화금리 − 고시통화금리) × 개월 수 / 12
현물환율은 1,000원이며 피고시통화금리는 원화 금리인 4.5%, 고시통화금리는 달러 금리인 2.5%이다.
따라서 1,000 + 1,000(4.5% − 2.5%) × 3 / 12 = 1,000 + (1,000 × 0.02 × 0.25) = 1,000 + 5 = 1,005원이 된다.

34 A은행은 다음과 같이 C은행과 달러/원 역외선물환(NDF) 거래를 체결하였다. A은행과 C은행의 손익에 따른 현금흐름은 어떻게 되는가?

> A은행은 C은행에 달러 NDF를 매도
> - 거래 금액: 1,000,000달러
> - 계약환율: 1,050원
> - 정산환율(현물시장환율, 지정환율): 1,000원

① A은행이 C은행에게 5천만 원 지급
② C은행이 A은행에게 5천만 원 지급
③ A은행이 C은행에게 5만 달러 지급
④ C은행이 A은행에게 5만 달러 지급

| 해설 | 계약환율보다 정산환율이 하락하였으므로 A은행은 달러당 50원의 이익을 얻고 C은행은 달러당 50원의 손실을 입는다. C은행은 A은행에게 달러화로 차액을 지급한다.
먼저, 계약환율과 정산환율과의 차액을 기준통화인 미 달러화로 정산한다.
(1,050 − 1,000) × 1,000,000 = 50,000,000원
그다음으로 원화를 기준통화인 미 달러화로 환산한다.
50,000,000 / 1,000 = 50,000달러
즉, C은행은 A은행에 5만 달러를 지급한다.

35 다음 화환 신용장 내용에서 바르게 설명하고 있는 것은 무엇인가?

> 40A: Form of Documentary Credit: Irrevocable transferable
> 42C: Draft at: 90 days after B/L date
> 48: PERIOD FOR PRESENTATION
> WITHIN 10 DAYS AFTER B/L DATE BUT NOT LATER THAN CREDIT VALIDITY

① 취소불능 신용장으로 어떠한 경우에도 개설된 신용장은 취소될 수 없다.
② 제1수익자가 다수의 제2수익자에게 신용장을 양도할 수 있으며, 제2수익자는 제3수익자에게 재양도할 수 없다.
③ 서류의 제시는 선하증권 발행 일자 후 10일 이후에 이루어지면 된다.
④ 해당 환어음은 서류를 수리한 날의 다음 날부터 90일 이후에 결제된다.

| 해설 | ① 취소불능 신용장은 개설은행, 수익자, 확인은행(있는 경우) 전원의 동의가 있다면 취소나 조건 변경이 가능하다.
③ 서류의 제시는 선하증권 발행 일자 후 10일 이내에 이루어져야 한다. 단 신용장 유효 기간 이내이어야 한다.
④ 해당 환어음은 선적일(B/L date)부터 기간을 계산하여 90일이 되는 날에 결제가 이루어진다.

정답 34 ④ | 35 ②

36 ㈜대한무역은 2023년 11월 15일에 다음과 같은 신용장을 거래은행인 ABC은행을 통해 수취하였다. 다음 설명 중 옳지 않은 것은?

> 31C DATE OF ISSUE: 2023.11.13
> 31D DATE OF PLACE OF EXPIRY: 231212 SOUTH KOREA
> 41A AVAILABLE WITH: ANY BANK IN SEOUL BY NEGOTIATION
> 44C LATEST DATE OF SHIPMENT: NOT LATER THAN NOVEMBER 23 2023.
> 45A DESCRIPTION OF GOODS: SET ANCHOR 1,000,000 PCS FOB BUSAN, SOUTH KOREA
> 46A DOCUMENT REQUIRED: INVOICE IN 3 COPIES, AND FULL SET OF B/L
> 47A ADDITIONAL CONDITIONS: SHORT FORM B/L NOT ACCEPTANCE
> 48   PERIOD FOR PRESENTATION: WITHIN 10 DAYS AFTER SHIPMENT

① 수출상은 부산항 본선에 적재할 때까지의 비용을 부담하며, 약식 선하증권을 제시해서는 안 된다.
② 수출상은 서울 소재 어느 은행에서나 환어음 매입이 가능하다.
③ 수출상은 상업송장 사본 3부와 선하증권 전통을 제시해야 한다.
④ 실제 선적이 11월 15일에 이루어졌고 2023년 12월 1일에 서류가 제시되었다면 하자로 간주한다.

| 해설 | INVOICE IN 3 COPIES라는 표현은 적어도 한 부는 원본을 제출해야 하고 나머지는 사본 제출이 허용된다는 의미이다.
① FOB BUSAN 조건은 수출상이 부산항의 본선적재 시까지 비용과 위험을 부담하는 조건이다.
④ Within 10 days after shipment라고 되어 있으므로, 실제 선적이 11월 15일에 이루어졌다면 그다음 날인 11월 16일부터 11월 25일까지 서류 제시가 이루어져야 한다.

37 다음 괄호에 들어갈 내용은 무엇인가?

> (   ) is intended for in the event of non-performance of contractual obligation. It is added security to the importer that their order will be processed and to the exporter that their shipment will be paid accordingly.

① Documentary Credit
② Transferable letter of credit
③ Standby Letter of Credit
④ Bill of Exchange

해설 (보증 신용장)은 계약상 의무가 이행되지 않는 경우를 대비하기 위한 것이다. 수입상에게는 그들의 주문이 잘 처리될 것이고 수출상에게는 선적에 따라 대금이 지불될 것이라는 보장이 추가된다.
① 화환 신용장 ② 양도 가능 신용장 ③ 보증 신용장 ④ 환어음

38 다음은 신용장 개설신청서 내용의 일부이다. 다음 중 개설은행의 담보권을 훼손하는 내용은 어느 것인가?

> A. 47: 1/3 ORIGINAL B/L MUST BE SENT TO THE APPLICANT
> B. 78: T/T reimbursement not allowed
> C. 49: Confirmation Instruction: WITHOUT
> D. 47: STALE B/L ACCEPTABLE

① A
② B
③ C
④ D

| 해설 | 신용장 거래 시 은행의 화물담보권 확보를 위해 선하증권 원본 전통을 개설은행 앞으로 접수하도록 하고 있다. A의 경우와 같이 한 통의 원본이라도 개설의뢰인(수입상)에게 전달되면 개설의뢰인은 이를 선사에 제출하고 화물을 수령할 수 있으므로 개설은행의 담보권을 훼손하게 된다.

39 다음 중 D/P로 간주되지 <u>않는</u> 표현은?

① D/P at sight
② D/P, at 30 days after sight
③ D/P 30 days
④ 60 days after sight

| 해설 | ④ 일람 후 60일 지급은 D/A로 간주된다. ①~③은 D/P라는 정확한 명칭이 있으므로 지급인도 조건(D/P: Document against Payment)으로 인정된다.

정답 38 ① | 39 ④

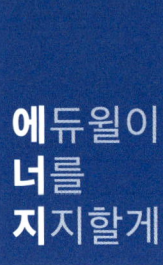

어둡다고 불평하는 것보다
촛불을 켜는 것이 더 낫다.
고민하는 대신
거기 언제나 무엇인가
할 수 있는 일이 있다.

– 아잔 브라흐마(Ajan Brahma), 「술취한 코끼리 길들이기」

PART 04

무역영어

3개년 출제 비중으로 보는 합격 전략

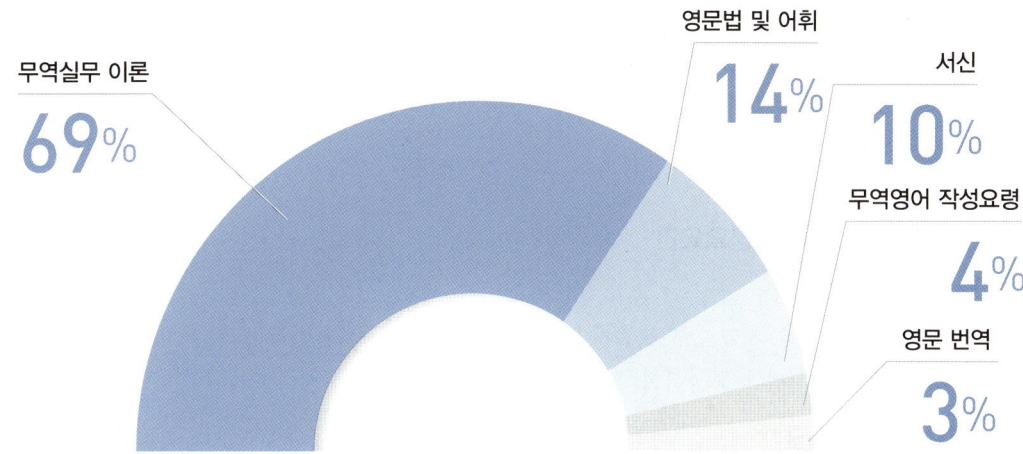

- 무역실무 이론 69%
- 영문법 및 어휘 14%
- 서신 10%
- 무역영어 작성요령 4%
- 영문 번역 3%

빈출 키워드

무역실무 이론 | 비엔나협약(CISG), Incoterms 2020, ISBP 745, UCP 600, 선하증권, 원산지결정 기준, 과세 가격 결정 기준, 협회적하약관, 포페이팅, 국제팩토링

영문법 및 어휘 | 자·타동사 구분, 전치사

서신 | 결제 요청, 비즈니스 협상 전략, 청약, 논리 전개

무역영어 작성요령 | 5C's, AIDA

학습 전략

POINT 1 무역계약 관련 내용을 영어로 바꾸어 묻는 문제가 자주 출제됩니다. 비엔나협약, Incoterms 2020, UCP 600 등 국제무역과 관련된 주요 규칙의 원문을 눈에 익혀야 합니다.

POINT 2 무역서류에 관한 내용을 묻는 문제가 출제되므로 해당 내용을 해석하는 연습이 필요합니다.

POINT 3 제시문이 긴 문제는 선지를 먼저 읽은 후 제시문을 읽어 문제 풀이 시간을 단축하여야 합니다.

CHAPTER 01 | 무역영어

*참고: ●은 목표 점수 60점 이상을 위한 필수 학습 내용입니다.

1 무역영어의 개요

01 무역영어의 의미

Business English는 무역거래에서 사용되는 영어로 상업통신문 또는 무역통신문에 사용된다. 무역통신문이란 보통 무역거래에서 활용되는 모든 서신 및 서류를 의미하며 각종 통신문, 무역계약서, 공용문서 등이 그 대상이다.

02 무역영어 작성의 필요요건

(1) 간결성, 능률성

무역통신문은 장문으로 복잡하게 작성하는 것이 아니라 서두에 전후 배경과 이유를 간략히 설명하고 본문을 간결하게 작성하여 능률성을 높여야 한다.

(2) 전문성, 기술성

거래 품목에 대한 전문지식 또는 해당 업계의 기술용어 등을 숙지하여 정확히 사용해야 한다.

(3) 법률성

국제무역은 2개국 이상의 당사자 간에 이루어지는 것이므로 각국의 서로 다른 법률 및 상관습 등에 의해 계약상 분쟁의 소지가 발생할 가능성이 있다. 따라서 무역통신문 작성 시 이러한 분쟁을 사전에 대비할 수 있도록 법률적 고려가 필요하다.

(4) 언어적 전문성

무역거래에서는 주로 영어를 사용하여 서신을 교환하므로 서신의 목적, 장소, 수단 등 거래상 주요한 사항을 정확히 전달하기 위해 능숙한 영어 표현능력이 필요하다.

03 무역영어 작성의 5C's 원칙 [2021, 2022 출제]

(1) Clearness(명료성)

내용을 명확하게 작성함으로써 상대방이 쉽고 확실하게 이해할 수 있도록 한다. 간결하지만 명료하게 용건을 정리하여 표현하는 것이 중요하다.

예) We have received your order recently.
→ We have received your order, KS001 of June 2 by E-mail.

(2) Correctness(정확성)

영문서신 작성 시 권리, 의무, 이해관계 등의 내용뿐만 아니라 문법, 문장구조, 독해, 어휘, 철자법 등 문장을 구성하는 모든 요소를 정확히 작성해야 한다. 각국의 언어적 습관 및 상관습의 차이로 인해 소수점 하나의 실수가 문제를 야기할 수도 있기 때문이다.

예) USD 11.000(Eleven thousand) → US $11,000(Eleven thousand)
These goods are very low. → This article is very low in price.

(3) Conciseness(간결성)

의미가 없거나 반복되는 용어 등의 사용은 자제하여 간결하고 명료하게 용건을 표현해야 한다.

　예) You asked us when the new Desktop, K-123 came on the market. It is obtainable now.
　　→ The new Desktop, K-123 is now available from our stock.

(4) Completeness(완벽성)

명료성, 간결성에 입각하여 중요한 부분이 소홀하게 다뤄지지 않도록 해야 하며 필요한 내용은 누락되지 않아야 한다. 예) Shipment will be made ASAP. → Shipment will be made on April 10.

(5) Courtesy(정중함)

무역서신은 예의 있고 정중하게 작성해야 한다. 상대방을 배려하고 존중하여 상대방의 호감을 얻어 낼 수 있어야 한다. 예) You must accept our offer immediately. → Please accept our offer immediately.

04 AIDA 원칙 2019, 2022 출제

무역서신 작성 시 좋은 서신을 작성하기 위한 내용적 구성을 의미하는 중요 원칙이다.

A (Attention)	바이어를 설득하기 위해 주의를 집중시켜야 함
I (Interest)	바이어의 주의를 집중시킨 후 거래에 대한 흥미를 유발해야 함
D (Desire)	상대방이 흥미를 느낀 후 구매 욕구가 생기도록 해야 함
A (Action)	구매 욕구가 생기면 실제로 물건을 구매하도록 행동을 이끌어 낼 수 있어야 함

05 ABCD 원칙

AIDA 원칙과 함께 무역서신 작성 시 많이 사용되는 원칙이다.

A (Attracting Attention)	상대방의 주의를 끌 수 있어야 함
B (Building Interest and Desire)	흥미를 유발하여 구매 욕구를 상승시켜야 함
C (Convicting the Reader)	상대방으로 하여금 구매 욕구가 생긴 거래에 대해 확신을 심어 줄 수 있어야 함
D (Directing Action)	확신이 생긴 상대방이 행동할 수 있도록 자극해야 함

2 무역영어 서신의 형식

01 무역영어 서신의 기본 구성요소(Basic Parts)

(1) 서두(Letter Head)

서한문 상단에 인쇄되어 있는 부분으로 발신회사의 로고, 주소, 연락처가 기재되어 있어 답장할 곳을 알려 주는 부분이다.

(2) 발신 일자(Date)

날짜의 표시는 월, 일, 연의 순서로 하는 미국식과 일, 월, 연의 순서로 하는 영국식으로 구분된다. ISO(국제표준기구)에서는 2023-04-05 또는 20230405 등으로 기재하는 것을 권유한다.

> 예) 미국식: April 5, 2023(○) / 5 April, 2023(×)
> 영국식: 5th April 2023(○) / April 5th, 2023(×)

(3) 수신인 주소와 성명(Inside Address)

수신인의 이름, 직위, 회사 이름, 주소, 도시, 국가, 우편번호 등이 기재되며 보통 4줄로 이루어진다.

> 예) 1st Line: 수신자 이름, 직위(Mr. Tomas A. Clinton)
> 2nd Line: 회사나 단체의 이름(Sun Trading Co., Ltd.)
> 3rd Line: 번지수, 거리 이름(29 Westsaints Street)
> 4th Line: 도시, 국가, 우편번호(Hollywood, LA, USA 1234)

(4) 서두인사(Salutation)

① 개인에게 보내는 경우: 첫인사말로서 본론으로 들어가기 전에 수신자에게 경의를 표하며 호감을 이끌어 내기 위하여 쓰는 인사말이다. 보통 "Dear" 다음에 호칭(Mr./Mrs./Miss./Ms)을 쓰며 수신자와의 친분 정도에 따라 적절하게 사용하고 뒷부분에는 성(Last Name)을 쓴다.

② 회사에 보내는 경우: 회사 간에는 "Gentlemen/Ladies(미국식)"와 "Dear Sirs(영국식)"를 주로 사용한다.

③ 서두인사 끝부분에 콜론(:)을 사용하는 경우: 미국식 표현(Gentlemen, Ladies) 뒤에 붙이며 공식적 서신(Formal Salutation)에 사용된다. 예) Gentlemen:

④ 서두인사 끝부분에 콤마(,)를 사용하는 경우: 영국식 표현(Dear) 뒤에 붙이며 비공식적 서신(Informal Salutation)에 사용된다. 예) Dear sir,

(5) 본문(Body of Letter)

무역서한문의 핵심적인 내용으로 서신의 목적을 전달하기 위하여 다음의 4가지 부분으로 구성한다.

① Opening: 서신을 작성하는 이유와 상대방을 알게 된 경위
② Purpose: 서신의 자세한 내용
③ Action: 상황에 대한 조치, 행동, 결과 설명
④ Polite Expression: 감사 또는 예의의 표현

(6) 결미인사, 결문인사(Complimentary Close)

무역서한문의 끝인사에 해당되는 부분으로 본문 내용이 끝난 다음 붙이는 인사말이다. 'Best regards,' 표현을 가장 많이 사용한다.

① 미국식, 영국식 비교

미국식	영국식
Yours truly,	Yours faithfully,
Truly yours,	Faithfully yours,
Yours very truly,	Yours very faithfully,
Very truly yours,	Very faithfully yours,

② Formal, Less formal, Informal의 비교

Formal	Less formal	Informal
Sincerely,	Yours,	Later

Yours sincerely,	Thank you,	Bye
Sincerely yours,	Best wishes,	Take care
Yours very sincerely,	Best regards,	Love
Faithfully,		Cheers
Respectfully,		

(7) 서명(Signature)

서명은 무역서한문의 서명날인에 해당하는 것으로 작성자의 책임 소재를 명확히 하고 법적 효력을 발생하게 하는 근거이며 증빙 자료이다. 보통 3줄로 구성되며 직접 서명을 위해 4줄의 공간을 띄어 놓는다.

> 예) 1st Line: 발신자 성명
> 2nd Line: 발신자 직위
> 3rd Line: 발신자 소속 부서

02 무역영어 서신의 보조 구성요소(Supplementary Parts)

(1) 참조 번호(Reference Number)

서한문을 발송하거나 수신했을 때 서한문의 정리나 조회 등 서신 보관의 편의를 위해 붙인 번호를 말한다. 발송한 서신과 관련된 참조문서가 있는 경우 발신 일자 아래줄에 작성한다.

(2) 특정 수신인(Particular Address / Attention Line)

서한문이 반드시 상대방 회사의 특정인이나 참조인 앞으로 발송되어야 하는 경우, Inside Address의 2행 아래 "Attention" 또는 "Attention of ~", "Attention:" 뒤에 특정 수신인을 기재한다.

(3) 서신 제목(Letter Subject / Subject Line)

서한문의 내용을 간략하게 파악할 수 있도록 작성해야 한다. 보통 Salutation 아래에 요점만 간단하게 기재한다.

(4) 관련자 약호(Identification Marks)

서한문 작성자의 책임 소재를 명확히 하기 위하여 서명자와 작성자 이름의 머리글자(Initial)를 기재한다. 서신의 좌측 아래에 배치하며 서신의 작성자는 좌측에, 작성자는 우측에 표기한다.

(5) 동봉물 표시(Enclosure Notations)

서한문과 함께 중요 동봉물이 있는 경우 Identification Marks 2행 아래에 Encl. / Inc.(복수일 경우 Encls. / Incls.)를 기재하고 동봉물의 명세 또는 통수를 표시한다.

(6) 사본 발송처(Carbon Copy Notations)

동일한 서한문의 사본을 수신자 이외의 사람에게 송부하는 경우에 사용한다. Enclosure Notations 다음 행에 "C.C." 또는 "Copy to"를 기재하고 사본을 송부할 수신자 이외의 사람을 표시한다.

(7) 추신(Postscripts)

서한문 작성 후 수신자에게 특히 강조하고 싶은 내용, 추가사항, 새로운 정보, 주의 환기 등을 덧붙여 기재한다. 어떤 사항을 강조하는 경우 "P.S."라고 표시한 후 필요한 사항을 추가하여 본문 서명자가 머리글자(Initial)로 약식 서명한다.

02 | 세 번 읽는 빈출표현

1 무역서한(Business Letter)

01 A와 거래를 시작하다 ★ 한 번 읽을 때마다 체크하세요.

We, SOLAR POWER, are writing to **open an account with** you.
당사 SOLAR POWER는 귀사와 거래를 시작하고자 이 서신을 보내드립니다.

= start business relations with A
= do business transactions with A
= enter into business relations with A
= establish business connections with A

02 A를 통하여 귀사의 이름을 알게 되다

We **have learned your name from** the Chamber of Commerce in your city.
당사는 귀사의 도시에 소재한 상업회의소를 통하여 귀사명을 알게 되었습니다.

= Your name has been given through A
= Your name has been heard by A
= We owe your name to A
= We are indebted to A for your name
= Your name has been recommended to us by A

03 ~하여 주시면 감사하겠습니다

We would be obliged if you would advise us whether you have a plan to do business with us.
귀사가 당사와 거래를 시작하고 싶은 의사가 있는지 알려 주시면 감사하겠습니다.

= We would(shall) be obliged if you will(would) ~
= We should(shall) be pleased if you will(would) ~
= We shall appreciate it if you will(would) ~
= It will(would) be appreciated if you will ~

04 제품에 대한 호감(관심) 표현

We **are interested in** your product Model APAD.
당사는 귀사의 제품 모델 APAD에 관심이 있습니다.

= We think your product Model APAD will **meet our needs**.
당사는 귀사의 제품 모델 APAD가 당사의 니즈를 충족시킬 것이라고 생각합니다.

> **어휘 PLUS** meet: 충족시키다; 만나다

05 제품에 관한 추가 정보 요청

We would appreciate it if you could send us more information about your products.
귀사의 제품에 대한 더 많은 정보를 당사에 제공해 주시면 감사하겠습니다.

= We would be happy if you could give us more details of your products.
= We would appreciate your giving us more information about your products.

06 A를 극비로 취급하다

Any information you may give us will **be treated in strict confidence**.
귀사가 당사에 제공하는 모든 정보는 극비로 취급될 것입니다.

= treat(keep) A in strict confidence
= treat(keep) A as strictly confidential
= consider A in strict confidence
= consider A as strictly confidential
= A be held confidential

07 ~하게 되어 기쁘다

We are pleased to accept your offer.
당사는 귀사의 청약을 승낙하게 되어 기쁩니다.

= We are pleased(glad, delighted) to ~(동사원형)
= We have the pleasure of ~ing
= It gives us pleasure to ~(동사원형)

08 평판이 좋다

Our Company **enjoys an outstanding reputation** worldwide thanks to the good credit standing.
당사는 좋은 신용 상태 덕에 세계적으로 평판이 좋게 나 있습니다.

= get(have) a good reputation(repute, credit)
= gain a high reputation(repute, credit)
= be of good reputation(repute, credit)

어휘 PLUS enjoy: 누리다; 즐기다　　outstanding: 뛰어난, 두드러진　　thanks to: ~ 덕분에, ~ 때문에

2 주문(Order)

01 A에게 ~을 주문하다

We are pleased to **send you an order for** 10,000pcs of shield can as per the specifications and price list no.101 you sent us on Jan 5th.
당사는 귀사가 1월 5일에 당사에게 발송한 사양(명세서) 및 가격표 101번과 같이 쉴드캔 10,000개를 주문하고자 합니다.

= place an order with A for ~
= put in an order ~ to A
= pass an order for ~ to A

어휘 PLUS as per: ~와 같이, ~대로　　specifications: 사양, 명세서

02 동봉하다

We enclose our official order no.111 for 10,000pcs of shield can.
당사는 쉴드캔 10,000개에 대한 정식 주문서를 동봉합니다.

= We are enclosing ~
= Enclosed is(are) ~
= We are sending herewith ~

03 신속한 제품 인도 요청

Please supply the following items stipulated **as quickly as possible**.
약정한 다음 제품들을 가능한 한 빨리 공급해 주시기 바랍니다.

= Prompt delivery would be appreciated as the goods are needed **urgently**.
제품이 긴급하게 필요하므로 즉시 배송해 주시면 감사하겠습니다.

어휘 PLUS stipulated: 약정한   as ~ as possible: 가능한 한 ~하게
동의어 PLUS 신속히, 빨리: urgently, immediately, promptly, without delay, as soon(quickly) as possible(ASAP), with good speed

04 주문에 대한 직접적 거절

We regret to inform you that we would **turn down an order** for steel case SC05.
유감스럽게도 당사는 철제상자 SC05의 주문을 거절함을 알려 드립니다.

동의어 PLUS 거절하다: decline, refuse, reject, turn down

05 주문에 대한 간접적 거절

Because of the rush of orders, goods are almost **out of stock**.
주문이 쇄도하여 재고가 거의 남아 있지 않습니다.

동의어 PLUS ~ 때문에: owing to, due to, on account of, because of
재고가 없는: not available, the stocks are exhausted, out of stock

06 주문의 종류

- 소량 주문: small order
- 시험(시범) 주문: trial(sample) order
- 최초 주문: initial(first) order
- 대량 주문: bulk(heavy, large, substantial, considerable, quantity) order
- 추가 주문: additional(further, more) order

3 청약(Offer)과 승낙(Acceptance)

01 확정청약(Firm Offer)

★ 한 번 읽을 때마다 체크하세요.

We make a firm offer for the goods as follow.
당사는 다음과 같이 상품에 대한 확정청약을 드립니다.

= **We offer you firm** for the goods as follow.
= We are prepared to **make you a firm offer** for the goods as follow.

02 반대청약(Counter Offer)

In reply to your offer, **we would like to ask you to reconsider the unit price**.
귀사가 제시하신 청약에 관하여 단가의 재검토를 부탁드립니다.

= **We would like to make a counter offer for the unit price.**

어휘 PLUS　in reply to: ~에 대한 답변으로　　reconsider: 재고하다, 재검토하다　　make a counter offer: 반대청약을 하다

03 승낙의 효력 발생(도달주의)

We are pleased to offer you **subject to your acceptance reaching us by** June 10.
당사는 귀사의 승낙이 6월 10일까지 당사에 도착하는 것을 조건으로 청약을 합니다.

= This offer is **effective only after receiving acceptance by** June 10.
= This offer is **subject to your reply reaching us by** June 10.

어휘 PLUS　subject to: ~을 조건으로 하는　　effective: 유효한

04 청약의 종류

- 매수청약: buying offer ↔ 매도청약: selling offer
- 확정청약: firm offer ↔ 불확정청약: free offer
- 원청약: original offer
- 반대청약: counter offer
- 선착순매매 조건부청약: offer subject to prior sale
- 재고잔류 조건부청약: offer subject to being unsold
- 매도인 최종 확인 조건부청약: offer subject to seller's final confirmation, Sub-con offer
- 반품허용 조건부청약: offer on sale or return
- 점검 후 매매 조건부청약: offer on approval
- 시장변동 조건부청약: offer subject to market fluctuations

4 신용장(L/C)

01 신용장 개설

We have asked ABC Bank **to open an irrevocable L/C** in your favor to cover the amount of this contract.
당사는 본 계약의 대금 결제를 위하여 귀사를 수익자로 하는 취소불능 신용장을 개설하도록 ABC은행에 요청하였습니다.

= In order to cover this contract, **we have instructed** our bankers, ABC Bank **to open an irrevocable letter of credit** in your favor for the amount of this business.
= We advise you that **we have established an irrevocable letter of credit** with ABC Bank, in favor of you for the amount.

어휘 PLUS in one's favor: ~을 수익자로 하여

02 비용의 부담

- All banking charges outside Korea are **for the account of** beneficiary.
  한국 외 지역에서 발생한 모든 은행수수료는 수익자 부담으로 한다.
- A/D charges are **for the account of** applicant.
  인수 수수료(Acceptance Commission) 및 할인이자(Discount Charge)는 개설의뢰인 부담으로 한다.

어휘 PLUS for the account of: ~의 부담으로   applicant: 개설의뢰인(수입자)

03 신용장의 유효기일 표현

This L/C expires on May 6.
이 신용장은 유효기일이 5월 6일이다.

= This L/C **is valid until** May 6.
= **The expiry date** of this L/C **is** May 6.
= **The expiration** of this credit **is** May 6.

> 어휘 PLUS　expiry date(expiration): 유효기일
> 동의어 PLUS　유효한: valid, open, available, effective, in effect

04 조건 변경

- 대금 지급 조건 변경 요청

According to the L/C we received, **payment is to be made 60 d/s**. However, we **request it be made at sight** as this was agreed on by you.
당사가 수령한 신용장에 따르면 일람 후 60일 지급입니다. 그러나 당사는 귀사가 동의한 대로 이것을 일람지급으로 변경해 줄 것을 요청합니다.

- 유효기일 변경 요청

We ask you to extend both the last shipping date and the expiry date to May 27 and June 12.
최종 선적일과 유효기일을 각각 5월 27일, 6월 12일로 연장해 줄 것을 요청합니다.

> 어휘 PLUS　d/s(=days after sight): 일람 후 ~일

5 선적(Shipment)

01 출하 통지

★ 한 번 읽을 때마다 체크하세요.

We have the pleasure of informing you that your product will be shipped by M/V "PAN AMBER" leaving Incheon for Hong Kong on May 2.
5월 2일에 인천에서 홍콩으로 출항하는 "팬 앰버"호에 귀사의 물품이 선적될 것임을 알려드립니다.

= We inform(advise, notify) you that ~

> 어휘 PLUS　M/V(=Motor Vessel): 모선

02 선적 지시

- 포장에 대한 지시

  Packing in tough **wooden cases is essential**. Cases **must be nailed, and secured by overall metal strapping**.

  포장은 단단한 나무 케이스로 해야 합니다. 케이스는 반드시 못질이 되어야 하고 전체를 강철띠로 둘러야 합니다.

- 화인에 대한 지시

  All boxes must **be marked in the same manner as** before, but please number them consecutively from No.1.

  모든 상자는 반드시 전과 같은 방법으로 화인을 하되 1번부터 시작하는 연속번호를 부여해 주십시오.

03 선적 불가

We are very sorry to be unable to meet the shipping date of May 5 due to circumstances beyond our control.

불가항력의 사유로 5월 5일 선적 일자를 지킬 수 없게 되어 대단히 죄송합니다.

= **We are sorry to inform you that it is unable to meet the shipping date** of May 5 due to force majeure.

동의어 PLUS 불가항력: force majeure, act of God

6 클레임(Claim)

01 선적 지연에 관한 사항

★ 한 번 읽을 때마다 체크하세요.

- **If the goods have not yet been shipped,** we must ask you to send them by air without delay.

  물품이 아직 선적되지 않았다면 당사는 귀사에게 항공편으로 신속히 배송해 주실 것을 요청합니다.

- **This terrible delay has caused** us a great loss of business here.

  이번의 심각한 지연으로 인해 당사에 사업적으로 큰 손실이 초래되었습니다.

02 불량품에 대한 항의 및 해결 촉구

- The goods you have delivered are **below the standard** we expected from the sample.
  귀사는 당사가 샘플을 받아 보고 기대했던 표준에 미달하는 제품을 배송하였습니다.
- We have received your shipment covering our order NO.111 for 200 units of cellphone SON 1 but have found that twenty cases of the 200 cases of cellphone are **in a badly damaged condition**.
  당사는 귀사가 선적한 주문서 111호에 따른 SON 1 휴대폰 200개를 수령하였습니다. 그러나 200개의 휴대폰 케이스 중 20개의 케이스가 심하게 파손된 상태임을 확인하였습니다.
- **We must ask you to replace** them with other goods.
  이 제품들을 다른 제품으로 교환해 주실 것을 요청합니다.
- Your **prompt attention to this matter would be highly appreciated**.
  이 문제에 대해 귀사가 즉각적인 조치를 취해 주신다면 매우 감사하겠습니다.
- We have decided to **meet you halfway by proposing a special discount of 10%**.
  당사는 10%의 특별 할인을 제시함으로써 귀사와 타협하기로 결정하였습니다.
- We **hope that you approve the reasonable settlement for our mutual benefit**.
  당사는 귀사께서 상호이익 차원으로 합리적인 해결안에 찬성해 주시길 바랍니다.

> **어휘 PLUS** replace A with B: A를 B로 교환(교체)하다　　meet ~ halfway: ~와 타협하다　　reasonable: 합리적인
> settlement: 해결책; 결제　　mutual: 상호적인

03 클레임에 대한 회신

- **After investigating your complaint**, we have ascertained that an error was made in our sales department.
  귀사의 컴플레인에 대한 조사 결과, 당사의 영업부에서 실수가 있었음을 확인하였습니다.
- **Please accept our sincere apologies** for the mistake we made on the last shipment.
  지난번 선적품에 관한 당사의 실수에 대하여 진심으로 사과드리니 양해해 주시기 바랍니다.
- **We are very sorry for this delay**, and please understand that this situation is beyond our control.
  당사는 이번 지연에 대해 매우 죄송스럽게 생각하며 이번 상황은 불가항력에 의한 것임을 이해해 주시기 바랍니다.

> **어휘 PLUS** investigate: 조사하다　　ascertain: 알아내다, 확인하다　　sincere: 진심 어린

PART 04 | 무역영어

기출 유사문제

유형 1 순서에 맞는 단어 찾기

| 풀이 비법 | 문장의 여러 곳에 빈칸을 두고 각 빈칸에 알맞은 내용을 찾는 유형이다. 주로 무역협약이나 규칙의 조항 중 용어의 정의 부분이 자주 출제되므로 해당 부분을 정확하게 익혀 두면 쉽게 해결할 수 있다.

유형 2 서신의 내용 순서대로 연결하기

| 풀이 비법 | 서신의 내용을 순서대로 바르게 연결하는 유형으로 서두, 본문, 결문의 순서를 파악하는 것이 중요하다. 대체로 서두에는 서신의 목적, 본문에는 구체적인 업무 내용, 결문에는 신속한 업무의 처리와 협조에 대한 희망 및 감사 등의 내용이 기재된다.

유형 3 서신의 내용 이해하기

| 풀이 비법 | 환어음, 신용장, 상업송장, 선하증권 등의 양식을 제시하고 그 기재요령이나 내용에 대한 이해를 묻는 유형이다. 무역실무가 실제로 어떻게 서류로 구현되는지 잘 알아 두어야 하며 이와 함께 서류에 쓰이는 영어표현도 잘 봐 두어야 한다.

유형 4 서신의 목적 알아내기

| 풀이 비법 | 지문의 내용을 파악하여 글쓴이의 의도를 알아내는 유형이다. 대체로 지문의 서두나 말미에 의도를 파악할 수 있는 문장이 있으므로 해당 부분을 먼저 확인하는 것도 방법이 될 수 있다.

유형 5 영문표현에 대한 내용 묻기

| 풀이 비법 | 상용문에서 자주 쓰이는 표현 중 놓치기 쉬운 표현과 전치사, 접속사 등을 묻는 문제가 출제된다. 정형화된 표현이 자주 출제되므로 빈출표현 등을 평소에 잘 체크해 두어야 한다.

유형 1 순서에 맞는 단어 찾기

01 다음 괄호에 들어갈 적절한 단어를 순서대로 연결한 것은?

> (   ) is a transcontinental railroad that penetrates through China and departs in Lianyungang and arrives in Alaraw Shankou, a borderline area of Kazakhstan, travelling 4,018km. It is connected to (   ) and forms a railroad network between the Far East and Europe.

① TAR – TCR
② TCR – TMR
③ TCR – TSR
④ TSR – TCR

해설 (중국횡단철도(TCR: Trans China Railroad))는 중국대륙을 관통하는 철도로서 중국의 연운항을 출발하여 카자흐스탄 국경 지역인 알라산쿠까지 연결되는 4,018km의 철도이다. 이것은 (시베리아 횡단철도(TSR: Trans Siberian Railroad))와 연결되어 극동과 유럽 간 철도 네트워크를 형성한다.

02 다음은 환어음에 관한 설명이다. (A)~(C)에 들어갈 용어를 바르게 나열한 것은?

> A bill of exchange is an unconditional order in writing, addressed by one person to another, signed by the person giving it, requiring the person to whom it is addressed to pay on demand or at a fixed or determinable future time a sum certain in money to or to the order of a specified person, or to bearer. It's a document by means of which the (A) instructs the (B) to pay unconditionally on the due date a certain sum to the (C).

	(A)	(B)	(C)		(A)	(B)	(C)
①	drawee	drawer	payer	②	drawer	drawee	payer
③	drawee	drawer	payee	④	drawer	drawee	payee

해설 환어음(Draft, Bill of Exchange)이란 채권자인 발행인(drawer)이 채무자인 지급인(drawee)에게 일정한 금액을 증권에 기재된 수취인(payee) 또는 그 지시인 또는 소지인에게 지급일까지 무조건 지급할 것을 지시하는 서류이다. 환어음은 요식 유가증권이며 유통증권의 성격을 갖고 있다.

해설 환어음은 한 당사자에 의해 다른 당사자에게 서면으로 지시되고 그것을 제공하는 자에 의해 서명되며 지시된 자에게 지급 청구하거나 확정일 또는 확정될 수 있는 미래 일자에 일정한 금액을 특정인의 지시에 따라서 또는 소지인에게 지급하도록 무조건적으로 지시하는 지시서이다. 이것은 (A 발행인)이 (B 지급인)에게 일정한 금액을 (C 수취인)에게 지급일까지 무조건 지급할 것을 지시함을 의도하는 문서이다.

정답 01 ③ | 02 ④

03 신용장 거래에서 수출상을 (A), 수입상을 (B), 수출상의 거래은행을 (C), 신용장 개설은행을 (D)라고 할 때, 다음 빈칸에 들어갈 순서로 알맞은 것은?

> 가. The party on whose request the credit is issued: (　)
> 나. L/C의 irrevocable bound to honour: (　)
> 다. B/L의 consignee: to the order of (　)
> 라. L/C at sight in favor of: (　)
> 마. L/C의 advising bank: (　)

① A – B – C – D – C
② A – C – C – B – D
③ B – D – C – A – C
④ B – D – D – A – C

| 해설 | 가. 신용장 개설을 신청한 당사자는 개설의뢰인으로 (B 수입상)이다.
나. 신용장의 취소불능한 결제 의무는 (D 개설은행)이 진다.
다. 선하증권의 수하인은 단순 지시식 또는 (D 개설은행) 지시식일 수 있다.
라. 일람출급 신용장의 수익자는 (A 수출상)이다.
마. 신용장의 통지은행은 수출상의 (C 거래은행)이다.

04 다음 괄호에 들어갈 적절한 단어를 순서대로 고른 것은?

> A: As requested, we have sent detailed information.
> B: Yes, we received it. After reviewing the document, we concluded that the price was too expensive. If you take 10% off the price, we will place a(n) (　　).
> A: The price is the marginal price that we can provide. If you place a large order, we will (　) a 5% discount.

① letter of credit – order
② quotation – offer
③ order – offer
④ offer – provide

| 해설 | 첫 번째 빈칸에는 10%의 가격 할인이 된다면 주문하겠다는 내용이 들어가야 하므로 '주문하다'라는 뜻의 place an order가 적절하다.
두 번째 빈칸에는 대량 주문을 한다면 5%의 가격 할인을 제공하겠다는 내용이 들어가야 하므로 '제공하다'라는 뜻의 offer가 적절하다.

| 해석 | A: 요청하신 대로 당사는 상세 정보를 보내 드렸습니다.
B: 네, 받았습니다. 그 서류를 검토해 보니 당사는 제품 가격이 너무 비싸다는 결론을 내렸습니다. 만약 10%의 가격 할인을 해 주신다면 저희는 (주문)할 것입니다.
A: 그 가격은 저희가 제공할 수 있는 한계 가격입니다. 귀사께서 대량 주문을 하신다면, 당사는 5%의 가격 할인을 (제공)하겠습니다.

정답 03 ④ | 04 ③

05 다음 괄호에 들어갈 적절한 단어를 순서대로 고른 것은?

Dear Mr. Drake,

As a consequence of escalating prices of raw material, we must (　　) the price of all steel fittings products 5% at the beginning of the next quarter.

(　　) is a new price list for the items affected. We regret having to take the action. We value you as a customer and hope to meet your needs in the future.

① rise – Attached
② discount – Added
③ raise – Enclosed
④ go up – Showed

해설 첫 번째 괄호는 가격을 '올리다'라는 뜻으로서 뒤에 목적어인 the price가 나오므로 타동사인 raise가 정답이다. 두 번째 괄호에는 '동봉된 것'이라는 내용이 와야 하므로 enclosed가 적절하다.

해석 Mr. Drake 귀하.
원재료 가격 상승의 결과로 당사는 다음 분기 초에 모든 철강 제품들의 가격을 5% (인상해야) 합니다.
(동봉된 것)은 영향을 받는 제품들의 새로운 가격표입니다. 이러한 조치를 취하게 되어 유감입니다.
당사는 귀사를 소중한 고객으로 모시고 앞으로도 귀사의 요구에 부응할 수 있길 바랍니다.

어휘 as a consequence of ～의 결과로, ～ 때문에　　escalate 증가하다, 상승하다

06 다음 괄호에 들어갈 적절한 단어를 순서대로 고른 것은?

If you place an order for 2,000 sets of LED Monitor, we can offer you 8% of (　　) discount (　　) the list price.
As to our terms of payment, we always deal on payment by sight draft, cash against (　　).
We are (　　) that, at these prices, our LED Monitor is the best item in the market.

① quantity – off – documents – convinced
② quality – off – delivery – confirmed
③ quantity – from – delivery – convinced
④ quality – from – documents – confirmed

해설 주문 수량에 따라 정가에서 할인해 준다는 의미이므로 quantity discount off the list price가 오는 것이 자연스럽다. CAD는 Cash Against Documents(서류상환 방식)의 약자이다. be convinced는 '확신하다'라는 뜻이다.

해석 만약 귀사께서 LED 모니터 2,000세트를 주문하시면, 당사는 (수량) 할인으로 정가에서 8% (할인해) 드릴 수 있습니다.
당사의 결제 조건에 관해서 당사는 항시 (서류)상환 방식의 일람불 환어음에 의한 결제로 거래합니다.
당사는 가격 면에 있어서 당사의 LED 모니터가 시장에서 최고의 제품이라고 (확신)합니다.

정답 05 ③ | 06 ①

유형 2 서신의 내용 순서대로 연결하기

01 아래 서신의 문장을 순서대로 가장 적절하게 연결한 것은?

> (A) Thank you for your E-mail of May 10.
> (B) We are sorry to be unable to meet the shipping date of June 10 due to civil war.
> (C) In these circumstances, we deeply regret that we have no alternative but to accept your cancellation.
> (D) Please, however, understand the the delay is not due to any fault of our own.

① A - B - C - D
② A - C - B - D
③ A - D - B - C
④ A - D - C - B

| 해설 | 선적 지연으로 인한 주문 취소 서한에 대한 답변(A)으로 내전으로 인한 선적 지연의 배경을 설명하며 사과(B)하고 있다. 이에 더하여 주문 취소에 응할 수밖에 없는 이유(C)를 설명하고 당사에게 귀책사유가 없음을 설명(D)하고 있다. 서신 내용을 문맥에 따라 나열하면 ①이 정답이다.

| 해석 | (A) 귀사가 보낸 5월 10일자 메일에 감사드립니다.
(B) 당사는 내전으로 인해 6월 10일자 선적을 지킬 수 없음을 죄송스럽게 생각합니다.
(C) 이런 상황에서 저희는 대안 없이 귀사의 취소에 응할 수밖에 없다는 것이 매우 유감스럽습니다.
(D) 그러나 이 지연이 당사의 어떠한 잘못으로 인한 것임이 아님을 이해해 주시기 바랍니다.

02 다음 서신의 내용을 순서대로 연결하시오.

> (A) If you have any questions, please contact our accounting department at 123-4578.
> (B) Your outstanding balance must be paid in order to keep your account in good standing.
> (C) According to our records, your account is now 90 days past due.
> (D) A statement of outstanding invoices is attached for your records.

① A - B - C - D
② B - A - D - C
③ C - A - B - D
④ C - D - B - A

| 해설 | 결제 지연 사실을 알린 뒤(C) 현재 상태에 대한 증거물을 제시(D)하고 미불 잔액을 촉구(B)하여 서신의 마무리(A)를 짓는 것이 자연스럽다.

| 해석 | (C) 당사의 기록에 의하면, 귀사의 계정은 현재 결제일로부터 90일이 지났습니다.
(D) 귀사의 기록에 대한 미결 송장 상태표를 첨부해 드립니다.
(B) 귀사의 계정을 건전한 상태로 유지하기 위해서는 미불 잔액을 지급해야 합니다.
(A) 질문이 있으시면 당사의 회계부서 123-4578로 연락 주시기 바랍니다.

정답 01 ① | 02 ④

03 아래 서신의 문장을 순서대로 가장 적절하게 연결한 것은?

Dear Sirs,

(A) You will agree that any of this kind of irregularity can be a reason for cancelling this order unconditionally or reshipping the goods at your expense.

(B) We have unpacked this shipment and found that the goods are much inferior in quality to your counter sample, and slightly different in shape also.

(C) But our customers say that they would oblige us by accepting these defective goods at a reduction of 30% on the invoice amount.

(D) We would like to call your attention to the unsatisfactory manner in which you executed our recent order No. 95614.

(E) We consider it quite reasonable proposal and ask you to make prompt settlement by placing the same amount to our credit.

We await your prompt reply.

① B – D – C – A – E
② D – A – B – C – E
③ D – B – A – C – E
④ D – B – E – C – A

| 해설 | 주문한 물품에 문제가 있었다고 알리며(D), 선적분을 개봉해 보니 제품의 질이 대응견본보다 좋지 않고 모양도 다르다고 하면서 문제를 자세히 설명하고 있다(B). 이런 경우에는 아무런 조건 없이 해당 주문을 취소하거나 수출상의 비용 부담하에 제품을 돌려보내지만(A), 자사의 고객들은 이 물품들을 송장 금액에서 30% 공제한 가격이라면 수용하겠다고 한다며(C) 상대방에게 해당 제안을 받아들이고 이 상황을 해결할 것을 요구하고 있다(E).

| 해석 | 수신인 귀하,
(D) 당사는 당사의 최근 주문 번호 95614의 이행에 대한 귀사의 불만족스러운 태도에 대해 주목해 주셨으면 합니다.
(B) 이번 선적품을 개봉하니 물품의 품질은 귀사가 보내 주신 대응견본에 비해 현저히 떨어지며 모양 또한 조금 다르다는 것을 발견했습니다.
(A) 귀사는 이러한 이상이 있는 경우에 무조건적으로 주문을 취소하거나 귀사의 비용으로 물품을 재선적하는 것에 동의할 것입니다.
(C) 그러나 당사의 고객들은 이러한 결함 있는 제품을 송장 가격에서 30% 공제한 가격이라면 수용할 수 있다고 말합니다.
(E) 당사는 그것이 꽤 합리적인 제안이라고 생각하며 귀사가 당사의 대변계정에 동일 금액으로 대체함으로써 신속한 결제를 요청하는 바입니다.
귀사의 조속한 답변을 기다립니다.

| 어휘 | irregularity 이상, 부정 unpack (짐을)풀다, 개봉하다 inferior 하위의, 더 낮은
oblige ~하게 하다 defective 결함 있는 reduction 할인, 인하
execute 시행하다, 이행하다 reasonable 합리적인 prompt 신속한

정답 03 ③

04 다음 문장을 순서대로 바르게 나열한 것은?

(A) After this shipment, we will negotiate our draft through ABC bank under your L/C.
(B) We hope you will be satisfied with our rich flavored soap.
(C) The consignment is on New History, which will leave for Busan on May 5. The soaps are packed in 2 pallets marked KH and numbered 1 to 2.
(D) We are pleased to inform you that the consignment was collected this morning for transport to Korea.

① A - D - B - C
② B - C - A - D
③ D - A - C - B
④ D - C - B - A

| 해설 | 수화물을 취합하였음을 알리고(D) 선적에 대한 세부사항을 안내(C)하면서, 그 상품에 대해 만족하길 희망한다는 내용(B)이 나온 후 결제에 대한 내용(A)이 이어지는 것이 알맞다.

해석 (D) 한국으로 운송하기 위한 수화물이 오늘 아침 모두 취합되었다는 사실을 알려 드리게 되어 기쁩니다.
(C) 수화물은 5월 5일 부산으로 출항하는 New History호에 선적됩니다. 비누는 2개의 팔레트에 포장되었고 KH라는 화인과 함께 1~2번이 표시되어 있습니다.
(B) 당사는 귀사가 당사의 향이 풍부한 비누에 대해 만족하시길 바랍니다.
(A) 이번 선적 후 당사는 귀사의 신용장에 따라 ABC은행을 통해 환어음을 매도할 예정입니다.

05 다음의 문장을 순서대로 바르게 연결한 것은?

(A) Thank you for letting us know about the ice cream that arrived at your company in less perfect condition.
(B) We confirmed that the ice cream melted due to a failure in the refrigeration system of the transport vehicle.
(C) Please accept our apology. We will be careful not to let this happen in the future.
(D) I enclose a check refunding your full purchase price.

① A - B - C - D
② A - D - B - C
③ A - C - D - B
④ B - A - D - C

| 해설 | 품질 문제에 대한 인정(A) 및 그에 따른 대책(D)과 문제의 원인(B)을 설명하며 앞으로 거래관계에 있어서 주의를 하겠다는 내용(C)이 나오는 것이 적절하다.

해석 (A) 귀사에 도착한 아이스크림이 온전한 상태가 아니었다는 점을 알려 주셔서 감사합니다.
(D) 저는 귀사의 전체 구매 금액을 환불해 드리기 위해 수표를 동봉합니다.
(B) 당사는 운송차량의 냉동장치 고장으로 인해 아이스크림이 녹았음을 확인하였습니다.
(C) 당사의 사과를 받아 주시기 바랍니다. 당사는 앞으로 이러한 일이 발생하지 않도록 주의를 기울이겠습니다.

정답 04 ④ | 05 ②

06 다음의 내용을 올바른 순서대로 나열한 것은?

(A) We hope you will pay attention to this issue immediately. And we hope you will provide a solution.
(B) We would like to draw your attention to the goods shipped by the M/S New generation on May 7, 2023.
(C) Upon unpacking the packages, we have confirmed that some of the goods has been damaged.
(D) We are enclosing the Lloyd's Survey Report as an evidence and you will admit the damage to the goods.

① A - B - C - D
② A - C - B - D
③ B - C - D - A
④ B - D - C - A

| 해설 | 선적된 물품에 대한 확인을 요청하고(B) 물품의 파손을 언급한 다음(C) 조사보고서를 첨부하였다는 안내(D)와 함께 해결책의 제시를 요구(A)하는 것이 자연스럽다.

해석 (B) 2023년 5월 7일 New generation호에 선적된 물품을 살펴주시기 바랍니다.
(C) 포장을 개봉했을 때 당사는 상품의 일부가 파손되었음을 확인하였습니다.
(D) Lloyd's 조사보고서를 증거로 첨부하며, 귀사는 상품의 파손에 대해 인정할 것입니다.
(A) 이 문제에 대해 귀사가 즉시 주의를 기울여 주시기 바랍니다. 그리고 해결책을 제시해 주시기 바랍니다.

정답 06 ③

유형 3 서신의 내용 이해하기

01 다음 서신의 내용으로 옳지 <u>않은</u> 것은?

> I am writing concerning our invoice No. K2590 for USD 2,000 which is enclosed. This invoice has not yet been paid. Ever since we have done business with you, you have not overdue your payment.
> I wonder if there is any problem that I can help you.
> Your prompt reply would be highly appreciated.

① There was a problem with payment before.
② A commercial invoice was attached with this letter.
③ The writer of the letter is requesting payment.
④ The writer of the letter said it's the first time that payment has not been made.

| 해설 | 거래관계를 시작한 이래로 결제가 지연되었던 적이 없다고 언급하고 있으므로 결제와 관련해 문제가 있었다는 표현은 잘못된 표현이다.

해석 첨부해 드린 미화 2,000달러에 상당하는 송장 번호 K2590와 관련하여 말씀드리고자 합니다.
이 송장 건은 아직 결제되지 않았습니다. 귀사와 거래를 시작한 이래로 귀사는 결제일을 넘긴 적이 없습니다.
제가 도울 수 있는 문제가 있는지 궁금합니다.
신속한 답변을 주신다면 매우 감사하겠습니다.
① 이전에 결제와 관련한 문제가 있었다.
② 이 서신에 상업송장을 첨부하였다.
③ 서신 작성자는 결제를 요청하고 있다.
④ 서신 작성자는 결제가 되지 않은 것이 처음이라고 말했다.

정답 01 ①

02 다음 서신에 대한 내용을 올바르게 설명하고 있는 것은?

> With much regret and disappointment, we call your immediate attention to our dissatisfaction with your products we have received. We installed and tested your computer fan and found that the noise was very severe. We found a problem with 70% of your products. So, we would like to return the goods and get the replacements as soon as possible.

① The writer wants to make an additional order.
② The writer is apologizing for the defective product.
③ The writer is asking for a refund.
④ The writer is talking about complaints about quality.

| 해설 | 서신에서는 컴퓨터 팬의 품질에 대한 컴플레인 제기와 함께 제품 교환을 요구하고 있다.

| 해석 | 많은 후회와 실망을 갖고, 당사가 수령한 귀사의 제품에 대한 불만과 관련하여 귀사의 즉각적인 관심을 요청합니다. 당사는 귀사의 컴퓨터 팬을 장착하여 테스트한 결과 소음이 너무 심하다는 것을 발견하였습니다. 귀사의 제품 중 70%에 문제가 있음을 확인하였습니다. 따라서 당사는 물품을 반송하고 최대한 빨리 대체품을 받고 싶습니다.
① 작성자는 추가 주문을 원한다.
② 작성자는 불량품에 대해 사과하고 있다.
③ 작성자는 환불을 요구하고 있다.
④ 작성자는 제품 품질에 대한 불만을 이야기하고 있다.

03 다음의 밑줄 친 당사자는 누구를 의미하는가?

> We are instructed by our customer to make a marine insurance contract with <u>you</u> on 7 pallets of our LCD Open cell. I am attaching the details of the goods and the shipping information. Please quote the premium under ICC(C).

① exporter
② shipping line
③ freight forwarder
④ insurer

| 해설 | 서신 작성자는 고객의 보험계약 체결에 대한 대행업무를 취급하는 주체로서 수신자에게 보험료의 견적을 요청하고 있다. 따라서 서신을 받는 당사자인 밑줄 친 you는 ④ 보험자(보험회사)로 볼 수 있다.

| 해석 | 당사는 당사의 고객으로부터 LCD 오픈셀 팔레트 7개에 대해 귀사와 해상보험계약을 체결하도록 지시받았습니다. 물품 명세와 선적 정보를 첨부합니다. ICC(C) 약관으로 보험료 견적을 부탁드립니다.
① 수출상   ② 해운회사   ③ 화물 운송주선업자   ④ 보험자(보험회사)

정답 02 ④ | 03 ④

04 다음 서신에 대한 답신으로 적절하지 않은 것은?

> Dear Susan,
>
> We are pleased to send our first purchase order as follows:
> Commodity: Portable Transceiver
> Specification: as described in your Specification
> Quantity: 1,000 units
> Total price: USD 150,000 CIF New York
> Payment: by irrevocable L/C
> Delivery date: on or about May 10, 2023
>
> We hope to maintain a good business relationship with you in the future.

① We are pleased to receive your order and thank you for being our customer.
② Your goods will be shipped via ABC LINE.
③ We are sure that you will be satisfied with our products.
④ We already instructed our banker to open and irrevocable L/C in your favor.

| 해설 | 신용장 개설을 의뢰하는 주체는 수입상이다. 서신을 보낸 당사자는 물품을 주문하는 수입상이므로 서신의 작성자가 곧 신용장의 개설의뢰인임을 알 수 있다. 그러므로 ④는 이 서신에 대해 답신을 보내는 수출상의 입장에서 쓰인 것으로 볼 수 없다.

| 해석 | Susan 귀하,
당사는 다음과 같이 첫 구매 주문을 하게 되어 기쁩니다.
제품: 휴대용 무선기
사양: 귀사의 사양 설명서에 준함
수량: 1,000개
총가격: 미화 150,000달러(CIF 뉴욕 조건)
지불 방법: 취소불능 신용장
인도 일자: 2023년 5월 10일경(5월 5일부터 5월 15일, 총 11일을 의미)
당사는 앞으로 귀사와 좋은 사업 관계를 유지하기를 희망합니다.
① 귀사의 주문을 받게 되어 기쁘게 생각하며, 당사의 고객이 되어 주심에 감사드립니다.
② 귀사의 물품은 ABC선사를 통해 선적될 예정입니다.
③ 당사는 귀사가 당사의 제품에 대해 만족할 것이라고 확신합니다.
④ 당사는 이미 당사의 은행에게 귀사를 수익자로 하는 취소불능 신용장을 개설하도록 지시하였습니다.

정답 04 ④

05 다음 중 서신의 답변으로 적절한 것은?

> Dear Mr. Chen,
> We acknowledge receipt of your samples and CIF quotation of September 10. Please find our enclosed order No. SBY250, for 1,000 Christmas tree Model C-1.
> What we're asking you to do is that the shipment must be delivered before November 20 because our special Winter Sales Week will start from December 1.
> Sincerely,

① We received your CIF quotation today. The price of the goods is higher than we expected.
② We received your order today. Your order is being processed for shipment. The goods will be delivered within the time limit you mentioned.
③ Could you please send us sample of the Christmas tree you displayed at the recent International Trade Fair?
④ Thank you for your order. In accordance with your terms of payment we have instructed ABC Bank to open a credit.

| 해설 | 서신의 작성자는 수입상으로서 정해진 기한에 배송이 이루어져야 함을 강조하고 있다. 따라서 서신에 대한 답변으로는 주문을 처리하고 있고 배송이 정해진 기한 안에 이루어질 것이라는 내용이 적절하다.
①, ③은 제시된 서신의 작성자(수입상) 입장에서 작성된 내용이다.
④는 결제 방식에 대한 이야기를 하고 있으나 본문에서는 결제 방식에 대한 언급이 없으므로 적절하지 않다. 또한 신용장 개설을 의뢰하는 당사자는 수입상이다.

해석 Mr. Chen 귀하,
당사는 귀사의 견본과 9월 10일자 CIF 견적서를 잘 받았습니다. 크리스마스 트리 모델 C-1 1,000개에 대한 당사의 주문 번호 SBY250을 동봉하니 확인 부탁드립니다.
당사가 당부드리고 싶은 점은 당사의 겨울 특별 할인 판매 주간이 12월 1일부터 시작되기 때문에 선적품이 11월 20일 전까지 배송되어야 한다는 점입니다.
감사합니다.
① 당사는 오늘 귀사의 CIF 조건의 견적서를 받았습니다. 물품의 가격이 우리의 예상보다 높습니다.
② 당사는 오늘 귀사의 주문서를 수령하였습니다. 귀사의 주문은 선적을 위해 처리 중입니다. 상품은 귀사가 언급하신 기한 안에 배송될 것입니다.
③ 최근 귀사에서 국제 무역 박람회에서 전시했던 크리스마스 트리의 샘플을 보내 주시겠습니까?
④ 귀사의 주문에 감사드립니다. 결제 조건에 따라 당사는 ABC은행에 신용장 개설을 지시하였습니다.

정답 05 ②

06 다음 서신의 발신자가 질문할 내용 중 괄호 안에 들어갈 말로 적절하지 <u>않은</u> 것은?

> Dear Mr. Jack,
> Star Trading Co., Ltd. 40 Liver street, New York 55345, has recently proposed to start business with us and has given us your name as a reference. Star Trading Co., Ltd. has applied to our company for an open account. In order to determine the company's credit rating, we would like to know your bank's answers to following question:
> (   )
> Any kinds of credit information you give us will be treated as strictly confidential.
> Thank you very much for your cooperation.
> Sincerely,

① How long has the account maintained a banking relationship with you?
② What is the account's average balance?
③ Does the account routinely overdraft?
④ Do you trade on credit terms or have you ever traded on credit terms?

| 해설 | ④는 동업자 조회에서 묻는 내용이므로 은행에 신용조회를 하는 내용으로는 적합하지 않다.

| 해석 | Mr. Jack 귀하,
뉴욕 40 Liver가(55345)에 소재하는 Star Trading사는 최근 당사에 거래를 제안하였고 귀 은행의 이름을 신용조회처로 알려 주었습니다. Star Trading사는 당사에 O/A 결제 방식을 요청하였습니다. 그 회사의 신용 등급을 결정하기 위해 다음 사항에 대한 귀 은행의 답변을 부탁드립니다.
(④ 귀사는 신용장 조건으로 거래를 하고 있거나 이전에 해본 적이 있습니까?)
귀 은행께서 제공해 주시는 신용정보는 극비로 취급될 것입니다.
귀 은행의 협조에 감사드립니다.
① 그 계좌는 귀 은행에 얼마나 오랫동안 금융 거래가 유지되었습니까?
② 계좌의 평균 잔액은 얼마입니까?
③ 그 계좌는 일반적으로 초과 인출이 됩니까?
④ 귀사는 신용장 조건으로 거래를 하고 있거나 이전에 해본 적이 있습니까?

정답 06 ④

07 아래의 내용을 읽고 알 수 있는 사실은?

> We are pleased to inform you that your order No. 999, has been shipped on 7 March on the SS ARKANSAS which is due in Singapore in 10 days.

① The seller informs the shipment to a insurer.
② The carrier will accept the cargo in 10 days.
③ The ship may arrive at Singapore on 17 March.
④ The buyer will make a payment on 7 March.

| 해설 | 3월 7일에 선적되는 물품이 10일 정도 걸린다고 하였으므로 싱가포르에는 3월 17일에 도착 예정임을 유추할 수 있다.

| 해석 | 귀사의 주문 번호 999 제품이 ARKANSAS호에 3월 7일 선적되었으며 싱가포르에 10일 후 도착 예정임을 알려 드리게 되어 기쁘게 생각합니다.
① 매도인은 보험자에게 선적을 안내한다.
② 운송인은 화물을 10일 안에 수령할 것이다.
③ 선박은 3월 17일에 싱가포르에 도착할 것이다.
④ 매수인은 3월 7일에 결제할 것이다.

정답 07 ③

유형 4 서신의 목적 알아내기

01 다음 서신의 목적은 무엇인가?

> Dear Mr. James,
>
> Your name has been given by KOTRA in your country as one of the leading importer of polyester products in the U.S.A.
>
> We are one of the largest manufacturers and exporters in Korea producing all kinds of polyester products. Our products are highly accepted in China, Germany, Sweden, Central America etc.
>
> In order to diversify our existing market, we are interested in supplying our high quality products, at the most attractive price and on-time delivery to you on favorable terms and conditions.
>
> As to our credit standing, please refer to the ABC BANK, Seoul, which will provide you with details.
>
> We are looking forward to your early reply.
>
> Your faithfully,
>
> K D. HONG
>
> President

① To make an offer
② To accept the offer
③ To sign a sales contract
④ To make a business proposal

| 해설 | 상기 서신은 거래 제의(Business Proposal)를 위한 서신으로 거래 상대방에 대해 알게 된 동기, 수출상인 본인에 대한 설명 및 신용조회처를 언급하고 있다. 청약이나 매매계약을 위해서는 보다 상세한 매매 조건이 명시되어 있어야 한다.

| 해석 | Mr. James 귀하,
귀사의 국가에 소재한 KOTRA로부터 귀사가 미국의 선두적인 폴리에스테르 제품 수입업체 중 하나임을 전달받았습니다.
당사는 한국에서 모든 종류의 폴리에스테르 제품을 생산하는 가장 큰 제조업체이자 수출 업체 중 하나입니다. 당사의 제품은 중국, 독일, 스웨덴, 중앙아메리카 등에서 좋은 평판을 얻고 있습니다.
당사의 기존 시장을 다양화하고자, 당사의 고품질 제품을 귀사가 선호하는 조건에 가장 매력적인 가격과 정시 납품으로 공급하는 것에 관심을 두고 있습니다.
당사의 신용 상태에 관해서는 서울의 ABC은행에 조회하시면 자세한 정보를 얻으실 수 있을 것입니다.
귀사의 조속한 답변을 기다리겠습니다.
사장 K D. HONG 배상
① 청약을 하기 위해
② 청약에 승낙하기 위해
③ 매매계약을 체결하기 위해
④ 거래 제의를 하기 위해

정답 01 ④

02 다음 서신의 목적은 무엇인가?

> Dear Sir,
> Your firm has been recommended to us by KOTRA in this city. We shall be pleased to receive a copy of your pricelist and best trade terms, together with a selection of tasting samples of Cheese and Butter. We are ready to place large orders if the quality is satisfactory. Therefore, please send us your quotation.
> Your prompt reply would be highly appreciated.

① Ordering some goods
② Requesting price terms
③ Shipping request
④ Requesting a client introduction

| 해설 | 작성자는 치즈와 버터를 만드는 회사에 가격표와 견적서, 샘플을 보내 달라고 요청하고 있으므로 ②가 적절하다.

해석 수신인 귀하,
귀사를 이 도시에 소재한 KOTRA를 통해 추천받았습니다. 엄선된 시식용 치즈와 버터 샘플과 함께 귀사의 가격표 사본과 최적의 거래 조건을 보내주시면 감사하겠습니다. 당사는 품질이 만족스러울 경우 대량 주문을 할 준비가 되어 있습니다. 그러므로 귀사의 견적서를 보내 주시기 바랍니다.
조속히 답변을 주시면 대단히 감사하겠습니다.
① 제품 주문 ② 가격 조건 요청 ③ 선적 요청 ④ 고객 소개 요청

03 다음 서신의 목적은 무엇인가?

> Dear Mr. Tom,
> We would like to inform you that we are unable to extend your credit anymore due to your frequent payment delays. For all future orders, we must require cash in advance or payment on delivery. If you wish to reestablish credit at some future time, please contact our credit department at (123)456-7890.
> Sincerely,

① to approve the extension of credit
② to request additional orders
③ to close an open account
④ to let them know way to transfer money

| 해설 | 결제 지연으로 인한 신용 거래 계정의 소멸을 언급하고 있으므로 ③이 적절하다.

해석 Mr. Tom 귀하,
당사는 귀사의 빈번한 결제 지연으로 인해 귀사의 신용 거래를 더 이상 연장할 수 없음을 알려 드립니다. 향후 모든 주문에 대해서는 현금 선불 방식이나 현품인도지불 방식을 요청하는 바입니다. 귀사가 추후 신용 거래 재설정을 원하시면 당사의 신용부서인 (123)456-7890으로 연락 바랍니다.
감사합니다.
① 신용 연장을 승인하기 위해 ② 추가 주문을 요청하기 위해 ③ 신용 거래(O/A)를 해지하기 위해 ④ 송금 방식을 알려 주기 위해

04 다음 중 서신의 목적이 다른 하나는 무엇인가?

① We have sufficient inventory of your order, so we can ship within the date mentioned.
② We are pleased to say that we can deliver the goods by July 10, so you will have stock for the Summer Sales period.
③ We will use air transport to meet the delivery date and arrive within the deadline you mentioned.
④ All list prices are quoted CIF New York and subject to a 10% trade discount with payment by letter of credit.

| 해설 | ①~③은 고객이 원하는 기간 안에 배송될 것이라는 내용을 전달할 목적이고 ④는 견적에 대해 언급하고 있으므로 나머지와 다른 주제를 이야기하고 있다.

해석 ① 귀사의 주문에 대해 당사는 충분한 재고를 보유하고 있으므로 언급하신 날짜 안에 선적이 가능합니다.
② 당사는 7월 10일까지 상품을 인도할 수 있는바, 귀사는 여름 할인 기간에 필요한 재고를 확보하실 수 있다는 점을 알려 드리게 되어 기쁩니다.
③ 당사는 인도 일자를 맞추기 위해 항공운송을 이용할 것이며 귀사가 언급한 기한 내에 도착할 것입니다.
④ 모든 정가는 CIF 뉴욕 조건으로 견적되었고 신용장으로 결제하는 경우 10% 동업자 할인이 적용됩니다.

05 다음은 해외고객에게 접수된 메일의 내용이다. 메일의 목적은 무엇인가?

> We were supposed to explain to you about the current market situation here in Hongkong; your competitors finally announced further price cut by 5% last weekend. As we have already made the contract for May-shipment order, you may perform it as agreed. We, however, strongly urge you to adjust your price from the next order. We hope to receive a favorable reply from you ASAP.

① Market information
② Delay of shipment
③ Curtail expenses
④ Reduction of price

| 해설 | 수신인의 경쟁업체에서 가격을 인하했으니 가격 조정을 해달라는 내용이므로 ④가 정답이다.

해석 당사는 이곳 홍콩의 현재 시장 상황을 귀사께 알려드려야 합니다. 귀사의 경쟁업체에서 지난 주말에 판매 가격을 추가로 5% 인하하겠다고 최종적으로 알려 왔습니다. 당사는 5월 선적분 주문에 대해 계약을 이미 체결했기 때문에 귀사는 계약대로 이행하셔도 좋습니다. 하지만 당사는 귀사에게 다음 주문부터는 가격을 조정해 주시기를 강력하게 촉구드립니다. 당사는 가능한 한 신속히 호의적인 답변을 주시기를 희망합니다.
① 시장 정보 ② 선적 지연 ③ 비용 절감 ④ 가격 인하

정답 04 ④ | 05 ④

06 다음 서신을 작성한 목적은 무엇인가?

> Dear Sir,
>
> We received the shipment of the 2,000 sets of desktop case shipped by "AS ROME 0007W", but deeply regret to inform you that ten(10) cartons of your shipment were damaged.
>
> The cases were broken and the protective package was torn.
>
> We think the packaging of the products were not strong enough to withstand long-distance transportation.
>
> It is clear that we have the right to claim damages for 10 cartons, and I would like to ask you to respond to your prompt handling of this.
>
> Sincerely,

① Guide to the arrival of cargo
② Claim of damage to goods
③ Thanks for arriving on time
④ Request for return of damaged goods

| 해설 | 물품 파손 안내와 함께 파손 물품에 대한 손해배상을 청구하고 있으므로 클레임 제기가 목적임을 알 수 있다.

해석 수신인 귀하.
우리는 AS ROME 0007W호를 통해 데스크톱 케이스 2,000세트를 받았으나 귀사의 선적품 중 10개의 상자가 파손되었음을 알려 드리게 되어 무척 유감입니다.
케이스는 파손되었고 보호 포장은 찢어져 있었습니다.
당사의 생각으로는 제품의 포장이 장거리 운송을 견디기에는 충분히 튼튼하지 않았던 것 같습니다.
당사가 10개의 상자에 대한 피해보상을 청구할 권리가 있다는 것은 분명하며, 이에 대한 귀사의 조속한 처리에 대한 답변을 부탁 드립니다.
감사합니다.
① 화물 도착 안내
② 물품 파손에 대한 클레임 제기
③ 정시 도착에 대한 감사
④ 파손 물품의 반송 요청

유형 5 영문표현에 대한 내용 묻기

01 다음 문장과 유사한 의미를 가진 것은?

> Our offer is open until June 20, 2023.

① Our offer expires on June 20, 2023 but subject to our confirm.
② Our offer is valid until June 20, 2023 and irrevocable unless otherwise agreed.
③ Our offer is free until June 20, 2023 and revocable unless otherwise agreed.
④ Our offer is not bound until June 20, 2023 but irrevocable unless otherwise agreed.

| 해석 | 당사의 청약은 2023년 6월 20일까지 유효합니다.
① 당사의 청약은 2023년 6월 20일에 만료되지만 당사의 확인을 조건으로 합니다.
② 당사의 청약은 2023년 6월 20일까지 유효하며 달리 합의되지 않는 한 취소 불가능합니다.
③ 당사의 청약은 2023년 6월 20일까지 불확정청약으로 달리 합의되지 않는 한 취소 가능합니다.
④ 당사의 청약은 2023년 6월 20일까지 구속되지 않으나 달리 합의되지 않는 한 취소 불가능합니다.

02 다음 영어로 번역한 문장 중 어색한 것은?

① 귀사가 다른 회사들처럼 가격을 10% 정도 할인해 주시면 귀사의 청약을 수락하겠습니다.
　→ If you give us a 10% discount like other companies, we will accept your offer.
② 선적 화물은 7월 5일에 로스앤젤레스 항구에 도착할 예정입니다.
　→ The shipment is estimated to arrive at the Los Angeles port on July 5.
③ XYZ사 앞으로 20만 달러짜리 신용장을 개설해 주세요.
　→ Please open a Letter of Credit for USD 200,000 in favor of XYZ Corporation.
④ 더 이상 물품 인도가 지연되면 당사는 판매할 기회를 많이 놓친다는 점을 이해해 주십시오.
　→ Please understand that you would lose much of your chance of selling them if their delivery were put off any further.

| 해설 | 판매의 주체가 되는 것은 당사이므로 'you would lose much of your ~'를 'we would lose much of our ~'로 변경하는 것이 적절하다.

정답 01 ② | 02 ④

03 다음 중 무역 영문 서한 작성 원칙에 대한 예문으로 옳지 않은 것은?

① Correctness: This product is high in this case.
  → The article, No 321 product is high in price.
② Conciseness: We have already instructed our bank to open an L/C.
  → According to the contents of the offer, we have already instructed our bank to open an L/C.
③ Courtesy: You are requested to reply immediately without fail.
  → Your prompt reply would be highly appreciated.
④ Clearness: We have your recent order clearly.
  → We have your order, KM-123 of 10th June, 2023.

| 해설 | 간결성(Conciseness)은 영문 서신 작성 시 메시지를 간결하면서도 단순하게 작성하는 것을 의미한다. ②는 수정 후 예문보다 수정 전 예문이 더 간결하므로 간결성을 설명하는 예문으로 적합하지 않다.

해석 ① 정확성: 이 제품은 이 경우 높습니다. → 품목 번호 321 제품은 가격이 높습니다.
② 간결성: 당사는 거래은행에게 신용장 개설을 이미 지시하였습니다. → 청약의 내용에 따라, 당사는 거래은행에게 신용장 개설을 이미 요청하였습니다.
③ 정중함: 귀사는 즉시 회신하도록 반드시 요구됩니다. → 귀사께서 조속히 회신해 주시면 매우 감사하겠습니다.
④ 명료성: 당사는 귀사의 최근 주문을 분명히 받았습니다. → 당사는 2023년 6월 10일자 KM-123 주문서를 받았습니다.

04 신용장의 유효기일을 명시한 영문표현으로 적절한 것은?

① Draft must be presented for negotiation later than 11 February, 2023.
② Draft must be presented for negotiation on or before 11 February, 2023.
③ This credit expires by 11 February, 2023.
④ This credit expires to 11 February, 2023.

| 해설 | ①의 경우 명확한 유효기일을 알 수 없으므로 잘못된 표현이며 later이 아니라 not(no) later가 되어야 올바른 표현이다. ③, ④의 경우에는 expire on으로 수정하면 맞는 표현이 된다.

해석 ② 환어음은 2023년 2월 11일 이전(11일 포함)에 매입을 위해 제시되어야 한다.

05 다음 중 짝지어진 두 문장의 의미가 서로 다른 것은?

① We are returning the damaged goods at your expense.
  → We are shipping back the defective goods at your cost.
② We urge you to take steps without hesitation to make the most of this order.
  → We advise you to give us a positive reply without delay to take full advantage of this offer.
③ We have not yet received your advice of shipment.
  → We have not yet given your notice of shipment.
④ We are writing to open an account with you.
  → Please allow us to express our hope of opening an account with you.

해석 ① 당사는 귀사의 비용으로 파손된 물품을 반송하겠습니다.
  → 당사는 귀사의 비용으로 불량품을 선적하여 돌려보내겠습니다.
② 당사는 귀사가 이 주문을 최대한으로 성사시키기 위해 지체 없이 조치를 취해 주시기를 촉구합니다.
  → 당사는 귀사가 이 청약으로 최대한의 이익을 얻을 수 있도록 지체 없이 긍정적인 답변을 주시기를 권고하는 바입니다.
③ 당사는 아직 선적에 관한 통지를 받지 못했습니다.
  → 당사는 아직 선적 통지를 하지 않았습니다.
④ 귀사와 거래를 개설하고 싶어 이 서신을 보냅니다.
  → 귀사와 거래를 개설하고 싶은 당사의 바람에 응해 주시기 바랍니다.

06 다음의 표현 중 매도인에게 유리한 표현이 아닌 것은?

① Quality to be fully equal to sample.
② Quality to be considered as being about equal to sample.
③ Quality should be similar to the sample.
④ Quality should be as per the sample.

| 해설 | ① '품질은 견본과 완전히 일치하여야 한다'라는 표현보다는 ②, ③, ④처럼 '품질은 대체로 견본과 비슷할 것'이라고 완곡하게 표현하는 것이 매도인 입장에서 클레임을 예방할 수 있는 유리한 방법이다.

해석 ① 품질은 견본과 완전히 일치해야 한다.
②, ③, ④ 품질은 견본과 유사해야 한다.

정답 05 ③ | 06 ①

내가 꿈을 이루면
나는 누군가의 꿈이 된다.

– 이도준

에듀윌
국제무역사 1급
한달끝장

Final
마무리 모의고사

최종 점검 및 마무리

eduwill

에듀윌
국제무역사 1급
한달끝장

에듀윌 국제무역사 1급
한달끝장

Final 마무리 모의고사
최종 점검 및 마무리

마무리 모의고사 1회

| 시험 일시 | | 제한 시간 | | 성 명 |

무역규범

1. 다음은 수출입 공고와 통합 공고에 대한 설명이다. 잘못 설명한 것은?

① 수출입 공고는 산업통상자원부장관이 수출입 물품 관리를 위하여 제한 품목 여부 및 수출입 요령을 알려주는 기본 공고이다.
② 통합 공고는 대외무역법 이외의 다른 법령에서 해당 물품의 수출입 요건 및 절차 등을 규정하고 있는 경우에 수출입 요건 확인 및 통관 업무의 간소화와 무역질서 유지를 위하여 다른 법령이 정한 물품의 수출입 요건 및 절차에 관한 사항을 조정하고 통합 규정함을 목적으로 한다.
③ 수출입 공고와 통합 공고는 상호 보완적이므로 두 공고체계에 의한 제한 내용 중 한 가지만 충족하여도 두 체계를 모두 충족한 것으로 인정한다.
④ 수출입 공고는 경제정책 목표 달성을 위한 행정규제인 데 반해 통합 공고는 공중도덕 보호, 국민보건 및 안전 보호, 사회질서 유지, 문화재 보호, 자연환경 보호 등 주로 경제 외적인 목적에 해당하는 규제라는 점에서 차이가 있다.

2. 대외무역법령에서 규정하고 있는 수출실적에 대한 설명이다. 잘못 설명한 것은?

① 일반적인 유상수출 물품의 경우 수출실적의 인정 금액은 수출통관액(FOB 가격)으로 한다.
② 중계무역의 경우 수출실적의 인정 금액은 수입 금액(CIF 가격)에서 수출 금액(FOB 가격)을 차감한 금액으로 한다.
③ 전자적 형태의 무체물 수출의 경우 수출실적의 인정 금액은 한국무역협회장 또는 한국소프트웨어산업협회장이 외국환은행을 통해 입금 확인한 금액으로 한다.
④ 용역 수출의 경우 수출실적의 인정금액은 용역의 수출실적 확인 및 증명 발급기관의 장이 외국환은행을 통해 입금 확인한 금액으로 한다.

3. 다음은 구매확인서 발급과 관련된 설명이다. 올바르게 모두 기재한 것은?

> A. 외국환은행은 이미 발급된 구매확인서로 2차 구매확인서를 발급할 수 있다.
> B. 구매확인서는 외국환은행과 전자무역기반 사업자에게 발급받을 수 있다.
> C. 구매확인서는 내국 신용장(Local L/C)과 달리 1회에 한하여 발급받을 수 있다.
> D. 구매확인서의 유효 기간은 구매확인서상 물품 인도기일에 7일을 가산한 기간 이내여야 한다.

① A, B ② A, B, D ③ B, C, D ④ A, B, C, D

4. 다음은 대외무역법에서 규정하고 있는 외화획득 범위에 관한 설명이다. 올바르게 모두 기재한 것은?

> A. 대외무역법에 의한 수출
> B. 외국인으로부터 대금을 영수하고 외화획득용 시설·기재를 외국인과 임대차계약을 맺은 국내 업체에 인도하는 경우
> C. 무역거래자가 외국의 수입상에게 수수료를 받고 행한 수출 알선
> D. 지방자치단체가 외국으로부터 받은 차관 자금에 의한 국제 경쟁입찰로 국내에서 유상으로 물품을 공급하는 경우(대금 결제 통화 종류 불문)
> E. 관광, 용역 및 해외건설

① A, B, C ② A, B, C, D ③ A, B, C, E ④ A, B, C, D, E

5. 다음은 외화획득 이행 기간에 관한 내용이다. 괄호 안에 들어갈 순서대로 고른 것은?

> A. 외화획득용 원료·기재를 수입한 자가 직접 외화획득을 이행하는 경우: 수입통관일 또는 공급일부터 (ⓐ)년
> B. 수출이 완료된 기계류(HS 84류부터 90류까지의 규정에 해당하는 품목)의 하자 및 유지 보수용 원료 등인 경우: (ⓑ)년
> C. 다른 사람으로부터 외화획득용 원료·기재 또는 그 원료·기재로 제조된 물품 등을 양수한 자가 외화획득을 이행하는 경우: 양수일부터 (ⓒ)년
> D. 외화획득 물품의 선적기일이 (ⓓ)년 이상인 경우: 그 기일까지의 기간

	ⓐ	ⓑ	ⓒ	ⓓ
①	2	2	1	1
②	2	2	2	2
③	2	10	1	2
④	2	10	2	1

6. 다음은 전략물자 수출입에 관련된 설명이다. 올바르게 모두 기재한 것은?

> A. 전략물자에 해당하는 물품을 수출하고자 하는 자는 산업통상자원부장관이나 관계 행정기관의 장에게 수출허가를 받아야 하며, 물자의 수출허가를 받은 경우에는 수출승인을 받은 것으로 한다.
> B. 수출허가는 개별 수출허가, 포괄 수출허가(사용자 포괄 수출허가와 품목 포괄 수출허가로 구분) 및 원자력플랜트 기술 수출허가로 구분한다.
> C. 전략물자에 해당하는 물품을 수입하고자 하는 자는 산업통상자원부장관이나 관계 행정기관의 장에게 수입목적 확인서 발급을 신청할 수 있으며 수입목적 확인서를 발급받은 경우 유효 기간은 2년으로 한다.
> D. 무역거래자는 전략물자 판정에 관한 서류와 수출허가, 상황허가, 환적허가, 중개허가에 관한 서류 등을 5년간 보관해야 한다.
> E. 전략물자에는 해당되지 않으나 대량파괴 무기와 그 운반수단인 미사일의 제조·개발·사용 또는 보관 등의 용도로 전용될 가능성이 높은 물품 등을 수출하려는 자는 상황허가를 받아야 한다.

① A, B, C, D ② A, B, D, E ③ A, C, D, E ④ B, C, D, E

7. 다음은 대외무역법령에서 규정하는 수입 물품 원산지표시의 일반원칙이다. 올바르게 모두 기재한 것은?

> A. 수입 물품의 원산지는 "원산지: 국명" 또는 "국명 산(産)", "Made in 국명" 또는 "Product of 국명", "Made by 물품 제조자의 회사명, 주소, 국명", "Country of Origin: 국명"으로 표시할 수 있다.
> B. 수입 물품의 원산지는 최종 구매자가 정상적인 물품구매 과정에서 원산지표시를 발견할 수 있도록 식별하기 용이한 곳에 표시해야 한다.
> C. 원산지는 쉽게 지워지지 않으며 물품(또는 포장 용기)에서 쉽게 떨어지지 않아야 한다.
> D. 최종 구매자가 수입 물품의 원산지를 오인할 우려가 없는 경우에는 "Netherlands"를 "Holland"같이 통상적으로 널리 알려진 국가명이나 지역명 등을 사용하여 원산지를 표시할 수 있다.
> E. 수입 물품의 원산지는 최종 구매자가 해당 물품의 원산지를 용이하게 판독할 수 있는 크기의 활자체로 표시해야 한다.

① A, B, C ② A, B, D ③ A, B, C, D ④ A, B, C, D, E

8. 다음 중 산업통상자원부장관에게 권한을 위임·위탁받은 기관과 업무가 <u>잘못된</u> 것은?

① 관세청장 – 원산지표시 방법에 관한 세부적인 권한과 원산지표시 방법의 확인 및 이의 제기에 대한 권한
② 한국기계산업진흥회장 – 산업설비 수출승인 관련 업무
③ 대한상사중재원 – 무역분쟁에 대한 조정 또는 알선에 관한 권한
④ 대한무역투자진흥공사 – 무역업고유번호의 부여 및 관리, 수출입 통계 데이터베이스 구축을 위한 전산관리체제의 개발, 운영 등

9. 다음은 내국 신용장과 구매확인서의 비교 내용이다. <u>잘못</u> 비교한 것은?

		내국 신용장	구매확인서
A	발행기관	외국환은행	외국환은행, 전자무역기반 사업자
B	지급 보증	거래 외국환은행이 지급 보증	거래 외국환은행이 지급 보증
C	사후 발급	사후 발급 가능	사후 발급 불가능
D	혜택	무역금융 융자 가능, 부가가치세 영세율 적용, 관세 환급	무역금융 융자 가능, 부가가치세 영세율 적용, 관세 환급

① A, B　　② A, C　　③ B, C　　④ C, D

10. 다음 중 대외무역법령에서 규정하고 있는 수출입 행위가 <u>아닌</u> 것은?

① 한국의 A사는 독일에 공장을 설립하기 위해 독일 G사에게 경영컨설팅을 제공받았다.
② 한국의 B사는 베트남에 제조공장을 설립한 후 의류를 생산하여 스웨덴의 S기업에 수출하였다.
③ 한국의 K사는 국내 보세판매장을 운영하면서 외국에서 생산된 제품을 외국인에게 판매하였다.
④ 한국의 J사는 COVID-19 백신 제조를 위한 기계의 설계도면을 영국의 W사로부터 웹하드를 통해 제공받았다.

11. 관세의 납부기한에 대한 설명으로 옳은 것은?

① 컨테이너 화물에 대해 입항 전 수입신고를 하는 경우 관세의 납부기한은 납세신고 수리일로부터 15일이 되는 날이다.
② 월별납부승인을 받은 업체는 매달 15일까지 관세를 납부하여야 한다.
③ 부과고지 대상 물품을 수입하는 자는 수입신고일로부터 15일 이내에 관세를 납부하여야 한다.
④ 납세의무자는 수입신고가 수리되기 전에 세액을 납부할 수 없다.

12. 다음 빈칸에 들어갈 관세는 무엇인가?

> 부총리 겸 기획재정부 장관은 "올해 소비자물가 상승률이 2%를 상회할 가능성은 상당히 제한적이나 기저효과 등으로 2분기 오름폭이 일시적으로 확대될 가능성에 대비해 주요 품목별·분야별 안정수단을 적극 활용해 선제 대비하겠다."고 말했다. 정부는 이런 측면에서 이달 중 계란 2천 500만 개 이상을 수입하기로 했으며 (   )를 적용하기로 했다. 또한 식용옥수수 등 일부 수입 곡물에 대한 (   )는 연말까지 0%를 적용하기로 했다.

① 조정관세
② 계절관세
③ 특별긴급관세
④ 할당관세

13. 관세법상 환급에 대한 설명으로 옳지 <u>않은</u> 것은?

① 관세환급금의 과다환급액을 징수할 때에는 과다환급을 한 날의 다음 날부터 징수결정을 하는 날까지의 기간에 대하여 대통령령으로 정하는 이율에 따라 계산한 금액을 과다환급액에 더하여야 한다.
② 여행자가 보세판매장에서 구입한 물품으로서 자진신고한 물품이 보세판매장에 환불되는 경우에는 자진신고할 때 납부한 관세를 환급한다.
③ 부정한 방법으로 관세를 환급받은 자는 3년 이하의 징역 또는 환급받은 세액의 5배 이하에 상당하는 벌금에 처한다.
④ 관세의 환급청구권은 그 권리를 행사할 수 있는 날부터 3년간 행사하지 아니하면 소멸시효가 완성된다.

14. 과세 물건의 확정 시기에 대한 설명이다. 잘못 설명한 것은?

① 일반 수입 물품은 수입신고를 하는 때의 그 물품의 성질과 수량에 따라 부과한다.
② 수입신고 전 즉시반출신고를 하고 반출한 물품은 수입신고 전 즉시반출신고를 한 때를 기준으로 한다.
③ 수입신고를 하지 않고 수입된 물품은 국내로 반입된 때를 기준으로 한다.
④ 보세구역 장치 물품이 멸실 폐기되어 관세를 징수하는 물품은 해당 물품이 멸실되거나 폐기된 때를 기준으로 한다.

15. 다음은 관세법상 납세 의무자에 대한 설명이다. 잘못 설명한 것은?

① 수입신고를 한 물품인 경우: 그 물품을 수입한 화주
② 수입을 위탁받아 수입업체가 대행수입한 물품인 경우: 그 물품의 수입을 위탁한 자
③ 수입 물품을 수입신고 전에 양도한 경우: 그 양도인
④ 수입신고 전 즉시반출신고를 하고 반출한 물품: 수입신고 전 즉시반출한 자

16. 수입 물품에 대한 과세가격을 결정하는 방법 중 제1방법이 우선 적용되고 있다. 제1방법은 수입 물품의 거래가격을 기초로 과세가격을 결정하는 방법이다. 우리나라에 수출하기 위해 판매되는 물품으로서 제1방법으로 과세가격 결정을 할 수 있는 것은?

① 별개의 독립된 법적 사업체가 아닌 지점 등에서 수입하는 물품
② 수출상의 책임으로 국내 판매를 위하여 수입하는 물품
③ 무상으로 수입하는 물품
④ 보조금을 받고 생산된 물품으로 우리나라에 수출되는 물품

17. ㈜한국무역은 다음과 같이 수입 물품을 수입하고자 한다. 세관에 납부해야 하는 관세 등은 얼마인가?

> • Invoice: USD 1,000(CIF)
> • 적용 세율: 8%
> • 부가가치세율: 10%
> • USD 1 = KRW 1,100
> • THC: 2,400원
> • 통관수수료: 33,000원(부가세 포함)

① 88,000원　　② 118,800원　　③ 206,800원　　④ 1,394,800원

18. 다음은 덤핑방지관세에 대한 설명이다. 잘못 설명한 것은?

① 덤핑방지관세는 외국의 생산자가 부당하게 낮은 가격으로 수출함으로써 국내 산업에 피해를 야기한 경우 그 덤핑 행위를 시정하고 국내 산업 피해를 구제하기 위하여 부과하는 관세율이다.
② 국내 산업이 실질적인 피해를 받거나 받을 우려가 있는 경우, 조사를 통해 확인되고 국내 산업을 보호할 필요가 있다고 인정되면 덤핑방지관세를 부과할 수 있다.
③ 덤핑방지관세는 세율의 우선 적용순위 중 제일 먼저 적용한다.
④ 협정관세가 적용되는 물품에 대해 덤핑방지관세가 부과되는 경우 협정관세가 우선 적용되어 덤핑방지관세가 부과되지 않는다.

19. 다음은 관세 등 세액의 정정과 관련된 내용이다. 잘못 설명한 것은?

① 납세 의무자가 납세신고한 세액을 납부하기 전에 그 세액이 과부족하다는 것을 알았을 때 납세신고한 세액을 정정할 수 있다.
② 보정이자는 부족세액에 납부기한의 다음 날부터 보정신청을 한 날까지의 기간에 이자율을 곱하여 계산한다.
③ 수정신고를 한 경우 납부기한은 수정신고를 한 날부터 10일이다.
④ 납세 의무자는 신고납부한 세액이 과다한 것을 알았을 때 최초로 납세신고를 한 날부터 5년 이내에 대통령령으로 정하는 바에 따라 세관장에게 신고세액의 정정을 청구할 수 있다.

20. 다음은 관세법에 규정된 의무를 성실히 이행하지 않은 자에게 징수하는 관세채무와 관련된 내용이다. 옳지 <u>않은</u> 것은?

① 납부고지서에 따른 납부기한까지 관세를 완납하지 아니한 경우 납부지연 가산세가 부과된다.
② 수입하거나 반송하려는 물품을 지정장치장 또는 보세창고에 반입하거나 보세구역이 아닌 장소에 장치한 자는 그 반입일 또는 장치일부터 30일 이내에 신고해야 하며 이를 이행하지 않는 경우 과세가격의 3%의 범위 내에서 가산세가 부과된다.
③ 납세의무자가 신고납부한 세액에 부족이 있어 수정신고를 하는 경우에는 부족세액의 100분의 10의 가산세와 납부지연 가산세가 부과된다.
④ 승무원이 휴대품을 신고하지 아니하여 과세하는 경우 납부할 세액(관세 및 내국세 포함)의 100분의 40에 상당하는 금액을 가산세로 징수한다.

21. 다음 중 관세법상 감면제도의 내용으로 옳지 <u>않은</u> 것은?

① 우리나라에서 수출(보세가공수출을 포함)된 물품으로서 해외에서 제조·가공·수리 또는 사용되지 아니하고 수출신고 수리일부터 2년 내에 다시 수입되는 물품의 경우 재수입 면세를 적용받을 수 있다.
② 기업부설 연구소 등에서 산업기술의 연구개발에 사용하기 위하여 수입하는 시약, 견품 및 연구·개발 대상물품을 제조 또는 수리하기 위하여 사용하는 부분품 및 원재료는 학술연구용품의 감면을 적용받을 수 있다.
③ 법인세법시행규칙 제15조의 규정에 의한 내용연수가 5년 이상인 차량 및 운반구, 공구, 기구 등은 장기간에 걸쳐 사용할 수 있는 물품으로서 그 수입이 임대차계약에 의하거나 도급계약의 이행과 관련하여 국내에서 일시적으로 사용하기 위해 수입되고 수입신고 수리일부터 1년 이내에 재수출된다면 별도의 담보 제공 없이 재수출 면세를 적용받을 수 있다.
④ 원재료 또는 부분품을 수출하여 관세율표 제85류 및 제90류 중 제9006호 물품으로 제조하거나 가공한 물품은 수입물품의 제조·가공에 사용된 원재료 또는 부분품의 수출신고 가격에 당해 수입물품에 적용되는 관세율을 곱한 금액을 감면받을 수 있다.

22. 다음은 간이 정액환급에 대한 설명이다. 틀린 것은?

① 환급 절차를 간소화하고 개별환급받을 능력이 없는 중소기업의 수출을 지원하기 위하여 도입된 제도이다.
② 환급 신청일이 속하는 연도의 직전 2년간 매년도 총 환급 실적이 8억 원 이하인 중소기업에서 제조한 수출 물품에 대한 환급액 산출을 수출 물품 제조에 소요된 원재료의 수입 시 납부세액으로 보고 환급액 등을 산출한다.
③ 정액환급률표의 적용을 받는 수출업체의 신청으로 정액환급률표를 적용하지 않고 개별환급을 적용할 수 있으며 비적용 승인일부터 2년 이내에는 다시 정액환급률표 적용 신청을 할 수 없다.
④ 자가 생산하는 수출 물품에 대하여 적용되며 수출상과 수출 물품의 생산자가 다른 경우에는 수출상이 환급 신청을 해야 한다.

23. 다음은 관세법상 품목분류제도에 관한 설명이다. 잘못 설명한 것은?

① 품목분류라 함은 수출입 물품이 HSK상 어떠한 품목번호에 해당되는지 판단하는 것을 말한다.
② HSK는 10단위 분류체계를 사용하고 있으며 전 세계적으로 10단위를 사용하고 있다.
③ HS 해석에 관한 통칙 제1호는 최우선 분류 규정을 두고 있으며 법적인 목적상 품목분류는 각 호의 용어와 관련 부나 류의 주에 따라 결정된다고 규정하고 있다.
④ 물품을 수출입하려는 자, 수출할 물품의 제조자 및 관세사·관세법인 또는 통관 취급법인(신청인 등)은 수출입신고를 하기 전에 관세청장에게 해당 물품에 적용될 별표 관세율표상의 품목분류를 미리 심사해 줄 것을 신청할 수 있다.

24. 관세법상 입항 전 수입신고에 대한 설명 중 옳지 않은 것은?

① 세관장은 입항 전 수입신고를 한 물품에 대하여 물품 검사 실시를 결정한 때에는 수입신고를 한 자에게 이를 통보해야 한다.
② 입항 전 수입신고를 한 물품 중 검사 대상으로 결정된 물품이라도 보세구역에 반입하지 않고 당해 물품을 적재한 선박 또는 항공기에서 검사할 수도 있다.
③ 세관장은 입항 전 수입신고를 한 물품에 대하여 검사 대상으로 결정되지 않은 물품은 보세구역에 반입한 후 수입신고를 수리해야만 한다.
④ 입항 전 수입신고는 해당 물품을 적재한 선박 또는 항공기가 그 물품을 적재한 항구 또는 항에서 출항하여 우리나라에 입항하기 5일 전(항공기의 경우 1일 전)부터 할 수 있다.

25. 수출신고 수리 물품의 적재 등에 관한 다음의 설명 중 그 내용이 잘못 기술된 것은?

① 수출신고가 수리된 물품은 수출신고가 수리된 날부터 30일 이내에 운송수단에 적재해야 한다.
② 세관장은 우리나라와 외국 간 왕래하는 운송수단에 적재하는 기간을 초과하는 물품에 대하여 수출신고의 수리를 취소해야 한다.
③ 부득이한 사유로 적재 기간 내에 적재하지 못한 경우 1년 내에서 1회에 한하여 적재 기간 연장승인을 얻을 수 있다.
④ 세관장은 수출신고의 수리를 취소하는 때 즉시 신고인에게 그 내용을 통지해야 한다.

26. 우편물은 원칙적으로 수출입신고가 생략된다. 그러나 일정한 사유가 있는 경우 일반적인 수출입 물품과 마찬가지로 신고하도록 하고 있다. 다음 중 수출입신고 대상으로 거리가 먼 것은?

① 대외무역법 규정에 의해 수출입 승인을 얻은 물품
② 광고용으로 사용하기 위해 소규모로 수입하는 화폐 모조품
③ 임가공을 위해 무상으로 송부하는 원자재와 부자재
④ 자가사용 목적으로 반입하는 물품으로서 관세청장이 정한 기준에 해당하는 것

27. 관세법상 세율의 적용 우선순위에 관한 설명으로 잘못된 것은?

① 기본세율보다 할당관세율이 낮은 경우 할당관세율을 우선 적용한다.
② 덤핑방지관세와 조정관세가 동시에 적용될 경우 조정관세에 덤핑방지관세율을 추가하여 부과한다.
③ FTA 협정관세율이 WTO 협정관세보다 높은 경우 FTA 협정관세를 우선 적용한다.
④ 기본세율이 편익관세보다 높은 경우 편익관세를 우선 적용한다.

28. ㈜시니어케어서플라이는 ROLLATOR를 수입하는 회사이다. 수입내역이 다음과 같을 때 우리나라 수입통관에 대한 설명 중 잘못된 것은?

> - 품명: ROLLATOR(HS 9021.10-0000)
> - 기본관세: 8%, WTO 협정관세: 0%, 한-중 FTA: 0%
> - INVOICE VALUE(FOB): USD 10,000
> - FREIGHT(운임): USD 150
> - 환율: 1,200원/USD
> - 한-중 FTA 원산지증명서 수취

① ㈜시니어케어서플라이의 수입통관 시 과세가격은 12,180,000원이다.
② ㈜시니어케어서플라이가 적용해야 할 관세율은 0%이다.
③ ㈜시니어케어서플라이는 관세 없이 부가세 1,218,000원을 납부하면 된다.
④ ㈜시니어케어서플라이는 기본세율 8%를 적용받는다.

29. 다음은 FTA 원산지결정 기준에 관한 설명이다. 옳지 않은 것은?

① 기계, 기구, 장치 또는 차량에 사용되는 부속품이 당해 물품과 같이 수입되어 동시에 판매되는 경우 당해 물품의 원산지에 따라 원산지가 결정된다.
② 한-칠레 FTA에서는 간접재료의 경우 세번변경 기준 적용에 있어 이를 고려하지 않는다.
③ 대체 가능 물품의 원산지 관리는 개별법, 선입선출법, 후입선출법, 평균법을 이용하여 결정하며 당해 회계연도에는 지속적으로 같은 방법을 사용해야 한다.
④ ROLL UP 규정은 중간재가 원산지 규정을 충족한 경우 비원산지 재료로 원산지 재료의 조건을 충족한 것으로 간주하여 중간재 전체를 원산지 물품으로 보는 것을 의미한다.

30. 다음 내용이 설명하고 있는 FTA 원산지결정 기준은?

> 가. 당해 물품에 사용된 비원산지 재료의 금액 또는 수량이 일정 기준 이하로 미미한 경우 완제품으로 세번변경이 발생하지 않더라도 원산지 물품으로 인정하는 제도이다.
> 나. 미국과 인도의 경우 섬유 중량의 7% 이내인 경우 인정한다.

① 세번변경 기준　　② 중간재 기준　　③ 미소 기준　　④ 누적 기준

무역결제

31. 다음 중 송금 결제 방식의 특징으로 잘못된 것은?

① 송금 결제 방식은 수입상이 계약 물품 인수 전이나 인수 후 또는 인수와 동시에 대금을 결제하는 방식이다.
② 송금 결제 방식은 환어음을 사용하지 않으므로 어음법이 적용되지 않는다.
③ 대금이 은행을 통해 송금되며 송금 시 선적서류가 은행을 통해 수입상에게 전달된다.
④ 전신환 송금(T/T)은 수입상의 요청에 따라 수입국의 송금은행이 수출국의 지급은행에게 일정 금액을 지급할 것을 지시하는 지급 지시서를 전신으로 송부하여 지급은행이 수취인에게 신속하게 지급하도록 하는 송금 방식이다.

32. "D/P at 60 days after B/L date" 거래의 추심에 관여하는 은행의 역할에 대한 설명 중 올바른 것은?

① 추심의뢰은행(Remitting Bank)은 서류의 전달 과정에서 발생한 지연 및 멸실에 대하여 상응하는 책임을 져야 한다.
② 추심의뢰인이 추심은행을 지정하지 않은 경우 추심의뢰은행은 자신이 임의로 선정한 제시은행을 이용할 수 있다.
③ 환어음의 만기일은 어음 지급인의 인수일에서 60일째 되는 날이다.
④ 추심은행(Collecting Bank)은 추심서류 도착 즉시 수입상에게 인도하며 B/L 일자 후 60일 이내에 추심의뢰은행에 대금을 지급한다.

33. 여러 결제 방식별 위험관리 방안에 대한 설명으로 잘못된 것은?

① 해외에서 CWO 방식으로 수입계약을 체결한 국내 수입상은 선수금을 송금하기 전에 해외 수출상에게 "A/P Bond" 발행을 요청하여 이를 받아두는 것이 유리하다.
② O/A Nego는 무신용장 거래로서 선하증권 등으로 담보력이 보장되지 않는 순수한 외상 수출 채권을 매입하는 거래를 의미한다.
③ CAD 방식으로 수입하는 국내 수입상은 PSI를 하는 것이 위험관리 방안이 될 수 있다.
④ O/A는 수출업체가 수출품 선적을 완료하고 그 물품이 수입국가에 도착함과 동시에 채권이 확정되는 거래를 의미한다.

34. 신용장 방식에서의 매입(Negotiation)에 관한 설명이다. 잘못 설명한 것은?

① 대금 지급을 해야 하는 당사자 이외의 은행이 서류를 구매(Purchase)하는 행위이다.
② 자유매입 신용장 상의 매입은행은 상환청구권을 행사할 수 없다.
③ 개설은행이 인수 후에 지급하는 것은 매입에 해당하지 않는다.
④ 매입은행이 만기일 또는 그 이전에 대금을 지급하거나 대금을 지급하기로 동의함으로써 환어음 또는 서류를 매수해야 한다.

35. UCP 600이 적용되는 신용장 거래에서 상업송장과 관련된 설명 중 틀린 내용은?

① 신용장에서 서명을 요구하지 않았다면 수익자의 서명은 필요 없으며 발행 일자 또한 기재하지 않아도 무방하다.
② 양도 신용장의 경우를 제외하고 상업송장은 수익자가 발행해야 한다.
③ 상업송장 금액은 신용장 금액을 초과하여 발행해서는 안 된다.
④ 신용장에서 상업송장을 요구하는 경우 송장이라는 제목이 명기된다면 세금 목적으로 발행되었다 하더라도 무방하다.

36. 신용장 개설은행은 일치하는 제시 여부에 대한 심사를 진행한다. 신용장 개설은행이 서류 불일치를 이유로 지급을 거절한 경우 다음 중 지급 거절 사유로 부당한 것은?

① 신용장에는 Consignee의 명칭이 "Jeniffer Mcdonald"인데 선하증권에서는 "Jeniffer Mcdowell"인 경우
② 신용장의 Description of Goods에는 "MODEL 123"으로 기재되어 있는데 상업송장에는 "MODEL 321"로 기재된 경우
③ 신용장의 상품 명세에는 "Canned Tuna"라고 표시되어 있는데 상업송장에는 "Canned Fish"라고 표시된 경우
④ 신용장의 수익자 주소가 "12-34, Jong ro, Jong ro-Gu, Seoul, Korea"인데 상업송장의 수출상란에 "34-12, Jong ro, Jong ro-Gu, Seoul, Korea"로 표시된 경우

37. 다음과 같은 문언이 표시된 경우 관련된 신용장은?

> "We authorize the negotiating bank to pay the sums not exceeding 20% of the above mentioned amount of the beneficiary against presentation of the following documents.": Beneficiary's clean draft drawn at sight on the accountee

① 보증 신용장　　　　　　　　② 선대 신용장
③ 회전 신용장　　　　　　　　④ 기탁 신용장

38. 다음은 양도 가능 신용장에 대한 설명이다. 잘못 설명한 것은?

① 양도 가능 신용장의 경우 양도은행으로 지정된 은행이 양도를 원하지 않으면 신용장을 양도할 의무는 없다.
② 신용장을 국외로 양도하기 위해서는 신용장에 특별히 국외 양도 허용에 대한 명시가 있어야 한다.
③ 양도은행은 제2수익자에 대하여 직접적인 결제 의무를 부담하지 않는다. 다만, 개설은행의 결제가 이루어지는 경우에 한하여 양도 신용장에 대한 지급 책임을 부담한다.
④ 원신용장에서 분할선적이 금지되면 분할양도가 불가능하다.

39. ㈜대한무역은 미국에게 다음의 L/C를 수령하였다. 지정은행인 ABC BANK의 NEGO 업무와 관련된 해석이 옳은 것은?

- 31D: Date and Place of Expiry: May 15, 2023 South Korea
- 41A: Available with: ABC BANK Seoul By Payment
- 43T: Transhipment: Prohibited
- 44C: Latest Date of Shipment: May 2, 2023
- 44E: Port of Loading/Airport of Departure: Busan Korea
- 44F: Port of Discharge/Airport of Destination: L.A USA
- 47A: Additional Conditions: A copy of all documents must be faxed to the applicant.

① 신용장에서 환적을 금지하고 있으므로, 물품이 컨테이너에 선적되었다는 표시가 있고 하나의 선하증권이 부산에서 L.A까지 운송을 표시하더라도 환적되었다는 표기가 있는 경우 하자의 사유가 된다.
② 모든 서류의 사본을 개설의뢰인에게 팩스로 송부하도록 추가 조건을 두고 있으므로 반드시 이행해야 한다.
③ 2023년 5월 2일이 일요일이더라도 선적기일은 그다음 일자로 연장되지 않는다.
④ ㈜대한무역은 지정은행인 ABC BANK에 유효기일 이전에 서류를 제시하여 반드시 유효기일 이내에 지정은행이 개설은행으로 결제 요청할 수 있도록 해야 한다.

40. 신용장 조건 변경에 대한 다음 설명 중 잘못된 것은?
① 하나의 조건 변경에 대해 일부만 수락하는 것은 허용되지 않으며 아무런 효력도 가지지 못한다.
② 다수의 제2수익자에게 분할 양도된 신용장의 조건 변경은 일부의 제2수익자가 이에 동의하면 전체 제2수익자에게 조건 변경이 성립된 것으로 본다.
③ 신용장 조건 변경에 대한 수락 의사 없이 그 내용에 일치하는 서류를 제시하였다면 이는 수익자가 조건 변경에 동의한 것으로 간주된다.
④ 원신용장을 통지한 은행과 조건 변경을 통지한 은행은 동일해야 한다.

41. 신용장에서 해상 선하증권을 요구한 경우에 대한 설명으로 올바른 것은?

① 선하증권에 "Packing is not sufficient for the sea journey."라고 표시되어 있으면 하자가 아니다.
② 신용장의 선적항이 선하증권의 수탁지(Place of Receipt)란에 표시되어 있다면 신용장의 선적항에서 선적되었다는 본선적재부기(On Board Notation)가 표시되어 있더라도 하자가 된다.
③ 선장의 대리인이 서명할 때 대리인 자신의 명칭은 기재할 필요가 없다.
④ 운송주선인(Freight Forwarder)도 운송인의 대리인으로서 선하증권에 서명할 수 있다.

42. 다음은 SWIFT로 통지 요청된 신용장에 대한 설명이다. 잘못 설명한 것은?

> 43P: Partial Shipment: Prohibited
> 45A: Description of Goods and/or Service
> 46A: Documents Required
> +Invoice in 2 Copies
> +Packing List in 2 Copies
> +Full set of Clean On Board Ocean Bills of Lading
> +Insurance Certificate

① 2건의 선하증권이 발행된 경우 동일 선박이 아니라 해도 선적일과 목적지가 같으면 분할선적으로 보지 않아 하자가 되지 않는다.
② 인보이스는 1부의 원본과 1부의 사본의 제시로 만족된다.
③ 보험증명서(Insurance Certificate) 대신에 보험증권(Insurance Policy)을 제시할 수 있다.
④ 포장명세서의 물품명세는 신용장의 물품명세와 모순되지 않는 한 일반적인 용어로 표시할 수 있다.

43. 다음은 신용장 거래에서 보험서류에 대한 설명이다. 잘못된 것은?

① 보험서류는 부보 금액을 표시해야 하고 신용장과 동일한 통화로 표시해야 한다.
② 신용장에서 보험증권 원본 1부의 제시를 요구하더라도 보험증권에 원본이 2부 발행된 것으로 표시되어 있다면 원본 1부 및 사본 1부를 제시해야 한다.
③ 신용장에 보험서류에 대하여 'Irrespective of Percentage'라고 명시되어 있는 경우 면책비율 부적용 조건으로 보험서류가 발행되어야 하며, 이 조항이 없으면 Franchise 조항이 기재된 보험서류가 수리 가능하다.
④ 보험증권은 보험증명이나 포괄보험의 확인서를 대신해 수리 가능하다.

44. 무역 결제 방식 중 추심 결제 방식과 화환 신용장 결제 방식의 공통점과 차이점을 비교한 것으로 잘못된 것은?

① 선적서류를 취급하는 수출국 은행은 원칙적으로 추심 결제 방식은 "Bill Collection"을, 신용장 결제 방식은 "Bill Purchase"를 이행한다.
② D/P, D/A 거래는 선적서류 등이 신용장 방식과 같은 경로로 작성되지만 선하증권상의 수하인은 신용장 방식과 달리 원칙적으로 수입상이 된다.
③ D/P, D/A 및 신용장 방식은 거래에 있어 추심의뢰은행이나 추심은행은 선적서류의 일치성을 심사해야 하며 대금 지급의 의무를 부담한다.
④ 추심 결제 방식에서의 관련 은행은 일반적으로 수입상에 대한 신용공여 행위 없이 선의의 관리자로서 역할을 수행하며, 신용장 결제의 경우 신용장 개설 시점부터 개설은행의 수입상에 대한 신용공여 행위가 발생한다.

45. 다음은 매입은행에 선적서류 매입 후 개설은행의 하자로 인한 지급 거절 처리에 관한 설명이다. 가장 올바른 것은?

① 개설은행이 결제(honour)를 거절하기로 결정하는 경우 제시자에게 그러한 취지로 한 번에 통지해야 한다.
② 유효 기간이 경과해도 신용장 수익자는 하자를 보완하여 서류를 다시 개설은행에 제시할 수 있다.
③ 개설은행은 최초의 지급 거절 시에 주장하지 않은 하자를 이유로 대금 지급을 거절할 수 있다.
④ 개설은행이 매입은행에 지급 거절 혹은 인수 거절 통보를 하는 경우 매입은행은 수익자에게 상환 청구권을 행사할 수 없다.

46. 다음은 보증 신용장에 관한 설명이다. 가장 올바른 것은?

① 보증 신용장은 화환 신용장과 동일하게 UCP 600이 적용되며 UCP 600은 다양한 형태의 보증 신용장에 적절하고 완전하게 적용할 수 있다.
② 보증 신용장은 각종 채무 이행의 보증을 목적으로 발행되는 신용장으로서 Documentary Credit이라고 한다.
③ 보증 신용장은 무역거래 및 무역 외 거래의 각종 채무 이행의 보증, 금융의 담보를 주된 목적으로 발행되는 신용장이다.
④ 화환 신용장이 무역 외 거래 및 자본 거래에 대한 보증수단으로 사용되는 데 비해, 보증 신용장은 상품 대금의 결제를 주된 목적으로 하는 지급 수단이다.

47. 다음은 신용장의 서류 제시와 관련 은행의 영업일에 대한 설명이다. 올바른 것을 모두 기재한 것은?

> A. 단기간 내에 심사 가능한 서류는 5은행영업일이 아닌 3은행영업일 만에 심사하여 대금을 지급해야 한다.
> B. 최장 5은행영업일이란 문자 그대로 한도에 불과하며, 이 한도 내에 신속히 심사해야 하는 것을 의미한다.
> C. 은행이 서류 심사를 5은행영업일 안에 끝냈다 하더라도 은행은 서류를 보관하고 있다가 5은행영업일째 되는 날 지급하는 것이 원칙이다.
> D. 제출 서류의 심사 기간은 제시를 받은 다음 날부터 최장 5은행영업일이나 제출 서류가 방대한 경우 7일까지 연장될 수도 있다.

① A
② B
③ A, B, C
④ B, C, D

48. 다음은 신용장 거래에서 서류의 일자에 관한 설명이다. 잘못 설명한 것은?

① 선하증권 상에 "본선적재됨(Shipped on Board)"이라고 미리 인쇄되고 본선적재부기(On Board Notation)가 없으면 선하증권의 발행 일자를 선적 일자로 본다.
② 신용장에서 선적일이 "Shipment should be effected not later than May 07, 2023."으로 기재되었다면 선적일은 2023년 5월 6일까지이다.
③ 신용장이 별도로 요구하지 않아도 운송서류와 보험서류, 환어음에는 날짜를 기재해야 한다.
④ 신용장의 유효기일 또는 제시를 위한 최종일이 은행 휴업일에 해당하는 경우 다음의 최초 영업일로 연장되나 선하증권의 선적일은 연장되지 않는다.

49. UCP 600상 과부족 용인 규정과 관련된 설명으로 옳은 것은?

① 신용장의 수량 앞에 'About', 'Approximately'라는 표현을 사용한 경우 수량과 금액은 10%의 과부족을 허용한다.
② 송장과 환어음은 신용장 금액의 5% 범위 내에서 감액 발행할 수 있지만, 송장상의 수량과 단가는 신용장 조건과 일치해야 한다.
③ 신용장에 '1,000pcs of Computer Case'라고 표시된 경우 별도의 과부족 허용 문구가 없더라도 995pcs에서 1,000pcs까지 선적이 가능하다
④ 살물(Bulk Cargo)의 수량에 과부족 용인 규정이 없을 경우 수량과 환어음 발행 금액은 10%의 과부족이 허용된다.

50. 다음은 개설은행인 ABC BANK로부터 SWIFT로 수취한 신용장의 일부이다. 제시된 선하증권의 내용 중 하자를 구성하는 것은?(단, 동 신용장상에 선하증권에 대한 기타 지시사항은 없다고 가정한다.)

> 46A: Documents Required
> + Full set of clean on board ocean Bills of Lading made out to the order of ISSUING BANK and notify XYZ corporation marked "FREIGHT PREPAID"

① Consignee: to the order of ABC Bank
② Notify: XYZ Corporation
③ Number of Originals: 3/3으로 표시된 선하증권 중 Duplicate만 제시
④ Description of Goods: "Clean" 미기재

51. 다음 중 선적일로 간주되는 것을 모두 기재한 것은?(단, 별도의 본선적재부기는 표시되지 않는다고 가정한다.)

> A. 항공운송서류의 발행 일자(Date of Issue)
> B. 선하증권의 발행 일자(Date of Issue)
> C. 용선계약부 선하증권의 발행 일자(Date of Issue)
> D. 물품 수령증의 접수 일자(Date of Pick-up)
> E. 우편운송서류의 우체국 수취 스탬프 일자(Date of Post Receipt)

① A, B, C
② A, B, D, E
③ A, C, D, E
④ A, B, C, D, E

52. ㈜에듀상사는 미 달러화로 환전하여 권리사용료를 송금하고자 한다. 은행이 고시한 미 달러화와 원화 간의 환율표가 아래와 같은 경우 이 거래에는 어떤 환율이 적용되는가?

통화명	현찰		전신환		T/C 사실 때	외화수표 파실 때	매매 기준율	환가료율
	사실 때	파실 때	보내실 때	받으실 때				
USD	1,116.0	1,067.0	1,106.0	1,077.0	1,109.0	1,075	1,087	2.012

① 1,116.0   ② 1,067.0   ③ 1,106.0   ④ 1,075

53. 외환시장에서 주요 통화의 현물환율 및 3개월물 스왑레이트가 다음과 같이 거래되고 있다. 이러한 스왑레이트를 기준으로 판단할 때 어떤 통화의 금리가 가장 높은 것으로 추정되는가?

(스왑레이트 단위: pip)

	EUR-USD	USD-JPY	CNY-USD
Spot Rate	1.120 - 1.125	120.3 - 123.45	0.15 - 0.155
3 Months Swap Rate	4.5 - 8.5	3.5 - 2.5	6.5 - 4.5

① EUR(유로화)
② USD(미 달러화)
③ JPY(일본 엔화)
④ CNY(중국 위안화)

54. ㈜에듀상사는 JPY 100,000의 숏포지션(Short Position)을 보유하고 있다. 환율이 아래와 같이 변동할 경우 이 포지션에서 발행하는 원화손익은 얼마인가?

환율	변동 전	변동 후
USD/KRW	1,000	1,100
USD/JPY	100	80

① 375,000원 손실
② 375,000원 이익
③ 500,000원 손실
④ 500,000원 이익

55. 국내 수입업체가 수입통화인 달러화 환율 상승 위험에 대한 헤징 목적으로 통화옵션거래를 활용하려고 한다. 이에 대한 설명으로 적절하지 않은 것은?

① 수입통화의 풋옵션을 매입해야 한다.
② 통화옵션을 매입하는 경우 옵션 프리미엄을 지급해야 한다.
③ 통화옵션을 매입하는 경우 환율 상승으로 인한 최대 손실이 제한된다.
④ 수입업체 입장에서 옵션프리미엄 지급을 최소화하려면 수입통화의 콜옵션을 매입하고 풋옵션을 매도해야 한다.

56. 다음 중 환산 환리스크에 대한 설명으로 올바른 것은?

① 환율 변동으로 매출액, 매출원가 등이 변동하고 이에 따라 기업가치나 현금 흐름의 변동이 발생하는 환위험
② 환율 변동으로 상품의 수출입 또는 외화차입과 대출 시 계약 시점과 결제 시점의 환율 차이로 발생하는 환위험
③ 환율 변동으로 외국 통화로 표시된 자산, 부채를 자국통화로 환산하여 연결 재무제표로 작성할 때 발생하는 환위험
④ 환율 변동으로 미래 제품의 판매량, 가격, 시장 점유율 등이 변동하는 환위험

57. 미국의 AP사는 LA은행과 아래와 같은 달러/원 역외선물환(NDF) 거래를 체결하였다. 이 경우 만기 시 현금흐름에 대해 설명한 것으로 적절한 것은?

> AP사가 LA은행에 달러 NDF 매도
> 거래금액: 100만 달러
> 계약환율: 1,200원
> 정산환율: 1,000원

① AP사가 LA은행에게 100달러를 지급하고 10억 원 수취
② AP사가 LA은행에게 100달러를 지급하고 12억 원 수취
③ LA은행이 AP사에게 2억 원 지급
④ LA은행이 AP사에게 20만 달러 지급

58. ㈜에듀산업은 일본에서 부품을 수입하고 수입 대금은 엔화로 결제한다. 완제품은 미국으로 수출하고 수출 대금은 달러로 수취한다. 이 회사는 달러 대 엔화의 환율 변동 위험을 헤지하기 위하여 3개월 선물환 거래를 하려고 한다. 은행이 제시한 USD/YEN의 현물환율(앞쪽 통화가 기준통화)과 스왑레이트가 다음과 같다면 ㈜에듀산업이 거래하는 환율로 가장 적절한 것은?(단, 은행수수료는 없다고 가정한다.)

(스왑레이트 단위: pip)

	Bid Rate	Offer Rate
Spot Rate	119.1	119.2
3 Months Swap Rate	3	1

① 119.19 ② 119.13 ③ 119.21 ④ 119.07

59. ㈜에듀산업은 제품의 일부 원자재를 일본에서 수입하고 엔화로 결제한다. 생산된 제품은 미국으로 수출하고 대금을 달러로 수취한다. 이와 같은 때에 다음 중 바르게 설명하는 것은?

① USD/KRW 환율이 상승하면 달러 포지션에서는 손해가 발생한다.
② JPY/KRW 환율이 상승하면 엔 포지션에서는 이익이 발생한다.
③ ㈜에듀산업은 엔은 Long Position을 달러는 Short Position을 갖는다.
④ 환위험을 Hedge하기 위해 엔은 Long Hedge, 달러는 Short Hedge해야 한다.

60. USD/KRW 환율의 변동성이 커지고 있는 상황에서 환율 급변동에 따른 환위험을 헤지(Hedge)하기 위해 우리나라 기업이 취할 수 있는 방안으로 적절하지 않은 것은?

① 달러 차입금을 사용하는 기업은 원화차입금으로 변경한다.
② 달러화를 지급하는 수입기업은 풋옵션 매도계약을 체결한다.
③ 달러화를 수령하는 수출기업은 풋옵션 매수계약을 체결한다.
④ 수입원자재의 사용을 줄이고 국산원자재의 사용을 늘린다.

무역계약

1. 다음은 Incoterms 2020에 대한 설명이다. 올바르게 모두 기재한 것은?

> A. Incoterms 2020은 11가지 정형거래 조건별로 매도인과 매수인의 권리, 의무와 함께 소유권 이전 문제를 규정하고 있다.
> B. Incoterms 2020에서 물품의 인도 시점으로 본선적재를 규정하는 조건은 FOB, CFR, CIF 조건이다.
> C. Incoterms 2020은 국제 매매계약에서만 사용 가능하다.
> D. Incoterms 2020은 원칙적으로 물품 인도와 위험 부담의 이전 시기를 동일하게 규정하고 있다.
> E. Incoterms 2020은 운송 방식 불문 조건과 해상 및 내수로운송 전용 조건으로 구분되며, 이중 불문 조건은 EXW, FCA, CIP, CPT, DPU, DAP, DDP 조건이다.

① A, B, C ② A, C, E ③ B, C, E ④ B, D, E

2. 다음은 Incoterms 2020에 관한 내용이다. 올바르게 모두 기재한 것은?

	규칙	수출통관	운송계약	보험계약	수입통관	위험 이전
A	CIF	매도인	매도인	매도인	매수인	본선적재 시
B	DPU	매도인	매도인	양 당사자 의무 없음	매수인	목적지에서 양하하지 않은 상태
C	FOB	매도인	매수인	양 당사자 의무 없음	매수인	본선적재 시
D	DDP	매도인	매도인	매도인	매도인	목적지에서 양하하지 않은 상태

① A, B ② A, C ③ B, C ④ B, D

3. 다음은 Incoterms 2020 중 C 조건에 관한 설명이다. 올바르게 모두 기재한 것은?

> A. CIF 조건의 경우 매도인의 비용 부담은 본선적재 시까지이며 위험 부담은 수입항에 도착할 때까지이다.
> B. CFR 조건의 경우 매도인은 수입국 공항에 물건이 도착할 때까지 운임을 부담한다.
> C. CPT 조건의 경우 매도인은 매수인이 지정한 운송인에게 물품을 인도할 때 그 위험이 이전된다.
> D. CIP 조건의 경우 매도인은 수입국의 목적지까지 운송비와 보험료를 부담한다.
> E. 위험의 이전 시점에 관하여 CIF 조건은 CFR 조건과, CPT 조건은 CIP 조건과 동일하다.

① A, B ② B, C ③ C, D ④ D, E

4. 다음은 무역계약의 특징 및 체결과 관련된 내용이다. 잘못 설명한 것은?

① 무역계약은 매도인의 청약에 대해 매수인이 승낙함으로써 계약이 성립하는 요물계약의 성격을 갖는다.
② 수입상의 주문을 받은 수출상이 주문에 대한 승낙서를 발송하지 않은 채 물품을 발송했다면 계약은 성립한 것으로 본다.
③ 당해 거래에 적용되는 법률상 강행규정은 당사자 간 합의보다 우선한다.
④ 유효 기간이 명시되지 않은 불확정청약의 경우 무한정 효력을 인정할 수 없기에 합리적인 기간(reasonable time) 또는 상당한 기간 내에 승낙하면 계약이 유효하게 성립한 것으로 본다.

5. 다음은 비엔나협약의 적용에 대한 설명이다. 잘못 설명한 것은?

① 비엔나협약은 영업소가 모두 체약국인 서로 다른 국가에 있는 당사자 간 물품매매계약에 적용된다.
② 비엔나협약에서 물품을 공급하는 당사자의 주된 의무 부분은 노무 및 기타 서비스의 공급에 대한 계약에 적용되지 않는다.
③ 비엔나협약은 물품으로 인해 발생한 사람의 사망 또는 상해에 대한 매도인의 책임에는 적용되지 않는다.
④ 비엔나협약은 매매된 물품의 소유권에 대해 계약이 미치는 효력에 대해 규정한다.

6. 다음은 비엔나협약 중 매수인의 대금 지급 의무 및 대금 결정 방법에 관한 내용이다. 올바르게 모두 기재한 것은?

> A. 매수인의 대금 지급 의무는 현실적인 지급 및 신용장 개설, 송금 허가 등 대금의 지급을 가능하게 하는 조치 및 절차를 포함한다.
> B. 중량을 기준으로 대금을 정하는 경우 물품의 총중량에 의하도록 규정하고 있다.
> C. 동 협약에서는 물품에 대한 위험 이전과 대금 지급 의무를 동시에 충족할 것을 규정하고 있다.
> D. 매수인이 대금을 특정 기일에 지급해야 할 의무가 없는 경우 계약 및 동 협약의 규정에 따라 매도인이 물품 또는 물품을 처분할 수 있도록 하는 서류를 매수인의 임의 처분하에 적치하였을 때 대금을 지급해야 한다.

① A, C   ② A, D   ③ B, C   ④ B, D

7. 다음은 무역계약 체결을 위한 청약과 승낙에 대한 설명이다. 올바르게 설명한 것은?

① 무역계약 체결을 위한 청약은 1인 또는 다수의 특정인을 대상으로 한다는 측면에서 불특정 다수를 대상으로 하는 청약의 유인과 그 성격이 유사하다.
② 물품, 수량, 가격은 계약 체결 시 확정되므로 청약 시 그 내용이 확정적이지 않아도 된다.
③ 승낙을 발신했더라도 승낙의 철회 통지가 승낙의 효력이 발생하기 이전이나 또는 그와 동시에 도달하는 경우에는 철회가 가능하다.
④ 무역계약 체결을 위한 승낙은 청약의 유효기일 내에 이루어져야 하며, 청약 내용에 동의할 경우 침묵이나 무행위도 승낙에 해당된다.

8. 다음은 비엔나협약 중 계약의 해제와 관련된 내용이다. 올바르게 모두 기재한 것은?

> A. 계약 해제는 계약의 효력을 계약의 성립 시로 소급하여 소멸시키는 것이며 아직 이행되지 않은 부분에 대해서는 채무가 소멸되나 이미 이행한 부분에 대해서는 원상회복의 의무가 있다.
> B. 매수인은 매도인의 본질적 계약 위반이 있을 경우 계약을 해제할 수 있다.
> C. 분할인도의 경우 이미 행한 인도와 장래의 인도가 상호의존 관계에 있음으로써 어느 분할인도의 불이행으로 인해 계약 목적의 달성이 불가능한 경우, 매수인은 앞으로 이행해야 할 인도분에 대하여 계약 해제할 수 있으나 이미 행한 분에 대하여는 해제할 수 없다.

① A, B ② A, C ③ B, C ④ A, B, C

9. 다음은 구속력(Binding Force) 유무에 따른 청약의 종류에 대한 설명이다. 올바르게 모두 기재한 것은?

> A. 확정청약(Firm Offer)이 발행되어 법률상 청약으로서 효력이 발생하면 당사자가 이에 구속되며, 유효 기간 내에는 청약자가 내용을 변경하거나 취소할 수 없다.
> B. 확정청약에는 유효 기간(승낙 기간)이 설정되어 있지만 불확정청약(Free Offer)에는 유효 기간이 제시되어 있지 않다.
> C. 확정청약은 청약자의 판매 또는 구매의 확정적 의사 표시이다. 피청약자가 승낙과 함께 청약자의 승인이 있어야 계약이 성립된다.
> D. 불확정청약은 청약자의 판매 또는 구매의 단순한 불확정적 구상이라는 성격을 지니며 청약자가 승낙에 대하여 최종적인 확인을 해야 계약이 성립한다.

① A, B, C ② A, B, D ③ A, C, D ④ B, C, D

10. 다음은 무역계약 체결과 관련된 문제이다. 올바르게 모두 기재한 것은?

> A. 매수청약(Buying Offer)을 받은 매도인인 한국의 K기업이 승낙을 발송하지 않고 청약 내용에 따른 수출 물품을 선적한 경우 계약은 성립한다.
> B. 매도인인 한국의 A기업이 발행한 매도청약(Selling Offer)은 매수인에게 도달하였을 때 효력이 발생된다.
> C. 매도청약을 받은 매수인인 미국의 A기업이 승낙을 발송하지 않고 청약 내용에 따른 대금을 지급한 경우 계약은 성립한다.
> D. 매도인인 한국의 S기업이 청약을 받고 반대청약(Counter Offer)을 보냈을 경우, 그 반대청약을 없었던 것으로 하고 원청약대로 승낙해도 계약은 성립한다.

① A, B, C   ② A, B, D   ③ A, C, D   ④ B, C, D

11. 다음은 무역계약의 수량 조건과 관련된 내용이다. 올바르게 모두 기재한 것은?

> A. 1 gross는 12 dozen이며, 144 pcs이다.
> B. 용적 단위 중 CBM이란 가로, 세로, 높이가 1m씩인 부피를 의미하며, 1 TEU란 20 ft 컨테이너 1개 분량을 의미한다.
> C. 신용장으로 Bulk Cargo 거래 시 신용장에서 과부족을 인정하지 않는다는 금지 표시가 없는 한 10%의 과부족을 허용한다.
> D. 중량 표시에서 Gross Weight란 제품 중량 및 내포장, 외포장 무게를 더한 개념이다.
> E. Bulk cargo 거래 시 More or Less 조항을 사용하였을 경우 제품 인도 후 과부족분에 대한 금액은 정산할 필요가 없다.

① A, B, C   ② A, B, D   ③ B, C, D   ④ B, D, E

12. 다음 중 선적 관련 내용으로 그 업무처리가 <u>잘못된</u> 것은?

① 매도인인 한국의 A기업은 선적과 관련하여 "Direct Steamer by Usual Route"라고 명시된 신용장을 수취하고 환적 없이 운송하였다.
② 매도인인 한국의 B기업은 선적기일을 매수인과 "Second Half of May, 2023"이라고 약정한 후 2023년 5월 22일에 선적하였다.
③ 매도인인 한국의 C기업은 분할선적을 금지한다는 명시적 내용이 없는 신용장을 수취한 후 수출 물품을 분할하여 선적하였다.
④ 매도인인 한국의 D기업은 할부선적이 약정된 신용장을 수취하고 Installment Schedule에 의해 선적하였고 배정된 두 기간의 물량을 한 번에 선적하였다.

13. 다음은 무역계약의 보험 조건에 관한 내용이다. 잘못 설명한 것은?

① 한국의 매도인인 A기업은 매수인과 CIP 조건으로 무역계약을 체결하고 ICC(A) 조건으로 부보하였다.
② 한국의 매도인인 A기업은 매수인과 CIF 조건으로 무역계약을 체결하고 보험금액은 CIF 가격의 110% 그리고 보험증권상의 표시 통화를 무역계약서와 동일하게 보험계약을 체결하였다.
③ 한국의 매도인인 A기업은 CIF 계약을 체결하면서 매수인을 위하여 보험계약을 체결하였다.
④ 한국의 매도인인 A기업은 매수인과 CIP 조건으로 무역계약을 체결하고 선적항에서 물품을 선적한 때부터 목적항에서 매수인에게 인도할 때까지 COVER하도록 ICC(C) 조건으로 보험계약을 체결하였다.

14. 다음은 무역계약서의 조항에 관한 설명이다. 설명이 적절하지 <u>않은</u> 것은?

① Force Majeure Clause: 양당사자가 통제할 수 없는 어떤 사건이 발생하면 법률적으로 계약의 이행 불능을 구성하든 그렇지 않든 관계없이 당사자의 권리와 의무에 대해 규정함으로써 원만한 처리를 의도하는 당사자 간 합의조항
② Hardship Clause: 계약 체결 후 정치, 경제적 사정 등 계약 체결 시 예상하지 못한 사정 변경이 발생하여 채무 이행이 불가능하지는 않지만, 그 이행을 강요한다면 극히 불공평한 결과가 되는 경우 계약 당사자가 이를 시정하기 위한 계약 수정에 응하도록 약속하는 것을 포함하는 조항
③ Infringement Clause: 매수인이 제공한 규격에 의해 매도인이 물품을 생산, 제조하여 매수인에게 제공한 경우 그 생산으로 인하여 제3자의 산업재산권 또는 지식재산권을 침해하게 된 경우 매수인이 책임을 부담하며 매도인은 면책된다는 조항
④ Jurisdiction Clause: 당사자 간 합의사항은 모두 계약서에 기재된다는 것을 전제로 계약서 작성 이전에 있었던 당사자 간 구술 및 서면 합의는 기속력을 상실한다는 내용의 합의조항

15. 다음은 중재(Arbitration) 및 재판(Litigation)에 관한 설명이다. 올바르게 모두 기재한 것은?

A. 우리나라에서 중재는 중재법 및 중재 규칙에 의해, 소송 절차는 민사소송법에 의한다.
B. 소송은 재심과 3심이 가능하나, 중재는 단심제로 운영된다.
C. 중재는 당사자 일방의 제기로 중재 절차를 개시할 수 있으나 소송은 양 당사자의 합의가 있어야 개시할 수 있다.
D. 중재 합의는 소송 제기권을 포기하게 되므로 당사자의 진의를 담보해야 한다.
E. 중재 판정은 법원의 집행 판결을 받아야만 집행력이 생기므로 그때까지는 잠정적인 집행력만 발생한다.

① A, B, C, D ② A, B, C, E ③ A, B, D, E ④ B, C, D, E

16. 무역계약에 대한 설명 중 올바른 것은?

① 핸드폰 매매계약 체결 시 계약서상 수량에 대해 "Approximately"를 기재해야 한다.
② 계약을 체결하기 위한 목적으로 불특정 다수에게 청약서를 팩스를 통해 발송하였다.
③ 청약자가 결제 조건을 CIF 조건으로 기재한 청약에 대해 피청약자가 FOB 조건으로 수정하여 청약을 승낙하였다.
④ 냉동어류를 수입하고자 하여 GMQ 조건으로 계약을 체결하였고 운송 중 변질에 대해서는 수입상이 책임지지 않는다.

17. 무역계약의 주요 협상 조건에 대한 다음 설명 중 바르게 설명하는 것은?

① ㈜코리아제분은 밀을 수입하면서 도착 후 손상된 부분이 있을 시 보상을 받기 위해 TQ 조건으로 계약을 체결하였다.
② ㈜에듀상사는 석탄 1,000MT을 수입하기 위해 계약서상에 "5% More or Less at Seller's Option"이라는 조항을 삽입하였다.
③ ㈜에듀상사는 선적 조건에 "On or About"이라는 규정을 삽입하여 특정일을 기준으로 총 20일의 선적 기간을 정하였다.
④ 보험 조건을 협상하면서 적재, 양륙하역 중의 낙하 또는 추락에 의한 포장 단위의 전손을 담보받기 위해 ICC(C) 조건을 삽입하였다.

18. 다음은 일반 무역계약서 조항의 일부이다. 다음 조항과 관련있는 것은?

> If any provision of this Agreement is held unenforceable, then such provision will be modified to reflect the parties' intention. All remaining provisions of this Contract shall remain in full force and effect.

① Entire Agreement Clause
② Arbitration Clause
③ Severability Clause
④ Infringement Clause

19. 다음은 비엔나협약에서 규정하고 있는 계약 위반에 대한 매도인과 매수인의 구제수단에 대한 설명이다. 올바르게 모두 기재한 것은?

> A. 물품이 계약과 일치하지 않은 경우 매수인은 매도인에게 합리적인 수리에 의한 불일치의 보완을 청구할 수 있다.
> B. 계약을 해제할 수 있을 정도의 본질적인 위반에 대해 행사할 수 있는 권한으로 하자 통지 시점에서 합리적인 기간 내에 대체품 인도를 청구할 수 있다.
> C. 매수인의 계약 위반이 본질적인 위반을 구성하는 경우 매도인은 계약 해제권을 행사할 수 있다.
> D. 매수인이 자신의 의무를 이행하지 않은 경우 매도인은 손해배상을 청구할 수 있다. 단, 계약 해제, 특정 이행 청구 등과 선택적 또는 중복적으로 청구할 수 없다.

① A, B, C   ② A, B, D   ③ A, C, D   ④ A, B, C, D

20. 다음은 무역계약의 이행에 관련된 설명이다. 올바르게 설명한 것은?

① On Board B/L을 요구한 경우 Commercial Invoice의 발행 일자를 실제 선적 일자로 볼 수 있다.
② CIF 조건으로 계약을 체결하고 매도인은 본인의 위험을 커버하기 위해 해상적하보험에 가입했다.
③ 신용장 거래 시 Bulk Cargo의 경우 과부족 용인조항이 없더라도 10%의 과부족이 허용된다.
④ 신용장상 선적 조건에 분할선적을 금지한다는 조항이 기재되어 있지 않으면 매도인은 임의로 약정 수량을 일시에 선적하거나 분할선적하더라도 문제가 없다.

21. 다음은 선하증권의 종류별 설명이다. 올바르게 설명한 것은?

① 수취선하증권은 화물을 본선에 적재한 후 발행하는 선하증권으로 선하증권상에 "Shipped on Board"와 함께 선적 완료를 표시한다.
② Foul B/L의 경우 수출상은 운송회사에 L/I를 제공하고 정상적인 무사고 선하증권을 교부받을 수 있다.
③ Surrendered B/L은 권리포기의 의미를 지닌 선하증권으로 선하증권 원본이 이미 발행된 경우 발행받을 수 없다.
④ Stale B/L은 물품을 선적하고 선적항에서 발행된 선하증권을 목적항 이외의 제3의 장소(중계국)에서 송하인, 수하인, 통지처 등의 내용을 변경하고 다시 발행한 선하증권이다.

22. 컨테이너 해상 수출 화물 운송 절차에 관한 다음의 내용 중 잘못된 것은?

① 수출 화주는 선사의 Shipping Schedule을 확인하고 수출 화물 출고 계획을 세워야 한다.
② 선박회사는 매도인이 선박회사에 제출한 선복신청서(S/R: Shipping Request)를 근거로 인수예약서(Booking Note)를 작성하고 화물인수목록(Booking List)을 관련 부서에 전달한다.
③ FCL 화물의 경우 수출상의 공장이나 창고로 컨테이너를 보내어 수출상의 책임으로 물품을 적재하고 CY(Container Yard)로 이동하여 CY Operator에게 인도하고 CY Operator는 CY에서 Sealing 후 선적을 준비한다.
④ 선박회사는 부두수취증(D/R: Dock Receipt)을 근거로 선하증권(B/L)을 수출상에게 발급한다.

23. 다음 중 선하증권과 관련된 국제 규칙으로 그 내용이 잘못된 것은?

① 헤이그 규칙에서 상업과실은 운송인의 면책, 항해과실은 운송인의 책임으로 하고 있다.
② 함부르크 규칙은 화주에게 유리한 규칙으로 항해과실면책을 폐지하였다.
③ 로테르담 규칙은 복합운송에도 적용할 수 있도록 하고 있고 전자 선하증권 등 전자운송 시스템과 전통적인 선하증권이 동일한 기능을 수행한다고 인정하며 운송인의 책임 규정뿐 아니라 송하인의 책임에 대해서도 규정하고 있다.
④ 헤이그-비스비 규칙은 헤이그 규칙을 개정한 것으로 조약 적용 범위의 확장, 선하증권기재의 증거력 강화, 운송인의 책임 제한에 따른 한도액의 인상 등을 규정하였다.

24. 부정기선 운임에 대한 설명 중 잘못된 것은?

① Long Term Contract Freight는 원료 및 제품을 장기적, 반복적으로 수송하기 위한 장기 운송계약 체결로 부정기선의 경우 몇 항차, 몇 년간으로 계약을 체결한다.
② 수하인이 인수 거절한 화물의 반송에 대해 운송인이 부과하는 운임을 Pro Rata Freight라고 한다.
③ 선적하기로 계약했던 화물량보다 실제 선적량이 적은 경우 용선자가 그 부족분에 대해 지불하는 운임을 부적운임(Dead Freight)이라고 한다.
④ Lump-sum Freight는 화물의 개수, 중량 또는 용적에 상관없이 선박의 1항해 또는 선복을 기준으로 계산하는 운임이다.

25. 운송클레임에 관한 설명이다. 잘못 설명된 것은?

① 항공운송보다 해상운송에서 주로 발생한다.
② 운송클레임 해결을 위해 손해배상 청구서, 송장, Survey Report, 운송서류 사본 등을 필수로 제출해야 한다.
③ 항공운송에서 화물 파손에 대한 클레임은 수입상이 화물 인수일부터 14일 이내에 제기해야 한다.
④ 클레임의 제기는 원칙적으로 화물의 소유자여야 하며 제3자가 클레임을 제기할 수 없다.

26. 다음은 영국해상보험법상 위부의 통지에 관한 설명이다. 올바르게 모두 기재한 것은?

> A. 피보험자가 보험의 목적을 보험자에게 위부할 것을 선택하는 경우, 피보험자는 위부의 통지를 해야 한다.
> B. 위부의 통지는 서면이나 구두로 할 수 있고, 일부는 서면으로 일부는 구두로 할 수도 있다.
> C. 위부의 통지는 손해에 관해 신뢰할 수 있는 정보를 수취한 후에 상당한 주의로서 이를 통지해야 한다. 그러나 그 정보가 의심스러운 경우 보험자는 상당히 신속하게 이를 조사할 권리가 있다.
> D. 위부의 승낙은 보험자의 행위에 의하며 명시적 또는 묵시적으로 할 수 있다. 위부의 통지 후 보험자의 단순한 침묵은 승낙이 아니다.

① A, B, C   ② A, B, D   ③ B, C, D   ④ A, B, C, D

27. 해상적하보험증권에 첨부되는 갑판적약관(On-deck Clause)에 대한 설명 중 가장 옳은 것은?

① 보험계약 체결 당시 갑판적되는 것을 알았다면, 이를 고지하고 추가 보험료를 납입함으로써 ICC(C) + 침몰(Sinking) 조건 이상으로 부보할 수 있다.
② 컨테이너 화물의 경우 건화물 컨테이너 등과 같은 밀폐형 컨테이너는 갑판적으로 하더라도 보험자에게 반드시 고지해야 하며 갑판에 선적할 수 없다.
③ 갑판적약관은 모든 적하보험증권에 첨부되는 특별약관으로 FPA, C 조건 혹은 이보다 보상 범위가 넓은 조건으로 인수되는 보험계약에 적용된다.
④ 해상적하보험증권에 갑판적 약관을 첨부함으로써 갑판적 사실이 고지되지 않은 상태로 갑판적된 화물에 대해서도 보험을 유효하게 유지할 수 있도록 하고 있다.

28. 다음은 담보손해에 대한 보험자의 보상책임에 관한 설명이다. 잘못 설명한 것은?

① 보험목적물에 전손이 있을 시 기평가보험인 경우에는 보험금액을, 미평가보험인 경우에는 보험가액과 보험금액 중 적은 금액으로 보험금이 지급된다.
② 화물손상 시 이를 수선하는 비용과 화물을 목적지까지 운송하는 비용을 합산한 비용이 목적지 도착 시 화물의 가액을 초과할 경우 추정전손으로 인정하고 보험 금액을 보상한다.
③ 손상된 화물이 중간항에서 매각되어 정상가격이나 손상가격을 산정하기 어려운 경우 실무적으로 구조물차감 방식으로 보험금을 계산하며 보험금은 보험금액에서 구조물 순매각금을 뺀 금액이 된다.
④ 화물의 감가율을 산정할 때 보험자는 보험 가입 당시 제출된 화물의 송장 가격을 도착지의 화물 가치로 보고 그 금액과 목적지의 도매 가격 간 차액이 송장 가격에서 차지하는 비율을 감가율로 산정한다.

29. 다음은 고지 의무와 담보에 관한 설명이다. 잘못 설명한 것은?

① 고지는 서면이나 구두로 가능하며, 담보는 서면으로만 가능하다.
② 고지 의무 위반 시 보험자에게 보험계약 해지권이 부여되며 담보 의무 위반 시 위반 순간부터 보험자는 면책된다.
③ 고지 의무는 보험증권상에 기재되어야 하며 담보 의무는 보험증권상에 기재할 필요가 없다.
④ 고지 의무는 실질적으로 충족하면 되나 담보 의무는 보험증권 내용대로 엄격히 충족해야 한다.

30. ㈜에듀상사는 중국에서 압출기를 수입하는 과정에서 ICC(C) 조건으로 부보하였다. 다음 사고 중 보험자에게 보상을 받을 수 있는 경우는?

① 항해 중 갑판에 적재된 물품이 해수의 유입으로 유실되었다.
② 선적된 물품 중 일부가 누군가에 의해 고의로 파손되었다.
③ 운항하던 선박에 다른 선박이 충돌하여 물품이 파손되었다.
④ 물품 운송 중 태풍의 영향으로 빗물이 선창에 침투하여 갑판 아래 선적된 물품에 손상을 입혔다.

31. 다음 Incoterms 2020의 거래 조건 중 CIP 조건에 대한 설명으로 잘못된 것은?

① "Carriage and Insurance Paid To" means that the seller delivers the goods—and transfers the risk— to the buyer by handing them over to the carrier contracted by the seller or by procuring the goods so delivered.
② The seller must also contract for insurance cover against the buyer's risk of loss or damage to the goods from the port of shipment to at least the port of destination.
③ This rule may be used irrespective of the mode of transport selected and may also be used where more than one mode of transport is employed.
④ The insurance shall be cover, at a minimum, the price provided in the contract plus 10%(i.e. 110%) and shall be in the currency of the contract.

32. 다음 중 Incoterms 2020을 매도인의 관점에서 바르게 설명하지 않은 것은?

① FAS—The seller is required either to deliver the goods alongside the ship or to procure goods already so delivered for shipment.
② EXW—Seller wants to restrict its obligation merely to place the goods at the buyer's disposal at the seller's premises or another named place.
③ FCA—Seller is willing to deliver the goods to the carrier nominated by the buyer at the named place and to clear the goods for export.
④ DAP—Seller is willing to deliver the goods assuming all costs and risks up to the named place and also unload the goods from the means of transport upon arrival.

33. 다음 괄호 안에 들어갈 용어는?

> (   ) means a presentation that is in accordance with the terms and conditions of the credit, the applicable provisions of these rules and International Standard Banking Practice.

① Presentation ② Credit
③ honour ④ Complying Presentation

34. 아래 서신의 내용상 괄호 안에 들어갈 정형거래 조건으로 적합한 것은?

Thank you very much for your L/C NO. E123456NS789 covering your order No. 9876. While we are checking the L/C, however, we realized that the L/C requires a B/L stipulating 'Freight Collect'. As you understand, our contract is based on (   ) terms, so the L/C should be amended accordingly.

① CIF   ② FAS   ③ FOB   ④ EXW

35. UCP 600의 서류에 관한 설명이다. 잘못 설명한 것은?

① A bill of lading, however named, must appear to indicate the name of the carrier and be signed by the carrier or a named agent for or on behalf of the carrier, or the master or a named agent for or on behalf of the master.

② The word "clean" needs not appear on a transport document, even if a credit has a requirement for that transport document to be "Clean on Board".

③ An insurance certificate is acceptable in lieu of an insurance policy.

④ A transport document bearing a clause such as "Shipper's Load and Count" and said by shipper to contain is acceptable.

36. 다음 문장 중 나머지 문장과 그 성격이 다른 것은?

① We make a firm offer for the goods as follows.

② We are prepared to make you a firm offer.

③ We offer you firm for the goods as follows.

④ We make a firm offer subject to our final confirmation.

※ 다음 주어진 신용장을 보고 물음에 답하시오.(37~38)

> 46A Document Required
> +FULL (3/3) SET OF CLEAN ON BOARD MARINE BILLS OF LADING MADE OUT TO ORDER OF ABC BANK AND MARKED FREIGHT PREPAID
> +THREE COPIES OF INSURANCE POLICY ENDORSED IN BLANK, COVERING ICC(C) FOR FULL INVOICE VALUE PLUS 10%
> +PACKING LIST IN FOUR COPIES
> +SIGNED COMMERCIAL INVOICE IN FOUR COPIES
> +5 PERCENT MORE OR LESS ON BOTH QUANTITY AND CREDIT AMOUNT ARE ACCEPTABLE

37. 신용장에 대한 설명으로 올바른 것은?

① ABC은행을 지시인으로 하는 기명식 선사증권을 발행해야 한다.
② 상업송장은 원본 1부와 사본 3부를 제시하면 된다.
③ 운임을 수입상이 지불하는 선하증권을 발행해야 한다.
④ ICC(C) 조건으로 송장 금액의 10%를 부보해야 한다.

38. 신용장의 내용을 바탕으로 Incoterms 2020 중 어느 조건에 해당하는가?

① CIP　　　　② CFR　　　　③ FAS　　　　④ CIF

39. 다음은 UCP 600에서 규정하는 서류 심사의 기준이다. 사실과 다른 것은?

① A nominated bank acting on its nomination, a confirming bank, if any, and the issuing bank must examine a presentation to determine, on the basis of the documents alone, whether or not the documents appear on their face to constitute a complying presentation.

② If a credit contains a condition without stipulating the document to indicate compliance with the condition, banks will deem such condition as not stated and will disregard it.

③ A document may be dated prior to the issuance date of the credit, but must not be dated later than its date of presentation.

④ A document presented but not required by the credit will not be disregarded.

40. 다음은 매도인과 매수인이 체결한 매매계약서의 일부분이다. 매도인과 매수인의 의무에 대한 설명 중 잘못된 것은?

- Description: BOPP FILM
- Quantity: 10,000m^2
- Price: CIF JAKARTA in USD 1.3/m^2
- Amount: USD 13,000
- Shipment: On or Before May 15, 2023
- Payment: By a Documentary Letter of Credit at Sight
- Packing: About 1,000m^2 in Roll

① Making a contract for carriage is the shipper's obligation.
② Making a contract for insurance is the seller's obligation.
③ Instructing an issuing bank to open an L/C is the seller's obligation.
④ Providing conforming goods to the contract is the seller's obligation.

41. 다음 신용장의 유효기일을 명시한 영문표현 중 <u>다른</u> 하나는?

① This credit is valid until 10 May 2023.

② Draft must be presented for negotiation not later than 10 May 2023.

③ Draft must be presented for negotiation on or before 10 May 2023.

④ This credit expires by 10 May 2023.

42. UCP 600에서는 신용장에서 선하증권을 요구할 때 그 선하증권의 기준을 명시하고 있다. 옳지 <u>않</u>은 것은?

① B/L must indicate name of the carrier and signature by or on behalf of carrier.

② B/L must indicate that the goods have been shipped on board a named vessel at the named port of loading stated in the credit.

③ B/L must indicate shipment from the port of loading to the port of discharge stated in the credit.

④ B/L must contain indication of a charter party, if it is subject to a charter party.

43. 다음은 비엔나협약의 청약에 관한 내용이다. <u>잘못</u> 설명한 것은?

① An offer becomes effective when it reaches the offeree.

② An offer, even if it is irrevocable, may be withdrawn if the withdrawal reaches the offeree before or at the same time as the offer.

③ A proposal other than one addressed to one or more specific persons is to be considered merely as an invitation to make offers, unless the contrary is clearly indicated by the person making the proposal.

④ A statement made by or other conduct of the offeree indicating assent to an offer is an acceptance. Silence or inactivity does in itself amount to acceptance.

44. 개설의뢰인이 아래와 같이 신용장 조건 변경을 개설은행에 신청했고, 개설은행은 그것을 수익자에게 통지하였다. 다음 중 수익자가 조건 변경에 동의했다는 표시는 무엇인가?

> **The Terms and Conditions of the Original Credit**
> 32B Amount   : USD 20,000
> 44C Latest Date of Shipment   : 2023. 06. 02
>
> **Amendment of the Credit**
> 32B Amount   : USD 10,000
> 44C Latest Date of Shipment   : 2023. 06. 10
> 47A Additional Conditions
> : THIS AMENDMENT SHALL BE IN FORCE UNLESS REJECTED BY BENEFICIARY ON OR BEFORE JUNE 5, 2023.

① The beneficiary gave notification of rejection of an amendment to the issuing bank.
② The beneficiary notified acceptance of only "44C" in the amendment and rejected the rest of it.
③ The beneficiary who hadn't notified the acceptance of an amendment forwarded the complying documents.
④ The beneficiary did not give any notification of acceptance or rejection on or before JUNE 5, 2023.

45. 다음 중 어감상 Courtesy(예의성)에 어긋나는 문장은?

① Your prompt reply would be highly appreciated.
② We are always ready for more detailed information.
③ We are sorry that you were not satisfied with the quality of the shield can in our shipment NO. 10.
④ You must accept our offer for Roller coating machine, AL10 as soon as possible.

46. 비엔나협약의 적용 범위를 규정하는 다음 내용 중 옳지 않은 것은?

① This Convention does not apply to sales of goods bought for personal, family or household use.
② This Convention does not apply to sales of electricity.
③ This Convention does not apply to contracts in which the preponderant part of the obligations of the party who furnishes the goods consists in the supply of labour or other services.
④ This Convention does not apply to sales of goods to be manufactured or produced.

47. 다음 중 보험증권의 필수 기재사항이 아닌 것은?

① The name of the assured, or of some person who effects the insurance on his behalf
② The subject-matter insured and the risk insured against
③ The voyage, or period of time, or both, as the case may be, covered by the insurance
④ The name or names of the broker

48. 다음의 괄호에 들어갈 용어를 고르시오.

"( )" means the charges recoverable under maritime law by a salvor independently of contract. They do not include the expenses of services in the nature of salvage rendered by the assured or his agents, or any person employed for hire by them, for the purpose of averting a peril insured against. Such expenses, where properly incurred, may be recovered as particular charges or as a general average loss, according to the circumstances under which they were incurred.

① General Average Loss
② Particular Average Loss
③ Salvage Charges
④ Partial Loss

49. 다음에 설명하고 있는 무역계약상 조건은 무엇인가?

> The failure or delay of either party to require performance by the other party of any provision of this agreement shall not constitute a waiver of, or shall not affect, its right to require subsequent performance of such provision.

① Consideration Article
② Privity Clause
③ Non-waiver Clause
④ Frustration

50. 다음 중 협회적하약관 ICC(C) 조건에서 담보하는 위험에 해당하지 않는 것은?

① Fire or Explosion
② Overturning or Derailment of land Conveyance
③ Discharge of Cargo at a Port of Distress
④ Washing Overboard

51. 다음 제시된 문장을 읽고 무역서한의 기본원칙 5C's 중 관련 있는 것은?

> We would like to thank you for your cooperation in this difficult claim matter, KM-19.
> → Thank you for your cooperation in this claim matter, KM-19.

① Clearness
② Completeness
③ Correctness
④ Conciseness

52. 다음 서신의 문장을 올바른 순서로 기재한 것은?

> A. Thank you for your e-mail of June 10.
> B. In these circumstances, we deeply regret that we have no alternative but to accept your order cancellation.
> C. Please, however, understand that the delay is not due to any fault of our own.
> D. We are very sorry to be unable to meet the shipping date of May 25 due to beyond control.

① A − B − C − D
② A − C − D − B
③ A − D − B − C
④ A − D − C − B

53. 다음은 "Agreement on General Terms and Conditions of Business"의 내용 중 일부이다. 올바르지 <u>않은</u> 것은?

(A) PRICE	Unless otherwise specified, prices are to be quoted in U.S. Dollars on C.I.F. L.A. U.S.A. basis.
(B) FIRM OFFERS	All firm offers are to remain effective for three days including the day cabled. Sundays and national holidays shall not be counted as days.
(C) SHIPMENT	Shipment is to be made within the time stipulated in each offer.
(D) MARINE INSURANCE	All shipments shall be covered on All Risks including War Risks and S.R.C.C. for the invoice amount plus 10(ten) percent.

① (A) 달리 규정하지 않는 한, 가격은 미국 LA항까지 운임 포함 가격 기준으로 하며 미국 달러화로 견적한다.
② (B) 모든 확정청약은 전송일을 포함하여 3일 동안 유효하고, 일요일과 공휴일은 제외한다.
③ (C) 선적은 각 청약에서 정한 시간 이내에 이루어져야 한다.
④ (D) 모든 선적은 All Risks 조건과 함께 전쟁위험, 전쟁, 파업, 폭동, 소요위험이 부보되어야 하며 송장 금액에 10%를 가산한 금액으로 부보되어야 한다.

54. 다음 상업송장의 내용에 관한 설명 중 가장 잘못된 것은?

COMMERCIAL INVOICE

Seller/Shipper HAN KOOK CO., LTD. ROOM 610 JUNGSUK BD, JUNGANGRO, SOCHO DONG SOCHO-GU SEOUL KOREA	Invoice No. and Date HK230501 MAY 01, 2023
	L/C No. and date E19000111, APRIL 20, 2023
For Account & Risk of Messrs TO order of HONGKONG BANK	L/C Issuing Bank HONG KONG BANK
Notify Party	Remarks CIF HONGKONG IN USD/PCS
Port of Loading Incheon, Korea	
Final Destination HONG KONG	

Carrier	Sailing on or About

Marks and Numbers of PKGS	Description of Goods	Quantity/Unit	Unit Price	Amount
HK ROAD WHEEL ITEM: HK-123 COL: TITANUM QTY: 100 PCS C/NO: 1-100	PREMIUM ROAD WHEEL HK-123 TITANUM	100 PCS	USD 10	USD 1,000
			Signed by	

① Notify Party는 도착 통지처를 의미하며 신용장 조항의 지시에 따라 기재한다.
② 신용장을 이용한 거래에 사용되는 상업송장으로 서명될 필요는 없다.
③ 신용장상의 통화와 동일한 통화로 기재되어야 한다.
④ 본 계약은 항공운송을 통해 홍콩으로 운송될 예정이며 'Sailing on or About' 란에 실제 출발일을 기재한다.

55. 다음은 해외고객이 접수한 FAX의 내용이다. 핵심 내용은?

> Dear Mr. Kim
> Four cartons of pants for our order No. 1001 by "Hanjin HONGKONG" have reached us, but we regret to inform you that their qualities are inferior to the samples on which we placed the order.
> Enclosed are the sample No. 950 from the goods we received. You will admit that your shipments do not compare with the quality of the sample.
> We hope that you will adjust the matter and let us know once this is done by return fax.
> We would appreciate your immediate attention to this matter.

① Delay of Shipment ② Reduction of Price
③ Quality Claim ④ Shipment Claim

56. 아래 내용을 읽고 올바른 순서대로 나열한 것을 고르시오.

> (A) We are very sorry to learn from your e-mail dated June 10, 2023 that our shipment of your order No. 10 was inferior in quality.
> (B) We are very sorry for this carelessness on our part. In order to adjust your claim at this time, we would like to either to send you the right goods as soon as possible or to give you a special allowance 10% off the invoice amount.
> (C) Upon tracing our records, we found that our shipping mistake.
> (D) Please accept our apologies for the inconvenience we have caused you and let us know by e-mail or fax which of the above two adjustments is preferable to you.

① (A) - (B) - (C) - (D) ② (A) - (C) - (B) - (D)
③ (B) - (A) - (C) - (D) ④ (B) - (C) - (A) - (D)

※ 다음 환어음을 보고 물음에 답하시오.(57~58)

```
                        BILL OF EXCHANGE

NO. 123456                              MAY 10, 2023  SEOUL, KOREA
FOR US $53,200.00
AT 90 SIGHT OF THIS ORIGINAL BILL OF EXCHANGE(SECOND OF THE SAME
TENOR AND DATE BEING UNPAID)
PAY TO _____ OR ORDER
THE SUM OF
SAY US DOLLARS FIFTY THREE THOUSAND TWO HUNDERED ONLY ;

VALUE RECEIVED AND CHARGE THE SAME TO ACCOUNT OF TOKYO SUPPLY
LTD.

DRAWN UNDER THE MIISUI BANK, HEAD OFFICE TOKYO, JAPAN

L/C NO. M0123456789  DATED APRIL 17, 2023
TO  THE MIISUI BANK, HEADOFFICE, TOKYO

                                        KOREA, TRADING CO., LTD.
```

57. PAY TO 뒤에 나오는 빈칸에 들어갈 단어로 적절한 것은?

① Issuing Bank ② Reimbursement Bank
③ Confirming Bank ④ Negotiation Bank

58. 상기 환어음으로 미루어 보아 수익자가 접수한 신용장의 조항 내용으로 볼 수 <u>없는</u> 것은?

① Beneficiary: TOKYO SUPPLY LTD.
② Drawee Name and Address: THE MIISUI BANK, HEADOFFICE TOKYO, JAPAN
③ Available with/by-Name: ANY BANK BY NEGOTIATION
④ Draft at: AT 90 SIGHT

59. 다음 서식에 대한 설명이 잘못된 것은?

Shipper SHENZHEN GIO HAO CHENG TRAD CO., LTD. RmF-01, 16Fyblock A Neptune Bldg, Nan Hai Rd, NanShan Distrct shenzhen, China		B/L No. GIGAL160:	
Consignee To order of ABC Bank TEL:		G I G A **GIGA TRANS INTERNATIONAL LTD.** The cargo covered by this Bill of Laing has been received and arrangements will be made for forwarding, storing handling delivery subject to the conditions, permissions and exceptions of companies, carriers, authorities, warehouses, organisations and others involved in or in connection with receiving, shipping, carrying, forwarding, storing, handling, and delivering the said cargo. Delivery will be made upon surrender of one original of this Bill of Lading, duly receipted	
Notify Party SAME AS CONSIGNEE			
Pre-Carriage by	Place of Receipt		
Ocean Vessel HANSUNG INCHEON V.1993	Port of Loading WEIHAI, CHINA		
Port of Discharge INCHEON, KOREA	Place of Delivery INCHEON, KOREA	Final Destination	Number of Original B(s)/L
Marks and Number	No. of Pkgs. or Units	Description of Packages and Goods. CFS-CFS	Gross Weight	Measurement
N/M	4 CTNS	FULL Car Trunk Mat	140KGS	3.16 CBM

ORIGINAL

TOTAL NUMBER OF PACKAGES OR UNITS (IN WORDS)		TOTAL FOUR CARTON(S) ONLY		
Freight and Charges	Revenue Tons	Rate per	Prepaid	Collect FREIGHT COLLECT
Freight Payable at	Shipped on Board 20 MAY, 23		Place of Issu & Date 20 May, 23	
For Delivery of Goods, Please Apply To:			ABC SHIPPING CO., LTD. AS A CARRIER D.H HAN	
			Authorized Signature(s)	

① FCL CARGO를 선적하였다.
② 2023년 5월 20일에 선적하였다.
③ 은행지시식으로 발행되었다.
④ 이 선하증권은 선적선하증권이다.

60. 다음 괄호 안에 들어갈 용어는?

> When a merchant who has chartered a vessel puts on board a part only of the intended cargo, but yet, having chartered the whole vessel, is bound to pay freight for the unoccupied capacity, the freight thus due is called "(   )"

① Back Freight
② Lump Sum Freight
③ Dead Freight
④ Pro Rata Freight

마무리 모의고사 2회

| 시험 일시 |　　　　| 제한 시간 |　　　　| 성 명 |

무역규범

1. 다음 중 우리나라 대외무역법령에서 규정하는 수출입 행위로 인정하기 어려운 것은?

① 한국의 K기업은 중국의 C기업과 애니메이션 공급계약을 체결하고 제작물을 온라인으로 전송하였다.
② 한국의 K기업은 독일시장 진출을 위하여 독일의 D컨설팅회사로부터 경영 상담 컨설팅 계약을 체결하고 자문을 받았다.
③ 한국의 K기업은 미국의 A업체와 의료기기 임대계약을 체결하고 물품을 한국에서 제조하여 미국의 LA항에서 인도하였다.
④ 한국의 K기업은 베트남의 V업체에서 생산한 PCB를 어댑터 제조업체인 태국의 T업체에게 무상으로 공급하였다.

2. 다음 중 대외무역법령에서 규정하는 특정 거래 형태에 대한 설명이 잘못된 것은?

① 중계무역은 수출할 것을 목적으로 물품 등을 수입하여 보세구역 및 보세구역 외 장치의 허가를 받은 장소나 자유무역지역 이외의 국내에 반입하지 아니하고 수출하는 것을 말한다.
② 연계무역에는 물물교환, 대응구매, 제품환매, 중개무역이 포함된다.
③ 무환수출입이란 외국환거래가 수반되지 아니하는 물품 등의 수출입을 말한다.
④ 외국인도수출이란 수출 대금은 국내에서 영수하지만 국내에서 통관되지 아니한 수출 물품 등을 외국으로 인도하거나 제공하는 수출을 말한다.

3. 다음 중 대외무역법에서 규정하고 있는 수출입 승인의 면제 대상 물품이 아닌 것은?

① 주된 사업 목적을 달성하기 위하여 부수적으로 수출입하는 물품 등
② 외국에서 개최되는 박람회, 전람회, 견본시, 영화제 등에 출품하기 위하여 무상으로 반출하는 물품
③ 반출하는 상품의 견품 및 광고용 물품으로서 세관장이 타당하다고 인정하는 물품 등으로 유상으로 반출하는 경우 미화 10만 달러 상당액(신고 가격 기준) 초과의 물품
④ 수출 물품의 성능보장 기간 내에 해당 물품의 수리 또는 검사를 위하여 반출하는 물품

4. 다음 중 우리나라의 대외무역법령에서 규정하고 있는 수출입실적에 대한 설명이 잘못된 것은?

① 외화를 받고 외항선박에 선박용품 등을 공급한 경우 인정금액은 적재허가서에 기재된 금액이다.
② 용역 수출의 경우 수출실적으로 인정되는 금액은 관세청장이 발급한 수출입확인서에 의해 외국환은행이 입금 확인한 금액이다.
③ 중계무역의 경우 수출실적으로 인정되는 금액은 수출 대금에서 수입 대금을 공제한 가득액이다.
④ 전자적 형태의 무체물의 수출실적 인정 금액은 한국무역협회장 또는 한국소프트웨어산업협회장이 외국환은행을 통해 입금 확인한 금액으로 한다.

5. 대외무역법령상 국내에서 물품 등을 매도하는 것으로서 외화획득의 범위에 해당하지 않는 것은 무엇인가?

① 외국인에게 외화를 받고 외화획득용 시설·기재를 내국인과 임대차계약을 맺은 외국 업체에 인도하는 경우
② 주한 국제연합군이나 그 밖의 외국군 기관에 대한 물품 등의 매도
③ 외화를 받고 외항선박에 선용품을 공급하는 경우
④ 절충교역거래(off set)의 보완거래로서 외국으로부터 외화를 받고 국내에서 제조된 물품 등을 국가기관에 공급하는 경우

6. 다음 중 대외무역법상 전략물자의 수출입에 관한 설명으로 잘못된 것은?

① 산업통상자원부장관 또는 관계 행정기관의 장은 재외공관에서 사용될 공용물품을 수출하는 경우 등 대통령령으로 정하는 경우에는 수출허가 또는 상황허가를 면제할 수 있다.
② 전략물자를 수출하고자 하는 자는 수출허가를 받아야 하며 개별 수출허가의 유효 기간은 2년이다.
③ 전략물자를 수입하고자 하는 자는 수입목적확인서를 발급받아야 하며 유효 기간은 발급일부터 1년 이내로 한다.
④ 산업통상자원부장관은 전략물자에 대해 수출허가를 받지 아니하고 수출하거나 수출신고한 자에게 3년 이내의 일정기간 동안 전략물자 등의 전부 또는 일부의 수출입을 제한할 수 있다.

7. 대외무역법령상 원산지표시와 관련한 설명으로 옳지 <u>않은</u> 것은?

① 원산지표시는 최종 구매자가 쉽게 확인할 수 있는 위치에 파악하기 용이한 활자 크기로 표시되어야 한다.
② 수입 물품의 원산지는 제조 단계에서 인쇄(printing), 등사(stenciling), 낙인(branding), 주조(molding), 식각(etching), 박음질(stitching) 또는 이와 유사한 방식으로 원산지를 표시하는 것을 원칙으로 한다.
③ 중고 물품으로 원산지를 특정하기 어려운 경우 "Imported from 국명"으로 표기할 수 있다.
④ 제조공정에 투입되는 실질적 변형을 일으키는 부품 및 원재료를 실수요자가 수입하는 경우 현품에 인쇄하는 방법으로 원산지표시를 해야 한다.

8. 대외무역법령에서 규정하고 있는 수입수량 제한조치에 관한 설명으로 <u>잘못된</u> 것은?

① 산업통상자원부장관은 수입수량 제한조치의 대상 물품, 수량, 적용 기간 등을 공고하여야 한다.
② 수입수량 제한조치는 조치 시행일 이후 수입되는 물품에만 적용하며 그 적용 기간은 4년을 넘어서는 안 된다.
③ 수입수량 제한조치의 내용을 변경하거나 적용 기간을 연장하는 경우 조치 내용은 최초의 조치 내용보다 강화되어야 한다.
④ 산업통상자원부장관이 수입수량을 제한하는 경우 그 제한수량은 최근의 대표적인 3년간의 수입량을 연평균 수입량으로 환산한 수량 이상으로 하여야 한다.

9. 다음 중 대외무역법상 수출입 거래 총칙의 내용으로 옳지 <u>않은</u> 것은?

① 무역거래자는 대외신용도 확보 등 자유무역 질서를 유지하기 위하여 자기 책임으로 그 거래를 성실히 이행하여야 한다.
② 산업통상자원부장관은 생물자원의 보호 등 이행을 위해 수출입을 제한하거나 금지할 수 있다.
③ 산업통상자원부장관이 인정하는 특정 거래 형태에는 대금 결제 없이 물품 등의 이동만 이루어지는 거래는 해당하지 않는다.
④ 산업통상자원부장관은 타 법령에 의해 수출입 요령을 제정하거나 개정하는 경우 통합 공고를 하여야 한다.

10. 다음 중 구매확인서와 내국 신용장에 대한 설명으로 옳지 않은 것은?

① 내국 신용장이나 구매확인서를 통해 수출 물품 또는 수출용 원재료를 공급하는 자는 부가가치세 영세율이 적용되어 영세율 세금계산서를 발행할 수 있다.
② 내국 신용장은 수출용 원자재 및 완제품 구매 시 사용 가능하다.
③ 구매확인서는 물품 공급 후 사후 발급이 가능하나, 내국 신용장은 사후 발급이 불가능하다.
④ 내국 신용장은 외국환은행을 방문하여 개설하나 구매확인서는 온라인 방식으로 발급 가능하다.

11. 다음 중 우리나라의 무역보험제도에 대한 설명이 잘못된 것은?

① 비상위험은 수입국에 관련된 위험으로 전쟁, 내란, 혁명 등으로 인한 수출불능 또는 수출대금 회수 불능 위험을 의미한다.
② 수출상은 수출보험을 통해 수출 대금 회수 위험으로부터 벗어날 수 있으므로 위험성이 있는 외상 거래나 신규 수입상의 발굴을 통한 신시장 개척을 도모할 수 있다.
③ 금융기관이 주요 자원 등의 수입에 필요한 자금을 수입기업에게 대출한 후 대출금을 회수할 수 없게 된 경우 발생하는 손실을 보상하는 보험종목은 수입상용 수입보험이다.
④ 수출기업이 수출계약에 따라 물품을 선적한 후 금융기관이 환어음 등의 선적서류를 근거로 수출채권을 매입(NEGO)하는 경우 K-SURE가 연대보증하는 것은 수출신용보증(선적 후)이다.

12. 다음 중 수출입 공고와 통합 공고에 대한 내용이 잘못된 것은?

① 통합 공고상의 물품이 수출입공고 대상품목에 해당된다면 통합공고상 요건을 갖추면 별도의 수출입 승인이 없어도 수출입이 가능하다.
② 수출입 공고에서는 수출입 금지·제한 품목에 대하여 표시하고 기재되지 않은 물품에 대하여는 자유롭게 수출입을 허용하는 네거티브 리스트 제도(Negative List System)를 택하고 있다.
③ 수출입 공고가 경제 정책적 목표를 달성하기 위한 행정규제인 데 반해, 통합 공고는 공중도덕 보호, 국민 보건 및 안전 보호, 사회질서 유지 등 경제 외적인 목적을 달성하기 위한 규제이다.
④ 외화획득용 원료·기재의 경우 수입제한 품목이라 하더라도 제한요건 충족 없이 수입이 가능하다.

13. 관세법령에서 규정하고 있는 품목분류체계 및 심사신청에 대한 설명으로 옳지 않은 것은?

① 관세·통계통합 품목분류표(HSK)는 HS 품목분류표의 6단위 분류체계를 수용하여 국내에서 10단위 분류체계로 세분화한 품목분류이다.
② 물품을 수출입하려는 자, 수출할 물품의 제조자 및 관세사·관세법인 또는 통관취급법인(신청인 등)은 수출입신고를 하기 전에 관세청장에게 해당 물품에 적용될 별표 관세율표상의 품목분류를 미리 심사하여 줄 것을 신청할 수 있다.
③ 절(Sub-chapter)이라 함은 부와 류 및 소호에 설정되어 있으며 통칙, 호·소호의 용어와 함께 법적 구속력을 가진다.
④ 분석이 필요한 물품에 대한 분석수수료는 품목분류 사전심사 및 재심사 신청품목당 3만 원으로 한다.

14. 다음 중 관세법령상 과세물건의 확정 시기에 관한 설명이 잘못된 것은?

① 일반 수입 물품은 수입신고하는 시점의 물품의 성질과 그 수량에 따라 부과한다.
② 우편으로 수입되는 물품의 과세 물건은 수입신고 시점이다.
③ 보세구역 외 보수 작업 물품의 과세 물건은 보세구역 밖에서 하는 보수 작업을 승인받은 때이다.
④ 수입신고 전 즉시반출신고를 하고 반출한 물품의 과세 물건은 수입신고 전 즉시반출신고를 한 때이다.

15. 최초 수입 시 FTA 원산지증명서를 수령하지 못하여 관세를 납부하고 수입신고가 수리되었다. 이후 원산지증명서를 수령하여 협정관세 사후적용신청을 하고자 할 때 사용하는 세액 정정신청 방법은 무엇인가?

① 보정신청
② 경정청구
③ 세액정정(납부 전 정정)
④ 수정신고

16. 베트남에서 LCD 패널을 수입하고자 한다. 다음과 같은 경우 수입상이 납부하여야 하는 세금은 총 얼마인가?(단, 수입상은 한-아세안 FTA 원산지증명서를 구비하였다고 가정한다.)

- 물품 가격: USD 10,000(FOB Hai Phong)
- 과세환율: USD 1 = KRW 1,000
- 덤핑방지관세율: 10%
- 기본관세율: 8%
- 해상운임: USD 1,000
- 한-아세안 FTA 협정관세: 0%

① 1,100,000원
② 1,980,000원
③ 2,310,000원
④ 3,080,000원

17. 다음 (가), (나)가 설명하고 있는 관세율은 무엇인가?

(가) 수입자유화 개방정책의 실시에 따라 수입자동승인 품목으로 지정된 물품의 수입이 급격히 증가하거나 저가 수입되어 국내 산업을 저해하거나 국민 소비생활을 어지럽힐 가능성이 높은 경우 이에 대처하기 위해 부과하는 관세율
(나) 인도에서 제조, 생산 또는 수출에 관하여 보조금, 장려금 등을 지급받은 물품이 수입되어 국내 산업을 저해하는 경우에 기본세율 이외에 해당 보조금 등의 금액 이하의 관세를 추가하는 관세율

	(가)	(나)
①	할당관세	덤핑방지관세
②	국제협력관세	긴급관세
③	조정관세	상계관세
④	편익관세	조정관세

18. 관세법상 재수입면세를 적용받을 수 있는 경우로 잘못된 것은?

① ㈜한국무역은 연구목적으로 반도체 제조용 설비를 수출한 후 다시 수입하였다.
② ㈜한국무역은 기계 부품을 수출하면서 재사용이 가능한 용기에 담아서 수출한 후 다시 용기만 수입하였다.
③ ㈜한국무역은 미국에서 열리는 자동차관련 박람회에 사용하기 위한 물품을 수출한 후 박람회가 종료된 이후 해당 물품을 재수입하였다.
④ ㈜한국무역은 방직용기계를 수출한 후 관세환급특례법에 의한 환급을 받았으나 기계에 불량이 발생하여 수리를 위해 재수입하였다.

19. 관세법상 수입물품의 과세가격 결정원칙에 따라 구매자가 별도로 부담하는 금액에 대해서는 과세가격에 가산하여야 한다. 다음 중 법정 가산요소가 아닌 것은?

① 해당 수입 물품과 동일체로 취급되는 용기의 비용과 해당 수입 물품의 포장에 드는 노무비와 자재비로서 구매자가 부담하는 비용
② 수입항까지의 운임·보험료와 그 밖에 운송과 관련되는 비용
③ 해당 수입 물품을 수입한 후 전매·처분 또는 사용하여 생긴 수익 금액 중 판매자에게 직접 또는 간접으로 귀속되는 금액
④ 수입항에 도착한 후 해당 수입 물품을 운송하는 데 필요한 운임·보험료와 그 밖에 운송과 관련된 비용

20. 관세법령상 세관공무원이 이미 조사받은 자를 다시 조사할 수 있는 경우를 모두 고른 것은?

> A. 관세포탈 등의 혐의를 인정할 만한 명백한 자료가 있는 경우
> B. 이미 조사받은 자의 거래상대방을 조사할 필요가 있는 경우
> C. 과세 전 적부심사 또는 심사청구에 따른 재조사 결정에 따라 재조사를 하는 경우(결정서 주문에 기재된 범위의 재조사에 한정한다)
> D. 납세자가 세관공무원에게 직무와 관련하여 금품을 제공하거나 금품제공을 알선한 경우
> E. 그 밖에 탈세혐의가 있는 자에 대한 일제조사 등 대통령령으로 정하는 경우

① A, B, C
② C, D, E
③ A, B, C, D
④ A, B, C, D, E

21. 다음 중 과세 전 적부심사에 대한 설명이 잘못된 것은?

① 납세 의무자는 부족세액 징수의 통지를 받았을 때에는 통지를 받은 날부터 30일 이내에 세관장에게 통지 내용이 적법한지 여부에 대한 심사를 청구할 수 있다.
② 통지하려는 날부터 6개월 이내에 관세 부과의 제척 기간이 만료되는 경우 과세 전 통지를 생략한다.
③ 납부세액의 계산착오 등 명백한 오류에 의하여 부족하게 된 세액을 징수하는 경우 과세 전 통지를 생략할 수 있다.
④ 과세 전 적부심사 청구 금액이 5억 원 이상인 경우 관세청장에게 청구할 수 있다.

22. 관세법상 지정보세구역에 대한 설명으로 옳은 것은?

① 지정보세구역은 세관검사장, 지정장치장, 종합보세구역으로 이루어져 있다.
② 세관장은 해당 세관장이 관리하지 아니하는 토지 등을 지정보세구역으로 지정하려면 해당 토지 등의 소유자나 관리자의 동의를 받아야 한다.
③ 지정장치장에 물품을 장치하는 기간은 12개월의 범위에서 관세청장이 정한다.
④ 지정장치장에 반입한 물품은 세관장이 그 보관의 책임을 진다.

23. 관세법령상 수출입신고에 대한 설명으로 잘못된 것은?

① K사는 FCL 화물을 지정장치장에 반입한 경우 30일 이내에 수입신고하여야 한다.
② K사가 제조사인 A로부터 물품을 구매하여 수출하는 경우 A사 명의로 수출신고를 할 수 있다.
③ 외국의 주재원으로 파견되어 2년을 거주한 A씨는 국내로 거주를 이전하는 경우 이사물품에 대한 수입신고가 생략된다.
④ 물품을 수출하려는 경우 물품의 품명·규격·수량 및 가격과 그 밖에 대통령령으로 정하는 사항을 세관장에게 신고하여야 한다.

24. 관세법령상 보세운송에 대한 설명으로 옳지 않은 것은?

① 보세운송신고는 화주, 관세사, 보세운송을 업으로 하는 자의 명의로 하여야 한다.
② 세관장은 보세운송물품의 감시·단속을 위하여 필요하다고 인정될 때에는 관세청장이 정하는 바에 따라 운송통로를 제한할 수 있다.
③ 화물이 국내에 도착된 후 최초로 보세구역에 반입된 날부터 30일이 경과한 물품을 보세운송하고자 하는 경우에는 세관장의 승인을 받아야 한다.
④ 해상화물의 경우 보세운송신고(승인)일로부터 7일 이내에 목적지에 도착하여야 한다.

25. 관세법령상 지식재산권 보호에 관한 설명으로 잘못된 것은?

① 관세법에서는 상표권, 저작권, 저작인접권, 특허권만을 보호 대상으로 하고 있다.
② 설정 등록된 상표권이나 저작권 등을 침해하는 물품은 수출입할 수 없다.
③ 지식재산권을 보호받으려는 자는 세관장에게 담보를 제공하고 해당 물품의 통관 보류나 유치를 요청할 수 있다.
④ 환적신고된 물품이 지식재산권을 침해한 경우에는 해당 권리를 가진 자가 담보를 제공하고 통관 보류나 유치를 요청한 경우에는 세관장은 이에 응해야 한다.

26. 관세환급특례법상 기초원재료 납세증명서(기납증)에 관한 설명으로 옳은 것은?

① 수출용 원재료가 국내에서 추가 가공 없이 원상태로 국내 생산업자에게 공급되는 경우 해당 물품에 포함되어 있는 관세 등의 납부세액과 물품의 공급 사실을 증명하는 서류가 기납증이다.
② 관세 환급 신청을 하고자 하는 경우에는 양도 일자부터 1년 이내에 환급 대상 수출에 사용되어야 한다.
③ 기납증은 물품의 공급업체가 국내에서 원재료가 수입된 날 또는 내국 신용장 등에 의해 물품을 공급받은 날부터 2년 이내에 생산된 물품에 발급된다.
④ 간이 정액환급 대상 업체에서 제조하여 공급하는 물품에 대하여는 간이 정액환급률표에 기재된 관세 환급액을 기준으로 하여 실제 공급하는 금액에 대한 양도세액을 계산할 수 있다.

27. 자유무역협정(FTA)관세법상 원산지결정기준에 관한 설명 중 올바른 것을 모두 고르시오.

> A. 해당 물품의 전부를 생산·가공 또는 제조한 국가를 원산지로 한다.
> B. 해당 물품이 둘 이상의 국가에 걸쳐 생산·가공 또는 제조된 경우에는 해당 물품의 생산·가공 또는 제조의 주요 공정을 수행한 국가를 원산지로 한다.
> C. 해당 물품이 둘 이상의 국가에 걸쳐 생산·가공 또는 제조된 경우에는 해당 물품에 대하여 일정 수준 이상의 부가가치를 창출한 국가를 원산지로 한다.
> D. 해당 물품이 둘 이상의 국가에 걸쳐 생산·가공 또는 제조된 경우에는 해당 물품의 품목 번호가 그 물품의 생산·가공 또는 제조에 사용되는 재료 또는 구성물품의 품목번호와 일정 단위 이상 다른 경우 해당 물품의 주요 부품을 제조한 국가를 원산지로 한다.

① A, B, C
② B, C, D
③ A, C, D
④ A, B, C, D

28. 자유무역협정(FTA)관세법에 규정하고 있는 내용으로 잘못된 것은?

① 협정관세를 적용받으려는 자는 수입신고의 수리 전까지 세관장에게 협정관세의 적용을 신청하여야 한다.
② 수입자는 협정관세를 적용받으려는 수입물품에 대하여 원산지를 증명하여야 한다.
③ 자유무역협정(FTA)관세법은 관세법에 우선하여 적용한다. 다만, 자유무역협정(FTA)관세법에서 정하지 아니한 사항에 대해서는 협정을 우선하여 적용한다.
④ 관세청장 또는 세관장은 수출물품에 대한 원산지증명능력 등 대통령령으로 정하는 요건을 충족하는 수출자를 원산지인증수출자로 인증할 수 있다.

29. 관세법령에서 규정하고 있는 내용이다. 괄호 안에 들어갈 말로 알맞은 것은?

> 관세 부과권은 관세의 부과, 경정 등을 할 수 있는 세관장의 권리를 말하며, 제척 기간이란 법률에서 미리 정해 놓은 존속 기간을 말한다. 관세 부과권의 존속 기간은 (   )이며 부정한 방법으로 관세를 포탈하였거나 환급 또는 감면받은 경우에는 관세를 부과할 수 있는 날부터 (   )이 지나면 부과할 수 없다.

① 5년, 5년
② 3년, 5년
③ 10년, 5년
④ 5년, 10년

30. 관세법령에서 규정하고 있는 심사와 심판에 대한 설명으로 잘못된 것은?

① 심사청구는 해당 처분을 한 것을 안 날(처분하였다는 통지를 받았을 때에는 통지를 받은 날을 말한다)부터 90일 이내에 제기하여야 한다.
② 심사청구인 또는 심판청구인은 변호사나 관세사를 대리인으로 선임할 수 있다.
③ 심사청구와 심판청구를 제기하기 위해서는 이의신청을 거쳐야 한다.
④ 심사청구에 대한 결정은 심사청구를 받은 날부터 90일 이내에 하여야 한다.

무역결제

31. 다음 중 송금결제 방식에 대한 설명으로 옳지 <u>않은</u> 것은?

① 선적서류는 은행을 통하지 않고 수출상이 수입상에게 직접 발송한다.
② 일람불 또는 기한부 환어음이 사용되며 어음법이 적용된다.
③ 수입상의 신용에 의지해야 하므로 신용장 방식에 비해 수출 대금의 미회수 위험성이 높다.
④ 송금결제 방식은 적용되는 국제규칙(International Rule)이 없다.

32. 추심결제 방식의 특징에 대한 설명 중 옳은 것으로 묶인 것은?

> A. 환어음의 지급인(Drawee)은 수입상이 된다.
> B. 추심관련 국제규칙으로 URR 725가 적용된다.
> C. 추심은행은 접수된 서류가 계약 내용과 일치하는지를 심사해야 한다.
> D. 추심은행은 수출상에 대해 지급확약을 한다.
> E. 일람불 또는 기한부 환어음이 사용되며 어음법이 적용된다.
> F. 추심 거래 시 추심지시서에 D/A, D/P의 표시가 없는 경우 D/A로 간주한다.

① A, B ② A, E
③ B, C, D ④ D, E, F

33. O/A 결제 방식에 대한 설명으로 잘못된 것은?

① O/A 거래는 기타 방식에 비해 결제위험이 높으나 거래가 단순하며 서류의 작성 및 심사에 따른 불필요한 수고와 은행 수수료를 절감할 수 있다는 장점을 가지고 있다.
② O/A 거래는 국제간 외상판매 방식으로서 주로 본·지사 간이나 신용이 확실한 고정거래선과 같이 대금 회수의 위험이 없는 경우에 한하여 선별적으로 활용되고 있다.
③ 수입상이 물품만 받고 수입 대금을 송금하지 않는 경우를 대비해 수출상은 Retention Standby L/C를 받은 후 선적하는 것이 유리하다.
④ O/A 거래에서 매 건별로 만기일을 산정하여 대금을 송금하는 것이 아니라, 일정 기간 동안의 모든 거래 대금을 한꺼번에 몰아서 특정 기일에 일괄적으로 송금하는 청산결제 방식을 이용할 수도 있다.

34. 추심결제 방식에 대한 설명 중 잘못된 것은?

① 추심 방식의 거래는 은행의 지급보증이 개입되지 않고 수출입 당사자 간의 신용을 기반으로 하여 거래가 이루어진다는 점에서 신용장 방식과 구분된다.
② 추심결제 방식은 수출상이 환어음 및 선적서류를 구비하여 거래은행을 통해 추심함으로써 대금을 회수하는 '역환' 방식으로 볼 수 있다.
③ 추심에 관여하는 은행은 수출자가 제출한 서류의 내용을 심사할 의무가 없다.
④ D/P 방식은 대금 지급 시기 측면에서 신용장 방식의 Usance와 같은 조건이다.

35. 무역결제 방식에 대한 설명 중 옳지 않은 것은?

① O/A, D/A는 사후결제 방식으로 외상 거래 방식으로도 볼 수 있다.
② 추심결제 방식은 은행의 지급확약이 없으며 수출입상 간의 신용에 의해서만 이루어지는 거래이다.
③ 사후 송금 방식은 수입상이 선호하는 방식이며 사전 송금 방식은 수출상이 선호하는 방식이다.
④ 매입 신용장에서 개설은행이 결제(honour)를 거절하는 경우 매입은행은 개설의뢰인에게 상환청구권을 행사할 수 있다.

36. 다음 중 화환 신용장에 대한 설명이 잘못된 것은?

① 일람지급 신용장은 신용장 조건에 일치하는 서류가 신용장에 지정되어 있는 지급은행에 제시되면 서류를 일람 후 서류와 상환으로 대금을 지급하는 신용장을 말한다.
② 인수 신용장은 제시된 서류가 신용장 조건과 일치하면 일단 환어음을 인수하고 만기일에 지급하겠다는 조건의 신용장을 의미한다.
③ 연지급 신용장이 사용되는 경우 수익자는 기한부 환어음을 발행해야 한다.
④ Banker's Usance에서 인수 수수료와 할인료(A/D Charge)는 수입상이 부담해야 한다.

37. 다음은 화환 신용장과 관련된 수수료이다. 수수료를 부담하는 당사자가 다른 하나는 무엇인가?

① 개설 수수료
② 인수 수수료
③ A/D CHARGE
④ 하자 수수료

38. 보증 신용장과 은행보증서에 관한 내용으로 옳지 않은 것은?

① 보증 신용장은 무역 외 거래의 결제 또는 금융의 담보 또는 각종 채무 이행의 보증을 목적으로 하여 발행되는 신용장을 말한다.
② 은행보증서(Demand Guarantee)는 주채무자의 채무 불이행 시 보충적으로 책임을 지는 보증을 의미한다.
③ 보증 신용장에 관하여는 'ISP 98'이 적용되며, 은행보증서에 대해서는 'URDG 758'이 적용되고 있다.
④ Performance Guarantee는 계약 체결 시에 계약의 확실한 이행을 보장하고 계약 불이행 시의 손해를 담보하기 위한 보증이다.

39. 다음의 내용이 설명하고 있는 신용장의 종류는 무엇인가?

"We hereby issue in your favour this documentary credit which is available by payment against presentations of the following documents."

① Sight Payment Credit
② Deferred Payment Credit
③ Acceptance Credit
④ Negotiation Credit

40. 화환 신용장의 업무 내용으로 옳지 않은 것은?

① 신용장을 개설하기 위해서는 개설의뢰인과 개설은행 간에 '신용장 개설 약정'을 체결해야 한다.
② 통지은행이 외견상 진정성을 확인할 수 없음에도 불구하고 신용장을 통지하기로 결정한 경우에는 그러한 사실에 대해 반드시 수익자에게 안내해야 한다.
③ 신용장을 수령한 수출상은 약정된 물품을 제조, 생산 또는 구매하여 선적한 후 신용장에서 요구하는 제반 서류들을 구비해 지정은행에게 결제를 위한 제시를 하거나 매입을 위한 제시를 하여 수출 대금을 회수한다.
④ 신용장의 유효기일은 지급 · 인수 · 매입이 이루어져야 하는 최종 일자를 의미한다.

41. 다음은 화환 신용장의 조건 변경에 관한 내용이다. 옳지 <u>않은</u> 것은?

① 취소불능 신용장의 경우에는 개설은행, 수익자, 확인은행(있는 경우) 전원의 동의가 있어야 가능하다.
② 신용장의 통지를 위해 통지은행 또는 제2의 통지은행을 이용하였다면 신용장의 조건 변경을 통지하기 위해 동일한 은행을 이용해야 한다.
③ 개설은행은 신용장 조건을 변경한 경우 그 시점부터 변경 내용에 대해 취소할 수 없다.
④ 수익자가 일정한 시간 내에 조건 변경을 거절하지 않으면 자동으로 조건 변경이 효력을 갖게 된다.

42. 화환 신용장의 관계 당사자와 관련된 업무 내용으로 옳지 <u>않은</u> 것은?

① 개설의뢰인은 신용장을 근거로 무역금융을 수혜받거나 무역어음을 발행하여 할인 받음으로써 선적 전에 용이하게 자금을 조달할 수 있다.
② 개설은행은 수출상이 제시하는 선하증권을 개설은행의 지시식으로 발행하도록 신용장에 명시함으로써 운송 중인 화물의 담보권을 취득할 수 있다.
③ 개설의뢰인은 제시된 서류가 신용장의 조건에 일치하지 않는 경우에는 대금지급을 거절할 수 있다.
④ 상환은행은 개설은행의 해외 본지점이나 예치환거래은행이어야 하며, 개설은행은 상환은행 앞으로 미리 상환수권을 주어야 한다.

43. 다음 중 개설은행의 담보권을 해하는 특수 조건이 <u>아닌</u> 것은?

① Non-negotiable documents acceptable
② 2/3 B/L acceptable
③ All discrepancies acceptable
④ Shipment should be effected by ABC shipping company

44. 화환 신용장의 확인에 대한 설명으로 올바른 것은?

① 신용장의 확인이란 개설은행이 1차로 일람지급·연지급·인수·매입을 확약하고 있는 취소가능 신용장에 대해 제3의 은행이 개설은행의 그러한 확약에 추가하여 다시 일람지급·연지급·인수·매입을 확약하는 것을 말한다.
② 확인은 개설은행의 요청 또는 수권에 의해 이루어지며, 확인을 요청받은 은행은 반드시 확인을 추가해야 한다.
③ 확인은행이 상환청구권을 행사할 수 있는 경우라면 그러한 신용장은 확인 신용장으로서의 기능을 상실하게 된다.
④ 확인은행이 원신용장에 확인을 추가한 경우 조건변경서에도 반드시 확인을 해야 한다.

45. 포페이팅에 대한 설명으로 옳지 않은 것은?

① 포페이팅 거래는 대개 고정 금리부로 할인이 이루어진다.
② 포페이팅은 주로 신용장 대금 채권이나 환어음 및 약속어음 등의 어음 채권을 할인 대상으로 한다.
③ 포페이팅은 1년 이하의 단기 거래에서의 효용이 높은 편이다.
④ 포페이터는 화환 신용장, 보증 신용장, 청구보증 또는 어음에 추가하는 Aval을 담보로 활용하며, 수출상에게는 별도의 보증이나 담보 제공을 요구하지 않는다.

46. 국제팩터링을 활용하는 수출자에 대한 설명으로 옳지 않은 것은?

① 수출상은 무신용장 방식의 거래임에도 불구하고 수입팩터의 신용 승인을 통해 신용 거래에 따른 위험을 부담하지 않고 안전하게 거래할 수 있다.
② 수출상은 신용장 거래와 달리 별도의 수수료 부담이 없으므로 거래 비용을 경감할 수 있다.
③ 수출상은 신용장 방식과는 다르게 서류 작성에 대한 과도한 부담 없이 간편하게 처리할 수 있다는 장점이 있다.
④ 수출팩터는 상환청구권을 행사하지 않는 조건으로 수출팩터링 채권을 매입하므로 수출상은 상환청구권 행사에 따른 우발 채무 부담으로부터 벗어나 재무 건전성을 유지할 수 있게 된다.

47. 다음 중 UCP 600에 의한 은행의 서류 심사 기준으로 옳은 것은?

① 신용장에서 요구하지 않았으나 제시된 서류는 하자로 처리한다.
② 상업송장을 포함한 서류에서 물품, 서비스 또는 의무 이행의 명세는 신용장상의 명세와 저촉되지 않는 일반적인 용어로 기재될 수 있다.
③ 조건과 일치함을 나타낼 서류를 명시하지 않고 조건만 명시한 경우 은행은 그러한 조건이 기재되지 않은 것으로 간주하고 무시한다.
④ 지정은행, 확인은행, 개설은행은 제시가 일치하는지 여부를 결정하기 위해 제시일부터 최장 5영업일 이내에 심사해야 한다.

48. UCP 600에서 규정하는 화환 신용장의 서류 제시에 대해 잘못 설명하는 것은?

① 신용장에서 요구되지 않은 서류가 제시된 경우에는 지급 거절의 사유에 해당된다.
② 서류는 신용장 개설일 이전 일자에 작성된 것일 수 있으나 제시 일자보다 늦은 일자에 작성된 것이어서는 안 된다.
③ 상업송장 이외의 서류에서, 물품, 서비스 또는 의무 이행의 명세는, 만약 기재되는 경우, 신용장상의 명세와 저촉되지 않는 일반적인 용어로 기재될 수 있다.
④ 신용장이 서류 사본의 제시를 요구하는 경우, 원본 또는 사본의 제시가 모두 허용된다.

49. 다음 중 ISBP 745 규정의 내용으로 옳지 <u>않은</u> 것은?

① 수익자가 발행하는 서류상 정보의 정정은 환어음을 제외하고는 인증될 필요가 없다.
② 신용장에 의하여 증명서, 표명서 또는 진술서가 요구되는 경우에 이 서류는 서명되어야 한다.
③ 분석증명서, 검사증명서 또는 훈증증명서와 같은 서류는 선적일보다 나중 일자로 표시되어서는 안 된다.
④ "not later than 2 days after"는 기간의 개시일을 나타내지 않고 단지 최종일만 나타낸다.

50. 다음 중 화환 신용장에서 요구하는 보험서류에 대한 설명으로 옳지 <u>않은</u> 것은?

① 보험서류는 보험회사, 보험인수인 그들의 대리인 또는 수탁인에 의해 발행되고 서명되어야 한다.
② 신용장의 부보 조건이 All Risks인 경우 All Risks exclusion(S.R.C.C.) 조건으로 부보된 서류는 하자를 구성하지 않는다.
③ 신용장에 보험금액이 표시되지 않은 경우, 최대 부보 금액은 CIP 또는 CIF 가액의 110%이다.
④ 보험서류에는 보험금 지급 청구를 위한 만료일이 기재되지 않아야 한다.

51. 다음에 설명하고 있는 것은 불일치 사항이 있는 서류의 매입에 관한 내용이다. 바르게 연결한 것은?

> (가) 하자 사항과 관련된 신용장의 제조건을 변경받도록 한 후에 매입하는 방법으로 시간적 여유가 있는 경우 활용할 수 있는 가장 안전한 방법
> (나) 하자 등으로 인해 추심으로 처리한 기한부 신용장에 대하여, 개설은행의 인수 또는 연지급확약 통보 접수 후에 매입으로 전환하는 방법
> (다) 개설은행에 미리 전신으로 서류의 미비점 또는 신용장 조건과의 불일치 사항을 알려 주고, 그 매입 가능 여부를 조회하여 승인받은 후에 매입하는 방법
> (라) 하자 사항에 대한 개설은행의 승낙(Waiver)을 전제 조건으로 하자가 있는 서류를 매입하여 그 대금을 지급하는 방법

> ⓐ Amend Negotiation ⓑ Post Negotiation
> ⓒ Cable Negotiation ⓓ Negotiation under Reserve

① (가) - ⓐ, (나) - ⓒ, (다) - ⓑ, (라) - ⓓ
② (가) - ⓑ, (나) - ⓐ, (다) - ⓒ, (라) - ⓓ
③ (가) - ⓓ, (나) - ⓒ, (다) - ⓐ, (라) - ⓑ
④ (가) - ⓐ, (나) - ⓑ, (다) - ⓒ, (라) - ⓓ

52. 다음은 환어음에 관한 설명이다. 잘못된 것은?

① 추심 또는 신용장 거래에서 사용되는 환어음은 채무자(지급인)가 채권자에게 어음 금액을 지급할 것을 약속하는 유통증권이다.
② 환어음의 만기에 관하여 일자 후 정기출급으로 요구하는 경우에 그 환어음 자체 내에 있는 정보로부터 만기일을 산정하는 것이 가능해야 한다.
③ 환어음의 인수는 지급인이 어음의 앞면에 어음을 인수하겠다는 의사를 표시하고 서명날인을 해야 한다.
④ 환어음에 기재된 숫자 표기 금액이 문자 표기 금액과 상이하다면 문자 표기 금액을 기준으로 심사한다.

53. 다음은 화환 신용장의 일부분이다. 이에 대한 설명으로 잘못된 것은?

> 46A Documents Required
> + Full sets of original clean on board ocean bill of lading, made out to the order of Seoul Bank, marked freight collect and notify accountee
> + Signed Commercial Invoice : triplicate
> + Packing list in copies

① 해상운임은 개설의뢰인이 부담하며, 선하증권의 착화통지처란에는 개설의뢰인의 상호와 주소를 기재한다.
② 선하증권의 Consignee란에는 To the order of Seoul Bank로 기재되어야 한다.
③ UCP 600 제18조에 따라 상업송장에는 서명될 필요가 없다.
④ 포장명세서는 원본이 최소한 한 부는 제시되어야 한다.

54. 다음 중 달러/원 환율이 상승할 것으로 예상되는 가능성과 가장 거리가 먼 것은?(단, 앞쪽 통화가 기준통화이다.)

① 미국 연방준비은행의 기준금리의 인상 전망
② 중국 통화당국의 급격한 위안화 평가 절하 단행
③ 우리나라 경상수지 적자에서 대규모 흑자로 전환 전망
④ 국내 주식시장에서 외국인 투자자의 주식매도 확대 전망

55. 행사 가격이 1,100원인 미국 달러 콜옵션을 보유하고 있다. 현재 시점의 달러/원 현물환율이 1,070원으로 하락한 경우 해당 콜옵션의 내재 가치 상황을 바르게 표현한 것은?(단, 환율표시는 앞쪽 통화가 기준통화이다.)

            내재 가치 상태   내재 가치 크기(1달러당)
① 등가격(At the money)   0원
② 외가격(Out of the money)   +30원
③ 내가격(In the money)   +30원
④ 외가격(Out of the money)   0원

56. 다음은 외국환의 종류에 관한 설명이다. 잘못된 것은?

① Spot Exchange는 외국환 매매계약과 동시에 또는 2영업일 이내에 받는 외국환을 말한다.
② Outward Exchange는 환 거래가 종료되는 은행의 입장에서 본 환을 말한다.
③ Forward Exchange는 장래의 일정 기일 또는 기간 내에 미리 정한 금액과 종류의 외환을 약속한 환율로 거래하는 환을 의미한다.
④ Collection Exchange는 채권자가 채무자 앞으로 채무를 지급할 것을 요청하는 증서를 발행하여 채권을 회수하는 경우에 사용되는 환을 의미한다.

57. 외환시장의 상황이 다음과 같을 때 간편식으로 산출한 USD/KRW의 3개월물 선물환율은 무엇인가?(단, 1년은 360일, 3개월은 90일로 가정)

USD/KRW	
현물환율	1,300.00
미국 달러화 금리	5%
한국 원화 금리	6%

① 1,287.00원   ② 1,296.75원
③ 1,303.25원   ④ 1,313.00원

58. ㈜한국기업의 외환포지션과 환율이 다음과 같을 때, 환율 변동으로 인한 손익으로 알맞은 것은?(단, 환율 표시는 앞쪽 통화가 기준통화이다.)

환율	변동 전	변동 후
USD/KRW	1,200	1,100
USD/JPY	100	110
포지션	USD	예금: 100,000 외상매출금: 200,000
	JPY	외상매입금: 3,000,000 차입금: 2,000,000

① 4,600만 원 이익 ② 3,000만 원 이익
③ 2,000만 원 손실 ④ 7,600만 원 손실

59. 다음 중 선물환 거래와 통화선물 거래의 차이점에 대한 설명으로 잘못된 것은?

① 선물환 거래는 당사자 간 일대일 거래인 반면, 통화선물 거래는 불특정 다수 간의 거래이다.
② 선물환 거래는 24시간 거래가 가능하나, 통화선물 거래는 선물거래소 거래 시간 이내에만 거래를 할 수 있다.
③ 선물환 거래는 계약 단위가 표준화되어 있으나 통화선물 거래는 매매당사자 간 합의에 따르므로 계약 단위, 만기일의 제한을 받지 않는다.
④ 선물환 거래는 장외 거래이며, 통화선물 거래는 장내 거래이다.

60. 다음 중 환리스크에 대한 설명으로 옳지 않은 것은?

① 환율 변동의 결과로 미래 제품의 판매량, 가격, 시장점유율 등 기업 가치에 영향을 주는 환위험을 영업 환리스크라 한다.
② 환율이 상승할 것으로 예상되는 경우 수입상이 대금 결제를 앞당기려고 할 때 사용하는 대내적 관리기법을 래깅이라 한다.
③ 달러화 원자재 수입 대금을 동일 시점에 수취한 달러화 수출 대금으로 결제하는 방식을 네팅이라 한다.
④ 대외적 환위험 관리기법 중 통화스왑 거래는 두 거래당사자가 계약일에 약정 환율로 해당 통화를 일정 시점에서 상호 교환하는 외환 거래를 의미한다.

무역계약

1. 다음 중 Incoterms 2020의 적용에 관한 설명으로 옳지 않은 것은?

① 인코텀즈는 국가 간 거래뿐 아니라 국내 거래에서도 적용할 수 있다.
② 인코텀즈는 매매계약에 따른 소유권의 이전, 계약의 위반과 권리구제에 대해 다루지는 않는다.
③ 인코텀즈는 국제 규칙으로 강제성이 없으므로 계약서상에 인코텀즈의 규정을 따른다는 문구를 기재하는 것이 바람직하다.
④ 인코텀즈는 소프트웨어와 같은 무형재 및 유체동산의 인도와 관련한 당사자들의 권리와 의무에 관한 사안에 한해 적용된다.

2. 다음은 DAP, DDP 조건에 관한 설명이다. 잘못된 것은?

① DAP 조건과 DDP 조건의 차이는 수출상이 수입국에서 수입통관 의무를 부담하는지 여부에 달려 있다.
② DDP 조건은 매도인의 의무가 가장 큰 조건이며, EXW 조건은 매도인의 의무가 가장 적은 조건이다.
③ DAP 조건에서 매도인은 운송수단에서 물품을 양하한 상태로 수입상에게 인도한다.
④ DDP 조건의 경우 매도인은 본인의 위험을 위하여 보험에 부보할 수 있다.

3. Incoterms 2020 규칙의 A) 물품 인도장소, B) 물품의 인도가 이뤄지는 시점에 대한 설명 중 잘못된 것은?

① EXW	A) 매도인의 영업장 구내 B) 매도인이 물품을 지정 장소에서 매수인의 처분하에 둔 때
② FOB	A) 매수인이 지정한 선박의 선측 B) 매수인이 지정한 선박의 선측에 물품이 놓인 때
③ CIP	A) 매도인이 계약을 체결한 운송인에게 교부한 수출국 내 장소 B) 수출국 내에서 매도인이 계약을 체결한 운송인에게 물품을 인도한 때
④ DDP	A) 매도인과 매수인 간에 합의된 지정 목적지 B) 도착운송수단에 실어둔 채 양하 준비된 상태로 매수인의 처분하에 둔 때

4. 다음은 계약서 조항의 일부이다. 이 조항은 어떠한 계약에 사용되는 것이 적절한가?

> Principal hereby appoints Agent its exclusive agent for the sale of Bed, mattress Goods, within the territory of the Republic of Korea.

① Technical Assistance Agreement
② Agency Agreement
③ Plant supply contract
④ OEM Purchase Agreement

5. 청약과 관련한 Vienna Convention(1980)의 규정으로 잘못된 것은?

① 청약은 상대방에게 도달한 때 효력이 발생한다.
② 피청약자가 청약을 취소불능이라고 신뢰하는 것이 합리적이고, 피청약자가 그 청약을 신뢰해 행동한 경우 청약은 취소될 수 없다.
③ 청약은 철회될 수 없는 것이더라도, 회수의 의사 표시가 청약의 도달 전 또는 그와 동시에 상대방에게 도달하는 경우에는 회수될 수 있다.
④ 부가, 제한 그 밖의 변경을 포함하는 승낙은 원 청약의 효력에 영향을 미치지 아니한다.

6. Vienna Convention(1980)에서 규정한 매도인의 계약위반에 대한 매수인의 구제수단에 대한 설명으로 올바른 것은?

① 매수인은 매도인과 같이 계약 내용의 이행을 위한 추가기간지정권을 행사할 수는 없다.
② 매수인은 손해배상청구권을 행사할 수 있으며, 계약해제권과는 중복하여 사용할 수 없다.
③ 매수인은 본질적인 계약위반의 사유가 있는 경우에는 대체물의 인도를 청구할 수 있다.
④ 매수인은 매도인이 물품 명세에 대해 지정하지 않는 경우 물품명세확정권을 사용할 수 있다.

7. 다음 중 무역계약에 대한 설명으로 잘못된 것은?

① 일반거래조건(General Terms And Conditions)은 클레임조항, 중재조항, 준거법조항 등을 정형화하여 정해 두는 것을 목적으로 사용된다.
② 플랜트나 선박, 대형 기계류와 같이 작업 공정이 장기간 소요되는 물품을 거래하는 경우, 계약 기간 중 물가 상승으로 인해 당해 재화 및 용역가액이 일정률 이상 증가할 시 가격 상승에 대응할 수 있도록 가격 조정을 허용하는 신축조항(Escalation clause)을 계약서상에 삽입하는 것이 적절하다.
③ 개별계약은 특정 품목을 거래할 때마다 구체적인 거래 조건에 대해 합의하는 방식으로서 1회로 종결되는 거래에서 주로 사용된다.
④ 견본매매의 경우 수출상은 클레임에 대비해 계약서에 'up to the sample'과 같은 표현을 사용하는 것이 유리하다.

8. 다음은 무역계약의 품질 조건에 관한 내용이다. 잘못된 것은?

① GMQ는 주로 목재나 냉동어류 등 잠재 하자가 있을 가능성이 높은 생산물의 매매에서 사용된다.
② 품질 조건을 약정하는 방법 중 선적품질 조건은 인도 물품의 품질이 약정한 품질과 일치하는지를 선적 당시의 품질로 결정하는 방법이다.
③ 곡물의 품질 결정 시기와 관련하여 원칙적으로 선적품질 조건이지만 해상운송 중에 발생한 해수에 의한 손해를 입은 경우 매수인이 책임지는 조건을 RT 조건이라 한다.
④ 선박이나 철도차량 및 기타 대형 기계류와 같이 견본 제공이 불가능한 경우 설계도면이나 규격서로 거래 목적물의 명세를 약정하는데 이러한 매매를 Ssales by Specification이라 한다.

9. 무역계약의 선적 조건에 대한 설명으로 잘못된 것은?

① 'Shipment shall be made from September to October, 2023'와 같이 두 달이 명시되어 있는 경우 2023년 9월부터 10월 사이에 선적을 완료하면 된다.
② 'Shipment shall be made within one month after seller's receipt of credit'로 약정한 경우 수출자는 신용장을 수취한 날로부터 1개월 이내에 선적해야 한다.
③ 'Shipment shall be made immediately'와 같은 선적 조건은 계약 후 일주일 이내에 선적하여야 한다.
④ 'Partial shipment shall be prohibited'라고 신용장에 기재된 경우에는 분할선적을 할 수 없다.

10. 무역 계약서에 기재되는 조항의 적용으로 올바른 것은?

① 상대방이 계약을 불이행하는 경우 청구할 수 있는 손해배상액을 정하기 위해 "Assignment"를 기재하였다.
② 제조되어 판매된 물품이 소비자나 제3자의 신체 또는 재산에 손상 또는 손해를 입힌 경우 그 책임을 매도인과 매수인 중 누가 부담할 것인가를 약정하기 위해 "Severability Clause"를 기재하였다.
③ 계약 체결 후 당사자가 통제할 수 없는 정치 사정의 변화로 계약 이행이 곤란하게 되어도 계약이 소멸되지 않고 이행되기를 원하여 "Hardship Clause"를 기재하였다.
④ 계약 내용의 일부가 어떠한 사유로 인해 실효 또는 무효화되더라도 그것을 이유로 계약 전체가 실효 또는 무효화되는 것을 막기 위해 "Infringement Clause"를 기재하였다.

11. 다음은 화환 신용장의 일부분이다. 이에 대한 설명으로 옳은 것은?

Koreatrading CO., LTD.
ILSAN TECHNO TOWN ILSAN DONGGU GOYANG CITY GYEONGGI DO SOUTH KOREA

OFFER SHEET

Messrs: Raytech co., ltd.　　　　　　　　　　　　　　　　　　Our Ref. KT0501
　　　　　　　　　　　　　　　　　　　　　　　　　　　　　　Date: May 1, 2023

We are pleased to offer the under-mentioning articles as per conditions and details described as follow:

Origin: R.O.K
Shipment: Within 30 days after receipt of your L/C
Destination: New York port. U.S.A.
Payment: Draft at sight under an irrevocable negotiable L/C in our favor.
Packing: Export Standard Carton Packing
Validity: May 31, 2023
Advising Bank:
Remark:

　　　　　　　　　　　　　　　　　　　　　　　　　　Unit: CIF New York in USD/Unit

Commodity & Description	Q'ty	Unit Price	Amount
56" DLED TV MODEL: KT101	1,000U	USD 500	USD 500,000
Total	1,000U		USD 500,000

We are looking forward to receiving your order.

　　　　　　　　　　　　　　　　　　　　　　　　　　　　　　　　Very sincerely,

Accepted by

① Raytech co., ltd.은 매도인이며, Koreatrading CO., LTD.은 매수인이다.
② 매도인은 매수인을 위해 ICC(C) 약관으로 보험에 부보하면 된다.
③ 5월 31일까지 승낙의 의사를 표시하지 않으면 계약은 자동 성립한다.
④ 물품의 선적보다 신용장의 개설이 우선되어야 하며, 수출자는 기한부 환어음을 발행해야 한다.

12. 다음 중재조항의 해석으로 올바른 것을 모두 고른 것은?

> All disputes, controversies, or differences which may arise between the parties, out of or in relation to or in connection with this contract, or for the breach thereof, shall be finally settled by arbitration in Seoul, Korea in accordance with The Arbitration Rules of The Korean Commercial Arbitration Board and under the laws of Korea. The award rendered by the arbitrator(s) shall be final and binding upon both parties concerned.

A. 중재합의의 3요소가 모두 포함되어 있다.
B. 분쟁 당사자는 법원에 소송을 제기할 수 있다.
C. 중재판정은 국내 분쟁 해결뿐만 아니라 국제 분쟁에 대해서도 적용할 수 있다.
D. New York Convention(1958) 가입국끼리는 외국에서도 강제집행이 가능하다.
E. 중재인의 판정은 법원의 확정판결과 동일한 효과를 갖는다.

① A, B ② B, C, D ③ C, D, E ④ A, C, D, E

13. 무역계약의 체결에 관한 설명으로 옳지 않은 것은?

① 개별계약은 최초 거래 시 또는 1회성 계약에서 주로 사용되는 방식이다.
② 포괄매매계약은 일반거래조건약정서의 형식과 내용이 거의 동일하게 사용된다.
③ 독점계약의 경우 매도인은 수입국의 지정 매수인 이외의 제3자에게 물품을 공급해서는 안된다.
④ 모든 무역계약은 계약서를 작성해야 법률상으로 아무런 하자나 문제가 되지 않는다.

14. 다음에 기재된 매매계약의 내용에 해당하는 조항은?

> The failure of delay of either party to require performance by the other party of any provision of this Agreement shall not constitute a waiver of, or shall not affect, its right to require subsequent performance of such provision.

① Non-waiver Clause
② Jurisdiction Clause
③ Escalation Clause
④ Consideration Clause

15. 비엔나협약에서 규정하는 계약 해제와 관련된 사항으로 옳지 않은 것은?

① 매수인은 매도인이 계약 또는 의무를 이행하지 않음으로써 본질적인 계약 위반이 되는 경우 계약 해제를 할 수 있다.
② 계약 해제의 선언은 상대방에게 통지되었을 경우에만 효력이 있다.
③ 매수인이 물품을 인수한 당시와 실질적으로 동등한 상태로 그 물품을 반환할 수 없게 된 경우에는 매수인은 계약해제권을 상실하나 매도인에 대한 대체품인도청구권은 상실하지 않는다.
④ 계약의 이행기가 도래하지 않았으나 당사자인 채무자가 본질적인 계약 위반을 할 것으로 확실히 예견되는 경우에는, 상대방인 채권자는 계약을 해제할 수 있다.

16. 마켓클레임을 예방하기 위한 매도인의 조치로 보기 어려운 것은 무엇인가?

① 매수인의 D/A 거래 요구에 대해 Usance L/C 거래를 제의한다.
② 견본으로 품질 조건을 정하는 경우 계약서상에 'equal to sample(견본과 동일)' 대신에 'about similar to sample(견본과 유사)'을 기재한다.
③ 계약서에 클레임 제기 기한은 되도록 짧게 설정한다.
④ 수출화물에 대해 해상적하보험에 가입한다.

17. 무역클레임 해결 방법에 관한 설명으로 옳지 않은 것은?

① Amicable settlement는 클레임 제기자가 스스로 클레임을 철회하는 것으로 당사자 간 해결 방법에 해당한다.
② Intercession은 당사자의 일방 또는 쌍방의 의뢰에 따라 상공회의소 등 제3의 기관이 해결 방안을 제시하거나 조언함으로써 클레임을 해결하는 방법이다.
③ 조정안이 당사자 쌍방에 의해 수락됨으로써 조정이 성립되면 중재 판정과 동일한 효력이 발생한다.
④ ADR에는 화해, 알선, 조정 및 중재가 포함된다.

18. 무역계약의 제반 내용으로 잘못된 것은?

① 인코텀즈 2020의 FCA 규칙에서 매수인은 본인의 위험과 비용으로 선박회사에게 선적 선하증권을 발급받아 수출자에게 제공하도록 요청할 수 있다.
② 다른 화물과의 식별을 용이하게 하기 위해 포장에 특정한 기호를 표시하고 그 안에 수하인 상호의 약자를 기재하는데 이를 Main Mark라 한다.
③ 복합운송이 아닌 경우 환적은 가급적 피하는 것이 좋으므로 계약 체결 시 환적금지로 약정하는 것이 일반적이다.
④ 우리나라 상법에서는 잠재하자에 대한 하자 통지에 관한 제척 기간을 비엔나협약과 동일하게 2년 이내로 설정하고 있다.

19. 해상운송서류에 대한 설명으로 옳지 않은 것은?

① 해상화물운송장은 운송계약의 증빙서류이며 물품에 대한 수령증이라는 점에서 선하증권과 공통점을 갖는다.
② 선하증권의 양도는 바로 화물에 대한 권리 이전을 의미하므로 화물을 처분하고자 할 때는 관련 선하증권을 가지고 있어야 한다.
③ 용선계약을 근거로 용선자가 발행하는 서류를 용선계약부 선하증권이라 하며, 신용장 거래 시 선하증권을 요구할 때는 용선계약에 따른다는 표현이 없어야 한다.
④ Surrendered B/L은 대금결제 방식과 관련하여 T/T 방식과 신용장 방식에서 사용하기에 적합하다.

20. 해상운송에 관한 내용으로 옳지 않은 것은?

① 해상운송은 대량수송이 용이하여 단위당 운송료가 저렴한 편이다.
② 해상운송은 정기선 운송과 부정기선에 의한 운송으로 나뉘며, 컨테이너 화물은 주로 부정기선 운송으로 이루어진다.
③ 해운동맹은 두 개 이상의 정기선사들이 특정 항로에서 상호간 독립성을 유지하면서 과다경쟁을 피하기 위해 운임 및 배선에 대해 협정하는 국제 해운 카르텔을 의미한다.
④ 별도의 계약서를 작성하지 않는 개품운송계약과 달리 부정기선 운송에서는 용선계약서(C/P)를 작성한다.

21. 다음 중 항공화물운송장(AWB)에 대한 설명으로 잘못된 것은?

① 항공수출입운송 포워더는 항공사의 대리점의 역할을 하면서 항공사의 Master AWB를 발행할 수도 있고, 항공화물의 콘솔 업무를 하면서 House AWB를 발행하기도 한다.
② 항공화물운송장은 송하인과 항공화물운송인 사이에서 항공운송계약의 성립을 입증하는 증거서류이다.
③ 항공화물운송장은 유통성이 있는 유가증권이며 배서에 의해 유통 가능하다.
④ 항공화물운송장은 원본 3통과 사본 6통으로 구성되며 운송인의 필요에 따라 매수 조절이 가능하다. 제1원본은 항공사용, 제2원본은 수하인용, 제3원본은 송하인용이다.

22. 복합운송에 관한 내용으로 옳지 않은 것은?

① 복합운송의 기본요건에는 복합운송인의 단일책임제, 일관운임의 설정, 복합운송증권의 발행이 포함된다.
② Freight Forwarder는 복합운송증권을 발급할 수 없으며, 선사의 복합운송증권을 대신 사용한다.
③ 동아시아에서 러시아의 보스토치니항에서 시베리아 횡단철도를 이용하여 유럽으로 가는 경로를 SLB라 한다.
④ 물품의 멸실이나 손상 등 손해가 발생한 구간이나 운송 방식과 상관없이 동일한 책임체계에 따라 복합운송인의 책임이 정해지는 방식을 단일 책임체계라고 하며, 이론상 합리적이고 일관성이 있다는 장점이 있다.

23. FIATA 복합운송선하증권(FBL)의 약관에 대한 설명으로 잘못된 것은?

① FIATA 복합운송선하증권으로 표기된 서류는 복합운송에만 사용 가능하며 단일운송에서는 사용할 수 없다.
② "Taking in charge"란 FBL에 명기된 물품의 수령 장소에서 운송을 위해 물품을 인도받아 수령하는 것을 의미한다.
③ FBL을 발행한 Freight Forwarder는 물품을 인수한 장소로부터 지정된 인도 장소까지 전 운송을 이행하는 것과 자기 명의로 그 이행을 주선할 것을 확약하고 그 책임을 진다.
④ Freight Forwarder의 물품에 대한 책임 기간은 포워더가 물품을 인수한 때로부터 물품을 인도할 때까지이다.

24. 다음의 내용이 설명하고 있는 컨테이너 화물의 운송 형태는 무엇인가?

> 다수의 송화인과 한 명의 수하인 관계에서 사용하는 방식으로 지정된 선적항의 CFS에서 물품을 집화하여 컨테이너에 적입한 후 최종 목적지인 수하인의 공장 또는 창고까지 운송하는 방식이다.

① CFS/CFS
② CFS/CY
③ CY/CFS
④ CY/CY

25. 다음 중 해상보험계약 체결 시 보험자의 의무에 해당하지 <u>않는</u> 것은?

① 보험자는 해상보험자가 해상운송과 관련된 사고의 발생에 의해 피보험이익의 손해에 대한 보상을 약정할 의무를 진다.
② 보험자는 보험계약 내용에 따라 보험 기간 내에 보험사고가 발생한 경우 약정된 보험금을 지급할 의무를 진다.
③ 보험자는 보험계약 시 보험의 인수 여부 및 계약 내용의 결정에 영향을 줄 수 있는 모든 중요 사실을 고지해야 한다.
④ 보험계약의 전부 또는 일부가 무효인 경우에 보험계약자 또는 피보험자가 선의이고 중대한 과실이 없다면 보험자는 보험료의 전부 또는 일부를 반환할 의무를 진다.

26. 다음은 손해배상의 원칙에 관한 설명이다. <u>잘못된</u> 것은?

① 보험계약은 보험사고 시 피보험자가 입은 손해에 대해서만 보상한다.
② 보험자는 직접손해에 대하여 보상책임을 지며 간접손해에 대해서는 책임을 지지 않는다.
③ 잔존물과 제3자에 대한 청구권을 보험자에게 이전하여 이중 이득을 방지하며 이러한 권리를 이전하는 것을 위부라고 한다.
④ 중복보험의 경우 피보험자가 손해액 이상을 보상받는 것을 방지하기 위해 보험자 간에 손해를 부보비율에 따라 분담한다.

27. 다음 중 Special Replacement Clause에 대한 설명으로 옳은 것은?

① 선박의 냉동실 혹은 냉동 컨테이너에 보관되어 있는 동안에 냉동기의 고장 및 파열을 원인으로 하여 생긴 멸실, 손상품에 대해 보상해주는 보험이다.
② 기계 전체가 손상을 입어 전손인 경우에 적용된다.
③ 보험자의 보상책임은 보험금액 전체로 한다.
④ 손상된 부분의 대체 비용, 수리비에 운임 및 재조립 비용이 필요하면 해당 비용을 가산한 금액을 보상하게 된다.

28. 해상보험 담보 조건에 관한 내용으로 옳지 않은 것은?

① ICC(FPA) 약관에서는 예외적으로 침몰, 좌초, 화재, 폭발, 충돌 및 접촉으로 발생된 단독해손에 대해 보상한다.
② MIA에서 규정하는 항해의 지연으로 인한 손해에 대해 구협회적하약관에서는 보상하지 않는다.
③ ICC(B) 약관에서 갑판상 유실(Washing Overboard)로 인한 손해를 보상한다.
④ ICC(A) 약관에서 제3자의 불법 행위에 의한 의도적인 손상 또는 파괴를 보상하지 않는다.

29. 보험계약과 보험구상에 관한 내용으로 옳은 것을 모두 고르시오.

A. 보험계약은 낙성계약의 일종으로 보험계약자가 보험의 청약을 하고 보험자가 인수의 승낙을 했을 때 성립한다.
B. 해상보험은 선박명이 확정되지 않은 상태에서도 가입 가능하며 이 경우 T.B.D.라고 명기하고 보험증권이 발행된다.
C. 수출입계약의 취소, 무역거래 조건의 변경 등에 의해 보험계약이 취소되는 경우 이미 납입한 보험료는 전액 반환된다.
D. 피보험화물에 손해가 발생한 경우에는 손해 통지(Claim Notice)를 해야 하며 구두, 전화 또는 서면 제시 등 어떤 방법이라도 무방하다.
E. 선박으로 운송된 경우는 인도일로부터 3일, 항공으로 운송된 경우에는 인도일로부터 14일 이내에 서면으로 사고 사실을 통보해야 한다.

① A,B
② B,C,D
③ A,C,D,E
④ A,B,C,D,E

30. 보험에 가입되어 있는 기계 5대가 운송 중 도난을 당하는 사고가 발생하였다. 보험조건이 ICC(A) 보험금액이 총 기계 100대에 대해 USD 30,000일 경우 지급될 수 있는 보험금은 얼마인가?

① USD 1,500
② USD 15,000
③ USD 28,500
④ USD 30,000

무역영어

31. 다음은 비엔나협약 제14조 청약의 기준에 대한 설명이다. (A)~(C)에 들어갈 적절한 단어가 나열된 것은?

> A(n) (A) for concluding a contract addressed to one or more (B) persons constitutes an offer if it is sufficiently definite and indicates the intention of the offeror to be bound in case of (C).

	(A)	(B)	(C)
①	proposal	specific	acceptance
②	acceptance	general	offer
③	acceptance	specific	proposal
④	proposal	general	offer

32. 다음은 Incoterms 2020의 DDP 조건에 대한 설명이다. 옳지 않은 것은?

① DDP means that the seller delivers the goods when the goods are placed at the disposal of the buyer, cleared for import on the arriving means of transport ready for unloading at the named place of destination.
② The seller has no obligation to the buyer to make a contract of insurance.
③ The parties are well advised not to use DDP if the seller is unable directly or indirectly to obtain import clearance.
④ The seller must pay all costs relating to the goods from the time they have been delivered under A2(Delivery).

33. 다음은 계약서 조항의 일부이다. 이 조항은 어떠한 계약에 사용되는 것이 적절한가?

> Principal hereby appoints Agent its exclusive agent for the sale of Bed, mattress Goods, within the territory of the Republic of Korea.

① Technical Assistance Agreement
② Agency Agreement
③ Plant supply contract
④ OEM Purchase Agreement

34. 다음은 신용장 관련 서한의 일부이다. (A)~(C)의 주체는 누구인가?

> (A)<u>We</u> have arranged with (B)<u>the Bank of America</u> for an Irrevocable Letter of Credit in your favor for US $100,000. The advising bank, (C)<u>EDUWILL</u> Bank, in your city, will send you the L/C which you will receive within a few days.

	(A)	(B)	(C)
①	Beneficiary	Issuing bank	Advising bank
②	Applicant	Confirming bank	Issuing bank
③	Applicant	Issuing bank	Advising bank
④	Beneficiary	Advising bank	Issuing bank

35. 다음의 내용이 설명하고 있는 것은 무엇인가?

> An arrangement in which an exporter instructs a bank to hand over shipping and title documents to an importer only if the importer accepts the accompanying bill of exchange or draft by signing it

① Documentary Credit
② Document against Acceptance
③ Open Account
④ Document against Payment

36. UCP 600에서 규정하는 개설은행의 의무에 대해 잘못 설명한 것은?

① An issuing bank is revocably bound to honour as of the time it issues the credit.
② An issuing bank should discourage any attempt by the applicant to include, as an integral part of the credit, copies of the underlying contract, pro-forma invoice and the like.
③ An issuing bank undertakes to reimburse a nominated bank that has honoured or negotiated a complying presentation and forwarded the documents to the issuing bank.
④ The issuing bank must honour if the credit is available by sight payment, deferred payment or acceptance with the issuing bank.

37. 용선운송에 대한 내용으로 옳지 않은 것은?

① Time charter is the period during which a vessel is hired to a charterer. This period usually varies from 3 to 6 months.
② Bareboat charter is a contract that shipowner rents out a specific ship and controls its technical management and commercial operations only. Owner takes over all responsibility for the operation of the vessel and expenses for the duration.
③ Voyage chartering is a chartering agreement in which the shipowner makes available to the charterer the vessel, partly or in full, fully equipped, crewed and provided with fuels, lubricant and stocks.
④ A trip time charter is a comparatively short time charter agreed for a specified route only.

38. 다음의 내용이 설명하고 있는 것은 무엇인가?

> This is a contract provision allowing for supplier to pass an increase in costs to project owner or buyer. This is usually related to influences beyond both parties control, such as inflation.

① Escalation Clause ② Arbitration Clause
③ Force Majeure Clause ④ Claim Clause

※ 다음은 개별 계약서의 내용이다. 다음의 내용을 보고 질문에 답하시오.(39~40)

* Description of Goods: Wireless Charger Mark-1
* Quantity: 1,000 pcs / 100pc per carton
* Price: USD10.00/pc CIP Hamburg in German
* Payment: O/A 30 days
* Shipping port: Busan sea port in Korea
* Unloading port : Hamburg sea port in German
* Packing: Export Standard packing.
* Remarks:
- The trade terms under this contract shall be governed and interpreted under the provisions of Incoterms 2020.
- Commercial invoice with country of origin certified exporter number

39. 위 계약서에서 매도인이 의무적으로 보험에 가입하여야 하는 조건은 무엇인가?(단, 당사자 간 부보 조건에 대한 별도의 약정은 없는 것으로 가정한다.)

① ICC(C) - 1/1/82
② ICC(F.P.A.) - 1/1/63
③ ICC(A) - 1/1/82
④ ICC(W.A) - 1/1/63

40. 위 계약서의 내용의 해석에 대한 설명으로 옳지 않은 것은?

① 매도인은 독일의 지정 장소까지 운송료와 보험료를 부담하여야 한다.
② 매도인은 원산지인증수출자번호가 기재된 상업송장을 매수인에게 제공하여야 한다.
③ 매도인은 물품 도착 후 30일 이내에 대금을 지급받을 수 있다.
④ 운송서류에는 CFS/CFS로 기재되어야 한다.

41. 다음 서신의 내용상 수출상과 수입상 간 매매계약의 조건으로 활용하기에 가장 적합한 정형거래조건은?

> Dear Sir / Madam
> Please quote for collection from our company and delivery to Busan port.
> Our goods are:
> 100 computer power supply, 220-230V / 20pcs per carton
> The invoiced value of the goods is USD 2,000.
> The ocean freight will be paid by our customer.

① FOB ② CIF ③ DPU ④ CPT

42. (A)에 해당하는 것은 무엇인가?

> (A) is the purchase of an exporter's receivables – the amount that the importer owes the exporter – at a discount by paying cash.

① Factoring
② Forfaiting
③ O/A
④ European D/P

43. 다음 서신의 내용을 논리 전개에 따라 가장 잘 나열한 것은?

> Dear Sam
> (A) We regret to hear about your letter of October 10, that your order has not arrived.
> (B) Once again, we apologize for any inconvenience caused due to our mistake. We will do our best to make sure that this mistake never happens again.
> (C) As a result of investigation through our delivery staff, it was confirmed that the product was shipped incorrectly to another customer.
> (D) We take responsibility for our mistakes and would like to offer a special discount for this case.

① A-B-C-D
② B-A-C-D
③ A-C-D-B
④ B-C-D-A

44. 다음 서류에 대한 설명으로 옳지 <u>않은</u> 것은?

PROFORMA INVOICE

(INVOICE NO: LV211015-1)
Messers: KOREA BOLT CO., LTD.
Benificiary: YIWU CHINA IMP AND EXP CO., LTD.
ADD: RM102, WANA PLAZA, SITE A. BINWANG ROAD,YIWU CHINA
BENEFICIARY Bank: PING AN BANK CO., LTD., OFFSHORE DEPT (SWIFT CODE: SZDBCNBS)
ADD: NO.5047, ROAD SHENNAN DONG, SHENZHEN, P.R.CHINA
A/C NO: OSA110146576100118

CFR, INCHEON

ITEM	Q'TY(PCS)	G.W(KGS)	AMOUNT(USD)
BOLT & NUT SET	581,300	60,000.00	68,000

Port of loading: XINGANG, TIANJIN, CHINA
Port of destination: INCHEON KOREA
Delivery time: 30 days after getting the payment
Terms of Payment: 30% T/T in advance as deposit, 70% before shipment

① This document is prepared by the exporter and sent to the importer.
② The exporter is not obligated to purchase marine insurance for the buyer but bears the ocean freight to Incheon Port.
③ The payment terms of the seller and the buyer adopt CAD.
④ In the case of bolts and nuts, since the standards are similar in each country, it is possible to use Sales by Grade as a quality determination method.

45. 다음 용어의 설명 중 <u>잘못</u> 설명한 것은?

① Bill of lading: A document issued by a carrier, or its agent, to the shipper as a contract of carriage of goods
② Shipping document: Air waybill, bill of lading, commercial invoice, certificate of origin, insurance certificate, packing list, bill of exchange or other documents required to clear customs and take delivery of the goods
③ Air Waybill: A receipt issued by an international airline for goods and an evidence of the contract of carriage
④ Sea Waybill: A transport document for maritime shipment which serves as evidence of the contract of carriage and as a receipt for the goods, but is not a document of title

※ 다음의 서식을 보고 물음에 답하시오. (46~47)

BILL OF EXCHANGE

NO. 123456 BILL OF EXCHANGE   Mar 29, 2023 SEOUL, KOREA

FOR US $ 1,000,000

AT SIGHT OF THIS ORIGINAL BILL OF EXCHANGE(SECOND OF THE SAME
TENOR AND DATE BEING UNPAID) PAY TO Ⓐ EDUWILL BANK OR ORDER THE
SUM OF SAY US DOLLARS ONE MILLION ONLY ;
VALUE RECEIVED AND CHARGE THE SAME TO ACCOUNT OF Ⓑ EASTKING CO., LTD.
DRAWN UNDER ABC BANK, HONGKONG
L/C NO. LM123456LS01234 DATED FEB 2, 2023
TO Ⓒ THE ABC BANK,
HEADOFFICE, HONGKONG

                                                 Ⓓ HANKOOK MACHINE CO., LTD.

46. 상기 서류와 관련된 내용으로 잘못 설명하고 있는 것은?

① The above document is issued in two copies, and when one document is used, the other is automatically invalidated.
② The above document must be presented together with the shipping documents in the deferred payment letter of credit.
③ This document is not used in the wire transfer method.
④ If the number value differs from the character value, the character value takes precedence.

47. Ⓐ~Ⓓ 중 환어음의 지급인은 누구인가?

① Ⓐ   ② Ⓑ
③ Ⓒ   ④ Ⓓ

48. 다음 (A), (B) 안에 들어갈 용어가 순서대로 나열된 것은?

> Letter of Guarantee shall be deemed (A) upon your receipt of the corresponding (B) duly endorsed by us.

	(A)	(B)
①	effective and valid	Bill of Lading
②	ineffective and void	Letter of Indemnity
③	null and void	Bill of Lading
④	valid and null	Bill of Lading

49. 다음은 MIA(영국해상보험법)의 규정이다. (A)~(B)에 들어갈 적절한 단어가 나열된 것은?

> A (A) loss is a partial loss of the subject-matter insured, caused by a peril insured against, and which is not a (B) loss.

	(A)	(B)
①	particular average	actual total
②	general average	particular average
③	particular average	constructive total
④	particular average	general average

50. 다음의 내용이 의미하는 무역영어 작성의 5C's 원칙은 무엇인가?

> We are surprised that you don't like our shipment No. 11
> → We are very sorry that you were not satisfied with the quality of the LCD Panel in our shipment No. 11

① Courtesy ② Completeness
③ Correctness ④ Clearness

51. 다음 문장 중 문법적으로 옳지 않은 것은?

① The new employment complemented the existing team members quite well.
② We rise our profits this year.
③ Regretfully, we cannot accept your proposal.
④ Countries are forming economic blocs.

52. 다음 괄호에 들어갈 내용으로 옳은 것은?

> ( ) is a document which the shipper indemnifies the shipping company against the implications of claims that may arise from the issue of a clean Bill of Lading when the goods were not loaded in accordance with the description in the Bill of Lading.

① Clean Ocean Bill of Lading
② Letter of guarantee
③ Air Waybill
④ Letter of Indemnity

53. 다음 중 적절하게 영어로 변역되지 않은 것은?

① 첨부해 드린 소책자에는 적정가격이 기재되어 있으며, 그 회사는 그 상품을 매입할 의사가 있다.
→ The attached brochure lists the reasonable price and they are in the market for lots.
② 상업서류란 송장, 운송서류, 권리증권 또는 이와 유사한 서류, 또는 그밖에 금융서류가 아닌 모든 서류를 의미한다.
→ "Commercial documents" means invoices, transport documents, documents of title or other similar documents, or any other documents whatsoever, not being financial documents.
③ 동봉한 현재의 가격을 보면 당사의 가격이 경쟁사들의 가격보다 훨씬 싸다는 것을 알게 될 것입니다.
→ The enclosed current price list will show you that our prices are far much more competitive than those of your rival companies.
④ 당사는 귀사와 독점대리인계약을 체결할 가능성에 대해 의논하고 싶습니다.
→ We would like to discuss the possibility of establishment an exclusive agency agreement with your company.

54. 다음 주어진 서신의 목적을 가장 잘 나타낸 것은?

> Dear Mr. Skywalker
>
> Thank you for your letter of March 10, 2023 regarding our offer (No. ABC-111). We have reviewed your price reduction request and have decided to offer you an additional 5% discount. We believe this price is more competitive than any other supplier can offer.
>
> We hope these special price reductions will help you make your decision.
>
> We will look forward to your final decision.
>
> Best regards.

① An acceptance to the offer
② A reply to the letter which requested price reduction.
③ Provision of information about other competitors
④ Confirmation of intent to conclude contract

55. 다음 중 선하증권(B/L: Bill of Lading)에 대한 설명으로 옳지 않은 것은?

① It serves as a receipt for the shipped goods.
② It serves as a proof of the maritime transportation contract between shipper and the shipping company.
③ It serves as a bill to an importer.
④ It serves as a negotiable document that can transfer rights by the endorsement.

56. 다음 서신에 대한 답신의 내용으로 적절하지 않은 것은?

> Gentlemen :
>
> We are pleased to inform that your order, ABC 1234, has been shipped today on SS INCHEON HYUNDAI which will leave for Busan tomorrow.
> The shipping documents, including bill of lading, invoice, and insurance have been passed to Seoul Bank, who will advise your agent bank.
> We hope the goods are in order and look forward to another order from you.
>
> Best Regards,

① Could I get a copy of the bill of lading?
② Thank you for the shipment notice. May I know the estimated time of arrival?
③ Can you pack the product in a wooden case and send it to me?
④ If the product satisfies us, we will place a large order next time.

57. 다음은 UN 국제복합운송협약의 정의 부분에 나오는 내용이다. (A)~(D)에 들어갈 내용이 순서대로 바르게 연결된 것은?

> - (A) means any person who on his own behalf or through another person acting on his behalf concludes a multimodal transport contract and who acts as a principals, not as an agent or on behalf of the consignor or of the carriers participating in the multimodal transport operations, and who assumes responsibility for the performance of the contract.
> - (B) means the person entitled to take delivery of the goods.
> - (C) means any person by whom or in whose name or on whose behalf a multimodal transport contract has been concluded with the multimodal transport operator, or any person by whom or in whose name or on whose behalf the goods are actually delivered to the multimodal transport operator in relation to the multimodal transport contract.
> - (C) means a document which evidences a multimodal transport contract, the taking in charge of the goods by the multimodal transport operator, and an undertaking by him to deliver the goods in accordance with the terms of that contract.

① Multimodal transport operator – Consignor – Consignee – Multimodal transport document
② Consignor – Consignee – Carrier – Multimodal transport document
③ Carrier – Consignee – Consignor – Mandatory national law
④ Multimodal transport operator – Consignee – Consignor – Multimodal transport document

58. 다음 중 같은 의미를 지닌 것으로 보기 어려운 것은?

① We wish to call your attention to our order No. KA21 for 1,000sets of Electric Humidifiers.
 → We would like to draw your attention to our order No. KA21 for 1,000 sets of Electric Humidifiers.
② We have not yet received payment for the shipment.
 → We have not yet given payment for the shipment.
③ Please let us have the shipping information of our order by e-mail.
 → Please inform us of the shipping information of our order through e-mail.
④ We are shipping back the defective goods at your cost.
 → We are returning the damaged goods at your expense.

59. 양도 가능 신용장에 관한 설명 중 옳지 않은 것은?

① Transferable credit means a credit that specifically states it is "transferable".
② Unless otherwise agreed at the time of transfer, all charges (such as commissions, fees, costs or expenses) incurred in respect of a transfer must be paid by the second beneficiary.
③ An issuing bank may be a transferring bank.
④ Presentation of documents by or on behalf of a second beneficiary must be made to the transferring bank.

60. 다음 서신의 내용에 대한 설명으로 가장 거리가 먼 것은?

Dear Mr. Kim

I learned your company's name by participating in a trade fair held in New York last summer. Let us introduce ourselves as a leading import company in Seattle.

We are particularly interested in your industrial robots and would like to establish a business relationship with you. Could I get a detailed price list and catalog for industrial robots? Also, if possible, we would like to send our staff to your factory to test the performance of the product.
After reviewing the performance and materials, if it is determined that the price is competitive, we would like to place an initial order.

We ask for your prompt reply and look forward to developing the relationship for the benefit of both companies.

Very truly yours
Jim Diejel

① This letter is a reply to the business proposal.
② Mr. Kim is a seller of industrial robots.
③ Jim Diejel is interested in purchasing an industrial robot.
④ Jim Diejel is willing to place an order if he is satisfied with the performance and price.

마무리 모의고사 3회

| 시험 일시 | | 제한 시간 | | 성명 | |

무역규범

1. 다음 중 대외무역법령에서 규정하고 있는 용어의 정의가 <u>잘못된</u> 것은?

① 위탁가공무역이란 가공임을 지급하는 조건으로 외국에서 가공(제조, 조립, 재생, 개조를 포함)할 원료의 전부 또는 일부를 거래 상대방에게 수출하거나 외국에서 조달하여 이를 가공한 후 가공물품 등을 수입하거나 외국으로 인도하는 수출입을 말한다.
② 소요량이란 외화획득용 물품 등의 전량을 생산하는 데 소요된 원자재의 실량과 손실량을 합한 양을 말한다.
③ 무역거래자란 수출 또는 수입을 하는 자, 외국의 수입상 또는 수출상에게서 위임을 받은 자 및 수출과 수입을 위임하는 자 등 물품 등의 수출 행위와 수입 행위의 전부 또는 일부를 위임하거나 행하는 자를 말한다.
④ 외화획득용 원료란 외화획득에 제공되는 물품 등을 생산하는 데 사용되는 시설·기계·장치·부품 및 구성품(물품 등의 하자를 보수하거나 물품 등을 유지·보수하는 데에 필요한 부품 및 구성품 포함)을 말한다.

2. 다음 중 대외무역법령상 무역업고유번호제도에 대한 설명으로 <u>잘못된</u> 것은?

① 수출입 거래가 질서 있고 효율적으로 이루어질 수 있도록 산업통상자원부장관은 무역거래자별 고유번호의 부여 및 관리 등 수출입 통계 데이터베이스를 구축하기 위한 전산관리체제를 개발·운영하여야 한다.
② 무역업고유번호를 발급받으려는 자는 한국소프트웨어산업협회장에게 우편, 팩시밀리, 전자우편, 전자문서교환체제(EDI) 등의 방법으로 신청하여야 하며, 한국소프트웨어산업협회장은 접수 즉시 신청자에게 고유번호를 부여하여야 한다.
③ 무역업고유번호를 부여받은 자가 상호, 대표자, 주소, 전화번호 등의 변동 사항이 발생한 경우에는 무역업고유번호 신청 사항 변경통보서에 따라 변동 사항이 발생한 날부터 20일 이내에 한국무역협회장에게 알리거나 무역업 데이터베이스에 변동 사항을 수정 입력하여야 한다.
④ 무역거래자는 관세법 제241조에 따른 수출(입) 신고 시 무역업고유번호를 수출(입)상 상호명과 함께 기재하여야 한다.

3. 다음 중 대외무역법령에서 규정하는 외화획득용 원료의 범위에 해당하지 <u>않는</u> 것은?

① 수출실적으로 인정되는 수출 물품 등을 생산하는 데 소요되는 원료(포장재, 1회용 팔레트 포함)
② 외화획득률이 20% 이상인 군납용 물품 등을 생산하는 데 소요되는 원료
③ 해외에서의 건설 및 용역사업용 원료
④ 외화획득용 원료로 생산되어 외화획득이 완료된 물품 등의 하자 및 유지·보수용 원료

4. 대외무역법령에서 규정하고 있는 거래 형태별 수출·수입실적에 대한 설명으로 옳지 <u>않은</u> 것은?

① 수출상 또는 수출 물품 등의 제조업자에 대한 외화획득용 원료 또는 물품 등의 공급 중 수출에 공하여지는 것으로 내국 신용장에 의한 공급의 경우 수출실적으로 인정된다.
② 전자적 형태의 무체물 수출의 경우 한국무역협회장 또는 한국소프트웨어산업협회장이 외국환은행을 통해 입금 확인한 금액은 수출실적으로 인정한다.
③ 유상으로 거래되는 수입실적 인정 시점은 대금 지급일로 한다.
④ 수출·수입실적의 확인 및 증명 발급기관의 장은 수출·수입실적의 확인 및 증명서의 발급 현황 등에 관한 매분기 실적을 다음 달 20일까지 산업통상자원부장관과 관세청장에게 보고하여야 한다.

5. 다음 중 대외무역법령상 수출입의 제한과 관련된 내용으로 옳지 <u>않은</u> 것은?

① 수출 또는 수입이 제한되는 물품 등을 수출하거나 수입하려는 자는 산업통상자원부장관의 승인을 받아야 한다.
② 수출 또는 수입 승인의 유효 기간은 1년으로 한다.
③ 산업통상자원부장관은 필요하다고 인정하면 승인 대상 물품 등의 품목별 수량, 금액, 규격 및 수출입 지역 등을 제한할 수 있다.
④ 승인을 받은 자가 승인을 받은 사항 중 중요한 사항을 변경하려면 산업통상자원부장관의 변경승인을 받아야 하고, 그 밖의 경미한 사항을 변경하려면 세관장에게 신고하여야 한다.

6. 다음 중 대외무역법령에서 규정하고 있는 전략물자 판정과 관련된 내용으로 옳지 않은 것은?

① 전략물자 또는 상황허가 대상인 물품 등에 해당되는지에 대하여 판정을 받으려는 자는 판정신청서와 물품 등의 용도와 성능 등을 표시하는 서류 등을 갖추어 산업통상자원부장관이나 관계 행정기관의 장에게 제출하여야 한다.
② 산업통상자원부장관이나 관계 행정기관의 장은 15일 이내에 신청한 물품이 전략물자 또는 상황허가 대상인 물품 등에 해당하는지를 판정하여 신청인에게 알려야 한다.
③ 전략물자 또는 상황허가 대상인지 여부에 대한 산업통상자원부장관 또는 관계 행정기관의 장의 판정의 유효기간은 1년으로 한다.
④ 물품 등의 무역거래자는 산업통상자원부장관이 고시하는 교육을 이수한 경우에는 기술, 산업통상자원부장관이 자가판정 대상이 아닌 것으로 고시하는 물품에 해당하지 않는 물품 등이 전략물자 또는 상황허가 대상인 물품 등에 해당하는지에 대한 판정을 자체적으로 판단하는 자가판정으로 할 수 있다.

7. 대외무역법령에서는 무역의 진흥을 위해 산업통상자원부장관이나 관계 행정기관의 장이 취할 수 있는 조치를 규정하고 있다. 다음 중 대외무역법에서 규정하는 무역진흥을 위한 조치로 보기 어려운 것은?

① 외화획득률을 높이기 위한 품질 향상과 국내에서 생산되는 외화획득용 원료·기재의 사용 촉진
② 외국기업의 국내 진출 지원
③ 수출산업의 국제경쟁력을 높이기 위한 여건의 조성과 설비 투자의 촉진
④ 무역업계 등 유관 기관의 과학적인 무역업무 처리기반 이용 촉진

8. 대외무역법령에서는 정부 간 수출계약에 대해 규정하고 있다. 다음 내용 중 옳지 않은 것은?

① 정부는 국내 기업의 원활한 정부 간 수출계약을 지원하기 위해 수출·수입 등 대외거래에 대한 보증 또는 보험 업무를 10년 이상 영위하고 있는 자 중 산업통상자원부장관이 지정하는 기관을 통해 국내 기업의 외국 정부에 대한 정부 간 수출계약 이행 등을 위한 보증사업을 하게 할 수 있다.
② 정부 간 수출계약 전담기관은 대한무역투자진흥공사를 말한다.
③ 국내 기업은 정부 간 수출계약이 체결된 경우 그 계약 내용을 성실히 이행하여야 한다.
④ 정부 간 수출계약의 체결, 변경, 해지 등을 심의·의결하기 위해 전담기관에 정부 간 수출계약 심의위원회를 둘 수 있으며, 위원회는 위원장 1명을 포함한 5명 이상 10명 이내의 위원으로 구성하고, 위원장은 대한무역투자진흥공사 사장이 된다.

9. 대외무역법령에서 규정하고 있는 수출입 물품 등의 원산지표시 방법과 원칙에 대한 내용으로 옳지 않은 것은?

① 산업통상자원부장관이 공정한 거래 질서의 확립과 생산자 및 소비자 보호를 위하여 원산지를 표시하여야 하는 대상으로 공고한 물품 등을 수출하거나 수입하려는 자는 그 물품 등에 대하여 원산지를 표시하여야 한다.
② 당구공, 콘택트렌즈 등과 같이 원산지표시로 인하여 해당 물품이 크게 훼손되는 경우에는 해당 물품의 최소 포장, 용기 등에 수입 물품의 원산지를 표시할 수 있다.
③ 원산지표시는 한글·한문 또는 영문으로 하여야 하며, 표시된 원산지가 쉽게 지워지거나 떨어지지 아니하는 방법으로 표시되어야 한다.
④ 수입된 원산지표시 대상 물품에 대하여 단순한 가공 활동을 거침으로써 해당 물품 등의 원산지표시를 손상하거나 변형한 자는 단순 가공 활동을 거친 국가의 원산지를 표시하여야 한다.

10. 다음 중 대외무역법령에서 규정하는 수출입의 질서 유지 내용으로 옳지 않은 것은?

① 무역거래자는 외화도피의 목적으로 물품 등의 수출 또는 수입 가격을 조작하여서는 안 된다.
② 무역거래 또는 선적 전 검사와 관련한 분쟁이 발생한 경우 당사자의 일방 또는 쌍방은 대외무역법에 따라 산업통상자원부장관에게 분쟁의 조정을 신청할 수 있다.
③ 산업통상자원부장관은 조정신청을 받은 때에는 60일 이내에 조정안을 작성하여 당사자에게 제시하여야 한다.
④ 조정신청통지를 받은 조정의 피신청인은 3일 이내에 대한상사중재원에 서면으로 이에 대한 의견을 제출할 수 있다.

11. 다음 중 관세법에 의한 수입 물품에 해당되어 수입통관절차의 이행이 요구되고, 관세 및 내국세가 과세될 수 있는 것으로 올바른 것은?

① 베트남에서 위탁가공 생산을 하기 위해 국내에서 대금을 전액 지급하고 말레이시아에서 구매한 원재료를 베트남에서 수령하여 현지 생산하는 경우
② 중국으로부터 인천항에 도착한 컨테이너를 미국으로 출항하는 국제무역선으로 옮겨 싣기 위해 보세운송하여 부산항에 반입한 경우
③ 태국에 수출하여 사용하던 기계류를 수출신고 수리일부터 3년 이내에 다시 수입하고자 하는 경우
④ 해외여행을 다녀오면서 현지 매장에서 구입한 미화 100달러 상당의 지갑을 여행 도중 사용하다가 귀국 시 반입하는 경우

12. 수입 물품의 관세율이 다음과 같고, 수입 물품의 과세가격이 10,000,000원이라면 수입통관 시 납부하여야 할 관세액은 얼마인가? (단, 각 관세율이 적용될 수 있는 요건은 충족되었으며, 부가가치세 등 내국세와 지방세는 계산에서 제외한다.)

> 가. 덤핑방지관세율: 10%
> 나. WTO 양허관세율: 10%
> 다. FTA 협정관세율: 2%
> 라. 기본관세율: 8%

① 200,000원   ② 800,000원   ③ 1,000,000원   ④ 1,200,000원

13. A 법인은 외국에서 소비재를 구매한 후 수입통관하지 않은 상태에서 국내법인 B에게 양도할 예정이다. 수입통관 단계에서 세관장이 A에게 부과할 수 있는 조세는 무엇인가?

① 관세, 개별소비세, 부가가치세
② 관세, 지방교육세, 주세
③ 관세, 교통에너지환경세, 개별소비세
④ 없음

14. 무역 거래에서 판매자가 해당 물품에 대한 처분 또는 사용에 제한이 있는 조건으로 거래가격을 결정하였을 때, 다음 중 관세법상 당해 물품의 거래가격을 기초로 과세가격을 결정(제1방법 적용)할 수 있는 것은?

① 당해 물품을 특정인에게만 판매 또는 임대하도록 하는 제한으로 당해 물품의 가격이 결정되는 경우
② 전시용·자선용·교육용 등 당해 물품을 특정 용도로 사용하도록 하는 제한되는 경우
③ 우리나라의 법령이나 법령에 의한 처분에 의하여 부과되거나 요구되는 제한에 의해 가격이 결정되는 경우
④ 구매자가 판매자로부터 특정 수량의 다른 물품을 구매하는 조건으로 당해 물품의 가격이 결정되는 경우

15. 다음 중 관세의 과세가격을 결정할 때 실제로 지급하였거나 지불할 가격에 가산되어야 하는 것으로 올바른 것은?

> 서울에 소재하는 A사는 베트남에 있는 B사로부터 냉동상태의 깐 새우를 수입하였다. 거래조건은 CFR 조건이고, 대금 결제를 위해 A는 일람불 신용장을 개설하였다. 새우는 베트남의 냉동창고에 B의 책임으로 보관하였다가 A가 지정한 선박에 선적되었다. 부산항에 도착한 후에 해당 새우의 검사수수료는 B가 부담하였다.

① B가 부담하는 부산항에서의 검사수수료
② B가 부담한 선적항에서의 냉동창고 보관료
③ A가 부담한 신용장 개설수수료
④ A가 부담한 유류할증료, 통화할증료 및 해상보험료

16. 공중도덕 보호, 인간·동물·식물의 생명 및 건강 보호, 환경보전, 한정된 천연자원 보존 및 국제평화와 안전보장 등을 위하여 필요한 경우 제일 먼저 적용할 수 있는 관세법상 관세율은 무엇인가?

① 덤핑방지관세
② 조정관세
③ 보복관세
④ 상계관세

17. 다음 중 관세법상 관세의 부과 및 징수에 대한 설명으로 잘못된 것은?

① 세관장은 신고한 세액에 대하여 관세 채권을 확보하기가 곤란하거나 수입신고를 수리한 후 세액심사를 하는 것이 적당하지 않은 물품의 경우에는 수입신고를 수리하기 전에 심사한다.
② 보세건설장에서 건설된 시설 중 수입신고가 수리되기 전에 가동된 시설에 대해 세관장은 납세의무자에게 납부고지하여야 한다.
③ 납세 의무자는 신고납부한 세액이 부족하다는 것을 알게 된 경우 신고납부한 날부터 6개월이 지난 후에는 보정신청하여야 한다.
④ 세관장은 과세표준, 세율, 관세의 감면 등에 관한 규정의 적용 착오 또는 그 밖의 사유로 이미 징수한 금액이 부족한 것을 알게 되었을 때에는 그 부족액을 징수한다.

18. 다음 중 품목분류에 대한 설명으로 옳지 <u>않은</u> 것은?

① 호(Heading)란 류를 종류별, 가공도별로 구분하여 4단위로 세분화한 것으로 법적 구속력을 갖는다.
② 통칙은 상품분류 기본원칙을 6가지로 규정하며 법적 구속력을 갖는다.
③ 법적인 목적상 품목분류는 각 호(號)의 용어와 관련 부나 류의 주(註)에 따라 결정한다.
④ 통칙 2호는 종속적 분류규정에 해당하며 협의표현 분류원칙이 적용된다.

19. 다음 상황에서 관세부과를 위한 과세 물건의 확정 시기로 옳은 것은?

> 한국의 A사는 미국의 B사로부터 항공우편으로 반도체 샘플을 받기로 하였다. 그러나 국제우편물 세관에 도착한 물품을 X-RAY로 검사한 결과 파손된 사실이 확인되었고 국제우편물 세관에서는 A사에 수입신고 안내문과 함께 파손 사실을 안내하였다. A사는 B사에게 이 사실을 통지하였고, B사는 새로 샘플을 발송하기로 하고 A사는 수입신고를 하였다.

① B사가 미국에서 우편물을 발송한 때
② 국제우편물 세관에서 파손 사실을 확인할 때
③ 국제우편물 세관에 도착한 때
④ 국제우편물 세관이 A사에게 수입신고 안내문을 발송한 때

20. 물품의 경제적 가치가 무시할 수 있을 정도로 작거나 이를 수입하는 자에게 경제적 이익을 크게 주는 것이 아닌 물품은 소액 물품 등 면세를 적용받을 수 있다. 다음 중 면세 적용을 받을 수 있는 상업용 견본품에 해당되지 <u>않는</u> 것은 무엇인가?

① 판매 또는 임대를 위한 물품의 상품목록·가격표 및 교역 안내서 등
② 과세가격이 350만 원 이하인 물품으로서 견품으로 사용될 것으로 인정되는 물품
③ 물품의 형상·성질 및 성능으로 보아 견본품으로 사용될 것으로 인정되는 물품
④ 물품이 천공 또는 절단되었거나 통상적인 조건으로 판매할 수 없는 상태로 처리되어 견본품으로 사용될 것으로 인정되는 물품

21. 다음의 내용에 의해 수입상이 적용받을 수 있는 관세감면 규정은 무엇인가?

> • 우리나라에서 수리를 위해 마스크 제조용 기계를 수입하였고 수입신고 수리일부터 6개월 후 재수출하였다.
> • 수입상은 금전담보를 제공하였다.

① 재수출 면세
② 재수출 감면
③ 재수입 면세
④ 해외임가공 물품 등의 감면

22. 다음은 관세의 분할납부와 관련된 내용이다. 설명 중 옳지 않은 것은?

① 세관장은 천재·지변 기타 대통령령이 정하는 사유로 인하여 관세법의 규정에 의한 신고, 신청, 청구 기타 서류의 제출, 통지, 납부 또는 징수를 정하여진 기한까지 할 수 없다고 인정되는 때에는 1년을 초과하지 아니하는 기간을 정하여 대통령령이 정하는 바에 의하여 관세를 분할하여 납부하게 할 수 있다.
② 시설기계류, 기초설비품, 건설용 재료 및 그 구조물과 공사용 장비로서 당해 관세액이 500만 원 이상인 경우 분할납부 승인을 받을 수 있다.
③ 특정 물품의 분할납부 승인액이 1억 미만인 경우 2년 6개월 범위 내에서 분할납부할 수 있다.
④ 제조업을 영위하는 중소기업이 직접 사용할 목적으로 관세율표 제84류·제85류 및 제90류에 해당하는 물품으로서 관세액이 50만 원 이상인 물품을 수입하는 경우 분할납부를 신청할 수 있다.

23. 수출용 원재료에 대한 관세 등 환급에 관한 특례법에 따른 관세 등을 환급받을 수 있는 환급 대상 수출에 해당되지 않는 것은?

① 해외 구매자와의 수출계약을 위하여 무상으로 송부하는 견본용 물품의 수출
② 우리나라 안에 주류하는 미합중국군대에 대한 물품의 판매
③ 국제금융기구로부터 제공되는 차관 자금에 의한 국제경쟁입찰에서 낙찰(낙찰받은 자로부터 도급받는 경우 포함)된 물품(외국에서 생산된 것을 포함)의 판매
④ 외국에서 개최되는 박람회·전시회·견본시장·영화제 등에 출품하기 위하여 무상으로 반출하는 물품의 수출(다만, 외국에서 외화를 받고 판매된 경우에 한함)

24. 수출용 원재료에 대한 관세 등 환급에 관한 특례법에 따른 양도세액의 증명서류에 대한 내용 중 옳지 않은 것은?

① 수입원재료를 사용하여 생산한 물품을 해당 수입원재료의 수입신고 수리일부터 1년 이내에 수출 물품을 생산하는 자에게 양도하거나 수출 물품의 중간원재료를 생산하는 자에게 양도하는 경우에는 분할증명서를 발급할 수 있다.
② 내국 신용장 등에 의하여 물품을 공급한 자는 기초원재료 납세증명서 또는 수입세액 분할증명서를 발급하게 할 수 있다.
③ 하나의 내국 신용장 등에 의하여 거래되는 물품이 2회 이상 분할 공급되는 경우의 기초원재료납세증명서 등은 최초의 물품이 거래된 날에 당해 수출용 원재료가 전부 거래된 것으로 보아 기초원재료납세증명서 등을 발급하여야 한다.
④ 수입세액 분할증명서에 의하여 확인되는 양도세액은 수입신고필증상의 단위당 납부세액(납부세액/수입수량)에 공급량을 곱하여 산출한다.

25. 다음 중 관세법상 보세구역에서 할 수 있는 업무에 대한 설명 중 옳지 않은 것은?

① 외국 물품과 내국운송의 승인을 받고자 하는 내국 물품은 보세구역에 장치해야 한다.
② 검역 물품, 압수 물품, 우편 물품 등은 보세구역 외에 장치할 수 없다.
③ 보수 작업을 하려는 자는 세관장의 승인을 받아야 한다.
④ 보세구역에 장치된 물품으로서 장치 기간이 경과한 물품에 대해 세관장은 그 사실을 공고 후 매각할 수 있다.

26. 관세법상 수입통관과 관련된 내용으로 옳지 않은 것은?

① 수입통관하려는 물품은 반입일 또는 장치일부터 30일 이내에 세관장에게 수입신고하여야 한다.
② 입항 전 수입신고가 수리된 물품은 내국 물품으로 간주된다.
③ 수입신고는 선하증권 1건당 수입신고서 1건으로 한다. 다만, 선하증권을 합산하여도 물품 검사와 과세가격 산출에 어려움이 없다면 선하증권 2건을 한 번에 수입신고할 수 있다.
④ 수입신고는 운송수단, 관세통로, 하역통로 또는 관세법에 규정된 장치 장소에서 물품을 반출한 후에는 취하할 수 없다.

27. 관세법상 보세제도에 대한 설명으로 옳지 않은 것은?

① 보세구역은 지정보세구역, 특허보세구역 및 종합보세구역으로 구분된다.
② 보세운송 물품은 해상화물일 경우 신고수리(승인)일부터 10일, 항공화물일 경우 5일 이내에 목적지에 도착하여야 한다.
③ 보세구역에 장치된 외국 물품의 전부 또는 일부를 견본품으로 반출하려는 자는 세관장의 허가를 받아야 한다.
④ 보세구역에 장치된 외국 물품이 멸실되거나 폐기되어 관세를 징수하는 물품인 경우 납세의무자는 물품의 실제 화주가 된다.

28. 다음 내용의 당사자에게 적용할 수 있는 관세법상 벌칙은 무엇인가?

> 세액 결정에 영향을 미치기 위하여 과세 가격 또는 관세율 등을 거짓으로 신고하거나 신고하지 아니하고 수입한 자(구매대행업자 포함)

① 가격조작죄
② 관세포탈죄
③ 전자문서 위조·변조죄
④ 밀수출입죄

29. 다음 중 FTA 관세법에 의한 원산지결정 기준에 대한 설명으로 옳지 않은 것은?

① 해당 물품이 둘 이상의 국가에 걸쳐 생산·가공 또는 제조된 경우 일정 수준 이상의 부가가치를 창출한 국가를 원산지로 판단하는 기준을 부가가치 기준이라고 한다.
② 해당 물품의 전부를 생산·가공 또는 제조한 국가를 원산지국가로 인정한다.
③ 해당 물품이 협정에서 정한 원산지 인정 요건을 충족시킨 국가는 FTA 관세법에 의해 원산지국가로 인정한다.
④ 원산지결정 기준과 관련한 물품의 범위, 적용 방법 및 품목별 원산지결정 기준과 그 밖에 필요한 사항은 산업통상자원부령으로 정한다.

30. 다음 중 FTA 관세법상 원산지증명 및 협정관세 적용에 대한 설명으로 옳지 <u>않은</u> 것은?

① 수출상 및 생산자는 체약상대국에서 협정관세를 적용받으려는 수출 물품에 대하여 협정 및 FTA관세법에서 정하는 바에 따라 원산지증빙 서류를 작성하거나 발급받아야 한다.
② 관세청장 또는 세관장은 수출 물품에 대한 원산지증명 능력 등 대통령령으로 정하는 요건을 충족하는 수출상을 원산지인증 수출자로 인증할 수 있다.
③ 수입신고의 수리 전까지 협정관세의 적용 신청을 하지 못한 수입상은 해당 물품의 수입신고일부터 1년 이내에 협정관세의 적용을 신청할 수 있다.
④ 세관장은 협정관세의 적용 신청을 받은 경우에는 수입신고를 수리한 후에 심사한다.

무역결제

31. 다음 중 송금결제 방식에 대한 설명으로 올바른 것은?

① 송금 방식을 사전 송금과 사후 송금으로 구분할 경우 Cash On Delivery, Cash Against Document는 사전 송금 방식으로 볼 수 있다.
② 수입상이 직접 물품 확인을 원한다면 COD 방식보다는 CAD 방식을 선호할 것이다.
③ O/A 방식 수출은 수출채권을 표시하는 환어음을 통해 수출입자 간의 신용에 의하여 대금이 결제된다.
④ 추심, 신용장 방식에 비해 무역 거래 흐름이 가장 신속하게 이루어지는 결제 방식이나 대금 회수 측면에서 매수인의 신용에 의지할 수밖에 없다는 위험요소에 노출된다.

32. 다음 표현 중 그 성격이 <u>다른</u> 것은 무엇인가?

① By T/T in advance within 10 days after the date of Sales Contract
② T/T remittance after receiving firm offer sheet
③ By T/T within 10 days after the date of B/L
④ T/T in advance in favor of supplier

33. O/A NEGO에 대한 설명으로 옳지 않은 것은?

① Open Account 방식에서 수출상은 선적완료 후 즉시 외상채권을 거래은행에 매각함으로써 조기에 현금화할 수 있는데 이러한 수출금융을 O/A NEGO라고 한다.
② 은행은 재무상태나 신용도가 견실한 우량기업들에 한하여 O/A NEGO를 허용한다.
③ O/A NEGO 거래를 위해 은행은 '은행여신거래기본약관'을 교부하고, '여신거래약정서', '외국환거래약정서' 등 관련 채권 및 부대서류를 징구한 후, 신청사와 개별 또는 한도거래약정을 체결한다.
④ 은행은 건별 매입 실행 시 외상 수출채권 매입의뢰서, 수출신고필증, 건별계약서(Purchase Order), 계약서에서 요구하는 선적서류 사본(B/L, Invoice, Packing list), 환어음을 징구한다.

34. 추심결제 방식의 특성에 대한 설명으로 옳지 않은 것은?

① 추심 거래에 관여하는 은행들은 위임사무의 처리를 위한 중개인 또는 보조자의 역할을 담당할 뿐이며, 지급에 대한 책임은 수입상에게 있다.
② 추심 거래는 추심 거래에 관한 통일규칙(URC 522)의 적용을 받게 된다.
③ 수출상 입장에서 보면 D/A의 경우는 대금의 영수가 보장되지 않을 수 있고, D/P의 경우는 대금 영수 및 물품 회수가 보장되지 않을 수 있다.
④ 추심 방식은 환어음이 발행되고 거래은행을 통해 그 대금을 추심한다는 점에서 송금 방식과 구별된다.

35. 환어음에 대한 설명으로 옳지 않은 것은?

① 국제 간 환어음의 유통에는 적어도 2개국이 개입되며, 각 나라마다 어음 유통력 강화와 공신력 유지를 위한 규정을 정하고 있는데, 환어음의 효력은 원칙적으로 행위지의 법률에 의하여 처리하도록 되어 있다.
② D/P, D/A 계약서에 의하여 발행되는 환어음을 Bill for Documentary Collection이라 한다.
③ 지급일이 "at 30 days after B/L date"와 같이 표기되어 있다면 이는 일람출급환어음에 해당한다.
④ 일람 후 정기출급환어음에는 환어음에 인수의 의사표시를 하면서 인수일자를 기재하여야 한다.

36. 신용장 거래의 독립·추상성 원칙이 당사자에게 미치는 영향으로 옳지 않은 것은?

① 개설은행은 신용장 조건과 일치하는 서류가 제시되면 수익자에게 상환청구권을 갖게 된다.
② 개설의뢰인은 신용장 조건과 일치하는 서류의 제시가 있으면 물품의 상태 등을 이유로 지급을 거절할 수 없다.
③ 지정은행은 신용장 조건과 일치하는 서류를 제시하면 개설은행으로부터 신용장 대금을 상환받을 수 있다.
④ 수익자는 제시한 서류가 신용장 조건과 일치하지 않았을 때 대금 수취가 불확실해질 수 있다.

37. ISBP 745에서 규정하는 문구해석 기준 중 옳지 않은 것은?

① within 2 days after shipment date, May 20, 2023
→ 선적 일자 이후 2일간(5월 21일~22일)
② within 2 days of May 20
→ 5월 20일 이전 2일(5월 18일~20일)
③ not later than 2 days after shipment date, May 20, 2023
→ 선적 일자부터 2일 후보다 늦지 않은 일자(늦어도 5월 22일까지)
④ at least 2 days before May 20
→ 5월 20일보다 늦어도 2일 전(5월 18일까지)

38. 다음은 신용장 사용 방법에 대한 설명이다. 올바르게 기재한 것을 모두 고르시오.

> A. by Payment: 일람출급 신용장으로만 사용된다.
> B. by Deferred payment: 환어음의 인수라는 행위 대신 연지급확약이라는 행위가 이루어진다.
> C. by acceptance: 서류가 부도반환되어도 인수은행은 수익자에게 상환청구권을 행사할 수 없다.
> D. by negotiation: 신용장에 매입은행이 특정은행으로 지정되어 있는 경우, 반드시 매입은 지정된 은행에서만 이행하여야 한다.

① A, B
② A, B, C
③ A, C, D
④ B, C

39. 신용장 발행신청서의 주요 점검 사항 중 옳지 <u>않은</u> 것은?

① 신용장 금액은 문자와 숫자로 표시된 금액이 서로 일치해야 하며, 표시통화가 정확하여야 한다.
② 어음 발행 금액에 관한 별도의 명시가 없으면 해당 어음은 상업송장 금액의 100%에 대하여 발행될 수 있는 것으로 간주한다.
③ 운송서류의 수하인(Consignee)은 개설은행으로 지정하여야 하며, 선하증권이나 복합운송서류를 요구하는 경우에는 원본 전통(full set)을 개설은행으로 송부하도록 지시하여야 한다.
④ 은행의 담보권 확보를 위해 FOB, FAS, FCA, CFR, CPT 등의 조건에 대해 신용장상 보험서류의 제시를 수출상에게 요구하여야 한다.

40. 다음 화환 신용장 조항에 대한 설명으로 <u>잘못된</u> 것은?

> 46A. Document Required
> + SIGNED COMMERCIAL INVOICE IN QUINTUPLICATE
> + PACKING LIST IN TRIPLICATE
> + FULL SET OF CLEAN ON BOARD OCEAN BILL OF LADING MADE OUT TO THE ORDER OF HANKOOK BANK MARKED FREIGHT COLLCET AND NOTIFY ACCOUNTEE
> 47A. Additional conditions
> + ALL DOCUMENTS MUST BEAR OUR CREDIT NUMBER M12344567NS78909
> + THIRD PARTY DOCUMENTS ACCEPTABLE

① 서명된 상업송장은 사본 5부가 제시되면 된다.
② 선하증권 3부가 발행되었다면 3부 모두 제시되면 된다.
③ 상업송장, 포장명세서, 선하증권에는 신용장 번호가 기재되어야 한다.
④ 수익자 이외의 자가 송하인으로 되어 있는 선하증권은 수리 가능하다.

41. 다음 중 ABC BANK의 신용장 관련 업무에 대한 해석으로 올바른 것은?

> 31D Date and Place of Expiry: March 4, 2023 South Korea
> 41A Available with.by: ABC Bank Seoul, South Korea By Negotiation
> 43T Transhipment: Prohibited
> 44C Latest date of Shipment: February 1, 2023
> 44E Port of Loading/Airport of Departure: Incheon port, South Korea
> 44F Port of Discharge/Airport of Destination: Shanghai port, China
> 47A Additional Conditions:
> + A copy of all documents must be sent to the applicant within 3 working days after shipment
> + Quantity 10 pct more or less allowed

① 신용장에서 분할선적에 대한 지시가 없으므로, 분할선적은 금지되어야 한다.
② XYZ 은행이 매입을 하였다면, XYZ 은행은 ABC 은행 앞으로 재매입 의뢰를 하여야 한다.
③ 수익자는 선적을 이행하고 AWB 원본 전통을 제시하여야 한다.
④ 2023년 2월 1일이 공휴일에 해당된다면 최종 선적일은 다음 은행영업일까지 연장되는 것으로 간주한다.

42. 개설은행의 상환은행에 대한 조치에 대한 설명으로 옳지 않은 것은?

① 개설은행은 상환 방식 신용장의 개설 시 반드시 상환은행에 상환수권을 하여야 한다.
② 개설은행은 지정은행이 상환은행 앞으로 상환 청구를 할 때 선적서류가 신용장 조건과 일치한다는 일치증명서를 제출하도록 하는 조건을 첨부하여야 한다.
③ 상환은행의 수수료는 개설은행이 부담하여야 한다.
④ 증액 조건 변경의 경우에 증액된 금액에 해당하는 상환 수권을 하지 않아 매입은행 등의 상환 청구 등에 응하지 못하게 되는 경우에는 개설은행은 매입은행 등의 청구은행에 대하여 상환 지연으로 인한 지연 이자를 부담하여야만 한다.

43. 다음의 내용이 설명하고 있는 신용장에 대한 설명으로 옳지 않은 것은?

> We hereby issue in your favour this documentary credit which is available by negotiation of your draft at sight drawn on the ABC bank, New York, N.Y.

① ABC 은행은 환어음을 매입하고 결제하여야 한다.
② 은행이 서류를 심사할 수 있는 기간은 서류 접수 익일로부터 5은행영업일이다.
③ 매입서류가 부도 반환되면 매입은행은 수익자에게 상환청구권을 행사할 수 있다.
④ ABC 은행은 환어음의 지급인이 된다.

44. 신용장동일규칙(UCP 600) 및 ISBP 745가 적용되는 신용장과 관련된 상업송장의 기재 내용으로 옳지 <u>않은</u> 것은?

① 비록 무료라고 하더라도 상업송장에는 절대로 신용장에서 요구하지 않은 상품을 표시해서는 안 된다.
② 신용장이 할부선적을 요구하는 경우에 상업송장은 당해 할부 스케줄에 따른 선적서류량과 금액을 정확하게 반영하고 있어야 한다.
③ 상업송장에는 신용장에서 명시되지 않은 선지급이나 할인 등에 따른 공제가 표시되어서는 안 된다.
④ 상업송장은 반드시 선적된 상품의 가액을 표시하고 있어야 하며, 그 통화 및 단가는 반드시 신용장과 일치하여야 한다.

45. 신용장 거래 시 항공운송을 이용할 때 요구되는 항공운송 서류에 대한 설명으로 옳지 <u>않은</u> 것은?

① 신용장에서 지시식으로 발행된 AWB을 요구하는 경우 기명식으로 발행된 AWB을 제시하면 하자로 간주된다.
② 신용장에서 AWB 원본을 요구하였다면 송하인용 원본 제시로 충족된다.
③ AWB 앞면에는 반드시 운송인의 명칭과 운송인임을 나타내고 있어야 한다.
④ AWB상에 송하인 서명란에 송하인의 서명이 누락되어 있다 하더라도 이는 하자의 사유가 되지 않는다.

46. 신용장 방식에서 개설은행의 담보권을 해하는 특수 조건은 저지되어야 한다. 다음 중 개설은행의 담보권을 해하는 특수 조건을 모두 고르시오.

> A. Non-negotiable documents acceptable.
> B. 2/3 B/L acceptable.
> C. This credit is transferable by ABC Bank.
> D. All domuments must bear our credit number.
> E. Shipment should be effected by ABC shipping company.

① A, B ② B, C ③ A, C, E ④ A, B, C, D

47. 다음 중 신용장과 관련한 은행의 서류심사 기준에 대한 설명으로 옳지 않은 것은?

① 제시된 서류에 대하여 문면상 일치하는 제시인지의 여부를 단지 서류만으로 심사하여야 한다.
② 제시된 서류 중 신용장에서 요구하지 않은 서류는 심사하지 않아도 되며, 그러한 서류는 제시인에게 다시 반환하거나 아무런 책임 없이 그대로 전달할 수 있다.
③ 은행은 서류를 심사하여 일치하는 제시인지를 판단하고 당해 서류의 수리 거절 여부를 결정하여 서류의 제시인에게 그 결과를 통보하기 위하여 서류 접수 익일부터 최장 10은행영업일 간의 기간을 갖는다.
④ 신용장 및 서류 자체의 문맥과 국제표준은행관행에 비추어 판단할 때, 제시된 각 서류상의 정보(Data)는 신용장의 내용과 충돌하지 않아야 하며, 당해 서류 내의 제 정보 간에도 충돌하지 않아야 하며, 제시된 다른 서류상의 정보와도 충돌하지 않아야 한다.

48. 보증 신용장에 대한 설명으로 옳지 않은 것은?

① 보증 신용장도 상업 신용장의 본질적인 특징인 독립·추상성, 서류 거래성이 적용된다.
② 상업 신용장은 계약의 불이행에 대하여 지급할 것을 목적으로 개설되며, 보증 신용장은 계약의 이행에 대하여 지급할 목적으로 개설된다.
③ 보증 신용장은 주로 계약이행보증, 선수금환급 보증 등 이행성 보증용으로 사용되지만 금융 보증 등 다양한 용도로 개설된다.
④ 적용 가능한 범위 내에서 UCP 600은 보증 신용장에 적용될 수 있다.

49. 다음 중 신용장 거래에서 보험서류에 대한 설명으로 잘못된 것은?

① 보험 금액은 반드시 신용장과 동일한 통화로 표시되어야 한다.
② 신용장에서 보험서류 원본 3부를 제시하도록 요구되었다면 발행된 모든 원본의 보험서류가 제시되어야 한다.
③ 신용장에서 보험서류의 종류를 명시하지 않은 채 단순히 'Insurance Document'를 요구하는 경우에는 보험증권 또는 보험증명서 또는 부보각서에 한하여 수리 가능하다.
④ 신용장이 보험 금액을 별도로 명시하고 있지 않다면, 물품의 CIF 또는 CIP 가격의 110%를 최저 부보 금액으로 간주한다.

50. 다음의 내용이 설명하고 있는 신용장 관련 수수료는 무엇인가?

> Banker's Usance 신용장 하에서 개설은행의 요청에 따라 해외의 신용공여은행이 매입은행 등에게 At Sight Basis로 대금을 지급하기 위하여, 수익자가 발행한 기한부 환어음을 '인수'하고 '할인'하는 때에 발생하는 금융 비용

① Confirming Charge
② A/D Charge
③ Advising Commission
④ Negotiation Commission

51. 국제팩토링에 관한 설명으로 옳지 않은 것은?

① 수출상은 추심방식 및 송금방식(O/A NEGO)과는 달리 외상채권을 양도할 때 별도의 담보를 제공할 필요가 없으므로 담보부족으로 인한 곤란을 겪지 않는다.
② 수출상은 신용장 거래와는 달리 별도의 수수료 부담이 없으므로 거래 비용을 절감할 수 있다.
③ 수입상은 본인의 신용만으로 30~180일 내외의 외상 거래 조건으로 물품을 수입할 수 있다.
④ 수입팩터는 수출팩터와의 약정에 따라 수입상에 대한 신용 상태 및 지급 능력을 조사하여 신용위험을 인수하고, 신용승인 한도 내에서 수출팩토링 채권의 양수 및 대금의 결제를 보장한다.

52. 포페이팅에 관한 설명 중 잘못된 것은?

① 포페이팅은 신용장 대금 채권이나 환어음 및 약속어음 등의 어음채권을 할인 대상으로 한다.
② 포페이팅은 상환청구권을 행사하지 않는 조건으로 할인 매매하는 금융기법을 의미한다.
③ 포페이팅에 관한 국제규칙은 아직 제정되지 않았다.
④ 포페이팅 거래에서는 대개 고정금리부로 할인매입이 이루어진다.

53. 외환 시장에 대한 설명으로 옳지 않은 것은?

① 외환 시장은 같은 시간대에서는 국경을 무시하고 각 외환 시장이 동일한 시장처럼 작용한다.
② 외환 시장은 외환 시장 참가자가 자국의 영업 시간 이후에도 24시간 외환 거래를 할 수 있는 24시간 시장의 성격을 갖는다.
③ 외환 시장은 시장 참가자들이 특정한 시간과 장소에 모여 거래하는 장내 시장의 특징을 갖는다.
④ 외환 시장의 모든 시장 참가자의 거래 손익을 다 합하면 제로(0)가 되는 제로섬 시장(Zero Sum Market)의 특징을 갖는다.

54. 매입율과 매도율의 차이인 스프레드에 대한 설명으로 옳지 않은 것은?

① 거래가 많은 통화는 스프레드가 작고, 거래가 적은 통화는 스프레드가 크다.
② 선물환율의 스프레드는 현물환율의 스프레드보다 큰 것이 일반적이다.
③ 외환시세가 안정적이면 스프레드는 커지고, 외환시세가 불안정하면 스프레드는 작아진다.
④ 스프레드는 가격 제시자의 위험부담에 대한 프리미엄으로 인식되어야 한다.

55. 현재 USD/KRW의 현물환율은 1 USD=1,000 KRW이며, USD의 금리는 연율 1.00%, 원화의 금리는 연율 1.5%이다. 이때 6개월물 USD/KRW의 선물환율을 간편식으로 구하면 얼마인가?

① 997.5
② 998.85
③ 1,002.5
④ 1,005

56. K 상사는 일본 수입상으로부터 일본 엔화로 송금받은 수출 대금을 원화로 환전하고자 한다. 은행이 고시한 환율표가 다음과 같다면 K 상사는 어떤 환율을 적용받는가?

통화명	현찰		전신환		T/C	외화수표	매매 기준율
	살 때	팔 때	보낼 때	받을 때	살 때	팔 때	
일본 100 JPY	1,083.48	1,046.22	1,075.28	1,054.42	1,075.49	1,053.91	1,064.85

① 1,083.48
② 1,053.91
③ 1,054.42
④ 1,064.85

57. (주)한국상사는 다음과 같은 달러 콜옵션을 매입하였다. 이에 대한 설명으로 가장 적절한 것은 무엇인가?

> - 현재 USD/KRW 환율: 1,200원 (기준통화: USD)
> - 행사 가격(환율): 1,250원
> - 계약 금액: 100만 달러
> - 프리미엄: 5천만 원

① (주)한국상사는 환율이 하락하는 위험에 대비한다.
② 만기 시 환율이 1,230원인 경우 (주)한국상사는 옵션을 행사한다.
③ 만기 시 환율이 1,300원인 경우 이 옵션은 외가격 옵션(Out of The money)이 된다.
④ 옵션을 행사하지 않을 경우 내재가치는 0이 된다.

58. 다음의 환위험 관리기법 중 그 성격이 다른 하나는 무엇인가?

① 통화선물
② 리딩과 래깅
③ 상계
④ 포트폴리오 전략

59. (주)한국상사는 미국에 스마트폰 커버를 수출하기로 미국의 수입업체와 계약을 체결하였다. 현재 상품을 제작 중에 있으며, 수출 대금 10만 달러는 2개월 후에 받기로 하였다. 이 경우 (주)한국상사의 미 달러화 종합 포지션은 어떤 상태인가?

① 매입초과 포지션
② 매도초과 포지션
③ 스퀘어 포지션
④ 숏 포지션

60. 다음 중 달러/원 환율(앞쪽 통화가 기준통화)이 상승할 것으로 예상하는 근거로 가장 거리가 먼 것은?

① 미국 연방준비은행 총재의 달러화 금리 인상 가능성 시사
② 한국 주식시장에서 외국인 투자자의 매수세 증가
③ 우리나라 경상수지가 흑자에서 대규모 적자로의 전환될 것으로 전망
④ 중국 통화당국의 수출 증대를 위한 대폭적으로 급격한 위안화 평가 절하 단행

무역계약

1. 비엔나협약(CISG)에서 규정하는 청약과 승낙에 대한 설명으로 옳지 않은 것은?

① 불특정 다수인에 대한 제안은 제안자가 반대 의사를 명확히 표시하지 않는 경우 외에는 단지 청약의 유인으로 간주한다.
② 청약에 의하여 또는 당사자 간에 확립된 관례나 관행의 결과로 상대방이 청약자에 대한 통지 없이 물품의 발송이나 대금 지급과 같은 행위를 함으로써 동의를 표시할 수 있는 경우 승낙은 그 행위가 이루어진 시점에 효력이 발생한다.
③ 승낙 기간이 지정되어 있거나 그 외 방법으로 청약을 취소할 수 없다고 청약에 표시되어 있는 경우라도 청약은 취소될 수 있다.
④ 청약의 내용을 변경하여 승낙한 경우는 계약을 성립시키지 못한다.

2. 다음 중 무역계약의 준거법에 대한 설명으로 옳지 않은 것은?

① 계약자유의 원칙에 따라 준거법 결정도 당사자의 약정을 최우선으로 하여야 한다는 관점을 주관주의라 한다.
② 계약상의 어떤 약정이나 상관습 또는 준거법이 지정되어 있다 하더라도 법적용 국가의 강행규정이 있을 때는 이들이 우선적으로 적용된다.
③ 계약체결지법은 무역계약이 체결된 장소 또는 국가에서 계약의 전부 또는 일부가 이행될 때 계약이 체결된 국가의 법률을 적용해야 한다는 원칙을 말한다.
④ 계약 당사자 간의 준거법에 대한 합의가 없는 경우 우리나라는 국제사법에 따라 중재지 국가의 법을 준거법으로 하고 있다.

3. 다음 중 특수청약에 대한 설명으로 옳지 않은 것은?

① Offer without Engagement는 Firm Offer의 성격을 갖고 있으나 청약자의 최종 확인이 필요하다는 점에서 본질적으로 Free Offer에 해당하는 청약으로 볼 수 있다.
② Offer Subject to Prior Sale는 상품의 재고가 있어야만 계약이 성립되는 청약으로 Offer Subject to being Unsold와 그 성격이 같다고 볼 수 있다.
③ Sub-con Offer는 피청약자가 승낙을 하여도 그것만으로 계약이 성립되지 않고, 청약자의 최종 확인이 있어야 매매계약이 성립되는 조건부청약을 의미한다.
④ Offer on Approval은 신규 개발 품목이나 판매 부진 물품의 판매를 위해 소비자에게 직접 청약을 하거나 신규 개발품의 홍보를 위해 사용된다.

4. 다음 중 비엔나협약(CISG)에서 규정하는 매도인의 물품 인도 의무에 대한 설명으로 옳지 <u>않은</u> 것은?

① 매도인은 계약에서 정한 수량, 품질 및 종류에 적합하고, 계약에서 정한 방법으로 용기에 담기거나 포장된 물품을 인도해야 한다.
② 계약에서 인도 기간이 지정되어 있지 않거나 확정되지 않는다면 매도인은 계약 체결 후 3개월 이내에 물품을 인도해야 한다.
③ 매도인이 물품을 다른 특정한 장소에서 인도할 의무가 없는 경우에는 최초의 운송인에게 교부하여야 하는 의무를 부담한다.
④ 매도인이 인도기일 전에 물품을 인도한 경우, 매수인에게 불합리한 불편 또는 비용을 초래하지 아니하는 한 매도인은 해당 기일까지 누락분을 인도하거나 부족한 수량을 보충하거나 부적합한 물품에 갈음하여 물품을 인도하거나 또는 물품의 부적합을 보완할 수 있다.

5. 무역계약의 품질 조건에 대한 설명 중 옳지 <u>않은</u> 것은?

① GMQ(Good Management Quality)은 판매적격품질 조건으로서 원목이나 냉동어류 등의 거래에 주로 사용한다.
② TQ는 선적품질 조건에 해당한다.
③ 선박이나 기타 대형기계류 등 견본제공이 불가능한 경우에는 설계도면과 같은 규격서나 설명서에 의해 거래 목적물의 명세를 약정하며 이를 Sales by Specification이라 한다.
④ 봉제완구나 조화와 같은 비규격품인 잡화류의 견본매매에서는 "similar to sample", "about equal to the sample"과 같은 용어를 사용하여 마켓 클레임을 방지하는 것이 중요하다.

6. 무역계약의 기본 조건 중 하나인 수량 조건에 대한 설명으로 옳지 <u>않은</u> 것은?

① 판이나 타일의 넓이를 표현할 때 주로 SFT(ft^2, square feet) 등이 사용된다.
② 미국에서 사용하는 S/T은 약 907kg(2,000lbs)을 의미한다.
③ M/L Clause는 주로 살물의 거래에서 사용되며, ±5% 범위 내에서 과부족이 허용된다.
④ 1 great gross는 10 dozen을 의미하며 120pcs이다.

7. 다음 중 무역계약 조건들에 대한 설명으로 <u>잘못된</u> 것은?

① CWO, COD 및 CAD 등의 결제 방법에서는 환어음의 발행 없이 현금이나 수표로 결제된다.
② 신용장통일규칙에서 수량이나 금액 또는 단가와 관련하여 신용장상에 "about", "approximately"와 같은 단어가 사용되면 ±5%의 과부족을 허용하는 것으로 해석한다.
③ 선적기일 내에 선적을 이행하지 않은 것을 선적 지체라하며, 매도인의 귀책사유로 인한 것이라면 계약위반이 된다.
④ 화인 가운데 Main mark, Port mark, Case mark 표시가 누락된 화물을 NM cargo라 하며 헤이그규칙에서는 중요 화인이 누락된 화물에 대해서 운송인이 면책되는 것으로 규정한다.

8. 무역 거래의 선적 조건에 대한 설명 중 <u>옳지 않은</u> 것은?

① 신용장 거래에서 선적 기간을 정하기 위해 사용되는 "before", "after"는 당해일을 제외하는 것으로 해석한다.
② "on or about"은 신용장에 의한 대금 결제만 적용되는 것이므로 무역계약서상에 선적 기간을 "on or about"으로 표기해서는 안 된다.
③ 선하증권이나 환어음의 분할 발행이 금지된 경우에는 분할선적 금지로 해석되며, 분할선적을 해서는 안 된다.
④ 수취 선하증권의 양식을 사용하여 선적 후 선적되었음을 별도로 명시하는 본선적재부기를 표기한 본선적재 선하증권의 경우 선하증권 발행일을 선적일로 본다.

9. 다음 중 Incoterms 2020의 조건에 관련된 설명이 올바른 것을 모두 고른 것은?

> A. EXW: 매수인은 수출통관절차를 수행하고 비용을 부담하여야 한다.
> B. FOB: 매도인은 수출항의 본선에 적재할 때까지 비용과 위험을 부담한다.
> C. FCA: 매도인은 본인의 위험과 비용으로 선적 선하증권을 발급받아 매수인에게 인도하여야 한다.
> D. CIF: 매수인은 본인의 위험을 대비하기 위해 적하보험에 가입할 수 있다.
> E. CIP: 별도 합의가 없는 한 협회적하약관 A 약관에 따라 부보하면 된다.
> F. DDP: 매도인은 수입통관 의무를 부담하며, 수입관세는 매수인이 부담한다.

① A, C, F
② B, D, F
③ A, B, E
④ C, D, E

10. 매매계약서의 조항 중 계약 체결의 경위, 동기, 목적 등을 간략하게 기술하는 부분은 무엇인가?

① Whereas Clause
② Force Majeure Clause
③ Infringement Clause
④ Liquidated Damages Clause

11. 다음의 내용만을 가정하여 거래가 진행될 경우 Incoterms 2020의 규정에 따른 수출 단가 산정이 잘못된 것은?

> A. 품목: USB Humidifier
> B. 마진을 포함한 1개당 단가: USD 10
> C. 매도인의 공장으로부터 선적항까지 1개당 운송료(통관 비용 포함): USD 1
> D. 선적항부터 도착항까지 1개당 해상운임: USD 2
> E. 선적항에서 도착항까지 1개당 해상보험: USD 0.5
> F. 도착항으로부터 목적지까지 1개당 내륙 운송료: USD 1

① EXW 조건의 경우 USD 10
② FOB 조건의 경우 USD 11.5
③ CIF 조건의 경우 USD 13.5
④ DAP 조건의 경우 USD 14.5

12. Incoterms 2020에 대한 설명으로 올바른 것을 모두 고른 것은?

	조건명	수출통관 의무	운송 방법	위험이전 시기
A	EXW	매도인	모든 운송 방식	매도인의 공장이나 창고 같은 지정된 장소에서 매수인의 처분하에 둔 때
B	FAS	매도인	해상 및 내수로운송	물품이 선측에 놓인 때
C	CPT	매수인	해상 및 내수로운송	수출국의 지정된 장소에서 운송인에게 인도된 때
D	CIP	매도인	모든 운송 방식	수출국의 지정된 장소에서 운송인에게 인도된 때
E	DPU	매수인	모든 운송 방식	수입국의 지정된 장소에서 운송수단으로부터 양하 준비된 상태로 매수인의 처분하에 둔 때

① A, C
② B, D
③ C, E
④ A, B, D

13. 다음의 내용은 무역계약서의 어느 조항에 해당되는가?

> If opening the letter of credit should be delayed due to the causes for which the Buyer is liable, the Buyer shall pay the Seller an amount equivalent to five tenths of one percent(0.5%) of the amount of relevant letter of credit per each full week as liquidated damages.

① Assignment
② Product Liability Clause
③ Hardship Clause
④ Liquidated Damages Clause

14. 다음 중 신용장 거래 시, 선적 기간에 관한 설명의 연결이 올바른 것을 모두 고르시오.

> A. on or about May 6, 2023 - 5월 1일부터 11일까지 총 11일
> B. From May 11 to May 21 - 5월 11일부터 21일까지
> C. End of May - 5월 15일부터 5월 31일까지
> D. First half of May - 5월 1일부터 5월 10일까지
> E. Not later than 2 days after shipment date, May 25 - 5월 27일까지
> F. Before May 17 - 5월 17일까지

① A, B, E ② A, C, E ③ B, D, F ④ C, D, E

15. 무역계약의 포장 조건에 대한 설명 중 옳지 않은 것은?

① 화인 중 Main Mark, Port Mark 및 Case Number는 반드시 표시해야 하는 것으로서 중요 화인의 표시가 누락된 화물을 NM Cargo라 한다.
② Main Mark는 다른 화물과의 식별을 용이하게 하기 위한 기호로서 수하인의 회사명을 약어로 기재한다.
③ 주의 표시는 화물 취급에 있어서 특히 주의할 점을 표시하는 것으로서 포장 화물의 옆면에 표시되는 것이 보통이며 Counter Mark라고 부른다.
④ 화물번호 표시가 없으면 포장 화물의 일부가 분실된 때에 어떤 물품이 얼마만큼 분실되었는지 파악하기 어렵거나 불가능하여 운송인 등에게 배상 청구를 제대로 할 수 없게 되므로 중요한 화인 중의 하나로 간주된다.

16. 무역계약의 종료에 대한 설명 중 옳지 않은 것은?

① 계약의 해제는 계약의 효력을 장래에 향하여 소멸하게 하는 일방적 의사 표시를 의미한다.
② 계약 자체에 계약 소멸에 대한 규정을 두고 있는 경우 그러한 규정이 적용되는 상황이 발생하면 계약이 소멸되어 종료될 수 있다.
③ 계약 체결 후 예기치 못했던 사태의 변화로 인하여 계약이 그 본래의 목적을 달성할 수 없게 되는 경우 계약은 자동적으로 소멸하게 된다.
④ 무역계약의 종료 원인으로 가장 바람직한 것은 계약의 이행에 의한 종료이다.

17. 중재 합의에 대한 설명으로 옳지 않은 것은?

① 중재는 민간인인 중재인으로 구성되는 중재판정부의 판정에 당사자가 구속되는 제도이므로 구속력의 근거로서 중재 합의가 필수적으로 요구된다.
② 중재 합의문에는 중재지, 중재기관, 준거법인 중재의 3요소가 포함되어야 한다.
③ 영국중재법, 미국중재법, 뉴욕협약에서는 중재 합의의 '직소금지 효력'을 인정한다.
④ 장래에 분쟁이 발생하면 중재에 의해 해결하도록 미리 하는 중재 합의를 사후중재합의(submission agreement)라고 하며, 분쟁이 발생한 후에 그 분쟁을 중재에 의하여 해결하기로 하는 합의를 사전중재합의(agreement to refer)라 한다.

18. 다음 중 Vienna Convention(1980)의 매도인과 매수인의 구제수단에 관한 설명이 잘못된 것은?

① 매수인이 대체품인도청구권을 행사하기 위해서는 매도인의 본질적인 계약 위반 사유가 있어야 한다.
② 매도인은 인도기일이 경과한 후에도 매수인이 거절하지 않는 한 인도 내용을 보완할 수 있으며 이 경우 매수인은 손해배상을 청구할 수 없게 된다.
③ 부가 기간을 부여한 매수인은 매도인으로부터 추가 기간 내에 이행할 의사가 없다는 통지를 받은 경우를 제외하고는 어떠한 구제수단도 사용할 수 없다.
④ 매도인과 매수인은 특정이행청구권, 부가기간지정권, 계약해제권, 손해배상청구권을 공통으로 사용할 수 있다.

19. 계약 위반에 관한 내용으로 옳지 <u>않은</u> 것은?

① 우리나라와 일본 및 독일의 민법에서는 계약 위반을 채무불이행으로 취급하고 있다.
② 비엔나협약에서는 계약 위반의 형태를 본질적 계약 위반과 그렇지 않은 비본질적 계약 위반으로 구별한다.
③ 지연 선적의 경우 늦게나마 물품을 인도한 경우이므로 매수인은 계약해제권 및 손해배상 청구를 할 수 있으나 물품 인수를 거절할 수 없다.
④ 이행 거절은 이행기 도래 전에 자신의 의무를 이행하지 않겠다는 것을 명시적인 의사 표시에 의해 또는 적극적이고 자발적인 행위에 의해 표시할 때 성립된다.

20. 컨테이너 수출 화물 운송 절차를 순서대로 나열한 것을 고르시오.

> A. Shipping Request 요청
> B. Booking Note 작성
> C. Dock receipt 발행
> D. E/R 제공
> E. 빈 컨테이너에 화물 적입 및 CY 이동
> F. 선하증권 발행

① A - B - C - D - E - F
② A - B - D - E - C - F
③ A - C - B - D - E - F
④ A - D - B - C - E - F

21. 다음 중 복합운송증권에 대한 설명으로 옳지 <u>않은</u> 것은?

① 복합운송증권은 법적으로 선하증권과 같이 유통증권으로서의 기능을 갖는다.
② 복합운송증권은 실제 운송인에 의해 발행되고 선하증권과 동일하게 선적 후 발행된다.
③ 복합운송증권의 형태는 기존의 선하증권에 복합운송을 의미하는 명칭을 사용하여 Combined Transport B/L 등의 형태로 사용 가능하다.
④ FIATA에서 제정한 FIATA B/L이 보편적으로 사용되고 있다.

22. 다음 중 항공화물운송 운임에 관한 설명으로 옳은 것은 무엇인가?

① 항공화물의 요율은 대부분 출발지 국가의 현지통화로 설정되며, 파운드(lbs)당 요율로 설정된다.
② 품목 분류요율은 대부분의 물품에 대해 적용되며 최저운임, 기본요율 등으로 구분되어 있다.
③ 운임산출중량 중에서 용적중량에 의한 방법은 IATA에서 정한 계산법에 따라 1CBM을 약 167kg으로 환산하여 실제 중량과 환산한 용적 중량 중에서 높은 쪽을 산출중량에 사용한다.
④ 팔레트 또는 컨테이너에 적입된 상태로 송하인이 항공사에 반입하여 그대로 수하인에게 인도되는 화물에 적용하는 운임을 Valuation Charge라고 한다.

23. 한국의 K 상사는 중국의 대련항으로부터 20피트 컨테이너로 일반 공산품을 수입하면서 신용장 방식으로 결제를 진행하였다. 이러한 상황에서 K 상사가 물품을 수령하기 위한 설명 중에서 올바른 것은 무엇인가?

① K 상사는 중국 수출상에게 Sea Waybill을 발행하여 원본 전통(full set)을 은행에 제시하도록 요청하였다.
② K 상사는 중국 수출상에게 선하증권 3부 중 2부는 개설은행 앞으로 발송하고 1부는 특송서비스를 이용하여 K 상사로 보내줄 것을 요청하였다.
③ K 상사는 컨테이너는 도착하였으나 선적서류가 아직 개설은행에 도착하지 않은 상황에서 개설은행에 L/G의 발행을 요청하였다.
④ K 상사는 중국 수출업체에게 Consignee가 K 상사로 되어 있는 기명식 선하증권을 발행하여 FAX로 발송해 줄 것을 요청하였다.

24. 선하증권(B/L) 기재사항에 대한 설명 중 올바른 것을 모두 고르시오.

A. Shipper/Exporter: 수출상을 표기하며, 신용장의 경우 반드시 수익자를 기재하여야 한다.
B. Description of Goods: 물품의 명세를 기재하여야 하며, 신용장의 내용과 일치하여야 한다.
C. Consignee: 수하인을 기재하며, 신용장 거래의 경우 개설은행 지시식으로 작성되어야 한다.
D. Freight and Charges: 해상 운임을 선지급(Prepaid)하였는지 도착지 후지급(Collect) 조건인지 기재하여야 하며, CIF의 경우 Collect로 기재된다.
E. Laden on board vessel Date: 본선에 적재된 날짜를 기재하며, 선하증권 발행일과 선적일이 다르다면 별도로 선적표기를 할 수 있다.

① A, B   ② A, D   ③ C, D   ④ C, E

25. 용선계약과 관련된 내용으로 옳지 않은 것은?

① 용선운송계약에 의한 용선료는 선사가 공시하는 운임율에 의해 결정된다.
② 용선계약에서 규정된 정박 기간 이전에 하역 작업이 완료되면 선주가 용선자에게 지급하는 비용을 Dispatch Money라고 한다.
③ 항해용선계약에서 F.I로 하역비를 부담하기로 하였다면 선적 시 선내 하역 비용은 용선자가 부담하여야 한다.
④ 정박 기간은 하역준비완료통지서(N/R) 통지 후 일정 시간이 경과한 후 개시되며, N/R이 오전에 통지된 경우 정박 기간은 오후 1시부터 기산된다.

26. 해상보험의 기본용어에 대한 설명 중 옳은 것을 모두 고르시오.

A. The Insured는 보험계약의 청약자로 보험료 지불 의무를 지는 자를 말한다.
B. The Assured는 피보험이익의 주체로 보험사고 발생으로 인하여 손해를 입어 보상받을 권리를 갖는 자를 의미한다.
C. Claim Amount는 보험사고로 피보험자가 입은 재산상의 손해에 대해 보험자가 지급하는 보상금을 말한다.
D. The Insurer는 보험계약을 인수한 자로 보험사고 발생 시 합의된 계약 내용과 법률에 따라 그 손해를 보상해야 할 의무가 있는 자를 말한다.
E. Subject-matter Insured는 위험 발생의 객체로서, 적하보험에서는 화물, 선박보험에서는 선박 그 자체 즉, 보험목적물을 의미한다.

① A, B   ② B, C, D   ③ B, C, D, E   ④ A, B, C, D, E

27. 보험가액과 보험금액 간의 관계에 대한 설명으로 옳지 않은 것은?

① 일부보험은 피보험자가 입은 손해에 대해 보험금액의 보험가액에 대한 비율에 따라 비례보상을 받게 된다.
② 동일한 피보험이익을 수인의 보험자에게 그 일부씩 보험에 가입함으로써 그 보험금액의 합계액이 보험가액을 초과하지 않는 경우의 보험을 중복보험이라 한다.
③ 중복보험의 경우 피보험자는 자기가 적당하다고 생각하는 순서에 따라 각 보험자에게 보험금을 청구할 수 있으며, 각 보험자는 보험계약사 자기가 부담하는 금액의 비율에 따라 비례적으로 손해를 보상할 의무를 진다.
④ 보험금액이 보험가액을 초과하는 경우 그 초과되는 부분의 보험계약은 무효가 된다.

28. 보험계약자의 의무인 고지 의무에 대한 설명으로 옳지 <u>않은</u> 것은 무엇인가?

① 고지사항은 신중한 보험자가 위험을 인수할 것인지 여부 또는 보험료를 산정하는 데 판단에 영향을 미칠 수 있는 사항이다.
② 위험을 감소시키는 사항, 보험자가 알고 있거나 알고 있을 것으로 추정되는 사항은 고지하지 않아도 고지 의무 위반이 되지 않는다.
③ 고지 의무의 위반 시 영국해상보험법에서는 보험자는 계약 해지권을 행사할 수 있도록 한다.
④ 보험계약자는 보험자에게 계약 체결 전 또는 계약 체결 시까지 고지해야 한다.

29. 다음 중 FPA 조건에서 보상될 수 있는 사고는 무엇인가?

① 지연으로 인한 화물 전손
② 빌하로 인한 화물의 단독해손
③ 해상강도로 인한 화물 전손
④ 악천후로 인한 화물 단독해손

30. 보험금액 USD 11,000(USD 1,000 × 110%)으로 보험 가입된 감자가 운송 중 해수 유입으로 손상되어 목적지에서 총 USD 4,000에 매각되었다. 손상이 없었을 경우 판매되었을 금액이 USD 16,000인 경우 보험자가 지급해야 할 보험금은?

① USD 5,000   ② USD 7,000   ③ USD 8,250   ④ USD 11,000

무역영어

31. 국제물품 매매에 관한 UN협약(Vienna Convention 1980)의 적용 대상에 대한 설명으로 <u>잘못된</u> 것은 무엇인가?

① This Convention does not apply to contracts in which the preponderant part of the obligations of the party who furnishes the goods consists in the supply of labour or other services.

② This Convention is concerned with the validity of the contract or of any of its provisions.

③ This Convention does not apply to the liability of the seller for death or personal injury caused by the goods to any person.

④ This Convention governs only the formation of the contract of sale and the rights and obligations of the seller and the buyer arising from such a contract.

32. 다음 중 유효한 승낙으로 인정될 수 있는 것은 무엇인가?

① Conditional acceptance
② Partial acceptance
③ Modified acceptance
④ Acceptance accompanied by request

33. 다음의 내용을 포함하고 있는 청약을 옳게 연결한 것은?

> A. These prices subject to change without our prior notice.
> B. You may keep it for a week. If you like it, send us 1,000 USD. If not, return it to us without any obligation on your part.

	A	B
①	Offer Without Engagement	Offer on Approval
②	Offer Subject to being Unsold	Offer Subject to Prior Sale
③	Offer on Sale or Return	Sub-con Offer
④	Counter Offer	Offer Subject to Prior Sale

34. 다음 계약서 조항의 명칭으로 적합한 것은 무엇인가?

> The failure of delay of either party to require performance by the other party of any provision of this Agreement shall not constitute a waiver of, or shall not affect, its right to require subsequent performance of such provision.

① Confidentiality Clause
② Non-waiver
③ Infringement Clause
④ Product liability Clause

35. 다음은 Incoterms 2020 소개문의 내용이다. 괄호 안에 들어갈 내용으로 올바르게 기재된 것은?

> The two rules at the extreme ends of the Incoterms rules are (A) and (B). However, traders should consider alternative rules to these two for their international contracts. Thus, with (A) the seller has to merely put the goods at the buyer's disposal. This may cause problems for the seller and the buyer, respectively, with loading and export clearance. The seller would be better advised to sell under the (C) rule. Likewise, with (B), the seller owes some obligations to the buyer which can only be performed withing the buyer's country, for example obtaining import clearance. It may be physically or legally difficult for the seller to carry out those obligations within the buyer's country and a seller would therefore be better advised to consider selling goods in such circumstances under the (D) or (E) rules.

	(A)	(B)	(C)	(D)	(E)
①	EXW	DAP	FCA	CPT	CIP
②	FCA	DPU	CPT	DAP	DDP
③	EXW	DDP	FCA	DAP	DPU
④	FCA	DDP	DAP	CPT	DPU

36. 다음 내용과 관련된 Incoterms 2020에 대한 설명으로 옳지 않은 것은?

> The following matters are the main content of the contract.
> Goods: Portable Bluetooth Headset
> Price: USD 10.00 per pc
> Quantity: 3,000 pc
> Shipment date: Feb. 5, 2023, Busan port
> Arrival date: Mar. 10, 2023, Portland port
> Contract of carriage: The seller arranges the ship to the port of destination and bears the sea freight charge.
> Insurance: There is no separate agreement regarding marine insurance.

① It is reasonable to determine among the conditions exclusively for marine transportation.
② There is no separate agreement, so the seller shall enter into a marine insurance contract.
③ Making a contract for carriage is a seller's obligation.
④ The appropriate Incoterms 2020 rule for this contract is CFR Portland port.

37. 신용장 거래에서 다음 중 옳은 것은 무엇인가?

> Where a credit calls for insurance certificate, insurance policy is presented.

① The insurance policy should be presented along with the insurance certificate.
② Insurance policy can be accepted.
③ Insurance certificate shall only be presented.
④ Since the insurance certificate was not presented, the insurance policy is rejected.

38. 운송주선인(Forwarder)에 대한 설명 중 가장 적합하지 않은 것은 무엇인가?

① They are often agents of insurers.
② They assume a various different intermediary roles especially for exporters.
③ They become the shipper to the carrier.
④ They are even engaged in insurance issuance on behalf of the exporters.

39. 영국해상보험법에 의한 공동해손에 관한 내용이다. 빈칸에 알맞게 연결된 것은?

> A general average loss is a loss caused by or directly consequential on a (   ). It includes a (   ) as well as a (   ).

① general average act – general average expenditure – general average sacrifice
② general average act – salvage charges – general average sacrifice
③ general average sacrifice – general average expenditure – general average contribution
④ general average contribution – general average sacrifice – salvage charges

40. 아래의 선적 중 어떠한 것이 제시에 대해 결제될 것인가?

> A documentary credit for USD 100,000 calls for shipment of wheat in February, March, April and May. Each shipment is to be for about 500 tones.
> Shipment was effected as follows:
> A. 480 tones sent 24 February for value USD 22,500.
> B. 500 tones sent 09 April for value USD 27,500.
> C. 460 tones sent 16 April for value USD 23,000.
> D. 540 tones sent 04 June for value USD 27,500

① A   ② A, B   ③ B, C   ④ A, B, C, D

41. 신용장 거래에 따른 원본에 대한 설명으로 옳지 않은 것은?

① At least one original of each document stipulated in the credit must be presented.
② Unless a document indicates otherwise, a bank will also accept a document as original if it appears to be written, typed, perforated or stamped by the document issuer's hand.
③ If a credit requires presentation of copies of documents, only copies are permitted.
④ Documents issued in more than one original may be marked "Original", "Duplicate", "Triplicate", "First Original", "Second Original", etc.

42. 다음의 내용에 관련하여 빈칸에 들어가기 적절하지 않은 것은 무엇인가?

> Re your ref no. ABC1234 dated July 10, 2023 for USD 100,000.00
> Under our L/C no. M88A12021NU01234
> We refuse to honour due to the following discrepancies.
> 1. (   )
> 2. (   )
> 3. (   )
> We are holding the documents pending your further instructions.
> Please instruct immediately.

① L/C expired

② Late shipment

③ Late presentation

④ Insurance covered as in L/C

43. 다음 중 UCP 600의 신용장 양도와 관련된 설명으로 잘못된 것은?

① A bank is under no obligation to transfer a credit except to the extent and in the manner expressly consented to by that bank.

② Unless otherwise agreed at the time of transfer, all charges (such as commissions, fees, costs or expenses) incurred in respect of a transfer must be paid by the first beneficiary.

③ A transferred credit can be transferred at the request of a second beneficiary to any subsequent beneficiary.

④ The transferred credit must accurately reflect the terms and conditions of the credit with the exception of the amount of the credit, the expiry date, the period for presentation or the latest shipment date, any or all of which may be reduced or curtailed.

44. 다음 환어음에 관한 설명 중 잘못된 것은?

Bill of Exchange

No. BT-202310　　　　　　　　　　　Seoul, Korea, 15 February 2023
For USD 100,000.00
At 30 days after sight on the FIRST bill of exchange (Second of the same tenor and date being unpaid) pay to ABC Bank or order the sum of US DOLLAR ONE HUNDRED THOUSAND ONLY. Value received and charge the same to account of KAYAKER INTERNATIONAL, LTD. Drawn under Bank of America, L/C No. 12345678 dated 15 January 2023.

To: Bank of America　　　　　　　BESTONE TRADING Co., Ltd.
　　New york, U.S.A　　　　　　　Peter Park, President

---

① The seller is BESTONE TRADING Co., Ltd.
② ABC Bank is supposed to pay to BESTONE TRADING.
③ The maturity date of the draft is 30 days from the date of shipment.
④ The drawee of this draft is Bank of America.

45. 다음 중 포페이팅에 대한 설명으로 잘못된 것은 무엇인가?

① The exporter eliminates risk by making the sale with recourse.
② The payment amount is typically guaranteed by an intermediary such as a bank, which is the forfaiter.
③ Forfaiting also protects against credit risk, transfer risk, and the risks posed by foreign exchange rate or interest rate changes.
④ It can be applied to a wide range of trade related and even purely financial receivables and payment instruments.

46. 다음의 컨테이너화물 운송방법 중 'a shipper's consolidation shipment'에 해당되는 것은?

① When cargo is picked up from Container Yard at origin port but delivered to a CFS at the destination port for de-consolidation. shipments are also referred to as FCL/LCL shipments and will have a single shipper and multiple consignees.

② An FCL shipment, where the packed and containerized cargo gets picked up at container yard at origin port and would get delivered at destination port Container Yard to the consignee.

③ A shipment, where the goods are delivered at a CFS for grouping (consolidating) them together for a specific destination. The goods are delivered at the destination CFS where they are de-consolidated.

④ The cargo is consolidated or grouped together at a CFS at Origin port. However at the destination, the delivery of the container happens at a Container Yard. Hence such shipments are also called LCL/FCL shipments and have multiple shippers and a single consignee.

47. 다음 밑줄 친 (A) 부분에 들어갈 내용으로 적절하지 <u>못한</u> 표현은 무엇인가?

> We placed an order with you last December, but it has not arrived as of January this year in spite of telephone calls to your customer services department. This kind of service is completely unsatisfactory. (A)

① Please refund it to my account.
② Would you like to send the ordered item as soon as possible?
③ We urge you to pay our money by the end of this weekend unless you ship our order right away.
④ Please replace the defective product.

48. 다음 글에서 괄호 안에 들어갈 가장 적합한 것은 무엇인가?

> We are writing to you on the recommendation of Mr. Frank Clinton, CFO at Karma Ltd.
> He advised us to contact you as a (   ) concerning the credit facilities which his company has asked us for.
> Could you confirm that the company settles on due dates, and is sound enough to meet (   ) of from USD 100,000 to USD 200,000?
> We would be most grateful for a reply at your earliest convenience.

① credit agency – drafts
② banker – debit
③ reference – credits
④ banker – credits

49. 다음의 경우 매매당사자의 입장을 잘못 설명하고 있는 것은?

> An exporter sent an offer on Jan 15 to an importer to sell a specified type and quantity of goods at a stated price, and added: "This is such an attractive offer that I shall assume that you accept unless I hear from you by Jan 20." The importer did not reply until Jan 20. But the exporter shipped the goods on Jan 24.

① The importer is not considered to have accepted the offer.
② The exporter cannot be paid.
③ Their contract has been cancelled.
④ The importer is not obliged to pay for the goods delivered.

50. 다음 내용 중 설명이 잘못된 것은?

① More and less Clause: This clause means that it is acceptance even if the quantity is more or less than those agreed between parties.
② Unknown Clause: This clause means that the seller counts, loads and seals the goods, so the carrier is responsible for the real quality of the goods.
③ Received B/L: This B/L is issued when the goods are received, but before they are actually loaded.
④ Air Waybill: This documents is used when the goods are carried by air, and it is not negotiable.

51. 다음 서신의 내용으로 유추할 수 있는 것은 무엇인가?

> I am writing concerning our invoice No. K20125 for USD 2,000.00 which is enclosed. It appears that this invoice has not yet been settled. I see from our records that since we began trading you have cleared your account regularly on the due dates. That is why I wondered if there is any problems that I can help you out. Please let me know if I can be of assistance.

① They have never made a deal before.
② There was a problem with the payment before.
③ Invoice No. K20125 has been sent to the buyer.
④ If payment is not made, the transaction relationship will be terminated.

52. 신용장에서 요구하는 B/L의 조건이 다음과 같을 때 올바른 것을 모두 고른 것은?

> 45A: Document required
> + FULL SETS CLEAN ON BOARD OCEAN BILL OF LADING MADE OUT TO ORDER OF THE ABC BANK AND ENDORSED IN BLANK MARKED FREIGHT COLLECT AND NOTIFY APPLICANT.

> A. 선하증권의 Consignee 란에 "to order of ABC BANK"라고 적고 백지배서하여야 한다.
> B. B/L상에 "CLEAN"이라는 표현이 반드시 있어야 한다.
> C. B/L상에 "said by shipper's to contain" 이라는 표현이 있어서는 안 된다.
> D. On board B/L 대신 Shipped B/L을 제시하여도 수리 가능하다.
> E. Notify party란에는 개설의뢰인을 명시하면 된다.

① A, B, C
② A, D, E
③ B, C, D
④ B, D, E

53. 다음 무역영어 (1)과 (2)의 대조는 무역영어 작성의 5C's 원칙 중 무엇을 의미하는가?

> (1) We have your recent order clearly.
> (2) We have your order, K-101 of Jan 5th by E-mail.

① Clearness
② Completeness
③ Conciseness
④ Courtesy

54. 다음 중 ICC(C) 약관에서 보험자가 면책되는 위험은 무엇인가?

① vessel or craft being stranded grounded sunk or capsized
② collision or contact of vessel craft or conveyance with any external object other than water
③ discharge of cargo at port of distress
④ jettison or washing overboard

55. 다음의 내용을 적절한 순서대로 나열한 것은 무엇인가?

> A. We would appreciate your immediate attention to this matter.
> B. We hope that you will adjust the matter and let us know once this is done by return e-mail at ABC@kmail.com.
> C. Enclosed are the sample No.K-123 from the goods we received. You will admit that your shipments do not compare with the quality of the samples.
> D. Six master cartons of Blue Jeans for our order No.202301 by "New Optima" have reached us, but we regret to inform you that their qualities are inferior to the samples on which we placed the order.

① A - B - C - D
② A - D - B - C
③ D - B - A - D
④ D - C - B - A

56. 다음 중 의도하는 바가 다른 하나를 고르시오.

① We look forward to hearing your favorable reply.

② We are looking forward to receiving your order.

③ We would appreciate your immediate attention to this matter.

④ Thank you very much for your fax dated March 11, 2023.

57. 다음에서 설명하고 있는 비즈니스 협상전략은 무엇인가?

> This is a tactic in which you try to pass along your problems to your counterpart. You are trying to get your counterpart to share the burden of your problems, unfairly or not.

① Silence

② Monkey on the Back

③ Wince

④ Red herring

58. 다음은 선하증권 이면에 표기되어 있는 약관이다. 어떤 약관을 의미하는가?

> Any reference on the face hereof to marks, numbers, descriptions, quality, quantity, gauge, weight, measure, nature, kind, value and any other particular of the Goods is as furnished by the Merchant, and the Carrier shall not be responsible for the accuracy thereof.
> The Merchant warrants to the Carrier that the particulars furnished by him are correct and shall indemnify the Carrier against all loss, damage, expenses, liability, penalties and fines arising or resulting from inaccuracy thereof.

① Lien Clause

② Paramount Clause

③ Unknown Clause

④ Both to Blame Clause

59. 다음 빈칸에 들어갈 내용을 순서대로 고르시오.

> Dear Mr. Mike,
> As a consequence of escalating law material prices, we must (　　　) the price of all products 5% at the beginning of the New Year.
> (　　　) is a new price list for the items affected.
> We regret having to take the action.
> We value you as a customer and hope to meet your needs for years to come.

① rise – Enclosed
② raise – Enclosed
③ go down – Added
④ discount – Added

60. 다음 서신의 주제는 무엇인가?

> Dear Sir,
> Your firm has been recommended to us by some business acquaintances in this city, we shall be pleased to receive a copy of your price-list and best trade terms, together with a selection of tasting samples of Craft beer.
> We are ready to place large orders it Terms and Conditions is satisfactory.
> Therefore, please supply us with your quotation.
> We are looking forward to your early reply.

① Ordering some goods
② Ensuring size of business
③ Requesting price terms
④ Requesting for shipment

에듀윌 국제무역사 1급
한달끝장

Final 마무리 모의고사
정답 및 해설

마무리 모의고사 1회 정답 및 해설

무역규범

01 ③	02 ②	03 ①	04 ④	05 ③	06 ②	07 ④	08 ④	09 ③	10 ③
11 ①	12 ④	13 ④	14 ③	15 ③	16 ④	17 ③	18 ④	19 ③	20 ②
21 ③	22 ④	23 ②	24 ③	25 ③	26 ④	27 ③	28 ④	29 ②	30 ③

무역결제

31 ③	32 ②	33 ④	34 ②	35 ③	36 ④	37 ②	38 ②	39 ③	40 ②
41 ④	42 ①	43 ②	44 ③	45 ①	46 ③	47 ③	48 ②	49 ②	50 ②
51 ④	52 ④	53 ④	54 ①	55 ①	56 ③	57 ③	58 ④	59 ④	60 ②

무역계약

01 ④	02 ②	03 ④	04 ①	05 ④	06 ②	07 ③	08 ①	09 ②	10 ①
11 ②	12 ④	13 ④	14 ④	15 ④	16 ④	17 ④	18 ④	19 ①	20 ④
21 ②	22 ④	23 ①	24 ②	25 ④	26 ②	27 ④	28 ④	29 ③	30 ③

무역영어

31 ②	32 ④	33 ④	34 ①	35 ③	36 ④	37 ④	38 ④	39 ④	40 ③
41 ④	42 ④	43 ④	44 ③	45 ④	46 ④	47 ④	48 ③	49 ③	50 ④
51 ④	52 ④	53 ①	54 ④	55 ④	56 ②	57 ④	58 ①	59 ①	60 ③

약점 파악하기

	틀린 문제 개수	오답 문항 키워드	
무역규범	/30문항	①	④
		②	⑤
		③	⑥
무역결제	/30문항	①	④
		②	⑤
		③	⑥
무역계약	/30문항	①	④
		②	⑤
		③	⑥
무역영어	/30문항	①	④
		②	⑤
		③	⑥

무역규범

01 ③
수출입 공고와 통합 공고는 상호 독립적이므로 두 공고체계에 의한 제한 내용을 동시에 충족해야 한다. 즉, 수출입 공고에 따른 수출·수입 승인에도 불구하고 통합 공고에 해당 물품의 수출입 요령을 정한 것이 있는 경우, 통합 공고의 요건도 함께 충족해야 한다.

02 ②
중계무역의 경우 수출실적의 인정 금액은 '수출 금액(FOB 가격) – 수입 금액(CIF 가격)의 가득액'으로 한다.

03 ①
C. 구매확인서는 외화획득용 원료·기재의 제조·가공·유통(완제품 유통 포함) 과정이 여러 단계인 경우 각 단계별로 순차적으로 발행 가능하며 발행 차수에 제한이 없다.
D. 구매확인서의 유효 기간은 구매확인서상 물품의 인도기일에 10일을 가산한 기간 이내여야 한다.

04 ④
모두 올바른 설명이다. D의 경우 대외무역관리규정 제31조에서 "정부·지방자치단체 또는 정부투자기관이 외국으로부터 받은 차관 자금에 의한 국제 경쟁입찰에 의하여 국내에서 유상으로 물품 등을 공급하는 경우(대금 결제 통화 종류를 불문)"의 거래를 외화획득의 범위로 규정하고 있다.
C는 대외무역법 시행령 제26조에서 외화획득 행위에 준하는 행위로 간주하고 있다.

05 ③
대외무역법 시행령 제27조 및 대외무역관리규정 제39조에서 해당 기간을 각각 규정하고 있다.
C. 예를 들어, 한국의 A기업이 외화획득용 원료를 수입하여 일부 가공한 후 한국의 B기업에 공급한 경우, B기업은 양수일로부터 1년 이내에 외화획득의 이행을 해야 한다.

06 ②
C. 전략물자에 해당하는 물품을 수입하고자 하는 자는 산업통상자원부장관이나 관계 행정기관의 장에게 수입목적 확인서 발급을 신청할 수 있으며 수입목적 확인서를 발급받은 경우 유효 기간은 발급일부터 1년 이내로 한다.

07 ④
모두 올바른 내용이다. 그 외에도 수입 물품의 원산지는 제조 단계에서 인쇄(printing), 등사(stenciling), 낙인(branding), 주조(molding), 식각(etching), 박음질(stitching) 또는 이와 유사한 방식으로 원산지를 표시하는 것을 원칙으로 한다. 다만, 물품의 특성상 위와 같은 방식으로 표시하는 것이 부적합 또는 곤란하거나 물품을 훼손할 우려가 있는 경우에는 날인(stamping), 라벨(label), 스티커(sticker), 꼬리표(tag)를 사용하여 표시할 수 있다.

08 답 ④

무역업고유번호 부여 및 관리, 수출입 통계 데이터베이스 구축을 위한 전산관리체계의 개발·운영, 수출입 거래에 관한 정보의 수집·분석 등은 산업통상자원부장관이 한국무역협회(KITA)에 위탁하는 업무이다. 대한무역투자진흥공사(KOTRA)는 무역 진흥과 국내외 기업 간의 투자 및 산업 기술 협력의 지원, 해외 전문인력의 유치 지원, 정부 간 수출계약 등에 관한 업무를 진행한다.

09 답 ③

B. 내국 신용장은 신용장의 특징을 빌려 사용하는 것으로서 거래 외국환은행이 지급 보증을 하지만, 구매확인서의 경우에는 거래 외국환은행이 지급 보증을 하지 않는다.
C. 내국 신용장은 그 특징상 사후 발급이 불가능하지만, 구매확인서는 사후 발급이 가능하다.

THE PLUS 내국 신용장과 구매확인서 비교

구분	내국 신용장	구매확인서
관련 법규	한국은행 무역금융 취급세칙 및 절차	대외무역법, 전자무역촉진에 관한 법률
발행기관	외국환은행	외국환은행의 장, 전자무역기반 사업자
거래대상	수출용 원자재 및 완제품	외화획득용 원료·기재
지급 보증	개설은행이 지급 보증함	은행이 지급 보증하지 않음
수출실적	무역금융 및 대외무역 관리규정상의 수출실적으로 인정	
수출실적 인정 시점	결제일	• 당사자 간 대금 결제: 세금계산서 발급일 • 외국환은행을 통한 대금 결제: 세금계산서 발급일

10 답 ③

대외무역법상 수출이란 매매, 교환, 임대차, 사용대차, 증여 등을 원인으로 국내에서 외국으로 물품이 이동하는 것이다. 따라서 보세판매장에서 외국인에게 국내에서 생산된 물품을 매도하는 것이 수출 행위로 인정된다.

11 답 ①

입항 전 수입신고를 하는 경우 납세신고도 같이 하게 된다. 신고납부의 경우 납세신고 수리일로부터 15일 이내에 관세를 납부하면 된다.
② 월별납부의 경우 납부기한이 동일한 달에 속하는 세액에 대해서 그 기한이 속하는 달의 말일까지 납부하면 된다.
③ 부과고지 대상 물품의 경우 납부고지를 받은 날부터 15일 이내에 관세를 납부하여야 한다.
④ 납세의무자는 수입신고가 수리되기 전에 세액을 납부할 수 있다.

12 답 ④

가격이 급등한 물품의 국내가격을 안정시키기 위해서 정부는 탄력관세의 일종인 할당관세를 통해 세율을 인하하여 시장에 공급함으로써 소비자물가를 안정시킬 수 있다.

13 답 ④

관세의 환급청구권은 그 권리를 행사할 수 있는 날부터 5년간 행사하지 아니하면 소멸시효가 완성(만료)된다.

14
답 ③

수입신고를 하지 않고 수입된 물품은 수입된 때 과세 물건이 확정되는 것으로 본다.

15
답 ③

수입 물품을 수입신고 전에 양도한 경우 납세 의무자는 수입 물품을 양도받은 양수인이 된다. 참고로 원칙적 납세의무자인 수입 물품의 화주 또는 연대 납세 의무자인 신고인과 특별납세 의무자가 경합하는 경우에는 특별 납세 의무자가 납세 의무를 진다.

16
답 ④

보조금을 받고 생산된 물품으로 우리나라에 수출되는 물품은 제1방법으로 과세가격을 결정할 수 있다.

> **THE PLUS** 우리나라에 수출되기 위해 판매되는 물품이 아닌 경우(제1방법으로 과세 가격 결정 불가)
> - 별개의 독립된 법적 사업체가 아닌 지점 등에서 수입하는 물품
> - 수출상의 책임으로 국내 판매를 위하여 수입하는 물품
> - 무상으로 수입하는 물품
> - 수입 후 경매 등을 통하여 판매가격이 결정되는 위탁판매 수입 물품
> - 임대차계약에 따라 수입하는 물품
> - 무상으로 임차하는 수입 물품
> - 산업쓰레기 등 수출상 부담으로 국내에서 폐기하기 위하여 수입하는 물품

17
답 ③

과세표준: 1,000(USD 기준 물품가격) × 1,100(1 USD 환율) = 1,100,000원
관세: 과세표준 × 관세율 = 1,100,000 × 0.08 = 88,000원
부가가치세: (과세표준 + 관세) × 부가가치세율 = (1,100,000 + 88,000) × 0.1 = 118,800원
납부할 총세액: 88,000 + 118,800 = 206,800원
THC(터미널화물 처리비)와 통관수수료는 과세 대상에 포함되지 않는다.

18
답 ④

덤핑방지관세는 실행관세에 추가해 부과되는 관세이다. 협정관세와 덤핑방지관세가 동시에 부과되는 경우 덤핑방지관세가 우선 적용되며, 실제 적용되는 기본관세나 WTO 관세에 우선하여 협정관세가 적용되므로 실제 부과 관세는 '덤핑방지관세율 + 협정관세율'이 된다. 따라서 협정관세가 적용되는 물품이라고 해서 덤핑방지관세가 부과되지 않는 것은 아니다.

19
답 ③

보정신청을 하거나 수정신고를 한 경우 납부기한은 보정신청한 날의 다음 날 및 수정신고한 날의 다음 날까지이다. ④는 경정청구에 해당한다.

20
답 ②

수입하거나 반송하려는 물품을 지정장치장 또는 보세창고에 반입하거나 보세구역이 아닌 장소에 장치한 자는 그 반입일 또는 장치일부터 30일 이내에 신고해야 하며 이를 이행하지 않는 경우 과세가격의 2%의 범위 내에서 신고지연 가산세가 부과된다.

> **THE PLUS** 신고지연 가산세
> - 신고기한이 경과한 날부터 20일 내에 신고: 과세가격의 0.5%
> - 신고기한이 경과한 날부터 50일 내에 신고: 과세가격의 1%
> - 신고기한이 경과한 날부터 80일 내에 신고: 과세가격의 1.5%
> - 그 밖의 경우: 과세가격의 2%

21
답 ③

장기간에 걸쳐 사용할 수 있는 물품으로서 그 수입이 임대차계약에 의하거나 도급계약의 이행과 관련해 국내에서 일시적으로 사용하기 위해 수입하는 물품 중 수입신고 수리일부터 2년(장기간의 사용이 부득이한 물품으로서 수입하기 전에 세관장의 승인을 받은 것은 4년의 범위에서 세관장이 정하는 기간) 이내에 재수출되는 물품은 내용연수가 5년 이상이고, 당해 관세액이 500만 원 이상인 경우 재수출 감면 규정을 적용받을 수 있다. 이때 수입 시 감면받는 관세액에 상당하는 금액을 담보로 제공해야 한다.

22
답 ④

수출상과 생산자가 다른 경우 수출신고필증상에 환급신청인이 제조자로 되어 있으면 제조자(생산자)도 환급신청을 할 수 있다.

23
답 ②

국제통일상품 분류표인 HS 품목분류표는 6단위 분류체계를 구성하고 있으며, 우리나라만 관세 및 통계 등의 목적을 위해 10단위 분류체계로 세분화한 관세·통계통합 품목분류표(HSK)를 사용하고 있다. 일본은 9단위, 중국은 10단위 HS 코드를 사용한다.

24
답 ③

관세법 제244조에 "검사 대상으로 결정되지 않은 물품은 입항 전에 그 수입신고를 수리할 수 있다."라고 규정하고 있다. 즉, 보세구역에 반입되지 않아도 수입신고가 수리될 수 있다.

25
답 ③

적재 기간 내에 적재하지 못한 경우 수출신고 수리일부터 1년의 범위 내에서 적재 기간 연장승인을 얻을 수 있으며 여러 차례 연장승인이 가능하다.

26
답 ④

자가사용 목적으로 반입하는 물품은 신고를 생략하거나 간이한 방법으로 신고할 수 있다.
② 화폐·채권이나 그 밖의 유가증권의 위조품·변조품 또는 모조품은 수출입 금지 품목에 해당한다.

27
답 ③

FTA 협정관세율이 WTO 협정관세율보다 낮은 경우에는 FTA 협정관세를 우선 적용하고, FTA 협정관세율이 WTO 협정관세보다 높은 경우에는 WTO 협정관세를 적용하고 FTA 협정관세를 적용하지 않을 수 있다.

28 ④

WTO 협정관세율과 한-중 FTA에 의한 관세율은 0%로 기본관세 8%보다 낮으므로 우선 적용해야 한다. 이 경우 WTO 협정관세율 또는 한-중 FTA 협정관세율을 선택적으로 사용할 수 있으나 WTO 협정관세를 적용하면 사후 심사 결과로 HS 코드가 변경되어 다른 세율이 적용될 수 있다. 협정관세 사후 적용 신청은 1년이므로 그 기간이 경과한 후 세번이 변경되어 세금을 납부해야 하는 경우 한-중 FTA 협정관세가 적용되지 않으므로, 사전에 FTA 협정관세를 적용하여 신고해 놓으면 변경된 세번이 FTA 적용 물품인 경우 협정관세를 적용받을 수 있다.

① 수입통관 시 과세가격: [USD 10,000(송장금액) + USD 150(운임)] × 1,200원(환율) = 12,180,000원
②, ③ 한-중 FTA 협정관세율이 0%이므로 부가세는 과세가격의 10%인 1,218,000원이다.

29 ②

일반적으로 촉매, 작업복, 연료, 에너지 등 간접재료는 직접재료로 보지 않으므로 세번변경 기준 적용 시 고려하지 않으며, 부가가치 기준 적용 시 재료비에 계상하지 않고 제조간접비에 포함한다. 하지만 한-칠레 FTA에서는 이를 원산지 재료비로 간주하여 원산지 비율을 높인다.

30 ③

본문은 미소 기준(최소 기준)에 대한 설명이다. 세번변경 적용 시 세번이 변경되지 않는 재료의 가치가 전체 가격에서 차지하는 비중이 낮아 세번변경 기준이 적용되지 않는다면 FTA 협정의 실익을 살릴 수 없으므로 이를 보완하기 위해 사용된다.

① 세번 변경 기준: 완제품의 품목번호(HS Code)와 해당 물품에 사용된 비원산지 재료의 품목번호가 일정 단위 이상 변경된 경우 해당 물품을 최종적으로 생산한 국가를 원산지로 인정하는 기준으로 원산지를 명확하고 신속하게 결정할 수 있다.
② 중간재 기준: 최종 제품의 역내부가가치비율 계산 시 원산지 재료와 비원산지 재료를 사용하여 생산자가 직접 생산한 중간재가 원산지 기준을 충족하면 해당 중간재 가격의 전체를 원산지 재료비에 계상하는 원산지결정 일반 기준의 분야별 특례로 부가가치 기준에만 해당한다.
④ 누적 기준: 원산지결정 시 체약상대국에서 발생한 생산 과정 투입요소를 자국에서 투입한 것과 합산할 수 있도록 허용하는 FTA 원산지 규정의 보충 규정이다.

무역결제

31 ③
송금 결제 방식에서 대금은 은행을 통해 송금되지만 서류는 은행을 경유하지 않고 수입상에게 직접 전달된다.

32 ②
① 추심 방식에서 은행은 전신 송달 중에 발생하는 지연, 훼손, 기타 오류, 전문용어의 번역이나 해석상 오류에 대해 어떠한 의무나 책임을 지지 않는다.
③ 발행 일자 후 정기출급 환어음의 경우 만기일은 선하증권 발행일 다음날부터 60일째 되는 날이다.
④ D/P Usance의 경우 추심은행은 선적서류가 도착해도 지정된 기일 동안 서류를 보관한 후 지정기일에 서류를 인도한다.

> **THE PLUS** D/P Usance
> 계약 물품이 서류보다 늦게 도착할 경우 수입상의 대금 지급시기와 물품 인도시기에 차이가 발생하여 수입상의 자금 부담이 늘기 때문에 이를 경감하기 위해 지정된 미래 일자에 대금과 서류를 교환하는 방식

33 ④
O/A는 수출업체가 수출품 선적을 완료하고 해외 수입상에게 선적 사실을 통지함과 동시에 채권이 확정되는 거래이다.
③ 서류상환 방식(CAD)은 선적서류와 상환으로 대금을 결제하는 방식이므로 수입상은 위험관리 방안으로 PSI(선적 전 검사)를 진행할 수 있다.

> **THE PLUS** 선수금환급보증(A/P Bond: Advance Payment Bond)
> 수익자에게 받은 선수금에 대해 계약 이행을 보장하거나 계약 불이행 시 선수금을 반환하겠다는 보증

34 ②
자유매입 신용장(Freely Negotiable Credit)에 대해 매입을 행한 은행은 개설은행으로부터 결제 거절 통지를 받은 경우 수익자에게 선지급한 매입 대금을 반환하도록 청구할 수 있다.

35 ③
UCP 600 제18조에서는 "지정에 따라 행동하는 지정은행, 확인은행(있는 경우) 또는 개설은행은 신용장에서 허용하는 금액을 초과하여 발행된 상업송장을 수리할 수 있다."라고 명시하고 있다.
이에 따라 상업송장 금액은 신용장 금액을 초과하여 발행될 수 있다. 단, 지정은행의 결제 또는 매입 금액은 신용장 금액 이내여야 한다. 지정은행이 신용장 금액을 초과한 상업송장에 대해 신용장 금액 이내에서 결제나 매입을 하였다면, 확인은행 또는 개설은행은 상업송장 금액이 신용장 금액을 초과하였다는 사유로 결제나 매입을 거절할 수 없다.

36
답 ④

신용장의 수익자 주소는 상업송장의 수출상 주소와 반드시 일치할 필요는 없으며 동일한 국가 내에 있으면 서류의 불일치로 보지 않는다.
① 운송서류상 수하인의 표시가 다른 경우 동일인으로 간주하지 않는다.
② 상품 번호가 잘못 표기된 경우 다른 물품으로 인식한다.
③ 신용장에서는 상품명이 일반명칭으로 기술되었으나 상업송장에서는 구체적인 품목으로 표시될 수 있다. 주어진 내용에서는 상업송장에 Fish라는 일반명칭으로 표시되어 있고 신용장에서는 Tuna라고 구체적 품목이 명시되어 있다.

37
답 ②

선대(전대) 신용장(Packing L/C, Red-Clause L/C)은 개설은행이 매입은행으로 하여금 수출상에게 선적 전에 일정한 조건으로 수출 대금을 지급할 수 있도록 허용한 신용장이다.

(해석)
> 당행은 매입은행에 다음 서류의 제시가 있으면 수익자에게 상기 금액의 20%를 지급하도록 수권합니다.": 개설의뢰인(Accountee) 앞으로 발행된 수익자의 일람출급 무화환어음(Clean sight draft)

① 보증 신용장(Standby L/C): 금융 조달이나 보증을 위해 발행되는 무화환 신용장(Clean L/C)의 일종으로 발행의뢰인이 의무를 이행하지 않은 경우 개설은행이 지급을 이행하겠다는 약속증서와 같은 채무보증용 신용장
③ 회전 신용장(Revolving L/C): 수출상과 수입상 사이에 동종 상품 거래가 상당 기간 지속될 것으로 예상되는 경우 거래할 때마다 신용장을 개설하는 불편과 부담을 덜기 위하여 신용장을 1회 개설하고 이를 사용한 후에도 신용장의 효력이 다시 발생하는 조건으로 개설된 신용장
④ 기탁 신용장(Escrow L/C): 신용장에 의해 발행되는 어음의 매입 대금을 수익자에게 지급하지 않고 상호 약정에 따라 수익자 명의로 된 매입은행, 발행은행, 제3국의 환거래은행의 기탁계정(Escrow Account)에 기탁하는 방식의 신용장

38
답 ②

양도 가능 신용장은 양도를 허용한 것이므로 별도의 명시가 없더라도 국외 양도가 허용된다.

39
답 ③

① 물품이 컨테이너에 선적되었고 하나의 선하증권이 선적항에서 하역항까지 전 항해를 커버하면 신용장상 환적이 금지되었더라도 환적이 가능하다. 컨테이너에 선적되었다면 환적되더라도 화물의 망실 없이 안전하게 옮겨질 것이기 때문이다.
② 추가 조건은 개설의뢰인의 요구사항으로 비서류적 조건을 삽입하려는 시도는 지양해야 한다. 제시문에서는 팩스를 발송하여야 한다는 조건을 요구하지만 팩스를 발송한 사실을 확인할 수 있는 서류를 요구하지 않으므로 비서류적 조건에 해당한다. 이러한 비서류적 조건은 은행이 무시할 수 있다.
④ 유효기일은 수익자가 지정은행에 서류를 제시할 수 있는 최종일이므로 그 일자까지 서류를 제시하면 되고 지정은행의 NEGO는 유효기일을 경과해도 무방하다.

40
답 ②

양도 신용장 하에서 다수의 제2수익자에게 분할 양도된 신용장의 조건 변경은 이에 동의한 제2수익자에게만 조건 변경이 성립된 것으로 본다.

41 답 ④
① "Packing may not be sufficient for the sea journey(포장이 해상운송에 적합하지 않을 수 있다.)"라고 표시되어 있어야 하자가 되지 않는다.
② 본선적재부기(On Board Notation)가 표시되어 있으면 하자가 되지 않는다.
③ 선장의 대리인이 서명할 때 대리인 자신의 명칭도 기재해야 한다.

42 답 ①
같은 운송 방법에서 둘 이상의 운송수단(다른 선박)상 선적을 증명하는 하나 또는 두 세트 이상의 운송서류로 이루어진 제시는 운송수단들이 같은 날짜에 같은 목적지로 향하더라도 분할선적으로 본다. 제시된 신용장에서는 분할선적을 금지(Prohibited)하고 있으므로 하자를 구성하게 된다. 참고로 다수의 선하증권이 제시된 경우 선적일과 선적항이 다르더라도 적재선박이 동일하면 분할선적으로 간주되지 않는다.

43 답 ②
③ 보험서류가 한 통을 초과한 원본으로 발행되었다고 표시되어 있는 경우 모든 원본 서류를 제시해야 한다.
④ 보험증권은 보험증명서나 포괄보험의 확인서를 대신해 수리 가능하나, 보험증명서나 포괄보험 확인서가 보험증권을 대신해 수리될 수는 없다.

44 답 ③
① D/P, D/A 방식에서 추심의뢰은행이나 추심은행은 선적서류의 일치성을 심사해야 할 책임이나 대금 지급의 의무를 부담하지 않는다.
② 신용장 방식에서 선하증권상의 수하인란에는 은행 지시식으로 기재된다.

45 답 ①
② 하자 서류를 보완하였더라도 유효 기간이 경과된 경우 개설은행은 이를 수리할 의무가 없다.
③ 개설은행은 최초의 지급 거절 시 모든 거절과 관련된 사항을 한 번에 통지해야 하며, 이후 발견한 하자에 대한 권리를 주장할 수 없다.
④ 개설은행이 결제(honour)를 거절하거나 확인은행이 결제(honour) 또는 매입을 거절하고 그 취지의 통지를 한 경우, 매입은행은 이미 지급된 상환 대금을 이자와 함께 수익자에게 반환 청구할 수 있는 권리를 갖는다.

46 답 ③
① 보증 신용장은 기본적으로 UCP 600(신용장통일규칙)의 적용을 받지만, 보증 신용장의 구체적인 규칙으로서 ISP 98(보증신용장통일규칙)의 적용을 받는다.
② 보증 신용장은 각종 채무 이행의 보증을 목적으로 발행되며 화환 신용장(Documentary L/C)이 아닌 무화환 신용장(Clean L/C)의 일종이다.
④ 화환 신용장은 상품 대금의 결제를 주된 목적으로 하며, 보증 신용장은 무역 외 거래(이행보증, 선수금보증, 구상보증, 상업보증 등) 및 자본 거래(금융보증)에 대한 보증수단으로 사용된다.

47 답 ②
A. 단기간 심사가 가능한 경우 5은행영업일 이내에 심사하여 대금을 지급해야 하며 3은행영업일 이내에 이행해야 한다는 규정은 없다.
C. 서류 심사가 5은행영업일 이내에 끝났다면 그 시점에 지급해야 한다.
D. 은행의 서류 심사 기간은 제시를 받은 다음 날부터 기산하여 최장 5은행영업일이며 연장되지 않는다.

48 답 ②
선적 기간에 "Not later than", "To", "Until", "From", "Between"이라는 용어가 사용된 경우 이는 명시된 일자를 포함하므로 선적일은 2023년 5월 7일까지이다.

49 답 ②

① 'About', 'Approximately'와 같은 용어가 수량, 단가 또는 금액 앞에 사용되는 경우 10%의 과부족이 허용된다. 보기에서는 수량 앞에 사용했다고 하고 있으므로 수량에 대하여만 10%의 과부족이 허용되어야 옳다.
③ 포장 단위로 수량 산정이 가능한 개산 물품에는 과부족 용인 규정이 적용되지 않으므로 1,000개가 모두 선적되어야 한다.
④ 살물(Bulk cargo)의 수량에 과부족 용인 규정이 없는 경우 수량은 5%의 과부족이 허용된다.

50 답 ③

선하증권 원본 전통(Full set, 원본 3통)을 요구하고 있으므로 원본 3통 중 Duplicate(부본, second original)만 제시하면 하자가 된다. Original(원본), Duplicate(부본), Triplicate(제3원본) 모두 제시되어야 한다.

51 답 ④

A~E까지 모두 선적일로 간주된다.

52 답 ③

고객이 해외 송금을 위해서는 전신환 매도율을 적용해야 한다. 따라서 전신환 중 '보내실 때'의 환율인 1,106.0을 적용해야 한다.
T/C 매도환율은 고객이 여행자수표(T/C: Traveler's Check)를 매입하는 경우 적용되는 환율이며, 현찰매매율은 현찰(지폐)을 매매할 경우 적용되는 환율이다.

53 답 ④

선물환율에서 스왑레이트는 두 통화 간 금리 차이로 산출된다. 스왑레이트에서 왼쪽의 매입률이 오른쪽의 매도율보다 낮으면 스왑레이트의 부호는 (+)이고, 반대로 매입률이 매도율보다 크면 스왑레이트의 부호는 (−)이다.
보기의 스왑레이트에서 EUR−USD는 (+), USD−JPY는 (−), CNY−USD는 (−)이다. 이는 기준통화의 금리가 피고시 통화보다 낮으면 스왑레이트가 (+)가 되고, 높으면 (−)가 되기 때문이다. 따라서 USD 기준의 금리 수준은 EUR 〈 USD, USD 〉 JPY, CNY 〉 USD가 되므로 CNY의 금리가 가장 클 것으로 예상된다.

54 답 ①

숏포지션(매도초과 포지션)을 보유한 것은 외화 채권보다 외화 채무가 많음을 의미한다. 이 상황에서는 환율 상승 시 환차손이 발생하고, 환율 하락 시 환차익이 발생한다.
환율 변동 전 ㈜에듀상사는 USD/JPY가 100이므로 USD 1,000의 외화 채무가 존재한다. 이때 USD/KRW가 1,000이므로 USD 1,000을 조달하기 위해서는 원화로 1,000,000원이 필요하다. 이후 환율 변동으로 USD/JPY가 80이 된 경우 USD 1,250이 필요하며 이를 원화로 조달하기 위해서는 USD 1,250 × 1,100, 즉 1,375,000원이 필요하다. 이를 환율 변동 전과 비교하면 375,000원이 더 필요하므로 ㈜에듀상사는 375,000원만큼 손실을 본다.

55 답 ①

수입업체가 향후 환율 상승 위험을 방지하기 위해 통화옵션 상품을 활용하는 경우 옵션 프리미엄 지급 후 수입통화의 콜옵션을 매입해야 한다. 이 경우 환율이 상승하더라도 손실은 옵션 프리미엄과 옵션 행사 시의 환율을 감안한 수준 이내로 제한되기 때문이다.
콜옵션이란 옵션 매수자가 옵션 만기일 전에 미리 정한 행사 가격으로 일정 자산을 살 수 있는 권리이다.
옵션 프리미엄이란 옵션의 가격으로 옵션 매수자가 매도인에게 지불해야 하는 비용이다.

56 답 ③
① 영업 환위험에 대한 설명이다.
② 거래 환위험에 대한 설명이다.
④ 영업 환위험에 대한 설명이다.

57 답 ④
해외 NDF 거래이므로 달러로 차액정산을 한다. NDF 산출공식은 '[(계약환율 – 정산환율) × 거래 금액]/정산환율'이다.
계약환율과 정산환율의 차액에 거래 금액을 곱하면 (1,200 – 1,000) × 1,000,000 = 200,000,000원이다. 이를 정산환율 1,000으로 달러 환산하면 200,000,000/1,000이므로 200,000달러가 된다. AP사가 LA은행에 달러 NDF를 매도하였으므로 LA은행이 AP사에게 20만 달러를 지급해야 한다.

58 답 ④
스왑레이트의 단위 pip은 엔화의 경우 1pip = 0.01yen이 된다. pip은 일상 상거래에서 사용되는 최소 화폐단위의 1/100이다.
스왑레이트의 매입률(Bid Rate)이 매도율(Offer Rate)보다 크므로 (–)가 되며 현물환율에서 스왑레이트를 차감해야 선물환율을 구할 수 있다. 이 회사는 엔화로 수입 대금을 지급하므로 엔화에 대한 매입 수요가 발생한다. 따라서 Bid 환율을 보아야 한다(119.1 – 0.03 = 119.07).

59 답 ④
① USD/KRW 환율이 상승하면 달러 가치가 상승한 것이므로 달러 포지션에서는 이익이 발생한다(달러화로 수출 대금 영수).
② JPY/KRW 환율이 상승하면 엔 가치가 상승한 것이므로 엔 포지션에서는 손해가 발생한다(엔화로 수입 대금 지급).
③ 엔은 수입이므로 Short Position(외화 채권 < 외화 채무), 달러는 수출이므로 Long Position(외화 채권 > 외화 채무)이다.

60 답 ②
콜옵션 매수자는 옵션 만기일 이전에 미리 정한 행사 가격으로 통화를 매입할 수 있다. 따라서 달러화를 지급하는 수입기업은 콜옵션을 매수하여 환위험을 헤지할 수 있다.

무역계약

01 답 ④
A. Incoterms 2020에서는 소유권 이전에 대해서는 규정하고 있지 않다.
C. Incoterms 2020은 국내 매매계약에서도 적용된다.

02 답 ②
B. DPU 조건에서는 매도인이 물품을 지정 목적지 또는 지정 목적지 내의 합의된 지점에서 양하(Unloading)하여 매수인의 임의 처분하에 둔 때 위험이 이전된다.
D. DDP 조건의 경우 보험계약 체결은 양 당사자 의무사항이 아니다. 단, 매수인이 자신의 위험을 회피하기 위해 보험계약을 체결할 수도 있다.

03 답 ④
A. CIF 조건: 수출항에서 물품이 본선적재될 때 위험이 매도인에서 매수인에게 이전되며 매도인은 수입항에 도착할 때까지의 운임과 보험료를 부담한다.
B. CFR 조건: 해상운송에서 사용되는 조건이며 항공운송 시에는 CPT 조건의 사용이 권장된다.
C. CPT 조건: 물품 운송 의무는 매도인에게 있으며 매도인이 지정한 운송인에게 물품을 인도할 때 위험이 매수인에게 이전된다.
D. CIP 조건: 물품이 적출지의 지정된 장소에서 지정된 운송인에게 인도되는 시점에서 물품에 대한 모든 위험과 추가적인 비용 부담이 매수인에게 이전된다. 운송비와 보험료는 매도인이 부담한다.
E. CIF 조건과 CFR 조건: 두 조건 모두 물품이 지정 선적항에서 본선에 적재될 때 위험이 매도인에서 매수인에게 이전된다.
CPT 조건과 CIP 조건: 두 조건 모두 물품이 지정 목적지까지 운송할 운송인의 보관하에 또는 복합운송의 경우 최초의 운송인에게 인도되었을 때 위험이 매도인에서 매수인에게 이전된다.

04 답 ①
무역계약은 매도인의 청약에 대해 매수인이 승낙함으로써 계약이 성립하는 낙성계약(Consensual Conract) 성격을 가지며 당사자 간의 의사의 합치로 계약이 성립한다. 요물계약은 합의 외에도 물품의 인도, 소유권의 이전과 같은 법률적 사실이 없으면 계약이 성립되지 않는 계약으로서 낙성계약에 상대되는 개념이다.

05 답 ④
비엔나협약은 매매계약의 성립 및 그 계약에서 발생하는 매도인과 매수인의 권리, 의무만을 규율하며 별도의 명시 규정이 있는 경우를 제외하고 계약이나 그 조항 또는 관행의 유효성, 매매된 물품의 소유권에 관하여 계약이 미치는 효력과 관련이 없다.

> **THE PLUS** 비엔나협약(CISG, 1980)
> 국제물품매매계약에 관한 UN협약(CISG)으로서 유엔국제무역법위원회(UNCITRAL)에 의해 성안된 국제물품매매법의 통일을 위한 국제협약

06 답 ②
B. 중량을 기준으로 대금을 정하는 경우 물품의 순중량에 의하도록 규정하고 있다.
C. 비엔나협약에서는 위험 이전과 대금 지급 간 직접적인 연관이 없는 것으로 규정하고 있다.

07 답 ③
① 특정인을 대상으로 하는 청약과 불특정 다수를 대상으로 하는 청약의 유인은 구분된다.
② 제의가 청약으로 효력을 발휘하기 위해서는 물품, 수량, 가격 등이 확정적이어야 한다.
④ 침묵이나 무행위는 승낙에 해당하지 않는다.

08 답 ①

C. 비엔나협약 제73조에 따르면, 분할인도의 경우 이미 행한 인도와 장래의 인도가 상호의존 관계에 있음으로써 어느 분할 인도의 불이행으로 인해 계약 목적의 달성이 불가능할 경우, 매수인은 이미 행한 인도분과 앞으로 이행해야 할 인도분 모두에 대해 계약 해제를 할 수 있다.

09 답 ②

C. 확정청약(Firm Offer)은 청약자의 확정적 의사 표시이므로 피청약자의 승낙만으로 무역계약이 성립된다. 확정청약은 확정력을 가지는 청약으로서 청약자가 청약 내용에 대해 승낙 회답의 유효 기간을 지정하거나 명시적으로 확정적(Firm), 취소 불능(Irrevocable)이라는 표시를 통해 표현한다.
불확정청약(Free Offer)은 청약 시 승낙 회답의 유효 기간이나 확정적(Firm)이라는 표시를 하지 않은 청약이다. 따라서 피청약자가 승낙한다 하더라도 계약이 성립하지 않으며 청약자가 승낙에 대하여 최종 확인(Final Confirmation)을 해야 계약이 성립한다.

10 답 ①

D. 반대청약(Counter Offer)을 한 경우 원청약은 소멸되므로 소멸된 원청약을 승낙해도 계약은 성립하지 않는다.

11 답 ②

C. 신용장에 과부족을 인정하지 않는다는 금지 표시가 없는 경우 5%의 과부족을 허용한다.
E. 과부족 용인 조건(More or Less Clause)은 매수인이 합의된 과부족분에 대해 클레임을 제기하지 않는 것을 의미하며, 매수인은 제품 인수 후 합의된 과부족분을 초과한 과부족분에 대한 금액을 정산해야 한다.

12 답 ④

신용장 거래에서 할부선적을 지시하는 경우 신용장상의 할부 스케줄(Installment Schedule)에 따라 반드시 지정된 기간 내에 지정된 물량만을 선적해야 하며, 임의적으로 전체를 일괄로 선적하거나 다른 회차분과 함께 선적할 수 없다.

13 답 ④

CIP 조건의 경우 부보(Cover) 기간은 수출국 내의 운송인에게 인도한 시점부터 수입국 내의 지정 목적지에서 수하인에게 인도할 때까지이다. Incoterms 2020에서는 CIP 조건에 대해 협회적하약관(ICC) A 약관에 따른 부보를 하도록 개정하였으며 당사자 간 합의에 의해 보다 낮은 수준으로 부보하기로 합의할 수 있도록 하였다.

14 답 ④

④는 완전합의조항(Entire Agreement Clause)에 관한 설명이다. Jurisdiction Clause는 재판관할조항으로 어느 국가의 법원을 분쟁사건의 재판관할 법원으로 할 것인가의 문제를 다루는 조항이다.
①은 불가항력조항, ②는 사정변경조항 또는 이행가혹조항, ③은 권리침해조항에 대한 설명이다.

15 답 ③

C. 중재는 분쟁을 중재로 해결하겠다는 합의가 있어야 중재 절차를 개시할 수 있으나, 소송은 당사자 일방의 소송 제기로 소송 절차가 개시된다.

16 답 ④

판매적격품질(GMQ: Good Merchantable Quality) 조건에서는 판매하는 물품이 그 시장에서 판매 적격해야 하며 수입지에서 상품으로 사용하지 못하는 부분이 생기면 변상을 요구할 수 있다.
① 핸드폰은 살물(Bulk cargo)이 아니므로 과부족에 대한 조항을 넣을 필요가 없다.
② 계약을 체결하기 위한 청약은 1인 또는 그 이상의 특정인에게 충분히 확정적이어야 하고 승낙 시 그에 구속된다는 청약자의 의사 표시가 있는 경우라야 청약으로 본다. 불특정 다수에 대한 제안은 청약의 유인으로 간주한다.
③ 계약 조건에 대한 변경 후 승낙은 원청약의 효력을 소멸시켜 새로운 청약이 된다. 따라서 원청약의 내용을 변경하여 승낙하더라도 계약이 성립하는 것은 아니다.

17 답 ②

살물(Bulk cargo)의 경우 운송 도중 감량할 우려가 있으므로 과부족 용인조건(More or Less Clause)을 삽입한다.
① TQ(Tale Quale) 조건은 선적지 품질 조건으로 수출상은 선적 시 계약 내용과 일치하는 물품을 선적하면 그 이후 발생한 품질 변동이나 수량 변경 등에 대해 책임을 지지 않는다. 수입지에 도착 후 손상된 부분이 있을 시 보상을 받기 위한 조건은 RT(Rye Terms) 조건이다.
③ 'On or About'이라는 용어가 사용되면 특정일을 포함하여 전후 5일의 기간으로 계산하므로 총 11일의 시간이 주어진다.
④ ICC(C) 조건에서는 적재, 양륙하역 중의 낙하 또는 추락에 의한 포장 단위의 전손에 대해서는 책임을 지지 않는다. 따라서 해당 손해를 담보받기 위해서는 최소한 ICC(B) 조건에 부보해야 한다.

18 답 ③

분리가능조항에 대한 설명이다.

> [해석]
>
> 본 계약의 어떤 규정이 강제될 수 없다면 그 규정은 당사자들의 의사를 반영하여 수정된다. 본 계약의 나머지 모든 규정은 유효하고 효력이 있다.

19 답 ①

D. 손해배상 청구는 계약 해제, 특정 이행 청구 등과 중복하여 청구할 수 있다.

20 답 ④

① 선적 선하증권(On Board B/L)을 요구한 경우에는 선하증권 발행일을 실제 선적일로 간주한다.
② CIF 조건에서 매도인은 매수인을 위해 해상보험에 부보한다. 보험계약자는 매도인, 피보험자는 매수인이다.
③ 신용장 거래 시 살물(Bulk cargo)의 경우 과부족 용인조항이 없더라도 ±5% 과부족이 허용된다.

21 답 ②

① 선적 선하증권(Shipped B/L)에 대한 내용이다.
③ 서렌더 선하증권(Surrender B/L)은 송하인이 물품을 선적하고 난 뒤 발급받은 선하증권 원본을 선사에 제출하고 운송 화물을 수하인에게 직접 교부해 줄 것을 의뢰할 때 사용하는 선하증권이다.
④ 지연 선하증권(Stale B/L)은 신용장 거래 시 지급·인수·매입을 위하여 은행에 서류를 제시해야 하는 서류 제시 기간(UCP 600에서는 선적일 이후 21일보다 늦지 않게로 규정)을 경과해 제시된 선하증권을 의미한다. ④는 스위치비엘(Switch B/L)에 대한 설명이다.

22 답 ③

FCL 화물의 경우 수출상의 공장이나 창고로 컨테이너를 보내어 수출상의 책임으로 물품을 적재하여 봉인한 후 CY(Container Yard)로 이동해 CY Operator에게 인도한다. 이러한 수출 화주의 책임을 확고히 하기 위해 B/L상에 "Shipper's Load & Count, Seal(송하인이 적재, 수량 확인, 동봉)"을 표기하여 적재, 수량 확인, 봉인의 책임을 수출 화주에게 확인시킨다.

23 답 ①

헤이그 규칙에서 상업과실은 운송인의 책임으로 하고 항해과실은 운송인의 면책으로 규정하고 있다. 상업과실에 대한 책임 한도는 1 package, unit당 100 파운드로 규정한다. 상업과실이란 선적, 취급, 적부, 운송, 보관, 관리, 양하 등이 적절하고 신중하게 이루어지지 않아서 발생한 물건의 손해를 말한다.

24 답 ②

②는 반송운임(Back Freight)에 대한 설명이다.
비례운임(Pro Rata Freight)은 수송거리운임이라고도 하며 운송 도중 불가항력 또는 기타 원인으로 운송할 수 없게 되어 중도에 화물을 인도하는 경우 운송 이행 비율에 따라 산정되는 운임을 의미한다.

> **THE PLUS** 부정기선(Tramper)
> 고정된 항로 없이 운송 수요자의 요청에 따라 운항하는 선박으로서 일반 원료의 운송, 대량 화물, 운송 수요가 급증하는 화물을 주로 운송함. 운임은 대체로 정기선보다 낮으나 수요와 공급에 의해 운임이 결정되므로 운임 변동 폭이 큼. 고정된 항로와 운항 일정이 없으므로 항로의 자유로운 선택이 가능함

25 답 ④

클레임은 원칙적으로 화물의 소유자가 제기해야 하나, 수하인이 가지는 배상청구권을 대위(Subrogation)받은 제3자(보험회사)가 클레임을 제기할 수도 있다.

26 답 ②

C. 위부의 통지 시 그 정보가 의심스러운 성질을 가지고 있는 경우 피보험자는 상당히 신속하게 이를 조사할 권리가 있다.

> **THE PLUS** 위부(Abandonment)
> 보험자가 보험목적물에 대한 손해를 전손으로 취급하도록 피보험자가 보험목적물에 대한 소유권과 제3자에 대한 구상권을 보험자에게 양도하는 것

27 답 ④
① 화물이 갑판에 적재된 경우 ICC(FPA) + JWOB(투하 및 갑판유실손 포함) 조건 또는 ICC(C) + WOB(갑판유실손 포함) 조건으로 변경할 수 있다.
② 밀폐형 컨테이너는 갑판적으로 하더라도 보험자에게 고지하지 않아도 되므로 갑판에 선적할 수 있다.
③ ICC(W/A)나 ICC(B) 조건 혹은 이보다 보상 범위가 넓은 조건으로 인수되는 보험계약에 적용된다.

28 답 ④
손상되어 목적지에 인도되는 화물은 도착지의 정상가격과 손상가격의 차액이 정상 가격에서 차지하는 비율(손해율)을 부보금액에 곱한 금액을 보상받도록 하고 있다.

29 답 ③
고지 의무는 직접 의무보다는 간접 의무의 성격을 띠므로 보험증권상에 기재될 필요는 없다. 그러나 담보 의무는 보험자 측에서 계약 당시 고지 의무 위반 또는 부실 고지에 대한 입증이 어려우므로 보험자는 보험계약자가 엄격히 이행하거나 충족해야 할 사항을 보험증권에 명시하거나 법률에 규정할 필요가 있다.

> **THE PLUS** 고지
> - 고지가 필요한 사항
>   - 보험자가 보험료의 산정, 위험의 인수 여부를 결정함에 있어 그 판단에 영향을 미칠 수 있는 사실(갑판적재 여부, 포장 상태, 위험지역, 제품의 성질(부패, 깨짐 등))
>   - 중요한 사항으로 추정되는 사실(피보험자가 알고 있는 사실, 피보험자가 당연히 알고 있을 것이라고 추측되는 사실, 대리인이 알고 있는 사실(피보험자가 늦게 알았기 때문에 대리인에게 통지하지 못한 사실은 제외))
> - 고지가 필요 없는 사항
>   - 위험을 감소시키는 일체의 사실, 보험자가 알고 있거나 알고 있을 것으로 추정되는 사실, 고지받을 권리를 포기한 사실, 담보에 의해 고지가 필요 없는 사실

30 답 ③
선박, 부선, 운송용구의 타 물체와의 접촉, 충돌의 경우 ICC(C) 조건에서 보상 가능하다.
①, ②, ④의 경우 부가위험에 해당하므로 관련 보상을 받으려면 추가 보험료를 지급하고 추가 담보를 요청해야 한다.
①은 갑판상 유실(WOB: Washing Overboard), ②는 도난, 발하(좀도둑질), 불착(TPND: Theft, Pilferage and Non-Delivery), ④는 빗물 및 담수에 의한 손해(RFWD: Rain and/or Fresh water Damage) 약관에 의해 부가적으로 담보 요청이 가능하다.

무역영어

31 답 ②

CIP 조건에 대해 "The seller must also contract for insurance cover against the buyer's risk of loss of damage to the goods from 'the point of delivery to at least the point of destination. 매도인은 또한 '인도 지점부터 적어도 목적 지점까지'(선적항부터 목적항까지가 아닌) 매수인의 물품의 멸실 또는 훼손 위험에 대하여 보험계약을 체결해야 한다."라고 명시하고 있다.

(해석)
① "운송비·보험료지급인도"는 매도인이 매도인과 계약을 체결한 운송인에게 물품을 교부함으로써 또는 그렇게 인도된 물품을 조달함으로써 매수인에게 물품을 인도하는 것을, 그리고 위험을 이전하는 것을 의미한다.
② 매도인은 또한 선적항부터 적어도 목적항까지 매수인의 물품의 멸실 또는 훼손 위험에 대하여 보험계약을 체결하여야 한다(CIF 조건의 내용).
③ CIP 조건은 어떠한 운송방식이 선택되었는지를 불문하고 사용할 수 있고 둘 이상의 운송 방식이 이용되는 경우에도 사용할 수 있다.
④ 보험금액은 최소한 매매계약에 규정된 대금에 10%를 더한 금액(즉, 매매 대금의 110%)이어야 하고, 보험의 통화는 매매계약의 통화와 같아야 한다.

32 답 ④

DAP 조건은 물품이 지정 목적지에서 도착운송수단에 실린 채 양하 준비된 상태(Ready for Unloading)로 매수인의 처분하에 놓이는 때 매도인이 인도한 것으로 되는 조건을 의미한다. ④는 DPU 조건에 대한 설명이다.

(해석)
① FAS 조건: 매도인은 물품을 선측에서 인도하거나 선적을 위하여 이미 그렇게 인도된 물품을 조달해야 한다.
② EXW 조건: 매도인은 단지 물품을 매도인의 영업구 내 또는 다른 지정된 장소에 매수인의 처분 하에 두는 것으로 의무를 제한하기를 원한다.
③ FCA 조건: 매도인은 기꺼이 물품을 매수인에 의해 지정된 장소에서 지정된 운송인에게 인도함으로써 물품 수출을 완료한다.
④ DAP(→ DPU) 조건: 매도인은 기꺼이 물품을 지정된 장소까지 모든 비용과 위험을 부담하여 운송하고 도착 시 운송수단으로부터 물품을 양하한다.

33 답 ④

제시문은 일치하는 제시(Complying Presentation)에 대한 정의이다.

(해석)

> 일치하는 제시(Complying Presentation)는 신용장 조건, 적용 가능한 범위 내 이 규칙의 규정, 그리고 국제표준은행관행(ISBP)에 따른 제시를 의미한다.

34
답 ①

서신의 작성자는 발행된 신용장에 운임 후지급(Freight Collect)이라고 표시된 선하증권이 요청 자료임을 발견하였다. 그러나 이것이 잘못된 것이라 하며 계약 내용상 운임 후지급이 아닌 운임 선지급 조건으로 계약한 것으로 보인다. 이에 따라 신용장을 정정할 것을 요청하고 있다. 보기 중 수출상이 운임을 지급하는 조건은 CIF 조건뿐이다.

해석

> 귀사의 주문번호 9876의 결제를 위한 신용장 번호 E123456NS789인 신용장에 대해 대단히 감사합니다. 그런데 당사가 해당 신용장에 '운임 후지급'을 명기한 선하증권을 요구하고 있음을 확인하였습니다. 귀사께서 아시다시피, 저희 계약은 (CIF) 조건을 따르기 때문에 그에 맞춰 신용장이 수정되어야 합니다.

35
답 ③

UCP 600 제17조~제28조에는 운송서류 및 보험서류에 대해 규정하고 있다. 제28조 보험서류와 부보 범위의 규정에 의하면 "An insurance policy is acceptable in lieu of an insurance certificate or a declaration under an open cover(보험증권은 보험증명서나 포괄보험의 확인서를 대신해 수리 가능하다)." 라고 규정하고 있다. 따라서 ③의 보험서류가 서로 바뀌어 있음을 알 수 있다.

해석

① 선하증권은 어떤 명칭을 사용하든, 운송인의 명칭이 표시되고 운송인 또는 운송인을 위한 또는 그를 대리하는 기명대리인, 선장 또는 선장을 위한 또는 그를 대리하는 기명대리인이 서명한 것이 나타나야 한다.
② "무사고(무고장)"라는 단어는 비록 신용장이 운송서류가 "무사고(무고장) 본선적재"일 것이라는 요건을 포함하더라도 운송서류상에 나타날 필요가 없다.
③ 보험증명서(→ 보험증권)는 보험증권(→ 보험증명서)을 대신해 수리 가능하다.
④ '선적인이 적재하고 검수하였음(shipper's load and count)'과 '선적인의 내용신고에 따름(said by shipper to contain)'과 같은 조항이 있는 운송서류는 수리될 수 있다.

36
답 ④

④는 최종확인 조건부청약이고 나머지는 확정청약을 하겠다는 내용이다.

해석
① 당사는 다음과 같이 귀사께 확정청약을 하는 바입니다.
② 당사는 귀사께 확정청약을 하고자 합니다.
③ 당사는 다음과 같이 귀사께 확정청약을 하는 바입니다.
④ 당사는 최종확인 조건부청약을 하는 바입니다.

37
답 ②

① ABC은행이 지시인인 지시식(TO ORDER OF ABC BANK) 선하증권을 발행해야 한다.
③ FREIGHT PREPAID 조건은 수출상이 운임을 선지급하는 조건이다.
④ ICC(C) 조건이므로 송장 금액의 110%로 부보해야 한다.

38 답 ④

신용장에서 'CLEAN ON BOARD MARINE BILLS OF LADING'을 요구하였으므로 해상운송을 이용하는 것을 알 수 있다. 또한 'FREIGHT PREPAID'이므로 수출상이 운임을 선지급하는 조건이다. 그리고 보험서류를 요구하였으며 부보 조건을 ICC(C)로 한 것으로 보아 보기 중 CIF 조건이 유력하다고 볼 수 있다.

39 답 ④

UCP 600 제14조 원문을 확인하면 "A document presented but not required by the credit will be disregarded and may be returned to the presenter."이며 그 내용은 "제시되었으나 신용장에서 요구되지 않은 서류는 무시될 것이고 제시자에게 반환될 수 있다."이다.

(해석)
① 지정에 따라 행동하는 지정은행, 확인은행(있는 경우) 그리고 개설은행은 서류에 대하여 문면상 일치하는 제시가 있는지 여부를 단지 서류만으로 심사해야 한다.
② 조건과 일치함을 나타낼 서류를 명시하지 않고 신용장에 어떠한 조건이 담겨 있다면, 은행은 그러한 조건이 기재되지 않은 것으로 간주하고 무시할 것이다.
③ 서류는 신용장 개설일 이전 일자에 작성된 것일 수 있으나 제시 일자보다 늦은 일자에 작성되어서는 안 된다.
④ 제시되었으나 신용장에 요구되지 않은 서류는 무시되지 않을 것이다(→ 무시될 것이다).

40 답 ③

신용장 개설은행에 신용장 개설을 의뢰하는 자는 수입상 즉, Buyer가 된다.

(해석)
- 물품: BOPP 필름
- 수량: 10,000제곱미터
- 금액: CIF 자카르타 조건, USD 1.3/m²
- 총액: USD 13,000
- 선적: 2023년 5월 15일 이전 또는 당일
- 지급: 일람출급 화환 신용장
- 포장: 약 1,000제곱미터의 롤 형태

41 답 ④

신용장의 유효기일은 어음 매입이나 지급을 위해 운송서류를 은행에 제시하는 최종 기일이며, 은행에서 심사를 통해 지급을 완료해야 하는 최종 일자가 아니다. 따라서 '2023년 5월 10일에 만기된다'는 표현이 되려면 'expires on 10 May 2023'로 표기되어야 한다.

(해석)
① 이 신용장은 2023년 5월 10일까지 유효하다.
② 환어음은 매입을 위해 2023년 5월 10일 안에 제시되어야 한다.
③ 환어음은 매입을 위해 2023년 5월 10일 또는 그 전에 제시되어야 한다.

42 답 ④

UCP 600 제20조에서 선하증권은 용선계약에 따른다는 어떠한 표시도 포함해서는 안 된다고 규정하고 있다.

해석
① 선하증권은 운송인의 명칭과 운송인 또는 그 대리인의 서명을 표시해야 한다.
② 선하증권은 신용장에 명시된 선적항에서 지정 선박으로 선적되었음을 표시해야 한다.
③ 선하증권은 신용장에 명시된 선적항에서 도착항까지 선적으로 표시해야 한다.
④ 용선계약을 적용한다면, 선하증권은 용선계약의 표시를 포함해야 한다(→ 포함해서는 안 된다).

43 답 ④

'침묵 또는 부작위 그 자체만으로 승낙이 되지는 않는다.'라는 의미가 되어야 하므로 부정형인 'Silence or inactivity does not in itself amount to acceptance.'가 바른 표현이다.

해석
① 청약은 피청약자에게 도달한 때에 효력이 발생한다.
② 청약은 철회될 수 없더라도, 회수의 의사 표시가 청약 도달 전 또는 그와 동시에 상대방에게 도달하는 경우 회수될 수 있다.
③ 불특정 다수인에 대한 제안은 제안자가 반대 의사를 명확히 표시하지 않는 한, 단지 청약의 유인으로 본다.
④ 청약에 대한 동의를 표시하는 상대방의 진술 그 밖의 행위는 승낙이 된다. 침묵 또는 부작위는 그 자체만으로 승낙이 된다(→ 승낙이 되지 않는다).

44 답 ③

수익자가 승낙 통보 없이 조건 변경에 일치하는 서류를 제시하는 경우 원신용장의 조건 변경에 동의하는 것으로 본다.
② 조건 변경 내용 중 일부만 승낙하는 것은 동의가 아니다.
④ 침묵 또는 부작위를 동의로 간주하지 않는다.

해석

> **원신용장 조건**
> 32B 총액: USD 20,000
> 44C 최종 선적 일자: 2023. 06. 02
>
> **신용장 수정**
> 32B 총액: USD 10,000
> 44C 최종 선적 일자: 2023. 06. 10
> 47A 추가 조건
> : 이 수정은 2023년 6월 5일 당일이나 이전까지 수익자가 거절하지 않는 한 효력이 발생한다.

45
답 ④

④는 must가 삽입된 다소 직설적인 표현이므로 'We would appeciate it if you would~.'로 완곡하게 표현하는 것이 좋다.

(해석)
① 귀사가 신속한 답변을 주신다면 매우 기쁠 것입니다.
② 당사는 항상 추가적인 상세 정보를 제공할 준비가 되어 있습니다.
③ 우리는 지난 선적 번호 10번 쉴드캡의 품질에 대해 귀사를 만족시켜 드리지 못한 점에 대해 송구스럽습니다.
④ 귀사는 롤러코팅 기계 AL10에 대한 당사의 청약을 최대한 빨리 승낙해야 합니다.

46
답 ④

비엔나협약 제3조에서는 "Contracts for the supply of goods to be manufactured or produced are to be considered sales.(물품을 제조 또는 생산하여 공급하는 계약은 이를 매매로 본다.)"라고 규정한다.

(해석)
① 이 협약은 개인용·가족용 또는 가정용으로 구입된 물품의 매매에는 적용되지 않는다.
② 이 협약은 전기의 매매에는 적용되지 않는다.
③ 이 협약은 물품을 공급하는 당사자의 의무 중 주된 부분인 노무 또는 그 외 서비스의 공급으로 구성된 계약에는 적용되지 않는다.
④ 이 협약은 제조 또는 생산하여 공급하는 물품의 매매에는 적용되지 않는다(→ 적용된다).

47
답 ④

해상보험증권에는 보험자의 상호를 기재해야 한다. ④ 보험중개인의 성명은 필수 기재사항이 아니다.

(해석)
① 피보험자의 성명 또는 피보험자를 위하여 보험계약을 체결하는 자의 성명
② 보험목적물 및 담보위험
③ 보험에서 담보하는 항해 또는 항해 기간, 경우에 따라서는 둘 다
④ 보험중개인의 성명

> **THE PLUS** 해상보험증권의 필수 기재사항
> - 피보험자의 성명, 또는 피보험자를 위하여 보험계약을 체결하는 자의 성명
> - 보험목적물 및 담보위험
> - 보험에서 담보하는 항해 또는 항해 기간, 경우에 따라서는 둘 다
> - 보험 가입 금액
> - 보험자 상호

48
답 ③

구조 비용에 대한 설명이다.

(해석)
> "(구조 비용)"은 계약과 관계없이 해법으로 구조자가 보상받을 수 있는 비용을 의미한다. 구조 비용에는 피보험 위험을 피하기 위하여 피보험자나 그 대리인 또는 보수를 받고 고용된 자가 행하는 구조의 성격을 띤 서비스 비용을 포함하지 않는다. 정당하게 지출된 이런 비용은 그 지출 상황에 따라 단독 비용 또는 공동해손손해로서 보상될 수 있다.

① 공동해손손해 ② 단독해손손해 ③ 구조 비용 ④ 분손

49 답 ③

제시문은 비포기조항, 권리불포기조항(Non-waiver Clause)에 관한 설명이다.
① 약인조항(Consideration Article): 계약의 원인으로서 당사자 일방이 발생하는 권리, 이득 또는 상대방이 부담하는 손실, 손해, 책임 등을 규정한 조항
② 계약당사자관계조항(Privity Clause): 계약당사자의 관계를 기재하는 조항으로 본인 대 본인 거래인지, 본인 대 대리인 거래인지 등을 기재하는 조항
④ 계약의 좌절(Frustration): 계약 체결 후 상황이 변동하여 계약이 유효하더라도 당초의 의도와 달리 근본적으로 다른 계약이 된 경우 계약이 자동적으로 소멸하는 것을 규정한 조항

(해석)
> 일방이 상대방에게 본 계약의 어떤 조항의 이행을 요구하지 않거나 이행 청구를 지체한 것이 그와 같은 조항의 이행을 요구할 권리의 포기에 해당되지 않으며 또한 이행을 요구할 권리에 영향을 주지 않는다.

50 답 ④

④ 갑판상 유실(Washing Overboard)은 ICC(B) 조건에서 담보하는 조건이다.

(해석)
① 화재 또는 폭발
② 육상 운송용구의 전복 또는 탈선
③ 조난항에서의 적하의 양륙
④ 갑판상 유실

51 답 ④

무역영어는 될 수 있는 한 간결하면서도 단순하게 작성하되, 뜻을 전달하는 데 부족함이 없어야 한다. 주어진 내용에서는 문장을 간결하게 수정하고 있으므로 ④ 간결성이 정답이다.

(해석)
> 당사는 이 어려운 클레임 KM-19건에 대해 귀사에서 보여주신 협조에 감사드리고 싶습니다.
> → 이 클레임 문제 KM-19에 대한 귀사의 협조에 감사드립니다.

① 명료성   ② 완전성   ③ 정확성   ④ 간결성

52 답 ③

(해석)
> A. 6월 10일자 귀사의 이메일을 감사히 받았습니다.
> D. 당사의 통제를 벗어난 사유로 인하여 선적 일자 5월 25일을 지킬 수 없게 되었음을 대단히 죄송하게 생각합니다.
> B. 이런 상황에서 당사는 귀사의 주문 취소를 수락하는 것 외에 다른 대안이 없음에 대해 깊은 유감을 표합니다.
> C. 다만 이번 지연이 우리의 잘못으로 야기된 것이 아님을 양해 바랍니다.

53 답 ①

CIF 조건은 운임, 보험료 포함 조건이다. 운임 포함 가격 조건은 CFR 조건으로 해석 가능하다.

54
답 ④

거래 조건은 CIF 조건이므로 해상운송에만 사용할 수 있다. 항공운송으로 사용하려면 CIP 조건이 적합하다.

55
답 ③

본 내용은 샘플과 다른 바지가 선적되어 이에 대한 클레임을 제기하는 것으로 품질 관련 클레임으로 볼 수 있다.

해석

> Mr. Kim 귀하,
> 당사의 주문번호 1001과 관련하여 바지 4상자가 "한진 홍콩"으로 저희에게 도착하였습니다. 그러나 유감스럽게도 제품 품질이 저희가 주문했을 당시 샘플보다 떨어짐을 알려드립니다.
> 저희가 받은 제품에서 샘플 950번을 동봉합니다. 귀사께서는 귀사의 선적품이 샘플 품질과 비교할 수 없음을 인정하실 것입니다.
> 당사는 귀사께서 이 문제를 처리해 주시길 바라며 이것이 완료되면 팩스로 알려주시기 바랍니다.
> 이 문제에 대해 조속히 대처해 주시면 감사하겠습니다.

56
답 ②

해석

> (A) 귀사께서 2023년 6월 10일자로 보내주신 이메일에 기재된 주문서 10호 관련 선적품의 품질 불량에 대해 대단히 죄송하다는 말씀 드립니다.
> (C) 당사의 기록을 추적한 바, 당사의 선적에 실수가 있었음을 확인하였습니다.
> (B) 당사의 이러한 부주의에 대해 무척 송구합니다. 현재 귀사의 클레임을 해결하기 위해 당사는 최대한 신속히 정상 제품을 보내드리거나, 송장 금액의 10%를 특별 할인해 드릴 수 있습니다.
> (D) 귀사에 불편을 끼쳐드린 데 대한 당사의 사과를 받아주시길 바라며, 2개의 안 중 어떤 것이 나은지 이메일이나 팩스로 알려주시기 바랍니다.

57
답 ④

PAY TO 다음에는 환어음을 매입하는 매입은행을 기재한다.

해석 ① 개설은행 ② 상환은행 ③ 확인은행 ④ 매입은행

58
답 ①

신용장상 수익자는 환어음의 발행인, 즉 KOREA TRADING CO., LTD.가 수익자가 된다.

해석

① 수익자: TOKYO SUPPLY LTD.(→ KOREA TRADING CO., LTD.)
② 지급인 상호와 주소: THE MISUI BANK 일본 도쿄 본사
③ 이용 가능한 은행: 어느 은행에서든 매입 가능
④ 출급 환어음: 일람 후 90일

59 답 ①

서식에는 컨테이너 번호 및 컨테이너의 종류에 대한 표시가 없다. 서식 중간에 'Description of Packages and Goods' 항목에서 CFS-CFS로 표기되어 있으므로 LCL Cargo임을 알 수 있다.

60 답 ③

부적운임(Dead Freight)은 공적운임이라고도 하며 선적하기로 계약했던 화물량보다 실제 선적량이 적은 경우 용선자가 그 부족분에 대하여 지불하는 운임이다.
① 반송운임(Back Freight): 수하인이 인수거절한 화물의 반송에 대해 운송인이 부과하는 운임
② 선복운임(Lump Sum Freight): 부정기선 운임의 종류로서 항해 또는 선복을 단위로 계산하는 운임
④ 비례운임(Pro Rata Freight): 수송거리운임이라고도 하며 운송 도중 불가항력 또는 기타 원인으로 운송할 수 없게 되어 중도에 화물을 인도하는 경우 운송 이행 비율에 따라 산정되는 운임

(해석)

> 용선자가 약속한 화물의 일부만 선적하였다면 부족분에 대한 운임을 지불해야 한다. 이 운임을 "(부적운임)"이라고 한다.

마무리 모의고사 2회 정답 및 해설

무역규범

01 ④	02 ②	03 ③	04 ②	05 ①	06 ②	07 ④	08 ③	09 ③	10 ④
11 ③	12 ①	13 ②	14 ②	15 ②	16 ③	17 ③	18 ④	19 ④	20 ④
21 ②	22 ②	23 ③	24 ④	25 ①	26 ④	27 ①	28 ③	29 ④	30 ③

무역결제

31 ②	32 ②	33 ③	34 ④	35 ④	36 ③	37 ④	38 ②	39 ①	40 ④
41 ④	42 ①	43 ③	44 ③	45 ③	46 ②	47 ②	48 ①	49 ④	50 ③
51 ④	52 ①	53 ③	54 ③	55 ④	56 ②	57 ③	58 ③	59 ③	60 ②

무역계약

01 ④	02 ③	03 ②	04 ②	05 ④	06 ④	07 ④	08 ③	09 ③	10 ③
11 ②	12 ④	13 ④	14 ②	15 ②	16 ④	17 ①	18 ④	19 ④	20 ②
21 ③	22 ②	23 ①	24 ②	25 ③	26 ②	27 ④	28 ④	29 ④	30 ①

무역영어

31 ①	32 ④	33 ②	34 ③	35 ②	36 ①	37 ②	38 ①	39 ③	40 ③
41 ①	42 ②	43 ③	44 ②	45 ②	46 ②	47 ②	48 ③	49 ④	50 ①
51 ②	52 ④	53 ④	54 ②	55 ③	56 ③	57 ④	58 ②	59 ②	60 ①

약점 파악하기

	틀린 문제 개수	오답 문항 키워드	
무역규범	/30문항	①	④
		②	⑤
		③	⑥
무역결제	/30문항	①	④
		②	⑤
		③	⑥
무역계약	/30문항	①	④
		②	⑤
		③	⑥
무역영어	/30문항	①	④
		②	⑤
		③	⑥

무역규범

01 답 ④

④의 경우 베트남에서 태국으로 물품의 인도는 발생하였으나 대금을 받지 않는 무상 인도이므로 수출에 해당하지 않는다.
① 거주자가 비거주자에게 전자적 형태의 무체물을 정보통신망을 통하여 전송한 경우에 해당하므로 대외무역법상 수출에 해당한다.
② 대외무역법에서는 비거주자로부터 거주자가 용역을 제공받는 것도 수입으로 간주한다.
③ 임대계약을 맺고 국내에서 외국으로 물품이 이동하였으므로 수출 행위이다.

02 답 ②

연계무역이란 수출과 수입이 연계되어 이루어지는 수출입으로서, 형태로는 물물교환, 제품환매, 구상무역, 대응구매가 있으며 중개무역은 포함되지 않는다. 중개무역과 구분되는 중계무역은 수출할 것을 목적으로 물품 등을 수입해 관세법에 따른 보세구역 및 보세구역 외 장치의 허가를 받은 장소 또는 자유무역지역의 지정 등에 관한 법률에 따른 자유무역지역 이외의 국내에 반입하지 않고 수출하는 수출입을 말한다.

03 답 ③

대외무역법상 견본품 및 광고용 물품을 유상으로 반출하는 경우에는 미화 5만 달러 상당액(신고 가격 기준) 이하의 물품이어야 수출 승인을 면제받을 수 있다고 규정하고 있다.

04 답 ②

용역 수출의 경우 수출실적 인정 금액은 한국무역협회장, 한국해운협회장(해운업만 해당), 한국관광협회중앙회장 또는 업종별 관광협회장(관광사업만 해당)이 외국환은행을 통해 입금 확인한 금액이며, 수출실적 인정 시점은 입금일이다. 관세청장은 수출입 실적을 확인하는 기관의 장이 아니다.

05 답 ①

외국인으로부터 외화를 받고 외화획득용 시설·기재를 외국인과 임대차계약을 맺은 국내업체에 인도하는 경우를 외화획득의 범위로 보고 있다.

06 답 ②

전략물자 개별 수출허가의 유효 기간은 1년이다.

07 답 ④

수입 후 실질적 변형을 일으키는 제조공정에 투입되는 부품 및 원재료로서 실수요자가 직접 수입 또는 실수요자를 위해 수입을 대행한 경우에는 원산지표시의 예외에 해당하므로 원산지표시가 없어도 무방하다. 다만, 해당 부품 및 원재료를 제조 공정에 투입한다는 증빙서류를 구비할 수 있어야 하며 목적과 다르게 판매하는 경우 대외무역법 위반으로 처벌 대상이 된다.

08 답 ③

수입수량 제한조치의 내용을 변경하거나 적용 기간을 연장하는 경우 조치 내용은 최초의 조치 내용보다 완화되어야 한다.

09 답 ③

대금 결제 없이 물품 등의 이동만 이루어지는 거래는 특정 거래 형태에 해당한다.

10 답 ④

구매확인서와 내국 신용장 모두 창구 발급이 폐지되었고 온라인을 통해 uTradeHub에서만 발급 가능하다.

11 답 ③

③은 금융기관용 수입보험의 종목에 대한 설명이다. 수입상용 수입보험은 철, 동, 아연, 석탄, 원유, 가스 등 주요 전략물자의 장기간 안정적인 확보를 위하여 국내 수입기업이 선급금 지급조건으로 거래 후 비상위험 또는 신용위험으로 선급금을 회수할 수 없게 된 경우에 발생하는 손실을 보상하는 제도이다.

12 답 ①

통합 공고상의 물품이라도 수출입 승인 대상 품목은 수출입 승인의 요건을 갖추어야 한다.

13 답 ③

절(Sub-chapter)은 특정 류에서 이해 편의상 상품의 군별로 구분한 것으로서 법적 구속력이 없다. ③은 주에 대한 설명으로 주(Note)는 각 부, 류, 소호의 제외 범위, 용어의 정의, 분류의 범위 등에 대한 규정을 적용하여 통일성 있게 해석할 수 있도록 한다.

14 답 ②

우편으로 수입되는 물품의 경우 수입신고 시점이 아니라 통관우체국에 도착한 때 과세 물건이 확정된다.

15 답 ②

FTA 사후적용을 하는 이유는 원산지증명서를 수입신고 당시에 보유하였으면 납부하지 않아도 되는 관세 등을 돌려주기 위함이다. 즉, 세액이 과다납부되었기 때문이다. 이 경우 원산지증명서, 협정관세 적용신청서, 정정신청서를 제출하여 경정청구를 통해 관세를 환급을 받을 수 있다.

16 답 ③

과세가격은 CIF 금액을 기준으로 하므로 USD 11,000(물품 가격+해상운임)이며 과세환율을 곱해 원화로 환산하면 11,000,000원(11,000×1,000)이다. 보험은 별도로 가입하지 않았으므로 가산하지 않아도 된다. 한-아세안 FTA 원산지증명서를 구비하였으므로 한-아세안 FTA 협정관세를 기본관세율보다 우선 적용하고, 실행 관세율에 추가하여 부과되는 덤핑방지관세율도 적용해야 한다. 즉, 한-아세안 FTA 협정관세 0%에 덤핑방지관세 10%를 더해야 한다.
이에 따라 수입상이 납부하여야 할 관세액은 11,000,000×0.1=1,100,000원이다.
수입부가가치세의 경우 (과세 가격+관세)×10%이므로
(11,000,000원+1,100,000원)×0.1=1,210,000원으로 계산된다.
따라서 납부하여야 하는 총세액=관세액+부가가치세이므로 1,100,000원+1,210,000원=2,310,000원이 된다.

17 답 ③

(가)는 조정관세, (나)는 상계관세에 대한 설명이다.

18 답 ④

다음의 경우에는 재수입시 관세를 면제하지 않는다.
1. 해당 물품 또는 원자재에 대하여 관세를 감면받은 경우
2. 관세법 또는 수출용 원재료에 대한 관세 등 환급에 관한 특례법에 따른 환급을 받은 경우
3. 관세법 또는 수출용 원재료에 대한 관세 등 환급에 관한 특례법에 따른 환급을 받을 수 있는 자 외의 자가 해당 물품을 재수입하는 경우(다만, 재수입하는 물품에 대하여 환급을 받을 수 있는 자가 환급받을 권리를 포기하였음을 증명하는 서류를 재수입하는 자가 세관장에게 제출하는 경우는 제외)
4. 보세가공 또는 장치기간경과물품을 재수출조건으로 매각함에 따라 관세가 부과되지 아니한 경우

19 답 ④

수입항에 도착한 후 해당 수입 물품을 운송하는 데 필요한 운임·보험료와 그 밖에 운송과 관련된 비용은 공제요소에 해당된다.

20 답 ④

관세조사권 남용 금지 규정에 따라 세관공무원이 이미 조사받은 자를 다시 조사할 수 있는 경우
1. 관세포탈 등의 혐의를 인정할 만한 명백한 자료가 있는 경우
2. 이미 조사받은 자의 거래상대방을 조사할 필요가 있는 경우
3. 과세전적부심사 또는 심사청구에 따른 재조사 결정에 따라 재조사를 하는 경우(결정서 주문에 기재된 범위의 재조사에 한정)
4. 납세자가 세관공무원에게 직무와 관련하여 금품을 제공하거나 금품제공을 알선한 경우
5. 그 밖에 탈세혐의가 있는 자에 대한 일제조사 등 대통령령으로 정하는 경우

21 답 ②

통지하려는 날부터 3개월 이내에 관세 부과의 제척 기간이 만료되는 경우에는 과세 전 통지를 하지 않을 수 있다.

22 답 ②

① 지정보세구역은 세관검사장, 지정장치장으로 구분된다.
③ 지정장치장에 물품을 장치하는 기간은 6개월의 범위에서 관세청장이 정한다. 다만, 관세청장이 정하는 기준에 따라 세관장은 3개월의 범위에서 그 기간을 연장할 수 있다.
④ 지정장치장에 반입한 물품은 화주 또는 반입자가 그 보관의 책임을 진다.

23 답 ③

우리나라로 거주를 이전하기 위하여 입국하는 자가 입국할 때에 수입하는 이사물품에 대해 수입신고하여야 하며 신고하지 않는 경우에는 납부할 세액의 100분의 20에 해당하는 가산세를 납부하여야 한다.

24 답 ④

해상화물은 10일, 항공화물은 5일의 기간 내에 목적지에 도착하여야 한다.

25 답 ①

관세법에서는 상표권, 저작권, 저작인접권, 특허권뿐만 아니라 품종보호권, 지리적표시권 또는 지리적표시, 디자인권도 보호 대상으로 하고 있다.

26 답 ④
① 분할증명서에 대한 설명이다.
② 양도 일자부터 2년 이내에 환급 대상 수출에 사용하면 된다.
③ 1년 이내에 생산된 물품에 발급된다.

27 답 ①
해당 물품이 둘 이상의 국가에 걸쳐 생산·가공 또는 제조된 경우에는 해당 물품의 품목번호가 그 물품의 생산·가공 또는 제조에 사용되는 재료 또는 구성물품의 품목번호와 일정 단위 이상 다른 경우 해당 물품을 최종적으로 생산·가공 또는 제조한 국가를 원산지로 한다.

28 답 ③
자유무역협정(FTA)관세법은 관세법에 우선하여 적용한다. 다만, 자유무역협정(FTA)관세법에서 정하지 아니한 사항에 대해서는 관세법에서 정하는 바에 따른다.

29 답 ④
관세는 해당 관세를 부과할 수 있는 날부터 5년이 지나면 부과할 수 없다. 또는 부정한 방법으로 관세를 포탈하였거나 환급 또는 감면받은 경우에는 관세를 부과할 수 있는 날부터 10년이 지나면 부과할 수 없다.

30 답 ③
심사청구와 심판청구에 앞서 이의신청을 할 수 있으나 반드시 이의신청을 거쳐야 심사청구와 심판청구를 할 수 있는 것은 아니다.

무역결제

31 답 ② 송금결제 방식에서는 환어음이 발행되지 않으므로 어음법의 적용을 받지 않는다. 환어음이 사용되는 결제 방식은 추심 방식과 신용장 방식이다.

32 답 ②
B. 추심통일규칙(URC 522)이 적용된다. URR 725는 ICC 은행 간 화환 신용장 대금상환 통일규칙이다.
C. 추심에 관여하는 은행은 서류 심사에 대한 의무를 부담하지 않는다.
D. 추심은행은 선량한 대리인의 역할에 한하며 지급확약을 하지 않는다. 신용장 방식에서는 개설은행이 지급확약을 한다.
F. 추심 거래 시 추심지시서에 별도의 표시가 없는 경우 D/P(지급인도 조건)로 간주한다.

33 답 ③ 수입상이 물품만 받고 수입 대금을 송금하지 않는 경우를 대비하여 수출상은 Commercial Standby L/C(상업보증 신용장) 받은 후 선적하는 것이 안전하다.

> **THE PLUS 상업보증 신용장(Commercial Standby L/C)**
> 계약에 의해 미리 정해진 방법(O/A, 사후 송금 등)으로 대금이 지급되지 않았을 때를 대비해 상품이나 서비스 대금을 2차적으로 보장할 목적으로 사용

34 답 ④ D/P 방식은 대금 지급 시기 측면에서 신용장 방식의 sight(일람출급)와 같은 조건이다.

35 답 ④ 매입 신용장에서 개설은행이 결제(honour)를 거절하는 경우 매입은행은 수익자(수출상)에게 상환청구권을 행사할 수 있다.

36 답 ③ 연지급 신용장(Deferred Payment Credit)은 환어음의 발행을 요구하지 않는 무어음 기한부 신용장이다. 연지급 신용장에서 환어음을 요구하면 인수 신용장과 차이가 없어진다. 환어음이 첨부되지 않으므로 수익자가 서류를 제시할 때 만기일에 지급한다는 확약 내용이 기재된 연지급 확약서를 연지급 은행이 발행하게 된다.

> **THE PLUS Banker's Usance Credit**
> 은행(수출지 은행 또는 수입지 은행)이 수출상이 발행한 기한부 환어음을 인수해 수출상에게 일람출급 방식(at sight basis)으로 대금을 지급하는 한편 수입상에게는 일정 기간 후에 자금을 회수하는 신용장

37 답 ④ ①, ②, ③은 개설의뢰인(수입상)이 부담하고 ④는 수출상이 부담한다. 하자 수수료란 개설은행에 도착된 선적서류가 신용장의 조건과 일치하지 않음에도 환어음을 결제하는 경우에 개설은행이 수익장(수출상)에게 징수하는 수수료이다.

38 답 ② 은행보증서(Demand Guarantee, 청구보증)는 주채무자와는 독립된 1차적 책임을 부담하는 보증서를 의미한다. 은행보증서는 보증서의 형태를 취하나 보증 신용장과 동일한 목적(이행보증)으로 사용된다.

39 답 ①

지급 신용장에 대한 설명이다.

(해석)
당사는 다음의 서류 제시에 따른 지급에 의한 방법으로 이용될 수 있는 이 신용장을 개설한다.
② 연지급 신용장 ③ 인수 신용장 ④ 매입 신용장

40 답 ④

신용장의 유효기일은 지급·인수·매입이 이루어져야 하는 최종 일자를 의미하는 것이 아니라, 지급·인수·매입을 위해 신용장에 명시된 서류 또는 환어음을 제시해야 하는 최종 일자를 의미한다.

41 답 ④

수익자는 조건 변경 내용에 대한 수락 또는 거절의 뜻을 알려 주어야 한다. 수익자가 조건 변경을 거절하거나 아무 의사 표시를 하지 않는 경우에는 조건 변경의 수락으로 보지 않으며, 일정기간이 경과한 후 효력을 갖는다는 조건도 무시된다. 단 수익자가 수락 또는 거절의 뜻을 확실히 알리지 않더라도 그 조건 변경 내용에 부합하는 제시가 있으면 조건 변경 내용을 수락한 것으로 간주한다.

42 답 ①

수익자(수출상)는 신용장을 근거로 무역금융을 수혜받거나 무역어음을 발행하여 할인 받음으로써 선적 전에 용이하게 자금을 조달할 수 있다.

43 답 ④

운송회사를 ABC 선사로 지정한다고 하여 개설은행의 담보권을 해하는 조건으로 보기 어렵다.

44 답 ③

① 신용장의 확인이란 개설은행이 1차로 일람지급·연지급·인수·매입을 확약하고 있는 취소불능 신용장에 대해 제3의 은행이 개설은행의 그러한 확약에 추가하여 다시 일람지급·연지급·인수·매입을 확약하는 것을 말한다.
② 확인은 개설은행의 요청 또는 수권에 의해 이루어지며, 확인을 요청받은 은행은 확인을 추가할 수도 있고 추가하지 않을 수도 있다.
④ 확인은행이 원신용장에 확인을 추가했다는 이유로 조건변경서에도 반드시 확인을 해야 하는 것은 아니며 조건변경서에 확인을 추가하거나 하지 않거나는 확인은행의 권한에 속한다.

45 답 ③

포페이팅은 해외 건설, 용역 및 플랜트 수출 등과 같은 중장기의 거액 거래에서 그 효용성이 높은 편이다.

THE PLUS | 포페이팅(Forfaiting)
현금을 대가로 채권을 포기 또는 양도하는 것으로 수출 거래에 따른 환어음이나 약속어음을 상환청구권 없이 고정 금리로 할인매입한다.

46 답 ②

수입상은 별도의 수수료 부담이 없으나 수출상은 수수료를 부담한다.

THE PLUS | 국제팩토링(International Factoring)
전 세계 팩터(팩토링 회사)의 회원망을 통해 수입상의 신용을 바탕으로 이루어지는 무신용장 방식(주로 D/A 또는 O/A 거래)의 무역 거래 방법

47 답 ③
① 신용장에서 요구하지 않았으나 제시된 서류는 무시되고 제시자에게 반환될 수 있으나 하자로 처리하지는 않는다.
② 상업송장은 신용장상의 명세와 일치하여 작성되어야 한다.
④ 지정에 따라 행동하는 지정은행, 확인은행(있는 경우) 그리고 개설은행에게는 제시가 일치하는지 여부를 결정하기 위해 제시일의 다음 날부터 기산하여 최장 5은행영업일이 각각 주어진다.

48 답 ①
제시되었으나 신용장에서 요구되지 않은 서류는 무시되고 제시자에게 반환될 수 있다(UCP 600 제14조 g).

49 답 ③
ISBP 745 A12 (a)에 따르면 분석증명서, 검사증명서 또는 훈증증명서와 같은 서류는 선적일보다 나중 일자로 표시될 수 있다.
①은 ISBP 745 A7, ②는 ISBP 745 A3, ④는 ISBP 745 A14에 기재되어 있는 내용이다.

50 답 ③
신용장에 부보 범위에 부보 금액에 대한 명시가 없는 경우, 부보 금액은 최소한 CIF 또는 CIP 가액의 110%가 되어야 한다.
② 신용장에 명시된 담보위험에 면책조항이 기재되어도 하자로 보지 않는다. S.R.C.C.는 파업(Strikes), 폭동(Riots), 소요(Civil Commotions)를 의미한다.

51 답 ④
(가)는 ⓐ 신용장 조건 변경 후 매입(Amend Negotiation), (나)는 ⓑ 추심 후 매입 전환(Post Negotiation), (다)는 ⓒ 전신 조회 후 매입(Cable Negotiation), (라)는 ⓓ 유보부 매입(Negotiation under Reserve)에 대한 설명이다.

52 답 ①
채무자가 채권자에게 어음 금액의 지급을 약속하는 유통증권은 약속어음이다. 환어음(Draft, Bill of Exchange)은 채권자인 발행인이 채무자인 지급인에게 일정한 금액을 증권에 기재된 수취인 또는 그 지시인 또는 소지인에게 지급일에 일정 장소에서 무조건 지급할 것을 위탁하는 요식 유가증권이며 유통증권이다.

53 답 ③
상업송장은 서명될 필요는 없다. 그러나 신용장의 조건에서 서명된 상업송장을 요구하고 있으므로 제시되는 상업송장에는 서명이 있어야 하며, 서명이 없는 경우에는 하자를 구성하게 된다.

54 답 ③
① 미국 연방준비위원회의 기준금리 인상 → 외국 자본 유출 가능성 증대 → 달러 부족으로 인한 달러 가치 상승 → 환율 상승 예상
② 중국 위안화의 평가 절하 → 신흥국 통화 약세 → 한국의 원화가치 동반 하락 가능성이 상승 → 환율 상승 예상
③ 기존보다 많은 외화 유입 → 달러 가치 하락 → 환율 하락 예상
④ 외국인 투자자의 국내 주식 매도 → 외화 환전하여 외국으로 반출 → 달러의 수요가 증가하고 공급이 하락 → 환율 상승 예상

55 답 ④

콜옵션의 경우 현물환율이 행사 가격보다 높을수록 내재 가치는 커지고 반대의 경우에는 콜옵션을 행사하지 않으므로 내재 가치는 0이 된다. 문제에서는 현물 가격이 행사 가격보다 낮아 옵션을 행사하지 않으므로 외가격 상태(손실 상태)에 있으며 내재 가치는 0이 된다. 등가격은 이익도 손실도 아닌 상태, 내가격은 이익 상태를 말한다.

56 답 ②

당발환(Outward Exchange)은 환 거래의 시작이 되는 당발은행 입장에서 보는 환을 의미한다. 환 거래가 종료되는 타발은행의 입장에서 본 환은 타발환(Inward Exchange)이다.
①은 현물환(Spot Exchange), ③은 선물환(Forward Exchange), ④는 추심환(Collection Exchange)을 의미한다.

57 답 ③

선물환율 = 현물환율 + [현물환율(피고시통화의 금리 − 고시통화의 금리)×개월 수/12]
선물환율 = 1300 + [1300(6%−5%)×3/12]
= 1300 + [1300(1%)×1/4] = 1300 + 3.25 = 1303.25

58 답 ③

먼저 JPY/KRW 환율을 구하여야 한다. 기존환율은 변동 전 1,200/100 = 12이며, 변동 후 1,100/110 = 10이 된다.

	포지션	변동 전	변동 후	손익
USD		1,200	1,100	
예금	100,000	120,000,000	110,000,000	−10,000,000
외상매출금	200,000	240,000,000	220,000,000	−20,000,000
	300,000	360,000,000	330,000,000	−30,000,000
JPY		12	10	
외상매입금	−3,000,000	−36,000,000	−30,000,000	6,000,000
차입금	−2,000,000	−24,000,000	−20,000,000	4,000,000
	−5,000,000	−60,000,000	−50,000,000	10,000,000
손익 합계				−20,000,000

59 답 ③

선물환 거래는 매매당사자 간의 합의에 따르므로 계약 단위, 만기일의 제한이 없으나 통화선물거래는 대상 상품의 내역, 만기, 1계약의 크기 등 표준화되어 있다.

60 답 ②

환율이 상승할 것으로 예상되는 경우 수입상이 대금 결제를 앞당기려고 할 때 사용하는 대내적 관리기법은 리딩(Leading)이라 한다. 래깅(Lagging)은 환율이 상승할 것으로 예상되는 경우 수출상이 물품의 선적이나 수출 환어음의 매도 시기를 지연시켜 결제 시점에 자국통화표시 수출 대금을 증가시키고자 할 때 사용하는 대내적 관리기법이다.
③ 네팅(Netting)은 채권, 채무를 상계하고 그 차액만 특정 기한마다 결제하는 방법이다.

무역계약

01 답 ④
인코텀즈는 소프트웨어와 같은 무형재를 제외하고 유체동산의 인도와 관련한 당사자들의 권리와 의무에 관한 사안에 한해 적용된다.

02 답 ③
DAP(도착장소인도) 조건의 경우 매도인은 운송수단에서 양하하지 않은 채 매수인의 임의 처분하에 둔 상태로 인도한다. 매도인의 양하 의무가 규정된 조건은 DPU(도착지양하인도) 조건이다.

03 답 ②
FOB 조건의 경우 물품 인도장소는 지정 선적항에서 매수인이 지정한 선박의 갑판이며, 물품의 인도가 이루어지는 시점은 해당 선박에 적재한 때이다. 보기에서 설명하는 것은 FAS 조건에 관한 내용이다.

04 답 ②

(해석)
> 본사는 대리점을 한국 영토 내에서 침대와 매트리스 제품의 판매를 위한 독점 대리점으로 지정합니다.

① 기술이전계약 ② 대리점계약 ③ 플랜트수출계약 ④ 주문자상표부착 생산 수입계약

05 답 ④
승낙을 의도하고 있으나, 부가, 제한 그 밖의 변경을 포함하는 청약에 대한 응답은 반대청약으로 청약에 대한 거절이면서 동시에 새로운 청약이 된다. 즉, 원청약의 효력은 소멸된다.

06 답 ③
① 추가기간지정권은 매도인, 매수인 모두 사용할 수 있는 구제수단이다.
② 손해배상청구권은 다른 구제수단과 중복적, 선택적으로 사용 가능하다.
④ 물품명세확정권은 매도인의 구제수단에 해당된다.

07 답 ④
수출상은 클레임에 대비해 'fully equal to sample, same as sample, up to the sample'과 같이 견본과 동일한 품질을 요구하는 문구를 기재하기보다는 '(about) similar to the sample, considered as being about equal to sample'과 같은 완곡한 표현을 사용하는 것이 유리하다.

08 답 ③
곡물의 품질 결정 시기와 관련하여 원칙적으로 선적품질 조건이지만 해상운송 중에 발생한 해수에 의한 손해를 입은 경우 매수인이 책임지는 조건을 S.D(Sea Damage) 조건이라 한다. RT 조건은 호밀(Rye) 거래에 사용되며 물품이 도착 시에 손상되어 있는 경우 매도인이 그 손해를 배상하는 관례에서 생긴 조건으로 양륙품질 조건에 해당한다.
④ Sales by Specification은 명세서에 의한 매매이다.

09 답 ③

'Shipment shall be made immediately'와 같은 즉시 선적 조건은 영국과 유럽의 경우 대체로 계약성립 후 2주(14일)이내, 미국의 경우 계약성립 후 30일 이내 선적하도록 하는 것이 이해된다. 하지만 매매 당사자 간 분쟁이 야기되기 쉬운 표현으로 사용하지 않는 것이 바람직하다.

10 답 ③

① Liquidated Damages Clause(손해배상액예정조항)를 기재해야 한다. Assignment는 양도제한규정이다.
② Product Liability Clause(제조물배상책임조항)를 기재해야 한다. Hardship clause는 사정변경조항이다.
④ Severability Clause(분리가능조항, 가분성조항)를 기재해야 한다. Infringement clause는 권리침해조항이다.

11 답 ②

① Raytech co., ltd.은 피청약자(매수인)이며, Koreatrading CO., LTD.은 청약자(매도인)이다.
③ 해당 청약은 5월 31일까지 유효하여 청약자는 청약을 취소할 수 없다. 낙성계약의 성격에 따라 피청약자가 승낙하지 않으면 계약은 성립하지 않는다.
④ 신용장의 개설 후 선적이 이루어지므로 신용장 개설이 우선된다. 그러나 at sight(일람출급) 방식의 환어음을 요구하고 있다.

12 답 ④

(해석)

> 이 계약으로부터, 또는 이 계약과 관련하여, 또는 이 계약의 위반으로 말미암아 당사자 간에 발생하는 모든 분쟁, 논쟁 또는 의견 차이는 대한민국 서울특별시에서 대한상사중재원의 상사중재규칙 및 대한민국 법에 따라 중재에 의해 최종적으로 해결하기로 한다. 중재인에 의해 내려지는 판정은 최종적인 것으로서 관계당사자 쌍방에 대해 구속력을 가진다.

A. 중재의 3요소는 중재장소(서울), 중재기관(대한상사중재원), 중재규칙(상사중재규칙) 또는 준거법(대한민국 법)이므로 3요소를 갖추었다.
B. 중재합의가 있는 경우 소송을 제기할 수 없다.

13 답 ④

무역계약은 불요식계약이므로 구두로 청약하고 승낙하여 계약을 체결해도 법률상 아무런 하자나 문제가 되지 않지만, 후일 혹시 발생될지 모르는 분쟁이나 클레임에 대비해 계약서를 작성하는 것이 바람직하다.

14 답 ①

(해석)

> 일방 당사자가 타방 당사자에게 이 계약서의 어떤 조항의 이행을 요구하지 않거나 지연하는 것은 해당 조항의 이행을 요구할 권리를 포기한 것으로 간주되지 않으며 그 권리에 영향을 미치지 않는다.

① 비포기조항(권리불포기 조항) ② 재판관할조항 ③ 신축조항 ④ 약인조항

15 답 ③

매수인이 물품을 인수한 당시와 실질적으로 동등한 상태로 그 물품을 반환할 수 없게 된 경우에는 매수인은 계약해제권을 상실하며 매도인에 대한 대체품인도청구권도 상실한다.

16 답 ④

마켓클레임은 문제가 되지 않는 경미한 사안을 핑계로 매수인이 손해를 입을 것으로 예상되는 상황(상품의 국내 시세 하락 등)에 제기하는 클레임을 말한다. 해상보험에 가입하는 것은 운송 중 발생할 수 있는 보험목적물에 대한 손해배상을 받기 위한 목적이므로 마켓클레임의 예방 조치로 보기는 어렵다.

17 답 ①

① Amicable settlement(화해)는 당사자 쌍방 또는 중개인의 교섭으로 당사자 간에 우호적으로 클레임을 해결하는 민사상의 화해이다. 클레임 제기자가 스스로 클레임을 철회하는 것은 Waiver of claim이라 한다.
④ ADR(Alternative Dispute Resolution)은 소송 외 분쟁해결 방법이다.

18 답 ④

잠재하자에 대해 우리나라 상법에서는 비엔나협약보다 단축하여 하자 발견 후 6개월 이내로 하고 있다.

19 답 ④

Surrendered B/L은 원본 선하증권의 권리증권적 기능을 배제하였기 때문에 원본을 선사에 제시하지 않아도 물건을 찾을 수 있다. 이러한 특징으로 은행의 담보권이 확보되지 않으므로 신용장 방식에서는 사용하기 적합하지 않다.

20 답 ②

정기선 운송은 주로 컨테이너 화물을 다루며, 부정기선 운송은 주로 살물(Bulk Cargo)을 다룬다.

21 답 ③

항공화물운송장(AWB: Air Way Bill)은 선하증권과 달리 유통성이 없으므로 유가증권이 아니며 단순한 증거증권 또는 화물수령증에 해당한다.

22 답 ②

Freight Forwarder는 국제운송주선업협회연맹(FIATA)이 제정하고 국제상업회의소(ICC)에서 승인한 표준양식인 FIATA 복합운송증권을 발급할 수 있다.

23 답 ①

FBL에 "FIATA 복합운송선하증권(FBL)"이라고 표시되어 있는 경우 단일 운송수단만이 사용된 경우에도 사용할 수 있다. 즉, FBL은 복합운송 및 단일운송 모두에서 사용 가능하다.

24 답 ②

CFS/CY 운송(Pier to Door 방식)에 대한 설명이다.

25 답 ③

중요 사실에 대한 고지 의무는 보험계약자 및 피보험자에게 있다. 또한 보험의 인수 여부는 보험계약자가 결정하는 사항이다.

26
답 ③

보험사고로 인해 손해가 발생했을 시 보험자가 보험금을 지급한 이후에도 피보험자에게 잔존물이나 제3자에 대한 청구권이 있는 경우 피보험자는 부당이득을 취하게 되며 이는 실손보상원칙에 위배된다. 대위는 잔존물과 제3자에 대한 청구권을 보험자에게 이전하는 것이다. 위부는 추정전손의 경우 보험자가 보험목적물에 대한 손해를 현실전손으로 취급하도록 피보험자가 보험목적물에 대한 소유권과 제3자에 대한 구상권을 보험자에게 양도하는 것을 말한다.

27
답 ④

① Refrigerating Machinery Clause(냉동기관약관)에 대한 설명이다.
② 기계류 수선특별약관은 기계의 일부에 손상이 발생한 경우 보상한다.
③ 보험자의 보상책임은 손상된 부분이 포함된 유니트(complete machine)의 보험가입금액을 한도로 한다.

THE PLUS Special Replacement Clause(기계류수선 특별약관)
기계류의 수리와 관련한 위험을 보험에 부보할 때 첨부하는 약관

28
답 ④

제3자의 불법 행위에 의한 의도적인 손상 또는 파괴에 대해 ICCA(A)에서는 보험자가 보상하나 ICC(B), ICC(C)에서는 면책위험으로 보아 보상하지 않는다.

29
답 ④

전부 옳은 설명이다.
B. T.B.D는 To Be Declared의 약자로 미확정이라는 뜻이다.
C. 보험계약이 취소되는 경우 보험계약자 또는 피보험자가 선의이고 중대한 과실이 없다면 보험자는 보험료의 전부를 반환해야 한다.

30
답 ①

양적손해가 발생한 경우로 볼 수 있으며 양적손해의 손해율 = 멸실수량/전체 부보 수량이 된다. 양적손해율은 5/100이 되며, 전체 보험금액 USD 30,000 × 양적 손해율 0.05 = USD 1,500만큼 보험금을 받을 수 있다.

무역영어

31 답 ①

해석
1인 이상의 (B 특정)인에 대한 계약 체결의 (A 제안)이 충분히 확정적이고 (C 승낙) 시 구속된다는 청약자의 의사를 표시하는 경우에는 청약이 된다.

32 답 ④

매수인은 A2(인도)에 따라 인도된 때부터 물품에 관한 모든 비용을 부담해야 하며, 매도인은 물품이 인도되는 때까지 물품에 관한 비용을 부담한다.

해석
① DDP(관세지급인도) 조건은 수출통관된 물품이 지정 목적지에서 도착운송수단에 실린 채 양하 준비된 상태로 매수인의 처분 하에 놓이는 시점에 매도인이 물품을 인도한 것으로 보는 것을 말한다. 즉 매도인은 목적지까지 물품을 운송하는 데 수반하는 모든 위험을 부담하고, 물품의 수출통관뿐만 아니라 수입통관도 해야 하고 수출관세 및 수입관세를 모두 부담해야 하며 모든 통관절차를 수행해야 하는 의무를 부담한다.
② 매도인은 매수인에 대해 보험계약을 체결할 의무가 없다.
③ 매도인이 직접적 또는 간접적으로 수입통관을 수행할 수 없는 경우에는 DDP 조건을 사용하지 않는 것이 좋다.
④ 매도인은 A2(인도)에 따라 인도된 때부터 물품에 관한 모든 비용을 부담해야 한다.

33 답 ②

대리점을 지정하는 내용이므로 ② 대리점계약(Agency Agreement)으로 볼 수 있다.
① 기술이전계약   ② 대리점계약   ③ 플랜트수출계약   ④ 주문자상표부착 생산 수입계약

해석

> 본사는 대리점을 한국의 영역 내에서 침대와 매트리스 제품의 판매를 위한 독점 대리점으로 지정합니다.

34 답 ③

매수인이 매도인 측에 발송한 신용장 관련 서한으로 개설의뢰인이 Bank of America에서 취소불능 신용장을 개설하였고(have arranged) EDUWILL Bank를 통해 통지될 것이라고 전하고 있다. 따라서 글쓴이는 수입상인 (A) 개설의뢰인(Applicant), Bank of America는 (B) 개설은행(Issuing Bank), EDUWILL Bank는 (C) 통지은행(Advising Bank)이 된다.

해석

> 당사는 Bank of America에 귀사를 수익자로 하는 미화 100,000달러 상당의 취소불능 신용장을 개설할 것을 요청하였습니다. 귀사의 도시에 있는 통지은행인 EDUWILL BANK는 귀사에게 신용장을 송부할 것이며 며칠 이내에 신용장을 수취하실 것입니다.

35 답 ②

해석

> 수입상이 동봉된 환어음이나 어음에 서명을 하고 인수하는 경우에만 수출상이 은행에게 선적서류와 권리증권을 양도하도록 은행에 지시하는 약정

① 화환 신용장   ② 인수인도 조건(D/A)   ③ 선적통지조건부 기한부 사후 송금 방식(O/A)
④ 지급인도 방식(D/P)

36
답 ①

개설은행은 신용장의 개설 시점부터 취소가 불가능한(irrevocably) 결제(honour)의 의무를 부담한다.

해석
① 개설은행은 개설 시점부터 취소가 가능한(→ 불가능한) 결제의 의무를 부담한다.
② 개설은행은 개설의뢰인이 원인계약이나 견적송장 등의 사본을 신용장의 일부분으로 포함하려는 어떠한 시도도 하지 못하게 해야 한다.
③ 개설은행은 일치하는 제시에 대하여 결제(honour) 또는 매입을 하고, 해당 서류를 개설은행에 송부한 지정은행에 대하여 신용장 대금을 상환할 의무를 부담한다.
④ 개설은행은 신용장이 일람지급, 연지급 또는 인수로 인해 사용 가능하다면 결제(honour)를 해야 한다.

37
답 ②

나용선 계약에서는 용선자가 선박 운영 및 용선 기간 중 발생하는 비용에 대한 책임을 부담한다.

해석
① 기간용선은 용선자에 의해 일정 기간 동안 선박을 용선하는 것이다. 이 기간은 대개 3개월부터 6개월로 다양하다.
② 나용선은 선박 소유자가 특정 선박을 임대하고 기술적 관리와 상업적 운영만 통제하는 계약이다. 소유자는 선박의 운영과 그 기간 동안 발생한 비용에 대한 모든 책임을 부담한다.
③ 항해용선은 선주가 용선자에게 부분적 또는 전체적으로 선박을 이용할 수 있도록 모든 장비를 완비하고, 선원을 고용하고, 연료를 제공하고, 윤활제 및 선용품을 제공하는 용선계약이다.
④ 항해 기간용선은 지정된 경로에 대해서만 합의된 비교적 단기간 용선이다.

38
답 ①

플랜트나 선박, 대형 기계류와 같이 작업공정이 장기간 소요되는 물품의 경우 계약 기간 중 물가 상승으로 인해 당해 재화 및 용역가액이 일정률 이상 증가할 경우 가격 상승에 대응할 수 있도록 가격의 조정을 허용하는 조항이다.

해석

> 이것은 공급자가 비용의 증가를 프로젝트 발주처나 매수인에게 전가할 수 있도록 하는 계약 조항이다. 이것은 일반적으로 인플레이션과 같이 양 당사자의 통제를 넘어서는 요인과 관련있다.

39
답 ③

Incoterms 2020 하에서 CIP로 계약을 체결하는 경우 별도의 합의가 없는 한 매도인은 최대 부보 조건으로 보험에 가입해야 한다. 따라서 ICC(A) 또는 ICC(A/R) 약관으로 보험에 가입해야 한다.

40
답 ③

O/A 거래는 선적 후 30일 이내 대금을 결제 받는 조건으로 선적일을 기준으로 하여 대금 지급 시기가 결정된다.

41
답 ①

서신의 작성인은 수출자로 볼 수 있으며, 마지막 문장에서 해상운임은 수입자 측에서 부담한다고 기재하고 있으므로 수입국에서 해상운임을 부담하는 조건인 FOB로 거래하는 것이 가장 적절하다. 나머지 규칙의 경우에는 매도인이 수출국에서 운임 등을 선지급하는 조건이다.

[해석]

> 관련자 분께
> 당사에서 집화하여 부산항까지 운송될 분에 대한 견적을 내주십시오.
> 저희 제품은 컴퓨터 전원 공급기, 100대, 220-230V, 상자당 20개입니다.
> 제품 송장금액은 미화 2,000달러입니다. 해상운임은 저희 고객이 지불할 것입니다.

42
답 ②

[해석]

> (A 포페이팅)은 수입상이 수출상에게 지급해야 하는 수출상 채권을 현금으로 할인 지급하는 것을 의미한다.

43
답 ③

[해석]

> (A) 귀하의 주문품이 도착하지 않았다는 귀하의 10월 10일자 서신에 대해 유감스럽게 생각합니다.
> (C) 당사의 출고직원을 통해 알아본 결과 다른 거래처로 물품이 잘못 출고되었다는 사실을 확인하였습니다.
> (D) 당사의 실수에 대해 책임을 느끼며 이번 건에 대한 특별할인을 제공해 드리고자 합니다.
> (B) 다시 한 번 당사의 실수로 불편을 드린 점에 대해 사과드립니다. 다시는 이러한 실수가 없도록 당사의 모든 노력을 기울이겠습니다.

44
답 ③

'30% T/T in advance as deposit, 70% before shipment'는 송금 방식으로 결제 금액의 30%를 선지급하고 나머지 70%는 선적 전에 송금하는 혼합결제 방식을 의미한다. 서류상환 방식(CAD: Cash Against Document)은 B/L을 포함한 무역서류를 수출지에서 인도하는 동시에 대금을 결제하는 방식이다.

[해석]
① 이 서류는 매도인이 준비하였고, 매수인에게 보내졌다.
② 매도인은 매수인을 위해 해상보험에 가입해야 할 의무는 없지만 인천항까지의 해상 운임을 지불해야 할 의무는 있다.
③ 매도인과 매수인의 결제 조건은 서류상환결제 방식이다.
④ 볼트와 너트의 경우 규격이 각 나라에서 유사하기 때문에 품질 결정 방법으로 규격에 의한 매매 방식을 이용할 수 있다.

45
답 ②

선적서류는 항공화물운송장, 선하증권, 상업송장, 원산지증명서, 보험증명서, 포장명세서 또는 그 밖의 서류로서 세관 통관이나 물품의 인도를 위한 서류이다. 환어음(Bill of Exchange)은 결제를 위한 금융서류로서 선적서류에 해당하지 않는다.

[해석]
① 선하증권(B/L): 운송인 또는 운송인의 대리인이 상품운송계약으로 송하인에게 발행한 서류
② 선적서류: 항공화물운송장, 선하증권, 상업송장, 원산지증명서, 보험증명서, 포장명세서, 환어음 또는 그 밖의 서류로서 세관 통관이나 물품의 인도를 위한 서류
③ 항공화물운송장(AWB): 물품에 대해 국제 항공회사에 의해 발행된 영수증이자 운송계약의 증거
④ 해상화물운송장(SWB): 운송계약의 증거이며 물품의 인수증이지만 권리증권은 아닌 해상운송을 위한 운송서류

46
답 ②

연지급 신용장에서는 환어음을 요구하지 않는다.

해석
① 상기 서류는 2통이 발행되며, 하나의 서류가 사용되면 다른 한부는 자동적으로 효력을 상실한다.
② 상기 서류는 연지급 신용장에서 선적서류에 첨부되어야 하는 서류이다.
③ 이 서류는 전신환 송금 방식에서는 사용되지 않는다.
④ 숫자금액과 문자금액이 상이한 경우 문자금액이 우선 적용된다.

47
답 ③

일반적으로 신용장 거래에서 환어음의 지급인은 개설은행이 된다. 위 서식에서 개설은행은 ⓒ ABC은행이다. ⓑ는 개설의뢰인인데 UCP 600에서는 신용장 거래에서는 개설의뢰인을 지급인으로 하는 환어음은 발행하지 못하도록 하고 있다. ⓐ는 지급은행, ⓓ는 수출상이다.

48
답 ③

L/G는 물품이 서류보다 먼저 도착한 경우 수입상이 선적서류 인도 전 물품을 수령하기 위한 서류로서 선적서류 도착 전 물품 인도에 따른 모든 문제를 개설은행이 책임지며, 선하증권 원본이 도착하면 이를 선사에 인도할 것을 보증하는 개설은행의 보증서이다.

해석

수입화물 선취보증서(L/G)는 귀사가 당사에 의해 정식으로 배서된 해당 (B 선하증권)을 수령하면 그 (A 효력이 상실되고 폐기)된다고 간주한다.

49
답 ④

해석

(A 단독해손)은 피보험위험으로 인해 발생한 보험목적물의 분손이며, (B 공동해손) 손해가 아닌 것을 말한다.

50
답 ①

두 번째 문장은 첫 번째 문장에 비해 예의를 갖춘 무역영어 서신이다.

해석

당사는 귀사가 당사의 선적물 11번을 만족하지 않는다는 것을 알고 놀랐습니다.
→ 당사는 귀사께서 당사의 선적물 11번 LCD 패널의 품질에 대해 만족하지 못한다는 점에 대해 유감스럽게 생각합니다.

51
답 ②

rise 대신에 raise를 사용해야 올바른 표현이 된다.

해석
① 새로 온 직원이 기존의 팀원들을 아주 잘 대신해 주었습니다.
② 저희는 금년에 당사의 이익을 향상시켰습니다.
③ 유감스럽게도, 당신의 제안을 수락할 수 없습니다.
④ 그 국가들은 경제 블록을 형성하고 있습니다.

52
답 ④

> 해석
> (파손화물보상장)은 선하증권의 명세란과 일치하는 화물이 적재되지 않았을 때 무사고 선하증권을 발행함에 따라 발생할 수 있는 선박회사에 대한 손해배상 청구에 대해 선박회사가 면책됨을 나타내는 서류이다.

① 무사고 해양 선하증권
② 수입화물 선취보증서(L/G: Letter of Guarantee)
③ 항공화물운송장(AWB: Air Waybill)

53
답 ④

establishment를 establishing으로 바꿔 써야 올바른 표현이 된다.

54
답 ②

> 해석
> Dear Mr. Skywalker
> 당사의 청약(번호 ABC-111)에 대한 귀하의 3월 10일자 서신에 감사드립니다.
> 당사는 귀하의 가격인하 요청을 검토하였고 추가적으로 5%의 할인을 제공하기로 결정하였습니다. 이 가격은 다른 어떤 공급자가 제공할 수 있는 가격보다도 경쟁력이 있다고 생각합니다.
> 이러한 특별한 가격인하가 귀하의 의사결정에 도움이 되길 바랍니다.
> 귀하의 최종 결정을 기대합니다.

① 청약에 대한 승낙
② 가격 인하 요청에 대한 회신
③ 타 경쟁업체에 대한 정보 제공
④ 계약 체결 의사의 확인

55
답 ③

대금청구서(Bill)의 역할을 수행하는 것은 상업송장(Commercial Invoice)이다.

> 해석
> ① 선하증권은 선적된 물품의 영수증 역할을 한다.
> ② 선하증권은 송하인과 선박회사 간에 해상운송계약의 증빙 역할을 한다.
> ③ 선하증권은 수입상에게 대금 청구서로서 역할을 한다.
> ④ 선하증권은 배서에 의해 권리 양도가 가능한 유통증권의 역할을 한다.

56
답 ③

이미 선적이 진행되었으므로 포장 방법을 요청하는 내용은 적절하지 않다.

해석

> 당사는 내일 부산으로 출항하는 INCHEON HYUNDAI호에 귀사께서 주문하신 ABC 1234가 오늘 선적되었음을 알리게 되어 기쁘게 생각합니다.
> 선하증권, 상업송장 그리고 보험서류를 포함한 선적서류는 귀사의 대리은행으로 통지할 서울은행 앞으로 전달되었습니다.
> 당사는 상품이 계약에 적합하기를 바라며 귀사로부터 또 다른 주문을 기대하겠습니다.

57
답 ④

해석

- (A 복합운송인)은 스스로 혹은 자신을 대리한 타인을 통하여 복합운송계약을 체결하고, 송하인이나 복합운송 운영에 관여하는 운송인의 대리인으로서 또는 그러한 사람에 갈음하여서가 아니라, 주체로서 행위를 하고 계약의 이행에 관한 책임을 지는 사람을 말한다.
- (B 수하인)은 화물을 인도받을 권리를 가진 자를 말한다.
- (C 송하인)은 스스로 또는 자기 명의로 또는 대리인에 의해 복합운송인과 복합운송계약을 체결한 사람, 또는 스스로 또는 자기 명의로 또는 대리인에 의해 복합운송계약과 관련하여 화물을 운송인에게 실제로 인도하는 사람을 말한다.
- (D 복합운송증권)은 복합운송계약과 복합운송인이 자신의 보관 아래 화물을 인수하였다는 것 및 그 계약 내용에 따라 운송인이 화물을 인도할 의무를 부담하는 것을 증명하는 증권을 말한다.

58
답 ②

해석

① 당사는 전기가습기 1,000세트에 대한 당사의 주문서 KA21호를 드리니 주의를 기울여주시기 바랍니다.
② 당사는 아직 선적 물품에 대한 결제를 받지 못하였습니다.
  → 당사는 아직 선적 물품에 대한 결제를 하지 못하였습니다.
③ 당사의 주문에 대한 선적 정보를 이메일로 알려주시기 바랍니다.
④ 당사는 파손 제품을 귀하의 비용으로 돌려보낼 것입니다.

59 답 ②

양도 시에 달리 합의된 경우를 제외하고, 양도와 관련하여 발생한 모든 수수료(요금, 보수, 경비 또는 비용 등)는 제1수익자가 지급해야 한다.

(해석)
① 양도 가능 신용장이란 신용장 자체에 "양도 가능"이라고 특정하여 기재된 신용장을 말한다.
② 양도 시에 달리 합의된 경우를 제외하고, 양도와 관련하여 발생한 모든 수수료(요금, 보수, 경비 또는 비용 등)는 제2수익자(→ 제1수익자)가 지급해야 한다.
③ 개설은행은 양도은행이 될 수 있다.
④ 제2수익자에 의한 또는 그를 위한 제시는 양도은행에 대하여 이루어져야 한다.

60 답 ①

이 서신은 구매자 측에서 거래를 제안하며 가격표와 카탈로그를 요청하는 내용이므로 거래 제안에 대한 답변으로 보기 어렵다.

(해석)

> Dear Mr. Kim
>
> 귀사명은 지난 여름 뉴욕에서 개최된 박람회에 참가하여 알게 되었습니다. 당사는 시애틀 소재의 유망한 수입 회사임을 소개합니다.
>
> 당사는 귀사의 산업용 로봇에 특히 관심이 있으며 귀사와 거래관계를 개설하고자 합니다.
> 혹시 산업용 로봇에 대한 상세 가격표와 카탈로그를 받아 볼 수 있을까요? 또한 가능하면 귀사의 공장으로 저희 직원을 파견하여 제품의 성능을 테스트하고 싶습니다.
> 성능과 자료를 검토 후 가격경쟁력이 있다고 판단되면 최초 주문을 하고자 합니다.
>
> 조속한 회신을 부탁드리며, 두 회사의 이익을 위하여 관계를 발전시키길 기대합니다.

마무리 모의고사 3회 정답 및 해설

무역규범

01	④	02	②	03	②	04	③	05	④	06	③	07	②	08	④	09	④	10	③
11	③	12	④	13	④	14	③	15	④	16	②	17	③	18	④	19	③	20	②
21	①	22	④	23	③	24	①	25	②	26	③	27	④	28	②	29	④	30	③

무역결제

31	④	32	③	33	④	34	③	35	③	36	①	37	②	38	②	39	④	40	①
41	②	42	②	43	①	44	③	45	①	46	①	47	③	48	②	49	③	50	③
51	②	52	③	53	③	54	③	55	③	56	③	57	④	58	①	59	①	60	②

무역계약

01	③	02	④	03	①	04	②	05	①	06	④	07	②	08	④	09	③	10	①
11	②	12	④	13	④	14	①	15	③	16	①	17	④	18	②	19	③	20	①
21	②	22	④	23	③	24	④	25	①	26	④	27	②	28	③	29	③	30	③

무역영어

31	②	32	④	33	①	34	②	35	③	36	②	37	②	38	①	39	①	40	①
41	③	42	④	43	③	44	③	45	③	46	①	47	④	48	③	49	③	50	②
51	③	52	②	53	①	54	④	55	④	56	④	57	②	58	③	59	②	60	③

약점 파악하기

	틀린 문제 개수	오답 문항 키워드	
무역규범	/30문항	①	④
		②	⑤
		③	⑥
무역결제	/30문항	①	④
		②	⑤
		③	⑥
무역계약	/30문항	①	④
		②	⑤
		③	⑥
무역영어	/30문항	①	④
		②	⑤
		③	⑥

무역규범

01 답 ④
④는 외화획득용 시설·기재에 대한 설명이다. 외화획득용 원료란 외회획득에 제공되는 물품과 용역, 전자적 형태의 무체물을 생산하는 데 필요한 원자재·부자재·부품 및 구성품을 말한다.

02 답 ②
무역업고유번호를 발급받으려는 자는 한국무역협회장에게 신청하여야 하며, 한국무역협회장은 접수 즉시 신청자에게 고유번호를 부여해야 한다.

03 답 ②
외화획득율이 30% 이상인 군납용 물품 등을 생산하는 데에 소요되는 원료가 외화획득용 원료에 해당된다. 또한 대외무역관리규정에 따른 외화획득용 물품 등을 생산하는 데 소요되는 원료도 이에 해당한다.

04 답 ③
유상수입의 수입실적 인정 시점은 수입신고 수리일이다. 외국인수수입과 용역 수입 또는 전자적 형태의 무체물 수입의 경우에는 대금 지급일이다.

05 답 ④
수출입을 승인받은 자가 승인받은 사항 중 중요한 사항을 변경하려면 산업통상자원부장관의 변경승인을 받아야 하고, 그 밖의 경미한 사항을 변경하려면 산업통상자원부장관에게 신고해야 한다.

06 답 ③
전략물자 또는 상황허가 대상인지 여부에 대한 산업통상자원부장관 또는 관계 행정기관의 장의 판정의 유효기간은 판정일부터 2년으로 한다.

07 답 ②
대외무역법 시행령 제5조에서는 무역의 진흥을 위한 조치로서, 외국기업의 국내 진출 지원이 아니라 국내기업의 해외 진출 지원에 관한 조치를 취할 수 있다고 규정하고 있다.

08 답 ④
정부 간 수출계약의 체결, 변경, 해지 등을 심의·의결하기 위해 전담기관에 정부 간 수출계약 심의위원회를 둘 수 있다. 위원회는 위원장 1명을 포함한 7명 이상 15명 이내의 위원으로 구성하고, 위원장은 대한무역투자진흥공사 사장이 된다.

09 답 ④
수입된 원산지표시 대상 물품에 대하여 대통령령으로 정하는 단순한 가공 활동을 거침으로써 해당 물품 등의 원산지 표시를 손상하거나 변형한 자는 그 단순 가공한 물품 등에 당초의 원산지를 표시하여야 한다.

10 ③

산업통상자원부장관은 조정 신청을 받은 때에는 30일 이내에 조정안을 작성하여 당사자에게 제시하여야 한다.

11 ③

수출한 물품을 2년 이내에 해외에서 사용하지 않은 상태(단, 장기간에 걸쳐 사용할 수 있는 물품으로서 임대차계약 또는 도급계약 등에 따라 해외에서 일시적으로 사용하기 위하여 수출된 물품이나 박람회, 전시회, 품평회, 국제경기대회, 그 밖에 이에 준하는 행사에 출품 또는 사용된 물품 등 기획재정부령으로 정하는 물품의 경우는 제외)로 재수입하는 경우에 재수입면세를 적용받을 수 있다. 다만, 재수입면세를 적용하기 위해서는 수입통관절차를 이행하여야 한다.
③의 경우 수입통관절차는 필수적으로 이행하여야 하며 수출신고 수리일부터 3년이 경과하였기 때문에 관세 및 내국세가 부과된다.

12 ④

FTA 협정관세율은 관세율 적용 2순위로서, 3순위인 WTO 일반양허관세, 7순위인 기본관세보다 낮으므로 우선 적용된다. 덤핑방지관세율은 1순위로 적용되며 실행 관세율에 추가하여 부과된다.
따라서 부과되는 관세율은 FTA 협정관세율 2% + 덤핑방지관세율 10% = 12%이므로, 납부해야 할 관세액은 10,000,000원 × 0.12 = 1,200,000원이 된다.

13 ④

수입통관되지 않은 물품을 양도하는 경우 납세의무자는 양수인이 된다. 따라서 A에게는 어떠한 세금도 부과되지 않고, 해당 물품을 양수한 자가 수입통관하는 경우 조세가 부과된다.

14 ③

①, ②와 같이 수입 물품의 처분 또는 사용에 대한 제한이 있는 경우는 제1방법으로 과세 가격 결정이 불가능하다.
④ 금액으로 계산할 수 없는 조건 또는 사정이 거래의 성립이나 가격 결정에 영향을 주는 경우는 제1방법으로 과세 가격 결정이 불가능하다.

15 ④

수입항까지의 운임·보험료와 그 밖에 운송과 관련되는 비용은 법정 가산요소에 해당하므로, 유류할증료(BAF), 통화할증료(CAF) 및 보험료는 과세 가격에 가산된다.

> **THE PLUS** 과세가격 결정 시 법정 가산요소
> - 구매자가 부담하는 수수료와 중개료(구매 수수료는 제외)
> - 해당 수입 물품과 동일체로 취급되는 용기의 비용과 해당 수입 물품의 포장에 드는 노무비와 자재비로서 구매자가 부담하는 비용
> - 구매자가 해당 수입 물품의 생산 및 수출 거래를 위하여 다음의 물품 및 용역을 무료 또는 인하된 가격으로 직접 또는 간접으로 공급한 경우에는 그 물품 및 용역의 가격 또는 인하차액을 해당 수입 물품의 총생산량 등 대통령령으로 정하는 요소를 고려하여 적절히 배분한 금액(생산지원 비용)
>   - 수입 물품에 결합되는 재료·구성요소·부분품 및 그 밖에 이와 비슷한 물품
>   - 수입 물품의 생산에 사용되는 공구·금형·다이스 및 그 밖에 이와 비슷한 물품으로서 기획재정부령으로 정하는 것
>   - 수입 물품의 생산 과정에 소비되는 물품
>   - 수입 물품의 생산에 필요한 기술·설계·고안·공예 및 디자인(우리나라에서 개발된 것은 제외)
> - 특허권, 실용신안권, 디자인권, 상표권 및 이와 유사한 권리를 사용한 대가로 지급하는 금액
> - 해당 수입 물품을 수입한 후 전매·처분 또는 사용하여 발생한 수익 금액 중 판매자에게 직접 또는 간접으로 귀속되는 금액
> - 수입항까지의 운임·보험료와 그밖에 운송과 관련되는 비용

16 답 ② 조정관세는 4순위로 적용되는 관세율이나, 공중도덕 보호, 인간·동물·식물의 생명 및 건강 보호, 환경보전, 한정된 천연자원 보존 및 국제평화와 안전보장 등을 위하여 필요한 경우 가장 우선하여 적용할 수 있다.

17 답 ③ 납세 의무자가 납세신고한 세액을 납부한 후에 세액이 부족하다는 것을 알게 되거나 세액산출의 기초가 되는 과세 가격 또는 품목분류 등에 오류가 있는 것을 알게 되었을 때 신고납부한 날부터 6개월 이내(보정 기간)에 대통령령으로 정하는 바에 따라 해당 세액을 보정해 줄 것을 세관장에게 신청하여야 한다.

18 답 ④ 통칙 2호는 종속적 분류규정에 해당하며 불완전 물품, 미완성 물품의 분류원칙(제2호 가목), 혼합물, 복합물의 분류원칙(제2호 나목)을 규정한다. 협의표현 분류원칙은 통칙 제3호 가목에서 규정하고 있다.

19 답 ③ 우편으로 수입되는 물품은 통관우체국에 도착한 때의 성질과 수량에 따라 과세 물건이 확정된다.

20 답 ② 과세 가격이 미화 250달러 이하인 물품으로서 견품으로 사용될 것으로 인정되는 물품은 상업용 견본품에 해당하므로 소액 물품 등 면세를 적용받을 수 있다.

21 답 ① 수리 목적으로 수입 후 1년 이내에 재수출하는 물품에 대해서는 재수출 면세를 적용받을 수 있다.

22 답 ④ 중소기업으로 한국표준산업분류표상 제조업으로 분류되는 업체가 직접 사용하려고 수입하는 물품(관세율표 제84류·제85류 및 제90류 해당 물품)으로서 다음 요건을 갖춘 경우 분할납부할 수 있다.
- 관세법 기타 관세에 관한 법률 또는 조약에 의하여 관세의 감면을 받지 아니할 것
- 당해 관세액이 100만 원 이상일 것
- 덤핑·상계·보복·긴급·특별긴급·조정·할당·계절 관세의 적용받는 물품이 아닐 것
- 국내에서 제작이 곤란한 물품으로서 당해 물품의 생산에 관한 사무를 관장하는 주무부처의 장 또는 그 위임을 받은 기관의 장이 확인한 것일 것

23 답 ③ 국제금융기구로부터 제공되는 차관자금에 의한 국제경쟁입찰에서 낙찰(낙찰받은 자로부터 도급받는 경우 포함)된 물품(우리나라에서 생산된 것에 한함)의 판매의 경우 환급 대상 수출에 포함된다. 단, 해당 물품이 수입되는 경우 관세법에 의해 관세가 감면되는 경우에 한한다.

24 답 ① 수출신고가 수리된 수출의 경우 수출신고를 수리한 날이 속하는 달의 말일부터 소급하여 2년 이내에 수입된 물품의 수출용 원재료에 대한 관세 등을 환급한다.
①의 경우 분할증명서가 아닌 기초원재료 납입증명서(기납증)를 발급할 수 있다.

25
답 ②

THE PLUS 보세구역 외에 장치할 수 있는 물품
- 수출신고가 수리된 물품
- 크기 또는 무게가 과다하거나 그 밖의 사유로 보세구역에 장치하기 곤란하거나 부적당한 물품
- 재해나 그 밖의 부득이한 사유로 임시 장치한 물품
- 검역 물품, 압수 물품, 우편 물품

26
답 ③

수입신고는 선하증권(B/L) 1건당 수입신고서 1건으로 한다. 다만, B/L을 분할하여도 물품 검사와 과세 가격 산출에 어려움이 없는 경우, 신고 물품 중 일부만 통관이 허용되고 일부는 통관이 보류되는 경우, 검사·검역 결과 일부는 합격되고 일부는 불합격된 경우 또는 일부만 검사·검역 신청하여 통관하려는 경우, 일괄사후납부 적용·비적용 물품을 구분하여 신고하려는 경우에는 분할신고가 가능하다. 수입신고는 2건 이상의 B/L을 병합하여 신고할 수 없다.

27
답 ④

보세구역에 장치된 외국 물품이 멸실되거나 폐기되어 관세를 징수하는 물품인 경우 납세의무자는 운영인 또는 보관인이 된다. 다만, 재해나 그 밖의 부득이한 사유로 멸실된 때와 미리 세관장의 승인을 받아 폐기한 때에는 예외로 한다.

28
답 ②

관세포탈죄에 대한 설명이다. 세액 결정에 영향을 미치기 위하여 과세 가격 또는 관세율 등을 거짓으로 신고하거나 신고하지 아니하고 수입한 자에 대해서는 3년 이하의 징역 또는 포탈한 관세액의 5배와 물품원가 중 높은 금액 이하에 상당하는 벌금에 처한다.
① 가격조작죄: 보정신청, 수정신고, 수입신고 등을 할 때 부당하게 재물이나 재산상 이득을 취득하거나 제3자로 하여금 이를 취득하게 할 목적으로 물품의 가격을 조작하여 신청 또는 신고하는 범죄 행위이다.
③ 전자문서 위조·변조죄: 전자문서를 불법적으로 사용할 목적으로 위조 또는 변조하는 범죄 행위이다.
④ 밀수출입죄: 밀수출입죄에 해당되는 물품, 법령에 따라 수입이 제한된 사항을 회피할 목적으로 부분품으로 수입하거나 주요 특성을 갖춘 미완성·불완전한 물품이나 완제품을 부분품으로 분할하여 수입한 물품, 수입신고(수출신고 포함)한 물품 중 법령에 따라 수입(수출 포함)에 필요한 허가·승인·추천·증명 또는 그 밖의 조건을 갖추지 아니하거나 부정한 방법으로 갖춘 물품을 취득·양도·운반·보관 또는 알선하거나 감정하는 범죄 행위이다.

29
답 ④

원산지결정 기준과 관련한 물품의 범위, 적용 방법 및 품목별 원산지결정 기준과 그 밖에 필요한 사항은 기획재정부령으로 정한다.

30
답 ③

협정관세란 협정에 따라 체약상대국을 원산지로 하는 수입 물품에 대하여 관세를 철폐하거나 세율을 연차적으로 인하하여 부과하여야 하는 관세를 말한다. 수입신고의 수리 전까지 협정관세의 적용 신청을 하지 못한 수입상은 해당 물품의 수입신고 수리일부터 1년 이내에 협정관세의 적용을 신청할 수 있다.

무역결제

31 답 ④
① 현물상환 방식(COD: Cash On Delivery), 서류상환 방식(CAD: Cash Against Document)은 선적 후 결제가 이루어지는 사후 송금 방식이다.
② 물품 확인 후 대금을 지급하고자 하는 경우에는 COD 방식을 사용하는 것이 바람직하다.
③ O/A 방식 수출은 수출채권을 표시하는 환어음 없이 수출입상 간의 신용에 의하여 대금이 결제된다.

32 답 ③
③의 선하증권 일자는 선적 일자를 의미하며, 선적 후 송금하는 사후 송금 방식으로 볼 수 있다.

해석

① 매매계약일부터 10일 이내에 전신환으로 사전 송금에 의한 결제
② 확정청약서 수령 후 전신환으로 사전 송금
③ 선하증권 일자 후 10일 이내에 전신환 송금
④ 공급자를 수익자로 하여 전신환으로 사전 송금

33 답 ④
O/A 거래는 송금 방식의 일종이므로 추심의 수단인 환어음이 발행되지 않으며, 선적서류의 원본은 수출상이 직접 수입상 앞으로 송부한다는 특징을 갖는다.

34 답 ③
추심결제 방식에서 수출상은 D/P 방식의 경우 대금의 영수가 보장되지 않을 수 있고, D/A 방식의 경우 환어음 인수 후 물품을 인수하므로 대금 영수 및 물품 회수가 보장되지 않을 수 있는 위험이 있다.

35 답 ③
at 30 days after B/L date는 선적일의 다음 날부터 30일이 되는 날이 환어음의 만기가 된다. 이는 발행 일자 후 정기출급에 해당한다(발행 일자와 선적 일자가 다른 경우 선적 일자가 기준이 됨).

36 답 ①
신용장 조건과 일치하는 서류가 제시되면 개설은행은 개설의뢰인(수입상)에게 상환청구권을 행사할 수 있으며, 서류의 상환으로 신용장 대금을 회수할 수 있다.

37 답 ②
기간을 산정할 때 within은 해당 일자를 제외한 이전 ~일부터 이후 ~일까지의 기간을 의미한다. 따라서 within 2 days of May 20는 5월 20일 이전 2일부터 이후 2일, 즉 5월 18일부터 22일까지로 볼 수 있다.

38 답 ②
신용장에 매입은행이 특정 은행으로 지정되어 있더라도 재매입(Re-nego)의 절차를 통하여 수익자의 거래은행에서 1차 매입 후 그 서류를 지정은행으로 2차 매입을 실시할 수 있다.

39 답 ④

수출상이 부보하지 않는 무역 거래 조건 FOB, FAS, FCA, CFR, CPT 등의 조건에서는 신용장상에 보험서류의 제시를 요구하지 않는다. 이 경우에는 개설의뢰인이 부보하여 개설은행에 제출하여야 한다.

40 답 ①

IN QUINTUPLICATE은 최소한 원본 1부와 나머지 4부의 사본을 제시함으로써 충족된다. 따라서 최소한 원본 1부는 제시되어야 한다.

41 답 ②

① 분할선적에 대한 금지 문구가 없으므로 분할선적을 허용하는 것으로 본다.
③ 인천항 선적, 상하이항 도착이므로 해상운송에 관한 서류인 선하증권이 제시되어야 한다. AWB는 항공화물운송장을 의미한다.
④ 서류 제시 기간과 신용장의 유효기일이 공휴일에 해당되면 다음 은행영업일까지 연장되지만, 최종 선적일은 연장되지 아니한다.

42 답 ②

개설은행은 지정은행이 상환은행 앞으로 상환 청구를 할 때 선적서류가 신용장 조건과 일치한다는 일치증명서를 제출하도록 하는 조건을 붙여서는 안 된다. 일치증명서를 요구하면 지정은행과 상환은행은 그 발송과 검사에 따른 많은 시간과 비용을 소요하게 되므로 신용장통일규칙에서는 이를 요구하지 못하도록 규정하고 있다.

43 답 ①

ABC 은행은 개설은행으로서 환어음의 지급인이 된다. ABC 은행 앞으로 발행된 환어음에 대해 ABC 은행은 매입이 아닌 결제 의무를 부담하므로 ①이 옳지 않은 내용이다.

해석

> 우리는 귀사를 수익자로 하여, 뉴욕의 ABC 은행 앞으로 발행된 일람불 환어음이 매입에 의한 방법으로 이용될 수 있는 이 신용장을 개설합니다.

44 답 ③

상업송장에는 신용장에 명시되지 않은 선지급(Advanced Payment)이나 할인(Discount) 등의 공제(Deduction)를 표시할 수 있으며, 이 경우 환어음은 당해 공제를 반영한 감액된 금액으로 발행하여야 한다.

45 답 ①

항공화물운송장(AWB)은 유통 가능한 유가증권이 아니므로 수하인은 항상 기명식으로만 발행되며, 신용장은 AWB을 지시식으로 발행하도록 요구해서는 안 된다. 비록 신용장에서 지시식으로 발행된 AWB을 요구하더라도 기명식으로 발행된 AWB을 수리할 수 있으며 이것은 하자가 되지 않는다(ISBP 745H 13조).

46 답 ①

A. 비유통성 서류가 수리 가능하면 개설의뢰인이 선하증권 원본 수령 없이 물품을 찾을 수 있는 문제가 발생한다.
B. 선하증권 원본 3부 중 2부의 제시로 수리가 가능하면 선하증권 원본 중 1부를 따로 수령하여 선사에 제시하고 물품을 인수할 수 있으므로 은행의 담보권이 훼손된다.

47 답 ③

은행(지정·확인·개설)은 서류의 일치하는 제시가 이루어졌는지 판단하기 위해 제시일 다음 날부터 계산하여 최대 5은행영업일 내에 서류를 심사한 후, 당해 서류의 수리 거절 여부를 결정하여 서류의 제시인에게 그 결과를 통보한다.

48 답 ②

상업 신용장은 계약의 이행에 대하여 지급할 목적으로 개설되지만, 보증 신용장은 주로 계약의 불이행에 대하여 지급할 목적으로 개설된다.

49 답 ③

신용장에서 보험서류의 종류를 명시하지 않은 채 단순히 'Insurance Document'를 요구하는 경우에는 보험증권 또는 보험증명서 또는 보험확인서에 한하여 수리 가능하다. 신용장에서 특별히 허용하지 않는 한 보험중개인이 발행한 부보각서(Cover note)는 수리할 수 없다.

50 답 ②

A/D Charge(Acceptance Commission & Discount Charge)에 대한 설명이다. A/D Charge는 해외의 신용공여은행이 개설은행으로 청구하며 최종적으로 개설의뢰인이 부담한다.
① 확인 수수료(Confirming Charge): 신용장 확인 시 확인은행이 징수하는 수수료로서 신용장에서 지시하는 당사자(수출상 또는 수입상)가 부담한다.
③ 통지 수수료(Advising Commission): 신용장 통지 시 징수하는 취급 수수료(수익자 부담)이다.
④ 매입 수수료(Negotiation Commission): 매입 신용장하에서 매입을 수권받은 은행이 수출 환어음을 매입하는 경우 징수하는 취급 수수료(수익자 부담)이다.

51 답 ②

수입상은 신용장 거래와는 달리 별도의 수수료(개설수수료 등) 부담이 없으므로 거래 비용을 절감할 수 있다. 수입상은 팩토링 거래에 부대하여 발생하는 제반 수수료 등의 비용을 부담하지 않으며 수출상이 수수료를 부담한다.

52 답 ③

포페이팅 거래와 관련한 국제규칙으로는 ICC에 의해 제정되어 2013년 1월 1일부터 발효 중인 포페이팅통일규칙(URF 800: Uniform Rules for Forfaiting, ICC Publication No. 800)이 있다.

53 답 ③

은행 간 외환 시장은 시장 참가자들이 특정한 시간과 장소에 모여 거래가 이루어지는 장내시장이 아니라, 외환 거래를 하고자 하는 은행이 일정한 거래 장소나 시간에 구애되지 않고 전화, 딜링 기기(Reuter Dealing Machine), 거래 시스템 등을 이용하여 상대방 은행에 환율고시를 요청하여 값이 맞으면 두 은행 간에 외환 거래가 이루어지는 형태를 띤다.

54 답 ③

③ 외환시세가 안정적이면 스프레드는 작아지고 외환시세가 불안정적이면 스프레드가 커진다.

55
답 ③

- 선물환율 = 현물환율 + 스왑레이트
   = 현물환율 + 현물환율 × (피고시통화 − 기준통화금리) × 기간/360
- 현물환율 = 1,000, 피고시통화금리=1.5%, 기준통화금리 1%, 기간=180일
- 6개월물 선물환율 = 1,000 + 1,000 × (0.015 − 0.01) × 180/360
   = 1,000 + (2.5)
   = 1,002.5

56
답 ③

엔화 송금을 받은 경우 원화로 환전할 때 사용되는 환율은 전신환(받을 때)이다. 따라서 1,054.42를 적용받는다.

57
답 ④

① 콜옵션은 옵션을 매입한 사람이 옵션 만기일 이전에 미리 정한 행사가격으로 일정 자산을 살 수 있는 권리로서, 환율이 오르면 발생하는 환리스크를 관리하기 위한 전략이다.
② 만기 시 환율이 1,230원인 경우 콜옵션 행사 가격 1,250원보다 낮으므로 옵션을 행사하지 않는다.
③ 만기 시 환율이 1,300원인 경우 행사 가격 1,250원으로 달러를 매입하여 달러당 50원 이익이 발생할 수 있으므로 내가격 옵션으로 볼 수 있다.

58
답 ①

① 통화선물은 외부적 관리기법이고 ②,③,④는 내부적 관리기법이다.

59
답 ①

미화 10만 달러는 현금으로 입금된 현금 포지션은 아니지만 미래의 현금 포지션에 변화를 일으킬 수 있는 약정된 포지션이다. ㈜한국상사는 미국의 수입상으로부터 수령할 외화표시 자산이 있으므로 매입초과 포지션에 해당함을 알 수 있다.

60
답 ②

② 외국인 투자자의 매수세가 증가하면 외화의 유입이 늘어나므로 환율이 하락한다.
① 달러화 금리 인상으로 인해 달러화의 수요가 증가하므로 환율은 상승한다.
③ 경상수지 적자가 예상된다는 것은 달러화의 공급이 감소한다는 의미이므로 환율은 상승한다.
④ 위안화 평가 절하로 인해 달러화의 공급이 감소하여 환율이 상승한다.

무역계약

01 답 ③
승낙 기간을 지정하거나 그 외 방법으로 청약을 취소할 수 없다고 청약에 표시되어 있는 경우 또는 상대방이 청약을 취소할 수 없다고 신뢰하는 것이 합리적이고, 그 상대방이 해당 청약을 신뢰하여 행동한 경우에는 청약이 철회될 수 없다.

02 답 ④
계약 당사자 간의 준거법에 대한 합의가 없는 경우 우리나라는 국제사법에 따라 해당 계약과 가장 밀접한 관련이 있는 국가의 법을 준거법으로 하고 있다.

03 답 ①
① 무확약청약(Offer without Engagement)은 신축조항이 포함된 청약으로서 불확정청약(Free Offer)의 성질을 지니는 한편, 이를 승낙하면 청약자의 최종 확인 없이 계약이 성립하도록 되어 있어 본질적으로 확정청약(Firm Offer)에 속하는 조건부청약이다.

04 답 ②
비엔나협약 제33조(인도의 시기)에서 매도인은 인도기일(a date)이 계약으로 지정되어 있거나 확정될 수 있는 경우에는 그 기일, 인도 기간(a period of time)이 계약으로 지정되거나 확정되는 경우에는 그 기간 내의 어느 시기에 물품을 인도하여야 하며, 그 밖의 경우에는 계약 체결 후 합리적인 기간(reasonable time) 이내에 인도하도록 규정하고 있다.

05 답 ①
판매적격품질 조건(GMQ)은 Good Merchantable Quality의 약자이다.

06 답 ④
1 great gross=12 gross=144 dozen(12×12)=1,728 pcs(144×12)

07 답 ②
신용장통일규칙(UCP 600)에서 수량이나 금액 또는 단가와 관련하여 신용장상에 "about", "approximately"와 같은 단어가 사용되면 ±10%의 과부족을 허용하는 것으로 해석한다.

08 답 ④
수취 선하증권의 양식을 사용하여 선적 후 선적되었음을 별도로 명시하는 본선적재표기(On Board Notation)를 포함한 본선적재 선하증권(On Board B/L)의 경우 본선적재표기에 기재된 일자를 선적일로 본다.

09 답 ③
C. FCA 조건: 매도인은 매수인의 비용과 위험으로 선사로부터 선적 선하증권(Shipped B/L)을 발급받아 매수인에게 제공할 의무가 있다.
D. CIF 조건: 매도인은 매수인을 위하여 보험에 가입하여야 한다.
F. DDP 조건: 매도인은 수출입통관 의무를 부담하며 수입관세를 납부하여야 한다.

10
답 ①

설명조항(Whereas Clause)에 대한 설명이다.
② Force Majeure Clause(불가항력조항): 매매당사자의 귀책사유가 아닌 당사자의 통제범위를 벗어 난 불가항력적인 사유로부터 당사자의 책임을 면제받고자 할 때 사용하는 조항이다.
③ Infringement Clause(권리침해조항): 매수인이 제공한 규격으로 매도인이 물품을 생산, 제조하여 매수인에게 제공하였는데 그 생산으로 인하여 제3자의 산업재산권 또는 지식재산권이 침해된 경우 매수인이 책임을 부담하며 매도인은 면책된다는 조항이다.
④ Liquidated Damages Clause(손해배상액예정조항): 상대방이 계약을 불이행하는 경우에 청구하는 손해배상액에 관한 사항을 사전에 계약서에 약정하는 조항이다.

11
답 ②

FOB 조건에서 매도인은 수출국 선적항의 본선에 적재할 때까지의 비용을 부담한다. 따라서 마진을 포함한 1개당 단가 USD 10와 매도인의 공장으로부터 선적항까지 1개당 운송료(통관비용 포함) USD 1를 더한 금액인 USD 11이 되어야 한다.

12
답 ②

A. EXW 조건: 수출통관 의무는 매수인에게 있다. 다만, 매수인의 요청이 있는 경우 매수인의 위험과 비용으로 수출통관과 관련된 서류 및 정보를 취득하는 데 있어 매수인에게 협력하여야 한다.
C. CPT 조건: 수출통관 의무는 매도인에게 있으며 모든 운송 방식에서 사용할 수 있다.
E. DPU 조건: 수출통관 의무는 매도인에게 있으며, 매도인은 도착지에서 운송수단으로부터 물품을 양하하여 매수인에게 인도하여야 위험이 이전된다.

13
답 ④

Liquidated Damages Clause(손해배상액예정조항)에 대한 설명이다. 손해배상액예정조항은 상대방이 계약을 불이행하는 경우에 청구할 수 있는 손해배상액에 관한 사항을 사전에 계약서에 약정하는 조항이다.

해석

> 만일 신용장의 개설이 매수인에게 책임이 있는 원인에 의해 지연되었다면, 매수인은 매도인에게 손해배상액으로 주당 신용장에 명시된 금액의 0.5%에 해당하는 금액을 지불하여야 한다.

① Assignment(양도제한규정): 제3자에게 계약 양도를 금지하는 조항이다. 당초 정해진 계약당사자가 아닌 제3자가 계약 내용을 이행하는 것을 금지한다.
② Product Liability Clause(제조물배상책임조항): 제조되어 판매된 물품이 소비자나 제3자의 신체 또는 재산에 손상 또는 손해를 입힌 경우 그 책임을 매도인과 매수인 중 누가 부담할 것인가를 약정하는 조항이다.
③ Hardship Clause(사정변경조항, 이행가혹조항): 매매계약이 체결된 후 당사자의 통제 불능인 정치, 경제 사정의 본질적인 변화로 계약 이행이 곤란하게 되는 경우 당사자가 계약이 소멸되지 않고 이행되기를 원하여 계약 이행을 약정하는 조항이다.

14
답 ①

C. End of May: 5월 21일부터 5월 31일까지
D. First half of May: 5월 1일부터 5월 15일까지
F. Before May 17: 5월 16일까지

15 답 ③

주의 표시(Care Mark)는 운송 또는 보관 시 취급상 주의사항을 표시하는 것으로서 보통 포장 화물의 옆면에 표시되므로 Side Mark라고도 한다. Counter Mark는 부화인으로 주화인의 보조로 다른 화물과 식별이 용이하도록 표시하는 것이다.

16 답 ①

①은 해지에 관한 내용이다. 계약 해제는 유효하게 성립되어 있는 계약의 효력을 당사자 일방의 의사 표시에 의하여 이를 소급하여 소멸시킴으로써 그 계약이 처음부터 없던 것과 같은 효력이 발생하는 의사 표시를 의미한다.

17 답 ④

장래에 분쟁이 발생하면 중재에 의해 해결하도록 미리 하는 중재 합의를 사전중재합의(agreement to refer)라 하며, 분쟁이 발생한 후에 그 분쟁을 중재에 의하여 해결하기로 하는 합의를 사후중재합의(submission agreement)라 한다.

18 답 ②

매도인은 인도기일 후에도 불합리하게 지체하지 않고 매수인에게 불합리한 불편 또는 매수인이 지불한 선급 비용을 매도인으로부터 상환받는 것에 대한 불안을 초래하지 않는 경우에는 매도인 자신의 비용으로 의무 불이행을 치유할 수 있다. 다만 매도인은 인도기일이 경과한 후에도 매수인이 거절하지 않는 한 인도 내용을 보완할 수 있으며 매수인은 손해배상을 청구할 권리를 여전히 보유한다. 이를 매도인의 하자보완권이라고 한다.

19 답 ③

지연 선적의 경우 물품을 인도했다 하더라도 약정된 인도 시기가 지나서 인도한 경우 물품 인도 해제로 간주하여, 매수인은 물품 인수 거절권이 있으며 계약을 해제하고 손해배상 청구를 할 수 있다.

20 답 ②

A. 화주가 선사에게 선복요청서(Shipping Request) 요청 → B. 선사는 인수확약서(Booking Note)를 작성하여 관련 부서에 전달 → D. 빈 컨테이너를 인수한 내륙운송업체는 기기수도증(E/R: Equipment Receipt)을 CY Operator에게 전달 → E. 빈 컨테이너를 받은 수출상은 물품 적입 후 CY에 반입 → C. 컨테이너를 수령한 CY Operator는 부두수령증(D/R: Dock Receipt)을 발행 → F. 선사에 제시하고 선적 후 B/L 발급

21 답 ②

복합운송증권(MTD: Multimodal Transport Document)은 실제 운송인 및 포워더(계약운송인형 복합운송인)에 의해서도 발행 가능하며, CY나 내륙 지역에서 운송인이 인수하는 경우에는 수취식으로 발행된다.

22 답 ③

③ 운임산출중량(Chargeable Weight)은 가로×세로×높이(cm) / 6,000 cm³ = 1kg으로 계산하여 용적 중량을 산출한다. 1CBM은 100×100×100(cm)이므로 이를 항공운송의 운임산출중량으로 환산하면 1,000,000cm³ / 6,000cm³, 즉 약 166.66kg으로 환산됨을 알 수 있다.
① 항공운임은 kg당 요율로 설정되며, 미국의 경우 국제 구간은 kg으로, 국내 구간은 lbs 요율로 결정한다.
② 품목 분류요율은 몇 가지 특정 품목에만 적용되며 특정 구간 또는 지역 내에서만 적용된다. 할인요금과 할증요금으로 구분하여 사용한다.
④ 팔레트 또는 컨테이너에 적입된 상태로 송하인이 항공사에 반입하여 그대로 수하인에게 인도되는 화물에 적용하는 운임은 단위탑재용기요금(BUC: Bulk Unitization Charge)이라고 한다. VC(Valuation Charge)는 종가운임을 말한다.

23 답 ③
① 해상화물운송장(SWB: Sea Waybill)은 기명식으로 발행되며 유통성이 없는 운송계약 체결의 증거로서 신용장 거래에서 은행이 수리하지 않는 서류이다.
② 신용장 거래에서 은행의 담보권 확보를 위해 운송서류 원본 전통은 은행 앞으로 제시되어야 한다.
④ 신용장 거래에서 선하증권의 Consignee란에는 'To order of 개설은행'으로 발행되어야 한다. 기명식 선하증권은 은행이 수리하지 않는 서류이며, 신용장 거래에서 사용되지 않는다.

24 답 ④
A. Shipper/Exporter란에는 송화인을 표기하며, 신용장 거래 시 수익자(수출상) 이외의 제3자로 기재 가능하다. 어떠한 서류상에 표시된 물품 선적인 또는 송하인은 신용장의 수익자일 필요가 없다(UCP 600 제14조 k항).
B. Description of Goods: 상업송장 이외의 서류에서, 물품, 서비스 또는 의무 이행의 명세가 기재되는 경우, 신용장상의 명세와 저촉되지 않는 일반적인 용어로 기재될 수 있다.
D. CIF 조건의 경우 선적지에서 매도인이 선지급하므로 Prepaid로 표시된다.

25 답 ①
① 용선운송계약에 있어서 운임은 용선자와 선주 간의 수요와 공급에 의해 결정된다. 선사가 공시하는 운임율(Tariff Rate)에 의해 운임이 결정되는 것은 개품운송계약의 특징이다.
② Dispatch Money는 조출료이다.

26 답 ④
전부 맞는 표현이다.
The Insured/The Assured는 각각 보험계약자, 피보험자를 의미한다.
Claim Amount는 보험금, The Insurer는 보험자, Subject-matter Insured는 보험목적물을 의미한다.

27 답 ②
동일한 피보험이익을 수인의 보험자에게 그 일부씩 보험에 가입함으로써 그 보험금액의 합계액이 보험가액을 초과하지 않는 경우의 보험을 공동보험(Co-Insurance)이라고 한다. 중복보험(Double Insurance)이란 동일한 피보험이익 및 위험에 관하여 복수의 보험계약이 존재하고 그 보험금액의 합계액이 보험가액을 초과하는 경우의 보험을 말한다.

28 답 ③
보험계약자가 중요한 사항을 고지하지 않은 경우나 부실고지를 한 경우 보험자에게 보험계약의 취소권을 부여한다(MIA 18조 1항). 즉, 계약의 취소권 행사 시 보험이 처음부터 무효가 되는 이른바 계약 해제권이 부여되는 것으로 볼 수 있다. 이에 반해 계약 해지는 해지 시점부터 효력이 발생한다는 점에서 차이가 있다.

29 답 ③
③ 구협회적하약관과 같이 사용되는 S.G Policy상의 담보위험에 해당되므로 보상받을 수 있다.
① 인도 지연의 경우 MIA에 의해서 보험자는 보상하지 않는다.
② FPA 조건은 발하(좀도둑질)에 의한 단독해손에 대해 보상하지 않는다. 선박, 부선의 침몰, 좌초, 화재로 발생한 단독해손에 대해서는 보상받을 수 있다.
④ 악천후에 의한 단독해손도 FPA 조건에서는 담보하지 않는다.

30 답 ③
화물의 전부 또는 일부가 파손, 손상되어 목적지에 도착한 경우 그 손상으로 인한 가치의 감소를 질적손해라고 한다. 질적손해의 손해율을 구한 후 보험금액에 곱하는 방식으로 보험금을 계산할 수 있다.
- 질적손해의 손해율 = (정상가격 − 손상가격)/정상가격
- 보험금(손해배상액): USD 11,000 × (16,000−4,000) / 16,000 = USD 8,250

무역영어

31 답 ②

② 비엔나협약은 계약이나 그 조항 또는 관행의 유효성에 대해 관련이 없으므로 'is not concerned'가 옳은 표현이다.

해석

① 비엔나협약은 물품을 공급하는 당사자의 의무 중 주된 부분이 노무 또는 그 외 서비스의 공급으로 구성된 계약에는 적용되지 않는다.
② 비엔나협약은 계약이나 그 조항 또는 관행의 유효성에 대해 관련이 있다. (→ 관련이 없다.)
③ 비엔나협약은 물품으로 인하여 발생한 사람의 사망 또는 상해에 대한 매도인의 책임에는 적용되지 않는다.
④ 비엔나협약은 매매계약의 성립 및 그 계약에서 발생하는 매도인과 매수인의 권리와 의무만을 규율한다.

32 답 ④

④ 의뢰부 승낙(Acceptance accompanied by request)은 승낙을 하면서 무엇인가를 해주면 좋겠다는 부탁을 하는 승낙으로서 정상적인 승낙으로 인정된다.
① 조건부 승낙
② 부분 승낙
③ 변경 승낙

33 답 ①

A는 무확약청약(Offer Without Engagement), B는 점검 후 매매 조건부청약(Offer on Approval)에 포함되는 내용이다.

해석

A: 이 가격은 당사의 사전 통지 없이 변경될 수 있습니다.
B: 귀사는 일주일 동안 보관할 수 있습니다. 만약 마음에 드신다면 미화 1,000달러를 보내주시고, 그렇지 않다면 귀사측의 어떠한 책임 없이 당사에게 반송해주시면 됩니다.

34 답 ②

② 과거에 행사하지 않은 이행청구권은 그 후의 동일 내용의 이행청구권에 영향을 미치지 않고 상호 독립적임을 명시하는 조항을 비포기조항(Non-waiver)이라고 한다.

해석

일방 당사자가 본 계약의 조항에 대한 상대방의 이행을 요구하지 않는다고 하여 해당 조항의 후속 이행을 요구할 권리를 포기하거나 영향을 미친 것으로 보지 않는다.

① Confidentiality Clause(비밀유지조항): 무역계약의 당사자는 계약 내용의 이행 과정에서 알게 된 비밀정보를 철저히 보호해야 하며 상대방의 비밀정보를 누설하거나 도용해서는 안 된다는 조항
③ Infringement Clause(권리침해조항): 매수인이 제공한 규격으로 매도인이 물품을 생산·제조하여 매수인에게 제공하였는데 그 생산으로 인하여 제3자의 산업재산권 또는 지식재산권이 침해된 경우 매수인이 책임을 부담하며 매도인은 면책된다는 조항
④ Product Liability Clause(제조물배상책임조항): 제조되어 판매된 물품이 소비자나 제3자의 신체 또는 재산에 손상 또는 손해를 입힌 경우 그 책임을 매도인과 매수인 중 누가 부담할 것인가를 약정하는 조항

35
답 ③

해석

인코텀즈 규칙 중 양극단에 있는 두 규칙, 즉 (A) EXW 조건과 (B) DDP 조건은 국제 거래에서 전형적으로 사용되는 총 11개 규칙에 포함된다. 그러나 거래당사자들은 국제계약에서는 이러한 두 가지를 대체하는 규칙을 고려하여야 한다. (A) EXW 조건의 경우에 매도인은 물품을 단지 매수인의 처분하에 두기만 하면 된다. 이는 적재와 수출통관에 관하여 매도인과 매수인에게 각각 문제를 야기할 수 있다. 따라서 매도인은 (C) FCA 조건으로 매매하는 것이 더 좋다. 마찬가지로 (B) DDP 조건의 경우에 매도인은 매수인 국가에서만 이행될 수 있는 의무들 예컨대, 수입통관을 할 의무를 부담한다. 매도인이 그러한 의무들을 매수인 국가에서 이행하기는 물리적으로나 법적으로 어려울 수 있고 따라서 매도인은 그러한 경우에 (D) DAP 조건이나 (E) DPU 조건으로 물품을 매매하는 것을 고려하는 것이 더 좋다.

36
답 ②

매도인이 해상운임을 부담하기로 하였기에 가능한 인코텀즈 조건은 CFR, CIF 조건이 적절하다. 그러나 별도 보험에 대한 합의가 없어 CFR 조건이 유력하므로 ②는 틀린 내용이다.

해석

다음 사안은 계약의 주요 내용입니다.
물품: 휴대용 블루투스 헤드셋
가격: 개당 USD 10
수량: 3,000개
선적 일자: 2023년 2월 5일, 부산항
도착 일자: 2023년 3월 10일, 포틀랜드항
운송계약: 매도인은 목적항까지 선박을 수배하고 해상운임을 부담함
보험: 해상보험에 관하여 별도의 합의는 없음

① 해상운송 전용 조건 중에서 정하는 것이 바람직하다.
② 별도의 합의가 없으므로 매도인은 해상보험계약을 체결하여야 한다. (→ 체결할 의무가 없다)
③ 운송계약을 체결하는 것은 매도인의 의무이다.
④ 이 계약에 적합한 Incoterms 2020 조건은 CFR Portland이다.

37
답 ②

보험증명서를 대신하여 보험증권은 수리 가능하나 그 반대는 불가능하다.

해석

신용장에서 보험증명서를 요청하였으며 보험증권이 제시되었다.

① 보험증권은 보험증명서와 함께 제시되어야 한다.
② 보험증권은 수리될 수 있다.
③ 보험증명서만 제시되어야 한다.
④ 보험증명서를 제시하지 않았으므로 보험증권은 수리 거절된다.

38
답 ①

운송주선인(Forwarder)은 수출상을 대신하여 보험회사와 보험계약을 체결하는 업무를 대행하지만, 보험자의 대리인 역할을 하거나 대리점 업무를 수행하지 아니한다.

(해석)

① 운송주선인은 종종 보험자의 대리인 역할을 하기도 한다. (→ 대리인 역할을 하지 않는다.)
② 운송주선인은 특히 수출상에 대하여 여러 다양한 중개적 역할을 한다.
③ 운송주선인은 운송인에게 화주가 된다.
④ 운송주선인인은 심지어 수출상을 대신하여 보험증권 발급 업무를 맡기도 한다.

39
답 ①

(해석)

공동해손 손해라 함은 공동해손 행위(general average act)로 인하여 발생한 손해 또는 공동해손행위의 직접적인 결과로 발생하는 손해를 말한다. 공동해손손해는 공동해손 비용(general average expenditure) 및 공동해손 희생손해(general average sacrifice)를 포함한다.

40
답 ①

수량 앞에 about이 기재되었으므로 2월에서 5월까지 450톤 내지 550톤의 선적이 허용된다. 2월은 선적 범위 내에서 선적이 되었으므로 유효한 선적이 된다. 그러나 4월에는 총 960톤이 선적되었으므로 선적 범위를 벗어나 유효한 선적이 되지 아니한다. 따라서 2월 선적만 유효하므로 해당 신용장으로는 2월 선적에 대해서만 결제되며 이후의 선적에 대해서는 무효가 된다.

(해석)

미화 10만 달러로 발행된 화환 신용장이 2월, 3월, 4월 그리고 5월에 밀의 선적을 요구한다. 각각 선적은 약 500톤이 이루어져야 한다.
선적이 다음과 같이 이행되었다.
A. 2월 24일 미화 22,500달러 상당의 480톤 선적
B. 4월 9일 미화 27,500달러 상당의 500톤 선적
C. 4월 16일 미화 23,000달러 상당의 460톤 선적
D. 6월 4일 미화 27,500달러 상당의 540톤 선적

41
답 ③

신용장이 서류 사본의 제시를 요구하는 경우, 원본 또는 사본의 제시가 모두 허용된다. 따라서 ③은 'If a credit requires presentation of copies of documents, presentation of either originals or copies is permitted.'로 수정되는 것이 알맞다.

(해석)

① 적어도 신용장에서 명시된 각각의 서류의 원본 한 통은 제시되어야 한다.
② 서류가 달리 표시하지 않으면, 은행은 서류 발행자의 손으로 작성, 타이핑, 천공서명 또는 스탬프된 것으로 보이는 것을 원본으로 수리한다.
③ 신용장이 서류 사본의 제시를 요구하는 경우 사본의 제시만 허용된다. (→ 원본, 사본 모두 가능하다.)
④ 둘 이상의 원본으로 발행되는 서류는 "Original", "Duplicate", "Triplicate", "First Original", "Second Original" 등으로 표시될 수 있다.

42
답 ④

하자 통지를 하는 경우 하자의 사유를 모두 기재하여야 하며, 서류의 행방에 대해서도 알려주어야 한다. 하자의 종류에는 신용장 유효기일의 경과, 지연선적, 지연 제시, 환적, 분할선적, 신용장에 기재된 대로 부보되지 않은 경우 등이 있다.

해석

귀사의 2023년 7월 10일자, 참조번호 ABC1234에 대한 답신(신용장 번호 M88A12021NU01234 미화 10만 달러 상당 신용장 관련)
다음의 불일치로 인해 결제를 거절합니다.
1. (   )
2. (   )
3. (   )
귀사의 추가적인 지시가 있을 때까지 서류는 보류하겠습니다.
신속히 지시를 내려주시기 바랍니다.

43
답 ③

양도된 신용장은 제2수익자의 요청에 의하여 그다음 수익자에게 양도될 수 없다.

해석

① 은행은 자신이 명시적으로 승낙하는 범위와 방법에 의한 경우를 제외하고는 신용장을 양도할 의무가 없다.
② 양도 시에 달리 합의된 경우를 제외하고, 양도와 관련하여 발생한 모든 수수료(요금, 보수, 경비 또는 비용 등)는 제1수익자가 지급해야 한다.
③ 양도된 신용장은 제2수익자의 요청에 의하여 그다음 수익자에게 양도될 수 있다. (→ 양도될 수 없다.)
④ 양도된 신용장은 신용장의 조건을 정확히 반영하여야 한다. 다만 다음은 예외로 한다. 신용장의 금액, 그 곳에 기재된 단가, 유효기일, 제시 기간 또는 최종 선적일 또는 주어진 선적 기간 위의 내용은 일부 또는 전부 감액되거나 단축될 수 있다.

44
답 ③

③ At 30 days after sight라고 기재되었으므로 서류 일람 익일부터 30일이 되는 날이 만기일이 된다.
① 환어음의 발행인인 BESTONE TRADING Co., Ltd.가 수익자이며 수출상이 된다.
② ABC 은행은 환어음의 정당한 소지인으로서 지급인으로부터 대금을 수취하는 자로 신용장에서 일반적으로 매입은행에 해당한다.
④ 환어음의 지급인은 신용장 개설은행인 Bank of America가 된다. 신용장 방식에서는 개설의뢰인을 환어음의 지급인으로 하여 환어음을 사용할 수 없다.

45
답 ①

① 수출상은 상환청구권 없이 약속어음, 환어음을 매입 의뢰함으로써 위험을 제거할 수 있다.

해석

① 수출상은 상환청구권 있는 조건으로 판매함으로써 위험을 제거할 수 있다.
② 지급 금액은 일반적으로 포페이터라고 하는 은행과 같은 중개인에 의해 보증된다.
③ 또한 포페이팅은 신용위험, 이전위험 및 환율변동이나 이자율 변동 위험으로부터 보호한다.
④ 포페이팅은 광범위한 무역 관련 그리고 심지어 순전히 금융채권과 지급수단에 적용될 수 있다.

46 답 ①

'a shipper's consolidation shipment'는 한 명의 수출상과 다수의 수입상 간 거래의 경우 사용되는 컨테이너 화물운송 방식이다.

해석

> ① 화물이 선적항의 CY로부터 픽업되었지만, 적출을 위해 목적항의 CFS로 인도되는 경우, 선적물은 FCL/LCL 화물이라고도 하며, 한 명의 송하인과 다수의 수하인이 존재한다.
> ② 포장되고 컨테이너화된 화물을 선적항의 CY에서 수령하고 목적항에서 수하인에게 인도하는 FCL 선적물
> ③ 특정한 목적지를 향해 혼재되기 위해 CFS로 인도되는 화물로서, 물품들은 적출을 위해 목적지의 CFS로 인도된다.
> ④ 화물은 선적항의 CFS에서 혼재되거나 그룹화된다. 그러나 인도는 목적지의 컨테이너 야드에서 이루어진다. 따라서 이러한 선적물은 LCL/FCL 선적물이라 하며 다수의 송하인과 한 명의 수하인이 존재한다.

47 답 ④

아직 주문한 물품도 받지 못한 상태이므로 불량품을 대체해 달라고 하는 것은 어색한 표현이다.

해석

> 당사는 지난 12월에 주문했지만 귀사의 고객센터로 여러 번 전화했음에도 불구하고 올해 1월에도 아직 물품을 받지 못하였습니다.
> 이러한 서비스에 대해 매우 불만족스럽습니다. (A)

① 당사 계좌로 환불해 주십시오.
② 주문한 물품을 조속히 보내주시겠습니까?
③ 물품을 당장 보내지 않으시려면 이번 주 내로 환불하여 주실 것을 촉구합니다.
④ 불량품을 대체해 주시기 바랍니다.

48 답 ③

매도인이 바이어의 신용(credit)에 대한 신용조회처(reference)를 소개받아, 신용조회처에 외상매출 한도(credit facilities)를 미화 10만 달러에서 미화 20만 달러로 상향해도 좋은지 문의하고 있다.

해석

> 우리는 귀사를 Karma의 최고 재무관리자인 Mr. Frank Clinton으로부터 소개받아 이 서신을 보냅니다.
> 그는 그의 회사가 요청한 외상매출 한도와 관련하여 귀사를 (신용조회처)로서 연락할 것을 권고하였습니다.
> 그 회사가 정시에 결제하였는지, 미화 10만 달러에서 미화 20만 달러로 (신용)을 늘리는 것이 충분히 안전한지 확인해 주실 수 있을까요?
> 귀사의 조속한 답변을 기다립니다.

① 신용기관 – 환어음
② 은행 – 채무
③ 신용조회처 – 신용
④ 은행 – 신용

49
답 ③

청약에 대한 동의를 표하는 피청약자의 진술 또는 그 밖의 행위는 승낙이 된다. 그러나 침묵이나 부작위는 그 자체로 승낙이 되지 아니한다. 보기의 매수인은 침묵하고 있으므로 승낙으로 인정되지 아니하며 계약이 체결된 것으로 볼 수 없으므로 취소된 것도 아니다.

(해석)

> 수출상은 1월 15일 수입상에게 제품의 구체적인 유형과 수량을 명시한 가격으로 청약을 발송하였고 다음의 내용을 추가하였다. "이 청약은 상당히 매력적인 청약으로 1월 20일까지 귀사로부터 답변을 듣지 못하는 경우 승낙한 것으로 간주할 것입니다."
> 수입상은 1월 20일까지 답변을 하지 않았다. 그러나 수출상은 1월 24일에 물품을 선적하였다.

① 수입상이 청약을 승낙한 것으로 간주되지 아니한다.
② 수출상은 대금을 지급받을 수 없다.
③ 그들의 계약은 취소되었다.
④ 수입상은 인도된 물품에 대해 지불해야 할 의무가 없다.

50
답 ②

부지조항이란 수출상이 화물의 수량을 세고, 컨테이너를 적재하고 봉인하였으므로 물품을 보지 못한 운송인은 그에 대한 책임도 지지 않는다는 취지를 기재한 조항을 말한다.

(해석)

> ① 과부족 용인 조건(More and Less Clause): 이 조항은 양 당사자 간에 합의된 수량보다 과부족이 발생하더라도 용인될 수 있다는 것을 의미한다.
> ② 부지조항(Unknown Clause): 이 조항은 매도인이 물품의 수량을 세고, 적재하고 봉인하였으므로 운송인은 물품의 실제 수량에 대한 책임을 부담한다는 것을 의미한다. (→ 책임을 부담하지 않는다.)
> ③ 수취 선하증권(Received B/L): 화물이 실제로 선적되기 전에 물품을 수령하였을 때 발급되는 선하증권이다.
> ④ 항공화물운송장(Air Waybill): 화물을 항공으로 운송하는 경우 발행되며, 유통성을 가지고 있지 않다.

51
답 ③

송장번호 K20125에 대해 결제가 되지 않았다는 내용으로 보아 이전에 송장이 전달되었음을 유추할 수 있다.

(해석)

> 당사는 동봉한 송장 K20125의 미화 2천 달러와 관련하여 서신을 작성합니다. 이 송장은 아직 결제되지 않은 것 같습니다. 우리가 거래를 시작한 이후의 기록을 살펴보니 귀사는 결제일에 정기적으로 결제를 잘 해오셨습니다. 그렇기에 혹여 귀사께 문제가 있다면 저희가 도울 수 있는 일이 있을지 궁금합니다. 당사가 도움이 될 수 있는지 알려주시기 바랍니다.

① 이전에 그들은 한 번도 거래를 한 적이 없다. (→ 지속적으로 거래하고 있다.)
② 이전에 결제와 관련하여 문제가 있었던 적이 있다. (→ 문제가 없었다.)
③ 송장 K20125는 수입상에게 발송되었다.
④ 결제가 이루어지지 않는 경우 거래 관계를 종료할 것이다. (→ 거래 관계 유지를 위해 돕고 싶어한다.)

52
답 ②

B. 선하증권상에 하자 내용이 없으면 된다. 반드시 "CLAEN"이라는 표현이 없어도 수리 가능하다.
C. "said by shipper's to contain"는 부지 약관으로 송하인의 신고 내용에 따른다는 내용으로 컨테이너 운송에서 운송인에 의해 사용되며, 이러한 문구가 있어도 은행은 수리한다.

53
답 ①

무역영어의 내용을 명확하게 작성함으로써 상대방이 오해할 소지를 남기지 말아야 하고 가능한 간결하면서 명료하게 용건을 정리하여 표현하여야 한다.

해석

(1) 우리는 귀사의 최근 주문을 수령하였습니다.
(2) 우리는 1월 5일자 K-101의 주문을 이메일로 받았습니다.

54
답 ④

④ ICC(B), (A) 약관에서 담보하는 위험에 해당된다.

해석

① 선박 또는 부선의 좌초, 교사, 침몰 또는 전복
② 본선, 부선 또는 운송용구와 물 이외의 사물과 충돌 또는 접촉
③ 피난항에서의 하역
④ 투하 또는 파동에 의한 갑판상의 유실

55
답 ④

문제 제기 - 세부내용 안내 - 조속한 처리의 요청 순으로 배열하는 것이 적절하다.

해석

D. 당사의 주문번호 202301에 의한 청바지 6상자가 "New Optima"선박에 의해 당사에 도착하였습니다. 그러나 그 품질이 당사가 주문했던 샘플과 달리 열등하다는 사실을 알려드립니다.
C. 당사가 받은 물품으로부터 K-123 샘플을 동봉합니다. 귀사의 발송물이 샘플의 품질과 비교되지 않음을 인정하실 것입니다.
B. 당사는 귀사가 즉시 이 문제를 처리하여 이메일 주소 ABC@kmail.com으로 회신해 주시기 바랍니다.
A. 이 문제에 대해 즉시 관심을 가져주시면 감사하겠습니다.

56
답 ④

①, ②, ③은 영문서신의 전개순서인 Purpose - Details - Action - Close 중 결미 부분에 해당하나 ④의 경우 서신을 시작할 때 흔히 사용되는 표현이다.

해석

① 귀사의 호의적인 답변을 기다리겠습니다.
② 귀사의 주문을 받기를 희망합니다.
③ 이 문제에 대해 즉시 관심을 가져주시기 부탁드립니다.
④ 2023년 3월 11일자 보내주신 팩스에 무척 감사드립니다.

57
답 ②

관심을 다른 곳으로 돌리기(Monkey on the Back)에 대한 설명이다.

해석

이것은 문제를 상대방에게 전하는 전략이다. 자신의 문제에 대한 부담을 상대방도 나눌 수 있게 하는데 불공정하게 나눌 수가 있을 수도 있다.

① 침묵
③ 당혹감과 놀람 표현하기
④ 붉은 청어작전(협상의 속도를 늦추기 위한 사소한 방해작전)

58
답 ③

③ 운송인은 송하인이 제공한 정보에 대해서 책임을 지지 않는다는 부지조항(Unknown Clause)에 대한 설명이다.

해석

> 적요란, 개수, 명세, 품질, 수량, 게이지, 무게, 용적, 성질, 종류, 가격 및 화물의 명세 등 선하증권 앞면의 기재 내용은 화주가 제공하며, 운송인은 그 정확성에 대해 책임을 지지 않는다.
> 화주는 자신이 제공하는 기재사항이 정확하다는 것을 운송인에게 보장하며 부정확한 내용으로 인해 발생하는 모든 멸실, 손상, 비용, 법적 책임 및 벌금 등에 대해 보상해야 한다.

① 유치권조항(Lien Clause): 운임 또는 용선료의 지급을 확보하기 위하여 선주측에 화물압류의 권리가 있다는 취지의 조항
② 지상약관(Paramount Clause): 선하증권이 헤이그 규칙(Hague Rules)에 따른 국내법에 의해 발행되는 경우, 그 선하증권에 기재된 운송된 운송 계약의 내용은 그 선하증권 발행국의 해상 물건 운송법에 따라 효력을 지닌다는 취지의 약관
④ 쌍방과실 충돌약관(Both to Blame Clause): 충돌선 쌍방에 있는 과실에 대한 약관

59
답 ②

'가격을 인상하다'라는 의미로 사용하기 위해서는 타동사인 raise를 사용하여 하며, '동봉하다'라는 의미로는 Enclosed가 적합하다.

해석

> Mr.마이크 귀하
> 원자재 가격의 변동으로 모든 제품의 가격을 새해부터 5% 인상할(raise) 수밖에 없습니다.
> 가격 인상이 적용되는 품목의 새로운 가격표를 동봉(Enclosed)합니다.
> 이러한 조치를 취하게 되어 유감입니다.
> 당사는 귀사를 소중한 고객으로 모시고 앞으로도 계속해서 귀사의 요구에 부응할 수 있기를 바랍니다.

60
답 ③

가격 조건을 요청하는 서신으로 볼 수 있다.

해석

> 수신인 귀하, 귀사를 이 도시에서 사업상 지인 몇 명으로부터 추천받았습니다. 당사는 시음용 수제맥주와 함께 귀사의 가격과 거래조건서를 받아보고자 합니다.
> 가격과 거래 조건이 만족스러우면 대량 주문을 할 것입니다.
> 그러므로 귀사의 견적서를 보내 주시기 바랍니다.
> 조속한 답변을 부탁드립니다.

① 몇몇 제품의 주문
② 사업 규모 확보
③ 가격 조건 요청
④ 선적 요청

삶의 순간순간이
아름다운 마무리이며
새로운 시작이어야 한다.

– 법정 스님

**여러분의 작은 소리
에듀윌은 크게 듣겠습니다.**

본 교재에 대한 여러분의 목소리를 들려주세요.
공부하시면서 어려웠던 점, 궁금한 점,
칭찬하고 싶은 점, 개선할 점, 어떤 것이라도 좋습니다.

에듀윌은 여러분께서 나누어 주신 의견을
통해 끊임없이 발전하고 있습니다.

에듀윌 도서몰 book.eduwill.net
- 부가학습자료 및 정오표: 에듀윌 도서몰 → 도서자료실
- 교재 문의: 에듀윌 도서몰 → 문의하기 → 교재(내용, 출간) / 주문 및 배송

2026 에듀윌 국제무역사 1급 한달끝장

발 행 일	2025년 12월 8일 초판
편 저 자	김기만
펴 낸 이	양형남
개발책임	목진재
개 발	장윤정
펴 낸 곳	(주)에듀윌
I S B N	979-11-360-3994-1
등록번호	제25100-2002-000052호
주 소	08378 서울특별시 구로구 디지털로34길 55 코오롱싸이언스밸리 2차 3층

* 이 책의 무단 인용 · 전재 · 복제를 금합니다.

www.eduwill.net
대표전화 1600-6700